NOVOS RUMOS DO PROCESSO TRIBUTÁRIO:

Judicial, Administrativo e Métodos Alternativos de Cobrança do Crédito Tributário

CIP-BRASIL. CATALOGAÇÃO NA PUBLICAÇÃO
SINDICATO NACIONAL DOS EDITORES DE LIVROS, RJ

N848

Novos rumos do processo tributário : judicial, administrativo e métodos alternativos de cobrança do crédito tributário, volume I / organizadoras Renata Elaine Silva Ricetti Marques, Isabela Bonfá. - 1. ed. - São Paulo : Noeses, 2020.

1168 p.
ISBN 978-85-8310-147-5

1. Direito tributário - Brasil. I. Marques, Renata Elaine Silva Ricetti. II. Bonfá, Isabela.

19-61110 CDU: 34:351.713(81)

Vanessa Mafra Xavier Salgado - Bibliotecária CRB-7/6644

Coordenação

RENATA ELAINE SILVA RICETTI MARQUES
ISABELA BONFÁ DE JESUS

NOVOS RUMOS DO PROCESSO TRIBUTÁRIO:

Judicial, Administrativo e Métodos Alternativos de Cobrança do Crédito Tributário

VOLUME I

2020

editora e livraria
NOESES

Copyright © Editora Noeses 2020
Fundador e Editor-chefe: Paulo de Barros Carvalho
Gerente de Produção Editorial: Rosangela Santos
Arte e Diagramação: Renato Castro
Revisão: Patricia Menezes
Designer de Capa: Aliá3 - Marcos Duarte

2020

editora e livraria
NOESES

Editora Noeses Ltda.

Tel/fax: 55 11 3666 6055

www.editoranoeses.com.br

APRESENTAÇÃO

A obra *"Novos Rumos do Processo Tributário: Judicial, Administrativo e Métodos Alternativos de Cobrança do Crédito Tributário"*, nasceu de diálogos e discussões entre as coordenadoras da obra sobre o tema juntamente com seus alunos, tanto do programa de Pós-Graduação de Mestrado em Direito Constitucional e Processual Tributário da Pontifícia Universidade Católica de São Paulo – PUC/SP, como do Programa de Pós-Graduação *Latu Sensu* em Direito e Processo Tributário da Escola Paulista de Direito - EPD.

Tais discussões rapidamente evoluíram para o importante projeto que culminou na publicação deste livro e ganhou mais relevância quando parte dos alunos do pós-graduação se juntaram a formação da ideia. A integração ainda contou com a presença marcante de juízes, advogados, procuradores combativos e militantes no Direito Processual Tributário que resultou na produção de artigos com temas variados que instigam nosso raciocínio.

O livro que se apresenta reuniu o que há de mais atual e moderno em termos de Processo Tributário, já que a necessidade da obra decorreu das constantes mudanças na lei processual civil que se consolidaram no novo Código de Processo Civil – CPC/15 (Lei 13.105, de 16 de março de 2015) que em última *ratio* interfere diretamente no Processo Tributário.

Isto decorre da falta de uma legislação processual própria o que nos leva a utilização das regras gerais processuais, naquilo que não seja incompatível com o Código Tributário Nacional, que mesmo não sendo uma lei processual em alguns momentos discorre sobre limitação na aplicação processual.

O livro está dividido em 3 (três) grandes blocos e cada colaborador convidado foi direcionado para um tema específico, o resultado não poderia ter sido melhor, são 90 (noventa) textos atuais e polêmicos que tratam do Direito Processual Tributário de forma prática, didática e atual:

1) **Processo Administrativo Tributário** (provas, limites, jurisprudência, atuação dos Tribunais Administrativos, fases, princípios, aplicação do CPC/15, LINDB);

2) **Processo Judicial Tributário** (Mandado de Segurança, Execução Fiscal, Embargos à Execução Fiscal, Exceção de Pré-Executividade, Incidente de Desconsideração da Personalidade Jurídica, Garantias, Ação Anulatória de Débito Fiscal, Ação Declaratória, Tutelas Provisórias, Recursos, Precedentes);

3) **Métodos Alternativos de Cobrança do Crédito Tributário:** (Negócio Jurídico Processual, Arbitragem Tributária e outros Métodos de Resolução).

Os leitores se depararão com os conceitos teóricos e práticos do Processo Tributário tratados por autores com vasta experiência corporativa e acadêmica na área, que abrangem tanto o contencioso tributário do dia-a-dias, como as discussões processuais na seara tributária que envolvem o CPC/15.

A finalidade é entregar à comunidade um panorama dos principais aspectos que hoje representam o desafio de estudar e atuar no âmbito do Direito Processual Tributário no Brasil, que, como é sabido, está em constante mutação.

Dentro desse contexto, há que se agradecer aos colaboradores deste livro por aceitarem escrever sobre temas tão dinâmicos.

A nossa alegria, particularmente, em coordenar essa obra, é porque conhecemos cada um dos autores e somos testemunhas da competência e dedicação de cada um. Sem medir esforços para chegar ao resultado que se tem em mãos, tal grupo qualificado se reuniu e apresentou uma produção científica de qualidade.

O nosso contentamento foi proporcionar esse encontro muito feliz de advogados, juízes, procuradores, pós-graduandos, mestres, doutores, para poder transmitir aos leitores visões jurídicas teóricas e práticas sobre diferentes aspectos do Direito Processual Tributário.

São Paulo, novembro de 2019.

Renata Elaine Silva Ricetti Marques

Coordenadora e Professora do Curso de Pós-Graduação lato sensu em Direito Tributário da Escola Paulista de Direito (EPD), Coordenadora e Professora dos cursos de Pós-Graduação em Direito Tributário da ATAME (Cuiabá). Presidente do Instituto Acadêmico de Direito Tributário e Empresarial - IADTE. Membro da Comissão de Direito Constitucional e Tributário da Ordem dos Advogados do Brasil – Subseção de Pinheiros.

Isabela Bonfá de Jesus

Vice-Coordenadora da Pós-Graduação Stricto Sensu do Núcleo de Direito Constitucional e Processual Tributário da Pontifícia Universidade Católica de São Paulo (PUC/SP), Professora dos Cursos de Bacharelado e Pós-Graduação Stricto Sensu da Faculdade de Direito da PUC/SP.

SUMÁRIO

Capítulo 2
PROCESSO DE CONHECIMENTO

Capítulo 3

PRECEDENTES E CONTROLE DE CONSTITUCIONALIDADE

Capítulo 4
MÉTODOS ALTERNATIVOS DE COBRANÇA DO CRÉDITO TRIBUTÁRIO

Capítulo 1

PROCESSO ADMINISTRATIVO TRIBUTÁRIO

PROCESSO ADMINISTRATIVO FEDERAL E A RAZOÁVEL DURAÇÃO

José Eduardo Soares De Melo[1]

I. FUNDAMENTOS JURÍDICOS

A Emenda Constitucional 45/2004, dispôs:

> *Art. 5º.*
>
> *(...)*
>
> *LXXVIII. A todos, no âmbito judicial e administrativo, são assegurados a razoável duração do processo e os meios que garantem a celeridade de sua tramitação".*

O preceito constitucional teve origem no Pacto de São José da Costa Rica, ratificado em 1992 (Decreto 678/92), que estabelecera o seguinte:

> *"Art. 8º (...);*
>
> *1.Toda pessoa terá o direito de ser ouvida, com as devidas garantias e dentro de um prazo razoável, por um juiz ou Tribunal*

1. Doutor e Livre-Docente em Direito (ex) Professor Titular e (ex) Coordenador do Programa de Pós-Graduação em Processo Tributário da PUC-SP. Visiting Scholar da U.C. Berkeley (Califórnia). Professor Emérito da Faculdade Brasileira de Tributação. Consultor Tributário.

> *competente, independente e imparcial, estabelecido anteriormente por lei, na apuração de qualquer acusação penal formulada contra ela, ou na determinação de seus direitos e obrigações de caráter civil, trabalhista, fiscal ou de qualquer outra natureza.*

Trata-se de mandamento que não é autoaplicável, necessitando de legislação ordinária estabelecendo os limites temporais e as medidas que possam ser aplicadas, com a finalidade de almejar o eficiente princípio de justiça.

Embora "a razoável duração do processo" compreenda um conceito indeterminado, impregnado de subjetivismo, é possível visualizar em cada processo (administrativo ou judicial) os limites (máximo e mínimo) para sua fluência, tendo em vista a estipulação legal dos prazos previstos para as diversas manifestações dos participantes na lide (oferecimento de defesa, realização de perícias, diligências, decisão, recursos e contrarrazões, consequentes julgamentos, pedidos de vistas etc.).

A partir do lapso temporal mínimo para a duração do processo, pode-se conceber a estipulação de um determinado período de tempo pertinente aos trâmites burocráticos (andamento dos processos nas repartições e cartórios), inclusive a consideração de tempo para as decisões singulares e dos órgãos colegiados.

O Decreto federal 70.235/72 (com alterações), que dispõe sobre o processo administrativo fiscal, contém diversos prazos para a realização de atos processuais, oferecimento de impugnação, cumprimento de diligência ou perícia, cobrança amigável, interposição de recursos etc.

O Regimento Interno do Conselho Administrativo de Recursos Fiscais (CARF) – instituído pela Portaria MF 3432015 (com alterações) -, órgão colegiado paritário, integrante da estrutura do Ministério da Fazenda, tem por finalidade julgar recursos de ofício de decisão de primeira instância, bem como os recursos de natureza especial que versem sobre a aplicação da legislação referente aos tributos administrados pela Secretaria da Receita Federal do Brasil (RFB), tendo fixado distintos prazos para o curso do processo administrativo.

A Lei 11.457/2007 em seu artigo 24, que trata da Administração Tributária Federal, fixou a regra seguinte:

> *Art. 24. É obrigatório que seja proferida decisão administrativa no prazo máximo de 360 (trezentos e sessenta) dias, a contar do protocolo de petições, defesas ou recursos administrativos do contribuinte.*

II. PRINCÍPIOS JURÍDICOS APLICÁVEIS. CONCEITOS E CRITÉRIOS

1. O Princípio da Celeridade Consubstancia o Princípio da "Eficiência".

A Constituição Federal preceitua:

> *Art. 37. A administração pública direta e indireta de qualquer dos Poderes da União, dos Estados, do Distrito Federal e dos Municípios, obedecerá aos princípios da legalidade, impessoalidade, moralidade, publicidade e eficiência (...).*

A presteza e os resultados satisfatórios das atividades públicas representam a almejada finalidade da Administração, como gestora de bens da população.

Esse *plus* constitucional reforça, reafirma, e determina a celeridade e a rapidez dos atos administrativos, para permitir a plena eficácia, porque de nada adiante a prestação de serviços morosos, que desacreditam a coletividade.

Ao formular pleitos à Administração Pública é natural que o contribuinte esteja aguardando uma pronta solução, para que possa desenvolver suas atividades de forma mais adequada e conveniente aos seus interesses, conferindo-lhe a almejada segurança, de modo a evitar naturais riscos.

Consagra um dos deveres da Administração, sendo certo que "o princípio deve ser entendido e aplicado no sentido de que a atividade administrativa (causa) deve buscar e produzir um resultado (efeito) razoável em face do entendimento do interesse público visado. Por isso, do princípio da eficiência decorre o dever de eficiência".[2]

Entende-se que a diretriz da "eficiência" traduz a ideia de praticabilidade, também conhecida como praticidade, pragmatismo, ou factibilidade, compreendida como o conjunto de técnicas que visam a viabilizar a adequada execução do ordenamento.[3]

Na seara tributária a morosidade também incomoda, e até mesmo prejudica, tanto os objetivos fazendários como os interesses particulares. A fiscalização que demora para concluir o seu trabalho junto a um empresário prejudica a Fazenda (falta de eventual lançamento), e o próprio contribuinte (insegurança de comprometimento do seu patrimônio).

O mesmo ocorre com o processo administrativo lento, que nunca termina, ficando anos nas gavetas (ou nos computadores) para uma solução, causando transtornos às partes litigantes. A Fazenda vê-se prejudicada no tocante do percebimento do crédito tributário, na hipótese de o contribuinte dilapidar seu patrimônio, cair em insolvência durante o trâmite processual, passando a inexistir bens suficientes para garantirem a execução judicial. O contribuinte também pode ver-se prejudicado na medida em que permanece na incerteza quanto á legitimidade do seu procedimento (objeto da autuação).

2. Princípio da Razoabilidade

O cânone da *razoabilidade* encontra-se previsto na Lei Federal 9.784/99 (art. 2º), estando atrelado aos princípios da equidade e da proporcionalidade, sendo adequada sua aplicação no âmbito do processo administrativo, impedindo seja aplicada qualquer exigência tributária (sequer sanção) a

2. Hely Lopes Meirelles, *Direito Administrativo Brasileiro*, 4ª. ed., São Paulo, Malheiros, 2016, p. 1058.

3. Regina Helena Costa, *Praticabilidade e Justiça Tributária – Exequibilidade de Lei Tributária e Direitos do Contribuinte*. São Paulo, Malheiros, 2007, pp. 248, 257 e 262.

terceiros que não tenham formalmente apresentado Consulta à Fazenda sobre os mesmos fatos tributários.

Este postulado aplica-se aos casos de retenção de livros e documentos para serem examinados pela fiscalização fora do estabelecimento, bem como a apreensão de mercadorias de procedência estrangeira encontrada fora da zona primária em situações específicas; bem como no caso de apreensão de bem ou mercadoria que constituir prova material de infração às normas tributárias.

Tais comportamentos têm por escopo averiguar a situação fiscal do contribuinte, inserindo-se no regular exercício do poder de polícia, que norteia as atividades da Administração Pública.

Entretanto, "é inadmissível a apreensão de mercadorias como meio coercitivo para pagamento de tributos" (Súmula 323 do STF), em razão do que, procedendo ao lançamento tributário (intimação, notificação, ou lavratura de auto de infração), não se justifica a manutenção dos bens apreendidos na repartição fiscal, a fim de não prejudicar o livre exercício das atividades do sujeito passivo.

Embora a legislação fixe prazos para a apresentação de defesas e recursos, é razoável que tais peças sejam conhecidas e julgadas mesmo no caso de extemporaneidade; não só pelo fato de ser apreciada a legitimidade dos lançamentos, mas principalmente em prestígio ao princípio da equidade, em razão dos agentes fiscais, e os julgadores, nem sempre observarem os prazos para as suas manifestações.

3. Princípio da Proporcionalidade

O princípio da *proporcionalidade* "não é senão uma faceta do princípio da razoabilidade, implicando a observância da utilização de elementos e meios adequados e criteriosos, na própria conduta administrativa com relação aos seus subordinados".[4]

4. Celso Antônio Bandeira de Mello. *Curso de Direito Administrativo*, 11ª. ed. 1999, Malheiros, p. 68.

Entende-se que "a *proporcionalidade* é espécie de princípio jurídico, na modalidade de garantia constitucional, ainda que implícita, e que tem por finalidade servir como controle de aplicação de restrições infraconstitucionais a direitos e liberdades fundamentais. A implicitude não prejudica a proporcionalidade na sua natureza normativa de garantia ou eficácia jurídica de princípio".[5]

Apontam-se três preceitos subjacentes ao princípio:[6]

a) adequação: deve-se perquirir se o meio escolhido é aquele que melhor contribui para a obtenção do resultado pretendido, analisando-se se existiria outro meio de se obter aquele resultado, pois, caso contrário, a dilação de prazo será considerada irrazoável;

b) necessidade ou exigibilidade: medida restritiva que seja necessária para a implementação de outro princípio constitucional que naquela situação entenda-se mais relevante para dirimir conflito de interesses colocado;

c) proporcionalidade em sentido estrito: análise das possibilidades jurídicas existentes para alcançar a melhor relação meio-fim para aquele conflito.

O jurista assinala que "sobrelevam-se, entre os seus fins, a efetivação da justiça e da igualdade e as proteções contra o arbítrio e a discricionariedade excessiva nas restrições a direitos e liberdades".

A aplicação deste princípio revela-se também pertinente no que tange às sanções tributárias, que têm por finalidade inibir os possíveis infratores da legislação, punindo-os, evitando reincidências, com função educativa e proteção aos

---

5. Heleno Taveira Torres, *Direito Constitucional Tributário e Segurança Jurídica*, São Paulo, Editora Revista dos Tribunais, 2011, p. 629.

6. Fernando Facury Scaff. "Duração Razoável do Processo Administrativo Fiscal Federal". *Direito Tributário – Estudos Avançados em Homenagem a Edvaldo Brito*. Atlas, 2014, pp. 319-320.

interesses da arrecadação, de modo a estimular o cumprimento da obrigação tributária.

4. Princípio da Moralidade

Constitui princípio alçado à estatura constitucional (art. 37, da CF), como um dos fundamentos basilares dos atos dos representantes governamentais, evidenciando-se que não basta que o ato, ou o processo, administrativo contenham seus elementos básicos (competência, motivo, objeto, finalidade, e forma), para projetar seus efeitos jurídicos, tornando-se imprescindível o comportamento moral, ético, honesto, justo.

Embora se trate de conceito indeterminado, vago, impreciso, flutuante ao sabor do tempo e dos costumes, sendo dosado por certa flexibilidade, compete ao operador do direito precisar um critério – ainda que pautado por margem de tolerância -, para que esse princípio não seja espezinhado, ignorado, ou, até mesmo, vilipendiado.

Partindo-se do pressuposto de que o administrador público gera bens e direitos dos quais não é titular, deve perseguir os interesses coletivos até suas últimas consequências, mantendo um procedimento legítimo no que for pertinente às finalidades que o ato objetiva.

A moralidade administrativa – nem sempre fácil de captar e precisar -, encontra-se adstrita aos lindes do desvio do poder, ou seja, a utilização de meios lícitos para atingir os objetivos da Administração, mesmo que todos os elementos componentes do ato público guardem consonância (ainda que formal) com a norma.

É possível vislumbrar a configuração da imoralidade do ato administrativo nas práticas atentatórias aos bons costumes, na ofensa às regras da boa administração (falta de espírito público e de presteza ao servir à comunidade), na deslealdade, na surpresa, que constituem elementos nocivos à relação administrador (fisco) e administrado (contribuinte).

O propalado princípio da supremacia do interesse público sobre o interesse individual, outorgando prerrogativas e privilégios para a Administração – identificável no exercício do poder de polícia e na prestação de serviços públicos –, não pode, em absoluto, representar um cheque em branco ao governo, de forma a ocasionar desrespeito aos administrados no que tange aos seus direitos e garantias individuais.

A imoralidade é mais facilmente configurada nos atos discricionários, em que se comete a faculdade ao administrador para agir segundo critérios de conveniência e oportunidade; enquanto que, na bitola dos atos vinculados, praticamente inexiste margem de liberdade no exercício dos direitos e deveres administrativos.

Creio que nas matérias em que o Judiciário já tem decretado a inconstitucionalidade de normas, ou mesmo quando assenta sólidas posições a respeito de questões tributárias, a Fazenda deve modificar seus procedimentos usuais para observar as diretrizes jurisprudenciais, uma vez que aqueles se revelam ineficazes.

A moralidade administrativa restará prejudicada no caso de parcelamento de débitos tributários, inclusive quando acompanhado de confissão de dívida, quando o Fisco promove penhora de bens do contribuinte, impossibilitando o pleno exercício de suas atividades pessoais, ou particulares.

Na trilha da imoralidade situam-se as medidas constrangedoras do patrimônio dos contribuintes, consoante sedimentada jurisprudência, quando são promovidas interdição de estabelecimento, apreensão de mercadorias, como meio coercitivo para a exigência dos tributos; proibição de despacho de mercadorias nas alfândegas; e o exercício profissional.

Também violam a ética os expedientes dos julgadores tributários, consistentes em diligências e pedidos de vista de processos, com o propósito de procrastinar o julgamento do feito.

Arranha, ainda, o princípio da moralidade a demora na solução dos pedidos de restituição/compensação de tributos, sob pena de positivar-se o enriquecimento sem causa da Fazenda.

5. Princípio da Segurança Jurídica

A expressão "segurança jurídica" encontra-se adstrita aos conceitos filosóficos (existencialismo, estruturalismo, individualismo, liberalismo, etc.), colhidos pelos políticos, e dispostos no ordenamento jurídico de cada país, sofrendo a consideração dos operadores do Direito, segundo uma visão jusnaturalista, ou positivista.

Em sentido estrito, a segurança manifesta-se como uma exigência objetiva de regularidade estrutural e funcional do sistema jurídico, através de suas normas e instituições. Em sua face subjetiva apresenta-se como certeza do Direito, isto é, como projeção das situações pessoais. Em decorrência de sua publicidade, o sujeito de um ordenamento jurídico pode saber com clareza, e previamente, aquilo que é mandado, permitido ou proibido.[7]

Há que ser considerado o devido processo legal de inspiração norte-americana (cláusula *due of process of law*, prevista na Décima Quarta Emenda à Constituição), em que se preserva o direito à vida, liberdade e à propriedade, aplicando-se o *Bill of Rights*.[8]

Os cânones da federação, república, isonomia, irretroatividade das normas, prescrição, ato jurídico perfeito, direito adquirido, coisa julgada, controle judicial etc., constituem elementos fundamentais para a plena caracterização da segurança jurídica.

Pode-se cogitar de segurança jurídica onde os mecanismos republicanos de renovação periódica dos mandatos representativos sejam eficazes, e os instrumentos de responsabilização dos agentes públicos atuem fatalmente, sem interferências, bem como o controle jurisdicional dos atos administrativos.[9] É nítida a configuração da segurança jurídica

---

7. Antonio-Enrique Pérez Luño. *La Seguridadd Jurídica*, Barcelona, Ariel Derecho, 1991, pp. 21-22.

8. Steven L. Emanuel. *Constitucional Law*, Harvard Law School, J.D., Aspen Law & Business, 1976, p. 139.

9. Geraldo Ataliba e Cléber Giardino, "Segurança do Direito, Tributação e Anterioridade – Imposto sobre a Renda (Exame do Dec.-lei 1.967/82 – Exercício Social Encerrado

em matéria tributária face à fixação dos inúmeros princípios constitucionais concernentes à legalidade, anterioridade, irretroatividade, igualdade, capacidade contributiva, tipicidade, vedação de confisco, liberdade de tráfego, proporcionalidade, razoabilidade etc.

Somente se pode considerar a segurança jurídica quando se observa supremacia da Constituição, controle da constitucionalidade, legalidade, certeza, estabilidade, garantia, tutela judiciária dos direitos, universalidade da jurisdição, legalidade estrita da tributação, e *previsibilidade da ação estatual.*[10]

A certeza tributária – e mais especialmente na seara do processo tributário -, somente estará concretizada se o Judiciário decidir, com independência e rapidez, as controvérsias fiscais decorrentes da legislação ordinária, que violem os princípios e diretrizes constitucionais.

Em termos objetivos caracteriza-se a insegurança na utilização de conceitos indeterminados; na relativização da coisa julgada material, desconsiderando sua eficácia face à posterior decisão judicial em distinta lide, da norma que embasa referida decisão projetando efeitos pretéritos; e na inércia fazendária atinente à paralização de processos administrativos procrastinando sua conclusão.

III. INÉRCIA DA FAZENDA PÚBLICA E ARQUIVAMENTO DOS PROCESSOS ADMINISTRATIVOS

1. Decadência

Perda do direito da Fazenda em efetuar o lançamento tributário em decorrência da omissão do seu exercício no prazo estipulado em lei.

---

em março de 1983)". *Revista de Direito Tributário* 27-28, p. 60.

10. Heleno Taveira Torres. *Direito Constitucional Tributário e Segurança Jurídica.* Editora Revista dos Tribunais, 1ª. ed., 2011, p. 186-187.

Os atos fiscalizatórios, ou preparatórios de ação fiscal a ser promovida face aos contribuintes/responsáveis, devem ser realizados num determinado período de tempo.

O CTN (art. 156, V) estatui a extinção do crédito tributário pela decadência, dispondo (art. 173, I, e 150, §4°) que o direito da Fazenda em promover a cobrança administrativa do tributo fenece após cinco anos contados da forma seguinte:

a) *do primeiro dia do exercício seguinte àquele em que o lançamento poderia ter sido efetuado.*

Essa regra geral determina que o Fisco só pode lançar o tributo no período compreendido entre o exercício em que ocorre o fato gerador e o último dia do quinquênio posterior.

Aplica-se o mesmo critério temporal no caso de o fisco apurar incorreção (ou sonegação) relativa aos fatos tributários referentes ao contribuinte. Na hipótese de haver ocultado rendimentos no ano de 2016, o fisco terá que lançar o imposto de renda até 31.12.21.

No caso "de ocorrência de dolo, fraude ou simulação" (excepcionados do lançamento por homologação – parte final do art. 150, §4°), também se aplica a mesma regra do termo inicial de decadência, não havendo que se cogitar de termo inicial diverso (ciência do ato fraudulento).

Realmente, não se pode conceber que o prazo decadencial somente tenha início com o conhecimento da fraude, o que ocasiona a dilação do seu início, sem que haja previsibilidade de um momento certo e determinado, permanecendo indefinido tal marco temporal, o que não se coaduna com o princípio da segurança que deve nortear as relações jurídicas.

Nesse sentido, a sonegação do ICMS em venda de mercadoria realizada em 1.2.2013 – cuja fraude somente fora apurada em 1.3.2017 -, não pode ter como termo inicial para a contagem da decadência o dia 1.1.2018, uma vez que o legítimo marco temporal deve ser 1.2.2014.

b) *a partir da ocorrência de cada fato gerador, se a lei não fixar prazo para homologação dos fatos tributários.*

Tendo sido realizado o fato gerador do tributo, cuja modalidade é a antecipação de registros e pagamentos (como é o caso do IPI, ICMS, IR, PIS, COFINS, PIS), o fisco só pode efetuar o lançamento dos valores efetivamente devidos no prazo de cinco anos contados de cada fato (venda, prestação de serviço, faturamento, receita), ou período de apuração (mensal).

Havendo o comerciante vendido mercadorias em 30 de setembro de 2015, sem considerar o ICMS, o fisco só pode lançar esse tributo dentro de cinco anos contados a partir de 1º de outubro de 2015, com termo final em 30 de setembro de 2020.

A utilização de métodos fazendários para a apuração de fatos geradores de ICMS (operações mercantis) não possibilita ao fisco dilatar o prazo decadencial. Considerando ser mensal o período usual de apuração desse imposto, não pode proceder a levantamentos (econômico, específico, produção), compreendendo o exercício (período anual); e, por consequência, pretender que o termo inicial seja o primeiro dia do exercício seguinte.

Nesse particular, verificado o fato gerador no final de maio de 2012 – com início de prazo de decadência em 1º de junho de 2012 (art. 150, §4º) - não pode o fisco levar em conta o exercício anual (2012) e somente iniciar a contagem da decadência em 1º de janeiro de 2013.

A ressalva contida no § 4º, do art. 150, do CTN – "se a lei não fixar prazo para a homologação" – não pode significar porta aberta ao legislador ordinário para ampliar o prazo decadencial para a homologação, uma vez que compete exclusivamente à lei complementar (no caso, o CTN) estabelecer normas gerais em matéria de legislação tributária, especialmente sobre a decadência tributária (art. 146, III, *a*, da CF). Havendo o CTN fixado o prazo de cinco anos, não há fundamento jurídico para cogitar-se de prazo superior.

c) *na data em que se tornar definitiva a decisão em que houver sido anulado, por vício formal, o lançamento anteriormente efetuado.*

O fisco realiza o lançamento que – em decorrência de impugnação do sujeito passivo, ou espontânea manifestação fazendária-, implica ulterior decisão (administrativa ou judicial) julgando pela sua impropriedade de cunho formal, como é o caso de preterição do direito de defesa.

Em consequência, ao fisco é reaberto um novo prazo de cinco anos para proceder a novo lançamento, sanando a irregularidade (formal), revelando-se nítida e excepcional interrupção de decadência, uma vez que se reinicia toda a contagem desse prazo, desprezando-se o lapso de tempo anterior.

O CTN (parágrafo único do art. 173) expressa que:

> *Art. 173, parágrafo único - o direito a que se refere este artigo extingue-se definitivamente com o decurso do prazo nele previsto, contado da data em que tenha sido iniciada a constituição do crédito tributário pela notificação, ao sujeito passivo, de qualquer medida preparatória indispensável ao lançamento.*

Esse preceito concerne aos atos administrativos realizados com o objetivo de apurar as operações, negócios, e atos pertinentes aos sujeitos passivos que possam irradiar fatos geradores de tributos, ou situações afetas a deveres secundários. Constituem medidas preparatórias indispensáveis ao lançamento, fixando-se a notificação como marco inicial para a contagem do prazo decadencial. Esse ato administrativo, que deve ser específico e veiculado formalmente, antecipa o termo inicial do referido lapso de tempo; isto é, para o fato gerador que ocorre em 31.5.2016 – que implicaria o início do prazo de decadência em 1.1.2017 -, a notificação promovida em 31.8.2016 anteciparia o termo inicial para essa última data (e o final para 31.8.2021).

Tratando-se de Declaração de Contribuições de Tributos Federais (DCTF), cujo débito declarado não foi pago pelo contribuinte, torna-se prescindível a homologação formal, passando a ser exigível independentemente de prévia notificação ou da instauração de procedimento administrativo fiscal.

O STJ fixou a diretriz seguinte:

> *A notificação do auto de infração faz cessar a contagem da decadência para a constituição do crédito tributário; exaurida a instância administrativa com o decurso do prazo para impugnação, ou com a notificação de seu julgamento definitivo e esgotado o prazo concedido pela Administração para o pagamento voluntário, inicia-se o prazo prescricional para a cobrança judicial.*[11]

2. Prescrição

Perda do direito de ação judicial para a cobrança do crédito tributário em razão de inércia fazendária no tocante ao recebimento dos valores tributários que lhes são devidos, fixando prazo para o seu exercício, sob pena de extinção (art. 156, V).

Não tendo havido o pagamento tributário, a Fazenda só passa a ter condição de vir a recebê-lo mediante cobrança judicial da dívida regularmente inscrita na repartição competente.

A ação para a cobrança do crédito tributário prescreve em cinco anos contados da sua constituição definitiva (art. 174, do CTN), que ocorre no momento em que a Fazenda passa a ter condição jurídica de ingressar com a ação judicial.

Normalmente é necessário promover o lançamento (direto ou de ofício) e aguardar o transcurso de prazo para o sujeito passivo apresentar defesa; ou, caso esta tenha sido oferecida, esperar decisão administrativa definitiva em que mantenha exigência tributária.

Também a declaração de débito tributário por parte do contribuinte implicará o mesmo efeito. Somente após verificadas as situações apontadas é que a Fazenda estará apta a reclamar judicialmente o crédito tributário.

---

11. Súmula 622 aprovada em 12.12.18, DJe 17.12.18.

A circunstância de o fisco haver lançado o tributo, objeto de posterior reclamação ou recurso, por si só, não permite o ingresso de ação judicial uma vez que a exigibilidade tributária estará suspensa, carecendo de liquidez e certeza, mesmo porque a decisão administrativa final poderá julgar insubsistente a cobrança do tributo. Nessa simples situação não há ainda de se considerar que teria havido constituição "definitiva" do crédito, mesmo porque a concomitância de ação judicial com processo administrativo geraria sérias dificuldades, na hipótese de decisões divergentes.

As premissas apontadas permitem firmar a convicção de que, com o lançamento do tributo não há mais de se cogitar de *decadência*; e, sendo promovida defesa administrativa, não se pode ainda considerar a *prescrição*, diante da inexistência de constituição definitiva do crédito tributário.

Trata-se de postura judicial assumida há mais de três décadas, como se colhe do acórdão seguinte:

> "Ementa – Prazos de Prescrição e de Decadência em Direito Tributário. Com a lavratura do auto de infração, consuma-se o lançamento do crédito tributário (art. 142, do CTN). Por outro lado, a decadência só é admissível no período anterior a essa lavratura; depois, entre a ocorrência dela e até que flua o prazo para a interposição do recurso administrativo, ou enquanto não for decidido o recurso dessa natureza de que se tenha valido o contribuinte, não mais corre prazo para decadência, e ainda não se iniciou a fluência de prazo para prescrição; decorrido o prazo para a interposição do recurso administrativo, sem que ela tenha ocorrido, ou decidido o recurso interposto pelo contribuinte, há a constituição definitiva do crédito tributário, a que alude o art. 174, começando a fluir, daí, o prazo de prescrição da pretensão do Fisco. É esse o entendimento atual de ambas as Turmas do STF: Embargos de divergência conhecidos e recebidos.[12]

A prescrição se interrompe (parágrafo único do art. 174 do CTN) nas situações seguintes: I – pelo despacho do juiz que ordenar a citação em execução fiscal (redação da Lei Complementar 118/2005); II – pelo protesto judicial; III – por qualquer ato judicial que constitua em mora o devedor; IV – por

12. ERE 94.462-1-SP – Pleno, rel. Min. Moreira Alves – j. 17.12.1982 – *RTJ* 106/263.

qualquer ato inequívoco ainda que extrajudicial, que importe em reconhecimento do débito pelo devedor.

A Lei Federal 6.830/80 – que dispôs sobre a cobrança judicial da Dívida Ativa da Fazenda Pública -, estabeleceu que: (a) a inscrição da dívida suspenderá a prescrição, para todos os efeitos de direito, por 180 (cento e oitenta) dias ou até a distribuição da execução fiscal (§3º, do art. 2º); e (b) o despacho do juiz que ordenar a citação interrompe a prescrição (§2º do art. 8º).

Entretanto, cuida-se de lei ordinária, ou seja, instrumento jurídico incompetente para modificar os preceitos de lei complementar (CTN), que é o veículo legítimo para dispor sobre prescrição (art. 146, III, *b*, da CF/88).

O Judiciário solucionou a controvérsia da forma seguinte:

> "Tributário. Execução Fiscal. Embargos do Devedor. Prescrição. Lei 6.830/80, art. 2º, §3º, CTN, art. 174. Prevalência da Lei Complementar sobre a Lei Ordinária. Princípio da Hierarquia das Leis. Precedentes.
>
> 1. O art. 2º, §3º, da Lei 6.830/80, nos termos em que foi admitido em nosso ordenamento jurídico, não tem prevalência. A sua aplicação há de sofrer os limites impostos pelo art. 174 do Código Tributário Nacional.
>
> 2. É de 5 (cinco) anos a prescrição da ação para cobrança do crédito tributário, contado da data da sua constituição definitiva, nos termos do art. 174, do CTN, que é lei complementar.
>
> 3. A prescrição estabelecida no art. 2º, §3º, da Lei 6.830/80, é incompatível com a norma do art. 174, do CTN, a cujas disposições gerais é reconhecida a hierarquia de lei complementar.
>
> 4. Precedentes desta Corte de Justiça e do Colendo STF.
>
> 5. Recurso desprovido".[13]

Há que se considerar que "a entrega de declaração pelo contribuinte reconhecendo o débito fiscal constitui o crédito tributário, dispensada qualquer outra providência por parte do fisco".[14]

---

13. REsp 249.262-DF – 1ª. T. – rel. Min. José Delgado – j. 18.5.2000, *DJU* 1-E de 19.6.2000, p. 120.

14. Súmula 436 do STJ.

A *prescrição intercorrente* deflui da negligência (ou impossibilidade) fazendária em dar prosseguimento aos "processos judiciais" decorrentes de lançamentos e exigibilidades tributárias. Prestigiam-se os princípios da eficiência, segurança, e moralidade, positivada pela paralisação do processo por lapso de tempo superior a cinco anos.

O STJ consagrou a diretriz de que "em execução fiscal, não localizados bens penhoráveis, suspende-se o processo por um ano, findo o qual se inicia o prazo da prescrição quinquenal intercorrente".[15]

No âmbito administrativo federal fora sedimentado o entendimento de que "não se aplica a prescrição intercorrente no processo administrativo fiscal".[16]

3. Perempção

Perda do direito ao devido processo legal em razão do decurso do prazo para a conclusão do *processo administrativo*, tendo o STJ decidido o seguinte:

> "Tributário – Prazo Razoável para Apreciação de Processo Administrativo Fiscal – Aplicação Subsidiária do art. 49 da Lei 8.784/99. Possibilidade. Precedentes.
>
> 1. O STJ, em homenagem aos princípios da eficiência e moralidade previstos na Constituição Federal, tem admitido, na falta de previsão legal, a possibilidade de se estabelecer prazo para o encerramento da instrução do processo administrativo quando sua apreciação se mostrar morosa e injustificada. Precedentes.
>
> 2. Não está o Poder Judiciário apreciando o mérito administrativo, apenas dando interpretação sistemática ao ordenamento jurídico, daí não se há falar em ofensa ao princípio da separação de poderes".[17]

---

15. Súmula 314 do STJ.

16. Súmula 11 do CARF.

17. AgRg no REsp 1.143.129-ES – 2ª. T. – rel. Min. Humberto Martins – j. 17.11.2009 – *DJe* 25.11.2009.

Peculiarmente, o STF examinou hipótese de extinção do crédito por transcurso do prazo de apreciação do recurso, prevista na legislação de Santa Catarina, na forma seguinte:

> "A determinação do arquivamento de processo administrativo por transcurso de prazo, sem a possibilidade de revisão do lançamento equivale à extinção do crédito tributário cuja validade está em discussão no campo administrativo.
>
> Em matéria tributária, a extinção do crédito tributário ou do direito de constituir o crédito tributário por decurso de prazo, combinado a qualquer outro critério, corresponde à decadência:
>
> (...);
>
> O lançamento tributário não pode durar indefinidamente, sob o risco de violação da segurança jurídica, mas a Constituição de 1988 reserva à lei complementar federal aptidão para dispor sobre decadência em matéria tributária.
>
> Viola o art. 146, III, *b*, da Constituição Federal norma que estabelece hipótese de decadência do crédito tributário na forma prevista em lei complementar federal".
>
> Ação direta de inconstitucionalidade conhecida e julgada procedente.[18]

A "perempção" não se confunde com a "decadência" (perda do direito ao lançamento tributário), e com a "prescrição" (perda do direito de ação judicial).

Entende-se que o CTN contém a previsão de um prazo de perempção para que a Administração Pública conclua o procedimento tributário de lançamento, já iniciado, procedendo-se a distinção seguinte: (a) um prazo de decadência até a lavratura do auto de infração ou chamado "lançamento"; (b) um prazo de perempção, desde o início do procedimento até sua conclusão; e (c) um prazo de prescrição, depois de concluído o procedimento administrativo, atendido o critério da *actio nata*"[19]

---

18. ADIN 124-8 – Plenário – rel. Min. Joaquim Barbosa – j. 1.8.2008 – *DJe* 16.4.2009, p. 33.

19. Marco Aurélio Greco. "Perempção no lançamento tributário", in Tavolaro, Agostinho Toffoli, Brandão Machado; Martins, Ives Gandra da Silva (coord.). *Princípios tributários no direito brasileiro e comparado*: estudos jurídicos em homenagem a

4. Preclusão

Perda do direito à manifestação da parte litigante, no processo administrativo ou judicial, em razão do decurso do prazo.

Espécies: (a) temporal, quando o contribuinte deixa de praticar ato processual a seu encargo ou faz fora do prazo previsto na legislação, ou fixado pela administração; (b) lógica, quando são praticados pelo contribuinte atos excludentes entre si, como, por exemplo, o sujeito passivo que recolhe no prazo legal a obrigação legal notificada por meio de auto de infração; e, sucessivamente, impugna administrativamente a mesma pretensão fiscal; e (c) consumativa, quando o ato processual já foi praticado e impede a repetição ou complementação do expediente processual. Assim, uma mesma impugnação fiscal não pode ser deduzida duas vezes nem pode ser formulada e posteriormente complementada, pois a formulação inicial exaure, consumindo em definitivo a prática do ato.[20]

O processo administrativo federal (Decreto 7.574/2011) estabelece os momentos em que as partes litigantes devem apresentar defesa, recursos, e provas, objetivando evitar a balbúrdia processual (documentos oferecidos desordenadamente ao longo do trâmite processual, obrigando a concessão de vista, diligências etc.).

Entretanto, impõe-se a observância aos princípios do informalismo e da verdade material, para que o crédito tributário somente seja constituído quando revestido de segurança.

Exemplos:

a) a apresentação de estudo técnico ou contábil objetivando prestar esclarecimentos, que não tiveram condição de serem oferecidos no exíguo prazo de impugnação;

Gilberto de Ulhoa Canto. Rio de janeiro: Forense, 1998, p. 517.

20. James Marins. *Direito processual tributário: administrativo e judicial.* 5ª. ed. São Paulo: Dialética, 2010, p. 243.

b) recibo de pagamento do débito tributário que somente fora localizado pelo contribuinte após a decisão de primeira instância;

c) declaração dos fornecedores de mercadorias no sentido de que o contribuinte ainda não liquidara suas obrigações mercantis, e dessa forma, não se caracterizara o passivo fictício, também juntada no processo extemporaneamente.

IV. DECISÕES. EFEITOS. CONCLUSÕES

O STJ decidirá o seguinte:

> "Tributário – Prazo Razoável para Apreciação de Processo Administrativo Fiscal – Aplicação Subsidiária do art. 49 da Lei 9.784/1999 – Possibilidade – Precedentes.
>
> 1. O STJ, em homenagem aos princípios da eficiência e moralidade previstos na Constituição Federal, tem admitido, na falta de previsão legal, a possibilidade de se estabelecer prazo para o encerramento da instrução do processo administrativo quando sua apreciação se mostrar morosa e injustificada. Precedentes.
>
> 2. Não está o Poder Judiciário apreciando o mérito administrativo, apenas dando interpretação sistemática ao ordenamento jurídico, daí não se falar em ofensa ao princípio da separação de poderes".[21]

Posteriormente, firmará a diretriz seguinte:

> "TRIBUTÁRIO. CONSTITUCIONAL. RECURSO ESPECIAL REPRESENTATIVO DE CONTROVÉRSIA. ART. 543-C, DO CPC. DURAÇÃO RAZOÁVEL DO PROCESSO. PROCESSO ADMINISTRATIVO FISCAL FEDERAL. PEDIDO ADMINISTRATIVO DE RESTITUIÇÃO. PRAZO PARA DECISÃO DA ADMINISTRAÇÃO PÚBLICA. APLICAÇÃO DA LEI 9.784/99. IMPOSSIBILIDADE. NORMA GERAL. LEI DO PROCESSO ADMINISTRATIVO FISCAL. DECRETO 70.235/72. ART. 24 DA LEI 11.457/07. NORMA DE NATUREZA PROCESSUAL.

---

21. AgRg no REsp nº 1.143.129-ES, 2ª. T. – rel. Min. Humberto Martins j. 17.11.09, *DJe* 25.11.09.

APLICAÇÃO IMEDIATA. VIOLAÇÃO DO ART. 535 DO CPC NÃO CONFIGURADA.

1. A duração razoável dos processos foi erigida como cláusula pétrea e direito fundamental pela Emenda Constitucional 45, de 2004, que acresceu ao art. 5º, o inciso LXXVIII, in verbis: "a todos, no âmbito judicial e administrativo, são assegurados a razoável duração do processo e os meios que garantam a celeridade de sua tramitação".

2. A conclusão de processo administrativo em prazo razoável é corolário dos princípios da eficiência, da moralidade e da razoabilidade (Precedentes: ...).

3. O processo administrativo tributário encontra-se regulado pelo Decreto 70.235/72 – Lei do Processo Administrativo Fiscal -, o que afasta a aplicação da Lei 9.784/99, ainda que ausente, na lei específica, mandamento legal relativo à fixação de prazo razoável para a análise e decisão das petições, defesas e recursos administrativos ao contribuinte.

4. Ad argumentandum, dadas as peculiaridades da seara fiscal, quiçá fosse possível a aplicação analógica em matéria tributária, caberia incidir à espécie o próprio Decreto 70.235/72, cujo art. 7º, § 2º, mais se aproxima do thema judicandum, in verbis: "art. 7º (...);

5. A Lei nº 11.457/07, com o escopo de suprir a lacuna legislativa existente, em seu art. 24, preceituou a obrigatoriedade de ser proferida decisão administrativa no prazo máximo de 360 (trezentos e sessenta) dias a contar do protocolo dos pedidos, litteris: "Art. 24 (...);

6. Deveras, ostentando o referido dispositivo legal natureza processual fiscal, há de ser aplicado imediatamente aos pedidos, defesas ou recursos administrativos pendentes.

7. Destarte, tanto para os requerimentos efetuados anteriormente à vigência da Lei 11.457/07, quanto aos pedidos protocolados após o advento do referido diploma legislativo, o prazo aplicável é de 360 dias a partir do protocolo dos pedidos (art. 24 da Lei 11.457/07).

(...);

9. Recurso especial parcialmente provido para determinar a obediência ao prazo de 360 dias para a conclusão do processamento sub judice. Acordo submetido ao regime do art. 543-C e da Resolução STJ 08/2—8".[22]

---

22. REsp 1.138.206/RS – Primeira Seção – rel. Min. Luiz Fux – j. 9.8.2010 – *DJe* 01/09/2010.

Todavia, o STJ nada decidiu com relação ao efeito específico e concreto no caso de inobservância do preceito legal.

Estudo específico sobre o tema procura responder à indagação sobre "o que fazer quando o prazo se tornar irrazoável", na forma seguinte:

a) na hipótese de dilação excessiva do prazo nos processos conclusos para julgamento, e dos pedidos de diligências e providências, deve ser descartada a adoção de alternativa de simplesmente reconhecer ao contribuinte o direito pleiteado em face da irrazoável duração processual;

b) submeter o pleito administrativo ao Judiciário, para que lhe julgue o mérito, em face do retardo de decisão administrativa, seja no julgamento, seja na análise de providências ou diligências.

Entretanto será interrompida a via administrativa de maneira abrupta sem nenhuma consequência favorável ao contribuinte.

c) afastar as sanções que podem ocorrer em face do retardo na prestação jurisdicional para além dos prazos legais, o que constitui consequência válida a ser aplicada.

d) interposição de ação judicial obrigando a Administração a decidir, uma vez esgotados os prazos legais;

e) promover a responsabilidade do Estado – com base constitucional (art. 37, §6º, da CF) -, mediante o ressarcimento em razão dos prejuízos sofridos, incluindo danos morais (ou abalo de crédito, no caso de pessoas jurídicas), e lucros cessantes, entre outras parcelas indenizatórias.

Conclusões

a) a garantia constitucional da "duração razoável do processo" constitui cláusula pétrea (STJ), porque atende aos princípios da eficiência, moralidade, razoabilidade, proporcionalidade, e segurança jurídica;

b) a Administração Pública Federal encontra-se obrigada a proferir decisões no prazo máximo de 360 (trezentos e sessenta) dias, contados da apresentação de petições, defesas, e recursos formulados pelo contribuinte (Lei Federal 11.457/2007, art. 24);

c) a legislação não estabelece a obrigação de serem providos os pleitos dos contribuintes, e nem estipula específica penalidade para o descumprimento do mencionado preceito; o que não impede, todavia, seja caracterizada a responsabilidade do Estado;

d) a inércia da Fazenda no âmbito processual não pode caracterizar (i) "decadência" – em razão de ocorrer antes do início do lançamento do tributo; (ii) "prescrição" – pela circunstância deste instituto somente se verificar no âmbito judicial ; (iii) perempção – diante da falta de previsão no CTN; e (iv) preclusão – pelo fato de não se tratar de ultrapassar o período de tempo para a edição do ato administrativo.

e) de "lege ferenda", deveriam ser consideradas medidas rigorosas, como é o caso da "perempção" do processo administrativo; da "prescrição intercorrente", invalidando súmula do CARF; e a desconsideração proporcional de sanções aos contribuintes desconsiderando a incidência de juros e atualização monetária dos débitos, nos períodos em que ocorreram a inércia da Fazenda.

PROCESSO ADMINISTRATIVO TRIBUTÁRIO. PRINCÍPIO DA EFICIÊNCIA E TRAMITAÇÃO PROCESSUAL

Fábio Soares de Melo[1]

1. Introdução

O presente trabalho tem por finalidade, em síntese, apresentar breves considerações acerca do conceito, alcance e respectiva aplicabilidade do princípio da eficiência no âmbito do processo administrativo tributário (federal, estadual e municipal), bem como de identificar eventuais alternativas ao aprimoramento da sua tramitação processual.

2. Processo Administrativo Tributário

2.1 Fundamento e Dignidade Constitucional

No intuito de atribuir imprescindibilidade constitucional ao processo administrativo tributário, o artigo 5º, inciso LV, do Texto Constitucional de 1988, estabelece que:

---

1. Doutorando em Direito Tributário PUC/SP, Professor dos Cursos de Especialização PUC/SP e IBET, Visiting Professor University of Saint Gallen.

> *Art. 5º. (...) LV – aos litigantes, em processo judicial ou administrativo, e aos acusados em geral são assegurados o contraditório e a ampla defesa, com os meios e recursos a ela inerentes; (...).*

Dessa forma, o legislador constituinte conferiu o indubitável direito e garantia fundamental ao contribuinte de percorrer a esfera administrativa tributária, de maneira a garantir o exercício de sua ampla defesa, por intermédio do devido processo legal, de forma irrestrita e incondicional, sem que haja quaisquer óbices.

O processo administrativo tributário decorre das divergências oriundas da relação Fisco e contribuinte. De um lado, encontra-se o Fisco, que almeja o recebimento de determinada quantia considerada como devida, decorrente do descumprimento de obrigação principal e/ou acessória; e, de outro, o contribuinte, que sustenta a impossibilidade de sua exigência por entendê-la como indevida.

Em virtude da necessidade de obter a solução dos conflitos existentes entre Fisco e o contribuinte, deve haver a previsão de um processo administrativo tributário, além do processo judicial, em que sejam assegurados os atributos essenciais da ampla defesa, do contraditório, bem como dos meios e recursos inerentes.

Adicionalmente à expressa previsão contida no inciso LV, do artigo 5º, da Constituição Federal de 1988, deve-se salientar que o processo administrativo tributário decorreria, da mesma forma, da aplicação sistemática do inciso LIV, do artigo em referência, ao dispor que "*ninguém será privado de sua liberdade ou de seus bens sem o devido processo legal*"; bem como da alínea 'a', do inciso XXXIV, do aludido artigo, ao estabelecer que "*são a todos assegurados, independentemente do pagamento de taxas (...) o direito de petição aos Poderes Públicos em defesa de direitos ou contra ilegalidade ou abuso de poder*".

A esse respeito, o artigo 146, inciso III, alínea *b*, do Texto Constitucional de 1988[2] estabelece que a lei complemen-

2. "*Art. 146. Cabe à lei complementar: (...) III – estabelecer normas gerais em matéria*

tar deve estabelecer normas gerais em matéria de legislação tributária, especialmente sobre obrigação tributária, crédito tributário e seu respectivo lançamento.

E a garantia do processo administrativo tributário, no âmbito da legislação complementar, encontra-se em diversos dispositivos contidos no Código Tributário Nacional (CTN), aprovado pela Lei 5.172/66, recepcionado pela nova ordem constitucional com *status* de lei complementar, especialmente nos artigos 145, 151, inciso III e 201, a saber:

> *Art. 145. O lançamento regularmente notificado ao sujeito passivo só pode ser alterado em virtude de: I – impugnação do sujeito passivo; II – recurso de ofício; III – iniciativa de ofício da autoridade administrativa, nos casos previstos no art. 149. (...) Art. 151. Suspendem a exigibilidade do crédito tributário: (...) III – as reclamações e os recursos, nos termos das leis reguladoras do processo administrativo; (...). Art. 201. Constitui dívida ativa tributária a proveniente de crédito dessa natureza, regularmente inscrita na repartição administrativa competente, depois de esgotado o prazo fixado, para pagamento, pela lei ou por decisão final proferida em processo regular. (...).*

Dos artigos transcritos, depreende-se que (a) o lançamento é passível de revisão pela autoridade competente em razão de impugnação pelo sujeito passivo na esfera administrativa; (b) as reclamações apresentadas e os recursos interpostos pelo sujeito passivo suspendem a exigibilidade do crédito tributário; e (c) a Fazenda Pública apenas poderá inscrever a dívida ativa para posterior cobrança na esfera judicial, na hipótese de haver, previamente, um processo regular, cuja decisão tenha reconhecido a existência da referida dívida e que se tenha esgotado o respectivo prazo para pagamento. Destarte, importante observar que resulta da interpretação sistemática do próprio Código Tributário Nacional (CTN) a existência do processo administrativo tributário.

---

de legislação tributária, especialmente sobre: (...) b) obrigação, lançamento, crédito, prescrição e decadência tributários."

Assim sendo, tanto o Texto Constitucional de 1988 quanto o Código Tributário Nacional (CTN), em plena compatibilização com a Constituição Federal de 1988, asseguram ao contribuinte o processo administrativo fiscal, como verdadeiro instrumento de ajuste das relações tributárias, devidamente pautado pela ampla defesa e pelo contraditório, vedando quaisquer limitações a recursos ou aos meios necessários para que se torne possível o exercício de defesa de forma irrestrita e incondicional.

2.2 Imprescindibilidade, Relevância e Necessidade

A efetiva cobrança do crédito tributário resulta da inerente e necessária inscrição do débito fiscal em dívida ativa pela autoridade competente, atendidos os requisitos de liquidez e de certeza, necessários à formação do título executivo imprescindível ao processo de execução fiscal.

No entanto, carece de qualquer valor lógico ou jurídico "*persistir na cobrança de crédito tributário errônea ou indevidamente constituído sob alegações de cunho meramente formais ou operacionais. (...) Essa conclusão tem o intuito de evitar e prevenir a cobrança e a execução judicial indevida de valor total ou maior do que o devido ou quando provado que não ocorreu infração à lei tributária. Tal entendimento busca preservar o respeito à legalidade, à verdade material, ao direito de petição e à segurança jurídica que devem nortear a constituição, o lançamento, o julgamento, a cobrança e a execução do crédito tributário*[3]".

Aludidas razões jurídicas, por si só, seriam suficientes para justificar a existência e a necessidade do processo administrativo tributário almejando a solução dos litígios de natureza jurídica tributária no âmbito da Administração Pública.

O exame atento da questão jurídica vertente, a mais balizada e respeitável doutrina acerca do processo administrativo

---

3. QUEIROZ, Mary Elbe. *A Revisão do Lançamento Tributário (o Controle do Ato de lançamento como Fator de Segurança Jurídica)*. In: ROCHA, Valdir de Oliveira (coord.). Processo Administrativo Fiscal. 6º vol. São Paulo: Editora Dialética, 2002, p. 115/139.

tributário (Alberto Xavier[4], Eduardo Domingos Bottallo[5], José Antonio Minatel[6], José Eduardo Soares de Melo[7], Marcos Vinicius Neder e Maria Teresa Martínez López[8], Ricardo Mariz de Oliveira[9] e Wagner Balera[10], dentre outros), permite apontar os principais argumentos fáticos e jurídicos que, indubitavelmente, ratificam a importância do processo administrativo tributário no âmbito do Poder Executivo, a saber:

(a) Controle de legalidade do lançamento tributário;

(b) Suspensão da exigibilidade do crédito tributário, nos termos do artigo 151, inciso III, do Código Tributário Nacional (CTN), aprovado pela Lei 5.172/1966;

(c) Verificação dos requisitos de liquidez e de certeza inerentes ao crédito tributário, nos termos dos artigos 201 a 204, do Código Tributário Nacional (CTN)[11] e da Lei 6.830/80 (Lei de Execução Fiscal);

---

4. XAVIER, Alberto. *Do Lançamento. Teoria Geral do Ato, do Procedimento e do Processo Tributário.* 2ª ed. Rio de Janeiro: Editora Forense, 1997.

5. BOTTALLO, Eduardo Domingos. *Curso de Processo Administrativo Tributário.* São Paulo: Malheiros Editores, 2006.

6. MINATEL, José Antonio. *Dupla Instância, Formação Paritária e Avocatória no Processo Administrativo Tributário.* In: ROCHA, Valdir de Oliveira (Coordenador). Processo Administrativo Fiscal. 4º vol. São Paulo: Editora Dialética, 1999.

7. MELO, José Eduardo Soares de. *Processo Tributário Administrativo e Judicial.* 2ª ed. São Paulo: Quartier Latin, 2009.

8. NEDER, Marcos Vinicius; LÓPEZ, Maria Teresa Martínez. *Processo Administrativo Fiscal Federal Comentado.* São Paulo: Editora Dialética, 2002.

9. OLIVEIRA, Ricardo Mariz de. *O Processo Fiscal Federal na Visão da Defesa.* In: ROCHA, Valdir de Oliveira (coord.). Processo Administrativo Fiscal. 4º vol. São Paulo: Editora Dialética, 1999.

10. BALERA, Wagner. *Processo Administrativo Tributário.* São Paulo: Editora RT, 1999.

11. "*Art. 201. Constitui dívida ativa tributária a proveniente de crédito dessa natureza, regularmente inscrita na repartição administrativa competente, depois de esgotado o prazo fixado, para pagamento, pela lei ou por decisão final proferida em processo regular. Art. 202. O termo de inscrição da dívida ativa, autenticado pela autoridade competente, indicará obrigatoriamente: I – o nome do devedor e, sendo caso, o dos responsáveis, bem como, sempre que possível, o domicílio ou a residência de um e de outros; II – a quantia devida e a maneira de calcular os juros de mora acrescidos; III – a origem e*

(d) Observância à prerrogativa da autotutela dos atos administrativos, em conformidade com as Súmulas 346 e 473, editadas pelo Egrégio Supremo Tribunal Federal (STF) [12];

(e) Respeito aos princípios do contraditório, da ampla defesa, do devido processo legal, da legalidade, da eficiência, do interesse público, do direito de petição, da razoabilidade e da duplicidade de instância;

(f) Irrestrita e incondicional obediência ao princípio da segurança jurídica, zelando e garantindo a aplicação e efetividade dos demais princípios que regulam o Direito, de forma a limitar a atuação da Administração Pública, por meio da subordinação à sua efetiva observância;

(g) A especialização (conhecimento técnico e jurídico) dos julgadores tributários na esfera administrativa confere maior possibilidade de que os contribuintes alcancem a tão almejada "justiça fiscal". Em outras palavras, em decorrência da "expertise" e do alto grau de conhecimento acerca da matéria fiscal e processual, em tese, é coerente que a apreciação e o julgamento da lide administrativa ocorram "com maior

a natureza do crédito, mencionada especificamente a disposição em lei em que seja fundado; IV – a data em que foi inscrita; V – sendo caso, o número do processo administrativo de que se originar o crédito. Parágrafo único. *A certidão conterá, além dos requisitos deste artigo, a indicação do livro e da folha da inscrição. Art. 203. A omissão de quaisquer dos requisitos previstos no artigo anterior ou o erro a eles relativo são causas de nulidade da inscrição e do processo de cobrança dela decorrente, mas a nulidade poderá ser sanada até a decisão de primeira instância, mediante substituição da certidão nula, devolvido ao sujeito passivo, acusado ou interessado, o prazo para defesa, que somente poderá versar sobre a parte modificada. Art. 204. A dívida regularmente inscrita goza de presunção de certeza e liquidez e tem o efeito de prova pré-constituída. Parágrafo* único. *A presunção a que se refere este artigo é relativa e pode ser ilidida por prova inequívoca, a cargo do sujeito passivo ou do terceiro a que aproveite."*

12. Súmula STF 346: "*A Administração Pública poderá declarar a nulidade dos seus próprios atos*". Súmula STF 473: "*A administração pode anular seus próprios atos quando eivados de vícios que os tornam ilegais, porque deles não se originam direitos; ou revogá-los, por motivo de conveniência ou oportunidade, respeitados os direitos adquiridos e ressalvada, em todos os casos, a apreciação judicial*".

precisão", "com maior rigor de detalhes técnicos e jurídicos", caso comparados ao julgamento promovido no âmbito judicial. E tal alegação explica-se pela simples circunstância de que os julgadores administrativos costumam atuar, em sua maioria absoluta, nos campos da contabilidade, da fiscalização, da auditoria, da tributação etc.;

(h) Exercício da busca pela verdade material, por intermédio do exame pormenorizado e da valoração das provas carreadas aos autos pelas partes (tanto pelas autoridades fazendárias quanto pelos contribuintes), ao passo que, no âmbito do processo judicial, em circunstâncias específicas, as provas sequer são objeto de análise;

(i) Intuito de evitar que a Administração Pública arque com eventual ônus de sucumbência no âmbito do processo judicial tributário; e

(j) Propósito de facultar a possibilidade de que o contribuinte, no decorrer do processo administrativo tributário, opte pela adesão de eventual parcelamento especial, anistia, remissão, dentre outras espécies normativas que viabilizem a extinção da exigência fazendária em conformidade com sua possibilidade econômica.

Dessa forma, em razão dos argumentos jurídicos apontados, não resta dúvida acerca da imprescindibilidade, relevância e necessidade do processo administrativo tributário, nos âmbitos federal, estadual, distrital e municipal, ao qual fora conferida efetiva dignidade constitucional.

3. Princípios Aplicáveis ao Processo Administrativo Tributário

O sistema jurídico brasileiro apresenta rigidez em sua hierarquia normativa, de forma que as normas jurídicas inferiores encontram fundamento de validade nas normas jurídicas superiores até que se alcance o Texto Constitucional, de maneira que a unidade do ordenamento deriva da relação de interdependência e irradiação de efeitos decorrentes das aludidas normas jurídicas.

Noberto Bobbio[13], é imprescindível que "*(...) para que se possa falar de uma ordem, é necessário que os entes que a constituam não estejam somente em relacionamento com o todo, mas também num relacionamento de ocorrência entre si. Quando nos perguntamos se um ordenamento jurídico constitui um sistema, nos perguntamos se as normas que o compõem estão num relacionamento de coerência entre si, e em que condições é possível esta relação*".

Celso Antônio Bandeira de Mello[14] define "princípio" como mandamento nuclear, disposição fundamental que se irradia sobre as normas de forma a compor-lhes o espírito, como critério para sua compreensão e inteligência, por definir a lógica e a racionalidade do ordenamento, conferindo tônica e sentido harmônico. Desta forma, assevera que "violar um princípio é muito mais grave que transgredir uma norma", na medida em que a inobservância ao princípio resulta em ofensa ao sistema normativo de forma geral, compreendendo gravíssima forma de ilegalidade ou inconstitucionalidade, pois configura "insurgência contra todo o sistema de seus valores fundamentais, contumélia irremissível a ser arcabouço lógico e corrosão de sua estrutura mestra".

Ao discorrer acerca do valor da noção de princípio, Geraldo Ataliba[15] pontuou que o ordenamento jurídico apresenta verdadeira harmonia interna, estabelecida por uma hierarquia

---

13. BOBBIO, Noberto. *Teoria do Ordenamento Jurídico (Teoria dell' Ordinamento Giuridico)*. 10ª ed. Trad. Maria Celeste C. J. Santos. Brasília: Editora Universidade de Brasília, 1999, p. 19.

14. BANDEIRA DE MELLO, Celso Antônio. *Curso de Direito Administrativo*. 26ª ed. São Paulo, Malheiros Editores, 2009, p. 53.

15. ATALIBA, Geraldo. *República e Constituição*. São Paulo: Editora Revista dos Tribunais, 1985, p. 5/19.

na qual "algumas normas descansam em outras, as quais, por sua vez, repousam em princípios ("linhas mestras", "grandes nortes", "diretrizes magnas do sistema", "alicerces", "pedras de toque" ou "chaves de abóbada" do sistema normativo) que, de seu lado, se assentam em outros princípios mais importantes", sendo que, no plano constitucional, identifica-se uma ordem de que as regras apresentem interpretação e eficácia condicionada pelos princípios, assegurando coerência interna ao sistema.

Paulo de Barros Carvalho[16], ao abordar as questões inerentes aos princípios constitucionais tributários, pontifica que: "*Seja como for, os princípios aparecem como linhas diretivas que iluminam a compreensão de setores normativos, imprimindo-lhes caráter de unidade relativa e servindo de fator de agregação num dado feixe de normas. Exercem eles uma reação centrípeta, atraindo em torno de si regras jurídicas que caem sob seu raio de influência e manifestam a força de sua presença. Algumas vezes constam de preceito expresso, logrando o legislador constitucional enunciá-los com clareza e determinação. Noutras, porém, ficam subjacentes à dicção do produto legislado, suscitando um esforço de feitio indutivo para percebê-los e isolá-los. São os princípios implícitos. Entre eles e os expressos não se pode falar em supremacia, a não ser pelo conteúdo intrínseco que representam para a ideologia do intérprete, momento em que surge a oportunidade de cogitar-se de princípios e sobre-princípios.*"

Roque Antonio Carrazza[17], nesse sentido, assevera que "*princípio jurídico é um enunciado lógico, implícito ou explícito, que, por sua grande generalidade, ocupa posição de preeminência nos vastos quadrantes do Direito e, por isso mesmo, vincula, de modo inexorável, o entendimento e a aplicação das normas jurídicas que com ele se conectam*", concluindo que a desobe-

16. CARVALHO, Paulo de Barros. *Curso de Direito Tributário*. 19ª ed. São Paulo: Editora Saraiva, 2007, p. 158/187.

17. CARRAZZA, Roque Antonio. *Curso de Direito Constitucional Tributário*. 24ª ed. São Paulo: Malheiros Editores, 2008, p. 38/56.

diência aos princípios constitucionais apresentam maior amplitude, pois "acarreta consequências muito mais danosas ao *sistema jurídico* que o descumprimento de uma simples *regra*, ainda que constitucional", na medida em que "orientam, condicionam e iluminam a interpretação das normas jurídicas".

Nesta trilha doutrinária, entendemos que os princípios compreendem mandamentos de obrigatória observância, fundamentos basilares a serem seguidos de forma irrestrita, comandos imperativos a serem respeitados por todo e qualquer intérprete, e premissas fundamentais que não admitem quaisquer fracionamentos ou mitigações. Em outras palavras, os princípios abrangem proposições relevantes que têm o intuito de servir de base a determinada ordem de conhecimento sobre a qual se fundamenta a intelecção das normas jurídicas; e verdadeiros vetores que devem ser seguidos tanto pelo legislador quanto pelo aplicador das normas jurídicas, matrizes e pilares essenciais ao ordenamento jurídico e ao sistema processual. Dessa forma, parece-nos evidente que a violação de determinado princípio apresenta-se com maior gravidade à transgressão de uma norma, resultando em graves consequências ao sistema jurídico.

Portanto, é evidente que o sistema processual revela-se por princípios que conferem relação de segurança e de equilíbrio às partes litigantes, de forma que seja garantida a proteção de seus respectivos direitos. E são inúmeros os princípios aplicáveis ao processo administrativo tributário, dentre os quais: princípios de natureza constitucional (legalidade, contraditório, ampla defesa, devido processo legal, duplo grau de jurisdição e segurança jurídica), pelos princípios gerais de natureza administrativa (legalidade, impessoalidade, moralidade, publicidade, eficiência, interesse público, proporcionalidade e razoabilidade), e pelos princípios de natureza processual administrativa (motivação, verdade material, valoração das provas, celeridade e gratuidade).

Para fins do presente estudo, passaremos a discorrer acerca do conceito, alcance e respectiva aplicabilidade do princípio da eficiência no âmbito do processo administrativo tributário (federal, estadual e municipal), identificando, inclusive, eventuais alternativas ao aprimoramento da sua tramitação processual.

4. Princípio da Eficiência

O Texto Constitucional de 1988 estabelece relevantes princípios norteadores das atividades exercidas pela Administração Pública que, de maneira geral, informam o Direito Administrativo, constituindo o intitulado "regime jurídico administrativo". Nesse sentido, o artigo 37, da Carta Política de 1988 determina que:

> *Art. 37. A administração pública direta e indireta de qualquer dos Poderes da União, dos Estados, do Distrito Federal e dos Municípios obedecerá aos princípios de legalidade, impessoalidade, moralidade, publicidade e* ***eficiência*** *e, também, ao seguinte: (...).*

Considerando que o processo administrativo tributário (federal, estadual e municipal) tramita perante órgãos dos respectivos Poderes Executivos das referidas pessoas políticas (Ministério da Economia, Secretarias de Fazenda dos Estados e Secretarias de Finanças dos Municípios), em decorrência da atuação de seus representantes, por meio da edição de atos administrativos, encontra-se submetido à observância dos princípios constitucionais de natureza administrativa (legalidade, impessoalidade, moralidade, publicidade, eficiência, interesse público, proporcionalidade e razoabilidade), impondo o exame de sua conceituação e respectiva aplicabilidade.

O princípio da eficiência tem por finalidade principal a obrigatoriedade de que a atuação da Administração Pública obtenha resultados de forma satisfatória e eficiente. Assim, o princípio em comento obriga, sinteticamente, que a atividade desenvolvida pela Administração Pública deva ser exercida com "*presteza, perfeição e rendimento funcional*"[18]. Regina

18. MEIRELLES, Hely Lopes. *Direito Administrativo Brasileiro*. 35ª ed. São Paulo: Malheiros Editores, 2009, p. 98.

Helena Costa[19], esclarece que a ideia apropriada de eficiência no âmbito administrativo compreende o "*dever de eficiência*", que "*constitui exigência do princípio da finalidade pública ou da supremacia do interesse público sobre o particular, segundo o qual a atuação da Administração Pública somente está legitimada a perseguir resultados de interesse coletivo*".

Resta claro, portanto, que aludido princípio (introduzido no Texto Constitucional de 1988 por meio da Emenda Constitucional n. 19/98) ratifica e impõe a qualidade e a celeridade dos atos emanados pela Administração Pública, permitindo sua plena e automática eficácia.

Ao examinar detidamente o princípio da eficiência em matéria tributária, José Eduardo Soares de Melo[20] pontifica que "*a fiscalização que demora para concluir o seu trabalho junto a um empresário prejudica a Fazenda (falta de eventual lançamento), e o próprio contribuinte (insegurança de comprometimento de seu patrimônio). O mesmo ocorre com o processo administrativo lento, que nunca termina, ficando anos nas gavetas para uma solução, causando transtornos às partes litigantes, A Fazenda vê-se impossibilitada ao recebimento do crédito tributário, na hipótese de o contribuinte dilapidar seu patrimônio, cair em insolvência durante o trâmite processual, passando a inexistirem bens suficientes para garantir a execução judicial.*"

Cumulativamente, o princípio da celeridade se apresenta como decorrência lógica do princípio da eficiência, insculpido no artigo 37, da Constituição Federal de 1988, encontrando previsão constitucional no artigo 5º, inciso LXXVIII, ao determinar que "*a todos, no âmbito judicial e administrativo, são assegurados a razoável duração do processo e os meios que garantam a celeridade de sua tramitação.*"

---

19. COSTA, Regina Helena. *Praticabilidade e Justiça Tributária. Exequibilidade de Lei Tributária e Direitos do Contribuinte*. São Paulo: Malheiros Editores, 2007, p. 147.

20. MELO, José Eduardo Soares de. *Princípio da Eficiência em Matéria Tributária*. Pesquisas Tributárias. Nova Série – 12. Coordenador Ives Gandra da Silva Martins. Coedição CEU e Editora RT. São Paulo, 2006.

E para que se busque o conceito do princípio da celeridade, não se mostra relevante tecermos grandes considerações ao seu respeito, pois a celeridade compreende a essência de que as lides de matéria tributária, no âmbito do processo administrativo tributário, devam ser solucionadas de forma breve, rápida e eficaz. Convém salientar que, por intermédio do princípio da celeridade, a Administração Pública, nas palavras de Celso Antônio Bandeira de Mello, "*deve atuar no processo com presteza, de sorte a que esse tenha, como diz o texto constitucional (art. 5º, LXXVIII), duração 'razoável' e se assegure a 'celeridade de sua tramitação'*"[21].

No entanto, ressaltamos que a almejada celeridade processual jamais poderá pressupor o comprometimento da qualidade dos julgamentos, pois é indubitável que a apreciação de processo administrativo tributário, sem a promoção do exame detalhado dos argumentos apresentados pelas partes, bem como a avaliação pormenorizada das provas carreadas aos autos, certamente não produzirá a almejada justiça fiscal, podendo acarretar cerceamento de defesa e inerentes vícios processuais (nulidades e/ou anulabilidades), o que, inclusive, desrespeitaria o próprio princípio da eficiência.

Nesta linha de raciocínio, entendemos conveniente e oportuno que a Administração Pública adotasse, exemplificativamente, algumas medidas no âmbito do processo administrativo tributário, as quais, certamente atenderiam ao princípio da eficiência, a saber:

(a) Elaboração e aplicação de legislação complementar e ordinária unicamente aplicável aos processos administrativos fiscais nas esferas federal, estaduais e municipais;

(b) Real e efetiva sintonia de comunicação entre órgãos de fiscalização e julgamento com a Procuradoria Fiscal;

21. BANDEIRA DE MELLO, Celso Antônio. *Curso de Direito Administrativo*. 26ª ed. São Paulo: Malheiros Editores, 2009, p. 497.

(c) Atuação administrativa coerente às orientações jurisprudenciais pacificadas;

(d) Elaboração de pautas de julgamento com assuntos similares;

(e) Julgamento de processos em retorno de pedido de vista anteriormente à discussão e julgamento de novos processos;

(f) Julgamento de exigências fazendárias que compreendam todos os lançamentos de ofício decorrentes da mesma operação fiscal;

(g) Vedação à distribuição de novos processos para julgador tributário que disponha de elevado número de processos para relatoria e/ou decorrentes de pedidos de vista;

(h) Inaceitável figura do "retardamento injustificado" dos autos, especialmente na conversão de julgamentos em diligências e/ou perícias desnecessárias;

(i) Revisão de Súmulas estariam em descompasso ao princípio da eficiência (súmula que inadmite a prescrição intercorrente consiste em verdadeira contradição ao princípio da celeridade processual); e

(j) Adoção da tramitação processual na modalidade eletrônica.

Da mesma forma, revela-se imperiosa à observância ao princípio da eficiência não somente nas lides administrativas propriamente ditas (conflitos entre Fisco e contribuinte decorrentes de lançamento de ofício), como também, nos procedimentos de consulta fiscal, pedidos de regime especial, reconhecimento de imunidade, denúncia espontânea, reconhecimento de créditos etc.

Em face do exposto, entendemos que a adoção das práticas apontadas permitirá que a solução das lides administrativas tributárias fossem rápidas suficientemente para conferir respostas apropriadas às partes litigantes e adequadamente longas para garantir a segurança jurídica das demandas tributárias, respeitando o devido processo legal em observância aos demais princípios aplicáveis, ressaltando que, uma solução rápida não significa uma solução apressada, precipitada e ausente de motivação convincente.

Referências

ATALIBA, Geraldo. *Contencioso Administrativo. in* RDT n. 11/12. São Paulo: Ano IV, Janeiro/Junho de 1980.

______. *República e Constituição.* São Paulo: Editora Revista dos Tribunais, 1985.

BALERA, Wagner. *Processo Administrativo Tributário.* São Paulo: Editora RT, 1999.

BANDEIRA DE MELLO, Celso Antonio. *Curso de Direito Administrativo.* 26ª ed. São Paulo, Malheiros Editores, 2009.

BOBBIO, Noberto. *Teoria do Ordenamento Jurídico (Teoria dell' Ordinamento Giurido).* 10ª ed. Tradução Maria Celeste C. J. Santos. Brasília: Editora Universidade de Brasília, 1999.

BORGES, José Souto Maior. *Lançamento Tributário.* 2ª ed. São Paulo: Malheiros Editores, 1999.

BOTTALLO, Eduardo Domingos. *Curso de Processo Administrativo Tributário.* São Paulo: Malheiros Editores, 2006.

CABRAL, Antonio da Silva. *Processo Administrativo Fiscal.* São Paulo: Editora Saraiva, 1993.

CARRAZZA, Roque Antonio. *Curso de Direito Constitucional Tributário.* 24ª ed. São Paulo: Malheiros Editores, 2008.

CARVALHO, Paulo de Barros. *Curso de Direito Tributário.* 19ª ed. São Paulo: Editora Saraiva, 2007.

COSTA, Regina Helena. *Praticabilidade e Justiça Tributária. Exequibilidade de Lei Tributária e Direitos do Contribuinte.* São Paulo: Malheiros Editores, 2007.

GRECO, Marco Aurélio. *Processo Administrativo Tributário.* In: MARTINS, Ives Gandra da Silva. (Coordenador). Processo Administrativo Tributário. Pesquisas Tributárias. São Paulo: Nova Série n. 5, 1999.

LÓPEZ, Maria Teresa Martinez e NEDER, Marcos Vinicius. *Processo Administrativo Fiscal Federal Comentado.* São Paulo: Editora Dialética, 2002.

MAIA, Mary Elbe Gomes Queiroz. *Do Lançamento Tributário – Execução e Controle.* São Paulo: Editora Dialética, 1999.

MARINS, James. *Direito Processual Tributário Brasileiro (Administrativo e Judicial).* 5ª ed. São Paulo: Editora Dialética, 2010.

MELO, Fábio Soares de. *Processo Administrativo Tributário. Princípios, Vícios e Efeitos Jurídicos.* 2ª ed. Porto Alegre: Editora Livraria do Advogado, 2018.

MELO, José Eduardo Soares de. *Processo Tributário Administrativo e Judicial.* 4ª ed. São Paulo: Quartier Latin, 2015.

______. *Princípio da Eficiência em Matéria Tributária.* Pesquisas Tributárias. Nova Série - 12. Coordenador Ives Gandra da Silva Martins. São Paulo: CEU e Editora RT, 2006.

MEIRELLES, Hely Lopes. *Direito Administrativo Brasileiro.* 35ª ed. São Paulo: Malheiros Editores, 2009.

MINATEL. José Antonio. *Dupla Instância, Formação Paritária e Avocatória no Processo Administrativo Tributário.* In: ROCHA, Valdir de Oliveira (Coordenador). Processo Administrativo Fiscal. 4º vol. São Paulo: Editora Dialética, 1999.

NEDER, Marcos Vinicius e LÓPEZ, Maria Teresa Martinez. *Processo Administrativo Fiscal Federal Comentado.* São Paulo: Editora Dialética, 2002.

OLIVEIRA, Ricardo Mariz de. *O Processo Fiscal Federal na Visão da Defesa*. In: ROCHA, Valdir de Oliveira (Coordenador). Processo Administrativo Fiscal. 4º vol. São Paulo: Editora Dialética, 1999.

QUEIROZ, Mary Elbe. *A Revisão do Lançamento Tributário (o Controle do Ato de Lançamento como Fator de Segurança Jurídica)*. In: ROCHA, Valdir de Oliveira (Coordenador). Processo Administrativo Fiscal. 6º vol. São Paulo: Editora Dialética, 2002.

RIBAS, Lídia Maria Lopes Rodrigues. *Processo Administrativo Tributário*. 3ª ed. São Paulo: Malheiros Editores, 2008.

ROCHA, Sergio André. *Processo Administrativo Fiscal. Controle Administrativo do Lançamento Tributário*. 2ª ed. Rio de Janeiro: Lumen Juris Editora, 2007.

SALOMÃO, Marcelo Viana. *Processo Administrativo Tributário Estadual*. In: SANTI, Eurico Marcos Diniz de (Coordenador). Segurança Jurídica na Tributação e Estado de Direito. II Congresso Nacional de Estudos Tributários. São Paulo: Editora Noeses e IBET, 2005.

SCAFF, Fernando Facury. *Duração Razoável do Processo Administrativo Fiscal Federal. in* "Direito Tributário. Estudos Avançados em Homenagem a Edvaldo Brito". Coordenadores. São Paulo: Editora Atlas, 2014.

TORRES, Luis R. Carranza. *Planteos em Defensa de los Derechos del Contribuyente Frente al Fisco. Doctrina y Análisis de Casos*. Buenos Aires: Legis Argentina S/A, 2007.

UCKMAR, Victor. *Princípios Comuns de Direito Constitucional Tributário*. São Paulo: Editora Revista dos Tribunais, 1976.

XAVIER, Alberto. *Do Lançamento. Teoria Geral do Ato, do Procedimento e do Processo Tributário*. 2ª ed. Rio de Janeiro: Editora Forense, 1997.

AUTO DE INFRAÇÃO. DESMEMBRAMENTO DA AUTUAÇÃO. EFEITOS DANOSOS AO CONTRIBUINTE

Eduardo Soares de Melo[1]

1. Introdução

O presente estudo analisa efeitos danosos aos contribuintes do ICMS (SP), em decorrência da forma de autuação fiscal – lavratura do Auto de Infração e Imposição de Multa (AIIM) – realizada pelo Agente Fiscal de Rendas competente.

Nesse sentido o estudo identifica que, conforme a natureza da acusação fiscal – **(i)** infrações decorrentes do perfazimento de negócio jurídico com contribuinte considerado inidôneo (ex.: apropriação indevida do crédito do imposto estadual, consignação de declaração falsa de estabelecimento destinatário etc.); **(ii)** acusações com origem em uma única conduta praticada pelo contribuinte (ex.: creditamento indevido do ICMS e recebimento e estocagem de mercadoria acompanhada de documentação fiscal inábil etc.); e **(iii)** descumprimento

---

1. Juiz da Câmara Superior do Tribunal de Impostos e Taxas de São Paulo. Professor do IBET e da Faculdade Brasileira de Tributação (FBT). Pós-graduado em Direito Tributário pela PUC/SP e pelo CEU-LAW. Advogado.

de obrigação tributária de natureza acessória –, o desmembramento da autuação em mais de um AIIM influenciará o resultado do julgado, quando da apreciação pelos julgadores do Tribunal de Impostos e Taxas da Secretaria de Fazenda e Planejamento do Estado de São Paulo – TIT/SP –.

Registra ainda que o aludido desmembramento poderá implicar, seja qual for a acusação fiscal, em cerceamento ao direito de defesa do contribuinte autuado e na redução de chances de êxito na esfera administrativa, causando insegurança jurídica aos contribuintes.

2. Competência para Julgamento. Alteração de Valor. Inobservância de Postulados Jurídicos. Consequências ao Contribuinte

Até a publicação, em 19.07.17, da Lei Estadual16.498, de 18.07.17, decisão proferida em Auto de Infração e Imposição de Multa (AIIM) cujo débito fiscal, exigido na data da lavratura, correspondesse a até 5.000 (cinco mil) Unidades Fiscais do Estado de São Paulo - UFESP, ensejava a interposição de Recurso de Ofício (na hipótese de julgado contrário à Fazenda Pública do Estado de São Paulo), ou Recurso Ordinário (no caso de decisão contrária ao contribuinte autuado) dirigido ao Delegado Tributário de Julgamento.

Os referidos Recursos, todavia, eram endereçados ao Tribunal de Impostos e Taxas do Estado de São Paulo quando o débito fiscal, exigido na data da lavratura do AIIM, atingisse montante superior a 5.000 (cinco mil) UFESP.

A norma contida na Lei Estadual 16.498/2017, contudo, deu nova redação aos artigos 39, 40, 46 e 47, todos da Lei Estadual 13.457/2009, alterando o valor definidor da competência para julgamento para o valor equivalente a 20.000 UFESP.

Portanto, de acordo com o disposto no novo ordenamento jurídico vigente não serão submetidos à apreciação dos julgadores do TIT/SP os AIIM cujo valor do débito fiscal, exigido na data da sua lavratura, corresponda a até 20.000 UFESP.

Tenho para mim que a regra viola o devido processo legal, a ampla defesa e o contraditório, eis que implicará na perda, por parte de quantidade significativa de contribuintes autuados (cujos débitos fiscais não suplantem 20.000 UFESP), do acesso a órgão paritário, como é o caso do TIT/SP.

O aludido tribunal apresenta estrutura necessária para se resguarde o Princípio da Impessoalidade, uma vez que é composto por juízes servidores públicos e julgadores indicados por entidades de classe, em sua maioria advogados.

Significa dizer que muitos contribuintes não serão submetidos a decisões mais equilibradas, eis que ficarão sujeitos a *decisum* da lavra de julgador singular, servidor público (como é o caso do Delegado Tributário de Julgamento), com viés fiscalista.

Preciosas as lições de José Eduardo Soares de Melo, que destacam tendência de imparcialidade nos julgados emanados por órgão de composição paritária:

> 19.4. Composição Paritária – A independência, a imparcialidade e a neutralidade constituem pressupostos indispensáveis para a prolação de correto e adequado julgamento de questões, inclusive as de natureza tributária, tendo em vista que o julgador que integra os quadros da Fazenda revelará natural tendência de confirmar os atos administrativos, porque naturalmente observa as instruções emitidas pelas autoridades hierarquicamente superiores. Na medida em que um lançamento tenha por fundamento uma Portaria do Ministro da Fazenda, do Secretário de Fazenda do Estado, ou do Secretário de Finanças do Município, o julgador (hierarquicamente inferior à referida autoridade) não questionará sua legitimidade, ou sequer sua inconstitucionalidade. No caso em que os representantes dos contribuintes (entidades da agricultura, comércio, indústria, advogados, contabilistas etc.) decidem, em conjunto, com os agentes públicos (fiscais de renda, procuradores), os julgamentos passam a representar um exame equilibrado, que procura desvincular-se de orientações fazendárias. Realmente, os Conselheiros ou Juízes Contribuintes não integram a estrutura administrativa, encontrando-se totalmente desvinculados e sem nenhuma subordinação à cúpula fazendária, podendo

> decidir de forma descompromissada, com a aplicação de todo o ordenamento jurídico, especialmente as normas constitucionais. (in 'Processo Tributário Administrativo e Judicial' – Editora Quartier Latin – 3ª. Edição - São Paulo: 2014 - pp. 252/253)

Vejo que esses mesmos contribuintes sofrerão cerceamento de direito à defesa, como consequência da redução de instância julgadora administrativa.

Com o afastamento da competência do TIT/SP para julgar a matéria, não haverá sua apreciação em duas diferentes oportunidades (em sede de Câmara Julgadora e Câmara Superior), mas, ao que parece, em apenas um momento.

Possível decorrência da nova regra será a crescente ineficiência do controle de legalidade do ato administrativo (lançamento de ofício).

Basta considerar que a quase totalidade das decisões administrativas proferidas em primeira instância (singulares, diga-se de passagem) têm sido em favor do fisco estadual.

O mesmo não ocorre quando os julgados são fruto da atuação de órgão colegiado (TIT/SP), em que é diferente a proporção havida entre julgados que mantem e que cancelam os AIIM lavrados.

Maior será o risco de insucesso da Fazenda Pública do Estado de São Paulo nas contendas no âmbito judicial (com implicações em termos de sucumbência), haja vista a realização do controle de legalidade realizado, tão somente, por julgador servidor público.

Creio que maior número de contribuintes buscará socorro no Poder Judiciário, com o ingresso de ação específica, tendo em vista a pouca chance de êxito, na esfera administrativa, com decisão final prolatada por juiz singular fazendário.

Esse expediente (aumento da busca pela tutela judicial) caminhará na contramão dos interesses da própria Administração Pública, consistente na maior celeridade (agilidade) aos julgamentos dos AIIM lavrados.

O trâmite do processo, no campo judicial, tem sido mais moroso se comparado ao âmbito administrativo. A diferença tem se acentuado, nos últimos anos, com a superveniência dos processos administrativos eletrônicos, notadamente mais céleres.

Por último, poderá resultar no esvaziamento do próprio TIT/SP, criado há mais de 80 (oitenta) anos com o objetivo, justamente, de exercer o controle de legalidade decorrente do lançamento de ofício.

2.1 Período de fiscalização desmembrado em mais de um AIIM. Insegurança jurídica ao contribuinte

A questão se torna ainda mais sensível se atentarmos à possibilidade do Agente Fiscal de Rendas competente, por iniciativa própria, segregar o período fiscalizado em mais de um AIIM, tornar cada um dos débitos fiscais cobrados (em diferentes AIIM) em valores iguais ou inferiores a 20.000 UFESP, desviando assim a competência do TIT/SP para a apreciação e julgamento da matéria.

A definição de valor superior ao anterior (20.000, em contraposição às 5.000 UFESP), para fixação de competência para julgamento, revela, assim, fragilidade, ficando o contribuinte a mercê do Agente Fiscal de Rendas, profissional altamente habilitado para a realização do trabalho fiscal, mas sem competência para o direcionamento da competência julgadora. Mais do que isso, submete o contribuinte a patente situação de insegurança jurídica.

3. Relevação e redução da penalidade (artigo 527-A, do RICMS/SP)

O artigo 27, da Lei Estadual 13.457/2009 – norma que disciplina o processo administrativo tributário no Estado de São Paulo – dispõe que somente nos casos expressamente previstos em lei, poderá o órgão de julgamento relevar ou reduzir as penalidades aplicadas.

De acordo com o artigo 527-A, do Decreto Estadual 45.490/2000 (RICMS/SP), ao julgador do TIT é facultada a relevação ou redução da multa aplicada, desde que **(i)** a acusação fiscal não implique em falta de pagamento do ICMS (mas apenas no descumprimento de obrigação tributária de natureza acessória); e **(ii)** a conduta do contribuinte não decorra da prática de dolo, fraude ou simulação.

Ao seu turno, dispõe o artigo 527-A, § 3º, do aludido diploma normativo, que também serão considerados para a relevação ou a redução da sanção o porte econômico e os antecedentes fiscais do contribuinte.

3.1 O antecedente fiscal do contribuinte

No que concerne aos 'antecedentes fiscais do contribuinte' – tema de interesse desse estudo –, penso que existência de outras autuações fiscais eventualmente versando sobre acusação fiscal de mesma natureza (período distinto) que do AIIM submetido à apreciação dos juízes do TIT/SP, não pode influenciar a decisão do julgador no concerne à aplicação do art. 527-A, do RICMS/SP.

Realmente, a mera lavratura (anterior) de outro AIIM não pode ter o condão de impedir a relevação ou a redução da penalidade caso assim entenda o julgador, até porque a autuação fiscal pode ter se dado de forma equivocada.

Além disso, vejo como mais acertada a decisão que considera apenas o caso concreto submetido à apreciação, devendo ser divorciada de outro(s) processo(s).

A redução ou relevação da multa aplicada considerando o histórico do contribuinte acaba por autorizar a ingerência de decisão emanada por outros julgadores (relativa a AIIM distinto) sobre o novo julgado (submetido à apreciação e decisão de outros juízes), situação esta que não pode ser prestigiada por mitigar a liberdade e o livre convencimento do juiz, e por não se tratar de súmula editada pelo Tribunal (esta sim, a ser seguida por todos os julgadores da mesma corte Administrativa).

O julgador do novo AIIM não pode ser influenciado por decisão definitiva do TIT/SP proferida anteriormente, e que manteve acusação fiscal em AIIM distinto, até mesmo porque **(i)** referido 'decisum' pode ter sido pautado em argumento jurídico com o qual o julgador do novo AIIM não compartilha; e **(ii)** entendimento diverso da decisão administrativa definitiva poderá ser adotado pelo Poder Judiciário, em sede de execução fiscal.

Do contrário, estar-se-á dispensando tratamento tributário personalizado (desfavorável) ao contribuinte nessa situação, o que não se pode admitir em face do princípio da impessoalidade.

Nem mesmo o 'bom contribuinte' tem direito a tratamento especial (vantajoso), como destaca José Eduardo Soares de Melo:

> Não pode o fisco conferir tratamento tributário personalizado, especial, vantajoso (ou prejudicial) a certos contribuintes, em prejuízo de outros. (...) A circunstância dos contribuintes já sofrerem reiteradas cobranças tributárias (processos administrativos, execuções fiscais), por si só, não pode implicar radical postura dos julgadores no sentido de manter exigências em demais ações fiscais sob a assertiva de serem contumazes devedores tributários. Não é pelo fato do industrial sempre recolher significativos valores tributários aos cofres públicos, que não se possa decidir pela manutenção de autos de Infração, instaurados contra o mesmo contribuinte, em situações nas quais ficara comprovada a prática de ilícito tributário. (op. cit. p. 92)

No entanto, circunstância como o antecedente do contribuinte é tida como relevante no E. Tribunal de Impostos e Taxas de São Paulo TIT/SP, para atenuação da penalidade aplicada.

3.2 Separação do período autuado em diferentes AIIM. Manutenção integral da multa. Prejuízo ao contribuinte

Ocorre que a mera segregação do período autuado com a consequente lavratura de mais de um AIIM (mesma acusação fiscal) em face do contribuinte – mediante expediente adotado pelo Agente Fiscal de Rendas –, a princípio inofensiva, é capaz de acarretar significativo prejuízo ao contribuinte autuado.

As seguintes situações retratam o que se afirma.

Exemplo 'A': agente fiscal de rendas acusa contribuinte, de pequeno porte econômico, de falta de escrituração de notas fiscais de entrada de mercadoria no livro fiscal competente – conduta essa reiterada nos últimos cinco exercícios financeiros – sem que se constate a prática de dolo, fraude ou simulação. Como consequência, lavra AIIM abarcando referido período (cinco anos). Por não existir outro AIIM lavrado em nome daquele contribuinte, há a possibilidade, a critério do julgador, de relevar ou reduzir a multa nos moldes do artigo 527-A, *caput* e §3º, do RICMS/SP.

Exemplo 'B': agente fiscal de rendas acusa contribuinte, de pequeno porte econômico, de falta de escrituração de notas fiscais de entrada de mercadoria no livro fiscal competente – comportamento repetido nos últimos cinco anos – inexistindo a verificação da prática de dolo, fraude ou simulação. Por critério do agente público competente, o período autuado (cinco anos) integrou três AIIM, cada qual com acusação fiscal de idêntica natureza. A penalidade aplicada em cada um dos três AIIM dificilmente será relevada ou reduzida, nos lindes do artigo 527-A, *caput* e §3º, do RICMS/SP, porque o julgador de um dos AIIM lavrados considerará, ao apreciar a matéria, o antecedente daquele contribuinte (informação acerca da existência de outros dois AIIM).

Deduz-se que o antecedente fiscal do contribuinte – tido como critério de dosimetria da penalidade, para a maioria dos julgadores do E. Tribunal de Impostos e Taxas de São Paulo – sofrerá distintas interpretações de acordo com a forma de autuação realizada pelo AFR (nos exemplos dados, lavratura de um ou três AIIM para os cinco últimos exercícios financeiros).

Em outras palavras, o que definirá o antecedente 'bom' ou 'ruim' do contribuinte será, pasmem, a conduta de terceiro (AFR), o que não se pode admitir.

4. O perfazimento de negócio jurídico com contribuinte considerado inidôneo

De longa data, contribuintes paulistas do ICMS vêm sofrendo a lavratura de número significativo de Autos de Infração e Imposição de Multa (AIIM's), como consequência do perfazimento de negócios jurídicos com terceiros (também contribuintes do imposto estadual) considerados inidôneos pelo fisco estadual.

Os lançamentos de ofício efetuados em face de contribuintes que transacionam com terceiros considerados inidôneos, compreendem, basicamente, as acusações fiscais de **(i)** apropriação indevida do crédito do imposto estadual, decorrente da escrituração, no Livro Registro de Entradas, de documentação fiscal (notas fiscais de entrada de mercadorias no estabelecimento) considerada inábil; **(ii)** recebimento e estocagem de mercadoria desacompanhada de documentação fiscal considerada hábil; **(iii)** emissão de nota fiscal em operação de saída de mercadoria (venda, remessa para industrialização, devolução) consignando declaração falsa quanto ao estabelecimento de destino da mesma, que teve cassada ou suspensa a eficácia da sua inscrição estadual; **(iv)** emissão de nota fiscal em operação de saída de mercadoria emitida por pessoa jurídica cuja Inscrição Estadual teve a eficácia cassada ou suspensa; e **(v)** transporte de mercadorias para destinatário diverso daquele indicado nos documentos fiscais, em face da empresa discriminada nas notas fiscais ter sido declarada inidônea.

As acusações costumam decorrer da constatação, após o exame de documentos e a realização de diligências pela autoridade fiscal, de prática de fraude estruturada com o objetivo de sonegação do imposto estadual (ex.: simulação de existência de estabelecimento, quadro societário composto por pessoas interpostas, indicação de dados cadastrais falsos etc.)

Ocorre que, não bastasse a cessação ou suspensão da eficácia da Inscrição Estadual do contribuinte inidôneo desde a sua abertura, é considerada inidônea toda e qualquer documentação fiscal emitida e/ou recebida pelo contribuinte, o que envolve terceiros de boa-fé.

4.1 A demonstração da veracidade das operações mercantis e dos serviços e o reconhecimento da boa-fé

Em que pese a existência de argumentação jurídica suficiente para o afastamento das aludidas acusações fiscais – inobservância do princípio da não cumulatividade, impossibilidade de transferência do poder de polícia de cunho fiscalizatório ao particular e efeitos *ex nunc* da declaração de inidoneidade do estabelecimento ou a empresa tida como inidônea –, a efetiva demonstração da realização das operações mercantis e dos serviços alcançados pelo ICMS é condição para o reconhecimento da boa-fé do contribuinte.

Fundamental, portanto, a comprovação da veracidade do perfazimento dos negócios jurídicos para o afastamento **(i)** da glosa do crédito do imposto estadual ou; **(ii)** das penalidades aplicadas, por pretenso descumprimento de obrigação tributária de natureza acessória.

Nesse sentido, a Súmula 509 do Superior Tribunal de Justiça (STJ) firmou a diretriz de que:

> É lícito ao comerciante de boa-fé aproveitar os créditos de ICMS decorrentes de nota fiscal posteriormente declarada inidônea, quando demonstrada a veracidade da compra e venda.

A comprovação da veracidade da prestação dos serviços e das operações mercantis depende da apresentação da documentação competente, ou seja, de elementos que, entre outros, comprovem o pagamento dos serviços ou das mercadorias – ordens de pagamento, apresentação das duplicatas quitadas, extratos bancários com a devida autenticação mecânica de instituição financeira, comprovante de pagamento realizado em cartório (pagamento feito em protesto), entre outros –, nos moldes da legislação vigente.

Dessa forma, estar-se-á recorrendo ao princípio da verdade material - postulado que, entre outros, disciplina o processo administrativo tributário paulista - por meio do qual é conferida às partes litigantes (fisco e contribuinte) a faculdade de comprovar e fundamentar, documentalmente, suas razões de fato e de direito.

Somente analisando o caso concreto, debruçando sobre as particularidades fático-jurídicas do caso concreto e, ato contínuo, valorando o conjunto probatório trazido aos autos, será possível concluir pela precisão do trabalho fiscal (de modo a atestar a inidoneidade das respectivas notas fiscais) ou pela suficiência das provas trazidas à baila pelo contribuinte autuado (de sorte a confirmar a efetiva realização das operações mercantis).

Circunstâncias específicas advindas da praxe comercial, fruto da dinâmica empresarial – não abordadas nesse estudo, eis que voltado a escopo distinto –, como devoluções de mercadorias, comprovantes de pagamento abarcando mais de uma nota fiscal e descontos recomendam demonstração detalhada pelo contribuinte.

Primordial a demonstração do real desembolso dos montantes contidos nas notas fiscais (valor da prestação de serviço/operação de compra e venda) em favor do emitente da documentação, para o reconhecimento das prestações/operações nelas (notas fiscais) representadas.

A prova de pagamento pela aquisição das mercadorias e dos serviços constitui, a par de outros documentos, elemento importante para a demonstração da efetividade dos negócios jurídicos e da boa-fé do contribuinte.

Ocorre que, não raro, mediante a apresentação de provas de pagamento pela aquisição de parte dos serviços ou das mercadorias que ingressaram no estabelecimento, contribuintes têm anexado às suas peças de defesa, tanto no âmbito administrativo quanto na esfera judicial, parcela das prestações/operações objeto dos processos em que figura como parte.

4.2 A segregação do período fiscalizado em Autos de Infração e a consequente alteração do resultado de julgamento. O reconhecimento da boa-fé em relação a cada operação mercantil e serviço

Há quem entenda que, ou se reconhece a boa-fé do contribuinte como um todo, isto é, no que concerne a todas as operações mercantis e serviços constantes do AIIM lavrado, ou se reconhece a subsistência da acusação fiscal de forma integral, ou seja, também em relação a todas as operações e serviços nele contidos.

Revela fragilidade jurídica a assertiva de que, uma vez demonstrada pelo contribuinte a veracidade da maioria das prestações ou operações contidas no AIIM lavrado, deve-se reconhecer a boa-fé na conduta praticada no que diz respeito a todos os negócios jurídicos relacionados à acusação fiscal.

Há que ser analisada a existência de boa-fé do contribuinte em relação àquela prestação/operação específica, até porque são várias as razões pelas quais deve se considerar, para fins de reconhecimento da boa-fé do contribuinte autuado (adquirente de mercadoria ou tomador de serviço tributado pelo ICMS), a prestação de serviço ou a operação mercantil em si.

A situação hipotética detalhada adiante – decorrente do desmembramento do período fiscalizado, ensejando a lavratura de mais de um AIIM – revela a precariedade da tese de que a boa-fé do contribuinte somente poderia ser reconhecida para englobar todas as prestações/operações praticadas.

Vejamos os seguintes cenários.

Exemplo nº 1: O Agente Fiscal de Rendas procede à lavratura de AIIM, cuja acusação fiscal de creditamento indevido do ICMS (aquisição de mercadorias de contribuinte considerado inidôneo) se refere a operações mercantis representadas em 100 (cem) notas fiscais de saída de mercadorias.

A Defesa do contribuinte é instruída com provas de pagamento pela aquisição de mercadorias atinentes a operações constantes de 70 (setenta) notas fiscais.

Para aqueles que adotam a tese ora atacada, o AIIM será integralmente cancelado, porquanto foi demonstrada a veracidade da maioria (70%) das operações de compra e venda de mercadorias da autuação fiscal.

Exemplo nº 2: O trabalho fiscal autua o contribuinte sob a mesma acusação fiscal (apropriação indevida de créditos do ICMS, em operações mercantis realizadas com contribuinte tido como inidôneo).

No entanto, as mesmas operações mercantis – descritas nas referidas 100 notas fiscais – ensejam a lavratura de dois AIIM's, denominados AIIM "A" e AIIM "B" para fins didáticos.

Recordemos que o contribuinte autuado logrou demonstrar, mediante a apresentação de provas de pagamento pela compra de mercadorias, a veracidade de 70% (setenta por cento) das operações mercantis.

A acusação fiscal inserta no AIIM "A" se refere a 50 (cinquenta) operações mercantis, todas elas cuja realização é comprovada documentalmente pelo contribuinte. Essa circunstância, adicionada a outros elementos probatórios de outras naturezas, trazidos aos autos, conduz ao reconhecimento da improcedência do lançamento de ofício.

Por sua vez, a acusação fiscal contida no AIIM "B" diz respeito às outras 50 (cinquenta) operações mercantis envolvendo o mesmo contribuinte, dentre as quais apenas 20 (vinte) delas são instruídas com as mencionadas provas de pagamento.

Ao deparar com a situação fático-jurídica do AIIM "B", os adeptos do entendimento o qual não comungo manterão a respectiva acusação fiscal, mormente porque a maioria das operações de compra e venda em enfoque (trinta operações, em contraposição as outras vinte) não foram acompanhadas com as necessárias provas de pagamento.

Assim, no exemplo nº 2 o AIIM "A" será cancelado (comprovação de pagamento de todas as operações) e o AIIM "B" será mantido (ausência de comprovação de pagamento da maioria das operações), o que significa dizer que será reconhecida a boa-fé do contribuinte no que atina a metade de todas as operações mercantis a ele relacionadas (operações desmembradas nos AIIM's "A" e "B").

Nota-se então situação no mínimo curiosa, uma vez que, no exemplo nº 1, é reconhecida a boa-fé do contribuinte no tocante a todas as operações mercantis levadas a cabo pelo contribuinte.

Por outro lado, no exemplo nº 2 é reconhecida a boa-fé do contribuinte apenas no que tange a metade das mesmas operações (somente aquelas objeto do AIIM "A").

Ao prevalecer tal entendimento, o resultado do julgamento das autuações fiscais atinentes à matéria ficará à mercê da própria sorte, porque sofrerá forte influência do Agente Fiscal de Rendas que, conforme sua conveniência, determinará o período abarcado pelo AIIM (mediante desmembramento do mesmo em distintos AIIM). Isso conferirá insegurança jurídica à relação fisco-contribuinte, o que não se pode admitir.

Em contrapartida, ao atrelar o reconhecimento da boa-fé do contribuinte à prestação/operação individualmente considerada, seja qual for o expediente adotado pelo Agente Fiscal de Rendas – lavratura de um único AIIM (exemplo nº 1) ou inserção das mesmas prestações/operações em dois ou mais AIIM's (exemplo nº 2) –, a conclusão será sempre mesma: o reconhecimento da boa-fé do contribuinte relativamente às mesmas 70 (setenta) operações ou prestações por ele realizadas. Tal fato garante a segurança jurídica que deve permear as relações jurídicas tributárias, até porque decorre da efetiva busca da verdade material.

Os resultados dos julgamentos serão, portanto, distintos. Curiosamente, a dissonância de entendimento não decorrerá apenas da atuação do órgão de julgamento, fruto de entendimento diverso dos julgadores das câmaras que o compõe, uma vez que sofrerá forte influência do expediente adotado pelo agente fiscal de rendas, que segregou o período autuado.

5. Acusações fiscais decorrentes da mesma conduta tida como infracional

É comum a lavratura de AIIM em face de contribuintes paulistas do ICMS, em que se verifica a concomitância de acusações fiscais em um único AIIM, consistentes em **(i)** crédito indevido do imposto estadual na entrada de mercadorias acompanhadas de documentação inidônea e recebimento e estocagem de mercadorias acompanhadas de documentação fiscal considerada inábil; **(ii)** falta de pagamento do ICMS e ausência de entrega de GIA; e **(iii)** falta de pagamento do ICMS ou ausência de emissão de nota fiscal; entre outras.

5.1 Aplicação do Princípio da Absorção

Revela-se prudente o cancelamento, por absorção, da acusação fiscal cujo valor jurídico tutelado apresenta menor relevância (acusação fiscal essa oriunda do descumprimento de dever instrumental, cuja finalidade é permitir a fiscalização das atividades do contribuinte).

Nesses casos, não há como prevalecer a segunda acusação fiscal descrita em cada um dos itens acima (recebimento e estocagem de mercadorias, ausência de entrega de GIA, falta de emissão de nota fiscal) em face da necessidade de aplicação do Princípio da Absorção.

Isso porque as autuações em enfoque consistem em acusações fiscais, com as correspondentes penalidades capituladas em lei, relativas a <u>uma mesma conduta</u> praticada pelo contribuinte autuado.

Para ser mais preciso, não obstante as acusações fiscais se refiram ao descumprimento de obrigações tributárias de natureza principal (crédito indevido do ICMS) e acessória (recebimento e estocagem de mercadorias acompanhadas de documentação fiscal considerada inábil) – caso do item (i) –, é inconteste que o crédito considerado indevido decorre (ou se preferir, é consequência), inevitavelmente, do recebimento de mercadorias acompanhadas de documentação fiscal considerada irregular.

Em voto proferido, acompanhado à unanimidade pelos demais integrantes da Colenda Câmara do Tribunal de Impostos e Taxas de São Paulo, manifestei a necessidade de aplicação do Princípio da Absorção (em prestígio, aliás, de outro postulado, qual seja, o da moralidade administrativa) para o específico caso vertente, nos seguintes termos:

"Por se tratar de **(i)** infrações simultâneas <u>decorrentes da mesma conduta</u> tida pela autoridade administrativa como infracional (recebimento de documentos fiscais sem previsão legal para tanto); e **(ii)** acusações fiscais <u>com suporte no mesmo conjunto probatório</u> (infrações <u>com origem nas mesmas notas fiscais</u> de venda emitidas pelo fornecedor de mercadorias); é imperioso que a acusação fiscal mais grave, ou seja, aquela cujo valor jurídico tutelado se mostra de maior relevância (e não aquela cuja correspondente penalidade aplicada seja mais gravosa) – como é o caso do creditamento indevido do ICMS (item 1 do AIIM) – absorva a acusação menos grave, que não decorre do descumprimento de obrigação tributária principal – recebimento e estocagem de mercadoria com documentação considerada inidônea (item 2 do AIIM)–." (AIIM nº 4028301 – Sessão de julgamento realizada em 10.11.16 – Juiz Relator: Eduardo Soares de Melo)

Naquela oportunidade, fora observada a impossibilidade de penalizar o contribuinte duas vezes, em face do recebimento das mesmas mercadorias, até porque se não houvesse a entrada de mercadoria no estabelecimento do contribuinte, com documentação inábil (segunda acusação fiscal daquele AIIM), tampouco existiria o creditamento indevido do imposto estadual (primeira acusação fiscal). Tratou-se, como salientado naquele julgado, de uma única conduta (tida como infracional) praticada pelo contribuinte, o que inviabiliza a dupla penalidade pelo recebimento das mesmas mercadorias.

5.2 Autos de Infração com acusações fiscais distintas, originárias de um único comportamento do contribuinte. Acusação mais grave absorve a menos grave

Interessa ao estudo a possibilidade da lavratura, por exemplo, de dois AIIM, cada um versando sobre acusações fiscais que, embora distintas, se originam de uma única conduta realizada pelo contribuinte autuado.

Nesse caso, a atuação do representante legal do contribuinte (advogado ou não) será decisiva para, ao menos, reduzir o débito fiscal cobrado.

Uma vez identificada essa circunstância – uma única conduta do contribuinte culminando em diferentes acusações fiscais, contidas em AIIM distintos –, caberá ao patrono pleitear a aplicação do princípio da absorção no AIIM cuja acusação fiscal decorre do descumprimento de obrigação tributária de natureza acessória (acusação a ser absorvida). Para tanto, necessária a demonstração de relação de pertinência com a acusação fiscal que ensejou a lavratura do outro AIIM (acusação fiscal relacionada à obrigação tributária principal).

Em caso concreto, contribuinte do ICMS sofreu a lavratura do AIIM nº 4.018.543-6 e do AIIM nº 4.018.343-9, cujas acusações fiscais consistiram em **(i)** falta de pagamento do imposto estadual, por ter informado dados incorretos em DEVEC (Declaração do Valor de Aquisição da Energia Elétrica em Ambiente de Contratação Livre) transmitida à Secretaria da Fazenda de São Paulo (SEFAZ), referente à aquisição de energia elétrica em ambiente de contratação livre, através de notas fiscais emitidas por terceiro (AIIM nº 4.018.543-6); e **(ii)** transmissão à SEFAZ de dados falsos relativos à aquisição de enérgica elétrica em ambiente de contratação livre fornecida por terceiro, conforme comprovado pela DEVEC do mês de referência (AIIM nº 4.018.343-9).

Os mencionados AIIM se referiam ao mesmo negócio jurídico celebrado com terceiro (fato incontroverso nos aludidos processos), com a diferença de que, enquanto o AIIM nº 4.018.543-6 cobrava o imposto, multa e juros, o AIIM nº 4.018.343-9 exigia multa e juros.

Instado a me manifestar, proferi voto (acompanhado pelos demais pares da Câmara Superior do TIT/SP) em que apliquei o Princípio da Absorção para afastar a acusação fiscal menos grave, constante do AIIM nº 4.018.343-9 (transmissão da DEVEC com dados incorretos).

Na oportunidade, considerei a inclusão do débito fiscal (atinente ao AIIM nº 4.018.543-6) no Programa Especial de Parcelamento – PEP do ICMS –, nos moldes do decreto estadual (SP) nº 58.811/12, além do fato das acusações fiscais dos AIIM se referirem à mesma conduta do contribuinte:

> *"(...) o pagamento a menor do imposto estadual decorre(...) da transmissão, com dados incorretos, na Declaração do Valor de Aquisição da Energia Elétrica em Ambiente de Contratação Livre.*
>
> *Com bem observado na decisão trazida ao processo pela Recorrente, '(...) a transmissão da DEVEC com dados incorretos acarretou no ilícito da obrigação principal que é o não pagamento do imposto, conduta esta que sempre deve ser o norteador das autuações que o Fisco deve combater. Portanto, a conduta realizada pela contribuinte no item 1, foi absorvida pela infração do item 2, uma vez que é conduta meio para atingir o fim que é o recolhimento a menor do tributo, com efeito, afasto a acusação do item 1 do AIIM.'.*
>
> *(...) é imperioso que a acusação mais grave(...) como é o caso do recolhimento a menor do ICMS (acusação fiscal do AIIM nº 4.018.543-6) – absorva a acusação menos grave, que não decorre do descumprimento de obrigação tributária principal – transmissão na DEVEC com dados incorretos (acusação fiscal do presente AIIM) –.*
>
> *Não se pode penalizar a Autuada duas vezes até porque, se não houvesse o erro nos dados transmitidos à Secretaria da Fazenda do Estado de São Paulo, não haveria o recolhimento a menor do imposto estadual (porque este decorreu dos dados prestados de*

> *forma equivocada).*" (AIIM nº 4.018.343-9 – Sessão de julgamento realizada em 22.11.18 – Juiz Relator: Eduardo Soares de Melo)

Nota-se que em situações como essa a atenção do representante legal da empresa – ciência do nexo de dependência entre as acusações fiscais, cada qual contida em um Auto de Infração e Imposição de Multa – será fundamental para a redução do débito fiscal e o consequente cancelamento de um dos AIIM, em face da adoção do princípio da absorção.

APLICAÇÃO DA LINDB NO PROCESSO ADMINISTRATIVO TRIBUTÁRIO - ANÁLISE DE CASOS PRÁTICOS

Pedro Guilherme Accorsi Lunardelli[1]

Paulo Eduardo Mansin[2]

1. O artigo 24 da LINDB

Uma das mais recentes discussões no direito tributário, diz respeito a aplicação do artigo 24 da Lei de Introdução às Normas do Direito Brasileiro - LINDB (Lei 13.655/2018), ao processo administrativo tributário.

O tema vem sendo objeto de acalorados debates no âmbito acadêmico e também nos tribunais administrativos, em especial no Conselho Administrativo de Recursos Fiscais - CARF, órgão colegiado e de composição paritária, integrante da estrutura do Ministério da Economia, responsável pelo julgamento, em última instância administrativa, dos recursos

1. Doutor e mestre pela PUC/SP. Advogado.

2. Especialista em direito tributário pelo IBET e pós-graduado em direito processual civil pela PUC/SP. Advogado.

interpostos contra as decisões das Delegacias de Julgamento da Receita Federal do Brasil.

Em razão da existência de julgados no âmbito administrativo, CARF, sobre a aplicação da LINDB, a proposta do presente artigo é justamente mapear e analisar as decisões já proferidas por aquele órgão julgador, indicando quais foram as razões de decidir adotadas nos julgados e, ao final do artigo, tecer nossas considerações sobre as referidas razões.

Antes de adentrarmos na análise dos casos selecionados, pedimos vênia para apresentar a discussão que permeia a incidência do artigo 24 da LINDB no processo administrativo tributário.

Dispõe o artigo 24 da LINDB:

> *Art. 24. A revisão, nas esferas administrativa, controladora ou judicial, quanto à validade de ato, contrato, ajuste, processo ou norma administrativa cuja produção já se houver completado levará em conta as orientações gerais da época, sendo vedado que, com base em mudança posterior de orientação geral, se declarem inválidas situações plenamente constituídas.*
>
> *Parágrafo único. Consideram-se orientações gerais as interpretações e especificações contidas em atos públicos de caráter geral ou em jurisprudência judicial ou administrativa majoritária, e ainda as adotadas por prática administrativa reiterada e de amplo conhecimento público.*

O *caput* do artigo 24 trata sobre a possibilidade de revisão, na esfera administrativa, controladora ou judicial, da validade de ato, contrato, processo ou norma administrativa, que já tenha sido objeto, no passado, de orientações gerais por parte da Administração Pública.

Por sua vez, o parágrafo único do artigo 24 trata de esclarecer que "orientações gerais" seriam as interpretações contidas em atos públicos e, ainda, na jurisprudência judicial ou administrativa majoritária.

Em razão da Lei 13.655/2018, publicada em 26 de abril de 2018, os patronos dos contribuintes passaram a requerer a aplicação do citado artigo 24 em processos administrativos em trâmite pelo CARF, nos quais, à época dos fatos, existiam decisões majoritárias do órgão dando guarida a conduta ora questionada pelo Fisco.

Assim surgiram os primeiros questionamentos decorrentes da aplicação da LINDB no processo administrativo tributário, tais como:

i) O artigo 24 da LINDB seria aplicável aos processos em trâmite no CARF?

ii) O artigo 24 da LINDB teria apenas caráter de orientação?

iii) O disposto no artigo 24 da LINDB não estaria abarcado nos artigos 100 e 146, ambos do CTN?

iv) Estaria a LINDB, lei geral, usurpando atribuição de lei específica?

Essas são apenas algumas das muitas questões que surgiram e foram analisadas nos acórdãos que passaremos a comentar.

2. Análise de casos práticos

Em pesquisa no repertório jurisprudencial no *site*[3] do CARF, até a finalização do presente artigo, localizamos 16 (dezesseis) acórdãos que abordaram de alguma forma a aplicação do artigo 24 da LINDB no processo administrativo tributário, sendo que 14 (quatorze) acórdãos tem como pano de fundo o debate sobre a amortização de ágio de empresa incorporada e aproveitamento acima da trava dos 30% (trinta por cento) do lucro líquido ajustado para aproveitamentos de prejuízos fiscais de IRPJ e CSLL.

3. https://carf.economia.gov.br/jurisprudencia/acordaos-carf-1
A pesquisa foi realizada no dia 16.04.2019 e com base nos seguintes parâmetros de busca: Lei de Introdução às Normas do Direito Brasileiro, LINDB, Art. 24 da LINDB, orientações gerais, jurisprudência majoritária.

Analisando os julgados, podemos dividi-los em dois grupos, quais sejam, aqueles que entenderam pela inaplicabilidade do artigo 24 da LINDB ao processo administrativo tributário (09 acórdãos) e, portanto, não chegaram a enfrentar o mérito da discussão e aqueles que entendem que a norma é aplicável, porém, por fundamentos que serão explorados no presente artigo, não aplicaram o artigo 24 ao caso concreto (07 acórdãos).

A relação de acórdãos analisados, organizada por data de julgamento, com menção à turma julgadora e posicionamento adotado, segue demonstrada no quadro abaixo:

Processo Administrativo	Acórdão	Data Julgto.	Turma Julgadora	Tese Adotada
13864.720171/2015-25	1301-003.2854	14/08/2018	3ª Câmara, 1ª Turma, 1ª Seção	Admite a incidência do art. 24 da LINDB, mas não aplica ao caso concreto
16327.001389/2019-12	9202-007.145	29/08/2018	2ª Turma do CSRF	Inaplicabilidade da LINDB ao processo administrativo tributário
10600.720035/2014-38	9101-003.733	11/09/2018	1ª Turma do CSRF	Inaplicabilidade da LINDB ao processo administrativo tributário
16327.721125/2014-38	9101-003.735	11/09/2018	1ª Turma do CSRF	Admite a incidência do art. 24 da LINDB, mas não aplica ao caso concreto
16561.728178/2014-81	9101-003.734	11/09/2018	1ª Turma do CSRF	Admite a incidência do art. 24 da LINDB, mas não aplica ao caso concreto
10580.728178/2016-64	1401-002.884	18/09/2018	4ª Câmara, 1ª Turma, 1ª Seção	Inaplicabilidade da LINDB ao processo administrativo tributário
19515.001282/2010-71	9101-003.807	02/10/2018	1ª Turma do CSRF	Inaplicabilidade da LINDB ao processo administrativo tributário

16561.720077/2013-15	9101-003.839	03/10/2018	1ª Turma do CSRF	Admite a incidência do art. 24 da LINDB, mas não aplica ao caso concreto
10880.720246/2013-10	1401-002.993	20/11/2018	4ª Câmara, 1ª Turma, 1ª Seção	Inaplicabilidade da LINDB ao processo administrativo tributário
16561.720065/2013-82	1401-002.992	20/11/2018	4ª Câmara, 1ª Turma, 1ª Seção	Inaplicabilidade da LINDB ao processo administrativo tributário
19515.004164/2007-19	1401-003.017	22/11/2018	4ª Câmara, 1ª Turma, 1ª Seção	Inaplicabilidade da LINDB ao processo administrativo tributário
13502.720411/2017-62	1401-003.041	11/12/2018	4ª Câmara, 1ª Turma, 1ª Seção	Inaplicabilidade da LINDB ao processo administrativo tributário
16561.720242/2016-73	1402-003.605	11/12/2018	4ª Câmara, 2ª Turma, 1ª Seção	Inaplicabilidade da LINDB ao processo administrativo tributário
10980.724907/2016-09	1301-003.656	22/01/2019	3ª Câmara, 1ª Turma, 1ª Seção	Admite a incidência do art. 24 da LINDB, mas não aplica ao caso concreto
16327.720049/2013-62	9101-004.009	12/02/2019	1ª Turma do CSRF	Admite a incidência do art. 24 da LINDB, mas não aplica ao caso concreto
16561.720088/2014-78	3302-006.536	25/02/2019	3ª Câmara, 2ª Turma, 3ª Seção	Inaplicabilidade da LINDB ao processo administrativo tributário

2.1 Fundamentos adotados para não incidência da LINDB

Como mencionado anteriormente, localizamos 16 acórdãos que trataram sobre a aplicação da LINDB no processo administrativo tributário, sendo que na maioria dos casos o

CARF entendeu que o artigo 24 da LINDB não seria aplicável ao processo administrativo.

Vejamos os principais fundamentos dos julgados.

2.1.2 Exposição de motivos da Lei 13.655/2018

Um dos primeiros argumentos utilizados pelas Turmas Julgadoras do CARF para afastar a aplicação da LINDB no processo administrativo tributário, diz respeito à interpretação histórica da norma, onde a interpretação é feita através dos motivos que levaram o legislador a legislar sobre um determinado tema.

Nos casos julgados pelo CARF, a interpretação histórica foi feita com base em análise da exposição de motivos que originou a Lei 13.655/2018[4], sendo que a posição adotada pela Turma foi no sentido de que o artigo 24 estaria direcionado para órgãos responsáveis pelo controle público de gastos, como por exemplo o Tribunal de Contas da União – TCU e a Controladoria-geral da União – CGU.

O trecho do acórdão nº 1401002.992, de relatoria do Conselheiro Daniel Ribeiro Silva, não deixa dúvida sobre o entendimento adotado pela 4ª Câmara da 1ª Turma da 1ª Seção para não acolher a preliminar de aplicação do artigo 24 da LINDB ao processo administrativo tributário:

> *É fato conhecido que o contexto de criação da norma tiveram como pano de fundo os processos de controle das contribuições públicas, em especial aqueles das instâncias de controle dos gastos públicos, como TCU e a CGU.*
>
> *Tal fato é manifestado claramente quando se aprecia a justificação do PL de autoria do Senador Antônio Anastasia:*
>
> *Como fruto da consolidação da democracia e da crescente institucionalização do Poder Público, o Brasil desenvolveu, com o passar dos anos, ampla legislação administrativa que regula o*

4. https://www2.camara.leg.br/legin/fed/lei/2018/lei-13655-25-abril-2018-786606-norma-pl.html

> *funcionamento, a autuação dos mais diversos órgãos do Estado, bem como viabiliza o controle externo e interno do seu desempenho. Ocorre que, quanto mais se avança na produção dessa legislação, mais se retrocede em termos de segurança jurídica. O aumento de regras sobre processos e controle da administração tem provocado aumento da incerteza e da imprevisibilidade e esse efeito pode colocar em risco os ganhos de estabilidade institucional.*

2.1.3 Estabelecer normas gerais em matéria tributária é competência exclusiva de Lei Complementar

Dispõe o artigo 146 da Constituição Federal:

> *Art. 146. Cabe à lei complementar:*
>
> *I - dispor sobre conflitos de competência, em matéria tributária, entre a União, os Estados, o Distrito Federal e os Municípios;*
>
> *II - regular as limitações constitucionais ao poder de tributar;*
>
> *III - estabelecer normas gerais em matéria de legislação tributária, especialmente sobre:*
>
> *a) definição de tributos e de suas espécies, bem como, em relação aos impostos discriminados nesta Constituição, a dos respectivos fatos geradores, bases de cálculo e contribuintes;*
>
> *b) obrigação, lançamento, crédito, prescrição e decadência tributários;*
>
> *(...)*

Da leitura do referido artigo, podemos observar que a Constituição Federal estabeleceu que compete a Lei Complementar a reserva material de competência para disciplinar sobre as normas gerais em matéria tributária.

Esse tema, competência para legislar sobre as normas gerais em matéria tributária, inclusive já foi objeto de interpretação pelo STF, como evidenciam o RE 412.748 e RE 573.255, nos quais prevaleceu o entendimento de que não existe hierarquia de leis no ordenamento jurídico brasileiro, mas competências específicas relativas a cada espécie normativa, sendo que a Lei Complementar detém competência exclusiva para tratar sobre normas gerais em direito tributário.

Dessa forma, em sendo de competência estritamente reservada à Lei Complementar a função de dispor sobre matéria tributária, alguns julgados do CARF entenderam que a LINDB não seria aplicável ao processo administrativo tributário, eis que o entendimento contrário resultaria em usurpação de função delegada à Lei Complementar, em afronta ao disposto artigo 146 da CF/88.

Esse foi o entendimento adotado no acórdão nº 1401-002.884, julgado pela 4º Câmara da 1ª Turma da 1ª Seção de Julgamento em 18 de setembro de 2018. Confira-se trecho extraído do voto vencedor, de lavra da Conselheira Livia De Carli Germano:

> De fato, o artigo 146 da Constituição Federal estabelece que a edição de normas gerais em matéria tributária é matéria reservada à Lei Complementar. E não é à toa. É que em um ambiente em que todos os entender federativos (União, Estado e Município) têm competência e capacidade tributária ativa, a edição de normas gerais não pode emanar de um desses entes (lei federal), devendo advir de norma especial com caráter de legislação nacional, papel da lei complementar.
>
> É esse o status do Código Tributário Nacional e de qualquer norma que pretenda veicular norma geral em matéria tributária.

2.1.4 Normas complementares – Previsão expressa no CTN

O artigo 100 do CTN exclui a punibilidade do contribuinte em função de determinada conduta ter sido adotado com base em atos normativos, decisões administrativas e práticas reiteradas da administração pública.

Por sua vez, também prestigiando o princípio da segurança jurídica e da proteção da confiança, o artigo 146 do CTN estabelece que na hipótese de mudança de entendimento por parte do Fisco, o contribuinte somente poderá ser exigido no que tange a fatos geradores futuros:

> *Art. 100. São normas complementares das leis, dos tratados e das convenções internacionais e dos decretos:*
>
> *I – os atos normativos expedidos pelas autoridades administrativas;*
>
> *II- as decisões dos órgãos singulares e colegiados de jurisdição administrativa, a que a lei atribua eficácia normativa;*
>
> *III - as práticas reiteradamente observadas pelas autoridades administrativas;*
>
> *IV - (...)*
>
> *Parágrafo único. A observância das normas referidas neste artigo exclui a imposição de penalidades, a cobrança de juros de mora e a atualização do valor monetário da base de cálculo do tributo.*
>
> *Art. 146. A modificação introduzida, de ofício ou em consequência de decisão administrativa ou judicial, nos critérios jurídicos adotados pela autoridade administrativa no exercício do lançamento somente pode ser efetivada, em relação a um mesmo sujeito passivo, quanto a fato gerador ocorrido posteriormente à sua introdução.*

Em relação aos citados artigos do CTN, localizamos decisões do CARF que entenderam que haveria uma espécie de incompatibilidade entre a aplicação do artigo 24 da LINDB e os artigos 100 e 146 do CTN. A primeira incompatibilidade diz respeito às normas serem muito próximas, ambas objetivando a segurança jurídica, não havendo razão para o legislador elaborar uma norma genérica quando já há outras especificas com o mesmo objetivo.

O segundo ponto de incompatibilidade consignado nas razões de decidir dos acórdãos analisados, diz respeito à norma geral, LINDB, ser mais benéfica ao contribuinte do que a norma específica, CTN, que exclui tão somente a multa e os juros em caso de atos, decisões e práticas reiteradas da administração pública.

Nas decisões analisadas, esse entendimento pode ser observado nos acórdãos nº 1401-002.884, 1401-002.993, 1401-003.041 e 1401.002.992.

O trecho do acórdão nº 1401002.993, julgado pela 4º Câmara da 1ª Turma da 1ª Seção de Julgamento em 20 de novembro de 2018, demonstra bem o entendimento da turma julgadora:

> Vale lembrar, ademais, que o CTN possui regramento específico sobre a matéria, estabelecendo o artigo 100 que a observância das chamadas normas complementares (das leis, dos tratados e das convenções internacionais e dos decretos) exclui tão somente a imposição de penalidades, a cobrança de juros de mora e a atualização do valor monetário da base de cálculo do tributo. Jamais o principal de tributo. Da mesma forma, o artigo 146 do CTN traz regramento próprio sobre o efeito intertemporal da introdução de novos critérios jurídicos -leia-se, nova interpretação – no processo de constituição do crédito tributário.
>
> Diante disso, dar ao artigo 24 da LINDB o alcance que a recorrente pretende é, ao fim e ao cabo, acreditar que a lei ordinária federal poderia trazer uma espécie de exceção à norma do artigo 100 do CTN, o que vai de encontro a regras básicas de interpretação das normas em um sistema constitucional complexo com o brasileiro.

Compete esclarecer que além dos fundamentos acima, alguns julgados do CARF mencionam que os idealizadores do projeto de lei que originou a inclusão do artigo 24 na LINDB, em eventos acadêmicos, teriam se manifestado publicamente de forma contrária a aplicação da LINDB no processo administrativo tributário, afirmando que no direito tributário já existiria o artigo 100 e 146 do CTN, ambos com o mesmo objetivo do artigo 24 da LINDB.

Os acórdãos que mencionam os idealizadores do projeto de lei são os acórdãos nº 1401-003.017, 1401-002.991, 3302-003.605, 9101-003.733 e 9101.003.735.

2.2 Fundamentos para não aplicação da LINDB aos casos concretos

2.2.1 Ônus da Prova

O acórdão nº 9101003.735, da 1ª Turma da Câmara Superior de Recursos Fiscais – CSRF, entendeu por conhecer do argumento de que o artigo 24 da LINDB seria aplicável ao processo administrativo tributário, porém, no mérito, prevaleceu o entendimento de que o referido artigo não seria aplicável ao caso concreto.

Embora vencido com relação ao mérito, no que tange à aplicação da LINDB, prevaleceu o voto elaborado pelo Conselheiro relator, Demetrius Nichele Macei.

No citado voto, o Conselheiro entendeu que não há nos autos prova de que havia jurisprudência majoritária que justificasse a conduta do contribuinte à época dos fatos. Na visão do julgador, considerando que o termo "jurisprudência majoritária" seria um termo muito aberto, no seu entendimento, majoritário seria um número elevado, próximo de 90% (noventa por cento).

Com base nessa premissa, de que o termo majoritário corresponderia a um número elevado, o Julgador esclareceu que não teriam sido apresentadas decisões suficientes para a formação da sua convicção e, além disto, que o argumento de que o ônus da prova imporia ao contribuinte comprovar a existência de decisões favoráveis aos contribuintes.

O trecho pinçado do voto demonstra o entendimento do relator:

> Nesse contexto, e lembrando da máxima em processo no sentido de que a prova cabe a quem alega, quem suscita a aplicação da norma deve trazer estudo minucioso a demonstrar a existência da jurisprudência majoritária. No presente caso, contudo, não foi demonstrada a existência da dita jurisprudência majoritária a corroborar o pedido do contribuinte. Foram apresentados 06 acórdãos, sendo quatro de uma mesma turma e dois de duas outras turmas, o que, conforme critérios que mencionei acima não pode ser considerado jurisprudência majoritária.

2.2.2 O lançamento por homologação não tem natureza administrativa

Outro argumento utilizado para não aplicação do artigo 24 da LINDB ao caso concreto, diz respeito a natureza administrativa do citado artigo, o que impossibilitaria a revisão de ato praticado por particular, como ocorre nos casos de lançamento por homologação.

Para essa corrente, embora a LINDB seja aplicável ao processo administrativo tributário, não há como revisar ato praticado por particular, lançamento por homologação, o que inviabiliza o cumprimento de um dos requisitos para a aplicação do artigo 24 ao caso concreto, qual seja, natureza administrativa do ato.

Esse foi o entendimento adotado no acórdão nº 1301-003.284, julgado pela 3ª Câmara da 1ª Turma da 1ª Seção. A declaração de voto do Conselheiro Carlos Augusto Daniel Neto retrata muito bem essa posição:

> No lançamento por homologação, o Ato 01 é um ato do particular de declaração do fato gerador e apuração do tributo devido, dotado de natureza do crédito tributário, e o Ato 02 será a revisão feita pela Administração Tributária, com eventual lançamento, pretendendo o contribuinte que o Ato 03 seja realizado através do processo administrativo tributário (DRJ, CARF e CSRF). Como se vê, essa estrutura claramente não é compatível com a literalidade do art. 24 da LINDB, por se tratar de ato particular, e não ato administrativo.
>
> Pretender afirmar que o lançamento realizado no contexto por homologação seria o referido Ato 01, como forma de justificar a aplicação do art. 24 da LINDB, me parece absolutamente incorreto. Esse lançamento não é o ato a ser revisado inicialmente (ato 0), mas sim o ato da conduta do particular (ato 02).

Em outras palavras, com base nesse entendimento, estariam fora do campo de incidência do artigo 24 todos os lançamentos feitos por homologação, eis que não teria havido ato praticado pela administração pública passível de revisão.

3. Considerações finais

Embora a jurisprudência administrativa esteja muito longe de firmar uma posição sobre o tema, no nosso entendimento a LINDB é aplicável ao processo administrativo tributário, assim como já se entendia à época em que ela era nomeada Lei de Introdução ao Código Civil – LICC.

Baseado na constatação de que a maioria[5] dos acórdãos analisados trata sobre amortização de ágio e sobre a trava dos 30% (trinta por cento) para aproveitamento de prejuízo fiscal, ao que nos parece, tamanha discussão sobre a aplicação da LINDB no processo administrativo tributário decorreria, tão somente, dos desdobramentos econômicos – ausência de arrecadação – que ocorrerá em caso de julgamento favorável aos contribuintes nos referidos temas.

Antes do agravamento da crise econômica no país e da chamada "Operação Zelotes", que alterou drasticamente a composição das Turmas Julgadoras do CARF, a jurisprudência do Conselho era no sentido de que as pessoas jurídicas, em casos de cisão, fusão ou incorporação, poderiam compensar integralmente o prejuízo fiscal acumulado, independente do limite de 30% (trinta por cento).

Essa constatação pode ser comprovada ao analisarmos as decisões proferidas pelo CARF, inclusive pela CSRF, durante os anos de 2002 a 2009, as quais permitiam a compensação de prejuízo sem a limitação da trava de 30% (trinta por cento), conforme podemos verificar nos acórdãos nº 101-96.509, 107-07.856, 107-09.243, 101-95.872, 101-95.856, 101-94.515, 108-07.456, 108-06.682, 01-04.258 e 01-05.100.

Da mesma forma, também pesquisando no repertório jurisprudencial do *site* do CARF, podemos observar que, até o ano de 2010, era predominante o entendimento de que o ágio poderia ser amortizado da base tributável do IRPJ e da CSLL,

5. Os acórdãos nº 1401-002.884, 1401-002.993, 9101-003.733, 9101-004.009, 9101-003.735, 9101.003.734, 9101-003.839, 1301-003.656, 1301-003.284, 1401-002.992, 1402-003.605 e 1401-003.017 tratam sobre Ágio.
Os acórdãos nº 1401-003.041 e 9101-003.807 tratam sobre a trava dos 30% (trinta por cento).
O acórdão nº 3302-006.536 trata sobre IPI.
O acórdão 9202-007.145 trata sobre PLR.

como evidenciam os acórdãos nº 101-96.125, 105-16.774, 101-97.027 , 1101-00.064, 1101-00.354 e 1301-000.711.

Todavia, o CARF passou a julgar ambos os temas de forma desfavorável aos contribuintes[6], sendo certo que, se aplicado o artigo 24 da LINDB aos casos julgados, muito provavelmente haveria o reconhecimento de que as operações praticadas pelos contribuintes estavam suportadas na jurisprudência majoritária da época em que foram realizadas, o que acarretaria o cancelamento das autuações.

Pois bem, pela leitura do texto da lei, resta claro que o objetivo da LINDB é prestigiar o princípio da segurança jurídica, da não surpresa, moralidade, boa-fé, entre outros, dando condições para que o contribuinte paute seus atos sem o receio de que a Administração Pública poderá mudar entendimento anteriormente pacífico, declarando como inválidas situações que à época dos fatos eram consideradas legítimas.

Importante esclarecer que o artigo 24 da LINDB não impossibilita que a Administração Pública reveja seus atos, pelo contrário, o objetivo da norma é que eventual mudança de entendimento não prejudique atos e decisões tomadas no passado, quando a mudança de entendimento ainda não tinha ocorrido.

Assim, para eventos futuros, prevalece o entendimento de que é dever da Administração Pública rever os seus atos por motivo de conveniência, oportunidade, ou quando eivados de qualquer vício, como orienta o artigo 53 da Lei 9.784/99[7] e a Súmula 346[8] do STF.

---

6. Trava dos 30% (trinta por cento). Acórdãos desfavoráveis: 9101-02.211, 9101-002.207, 9101-002.210, 9101-002.153, 9101-002.208, 9101-001.337, 1402-002.539 e 1401-003.041.

Ágio. Acórdãos desfavoráveis: 9101-002.188, 9101-002.503, 9101-002.539, 9101-003.077, 9101-003.008, 9101-003.362, 9101-003.371, 9101-003.883, 9101003.466.

7. Art. 53. A Administração deve anular seus próprios atos, quando eivados de vício de legalidade, e pode revogá-los por motivo de conveniência ou oportunidade, respeitados os direitos adquiridos.

8. A administração pública pode declarar a nulidade dos seus próprios atos.

No que tange às razões utilizadas pelas decisões proferidas pelo CARF, no nosso entendimento merece comentário o argumento que trata sobre a exposição de motivos que originou a Lei 13.655/2018 e sobre a suposta manifestação de seus idealizadores, em especial do Professor Carlos Ari Sundfeld, no sentido de que a norma não foi criada com o objetivo de incidir sobre o processo administrativo tributário.

Ora, a exposição de motivos, embora mencione órgãos de controle da administração pública, como o TCU, não restringe a aplicação da Lei aos referidos órgãos. Na realidade, a exposição de motivos deixa claro que o objetivo da LINDB é dispor sobre segurança jurídica e eficiência na criação e aplicação do direito público.

Sendo o direito tributário parte do direito público, qual seria o motivo para não aplicar a LINDB no processo administrativo?

Sobre a manifestação dos idealizadores da norma, ao contrário do que consignado em vários dos jugados analisados no presente artigo[9], localizamos manifestação do próprio professor Carlos Ari Sundfeld, em artigo publicado no jornal JOTA, datado de 10 de agosto de 2018[10], no qual o professor é taxativo ao afirmar que o direito tributário não é parte autônoma do ordenamento jurídico brasileiro, devendo, portanto, a LINDB ser observada pelo CARF:

> Voltando ao direito tributário, muito naturalmente a criação e a aplicação de suas normas nas esferas administrativa (por quaisquer autoridades) e judicial deverá seguir o disposto na Lei de Introdução. Seus novos preceitos não são tributários, claro, nem têm a finalidade específica de regular as limitações ou o sistema de tributação. Seu foco não é tributário. O que a Lei de Introdução contém são normas gerais de Direito, isto é, preceitos que,

9. Acórdãos nº 1401-003.017, 1401-002.992, 3302-003.605, 9101-003.733 e 9101.003.735.

10. https://www.jota.info/opiniao-e-analise/artigos/lindb-direito-tributario-esta-sujeito-a-lei-de-introducao-reformada-10082018

> não sendo específicos do direito tributário, incidem também em seu âmbito, e isso justamente pelo fato de serem gerais.
>
> Em virtude de sua generalidade, é irrelevante, para fins do art. 146 da Constituição, que a Lei de Introdução seja lei ordinária, e não lei complementar. A Constituição exige lei complementar apenas para o Congresso Nacional editar certas normas especiais de direito tributário, isto é, para dispor sobre "conflitos de competência, em matéria tributária", para "regular as limitações constitucionais ao poder de tributar" e para aprovar "normas gerais de direito tributário". Por óbvio, o preceito não impede a repercussão tributária de normas gerais de Direito (como a do art. 3º da Lei de Introdução), tampouco de normas de direito civil (com definições da compra e venda ou da locação, por exemplo, que concorrem na caracterização de hipóteses tributárias) e outras. O direito tributário é parte do ordenamento jurídico brasileiro, não um mundo autônomo construído com base somente em normas especificamente tributárias, constitucionais e legais.
>
> (...)
>
> Em suma, o direito tributário, por ser ramo do direito público cuja aplicação primária é da administração pública, está integralmente sujeito aos arts. 20 a 30 da Lei de Introdução reformada. E todos os órgãos administrativos com competência na matéria, inclusive judicante, têm o dever de respeitá-los com fidelidade.

Em suma, embora LINDB mencione que a lei auxiliará nos órgãos de controle da administração, em nenhum momento os autores do projeto objetivaram restringir a sua aplicação aos referidos órgãos, até porque a LINDB é uma norma de aplicação geral, com a função de direcionar as demais normas.

Argumento que também merece nossos comentários, diz respeito aos destinatários da norma.

Diferente do que consignado nas decisões analisadas, já listadas no presente artigo, a LINDB não faz distinções com relação ao destinatário da norma, portanto, não caberia ao intérprete fazê-lo, sendo essa prática uma das mais basilares quando pensamos em hermenêutica jurídica[11].

---

11. REsp 1287915/BA.

Da mesma forma, entendemos que não há conflito entre a LINDB e o CTN. Ambas as normas, geral (LINDB) e específica (CTN), podem e devem conviver de forma harmônica, afinal, impor normas comuns a todos não significa dizer que as específicas devem ser ignoradas.

Ainda que assim não fosse, contradição existira no caso de normas antagônicas, o que não é o caso, na medida em que ambas as normas convergem para um único fim, qual seja, segurança jurídica.

Outra posição que no nosso entendimento não se sustenta, diz respeito a LINDB estar, supostamente, usurpando a função delegada à Lei Complementar, em afronta ao artigo 146 da CF/88.

O artigo 146 da CF/88, ao tratar sobre a competência para instituir normas gerais em matéria tributária, pretendeu estabelecer que apenas a Lei Complementar poderia estabelecer regras que regulassem as obrigações tributárias em geral.

Por "geral", como esclarecido pelo então Ministro Joaquim Barbosa, quando do julgamento do RE 433.352, devemos entender como "aptas a vincular todos os entes federados e administrados".

O artigo 146 da CF/88, ainda que de forma exemplificativa, chega a elucidar o que seriam normas gerais em matéria tributária, tais como a definição de tributos e suas espécies, ou ainda alteração de fatos geradores, bases de cálculo e contribuintes dos tributos já instituídos.

A LINDB objetiva segurança jurídica, objetiva que o contribuinte não seja surpreendido com a mudança de orientação jurisprudencial e, em nenhum momento, usurpou a competência de Lei Complementar.

Observar a jurisprudência da época não equivale a definir tributos e suas espécies, tampouco a criar fatos gerados, base de cálculo e contribuintes.

Ademais, necessário tecer breve comentário sobre o ônus da prova e sobre a definição do que seria "jurisprudência majoritária".

Concordamos com o argumento de que o termo "jurisprudência majoritária" é um termo aberto, assim como também concordamos que o ônus da prova compete àquele que alega e que, portanto, caberia ao contribuinte mapear e fornecer aos julgadores as decisões que comprovem o posicionamento do CARF sobre um determinado assunto.

Todavia, embora "jurisprudência majoritária" seja um termo aberto, entendemos que não caberia ao intérprete da lei, no caso o Conselheiro do CARF, fixar, sem respaldo legal, um percentual tão elevado (90% - noventa por cento) para aplicação do referido artigo, sob pena de torná-lo inviável.

Ante a ausência de definição pelo legislador, nos parece mais razoável adotarmos o posicionamento de que jurisprudência majoritária seria aquela que predomina em comparação a outra, pouco importando se esse percentual será de 60% (sessenta por cento), 70% (setenta por cento), 80% (oitenta por cento) ou 90% (noventa por cento).

Em outras palavras, ao nosso ver, majoritário deveria ser interpretado como equivalente a maioria de decisões, adotando a lógica de uma maioria simples[12].

Por fim, no que tange ao argumento de que os casos de lançamento por homologação não estariam sujeitos ao artigo 24 da LINDB, eis que não teria um ato praticado pela administração pública passível de revisão, ousamos discordar.

Inegável que o lançamento por homologação é feito pelo contribuinte, porém a questão não nos parece tão simples. Embora concordemos que o particular é o sujeito ativo quando tratamos de lançamento por homologação, ou seja, concordamos que o contribuinte é aquele quem lança o crédito tributário, nos parece claro que nessa hipótese o contribuinte está fazendo as vezes da administração pública.

12. https://www2.camara.leg.br/camaranoticias/noticias/57715.html.

Em outras palavras, o contribuinte, nos casos de lançamento por homologação, está praticando um ato de natureza administrativa, por delegação da administração pública. O simples fato de o ato administrativo ser praticado por particular não retira ou altera a natureza do ato praticado.

A jurisprudência do STJ é farta nesse sentido[13].

Portanto, ante as singelas considerações feitas acima, os argumentos utilizados pelo CARF para não aplicar a LINDB aos processos administrativos tributários não prosperam. Pelas nossas conclusões, desde que comprovado pelo contribuinte a chamada "jurisprudência majoritária", a LINDB deve ser aplicada de forma irrestrita ao direito tributário e, por consequência, ao processo administrativo tributário.

4. Referências

ATALIBA, Geraldo. *Hipótese de Incidência Tributária.* São Paulo: Malheiros, 2009.

COÊLHO, Sacha Calmon Navarro. *Comentários À Constituição de 1988.* Rio de Janeiro. Forense: 1990.

MORAES, Alexandre de. *Constituição do Brasil interpretada e legislação constitucional.* São Paulo: Atlas, 2005.

NETO, Carlos Augusto Daniel. *CARF Rejeita Aplicação do artigo 24 da LINDB aos Processos Tributários.* Disponível em: https://www.conjur.com.br/2019-fev-06/direto-carf-carf-rejeita-aplicacao-artigo-24-lindb-aos-processos-tributarios.

PANDOLFO, Rafael. *Os Precedentes e a Nova LINDB*: Novo Patamar de Segurança Jurídica no Processo Administrativo Tributário. São Paulo: Noeses, 2018.

13. RESP nº 1.143.094/SP e RESP nº 1.123.557/RS.

SANTI, Eurico Marcos Diniz. SANTIN, Lina. NETO, João Alho. CYPRIANO, Gabriel Frachito. *LINDB*: Objetivando os Princípios Estruturantes do Direito. Disponível em: https://www.conjur.com.br/2018-set-28/neffgv-lindb-objetivando-princípios-estruturantes-direito.

SILVA, José Afonso da. *Curso de Direito Constitucional Positivo*. São Paulo: Malheiros, 2005.

SUNDFELD, Carlos Ari. *LINDB: Direito Tributário está sujeito à Lei de Introdução reformada*. Jornal JOTA. Disponível em: https://www.jota.info/opiniao-e-analise/artigos/lindb-direito-tributario-esta-sujeito-a-lei-de-introducao-reformada-10082018.

ASPECTOS TEÓRICOS DO PROCESSO ADMINISTRATIVO TRIBUTÁRIO

Carlos Alberto de Moraes Ramos Filho[1]

Introdução

O lançamento tributário é a atividade administrativa plenamente vinculada que apura a existência (*an debeatur*) e a extensão (*quantum debeatur*) da pretensão fiscal em relação a determinado sujeito passivo, permitindo ao sujeito ativo exigir a prestação que constitua o objeto da obrigação tributária principal, surgida com a ocorrência do fato gerador[2].

Em princípio, o lançamento tributário, uma vez regularmente notificado ao sujeito passivo, é administrativamente inalterável, a fim de preservar a estabilidade da relação jurídica atingida pelo lançamento.

---

1. Doutor em Direito Tributário pela Pontifícia Universidade Católica de São Paulo. Mestre em Direito pela Universidade Federal de Pernambuco e pela Universidade Federal de Santa Catarina. Procurador do Estado do Amazonas. Representante Fiscal no Conselho de Recursos Fiscais da Secretaria da Fazenda do Estado do Amazonas. Professor de Direito Constitucional e Direito Financeiro da Faculdade de Direito da Universidade Federal do Amazonas.

2. Nesse sentido é a definição de lançamento formulada por Héctor B. Villegas: "Es el acto o conjunto de actos dirigidos a precisar em cada caso si existe uma deuda tributaria (*an debeatur*), quién es el obligado a pagar el tributo al fisco (sujeto pasivo) y cuál es el importe de la deuda (*quantum debeatur*)" (*Curso de finanzas, derecho financiero y tributario*. Buenos Aires: Astrea, 2003, p. 395).

No entanto, como bem observa Zuudi Sahakihara, "não se pode esquecer que, por outro lado, a legalidade que preside todo o direito tributário impõe certos temperamentos a esse ideal"[3].

Assim, visando a estabelecer o equilíbrio entre a necessidade de preservar a estabilidade das relações jurídicas e a legalidade da atuação estatal, o Código Tributário Nacional – CTN (Lei 5.172/66), em seu art. 145, esclarece que o lançamento notificado ao sujeito passivo pode ser alterado nas situações que estabelece e que são as seguintes: (i) impugnação do sujeito passivo; (ii) recurso de ofício; (iii) iniciativa de ofício da autoridade administrativa, nos casos previstos no art. 149 do CTN.

A revisão do lançamento que tenha sido regularmente notificado ao sujeito passivo depende do enquadramento em uma das situações listadas no dispositivo legal anteriormente referido, que deve ser entendido como taxativo[4].

O presente artigo discorre sobre aspectos teóricos do processo administrativo tributário, que surge quando o sujeito passivo notificado pelo Fisco apresenta sua impugnação ao lançamento, tal como lhe faculta o art. 145 do CTN.

1. Lançamento tributário: ato ou procedimento administrativo?

O lançamento da receita pública, consoante definição constante do art. 53 da Lei 4.320, de 17.03.1964, "é ato da repartição

3. SAHAKIHARA, Zuudi. In: FREITAS, Vladimir Passos de (coord.), *et. al. Código Tributário Nacional comentado.* São Paulo: Ed. Revista dos Tribunais, 1999, p. 570-571.

4. BALEEIRO, Aliomar. *Direito tributário brasileiro.* 10. ed. Atualiz. por Flávio Bauer Novelli. Rio de Janeiro: Forense, 1996, p. 509; SALES, Deborah. Alguns aspectos da revisão e do controle do lançamento tributário. *Revista de Jurisprudência do Tribunal de Justiça do Ceará.* v. 5. Fortaleza: Tribunal de Justiça do Estado do Ceará, 2001, p. 30. No entender de Luiz Felipe Silveira Difini, a enumeração do art. 149 do CTN (referido no inciso III do art. 145 do mesmo diploma) é taxativa, mas o inciso I "permite ao legislador ordinário (não ao intérprete, porém) criar quaisquer outras hipóteses de revisão do lançamento" (*Manual de direito tributário.* São Paulo: Saraiva, 2003, p. 246). Entendemos ter incorrido em equívoco o autor citado, porquanto o inciso I do art. 149 do CTN não se refere não se refere aos casos em que se admite a revisão de ofício do lançamento, mas sim aos casos em que o lançamento é *originariamente efetuado de ofício.*

competente, que verifica a procedência do crédito fiscal e a pessoa que lhe é devedora e inscreve o débito desta".

Especificamente para as receitas tributárias, o CTN define o lançamento como "o procedimento administrativo tendente a verificar a ocorrência do fato gerador da obrigação correspondente, determinar a matéria tributável, calcular o montante do tributo devido, identificar o sujeito passivo e, sendo caso, propor a aplicação da penalidade cabível" (art. 142, *caput*).

Um dos aspectos polêmicos acerca da natureza do lançamento tributário é determinar se tal atividade administrativa configura *ato* ou *procedimento*[5]. Para uma melhor compreensão do dissenso doutrinário em questão, faz-se necessário definir tais categorias.

Ato administrativo, no dizer de Hely Lopes Meirelles, é toda manifestação unilateral de vontade da Administração Pública que, agindo nessa qualidade, tenha por fim produzir algum efeito jurídico para os administrados ou para si própria[6]. Já o procedimento administrativo, no dizer do mesmo autor, "é a sucessão ordenada de operações que propiciam a formação de um ato final objetivado pela Administração"[7].

---

5. Tal polêmica está presente na doutrina estrangeira. Nesse sentido: MONTERO, José Maria Lago. El procedimiento de liquidación. In: AMATUCCI, Andrea (coord.). *Tratado de derecho tributario*. t. 2: la relación jurídico-tributaria; el procedimiento de aplicación de la norma tributaria. Bogotá: Temis, 2001, p. 386.

6. MEIRELLES, Hely Lopes. *Direito administrativo brasileiro*. 18. ed. Atualiz. por Eurico de Andrade Azevedo *et. al*. São Paulo: Malheiros, 1993, p. 133. Na definição de Carlos Garcia Oviedo, ato administrativo é "una declaración especial de voluntad de um órgano público, preferentemente de um órgano administrativo, encaminada a producir, por via de autoridad, um efecto de Derecho, para la satisfacción de um interés administrativo" (*Derecho administrativo*. v. 1. 5. ed. Atualizada por Enrique Martinez Useros. Madrid, 1955, p. 167).

7. MEIRELLES, Hely Lopes. Ob. cit. p. 139. No mesmo sentido, mas referindo-se a *processo* (e não procedimento) administrativo: HARGER, Marcelo. Princípios constitucionais do processo administrativo. Rio de Janeiro: Forense, 2001, p. 64. Leciona, a respeito, Massimo Severo Giannini: "I vari atti sono ordinati in sequenze che presentano carattere organico e unitário e si chimano *procedimenti amministratibi*" (grifos no original) (*Lezione di diritto amministrativo*. v. 1. Milano: Dott. A. Giuffré, 1950, p. 261).

Para alguns o lançamento tributário é tido como um procedimento administrativo, ou seja, uma sequência de atos administrativos tendentes à realização de um fim desejado pela Administração Pública[8]; outros o concebem como um ato administrativo[9]. Há, ainda, os que entendem apresentar-se o lançamento como um ato isolado ou uma série de atos (procedimento), conforme a obrigação tributária a que se refira[10]. Em outra linha, há quem entenda que, independentemente da obrigação tributária a que se refira, a expressão "lançamento tributário" tanto pode ser utilizada para designar o procedimento de elaboração da norma individual e concreta como a própria norma (ato final) instituída por este procedimento[11].

O próprio direito positivo brasileiro alimenta tal controvérsia, pois enquanto a definição do art. 53 da Lei 4.320/1964, estatui que o lançamento é *ato*, a constante do art. 142 do CTN o qualifica como *procedimento*.

8. MACHADO, Hugo de Brito. *Curso de direito tributário*. 21. ed. São Paulo: Malheiros, 2002, p. 153; ROSA JÚNIOR, Luiz Emygdio F. da. *Manual de direito financeiro e tributário*. 12. ed. Rio de Janeiro: Renovar, 1998, p. 535-536; DENARI, Zelmo. *Curso de direito tributário*. 6. ed. Rio de Janeiro: Forense, 1996, p. 187; BARROS, José Eduardo Monteiro de. Teoria geral do lançamento. In: ATALIBA, Geraldo (coord.). *Elementos de direito tributário*. São Paulo: Ed. Revista dos Tribunais, 1978, p. 415.

9. AMARO, Luciano. *Direito tributário brasileiro*. 9. ed. São Paulo: Saraiva, 2003, p. 334; JARDIM, Eduardo Marcial Ferreira. *Manual de direito financeiro e tributário*. 4. ed. São Paulo: Saraiva, 1999, p. 245; LACOMBE, Américo Masset. *Obrigação tributária*. 2. ed. Florianópolis: Obra Jurídica, 1996, p. 95; LIMA NETO, Manoel Cavalcante de. Controle administrativo do lançamento tributário. *Ideia Nova:* veículo de divulgação científico-literário dos estudantes da Pós-Graduação em Direito (Mestrado e Doutorado) da UFPE, n. 1, Recife: Ed. do autor, jan.-jun./2003, p. 133.

10. SOUSA, Rubens Gomes de. *Compêndio de legislação tributária*. Ed. póstuma. São Paulo: Resenha Tributária, 1981, p. 102; DIFINI, Luiz Felipe Silveira. *Manual de direito tributário*. São Paulo: Saraiva, 2003, p. 239; SEIXAS FILHO, Aurélio Pitanga. *Princípios fundamentais do direito administrativo tributário:* a função fiscal. Rio de Janeiro: Forense, 1995, p. 118.

11. BORGES, José Souto Maior. *Lançamento tributário*. 2. ed. São Paulo: Malheiros, 1999, p. 117-126; SANTI, Eurico Marcos Diniz de. *Lançamento tributário*. São Paulo: Max Limonad, 1996, p. 133; SPAGNOL, Werther Botelho. *Curso de direito tributário*. Belo Horizonte: Del Rey, 2004, p. 219; FERRAGUT, Maria Rita. Crédito tributário, lançamento e espécies de lançamento tributário. In: SANTI, Eurico Marcos Diniz de (coord.). *Curso de especialização em direito tributário:* estudos analíticos em homenagem a Paulo de Barros Carvalho. Rio de Janeiro: Forense, 2005, p. 318-319.

Para os que concebem o lançamento tributário como um procedimento administrativo, consistiria ele numa série concatenada de atos administrativos, que se poderiam chamar de *instrumentais*, e que conduzem a um ato administrativo final, principal, que produz efeitos jurídicos definidos em lei[12].

Entendemos, contudo, que a razão está com os que entendem possuir o lançamento natureza de *ato administrativo*, justamente porque o lançamento é somente o último ato daquele procedimento administrativo[13], porquanto os atos anteriores seriam meramente instrumentais. Dito de outro modo, os atos que compõem o referido procedimento, exceto o ato final, são meros atos preparatórios do lançamento[14].

Também o procedimento administrativo que se instaura com a impugnação do sujeito passivo não constitui fase do lançamento. Com efeito, o próprio CTN dispõe que a defesa do contribuinte implica em abertura de procedimento de revisão do lançamento (art. 145, inciso I), restando evidenciado que, antes mesmo da impugnação do sujeito passivo, já se considera consumado o lançamento[15].

O lançamento é, pois, ato singular, que *pode* ser precedido de procedimento preparatório (fiscalização e apuração) e que *pode* ser sucedido de procedimento revisional (julgamento da

---

12. Na lição de Hely Lopes Meirelles, o procedimento administrativo é "o *iter* legal a ser percorrido pelos agentes públicos para a obtenção dos efeitos regulares de um ato administrativo principal" (*Direito administrativo brasileiro*. 18. ed. Atualiz. por Eurico de Andrade Azevedo *et. al.* São Paulo: Malheiros, 1993, p. 139).

13. Nesse sentido: PICCIOLI, Gianlorenzo. *L'accertamento tributario*. Padova: CEDAM, 1998, p. 6; HARGER, Marcelo. O caráter declaratório do lançamento tributário. In: CARRAZZA, Elizabeth Nazar (coord.). *Direito tributário constitucional*. São Paulo: Max Limonad, 1999, p. 250.

14. Nesse sentido: CORRÊA, Walter Barbosa. Lançamento tributário e ato administrativo nulo. *Revista de Direito Tributário*, n. 1, São Paulo: Ed. Revista dos Tribunais, jul.-set./1977, p. 35; BONILHA, Paulo Celso Bergstron. *Da prova no processo administrativo tributário*. 2. ed. São Paulo: Dialética, 1997, p. 44-45.

15. Nesse sentido: QUEIROZ, Mary Elbe. *Do lançamento tributário:* execução e controle. São Paulo: Dialética, 1999, p. 39-40; XAVIER, Alberto. *Do lançamento no direito tributário brasileiro*. 3. ed. Rio de Janeiro: Forense, 2005, p. 118.

impugnação ao lançamento)[16]. Nenhum dos citados procedimentos, entretanto, pode ser considerado integrante do lançamento.

Cabe ressaltar que nem sempre o ato de lançamento será precedido do procedimento preparatório, pois há casos em que a autoridade administrativa utiliza-se de elementos pré-estabelecidos para a individualização da obrigação tributária que dispensam aquele procedimento, como observa Paulo de Barros Carvalho: "há casos de lançamento em que inexiste 'procedimento' como série de atos e termos, operando-se o ato de lançamento numa atividade monádica de um único funcionário. Depreende-se, dessa breve reflexão, que 'procedimento', no sentido de série regrada de atos e termos, não é algo imprescindível para a celebração do lançamento. Este ato pode verificar-se apenas com as providências físicas e mentais da autoridade competente, sem o concurso de qualquer outro ato administrativo"[17].

Seria o caso, por exemplo, do lançamento de ofício de IPTU (imposto sobre propriedade territorial urbana), "em que o agente lançador simplesmente aplica aritmeticamente alíquotas a valores pré-existentes em *planta de valores*, não se podendo, com propriedade, identificar *procedimento*"[18].

Também o procedimento administrativo revisional do lançamento nem sempre estará presente, pois o sujeito passivo pode não apresentar impugnação ao lançamento[19].

---

16. Nesse sentido: COÊLHO, Sacha Calmon Navarro. *Curso de direito tributário brasileiro.* Rio de Janeiro: Forense, 1999, p. 651 e 655; MARINS, James. *Direito processual tributário brasileiro:* (administrativo e judicial). São Paulo: Dialética, 2001, p. 196-197.

17. CARVALHO, Paulo de Barros. *Direito tributário:* fundamentos jurídicos da incidência. São Paulo: Saraiva, 1998, p. 221-222. No mesmo sentido: MAIA FILHO, Napoleão Nunes. Competência para retificação do lançamento tributário. *Revista Dialética de Direito Tributário*, n. 43, São Paulo: Dialética, julho/1999, p. 59.

18. MARINS, James. *Direito processual tributário brasileiro:* (administrativo e judicial). São Paulo: Dialética, 2001, p. 200.

19. Poder-se-ia, *a princípio*, apontar uma segunda hipótese em que poderá não haver o procedimento administrativo revisional do lançamento: quando a legislação não admita tal procedimento. Nesse sentido: BONILHA, Paulo Celso Bergstron. *Da prova no processo administrativo tributário.* 2. ed. São Paulo: Dialética, 1997, p. 54.

2. Obrigatoriedade da existência do processo administrativo tributário

Discute-se, no plano doutrinário, acerca da obrigatoriedade (ou não) de o Estado disponibilizar ao sujeito passivo o processo administrativo tributário como instrumento de acertamento da relação jurídica tributária.

Há quem entenda ter o próprio Texto Constitucional assegurado ao contribuinte o processo administrativo fiscal, ao estatuir que "aos *litigantes*, em processo judicial ou *administrativo*, e aos acusados em geral são assegurados o contraditório e ampla defesa, com os meios e recursos a ela inerentes" (destaque nosso) (art. 5º, inciso LV). Segundo tal interpretação, a consequência da garantia constitucional em tela seria tornar obrigatória a existência de um processo contencioso de controle do lançamento, sempre que assim o desejar o contribuinte[20].

Entendendo ser obrigatória a existência do processo administrativo tributário, mas buscando embasamento para seu pensamento no plano infraconstitucional, Deonísio Koch assevera: "sendo dívida ativa, é um título executivo extrajudicial que goza da presunção de certeza e liquidez, e é formado unilateralmente pelo Estado, não oportunizar a defesa do contribuinte no processo administrativo que antecede à inscrição do crédito tributário em dívida ativa, seria adotar uma ordem arbitrária pelo Estado"[21].

No entanto, consoante será adiante exposto, a existência do processo administrativo tributário, para fins de revisão do lançamento, não é matéria da alçada do legislador ordinário, porquanto decorre da garantia constitucional do devido processo legal (art. 5º, inciso LIV, CF/1988).

20. Nesse sentido: MARTINS, Ives Gandra da Silva. Processo administrativo tributário. In: MARTINS, Ives Gandra da Silva (coord.). *Processo administrativo tributário*. São Paulo: Ed. Revista dos Tribunais: Centro de Extensão Universitária, 1999, p. 60; TORRES, Ricardo Lobo. Processo administrativo tributário. In: MARTINS, Ives Gandra da Silva (coord.). *Processo administrativo tributário*. São Paulo: Ed. Revista dos Tribunais: Centro de Extensão Universitária, 1999, p. 161.

21. KOCH, Deonísio. *Processo administrativo tributário*. Florianópolis: Momento Atual, 2003, p. 91. O autor citado também embasa seu posicionamento no Texto Constitucional, mais precisamente no princípio do devido processo legal, citando os incisos LIV e LV da CF/1988 (Ob. cit. p. 47-52).

Em sentido contrário é o pensar de Paulo Celso Bergstron Bonilha, que, interpretando o inciso LV do art. 5º da CF/88, conclui que o processo administrativo só é obrigatório, ou seja, somente é assegurado constitucionalmente ao contribuinte, na hipótese em que o ato administrativo comporte a aplicação de penalidade (*ato impositivo sancionatório*), mas não quando a pretensão da Fazenda Pública só se refira a tributo (*ato impositivo não sancionatório*)[22].

Apesar do Texto Constitucional somente ter assegurado *de modo expresso* aos contribuintes (e aos cidadãos em geral) o livre acesso *ao Poder Judiciário* (art. 5º, inciso XXXV), não ao processo administrativo, entendemos que a existência deste último é assegurada ao contribuinte no inciso LIV do art. 5º da Constituição, que consagra o princípio do devido processo legal nestes termos: "ninguém será privado da liberdade ou de seus bens sem o devido processo legal".

Ora, considerando que a garantia constitucional do "devido processo legal" veda ato (judicial ou administrativo) atentatório à liberdade ou bens dos particulares que não esteja inserido em um processo[23] e que os atos impositivos de tribu-

---

22. "De se ponderar, preambularmente, que o texto constitucional distinguiu 'acusados' e 'litigantes' em função do caráter impostergável dos postulados de ampla defesa e do devido processo legal, sem os quais carece de qualquer legitimidade a incriminação e penalização irrogada ao 'acusado'. Diversa é a situação do 'litigante' quando não qualificado também de 'acusado', como é o caso do sujeito passivo que se insurge contra a pretensão de tributo. Exação tributária não é pena ou castigo (...). O lançamento aplica a lei material da qual resulta vínculo de natureza compulsória, enquanto no procedimento sancionatório, a prestação compulsória da multa decorre, como consequência, da prática da infração que é imputada ao 'acusado'. Por força dessa exegese, corroborada pelos antecedentes históricos que caracterizam a aplicação desses princípios em matéria processual tributária, parece-nos evidente que a existência do processo administrativo tributário, para fins de revisão do lançamento, continua sendo matéria da alçada do legislador ordinário e não indistinta obrigatoriedade atrelada a qualquer lançamento de tributo" (BONILHA, Paulo Celso Bergstron. *Da prova no processo administrativo tributário*. 2. ed. São Paulo: Dialética, 1997, p. 54). Ressalte-se que o autor citado emprega o termo "lançamento" para designar tão somente o ato impositivo de caráter *não sancionatório*, isto é, relativo à cobrança de tributo (Ob. cit. p. 45).

23. MOREIRA, Egon Bockmann. *Processo administrativo:* princípios constitucionais e a Lei 9.784/99. 2. ed. São Paulo: Malheiros, 2003, p. 261.

to ou penalidade pecuniária podem restringir direitos sobre bens dos administrados, conclui-se que o Texto Constitucional consagrou a obrigatoriedade da existência de um processo administrativo de controle de lançamentos tributários[24].

Ademais, trazendo a discussão para o plano da legislação infraconstitucional, temos que o crédito tributário originado com o lançamento[25] pode ser inscrito na dívida ativa originando título executivo extrajudicial (art. 784, inciso IX, CPC[26]) que goza da presunção (relativa) de certeza e liquidez (art. 204, CTN). Ora, considerando que o referido título é formado unilateralmente pelo Estado, o CTN dispôs que os débitos fiscais só podem ser inscritos em dívida ativa "depois de esgotado o prazo fixado, para pagamento, pela lei ou *por decisão final proferida em processo regular*" (destaque nosso) (art. 201, *caput*).

O CTN, como se vê, garante ao sujeito passivo, antes da inscrição de seu débito em dívida ativa, a existência de processo administrativo no qual aquele poderá suscitar os pontos de divergência que possuir relativamente ao lançamento que lhe tenha sido regularmente notificado, faculdade esta que está prevista, ainda, no inciso I do art. 145 do CTN[27].

24. Cite-se, também, como fundamento constitucional da obrigatoriedade da existência do processo administrativo tributário o *direito de petição* (art. 5º, inciso XXXIV, alínea *a*, CF/88).

25. No presente artigo o termo "lançamento" é empregado para designar tanto os atos impositivos não sancionatórios (assim entendidos os relativos à cobrança de tributos) quanto os não sancionatórios (assim considerados os relativos à cobrança de penalidades pecuniárias).

26. Código de Processo Civil – CPC (Lei 13.105, de 16.03.2015): "Art. 784. São títulos executivos extrajudiciais: (...) IX - a certidão de dívida ativa da Fazenda Pública da União, dos Estados, do Distrito Federal e dos Municípios, correspondente aos créditos inscritos na forma da lei;".

27. Não citamos, para fundamentar nosso posicionamento, o inciso III do art. 151 do CTN, tendo em vista que, não obstante mencionar a possibilidade de "reclamações e recursos", estatui que tais instrumentos deverão ser exercidos "*nos termos das leis* reguladoras do processo tributário administrativo" (destaque nosso), o que poderia servir de embasamento à tese contrária, isto é, de que a existência do processo administrativo tributário, para fins de revisão do lançamento, é matéria da alçada do legislador ordinário.

3. Natureza jurídica do processo administrativo tributário: fase contenciosa do lançamento ou procedimento de controle do lançamento?

Diverge a doutrina a respeito da natureza jurídica do processo administrativo tributário instaurado pela impugnação do sujeito passivo.

Há quem entenda trata-se de verdadeira "fase contenciosa do lançamento". Para os defensores de tal tese, o lançamento consistiria em procedimento composto por duas fases: a *oficiosa* (que se encerraria com a determinação do valor do crédito tributário e a notificação ao sujeito passivo) e a *contenciosa* (que se iniciaria com a impugnação do sujeito passivo)[28].

Ocorre que, consoante anteriormente exposto, o lançamento tributário não pode ser considerado como procedimento, mas como *ato administrativo*, sendo inapropriado, por conseguinte, afirmar que o mesmo seja constituído por fases.

Aliás, o próprio CTN reconhece que o procedimento administrativo instaurado com a impugnação do sujeito passivo não integra o lançamento, mas, ao contrário, pressupõe que o mesmo já existe, quando estabelece as hipóteses em que o *lançamento regularmente notificado* ao sujeito passivo pode ser *alterado* (art. 145). Ora, se, como diz o CTN, a impugnação do sujeito passivo pode levar à modificação do lançamento tributário (art. 145, inciso I), significa que, ao ser notificado o sujeito passivo, já existe o lançamento, pois não se pode alterar o que não existe.

Ademais, como observa Paulo Celso Bergstron Bonilha, a finalidade de tais institutos é distinta: enquanto o lançamento "objetiva formalizar e determinar o crédito, o procedimento decorrente da impugnação visa o reexame e o controle da

28. Nesse sentido: MACHADO, Hugo de Brito. *Curso de direito tributário*. 21. ed. São Paulo: Malheiros, 2002, p. 153-154.

legalidade desse ato (este confirma o lançamento, modifica-o ou determina sua anulação"[29].

Assim, pelo exposto, pode-se definir o processo administrativo tributário instaurado com a impugnação do sujeito passivo como um procedimento administrativo de controle do lançamento, e que com este não se confunde, nem mesmo chegando a se configurar como essencial, visto que somente será instaurado por vontade e provocação do sujeito passivo[30].

É importante destacar que, ao contrário da dívida ativa – que, não importa a que ente federativo pertença, é cobrada judicialmente segundo as regras de uma mesma lei (Lei 6.830/80 – Lei de Execução Fiscal)[31] –, na via administrativa há liberdade para que cada ente formule suas próprias regras de procedimento.

Apesar dos ritos dos processos administrativos tributários serem diferentes no âmbito de cada Fisco (federal, estadual e municipal), é inegável a existência de características comuns a eles, os quais colaboram no desenho do chamado "Direito Processual Administrativo Tributário", identificando e peculiarizando aquele ramo do Direito Processual Tributário, dando-lhe especificidade (tipicidade) em relação ao sistema do Processo Judicial Tributário.

Considerando que a finalidade deste artigo não é proceder a um estudo individualizado de cada procedimento (federal, estadual e municipal), passa-se a analisar, no item seguinte, às fases que compõem o processo administrativo tributário.

---

29. BONILHA, Paulo Celso Bergstron. *Da prova no processo administrativo tributário*. 2. ed. São Paulo: Dialética, 1997, p. 58.

30. QUEIROZ, Mary Elbe. *Do lançamento tributário:* execução e controle. São Paulo: Dialética, 1999, p. 39-40.

31. Isto se dá em virtude de ser privativa da União a competência para legislar sobre direito processual (judicial) (art. 22, inciso I, CF/1988).

4. As fases do procedimento administrativo de impugnação e controle de lançamentos tributários

O processo administrativo tributário é composto, basicamente, de quatro fases: a) fase de instauração; b) fase de instrução; c) fase decisória; d) fase recursal.

Efetuado o lançamento, as normas que regulam o processo administrativo tributário estabelecem um prazo dentro do qual o sujeito passivo poderá formular sua defesa[32].

Este prazo costuma coincidir com o de recolhimento do tributo, que, salvo determinação em contrário da legislação, é de 30 (trinta) dias contados da data em que se considera o sujeito passivo notificado do lançamento (art. 160, *caput*, CTN).

O procedimento administrativo de controle do lançamento tributário, diversamente do procedimento preparatório deste ato (e do próprio ato de lançamento, nos casos em que independa do procedimento preparatório), é instaurado, não pela Administração Pública, mas pelo particular, "na medida em que este, valendo-se da existência do contencioso administrativo, opõe resistência à pretensão estatal, mediante o exercício de seu direito de defesa"[33].

Trata-se, em verdade, de uma *faculdade*, no sentido de que o contribuinte não é obrigado a impugnar, mas *pode* impugnar. Essa iniciativa, por outro lado, como ressalta Rubens Gomes de Sousa, é vinculada "no sentido de que lei alguma pode afastá-la, eliminá-la ou negar ao contribuinte o direito de se opor"[34]. Obrigatória é, pois, a *existência* do processo administrativo tributário como instrumento de acertamento da

32. Cada ente político é livre para formular suas próprias regras de processo administrativo tributário, sendo livre, pois, para estabelecer o prazo para apresentação de defesas administrativas contra lançamentos tributários.

33. BOTALLO, Eduardo Domingos. *Procedimento administrativo tributário*. São Paulo: Ed. Revista dos Tribunais, 1977, p. 42.

34. SOUSA, Rubens Gomes de. Procedimento tributário. In: ATALIBA, Geraldo (coord.). *Elementos de direito tributário*. São Paulo: Ed. Revista dos Tribunais, 1978, p. 376.

relação jurídica tributária, mas não a sua *efetiva utilização* pelo contribuinte.

A impugnação do contribuinte ao lançamento notificado (art. 145, inciso I, CTN) *instaura* o processo administrativo fiscal e suspende a exigibilidade do crédito tributário (art. 151, inciso III, CTN) até ulterior decisão administrativa irrecorrível[35], assim entendida a definitiva na órbita administrativa[36].

Comparando a redação do inciso I do art. 151 do CTN com a do inciso I do art. 145 do mesmo diploma, percebe-se que o legislador não prezou a uniformidade terminológica, porquanto neste refere-se à "impugnação", ao passo que naquele utiliza o termo "reclamação" para designar a defesa do sujeito passivo. De qualquer modo, qualquer que seja a denominação utilizada, são todos meios aptos para o sujeito passivo provocar o reexame administrativo do lançamento tributário[37].

A suspensão do crédito tributário durante a tramitação do processo administrativo tributário, tal como preconizada pelo CTN, decorre da circunstância de que, na pendência de defesa ou recurso apresentados pelo sujeito passivo, o crédito não é revestido de definitividade, característica esta exigida para a propositura de ação de execução fiscal, somente a alcançando com a edição de decisão que não possa ser reformada na órbita administrativa[38].

---

35. Ressalte-se que durante o trâmite do processo administrativo tributário, isto é, enquanto não proferida decisão final sobre a controvérsia, o sujeito passivo fará jus à certidão positiva com efeitos de negativa (art. 206, CTN), tendo em vista estar o débito com sua exigibilidade suspensa.

36. A decisão adotada no processo administrativo, em verdade, nunca será definitiva, porque no Direito Brasileiro se mantém o princípio da unidade de jurisdição, o que permite ao particular seguir toda a tramitação do processo administrativo fiscal sem perder o direito de, querendo, ir a juízo (art. 5º, inciso XXXV, CF/1988). No entanto, essas decisões podem se tornar definitivas especialmente no caso em que são proferidas contra a Fazenda Pública (art. 156, inciso IX, CTN). Se for proferida contra o particular, ela não se torna definitiva, a menos que aquele acate a decisão administrativa.

37. Nesse sentido: PORCHAT, Décio. *Suspensão do crédito tributário*. São Paulo: Quartier Latin, 2004, p. 160.

38. VIEIRA, Maria Leonor Leite. *A suspensão da exigibilidade do crédito tributário*.

Em verdade, como bem observa Maria Leonor Leite Vieira, a defesa do contribuinte na esfera administrativa não suspende o crédito tributário, mas tão somente a possibilidade de ser ele exigido: o crédito, a rigor, permanece intocável, ileso, retomando sua marcha regular após a sustação do impedimento[39].

Na ausência de impugnação, ou de recurso, como a exigibilidade do crédito não está suspensa, o Fisco passa, imediatamente (em tese), a dispor do instrumento adequado para efetivá-la, que é a ação de execução fiscal (após inscrever o referido débito em dívida ativa).

A *fase de instrução* é aquela na qual a Administração Tributária procura os subsídios que servirão de fundamento à decisão[40]. Na fase de instrução do processo administrativo tributário são ouvidos os agentes fiscais responsáveis pelo lançamento e na qual podem trazidas outras provas aos autos, incluindo-se nestas os pareceres e a realização de perícias[41].

Costumam ser admitidos no processo administrativo tributário, dentre outros, os seguintes meios de prova: a) documental; b) testemunhal; c) pericial; d) confissão; e) indícios e presunções[42].

São Paulo: Dialética, 1997, p. 57. Se a decisão administrativa definitiva, assim entendida aquela que não possa ser reformada na órbita da Administração, for favorável ao contribuinte e desde que nela seja proclamada a improcedência da exação fiscal, tem-se, no dizer do CTN, a extinção do crédito tributário (art. 150, inciso IX). Nesse caso, como bem observa Paulo de Barros Carvalho, a decisão administrativa não extingue, *per si*, o crédito tributário, porque não havia crédito para ser extinto, sendo impossível suprimir-se aquilo que não existe (*Curso de direito tributário*. 8. ed. São Paulo: Saraiva, 1996, p. 323-324).

39. VIEIRA, Maria Leonor Leite. Ob. cit. p. 39. No entender de Décio Porchat, a interposição de recurso administrativo "é causa de suspensão *da obrigação tributária* e não causa da suspensão da exigibilidade do crédito tributário" (destaque nosso) (*Suspensão do crédito tributário*. São Paulo: Quartier Latin, 2004, p. 168).

40. HARGER, Marcelo. *Princípios constitucionais do processo administrativo*. Rio de Janeiro: Forense, 2001, p. 71.

41. DABUL, Alessandra. *Da prova no processo administrativo tributário*. Curitiba: Juruá, 2004, p. 53.

42. HOFFMANN, Susy Gomes. *Teoria da prova no direito tributário*. Campinas: Copola, 1999, p. 207-221; BONILHA, Paulo Celso Bergstron. *Da prova no processo*

As provas podem ser produzidas por iniciativa dos interessados ou de ofício. O ônus probatório imposto ao interessado quanto aos fatos que houver alegado não retira a possibilidade de produção de provas de ofício. Com efeito, sempre que Administração Tributária tiver notícias de uma ilegalidade, deve atuar de ofício no sentido de verificar a sua existência[43].

A *fase decisória* é aquela na qual o órgão julgador profere a sua decisão sobre o objeto do processo administrativo, a qual deverá ser fundamentada, em atendimento ao princípio constitucional da ampla defesa. Tal decisão pode advir de órgão singular ou colegiado.

Se a decisão administrativa irreformável, favorável ao sujeito passivo, consiste na negação da existência de relação jurídica tributária, considera-se extinto o crédito tributário (art. 156, inciso IX, CTN)[44].

Se o contribuinte questiona o *quantum* exigido e a decisão final lhe é favorável, o crédito tributário não é extinto, mas reduzido até o montante definido na decisão. Nesse caso, não recolhendo os valores da condenação, serão encaminhados os autos para inscrição do débito em dívida ativa (art. 201, CTN).

Diferente é a situação da decisão administrativa irrecorrível que ataca vícios da formalização do crédito tributário (vícios formais), anulando-o, mas reconhecendo o direito da Fazenda. Nesse caso, resta à Administração mandar celebrar novo ato formalizador do liame tributário, providência que deverá ser tomada em 5 (cinco) anos, contados da data em que se tornar definitiva a decisão que tiver anulado, por vício formal, o lançamento anteriormente efetuado (art. 173, inciso II, CTN).

---

administrativo tributário. 2. ed. São Paulo: Dialética, 1997, p. 81-101; DABUL, Alessandra. Ob. cit. p. 74-83.

43. HARGER, Marcelo. Ob. cit. p. 71.

44. Nesse caso, como bem observa Paulo de Barros Carvalho, a decisão administrativa irreformável não extingue, *per se*, o crédito tributário, porque não havia crédito para ser extinto, sendo impossível suprimir-se aquilo que não existe (*Curso de direito tributário*. 8. ed. São Paulo: Saraiva, 1996, p. 324).

Sendo desfavorável ao sujeito passivo a decisão final proferida em processo regular, e não recolhendo os valores da condenação, serão encaminhados os autos para inscrição do débito em dívida ativa (art. 201, CTN).

Na verdade, a decisão no processo administrativo tributário, quer a proferida por autoridade singular como a emanada de órgão colegiado, não adquire para o contribuinte caráter definitivo, no sentido de sobrepor-se à vontade deste, tendo em vista a possibilidade de recurso ao Poder Judiciário (art. 5º, inciso XXXV, CF/1988). Na percepção de Eduardo Botallo, "a decisão alcançada no procedimento administrativo tributário constitui, em última análise, uma proposta de composição, com vistas à possibilidade de ser evitado o apelo ao judiciário"[45].

Se as decisões desfavoráveis ao contribuinte são apreciáveis pelo Judiciário, o contrário já não se aplica, pois, na percepção de Natércia Sampaio Siqueira, "a tentativa de descentralizar a jurisdição restaria enfraquecida, se a decisão final em esfera administrativa fosse passível de revisão pelo judiciário, a pedido da própria Administração"[46].

Ademais, como observa Luiz Fernando Mussolini Júnior, a definitividade, para o Fisco, das decisões terminativas que lhe forem adversas em processos administrativos tributários "é ideia que se apoia na inexorabilidade sistêmica de perseguir-se a segurança jurídica nas relações humanas interpessoais (até nas que se instalam entre os Entes Tributantes e os contribuintes)"[47].

Portanto, pelo exposto, conclui-se que as decisões proferidas no processo administrativo tributário são vinculantes e obrigatórias para a Fazenda Pública, privada que é de

---

45. BOTALLO, Eduardo Domingos. *Procedimento administrativo tributário*. São Paulo: Ed. Revista dos Tribunais, 1977, p. 64. No mesmo sentido: CASTRO, Alexandre Barros. *Procedimento administrativo tributário*. São Paulo: Atlas, 1996, p. 125.

46. SIQUEIRA, Natércia Sampaio. *Crédito tributário:* constituição e exigências administrativas. Belo Horizonte: Mandamentos, 2004, p. 273.

47. MUSSOLINI JÚNIOR, Luiz Fernando. *Processo administrativo tributário:* das decisões terminativas contrárias à Fazenda Pública. Barueri, SP: Manole, 2004, p. 126.

meios jurídicos para reabrir o debate no âmbito do Poder Judiciário[48].

O processo administrativo tributário desenvolve-se, ordinariamente, em duas instâncias, organizadas na forma da legislação de cada ente federativo[49].

Da decisão do órgão de primeiro grau (geralmente monocrático) cabe recurso para órgãos superiores (quase sempre estruturados em colégio). Nada impede que haja, ainda, uma eventual terceira instância julgadora administrativa, ou uma quarta ou uma quinta.

A *fase recursal* está compreendida no que Marcelo Harger denomina de "fase de integração ou de controle", que corresponde, no dizer do autor citado, "aos atos de homologação e controle de legalidade sobre o procedimento"[50].

---

48. XAVIER, Alberto. *Princípios do processo administrativo e judicial tributário*. Rio de Janeiro: Forense, 2005, p. 137; SILVA, Sergio André Rocha Gomes da. *Controle administrativo do lançamento tributário:* o processo administrativo fiscal. Rio de Janeiro: Lumen Juris, 2004, p. 176 e 254; CASTRO, Alexandre Barros. *Procedimento administrativo tributário*. São Paulo: Atlas, 1996, p. 125; MORAES, Suzane de Farias Machado de. O processo administrativo tributário. *Tributo – Revista do Instituto Cearense de Estudos Tributários*. n. 1. Fortaleza: ABC, jul.-dez./2000, p. 200. Sustentando tese diametralmente oposta, confira-se a seguinte lição doutrinária, construída a partir de interpretação do inciso IX do art. 156 do CTN, que prevê como causa extintiva do crédito tributário a "decisão administrativa irreformável", assim considerada "a definitiva na órbita administrativa, que não mais posa ser objeto de ação anulatória": "Ora, a expressão *ação anulatória* parece que está aí utilizada na acepção estrita de *ação judicial* (no mínimo, abrangeria tal), a qual visa a anular em juízo ato da própria Administração. Mas esse ato que se visa a anular só pode ser decisão administrativa contrária ao fisco, porque é figura extintiva do crédito tributário. Logo, em tal situação, somente a Fazenda Pública é que teria interesse em propor a mencionada ação, e, não, o devedor beneficiário da extinção do crédito, de tal sorte que aquele preceito legal vem legitimar claramente a propositura da ação anulatória pela Fazenda" (grifos no original) (ARANHA, Luiz Ricardo Gomes *et. al*. *Da especialização da justiça tributária*. Belo Horizonte: Imprensa Oficial, 1974, p. 58).

49. Como será adiante exposto, a adoção (ou não) da pluralidade de instâncias julgadoras no processo administrativo tributário de revisão do lançamento é matéria da alçada do legislador ordinário.

50. HARGER, Marcelo. *Princípios constitucionais do processo administrativo*. Rio de Janeiro: Forense, 2001, p. 74.

O controle da decisão proferida no processo de impugnação de lançamento tributário pode ocorrer de ofício ou depender da iniciativa do interessado, conforme estiver disposto em lei.

O recurso de ofício (art. 145, inciso II, CTN) é o que compete à autoridade administrativa de primeira instância que entender procedente, no todo ou em parte, a impugnação do sujeito passivo. Nestes casos, para dividir responsabilidades pela decisão contrária aos interesses da Fazenda, a própria lei impõe que o julgador da primeira instância se dirija a órgão judicante superior, buscando nele manifestação sobre se a sua decisão deve ser mantida ou reformada[51].

A iniciativa do interessado ocorre mediante a interposição de recurso administrativo, no qual são expostos os fundamentos do pedido de reexame e apresentados os documentos necessários à análise do pedido de modificação da decisão recorrida[52].

5. O "duplo grau de jurisdição": a pluralidade de instâncias julgadoras no processo administrativo tributário

Alguns doutrinadores defendem que o direito ao *duplo grau de "jurisdição"* ou à *revisibilidade*[53], ou seja, o direito à

51. FANNUCHI, Fábio. *Curso de direito tributário brasileiro*. v. 1. São Paulo: Resenha Tributária, 1971, p. 145. Apesar das legislações tributárias consagrarem a denominação "recurso de ofício", tal terminologia não se afigura correta. É que, como observa Nelson Nery Júnior, o recurso tem como elemento volitivo a "insatisfação com a decisão", geradora da "vontade em recorrer", e a autoridade julgadora "não manifesta 'vontade em recorrer' ao determinar a subida dos autos à superior instância para o reexame necessário" (*Princípios fundamentais – Teoria geral dos recursos*. 4. ed. São Paulo: Ed. Revista dos Tribunais, 1997, p. 149-150).

52. As legislações tributárias consagram a denominação "recurso voluntário" para designar o recurso de iniciativa do sujeito passivo da obrigação. Tal terminologia, no entanto, não se afigura correta, tendo em vista que, como bem observa Nelson Nery Júnior, todo recurso tem como pressuposto a "vontade em recorrer", caracterizando o que o autor citado denomina *princípio da voluntariedade* (*Princípios fundamentais – Teoria geral dos recursos*. cit, p. 149-150).

53. Entendemos ser mais precisa a segunda denominação, porquanto o emprego do termo "jurisdição", no ordenamento jurídico brasileiro, deve ser reservado ao Poder Judiciário. Talvez por esta razão James Marins adote a expressão "duplo grau

revisão do decidido singularmente, deve ser necessariamente observado no âmbito do processo administrativo tributário pois é inerente ao contraditório e à ampla defesa[54], princípios este que, como visto, são aplicáveis ao processo administrativo.

Segundo tal entendimento, para que se dê cumprimento aos princípios constitucionais do contraditório e da ampla defesa, a estrutura administrativa destinada ao julgamento das lides fiscais deveria comportar ao menos uma etapa de revisão hierárquica dos julgamentos fiscais, consoante apregoa James Marins: "Não podem, União, Estados, Distrito Federal ou Municípios, instituir, no âmbito de sua competência, a denominada 'instância única' para o julgamento das lides tributárias deduzidas administrativamente, sob pena de irremediável mutilação da regra constitucional e consequente imprestabilidade do sistema administrativo processual que, por falta de tal requisitos constitucional de validade, não servirá para aperfeiçoar a pretensão fiscal impugnada, remanescendo carente de exigibilidade"[55].

---

de cognição" (*Direito processual tributário brasileiro:* (administrativo e judicial). São Paulo: Dialética, 2001, p. 193).

54. Nesse sentido: BARROS, José Fernando Cedeño de. *Aplicação dos princípios constitucionais do processo no direito tributário*. São Paulo: Saraiva, 1996, p. 150-151; FIGUEIREDO, Lucia Valle. *Curso de direito administrativo*. 4. ed. São Paulo: Malheiros, 2000, p. 415; FERRAZ, Sérgio; DALLARI, Adilson Abreu. *Processo administrativo*. São Paulo: Malheiros, 2001, p. 168-170; SAHAKIHARA, Zuudi. In: FREITAS, Vladimir Passos de (coord.), *et. al. Código Tributário Nacional comentado*. São Paulo: Ed. Revista dos Tribunais, 1999, p. 571; PORTA, Marcos. *Processo administrativo e o devido processo legal*. São Paulo: Quartier Latin, 2003, p. 126; JUNQUEIRA, Helena Marques. A *reformatio in pejus* no processo administrativo. In: FIGUEIREDO, Lucia Valle (coord.). *Processo administrativo tributário e previdenciário*. São Paulo: Max Limonad, 2001, p. 102; MEIRA, Humberto. A garantia do devido processo legal no processo administrativo tributário à luz do critério da lide. In: MARINS, James; MARINS, Gláucia Vieira (coord.). *Processo tributário:* administrativo e judicial. Curitiba: Juruá, 2000, p. 28-29; MORAES, Suzane de Farias Machado de. O processo administrativo tributário. Tributo – Revista do Instituto Cearense de Estudos Tributários. n. 1. Fortaleza: ABC, jul.-dez./2000, p. 190.

55. MARINS, James. *Direito processual tributário brasileiro:* (administrativo e judicial). São Paulo: Dialética, 2001, p. 193.

No mesmo sentido é a lição de Marco Aurélio Greco, que expõe, nos termos que seguem, as razões de assim pensar: "(...) quanto ao seu conteúdo, a ampla defesa impõe o duplo exame da questão ao assegurar a interposição de recursos. Quando pensamos em recurso temos em mente a devolução do conhecimento da questão a outro órgão, que não aquele que se pronunciou anteriormente, o qual terá competência para reformar a decisão anterior". E conclui: "No mínimo, portanto, a ampla defesa assegura um recurso, sendo possível que o legislador preveja outros. Estes, no entanto, estarão fora do âmbito próprio da garantia constitucional"[56].

Adotamos, contudo, tese diametralmente oposta, tendo em vista que na Constituição da República de 1988 não há garantia absoluta ao duplo grau de jurisdição, nem mesmo em sede de processo judicial[57]. Com efeito, várias são as matérias que integram a competência originária do Supremo Tribunal Federal, que as aprecia como única instância (art. 102, inciso I, CF/88).

Assim, se até no Poder Judiciário – ao qual a Constituição assegura amplo acesso (art. 5º, inciso XXXV) – inexiste garantia absoluta ao duplo grau de jurisdição, com muito mais razão não há que se falar em garantia constitucional à pluralidade de instâncias administrativas de julgamento[58].

Conclui-se, por conseguinte, que a pluralidade de instâncias no processo administrativo tributário de revisão do lançamento é matéria da alçada do legislador ordinário[59] e

---

56. GRECO, Marco Aurélio. *Dívidas fiscais – I:* procedimento administrativo. São Paulo: Saraiva, 1977, p. 32-33.

57. NERY JÚNIOR, Nelson. *Princípios do processo civil na Constituição Federal.* São Paulo: Ed. Revista dos Tribunais, 1992, p. 149-150.

58. Nesse sentido: MINATEL, José Antonio. Dupla instância, formação paritária e avocatória no processo administrativo tributário. In: ROCHA, Valdir de Oliveira (coord.). *Processo administrativo tributário.* 4º vol. São Paulo: Dialética, 1999, p. 99-100.

59. Nesse sentido é a lição de Walter Piva Rodrigues: "(...) presente que sequer no âmbito do Poder Judiciário está assegurada a garantia do duplo grau de jurisdição, é de se admitir que legislação infraconstitucional venha dispor livremente sobre a cogitada pluralidade de instâncias administrativas" (A pluralidade de instâncias no

não obrigatoriedade imposta pelo Texto Constitucional. No entanto, a partir do momento em que é assegurada ao contribuinte, pela legislação infraconstitucional, a pluralidade de instâncias administrativas de julgamento, o direito à revisibilidade das decisões passa a integrar o plexo de direitos e garantias do contribuinte, consoante explicita o §2º do art. 5º da CF/88, nestes termos redigido: "Os direitos e garantias expressos nesta Constituição *não excluem outros decorrentes do regime e dos princípios por ela adotados*, ou dos tratados internacionais em que a República Federativa do Brasil seja parte" (destaque nosso).

Destarte, nas hipóteses em que for consagrado o direito ao duplo grau de cognição nas legislações que regem o processo administrativo tributário, *passa o referido princípio a integrar a garantia do devido processo legal* e, assim, qualquer medida ou solução administrativa que importe restrição ao referido direito passa a ser atentatória ao Texto Constitucional.

6. O conteúdo da revisão do lançamento tributário: anulação ou revogação?

O CTN emprega o termo "alteração" do lançamento para abranger as diversas modalidades de reapreciação daquele ato, tanto de iniciativa dos sujeitos passivos (art. 145, inciso I) quanto da Administração Tributária (art. 145, incisos II e III), empregando a expressão "revisão" do lançamento para designar a modalidade de alteração daquele ato por iniciativa de ofício da autoridade administrativa (art. 149).

Entendemos, a respeito, ser correta a opção terminológica adotada por Alberto Xavier, que recomenda o emprego de um conceito amplo de revisão, "mais rigoroso que o de

---

processo administrativo tributário. In: ROCHA, Valdir de Oliveira (coord.). *Processo administrativo tributário*. 4º vol. São Paulo: Dialética, 1999, p. 167). O próprio CTN parece corroborar tal conclusão ao dispor que os recursos suspendem a exigibilidade do crédito tributário "*nos termos das leis* reguladoras do processo tributário administrativo" (destaque nosso) (art. 151, III).

alteração, pois o ato secundário pode traduzir-se tanto na alternativa de 'alteração', caso se repute incorreto o ato primário, quanto na de 'confirmação', no caso oposto"[60].

Apesar da pertinência da lição doutrinária mencionada – da qual, repita-se, somos partidários –, cabe ressaltar não ter havido erro ou impropriedade no emprego do termo "alteração" no contexto do art. 149 do CTN. Com efeito, o dispositivo legal em tela não afirmou que os lançamentos, nas hipóteses legais nele descritas, *serão* alterados, mas que *poderão* ser alterados.

O CTN não emprega, entretanto, os termos "anulação" ou "revogação", ao se referir ao tema da reapreciação do lançamento. Apenas a última expressão, no entanto, pode ser empregada em tal contexto, como passamos a demonstrar.

Anulação é a providência, de iniciativa da Administração ou do administrado, para que se retire do mundo jurídico ato administrativo ilegal. A anulação tanto pode ser feita pela Administração como pelo Poder Judiciário.

Revogação também é modalidade de desfazimento do ato administrativo. Não, porém, por motivo de ilegalidade, mas por motivo de inoportunidade ou inconveniência, consoante definição de Lucia Valle Figueiredo: "A revogação consiste na emanação de provimento secundário, constitutivo, emanado no exercício do mesmo poder de prover, por parte de órgão ainda titular da relação jurídica, e cuja finalidade é a supressão definitiva dos efeitos do provimento inicial (primário), por motivo de conveniência e oportunidade, assentada em interesse público superveniente, concreto e atual (e da mesma natureza), atribuindo-se lhe efeitos *ex nunc*"[61].

---

60. XAVIER, Alberto. *Do lançamento no direito tributário brasileiro*. 3. ed. Rio de Janeiro: Forense, 2005, p. 252. Atos tributários *secundários* ou *de segundo grau*, na terminologia do autor citado, são os que têm por fim a alteração do lançamento, em contraposição àqueles que abrangem o próprio lançamento e os atos que o antecedem, que corresponderiam aos atos *primários* ou *de primeiro grau* (Ob. cit. p. 117-118).

61. FIGUEIREDO, Lucia Valle. *Curso de direito administrativo*. 4. ed. São Paulo: Malheiros, 2000, p. 235.

É no âmbito dos atos administrativos discricionários onde o poder de revogação encontra seu campo absoluto de aplicação. Claro está que sendo atos praticados no exercício da atividade discricionária admitida pela lei, e continuando a Administração no pleno exercício de sua competência ("órgão ainda titular da relação jurídica"), pode revogá-los.

Por outro lado, no tocante aos atos *vinculados* – como o que formaliza o lançamento tributário –, existe uma regra geral que diz respeito à *irrevogabilidade* deles, e é o seguinte o fundamento de tal regra: se uma norma, ao estabelecer um poder vinculado, impõe a prática de certo ato administrativo, tanto será ilegal a *recusa* da sua prática, como a *revogação* de um ato praticado de acordo com a mesma norma.

É que, se o ato era vinculado, não havia possibilidade de outro comportamento possível, e apenas um era legítimo (praticado o fato gerador, deve ser efetivado o lançamento tributário). Se se pratica o único comportamento admitido, esgotou o agente sua competência e não mais a possui para revogar o ato resultante daquele comportamento, consoante leciona Marcello Caetano:

> Efectivamente, se a lei impõe que certo dia, ou dadas certas circunstâncias, se pratique um acto com determinada forma e conteúdo e o órgão administrativo se limitar a cumprir os preceitos legais, é manifesto que este não deve revogar o acto praticado sob pena de, com a revogação, ir ofender a lei imperativa.[62]

Assim, considerando que a revogação de ato administrativo só é possível quando resultem do exercício de poderes discricionários e que a atividade administrativa do lançamento é vinculada e obrigatória (art. 142, parágrafo único, CTN), conclui-se que, em matéria de lançamento, não se cogita de revogação, pois, como enfatiza Walter Barbosa Corrêa, "a inoportunidade ou a inconveniência de um lançamento não pode

62. CAETANO, Marcello. *Princípios fundamentais do direito administrativo*. Coimbra: Almedina, 2003, p. 160.

se opor ao preceito *ex lege* da obrigação e de sua consequente exigibilidade"[63].

7. Natureza da atividade de revisão do lançamento: ato ou procedimento?

Questiona-se se a atividade de revisão do lançamento consistiria em *procedimento*, ou seja, uma sequência de atos tendentes à realização de um fim, ou *ato isolado*.

No caso da reapreciação do lançamento em virtude de impugnação de iniciativa do sujeito passivo (art. 145, inciso I, CTN), é evidente que a revisão do ato de lançamento dar-se-á no âmbito de processo administrativo. No entanto, ainda assim é polêmica a questão, pois, como destaca Alberto Xavier, "em linguagem jurídica precisa a revisão tanto pode significar o procedimento tendente à reapreciação de um ato jurídico, como o próprio ato em que esse procedimento se encerra"[64].

Entendemos, a respeito, que a revisão do lançamento efetiva-se por ato administrativo, justamente porque a revisão, caso ocorra, somente se opera com o último ato daquele procedimento administrativo, porquanto os atos anteriores seriam meramente instrumentais.

Com efeito, mesmo quando se dá no âmbito do processo administrativo tributário, a reapreciação do lançamento efetiva-se, na verdade, através de *ato administrativo* (no caso, a decisão administrativa), pois a série de atos que antecedem o ato final é um mero procedimento preparatório da revisão do lançamento, que, aliás, pode nem ocorrer.

---

63. CORRÊA, Walter Barbosa. Lançamento tributário e ato administrativo nulo. *Revista de Direito Tributário*, n. 1, São Paulo: Ed. Revista dos Tribunais, jul.-set./1977, p. 38. No mesmo sentido: TORRES, Ricardo Lobo. *Curso de direito financeiro e tributário*. 4. ed. Rio de Janeiro: Renovar, 1997, p. 238; SALES, Deborah. Alguns aspectos da revisão e do controle do lançamento tributário. *Revista de Jurisprudência do Tribunal de Justiça do Ceará*. v. 5. Fortaleza: Tribunal de Justiça do Estado do Ceará, 2001, p. 29 e 33.

64. XAVIER, Alberto. *Do lançamento no direito tributário brasileiro*. 3. ed. Rio de Janeiro: Forense, 2005, p. 253.

Seria o caso, por exemplo, de um contribuinte que formulou impugnação a lançamento (art. 145, inciso I, CTN), que tramitou por vários setores da repartição fazendária até chegar ao órgão julgador de primeira instância, que, no entanto, entendendo que a petição do sujeito passivo não atendia os requisitos mínimos exigidos pela legislação para ser conhecida, não admitiu aquela peça processual. Tivemos, no caso, um procedimento, mas não há que se falar em revisão porque as razões do contribuinte sequer chegaram a ser apreciadas e, por conseguinte, não se chegou a analisar o lançamento objeto da impugnação. Dito de outro modo, os atos que compõem o referido "procedimento revisional", exceto o ato final, são meros atos preparatórios do ato administrativo de reexame.

Conclui-se, pois, que a revisão do lançamento tributário, tanto de iniciativa dos sujeitos passivos quanto da Administração Tributária, é efetivada por ato administrativo, sendo este, no entanto, expedido no bojo de um procedimento administrativo no caso da reapreciação do lançamento em virtude de impugnação de iniciativa do sujeito passivo.

Referências

AMARO, Luciano. *Direito tributário brasileiro*. 9. ed. São Paulo: Saraiva, 2003.

ARANHA, Luiz Ricardo Gomes *et. al. Da especialização da justiça tributária*. Belo Horizonte: Imprensa Oficial, 1974.

BALEEIRO, Aliomar. *Direito tributário brasileiro*. 10. ed. Atualiz. por Flávio Bauer Novelli. Rio de Janeiro: Forense, 1996.

BARROS, José Eduardo Monteiro de. Teoria geral do lançamento. In: ATALIBA, Geraldo (coord.). *Elementos de direito tributário*. São Paulo: Ed. Revista dos Tribunais, 1978, p. 411-424.

BARROS, José Fernando Cedeño de. *Aplicação dos princípios constitucionais do processo no direito tributário*. São Paulo: Saraiva, 1996.

BONILHA, Paulo Celso Bergstron. *Da prova no processo administrativo tributário*. 2. ed. São Paulo: Dialética, 1997.

BORGES, José Souto Maior. *Lançamento tributário*. 2. ed. São Paulo: Malheiros, 1999.

BOTALLO, Eduardo Domingos. *Procedimento administrativo tributário*. São Paulo: Ed. Revista dos Tribunais, 1977.

CAETANO, Marcello. *Princípios fundamentais do direito administrativo*. Coimbra: Almedina, 2003.

CARVALHO, Paulo de Barros. *Curso de direito tributário*. 8. ed. São Paulo: Saraiva, 1996.

________. *Direito tributário:* fundamentos jurídicos da incidência. São Paulo: Saraiva, 1998.

CASTRO, Alexandre Barros. *Procedimento administrativo tributário*. São Paulo: Atlas, 1996.

COÊLHO, Sacha Calmon Navarro. *Curso de direito tributário brasileiro*. Rio de Janeiro: Forense, 1999.

CORRÊA, Walter Barbosa. Lançamento tributário e ato administrativo nulo. *Revista de Direito Tributário*, n. 1, São Paulo: Ed. Revista dos Tribunais, jul.-set./1977, p. 33-41.

DABUL, Alessandra. *Da prova no processo administrativo tributário*. Curitiba: Juruá, 2004.

DENARI, Zelmo. *Curso de direito tributário*. 6. ed. Rio de Janeiro: Forense, 1996.

DIFINI, Luiz Felipe Silveira. *Manual de direito tributário*. São Paulo: Saraiva, 2003.

FANNUCHI, Fábio. *Curso de direito tributário brasileiro*. v. 1. São Paulo: Resenha Tributária, 1971.

FERRAGUT, Maria Rita. Crédito tributário, lançamento e espécies de lançamento tributário. In: SANTI, Eurico Marcos

Diniz de (coord.). *Curso de especialização em direito tributário:* estudos analíticos em homenagem a Paulo de Barros Carvalho. Rio de Janeiro: Forense, 2005, p. 307-333.

FERRAZ, Sérgio; DALLARI, Adilson Abreu. *Processo administrativo*. São Paulo: Malheiros, 2001.

FIGUEIREDO, Lucia Valle. *Curso de direito administrativo*. 4. ed. São Paulo: Malheiros, 2000.

FREITAS, Vladimir Passos de (coord.), *et. al. Código Tributário Nacional comentado*. São Paulo: Ed. Revista dos Tribunais, 1999.

GIANNINI, Massimo Severo. *Lezione di diritto amministrativo*. v. 1. Milano: Dott. A. Giuffré, 1950.

GRECO, Marco Aurélio. *Dívidas fiscais – I:* procedimento administrativo. São Paulo: Saraiva, 1977.

HARGER, Marcelo. *Princípios constitucionais do processo administrativo*. Rio de Janeiro: Forense, 2001.

_____. O caráter declaratório do lançamento tributário. In: CARRAZZA, Elizabeth Nazar (coord.). *Direito tributário constitucional*. São Paulo: Max Limonad, 1999, p. 223-260.

HOFFMANN, Susy Gomes. *Teoria da prova no direito tributário*. Campinas: Copola, 1999.

JARDIM, Eduardo Marcial Ferreira. *Manual de direito financeiro e tributário*. 4. ed. São Paulo: Saraiva, 1999.

JUNQUEIRA, Helena Marques. A *reformatio in pejus* no processo administrativo. In: FIGUEIREDO, Lucia Valle (coord.). *Processo administrativo tributário e previdenciário*. São Paulo: Max Limonad, 2001, p. 91-113.

KOCH, Deonísio. *Processo administrativo tributário*. Florianópolis: Momento Atual, 2003.

LACOMBE, Américo Masset. *Obrigação tributária*. 2. ed. Florianópolis: Obra Jurídica, 1996.

LIMA NETO, Manoel Cavalcante de. Controle administrativo do lançamento tributário. *Ideia Nova:* veículo de divulgação científico-literário dos estudantes da Pós-Graduação em Direito (Mestrado e Doutorado) da UFPE, n. 1, Recife: Ed. do autor, jan.-jun./2003, p. 129-151.

MACHADO, Hugo de Brito. *Curso de direito tributário*. 21. ed. São Paulo: Malheiros, 2002.

MAIA FILHO, Napoleão Nunes. Competência para retificação do lançamento tributário. *Revista Dialética de Direito Tributário*, n. 43, São Paulo: Dialética, julho/1999, p. 48-59.

MARINS, James. *Direito processual tributário brasileiro:* (administrativo e judicial). São Paulo: Dialética, 2001.

MARTINS, Ives Gandra da Silva. Processo administrativo tributário. In: MARTINS, Ives Gandra da Silva (coord.). *Processo administrativo tributário*. São Paulo: Ed. Revista dos Tribunais: Centro de Extensão Universitária, 1999, p. 51-78.

MEIRA, Humberto. A garantia do devido processo legal no processo administrativo tributário à luz do critério da lide. In: MARINS, James; MARINS, Gláucia Vieira (coord.). *Processo tributário:* administrativo e judicial. Curitiba: Juruá, 2000, p. 15-61.

MEIRELLES, Hely Lopes. *Direito administrativo brasileiro*. 18. ed. Atualiz. por Eurico de Andrade Azevedo *et. al.* São Paulo: Malheiros, 1993.

MINATEL, José Antonio. Dupla instância, formação paritária e avocatória no processo administrativo tributário. In: ROCHA, Valdir de Oliveira (coord.). *Processo administrativo tributário*. 4º vol. São Paulo: Dialética, 1999, p. 93-103.

MONTERO, José Maria Lago. El procedimiento de liquidación. In: AMATUCCI, Andrea (coord.). *Tratado de derecho tributario*.

t. 2: la relación jurídico-tributaria; el procedimiento de aplicación de la norma tributaria. Bogotá: Temis, 2001, p. 367-419.

MORAES, Suzane de Farias Machado de. O processo administrativo tributário. *Tributo – Revista do Instituto Cearense de Estudos Tributários*. n. 1. Fortaleza: ABC, jul.-dez./2000, p. 187-200.

MOREIRA, Egon Bockmann. *Processo administrativo:* princípios constitucionais e a Lei 9.784/99. 2. ed. São Paulo: Malheiros, 2003.

MUSSOLINI JÚNIOR, Luiz Fernando. *Processo administrativo tributário:* das decisões terminativas contrárias à Fazenda Pública. Barueri, SP: Manole, 2004.

NERY JÚNIOR, Nelson. *Princípios do processo civil na Constituição Federal*. São Paulo: Ed. Revista dos Tribunais, 1992.

_____. *Princípios fundamentais – Teoria geral dos recursos*. 4. ed. São Paulo: Ed. Revista dos Tribunais, 1997.

OVIEDO, Carlos Garcia. *Derecho administrativo*. v. 1. 5. ed. Atualizada por Enrique Martinez Useros. Madrid, 1955.

PICCIOLI, Gianlorenzo. *L'accertamento tributario*. Padova: CEDAM, 1998.

PORCHAT, Décio. *Suspensão do crédito tributário*. São Paulo: Quartier Latin, 2004.

PORTA, Marcos. *Processo administrativo e o devido processo legal*. São Paulo: Quartier Latin, 2003.

QUEIROZ, Mary Elbe. *Do lançamento tributário:* execução e controle. São Paulo: Dialética, 1999.

RODRIGUES, Walter Piva. A pluralidade de instâncias no processo administrativo tributário. In: ROCHA, Valdir de Oliveira (coord.). *Processo administrativo tributário*. 4º vol. São Paulo: Dialética, 1999, p. 163-169.

ROSA JÚNIOR, Luiz Emygdio F. da. *Manual de direito financeiro e tributário*. 12. ed. Rio de Janeiro: Renovar, 1998.

SALES, Deborah. Alguns aspectos da revisão e do controle do lançamento tributário. *Revista de Jurisprudência do Tribunal de Justiça do Ceará*. v. 5. Fortaleza: Tribunal de Justiça do Estado do Ceará, 2001, p. 25-34.

SANTI, Eurico Marcos Diniz de. *Lançamento tributário*. São Paulo: Max Limonad, 1996.

SEIXAS FILHO, Aurélio Pitanga. *Princípios fundamentais do direito administrativo tributário:* a função fiscal. Rio de Janeiro: Forense, 1995.

SILVA, Sergio André Rocha Gomes da. *Controle administrativo do lançamento tributário:* o processo administrativo fiscal. Rio de Janeiro: Lumen Juris, 2004.

SIQUEIRA, Natércia Sampaio. *Crédito tributário:* constituição e exigências administrativas. Belo Horizonte: Mandamentos, 2004.

SOUSA, Rubens Gomes de. *Compêndio de legislação tributária*. Ed. póstuma. São Paulo: Resenha Tributária, 1981.

_______. Procedimento tributário. In: ATALIBA, Geraldo (coord.). *Elementos de direito tributário*. São Paulo: Ed. Revista dos Tribunais, 1978, p. 369-409.

SPAGNOL, Werther Botelho. *Curso de direito tributário*. Belo Horizonte: Del Rey, 2004.

TORRES, Ricardo Lobo. *Curso de direito financeiro e tributário*. 4. ed. Rio de Janeiro: Renovar, 1997.

_______. Processo administrativo tributário. In: MARTINS, Ives Gandra da Silva (coord.). *Processo administrativo tributário*. São Paulo: Ed. Revista dos Tribunais: Centro de Extensão Universitária, 1999, p. 158-179.

VIEIRA, Maria Leonor Leite. *A suspensão da exigibilidade do crédito tributário*. São Paulo: Dialética, 1997.

VILLEGAS, Héctor B. *Curso de finanzas, derecho financiero y tributario*. Buenos Aires: Astrea, 2003.

XAVIER, Alberto. *Princípios do processo administrativo e judicial tributário*. Rio de Janeiro: Forense, 2005.

_____. *Do lançamento no direito tributário brasileiro*. 3. ed. Rio de Janeiro: Forense, 2005.

O NOVO CÓDIGO DE PROCESSO CIVIL E SEUS REFLEXOS NO PROCESSO ADMINISTRATIVO TRIBUTÁRIO

Thais Helena Morando[1]

Marilia de Prince Rasi Faustino[2]

Considerações Iniciais

O Novo Código de Processo Civil, introduzido pela Lei 13.105/2015, trouxe significativas mudanças com vistas a consagrar a segurança jurídica e resguardar a confiabilidade do contribuinte na prestação jurisdicional.

Dentre as principais alterações, destaca-se a expressa previsão a respeito da necessidade de fundamentação das decisões a serem proferidas e o dever de os tribunais uniformizarem a jurisprudência, mantendo-a estável, íntegra e coerente.

---

1. Doutora (2010) e Mestre (2001) em Direito Tributário pela Pontifícia Universidade Católica de São Paulo, graduada em Direito pela Universidade de São Paulo - USP (1986). Professora de Direito Tributário da graduação e da pós-graduação.

2. Especialista em Direito Tributário e mestranda em Direito Constitucional e Processual Tributário pela Pontifícia Universidade Católica de São Paulo - PUC/SP. Advogada em São Paulo.

Como instrumento para alcançar tais ideais, o novo *Codex* deu maior atenção à aplicação dos precedentes judiciais, não apenas para garantir a isonomia e a segurança jurídica, mas também para prestigiar o princípio da eficiência e celeridade processual.

A aplicação supletiva e subsidiária do Código de Processo Civil às lides administrativas foi uma das formas de se alcançar estes valores, considerando a coesão do sistema jurídico e a unidade do Direito.

Sem a pretensão de esgotar a matéria, o presente artigo busca analisar o alcance destas alterações no âmbito administrativo, à luz dos valores e garantias constitucionalmente tuteladas, como a isonomia, a segurança jurídica, a eficiência e a duração razoável do processo.

Embora pretendamos abordar a matéria sob a ótica do processo administrativo fiscal no âmbito federal, entendemos aplicáveis nossas considerações aos processos administrativos em trâmite nas esferas estaduais e municipais, tendo em vista que os valores em jogo estão amparados na Constituição Federal.

1. Aplicação Supletiva e Subsidiária do Novo Código de Processo Civil aos Processos Administrativos

Embora exista regramento uniforme no tocante ao direito material tributário, regulado pelo Código Tributário Nacional (Lei 5.172/66), não há, no âmbito do direito processual, a uniformização de tais regras para todos os entes federados.

Conforme observou Alberto Xavier[3] *"o desenvolvimento obtido no plano científico pelo chamado direito tributário material nunca foi acompanhado de esforços comparáveis no direito tributário formal, até há pouco atrofiado e subalternizado pela doutrina"*.

No âmbito federal, o processo administrativo tributário é regido pelo Decreto Federal 70.235/72, recepcionado pela Constituição Federal, possuindo *status* de lei ordinária.

3. XAVIER, Alberto. *Do Lançamento: Teoria Geral do Ato, do Procedimento e do Processo Tributário.* 2ª ed., Rio de Janeiro: Forense, 1998, p. 6.

Posteriormente, em 1999, sobreveio a Lei 9.784, denominada Lei Geral do Processo Administrativo Federal –que, em seu art. 1º *"estabelece normas básicas sobre o processo administrativo no âmbito da Administração Federal"*, com previsão de aplicação subsidiária ao processo tributário em seu artigo 69[4].

Com o advento da Lei 13.105/2015, que introduziu o Novo Código de Processo Civil, passou-se a prever expressamente que as disposições constantes no referido diploma legal se aplicassem, supletiva e subsidiariamente, aos processos administrativos:

> *Art. 15. Na ausência de normas que regulem processos eleitorais, trabalhistas ou administrativos, as disposições deste Código lhes serão aplicadas supletiva e subsidiariamente.*

A aplicação subsidiária remete a ideia de que a lei processual será aplicável aos processos administrativos sempre que houver algum tipo de lacuna normativa.

A Lei de Introdução às Normas do Direito Brasileiro, veiculada pelo Decreto-Lei 4.657/42, dispõe, em seu artigo 4º, sobre o preenchimento de eventuais lacunas no ordenamento jurídico, estabelecendo que *"quando a lei for omissa, o juiz decidirá o caso de acordo com a analogia, os costumes e os princípios gerais de direito"*.

Nesse sentido, importantes os esclarecimentos de James Marins[5] sobre o tema:

> *Necessário esclarecer que a locução empregada não quer significar que as normas do Código de Processo Civil somente serão aplicadas ao processo administrativo tributário quando não houver norma alguma que dirija o rito processual, mas sim quando houver alguma situação processual ausente de normas – lacuna normativa de natureza processual.*

---

4. "*Art. 69. Os processos administrativos específicos continuarão a reger-se por lei própria, aplicando-se lhes apenas subsidiariamente os preceitos desta Lei.*"

5. MARINS, James. *O Código de Processo Civil/2015 e os processos administrativos fiscais. In:* O *Processo Tributário e o Código de Processo Civil 2015*, MACHADO, Hugo de Brito (Org.), São Paulo: Malheiros Editores, 2017, p. 337.

A aplicação supletiva, por sua vez, tem como objetivo complementar as normas processuais, isto é, mesmo diante de situações em que não há omissão, deverá ser aplicada a lei processual civil, caso haja necessidade de complementação.

Estas são as lições de Ricardo Mariz de Oliveira, Henrique Coutinho de Souza e Marcos Engel Vieira[6], ao analisarem o alcance do artigo 15 do Novo Código de Processo Civil:

> Assim, as normas do Código de Processo Civil/2015 aplicáveis aos processos administrativos fiscais são todas aquelas que: (i) suprem vazios legislativos das leis especiais que regem os processos administrativos, caso em que estaremos diante da aplicação subsidiaria; e (ii) complementam as disposições das leis especiais, sobretudo no que concerne à maximização e à otimização dos princípios e garantias constitucionais, caso em que estaremos diante da aplicação supletiva.

Deste modo, ante a expressa previsão a respeito da aplicação, subsidiária e supletiva do Código de Processo Civil aos processos administrativos, seja para colmatar as lacunas normativas, seja para complementar as normas já existentes, analisaremos a aplicação das importantes alterações trazidas neste diploma legal aos processos em curso no âmbito administrativo.

2. O artigo 489 do Novo Código de Processo Civil e a fundamentação das decisões no âmbito administrativo

A fundamentação é elemento basilar de qualquer decisão, seja no âmbito administrativo, seja no âmbito judicial. Conhecer as razões pelas quais determinada decisão foi proferida, é indispensável para que a ampla defesa, consagrada constitucionalmente, seja observada.

6. OLIVEIRA, Ricardo Mariz; SOUZA, Henrique Coutinho de; BARBOSA, Marcos Engel Vieira. *Processo Tributário e o Código de Processo Civil/2015. In:* O *Processo Tributário e o Código de Processo Civil 2015*, MACHADO, Hugo de Brito (Org.), São Paulo: Malheiros Editores, 2017, p.360.

O Novo Código de Processo Civil, em seu artigo 927, § 1º[7], determina que os juízes e tribunais, ao proferirem suas decisões, devem observar as regras contidas no artigo 489, §1º.

Mencionado artigo, por sua vez, elenca as circunstâncias nas quais as decisões serão consideradas desprovidas de fundamentação, o que ensejaria a necessidade de sua complementação ou até mesmo sua nulidade.

Assim, nos termos do artigo 489, § 1º , são desprovidas de fundamentação as decisões que *(i)* se limitem indicar, reproduzir ou parafrasear ato normativo sem a devida explicação a respeito da pertinência com a causa, *(ii)* empreguem conceitos jurídicos indeterminados, sem explicar o motivo concreto de sua incidência no caso, *(iii)* invoque motivos que se prestariam a justificar qualquer outra decisão, *(iv)* não enfrente todos os argumentos deduzidos no processo capazes de infirmar a conclusão adotada pelo julgador, *(v)* limite-se a invocar precedente, enunciado ou súmula sem demonstrar a adequação ao caso concreto e *(vi)* deixe de seguir enunciado de súmula, jurisprudência ou precedente invocado pela parte, sem demonstrar a existência de distinção no caso objeto de análise.

Em que pese regra contida no Novo Código de Processo Civil a respeito da necessidade de fundamentação das decisões, referida previsão veio apenas reforçar a necessidade de sua observância no âmbito administrativo, eis que a fundamentação, por força constitucional, é requisito obrigatório para a validade de toda e qualquer decisão:

> *Art. 5º.(...)*
>
> *LIV - ninguém será privado da liberdade ou de seus bens sem o devido processo legal;*

---

7. "*Art. 927. Os juízes e os tribunais observarão:*
§ 1º Os juízes e os tribunais observarão o disposto no art. 10 e no art. 489, § 1º, *quando decidirem com fundamento neste artigo.*"

> *LV - aos litigantes, em processo judicial ou administrativo, e aos acusados em geral são assegurados o contraditório e ampla defesa, com os meios e recursos a ela inerentes;"*
>
> *"Art. 93*
>
> *(..)*
>
> X - as decisões administrativas dos tribunais serão motivadas e em sessão pública, sendo as disciplinares tomadas pelo voto da maioria absoluta de seus membros;

Ricardo Mariz de Oliveira, Henrique Coutinho de Souza e Marcos Engel Vieira[8] também defendem que as decisões administrativas devem ser devidamente fundamentadas para assegurar os princípios constitucionais da ampla defesa, do contraditório e do devido processo legal:

> Entendemos plenamente aplicável o aludido dispositivo aos precedentes administrativos – decorre de outras prerrogativas constitucionais como o devido processo legal, o contraditório e a ampla defesa, aplicáveis ao processo administrativo por força do art. 5 º, LIV e LV da CF.

No âmbito do processo administrativo federal, a Lei 9.784/1999 também trouxe em seu bojo a expressa necessidade de a Administração Pública motivar os atos praticados:

> *Art. 2º A Administração Pública obedecerá, dentre outros, aos princípios da legalidade, finalidade, motivação, razoabilidade, proporcionalidade, moralidade, ampla defesa, contraditório, segurança jurídica, interesse público e eficiência.*
>
> *Parágrafo único. Nos processos administrativos serão observados, entre outros, os critérios de:*
>
> *I - atuação conforme a lei e o Direito;*

Verifica-se, portanto, que a decisão proferida sem a devida fundamentação á claramente maculada pela nulidade, eis que não assegura o devido processo legal, a ampla defesa e o

---

8. Op. cit., p. 364.

contraditório, não se mostrando válida em nenhuma das instâncias, seja judicial, seja administrativa.

Deste modo, embora plenamente aplicável ao processo administrativo por força das disposições constantes no citado artigo 15 do Novo Código de Processo Civil, entendemos que a previsão contida no artigo 489, §1º sequer seria necessária, pois apenas confirmam as garantias já asseguradas pela Constituição Federal.

3. Aplicação dos artigos 926 e 927 do Novo Código de Processo Civil aos processos administrativos - vinculação aos precedentes judiciais

Além de privilegiar a celeridade e a economia processual, as novas medidas constantes do Novo Código de Processo Civil também visam a prestigiar a uniformização e a estabilização da jurisprudência.

A garantia a respeito da maior previsibilidade quanto ao teor das decisões beneficia a todos os litigantes, pois assegura princípios constitucionalmente tutelados como a isonomia e a segurança jurídica.

Estas são as lições do artigo 926:

> *Art. 926. Os tribunais devem uniformizar sua jurisprudência e mantê-la estável, íntegra e coerente.*

A *estabilidade* da jurisprudência está relacionada com a necessidade de se respeitar os precedentes previamente firmados, de sorte que situações jurídicas iguais devem ser tratadas de modo equivalente.

Nas lições de José Joaquim Gomes Canotilho[9], as decisões "*não devem poder ser arbitrariamente modificadas, sendo*

9. CANOTILHO, José Joaquim Gomes. *Direito Constitucional e Teoria da Constituição*. Coimbra, Livraria Almedina. 2002, p. 264.

apenas razoável a alteração das mesmas quando ocorram pressupostos materiais particularmente relevantes".

A *integridade,* conforme aponta Fredie Didier Jr.[10], está ligada a ideia de unidade do direito, devendo os julgadores construírem seus argumentos de forma integrada ao ordenamento jurídico. Ronald Dworkin[11] destaca que um sistema judicial íntegro garantirá a redução de recursos, menor nível de litigância e, consequentemente, maior segurança jurídica

A *coerência,* por sua vez, é alcançada se os mesmos preceitos e princípios que foram aplicados nas decisões previamente proferidas também forem adotados.

A uniformização da jurisprudência, assim como a fundamentação das decisões, também é de aplicação obrigatória aos processos administrativos haja vista a necessidade de se assegurar a isonomia, segurança jurídica e a proteção da confiança.

Desta forma, o artigo 926 também deve ser aplicável no âmbito administrativo, devendo os tribunais administrativos manter a jurisprudência íntegra, coerente e estável para que se prestigie a unidade do Direito.

Pautado nesta premissa, entendemos que o artigo 927, abaixo colacionado, que visa a instrumentalizar as disposições constantes no artigo 926, também deve ser aplicável aos processos administrativos tributários:

> *Art. 927. Os juízes e os tribunais observarão:*
>
> *I - as decisões do Supremo Tribunal Federal em controle concentrado de constitucionalidade;*
>
> *II - os enunciados de súmula vinculante;*

---

10. DIDIER JR, Fredie Souza. *Sistema Brasileiro de Precedentes Judiciais Obrigatórios e os Deveres Institucionais dos Tribunais: Uniformidade, Estabilidade, Integridade e Coerência da Jurisprudência.* Revista da Faculdade Mineira de Direito, volume 18, n. 35, São Paulo, 2015, p. 14.

11. DWORKIN, Ronald. *O império do Direito.* São Paulo: Martins Fontes, 1997, p. 228/229.

> *III - os acórdãos em incidente de assunção de competência ou de resolução de demandas repetitivas e em julgamento de recursos extraordinário e especial repetitivos;*
>
> *IV - os enunciados das súmulas do Supremo Tribunal Federal em matéria constitucional e do Superior Tribunal de Justiça em matéria infraconstitucional;*
>
> *V - a orientação do plenário ou do órgão especial aos quais estiverem vinculados.*
>
> § 1º Os juízes e os tribunais observarão o disposto no *art. 10* e nº, *quando decidirem com fundamento neste artigo.*

Por expressa determinação do artigo 927, a observância dos precedentes é obrigatória aos juízes de primeira instância e aos tribunais, que devem considerar para a formação de suas decisões, o conteúdo decisório proferido pelos tribunais superiores.

No entanto, a doutrina se divide quanto a aplicação do referido artigo aos processos administrativos.

Ricardo Mariz de Oliveira, Henrique Coutinho de Souza e Marcos Engel Vieira[12] chamam a atenção para o fato de que o artigo 927 não deve ser aplicável aos processos administrativos em sua integralidade, se restringindo apenas aos incisos I e II, pois tais mandamentos estariam contidos expressamente na Constituição Federal[13].

Hugo de Brito Machado[14], da mesma forma, entende que o artigo 927 somente seria aplicável aos tribunais judiciais, sob o fundamento de que o legislador quis limitar sua aplicação apenas aos "juízes e tribunais".

Por outro lado, Paulo Cesar Conrado e Rodrigo Dalla Pria[15], entendem que os tribunais administrativos exerceriam

12. Op. Cit, p. 372.

13. Art. 102, § 2º, CF/88.

14. MACHADO, Hugo de Brito. *O Processo Tributário e o Código de Processo Civil/2015*. *In* MACHADO, Hugo de Brito (coord.). O Processo Tributário e o CPC/2015. São Paulo: Malheiros, 2017, p. 247.

15. CONRADO, Paulo Cesar, PRIA, Rodrigo Dalla. *A aplicação do Código de Processo*

atividade jurisdicional ao examinarem a pretensão dos contribuintes e, por esta razão, a vinculação aos precedentes se estenderia ao âmbito administrativo.

Carla de Lourdes Gonçalves e Hendrick Pinheiro[16] também compartilham deste entendimento, defendendo que a aplicação deste dispositivo visa a permitir uma maior relação de confiança entre o administrado e o Estado:

> A jurisdição é atividade estatal destinada à eliminação de litígios e o processo é seu método. Na Administração Pública, o império do processo é reconhecido expressamente pela ordem constitucional (Art. 5., inciso LX, da CRFB), que assegura aos litigantes o contraditório e ampla defesa em todas as instâncias processuais.

Luiz Henrique Nery Massara[17], por sua vez, atribui a aplicação integral do referido artigo à unidade do Direito:

> Se o direito é uno e indivisível, ele demanda aplicação estável, integra e coerente em todos os meios em que se manifesta.

Compartilhamos do entendimento no sentido de que as previsões constantes no artigo 927 do Novo Código de Processo Civil devem ser aplicadas integralmente aos processos administrativos, à luz das disposições constitucionais já mencionadas.

José Carlos Barbosa Moreira[18], destaca que a uniformização da jurisprudência não implica em impedir ou suprimir o regular

Civil ao processo administrativo tributário. In CONRADO, Paulo Cesar e ARAÚJO, Juliana Furtado Costa (Coords.). O Novo Código de Processo Civil e seu Impacto no Direito Tributário, São Paulo, Fiscosoft, 2015, p. 250.

16. GONÇALVES, Carla de Lourdes, PINHEIRO, Hendrick. *Impactos do NCPC/15 no processo administrativo fiscal.* 50 anos do Código Tributário Nacional. p. 188.

17. MASSARA, Luiz Henrique Nery Massara, *A vinculação dos tribunais administrativos fiscais aos precedentes judiciais. In:* CARDOSO, Alessandro Mendes; TEIXEIRA; Alexandre Alkimin, MASSARA, Luiz Henrique Nery; CAMPOS, Marcelo Hugo de Oliveira, CASTRO JUNIOR, Paulo Honório. *Processo Administrativo Tributário,* Belo Horizonte: Editora D´Plácido, 2018, p. 183.

18. MOREIRA, José Carlos Barbosa. *Comentários ao Código de Processo Civil,* vol. V – Arts. 476 a 565, 11. Ed. Rio de Janeiro: Forense, 2003, p. 5.

exercício do julgador, mas apenas em assegurar tratamento igual aos jurisdicionados que se encontram na mesma situação:

> Nesses limites, e somente neles, é que se põe o problema da uniformização da jurisprudência. Não se trata, nem seria concebível que se tratasse, de impor aos órgãos judicantes uma camisa-de-força, que lhes tolhesse o movimento em direção a novas maneiras e entender as regras jurídicas sempre que as anteriormente adotadas já não corresponda às necessidades cambiantes do convívio social.

Trata-se, pura e simplesmente, de evitar, na medida do possível que a sorte dos litigantes e afinal a própria unidade do sistema jurídico vigente fiquem na dependência exclusiva da distribuição do feito ou do recurso a este ou aquele órgão.

Na esfera federal, a vinculação da Administração Pública aos precedentes é expressamente prevista no Decreto 2.346/97 e regulada pela Lei 10.522/2002, não se limitando às decisões proferidas em sede de controle concentrado de constitucionalidade ou às súmulas vinculantes:

> *Decreto 2.346/97*
>
> *Art. 1º As decisões do Supremo Tribunal Federal que fixem, de forma inequívoca e definitiva, interpretação do texto constitucional deverão ser uniformemente observadas pela Administração Pública Federal direta e indireta, obedecidos aos procedimentos estabelecidos neste Decreto.*
>
> *Lei 10.522/2002*
>
> *"Art. 19. Fica a Procuradoria-Geral da Fazenda Nacional autorizada a não contestar, a não interpor recurso ou a desistir do que tenha sido interposto, desde que inexista outro fundamento relevante, na hipótese de a decisão versar sobre:*
>
> *(...)*
>
> *II - matérias que, em virtude de jurisprudência pacífica do Supremo Tribunal Federal, do Superior Tribunal de Justiça, do Tribunal Superior do Trabalho e do Tribunal Superior Eleitoral, sejam objeto de ato declaratório do Procurador-Geral da Fazenda Nacional, aprovado pelo Ministro de Estado da Fazenda;*
>
> *(...)*
>
> *IV - matérias decididas de modo desfavorável à Fazenda Nacional pelo Supremo Tribunal Federal, em sede de julgamento realizado*

> *nos termos do art. 543-B da Lei 5.869, de 11 de janeiro de 1973 - Código de Processo Civil;*
>
> *V - matérias decididas de modo desfavorável à Fazenda Nacional pelo Superior Tribunal de Justiça, em sede de julgamento realizado nos termos dos art. 543-C da Lei 5.869, de 11 de janeiro de 1973 - Código de Processo Civil, com exceção daquelas que ainda possam ser objeto de apreciação pelo Supremo Tribunal Federal.*
>
> *(...)*
>
> *§ 4º A Secretaria da Receita Federal do Brasil não constituirá os créditos tributários relativos às matérias de que tratam os incisos II, IV e V do caput, após manifestação da Procuradoria-Geral da Fazenda Nacional nos casos dos incisos IV e V do caput.*
>
> *§ 5º As unidades da Secretaria da Receita Federal do Brasil deverão reproduzir, em suas decisões sobre as matérias a que se refere o caput, o entendimento adotado nas decisões definitivas de mérito, que versem sobre essas matérias, após manifestação da Procuradoria-Geral da Fazenda Nacional nos casos dos incisos IV e V do caput.*

Como se verifica, por expressa imposição legal, não apenas os órgãos administrativos federais judicantes devem observar os precedentes judiciais, mas também os próprios setores de fiscalização da Administração federal estão obrigados a não cobrar créditos fiscais relativamente às matérias já decididas sob o rito da repercussão geral ou dos recursos repetitivos.

Desta forma, as normas contidas no artigo 926 e 927 do Código de Processo Civil, devem ser aplicadas aos processos administrativos, de modo a observar o entendimento sedimentado pelos Tribunais Superiores.

4. Aplicação dos artigos 1.035 e 1.037 do Novo Código de Processo Civil aos processos administrativos – sobrestamento dos processos em todo o território nacional

O Novo Código de Processo Civil inovou mais uma vez ao estabelecer, nos artigos 1.035 e 1.037[19] o sobrestamento de

19. *Art. 1.035. O Supremo Tribunal Federal, em decisão irrecorrível, não conhecerá do recurso extraordinário quando a questão constitucional nele versada não tiver repercussão geral, nos termos deste artigo.*

todos os processos pendentes no território nacional que versem sobre a matéria cuja repercussão geral foi reconhecida ou cujo tema foi submetido ao rito dos recursos repetitivos.

A regra do sobrestamento já estava prevista no Código de Processo Civil de 1973, mas restringia-se a suspensão dos recursos especiais e extraordinários então interpostos, tramitando regularmente os processos perante as instâncias inferiores.

Como exposto nas linhas acima, defende-se neste artigo que as normas contidas no Novo Código de Processo Civil, em especial nos artigos 926 e 927, devem ser aplicada no âmbito administrativo de modo a orientar a atividade dos julgadores na solução dos conflitos, como forma de prestigiar a segurança jurídica, a isonomia entre os litigantes e propiciar uma mais rápida solução das demandas propostas.

E o sobrestamento dos processos, judiciais ou administrativos, é uma forma de concretização destes ideais. Vale dizer que o sobrestamento dos processos não só prestigia o princípio constitucional da igualdade, como mantém a coerência na condução da jurisprudência, pois garante que o contribuinte que levou sua demanda à esfera administrativa, obtenha o mesmo resultado daquele que optou por discutir em juízo.

Entendemos que a suspensão dos processos em trâmite em todo o território nacional também deve ser analisada sob outro enfoque: o da eficiência.

Renato Lopes Becho e Edson Antônio Souza Pontes Pinto[20], ao analisarem os impactos do Novo Código de Processo

---

(...)
§ 5º Reconhecida a repercussão geral, o relator no Supremo Tribunal Federal determinará a suspensão do processamento de todos os processos pendentes, individuais ou coletivos, que versem sobre a questão e tramitem no território nacional.
Art. 1.037. Selecionados os recursos, o relator, no tribunal superior, constatando a presença do pressuposto do caput do art. 1.036, proferirá decisão de afetação, na qual:
II - determinará a suspensão do processamento de todos os processos pendentes, individuais ou coletivos, que versem sobre a questão e tramitem no território nacional;

20. BECHO, Renato Lopes, PINTO; Edson Antônio Souza Pontes. *O princípio da*

Civil aos processos administrativos, alertaram para o fato de que a eficiência é alcançada mediante a maximização da atuação da Administração Pública, de modo a buscar o melhor resultado, com o menos custos e recursos e sem onerar desnecessariamente o administrado:

> O novo Código de Processo Civil internaliza os princípios constitucionais processuais, ao descrevê-los em sua parte inicial denominada de normas fundamentais.
>
> Dentre tais princípios, podemos citar o princípio constitucional da eficiência, que objetiva maximizar a atuação da administração pública, reduzindo-se, para tanto, os recursos e custos envolvidos para tanto.
>
> O princípio da eficiência é produto da Emenda Constitucional, n. 19/98, denominada de Reforma Administrativa, e impõe um dever de atuação racional e economicamente eficiente aos agentes públicos na busca do melhor resultado possível para a Administração Pública.
>
> Com base em tal princípio, então, a Administração Pública deve realizar seus objetivos buscando o melhor resultado, com a menor contrapartida de recursos públicos, bem como buscando não onerar desnecessariamente o administrado. Assim também devem fazer os órgãos de julgamento dos processos administrativos tributários.

Nas palavras de Marcos Vinicius Neder e Maria Teresa Martínes Lópes[21], o princípio da eficiência "*contribui para a escolha da solução mais adequada ao interesse público, de modo a satisfazer plenamente a demanda social*".

Neste passo, oportunos os comentários de Cassio Scarpinella Bueno[22], que destaca que o princípio da eficiência vai além de uma rápida solução dada a determinado litígio:

---

eficiência no processo tributário a partir do Código de Processo Civil, In: CARDOSO, Alessandro Mendes; TEIXEIRA; Alexandre Alkimin, MASSARA, Luiz Henrique Nery; CAMPOS, Marcelo Hugo de Oliveira, CASTRO JUNIOR, Paulo Honório. *Processo Administrativo Tributário*, Belo Horizonte: Editora D´Plácido, 2018, p. 425.

21. NEDER, Marcos Vinicius, LÓPEZ, Maria Teresa Martínes. *Processo Administrativo Fiscal Federal Comentado (de acordo com a Lei nº 11.941, de 2009 e o Regimento Interno do CARF*. 3ª edição, Editora Dialética, São Paulo, 2010, p. 76.

22. BUENO, Cássio Scarpinella. *Manual de Direito Processual Civil*. 2ª Ed. São Paulo: Saraiva, 2016, p. 92.

> *(...) aqui, cabe enfatizar, em caráter de absoluta essencialidade, a compreensão de que o precitado dispositivo constitucional não busca um processo rápido no sentido de que somente o tempo (o menor) de sua duração, independentemente de quaisquer outros fatores é relevante. A questão merece ser tratada, muito mais, em tons de otimização da prestação da tutela jurisdicional e, portanto, de eficiência, vale dizer, da obtenção do maior número de resultados com o menor número possível de atos processuais.*

Deste modo, reputamos imprescindível a aplicação da regra do sobrestamento também aos processos administrativos, à luz dos princípios constitucionais da segurança jurídica, igualdade e eficiência.

Considerações Finais

O Novo Código de Processo Civil, ao trazer expressa previsão a respeito da sua aplicação, subsidiária e supletiva, aos processos administrativos, levantou diversos questionamentos com relação à abrangência de sua aplicação.

Algumas das regras contidas no referido diploma legal apenas vieram reforçar valores já consagrados pela própria Constituição Federal, como, por exemplo, a necessidade de fundamentação das decisões.

Outras, como a vinculação da administração pública aos precedentes judiciais divide a doutrina pátria, por ter o legislador utilizado em seu comando *"juízes e tribunais"*.

Entretanto, adotamos o posicionamento no sentido de serem plenamente aplicáveis as disposições a respeito da vinculação aos precedentes judiciais já firmados, bem como a necessidade de sobrestamento dos processos administrativos nas ocasiões em que há o reconhecimento da repercussão geral pelos tribunais superiores.

Isso porque as previsões contidas no Novo Código de Processo Civil visam a promoção da estabilidade, integridade, unidade e principalmente coerência da jurisprudência de modo a concretizar valores e ideais consagrados constitucionalmente como o a ampla defesa, a igualdade, a eficiência e a segurança jurídica.

A aplicação de tais dispositivos, portanto, deve sempre ser analisada à luz dos princípios constitucionais e considerando que o direito é uno e indivisível e igual para todos.

Referências

BECHO, Renato Lopes, PINTO; Edson Antônio Souza Pontes. *O princípio da eficiência no processo tributário a partir do Código de Processo Civil, In:* CARDOSO, Alessandro Mendes; TEIXEIRA; Alexandre Alkimin, MASSARA, Luiz Henrique Nery; CAMPOS, Marcelo Hugo de Oliveira, CASTRO JUNIOR, Paulo Honório. *Processo Administrativo Tributário*, Belo Horizonte: Editora D´Plácido, 2018.

BUENO, Cássio Scarpinella. *Manual de Direito Processual Civil.* 2ª Ed. São Paulo: Saraiva, 2016.

CANOTILHO, José Joaquim Gomes. *Direito Constitucional e Teoria da Constituição*. Coimbra, Livraria Almedina. 2002.

CONRADO, Paulo Cesar, PRIA, Rodrigo Dalla. *A aplicação do Código de Processo Civil ao processo administrativo tributário. In* CONRADO, Paulo Cesar e ARAÚJO, Juliana Furtado Costa (Coords.). O Novo Código de Processo Civil e seu Impacto no Direito Tributário, São Paulo, Fiscosoft, 2015.

DIDIER JR, Fredie Souza. *Sistema Brasileiro de Precedentes Judiciais Obrigatórios e os Deveres Institucionais dos Tribunais: Uniformidade, Estabilidade, Integridade e Coerência da Jurisprudência.* Revista da Faculdade Mineira de Direito, volume 18, n. 35, São Paulo, 2015.

DWORKIN, Ronald. *O império do Direito*. São Paulo: Martins Fontes, 1997.

GONÇALVES, Carla de Lourdes, PINHEIRO, Hendrick. *Impactos do NCPC/15 no processo administrativo fiscal.* 50 anos do Código Tributário Nacional.

MACHADO, Hugo de Brito. *O Processo Tributário e o Código de Processo Civil/2015. In* MACHADO, Hugo de Brito (coord.). O Processo Tributário e o CPC/2015. São Paulo: Malheiros, 2017.

MARINS, James. *O Código de Processo Civil/2015 e os processos administrativos fiscais. In:* O *Processo Tributário e o Código de Processo Civil 2015*, MACHADO, Hugo de Brito (Org.), São Paulo: Malheiros Editores, 2017.

MASSARA, Luiz Henrique Nery Massara, *A vinculação dos tribunais administrativos fiscais aos precedentes judiciais. In:* CARDOSO, Alessandro Mendes; TEIXEIRA; Alexandre Alkimin, MASSARA, Luiz Henrique Nery; CAMPOS, Marcelo Hugo de Oliveira, CASTRO JUNIOR, Paulo Honório. *Processo Administrativo Tributário*, Belo Horizonte: Editora D´Plácido, 2018.

MOREIRA, José Carlos Barbosa. *Comentários ao Código de Processo Civil*, vol. V – Arts. 476 a 565, 11. Ed. Rio de Janeiro: Forense, 2003.

NEDER, Marcos Vinicius, LÓPEZ, Maria Teresa Martínes. *Processo Administrativo Fiscal Federal Comentado (de acordo com a Lei nº 11.941, de 2009 e o Regimento Interno do CARF.* 3ª edição, Editora Dialética, São Paulo, 2010.

OLIVEIRA, Ricardo Mariz; SOUZA, Henrique Coutinho de; BARBOSA, Marcos Engel Vieira. *Processo Tributário e o Código de Processo Civil/2015. In:* O *Processo Tributário e o Código de Processo Civil 2015*, MACHADO, Hugo de Brito (Org.), São Paulo: Malheiros Editores, 2017.

XAVIER, Alberto. *Do Lançamento: Teoria Geral do Ato, do Procedimento e do Processo Tributário.* 2ª ed., Rio de Janeiro: Forense, 1998.

DISCUSSÃO SOBRE A OBRIGATORIEDADE (OU NÃO) DO CONTROLE DE QUALIDADE PREVISTO NA PORTARIA CAT 115/2014 QUANDO DA LAVRATURA DE AUTOS DE INFRAÇÃO PELA FAZENDA PÚBLICA ESTADUAL PAULISTA

Argos Campos Ribeiro Simões[1]

Introdução

Este artigo pretende discutir questão recorrente no Tribunal de Impostos e Taxas de São Paulo em face do disposto na Portaria CAT 115/2014.

Ali estão previstos requisitos que, se satisfeitos, ensejariam a não lavratura de auto-de-infração.

---

1. Doutor e Mestre em Direito Tributário (PUC-SP), Especialista em Direito Tributário (IBET/IBDT), Especialista em Direito Tributário (Escola Fazendária/SP), Especialista em Direito do Estado (Escola Superior Da Procuradoria Geral Do Estado De São Paulo). Agente Fiscal de Rendas. Juiz do Tribunal de Impostos e Taxas de São Paulo. Professor palestrante convidado do IBET, COGEAE-PUC, EPD, FAAP, Faculdade de Direito de São Bernardo do Campo, dentre outras instituições.

A verificação de tais requisitos, nos termos da portaria, deve ser feita por análise prévia de Comissão de Controle de Qualidade.

Porém, a Certificação da efetiva realização de tal controle, por regra, não instrui os autos de processo administrativo iniciado por impugnação de auto-de-infração.

Os contribuintes pedem diligências no sentido de que se instruam os autos com a Certificação aludida, pleiteando o cancelamento do auto-de-infração na sua não realização.

Discutimos neste artigo a pertinência ou não deste pleito de nulidade e sobre a necessidade ou não de diligências para esclarecimentos.

1. DO "LANÇAMENTO": PROCEDIMENTO E PRODUTO

Ambiguidade e vagueza são características semânticas intrínsecas às expressões submetidas à interpretação, incorrendo em não rara pluralidade significativa.

O termo "lançamento" definido pelo artigo 142 do CTN e a expressão "fato gerador", pelo 114 do mesmo código, não escapam à regra: são multissignificativas.

Em destaque nosso entendimento sobre a dúplice qualificação jurídica do "lançamento" como previsto no artigo 142 do CTN. O dispositivo:

> Art. 142. Compete privativamente à autoridade administrativa constituir o crédito tributário pelo lançamento, assim entendido o procedimento administrativo tendente a verificar a ocorrência do fato gerador da obrigação correspondente, determinar a matéria tributável, calcular o montante do tributo devido, identificar o sujeito passivo e, sendo caso, propor a aplicação da penalidade cabível.
>
> Parágrafo único. A atividade administrativa de lançamento é vinculada e obrigatória, sob pena de responsabilidade funcional.

Inócua a discussão sobre se "lançamento" é processo ou produto, pois em situações lógicas e cronológicas distintas, ele atende à qualificação tanto de procedimento (conjunto sequencial de ato) como também à de produto.

Na sua versão procedimental temos o artigo 142 definindo "lançamento" como *"o procedimento administrativo tendente a verificar a ocorrência do fato gerador da obrigação correspondente"*,

Mas o que significa a "verificação da ocorrência de fato gerador"?

Para tanto, deve-se entender as possibilidades semânticas da expressão "fato gerador" definidas no artigo 114 do CTN; o dispositivo legal:

> *Art. 114 do CTN Fato gerador da obrigação principal é a situação definida em lei como necessária e suficiente à sua ocorrência.*

Aqui a expressão ***fato gerador*** apresenta três possibilidades significativas: (i) descrição hipotética de evento do mundo-do-ser de possível e futura realização; (ii) fato jurídico fruto de coincidência linguística ocasionada pela aplicação-incidência do previsto em hipótese normativa e (iii) evento ocorrido no mundo social, de relevância bastante para produzir os efeitos jurídicos previstos pelo ordenamento.

Melhor explicando:

(i) **Fato gerador como hipótese de incidência *(como situação definida em lei)***

É previsão abstrata em antecedente normativo descritor de hipotética situação possível e futura, apresentando, segundo GERALDO ATALIBA[2], três aspectos determinantes:

2. ATALIBA, Geraldo. *Hipótese de Incidência tributária*. Malheiros. São Paulo. 1998. 5ª edição, págs. 70 e seguintes.

(i) **Aspecto material:** indicador de ação ou de qualificação, cuja materialidade nos é dada por verbo e complemento, conforme lições de PAULO DE BARROS CARVALHO[3].

(ii) **Aspecto temporal:** momento considerado relevante pelo legislador para a incidência normativa.

(iii) **Aspecto espacial:** local em cuja ocorrência *in concreto* na hipótese normativa é bastante à incidência normativa.

Assim, "fato gerador" como hipótese de incidência é descrição conotativa (conceitual) de possíveis fatos a serem realizados.

Nesta faceta interpretativa damos à significação da expressão ***"fato gerador"*** a de "fato gerador- hipótese" (**FG-hipótese).**

(ii) **Fato gerador como fato jurídico *(como situação necessária e suficiente à sua ocorrência)***

À descrição de suposta ocorrência (efetivamente ocorrida ou não) denominamos "fato". Portanto, "fato" não é o que aconteceu no mundo social; mas o que é descrito como acontecido.

Na coincidência deste fato ao rol hipotético previsto em antecedente normativo abstrato, temos sua juridicidade: reconhece-se este "fato" como "fato jurídico".

Reconhece-se, portanto, como fato jurídico aquele surgido da coincidência (subsunção) de linguagens entre fato (articulação linguística) e a descrição conotativa (conceitual) da hipótese da incidência (também articulação linguística).

---

3. CARVALHO, Paulo de Barros. *Direito Tributário Linguagem e Método*. Noeses. 2008, pág. 586.

É o **fato imponível** de GERALDO ATALIBA[4], possuidor dos elementos material, temporal e espacial delineados pela hipótese de incidência.

Nesta faceta interpretativa damos à significação da expressão ***"fato gerador"*** a de "fato gerador-fato jurídico (**FG-fato jurídico**).

(iii) **evento do mundo social, eleito pelo legislador para, se descrito como fato, produzir efeitos jurídicos (também *situação definida em lei*).**

Aqui, a expressão ***"fato gerador"*** refere-se a eventos do mundo social eleitos pelo legislador como suficientes, quando de sua descrição, a constituírem "fatos jurídicos" com seus efeitos próprios.

Nesta faceta interpretativa damos à significação da expressão ***"fato gerador"*** a "fato gerador-evento" **(FG-evento).**

Temos, portanto, três possibilidades significativas da expressão ***"fato gerador"*: FG-hipótese; FG-fato jurídico e FG-evento.**

Voltando ao aspecto procedimental do termo "lançamento" do artigo 142 do CTN, temos que *"o procedimento administrativo tendente a verificar a ocorrência do fato gerador da obrigação correspondente"*, ali previsto, nada mais é que a verificação da compatibilidade ou não entre o que está previsto hipoteticamente na lei (FG-hipótese), o que supostamente teria ocorrido (FG-evento), com o que fora descrito como ocorrido (FG-fato jurídico).

A incompatibilidade linguística entre **FG-hipótese, FG-fato jurídico e FG-evento** obriga a autoridade administrativa a construir normativamente o "lançamento" como produto.

Tal "lançamento" como produto encontra-se no artigo 142 do CTN e consiste nos atos administrativos de: *"determinar a*

4. ATALIBA, Geraldo. *Hipótese de Incidência tributária*. Malheiros. São Paulo. 1998. 5ª edição, pág. 61.

matéria tributável, calcular o montante do tributo devido, identificar o sujeito passivo". Assim constrói-se a norma tributária do "lançamento".

A expressão ali contida: *"propor a aplicação da penalidade cabível"*, segue o mesmo rito procedimento-produto do "lançamento" acima descrito; porém na construção não mais de norma exigindo tributo, mas norma jurídica exigindo uma penalização; senão vejamos.

Se na parte procedimental do "lançamento-procedimento construtor de norma tributária" temos "a verificação do fato gerador"; aqui, no lançamento-procedimento construtor de norma sancionatória, temos "a verificação do fato infracional".

Se no "lançamento-produto" construtor de norma tributária temos que *"determinar a matéria tributável, calcular o montante do tributo devido e identificar o sujeito passivo do tributo"*, na construção da norma sancionatória temos que *"descrever a infração, calcular a penalidade e identificar o sujeito infrator"*.

2. COLOCAÇÃO DO PROBLEMA: ausência da certificação de controle de qualidade nos autos em processo administrativo-tributário (Portaria CAT 115/2014)

Tem sido recorrente na seara administrativo-tributária paulista pleito dos contribuintes, em preliminar de impugnações e recursos, no sentido de envio dos autos em diligência para comprovação do cumprimento das disposições da Portaria CAT 115/2014, tendo em vista que, via de regra, não constam dos autos documentos comprobatórios de que teria havido cumprimento ao ali prescrito.

Os pedidos de juntada da comprovação do referendo da Comissão de Controle (prevista na Portaria CAT 115/2014) destacam, na impossibilidade de seu cumprimento, a necessidade de anulação do lançamento, com o cancelamento de respectivo auto-de-infração lavrado, entendendo que tal comprovação seria requisito essencial à sua validade.

O Controle de Qualidade dos autos-de-infração tem por foco a verificação do regular procedimento da fiscalização na sua atividade vinculada de lançamento de ofício, com a finalidade tanto de preservar direitos do Estado-Fazenda, como do contribuinte, nos seguintes termos:

> *Portaria CAT 00115, de 07-11-2014*
>
> *(DOE 08-11-2014)*
>
> ***Disciplina o controle de qualidade antecedente à lavratura de Auto de Infração e Imposição de Multa***
>
> *O Coordenador da Administração Tributária,* ***tendo em vista os princípios da eficiência administrativa e da razoabilidade*** *previstos no artigo 111 da Constituição do Estado de São Paulo e* ***visando uniformizar e disciplinar o controle de qualidade dos serviços fiscais****, saneando-os antes da lavratura de Auto de Infração e Imposição de Multa, de modo a* ***salvaguardar os interesses da Fazenda Pública do Estado assim como do contribuinte****, expede a seguinte portaria:* ***[g.n.]***

É disciplina procedimental direcionada à atividade da autoridade autuante na verificação da regular aplicação dos princípios da eficiência administrativa e da razoabilidade.

Os contribuintes reclamam ocorrência de vício na ausência comprobatória de sua certificação, pleiteando diligência no sentido da instrução de documento certificador, destacando que a impossibilidade de sua realização teria efeito de anular o lançamento inicial, com o cancelamento do auto-de-infração.

Fundamento normativo ao pleito do particular seria o artigo 2º da destacada Portaria, nos seguintes termos:

> ***Artigo 2º*** *- As Comissões de Controle de Qualidade têm como atribuição zelar pela observância dos requisitos de validade da constituição do crédito tributário, avaliando,* ***antes*** *da lavratura do AIIM, o trabalho fiscal realizado.*

> *Parágrafo Único -* ***A lavratura de AIIM para a constituição do crédito tributário apenas poderá ser efetivada depois de referendados os trabalhos fiscais por meio do controle de qualidade de que trata esta Portaria [g.n.]***

O dispositivo normativo prescreve a obrigatoriedade da realização do destacado Controle de Qualidade antes da lavratura de auto-de-infração.

A dúvida, objeto da discussão no âmbito do Tribunal de Impostos e Taxas do Estado de São Paulo, é se a ausência nos autos do documento certificador da ocorrência do aludido Controle de Qualidade seria ou não suficiente a cancelar auto-de-infração lavrado, com a consequente anulação do respectivo lançamento tributário.

Neste sentido, se seria ou não necessário envio dos autos em diligência à Delegacia Regional Tributária competente para a instrução do respectivo documento certificador do Controle de Qualidade que deveria ali ter sido previamente realizado.

Por regra, não vislumbramos na ausência nos autos da certificação do Controle de Qualidade vício suficiente ao cancelamento de auto-de-infração.

O artigo 34 da Lei 13.457/2009, que apresenta de forma exaustiva os requisitos à lavratura de auto-de-infração no âmbito tributário bandeirante, não prevê que o documento certificador de Controle de Qualidade seja de obrigatória instrução; *in verbis* o dispositivo normativo:

> ***Artigo 34 - O auto de infração conterá, obrigatoriamente:***
>
> *I - a identificação da repartição fiscal competente e o registro do dia, hora e local da lavratura;*
>
> ***II - a identificação do autuado;***
>
> ***III - a descrição do fato gerador da obrigação correspondente e das circunstâncias em que ocorreu;***
>
> ***IV - a determinação da matéria tributável e o cálculo do montante do tributo devido e da penalidade cabível;***

> *V - a indicação dos dispositivos normativos infringidos e dos relativos às penalidades cabíveis;*
>
> *VI - a indicação do prazo para cumprimento da exigência fiscal ou para apresentação da defesa;*
>
> *VII - o nome legível e a assinatura do Agente Fiscal de Rendas autuante, dispensada esta quando grafada por meio eletrônico, nas situações expressamente previstas pela Secretaria da Fazenda.*
>
> *§ 1º - O auto de infração deve ser instruído com documentos, demonstrativos e demais elementos materiais comprobatórios da infração.*
>
> *§ 2º - Ao autuado será entregue uma via do auto de infração, mediante recibo, valendo como notificação, juntamente com cópia dos demonstrativos e demais documentos que o instruem, salvo daqueles cujos originais estejam em sua posse.*
>
> *§ 3º - Fundado em critérios de conveniência e oportunidade, o fisco poderá notificar o autuado da lavratura do auto de infração por meio de carta registrada com aviso de recebimento ou, na sua impossibilidade, mediante publicação de edital no* Diário Oficial do Estado, *observadas, no que couber, as normas do artigo 9º desta lei.*
>
> *§ 4º - Na hipótese do § 3º deste artigo, uma via do auto de infração e dos demonstrativos e documentos que o instruem serão expedidos para qualquer um dos endereços indicados pelo autuado ou, na hipótese de notificação via edital, ficarão sob a guarda da repartição fiscal à qual o autuado esteja vinculado.*
>
> *§ 5º - A lavratura do auto de infração e a sua instrução com demonstrativos e documentos poderão ser implementados em meio eletrônico, conforme previsto em regulamento.* ***[g.n.]***

Documento certificador da efetiva ocorrência de Controle de Qualidade não é elemento obrigatório previsto no artigo 34 supra; obrigatórios são os **documentos, demonstrativos e demais elementos materiais comprobatórios da infração, previstos em seu §1º.**

O papel disciplinador do Controle de Qualidade é o de verificar e corrigir eventuais falhas na atividade do agente autuante; é norma a ele direcionada; mas tal controle não tem a qualificação de prova de infração como destacado no §1º. Não é, assim, documento comprobatório de infração de obrigatória instrução.

Com isso, o documento certificador do Controle de Qualidade prévio à lavratura do auto-de-infração, por não restar elencado nos requisitos do lançamento-produto como do artigo 142 do CTN (itens II a IV destacados no artigo 34 supra transcrito) e por não estar previsto como documento comprobatório de infração (§1º do artigo 34 supra transcrito), não é seu elemento essencial, **não configurando sua ausência vício material** suficiente ao cancelamento do auto-de-infração ou ao lançamento como produto.

No entanto, temos que a ausência da efetiva realização de Controle de Qualidade pode representar vício de "lançamento" como procedimento, nos termos vistos acima em análise do artigo 142 do CTN.

Em tese, a ausência de certificação da ocorrência do Controle de Qualidade prévio pode representar vício no *"procedimento administrativo tendente a verificar a ocorrência do fato gerador da obrigação correspondente"*.

Seria, portanto, sempre necessária diligência no sentido da comprovação de tal certificação? A não realização desta diligência teria o condão de anular o lançamento-produto?

Entendemos que a verificação em diligência da efetividade da realização do Controle de Qualidade e de seu conteúdo faz-se necessária quando o particular interessado, que tem acesso ao prescrito pela Portaria 115/2014, destaca satisfazer requisito impeditivo de lavratura de auto-de-infração não levado em consideração nos seus autos. O **artigo 25 da Lei 13.457/2009** fundamenta esta ação:

> ***Artigo 25*** *- Os órgãos de julgamento determinarão a realização de diligências* ***necessárias à instrução do processo.***
>
> *§1º - Encontrando-se o processo em fase de julgamento, somente por decisão do órgão julgador poderá ser determinada diligência para esclarecimento de matéria de fato.*
>
> *§ 2º - A exibição e o envio de dados e de documentos resultantes das diligências de que trata o "caput" deste artigo poderão ser realizados por meio eletrônico, na forma do regulamento.*

Neste caso, realizar a diligência solicitada restaria necessária a fim de não haver cerceamento da defesa do solicitante. Nesta circunstância poder-se-ia apontar vício procedimental ensejador de efeito danoso à parte.

Por isso nosso entendimento de que a necessidade de realização de diligência é fruto de situação excepcional; somente haveria sua necessidade quando reclama o particular de que teria direito aos efeitos obstativos da lavratura de auto-de-infração como previstos na Portaria CAT 115/2014. As situações excepcionais ali previstas:

> ***Artigo 10*** *- Mediante análise e decisão da Comissão de Controle de Qualidade e em obediência aos princípios da eficiência administrativa e razoabilidade, o* ***AIIM poderá deixar de ser lavrado quando, <u>cumulativamente</u>:***
>
> *I - a infração* ***não implicar falta ou atraso no recolhimento*** *do imposto;*
>
> *II -* ***não existirem indícios*** *de* ***dolo, fraude ou simulação;***
>
> *III - ficar constatado que a* ***infração não trouxe prejuízos à fiscalização,*** *assim entendida* ***qualquer ação ou omissão que:***
>
> *a)* ***implique embaraço, atraso ou dificuldade à ação fiscal,*** *inclusive o descumprimento a notificação fiscal específica;*
>
> *b)* ***prejudique o controle fiscal*** *sobre as operações ou prestações;*
>
> *c)* ***prejudique a utilização das informações dos bancos de dados*** *da Secretaria da Fazenda;*
>
> *IV - o contribuinte* ***não for reincidente,*** *assim considerado aquele que, em relação a qualquer dos seus estabelecimentos, nos últimos cinco anos,* ***não tiver sido autuado pela prática da mesma infração ou notificado nos termos do item 2 do § 4º;***
>
> *V - o contribuinte* ***não possuir débitos, inscritos ou não em dívida ativa,*** *ou, caso possua, estiverem com* ***exigibilidade suspensa,*** *observado o disposto no item 2 do § 2º.*
>
> *§ 1º - Sempre que presentes os pressupostos de não lavratura do AIIM, independentemente do valor do crédito tributário, a proposta será submetida à respectiva Comissão de Controle de Qualidade.*
>
> *§ 2º - A Comissão de Controle de Qualidade:*

1 – verificará o atendimento do disposto nos incisos I a V do "caput";

2 - em relação ao inciso V, determinará a notificação do contribuinte para, no prazo de 10 (dez) dias, regularizar ou garantir seus débitos, salvo se houver risco de decadência do crédito tributário.

§ 3º - O ***AIIM deixará de ser lavrado em relação às infrações indicadas no Anexo Único desta Portaria, mediante análise e decisão da Comissão de Controle de Qualidade, desde que atendidas, cumulativamente, as condições previstas nos incisos I, II e IV e nas alíneas "a" e "b" do inciso III do "caput".***

Na alegada comprovação de atendimento a estes requisitos teríamos, na eventual ausência de Controle de Qualidade comprovada em resultado de diligência realizada, vício de caráter procedimental (formal); vício de "lançamento" como procedimento.

A Lei Ordinária Paulista 10.077/98, abalizada por robusta doutrina administrativa, prevê três ações reparadoras na presença de vício procedimental: anulação do lançamento-produto por vício formal, convalidação ou saneamento.

A diligência, assim, resolveria a situação, pois traria a lume qual ação reparadora deveria ser tomada.

No entanto, se o particular ao pedir a diligência na busca da notícia sobre a realização ou não do controle de qualidade, o faz pelo único motivo de tal certificação não restar instruída aos autos, não destacando qual efeito danoso efetivo da não certificação lhe aproveitaria, não destacando quais requisitos obstativos de lavratura teriam como satisfeitos, ou pior, apresentando claro e objetivo descumprimento a um dos requisitos, temos como inócuo e protelatório tal pleito.

Vício formal só tem o efeito de ser corrigido ou de anular produto se houver efeito danoso; o só vício, sem este destaque prejudicial, não tem o condão de produzir efeitos anuladores ou corretivos.

Sem apontar objetivamente qual efeito danoso com a ausência da certificação da ocorrência do Controle prévio de

Qualidade, nem se poderia falar de vício na não instrução aos autos do destacado documento certificador.

Eventuais falhas comprobatórias da infração ou de vícios na lavratura do AIIM só lhe aproveitam na demonstração em linguagem de seu inconformismo, quando da defesa e dos recursos cabíveis, se houver demonstração de efeitos danosos. Aí sim teríamos subsídios válidos no pleito de anulação de lançamento-produto.

Assim, concluímos que diligências pleiteadas para instrução aos autos (provocados por impugnação de exigência em auto-de-infração) da certificação de Controle de Qualidade, nos termos da Portaria 115/2014, somente deverão ser realizadas quando houver, por parte do particular, demonstração objetiva de satisfação aos requisitos obstativos ali previstos e quando não verificado de plano o não atendimento a quaisquer destes requisitos.

Nestas condições, a não realização de diligência ou resultado negativo na certificação de sua realização poderia implicar reconhecimento de vício formal ensejador de efeito danoso ao particular; poderia, em tese, ensejar anulação do lançamento-produto por vício de forma.

No entanto, é bom destacar, que tal decisão não impediria que nova fiscalização, agora regular, fosse promovida, com o competente Controle de Qualidade previsto na Portaria 115/2014, já que eventual anulação ter-se-ia dado por vício de natureza formal, sendo que sob o aspecto temporal teríamos a aplicação do reinício de prazo de natureza decadencial do artigo 173, II do CTN. O dispositivo normativo:

> Art. 173. O direito de a Fazenda Pública constituir o crédito tributário extingue-se após 5 (cinco) anos, contados:
>
> II - da data em que se tornar definitiva a decisão que houver anulado, por vício formal, o lançamento anteriormente efetuado.

Este nosso pensamento sujeito a críticas e a sugestões de fundamentos, que sempre serão extremamente bem-vindas.

CONSIDERAÇÕES FINAIS

Este breve artigo teve por objetivo discutir de forma independente e fundamentada a necessidade ou não da obrigatoriedade de Certificação de Controle de Qualidade, nos termos da Portaria CAT 115/2014 (Fazenda Pública do Estado de São Paulo) e sobre a concordância ou não de diligências pleiteadas no intuito de instruir os autos com documento certificador de tal controle.

Destacamos inicialmente as possibilidades semânticas das expressões "Fato Gerador" do artigo 114 do CTN e "Lançamento" do artigo 142 do mesmo código.

Concluímos que "Fato Gerador" admite três possibilidades significativas: FG-hipótese normativa, FG-fato jurídico e FG-evento do mundo social.

A seguir analisamos as possibilidades significativas do termo "Lançamento" do artigo 142 do CTN, concluindo duas facetas interpretativas: "lançamento" como procedimento (na verificação da ocorrência do fato gerador e na ocorrência infracional) e "lançamento" como produto (na determinação da matéria tributária, no cálculo do tributo devido e na identificação do sujeito passivo do tributo, assim como, por similaridade na construção de norma sancionatória também).

Concluímos que a não colocação da certificação de Controle de Qualidade representa vício formal (procedimental) a causar efeitos danosos ao particular pode ensejar três possibilidades legais de ações: convalidação, saneamento ou anulação do lançamento-produto; este por vício formal.

Concluímos também que pleitos de diligência, na busca de tal certificação, só têm sentido na presença de elementos que indiquem que o autuado teria como satisfeitos requisitos obstativos de lavratura de auto-de-infração.

Pedidos de diligência ou de anulação de "lançamento-produto" na ausência de comprovação de efeitos danosos ao particular seriam inócuos e protelatórios.

Por último, concluímos que na ausência comprovada da prévia realização de Controle de Qualidade e na satisfação a tais requisitos, poder-se-ia, em tese, anular-se o "lançamento" como produto, reservando o direito de nova fiscalização sem preocupações temporais, em face do artigo 173, II do CTN.

REFERÊNCIAS

A) Doutrina

ATALIBA, Geraldo. *Hipótese de Incidência tributária*. Malheiros. São Paulo. 1998. 5ª edição.

CARVALHO, Paulo de Barros. *Direito Tributário Linguagem e Método*. Noeses. 2008. 3ª edição.

B) Legislação

BRASIL. Constituição (1988). Constituição da República Federativa do Brasil de 1988. <Disponível em: <http://www.planalto.gov.br/ccivil_03/Constituicao/Constituicao.htm>. Acesso em: jun 2019.

BRASIL. Presidência da República. Lei 5.172, de 25 de outubro de 1966. Dispõe sobre o Sistema Tributário Nacional e institui normas gerais de direito tributário aplicáveis à União, Estados e Municípios. <Disponível em: http://www.planalto.gov.br/ccivil_03/Leis/L5172.htm>. Acesso em: jun 2019.

BRASIL. Lei Ordinária Paulista. Lei 13.457/2009. <Disponível em: http://www.fazenda.sp.gov.br/legislação>. Acesso em: jun 2019.

A BUSCA DA VERDADE MATERIAL E AS PROVAS NO PROCESSO ADMINISTRATIVO TRIBUTÁRIO PAULISTA

Luiza Nagib[1]

Marcelo Bolognese[2]

1. Introdução

O presente estudo tem como objetivo principal a análise quanto à aplicabilidade do princípio da verdade material no processo administrativo tributário, em especial no processo administrativo tributário do Estado de São Paulo, disciplinado pela Lei 13.457/2009, regulamentada pelo Decreto 54.486/2009.

1. Doutora e mestre em Direito Tributário pela Pontifícia Universidade Católica de São Paulo (PUC/SP). Graduada pela Universidade de São Paulo. Professora de Direito Tributário da PUC/SP na graduação e na pós-graduação. Ex-Juíza do Tribunal de Impostos de Taxas do Estado de São Paulo. Advogada e consultora.

2. Doutorando em Direito Constitucional e Processual Tributário pela PUC/SP. Mestre em Direito pela Escola Paulista de Direito, graduado pela Faculdade de Direito de São Bernardo do Campo. Professor em cursos de pós-graduação. Juiz Substituto do Tribunal de Impostos e Taxas do Estado de São Paulo. Advogado e consultor.

Nesse escopo, comentaremos alguns dos principais aspectos que norteiam os tipos de provas admitidas no processo administrativo tributário e, especialmente, a utilização da perícia contábil como forma hábil de prova, reforçando que qualquer tipo de prova lícita merece ser admitida e analisada pelo julgador administrativo, sob pena de cerceamento de defesa.

Considerando que o princípio da verdade material se caracteriza pela não formalidade de seus atos, não se pode perder de vista que ele se refere a uma decorrência lógica do princípio da legalidade tributária, tornando-se espécie de garantia da legalidade.

Apesar da possibilidade do uso de perícia contábil no processo administrativo como uma das formas de prova — que, além de lícita, é prevista na Constituição Federal —, para a qual *a lei assegurará a ampla defesa*, no Código Civil, onde um fato jurídico pode ser provado mediante provas — dentre elas, a perícia —, também no Código de Processo Civil, que admite todos os meios lícitos na comprovação da verdade dos fatos, verdade é que não há previsão expressa na legislação do Estado de São Paulo.

Com este cenário, pretendemos, com o presente trabalho, contribuir na contemporânea reflexão, ainda que de forma diminuta e modesta, com a correta interpretação da aplicabilidade da verdade material e o uso da prova pericial contábil no processo administrativo tributário paulista.

2. A eterna busca da verdade e sua conceituação

Antes de tratarmos sobre o princípio da verdade material, vamos analisar o vocábulo *verdade*. A palavra *verdade*, em seu sentido etimológico, vem do latim "veritas", como sinônimo de "real", de "verdadeiro". Na língua pátria, temos:[3]

3. HOUAISS, Antônio; VILLAR, Mauro de Salles. *Dicionário Houaiss da Língua Portuguesa*. Rio de Janeiro: Objetiva, 2001, p. 452.

1. O que está de acordo com o real; exatidão.
2. Sinceridade.
3. Princípio ou coisa certa - verdadeiro.

Como antônimo, a mentira, entre todas civilizações, sempre foi malvista, indesejada e, em determinadas crenças, alvo de punição. Tal qual Caim, após ter matado Abel, quando mentiu, ao ser questionado por Deus sobre o paradeiro de seu irmão, dizendo que não sabia onde ele estava.[4]

Doutro lado, a verdade também foi descrita na *Torah*,[5] no quinto livro *Devarim* (Deuteronômio), assim tratada: "Informa-te com toda a exação possível, e, averiguada a verdade da coisa, se achares certo o que se disse, e que efetivamente se cometeu uma tal abominação".[6]

Ainda nos situando em tempos antigos, Platão, através de sua dialética, buscava, através de questionamentos, o auxílio na busca da verdade. Sobre a importância da verdade, Platão ensina:

> Mas é que, realmente, deve ter-se em alto apreço a verdade. Se, de fato, dissemos bem há pouco, se na realidade, a mentira é inútil aos deuses, mas útil aos homens sob a forma de remédio, é evidente que tal remédio se deve dar aos médicos, mas os particulares não devem tocar-lhe.[7]

Seu famoso aluno, Aristóteles, também se dedicou ao tema da busca da verdade, para quem "a verdade é a adequação entre aquilo que se dá na realidade e aquilo que se dá

---

4. *Bereshit* (Gênesis) 4:8. *Bíblia Sagrada*: contendo o Velho e o Novo Testamento. Reedição da versão do Padre Antônio Pereira de Figueiredo. São Paulo: Editora das Américas, 1950, p. 42.

5. Torá equivale ao pentateuco, ou seja, aos cinco primeiros livros do Velho Testamento, cuja outorga, segundo a tradição judaica, foi feita por Deus ao povo judeu no Monte Sinai há mais de três mil e trezentos anos.

6. *Devarim* (Deuteronômio) 13:14. *Idem*, p. 69.

7. PLATÃO. *República*. Tradução de Pietro Nassetti. São Paulo: Editora Martin Claret, 2000, p. 78 (389a–e, Livro III).

na mente", muito embora, após a descoberta da verdade, o levasse à busca de outro princípio.[8]

Sócrates também se debruçou sobre o conceito da verdade, juntamente com seu tema de predileção: a virtude, onde, para ele, "a verdade é inquestionavelmente fundamental para a virtude",[9] com o contexto de que a mesma estaria escondida em cada um de nós, sendo somente visível aos olhos da razão, dando origem à célebre frase "Só sei que nada sei".

Para Pitágoras, tido como o primeiro filósofo a sustentar a doutrina segundo a qual a alma era obrigada a reencarnar sucessivas existências corpóreas, influenciou os Pitagóricos a iniciarem um tipo de pensamento voltado à busca da verdade e do bem, através do conhecimento.[10] Vê-se, portanto, que a verdade quase sempre esteve alicerçada em questões morais, filosóficas e, não raras vezes, com questões espirituais e religiosas.

Entre o fim da Idade Média e o início da Idade Moderna, a verdade era buscada a qualquer custo. A Igreja Católica Romana, nessa "busca pela verdade", acabou por criar a Inquisição. O Tribunal do Santo Ofício da Inquisição foi estabelecido pela Coroa Portuguesa em 1536 e vigorou até 1821, com a finalidade de que a Igreja e o Estado, através de um "processo", investigassem as pessoas acusadas de heresia, feitiçaria, bigamia e prevaricações em geral, ou seja, crimes contra a fé católica.[11]

Posteriormente, no século XVII, Nicolas Malebranche apresenta sua obra "A busca da verdade", abordando a visão divina nos julgamentos naturais, partindo da ideia central de que um "homem interior que busca a Deus e a verdade dentro de si

8. ARISTÓTELES. *Metafísica*. Tradução de Giovanni Reale. São Paulo: Edições Loyola, 2002, p. 21 (984b 10).

9. STONE, I. F. *O julgamento de Sócrates*. Tradução Paulo Henrique Britto. São Paulo: Companhia das Letras, 1988, p. 90.

10. REALE, Giovanni. *História da filosofia*: filosofia pagã antiga. Tradução de Ivo Storniolo. São Paulo: Editora Paulus, 2003, p. 29.

11. NOVINSKY, Anita Waingort. *Inquisição*: prisioneiros do Brasil. 2ª ed. rev. São Paulo: Perspectiva, 2009, p. 21-25.

mesmo", com a intenção básica da obra voltada para o ensinamento de como evitar o erro e, dessa maneira, atingir a verdade.[12]

Modernamente, a conceituação da verdade "sempre foi um dos maiores desafios da teoria do conhecimento, sob o pálio de que a ciência buscava descobrir a realidade emitindo proposições verdadeiras".[13]

3. Verdade material

Podemos classificar a verdade como subjetiva ou objetiva.

A *verdade subjetiva* integra o conhecimento de um indivíduo, mas que pode ser contestada por outro, na medida em que, no dito popular, "a verdade de um nem sempre é a verdade do outro". É também aquela fundada no campo das ideias, sem base ou fundamento para efetivamente ser provada.

A *verdade objetiva*, a que aqui nos interessa, é a que pode ser confirmada e, após esta comprovação, passa ser comum a todos. É a verdade científica, universalmente aceita e válida.

No campo do direito, a verdade objetiva é aquela visível, demonstrável, direta, latente, que não pode ser contestada. Por exemplo, a comprovação de uma determinada aquisição através de nota fiscal, que, contendo todos os requisitos legais relativos à sua emissão, demonstra cabalmente o fato do qual não se aceita prova em contrário.

Dedicando-nos doravante à verdade material, é comum encontrar na doutrina que a verdade material se contrapõe à verdade formal. Eis que, na primeira, os esforços concentram-se para o alcance do verdadeiro contexto fático, tal qual ocorrido, porquanto a segunda se dedica exclusivamente à reflexão sobre os fatos, documentos e informações acarreados

12. MALEBRANCHE, Nicolas. *A busca da verdade*. Tradução de Plínio Junqueira Smith. São Paulo: Discurso Editorial, 2004, p. 14-19.

13. MOUSSALLEM, Tárel Moysés. *Fontes no direito tributário*. São Paulo: Noeses, 2006, p. 13.

ao processo pelas partes, de acordo com regras determinadas e obrigatórias.

A verdade material é um princípio, cuja lição de Roque Carrazza conceitua o termo *princípio* como "a ideia de começo, origem, base".[14] A importância de a verdade material ser um princípio nos leva à lição de Renato Lopes Becho, para quem "os princípios são, pois, imprescindíveis para a compreensão de uma ordem, de uma sistematização. Para este último autor, negar um princípio é "uma tarefa que, se não é impossível, desorganiza o sistema jurídico"[15] diante da importância que se apresenta.

A verdade material corresponde a um princípio específico do processo administrativo, conforme Lúcia Valle Figueiredo.[16]

O princípio da verdade material é o oposto da verdade formal, regente do direito processual civil, onde, no primeiro, o "julgador pode (e deve) considerar fatos ocorridos que não tenham sido necessariamente comunicados pelas partes nos autos".[17]

Também prossegue neste sentido James Marins:[18]

> O princípio da verdade material que governa o procedimento e o Processo Administrativo opõe-se ao princípio da verdade formal que preside o processo civil, pois este prioriza a formalidade processual probatória – como ônus processual próprio das partes – que tem como motor o princípio da segurança jurídica que cria amarras e restrições à atividade promovida pelo magistrado no Processo Judicial.

---

14. CARRAZZA, Roque Antonio. *Curso de direito constitucional tributário*. 31ª ed. São Paulo: Malheiros, 2017, p. 47.

15. BECHO, Renato Lopes. *Lições de direito tributário*. 3ª ed. São Paulo: Saraiva, 2018, p. 327.

16. FIGUEIREDO, Lúcia Valle. *Curso de direito administrativo*. São Paulo: Malheiros, 2006, p. 450.

17. MACEI, Demetrius Nichele. *A verdade material no direito tributário*. São Paulo: Malheiros, 2013, p. 21.

18. MARINS, James. *Direito processual tributário brasileiro*: administrativo e judicial. São Paulo: Thomson Reuters Brasil, 2019, p. 180.

No processo administrativo tributário, onde se busca o fato efetivamente ocorrido, deve ser admitido qualquer tipo de prova, desde que lícita, onde a Administração Tributária não necessita limitar-se à verdade formal, mas, sim, perseguir a verdade material.[19]

A busca desta verdade material não autoriza a *reformatio in pejus*[20] (de vedação também proibida no âmbito do Direito Penal),[21] como já assentado pelo Supremo Tribunal Federal,[22] cujo trecho da ementa contém o seguinte teor:

> *(...) 3. A possibilidade da administração pública, em fase de recurso administrativo, anular, modificar ou extinguir os atos administrativos em razão de legalidade, conveniência e oportunidade, é corolário dos princípios da hierarquia e da finalidade, não havendo se falar em reformatio in pejus no âmbito administrativo, desde que seja dada a oportunidade de ampla defesa e o contraditório ao administrado e sejam observados os prazos prescricionais.(...)*

Na apreciação de um processo administrativo, podemos dizer que existirão necessariamente três verdades: (i) a verdade descrita no lançamento realizado pela autoridade fiscal que lavrou o auto de infração; (ii) a verdade descrita na impugnação ou recurso do autuado; e (iii) a verdade do julgador tributário, diante da avaliação do processo.

---

19. CASTARDO, Hamilton Fernando. *Processo administrativo de consulta tributária*. São Paulo: MP Editora, 2006, p. 42.

20. Em tradução livre, este vocábulo de origem latina significa: "reforma para piorar". Ocorre, por exemplo, quando se busca reverter um provimento parcial em decisão de primeira instância ao contribuinte, mas que, em fase de julgamento do recurso de segunda instância, acaba-se diante de sua situação agravada (piorada) em virtude da eventual reapreciação de suas razões.

21. Código de Processo Penal – Decreto-lei 3.689/1941: Art. 617 - O tribunal, câmara ou turma atenderá nas suas decisões ao disposto nos arts. 383, 386 e 387, no que for aplicável, não podendo, porém, ser agravada a pena, quando somente o réu houver apelado da sentença.

22. Agravo Regimental no Recurso Extraordinário com Agravo 641.054 Rio de Janeiro, Relator Ministro Luix Fux.

Diante destas três verdades já expostas, evidente que a que prevalecerá será a verdade do julgador. Eis que, com base nas provas, argumentos e fatos narrados por ambas as partes (autuante e autuado), formatará sua convicção e, com isto, a decisão do processo, sob sua ótica.

Com efeito, no processo administrativo tributário, o princípio da verdade material deve sempre prevalecer, pois de nada adianta um julgamento sem a apreciação das provas e a prevalência da verdade.

4. Provas admitidas no Direito e sua positivação

A Constituição Federal de 1988 assegura o direito à produção de provas no âmbito do processo administrativo, o que pode ser encontrado logo no capítulo I, intitulado "dos direitos e deveres individuais e coletivos", onde, no artigo 5º, nos deparamos: "*LV - aos litigantes, em processo judicial ou administrativo, e aos acusados em geral são assegurados o contraditório e ampla defesa, com os meios e recursos a ela inerentes*", com ressalva apenas para a utilização de provas obtidas por meios ilícitos.[23]

Cumpre observar que, na Carta Magna, "não há distinção entre o processo judicial e processo administrativo, sendo conferido a ambos, todas as garantias constitucionais, tais como o contraditório, a ampla defesa e a razoável duração do processo".[24]

No Código Civil também foi dedicado espaço para disciplinar sobre as provas, onde, no artigo 212,[25] encontramos, dentre outros, a permissão ao uso da prova documental e da pericial.

---

23. Artigo 5º - (...) LVI - são inadmissíveis, no processo, as provas obtidas por meios ilícitos;

24. BONFÁ DE JESUS, Isabela; BONFÁ DE JESUS, Fernando; BONFÁ DE JESUS, Ricardo. *Manual de direito e processo tributário.* 4ª ed. São Paulo: Editora Revista dos Tribunais, 2017, p. 359.

25. Art. 212. Salvo o negócio a que se impõe forma especial, o fato jurídico pode ser provado mediante: I - confissão;
II - documento; III - testemunha; IV - presunção; V - perícia.

Também o Código de Processo Civil (CPC) destinou o capítulo XII para as espécies de provas admitidas, tais como: depoimento pessoal (artigos 385 a 388), confissão (artigo 389 a 395), prova documental (artigo 405 a 441), prova testemunhal (artigo 442 a 463) e a prova pericial (artigo 464 a 480). E mais: o próprio CPC presume a legitimidade das provas apresentadas no processo para instrução tanto da acusação quanto da defesa.[26]

Dentre as várias espécies de provas admitidas no direito, analisaremos, a seguir, o processo administrativo e a produção de provas na busca da verdade material.

5. Processo administrativo tributário

Não é à toa que os tribunais administrativos tributários são demandados em grande volume, diante da conhecida complexidade do sistema tributário e o emaranhado de normas que regem os tributos.

De um lado, temos a Administração Tributária que, fazendo uso de sua competência e ofício, ao identificar qualquer tipo de incorreção na obrigação tributária principal ou na acessória (dever instrumental), lança mão do auto de lançamento. Do outro lado, o contribuinte autuado, que, ao manejar seus fundamentos em peça recursal defensiva, tenta se contrapor à verdade contida no auto de infração, para, então, rebater com a sua própria verdade.

É neste sentido que o processo administrativo mostra-se de extrema relevância para a resolução de controvérsias tributárias, levando em consideração que os julgadores administrativos são técnicos quanto ao assunto objeto da lide.

Alguns confundem *processo administrativo tributário* com *procedimento administrativo tributário*, mas de certo não

26. Art. 332. Todos os meios legais, bem como os moralmente legítimos, ainda que não especificados neste Código, são hábeis para provar a verdade dos fatos, em que se funda a ação ou a defesa.

há como confundi-los, pois o primeiro visa atender à função de composição de litígios, enquanto o segundo se apresenta apenas como sucessão ordenada de atos exteriores, ou seja, estes diversos atos ordenados em sequência lógica, deve culminar na concretização da verdade material.[27]

Regina Helena Costa[28] destaca que o processo administrativo tributário vem, merecidamente, ganhando cada vez mais a atenção da ciência jurídica, por dois motivos: "como instrumentos de realização da justiça" e "como filtro de lides a serem apreciadas pelo Poder Judiciário".

De fato, o processo administrativo tributário é comumente utilizado para que ocorra um desfecho mais técnico, célere e eficaz aos sujeitos tributários.

Há três formas de procedimento no processo administrativo tributário:[29] (i) preventivo, que está relacionado à consulta tributária e a denúncia espontânea; (ii) voluntário, o qual se refere a restituição, ressarcimento e a compensação; e (iii) contencioso, que será o enfoque deste trabalho.

O processo administrativo tributário tem como característica acentuada a informalidade, vez que não há a necessidade do advogado para representar o contribuinte no exercício de seu pleno direito de ter vistas do processo, ou, ainda, para realizar eventual impugnação ou defesa, nos termos do artigo 17[30] da Lei 13.457/2009, que disciplina o processo administrativo tributário estadual paulista.[31]

---

27. BOTTALLO, Eduardo Domingos. *Procedimento Administrativo Tributário*. São Paulo: Revista dos Tribunais, 1977, p. 50-51.

28. COSTA, Regina Helena. *Curso de direito tributário*: Constituição e Código Tributário Nacional. São Paulo: Saraiva, 2015, p. 432.

29. CAMPOS, Dejalma de. *Direito processual tributário*. São Paulo: Atlas, 2000, p. 46.

30. Artigo 17 - Será concedida vista dos autos ao interessado ou representante habilitado, no recinto da repartição onde se encontrar o processo.

31. No âmbito do processo administrativo federal, o artigo 46 da lei nº 9.784/99 disciplina de igual forma: "Art. 46 - Os interessados têm direito à vista do processo e a obter certidões ou cópias reprográficas dos dados e documentos que o integram,

Já com relação ao processo judicial tributário, a atuação é restrita ao advogado e, não fosse assim, a Constituição Federal de 1988 não teria edificado a indispensabilidade e a imunidade do advogado, dos seus atos e das manifestações no exercício da profissão,[32] como instrumento essencial na concretização/prestação jurisdicional da justiça brasileira.[33]

O início do processo administrativo tributário, inaugurando a fase litigiosa, se dá com a impugnação,[34] em cuja petição de abertura deverá constar "as razões de fato e de direito sobre as quais se fundamenta" e respectivos argumentos de defesa e, ainda, o contribuinte deverá indicar as provas que pretende utilizar para contrapor a autuação sofrida.[35] O contribuinte (sujeito passivo) poderá juntar provas documentais na impugnação (defesa).

Ato contínuo, a parte que não obtiver o resultado esperado terá a possibilidade de interposição de recurso para reapreciação da matéria, desta vez em segunda instância administrativa, sendo que, no Estado de São Paulo, o órgão responsável pela reapreciação da matéria será o Tribunal de Impostos e Taxas (TIT).

---

ressalvados os dados e documentos de terceiros protegidos por sigilo ou pelo direito à privacidade, à honra e à imagem".

32. Art. 133 - O advogado é indispensável à administração da justiça, sendo inviolável por seus atos e manifestações no exercício da profissão, nos limites da lei.

33. O Art. 2º do Estatuto da Advocacia - lei nº 8.906 de 04 de julho de 1994, reforça a determinação constitucional quanto à indispensabilidade do advogado: "Art. 2º - O advogado é indispensável à administração da justiça".

34. Artigo 35 - Lavrado o auto de infração, terão início, na forma estabelecida em regulamento, os procedimentos de cobrança administrativa, devendo o autuado ser notificado a recolher o débito fiscal, com o desconto de lei, quando houver, ou a apresentar defesa, por escrito, no prazo de 30 (trinta) dias.

35. Artigo 37. A defesa será apresentada na repartição pública competente, nela devendo constar:
(...) III - as razões de fato e de direito sobre as quais se fundamenta.
§1° - A defesa deverá ser instruída com os documentos, demonstrativos e demais elementos materiais destinados a comprovar as alegações feitas, inclusive laudos e pareceres técnicos que o autuado entender necessários para o pleno esclarecimento da matéria controvertida.

Desta feita, caso a decisão administrativa de primeira instância seja favorável ou parcialmente favorável ao contribuinte, caberá recurso de ofício pelo fisco paulista, onde a matéria será revista pela instância superior (TIT), de forma similar ao que ocorre com o processo judicial tributário, onde há a remessa necessária.

Noutro ponto, caso a decisão seja desfavorável ao contribuinte, haverá a possibilidade de interposição de recurso voluntário com suas razões recursais. Mais à frente, após o julgamento pelo TIT, haverá ainda a possibilidade de interposição de recurso especial à Câmara Superior deste mesmo Tribunal, sendo necessário exame de admissibilidade recursal de forma que só haverá apreciação do referido recurso se comprovadamente existir "decisão paradigma", ou seja, caso similar ao tratado no processo administrativo com julgamento de forma diversa.

Após todo o trâmite processual administrativo, haverá decisão final administrativa, momento em que se encerra a fase administrativa do contencioso, com o posterior arquivamento do processo. Diante desta ligeira demonstração do caminho que um processo administrativo pode percorrer, a maior importância está na demonstração das provas. Pelo fisco, no momento da lavratura do auto de infração e pelo contribuinte, mediante todas as espécies de provas admitidas em direito e que podem ser produzidas pelo sujeito passivo, conforme será tratado a seguir.

6. Indicação das provas a produzir

No processo administrativo fiscal paulista, há a determinação no artigo 37, §1º de que "a defesa deverá ser instruída com os documentos, demonstrativos e demais elementos materiais destinados a comprovar as alegações feitas", bem como a expressa possibilidade da utilização de laudos e pareceres técnicos, desde que o "o autuado entender necessários para o pleno esclarecimento da matéria controvertida".

Não há previsão, ao menos expressa, da possibilidade do uso da perícia na citada legislação paulista.

Apenas para fins comparativos da lei do processo administrativo fiscal paulista com a lei do processo administrativo fiscal federal,[36] este último diploma, ao dispor dos requisitos da impugnação, alude expressamente a necessidade do contribuinte mencionar a diligência ou perícia que pretende efetuar, cabendo à autoridade julgadora determinar a realização destas quando entendê-las necessárias ou, em sentido contrário, as indeferir quando considerar prescindíveis ou impraticáveis, desde que justifique fundamentadamente.[37]

Inegável que a legislação do processo administrativo fiscal federal andou bem neste sentido, fazendo seu papel de cumpridora do comando constitucional contido no artigo 5º, LV[38] (onde todos os meios de prova são admissíveis, excetos as obtidas de forma ilícita) dedicado a garantir o princípio do contraditório e da ampla defesa.

Deve ser assegurada ao contribuinte a possibilidade de utilização de todos os meios de prova admitidos, de forma a garantir sua ampla defesa e esta garantia somente restará plena se lhe for permitido utilizar *todos* os meios de prova.

Nas palavras de José Eduardo Soares de Melo,[39] ao tratar da ampla defesa e contraditório:

---

36. Lei federal n.9.784/99. Vide também Art. 16 do Decreto 70.235/1972: "Art. 16 - A impugnação mencionará: (...) IV - as diligências, ou perícias que o impugnante pretenda sejam efetuadas, expostos os motivos que as justifiquem, com a formulação dos quesitos referentes aos exames desejados, assim como, no caso de perícia, o nome, o endereço e a qualificação profissional do seu perito.

37. Art. 28. Na decisão em que for julgada questão preliminar será também julgado o mérito, salvo quando incompatíveis, e dela constará o indeferimento fundamentado do pedido de diligência ou perícia, se for o caso.

38. Art. 5º - (...) LVI - são inadmissíveis, no processo, as provas obtidas por meios ilícitos;

39. MELO, José Eduardo Soares de. *Nulidades do processo administrativo tributário*. P. 17. Disponível em: <http://www.editoraforum.com.br/wp-content/uploads/2014/08/Nulidades-do-processo-administrativo-tributario.pdf>. Acesso em: 05 jun. 2019.

> Embora a legislação processual administrativa nem sempre regule os meios hábeis para ser demonstrada a verdade em que se embasam as alegações da parte, só aceitando documentos (notas fiscais, declarações, balanços etc.); a precariedade do feito fazendário não impede a apresentação de laudo pericial (elaboração por órgão técnico, entidade de classe), com plena condição de ser considerado pelo julgador, uma vez que se torna inviável o exame minucioso de milhares de notas fiscais ou considerações de natureza específica (científica, técnica, contábil).

Severas críticas de Paulo Celso Bonilha[40] são destinadas ao teor do poder discricionário que a autoridade julgadora passa a ter, ao decidir (ou não) pelo uso e autorização de diligências e perícias. Neste sentido, embora o posicionamento do citado autor se refira aos artigos 16 e 18 do processo administrativo federal, tal juízo se aplica ao processo administrativo tributário paulista:

> Do exame desses artigos, ressalta, para logo, a explicação do princípio da livre convicção na apreciação da prova conferido à autoridade julgadora. Este é um ponto alto da legislação que merece apreço. Está a autoridade julgadora, à semelhança do juiz de direito, livre para formar seu convencimento sobre a verdade, diante dos elementos probatórios coligidos no processo.

De fato, deixar com órgãos de julgamento administrativo a decisão quanto ao uso e autorização de diligências e perícias é atribuir aos julgadores o poder de não aceitar uma diligência requerida pelo contribuinte em virtude de que, sob seu exame, tal medida seria desnecessária. No entanto, tal medida seria necessária na visão do contribuinte autuado.

A autorização para o uso de todo e qualquer meio de prova admitida em direito decorre da Constituição Federal, do Código Civil, do Código de Processo Civil e das legislações específicas, de forma a assegurar ao contribuinte tal prerrogativa.

---

40. BONILHA, Paulo Celso. *Da prova no processo administrativo tributário*. São Paulo: Dialética, 1997, p. 66-67.

A lei paulista do processo administrativo tributário não prevê, *expressamente*, a realização de perícia (tal qual no âmbito federal), mas faculta que "os órgãos de julgamento determinarão a realização de diligências necessárias à instrução do processo".[41] Apesar, de um lado, conter o comando *determinarão [a realização de diligências]*, de outro, ameniza com a trecho *necessárias [a instrução do processo]*.

Nesse sentido, ao teor do artigo 25 da lei do processo administrativo tributário paulista, estaríamos à frente da permissão para que o julgador administrativo, de primeira ou segunda instância, determine ou aprove uma diligência requerida, ou a instaure de ofício. Seria, então, possível a admissão, nesse caso, de prova pericial?

De imediato respondemos que sim, pois o §1º do artigo 37 determina que a defesa deverá ser instruída com elementos que o autuado julgar necessário para comprovar as alegações feitas, incluindo, portanto, *laudos e pareceres técnicos*. Com certeza podemos incluir a prova pericial em laudos e pareceres técnicos.

Ora, se o artigo 18 da lei paulista adota e permite todos os meios de prova, exceto aqueles obtidos por meios ilícitos,[42] não haveria motivos para desprestigiar as perícias contábeis e/ou outras perícias cabíveis nos processos em análise.

Nessa vereda, no processo administrativo tributário não existe qualquer limite expresso ou taxativo com relação aos tipos ou meios de provas que o contribuinte possa utilizar. Como não há direito sem provas, temos que "a atividade probatória representa um aspecto central do processo, vinculada à alegação e à indicação dos fatos, visando a demonstrar a verdade – e, por isso, de fundamental importância".[43]

---

41. Artigo 25. Os órgãos de julgamento determinarão a realização de diligências necessárias à instrução do processo.

42. Artigo 18 - Todos os meios legais, bem como os moralmente legítimos obtidos de forma lícita, são hábeis para provar a verdade dos fatos controvertidos.

43. RIBAS, Lídia Maria Lopes Rodrigues. *Processo administrativo tributário*. São Paulo: Malheiros, 2008, p. 196.

Assim, qualquer meio de prova lícito deve ser admitido no processo tributário paulista, pois pautado estaria segundo o princípio constitucional de legalidade, inserto no artigo 5º, inciso II (ninguém será obrigado a fazer ou deixar de fazer alguma coisa senão em virtude de lei), máxime que poderia ainda ser substituído por "aquilo que não é proibido, é permitido", na medida em que "*ubi lex non distingmt nec nos distinguere debemus*" ("onde a lei não distingue, não pode o intérprete distinguir") ou, ainda, "*et meo quod píus serrper ineste et minus*" ("aquele a quem se permite o mais, pode o menos").[44]

O julgador, durante o processo de elaboração de sua própria convicção, mesmo após detida análise das provas, fatos, informações e argumentos narrados pelo autuante e autuado, pode não ter a firmeza necessária que virá a sustentar seu posicionamento materializado no voto.

Ocorrendo tal situação e na medida em que o julgador entender que carece a situação de melhor explicitação, poderá determinar a realização de diligência, porquanto perceber que esta pode auxiliar na formação de sua convicção.

Nem sempre os elementos trazidos aos autos pelas partes contêm todas as informações capazes de deixar o julgador confortável para proferir seu voto. Neste momento de dúvida, para evitar uma injustiça tributária no julgamento, é possível que a autoridade julgadora determine uma diligência, como forma complementar de convicção onde, "para formar sua convicção, por vezes, os documentos existentes não são suficientes, ou não contêm elementos de provas bastantes, ensejando complementos".[45]

É neste momento que a busca pela verdade material é importante e está autorizada pela inteligência do artigo 25 da

44. ADI 4277/DF, rel. Min. Ayres Britto, 4 e 5.5.2011 e ADPF 132/RJ, rel. Min. Ayres Britto, 4 e 5.5.2011. Disponível em: <http://www.stf.jus.br/arquivo/informativo/documento/informativo625.htm>. Acesso em: 20 abr. 2019.

45. CASTARDO, Hamilton Fernando. *Processo tributário administrativo*. São Paulo: Thomson Reuters, 2006, p. 255.

Lei 13.457/2009 (SP), da qual decorre a possibilidade do julgador administrativo instaurar a realização de diligência, através da conversão do julgamento em diligência:

> *Artigo 25 - Os órgãos de julgamento determinarão a realização de diligências necessárias à instrução do processo.*
>
> *§ 1º - Encontrando-se o processo em fase de julgamento, somente por decisão do órgão julgador poderá ser determinada diligência para esclarecimento de matéria de fato.*

O termo *diligência*,[46] para fins de melhor conceituação, decorre da ideia de "zelo na prossecução dos meios para atingir certos fins" ou, ainda, o "grau de esforço necessário para atingir certo fim, independente de saber se este é ou não devido e sem referência a nenhuma pessoa concreta".

Diligência ainda pode ser entendida como uma investigação oficial, cujo ato é "indispensável à marcha do procedimento em direção à sentença de mérito e subsequente formação da coisa julgada".[47] É peça fundamental para a correta aplicação da justiça tributária. Estaria incluída na diligência toda e qualquer prova lícita, inclusive as provas periciais no geral.

7. Momento de apresentação das provas no processo administrativo tributário

Regra geral, "as provas deverão ser apresentadas juntamente com o auto de infração lavrado pela autoridade fiscal e com a defesa do contribuinte (autuado), salvo por motivo de força maior ou ocorrência de fato superveniente", como determina o artigo 19 da lei paulista do processo administrativo tributário, ao tratar do momento de apresentação das provas.

---

46. JORGE, Fernando de Sandy Lopes Pessoa. *Ensaio sobre os pressupostos da responsabilidade civil*. Porto: Livraria Almedina, 1999, p. 75.

47. OLIVEIRA, Ivo Ferreira. *Diligências nas licitações públicas*. Curitiba: JM Editora, 2001, p. 22.

Citado artigo excetua a preclusão, as provas apresentadas fora do momento oportuno (*...juntamente com o auto de infração e com a defesa...*), desde que devidamente motivadas por *motivo de força maior* ou então em decorrência de *fato superveniente*.

Quanto à primeira exceção acima descrita (*força maior*), tem-se, de acordo com o § único do artigo 393 do Código Civil, como sendo "o caso fortuito ou de força maior verifica-se no fato necessário, cujos efeitos não era possível evitar ou impedir". Daqui se extrai que, como requisito objetivo, deve haver a caracterização da inevitabilidade do acontecimento e, como requisito subjetivo, pela ausência de culpa na produção do evento.[48]

Com relação à segunda exceção antes descrita (*ocorrência de fato superveniente*), lastreada no *jus superveniens*, é do artigo 493 do Código de Processo Civil a melhor definição,[49] quando este fato superveniente possa influir no julgamento da lide, devendo ser levado em conta pelo julgador, de ofício ou a requerimento da parte interessada, como a exemplo a discussão da mesma matéria perante o Poder Judiciário.[50]

Note-se, portanto, que inexiste qualquer indicação na lei paulista, seja exemplificativa ou exaustiva, de quais seriam os meios de provas admitidos[51] no processo administrativo tributário.

Referida ausência parece ter sentido, na medida em que o legislador ordinário autorizou qualquer meio lícito de prova, especialmente àquelas contidas no artigo 212 do Código Civil, que, dentre as que têm aderência ao processo tributário administrativo, temos: a prova documental e a prova pericial.

---

48. NEDER, Marcos Vinicius; LÓPEZ, Maria Teresa Martínez. *Processo administrativo fiscal federal comentado*. São Paulo: Dialética, 2004, p. 254.

49. Art. 493 - Se, depois da propositura da ação, algum fato constitutivo, modificativo ou extintivo do direito influir no julgamento do mérito, caberá ao juiz tomá-lo em consideração, de ofício ou a requerimento da parte, no momento de proferir a decisão.

50. NEDER, Marcos Vinicius; LÓPEZ, Maria Teresa Martínez. *Processo administrativo fiscal federal comentado*. São Paulo: Dialética, 2004, p. 254.

51. Nem tampouco no Decreto 54.486/2009, que regulamenta a Lei 13.457/2009, que dispõe sobre o processo administrativo tributário decorrente de lançamento de ofício e dá providências correlatas, há qualquer menção.

Importante destacar que há a possibilidade da juntada aos autos documentos novos, mas somente e "apenas quando destinados a fazer prova de fatos supervenientes ou para contrapô-los aos que foram produzidos nos autos", na redação do §1° do artigo 19 da Lei 13.457/2009.[52]

Juntar aos autos, a qualquer tempo, documentos novos para fazer prova de fatos supervenientes implica a necessidade de que os motivos "devem ser cabalmente demonstrados", havendo ainda a obrigação de que "será ouvida a parte contrária".

O processo administrativo, iniciado pelo contribuinte com o oferecimento da impugnação, objetiva a revisão de um ato administrativo, caracterizado pelo auto de infração, onde a busca da verdade material, não pode ser suprimida em virtude da autoridade julgadora não analisar prova que pretenda esclarecer a lide instaurada.

Não aceitar novas provas no curso do processo, além de violar o princípio da verdade material, acaba por desobedecer o princípio do contraditório e da ampla defesa, sendo que qualquer limitação ao direito de produzir provas, ainda que a destempo, se tornaria ato inconstitucional e ilegal.

Sendo assim, se apresentadas novas provas antes da decisão final no processo administrativo tributário, estas devem ser aceitas e analisadas em decorrência da busca da verdade material.

8. O uso da prova pericial no processo administrativo tributário do Estado de São Paulo

Como dito em tópico anterior, a redação do artigo 19 da Lei 13.457/2009 prevê a utilização de qualquer tipo de prova. Tomando por base que *aquilo que não é proibido,* temos que a utilização de prova pericial, além de estar elencada no Código Civil, é espécie plenamente válida e, assim, portanto, deve ser autorizada.

52. Importante destacar que a lei do processo administrativo federal 9.784/99 consagra aos administrados alguns direitos no artigo 3°, dentre eles, o de apresentar documentos antes da decisão, os quais serão objeto de consideração pelo órgão competente.

Tendo o ICMS características próprias e altamente complexas, contidas num regulamento com 608 artigos, outros 38 nas disposições transitórias e ainda 20 anexos (com tantos outros artigos), sem esquecer ainda que no âmbito estadual há também o Imposto sobre Transmissão Causa Mortis e Doação (ITCMD) e o Imposto sobre Propriedade de Veículo Automotor (IPVA), seria franciscana a ideia de que a contraposição à lavratura de um auto de infração destes impostos seria possível somente através de provas documentais, em especial o ICMS que envolve contabilidade.

Talvez para, com o ICMS, o tema fique mais claro com um exemplo. Por vezes é difícil provar o estorno proporcional de ICMS em razão de saídas isentas ou não tributadas (como determina o artigo 155, §2º, II, "b" da CF/88) para um determinado período, sem que, contudo, além da apresentação de documentos (livros fiscais, planilhas, demonstrativos), seja necessária uma perícia contábil para se infirmar (ou não) se o procedimento adotado pelo contribuinte está correto, à luz da legislação.

Os exemplos poderiam ser inúmeros. Nesse caso e em tantos outros, podemos dizer que é necessária, para se ver cumprido o princípio da verdade material, a devida e indispensável investigação. Referida investigação se dará através de uma perícia contábil, por exemplo.

A perícia no processo administrativo estadual (Lei 13.457/2009 - SP) está prevista em aspecto genérico:

> *Artigo 37. A defesa será apresentada na repartição pública competente, nela devendo constar:*
>
> *I - a autoridade a quem é dirigida;*
>
> *II - a qualificação do autuado e a identificação do signatário;*
>
> *III - as razões de fato e de direito sobre as quais se fundamenta.*
>
> *§ 1° - A defesa deverá ser instruída com os documentos, demonstrativos e demais elementos materiais destinados a comprovar as alegações feitas, inclusive laudos e pareceres técnicos que o autuado entender necessários para o pleno esclarecimento da matéria controvertida.*

> *§ 2º - A defesa de que trata o "caput" deste artigo poderá ser feita por meio eletrônico, conforme dispuser o regulamento.*
>
> *§ 3º - O julgamento da defesa será realizado nas Delegacias Tributárias de Julgamento, independentemente da circunscrição de vinculação do contribuinte.*

A realização de perícia faz-se imprescindível quando a complexidade da matéria demanda o exame por pessoas especializadas, possuidoras de conhecimentos técnicos ou científicos, necessários e fundamentais à instrução do processo.[53]

Como bem lembra Eduardo Domingos Botallo,[54] ao se referir ao processo administrativo tributário federal, a realização de prova pericial "é condicionada aos requisitos de utilidade, imprescindibilidade e praticabilidade", sendo certo que o indeferimento do pedido pela autoridade julgadora deve ser sempre justificado e motivado. Essa conveniente conclusão de Eduardo Bottallo se aplica perfeitamente ao processo administrativo tributário paulista.

No processo administrativo tributário paulista, não há previsão expressa do uso da perícia, mas há, porém, em aspecto genérico, através do artigo 18 da Lei 13.457/2009 que assim prevê: "todos os meios legais, bem como os moralmente legítimos obtidos de forma lícita, são hábeis para provar a verdade dos fatos controvertidos".

Da mesma forma, considerando o que dispõe o artigo 5º, inciso LVI da Constituição Federal, numa interpretação de maneira oposta, tem-se que todos os meios de prova são admissíveis no processo administrativo tributário, observada, por óbvio, a exigência de licitude na sua obtenção.[55]

---

53. TOMÉ, Fabiana Del Padre. *A prova no direito tributário*. São Paulo: Noeses, 2011, p. 145.

54. BOTTALLO, Eduardo Domingos. *Curso de Processo Administrativo Tributário*. São Paulo: Malheiros, 2009, p. 98.

55. Art. 5º - (...) LVI - são inadmissíveis, no processo, as provas obtidas por meios ilícitos;

Inobstante a isto, julgados de primeira instância acessados através de consulta pública às decisões das Delegacias Tributárias de Julgamento[56] da Secretaria da Fazenda do Estado de São Paulo, têm, em sua absoluta maioria, alegações para o seu indeferimento, alegando que a prova pericial não está prevista nas normas do processo administrativo paulista[57]. Esse tipo de decisão fere o princípio da busca da verdade material.

Desta feita, todas as tentativas dos contribuintes foram sumariamente negadas sob os argumentos de que seria *incabível* na fase da defesa de primeira instância, a juntada de novos documentos, em especial a prova pericial (com base no artigo 19 e parágrafo único da Lei 13.457/2009), e, além do fato de que a lei paulista não prevê a intervenção do juízo administrativo na produção probatória, inexistir perito do juízo, tampouco assistentes técnicos,[58] por parte do fisco.

Importante frisar que não deve haver qualquer tipo de limitação quanto à produção de provas lícitas para comprovar as razões de alegação, seja por parte do fisco, seja do contribuinte. Este é comando normativo constante na Constituição Federal, no Código Civil e no Código de Processo Civil.

A lei paulista, por seu turno, permite a apresentação de laudos ou pareceres técnicos elaborados e apresentados pelo contribuinte, *mas desde que no curso do processo administrativo* (desde que dentro do prazo legal para interposição da defesa), acarreado às suas próprias expensas. Nessas condições, os laudos e pareceres serão apreciados pela autoridade julgadora.

A legislação do processo administrativo tributário paulista, em virtude de sua conhecida posição de vanguarda frente

---

56. Disponível em: <https://www.fazenda.sp.gov.br/VDTIT/ConsultarVotos.aspx?instancia=1>. Acesso em: 10 mai. 2019.

57. AIIM: 3139629-0, de 19/01/2011; AIIM: 4001808-8 de 13/06/2012; AIIM: 3151637-3, de 13/08/2012; AIIM: 4078712-6, de 14/08/2016.

58. Neste sentido foram os termos das decisões contidas nos autos de infração e imposição de multa (AIIM) nºs 3.141.488-6; 3.144.989-0; 3.147.188-2; 4.006.668-0; 4.016.782-3; 4.016.786-0; 4.022.907-5; 4.059.724-6; 4.068.490-8; 4.068.492-1; e 4.068.493-3.

às outras Unidades da Federação, deveria posicionar-se de forma a permitir *expressamente* a utilização da perícia como forma de prova lícita que é.

9. Conclusão

A conceituação da verdade sempre foi desejada pela humanidade, pois é nela que reside a veridicidade do que se busca. Passando ao largo desses momentos históricos, mas ressaltando a importância destas contribuições para que a sociedade conseguisse atingir o atual estágio de compreensão da verdade, fato é que, no processo tributário, tanto no administrativo como no judicial, a necessidade de formalização da verdade de um fato não é tarefa das mais fáceis.

No âmbito do processo administrativo tributário paulista, caberá ao julgador de primeira ou segunda instância analisar as duas faces destas verdades (fisco e contribuinte) para, então, com seu crivo decisório, aplicar a verdade baseada em suas próprias convicções, utilizando ou não os argumentos daqueles que figuram nos polos ativo e passivo da demanda.

Incontestável é que a correta aplicação da verdade material, princípio exclusivo do processo administrativo que deve ser sempre homenageado, em virtude de sua importância e correta aplicabilidade da justiça tributária (mantendo ou não determinada cobrança de um auto de infração), mas, também, caminhando ao lado do princípio da legalidade, como instrumento de aplicabilidade do direito subjetivo do contribuinte.

Não é pelo fato de que, apenas por não conter previsão expressa da palavra *perícia*, o contribuinte paulista não possa requerê-la (e ver deferida) no curso do processo administrativo, para fazer prova de seus argumentos de defesa. Caso o contribuinte seja impedido de utilizar todos os meios lícitos de prova admitidos, estaria submetido à pretensão de cobrança pelo fisco, sem a devida busca da verdade material.

Admitir a perícia como prova, quando produzida e suportada unilateralmente pelo contribuinte autuado, à suas próprias expensas, é demonstração firme da cooperação na busca da verdade dos fatos. A utilização da perícia como forma de prova contribui para a busca da verdade material, independentemente de qual lado ela esteja (autuante ou autuado). Assim, deveria a prova pericial ser admitida por ambos os lados da relação jurídica e independente do custo da perícia ser suportado somente pelo contribuinte.

Pensamos que a admissão da prova pericial não seja um elemento de postergação do julgamento ou, ainda, algum meio protelatório, mas, sim, que a mesma seja deferida, se justificadamente se apresente necessária à decisão do caso e, de igual forma, seja indeferida de plano, se a prova pericial não se mostrar, de fato, imperiosa.

Mister se faz lembrar que a prova pericial é autorizada pela nossa Constituição Federal (a lei assegurará a ampla defesa), pelo Código Civil (o fato jurídico pode ser provado mediante perícia), pelo Código de Processo Civil (todos os meios legais são hábeis para provar a verdade dos fatos) e, por fim, no processo administrativo fiscal (a impugnação mencionará a perícia que a impugnante pretenda seja efetuada).

De fato, o processo administrativo tributário do Estado de São Paulo deveria admitir de forma expressa a possibilidade do uso da perícia, em especial a contábil, por ser direito constitucional do contribuinte provar o alegado através de todo e qualquer tipo de prova lícita. No entanto, na ausência de previsão expressa, as provas periciais poderão ser aceitas com fundamento na Constituição Federal, no Código Civil e no Código de Processo Civil.

Referências

ARISTÓTELES. *Metafísica*. Tradução de Giovanni Reale. São Paulo: Edições Loyola, 2002.

BÍBLIA SAGRADA: contendo o Velho e o Novo Testamento. Reedição da versão do Padre Antônio Pereira de Figueiredo. São Paulo: Editora das Américas, 1950.

BECHO, Renato Lopes. *Lições de direito tributário*. 3ª ed. São Paulo: Saraiva, 2018.

BONFÁ DE JESUS, Isabela; BONFÁ DE JESUS, Fernando; BONFÁ DE JESUS, Ricardo. *Manual de direito e processo tributário*. 4ª ed. São Paulo: Editora Revista dos Tribunais, 2017.

BONILHA, Paulo Celso. *Da prova no processo administrativo tributário*. São Paulo: Dialética, 1997.

BOTTALLO, Eduado Domingos. *Curso de Processo Administrativo Tributário*. São Paulo: Malheiros, 2009.

_____. *Procedimento Administrativo Tributário*. São Paulo: Revista dos Tribunais, 1977.

CARRAZZA, Roque Antonio. *Curso de direito constitucional tributário*. 31ª ed. São Paulo: Malheiros, 2017.

CAMPOS, Dejalma de. *Direito processual tributário*. São Paulo: Atlas, 2000.

CASTARDO, Hamilton Fernando. *Processo administrativo de consulta tributária*. São Paulo: MP Editora, 2006.

_____. *Processo tributário administrativo*. São Paulo: Thomson Reuters, 2006.

COSTA, Regina Helena. *Curso de direito tributário*: Constituição e Código Tributário Nacional. São Paulo: Saraiva, 2015.

FIGUEIREDO, Lúcia Valle. *Curso de direito administrativo*. São Paulo: Malheiros, 2006.

JORGE, Fernando de Sandy Lopes Pessoa. *Ensaio sobre os pressupostos da responsabilidade civil*. Porto: Livraria Almedina, 1999.

HOUAISS, Antônio; VILLAR, Mauro de Salles. *Dicionário Houaiss da Língua Portuguesa*. Rio de Janeiro: Objetiva, 2001.

MACEI, Demetrius Nichele. *A verdade material no direito tributário*. São Paulo: Malheiros, 2013.

MALEBRANCHE, Nicolas. *A busca da verdade*. Tradução de Plínio Junqueira Smith. São Paulo: Discurso Editorial, 2004.

MARINS, James. *Direito processual tributário brasileiro*: administrativo e judicial. São Paulo: Thomson Reuters Brasil, 2019.

MOUSSALLEM, Tárel Moysés. *Fontes no direito tributário*. São Paulo: Noeses, 2006.

NEDER, Marcos Vinicius; LÓPEZ, Maria Teresa Martínez. *Processo administrativo fiscal federal comentado*. São Paulo: Dialética, 2004.

NOVINSKY, Anita Waingort. *Inquisição*: prisioneiros do Brasil. 2ª ed. rev. São Paulo: Perspectiva, 2009.

OLIVEIRA, Ivo Ferreira. *Diligências nas licitações públicas*. Curitiba: JM Editora, 2001.

PLATÃO. *República*. Tradução de Pietro Nassetti. São Paulo: Editora Martin Claret, 2000.

REALE, Giovanni. *História da filosofia*: filosofia pagã antiga. Tradução de Ivo Storniolo. São Paulo: Editora Paulus, 2003.

RIBAS, Lídia Maria Lopes Rodrigues. *Processo administrativo tributário*. São Paulo: Malheiros, 2008.

STONE, I. F. *O julgamento de Sócrates*. Tradução Paulo Henrique Britto. São Paulo: Companhia das Letras, 1988.

TOMÉ, Fabiana Del Padre. *A prova no direito tributário*. São Paulo: Noeses, 2011.

Legislação

BRASIL. *Assembleia Legislativa do Estado de São Paulo*. Disponível em: <https://www.al.sp.gov.br/ repositorio/legislacao/lei/2009/alteracao-lei-13457-18.03.2009.html>. Acesso em: 13 maio. 2019.

BRASIL. *Imprensa Oficial do Governo do Estado de São Paulo*. Disponível em: <https://www.imprensaoficial.com.br/DO/GatewayPDF.aspx?pagina=85&caderno=Executivo%20I&data=03/01/2013&link=/2013/executivo%20secao%20i/janeiro/03/pag_0085_08DQL7QEQ70DNe9DVKTH6MFIFUU.pdf&paginaordenacao=100085>. Acesso em: 13 maio. 2019.

BRASIL. *Planalto*. Disponível em: <http://www.planalto.gov.br/ccivil_03/decreto-lei/del3689.htm>. Acesso em: 10 maio. 2019.

BRASIL. *Planalto*. Disponível em: <http://www.planalto.gov.br/ccivil_03/_ato2015-2018/2015/lei /l13105.htm>. Acesso em: 10 maio. 2019.

BRASIL. *Planalto*. Disponível em: <http://www.planalto.gov.br/ccivil_03/leis/l9784.htm>. Acesso em: 10 maio. 2019.

BRASIL. *Planalto*. Disponível em: <http://www.planalto.gov.br/ccivil_03/Leis/L8906.htm>. Acesso em: 10 maio. 2019.

BRASIL. *Planalto*. Disponível em: <http://www.planalto.gov.br/ccivil_03/decreto/d70235cons.htm>. Acesso em: 10 maio. 2019.

BRASIL. *Planalto*. Disponível em: <http://www.planalto.gov.br/ccivil_03/leis/2002/l10406.htm>. Acesso em: 10 maio. 2019.

BRASIL. *Secretaria da Fazenda do Governo do Estado de São Paulo*. Disponível em: <https://www.fazenda.sp.gov.br/VDTIT/ConsultarVotos.aspx?instancia=1>. Acesso em: 13 maio. 2019.

BRASIL. *Superior Tribunal de Justiça*. Disponível em: <https://ww2.stj.jus.br/processo/pesquisa/?tipo Pesquisa=tipoPesquisaNumeroRegistro&termo=201101364084&totalRegistrosPorPagina=40&aplicacao=processos.ea>. Acesso em: 16 maio. 2019.

BRASIL. *Supremo Tribunal Federal*. Disponível em: <http://www.stf.jus.br/portal/processo/verProcesso Peca.asp?id=310959499&tipoApp=.pdf>. Acesso em: 20 abr. 2019.

BRASIL. *Supremo Tribunal Federal*. Disponível em: <http://www.stf.jus.br/arquivo/informativo/ documento/informativo625.htm>. Acesso em: 20 abr. 2019.

BRASIL. *Supremo Tribunal Federal*. Disponível em: <http://www.stf.jus.br/portal/jurisprudencia/listar Jurisprudencia.asp?s1=%28%2833907%2ENUME%2E+OU+33907%2EDMS%2E%29%29+NAO+S%2EPRES%2E&base=baseMonocraticas&url=http://tinyurl.com/ybsnhvve>. Acesso em: 16 maio. 2019.

A EFICÁCIA DOS PRECEDENTES VINCULANTES NO PROCESSO ADMINISTRATIVO FISCAL: A ANÁLISE DA APLICAÇÃO DO RE 574.706/PR NO CARF

Marcelo Magalhães Peixoto [1]

Paulo Ricardo de Sousa Arruda [2]

1. INTRODUÇÃO

Em 15/03/2017, o Supremo Tribunal Federal (STF) julgou o RE 574.706/PR, sob a sistemática da repercussão geral, entendendo pela inconstitucionalidade da inclusão do ICMS na base de cálculo do PIS e da COFINS. Passados mais de dois anos do referido julgamento, ainda não há consenso no Conselho Administrativo de Recursos Fiscais (CARF) quanto à possibilidade de aplicação imediata do entendimento firmado pelo STF.

A divergência jurisprudencial verificada no CARF é consubstanciada em três linhas de entendimento: (i) há julgados

---

1. Mestre em Direito Tributário pela PUC-SP, especialista em Direito Tributário pelo IBET/IBDT. Presidente Fundador da APET – Associação Paulista de Estudos Tributários Ex-Membro do CARF – Conselho Administrativo de Recursos Fiscais. Advogado e Contabilista.

2. Especialista em Planejamento Tributário pela UFPE. Advogado.

que afastam o decidido no RE 574.706/PR, ao fundamento de que não se trata de decisão definitiva de mérito, o que seria exigido pelo o art. 62, §2º, do Anexo II do Regimento Interno do CARF (RICARF) ; (ii) há precedentes mais moderados que determinam o sobrestamento do processo administrativo até o trânsito em julgado do RE 574.706/PR; (iii) há decisões que entendem pela aplicabilidade imediata do 574.706/PR[3].

Esse cenário de incerteza coloca em xeque a segurança jurídica indispensável ao Estado Democrático de Direito[4] (vide art. 5º, XXXVI, da CF/88, e art. 2º da Lei 9.784/1999) e dificulta a orientação jurídica e a programação comportamental do contribuinte[5], que se vê em uma encruzilhada de entendimentos dissonantes, sem segurança para pautar suas condutas de acordo com a posição cristalizada pelo Judiciário em precedente vinculante (RE 574.706/PR). Isso porque, caso seguida a interpretação do STF, o contribuinte estará exposto a autuação pela Receita Federal do Brasil, face à probabilidade de ser aplicado o entendimento da legitimidade da inclusão do ICMS na base de cálculo do PIS e da COFINS.

Como se percebe, as três linhas de entendimento não discutem o caráter vinculante do precedente, mas sim o marco

---

3. As decisões que entendem pela aplicabilidade imediata do 574.706/PR no CARF ainda podem ser subdivididas em duas categorias: a) aquelas que entendem que o ICMS a ser excluído da base de cálculo do PIS e da COFINS é o ICMS a recolher, aplicando a Solução de Consulta Interna Cosit nº 13, de 18 de outubro de 2018, da Receita Federal do Brasil ; b) aquelas que entendem que o ICMS a ser excluído é o destacado em nota fiscal. Essa temática, no entanto, não será objeto do presente artigo, que se limita a analisar a eficácia do 574.706/PR, não pretendendo tratar da extensão de sua aplicação.

4. Nesse sentido, a lição de Hugo de Brito Machado, para quem o sistema normativo que não tende a preservar a justiça, nem a segurança, efetivamente não é Direito. MACHADO, Hugo de Brito. *Os Princípios Jurídicos da Tributação na Constituição de 1988*. 5ª edição São Paulo: Dialética, 2004, p. 123.

5. "A existência de ordem e segurança é, não só essencial para a vida em sociedade, bem como corresponde a uma exigência íntima da natureza humana; o homem, para conduzir-se, precisa prever o que os demais farão e quais os efeitos que serão atribuídos a sua ação". MARTINS, Ives Gandra da Silva; PAVAN Cláudia Fonseca Morato. *Segurança jurídica, boa-fé e proporcionalidade. Coisa julgada. Impossibilidade material de retroação. Modulação temporal.* Revista de Direito Tributário da APET, n. 22, junho 2009, p. 122.

inicial de sua aplicação. Em outras palavras, não é questionada a autoridade do precedente firmado pelo STF; diverge-se, em verdade, quanto ao momento em que o julgado paradigma passa a ter eficácia vinculante.

O problema decorre da interpretação da regra constante do art. 62, §2º, do Anexo II do RICARF, que reclama a existência de *decisão definitiva de mérito* para a aplicação das decisões proferidas pelo STF e STJ em casos repetitivos. Mas em que momento surge a *decisão definitiva de mérito*? A partir do julgamento do caso, com a publicação da decisão ou com o trânsito em julgado do processo?

O presente artigo se propõe a responder a esses questionamentos, verificando a partir de que momento as decisões proferidas na sistemática dos arts. 543-B e 543-C da Lei 5.869, de 1973 (CPC-73), ou dos arts. 1.036 a 1.041 da Lei 13.105, (CPC-2015), possuem eficácia vinculante no CARF.

Inicialmente, serão detalhados os posicionamentos do CARF quanto à eficácia do RE 574.706/PR, para melhor compreensão da problemática tratada neste ensaio. Na sequência, será examinado o sentido da expressão "*decisão definitiva de mérito*" constante do art. 62, §2º, do Anexo II do RICARF, à luz da segurança jurídica e da isonomia que devem guardar as relações jurídicas processuais, bem como da jurisprudência dos Tribunais Superiores. Ao fim, será identificada qual linha de entendimento deve prevalecer no que diz respeito à aplicação do RE 574.706/PR no CARF.

2. ANÁLISE DOS POSICIONAMENTOS DO CARF QUANTO À EFICÁCIA DO RE 574.706/PR

2.1. Afastamento do RE 574.706/PR e aplicação do REsp 1.144.469/PR

A redação do art. 62, §2º, do Anexo II do RICARF, como anteriormente sinalizado, é o ponto de partida da discussão quanto ao momento de aplicação, no CARF, dos precedentes vinculantes firmados pelos Tribunais Superiores em sede de causas repetitivas. Veja-se, nesse sentido, o teor do dispositivo:

> *Art. 62. Fica vedado aos membros das turmas de julgamento do CARF afastar a aplicação ou deixar de observar tratado, acordo internacional, lei ou decreto, sob fundamento de inconstitucionalidade.*
>
> *(...)*
>
> *§ 2º As decisões definitivas de mérito, proferidas pelo Supremo Tribunal Federal e pelo Superior Tribunal de Justiça em matéria infraconstitucional, na sistemática dos arts. 543-B e 543-C da Lei 5.869, de 1973, ou dos arts. 1.036 a 1.041 da Lei 13.105, de 2015 - Código de Processo Civil, deverão ser reproduzidas pelos conselheiros no julgamento dos recursos no âmbito do CARF. (Redação dada pela Portaria MF 152, de 2016).*

Como visto, a depender da interpretação conferida à expressão *decisões definitivas de mérito*, são três os posicionamentos do CARF quanto à aplicabilidade do RE 574.706/PR aos casos em julgamento no Tribunal Administrativo. Para os julgadores que entendem que a expressão "*decisões definitivas de mérito*" equivale ao trânsito julgado do caso julgado pelos Tribunais Superiores, são dois os desfechos possíveis: a) o afastamento do RE 574.706/PR, por não ter transitado em julgado; b) o sobrestamento do processo até o trânsito em julgado RE 574.706/PR.

Cuida-se, neste primeiro tópico, da análise das decisões que negaram provimento aos recursos dos contribuintes, deixando de aplicar o entendimento firmado pelo STF no RE 574.706/PR.

Representativo desse entendimento é o Acórdão 3402006.257[6], julgado pela 2ª Turma da 4ª Câmara da 3ª Se-

6. "REPERCUSSÃO GERAL. ART. 15 DO CPC/2015. PROCESSO ADMINISTRATIVO. SOBRESTAMENTO. NÃO CABIMENTO. Só há uma lacuna de ordem processual a ser colmatada pelo julgador no subsistema especial do processo administrativo fiscal com a aplicação por analogia de instituto do CPC, nos termos do seu art. 15, quando houver uma incompletude indesejável ou insatisfatória no referido subsistema. Não é porque inexiste disposição normativa que determine o sobrestamento no âmbito do

ção do CARF, em sessão realizada no dia 26 de fevereiro de 2019, sob a sistemática de recursos repetitivos regulamentada pelo art. 47, §§ 1º e 2º, do Anexo II do RICARF. Em virtude da afetação ao regime de recursos repetitivos, o julgado foi constituído como paradigma, sendo reproduzido pelas demais decisões da turma referentes à mesma matéria.

Quanto aos fundamentos da decisão, importa destacar, inicialmente, que a Turma afastou preliminar levantada pela conselheira relatora, que votava pelo sobrestamento do feito até o julgamento final do Recurso Extraordinário 574.706. Entendeu-se, por voto de qualidade, que o sobrestamento constante do art. 1.035, §5º, do CPC, não se aplica ao processo administrativo fiscal.

No que tange ao mérito, foi aplicado o entendimento firmado pelo Superior Tribunal de Justiça (STJ) no REsp 1.144.469/PR, submetido à sistemática prevista no 543-C do CPC-73 e transitado em julgado em julgado em 13/03/2017, sendo considerada legal a inclusão do ICMS na base de cálculo do PIS e da COFINS. Afastou-se, assim, a aplicação do RE 574.706/PR, sob o fundamento de que não se trata da decisão definitiva a que se refere o art. 62, §2º, do Anexo II do RICARF.

---

processo administrativo fiscal que se pode dizer que há uma lacuna a ser preenchida com o traslado de tal instituto do CPC para o processo administrativo fiscal. A vinculação dos julgadores do CARF é unicamente às decisões definitivas de mérito referidas no art. 62, §2º do Anexo II do Regimento Interno do CARF, de forma que, enquanto ela não sobrevenha, o processo administrativo deve ser julgado normalmente em conformidade com a livre convicção do julgador e com os princípios da oficialidade e da presunção de constitucionalidade das leis. PIS/COFINS. BASE DE CÁLCULO. INCLUSÃO DO ICMS. RECURSO REPETITIVO. STJ. TRÂNSITO EM JULGADO. CARF. REGIMENTO INTERNO. Em 13.03.2017 transitou em julgado o Recurso Especial nº 1144469/PR, proferido pelo STJ sob a sistemática do art. 543-C do CPC/73, que firmou a seguinte tese: "O valor do ICMS, destacado na nota, devido e recolhido pela empresa compõe seu faturamento, submetendo-se à tributação pelas contribuições ao PIS/PASEP e COFINS, sendo integrante também do conceito maior de receita bruta, base de cálculo das referidas exações", a qual deve ser reproduzida nos julgamentos do CARF a teor do seu Regimento Interno. Em que pese o Supremo Tribunal Federal ter decidido em sentido contrário no Recurso Extraordinário nº 574.706 com repercussão geral, publicado no DJE em 02.10.2017, como ainda não se trata da decisão definitiva a que se refere o art. 62, §2º do Anexo II do Regimento Interno do CARF, não é o caso de aplicação obrigatória desse precedente ao caso concreto. Recurso Voluntário negado"

Como se vê, por essa linha de entendimento, o RE 574.706/PR não possui qualquer eficácia vinculante para os conselheiros do CARF, pelo fato de ainda não ter transitado em julgado, dando lugar à aplicação do REsp 1.144.469/PR, apesar de o mesmo já ter sido superado pelo próprio STJ, como detalhado mais adiante no presente artigo.

2.2 Sobrestamento do processo até o trânsito em julgado do RE 574.706/PR

A linha de entendimento intermediária ou moderada aplica subsidiariamente o art. 1.035, §5º, do CPC[7] ao processo administrativo fiscal, defendendo o sobrestamento dos julgados no CARF até o trânsito em julgado do RE 574.706/PR. Esse era o posicionamento defendido pela Conselheira Relatora do Acórdão 3402006.257 (acima detalhado), que, embora não tenha prevalecido naquele julgamento, foi adotado nas Resoluções 3401-001.380 e 3401-001.387 da 1º Turma Ordinária da 4ª Câmara da 3ª Seção do CARF.

Essa posição encampa a ideia de que é temerário julgar os recursos relativos à exclusão do ICMS da base de cálculo do PIS e da COFINS, na ausência do trânsito em julgado do RE 574.706/PR, sobretudo porque a FAZENDA NACIONAL opôs Embargos de Declaração, alegando, dentre outras matérias, a modulação temporal dos efeitos da decisão.

Na ausência de norma do RICARF que preveja o sobrestamento de recursos no âmbito do CARF[8], a solução encontrada

7. Art. 1.035. O Supremo Tribunal Federal, em decisão irrecorrível, não conhecerá do recurso extraordinário quando a questão constitucional nele versada não tiver repercussão geral, nos termos deste artigo.

§ 5º Reconhecida a repercussão geral, o relator no Supremo Tribunal Federal determinará a suspensão do processamento de todos os processos pendentes, individuais ou coletivos, que versem sobre a questão e tramitem no território nacional.

8. O RICARF possuía disposição expressa que autorizava o sobrestamento dos recursos sempre que o STF também suspendesse o julgamento dos recursos extraordinários da mesma matéria. Tratava-se do art. 62-A da Portaria MF 256, DE 22 de junho de 2009, que foi revogado pela Portaria MF 545, DE 18 de novembro de 2013.

foi aplicar, subsidiariamente, o art. 1.035, §5º, do CPC, que, no processo judicial, prevê a suspensão do processamento de todos os processos pendentes, individuais ou coletivos, que versem sobre a questão cuja repercussão geral fora reconhecida.

Também há, nessa linha de entendimento, a concepção de que art. 62, §2º, do Anexo II do RICARF, exige o trânsito em julgado do precedente judicial a ser aplicado no CARF. A repercussão do entendimento no caso sob julgamento, contudo, é menos drástica: em vez de se negar provimento ao recurso do contribuinte, opta-se por suspender o curso do processo até o trânsito em julgado do RE 574.706/PR.

2.3 Aplicação imediata do RE 574.706/PR

Há, por fim, o posicionamento no sentido de que o *leading case* deve ser aplicado imediatamente aos processos em julgamento no CARF, da mesma forma que vem ocorrendo no STF, no STJ e nos Tribunais Regionais Federais, cuja jurisprudência é pacífica no sentido da eficácia imediata do RE 574.706/PR.

Veja-se, nesse sentido, o seguinte excerto do voto da Conselheira Semíramis de Oliveira Duro, constante do Acórdão 3301-004.355, da 1ª Turma Ordinária da 3ª Câmara da 3ª Seção de Julgamento, que, embora vencido, muito bem representa os fundamentos das decisões que entendem pela aplicação imediata do RE 574.706/PR:

> **Venho sustentando que, para fins de interpretação do § 2º do art. 62 do RICARF, negar a aplicação da decisão do RE 574.706 RG, com base no REsp 1.144.469/PR (julgado como recurso repetitivo e já transitado em julgado), é uma falácia.**
>
> *É uma* falácia, porquanto o próprio STJ já alterou seu posicionamento para reconhecer que o ICMS não integra a base de cálculo da contribuição para o PIS e COFINS, afastando a aplicação do REsp 1.144.469/PR, em virtude da decisão do STF como se observa nas decisões citadas abaixo: (...)
>
> Por conseguinte, estando o acórdão do RE 574.706 RG desprovido de causa suspensiva, deve ser imediatamente aplicado.
>
> Defendo que tal situação se coaduna com a condição de "decisão definitiva de mérito", para fins de aplicação do art. 62, §2º do RICARF.

Como se percebe do trecho acima colacionado, a corrente que entende pela eficácia imediata do RE 574.706/PR parte da premissa de que o julgado consiste em *decisão definitiva de mérito*, para fins de aplicação do art. 62, §2º, do Anexo II do RICARF, pois se trata de decisão desprovida de causa suspensiva. Sendo assim, enquanto a primeira e a segunda linhas de entendimento aqui expostas partem do pressuposto de que apenas o trânsito em julgado importa decisão definitiva de mérito, a última corrente entende que a prolação de decisão pelos Tribunais Superiores desprovida de causa suspensiva já possui eficácia vinculante, também podendo ser enquadrada como decisão definitiva de mérito.

Uma vez detalhadas as posições verificadas no CARF quanto ao tema em perspectiva, passa-se a examinar o sentido do termo "decisão definitiva de mérito", previsto no art. 62, §2º, do Anexo II do RICARF, o que será feito à luz da segurança jurídica, isonomia, e com aporte, ainda, na jurisprudência dos tribunais superiores.

3. INTERPRETAÇÃO DO ART. 62, §2º, DO ANEXO II DO RICARF, À LUZ DA SEGURANÇA JURÍDICA, ISONOMIA E ENTENDIMENTO DOS TRIBUNAIS SUPERIORES

3.1 Primeiro vetor interpretativo: Segurança Jurídica

O primeiro vetor de intepretação do art. 62, §2º, do anexo II do RICARF deve ser a segurança jurídica, direito fundamental previsto no art. 5º da CF/88 e refletido no art. 2º, *caput*, da Lei 9.784/1999[9] . A segurança jurídica se mostra de grande relevância no presente estudo, pois a certeza do direito resta esfacelada

9. FRANCISCO, José Carlos. *Comentários ao Código Tributário Nacional – Artigos 194 a 200*. In: PEIXOTO, Marcelo Magalhães; LACOMBE, Rodrigo Santos Masset. *Comentários ao Código Tributário Nacional*. São Paulo: MP Editora, 2008, p. 1.401.

quando há descompasso entre os entendimentos seguidos nos âmbitos administrativo e judicial de um mesmo Estado.

Tamanha é da importância da segurança jurídica, sobretudo em matéria tributária, que o Professor Paulo Barros de Carvalho chega a classificá-la como um sobreprincípio[10]. No mesmo sentido, é a lição de Souto Maior Borges[11], para quem a segurança jurídica transcende ao próprio ordenamento jurídico:

> A segurança jurídica pode ser visualizada como um valor transcendente ao ordenamento jurídico, no sentido de que a sua investigação não se confina ao sistema jurídico positivo. Antes, inspira as normas que, no âmbito do Direito positivo, lhe atribuem efetividade.

Para Roque Antonio Carrazza[12], "como o Direito é a imputação de efeitos a determinados fatos (Kelsen), cada pessoa tem elementos para conhecer previamente as consequências de seus atos". Esse é o mesmo entendimento de Noberto Bobbio[13], cuja doutrina aponta que a segurança jurídica possibilita a ordenação da conduta social e constitui elemento essencial ao sistema jurídico, sem o qual não se pode qualificar um ordenamento como jurídico. Mas como o contribuinte poderá antever as consequências de seus atos, quando nem mesmo os órgãos constitucional e legalmente instituídos para a tarefa judicante conseguem encontrar consenso em relação a uma matéria?

Não se pode perder de vista que a vinculação regimental do CARF aos precedentes repetitivos firmados pelos Tribunais Superiores teve por objetivo promover a segurança

---

10. CARVALHO, Paulo de Barros Carvalho. *O princípio da segurança jurídica em matéria tributária.* Revista da Faculdade de Direito da Universidade de São Paulo, São Paulo, v. 98, p. 174. Disponível em: <http://www.revistas.usp.br/rfdusp/article/view/67584>. Acesso em: 30 maio 2019, p. 175.

11. BORGES, Souto Maior. *Princípio da Segurança Jurídica na Criação e Aplicação do Tributo*, RDT nº 63. São Paulo: Malheiros, 1997, p. 206.

12. CARRAZA, Roque Antonio. *Curso de Direito Constitucional Tributário.* 20ª ed. São Paulo: Malheiros, 2004, p. 396.

13. BOBBIO, Noberto. *La certeza del diritto è um mito?* Rivista Internazionale di filosofia del diritto. Vol. XXVIII, 1951, p. 146-152.

jurídica, com forte na ideia de que nada adianta a pacificar as questões no âmbito judicial e conviver com a insegurança e desigualdade no âmbito administrativo.

Dessa forma, considerando que os Tribunais Superiores são os órgãos constitucionais que têm por missão institucional a pacificação da jurisprudência em âmbito nacional, como forma de garantir aos jurisdicionados a certeza do direito, para que possam programar suas condutas antevendo os resultados de suas ações, vê-se que as linhas de entendimento do CARF que concluem pela impossibilidade de aplicação RE 574.706/PR vão de encontro ao postulado da segurança jurídica, pois criam um "universo paralelo" em que as decisões judiciais vinculantes não são observadas.

Essa postura, ademais, enseja a denominada litigiosidade repetitiva, de massa ou de alta intensidade, tendo em vista que o contribuinte que teve seu recurso negado no CARF, certamente, irá acionar o judiciário, para que o socorro institucional lhe seja prestado, sendo garantida a autoridade dos precedentes. Da mesma forma, aqueles que se vejam na iminência sofrer autuação, por estarem atuando em conformidade com RE 574.706/PR, irão ajuizar ações ordinárias ou impetrar Mandados de Segurança, para afastar esse risco.

Vê-se, dessa forma, que um conflito que poderia ser resolvido no âmbito administrativo está desaguando desnecessariamente no Judiciário, causando, inclusive, lesão aos cofres públicos, porquanto serão impostos ao Estado honorários sucumbenciais que poderiam ser evitados. Resta afetada, ademais, a credibilidade das instâncias administrativas, pois o Judiciário passa a ser visto como a única instância decisória legítima[14].

3.2 Segundo vetor interpretativo: isonomia

---

14. FACCI, Lucio Picanço. *A utilização de meios consensuais de resolução de conflitos pela Administração Pública e o novo Código de Processo Civil*. In: José Henrique Mouta Araújo, Leonardo Carneiro da Cunha e Marco Antonio Rodrigues (Coordenadores). Fredie Didier Jr. (Coordenador Geral). Coleção Repercussões do novo CPC. Fazenda Pública. Salvador: JusPodivm, 2016, v. 3. p, 382.

Não é só a segurança jurídica que resta maculada com a inobservância dos precedentes vinculantes dos Tribunais Superiores. Em última instância, o abismo existente entre o entendimento judicial e o administrativo resulta em um tratamento anti-isonômico, tendo em vista que contribuintes, em uma mesma situação, são tratados de forma diversa.

Como bem leciona José Souto Maior Borges[15], a segurança jurídica e a isonomia são direito coimplicados: não há segurança sem justiça, tampouco há justiça sem segurança. Hugo de Brito Machado[16], quanto ao tema, ensina que a isonomia, ou igualdade de todos na lei e perante a lei, é um princípio universal de justiça, que, se estudada com profundidade, revelará a conclusão de que o isonômico é o justo.

Quando o CARF interpreta a legislação de forma distinta que os Tribunais Superiores, contribuintes que se encontram na mesma situação fática recebem do Estado tratamento jurídico diverso. Ora, um sistema jurídico que tenha por escopo ser justo deve conferir aos sujeitos uniformidade na aplicação do Direito, sejam as decisões estatais administrativas ou judiciais.

A negativa do CARF em aplicar os precedentes firmados pelos Tribunais Superiores termina por criar duas categorias de contribuintes: os "com sentença" e os "sem sentença"[17]. Isso porque, aqueles contribuintes que estejam litigando no âmbito administrativo, os chamados "sem sentença", serão onerados pelo improvimento de seus recursos, enquanto aqueles "com sentença", albergados que foram pelo Poder

---

15. BORGES, José Souto Maior. *Princípios Fundamentais da tributação: isonomia, segurança, irretroatividade*. p. 69

16. MACHADO, Hugo de Brito. *Curso de Direito Tributário*. 30. ed., revista, atualizada e ampliada. São Paulo: Malheiros, 2009, p. 276.

17. Utiliza-se, aqui, a terminologia criada por Carlos Alberto de Salles. SALLES, Carlos Alberto de. Coisa julgada e extensão dos efeitos da sentença em matéria de Direitos sociais constitucionais. In: Maria Clara Ozzoli; Mirna Cianci; Petrônio Calmon; Rita Quuartieri (orgs.). *Em defesa de um novo sistema de processos coletivos*: estudo em homenagem a Ada Pellegrini Grinover. São Paulo: Saraiva, 2010, p. 147.

Judiciário, poderão dar seguimento às suas atividade sem o risco de autuação e, ainda, com a possibilidade de repetição de valores eventualmente pagos.

A falta de isonomia gera, inclusive, um problema econômico de competitividade, pois aqueles que tenham o direito reconhecido de excluir o ICMS da base de cálculo do PIS e da COFINS poderão praticar valores menores de mercado que aqueles cujo direito não fora reconhecido.

O que se coloca é que a aplicação do Direito deve ser uniforme, de modo que a análise de pretensões idênticas deve receber o mesmo tratamento, independentemente do foro de discussão, isto é, seja ele administrativo ou judicial, não sendo admissível a coexistência de soluções estatais distintas para os mesmos problemas.

Dessa forma, o que se espera do CARF é que seja concedido aos contribuintes que não se socorreram do Judiciário o mesmo tratamento reconhecido àqueles que buscaram a prestação jurisdicional, o que não ocorre quando essa Corte Administrativa deixa de aplicar o entendimento firmado no RE 574.706/PR.

3.3 Posição do STF e do STJ quanto à desnecessidade do trânsito em julgado para aplicação do entendimento firmado em causas repetitivas

A problemática da eficácia dos precedentes firmados em causa repetitivas já foi exaustivamente examinada pelos Tribunais Superiores. O centro do debate diz respeito ao momento a partir do qual os precedentes dotados de caráter vinculante devem ser observados pelos demais órgãos judiciais.

O informativo 507 do STJ trata a matéria da seguinte forma:

> DIREITO PROCESSUAL CIVIL. ADOÇÃO DE TESE FIRMADA EM RECURSO REPETITIVO. DESNECESSIDADE DO TRÂNSITO EM JULGADO.
>
> É desnecessário o trânsito em julgado da decisão proferida em recurso especial submetido ao rito do art. 543-C do CPC para a adoção da tese nele firmada. Precedentes citados: AgRg no REsp 1.218.277-RS, DJe 13/12/2011; AgRg no REsp 1.095.152-RS, DJe 27/9/2010, e AgRg no AREsp 175.188-SC, DJe 22/8/2012. EDcl no AgRg no Ag1.067.829-PR, Rel. Min. Herman Benjamin, julgado em 9/10/2012.

O mesmo ocorre na jurisprudência do STF, que possui o entendimento consolidado no sentido de que a circunstância de *leading case* ainda não ter transitado em julgado não impede que o Relator julgue novas causas, consagrando a diretriz formulada naquele julgamento[18]. Veja-se, nesse sentido, o seguinte excerto do voto do Ministro Luís Roberto Barroso, quando do julgamento do RE 1.112.500/ES:

> 3. A pendência de embargos declaratórios não impede a aplicação imediata da tese firmada em precedentes do STF A existência de decisões de mérito sobre a matéria autoriza o julgamento imediato de causas que versarem sobre o mesmo tema, independente do trânsito em julgado dos recursos paradigmas. No mesmo sentido: ARE 977.190 AgR, Rel. Min. Ricardo Lewandowski, e AgRg no ARE 673.256/RS, Rel. Ministra Rosa Weber.

Como se infere do excerto acima colacionado, a existência de decisão de mérito julgada sob a sistemática da repercussão geral autoriza o julgamento imediato das causas análogas, não se exigindo o trânsito em julgado do acórdão paradigma.

A jurisprudência do STF, inclusive, vai além e considera possível a aplicação imediata do precedente firmado em repercussão geral, independentemente da publicação do paradigma. Ou seja, proferido o julgamento, o magistrado já está

---

18. Nesse sentido: ARE 909.527-AgR/RS, Rel. Min. LUIZ FUX – ARE 940.027- -AgR/PI, Rel. Min. ROSA WEBER – RE 611.683-AgR/DF, Rel. Min. DIAS TOFFOLI – RE 631.091-AgR/PR, Rel. Min. RICARDO LEWANDOWSKI – RE 1.006.958-AgR-ED-ED/RS, Rel. Min. DIAS TOFFOLI.

autorizado a aplicar o entendimento aos processos antes sobrestados ou em curso.

Defender a tese contrária (de que a eficácia vinculante surgiria apenas com o trânsito em julgado do *leading case*) teria por efeito estimular conduta protelatória da parte derrotada, que seria impelida a arrastar o processo mediante recursos infundados, com o intuito de não sofrer os efeitos da decisão. Nesse sentido, é a colocação do processualista Ravi Peixoto[19]:

> Ocorre que defender posição contrária seria atuar contra a finalidade do sistema e incentivar a atuação protelatória da parte derrotada. Veja-se, por exemplo, um recurso repetitivo em que a parte derrotada fosse uma grande uma empresa em reação de consumo. Caso fosse requisito para aplicação da decisão do recurso paradigma perante as demais causas semelhantes o seu trânsito em julgado, essa empresa poderia simplesmente se utilizar dos embargos de declaração e mesmo de um eventual recurso extraordinário apenas com o fito de protelar o seu trânsito em julgado.

Destaca-se, por fim, que, muito embora o STF tenha o entendimento de que o julgado paradigma possa ser aplicado logo após o respectivo julgamento, o Código de Processo Civil condiciona a eficácia do julgado à sua publicação, conforme previsto no *caput* do seu artigo 1.040[20].

---

19. PEIXOTO, Ravi de Medeiros. *A posição dos Tribunais Superiores e a Eficácia dos Precedentes nas Causas Repetitivas*. Revista Dialética de Direito Processual, v. 119, 2013, p. 146.

20. Art. 1.040. Publicado o acórdão paradigma:
I - o presidente ou o vice-presidente do tribunal de origem negará seguimento aos recursos especiais ou extraordinários sobrestados na origem, se o acórdão recorrido coincidir com a orientação do tribunal superior;
II - o órgão que proferiu o acórdão recorrido, na origem, reexaminará o processo de competência originária, a remessa necessária ou o recurso anteriormente julgado, se o acórdão recorrido contrariar a orientação do tribunal superior;
III - os processos suspensos em primeiro e segundo graus de jurisdição retomarão o curso para julgamento e aplicação da tese firmada pelo tribunal superior;
IV - se os recursos versarem sobre questão relativa a prestação de serviço público objeto de concessão, permissão ou autorização, o resultado do julgamento será comunicado ao órgão, ao ente ou à agência reguladora competente para fiscalização da efetiva aplicação, por parte dos entes sujeitos a regulação, da tese adotada.

3.4 Conclusão: interpretação do art. 62, §2º, do Anexo II do RICARF e identificação da linha de posicionamento do CARF que deve prevalecer quanto à aplicação do RE 574.706/PR

À vista dos postulados da segurança jurídica, da isonomia e considerando-se, ainda, a jurisprudência dos Tribunais Superiores, passa-se a identificar o sentido da expressão "decisões definitivas de mérito" constante do art. art. 62, §2º, do Anexo II do RICARF, concluindo-se, ao final, pela linha de entendimento do CARF mais condizente com os parâmetros acima elencados.

Em nosso entender, a interpretação mais adequada da expressão "decisões definitivas de mérito" é aquela que permite aplicação dos precedentes firmados em causas repetitivas desde a ocorrência do seu julgamento, tendo em vista que são desprovidas de causas suspensivas e os recursos que lhe são posteriores não têm o condão de alterar a substância do julgado. Ou seja, uma vez julgadas as matérias repetitivas pelos Tribunais Superiores, na sistemática dos arts. 543-B e 543-C da Lei 5.869, de 1973, ou dos arts. 1.036 a 1.041 da Lei nº 13.105, de 2015 - Código de Processo Civil, deve o CARF aplicar o entendimento fixado imediatamente.

Não há sentido em o CARF negar eficácia imediata aos julgamentos proferidos pelo STF em causas repetitivas, se os Tribunais Superiores entendem pela aplicabilidade imediata de seus julgados, dispensando, até mesmo, a necessidade de publicação do acórdão paradigma.

Especificamente quanto ao RE 574.706/PR, vale destacar que o precedente vem sendo seguido fielmente pelo STJ e STF, sendo pacífica a sua eficácia imediata. A 1ª Seção do STJ, inclusive, cancelou as Súmulas 68[21] e 94[22], que tratavam do ICMS na base de cálculo do PIS e do Finsocial, para atualizar o seu en-

21. Súmula 68 do STJ: A parcela relativa ao ICMS inclui-se na base de cálculo do PIS.

22. Súmula 94 do STJ: A parcela relativa ao ICMS inclui-se na base de cálculo do Finsocial.

tendimento à jurisprudência do Supremo. Ainda para manter a coerência da jurisprudência, o STJ já superou o entendimento firmado no REsp 1.144.469/PR, sendo, inclusive, efetuado juízo de retratação para conformação de seus julgados ao decidido pelo STF[23].

Ademais, importante destacar que o próprio STF já enfrentou a questão, em análise de tutela provisória requerida em sede de reclamação constitucional. No julgamento da Reclamação 30.996, o Ministro Celso de Mello concluiu que a aplicação do RE 574.706/PR deve ser imediata, tendo em vista "que a circunstância de o precedente no *leading case* ainda não haver transitado em julgado não impede venha o Relator da causa a julgá-la, fazendo aplicação, desde logo, da diretriz consagrada naquele julgamento".

Por fim, destaca-se, como já sinalizado, que o condicionamento da aplicação RE 574.706/PR no CARF ao seu trânsito em julgado ofende os valores fundamentais da segurança jurídica e da isonomia, pois acarreta a coexistência de entendimentos dissonantes no seio do mesmo Estado, em nítida

23. PROCESSUAL CIVIL. AGRAVO REGIMENTAL NO AGRAVO EM RECURSO ESPECIAL.JUÍZO DE RETRATAÇÃO. ICMS. BASE DE CÁLCULO. PIS/COFINS. NÃO INCLUSÃO. RECENTE POSICIONAMENTO DO STF EM REPERCUSSÃO GERAL (RE 574.706/PR, REL. MIN. CÁRMEN LÚCIA). DECISÃO RECONSIDERADA.
1. Os recursos interpostos com fulcro no CPC/1973 sujeitam-se aos requisitos de admissibilidade nele previstos, conforme diretriz contida no Enunciado Administrativo n. 2 do Plenário do STJ. 2. Com o julgamento do RE 574.706/PR pelo Supremo Tribunal Federal, os autos foram devolvidos pela Vice-Presidência do STJ a esta relatoria em atenção ao disposto no art. 1.040, inciso II, do CPC/2015, diante da necessidade de adequação do julgamento ao entendimento firmado pelo Supremo Tribunal Federal.
3. O Plenário do Supremo Tribunal Federal, ao julgar o RE 574.706/PR, em repercussão geral, Relatora Ministra Cármen Lúcia, entendeu que o valor arrecadado a título de ICMS não se incorpora ao patrimônio do Contribuinte e, dessa forma, não pode integrar a base de cálculo do PIS/COFINS, que são destinadas ao financiamento da Seguridade Social.
4. Agravo regimental provido em juízo de retratação, nos termos do art. 1.040 do CPC/2015. Agravo conhecido para dar provimento ao recurso especial.
(AgRg no AREsp 376.024/SP, Rel. Ministro BENEDITO GONÇALVES, PRIMEIRA TURMA, julgado em 28/03/2019, DJe 02/04/2019)

ofensa ao sistema de precedentes, na medida que buscam a igualdade, a segurança jurídica e a previsibilidade[24].

Tudo está a demonstrar, portanto, que a linha de entendimento do CARF que deve prevalecer em relação à aplicação RE 574.706/PR é aquela que entende por sua aplicação imediata, pois está em conformidade com a segurança jurídica e a isonomia que devem ser observadas nas relações jurídicas processuais, além de refletirem o posicionamento dos Tribunais Superiores quanto à matéria, haja vista a solidez do entendimento judicial de que os julgados firmados na sistemática dos arts. 543-B e 543-C da Lei 5.869, de 1973, ou dos arts. 1.036 a 1.041 da Lei 13.105, de 2015 - Código de Processo Civil possuem eficácia imediata, não estando condicionados à publicação do acórdão paradigma, tampouco ao seu trânsito em julgado.

Referências

BORGES, José Souto Maior. *Princípio da Segurança Jurídica na Criação e Aplicação do Tributo*, RDT nº 63. São Paulo: Malheiros, 1997.

BORGES, José Souto Maior. *Princípios Fundamentais da tributação: isonomia, segurança, irretroatividade.*

BOBBIO, Noberto. *La certeza del diritto è um mito?* Rivista Internazionale di filosofia del diritto. Vol. XXVIII, 1951.

CARRAZA, Roque Antonio. *Curso de Direito Constitucional Tributário.* 20ª ed. São Paulo: Malheiros, 2004

CARVALHO, Paulo de Barros Carvalho. *O princípio da segurança jurídica em matéria tributária.* Revista da Faculdade de Direito da Universidade de São Paulo, São Paulo, v. 98, p. 174.

24. MARINONI, Luiz Guilherme. *Aproximação crítica entre as jurisdições de civil law e de common law e a necessidade de respeito aos precedentes no Brasil.* Revista da Faculdade de Direito - UFPR, Curitiba, n.47, 2008, p. 45.

Disponível em: <http://www.revistas.usp.br/rfdusp/article/view/67584>. Acesso em: 30 maio 2019.

FRANCISCO, José Carlos. *Comentários ao Código Tributário Nacional – Artigos 194 a 200*. In: PEIXOTO, Marcelo Magalhães; LACOMBE, Rodrigo Santos Masset. *Comentários ao Código Tributário Nacional*. São Paulo: MP Editora, 2008.

FACCI, Lucio Picanço. *A utilização de meios consensuais de resolução de conflitos pela Administração Pública e o novo Código de Processo Civil*. In: José Henrique Mouta Araújo, Leonardo Carneiro da Cunha e Marco Antonio Rodrigues (Coordenadores). Fredie Didier Jr. (Coordenador Geral). Coleção Repercussões do novo CPC. Fazenda Pública. Salvador: JusPodivm, 2016, v. 3. p, 382.

MARTINS, Ives Gandra da Silva; PAVAN, Cláudia Fonseca Morato. *Segurança jurídica, boa-fé e proporcionalidade. Coisa julgada. Impossibilidade material de retroação. Modulação temporal*. Revista de Direito Tributário da APET, n. 22, junho 2009.

MACHADO, Hugo de Brito. *Os Princípios Jurídicos da Tributação na Constituição de 1988*. 5ª edição São Paulo: Dialética, 2004.

MACHADO, Hugo de Brito. *Curso de Direito Tributário*. 30. ed., revista, atualizada e ampliada. São Paulo: Malheiros, 2009

MARINONI, Luiz Guilherme. *Aproximação crítica entre as jurisdições de civil law e de common law e a necessidade de respeito aos precedentes no Brasil*. Revista da Faculdade de Direito - UFPR, Curitiba, n.47, p.29-64, 2008.

PEROBA, Luiz Roberto. *A importância dos Precedentes do Tribunais e a Insegurança Jurídica do Sistema Tributário Nacional*. Revista Dialética de Direito Tributário, n. 217, p. 69-79, out., 2013

PEIXOTO, Ravi de Medeiros. *A posição dos Tribunais Superiores e a Eficácia dos Precedentes nas Causas Repetitivas*. Revista Dialética de Direito Processual, v. 119, 2013.

OS PRECEDENTES E O PROCESSO ADMINISTRATIVO TRIBUTÁRIO PAULISTA

Maurício Barros[1]

1. Introdução

O processo civil brasileiro passou por profundas mudanças nos últimos anos, mudanças essas que tiveram como um de seus pilares a introdução no país de uma forte sistemática de construção e observância de precedentes[2], no intuito de alcançar a desejada segurança jurídica[3] ao uniformizar as decisões judiciais.

---

1. Doutor em Direito Econômico, Financeiro e Tributário pela USP, Mestre em Direito Tributário pela PUC/SP, Especialista em Direito Tributário pelo IBET. Juiz Contribuinte do Tribunal de Impostos e Taxas do Estado de São Paulo, Coordenador do Núcleo Tributário do Comitê Jurídico da Câmara Ítalo-Brasileira de Comércio, Indústria e Agricultura (ITALCAM), Membro da IFA e da ABDF. Sócio de Gaia Silva Gaede & Associados em São Paulo. Advogado.

2. Nesse texto o termo "precedentes" será utilizado como referência a qualquer enunciado baseado em decisões judiciais cuja aplicabilidade aos casos concretos análogos seja obrigatória, de acordo com o direito positivo brasileiro, sem prejuízo das divergências acadêmicas no tocante ao alcance do termo e quanto à necessidade ou não de que os precedentes obrigatórios sejam estipulados pela lei processual.

3. Sobre a relação entre segurança jurídica e precedentes: MARINONI, Luiz Guilherme. "Os precedentes na dimensão da segurança jurídica". In *Revista Jurídica* n. 398, pp. 25-42, dez. 2010.

Nesse contexto, discute-se se os precedentes, embora em princípio voltados aos processos e decisões judiciais, também deveriam ser obrigatoriamente aplicados nas decisões tomadas nos processos administrativos e, entre esses, nos processos que tenham por objetivo validar ou não os lançamentos tributários efetuados pelas autoridades fiscais (processos administrativos fiscais), de modo a uniformizar o entendimento quanto à aplicação das leis tanto no poder judiciário quanto no âmbito da administração pública[4]. Essa dúvida persiste porque, no mais das vezes, as legislações que regem os processos administrativos tributários nada ou muito pouco preveem sobre a prevalência dos precedentes judiciais nos julgamentos administrativos, como é o caso do processo administrativo tributário paulista, cujo rol de precedentes aplicáveis[5] limita-se (1) à declaração de inconstitucionalidade pelo Supremo Tribunal Federal (tanto nos controle concentrado quanto difuso, embora esse apenas no caso de publicação de suspensão do texto declarado inconstitucional pelo Senado Federal), e (2) às súmulas vinculantes.

Essa discussão foi amplificada com a publicação do novo Código de Processo Civil em 2015, que claramente ampliou a lista de precedentes a serem obrigatoriamente aplicados pelos julgadores, nos termos do art. 927, do CPC, e trouxe cláusula expressa de nulidade caso a decisão não aplique os precedentes ali arrolados e invocados pelas partes ou deixe de fundamentar a sua não aplicação no caso concreto, conforme art. 489, inciso VI, do CPC. De outra banda, o novo CPC também trouxe uma determinação de que, na ausência de normas que regulem processos eleitorais, trabalhistas ou administrativos, suas disposições devem ser-lhes aplicadas supletiva e subsidiariamente (art. 15), o que instiga ainda mais a discussão.

4. Defendendo o respeito aos precedentes, pela administração pública, mesmo antes do CPC de 2015: FREITAS, Juarez. "Respeito aos precedentes judiciais iterativos pela administração pública". In *Revista de Direito Administrativo* n. 211, pp. 117-123, jan./mar. 1998.

5. Não que haja um tratamento sistemático dos precedentes, como será visto mais adiante.

Nesse contexto, o presente texto terá como foco a influência dos precedentes no processo administrativo tributário paulista após a aprovação do atual Código de Processo Civil, no intuito de averiguar se a atual legislação paulista está em harmonia com a legislação nacional e se, em caso negativo, existe espaço para que os julgadores administrativos paulistas apliquem os precedentes mesmo no silêncio da lei paulista quanto a todas as hipóteses veiculadas no CPC.

2. Questão Preliminar: o Código de Processo Civil deve ser aplicado ao processo administrativo tributário?

A elaboração das respostas às perguntas lançadas na introdução deste trabalho depende, preliminarmente, de um esclarecimento quanto à aplicabilidade ou não do Código de Processo Civil nos processos administrativos tributários, uma vez que o CPC sistematizou a aplicação obrigatória dos precedentes no sistema jurídico brasileiro e não faria qualquer sentido tratar dessa sistematização, no contexto deste texto, se o CPC não pudesse ser aplicado *a priori*.

Com efeito, o CPC de 2015, de maneira pioneira em relação à codificação processual anterior, traz cláusula expressa de aplicação de seus enunciados aos processos administrativos, especificamente em seu art. 15, nos seguintes termos:

> *Art. 15. Na ausência de normas que regulem processos eleitorais, trabalhistas ou administrativos, as disposições deste Código lhes serão aplicadas supletiva e subsidiariamente.*

Primeiramente, o texto chama a atenção ao se referir à "*ausência* de normas que regulem processos (...) administrativos" como hipótese de incidência do dispositivo. Em uma leitura apressada, o texto poderia levar à conclusão de que, em existindo uma lei que regule os processos, não haveria que se falar em aplicação do CPC. Essa constatação levaria à conclusão de que o CPC não seria aplicável ao processo administrativo tributário, uma vez que os entes tributantes, em regra, contam com leis e ritos processuais para o controle da legalidade dos lançamentos tributários que efetuam.

De fato, o texto legal lança mão dos termos "supletiva" e "subsidiariamente", como as formas que o CPC seria aplicável aos processos eleitorais, trabalhistas e administrativos. A doutrina em geral vem entendo que por aplicação "supletiva" deve ser entendida aquela em que inexista qualquer tipo de regramento para o processo, ocasião em que o CPC serviria de fonte exclusiva de regras processuais, ao passo que, no caso de aplicação "subsidiária", o papel do CPC seria o de complementar o regramento insuficiente/incompleto já existente. Não se trata, portanto, de utilização de dois termos para significar a mesma coisa, pois um ("supletivo") é mais abrangente que o outro ("subsidiário")[6] e ambos poderiam, em tese, ser aplicados aos processos administrativos tributários. Essa também é a opinião de PAULO CESAR CONRADO e RODRIGO DALLA PRIA[7], segundo os quais o atual Código de Processo Civil aplica-se não só subsidiariamente, mas também supletivamente aos processos administrativos, nos seguintes termos:

> Na primeira situação, a da supletividade, o que se supõe é a total ausência de especial norma reguladora do processo administrativo, caso em que o Código de Processo Civil acaba por assumir função 'normativo-substitutiva'. Na segunda hipótese, quando o assunto é subsidiariedade, pressupõe-se alguma regulamentação, ostentando o Código de Processo Civil de 2015 função 'normativo-complementar'.

Entretanto, a existência em si de processo administrativo tributário em um dado ente da federação, considerando

---

6. No mesmo sentido: WAMBIER, Teresa Arruda Alvim; CONCEIÇÃO, Maria Lúcia Lins; RIBEIRO, Leonardo Ferres da Silva; MELLO, Rogério Licastro Torres de. *Primeiros comentários ao novo código de processo civil: artigo por artigo*. São Paulo: Revista dos Tribunais, 2015, p. 75,

7. CONRADO, Paulo Cesar; DALLA PRIA, Rodrigo. "Aplicação do Código de Processo Civil ao processo administrativo tributário". In CONRADO, Paulo Cesar; ARAÚJO; Juliana Furtado Costa (coord.). *O novo CPC e seu impacto no direito tributário*. São Paulo: Fiscosoft, 2015, p. 251.

a necessidade de atuação do poder público com base em lei, já pressupõe a existência de alguma legislação (de processo administrativo) que regule os atos processuais a serem formalizados, ainda que geral e não específico à revisão administrativa do lançamento, uma vez que nenhuma autoridade administrativa poderia fazê-lo de ofício.

Logo, ao referir-se à "ausência de normas", certamente o art. 15 não se volta à inexistência absoluta de normas, mas aos casos em que a legislação do ente é demasiadamente generalista (uma lei geral de processos administrativos, por exemplo), insuficiente ou incompleta para regular devidamente os processos e, assim, garantir o efetivo controle da legalidade e o devido processo legal em âmbito administrativo. Nesses casos, os direitos e garantias previstas no CPC devem ser observados, como medida de efetivação do princípio do devido processo legal, garantia individual alçada à condição de cláusula pétrea pela Constituição Federal.

Indiscutivelmente, em vista de tudo o que colocado, a aplicação subsidiária (ou supletiva) do CPC aos processos administrativos tributários pelos julgadores é obrigatória, restando-lhes vedada qualquer discricionariedade quanto a aplicar ou não os dispositivos do Código em caso de omissão da legislação quanto a determinada garantia das partes, uma vez que a sistematização pretendida pela Lei 13.105/2015 não dá qualquer margem de liberdade ao agente público responsável pelos julgamentos. Isso decorre não apenas da dicção do texto em análise, no qual o termo "poderá" não é utilizado, mas sobretudo pela sistematização geral pretendida pela codificação de 2015.

Com efeito, a conclusão a que se chega é a de que o art. 15, do CPC, traduz cláusula de integração entre o CPC, norma geral processual de âmbito nacional por excelência, e as demais regras processuais brasileiras, inclusive as de processo administrativo, tudo isso tutelado pelo devido processo legal, encerrando uma sistematização do processo brasileiro de maneira absolutamente inovadora. Essa necessidade de integração, além de bastante salutar, evidencia a necessidade de que se espraiem, por toda a processualística nacional, os importantes princípios e regramentos que foram introduzidos pela nova codificação processual civil, sobretudo no que se refere à aplicação cogente dos precedentes e a necessidade de efetiva fundamentação das decisões que os apliquem ou deixem de aplicar, como será visto mais adiante neste trabalho.

Isso posto, fincada a premissa de aplicabilidade do CPC aos processos administrativos tributários, deve ser analisado se há espaço para a aplicação das cláusulas referentes aos precedentes nesses processos.

3. A figura dos Precedentes e o novo Código de Processo Civil – o que mudou e quais seriam os “precedentes” aplicáveis?

Originalmente, o sistema jurídico brasileiro foi forjado com base em um modelo dito romano-germânico (e com forte influência das ideias originadas na Revolução Francesa), cuja aplicação se baseia na lei escrita com muito pouca ou nenhuma influência dos precedentes na regulação das relações sociais[8], o que é chamado de sistema de *civil law*. Diferentemente do modelo adotado no Brasil, os sistemas jurídicos norte-americano e inglês se pautam em um modelo de *common law*, no qual as decisões judiciais têm a função dupla de, além de decidir os litígios em concreto, criar um precedente válido a ser aplicado em casos futuros[9]. A diferença crucial entre os sistemas, grosso modo, é que enquanto no primeiro a fonte primária do direito é a lei (material), no segundo as decisões judiciais também cumprem esse papel[10].

---

8. BUENO FILHO, Edgard Silveira. “Os precedentes no direito brasileiro”. In *Revista dos Tribunais*, Vol. 716, jun. de 1995, p. 24.

9. BUENO FILHO (1995), p. 24.

10. Para uma aproximação entre os sistemas, ver o importante trabalho de Luiz Guilherme Marinoni: MARINONI, Luiz Guilherme. “Aproximação crítica entre as jurisdições de *civil law* e de *common law* e a necessidade de respeito aos precedentes no Brasil”. In *Revista de Processo* n. 172, pp. 175-232, jun. 2009.

A ideia dos precedentes como base para a regulação das condutas humanas e decisões judiciais posteriores, como aponta LUIZ GUILHERME MARINONI[11], partiu da concepção de que os juízes não deveriam apenas aplicar a lei de forma acrítica (ideia originada na Revolução Francesa de que o juiz seria a "boca da lei"), mas, principalmente, interpretar a lei para aplica-la aos casos concretos, ocasião em que também ele – o juiz – cria o direito. Também daí resulta a aproximação dos sistemas de *civil law* e *common law* no tocante à atuação dos juízes atualmente[12], na medida em que a hermenêutica jurídica moderna parece reconhecer que a decisão, mais do que simplesmente *aplicar* a lei ao caso concreto, cria a norma jurídica de decisão[13]. A diferença, evidentemente, é que na *cultura*[14] do *common law* a aplicação vinculante dos precedentes é incontestável, de acordo com a chamada *doutrina do precedente* ou do *stare decisis*[15], que estabelece que as decisões

---

11. MARINONI (2009), pp. 230-231.

12. Nesse sentido, e vinculando a obrigatoriedade da aplicação dos precedentes à segurança jurídica e à igualdade: THEODORO JÚNIOR, Humberto. "Jurisprudência e precedentes vinculantes no novo Código de Processo Civil - demandas repetitivas". In *Revista de Processo* n. 255, maio 2016, p. 371. Ver, ainda, as interessantes ponderações de José Wellington Bezerra da Costa Neto: "Precedentes no código de processo civil de 2015: somos ainda Civil Law?" In *Revista de Processo* n. 258, pp. 387-418, ago. 2016.

13. Sobre o tema, ver: MÜLLER, Friedrich. *Métodos de trabalho do direito constitucional.* 3ª edição. Tradução de Peter Naumann. Rio de Janeiro: Renovar, 2005; ____________. *O novo paradigma do direito: introdução à teoria e metódica estruturantes do direito.* Tradução de Peter Naumann. São Paulo: Revista dos Tribunais, 2007; ____________. *Teoria Estruturante do direito. Vol. I.* Tradução de Peter Naumann e Eurides Avance de Souza. São Paulo: Revista dos Tribunais, 2008; CANOTILHO, José Joaquim Gomes. *Direito constitucional e teoria da constituição.* 7ª edição, 6ª reimpressão. Coimbra: Almedina, 2003, p. 1216 e ss.; NEVES, Marcelo. "A interpretação jurídica no Estado Democrático de Direito". In GRAU, Eros Roberto; GUERRA FILHO, Willis Santiago (org.). *Direito constitucional - estudos em homenagem a Paulo Bonavides.* São Paulo: Malheiros, 2003a, pp. 356-376.

14. Para uma interessante e rica ponderação entre precedentes e cultura, ver WOLKART, Erik Navarro. "Precedentes no Brasil e cultura - um caminho tortuoso, mas, ainda assim, um caminho". In *Revista de Processo* n. 243, pp.409-34, maio. 2015.

15. Com o alerta de que não se deve confundir *common law* com *stare decisis*, já que o sistema existiu, por vários séculos, sem o *stare decisis*. Cf. MARINONI (2009), p. 183.

dos casos anteriores, que mantenham estreita semelhança com novos casos, devem ser repetidas no julgamento dos últimos[16]. O *stare decisis* surge com a sistematização do material proveniente das decisões judiciais proferidas no ambiente de *common law* e possibilitou o alcance de um ambiente jurídico com maior segurança e previsibilidade nas decisões judiciais.

De fato, alguns doutrinadores defendem que a adoção de um sistema de precedentes prestigia a segurança jurídica, na medida em que confere maior previsibilidade e estabilidade da ordem jurídica. Além disso, o elemento celeridade, como corolário da segurança jurídica, também é invocado por alguns, porquanto a certeza do direito depende não apenas de sua previsibilidade, mas que ele seja satisfeito, via tutela jurisdicional, em um prazo razoável e coerente com os anseios das partes postulantes.

Nesse prisma, a principal diferença entre os sistemas de *civil law* e de *common law* é o de que o segundo não relaciona a previsibilidade com o conhecimento das leis, mas com a previsibilidade das decisões do Poder Judiciário[17]. Desse modo, os jurisdicionados ficam menos sujeitos a oscilações das decisões dos juízes, de modo que as decisões serão iguais na medida em que os casos concretos também o sejam (*treat like cases alike*).

Com efeito, a segurança jurídica demanda que não apenas o direito seja certo, com a total previsibilidade das consequências jurídicas das condutas, mas que ele seja isonômico, com a mesma aplicação para todos que estiverem em situações equivalentes, e célere, para que a tardia prestação jurisdicional não tenha sido inefetiva. O elemento igualdade, nesse ponto, merece atenção, já que a experiência brasileira revelou, historicamente, uma enorme heterogeneidade nas decisões judiciais, inclusive dos tribunais superiores, o que causou (e ainda causa) uma enorme insegurança jurídica aos jurisdicionados,

16. MARCATO, Antonio Carlos. "Os precedentes judiciais e o novo CPC". In *Revista Síntese – Direito Civil e Processual Civil*, n. 97, set.-out. de 2015, p. 162.

17. MARINONI, Luiz Guilherme. "Os precedentes na dimensão da segurança jurídica". In *Revista Jurídica* n. 398, dez. de 2010, pp. 28-29.

a ponto de existirem pessoas com decisões transitadas em julgado em sentidos distintos para casos absolutamente idênticos, apenas pelo fato de as decisões terem sido proferidas por órgãos judicantes distintos. Já o sistema de *commom law*, com a adoção do instituto do *stare decisis*, tem plena capacidade de garantir a previsibilidade, ao demonstrar grande preocupação com a segurança das relações sociais e com a salvaguarda da imprescindível certeza do direito[18].

Fica patente, assim, uma forte inclinação da adoção dos precedentes no sentido de proporcionar uma maior racionalização das decisões judiciais, de modo a preservar a segurança jurídica e a isonomia. A aplicação vinculante dos precedentes também tem a finalidade de garantir o devido processo legal, ao garantir a isonomia jurisdicional ao evitar que se decida diferentemente em face de casos iguais[19]. Nessa linha, não faria sentido que a aplicação cogente dos precedentes não pudesse atingir também os processos administrativos, pois isso faria com que fossem tomadas decisões contrárias aos precedentes judiciais em tais processos, o que acarretaria uma maior judicialização de questões já pacificadas e, com isso, insegurança e morosidade nas soluções dos conflitos.

Por tudo isso, também nos sistemas de *civil law* que admitam os precedentes de aplicação obrigatória esses enunciados deverão ser considerados como fontes do direito[20], ao revelarem-se como normas gerais e abstratas originadas em normas individuais e concretas (decisões judiciais nas quais se fundam). No caso brasileiro, a criação dessas normas gerais e abstratas ocorrerá de acordo com os ritos previstos na legislação

18. MARINONI (2010), p. 31.

19. LAMY, Eduardo de Avelar; SCHMITZ, Leonard. "A administração pública federal e os precedentes do STF". In *Revista de Processo* n. 214, dez. de 2012, p. 201.

20. No mesmo sentido, diferenciando os precedentes *vinculantes* (fontes do direito) dos precedentes *persuasivos* (que não são fonte, por apenas revelar o sentido da lei), diante do quadro normativo vigente à época: TUCCI, José Rogério Cruz e. "Variações sobre precedentes judiciais vinculantes e persuasivos". In *Revista Magister de Direito Civil e Processual Civil* n. 5, pp. 13-23, mar./abr. 2005.

para a formação e aprovação de súmulas vinculantes, súmulas não vinculantes, processos julgados com repercussão geral etc. Embora haja críticas à aplicação dos precedentes por meio de súmulas[21], parece ter sido essa uma das soluções encontradas pelo direito brasileiro, calcado no modelo da *civil law*, para fazer com que os precedentes ganhassem força desde a publicação da Emenda Constitucional n. 45/2004.

Diante de um caso concreto e um precedente, portanto, o juiz deve avaliar se as hipóteses (premissas de fato) de um e outro são análogas para, somente então, aplicar a consequência do precedente ao caso concreto, de forma fundamentada. A *contrario sensu*, ele deverá fundamentar devidamente a não aplicação do precedente ao caso concreto, de modo a distingui-lo daquele que gerou o precedente (*distinguishing*)[22].

O fortalecimento da cultura dos precedentes, no direito brasileiro, teve início com a promulgação da Emenda Constitucional n. 45/2004, que previu a adoção de súmulas vinculantes pelo Supremo Tribunal Federal[23]. Essa Emenda foi regulamentada pela Lei 11.417/2006, cujo artigo 2º determina que, a partir da publicação na imprensa oficial, a súmula tem efeito vinculante em relação aos demais órgãos do Poder Judiciário e à *administração pública direta e indireta*, nas esferas

21. Nesse sentido: MACÊDO, Lucas Buril. "A disciplina dos precedentes judiciais no direito brasileiro: do anteprojeto ao Código de Processos Civil". In SOUZA JUNIOR, Antonio Carlos F.; CUNHA, Leonardo Carneiro da (coord.). *Novo CPC e o Processo Tributário*. São Paulo: Foco Fiscal, 2015, pp. 217-254.

22. Sobre o tema, ver: FENSTERSEIFER, Wagner Arnold. "*Distinguishing* e *overruling* na aplicação do art. 489, §1º, section VI, do CPC/2015". In *Revista de Processo* n. 252, pp.371-385, fev. 2016.

23. Negando a natureza de "precedentes" às súmulas vinculantes, ver: ABBOUD, Georges. "Súmula vinculante versus precedentes: notas para evitar alguns enganos". In *Revista de Processo* n. 165, pp. 218-30, nov. 2008. Embora as críticas sejam pertinentes e mereçam reflexão, o objetivo deste trabalho, tal como já esclarecido no início, não é o de perquirir o exato sentido do termo "precedentes" em comparação com figuras presentes no direito brasileiro, mas identificar se os enunciados decorrentes de decisões judicias de aplicação vinculante, acolhidos pelo direito positivo brasileiro, devem ou não ser aplicados de forma cogente no processo administrativo tributário paulista.

federal, estadual e municipal. Se o ato administrativo contrariar enunciado de súmula vinculante, negar-lhe vigência ou aplicá-lo indevidamente, cabe até reclamação ao Supremo Tribunal Federal, sem prejuízo dos recursos ou outros meios admissíveis de impugnação.

Com relação às súmulas vinculantes, portanto, as administrações tributárias já se encontravam vinculadas, por expressa determinação.

Além das súmulas vinculantes, a Lei 11.418/2006 acrescentou os arts. 543-A e 543-B ao Código de Processo Civil de 1973, para criar o sistema de repercussão geral no Supremo Tribunal Federal, com o intuito de harmonizar de forma vinculante a interpretação da Constituição Federal, enunciada pelo STF, em casos em que não necessariamente ocorrera a declaração de constitucionalidade ou inconstitucionalidade de lei ou ato normativo. Nessa linha, há quem defendesse que o precedente determinado em sede de repercussão geral, assim como a súmula vinculante, também já devesse ser observado pela administração pública quando ela litigasse administrativamente ou em juízo[24], embora essa observância não tenha sido completamente acolhida pelos tribunais administrativos em geral.

Já a Lei 11.672/2008, ao acrescentar o art. 543-C ao CPC/1973, introduziu a sistemática de recurso representativo de controvérsia no âmbito do Superior Tribunal de Justiça, no intuito de harmonizar o entendimento da corte, sendo aplicável a todos os casos idênticos, no tocante à aplicação da legislação infraconstitucional.

Tais mecanismos encontra-se vigentes e já anteviam a valorização dos precedentes no sistema jurídico brasileiro. Sem prejuízo dessa evolução, foi apenas o CPC de 2015 que, com o intuito de racionalizar e harmonizar a aplicação dos precedentes no processo civil brasileiro, realmente introduziu no ordenamento jurídico uma forte sistemática de precedentes

---

24. LAMY; SCHMITZ (2012), p. 204.

que inibe os julgadores de decidirem, entre outras hipóteses, de forma contrária à jurisprudência dominante nos tribunais superiores, em evidente respeito ao trinômio estabilidade-previsibilidade-segurança[25]. A cláusula por excelência de aplicação dos precedentes no direito brasileiro, atualmente é o art. 927, do CPC, que determina o seguinte:

> *Art. 927. Os juízes e os tribunais observarão:*
>
> *I - as decisões do Supremo Tribunal Federal em controle concentrado de constitucionalidade;*
>
> *II - os enunciados de súmula vinculante;*
>
> *III - os acórdãos em incidente de assunção de competência ou de resolução de demandas repetitivas e em julgamento de recursos extraordinário e especial repetitivos;*
>
> *IV - os enunciados das súmulas do Supremo Tribunal Federal em matéria constitucional e do Superior Tribunal de Justiça em matéria infraconstitucional;*
>
> *V - a orientação do plenário ou do órgão especial aos quais estiverem vinculados.*

Como visto, embora tenha acolhido alguns precedentes que já eram vinculantes antes de sua publicação, o CPC alçou outros a essa condição, ao determinar que também as súmulas "não vinculantes" e as orientações do plenário ou órgão especial dos tribunais sejam adotadas pelos órgãos julgadores aos quais estiverem vinculados. Percebe-se claramente, portanto, a evolução que o novo Código proporcionou na atividade jurisdicional em geral, ao impor aos órgãos julgadores o dever de preservação da segurança jurídica mediante um rol ampliado de precedentes vinculantes.

A necessidade de aplicação dos precedentes listados pelo CPC é tão forte que o parágrafo 1º do referido artigo determina que os juízes e os tribunais deverão observar o disposto art. 489, §1º, quando decidirem com fundamento nesse artigo. Esse dispositivo determina que não se considera

25. MARCATO (2015), p. 163.

fundamentada qualquer decisão judicial, seja ela interlocutória, sentença ou acórdão, que, entre outros motivos, se limitar a invocar precedente ou enunciado de súmula, sem identificar seus fundamentos determinantes nem demonstrar que o caso sob julgamento se ajusta àqueles fundamentos (inciso V), e deixar de seguir enunciado de súmula, jurisprudência ou precedente invocado pela parte, sem demonstrar a existência de distinção no caso em julgamento ou a superação do entendimento (o chamado *distinguishing* – inciso VI). Ao assim fazer, o dispositivo vincula o julgamento à aplicação do precedente e compele o julgador a, caso não o aplique, demonstre a diferença suficiente dos casos para a sua não aplicação, sob pena de nulidade da decisão.

Como visto, a doutrina do *stare decisis* brasileiro pautou-se na alteração da legislação para tornar vinculantes os precedentes, o que revela um misto de elementos de *common law* na essência e de *civil law* na forma, porquanto não houve uma evolução cultural natural entre a fase dos precedentes meramente persuasivos, no passado, para os precedentes vinculantes atuais. Foi necessária a pena do legislador para a mudança de paradigma, o que em nada desmerece a guinada verificada e, de certa forma, torna ainda mais certa – e segura – a aplicação dos precedentes no Brasil, cujo perfil jurídico (e judicial) é extremamente arraigado na lei para a tomada de decisões.

4. O (não) Tratamento dos Precedentes na Lei do Processo Administrativo Fiscal do Estado de São Paulo

A legislação do contencioso administrativo tributário paulista (Lei 13.457/2009) não traz um regramento sistemático para a aplicação dos precedentes nos julgamentos do Tribunal de Impostos e Taxas do estado de São Paulo. Embora os precedentes sejam referenciados em dois pontos da referida lei, não se trata de um regramento sistemático do tema, já que essas referências se prestam não para determinar uma coesão entre os julgamentos proferidos no tribunal administrativo e os entendimentos jurisprudenciais consolidados nos tribunais, mas como vetores da aplicação de dispositivos específicos.

Com efeito, o primeiro dispositivo é o art. 28, que determina que no julgamento é vedado afastar a aplicação de lei sob alegação de inconstitucionalidade, ressalvadas as hipóteses em que a inconstitucionalidade tenha sido proclamada em ação direta de inconstitucionalidade (inciso I), por decisão definitiva do Supremo Tribunal Federal, em via incidental, desde que o Senado Federal tenha suspendido a execução do ato normativo (inciso II), e em enunciado de Súmula Vinculante (inciso III). Embora seja um reconhecimento indireto de aplicação de precedentes vinculantes, esse dispositivo limita-se às hipóteses que ventila e não foi devidamente atualizado após o CPC de 2015, embora a lei tenha sofrido alterações em 2017.

Já o segundo desses dispositivos é o que delineia o pedido de reforma de julgado, previsto no artigo 50 da referida lei, que (i) prevê recurso que se volta à defesa do interesse público ante a impossibilidade de a fazenda estadual recorrer ao Poder Judiciário em caso de cancelamento de auto de infração, nos casos em que a decisão administrativa contrarie jurisprudência consolidada nos tribunais judiciários, e (ii) aplica-se exclusivamente à fazenda estadual, o que não revela um tratamento sistemático e é de discutível constitucionalidade. Tampouco aqui há qualquer recepção do novo regime de precedentes ao CPC, sobretudo pelo parcial e limitadíssimo âmbito de aplicação do dispositivo.

Por outro lado, a própria Lei 13.457/2009 traz uma previsão de sistematização das decisões do tribunal, ainda que em âmbito interno (ou seja, do próprio TIT/SP), de forma semelhante ao previsto no art. 927, inciso V, do CPC, que determina que "os juízes e os tribunais observarão os enunciados de súmula vinculante". Trata-se do art. 45, inciso III, da Lei do PAT paulista, que aponta que "será indeferido o processamento do recurso que contrarie súmula do Tribunal de Impostos e Taxas". Nesse prisma, deve ser registrado que o dever de aplicação subsidiária do CPC tornam obrigatoriamente aplicáveis, pelos órgãos de julgamento, não apenas as súmulas aprovadas pelo TIT/SP (tal como determina a Lei 13.457/2009), mas as próprias decisões tomadas pela Câmara Superior do tribunal administrativo, por forca da aplicação do art. 927, inciso V, do CPC, que impõe que os juízes e os tribunais deverão observar "a orientação do plenário ou do órgão especial aos quais estiverem vinculados".

Obviamente, deve ser dada uma interpretação sistemática ao art. 927, do CPC, de modo que a aplicação da orientação da Câmara Superior do TIT/SP somente deva prevalecer se coincidir com a orientação dada, nas mesmas matérias, pelo Superior Tribunal de Justiça e pelo Supremo Tribunal Federal, como exigência de integração entre os incisos do mesmo artigo, sob pena de, além de uma aplicação absolutamente incoerente, ter-se uma maior efetividade de decisões do tribunal administrativo do que das mais altas cortes do país, o que seria uma inversão completa de valores e uma grave violação da nova sistemática processual imposta pelo CPC de 2015.

5. Conclusão: há espaço para a aplicação dos precedentes no processo administrativo fiscal paulista? Em que medida?

Tendo em vista que a legislação paulista não dispõe de maneira sistemática e isonômica sobre a aplicação de precedentes, há uma grave omissão na Lei 13.457/2009 que deve ser suprimida pelo Código de Processo Civil, o que reclama a aplicação do art. 927, cumulado com os arts. 15 e 489, nos julgamentos proferidos pelo Tribunal de Impostos e Taxas do estado de São Paulo.

Nessa linha, o sistema de precedentes é um instituto que deve, imperiosamente, ser incorporado ao processo administrativo paulista, pois, como destacam PAULO CESAR CONRADO e RODRIGO DALLA PRIA[26], o Código de Processo Civil "não pode ser negligenciado; técnicas foram por ele incorporadas com a nítida intenção de 'realizar', de 'pragmatizar' valores

26. CONRADO; DALLA PRIA (2015), p. 252.

inerentes ao 'devido processo legal'; é indiferente, pois, se tais técnicas não constam da legislação que rege o processo administrativo local". E prosseguem os autores:

> O momento em que esse tipo de preocupação ganha máxima potência, parece-nos, é o que toma o 'sistema' de julgamento por precedente.
>
> O Código de Processo Civil de 2015 é pródigo em relação a esse assunto, valendo a leitura, nesse particular, dos textos (contidos nesta obra) da autoria de Juliana Furtado Costa Araújo e Diego Diniz Ribeiro.
>
> Tomemos, para fins de corte, um específico exemplo, haurido do art. 927; eis os seus termos:
>
> (...)
>
> Não se deve duvidar da intenção do legislador de, por meio de tal prescrição, fazer real a noção de segurança, ademais da de igualdade. Casos análogos, corporificados a partir de uma mesma matriz normativa, devem ser resolvidos, no ambiente jurisdicional, de modo igual.
>
> Nada há, nem mesmo a existência de norma especial (pertinente ao processo administrativo) em sentido menos intenso (como as que, no âmbito federal, limitam a vinculação do julgador administrativo a uma lista de precedentes mais tímida), que justifique eventual discrepância entre 'jurisdição judicial' e 'jurisdição administrativa', afinal de contas, ambas estão (ou deveriam estar) a serviço dos mesmos valores – no caso, segurança e igualdade.

Por tudo isso, entendo que o Tribunal de Impostos e Taxas não deve voltar as suas costas a todo o sistema de precedentes que foi engendrado no novo Código de Processo Civil, como se pudesse ser uma ilha de jurisdição apartada de todo o sistema processual brasileiro, simplesmente porque o legislador paulista deixou de tratar a matéria ou ainda não atualizou devidamente a Lei 13.457/2009. Essa assertiva, evidentemente, vale tanto para as matérias definidas em prol do fisco quanto em favor dos contribuintes, pois o que se busca é a sedimentação da segurança jurídica e a preservação da igualdade, princípios muito caros à república brasileira. Especificamente com relação aos precedentes contrários aos interesses do fisco, lembro que o novo CPC prevê honorários advocatícios de sucumbência consideravelmente mais rigorosos do que o Código anterior, o que também deve ser levado em conta diante do risco de desnecessário consumo de recursos públicos no futuro em caso de decisão administrativa contrária a precedentes sedimentados no Poder Judiciário.

Essa conclusão independe de qualquer alteração na Lei 13.457/2009[27], uma vez que a necessidade de integração entre o CPC e a legislação que regula os processos administrativos tributários torna absolutamente desnecessária a edição de lei específica no âmbito estadual, na medida em que o art. 15, do CPC, demanda a aplicação do art. 927 a todos os processos administrativos de forma subsidiária.

Por outro lado, como já apontado, a aplicação subsidiária do CPC deve ser ampla, inclusive no tocante ao dever de as chamadas câmaras "baixas" do TIT/SP seguirem os entendimentos dominantes da Câmara Superior, pode forca do art. 927, inciso V, do CPC, desde que, evidentemente, tais entendimentos estejam em consonância com os precedentes vinculantes previstos nos demais incisos do mesmo artigo, por uma questão de coerência e interpretação sistemática do referido dispositivo em particular e de toda a nova sistemática processual inaugurada pela codificação de 2015.

Infelizmente, essa não foi a prática observada desde o advento do novo CPC em 2015. Em trabalho que teve como objetivo avaliar profundamente a jurisprudência do TIT/SP[28], um grupo de pesquisadores (inclusive o autor deste texto) constatou que a posição do Tribunal de Impostos e Taxas é contrária à jurisprudência do Superior Tribunal de Justiça quanto a

---

27. Em sentido contrário, embora não se referindo, especificamente, à legislação paulista: OLIVEIRA, Weber Luiz de. "Precedentes judiciais na administração pública". In *Revista de Processo* Vol. 251, jan./2016, p. 451.

28. JONES, Caroline Junqueira Ortiz; SARAN, José Eduardo de Paula; LIMA, Mariana Miranda; BARROS, Maurício. "ICMS-Comunicação". In SANTI, Eurico Marcos Diniz de; SALUSSE, Eduardo Perez; SANTIN, Lina; TOLEDO, Dolina Sol Pedroso de (coord.). *Repertório Analítico de Jurisprudência do TIT-SP – Vol. I.* São Paulo: Max Limonad, 2019, pp. 461-530.

alguns assuntos relacionados ao ICMS-Comunicação, como é o caso da locação de equipamentos. Com relação a esse assunto, na medida em que a Primeira Seção do STJ já definira que o ICMS não deve incidir sobre a locação de equipamentos, ainda que esses equipamentos sejam vinculados aos serviços e comunicação prestados, em recursos julgados na sistemática de recursos repetitivos[29-30]. Porém, foram detectadas algu-

---

29. PROCESSUAL CIVIL. TRIBUTÁRIO. RECURSO ESPECIAL REPRESENTATIVO DE CONTROVÉRSIA. ART. 543-C, DO CPC. ICMS SOBRE HABILITAÇÃO, LOCAÇÃO DE APARELHOS CELULARES E ASSINATURA (ENQUANTO CONTRATAÇÃO DO SERVIÇO). SERVIÇOS SUPLEMENTARES AO SERVIÇO DE COMUNICAÇÃO. ATIVIDADE-MEIO. NÃO INCIDÊNCIA. PRECEDENTES JURISPRUDENCIAIS. "FACILIDADES ADICIONAIS" DE TELEFONIA MÓVEL CELULAR. SÚMULA 07 DO STJ. ART. VIOLAÇÃO DO ART. 535 DO CPC. INOCORRÊNCIA.
1. Os serviços de habilitação, instalação, disponibilidade, assinatura (enquanto sinônimo de contratação do serviço de comunicação), cadastro de usuário e equipamento, entre outros serviços, que configurem atividade-meio ou serviços suplementares, não sofrem a incidência do ICMS. (Precedentes: REsp 945037/AM, Rel. Ministro Luiz Fux, DJe 03/08/2009; REsp 666.679/MT, Rel. Ministro Teori Zavascki, DJe 17/12/2008; REsp 909.995/RJ, Rel. Ministra Eliana Calmon, DJe 25/11/2008; REsp 1022257/RS, Rel. Ministro Castro Meira, DJe 17/03/2008) REsp 703695 / PR, Rel. Min. Luiz Fux, DJ 20/09/2005; REsp 622208 / RJ, Rel. Min. Castro Meira, DJ 17/05/2006; REsp 418594 / PR, Rel. Min. Teori Zavascki, DJ 21/03/2005; RMS 11368 - MT, Relator Ministro Francisco Falcão, DJ 09/02/2005).
2. "Este Superior Tribunal de Justiça, ao analisar o Convênio 69, de 19.6.1998, concluiu, em síntese, que: (a) a interpretação conjunta dos arts. 2º, III, e 12, VI, da Lei Complementar 87/96 (Lei Kandir) leva ao entendimento de que o ICMS somente pode incidir sobre os serviços de comunicação propriamente ditos, no momento em que são prestados, ou seja, apenas pode incidir sobre a atividade-fim, que é o serviço de comunicação, e não sobre a atividade-meio ou intermediária, que é, por exemplo, a habilitação, a instalação, a disponibilidade, a assinatura, o cadastro de usuário e de equipamento, entre outros serviços. Isso porque, nesse caso, o serviço é considerado preparatório para a consumação do ato de comunicação."
(...)
5. O Convênio ICMS 69/98 dilargou o campo de incidência do ICMS ao incluir em seu espectro as atividades-meio ao serviço de comunicação, sendo certo que referida inclusão não tem respaldo em Lei Complementar, forma exclusiva de normação do thema iudicandum.
(...)
10. Recurso especial parcialmente provido, para afastar a incidência do ICMS sobre as atividades de habilitação, instalação, disponibilidade, assinatura (enquanto sinônimo de contratação do serviço de comunicação), entre outros serviços, que configurem atividade-meio ou serviços suplementares, consoante jurisprudência pacificada desta Corte Superior, nos termos da fundamentação expendida. Acórdão submetido ao regime do art. 543-C do CPC e da Resolução STJ 08/2008. (REsp 816.512/PI, Rel. Ministro LUIZ FUX, PRIMEIRA SEÇÃO, julgado em 25/11/2009, DJe 01/02/2010)

30. PROCESSUAL CIVIL E TRIBUTÁRIO. LOCAÇÃO DE CONVERSORES E CABLE MODEM. ICMS. INCIDÊNCIA SOMENTE SOBRE O SERVIÇO DE

mas decisões do TIT/SP, já posteriores ao CPC de 2015, que ignoraram a orientação do STJ sobre o tema.

Também no caso de provimento de acesso à internet foi possível perceber a pouca adesão do TIT/SP ao precedente firmado pela Súmula 334 do STJ, embora em muitos casos tenha havido a devida distinção entre o caso julgado que originou a referida súmula (acesso à internet por meio de linha telefônica – "internet discada"), caso concreto que ensejou a edição da Súmula 334, do STJ, dos casos em que os provedores também prestavam serviços de telecomunicação e a internet não era acessada via telefone, nos quais houve uma maior aceitação da tese fazendária, pelo maior descolamento do caso do STJ. De qualquer modo, o trabalho aponta que chamou a atenção a reiterada manifestação, por parte de alguns juízes do TIT/SP, da ausência de vinculação da administração tributária e do próprio TIT às decisões judiciais em geral (à exceção de declaração de inconstitucionalidade) e à Súmula 334 em especial, mesmo nos casos em que a premissa de fato não era exatamente a mesma da adotada pelo julgamento do STJ (ou seja, haveria outra razão para fundamentar a recusa de sua aplicação).

Outro tema conflitante é o da incidência do ICMS sobre os chamados serviços acessórios/secundários/suplementares, sobre o qual a Câmara Superior do TIT/SP, em julgamento já sob a vigência do CPC de 2015 (AIIM 4000368-1), não aplicou as decisões do Superior Tribunal de Justiça e do Supremo Tribunal Federal quanto à não incidência do ICMS sobre valores cobrados a título dos citados serviços. Não se tratou de desconsideração da jurisprudência do STJ em função de detecção de serviço que não se enquadrava nos casos concretos julgados, o que seria possível em algumas situações diante da

---

TELECOMUNICAÇÃO PROPRIAMENTE DITO, E NÃO SOBRE ATIVIDADE-MEIO OU SERVIÇOS SUPLEMENTARES.
1. A Primeira Seção do STJ, no julgamento do REsp 816.512/PI, julgado na sistemática do art. 543-C do CPC, decidiu que o ICMS somente incide sobre o serviço de telecomunicação propriamente dito, e não sobre as atividades-meio e serviços suplementares.
2. Recurso Especial provido. (REsp 1654877/SP, Rel. Ministro HERMAN BENJAMIN, SEGUNDA TURMA, julgado em 09/05/2017, DJe 29/06/2017)

grande variedade de serviços analisados, mas, simplesmente, de não levar essa jurisprudência como um dado a ser considerado na construção da norma de decisão (ou seja, a jurisprudência dos tribunais superiores foi ignorada), o que revela violação dos arts. 15 e 927, do CPC, e acarretaria anulação do julgamento com base no art. 489 do código.

Por tudo isso, o Tribunal de Impostos e Taxas deve refletir sobre a nova sistemática processual imposta pelo CPC de 2015, de modo a, sempre que for o caso, necessariamente aplicar os precedentes de observância obrigatória de acordo com o art. 927, do Código, para que a atividade julgadora tão bem desempenhada pelos seus julgadores não corra o risco de sofrer anulações em âmbito judicial ou, o que é pior, acarretar o desencaixe de expressivos montantes, por parte da fazenda pública estadual, a título de sucumbência no caso de matérias já pacificadas na jurisprudência.

6. Referências

ABBOUD, Georges. "Súmula vinculante versus precedentes: notas para evitar alguns enganos". In *Revista de Processo* n. 165, pp. 218-30, nov. 2008.

ALMEIDA, Caroline Sampaio de. "A relevância dos precedentes judiciais como mecanismo de efetividade processual". In *Revista dos Tribunais* n. 922, pp. 343-85, ago. 2012.

ARAÚJO, Luciano Vianna. "A aplicação do direito à espécie pelas cortes superiores: desde os precedentes do enunciado 456 do STF até o art. 1.034 do CPC-2015". In *Revista de Processo* n. 250, pp. 403-434, dez. 2015.

BUENO FILHO, Edgard Silveira. "Os precedentes no direito brasileiro". In *Revista dos Tribunais*, Vol. 716, jun. de 1995, p. 24.

CAMBI, Eduardo; ARANÃO, Adriano. "Vinculação da administração pública aos precedentes judiciais". In *Revista de Processo* n. 279, pp. 359-377, maio. 2018.

CAMBI, Eduardo; FILIPPO, Thiago Baldani Gomes de. "Precedentes vinculantes." In *Revista de Processo* n. 215, pp.207-46, jan. 2013.

CANOTILHO, José Joaquim Gomes. *Direito constitucional e teoria da constituição*. 7ª edição, 6ª reimpressão. Coimbra: Almedina, 2003.

CARDOSO, Oscar Valente. "Precedentes judiciais: aspectos principais". In *Revista Dialética de Direito Processual* n. 140, pp. 87-95, nov. 2014.

CONRADO, Paulo Cesar; DALLA PRIA, Rodrigo. "Aplicação do Código de Processo Civil ao processo administrativo tributário". In CONRADO, Paulo Cesar; ARAÚJO; Juliana Furtado Costa (coord.). *O novo CPC e seu impacto no direito tributário*. São Paulo: Fiscosoft, 2015, p. 251.

COSTA NETO, José Wellington Bezerra da. "Precedentes no código de processo civil de 2015: somos ainda Civil Law?" In *Revista de Processo* n. 258, pp. 387-418, ago. 2016.

COTA, Samuel Paiva; BAHIA, Alexandre Gustavo Melo Franco de Moraes. "O modelo constitucional de processo e suas benesses: a reconstrução da teoria dos precedentes no direito brasileiro vs. a compressão equivocada do seu uso no Brasil". In *Revista de Processo* n. 260, pp. 21-45, out. 2016.

DERZI, Misabel de Abreu Machado; BUSTAMANTE, Thomas da Rosa de; NUNES, Dierle; MOREIRA, Ana Luísa de Navarro. "Recursos extraordinários, precedentes e a responsabilidade política dos tribunais: um problema em aberto para o legislador e para o novo CPC". In *Revista de Processo* n. 237, pp.473-93, nov. 2014.

FENSTERSEIFER, Wagner Arnold. "*Distinguishing* e *overruling* na aplicação do art. 489, § 1º, section VI, do CPC/2015". In *Revista de Processo* n. 252, pp.371-385, fev. 2016.

FILIPPO, Thiago Baldani Gomes de. "Precedentes judiciais e separação de poderes". In *Cadernos Jurídicos Direito Constitucional - Escola Paulista de Magistratura* n. 40, pp. 97-114, abr./jun. 2015.

FREITAS, Juarez. "Respeito aos precedentes judiciais iterativos pela administração pública". In *Revista de Direito Administrativo* n. 211, pp. 117-123, jan./mar. 1998.

JONES, Caroline Junqueira Ortiz; SARAN, José Eduardo de Paula; LIMA, Mariana Miranda; BARROS, Maurício. "ICMS--Comunicação". In SANTI, Eurico Marcos Diniz de; SALUSSE, Eduardo Perez; SANTIN, Lina; TOLEDO, Dolina Sol Pedroso de (coord.). *Repertório Analítico de Jurisprudência do TIT-SP – Vol. I*. São Paulo: Max Limonad, 2019, pp. 461-530.

LAMY, Eduardo de Avelar; SCHMITZ, Leonard. "A administração pública federal e os precedentes do STF". In *Revista de Processo* n. 214, dez. de 2012, p. 201.

LIMA, Tiago Asfor Rocha. "Primeiras impressões sobre os precedentes judiciais no Projeto de novo Código de Processo Civil". In *Revista de Informação Legislativa* n. 190, t. 2, pp. 279-91. abr./jun. 2011.

LOPES, Mônica Sette. "Os precedentes e o sistema: a realidade e os mecanismos de solução de conflitos". In *Revista da Faculdade de Direito da Universidade Federal de Minas Gerais* n. 48, pp. 123-157, jan./jun. 2006.

MAGALHÃES, Breno Baía; SILVA, Sandoval Alves da. "O grau de vinculação dos precedentes à luz do STF. O efeito vinculante é absoluto?" In *Revista de Informação Legislativa* n. 195, pp.77-95, jul./set. 2012.

MARCATO, Antonio Carlos. "Os precedentes judiciais e o novo CPC". In *Revista Síntese – Direito Civil e Processual Civil*, n. 97, set.-out. de 2015, p. 162.

MARINONI, Luiz Guilherme. "Aproximação crítica entre as jurisdições de *civil law* e de *common law* e a necessidade de respeito aos precedentes no Brasil". In *Revista de Processo* n. 172, pp. 175-232, jun. 2009.

____________________. "Eficácia vinculante: à ênfase à *ratio decidendi* e à força obrigatória dos precedentes". In *Revista de Processo* n. 184, pp. 9-41, jun. 2010.

____________________. "Os precedentes na dimensão da segurança jurídica". In *Revista Jurídica* n. 398, pp. 25-42, dez. 2010.

____________________. "Os precedentes na dimensão da segurança jurídica". In *Revista Jurídica* n. 398, dez. de 2010, pp. 28-29.

____________________. "Da Corte que declara o sentido exato da lei para a Corte que institui precedentes". In *Revista dos Tribunais* n. 950, pp.165-98, dez. 2014.

MÜLLER, Friedrich. *Métodos de trabalho do direito constitucional.* 3ª edição. Tradução de Peter Naumann. Rio de Janeiro: Renovar, 2005.

______________. *O novo paradigma do direito: introdução à teoria e metódica estruturantes do direito.* Tradução de Peter Naumann. São Paulo: Revista dos Tribunais, 2007.

______________. *Teoria Estruturante do direito. Vol. I.* Tradução de Peter Naumann e Eurides Avance de Souza. São Paulo: Revista dos Tribunais, 2008.

NEVES, Marcelo. "A interpretação jurídica no Estado Democrático de Direito". In GRAU, Eros Roberto; GUERRA FILHO, Willis Santiago (org.). *Direito constitucional - estudos em homenagem a Paulo Bonavides*. São Paulo: Malheiros, 2003a, pp. 356-376.

NOGUEIRA, Gustavo. "A recepção dos precedentes pelo novo código de processo civil: uma utopia?" In *Revista de Processo* n. 249, pp.379-97, nov. 2015.

NUNES, Gustavo Henrique Schneider. "Precedentes judiciais vinculantes no novo código de processo civil". In *Revista dos Tribunais* n. 970, pp. 77-108, ago. 2016.

OLIVEIRA, Weber Luiz de. "Precedentes judiciais na administração pública". In *Revista de Processo* Vol. 251, jan./2016, p. 451.

PEIXOTO, Ravi. "O sistema de precedentes desenvolvido pelo CPC/2015 - Uma análise sobre a adaptabilidade da distinção (*distinguishing*) e da distinção inconsistente (*inconsistent distinguishing*)". In *Revista de Processo* n. 248, pp. 331-355, out. 2015.

PEROBA, Luiz Roberto; MARTONE, Rodrigo. "A importância dos precedentes dos tribunais e a insegurança jurídica do Sistema Tributário Nacional". In *Revista Dialética de Direito Tributário* n. 217, pp.69-79, out. 2013.

PINHO, Humberto Dalla Bernardina de; RODRIGUES, Roberto de Aragão Ribeiro. "O microssistema de formação de precedentes judiciais vinculantes previsto no Novo CPC". In *Revista de Processo* n. 259, pp.405-35, set. 2016.

PINTO, Edson Antônio Sousa Pontes. "Levando o contribuinte a sério: da necessária integridade e coerência dos precedentes tributários". In *Revista dos Tribunais* n. 986, pp.391-416, dez. 2017.

RÀTZ, Igor. "Precedentes obrigatórios ou precedentes à brasileira". In *IOB-Repertório de Jurisprudência: Civil, Processual, Penal e Comercial* n. 10, pp.360-352, maio. 2013.

STRECK, Lenio Luiz. "Súmulas vinculantes em *terrae brasilis*: necessitamos de uma teoria para a elaboração de precedentes?" In *Revista Brasileira de Ciências Criminais* n.78, pp. 284-319, maio/jun. 2009.

TAVARES, André Ramos. "As decisões vinculantes (precedentes) da justiça constitucional". In *Revista Brasileira de Estudos Constitucionais* n.11, pp. 15-33, jul./set. 2009.

THEODORO JÚNIOR, Humberto. "Jurisprudência e precedentes vinculantes no novo Código de Processo Civil - demandas repetitivas". In *Revista de Processo* n. 255, pp. 359-372, maio 2016.

TUCCI, José Rogério Cruz e. "Variações sobre precedentes judiciais vinculantes e persuasivos". In *Revista Magister de Direito Civil e Processual Civil* n. 5, pp. 13-23, mar./abr. 2005.

WAMBIER, Teresa Arruda Alvim. "Interpretação da Lei e de precedentes: *civil law* e *common law*". In *Revista dos Tribunais* n. 893, pp. 33-45, mar. 2010.

WAMBIER, Teresa Arruda Alvim; CONCEIÇÃO, Maria Lúcia Lins; RIBEIRO, Leonardo Ferres da Silva; MELLO, Rogério Licastro Torres de. *Primeiros comentários ao novo código de processo civil: artigo por artigo*. São Paulo: Revista dos Tribunais, 2015.

WOLKART, Erik Navarro. "Precedentes no Brasil e cultura - um caminho tortuoso, mas, ainda assim, um caminho". In *Revista de Processo* n. 243, pp.409-34, maio. 2015.

A UNIFORMIZAÇÃO DA JURISPRUDÊNCIA DO CARF: O CENÁRIO PÓS-ZELOTES E OS NOVOS RUMOS DA SEGURANÇA JURÍDICA E DA CELERIDADE PROCESSUAL NO PAF

Catarina Rosa Rodrigues[1]

Marcelo Rocha dos Santos[2]

1. Introdução

Desde a retomada das atividades judicantes do Conselho Administrativo de Recursos Fiscais ("CARF") após a Operação Zelotes, temos observado acalorados debates sobre o acesso dos sujeitos passivos e da Procuradoria Geral da Fazenda Nacional ("PGFN") à Câmara Superior de Recursos Fiscais ("CSRF"). Seja em virtude da deficiência das normas que atualmente regulamentam o julgamento na instância especial do órgão ou

1. Doutoranda e Mestre em Direito Tributária pela PUC-SP. Sócia do Demarest em São Paulo.

2. Mestrando em Direito Tributário pela FGV-SP. Advogado do Demarest em São Paulo.

mesmo da inadequação do exame de admissibilidade[3] dos apelos, fato é que o manejo de um Recurso Especial de Divergência ("RESP") atualmente é uma etapa processual que envolve controvérsias como nunca antes na história do órgão paritário de julgamento do Ministério da Economia.

A deficiência das normas que versam sobre a unificação de decisões, de outro lado, gera um preocupante cenário de insegurança jurídica e de desconfiança nas relações entre Administração Pública e administrados, o que muitas vezes provoca até mesmo intervenção do Poder Judiciário no Processo Administrativo Fiscal ("PAF"), por meio de ações mandamentais que visam garantir ou mesmo obstar o acesso à instância especial do CARF. Em vista disso, é salutar refletir sobre a função da instância especial do CARF e sobre a higidez das normas que balizam o acesso à CSRF, a fim de contribuir com o aprimoramento da segurança jurídica e da celeridade processual no ambiente do PAF.

Nessa perspectiva, o objetivo do presente estudo é analisar, ainda que sem a pretensão de esgotar o tema, a sistemática atual de uniformização da jurisprudência no âmbito do CARF. Para tanto, analisaremos, inicialmente, os fundamentos constitucionais para que a Administração Pública seja compelida a adotar um posicionamento coeso em seus julgamentos. Na sequência, enveredaremos pelo desenho dos expedientes cabíveis no PAF, a fim de que se dê o acesso à instância especial do CARF, examinando o papel da CSRF, a fim de estabelecer um juízo crítico sobre o cenário atual da uniformização das decisões administrativas, bem como antecipar os rumos da segurança jurídica e da celeridade no PAF.

---

3. De acordo com o Regimento Interno do CARF ("RICARF"), o exame de admissibilidade de um RESP compete ao presidente da câmara à qual está vinculada a turma que proferiu a decisão (artigo 68, §1º, do Anexo II). De toda forma, o próprio RICARF prevê a possibilidade de o juízo de admissibilidade ser atribuído aos presidentes das turmas ordinárias (art. 17, §2º, do Anexo II), o que, em determinadas situações, acarreta distorções em relação ao padrão observado pelos presidentes de turma que compõem as turmas da CSRF.

2. Fundamentos Constitucionais para a Uniformização das Decisões do CARF

É na Constituição Federal de 1988 que estão os princípios que demandam a atuação da CSRF em favor da uniformização da jurisprudência do órgão paritário de julgamentos do Ministério da Economia, consoante a instrumentalidade do PAF. Nessa perspectiva, o professor Cassio Scarpinella Bueno[4] foi muito feliz ao utilizar a expressão *devido processo constitucional* – em contraponto ao *devido processo legal* – para designar o princípio segundo o qual a atuação dos tribunais deve contemplar os princípios consagrados pela Carta Política.

Dentre os princípios constitucionais que informam o PAF, na perspectiva da Administração Pública, é relevante destacar, inicialmente, o da *igualdade tributária* (artigo 150, II, da Constituição Federal de 1988), segundo o qual é vedado à União instituir tratamento desigual a sujeitos passivos em situação equivalente. Em compasso com tal princípio, vige, ainda, o da impessoalidade da Administração Pública (artigo 37, *caput*, da Lei Maior), que em última análise também compele o CARF a tratar igualmente os sujeitos passivos. Deste modo, as normas expedidas pela Administração Pública visando a disciplinar o acesso à instância especial do CARF devem ser orientadas pelos mencionados princípios constitucionais, sob pena de inconstitucionalidade material.

Já sob a óptica dos sujeitos passivos, a existência de um posicionamento coeso por parte da Administração Pública se apresenta como direito líquido e certo dos administrados, na medida em que a Carta Magna assegura a todos o direito à isonomia (artigo 5º, *caput*, da Constituição Federal de 1988), em compasso com o princípio constitucional implícito da segurança jurídica. O tratamento isonômico, assim, viabiliza a formação de precedentes vinculantes, que conferem celeridade aos julgamentos no CARF, harmonizando o PAF com a

---

4. BUENO, CASSIO SCARPINELLA. *Manual de Direito Processual Civil*. 3 ed. São Paulo: Saraiva, 2017, pp. 49-50.

garantia constitucional à razoável duração do processo (artigo 5º, LXXVIII, da Carta Constitucional).

É prudente, também, que a nossa análise admita, como premissa fundamental que o Direito é uno e, como tal, deve ser coerente[5]. Nessa leitura sistêmica, por conseguinte, a uniformização da jurisprudência do órgão paritário de julgamentos do Ministério da Economia pela CSRF se afigura, a um só tempo, como um *dever* da Administração Pública e um *direito* dos Administrados. As normas que regulamentam o PAF, aliás, devem ser constantemente aprimoradas, de modo que se coadunem com as disposições constitucionais e, ainda, confiram estabilidade às relações entre fisco e sujeitos passivos, sobretudo mediante a edição de precedentes estáveis.

3. A Uniformização das Decisões no Decreto 70.235/72: O RESP

Quando se debate a sistemática de funcionamento do órgão paritário de julgamento do Ministério da Economia, as reflexões perpassam quase intuitivamente pelas regras previstas no Regimento Interno do CARF ("RICARF")[6]. É que o Decreto 70.235/72 – que foi recepcionado pela Constituição Federal de 1988 com *status* de lei ordinária – estabelece, em seu artigo 37, *caput*, que o julgamento no CARF far-se-á conforme dispuser o seu regimento interno. Também por isso, nos casos em que o Poder Judiciário exige a prestação de informações a respeito das ilegalidades combatidas em ações mandamentais, tal dispositivo legal via de regra orienta a narrativa de legitimidade da atuação dos membros do CARF[7] que agem guiados pelo indigitado ato normativo.

---

5. Cf. BOBBIO, Norberto. *Teoria do Ordenamento Jurídico*. 6 ed. Brasília: Editora Universidade de Brasília, 1995. pp. 37-110.

6. O RICARF atualmente vigente foi aprovado pelo Ministro de Estado do então denominado Ministério da Fazenda, por meio da Portaria 343/2015, com suporte no artigo 87, II, da CF/88

7. Nesse sentido, confira-se o teor das informações prestadas pelo CARF no bojo do

Não obstante o *caput* do artigo 37 do Decreto 70.235/72 esteja em plena vigência, não se pode olvidar que, particularmente quanto ao RESP, a hipótese autorizativa do manejo do apelo especial está contida no próprio Decreto 70.235/72, artigo 37, §2º, segundo o qual caberá RESP à CSRF, no prazo de 15 (quinze) dias da ciência do acórdão ao interessado de decisão que der à lei tributária interpretação divergente da que lhe tenha dado outra câmara, turma de câmara, turma especial ou a própria CSRF.

O RESP, previsto no artigo 37, §2º, do Decreto 70.235/72, portanto, é o expediente necessário e suficiente para que os sujeitos passivos e a PGFN provoquem o saneamento das divergências verificadas entre as decisões proferidas no âmbito do CARF. Em razão disso, é inócua qualquer tentativa, por parte da Administração Pública, de modificar ou mesmo flexibilizar, por meio do RICARF, a hipótese de cabimento do RESP. Ainda assim, parece-nos que a conformação atual da hipótese de acesso à CSRF prevista no indigitado diploma legal não é suficiente para viabilizar, da forma satisfatória, a uniformização da jurisprudência do órgão paritário de julgamentos do Ministério da Economia.

Com efeito, uma interpretação literal do dispositivo em apreço não deixa dúvidas de que o artigo 37, §2º, do Decreto 70.235/72, não é suficientemente abrangente para viabilizar um tratamento isonômico entre os sujeitos passivos que litigam no PAF, o que se traduz na impossibilidade de a instância especial do CARF garantir um tratamento isonômico aos sujeitos passivos. Para que houvesse isonomia e celeridade no PAF, a norma legal que rege o acesso à CSRF deveria, em nossa visão, ser ampla o suficiente para deixar claro que também contempla divergências não apenas no tocante à lei tributária *stricto sensu*, mas à *legislação tributária como um todo*[8],

---

Mandado de Segurança 1016893-73.2017.4.01.3400, caso em que o Poder Judiciário, em liminar e, posteriormente, em sentença, afastou uma disposição contida no RICARF, justamente por contrariar o disposto no artigo 37, §2º, do Decreto 70.235/72.

8. Conforme artigo 96, do Código Tributário Nacional ("CTN").

inclusive no que se refere à redação de dispositivos idênticos em diplomas normativos diversos, bem como às normas processuais aplicáveis ao PAF, tratando, inclusive, da hipótese de a divergência ocorrer no âmbito das turmas da própria CSRF.

Atualmente, o artigo 37, §2º, do Decreto 70.235/72, trata apenas da hipótese de cabimento do RESP – e mesmo assim numa perspectiva muito restrita, que não dialoga com a ampla defesa constitucionalmente assegurada aos que litigam no PAF. Com isso, a legislação atual dá margem para que o RICARF legisle, a pretexto de preencher lacunas que inviabilizariam o funcionamento do CARF se não fossem sanadas.

Como consequência disso, há um constante crescimento das discussões que envolvem o acesso à CSRF, tais como sobre o cotejo analítico das decisões paragonadas (acórdão nº 9101-003.057[9]), a identidade dos dispositivos legais invocados para demonstração da divergência (acórdão nº 9202-005.443[10]), a divergência quanto a matérias já sumuladas (acórdão nº 9101-002.150[11]), o conhecimento de ofício de matérias de ordem pública

9. "REQUISITOS OBRIGATÓRIOS AO CONHECIMENTO DO RECURSO ESPECIAL. NECESSIDADE DE COTEJO ANALÍTICO EFETIVO. Compreende-se a flexibilidade que é dada ao cotejo analítico quando, de um lado, não se vê prejuízo à demonstração da divergência e, enfim, à compreensão do julgador. De outro lado, porém, não se pensa estar diante de um mero formalismo, o ponto é que não se pode ignorar uma regra que, por alguma razão, foi incluída no Regimento Interno deste Órgão e deve ser aplicada, estando diretamente atrelada à própria função do recurso especial de não devolver ao julgamento a necessidade de retorno a todo o processo ou nova abordagem fática, mas de se apresentar ao julgador dois entendimentos conflitantes, para que sejam dirimidos nesta instância, e não a ele transferi-lo essa função, o que se configura em razão da falta de analiticidade. Isso porque não exigiu o regimento um simples cotejo, mas este foi qualificado como "analítico", o que requer mais do que a simples afirmativa de que a decisão recorrida decidiu de uma forma, e o paradigma de forma contrária, a não ser em casos em que o seja suficiente."

10. "RECURSO ESPECIAL DE DIVERGÊNCIA. PRESSUPOSTOS NÃO ATENDIDOS. IMPOSSIBILIDADE DE CONHECIMENTO. Não há que se falar em dar interpretação divergente à legislação tributária, quando estão em confronto julgados exarados à luz de arcabouços normativos diversos, regulando incidências diferentes. Hipótese em que discute-se o momento da ocorrência do fato gerador do Imposto de Renda, tendo sido trazido, como acórdão paradigma, decisão em que foram discutidos aspectos do fato gerador de contribuições previdenciárias."

11. "REGIMENTO INTERNO. RECURSO ESPECIAL. NÃO CONHECIMENTO.

(acórdão nº 9303-003.834[12]), a origem dos paradigmas ofertados (acórdão nº 9202-006.011[13]), a reforma dos paradigmas anteriormente à interposição do apelo (acórdão nº 9101-003.606[14]), o prequestionamento do sujeito passivo (9101-003.358[15]), o prequestionamento da PGFN (Acórdão nº 9303-004.337[16]), a utilidade do

---

De acordo com o §3º do art. 67 do Anexo II da Portaria MF 343, de 09 de junho de 2015, que aprovou o atual Regimento Interno do CARF, c/c o art. 5º dessa mesma portaria, não cabe recurso especial de decisão de qualquer das turmas que adote entendimento de súmula de jurisprudência dos Conselhos de Contribuintes, da CSRF ou do CARF, ainda que a súmula tenha sido aprovada posteriormente à data da interposição do recurso."

12. "NORMAS PROCESSUAIS. ADMISSIBILIDADE DO RECURSO. MATÉRIA DE ORDEM PÚBLICA. LEGITIMIDADE PASSIVA. Aplicam-se, subsidiariamente, ao processo administrativo fiscal as normas do Código de Processo Civil, como a do seu art. 485 (antigo 267) que permite o conhecimento de ofício das matérias de ordem pública ali expressamente enumeradas, entre as quais consta a legitimidade das partes."

13. "PROCESSO ADMINISTRATIVO FISCAL. RECURSO ESPECIAL DE DIVERGÊNCIA. PRESSUPOSTOS DE ADMISSIBILIDADE. Não se conhece de Recurso Especial de Divergência, quando é indicado como único paradigma acórdão proferido pelo mesmo colegiado que prolatou o acórdão recorrido."

14. "RECURSO ESPECIAL. REQUISITOS DE ADMISSIBILIDADE. DIVERGÊNCIA NÃO COMPROVADA. Conforme o §15 do art. 67 do Anexo II do atual Regimento Interno do CARF, "não servirá como paradigma o acórdão que, na data da interposição do recurso, tenha sido reformado na matéria que aproveitaria ao recorrente". No caso, a admissibilidade do recurso especial só pode buscar embasamento no primeiro paradigma apresentado, já que o segundo paradigma foi totalmente anulado em razão da incompetência regimental do órgão que o preferiu, e, portanto, tal decisão não pode servir para a comprovação da divergência jurisprudencial suscitada pela recorrente. O entendimento pela manutenção da responsabilidade tributária no caso do paradigma válido não dá base para que se defenda o restabelecimento da responsabilidade tributária nos presentes autos. A caracterização da divergência jurisprudencial se dá quando o entendimento do caso paradigma pode ser transposto para o recorrido, produzindo o resultado pretendido pelo recorrente, mas isso não ocorre aqui, porque o acórdão paradigma examinou a questão da responsabilidade tributária num contexto bastante diferente daquele analisado pelo acórdão recorrido. A falta de comprovação de divergência inviabiliza o processamento do recurso especial."

15. "CONHECIMENTO. RECURSO ESPECIAL. DIVERGÊNCIA NA INTERPRETAÇÃO DA LEI TRIBUTÁRIA. DECRETO 70.235/1972, ART. 17. ÔNUS DA PROVA. Não é conhecido recurso especial para enfrentamento de tema não tratado pelo acórdão recorrido, sem que a parte tenha apresentado embargos de declaração."

16. "RECURSO ESPECIAL. REQUISITOS. É condição para que o recurso especial seja admitido que se comprove que colegiados distintos, analisando a mesma legislação aplicada a fatos ao menos assemelhados, tenham chegado a conclusões díspares.

apelo especial (acórdão 9101-003.348[17]), a reprodução parcial da ementa do paradigma (acórdão nº 9101-002.728[18]), a similitude fática das decisões (acórdão nº 9101-003.370[19]) e a suficiência recursal (acórdão nº 9101-003.009[20]).

Parece-nos, nessa óptica, que há dois problemas subjacentes à questão do acesso à CSRF – um decorrente do outro: o primeiro deles é, como visto, a clara ineficiência da norma que atualmente rege o acesso à instância especial do CARF; o segundo é a necessidade de a Administração Pública invadir a competência do Poder Legislativo justamente para suprir a ineficiência da lei vigente – o que, a seu turno, expande o

---

Não tendo o colegiado recorrido analisado a matéria de que se pretende recorrer, mesmo a isso instado por meio de embargos, não se pode por falta de prequestionamento, admitir recurso que a pretenda discutir. Os embargos apresentados, por não acolhidos, apenas suscitam a divergência quanto a possível nulidade da decisão."

17. "RECURSO ESPECIAL. PERDA DE OBJETO. Não se conhece de recurso especial que questione exclusivamente a aplicação de multa, se a instância a quo afastou a exigência do principal, não subsistindo a infração da qual decorre a penalidade."

18. "RECURSO ESPECIAL. COMPROVAÇÃO DA DIVERGÊNCIA. REPRODUÇÃO DA ÍNTEGRA DA EMENTA. RICARF, ART. 67, §11. RECURSO ESPECIAL NÃO CONHECIDO. Na hipótese de reprodução de ementa em razões de recurso especial para demonstrar a divergência na interpretação da lei tributária, cabe à Recorrente reproduzir a integralidade desta ementa, na forma do artigo 67, §11, do RICARF (Portaria MF 343/2015). Em sentido similar, previa o RICARF anterior (Portaria MF 256/2009)."

19. "ADMISSIBILIDADE. ART. 67 DO ANEXO II DO RICARF/2015. AUSÊNCIA DE SIMILITUDE FÁTICA. DIVERSIDADE DE DISCUSSÕES JURÍDICAS. INEXISTÊNCIA DE DIVERGÊNCIA JURISPRUDENCIAL. NÃO CONHECIMENTO. Se os contextos fáticos analisados pelos acórdãos recorrido e paradigma são distintos e as discussões jurídicas que suscitam são diversas, logicamente constata-se a inexistência da divergência jurisprudencial requerida pelo art. 67 do Anexo II do RICARF/2015 (a exemplo do que já acontecia na vigência do RICARF/2009), devendo, como consequência, ser negado o conhecimento do recurso especial."

20. "ADMISSIBILIDADE. ART. 67 DO ANEXO II DO RICARF. MATÉRIA DEVOLVIDA INSUFICIENTE PARA REFORMA DA DECISÃO RECORRIDA. NÃO CONHECIMENTO. O recurso especial interposto para a Câmara Superior de Recursos Fiscais, para ser conhecido, deve demonstrar a divergência de interpretação da legislação tributária entre a decisão recorrida e a paradigma, que pode ter sido proferida por outra câmara, turma de câmara, turma especial ou a própria CSRF. Contudo, tal condição não resta atendida quando se constata que a matéria que teve seguimento no despacho de exame de admissibilidade não se mostra suficiente para reformar a decisão recorrida. Recurso não conhecido."

horizonte de questionamento dos atos normativos que regulamentam o PAF.

Em arremate, cabe ponderar que o fato de a Administração Pública ter relativa margem para "legislar" no âmbito do PAF – em franca inconstitucionalidade formal – contribui para um ambiente de desconfiança institucional, sobretudo em casos em que os expedientes criados não produzem efeitos satisfatórios, no que diz respeito ao tratamento isonômico dos sujeitos passivos – é o caso, por exemplo, da Resolução do Pleno (vide, infra, item 4.2), que, apesar de cabível desde 2015, jamais foi efetivamente empregada.

4. A Uniformização das Decisões no RICARF: Desdobramentos do RESP

Já foi dito anteriormente que o expediente hábil a provocar a uniformização da jurisprudência do CARF não é suficiente para atingir o objetivo a que se presta – o que provoca o ativismo da Administração Pública no que diz respeito ao saneamento das lacunas das regras que balizam o PAF. Neste tópico, então, analisaremos os expedientes atualmente previstos no RICARF para operacionalização do saneamento dos dissídios interpretativos, como desdobramentos do RESP.

4.1. Agravo

O Agravo é um recurso previsto exclusivamente no RICARF, para que se possa objetar a negativa de admissibilidade de um RESP. Conquanto não haja amparo legal para o seu manejo, é inegável que sua existência prestigia o duplo grau de jurisdição, de modo a prevenir que o juízo monocrático de admissibilidade do apelo especial seja maculado por *error in procedendo*.

De outro lado, não podemos deixar de pontuar que, na história recente do CARF, o agravo já foi excluído do RICARF por ato infra legal, o que revela a fragilidade do processo administrativo, no que diz respeito à uniformização da jurisprudência. Paralelamente, cabe uma crítica ao desenho atualmente previsto para o julgamento de Agravos, na medida em que tal recurso, consoante disposição regimental, é apreciado exclusivamente pelo presidente do CARF, o que viola o princípio da colegialidade, que caracteriza o órgão paritário de julgamentos do Ministério da Fazenda.

Isso posto, em que pese a figura do Agravo se prestar a suprir lacuna da lei que rege o PAF, é inequívoco que não é da Administração Pública a competência para criar um recurso a ser utilizado no âmbito do PAF. Além disso, mesmo que se pudesse cogitar da legitimidade do RICARF, a teor do que dispõe o artigo 37, *caput*, do Decreto 70.235/72, é patente que a norma administrativa atualmente em vigor necessita de aprimoramento, a fim de que possa dialogar com os princípios constitucionais que orientam o contencioso administrativo brasileiro.

4.2. Resolução do Pleno da CSRF

A Resolução do Pleno da CSRF é, na atualidade, um dos mecanismos mais controversos do RICARF. Embora seja destinada à uniformização definitiva da jurisprudência do órgão paritário de julgamento do Ministério da Economia, o expediente não possui natureza jurídica de recurso, por lhe faltar o requisito da voluntariedade, conforme atesta o artigo 64, do Anexo II, do RICARF. Destaca-se, assim, o seu caráter *sui generis* no contexto do PAF.

No que diz respeito especificamente à divergência que o expediente se presta a sanear, os dissídios interpretativos podem surgir dentro de um mesmo colegiado da CSRF ao longo do tempo ou entre as diferentes turmas que a compõem. De forma semelhante, a divergência pode advir da interpretação de dispositivos comuns a todo o universo de processos administrativos – como regras processuais, por exemplo – ou mesmo como decorrência do enfrentamento de questões afetas a tributos de competência de diferentes turmas da CSRF.

Recentemente, por exemplo, a 1ª e a 3ª Turmas da CSRF divergiram sobre a possibilidade de se fazer uso do instituto da compensação para garantir os efeitos da denúncia espontânea, tal como disposto no artigo 138 do CTN. Por meio do acórdão nº 9101-003.688[21], a 1ª Turma decidiu que a *compensação* do débito denunciado é suficiente para atrair a regra inserta no artigo 138 do CTN, de modo a afastar as penalidades; em oposição a tal julgado, a 3ª Turma prolatou o acórdão nº 9303-006.011[22], no qual ponderou que apenas o *pagamento* (*stricto sensu*) é que pode caracterizar a denúncia espontânea, de modo a afastar a penalidade. Eis, assim, um exemplo de divergência no que diz respeito a regras gerais de Direito Tributário.

No plano da legislação tributária, há, também, outro exemplo de divergência entre as turmas da CSRF: o tratamento de subvenções após a Lei Complementar 160/2017, particularmente no que diz respeito à *retroatividade*. A 1ª Turma da CSRF decidiu, por meio do acórdão nº 9101-003.841[23], que a

---

21. "COMPENSAÇÃO. DENÚNCIA ESPONTÂNEA. COMPENSAÇÃO. A regular compensação realizada pelo contribuinte é meio hábil para a caracterização de denúncia espontânea, nos termos do art. 138 do CTN, cuja eficácia normativa não se restringe ao adimplemento em dinheiro do débito tributário."

22. "MULTA DE MORA. DECLARAÇÃO DE COMPENSAÇÃO APRESENTADA EM ATRASO, MAS ANTES DO INÍCIO DO PROCEDIMENTO FISCAL. CABIMENTO, POIS AFASTADA SOMENTE EM CASO DE PAGAMENTO DE VALOR NÃO PREVIAMENTE CONFESSADO. A compensação é forma distinta da extinção do crédito tributário pelo pagamento, cuja não homologação somente pode atingir a parcela que deixou de ser paga (art. 150, § 6º, do CTN), enquanto, na primeira, a extinção se dá sob condição resolutória de homologação do valor compensado. Como o instituto da denúncia espontânea do art. 138 do CTN e a jurisprudência vinculante do STJ demandam o pagamento, *stricto sensu* - ainda anterior ou concomitantemente à confissão da dívida (condição imposta somente por força de decisão judicial) -, cabe a cobrança da multa de mora sobre o valor compensado em atraso."

23. "SUBVENÇÃO PARA INVESTIMENTO. LEI COMPLEMENTAR 160, de 2017. LEI 12.973/2014, ART. 30, §4º E §5º. PUBLICAÇÃO, REGISTRO E DEPÓSITO DE BENEFÍCIO. DISTRITO FEDERAL. CONFAZ. ATIVO PERMANENTE. A Lei Complementar nº 160, de 2017, inseriu o §5º no artigo 30, da Lei nº 12.973/2014, determinando que seria aplicável aos processos pendentes. Ademais, esta Lei inseriu o §4º, no artigo 30, da Lei nº 12.973/2014, para impedir a exigência de outros requisitos ou condições, além daqueles estabelecidos pelo próprio artigo 30. Com a publicação, registro e depósito do incentivo do Distrito Federal em discussão nos autos, perante o CONFAZ, não são exigíveis outros requisitos para o reconhecimento da

retroatividade é absoluta; de outro lado, a 3ª Turma da CSRF considerou, por meio do acórdão nº 9303-006.715[24], que a retroatividade ocorre somente até a vigência da Lei 12.973/2014. Trata-se, assim, de legislação tributária que repercute em tributos de competência de diferentes turmas da CSRF.

A Resolução do Pleno da CSRF, nesse espectro, se destina justamente a viabilizar a uniformização das decisões divergentes proferidas no âmbito da instância especial do CARF, o que ocorre com relativa – e temerária – frequência. O mecanismo foi introduzido no RICARF aprovado pela Portaria 343/15, em substituição ao Recurso Extraordinário, antigamente previsto no RICARF aprovado pela Portaria MF 256/09.

Nesse particular, cabe destacar que, diferentemente do que ocorria no caso do Recurso Extraordinário, o rol de legitimados para provocar uma Resolução do Pleno *não* contempla justamente o maior interessado na uniformização da jurisprudência – o sujeito passivo. Isso, indiscutivelmente, limita o pleno exercício do contraditório e da ampla defesa no PAF, maculando de inconstitucionalidade o expediente em análise. No cenário atual, a emissão de uma Resolução do Pleno demanda a provocação por um dos legitimados, sem que, até que isso ocorra, haja previsão de suspensão da exigibilidade do crédito tributário.

Em conclusão, a Resolução do Pleno é um expediente que merece severas críticas, quando analisado sob o prisma da Constituição Federal de 1988. Talvez por suas características tão *sui generis* é que tal mecanismo não tenha sido aplicado desde a sua instituição, em 2015. Portanto, esperamos que, no futuro, seja reintroduzido no PAF, por meio de lei, um *recurso* que, em harmonia com os dispositivos constitucionais,

---

subvenção para investimento, além dos enumerados pelo artigo 30. O investimento em ativo permanente não consta do art. 30, da Lei nº 12.973/2014, sendo improcedente o lançamento fundado em tal exigência."

24. BASE DE CÁLCULO. EXCLUSÕES. SUBVENÇÃO. As receitas de subvenções integram a base imponível da Contribuição para o PIS/Pasep no sistema não cumulativo de apuração, uma vez que o legislador não tenha previsto nenhuma exclusão específica para ingressos dessa natureza.

se preste a uniformizar definitivamente a jurisprudência do órgão paritário de julgamentos do Ministério da Economia, de modo a prestigiar a isonomia e a impessoalidade, em contraponto ao atual cenário verificado no CARF.

4.3. Súmulas

O RICARF prevê, também sem base em lei, a possibilidade de vinculação dos conselheiros a teses já pacificadas no âmbito do CARF (artigo 62, § 1º, do Anexo II). Isso se dá por meio da aprovação, pelo Pleno da CSRF, de verbetes da súmula do órgão paritário de julgamentos do Ministério da Economia (artigo 72, do Anexo II).

O papel das súmulas, no contexto do PAF, é o de conferir celeridade processual aos julgamentos de matérias recorrentes e pacificadas, além, evidentemente, de projetar o entendimento sumulado entre as instâncias administrativas, já que boa parte dos verbetes, atualmente, vinculam inclusive as Delegacias da Receita Federal do Brasil de Julgamento (DRJs), de modo a preservar a estabilidade da jurisprudência administrativa, em compasso, inclusive, com o disposto no artigo 996, *caput*, do CPC de 2015[25].

Temos observado que, na gestão atual do CARF, tem havido um crescente número de verbetes aprovados pelo Pleno da CSRF. Considerando, portanto, que as matérias sumuladas impedem o manejo de recursos contra o entendimento jurisprudencial sedimentado, existe nítida tendência de redução do contencioso relativo a matérias recorrentes, sobretudo no que diz respeito à instância especial do CARF.

Admitindo, portanto, que as decisões do órgão paritário de julgamento do Ministério da Economia são de boa qualidade, a edição de súmulas é procedimento a ser enaltecido, por

25. "Art. 926. Os tribunais devem uniformizar sua jurisprudência e mantê-la estável, íntegra e coerente."

dialogar com a segurança jurídica e com a celeridade processual no âmbito do PAF.

5. A Importância do CPC de 2015 para a Uniformização das Decisões do CARF

O Código de Processo Civil ("CPC") de 2015 representa um divisor de águas para o PAF, sobretudo no que diz respeito à uniformização da jurisprudência do CARF. Conquanto seja uma norma geral – que, como tal, não modifica o Decreto 70.235/72 – o diploma processual, se devidamente aplicado, é um instrumento que viabiliza o pleno exercício do contraditório e da ampla defesa, permitindo o acesso à CSRF em situações em que antes de sua vigência acabavam por obstar, na prática, o manejo do apelo especial.

Particularmente sob o prisma da uniformização da jurisprudência do órgão paritário de julgamentos do Ministério da Economia, existem pelo menos duas hipóteses peculiares que demonstram que o CPC de 2015 contribuiu de forma valiosa para o devido processo legal: (i) não enfrentamento, pelos julgadores, de todos os fundamentos autônomos da acusação fiscal e dos recursos dos interessados; e (ii) o prequestionamento de que trata o artigo 1.025 do CPC – que, neste trabalho, trataremos como "prequestionamento ficto", expressão empregada pelo Superior Tribunal de Justiça ("STJ").

A análise da aplicação do CPC nestas hipóteses parte de uma preconcepção de que o diploma processual civil deve ser aplicado de forma *supletiva* e *subsidiária* ao PAF. No primeiro caso, como lecionam Paulo César Conrado e Rodrigo Dalla Pria[26], o que se supõe é a total ausência de especial norma reguladora do processo administrativo em que o Código de Processo Civil acaba por assumir a função 'normativo-subs-

---

26. CONRADO, Paulo César; PRIA, Rodrigo Dalla. *Aplicação do Código de Processo Civil ao Processo Administrativo Tributário*. *In*: CONRADO, Paulo César; ARAÚJO, Juliana Furtado Costa. *O Novo CPC e seu Impacto no Direito Tributário*. São Paulo: Fiscosoft, 2015, p. 251.

titutiva'; no segundo caso, de acordo com os mesmos autores, pressupõe-se alguma regulamentação, ostentando o Código de Processo Civil de 2015 função 'normativo-complementar'.

Passando à análise das hipóteses de interesse de nosso estudo, temos que, durante muito tempo, prevaleceu no CARF o entendimento de que o julgador administrativo não era obrigado a se manifestar sobre todos os fundamentos das acusações fiscais ou mesmo daqueles invocados nos recursos dos sujeitos passivos. Como exemplo de decisão nesse sentido, confira-se o acórdão nº 1302-001.616[27], no qual os Embargos de Declaração do sujeito passivo, apesar de admitidos, não foram providos. Em hipóteses como essa, o manejo do apelo especial era significativamente prejudicado, tendo em vista que, na ausência do enfrentamento de todos os fundamentos, apenas poderia ser objeto de recurso aquele que foi efetivamente apreciado e, portanto, existiria grandes chances de o RESP não ser conhecido por insuficiência recursal[28].

A ausência de obrigatoriedade de o julgador administrativo enfrentar todos os fundamentos autônomos, na vigência do CPC de 2015, esbarra no que atualmente estabelece o artigo 489, §1º, IV, do diploma processual. Com isso, não há dúvidas de que existe um dever do CARF de enfrentar todos os fundamentos autônomos – tanto da acusação fiscal quanto dos

27. "ALEGAÇÃO NÃO ENFRENTADA. OMISSÃO INEXISTENTE. REJEIÇÃO DOS EMBARGOS. O julgador não fica obrigado a manifestar-se sobre todas as alegações das partes, nem a ater-se aos fundamentos indicados por elas ou a responder, um a um, a todos os seus argumentos, quando já encontrou motivo suficiente para fundamentar a decisão, o que de fato ocorreu."

28. Confira-se, nesse sentido, o acórdão nº 9101-003.380, da 1ª Turma da CSRF: "INSUFICIÊNCIA RECURSAL. DECISÃO RECORRIDA COM DOIS FUNDAMENTOS INDEPENDENTES. RECURSO DEVOLVENDO APENAS UM FUNDAMENTO. Decisão recorrida afasta a sujeição passiva indireta com base em dois fundamentos independentes. Recurso especial enfrenta apenas o segundo fundamento, e não se pronuncia sobre o primeiro. Resta caracterizada a insuficiência recursal na medida em que o recurso, ainda que demonstre a divergência na interpretação da legislação tributária em face do segundo fundamento, não se mostra apto a afastar a responsabilização tributária, mantida com fulcro no primeiro fundamento não combatido."

recursos dos interessados. Deste modo, ainda que seja necessário o manejo de Embargos de Declaração como instrumento preparatório do RESP, a aplicação do CPC de 2015 no PAF faz com que as chances de o apelo especial ser conhecido sejam significativamente maiores, uma vez que, em sendo todos os fundamentos devidamente apreciados, não haverá que se falar em insuficiência recursal, sem prejuízo da necessidade de cumprimento dos demais pressupostos e requisitos de admissibilidade do apelo especial.

Em conexão com isso, cabe enaltecer também o prequestionamento ficto (artigo 1.025, do CPC), sem o qual, por vezes, não era viável o manejo do apelo especial, justamente na hipótese em que a decisão omissa não era devidamente saneada após a provocação em sede de Embargos de Declaração. Com efeito, o mencionado dispositivo legal permite que o requisito do prequestionamento seja devidamente suprido, viabilizando o manejo do apelo especial, conforme já reconhecido pela 1ª Turma da CSRF, por meio do acórdão nº 9101-003.484[29].

Em que pese, em nossa visão, a legislação do PAF ainda necessitar de uma significativa reforma, não há como negar que a aplicação subsidiária do CPC tem conferido maior efetividade ao devido processo constitucional, sobretudo no

29. "EMENTA: CONHECIMENTO. RECURSO ESPECIAL. SITUAÇÃO SIMILAR. NECESSIDADE DE INTIMAÇÃO DO EMBARGADO. EFEITOS INFRINGENTES AOS EMBARGOS. CPC, ARTS. 1025. Os acórdãos recorrido e paradigma guardam semelhança suficiente para justificar o conhecimento do recurso especial, considerando que ambos tratam de julgamento de embargos de declaração, com pedido de efeitos infringentes, sem a prévia intimação do embargado. Diante deste quadro, os Colegiados decidiram de forma distinta, enquanto a Turma a quo manifestou ser prescindível a intimação do embargado, no acórdão paradigma consta que haveria nulidade do julgamento dos embargos de declaração pela ausência de intimação do embargado. Recurso especial conhecido. [...] Voto Vencedor: [...] Pondero que, como explicita o artigo 1.025, do Código de Processo Civil, 'consideram-se incluídos no acórdão os elementos que o embargante suscitou, para fins de pré-questionamento, ainda que os embargos de declaração sejam inadmitidos ou rejeitados, com o tribunal superior considere existentes erro, omissão, contradição ou obscuridade'. Nesse panorama, conclui-se que nos presentes autos foram aplicadas normas do Regimento Interno do CARF Portaria MF 343/2015, dispensando-se a intimação do embargado (contribuinte naquela ocasião), a despeito do pedido de efeitos infringentes pelo embargante."

que diz respeito à uniformização das decisões proferidas no âmbito do CARF. Cabe, portanto, enaltecer e incentivar a sua aplicação no PAF.

6. Intervenção Judicial no PAF

A deficiência das normas que atualmente balizam o acesso à instância especial do CARF somada ao posicionamento por vezes enviesado e intransigente da CSRF acerca de matérias controversas que envolvem valores muito expressivos gerou, no contexto pós Operação Zelotes da história do CARF, um ambiente de desconfiança que tem levado muitos sujeitos passivos a tentar obstar o julgamento na instância máxima do órgão paritário de julgamentos do Ministério da Fazenda.

De fato, sem que haja uma percepção de imparcialidade nos julgamentos realizados na instância especial do CARF, é compreensível que os sujeitos passivos lancem mão de todos os meios possíveis para obstar o julgamento no âmbito da CSRF, quando já possuem uma decisão favorável, ou para garantir a admissão de seus recursos. Isso se dá mediante provocação do Poder Judiciário.

O caso mais emblemático sobre intervenção judicial[30] no PAF é justamente o caso de maior valor no acervo do CARF na atualidade (PAF nº 16327.720680/2013-61). No caso em comento, o sujeito passivo considerou – acertadamente – que o ato coator, para fins de objeção, via Mandado de Segurança, do apelo especial manejado pela PGFN seria o despacho de admissibilidade que deu seguimento ao RESP fazendário, o qual, face à ausência de similitude fática entre o paradigma ofertado pela representação fazendária, bem como à insuficiência recursal do apelo, não deveria ser admitido. A ação mandamental, portanto, se propôs a questionar a *admissibilidade* do RESP fazendário, antes mesmo que o colegiado se debruçasse sobre a questão do *conhecimento* do apelo.

---

30. Mandado de Segurança nº 1017987-56.2017.4.01.3400.

Inicialmente, foi concedida pela 13ª Vara Federal do Distrito Federal uma liminar para impedir a CSRF de apreciar o apelo especial manejado pela PGFN no bojo do processo nº 16327.720680/2013-61, pois a juíza responsável pelo caso entendeu que houve, de fato, irregularidade da admissibilidade do RESP. O fato curioso, no que diz respeito a este caso, ocorreu no âmbito do Tribunal Regional Federal da Primeira Região (TRF1), que cassou a liminar em comento, por considerar, dentre outros motivos, que a decisão poderia ter um efeito multiplicador, que, em última análise, poderia inviabilizar o funcionamento do CARF.

Em que pese a decisão do TRF1 tenha sido, posteriormente, revertida, cabe ponderar que o suposto efeito multiplicador de demandas semelhantes é originado pela irregularidade no procedimento de acesso à instância especial do CARF, e não pela busca legítima de uma tutela jurisdicional. Nos casos em que o Poder Judiciário, apesar de provocado, não intervém no PAF, o processo administrativo tem seu curso regular. De toda forma, não deixa de causar espécie o fato de o Poder Judiciário ter sua atuação freada, ainda que temporariamente, em razão de ter cumprido a função que lhe cabe no Estado democrático de direito.

Sem embargo, a Constituição Federal de 1988 assegura a inafastabilidade da prestação jurisdicional. Assim é que um fundamento tal como o utilizado pelo TRF1 para cassar a decisão proferida no bojo do Mandado de Segurança nº 1017987-56.2017.4.01.3400 não deveria ter guarida dos tribunais. Se houver vícios no procedimento de acesso à CSRF, o sujeito passivo possui direito líquido e certo de objetar a decisão administrativa que viabiliza o reexame do caso na instância especial.

Isso posto, parece-nos relevante enaltecer a função do Poder Judiciário, ainda que que a sua provocação implique na intervenção em ato da Administração Pública, como medida asseguradora do devido processo constitucional, ao revés dos excessos às vezes cometidos pela Administração Pública no PAF.

7. Conclusões

O estudo dos fundamentos constitucionais que demandam a uniformização das decisões proferidas no âmbito do CARF, bem assim como dos expedientes atualmente previstos na legislação tributária para que se opere de forma célere a formação de precedentes coesos no contencioso administrativo federal, permite as seguintes conclusões:

i. O PAF vive um momento de instabilidade nas relações entre Administração Pública e Administrados, notadamente no que diz respeito ao acesso à CSRF para que se opere a uniformização da jurisprudência do CARF;

ii. A uniformização da jurisprudência do CARF é, a um só tempo, um *dever* da Administração Pública e um *direito* dos administrados, e deve ocorrer de modo a prestigiar a segurança jurídica, a igualdade e a celeridade processual constitucionalmente asseguradas;

iii. É função da CSRF, por meio de colegiados singulares ou mesmo do Pleno, promover a correção das distorções geradas por decisões conflitantes surgidas tanto no âmbito do CARF ou mesmo entre as diferentes turmas que compõem a instância especial do órgão paritário de julgamentos do Ministério da Economia;

iv. Os expedientes atualmente previstos na legislação tributária se mostram insuficientes para promover a uniformização da jurisprudência do CARF, o que impede que haja plena segurança jurídica, igualdade e celeridade processual no PAF;

v. Enquanto não são supridas as deficiências da norma que regulamenta o acesso à CSRF para saneamento dos dissídios interpretativos, o CPC de 2015 desempenha um importante papel na conformação de mecanismos para que a jurisprudência do CARF seja uniformizada;

vi. Por não haver um ambiente de julgamento que inspire confiança na imparcialidade dos julgadores, as regras processuais têm sido utilizadas pelos sujeitos passivos para tentar obstar ou garantir o acesso à CSRF, conforme o caso, o que denota que a situação atual do CARF, no que diz respeito à uniformização de precedentes, subverte a própria racionalidade da existência da instância especial do órgão paritário de julgamentos do Ministério da Fazenda, à margem da instrumentalidade do processo;

vii. Uniformizar a jurisprudência do CARF é um desafio que demanda o aprimoramento constante das normas que regulam o acesso à CSRF, a fim de que o PAF possa conferir segurança jurídica aos administrados.

8. Referências

BOBBIO, Norberto. *Teoria do Ordenamento Jurídico*. 6 ed. Brasília: Editora Universidade de Brasília, 1995.

BRASIL, Ministério da Economia. Conselho Administrativo de Recursos Fiscais. Regimento Interno do Conselho Administrativo de Recursos Fiscais.

BRASIL, Ministério da Economia. Conselho Administrativo de Recursos Fiscais. Acórdão nº 9101-003.688.

BRASIL, Ministério da Economia. Conselho Administrativo de Recursos Fiscais. Acórdão nº 9303-006.011.

BRASIL, Ministério da Economia. Conselho Administrativo de Recursos Fiscais. Acórdão nº 9101-003.841.

BRASIL, Ministério da Economia. Conselho Administrativo de Recursos Fiscais. Acórdão nº 9303-006.715.

BRASIL, Ministério da Economia. Conselho Administrativo de Recursos Fiscais. Acórdão nº 9101-003.057.

BRASIL, Ministério da Economia. Conselho Administrativo de Recursos Fiscais. Acórdão nº 9202-005.443.

BRASIL, Ministério da Economia. Conselho Administrativo de Recursos Fiscais. Acórdão nº 9101-003.500.

BRASIL, Ministério da Economia. Conselho Administrativo de Recursos Fiscais. Acórdão nº 9303-003.834.

BRASIL, Ministério da Economia. Conselho Administrativo de Recursos Fiscais. Acórdão nº 9202-006.011.

BRASIL, Ministério da Economia. Conselho Administrativo de Recursos Fiscais. Acórdão nº 9101-003.606.

BRASIL, Ministério da Economia. Conselho Administrativo de Recursos Fiscais. Acórdão nº 9101-003.358.

BRASIL, Ministério da Economia. Conselho Administrativo de Recursos Fiscais. Acórdão nº 9303-004.337.

BRASIL, Ministério da Economia. Conselho Administrativo de Recursos Fiscais. Acórdão nº 9101-003.348.

BRASIL, Ministério da Economia. Conselho Administrativo de Recursos Fiscais. Acórdão nº 9101-002.728.

BRASIL, Ministério da Economia. Conselho Administrativo de Recursos Fiscais. Acórdão nº 9101-003.370.

BRASIL, Ministério da Economia. Conselho Administrativo de Recursos Fiscais. Acórdão nº 9101-003.009.

BUENO, CASSIO SCARPINELLA. *Manual de Direito Processual Civil.* 3 ed. São Paulo: Saraiva, 2017.

CONRADO, Paulo César; PRIA, Rodrigo Dalla. *Aplicação do Código de Processo Civil ao Processo Administrativo Tributário. In*: CONRADO, Paulo César; ARAÚJO, Juliana Furtado Costa. *O Novo CPC e seu Impacto no Direito Tributário.* São Paulo: Fiscosoft, 2015.

A EFICÁCIA DOS RECURSOS ADMINISTRATIVOS FRENTE AO VOTO DE QUALIDADE

Eric Simões Visini[1]

1. Introdução

Nos corredores do Conselho Administrativo de Recursos Fiscais ("CARF"), é cada vez mais frequente escutar questionamentos do tipo "se a ida ao Conselho se deve para *perder por empate*". O comentário tem origem no uso, cada vez mais frequente e desmedido, do voto de qualidade pelos presidentes da Câmara Superior de Recursos Fiscais, das câmaras, das suas turmas e das turmas especiais.

O "novo CARF", como ficou conhecido o órgão depois da reformulação pós-Operação Zelotes[2], tem sido colocado à prova desde sua reformulação, em um contexto totalmente des-

1. O autor é pós-graduado em Direito Tributário (*LL.M*) pelo INSPER, contador e advogado pela PUC-SP e membro do Instituto Brasileiro de Direito Tributário (IBDT). Advogado em São Paulo.

2. Deflagrada pela Polícia Federal do Brasil em 26 de março de 2015, a Operação Zelotes visava investigar um suposto esquema de corrupção no CARF, tendo resultado em prisões, cancelamentos de acórdãos e na reestruturação do Conselho.

favorável para um órgão paritário e que deveria refletir uma visão imparcial das discussões tributárias.

A despeito dos inúmeros ataques, ameaças de encerramento ou retirada dos representantes do contribuinte e outros desafios institucionais, o CARF, assim como os tribunais administrativos estaduais e municipais, representa um dos principais elementos de equilíbrio entre os sujeitos da relação jurídico-tributária.

Importante notar que o aumento do voto de desempate guarda relação umbilical com a aplicabilidade dos recursos administrativos garantidos constitucionalmente e da sua real eficácia, antecedendo inclusive as discussões acerca do *in dubio pro* contribuinte (art. 112 do Código Tributário Nacional – "CTN" – Lei 5.172, de 25 de outubro de 1966) e violação do princípio da isonomia, tão debatidos na doutrina.

Conforme estudo do Núcleo de Estudos Fiscais (NEF) da Fundação Getúlio Vargas de Direito de São Paulo[3], que analisou a jurisprudência formada pelo "novo CARF" em acórdãos publicados até 30 de junho de 2016, 77,4% (setenta e sete, vírgula quatro por cento) dos casos em que houve voto de qualidade a Fazenda Nacional obteve decisão favorável. Já na Câmara Superior este percentual salta assustadores 100% (cem por cento), ou seja, a totalidade dos julgados.

Assim, o ponto central de análise do presente artigo seria responder se a preponderância do voto de qualidade demonstraria de alguma forma a violação do direito do contribuinte em ter seus recursos administrativos julgados com imparcialidade, em busca da verdade material.

2. Breve contextualização dos institutos abordados

Antes de aprofundar a relação entre o uso do voto de qualidade e os princípios basilares do processo e dos recursos

3. https://www.jota.info/opiniao-e-analise/artigos/observatorio-carf-o-voto-de-qualidade-em-numeros-12082016

administrativos, há que se fazer uma breve análise dos institutos que serão objeto central na discussão para que as conclusões não sejam afetadas por premissas equivocadas.

Neste sentido, por ordem de clareza, serão abordados separadamente os fundamentos do processo administrativo tributário, dos recursos administrativos em âmbito federal e do voto de qualidade, para somente depois, em tópico separado analisar a relação entre os institutos e as conclusões cabíveis.

2.1 Processo Administrativo Tributário

De ordem constitucional[4], o processo administrativo é a principal garantia na relação entre administrador e administrado, incluindo a sua face tributária. Neste sentido, o processo administrativo tributário deve ser compreendido, em seu sentido amplo, pela série concatenada de atos e fatos para o alcance, na justa medida, dos interesses estatais e dos contribuintes.

Tendo em vista sua origem constitucional, emergem diversos princípios[5], alguns próprios do processo administrativo e outros relacionados com as atividades do administrador, mas que influenciam diretamente na estruturação do contencioso administrativo.

Assim, é imperioso destacar suscintamente os princípios do: (i) contraditório (e ampla defesa), (ii) autotutela, (iii) boa-fé, (iv) da verdade material, (v) motivação e (vi) segurança jurídica.

A esse respeito, é importante mencionar que o conteúdo do princípio do contraditório consiste na determinação de que, no processo administrativo, os litigantes tenham: (i) acesso a todos os atos processuais; (ii) acesso aos argumentos

---

4. "Art. 5º (...)
LV – aos litigantes, em processo judicial ou administrativo, e aos acusados em geral são assegurados o contraditório e ampla defesa, com os meios e recursos a ela inerentes; (...)"

5. Importante notar que o estudo dos princípios administrativos requer uma profunda análise, os quais seriam passíveis de um livro próprio, mas que aqui serão citados aqueles de maior valia para a análise proposta.

e provas daquele que, em face dele, promove uma dada ação; (iii) direito de apresentação de defesa e recurso, preenchidos os requisitos; e que (iv) a defesa seja processada e julgada de forma imparcial, de modo que os litigantes possam exercer de forma plena o seu direito de defesa.

Destes elementos decorre não bastar que o julgamento fique limitado a um evento formal e simplesmente procedimental, sendo necessário observar que, a eventual relativização do julgamento e uma decisão parcial fundamentada unicamente em convicções ideológicas, feriria o princípio do contraditório e da ampla defesa.

Com base nestes elementos, conclui-se que julgamento tem como fundamento preliminar resguardar princípios como o da ampla defesa e do contraditório, não bastando, portanto, estar pautado unicamente em convicções ideológicas, limitando-se ao evento formal de maneira exclusivamente procedimental.

Por sua vez, pelo princípio da autotutela compreende-se um "dever/ser" da administração pública em rever, de forma neutra, os atos praticados pelas pessoas administrativas, na forma prevista em lei. Dito princípio tem como fundamento de origem o cumprimento, na justa medida, dos objetivos estatais, sem que incorra em abusos ou omissões, devendo ainda ocorrer de forma prévia ao controle externo e prestigiando a economia dos recursos públicos.

De acepção mais lógica é o fato de que o processo administrativo deve ser conduzido por todos os envolvidos por meio da "boa-fé". Diferentemente do que se nota implícito em grande parte dos julgamentos, a boa-fé deve ser compreendida de forma recíproca e denota que todos os envolvidos devem esforçar-se para que os atos processuais atendam aos fundamentos para os quais foram concebidos.

Por sua vez, o princípio da verdade material é a própria razão de existir do processo administrativo, motivo pelo qual prescinde a formalidade existente no processo judicial.

A verdade material prestigia a análise dos fatos, tal qual ocorrido na realidade, sendo minimizadas as formas adotadas e, ainda que possa ser analisada sob óticas distintas, a verdade deve ser obtida pela verificação detalhada das provas, de modo que o julgador do caso esteja despido de pré-julgamentos, conforme os ensinamentos do ilustre professor Celso Antonio Bandeira de Mello[6]:

> Já a motivação processual é outro elemento implícito ao julgamento, protegendo o interesse arrecadatório e coletivo, mas sem que o contribuinte tenha sua autonomia ferida. Deste modo, é necessário que as decisões proferidas sejam justificadas, especialmente quando em um julgamento paritário em que for verificado o empate no número de votos.

Adicionalmente, há ainda que se ter atenção especial para que a motivação não seja erroneamente confundida com o motivo que ensejou a decisão tomada, sendo que, a mera capitulação legal de um fato, não seria elemento suficiente para atender dito mandamento principiológico, como previsto nos ensinamentos de Maria Sylvia Zanella Di Pietro.[7]

Por fim, considerando a classificação proposta pelo prof. Paulo de Barros Carvalho[8], os princípios jurídicos são

---

6. "Consiste em que a Administração, ao invés de ficar restrita ao que as partes demonstrarem no procedimento, deve buscar aquilo que é realmente a verdade, com prescindência do que os interessados hajam alegado e provado como bem o diz Héctor Jorge Escola. Nada importa, pois, que a parte aceite como verdadeiro algo que não o é u que negue a veracidade do que é, pois no procedimento administrativo, independentemente do que haja sido aportado aos autos pela parte ou pelas partes, a Administração deve sempre buscar a verdade substancial. O autor citado escora esta assertiva no dever administrativo de realizar o interesse público." DE MELLO, Celso Antônio Bandeira. *Curso de Direito Administrativo*. São Paulo. Ed. Malheiros. 2009. P. 497.

7. Não se confundem motivo e motivação do ato. Motivação é a exposição dos motivos, ou seja, é a demonstração, por escrito, de que os pressupostos de fato realmente existiram. Para punir, a Administração deve demonstrar a prática da infração. A motivação diz respeito às formalidades do ato, que integram o próprio ato, vindo sob a forma de «considerada»; outras vezes, está contida em parecer, laudo, relatório, emitido pelo próprio órgão expedidor do ato ou por outro órgão, técnico ou jurídico, hipótese em que o ato faz remissão a esses atos precedentes. O importante é que o ato possa ter a sua legalidade comprovada". DI PIETRO, Maria Sylvia Zanella. *Direito administrativo* – 25. ed. – São Paulo: Atlas, 2012. p. 217).

8. CARVALHO, Paulo de Barros - *Curso de Direito Tributário* - 25ª Edição 2013, São Paulo: Editora Saraiva. Pg. 105.

segregados em limites objetivos e valorativos, temos que a segurança jurídica é o principal representante do segundo grupo, estando ali presentes os elementos propostos[9] em razão da sua construção histórica, cultural e social, podendo ser assim encarado a como a própria finalidade em si da ciência jurídica.[10]

Assim a segurança jurídica revela-se como direito fundamental (direito republicano ou direito de terceiro grau), possuindo duas faces: uma configurada na legislação que protege o cidadão contra o Estado e que simultaneamente garante ao Estado os meios necessários para que seus anseios sejam tutelados; e outra representada pela garantia ao processo judicial e administrativo.

A segurança jurídica é indissociável do ideal de justiça[11] sendo essencial a busca de equilíbrio um equilíbrio entre ambos de modo a proporcionar harmonia ao ordenamento, sendo a segurança, quando aplicada ao direito público, uma via de duas mãos, na qual tanto o administrador quanto o administrado possuem fé naquilo que positivado na legislação e decidido nos tribunais. Desta forma, este princípio guarda profunda relação com o processo administrativo tributário[12]:

9.Biolaridade; implicação; referibilidade; preferibilidade; incomensurabilidade; endência à raduação hierárquica; objetividade; historicidade; inexauribilidade; aributividade; indefinibilidade; e vocação para expressar-se em termos normativos.

10. "Nota-se, pois, que a antítese do Estado de Direito revela-se por meio da insegurança jurídica. Mas não apenas isso. Como as garantias fundamentais veiculadas no art. 5º da CF resguardam esse princípio fundamental, a insegurança jurídica denuncia o Estado que desprestigia os mais basilares fundamentos do Estado de Direito, o que não se compadece com as feições do osso Estado democrático de Direito." ZOCKUN, Maurício – *Regime jurídico da obrigação tributário acessória* – 2005 São Paulo: Malheiros. Pg. 147.

11. CARVALHO, Paulo de Barros - *Curso de Direito Tributário* - 25ª Edição 2013, São Paulo: Editora Saraiva. Pg. 109.

12. "[...] o conceito de segurança jurídico-tributária pode ser definido como uma norma-princípio que exige dos Poderes Legislativo, Executivo e Judiciário a adoção de comportamentos que contribuam mais para a existência, em benefício dos contribuintes e na sua perspectiva, de um elevado estado de confiabilidade e de calculabilidade jurídica, com base na sua elevada cognoscibilidade, por meio da controlabilidade

Sem que façamos confusão com o princípio da certeza do direito – embora também o pudéssemos evocar para o presente fim[13] - a segurança jurídica é o sobreprincípio que confere aos contribuintes, no âmbito tributário, a garantia de respeito a seus direitos fundamentais, é aquele que protege o sujeito passivo do abuso do sujeito ativo, é quem, segundo Humberto Ávila[14], confere cognoscibilidade[15] à relação tributária e que tem uma das suas externalizações o processo administrativo. De modo que não é incorreto dizer que o processo administrativo tributário é o melhor exemplo da segurança jurídica na relação fisco/contribuinte.

É ainda importante destacar que, embora os julgadores representantes dos contribuintes sejam essencialmente figuras alheias a administração pública, a estes sub-rogam-se os princípios e mandamentos supramencionados, ainda que os mandamentos sejam direcionados, preliminarmente, às pessoas vinculadas a administração.

Uma vez pontuados os princípios norteadores e de maior importância para nossa análise, se faz necessário um breve estudo dos textos legais que conferem validade e regulamentam o processo administrativo.

---

jurídico-racional das estruturas argumentativas reconstrutivas de normas gerais e individuais, como instrumento garantidor do respeito à sua capacidade de, sem engano, frustração, surpresa ou arbitrariedade, plasmar digna e responsavelmente o seu presente e fazer um planejamento estratégico informado do seu futuro." ÁVILA, Humberto; - *Segurança Jurídica – Entre permanência, mudança e realização no Direito Tributário* - 2ª Edição 2012. São Paulo: Editora: Malheiros. Pg. 289.

13. CARVALHO, Paulo de Barros - Curso de Direito Tributário - 25ª Edição 2013, São Paulo: Editora Saraiva. Pg. 199.

14. ÁVILA, Humberto; - *Segurança Jurídica – Entre permanência, mudança e realização no Direito Tributário* - 2ª Edição 2012. São Paulo: Editora: Malheiros. Pg. 691.

15. Cognoscibilidade significa um estado de coisas em que os cidadãos possuem, em elevada medida, a capacidade de compreensão material e intelectual, de estruturas argumentativas reconstrutivas de normas gerias e individuais, materiais e procedimentais, minimamente efetivas, por meio da sua acessibilidade, abrangência, clareza, determinabilidade e executoriedade

Neste sentido, merecem destaques o art. 142[16] do CTN, que determina a necessidade do processo administrativo na constituição do crédito tributário lançado de ofício pela autoridade fazendária e o Decreto 70.235/72[17], que regulamenta o processo administrativo tributário federal.

Frise-se que tanto o Código quanto o Decreto, embora anteriores à Constituição Federal de 1988, foram recepcionados pela Carta Magna com força de lei complementar e lei em sentido material[18], respectivamente.

O artigo 142 do CTN trata genericamente de uma das formas de inauguração de um processo administrativo tributário, qual seja, o lançamento do crédito, via auto de infração, que instaura a lide administrativa e confere ao contribuinte a faculdade de defesa, via impugnação.

Por sua vez, o Decreto 70.235/72, que originalmente regulamenta apenas a cobrança de créditos tributários e o processo de consulta, após diversas modificações, passou a tratar também dos processos de indeferimento de compensações tributárias, exclusão do Simples Nacional, dentre outros ritos.

Em que pese o fato de, em 29 de janeiro de 1999, ter sido publicada a Lei 9.784, regulamentando o processo administrativo geral federal, é preciso mencionar que própria legislação destacou que, na hipótese de existir regulamentação própria,

---

16. Art. 142. Compete privativamente à autoridade administrativa constituir o crédito tributário pelo lançamento, assim entendido o procedimento administrativo tendente a verificar a ocorrência do fato gerador da obrigação correspondente, determinar a matéria tributável, calcular o montante do tributo devido, identificar o sujeito passivo e, sendo caso, propor a aplicação da penalidade cabível.
Parágrafo único. A atividade administrativa de lançamento é vinculada e obrigatória, sob pena de responsabilidade funcional.

17. Frise-se que, embora existam normas que regulamentem o processo administrativo tributário nos demais entes federativos, aqui, por uma questão de pertinência, nos ateremos ao processo administrativo tributário federal.

18. Adin's 1.922-9 e 1.976-7.

a nova norma não seria aplicável a estes casos, caso do processo administrativo tributário[19].

Assim, a normatização do processo administrativo tributário federal atual é regida pelo Decreto de 1972, com alterações posteriores, e em conexão com o Regimento Interno do CARF (atual "Portaria MF 343/2015"). Ali estão compreendidos os elementos para todas as fases procedimentais, prazos, regras para composição das câmaras, dentre outros pontos fundamentais.

2.2 Recursos cabíveis no Processo Administrativo Tributário Federal

Como mencionado anteriormente e como regra geral, o processo administrativo de exigência de crédito tributário tem seu início[20] com o lançamento de ofício, por meio de auto de infração[21], do qual, uma vez o contribuinte intimado por uma das formas previstas (i.e.: pessoal, postal, eletrônica), caberá a este apresentar impugnação[22], no prazo de até 30 (trinta) dias.

Da decisão de primeira instância inaugura-se a fase recursal do processo administrativo.

Etimologicamente, *recurso* advém do latim *recursus*, no sentido de desfazer um caminho já trilhado, sobre a

---

19. Art. 69. Os processos administrativos específicos continuarão a reger-se por lei própria, aplicando-se-lhes apenas subsidiariamente os preceitos desta Lei.

20. Note que a fase fiscalização não é formalmente um processo administrativo tributário convencional, consistindo em uma fase inquisitiva, na qual o agente fiscal reúne provas para constituição do auto de infração caso sejam constatadas irregularidades.

21. Art. 9º do Decreto 70.235/72 - A exigência do crédito tributário e a aplicação de penalidade isolada serão formalizados em autos de infração ou notificações de lançamento, distintos para cada tributo ou penalidade, os quais deverão estar instruídos com todos os termos, depoimentos, laudos e demais elementos de prova indispensáveis à comprovação do ilícito.

22. Art. 15. A impugnação, formalizada por escrito e instruída com os documentos em que se fundamentar, será apresentada ao órgão preparador no prazo de trinta dias, contados da data em que for feita a intimação da exigência.

possibilidade de voltar e literalmente "fazer de novo um caminho", ou seja, da formação do prefixo *re*, "outra vez", associada a *cursus*, "carreira, caminho".

No sentido estrito, recurso é todo meio ou instrumento destinado a buscar a revisão de uma decisão[23], também aplicável ao âmbito administrativo[24].

Assim, para fins do processo administrativo, da decisão que julgar a impugnação do contribuinte, duas são as espécies de recursos direcionáveis ao CARF: (i) de ofício, reservado às autoridades fazendárias quando a decisão exonerar o contribuinte do pagamento de tributo e encargos de multa, em valor total superior a R$ 2.500.000,00 (dois milhões e quinhentos mil reais)[25]; e/ou[26] (ii) voluntário, cabível ao contribuinte nas hipóteses em que seu pleito não for atendido pela decisão de primeira instância[27].

Por seu turno, das decisões proferidas pelos colegiados do CARF, 3[28] (três) outros recursos são cabíveis: (i) embargos

---

23. "Recurso. Do latim recursos, possui o vocábulo, na terminologia jurídica, um sentido amplo e um sentido estrito.
Em sentido amplo, recurso é todo remédio, ação ou medida ou todo socorro, indicados por lei, para que se proteja ou se defenda o direito ameaçado ou violentado.
Mas em sentido restrito, naquele em que é tido na linguagem forense, recurso corresponde a provocatio dos romanos: é a provocação a novo exame dos autos para emenda ou modificação da primeira sentença, segundo bem define João Monteiro" SILVA, De Placido e – *Vocabulário Jurídico*. 2010, 28ª edição. Editora Forense. pg. 1165.

24. SILVA, De Plácido e – *Vocabulário Jurídico*. 2010, 28ª edição. Editora Forense. pg. 1165.

25. Portaria 63, de 9 de Fevereiro de 2017, do CARF

26. Ambos recursos são aplicáveis quando não dado provimento integral a qualquer das alegações trazidas pelo fisco e contribuinte.

27. Art. 33 do Decreto 70.235/72. Da decisão caberá recurso voluntário, total ou parcial, com efeito suspensivo, dentro dos trinta dias seguintes à ciência da decisão.

28. Art. 64 do Regimento Interno do CARF. Contra as decisões proferidas pelos colegiados do CARF são cabíveis os seguintes recursos:
I - Embargos de Declaração;
II - Recurso Especial; e
III - Agravo. (Redação dada pela Portaria MF 152, de 2016)
Parágrafo único. Das decisões do CARF não cabe pedido de reconsideração.

de declaração, em caso de obscuridade, omissão ou contradição entre a decisão e os seus fundamentos, ou ainda nos casos em que existir omissão relativa ao ponto sobre o qual deveria pronunciar-se a turma; (ii) recurso especial, cabível contra decisão que der à legislação tributária interpretação divergente da que lhe tenha dado outra câmara, turma de câmara, turma especial ou a própria Câmara Superior de Recursos Fiscais; e (iii) agravo, em relação ao despacho que negar seguimento, total ou parcial, ao recurso especial.

Ainda que cada um dos remédios supramencionados guarde sua própria característica e cabimento, todos mantém a natureza recursal em função de ser interpostos em face de uma decisão, seja ela de primeira ou segunda instância.

Não obstante, todos os recursos indicados são formas garantidoras do princípio do duplo grau de jurisdição e que, ainda que exista a divergência doutrinária acerca de qual a sua natureza[29] (i.e.: constitucional ou infraconstitucional), tem de ser observado tanto em âmbito judicial quanto em âmbito administrativo, exceção feita aos casos em que expressamente inexiste o cabimento do duplo grau.

Assim, o recurso é mais que um mero instrumento procedimental, é a garantia de que inexistirão abusos e que, em regra, toda decisão será analisada ao menos duas vezes por pessoas distintas o que garantirá, em tese, uma decisão mais próxima à realidade.

2.3 Voto de Qualidade

Regulamentado pelo §9º, do art. 25, do Decreto 70.235/1972, com redação dada pela Lei 11.941/2009[30], o voto

---

29. Tendo em vista que a discussão foge do aspecto proposto no artigo e que o tema justifica uma análise própria, não nos alongaremos na discussão, de modo que acreditamos que o princípio possui índole constitucional, ainda que não de forma expressa.

30. Art. 25 do Decreto 70.235/1972 (...)
§ 9º Os cargos de Presidente das Turmas da Câmara Superior de Recursos Fiscais,

de qualidade consiste brevemente na atribuição conferida aos presidentes da Câmara Superior de Recursos Fiscais, das câmaras, das suas turmas e das turmas especiais para decidir em caso de empate.

O mesmo dispositivo estabelece que a presidência das câmaras será obrigatoriamente exercida por conselheiros representantes da Fazenda Nacional, enquanto a vice-presidência será exercida necessariamente por um representante dos contribuintes, corroborando no fato de que o voto de desempate sempre será exercício, quando necessário, por um representante fazendário.

Tal "formação" é objeto de grande discussão por parte da doutrina, já que esta "desigualdade de poderes" iria de encontro ao preceito basilar de um órgão que se propõe a ser paritário e que feriria a aplicação mais favorável ao contribuinte prevista no CTN, tendo inclusive sido objeto de diversas decisões judiciais desencontradas sobre a matéria[31]

---

das câmaras, das suas turmas e das turmas especiais serão ocupados por conselheiros representantes da Fazenda Nacional, que, em caso de empate, terão o voto de qualidade, e os cargos de Vice-Presidente, por representantes dos contribuintes

31. "AGRAVO DE INSTRUMENTO. MANDADO DE SEGURANÇA. TRIBUTÁRIO. VOTO DE QUALIDADE. CARF. LEGALIDADE.
1 - Não pode ser analisada, neste momento de cognição sumária a alegação da recorrente, incidenter tantum, de inconstitucionalidade do artigo 25, §9º, do Decreto 70.235/72, sob pena de se esgotar o objeto da ação principal e de supressão de grau de jurisdição.
2 - O voto de qualidade está previsto no Regimento Interno do CARF, no artigo 54, bem como no artigo 25, do Decreto 70.235/72.
3 - É dever dos conselheiros do CARF agir com respeito à imparcialidade, independentemente de serem representantes da Fazenda Nacional ou dos contribuintes, não podendo supor que atuem com imparcialidade.
4 - Afastada a alegação quanto à violação aos princípios da isonomia e da imparcialidade.
5 - A situação tratada nos autos, não dá margens a qualquer interpretação, razão pela qual não se sustenta a alegação de aplicação do artigo 112, do CTN. O que houve foi o julgamento de questão, prevalecendo o voto de qualidade, por expressa previsão legal.
6 - Agravo de instrumento a que se nega provimento."
Agravo de Instrumento 5016338-46.2017.4.03.0000 RELATOR: Gab. 12 - DES. FED. MARLI FERREIRA

É bem verdade que o, em regra, os contribuintes dispõem de ferramentas que muitas vezes a Fazenda Nacional não dispõe, como a possibilidade de se socorrer do judiciário caso o processo administrativo termine de forma desfavorável, mas também é necessário que observemos que a judicialização do tema muitas vezes acarreta muitos prejuízos ao contribuinte que pode ser obrigado a garantir o débito discutido, incorrendo em valores elevados para o oferecimento de uma garantia, e ter sua regularidade fiscal negativada, tudo isto em um processo que pode ter sido encerrado na fase administrativa empatado.

Como muito bem observado por Douglas Stelet Ayres Domingues[32] em artigo recente, o CARF, ciente das diversas discussões acerca do voto de qualidade em sua nova composição e do estudo produzido pelo NEF/FGV, elaborou seu próprio relatório indicando que apenas 7,3% (sete vírgula três por cento)[33] dos acórdãos proferidos entre janeiro de 2016 e agosto de 2016 teriam sido decididos por voto de qualidade e que 66,3% (sessenta e seis vírgula três) e 26,4% (vinte e seis vírgula quatro por cento) dos votos decididos por unanimidade e maioria, respectivamente, seriam favoráveis aos contribuintes.

A despeito dos números aparentemente favoráveis, é curioso notar a análise desconsidera os efeitos dos recursos repetitivos[34], já que quando julgados em conjunto, todos os casos analisados sob o prisma de recuso paradigma são considerados apenas como apenas 1 (um) caso e, principalmente, que a análise é baseada em elementos meramente quantitativos, e não qualitativos, e que, ainda assim, 69,47% (sessenta e nove

32. DOMINGUES, Douglas Stelet Ayres - A correta aplicação do voto de qualidade no âmbito do Conselho Administrativo de Recursos Fiscais (CARF) sob a ótica do art. 112 do CTN. in: *Revista Direito Tributário Atual* – IBDT v. 40. 2018. Pgs. 166 à 189.

33. http://idg.carf.fazenda.gov.br/noticias/2017/relatorio-julgamento-2016-v3.pdf, Acessado em 10 de maio de 2019.

34. DOMINGUES, Douglas Stelet Ayres - A correta aplicação do voto de qualidade no âmbito do Conselho Administrativo de Recursos Fiscais (CARF) sob a ótica do art. 112 do CTN. in: *Revista Direito Tributário Atual* – IBDT v. 40. 2018. Pgs. 174.

vírgula quarenta e sete por cento) dos julgamentos decididos pelo voto de qualidade são favoráveis à Fazenda Nacional.

Em outras palavras, isto significa dizer que na análise proposta pelo CARF os efeitos decorrentes dos valores dos processos envolvidos foram anulados pela análise quantitativa, sendo que, como de conhecimento geral, no CARF é possível localizar processos de poucos milhares de reais até processos da ordem de bilhões, que deveriam ter sido levados em conta com pesos distintos, já que os efeitos para as partes são proporcionais aos valores das causas.

Neste mesmo sentido, importante mencionar que as matérias indicadas no relatório com CARF como aquelas decididas por voto de qualidade, sabidamente, envolvem processos de valores relevantes para Fazenda Nacional.[35]

Ainda que considerado apenas o percentual indicado de 7,3% (sete vírgula três por cento), é de se espantar que somente 30,53% (trinta vírgula cinquenta e três por cento) deste universo foi decidido de favorável aos contribuintes.

---

35. (i) Trava de 30% na Compensação de Prejuízos no Encerramento de Atividades; (ii) Concomitância de Multa Isolada Estimativas e Multa de Ofício - Fatos Geradores sob a vigência da redação atual do art. 44 da Lei nº 9.430/1996; (iii) Preços de Transferência - Inclusão Frete/Seguro/Tributos no Cálculo do Preço Parâmetro; (iv) Preços de Transferência - Ilegalidade da IN SRF nº 243/2002; (v) Ágio Transferido; (vi) Ágio Interno; (vii) Coisa Julgada no Âmbito da CSLL; (viii) Lucros no Exterior - Acordo Bitributação; (ix) Multa isolada aplicada após o encerramento do ano-calendário; (x) Juros Sobre Capital Próprio - Períodos Anteriores; (xi) Subvenções para Investimento - Caracterização ; (xii) Juros sobre Multa; (xiii) Contribuição Previdenciária - Adicional de Férias; (xiv) APP (Área de Preservação Permanente) e ARL (Área de Reserva Legal); (xv) IRPF - Capitalização de Lucros versus Ganho de Capital; (xvi) Contribuição Previdenciária - Multa por Compensação Indevida; (xvii) Contribuições Previdenciárias - Participação nos Lucros ou Resultados (PLR); (xviii) IRPF - Rendimentos Recebidos Acumuladamente; (xix) Contribuições Previdenciárias – SENAR; (xx) Incidência da correção monetária sobre os créditos escriturais do IPI; (xxi) Receitas de intermediação das instituições financeiras. Base de cálculo PIS/Cofins; (xxii) Drawback - termo inicial para a contagem do prazo decadencial; (xxiii) Drawback Suspensão - aplicação do princípio da vinculação física; e (xxiv) Regimes aduaneiros especiais - validade do auto de infração lavrado em substituição à execução do termo de responsabilidade.

Assim, cientes de que o voto de qualidade tem sido usado de forma maior àquela a qual foi concebido e que sua utilização se dá preponderantemente em favor do fisco, a presente análise se faz pertinente e, mais que uma conclusão definitiva, é necessário trazer ao centro do debate o quanto o voto de qualidade fere os princípios do processo administrativo tributário, especialmente, quando utilizado de maneira desproporcional.

Adicionalmente, há que se fazer uma análise de o quanto a utilização de conceitos pré-concebidos na formalização de decisões administrativas é pautada posicionamentos ideológicos dos conselheiros envolvidos.

3. A relação entre os princípios do processo administrativo e o voto de qualidade

Como analisado até aqui, o processo administrativo tributário consiste em um preceito constitucional, uma garantia tanto para Fazenda Nacional quanto para os contribuintes, e que sua existência somente se justifica se garantidas todas as suas extensões, incluindo o acesso ao duplo grau de jurisdição.

Nesta linha, temos que o duplo grau somente é possível com a preservação do acesso aos recursos administrativos previstos no ordenamento.

A mera existência dos processos e dos recursos não garante a tutela dos preceitos constitucionais, para tanto, é necessário que ambos sejam conduzidos de forma imparcial em busca da verdade material.

Caso inexista a isenção proposta pelos fundamentos de validade e principiológicos do processo, seja ele judicial ou administrativo, há um claro esvaziamento da sua razão de existir e, consequentemente, flagrante violação de preceitos constitucionais.

É sabido que o CARF dispõe de autonomia própria e que a imputação de imparcialidade de qualquer uma das partes é demasiadamente precipitada, ainda mais quando feita de forma generalizada. Entretanto, é indissociável do ser-humano a adoção de ideologias particulares com base na sua história pessoal, ainda que de forma não declarada e não proposital.

É certo que, ao lermos um artigo jurídico, o que encontramos ali é uma análise de um determinado fato a partir da visão própria do seu autor, ou seja, muitas vezes, embora carregado de técnica, o texto apresenta as conclusões (e por vezes as premissas) a partir da ideologia[36] de quem o escreve, o que fatalmente também ocorre no presente estudo de alguma forma. Segundo Marco Aurélio Grecco[37] a ideologia de quem se manifesta é um fato altamente relevante para quem lê, para que assim seja formado um juízo mais equilibrado do ponto em análise.

Da mesma forma, é sabido que a opinião de um mesmo fato variará conforme o operador que analisa um dado evento, ainda que investido dos poderes de conselheiro do CARF.

---

36. GRECO, Marco Aurélio - *Planejamento tributário*. São Paulo: Dialética, 2011.. 3. ed. Pg. 22 "Assim, antes de iniciar um debate sobre planejamento, é preciso identificar a ideologia de quem está se manifestando, porque se ele professar uma ideologia liberal clássica, quase certamente defenderá a concepção de uma ampla liberdade – para não dizer ilimitada – do contribuinte, ao mesmo tempo em que afirmará que o Fisco não pode desconsiderar os atos realizados, pois não existem as figuras da fraude à lei e do abuso de direito em matéria tributária no Brasil e assim por diante.
Por outro lado, se a ideologia for eminentemente social, certamente defender-se-á que o planejamento tributário é uma conduta sempre inaceitável porque frustra o atingimento da capacidade contributiva, quebra a isonomia e agride a solidariedade social, razão pela qual a interpretação da norma tributária deve dar proeminência à substância econômica do negócio jurídico e não à sua dimensão jurídica. [...]."

37. GRECO, Marco Aurélio - *Planejamento tributário*. São Paulo: Dialética, 2011. 3. ed. Pg. 308. "Aliás, o debate ideológico está na base dos questionamentos neste tema, pois dependendo da hierarquia de valores adotada pelo intérprete, será a sua concepção de Estado e do relacionamento Fisco e contribuinte. Direito e ideologia são faces da mesma moeda e felizmente é possível discutir concepções ideológicas. Prefiro que a ideologia entre explicitamente pela porta da frente do debate do que disfarçada debaixo de uma capa de legalidade ou segurança "neutras"; ou então disfarçada de uma "verdade cientificamente incontestável". Nunca o texto escrito deu segurança a ninguém, a segurança jurídica nunca esteve em qualquer texto escrito, mas nos valores defendidos por aquele que vai tomar a decisão. Só que isso fica muitas vezes encoberto pela ideia de segurança, que já foi a segurança do Estado, ou a doutrina da segurança nacional, Já tivemos várias seguranças, não apenas a segurança jurídica. Felizmente podemos discutir ideologicamente um tema e fazê-lo de forma explícita, pois só assim construiremos nossa própria experiência dentro de um Estado pluralista. (...)
Este viés ideológico explícito é que será um dos elementos principais na transição que vai do modelo liberal clássico de predomínio da liberdade e da vontade individual para um contexto da CF/88, em que o perfil social-liberal se apresenta com sua riqueza de matizes e, ao mesmo tempo, complexidade de composições de valores a serem feitas."

Contudo, até que ponto a ideologia de um conselheiro do CARF, seja ele representante da Fazenda ou do contribuinte, deve prevalecer ou ser externada em um julgamento?

Se o voto de qualidade se faz necessário, significa dizer que 8 (oito) pessoas, altamente qualificadas, posicionaram-se em, ao menos, dois grupos com opiniões distintas sobre o mesmo evento. Tal fato seria normal se as decisões proferidas pelo voto de desempate do presidente se aproximassem da casa dos 50% (cinquenta por cento) para cada uma das partes, mas não com a razão de 70% - setenta por cento/30% - trinta por cento[38] atualmente verificada.

Não que estes dados representem que os conselheiros de forma deliberada tenham votos parciais, mas sim que a ideologia posta afeta a análise dos recursos em questão;

Em tese, este desequilíbrio demonstraria ainda que, ou os conselheiros representantes fazendários estariam votando com uma ideologia previamente fiscalista, ou os conselheiros representantes dos contribuintes estariam votando com uma ideologia previamente pró contribuinte (ou até mesmo os dois fatos), o que não parece ser o ideal de constituição do CARF ou qualquer órgão paritário.

Ainda que nos pareça constitucionalmente claro o direito a que cada um adote uma postura pessoal baseada em ideias sócio e político-econômicos, não parece arrazoado que isto seja imputado ao Conselho, uma vez que os mandatos são temporários e o que deveria prevalecer como exemplo de justiça fiscal é a imparcialidade, justa medida e o equilíbrio na relação entre Estado e contribuinte.

Não é concebível que a jurisprudência ao longo dos anos seja tão pendular quanto a verificada na última década do Conselho e que tantos casos tenham de ser decididos pelo voto de desempate.

---

38. Levando em conta o relatório do CARF. Lembrando que em análise do NEF/FGV a proporção salta para 77%/23%, pró fisco.

4. Conclusões

O presente artigo foi estruturado de forma a analisar a utilização dos recursos administrativos e seu alcance no CARF, bem como se o voto de qualidade afetaria de alguma forma estes institutos.

É notório que o voto de qualidade tem validade legal e constitucional, tendo em vista as prerrogativas e particularidades da Fazenda Nacional. Todavia, também é de fácil constatação que o voto de qualidade tem sido utilizado de forma superior àquela para qual foi concebido (i.e: situações excepcionais) e que as decisões em sua maioria são favoráveis à Fazenda Nacional.

Dito isto, também nos parece clarividente que esta preponderância atenta contra os preceitos de criação, também constitucional, do processo administrativo e do duplo grau de jurisdição, motivo pelo qual, seria necessário que o legislador adotasse uma postura mais clara em temas controversos, com o objetivo de evitar que exista tanta margem para a imputação de condutas ideológicas, e que o poder judiciário intervenha em casos em que ficar constatada a imposição de conceitos pré-concebidos nos julgamentos.

Assim, o presente artigo cumpre o seu objetivo de estruturar a matriz constitucional do processo administrativo e seus desdobramentos e apresenta um caminho para diminuição de uma jurisprudência pendular que atenta contra a teoria geral dos recursos e, consequentemente, a segurança jurídica e estabilidade dos negócios no país.

Referências

ÁVILA, Humberto; *Segurança Jurídica – Entre permanência, mudança e realização no Direito Tributário* - 2ª Edição 2012. São Paulo: Editora: Malheiros.

ÁVILA, Humberto; Teoria dos Princípios da definição à aplicação dos princípios jurídicos

CARVALHO, Paulo de Barros - *Curso de Direito Tributário* - 25ª Edição 2013, São Paulo: Editora Saraiva.

COSTA, Regina Helena - *Princípio da capacidade contributiva* - 4ª Edição, 2012, São Paulo: Malheiros.

DOMINGUES, Douglas Stelet Ayres - *A correta aplicação do voto de qualidade no âmbito do Conselho Administrativo de Recursos Fiscais (CARF) sob a ótica do art. 112 do CTN.* in: *Revista Direito Tributário Atual – IBDT* v. 40. 2018. Pgs. 166 a 189.

GRECO, Marco Aurélio - *Planejamento tributário.* São Paulo: Dialética, 2011. 3. ed.

http://idg.carf.fazenda.gov.br/noticias/2017/relatorio-julgamento-2016-v3.pdf, acessado em 10 de maio de 2019.

JOTA. *Observatório CARF: o voto de qualidade em números.* Disponível em: https://www.jota.info/opiniao-e-analise/artigos/observatorio-carf-o-voto-de-qualidade-em-numeros-12082016. Acesso em: 10 de maio de 2018.

PAULSEN, Leandro. *Direito tributário: Constituição e Código Tributário à luz da doutrina e da jurisprudência.* 5. ed. Porto Alegre: Livraria do Advogado.

SILVA, De Plácido e – *Vocabulário Jurídico.* 2010, 28ª edição. Editora Forense.

XAVIER, Alberto – *Tipicidade da Tributação, Simulação e Norma Antielisiva.* São Paulo: Dialética, 2002.

ZOCKUN, Maurício – *Regime jurídico da obrigação tributário acessória* – 2005 São Paulo: Malheiros.

PROCESSO TRIBUTÁRIO E PROCEDIMENTO ADMINISTRATIVO FISCAL FEDERAL: A CONCOMITÂNCIA E SEUS EFEITOS

Celia Maria de Souza Murphy[1]

INTRODUÇÃO

O tema da concomitância entre procedimento administrativo fiscal[2] e processo tributário não é novo. Já nos idos de 1978, em

1. Doutora e Mestre e em Direito Tributário pela PUC/SP; Especialista em Direito Tributário pelo Instituto Brasileiro de Estudos Tributários – IBET/SP; Professora e Conferencista do Curso de Especialização em Direito Tributário do IBET/SP; Professora convidada dos Cursos de Especialização em Direito Tributário da PUC/SP – COGEAE, da Universidade São Judas Tadeu; Foi Professora da Escola de Administração Fazendária – ESAF; Auditora-Fiscal da Secretaria da Receita Federal do Brasil; Conselheira Titular do Conselho Administrativo de Recursos Fiscais - CARF. Advogada.

2. Na esteira do pensamento de Paulo de Barros Carvalho (Cf. CARVALHO, Paulo de Barros. Segurança jurídica no novo CARF. In: ROSTAGNO, Alessandro (coord.). *Contencioso administrativo tributário; questões polêmicas*, p. 1-34), entendemos que só existe "processo" quando há uma relação triádica entre autor, réu e juiz, em que este último é um órgão estatal independente, neutro e imparcial, competente para exercer jurisdição, assim entendida a aptidão para compor litígios de forma definitiva. A partir desse pressuposto, não podemos admitir a existência de "processo" administrativo. No âmbito administrativo, não temos órgão julgador independente, neutro e imparcial para compor os litígios e o julgador administrativo não exerce jurisdição, no sentido de composição de litígios de forma definitiva. Sobre o assunto, cf. MURPHY, Celia Maria de Souza. Algumas considerações práticas sobre os reflexos do

Parecer emitido no processo nº 25.046, a Procuradoria Geral da Fazenda Nacional manifestou-se sobre este assunto. Depois disso, vieram o Decreto-lei 1.737/79 e a Lei 6.830/80 (Lei de Execução Fiscal). Nesse meio tempo, tanto a Secretaria da Receita Federal como o Conselho Administrativo de Recursos Fiscais – CARF trouxeram, várias vezes, à baila a questão da concomitância entre procedimento administrativo fiscal e processo tributário.

Mesmo assim, ainda são muitas as questões não resolvidas ou mal resolvidas nas normas existentes sobre o tema. Por esse motivo, a concomitância continua a assombrar aqueles que objetivam a extinção de um crédito tributário, por meio de um procedimento administrativo e, ao mesmo tempo, possuem ações judiciais versando sobre questões tributárias que podem ter alguma relação com o crédito discutido no procedimento administrativo.

Isso ocorre porque a Administração tem interpretado a concomitância de uma forma ampla, apontado a sua existência em situações em que ela não é, ao menos, provável. E, uma vez considerada existente a concomitância, por ato de autoridade administrativa, a extinção do procedimento administrativo é inexorável e tem potencial para ameaçar direitos fundamentais do contribuinte.

Sem pretensão de esgotar o assunto, este trabalho visa promover um estudo sobre a denominada "concomitância" entre um procedimento administrativo de exigência de crédito tributário e um processo judicial tributário, procurando esclarecer em que medida um processo tributário e um procedimento administrativo fiscal podem ser considerados concomitantes e quais as consequências previstas e autorizadas pelo Direito.

Novo Código de Processo Civil no procedimento administrativo fiscal federal. *Revista de direito tributário contemporâneo*. Ano 1, v. 2., p. 181-195. Pelas razões expostas, consideramos, neste trabalho, "processo" como o instrumento de composição de litígios junto ao Poder Judiciário. Para identificar a sequência de atos da Administração, produzidos com o intuito de aferir a legalidade do ato administrativo, utilizamos a palavra "procedimento", cuja fase contenciosa abriga a discussão quanto à legalidade do lançamento. No entanto, dadas as muitas divergências sobre o tema nas obras de referência, o procedimento administrativo pode estar titulado como "processo administrativo" ou "procedimento administrativo" nas citações realizadas.

No bojo da discussão, analisamos as possibilidades de haver concomitância entre processo tributário e procedimento administrativo de exigência de crédito tributário que teve por origem um lançamento, abordando alguns pontos controversos.

Enfrentamos a possibilidade de se considerar concomitante, com o procedimento administrativo fiscal, toda espécie de ação judicial contra a Fazenda Pública. Discorremos também sobre a relevância (ou não) do fato de o processo tributário ser extinto sem resolução de mérito, uma vez que a renúncia às instâncias administrativas, em decorrência da opção pela via judicial, é insusceptível de retratação.

Ao tratarmos da concomitância entre procedimento administrativo fiscal e processo tributário, tentamos distinguir as situações em que a concomitância é possível daquelas em que é improvável. Suscitamos ainda situações em que os efeitos da concomitância, declarada de acordo com as regras da Administração, pode violar garantias individuais prescritas no artigo 5º da Constituição da República.

1. EVOLUÇÃO DA DISCUSSÃO. AS NORMAS QUE DISPÕEM SOBRE O TEMA

Muito embora já fosse discutida desde os idos de 1978, quando a Procuradoria Geral da Fazenda Nacional manifestou, no Parecer exarado no processo nº 25.046, o entendimento segundo o qual a opção do particular pela discussão do crédito tributário na via judicial acarretava a desistência do recurso voluntário administrativo, caso versassem sobre o mesmo objeto[3], foi a partir do Decreto-lei 1.737/79 e da Lei 6.830/80 que a discussão sobre a concomitância assumiu maior vulto.

3. Ementa: Ação judicial proposta no curso de processo administrativo-fiscal – A opção pela via judicial, instância superior e autônoma, importa em desistência do recurso voluntário na esfera administrativa, com idêntico objeto. Definitividade da decisão recorrida e perda de objeto do recurso.

O Decreto-lei 1.737/79 prescreve, no parágrafo segundo de seu artigo 1°, que a propositura, pelo contribuinte, de ação anulatória ou declaratória da nulidade do crédito da Fazenda Nacional importa em renúncia ao direito de recorrer na esfera administrativa e desistência do recurso interposto.

A Lei 6.830, de 1980, denominada Lei de Execução Fiscal (LEF), ampliou as possibilidades de concomitância, ao prescrever, no parágrafo único do artigo 38, que a propositura, pelo contribuinte, de mandado de segurança, de ação de repetição do indébito ou de ação anulatória de débito fiscal importa renúncia ao poder de recorrer na esfera administrativa e consequente desistência do recurso acaso interposto. Vejamos:

> *Art. 38 - A discussão judicial da Dívida Ativa da Fazenda Pública só é admissível em execução, na forma desta Lei, salvo as hipóteses de mandado de segurança, ação de repetição do indébito ou ação anulatória do ato declarativo da dívida, esta precedida do depósito preparatório do valor do débito, monetariamente corrigido e acrescido dos juros e multa de mora e demais encargos.*
>
> *Parágrafo Único - A propositura, pelo contribuinte, da ação prevista neste artigo importa em renúncia ao poder de recorrer na esfera administrativa e desistência do recurso acaso interposto.*

Posteriormente, vieram o Parecer MF/SRF/COSIT/GAB 27, de 13 de fevereiro de 1996 e o ADN COSIT 3, de 14 de fevereiro de 1996, nos quais a Secretaria da Receita Federal externou seu entendimento sobre o assunto.

O Conselho Administrativo de Recursos Fiscais, do atual Ministério da Economia, também já se debruçou sobre o tema, tendo produzido a Súmula CARF 1[4], na qual consolidou que o leque de ações judiciais passíveis de acarretar a concomitância é amplo, abarcando qualquer modalidade de

---

4. Súmula CARF 1: Importa renúncia às instâncias administrativas a propositura pelo sujeito passivo de ação judicial por qualquer modalidade processual, antes ou depois do lançamento de ofício, com o mesmo objeto do processo administrativo, sendo cabível apenas a apreciação, pelo órgão de julgamento administrativo, de matéria distinta da constante do processo judicial.

processo judicial, estabelecendo como condição apenas que o objeto seja o mesmo.

A partir de então, todos os órgãos de julgamento administrativo na esfera federal passaram a admitir a existência de concomitância entre o procedimento administrativo fiscal e processo tributário de qualquer modalidade, desde que ambos tenham idêntico objeto.

O atual Regimento Interno do CARF, aprovado pela Portaria MF nº 343/2015, andou no mesmo sentido e, em seu artigo 78, estipulou que importa a desistência do recurso interposto a propositura pelo contribuinte, contra a Fazenda Nacional, de ação judicial que tenha o mesmo objeto discutido na esfera administrativa[5].

A mais recente interpretação da Receita Federal acerca da concomitância entre procedimento administrativo e processo tributário, vinculando esse órgão da Administração, consta do Parecer Normativo COSIT 7, de 22 de agosto de 2014 (DOU de 27/08/2014)[6].

---

5. Art. 78. Em qualquer fase processual o recorrente poderá desistir do recurso em tramitação.
§ 1º A desistência será manifestada em petição ou a termo nos autos do processo.
§ 2º O pedido de parcelamento, a confissão irretratável de dívida, a extinção sem ressalva do débito, por qualquer de suas modalidades, ou a propositura pelo contribuinte, contra a Fazenda Nacional, de ação judicial com o mesmo objeto, importa a desistência do recurso. § 3º No caso de desistência, pedido de parcelamento, confissão irretratável de dívida e de extinção sem ressalva de débito, estará configurada renúncia ao direito sobre o qual se funda o recurso interposto pelo sujeito passivo, inclusive na hipótese de já ter ocorrido decisão favorável ao recorrente.

6. Ementa: CONCOMITÂNCIA ENTRE PROCESSO ADMINISTRATIVO FISCAL E PROCESSO JUDICIAL COM O MESMO OBJETO. PREVALÊNCIA DO PROCESSO JUDICIAL. RENÚNCIA ÀS INSTÂNCIAS ADMINISTRATIVAS. DESISTÊNCIA DO RECURSO ACASO INTERPOSTO.
A propositura pelo contribuinte de ação judicial de qualquer espécie contra a Fazenda Pública com o mesmo objeto do processo administrativo fiscal implica renúncia às instâncias administrativas, ou desistência de eventual recurso de qualquer espécie interposto.
Quando contenha objeto mais abrangente do que o judicial, o processo administrativo fiscal deve ter seguimento em relação à parte que não esteja sendo discutida judicialmente. A decisão judicial transitada em julgado, ainda que posterior ao término do contencioso administrativo, prevalece sobre a decisão administrativa,

Nele, o órgão administrativo confirmou a sua ideia, há muito tempo defendida, que a propositura, pelo contribuinte de ação judicial de qualquer espécie contra a Fazenda Pública, com o mesmo objeto do processo administrativo fiscal, implica renúncia às instâncias administrativas, ou desistência de eventual recurso de qualquer espécie interposto. Além de consolidar a amplitude do escopo da concomitância, acrescentou, expressamente, ser irrelevante que o processo judicial tenha sido extinto sem resolução de mérito.

2. O PERCURSO DE POSITIVAÇÃO DO DIREITO E AS MEDIDAS ADEQUADAS PARA IMPEDIR A CONSTITUIÇÃO DO CRÉDITO TRIBUTÁRIO OU PARA DESCONSTITUIR O CRÉDITO TRIBUTÁRIO JÁ CONSTITUÍDO

O percurso de positivação do direito é o caminho mediante o qual o ser humano, a partir das normas gerais e abstratas, vai produzindo outras normas, voltadas à individualização do sujeito e à concretude da conduta, até chegar a produzir uma norma individual e concreta da qual nenhuma outra deriva. Nesse processo, uma norma de inferior hierarquia é produzida com fundamento de validade material e formal na norma superior.

Ao final do percurso de positivação do direito, obtém-se a efetiva regulação da conduta humana: partindo da norma fundamental, e, por meio de um processo de derivação, atinge-se a regulação da conduta específica, com a produção de uma norma jurídica individual e concreta, instante em que o

mesmo quando aquela tenha sido desfavorável ao contribuinte e esta lhe tenha sido favorável. A renúncia tácita às instâncias administrativas não impede que a Fazenda Pública dê prosseguimento normal a seus procedimentos, devendo proferir decisão formal, declaratória da definitividade da exigência discutida ou da decisão recorrida".
É irrelevante que o processo judicial tenha sido extinto sem resolução de mérito, na forma do art. 267 do CPC, pois a renúncia às instâncias administrativas, em decorrência da opção pela via judicial, é insuscetível de retratação.
A definitividade da renúncia às instâncias administrativas independe de o recurso administrativo ter sido interposto antes ou após o ajuizamento da ação.

"dever-ser" alcança o último grau de concrescência, com a determinação individualizada do pressuposto e da consequência, para utilizar os dizeres de Lourival Vilanova[7].

Nesse instante, o direito atinge o seu objetivo último, que é a regulação da conduta. O percurso de positivação do direito tem por finalidade a sua efetiva aplicação, regulando a conduta por meio de uma norma jurídica individual e concreta que relata, no seu antecedente, o fato jurídico; no seu consequente, prescreve a relação jurídica que, ante a ocorrência do fato jurídico, deve ser implementada entre o sujeito ativo e o sujeito passivo.

Em algum ponto do percurso de positivação do direito, nasce o crédito tributário. O crédito tributário surge no direito positivo com a sua formalização, representada pelo ato de aplicação da regra-matriz de incidência. É o que esclarece Paulo de Barros Carvalho[8]:

> "Formalizar o crédito tributário significa verter em linguagem jurídica competente o fato e a respectiva relação tributária, objetivando o sujeito ativo, o sujeito passivo e o objeto da prestação, no bojo de norma individual e concreta. Essa é a configuração linguística hábil para construir fatos e relações jurídicas, sendo o veículo apropriado à sua introdução no ordenamento".

A positivação do direito está estritamente vinculada com a competência para produzir norma jurídica. É o próprio direito positivo que determina quem são os sujeitos competentes para a produção da norma, escalonando-os em várias classes, de acordo com os diferentes graus de abstração e generalidade da norma, com conteúdos variados e voltadas ao cumprimento de funções igualmente diversas[9].

---

7. VILANOVA, Lourival. *As estruturas lógicas e o sistema do direito positivo*, p. 155.

8. CARVALHO, Paulo de Barros. As decisões do CARF e a extinção do crédito tributário. In: CARVALHO, Paulo de Barros. *Derivação e positivação no Direito Tributário*, v.3, p. 212.

9. Cf. GAMA, Tácio Lacerda. *Competência tributária; fundamentos para uma teoria da nulidade*, p. 66.

Antes ou depois da constituição do crédito tributário, podem ocorrer desvios nos atos de aplicação e cumprimento das normas tributárias. No percurso de positivação, podem ocorrer interferências, de modo a impedir a constituição do crédito ou alterar o crédito já constituído. É o que afirma Rodrigo Dalla Pria:

> "[...] nem sempre o processo de concretização do direito mantém-se naquela rota linear que fulminada pelo mero ato de cumprimento de pagar tributo. Há, em verdade, diversas oportunidades em que desvios havidos nos atos de aplicação e cumprimento das mensagens normativas darão oportunidade ao prolongamento do processo de positivação"[10].

O contribuinte pode interferir no processo de positivação do direito, por meio da propositura de medidas que tenham por finalidade a expedição de norma individual e concreta que impeça a constituição do crédito tributário ou que o desconstitua.

A medida adequada, seja para impedir a constituição do crédito tributário ou para desconstituir o crédito tributário já constituído, leva em conta o estágio em que se encontra o percurso de positivação do direito. Se o crédito tributário ainda não estiver constituído, a medida a ser proposta pelo contribuinte será preventiva, eis que opera para prevenir a sua constituição; caso já tenha havido a constituição do crédito, a medida será repressiva, uma vez que visa à sua desconstituição.

3. PROCESSO TRIBUTÁRIO. AS AÇÕES ANTIEXACIONAIS

Uma ação é antiexacional quando quem a provoca é o sujeito passivo da obrigação tributária, com o objetivo de interceptar, de algum modo, o percurso de positivação do direito,

10. Cf. DALLA PRIA, Rodrigo. O processo de positivação da norma jurídica tributária e a fixação da tutela jurisdicional apta a dirimir os conflitos havidos entre contribuinte e fisco. In: CONRADO, Paulo Cesar (coord.) *Processo tributário analítico*, p. 68.

de forma preventiva ou repressiva[11]. Será preventiva a ação antiexacional proposta antes da constituição do crédito tributário, uma vez que visa a evitar, justamente, a constituição do crédito. Será repressiva a ação que tem por escopo desconstituir essa norma individual e concreta previamente posta no sistema jurídico.

Nesse sentido, são ações antiexacionais: as declaratórias de inexistência do vínculo jurídico tributário, as anulatórias de débito fiscal, os mandados de segurança preventivos e repressivos e as ações de embargos à execução fiscal.

As ações declaratórias visam à declaração de existência ou não de uma relação jurídica. A ação declaratória, nas palavras de Isabela Bonfá de Jesus, Fernando Bonfá de Jesus e Ricardo Bonfá de Jesus, "torna certo o que é incerto e desfaz a dúvida em que se encontram as partes quanto à relação jurídica, ou seja, declara a existência ou a inexistência da relação jurídica"[12].

A ação declaratória de inexistência de vínculo jurídico tributário é ação proposta pelo contribuinte, em face da Fazenda Pública, para o fim de ver reconhecida a inexistência de determinado liame jurídico-obrigacional tributário. Diante de uma regra-matriz de incidência tributária, o contribuinte que se vê na iminência de imposição fiscal considerada injusta, pode a ela resistir, de forma preventiva, por meio desta ação, antes da fixação da norma individual e concreta que a constitui[13]. Com esta ação, portanto, o contribuinte visa criar, para a Fazenda Pública, o dever de abster-se de praticar o lançamento do tributo.

O mandado de segurança preventivo, em matéria tributária, tem por escopo proteger o contribuinte de ato da autoridade pública, a seu ver abusivo, mas que se mostra viável e iminente, tendo em vista haver, no sistema jurídico, enunciados

---

11. Cf. CONRADO, Paulo César. *Processo tributário*, p. 216.

12. BONFÁ DE JESUS. Isabela; BONFÁ DE JESUS, Fernando; BONFÁ DE JESUS, Ricardo. *Manual de direito e processo tributário*, p. 392.

13. Cf. CONRADO, Paulo César. *Processo tributário*, p. 219.

prescritivos suficientes para a construção da regra-matriz de incidência e, consequentemente, da norma individual e concreta – lançamento.

Nesse sentido, explica Paulo Cesar Conrado que o mandado de segurança preventivo se assemelha à ação declaratória, com a diferença que, no mandado de segurança preventivo, há a presença do "*plus* da mandamentabilidade", efeito adicional que decorre dos pressupostos específicos desta "ação": ato de autoridade e direito líquido e certo[14].

A ação anulatória de débito fiscal tem como objeto a desconstituição do crédito tributário. Pressupõe, assim, prévia existência desse crédito, ou seja, ele já deve ter sido constituído pelo lançamento[15]. Por esse motivo, pode-se afirmar que a natureza da ação anulatória de débito fiscal é desconstitutiva ou constitutivo-negativa. Assim se entende porque a ação anulatória de débito fiscal visa a uma decisão que desconstitua, total ou parcialmente, o crédito tributário constituído. Nos dizeres de Julio M. de Oliveira, a ação anulatória tributária pode ser definida como:

> "meio de provocação do Poder Judiciário, a ser proposto pelos interessados contribuintes ou terceiros em face da Fazenda Pública ou de entidades parafiscais, com vistas a desconstituir o lançamento ou os créditos constituídos nos termos do art. 150 do CTN [...]. O provimento jurisdicional desta ação possui, pois, conteúdo constitutivo-negativo ou meramente constitutivo, na hipótese especial do art. 169 do CTN"[16].

Diferentemente da ação declaratória e do mandado de segurança preventivo, a ação anulatória pressupõe a prévia existência da relação jurídica tributária, ou seja, só pode ser

---

14. CONRADO, Paulo Cesar. *Processo tributário*, p. 236.

15. BONFÁ DE JESUS. Isabela; BONFÁ DE JESUS, Fernando; BONFÁ DE JESUS, Ricardo. *Manual de direito e processo tributário*, p. 388.

16. OLIVEIRA, Julio M. Ação anulatória de débito fiscal. In: CONRADO, Paulo Cesar (coord.). *Processo tributário analítico*, p. 103.

proposta após a instalação do vínculo jurídico consubstanciado na norma individual e concreta que a constitui.

O mandado de segurança repressivo em matéria tributária constitui via anulatória especial e, ajuizada depois do lançamento, tem caráter anulatório, ou seja, eficácia desconstitutiva. Suas condições são: existência de ato de autoridade pública já consolidado e direito líquido e certo. O mandado de segurança repressivo concorre, assim, com a ação anulatória de débito fiscal, porém com a exigência especial do cumprimento de seus pressupostos específicos[17].

A ação anulatória e o mandado de segurança, propostos após o lançamento e antes da emissão da Certidão de Dívida Ativa – CDA, visam à desconstituição do lançamento. Todavia, uma vez emitida a CDA, não há mais que se falar em desconstituição do lançamento, mas em desconstituição da CDA, documento que tem força executória e é emitido pela Procuradoria da Fazenda Nacional, na situação em que o crédito tributário lançado permaneceu inadimplido, após esgotadas todas as possibilidades de recurso administrativo.

A ação de embargos à execução fiscal é oposta no bojo de uma execução fiscal, com o fito de abrir ao contribuinte um canal de discussão que a ação de execução fiscal não admite. Com a ação de embargos à execução fiscal, o contribuinte resiste à pretensão do Estado-fisco, formulando outra pretensão, autônoma e inconfundível com a ação de execução fiscal, visando a desconstituir a Certidão de Dívida Ativa[18].

4. O PROCEDIMENTO ADMINISTRATIVO FISCAL

O procedimento administrativo fiscal, no âmbito federal, é regulado pelo Decreto 70.235/72, recepcionado com força de lei pela Constituição Federal de 1988. Os preceitos da Lei

17. Cf. CONRADO, Paulo Cesar. *Processo tributário*, p. 248.

18. Cf. Idem, p. 263-265.

9.784/99, que regula o procedimento administrativo em geral, na esfera federal, aplicam-se apenas subsidiariamente ao procedimento administrativo fiscal, uma vez que este tem regramento próprio.

Em razão do artigo 15 da Lei 13.105, de 2015 (Código de Processo Civil), as suas disposições devem ser aplicadas ao procedimento administrativo, de forma subsidiária e supletiva. Isto significa dizer que as disposições do Código de Processo Civil devem ser aplicadas ao procedimento administrativo fiscal sempre que vierem complementar regramento insuficiente, realizar valores inerentes ao devido processo legal[19] ou suprir alguma omissão porventura existente nas normas que, especificamente, o regulem.

Segundo o art. 7º do Decreto 70.235/72, o procedimento administrativo fiscal tem início com: (i) o primeiro ato de ofício, escrito, praticado por servidor competente, cientificado o sujeito passivo da obrigação tributária ou seu preposto; (ii) a apreensão de mercadorias, documentos ou livros; (iii) o começo de despacho aduaneiro de mercadoria importada. Mas é com a impugnação do lançamento que se inicia a fase contenciosa do procedimento, fase na qual o procedimento administrativo se aproxima do processo judicial tributário.

Conforme externado anteriormente, nosso estudo visa estabelecer as possibilidades de haver concomitância entre o processo tributário e o procedimento administrativo de exigência de crédito tributário que teve por origem um lançamento.

O lançamento é ato administrativo de competência do agente público que tem o "dever-poder" de promovê-lo: "dever", porque é obrigado a praticar o ato, sempre que devido, no contexto da sua relação de direito administrativo com o órgão da administração pública; "poder", porque dispõe de faculdades a ele outorgadas pela administração tributária

---

19. Cf. CONRADO, Paulo Cesar; DALLA PRIA, Rodrigo. Aplicação do Código de Processo Civil ao processo administrativo tributário. In: CONRADO, Paulo Cesar; ARAUJO, Juliana Furtado Costa (coord.). *O novo CPC e seu impacto no Direito Tributário*, p. 252.

para assim atuar perante o administrado, sujeito passivo da obrigação tributária[20].

Não se conformando com o lançamento, o contribuinte pode, contra ele, se insurgir, por meio da impugnação administrativa, dando início à fase contenciosa do procedimento administrativo tributário, na qual a Fazenda Nacional promove a análise da legalidade do ato administrativo praticado. Com a impugnação, a exigibilidade do crédito lançado fica suspensa e passa-se a vislumbrar a existência de uma nova norma jurídica individual e concreta que irá se sobrepor ao lançamento perpetrado. No bojo do contencioso administrativo, a norma que se sobrepõe ao lançamento é posta por meio da decisão administrativa.

A opção pelo contencioso administrativo tributário tem se mostrado atrativa para a resolução de litígios dessa natureza, seja por apresentar menor custo para o sujeito passivo, seja por proporcionar um julgamento técnico por julgadores com conhecimento específico da matéria tributária. Atrai também o fato de o julgamento administrativo não excluir a apreciação do conflito pelo Poder Judiciário, caso a decisão administrativa seja, em alguma extensão, desfavorável ao particular.

O contencioso administrativo federal conta, em primeira instância, com julgamento pelas Turmas Julgadoras das Delegacias da Receita Federal do Brasil de Julgamento, integradas somente por Auditores Fiscais da Receita Federal.

Caso a impugnação seja julgada, em alguma medida, desfavorável ao sujeito passivo, ele pode interpor recurso voluntário ao Conselho Administrativo de Recursos Fiscais – CARF, no prazo previsto em lei. O CARF, apesar de ser órgão do atual Ministério da Economia, não está vinculado nem subordinado à Secretaria da Receita Federal do Brasil. Suas Turmas são integradas por igual número de representantes (Auditores) da Receita Federal e dos contribuintes.

---

20. CARVALHO, Paulo de Barros. *Direito tributário, linguagem e método*, p. 942.

A decisão proferida pelo Conselho Administrativo de Recursos Fiscais ou pela Câmara Superior de Recursos Fiscais, que o integra, é definitiva no âmbito administrativo.

Findas as possibilidades de interposição de recursos, na via administrativa, o crédito tributário porventura remanescente se torna "definitivo" e é encaminhado para a Procuradoria da Fazenda Nacional, para a inscrição em Dívida Ativa da União.

Feita a inscrição, fica o crédito tributário constituído como dívida ativa, por meio de uma CDA - Certidão de Dívida Ativa, título executivo extrajudicial no qual a execução fiscal irá se fundamentar. Tal como o lançamento, a CDA é também uma norma individual e concreta que deriva da regra-matriz de incidência, mas a CDA é uma norma emitida em um momento posterior ao da emissão do lançamento, no percurso de positivação do direito.

A CDA tem, como pressuposto, a prévia constituição do crédito tributário, mas só é produzida após a inscrição do débito como dívida ativa, findas as possibilidades de recurso administrativo, hipótese na qual, restando crédito a ser cobrado, esse crédito se torna exigível, com presunção de certeza e liquidez.

5. CONCOMITÂNCIA: DEFINIÇÃO E EFEITOS. SUA RELAÇÃO COM A LITISPENDÊNCIA

Derivado do vocábulo do latim tardio *concomitantia*, "concomitância" significa simultaneidade[21]. Concomitância é, em poucas palavras, a ocorrência ou existência simultânea de duas coisas[22]. Esta é a acepção genérica do termo.

Em sentido técnico, a concomitância pode ser definida como a coexistência de duas relações contenciosas com as mesmas partes, a mesma causa de pedir e o mesmo pedido,

21. Cf. CUNHA, Antônio Geraldo da. *Dicionário etimológico Nova Fronteira da língua portuguesa*, p. 204.

22. Cf. DINIZ, Maria Helena. *Dicionário jurídico*, v.1, p.732.

nas hipóteses em que uma dessas relações é travada em um processo tributário e, a outra, em um procedimento administrativo fiscal. Sendo assim, na concomitância, há a atuação de dois órgãos julgadores distintos: um administrativo e outro judicial, ambos aptos a produzir, cada um, uma norma individual e concreta que se sobrepõe ao lançamento.

Nesse sentido, esclareceu Paulo Cesar Conrado[23] que a concomitância é uma "relação derivada da coexistência de duas relações processuais, cujos elementos subjetivo (partes) e objetivo (causa de pedir e pedido) se identificam, mas que, a despeito de tal identidade, não podem ser qualificadas como relações litispendentes, uma vez distintos os correspondentes órgãos julgadores (um dos processos em foco seria obrigatoriamente administrativo; o outro, necessariamente judicial)". Desse modo, a ideia de concomitância traz à mente o conceito de litispendência, com o qual se relaciona.

Na litispendência, temos identidade de ações, com as mesmas partes, mesma causa de pedir e mesmo pedido, propostas e em curso junto ao Poder Judiciário[24], tendo como consequência a extinção de um dos processos, sem resolução de mérito (CPC, art. 485, V). A litispendência se caracteriza, portanto, como um pressuposto negativo, no sentido de que deve estar ausente para viabilizar o desenvolvimento válido do processo. Por essa razão, extingue-se o processo sem resolução de mérito, sempre que a presença de litispendência seja reconhecida pelo Juiz[25].

---

23. A concomitância entre processo administrativo e judicial. In: BARRETO, Aires Fernandino et ali. *Segurança jurídica na tributação e estado de direito*, p. 533.

24. Lei n° 13.105, de 2015 (Código de Processo Civil), art. 337 [...].
§ 1º Verifica-se a litispendência ou a coisa julgada quando se reproduz ação anteriormente ajuizada.
§ 2º Uma ação é idêntica a outra quando possui as mesmas partes, a mesma causa de pedir e o mesmo pedido.
§ 3º Há litispendência quando se repete ação que está em curso.
§ 4º Há coisa julgada quando se repete ação que já foi decidida por decisão transitada em julgado.

25. Cf. BUENO, Cassio Scarpinella. *Manual de direito processual civil*, p. 334.

A partir desses pressupostos, podemos estabelecer diferenças entre concomitância e litispendência: na litispendência, temos dois processos judiciais; na concomitância, um processo judicial e um procedimento administrativo. Havendo litispendência, deve ser a extinção de um dos processos sem resolução de mérito, por força do artigo 485, V, do CPC. Havendo concomitância, deve ser a "renúncia ao poder de recorrer na esfera administrativa e desistência do recurso acaso interposto", nos termos do parágrafo único do artigo 38 da Lei de Execução Fiscal - extingue-se o procedimento administrativo.

Em síntese, podemos afirmar que, muito embora concomitância e litispendência não se confundam, nos dois casos, as partes, a causa de pedir e o pedido se identificam. É o que Ana Clarissa Masuko dos Santos Araújo denominou de efeito "espelho", ou seja, aquele que estabelece "correspondências entre os elementos identificadores de cada um dos processos, quais sejam, pedido (mediato e imediato), causa de pedir (subdividida em próxima e remota), e partes, contidos nos respectivos veículos introdutores de cada uma das categorias de jurisdição, a petição inicial e a impugnação administrativa"[26].

A litispendência visa garantir a segurança jurídica. A extinção de um processo, em razão da existência de litispendência, tem por objetivo evitar a ocorrência de uma antinomia, situação que ocorreria caso fossem postas duas normas individuais e concretas conflitantes, para as mesmas partes e para o mesmo fato, com idêntica eficácia.

A coexistência de um processo tributário e de um procedimento administrativo fiscal, com as mesmas partes, mesma causa de pedir e mesmo pedido, contudo, não ameaça a segurança jurídica, haja vista que, por força do art. 5º, inciso XXXV, da Constituição da República, a decisão judicial sempre prevalecerá sobre a administrativa.

---

26. ARAÚJO, Ana Clarissa Masuko dos Santos. Efeitos da concomitância entre processo judicial e administrativo. Análise do parágrafo único do art. 38 da Lei 6830/80. In: CONRADO, Paulo Cesar (coord.). *Processo tributário analítico*, p. 224.

O reconhecimento de concomitância, com a consequente extinção do procedimento administrativo, portanto, não se fundamenta na segurança jurídica. Diferentemente, tem por objeto a "economia processual", haja vista não haver qualquer propósito em se manter um processo tributário e um procedimento administrativo fiscal visando ao mesmo fim, sabendo-se, de antemão, que a decisão judicial sempre prevalece. Por isso, havendo concomitância, a manutenção do procedimento administrativo acarretaria, ao Estado, um custo inútil.

A manutenção de um processo tributário e um procedimento administrativo fiscal concomitantes acarretaria ainda violação ao princípio da eficiência administrativa, previsto no *caput* do artigo 37 da Constituição da República e reiterado no artigo 2º da Lei 9.784/99, que regula o procedimento administrativo federal.

Tenhamos em mente que o princípio da eficiência se realiza quando o Estado obtém o melhor rendimento com o mínimo de dispêndio de energia, tempo, dinheiro ou meios[27]. Por certo, seria contrária à "boa administração"[28] a manutenção de um procedimento administrativo inútil, que acarreta a destinação desnecessária de recursos humanos e materiais para produzir uma decisão administrativa que não teria qualquer efeito.

O princípio da economia, suscitado no item 10.1 do Parecer Normativo Cosit 7, de 2014[29], como uma das justificativas para a inadmissibilidade da concomitância, já havia sido trazido pelo Ministro Cézar Peluso em seu voto no RE 233.582/RJ, quando afirmou:

---

27. Cf. BONFÁ DE JESUS. Isabela; BONFÁ DE JESUS, Fernando; BONFÁ DE JESUS, Ricardo. *Manual de direito e processo tributário*, p. 54.

28. Denominação conferida por Celso Antônio Bandeira de Mello a um princípio mais abrangente, do qual o princípio da eficiência é uma faceta. Cf. BANDEIRA DE MELLO, Celso Antônio. *Curso de direito administrativo*, p. 126.

29. 10.1. Outra justificativa que se pode invocar para a inadmissibilidade da concomitância entre as discussões sobre a mesma matéria nas instâncias judicial e administrativa, sob pena de se admitir um dispêndio desnecessário de recursos públicos, além do risco de se obterem decisões conflitantes, passa pelo princípio da economia processual [...].

> É luxo demasiado a um país subdesenvolvido permitir que a mesma lide seja discutida e julgada, ao mesmo tempo, por dois órgãos do Estado, com prevalência final da sentença, em qualquer caso. Parece não haver mais que fazer neste país.

Concordamos com esse posicionamento. A decisão administrativa deve ser descartada se for inútil ou redundante, diante de decisão judicial com resolução de mérito, quando coincidirem: partes, causa de pedir e pedido, em homenagem aos princípios da economia e da eficiência administrativa.

Sendo assim, constatada, pela autoridade administrativa, a concomitância entre procedimento administrativo fiscal e processo tributário, o efeito deve ser a extinção do procedimento administrativo, nos termos do parágrafo único do artigo 38 da Lei 6.830/80, seja qual for a fase em que o procedimento se encontre.

Todavia, para que se justifique a aplicação dos princípios da economia e da eficiência, a implementação dos efeitos da concomitância só é possível nas hipóteses em que a decisão administrativa for inútil ou redundante.

Por esse motivo, a partir da identidade de partes, pedido e causa de pedir, é possível reconhecer a existência da concomitância. No entanto, para que se implementem os seus efeitos, é preciso que o processo tributário seja extinto com a resolução do mérito (caso contrário, o procedimento não é inútil). Se não forem preenchidos todos esses requisitos, violam-se direitos e garantias fundamentais, previstos no art. 5º da Constituição da República.

5.1. A concomitância improvável

No confronto entre as ideias de concomitância e litispendência, concluímos que elas se afastam, em um primeiro momento (na litispendência, há um único órgão julgador a decidir – o juiz, enquanto, na concomitância, existem dois: um juiz e um órgão julgador administrativo). Porém, em um segundo instante, as ideias de litispendência e de concomitância se aproximam, na medida em que, para que se possa reconhecer a concomitância, deve-se constatar identidade de partes, de pedido e de causa de pedir.

Além disso, em razão de ter seu fundamento nos princípios da economia e da eficiência, os efeitos da concomitância só podem ser implementados nos casos em que a decisão administrativa seja uma norma inútil ou redundante, ante a existência de uma decisão judicial com resolução de mérito.

Como vimos, no percurso de positivação do direito, antes ou depois da constituição da obrigação tributária, o contribuinte pode interferir neste processo, por meio da propositura de medidas que tenham por finalidade a expedição de norma individual e concreta que impeça a sua constituição ou a desconstitua[30].

Porém, nesse escopo, há que se destacar um detalhe importante: no âmbito do processo tributário, o contribuinte pode agir preventivamente, com o objetivo de impedir o lançamento. No contencioso administrativo fiscal, todavia, não há espaço para medidas preventivas, porque a discussão que se trava nesse plano só se inicia com a impugnação do lançamento, ou seja, depois de o crédito tributário ter sido constituído.

Não podemos, portanto, admitir a possibilidade de haver concomitância entre o procedimento administrativo fiscal de exigência de crédito tributário e as ações antiexacionais preventivas, por serem cabíveis em momentos distintos do percurso de positivação do direito. Por conseguinte, também são diferentes a causa de pedir e o pedido, conforme demonstraremos.

São espécies de ações antiexacionais preventivas: a ação declaratória de inexistência de vínculo jurídico tributário e o mandado de segurança preventivo. O contribuinte, por meio de uma ação antiexacional preventiva, visa impedir que o

30. Cf. DALLA PRIA, Rodrigo. O processo de positivação da norma jurídica tributária e a fixação da tutela jurisdicional apta a dirimir os conflitos havidos entre contribuinte e fisco. In: CONRADO, Paulo Cesar (coord.) *Processo tributário analítico*, p. 68.

lançamento seja realizado. O objeto das ações antiexacionais preventivas não consiste, portanto, na desconstituição do crédito tributário lançado, haja vista que o lançamento é exatamente a norma cuja produção essas medidas visam evitar.

No caso do mandado de segurança preventivo, o objetivo é a obtenção de uma sentença de mérito que determine a produção de uma norma individual e concreta que proíba a realização do lançamento.

Por meio da ação declaratória, o contribuinte busca uma sentença que declare a inexistência do vínculo jurídico, por isso seu objeto é a produção de uma norma individual e concreta que declare a inexistência do vínculo jurídico tributário entre o contribuinte e a União.

Por outro lado, no procedimento administrativo fiscal, o objeto é a obtenção de uma norma individual e concreta (decisão administrativa) que modifique ou extinga o crédito tributário lançado.

Conforme salienta Carla de Lourdes Gonçalves, nas ações antiexacionais preventivas, a causa de pedir remota é a relação jurídica tributária em potencial; a causa de pedir próxima se traduz na incerteza quanto à possibilidade de um fato social ser objeto de incidência de norma tributária geral e abstrata. O pedido imediato é a prolação de decisão com resolução de mérito e o pedido mediato a constituição de norma individual e concreta de natureza proibitiva de realização do lançamento[31].

Já na impugnação administrativa, temos, como causa de pedir remota a relação jurídica tributária posta pelo lançamento; a causa de pedir próxima seria qualquer razão de natureza factual ou material que pudesse comprometer a validade do lançamento. Como pedido imediato temos a prolação de decisão que declare o lançamento nulo ou improcedente, e

31. GONÇALVES, Carla de Lourdes. A possibilidade de concomitância entre ações antiexacionais preventivas e o processo administrativo tributário. In: MOREIRA, André Mendes [et al]. *O direito tributário: entre a forma e o conteúdo*, p. 156.

o pedido mediato seria a produção de uma norma individual e concreta desconstitutiva do lançamento[32].

Verifica-se que, no contencioso administrativo, o objeto é a extinção do crédito; na via judicial, o objeto é evitar o lançamento. Por esse motivo, não se pode admitir a existência de concomitância entre procedimento administrativo fiscal com ações antiexacionais de cunho preventivo.

Encerradas as possibilidades de recurso administrativo, após emitida a Certidão de Dívida Ativa - CDA e antes do ajuizamento da ação de execução fiscal, é possível ainda a proposição de ação anulatória ou mandado de segurança, mas, agora, o seu objeto é a desconstituição da CDA e não mais do lançamento. Sendo assim, tendo em vista que, no contencioso administrativo fiscal, o objeto é a desconstituição do lançamento, não é possível haver concomitância nesta fase.

Pelo mesmo motivo, descartamos a possibilidade de haver concomitância entre procedimento administrativo fiscal e ação de embargos à execução, única medida cabível para estancar o percurso de positivação da regra-matriz após o ajuizamento da ação de execução fiscal. Tendo em vista que a ação de embargos à execução tem por objeto a desconstituição da CDA e que o procedimento administrativo fiscal visa à desconstituição do lançamento, também não é possível haver concomitância entre procedimento administrativo fiscal e ação de embargos à execução fiscal.

5.1.1 A (im)possibilidade de implementação dos efeitos da concomitância quando há extinção do processo tributário sem resolução de mérito

Os órgãos administrativos têm admitido a concomitância entre o procedimento administrativo fiscal e o processo tributário e implementado os seus efeitos, mesmo nos casos em que a ação é extinta sem resolução de mérito[33].

---

32. Cf. Idem.

33. Art. 485. O juiz não resolverá o mérito quando:

Esclarece Cassio Scarpinella Bueno que um processo é extinto sem resolução de mérito nos casos em que, "apesar da atividade saneadora, estimulada pelo magistrado no âmbito das providências preliminares (art. 351), não houve correção ou emenda do vício que, presente, não permite a constituição nem o desenvolvimento válido do processo e, até mesmo, com relação ao regular exercício do direito de ação"[34].

Nas situações em que não há resolução de mérito, a decisão proferida no processo tributário não soluciona o conflito de interesses. A extinção sem resolução de do mérito não produz coisa julgada material; somente a coisa julgada formal.

Diante disso, nas hipóteses de extinção do processo tributário sem resolução de mérito, a extinção do procedimento administrativo fiscal, por concomitância, viola direitos fundamentais do contribuinte. Explicamos.

Declarar a concomitância e extinguir o procedimento administrativo fiscal, em razão da existência de uma ação antiexacional, seja ela preventiva ou repressiva, cujo processo tenha sido extinto sem resolução de mérito, além de ser uma medida descabida, por não ter fundamento nem na economia "processual" nem na eficiência administrativa (não se pode afirmar que o procedimento administrativo é inútil: a decisão administrativa jamais será infrutífera ou redundante), impõe

---

I - indeferir a petição inicial;
II - o processo ficar parado durante mais de 1 (um) ano por negligência das partes;
III - por não promover os atos e as diligências que lhe incumbir, o autor abandonar a causa por mais de 30 (trinta) dias;
IV - verificar a ausência de pressupostos de constituição e de desenvolvimento válido e regular do processo;
V - reconhecer a existência de perempção, de litispendência ou de coisa julgada;
VI - verificar ausência de legitimidade ou de interesse processual;
VII - acolher a alegação de existência de convenção de arbitragem ou quando o juízo arbitral reconhecer sua competência;
VIII - homologar a desistência da ação;
IX - em caso de morte da parte, a ação for considerada intransmissível por disposição legal; e
X - nos demais casos prescritos neste Código.

34. BUENO, Cassio Scarpinella. *Manual de direito processual civil*, p. 348.

uma afronta aos direitos e garantias fundamentais previstos no artigo 5º, XXXIV *a*, LIV, LV da Constituição, consubstanciados no direito de petição e nos princípios do devido processo legal, da ampla defesa e do contraditório.

Violam-se esses direitos individuais, na medida em que o contribuinte fica impossibilitado de impugnar eventual lançamento ou de prosseguir o seu questionamento na via administrativa, por meio da interposição dos recursos pertinentes, sem que, no processo tributário, tenha obtido a resolução de mérito quanto à mesma questão. Nas ações preventivas, o contribuinte fica igualmente impossibilitado exercer seus direitos na via administrativa, sem que o lançamento tenha sido sequer questionado na via judicial.

Por essa razão, entendemos que, mesmo nos casos em que haja procedimento administrativo fiscal e processo tributário com as mesmas partes, o mesmo pedido e a mesma causa de pedir, a extinção do procedimento administrativo fiscal, em razão de concomitância, só tem cabimento após o conflito de interesses ter sido solucionado, com a expedição de uma norma individual e concreta, emitida pelo Estado-Juiz, que solucione o mérito. Até que isso ocorra, não há violação aos princípios da economia "processual" e da eficiência administrativa, eis que não se pode afirmar que o procedimento administrativo é inútil.

Ante o exposto, a declaração de concomitância e a extinção do procedimento administrativo fiscal, como consequência da concomitância, devem ocorrer em momentos distintos. Detectando a concomitância entre o processo judicial e o procedimento administrativo, a Administração pode declará-la, mas não pode implementar seus efeitos, até que sobrevenha a decisão, com resolução de mérito, no processo tributário.

Como vimos, a extinção do procedimento administrativo fiscal, como efeito da concomitância, só é cabível quando violados os princípios da economia "processual" e da eficiência, eis que são esses os seus fundamentos. E essa violação só se verifica quando o procedimento administrativo seja inútil, o que só ocorre quando, no processo tributário, existe decisão com resolução de mérito, nos termos do Código de Processo Civil.

Sendo assim, nas hipóteses em que o processo tributário não tenha, ainda, resolução de mérito, deve haver a suspensão dos efeitos da concomitância, ficando o procedimento administrativo sem seguimento, até que ocorra essa decisão no processo, momento em que se constata a efetiva inutilidade da decisão administrativa. Caso o processo tributário seja extinto sem resolução de mérito, o procedimento administrativo deve seguir seu curso, com a continuidade do percurso de positivação do direito.

5.1.2 Uma concomitância aparente

Há situações em que a determinação da existência ou não de concomitância pode ser complexa. Nesses casos, a tendência dos órgãos administrativos é de adotar uma acepção ampla, considerando concomitantes medidas que, a rigor, não são, o que, muito frequentemente, vem em detrimento aos direitos individuais.

Conforme vimos, para um procedimento administrativo ser extinto, sem prejuízo para o contribuinte, devem ser atendidos os mesmos três requisitos exigidos para a litispendência: mesmas partes, mesma causa de pedir e mesmo pedido. Além disso, deve haver resolução de mérito no processo tributário.

São esses, portanto, os pontos a serem analisados. Vejamos um caso prático: existência de um mandado de segurança que visa anular o ato de exclusão de uma pessoa jurídica do Simples Nacional e um procedimento administrativo fiscal, no qual se questiona o lançamento dos tributos, segundo a legislação própria de cada um, já considerada a pessoa jurídica excluída do regime simplificado.

Aparentemente, há espaço para considerar a existência de concomitância, na medida em que a ação judicial proposta pelo contribuinte teria, como objeto de inconformidade, de forma ampla, também os tributos lançados em razão da sua exclusão do Simples Nacional.

No entanto, veremos que concomitância não há. Utilizando o esquema gráfico adotado por Rodrigo Dalla Pria[35], fazemos, a seguir, um comparativo das duas situações, no qual ficam patentes as diferenças entre partes, causa de pedir e pedido, demonstrando, de maneira objetiva, que não existe concomitância entre as duas medidas adotadas pelo contribuinte:

Medida	Partes	Causa de pedir	Pedido
Mandado de Segurança	Autor: Sujeito passivo de um ato de exclusão do Simples Nacional Réu: Autoridade coatora	Remota: exclusão do Simples Nacional. Próxima: qualquer motivo de natureza fáctica ou jurídica, formal ou material, que possa comprometer a validade do ato de exclusão do regime simplificado.	Mediato: prolação de sentença com resolução de mérito. Imediato: produção de norma individual e concreta apta a anular o ato de exclusão do Simples Nacional.
Contencioso Administrativo	Autor: Sujeito passivo de relação jurídica tributária Réu: Fazenda Nacional	Remota: relação jurídica posta pelo lançamento Próxima: qualquer motivo de natureza fáctica ou jurídica, formal ou material, que possa comprometer a validade do lançamento.	Mediato: produção de decisão com resolução de mérito. Imediato: produção de uma norma individual e concreta que tenha como eficácia a desconstituição do lançamento.

Vemos que, neste caso, muito embora a ação judicial proposta pelo contribuinte tenha relação de prejudicialidade com a (des)constituição dos tributos lançados em decorrência da exclusão do Simples Nacional, não há concomitância, porque, de acordo com as premissas adotadas, não basta haver uma relação qualquer entre o processo tributário e o procedimento

35. Cf. DALLA PRIA, Rodrigo. O processo de positivação da norma jurídica tributária e a fixação da tutela jurisdicional apta a dirimir os conflitos havidos entre contribuinte e fisco. In: CONRADO, Paulo Cesar (coord.) *Processo tributário analítico*, passim.

administrativo fiscal. É preciso haver identidade de partes, pedido e de causa de pedir, o que, na hipótese, não se constata.

Sendo assim, não há que se declarar a concomitância, muito menos extinguir o procedimento administrativo, sob pena de violação aos direitos fundamentais do contribuinte.

5.2 A concomitância possível

Conforme desenvolvido anteriormente, entendemos por concomitância a identidade, em procedimento administrativo fiscal e em processo tributário, das partes, da causa de pedir e do pedido, sendo que a implementação dos seus efeitos é possível após decisão com resolução de mérito, no processo tributário. Como consequência do atendimento a esses pressupostos, tal como previsto no parágrafo único do artigo 38 da Lei 6.830/80, deve ser a renúncia às instâncias administrativas e a desistência dos recursos porventura já interpostos, em razão da inutilidade da decisão administrativa, por prevalência de decisão judicial para a mesma situação fática, por razões de economia "processual" e de eficiência administrativa.

Afastada a possibilidade de haver concomitância entre procedimento administrativo fiscal e (i) as ações antiexacionais preventivas; (ii) a ação de embargos à execução; além de (iii) ação anulatória de débito fiscal e mandado de segurança após a emissão da CDA, cumpre analisar a possibilidade da sua ocorrência em relação às demais ações antiexacionais repressivas.

Estamos falando da ação anulatória de débito fiscal e do mandado de segurança repressivo, propostos antes da emissão da CDA.

A ação anulatória de débito fiscal é aquela que tem por escopo a desconstituição de um crédito tributário previamente constituído, por meio de lançamento ou outro tipo de norma individual e concreta. O interesse da ação anulatória, portanto, surge com a norma individual e concreta que constitui o crédito tributário, momento em que se abre o espaço para a sua proposição, como pontua Paulo Cesar Conrado:

> "ressaltamos [...] o destaque que o aspecto "temporal" (localização na linha evolutiva da positivação do direito tributário) ostenta para a identificação de tal categoria: falar de anulatória em matéria tributária, significa tratar de modalidade processual que *sucede* a constituição da obrigação tributária"[36] (grifo do autor).

Concorrendo com a ação anulatória, o mandado de segurança tem, igualmente, eficácia desconstitutiva. Pressupõe: ato de autoridade pública tido por ilegal ou abusivo e direito líquido e certo, ambos requisitos comprovados, pelo contribuinte, em linguagem juridicamente hábil, no momento do ajuizamento[37].

No entanto, como vimos, no percurso de positivação do direito, as ações antiexacionais que visam à desconstituição do *lançamento*, são cabíveis na "janela" existente entre a constituição do crédito pelo lançamento e a sua constituição como dívida ativa, com a produção da Certidão de Dívida Ativa - CDA. Uma vez constituído o título executivo, as ações antiexacionais passam a ter por objeto não mais a desconstituição do *lançamento*, mas a desconstituição da CDA, não havendo mais, nesse ponto, a possibilidade de concomitância com o procedimento administrativo fiscal, que tem por objeto a desconstituição do *lançamento*.

Ajuizada a execução fiscal, a ação antiexacional apropriada é a ação de embargos à execução fiscal, que, igualmente, visa à desconstituição do título executivo, e não do lançamento e, por essa razão, também não pode ter concomitância com o contencioso administrativo.

Assim como ocorre com o contencioso administrativo fiscal, tanto a ação anulatória de débito fiscal como o mandado de segurança repressivo, que visa à desconstituição do *lançamento*, nascem com a inconformidade do sujeito passivo em face deste. Assim, tanto na impugnação administrativa como na ação anulatória e no mandado de segurança repressivo,

---

36. CONRADO, Paulo Cesar. *Processo tributário*, p. 240.

37. Cf. Idem, p. 248.

desde que propostos antes da emissão do título executivo, o objetivo é obter a produção de uma norma individual e concreta que desconstitua o *lançamento*.

Desse modo, este é o espaço em que a concomitância pode ocorrer. A proposição dessas ações pode ser entendida como concomitante com o procedimento administrativo fiscal. Ensejarão renúncia às instâncias administrativas após decisão com resolução de mérito no processo judicial, na exata medida em que o crédito tributário que se pretende desconstituir na via administrativa coincida com o extinto pela decisão judicial. Isso significa dizer que, na hipótese de a discussão, na via judicial, ser menos abrangente do que o crédito impugnado na via administrativa, o procedimento administrativo deve continuar em relação à parte que exceder ao crédito litigado no processo tributário.

Repisamos que entendemos possível a declaração de concomitância, a partir da proposição da ação, mas a implementação dos seus efeitos só é cabível após o processo tributário ter sido julgado com resolução de mérito. Só com o julgamento do processo com resolução de mérito se pode afirmar que a decisão administrativa será despicienda. Só nesse momento, a continuidade do procedimento viola os princípios da economia e da eficiência administrativa.

Por isso, havendo concomitância, não deve ser dado seguimento ao procedimento administrativo; seu andamento deve aguardar. Havendo decisão sem resolução do mérito no processo tributário, o procedimento administrativo deve retomar seu curso. Havendo decisão com resolução de mérito, nesse instante, o procedimento administrativo pode ser extinto, por concomitância.

SÍNTESE CONCLUSIVA

A concomitância consiste na coexistência de duas relações contenciosas com as mesmas partes, a mesma causa de pedir e o mesmo pedido, nas hipóteses em que uma das relações é travada em um processo tributário e, a outra, em um procedimento administrativo fiscal.

Com base no percurso de positivação do direito, só é possível haver concomitância entre o procedimento administrativo fiscal e as ações antiexacionais que visam a desconstituir o *lançamento*.

A concomitância tem por fundamento a economia "processual" e o princípio da eficiência administrativa, haja vista não haver propósito em se manter um processo tributário e um procedimento administrativo fiscal visando ao mesmo fim, sabendo-se, de antemão, que a decisão judicial sempre prevalece.

A concomitância tem, como efeito, a extinção do procedimento administrativo, uma vez que a decisão administrativa será inútil ou redundante. Por esse motivo, para haver o implemento dos efeitos da concomitância, o processo tributário tem de ser extinto com resolução de mérito. Antes disso, a efetivação dos efeitos da concomitância pode violar direitos e garantias fundamentais do contribuinte.

É possível a declaração de concomitância, a partir da proposição da ação antiexacional com idênticas partes, pedido e causa de pedir, mas a implementação dos seus efeitos só é cabível após o processo tributário ter sido julgado com resolução de mérito. Até que isso ocorra, o procedimento administrativo não deve ter seguimento.

Nas situações em que não há resolução de mérito no processo tributário, a extinção do procedimento administrativo por concomitância viola direitos fundamentais do contribuinte. Nessas hipóteses, o procedimento administrativo deve ter continuidade até seu término.

Na hipótese de a discussão, na via judicial, ser menos abrangente do que o crédito impugnado na via administrativa, o procedimento administrativo deve continuar em relação à parte que exceder o crédito objeto de litígio no processo tributário.

REFERÊNCIAS

ARAÚJO, Ana Clarissa Masuko dos Santos. Efeitos da concomitância entre processo judicial e administrativo. Análise do parágrafo único do art. 38 da Lei n. 6830/80. In: CONRADO, Paulo Cesar (coord.). *Processo tributário analítico*, 207-236. São Paulo: Noeses, 2011.

BANDEIRA DE MELLO, Celso Antônio. *Curso de direito administrativo*. 32.ed. São Paulo: Malheiros, 2015.

BONFÁ DE JESUS, Isabela; BONFÁ DE JESUS, Fernando; BONFÁ DE JESUS, Ricardo. *Manual de direito e processo tributário*. 4.ed. São Paulo: Revista dos Tribunais, 2017.

BRASIL. Ministério da Fazenda. Secretaria da Receita Federal do Brasil. Parecer Normativo Cosit nº 7, de 22 de agosto de 2014 (DOU de 27/08/2014).

____. Procuradoria Geral da Fazenda Nacional. Parecer PGFN nº 25.046, de 22/09/1978 (DOU de 10/10/1978).

BUENO, Cassio Scarpinella. *Manual de direito processual civil*. 3.ed. São Paulo: Saraiva, 2017.

CARVALHO, Paulo de Barros. *Derivação e positivação no Direito Tributário*. v. III. São Paulo: Noeses, 2016.

_____. *Direito tributário, linguagem e método*. 7.ed. revista. São Paulo: Noeses, 2018.

_____. Segurança jurídica no novo CARF. In: ROSTAGNO, Alessandro (coord.). *Contencioso administrativo tributário: questões polêmicas*, 1-34. São Paulo: Noeses, 2011.

CONRADO, Paulo Cesar. *Processo tributário*. 3.ed. São Paulo: Quartier Latin, 2012.

_____. A concomitância entre processo administrativo e judicial. In: BARRETO, Aires Fernandino et ali. *Segurança jurídica na tributação e estado de direito*, 531-535. São Paulo: Noeses, 2005.

CONRADO, Paulo Cesar; DALLA PRIA, Rodrigo. Aplicação do Código de Processo Civil ao processo administrativo tributário. In: CONRADO, Paulo Cesar; ARAUJO, Juliana Furtado Costa (coord.). *O novo CPC e seu impacto no Direito Tributário*, 249-255. São Paulo: Fiscosoft, 2015.

CUNHA, Antônio Geraldo da. *Dicionário etimológico Nova Fronteira da língua portuguesa*. 2.ed. Rio de Janeiro: Nova Fronteira, 1997.

DALLA PRIA, Rodrigo. O processo de positivação da norma jurídica tributária e a fixação da tutela jurisdicional apta a dirimir os conflitos havidos entre contribuinte e fisco. In: CONRADO, Paulo Cesar (coord.) *Processo tributário analítico*, 63-94. São Paulo: Noeses, 2011.

DINIZ, Maria Helena. *Dicionário jurídico*. 4 v. São Paulo, Saraiva, 1998.

GAMA, Tácio Lacerda. *Competência tributária; fundamentos para uma teoria da nulidade*. São Paulo: Noeses, 2009.

GONÇALVES, Carla de Lourdes. A possibilidade de concomitância entre ações antiexacionais preventivas e o processo administrativo tributário. In: MOREIRA, André Mendes et ali. *O direito tributário entre a forma e o conteúdo*, 149-161. São Paulo: Noeses, 2014.

MURPHY, Celia Maria de Souza. Algumas considerações práticas sobre os reflexos do Novo Código de Processo Civil no procedimento administrativo fiscal federal. *Revista de direito tributário contemporâneo*. Ano 1, v. 2. setembro/outubro, 2016, p. 181-195.

OLIVEIRA, Julio M. Ação anulatória de débito fiscal. In: CONRADO, Paulo Cesar (coord.). *Processo tributário analítico*, 95-122. São Paulo: Noeses, 2011.

VILANOVA, Lourival. *As estruturas lógicas e o sistema do direito positivo*. 3.ed. São Paulo: Noeses, 2005.

OS LIMITES QUANTO À ALTERABILIDADE DO CRÉDITO TRIBUTÁRIO NO ÂMBITO DO CONTENCIOSO ADMINISTRATIVO

German Alejandro San Martín Fernández[1]

"administrar é aplicar a lei de ofício".

Seabra Fagundes[2]

Introdução

O presente ensaio busca delimitar, de forma objetiva, quais os limites que o ordenamento jurídico em vigor impõe aos órgãos administrativos judicantes, quando do exercício do controle de

---

1. Mestre em Direito do Estado (Direito Tributário) pela PUC/SP. Ex-Juiz do Tribunal de Impostos e Taxas do Estado de São Paulo (2008-2011). Ex-Conselheiro do CARF (2011-2016). Professor de Direito Tributário na Faculdade de Direito e de Planejamento Tributário na Faculdade de Administração (graduação e pós-graduação) da FAAP. Professor convidado nos cursos de pós-graduação em Direito Tributário da Escola Paulista de Direito - EPD, Mackenzie, Faculdade de Direito de São Bernardo Campo, Estácio (CERS) e FUNDACE/USP (Ribeirão Preto). Membro do Conselho Científico e Editorial da APET (Associação Paulista de Estudos Tributários). Sócio do San Martín, Carvalho e Felix Ricotta sociedade de advogados.

2. FAGUNDES, Seabra Miguel. O controle dos atos administrativos pelo Poder Judiciário. Rio de Janeiro: Forense, 1979.

legalidade do lançamento de ofício no âmbito contencioso, bem como procura demarcar as fronteiras impostas aos julgadores, no nobre exercício a respeito da compatibilidade vertical e horizontal dos atos administrativos impugnados e, portanto, levados a litígio.

1. O lançamento no processo administrativo tributário. Função e relevância

Não é preciso destacar a importância do lançamento como instituto nuclear do Direito Tributário. Se há um concorrente à altura só a sua origem/causa, o fato gerador da obrigação tributária, pode lhe fazer alguma sombra. Fora essa concorrência meramente condicional (causa e efeito), não há dúvidas que somente após a constituição do crédito tributário é que todo o exame e análise quanto às circunstâncias do fato gerador, características e efeitos, se tornam plenamente, mas não exaustivamente, cognoscíveis.

Não por outra razão, não são poucos os autores, que à luz da teoria unidimensional[3], dão ao crédito tributário constituído segundo as regras do direito posto, poderes de unificação da fenomenologia da incidência tributária; de fusão entre fato e norma; entre incidência e aplicação; entre obrigação e crédito.

Por opção dogmática e apego ao direito posto, sigo a tradição da teoria dualista adotada pelo Código Tributário Nacional. Obrigação e crédito apesar de umbilicalmente relacionados[4], são institutos que não se confundem. Enquanto a obrigação nasce por ocasião da ocorrência do fato gerador (*in concreto*), o crédito

---

3. A natureza jurídica do lançamento, se declaratória ou constitutiva inclusive da própria obrigação, já era objeto de debate há tempos. Com fundamento na circunstância de que a cobrança do tributo depende de uma prévia atividade administrativa visando a sua determinação, alguns autores atribuem a essa mesma atividade o nascimento da própria obrigação tributária: São eles MYRBACH-RHEINFELD, Précis de Droit Financier, p. 137; INGROSSO, Instituzioni di Diritto Finanziario, 2/62; JEZE, "Natureza e Regime Jurídico do Crédito Fiscal"*in* Revista de Direito Administrativo 3/59 ou Revista Forense 106/452).

4. Art. 139 do CTN: O crédito tributário decorre da obrigação principal e tem a mesma natureza desta.

tributário, mera formalização da relação jurídica já ocorrida no mundo fenomênico, somente se constitui por ocasião do lançamento[5]; ou nas palavras dos próprios autores do Anteprojeto, obrigação e crédito são respectivamente: "*elemento substancial e (...) elemento formal da relação jurídica tributária*".

Em que pese a racionalidade da unidimensionalidade (fusão entre fato e norma), a opção dos autores do anteprojeto do CTN foi expressamente positivada. Na classificação dada por Souto Borges, tanto obrigação quanto crédito tributário (aí seu instrumento, o lançamento) tratam-se de categorias jurídico positivas[6].

---

5. 12. O Livro IV e o seguinte são complementares um do outro. Cuida o primeiro da obrigação tributária, o segundo do crédito que significa a atuação daquela. Sistematizando assim o tratamento legislativo do elemento substancial e do elemento formal da relação jurídica tributária, simplifica o Projeto a solução de determinados problemas práticos, especialmente no que se refere à natureza do lançamento e seus efeitos, à conceituação e alcance das causas suspensivas, extintivas ou excludentes do crédito e aos efeitos destas sôbre a obrigação correlata. Definida a obrigação tributária e fixados os seus elementos integrantes, o Livro IV formula a distinção daquela em principal e accessória, conforme o seu objeto seja o pagamento de prestações pecuniárias ou o cumprimento de exigências regulamentares, distinção cuja importância é evidenciada pelos seus efeitos práticos em matéria de imunidades e de suspensão, extinção ou exclusão do crédito, bem como no terreno penal.
Segue-se o tratamento específico dos elementos constitutivos da obrigação, a começar pelo seu objeto, definido pelo fato gerador, e continuando pelos seus sujeitos ativo e passivo, regulados, quanto a este, os aspectos peculiarmente tributários da capacidade jurídica, do domicílio e da solidariedade.
13. O Livro V, atinente ao crédito, depois de lhe definir o alcance, aborda o problema fundamental do lançamento, regulando sua natureza, modalidades e efeitos, especialmente no que se refere à sua definitividade e às hipóteses em que pode ser revisto. São tratadas a seguir as causas suspensivas da exigibilidade do crédito. No tocante à extinção do crédito, o Projeto, depois de traçar os limites do seu efeito liberatório em função da revisibilidade do lançamento, regula com minúcias, por vezes necessariamente de caráter regulamentar, as diferentes modalidades extintivas: pagamento, prescrição, transação e remissão. (pp. 12 e 13 da Exposição de Motivos do Anteprojeto do CTN, disponível em http://www2.senado.gov.br/bdsf/handle/id/511517, acesso em 19 de novembro de 2018.

6. José Souto Maior Borges, distingue dois planos no estudo de fenômenos ou institutos jurídicos, aqueles cuja regulação se encontram fora da alçada ao legislador e aqueles cujo perfil normativo cabe exclusivamente ao direito posto.
Sobre as categorias ou conceitos lógico-jurídicos:
São estes obtidos a priori, com validade constante e permanente, sem vinculação, portanto, com as variações do Direito Positivo. (...) Os conceitos lógico-jurídicos constituem pressupostos fundamentais para a ciência jurídica. (...) Correspondem, pois, à estrutura essencial de toda norma jurídica. Consequentemente, não são exclusivas de

Vale dizer, seus contornos e seu perfil normativo são delineados exclusivamente pelo direito posto. Portanto, é do lançamento a prerrogativa de constituir o crédito tributário e dar-lhe os contornos próprios com base nos elementos materiais verificáveis sobre a obrigação tributária já ocorrida. É papel atribuído pelo artigo 142 do CTN à autoridade administrativa buscar elementos materiais aptos a mensurar corretamente a grandeza econômica decorrente da realização do fato gerador *in concreto* e dar os contornos definitivos à relação obrigacional tributária já constituída, mas ainda não devidamente formalizada.

Cumpre recordar que a opção dual do CTN encontra nítida inspiração na teoria geral das obrigações, e na distinção entre a "*Schuld*", o débito em si, e a dívida, a "*Haftung*".[7] Por isso, os autores do Anteprojeto, já conscientes das inúmeras discussões a respeito da natureza jurídica do lançamento e de qual seria a sua relação com a obrigação tributária, optaram por adotar classificação então corrente no Direito das Obrigações e separar, distinguir, segregar dois institutos com

---

determinado ordenamento jurídico, mas comum a todos. Não são dados os conceitos lógico-jurídicos empiricamente, porque são alheios a toda experiência. São necessários a toda realidade positiva, efetivamente existente, historicamente localizada ou apenas possível, precisamente porque funcionam como condicionantes de todo pensamento jurídico.

(...)

Como a obrigação não é uma categoria lógico-jurídica, mas jurídico positiva, construção de direito posto, é ao direito positivo que incumbe definir os requisitos necessários à identificação de um dever jurídico qualquer como sendo um dever obrigacional. Significa dizer: a obrigação é definida, em todos os seus contornos, pelo direito positivo. BORGES, José Souto Maior. Obrigação Tributária (uma introdução metodológica). 2. Ed. São Paulo: Malheiros Editores, 1999.

7. Foi Alois Brinz que no fim do Século XIX, com inspiração em fontes romanas, mais precisamente nas Institutas de Justitiano, desenvolveu a chamada teoria dualista: dívida (debitum em latim e Schuld em alemão) e responsabilidade (obligatio em latim e Haftung em alemão.

A teoria dualista, de início proposta Bekker e Brinz e aperfeiçoada no início do século XX por Von Gierke, distinguia a obrigação em dois momentos: Schuld, como um dever legal em sentido amplo, mas em sentido estrito é a dívida autônoma em si mesma e que tem por conteúdo um dever legal e Haftung que consiste na submissão ao poder de intervenção daquele a quem não se presta o que deve ser prestado. Antunes Varela, João de Matos. *Das obrigações em geral.* 10ª Ed., v. 1. Coimbra, Almedina, 2003, p. 109.

finalidade meramente pragmática, mormente para assegurar aos contribuintes que o "procedimento" de constituição e formalização do crédito, corresse sem quaisquer inovações quanto às regras então postas por ocasião do nascimento da relação tributária. Os artigos 140[8] e 144 do CTN são explicitações dessa preocupação[9]. Não havia qualquer pretensão de conferir-lhe o *status* de categorias lógico-jurídicas[10].

Daí a clara função do lançamento de, ao verificar e constatar a ocorrência da obrigação tributária correspondente, determinar corretamente a matéria tributável, e, então, calcular o montante do tributo devido, mediante a identificação do sujeito passivo e, se for o caso, aplicar a penalidade cabível na hipótese de infração à legislação. Tudo isso, com foros de definitividade e sem qualquer necessidade de remendo,

8. Art. 140. As circunstâncias que modificam o crédito tributário, sua extensão ou seus efeitos, ou as garantias ou os privilégios a ele atribuídos, ou que excluem sua exigibilidade não afetam a obrigação tributária que lhe deu origem.
Art. 144. O lançamento reporta-se à data da ocorrência do fato gerador da obrigação e rege-se pela lei então vigente, ainda que posteriormente modificada ou revogada.

9. Os arts. 102 a 104 definem o crédito tributário como simples decorrência da obrigaçã6 principal, com a mesma natureza desta, que permanece inafetada pelas causas que modifiquem, suspendam, ou excluam a extensão ou os efeitos daquele, bem como pelas garantias ou privilégios a ele atribuídos. O crédito nada mais é, com efeito, que a própria obrigação em estado ativo: assim sendo, os direitos recíprocos da Fazenda Pública e do contribuinte são definidos pela obrigação, representando simples regras de atuação as normas relativas ao crédito (supra: 87). P. 202.

10. "A segunda orientação é, indubitavelmente, a que melhor corresponde ao regime de legalidade dos tributos, consubstanciado, entre nós, no § 34 do art. 141 da Constituição e regulado pelo Projeto no art. 52. Desde que somente a lei pode instituir tributos, e que é condição essencial dessa instituição a definição das situações materiais ou jurídicas que dão lugar à incidência (supra: 67), segue-se, como um corolário, que a obrigação surge desde o momento em que se verifique a situação prevista em lei, a qual não mais poderá ser afetada pelas circunstâncias posteriores em que se desenvolva a atividade administrativa tendente a efetivar a arrecadação do tributo (JEZE, "O Fato Gerador do Imposto", em *Revista de Direito Administrativo* 2/50, ou *Revista Forense* 104/37). Essa conceituação é, de resto, a que melhor se concilia com o § 1° do art. 141 da Constituição e com o seu § 3°, porquanto a atribuição, ao lançamento, de efeito constitutivo da obrigação poderia resultar na constituição daquela em desacordo com a situação jurídica subjetiva decorrente, para o contribuinte, da aplicabilidade imediata da lei tributária à situação de fato nela prevista e efetivamente verificada. Anteprojeto do CTN, p. 189.

aditamento, conserto ou mudança nos critérios jurídicos já existentes por ocasião no nascimento da obrigação.

Em regra, o lançamento constitui o crédito e formaliza a relação sem qualquer necessidade de ajuste posterior, salvo, em regra, por impugnação do sujeito passivo assegurada, a partir de 1988, não só pelo próprio CTN nos artigos 145 e 149 e incisos, mas principalmente pelo princípio da ampla defesa e do contraditório previsto no artigo 5°, LV, da Constituição Federal.

2. Lançamento de ofício, acusação fiscal e limites do litígio. Entrelaçamento entre o Direito Tributário material e o Processo

Se o lançamento de ofício tem por função constituir o crédito tributário de modo a conferir-lhe contornos de liquidez, certeza e exigibilidade, a opção de impugnação, assegurada constitucionalmente ao sujeito passivo, demonstra o inconformismo deste em relação ao ato administrativo e instaura a fase litigiosa de controle de legalidade do crédito tributário.

A presunção de iu*ris tantum* de legalidade, legitimidade e veracidade (além da imperatividade e auto-executoriedade), intrínseca ao ato administrativo de lançamento, por ocasião da apresentação de defesa pelo sujeito passivo, se torna ainda mais relativa. Sua eficácia, por força do artigo 151, III, do CTN[11], fica suspensa e a discussão em torno da legalidade no âmbito interno da administração se torna imperativa e pressuposto de validade e eficácia do ato.

O controle interno, essencialmente hierárquico, decorrente do poder de autotela e realizado no seio da própria Administração[12], objetiva o cumprimento do princípio da le-

---

11. Art. 151. Suspendem a exigibilidade do crédito tributário:
(...)
III - as reclamações e os recursos, nos termos das leis reguladoras do processo tributário administrativo;

12. Segundo Di Pietro (2001, p. 588), o poder de autotutela "é amplamente

galidade (objetiva) e demais princípios constitucionais a que se submete a Administração Pública, por força do artigo 37, *caput* da CF/88[13]. Ademais, serve como estímulo a ação dos órgãos no atendimento do interesse público (controle de mérito e legalidade formal), bem como na análise da proporção custo-benefício e na eficácia para a adoção de medidas necessárias para a solução de problemas futuros.

Se antes da Constituição de 1988, o processo de revisão litigiosa do ato administrativo ainda apresentava características meramente procedimentais, a ampliação constitucional do direito à ampla defesa e ao contraditório aos processos administrativos pelo artigo 5°, LV, da CF/88[14], retirou qualquer dúvida quanto à natureza da relação jurídica constituída no momento no qual se constata a insurgência do sujeito passivo sobre aspectos formais e materiais do crédito tributário. Trata-se, portanto, de relação de natureza processual; de inequívoca pretensão resistida a ser analisada por órgão revisor imparcial; de conflito de interesses a exigir a intervenção de um terceiro, equidistante na relação constituída entre o fisco e o administrado e imbuído na função de pôr fim à controvérsia instaurada[15].

---

reconhecido pelo Poder Judiciário, em cujo âmbito foram publicadas as Súmulas n. 346 e 473, pelo STF; nos termos da primeira, 'a Administração Pública pode anular seus próprios atos quando eivados de vícios que os tornem ilegais, porque deles não se originam direitos; ou revogá-los, por motivo de conveniência e oportunidade, respeitados os direitos adquiridos e ressalvada, em todos os casos, a apreciação judicial'".

13. Art. 37. A administração pública direta e indireta de qualquer dos Poderes da União, dos Estados, do Distrito Federal e dos Municípios obedecerá aos princípios de legalidade, impessoalidade, moralidade, publicidade e eficiência e, também, ao seguinte: (Redação dada pela Emenda Constitucional n° 19, de 1998).

14. Art. 5°. (...)
LV - aos litigantes, em processo judicial ou administrativo, e aos acusados em geral são assegurados o contraditório e ampla defesa, com os meios e recursos a ela inerentes;

15. "(...) a etapa contenciosa (processual) caracteriza-se pelo aparecimento formalizado do conflito de interesses, isto é, transmuda-se a atividade administrativa de procedimento para processo no momento em que o contribuinte registra seu inconformismo com o ato praticado pela administração, seja ato de lançamento de tributo ou qualquer outro ato que, no seu entender, lhe cause gravame, como a aplicação de multa por suposto incumprimento de dever instrumental. A mera bilateralidade do procedimento não é suficiente para caracterizá-lo como processo. Pode haver

É no momento da instauração do litígio em decorrência da insurgência do sujeito passivo que o lançamento adquire novo perfil[16]. O até então ato administrativo pelo qual se constitui o crédito tributário com foros de definitividade[17] e cuja função é

---

participação do contribuinte na atividade formalizadora do tributo e isso se dá, por exemplo, quando este junta documentos contábeis que lhe foram solicitados ou quando comparece ao procedimento para esclarecer esta ou aquela conduta ou procedimento fiscal que tenha adotado na sua atividade privada. Até esse ponto não se fala em litigiosidade ou em conflito de interesse, até porque o Estado ainda não formalizou sua pretensão tributária. Há mero procedimento que apenas se encaminha para a formalização de determinada obrigação tributária (ato de lançamento). Após essa etapa, que se pode mostrar mais ou menos complexa, praticado o ato de lançamento e portanto, formalizada a pretensão fiscal do Estado, abre-se ao contribuinte a oportunidade de insurgência, momento em que, no prazo legalmente fixado, pode manifestar seu inconformismo com o ato exacional oferecendo sua impugnação, que é o ato formal do contribuinte em que este resiste administrativamente à pretensão tributária do fisco. A partir daí instaura-se verdadeiro processo informado por seus peculiares princípios (que são desdobramentos do *due process of law*) e delimita-se o instante, o momento em que se dá a alomorfia procedimento processo modificando a natureza jurídica do atuar administrativo. (MARINS, James, *Direito Processual Tributário Brasileiro*. São Paulo: Dialética, 2001, p. 162).

16. Decreto n. 70.235/72:
(...)
Art. 14. A impugnação da exigência instaura a fase litigiosa do procedimento.
Lei (SP) 13.457/2009:
Artigo 13 - Estando o processo em fase de julgamento, os erros de fato e os de capitulação da infração ou da penalidade serão corrigidos pelo órgão de julgamento, de ofício ou em razão de defesa ou recurso, não sendo causa de decretação de nulidade.
§ 1º - Quando da correção resultar penalidade de valor equivalente ou menos gravoso, será ressalvada ao interessado, expressamente, a possibilidade de efetuar o pagamento do débito fiscal no prazo de 30 (trinta) dias, contados da intimação, com desconto igual ao que poderia ter usufruído no decurso do prazo previsto para a apresentação da defesa.
§ 2º - A redução do débito fiscal exigido por meio de auto de infração, efetuada em decorrência de prova produzida nos autos, não caracteriza erro de fato.
Artigo 14 - O órgão de julgamento mandará suprir as irregularidades existentes no auto de infração, quando não puder efetuar a correção de ofício.
§ 1º - As irregularidades que tiverem causado prejuízo à defesa, devidamente identificado e justificado, só acarretarão a nulidade dos atos que não puderem ser supridos ou retificados.
§ 2º - Saneadas as irregularidades pela autoridade competente e tendo havido prejuízo à defesa, será devolvido ao autuado o prazo de 30 (trinta) dias para pagamento do débito fiscal com o desconto previsto à época da lavratura do auto de infração, ou para apresentação da defesa, relativamente aos itens retificados

17. "a circunstância de poder ser impugnado não significa ter caráter provisório, aguardando a expedição de outros atos que o confirmem. A suscetibilidade a impugnações é predicado de todos atos administrativos. Fora assim e diríamos que o ato de nomeação de um Ministro de Estado é provisório, porquanto ele pode

a de dar atributos de liquidez e certeza à relação jurídica obrigacional já constituída, passa a se tornar peça acusatória. A pretensão tributária (e punitiva) do Estado ao encontrar resistência do sujeito passivo se transforma em relação de direito processual administrativo tributário, submetida, portanto, às garantias constitucionais da ampla defesa e do contraditório.

Por isso, a delimitação do litígio e a estabilização da lide se dão pelo encontro entre a pretensão tributária (ou punitiva) e a defesa apresentada. Em regra, a Administração fica impedida de inovar, agravar ou alterar critérios jurídicos adotados por ocasião da edição do ato, com vistas a garantir a plenitude do exercício do direito de defesa assegurado àqueles que optaram por se insurgir contra a pretensão estatal de exigência do crédito tributário.

Nem é preciso ressaltar a importância dada a essa etapa de "consolidação" do crédito tributário. A confirmação a respeito de sua validade ao fim do litígio proporciona ao fisco o direito de unilateralmente criar título executivo extrajudicial, hipótese única prevista no ordenamento. Mediante essa prerrogativa, a etapa contenciosa do controle de legalidade do ato de lançamento suprime (ou substitui) a ação de conhecimento (ou a vontade das partes – seu equivalente nas obrigações "*ex voluntate*"), e permite à Fazenda o ajuizamento de ação executiva submetida a rito especial privilegiado[18].

3. Limites até a decisão de 1ª instância. Agravamento da exigência, retificação e ratificação

Do ponto de vista processual, a insurgência do sujeito passivo além de instaurar o litígio, delimita e dá os contornos à lide. Se total ou parcial, identifica-se qual fração do crédito

---

ser atacado e invalidado. Passando para o campo do Direito Processual, afirmaríamos que uma sentença, enquanto sentença, não é um ato definitivo, porque pode ser modificada por efeito de um recurso. Os acórdãos dos tribunais seriam também provisórios, na medida em que suscitassem novos apelos." CARVALHO, Paulo de Barros, *Curso de Direito Tributário*, São Paulo: Saraiva, 1999, pág. 287.

18. LEF – Lei 6.830/80.

tributário e da acusação imputada se torna litigiosa e quais os fundamentos e os elementos de prova que serão utilizados para desconstituí-lo pelo sujeito passivo. A pretensão tributária (e punitiva, se for o caso), em regra, não pode mais ser substancialmente alterada, sob pena de cerceamento do direito de defesa do sujeito passivo cujo exercício pleno depende da estabilização da relação jurídica processual[19] e do princípio da "imutabilidade do lançamento"[20], de modo a não mais permitir que novos argumentos ou elementos de prova que dão suporte à infração imputada, ao crédito tributário e à figura do infrator (sujeito passivo) sejam apresentados pela Administração.

Entretanto, dada a inexistência de legislação em âmbito nacional editora de normas gerais em matéria processual administrativa tributária e com base em enunciado genérico do CTN[21], a legislação frequentemente permite que "reparos" sejam feitos ao lançamento de ofício, em regra para sanear o crédito ou para corrigir eventuais erros formais[22], desde, é cla-

---

19. Ou "estabilização da demanda". Vale dizer, após ajuizada a ação e citado o réu, o objeto litigioso, por força da lei, se estabiliza. Fica vedado ao autor, após a citação, alterá-lo ao seu bel prazer. Dependerá, a partir daí, de aquiescência do réu, até o saneamento do processo para aditar ou alterar o pedido ou a causa de pedir (NCPC, art. 329, II). Pelo contrário, antes da citação, os aditamentos e alterações do pedido são livres (art. 329, I). Em qualquer situação, entretanto, necessário assegurar ao réu, frente à inovação, o direito ao contraditório e à ampla defesa.

20. Lacombe. Américo Masset: "(...) após a notificação, a declaração do sujeito passivo não poderá ser retirada. É o que preleciona o § 1.º. Isto significa que, uma vez notificado do lançamento, não poderá pretender o sujeito passivo a sua modificação por parte da Administração Fazendária. Qualquer requerimento nesse sentido será fatalmente indeferido. O procedimento administrativo está encerrado e a Fazenda não poderá modificá-lo, em decorrência do princípio geral da imutabilidade do lançamento. Assim, uma vez feita a notificação ao contribuinte, não poderá a Administração, de ofício, ou a requerimento deste, alterar o procedimento já definitivamente encerrado.» (*in Comentários ao Código Tributário Nacional*, vol. 2: arts. 96 a 218, Ives Gandra Martins, Coordenador - 4.ª ed. rev. e atual. - São Paulo: Saraiva, 2006, pp. 316/317).

21. Art. 149. O lançamento é efetuado e revisto de ofício pela autoridade administrativa nos seguintes casos:
I - quando a lei assim o determine;

22. Decreto 70.235/72:
Art. 18.
§3º Quando, em exames posteriores, diligências ou perícias, realizados no curso do

ro, que não resultem em alteração substancial no crédito tributário. Nesses casos, mormente quando do saneamento do litígio decorrer o agravamento da exigência, imprescindível a reabertura do prazo para nova impugnação (ou emenda da já apresentada), de modo a permitir o pleno exercício do direito de defesa quanto à majoração realizada.

Uma das questões que se apresenta com frequência, se encontra na interpretação a ser dada sobre a possibilidade de que essas alterações ocorram após o transcurso do prazo decadencial, dada a redação do enunciado do parágrafo único do artigo 149 do CTN[23]. A resposta consiste em saber se os "reparos" se referem à correção de meros erros ou vícios formais ou se atingem alguns dos elementos substanciais do crédito tributário a importar em novo lançamento. Nessa última hipótese, por tratarem de elementos intrínsecos do ato administrativo, ainda que permitidas, as alterações no lançamento importariam em inovação em elementos materiais do crédito tributário (e da obrigação), e, portanto, se encontram submetidos ao lapso temporal imposto pela decadência.

Por isso, o entendimento quanto à interpretação dos limites dados na retificação do lançamento de ofício quando impugnado se relaciona com a natureza das alterações realizadas após a notificação e da apresentação da defesa pelo

---

processo, forem verificadas incorreções, omissões ou inexatidões de que resultem agravamento da exigência inicial, inovação ou alteração da fundamentação legal da exigência, será lavrado auto de infração ou emitida notificação de lançamento complementar, devolvendo-se, ao sujeito passivo, prazo para impugnação no concernente à matéria modificada. (Redação dada pela Lei 8.748, de 1993).
Lei 14.107/2005 (Município de São Paulo).
Art. 15. Estando o processo em fase de julgamento, os erros de fato ou de direito serão corrigidos pelo órgão de julgamento, de ofício ou em razão de impugnação ou recurso, não sendo causa de decretação de nulidade.
§ 1º Nos casos de erros corrigidos de ofício, o sujeito passivo será cientificado, devolvendo-lhe o prazo para apresentação da impugnação ou pagamento do débito fiscal com desconto previsto em lei.

23. Art. 149.
Parágrafo único. A revisão do lançamento só pode ser iniciada enquanto não extinto o direito da Fazenda Pública.

sujeito passivo. Isso porque, se se tratarem de meras incorreções (erros de cálculo meramente formais, sem agravamento da exigência) ou de ausência de correlação entre o dispositivo invocado na fundamentação legal e a infração imputada (*e.g.* erro quanto a uma alínea ou inciso), ou então, erro sanável quanto à identificação do sujeito passivo (*e.g.* erro na grafia do nome ou no n. de CPF ou CNPJ), sem que se comprometa a correta compreensão quanto à acusação imputada e a pessoa do infrator, não haverá alteração substancial nos elementos da obrigação que deram origem ao crédito tributário já constituído, de modo a não prejudicar o direito de defesa. Nessa hipótese, não há se falar em novo lançamento, e, portanto, em limite temporal para sua realização.

No caso em especial da legislação paulista, o art. 11 (e seguintes) da Lei 13.457/2009[24], estabelece que as incorreções ou omissões do auto de infração não acarretarão sua nulidade, quando nele constarem elementos suficientes para se determinar com segurança a natureza da infração e a pessoa do infrator. Vale dizer, enquanto respeitada a função primordial da constituição do crédito tributário quanto à identificação do sujeito passivo[25] e da matéria tributável (e dos seus consectá-

24. Artigo 11 - As incorreções ou omissões do auto de infração não acarretarão sua nulidade, quando nele constarem elementos suficientes para se determinar com segurança a natureza da infração e a pessoa do infrator.
Artigo 12 - Os erros existentes no auto de infração poderão ser corrigidos pelo autuante, com anuência de seu superior imediato, ou por este, enquanto não apresentada defesa, cientificando-se o autuado e devolvendo-se-lhe o prazo para apresentação da defesa ou pagamento do débito fiscal com o desconto previsto em lei.
Parágrafo único - Apresentada a defesa, as correções possíveis somente poderão ser efetuadas pelo órgão de julgamento ou por determinação deste.
Artigo 13 - Estando o processo em fase de julgamento, os erros de fato e os de capitulação da infração ou da penalidade serão corrigidos pelo órgão de julgamento, de ofício ou em razão de defesa ou recurso, não sendo causa de decretação de nulidade.

25. LANÇAMENTO. NULIDADE. ERRO NA IDENTIFICAÇÃO DO SUJEITO PASSIVO. O erro na identificação do sujeito passivo implica nulidade do lançamento. PESSOA JURÍDICA. EXTINÇÃO. INCORPORAÇÃO. A incorporadora, na qualidade de sucessora, é quem deve figurar no polo passivo da relação jurídica tributária. RECURSO ORDINÁRIO CONHECIDO E PROVIDO. AIIM 4033632-3. DÉCIMA SEGUNDA CÂMARA JULGADORA. TRIBUNAL DE IMPOSTOS E TAXAS. 18 de novembro de 2016.

rios lógicos, quais sejam fato gerador e montante do tributo devido), a melhor exegese dos artigos 12 e 13 leva à conclusão da ausência de impedimento para a correção de erros e incorreções existentes no auto de infração.

Entretanto, se a retificação se der sobre a pessoa do infrator (identificação do sujeito passivo), sobre alguns dos elementos do fato gerador ou sobre a natureza da infração e respectiva fundamentação[26], de novo lançamento se tratará. Nesse caso, a alteração só surtirá efeitos se feita antes de transcorrido o prazo decadencial e desde que respeitada a possibilidade de apresentação de nova impugnação ou emenda se já apresentada. Se realizada após a apresentação de defesa pelo sujeito passivo, essa alteração somente poderá ser feita por ordem da autoridade julgadora de instância inferior, por cessada a competência do órgão autuante quanto à revisão de ofício do lançamento, cujo papel nesses casos se resume apenas a munir o julgador de elementos fáticos suficientes que resultem na alteração do lançamento original, ou então, em seguir as determinações deste quanto às correções por ele ordenadas.

Crítica deve ser feita à redação do parágrafo único do art. 12 da legislação paulista quanto à possibilidade de que o próprio órgão de julgamento realize as correções quanto aos erros de fato e de capitulação da infração, ao invés de simplesmente determinar que o órgão autuante realize as alterações necessárias e permitidas no crédito tributário, por força da competência privativa quanto à edição do ato de lançamento que o artigo 142 do CTN impõe. Isso porque melhor seria, nas palavras de Maria Teresa Martinez Lopes: "(...) *a dissociação da figura da autoridade lançadora com a autoridade julgadora*"[27].

---

26. LANÇAMENTO. FUNDAMENTAÇÃO. INOVAÇÃO NO JULGAMENTO. IMPOSSIBILIDADE. Na fase recursal, julga-se a legalidade ou não do lançamento, sendo vedado modificar a fundamentação para exigência do tributo por implicar feitura de novo lançamento, o que é vedado ao órgão julgador. CARF, AC. 2401-005.924.

27. NEDER, Marcos Vinícius; e LOPEZ, Maria Teresa Martínez. *Processo Administrativo Fiscal Federal Comentado*. São Paulo, Dialética, 2002, p. 212.

Pela impossibilidade do acumulo de funções pelo órgão de julgamento (função administrativa/lançadora e função de julgamento), Fábio Soares de Melo e José Eduardo Soares de Melo, de igual modo defendem a competência privativa da autoridade lançadora para a realização de correções ao Auto e a função exclusiva do órgão julgador de decretar a nulidade do ato de lançamento de ofício, se presentes tais erros e incorreções[28].

Em que pese a existência de lei expressa nesse sentido, e reconhecendo se tratar de matéria já decidida por inúmeras vezes em sentido contrário ao aqui defendido[29], melhor seria, à luz do artigo 142 do CTN que o legislador apenas permitisse que o órgão de julgamento determinasse ao órgão lançador e não promovesse ele próprio as alterações decorrentes da constatação de erros e incorreções, de modo a respeitar a respectivas atribuições administrativas (lançadora e julgadora). Isso para não perder de vista de que o lançamento se trata de ato administrativo cuja competência (privativa) para a edição do ato, nos termos da legislação complementar, e, portanto, o responsável por delimitar o âmbito pessoal de validade, é a autoridade lançadora (nos termos do artigo 142 do CTN c/c artigo 13, inciso III da Lei 9.784/99).

Mesmo nessas situações, ponto comum e correlato ao princípio da estabilização de demanda, é a necessidade de que essas incorreções ou erros cometidos pela autoridade lançadora, mormente quando ocasionem agravamento da exigência original, sejam identificados até o momento equivalente ao saneamento previsto na legislação civil[30]. Dada ausência de momento específico para o saneamento do processo na seara administrativa, este deve se dar antes de proferida a decisão de primeiro grau. Isso por um simples motivo, qual seja, o de

---

28. SOARES DE MELO, Fábio. *Processo Administrativo Tributário, princípios, vícios e efeitos jurídicos*. Dialética, p. 148/149.
SOARES DE MELO, José Eduardo. *Processo Tributário Administrativo e Judicial*, 2ª edição, São Paulo, Quartier Latin, 2009, p. 106.

29. Conforme apontado por Fábio Soares de Melo, ob. cit., p. 150.

30. Art. 357 do CPC/2015.

evitar a supressão de instância da qual decorra grave prejuízo ao direito de defesa e ao contraditório.

Importante ponto a ser ressaltado consiste nas limitações quanto às alterações derivadas a erros e incorreções no crédito tributário no critério quantitativo da regra-matriz de incidência, mormente quanto à base de cálculo. Isso por se tratar da perspectiva dimensível do aspecto material da hipótese de incidência[31]e por ser o responsável em **confirmar, afirmar ou infirmar o critério material da regra-matriz de incidência**[32]. Logo, qualquer "ajuste" no lançamento que atinja a base de cálculo não pode de modo algum alterar o critério material da regra-matriz de incidência, ou seja, não pode infirmá-la. Nessa hipótese, fica claro que se trata de novo lançamento.

Não é raro constatar em julgamentos administrativos graves erros e incorreções quanto à pessoa do infrator e a natureza da infração "sanados", inclusive em fase recursal, em evidente prejuízo ao direito de defesa do sujeito passivo[33]. Ou então, reconhecidos apenas como vícios formais, de modo a proporcionar à Administração a "benesse" de novo prazo para realização do lançamento, com fulcro no artigo 173, II do CTN[34]. É evidente que essa intepretação vai de encontro ao princípio da imutabilidade do lançamento e da estabilização da demanda, além de desprestígio ao *nemo auditur propriam turpitudinem allegans.*

Por isso, fundamental a correta compreensão dos dispositivos legais emanados por cada uma das unidades federadas quanto à possibilidade de alteração do lançamento

31. ATALIBA. Geraldo. *Hipótese de Incidência Tributária.* Malheiros Editores, São Paulo/SP, 6ª edição, página 109.

32. CARVALHO, Paulo de Barros. *Curso de Direito Tributário.* Pág. 362.

33. TIT - AIIM n. 3133385-0.

34. ITCMD. Erro na identificação do sujeito passivo. O AIIM foi lavrado contra pessoa falecida. Vício formal caracterizado. RECURSO NÃO CONHECIDO. AIIM ANULADO DE OFÍCIO. AIIM n. 3126179-6. J. 20/02/2015. TIT.
TIT - AIIM n. 4011645-1.

originalmente notificado ao contribuinte após apresentada a defesa, de modo a preservar a imutabilidade do lançamento e a estabilidade da demanda. Tudo isso em prol da garantia constitucional da ampla defesa e do contraditório.

Logo, presentes erros e incorreções no lançamento tributário, apontadas ou não pelo sujeito passivo em impugnação, deve a autoridade julgadora: a) se não sanáveis, ou seja, se aptas a comprometer a higidez do crédito tributário por se relacionarem a erros nos elementos primordiais decorrentes da função atribuída à autoridade administrativa pelo artigo 142 do CTN[35], decretar a sua nulidade por vício material, ou seja, sem a possibilidade de "reabertura" do prazo decadencial a que se refere o artigo 173, II do CTN, ressalvada a possibilidade da realização de novo lançamento, desde que dentro do prazo decadencial; b) se constatados erros e incorreções que não comprometam a higidez do crédito tributário ou qualquer das funções primordiais atribuídas pelo artigo 142 do CTN ao lançamento, ou seja, que admitam saneamento, deve ordenar ao órgão autuante que proceda às necessárias alterações no crédito tributário já lançado, e em qualquer hipótese, com ou sem agravamento da exigência original, o sujeito passivo deve necessariamente ser ouvido no mesmo prazo dado pela legislação para apresentação de defesa ou impugnação, com vistas a garantir o direito ao contraditório e ampla defesa; c) conforme defendido acima, não deve o órgão julgador proceder ele próprio aos reparos no crédito tributário, de modo a preservar a independência de funções administrativas e a determinação expressa do artigo 142 do CTN e da Lei 9.784[36] quanto ao tema.

---

35. a) verificar a ocorrência do fato gerador da obrigação (h.i.); b) determinar a matéria tributável (base de cálculo); c) calcular o montante do tributo devido (*quantum debeatur*); d) identificar o sujeito passivo, e; e) aplicar a penalidade cabível.

36. Art. 13. Não podem ser objeto de delegação:

(...)

III - as matérias de competência exclusiva do órgão ou autoridade.

4. Limites impostos à alterabilidade do lançamento em instância recursal

Apesar da legislação em regra não vedar expressamente que erros e incorreções possam ser realizadas em sede recursal, o princípio do contraditório e da ampla defesa impõe restrições ainda maiores aos órgãos de julgamento revisores, em especial para evitar a chamada supressão de instância.

Não que os órgãos de julgamento administrativos revisores não possam corrigir eventual erros meramente formais; entretanto, dada a impossibilidade de reabertura de prazo para apresentação de nova impugnação ou de aditamento àquela já apresentada, qualquer alteração que implique em prejuízo ao direito de defesa do sujeito passivo não pode mais ser objeto de saneamento.

Apesar de não se tratar de garantia constitucional expressa, a dupla instância administrativa, não só no exercício do controle de legalidade do crédito tributário, mas em toda a atividade administrativa contenciosa, tem sido prestigiada pelo legislador[37].

Mesmo nas unidades federadas que não possuem tribunais administrativos tributários, garante-se ao sujeito passivo não só o direito de impugnar a exigência, mas, também, a de interpor recurso hierárquico, de modo a preservar o direito à revisão por instância ou autoridade hierarquicamente superior, a respeito da validade do ato administrativo de lançamento.

No CARF e no TIT, tribunais administrativos de longa tradição, a legislação prevê uma série de recursos e incidentes,

---

37. Lei Federal 9.784/99:
Art. 56. Das decisões administrativas cabe recurso, em face de razões de legalidade e de mérito.
LCP 939/2003:
Artigo 5º - São garantias do contribuinte:
(...)
IV - a obediência aos princípios do contraditório, da ampla defesa e da duplicidade de instância no contencioso administrativo-tributário, assegurada, ainda, a participação paritária dos contribuintes no julgamento do processo na instância colegiada;

postos à disposição não só do sujeito passivo, mas, também, da própria Fazenda, tudo no interesse público de manter a atividade tributária nos trilhos da legalidade.

Ainda que inseridos no sistema de controle de legalidade no âmbito interno da própria administração, a 2ª instância administrativa adquire perfil mais técnico, menos informal e com grande influência da teoria geral dos recursos para fins de admissibilidade e conhecimento. Por isso, a frequente invocação de institutos próprios do processo na análise de lançamentos alçados à instância recursal para fins de verificação quanto à sua legalidade.

O maior apego ao formalismo e o fato de se tratar de instância revisora, implica em uma maior limitação quanto à atividade judicante destes órgãos, tudo com vistas a evitar que o controle de legalidade do lançamento tributário possa de alguma maneira implicar supressão de instância. Por isso, o controle de mérito do ato de lançamento em sede recursal, encontra claros e ainda mais rígidos limites à atividade judicante.

Em que pese a existência de recurso de ofício nas hipóteses expressamente previstas em lei, a voluntariedade, a dialeticidade e a vedação à *reformatio in pejus* são princípios informadores, bem como o efeito expansivo, substitutivo e translativo também se encontram presentes.

Diante dessa submissão aos princípios informadores do processo na instância recursal e em decorrência da impossibilidade de reparos mais profundos no lançamento que não impliquem em usurpação da atividade administrativa lançadora ou em supressão de instância, "reparos" no lançamento não mais se admitem. Com menor razão, não se admitem determinações à autoridade lançadora para novo lançamento, quando este implique em alteração do critério jurídico inicialmente adotado, em evidente erro de direito.

Nessa adiantada fase recursal meramente revisora, cabe ao órgão julgador, nos limites do recurso apresentado pelo sujeito passivo, em regra, ou manter a decisão ou decretar a invalidade do ato de lançamento. Outros ajustes no crédito tributário somente podem ocorrer dentro das estreitas possibilidades dadas ao órgão revisor nesse sentido.

Dentre essas atribuições se encontra a possiblidade de alterações no "montante do tributo devido", cujo resultado seja o de exclusão de partes "da matéria tributável", em decorrência de desacertos da autoridade lançadora assim confirmados pela decisão de piso. São os assim chamados "ajustes na base de cálculo". Entretanto, essa alteração no critério quantitativo não pode de modo algum comprometer a higidez do crédito tributário. Devem ser necessariamente decorrentes da segregação de determinadas operações ou de valores claramente identificáveis e de possível separação, ou então, de valores que servem para diminuir a exigência inicial (*e.g.*, já recolhidos[38]), sem que haja "contaminação" ou influência no *quantum debeatur* realmente devido. De igual modo, não podem infirmar o critério material da regra-matriz adotado pela autoridade lançadora.

Não se admite, por exemplo, que se altere regime de tributação (de caixa para competência ou de lucro real para arbitrado) quando o erro cometido pela autoridade lançadora não foi identificado pelo órgão julgador de 1ª instância antes de proferida a decisão[39]. Entretanto, é perfeitamente admis-

38. CARF - Acórdãos n. 106.14.244 e 104.19.111.
APROVEITAMENTO DE CRÉDITOS
Devem ser aproveitados na apuração de crédito tributário os valores arrecadados sob o código de tributos exigidos da pessoa jurídica cuja receita foi desclassificada e convertida em rendimentos da pessoa física, base de cálculo de lançamento de ofício.

39. ANULAÇÃO DO LANÇAMENTO. MODIFICAÇÃO DE REGIME JURÍDICO.
A modificação do regime jurídico de apuração do tributo do lucro real para o arbitrado, não é um mero ajuste na base calculada do imposto lançado, caracteriza-se como erro na fundamentação jurídica do lançamento, cuja resolução implica incidência de outra norma jurídica. Tal equívoco não pode simplesmente ser corrigido pela administração, em garantia as disposições dos artigos 142 e 149 do CTN, muito menos em sede de processo administrativo. É necessário a realização de outro ato de lançamento (aplicação), respeitando-se o prazo decadencial, pois o fundamento jurídico será diferente daquele que o Contribuinte impugnou no processo. (Acórdão nº 1401001.727 – 4ª Câmara/1ª Turma Ordinária, j. em 15 de setembro de 2016. Aguardando admissão de Resp. da PGFN desde 2017). No mesmo sentido: (Ac.

sível que se compensem valores já recolhidos pela pessoa jurídica de créditos exigidos de pessoa física decorrentes da sua desconsideração para efeitos fiscais[40]. A vedação à alteração de critérios jurídicos adotados pela autoridade lançadora encontra fundamento da necessária separação das funções administrativas constitutivas do crédito e revisoras do ato de lançamento, claramente distintas.

Conclusão

O ato de lançamento, nos termos do artigo 142 do CTN, privativo da autoridade lançadora tem por finalidade a) verificar a ocorrência do fato gerador da obrigação (h.i.); b) determinar a matéria tributável (base de cálculo); c) calcular o montante do tributo devido (*quantum debeatur*); d) identificar o sujeito passivo, e; e) aplicar a penalidade cabível.

Após devidamente cientificado ao sujeito passivo, não pode, em regra sofrer qualquer alteração em decorrência do princípio da imutabilidade do lançamento.

Após a apresentação do inconformismo pelo sujeito passivo, mediante impugnação da exigência, ocorre a estabilização da demanda, de modo a somente permitir qualquer alteração no lançamento tributário, se decorrente de erros e incorreções meramente formais, e desde que por ordem do órgão de julgamento.

Qualquer alteração nos elementos fundamentais do ato de lançamento, mormente em relação ao motivo, objeto e finalidade implicará em novo lançamento, submetido ao prazo de decadência previsto na legislação complementar.

Toda e qualquer alteração no lançamento original, após a intimação do sujeito passivo, deve necessariamente resultar em reabertura de prazo para apresentação de nova impugnação ou emenda da já apresentada.

1401002.292 – 4ª Câmara / 1ª Turma Ordinária, j. em 13 de março de 2018. Aguardando admissão de Resp da PGFN desde 2018).

40. Processos CARF n. 11020.002220/2004-98; 11020.003823/2003-26 e 980.008215/2004-78.

A decisão de primeira instância é o marco final para qualquer alteração substancial no lançamento, de modo a preservar a ampla defesa e o contraditório que seriam prejudicados pela supressão de instância daí decorrente.

A instância recursal revisora, com maior razão, não se presta para promover alterações substanciais no lançamento, apenas para proceder ao controle de legalidade. Ajustes na base de cálculo, em especial quanto à segregação de receitas e operações ou inclusão de valores já recolhidos, são permitidos, desde que não comprometam a higidez do crédito tributário. Por outro lado, alterações no regime jurídico adotado (*e.g.*, de real ou presumido para arbitrado ou de regime de caixa para competência), implicam em invasão de competência privativa da autoridade lançadora, além de suprimir instância recursal em prejuízo à ampla defesa e ao contraditório.

Referências

ANTUNES VARELA, João de Matos. *Das obrigações em geral.* 10ª Ed., v. 1. Coimbra, Almedina, 2003

ATALIBA. Geraldo. *Hipótese de Incidência Tributária.* Malheiros Editores, São Paulo/SP, 6ª edição,

BORGES, José Souto Maior. *Obrigação Tributária (uma introdução metodológica).* 2ª. Ed. São Paulo: Malheiros Editores.

CARVALHO, Paulo de Barros. *Curso de Direito Tributário.* São Paulo, Saraiva, 1999, 9ª edição.

DI PIETRO, Maria Sylvia Zanella. *Direito Administrativo.* São Paulo: Atlas, 2001.

FAGUNDES, Seabra Miguel. *O controle dos atos administrativos pelo Poder Judiciário.* Rio de Janeiro: Forense, 1979.

INGROSSO, Gustavo. *Instituzioni di Diritto Finanziario,* Imprenta: Napoli, E. Jovene, 1935.

JEZE, Gaston. “Natureza e Regime Jurídico do Crédito Fiscal”. *Revista de Direito Administrativo* 3/59.

LACOMBE. Américo Masset. *Comentários ao Código Tributário Nacional*, vol. 2: arts. 96 a 218, Ives Gandra Martins, Coordenador - 4.ª ed. rev. e atual. - São Paulo: Saraiva, 2006.

MAIA, Mary Elbe Gomes Queiroz. *Do lançamento tributário*: execução e controle. São Paulo: Dialética, 1999.

MARINS, James. *Direito Processual Tributário Brasileiro*. São Paulo: Dialética, 2001.

MYRBACH-RHEINFELD, Fran Von. *Précis de Droit Financier*, Paris: V. Giard a. E. Brière, 1910.

NEDER, Marcos Vinícius e LOPES, Maria Teresa Martinez. *Processo administrativo fiscal comentado*: São Paulo: Dialética, 2002.

SOARES DE MELO, Fábio. *Processo Administrativo Tributário*, princípios, vícios e efeitos jurídicos. São Paulo: Dialética, 2012.

SOARES DE MELO, José Eduardo. *Processo Tributário Administrativo e Judicial*, 2ª edição, São Paulo: Quartier Latin, 2009.

PROCESSO ADMINISTRATIVO TRIBUTÁRIO FEDERAL: ÂMBITO DE APLICAÇÃO E EFEITOS PRODUZIDOS PELAS DECISÕES DE MÉRITO PROFERIDAS EM SEDE DE RECURSOS REPRESENTATIVOS DA CONTROVÉRSIA, À LUZ DA RECENTE JURISPRUDÊNCIA DO CARF

Vanessa da Silva Gagliano[1]

1. DELIMITAÇÃO DO TEMA

O presente artigo tem por objetivo analisar o âmbito de aplicabilidade e os efeitos gerados por decisões meritórias proferidas em sede dos denominados Recursos Representativos da Controvérsia no Processo Administrativo Tributário Federal.

A justificativa à escolha desse tema é simples: há situação concreta relacionada ao público e notório julgamento do Tema nº 69, em sede de Repercussão Geral no Supremo Tribunal Federal, que firmou tese no sentido de que o "*ICMS não compõe a base de cálculo para a incidência do PIS e da Cofins*".

1. Especialista em Direito Tributário pela PUC/SP. Especialista em Gestão Empresarial pela FGV/SP. Advogada em São Paulo.

À luz da atual jurisprudência do CARF, é possível observar diversidade de julgamentos em sentidos antagônicos, gerando uma série de debates na comunidade jurídica acerca da aplicabilidade e efeitos de decisões de mérito expedidas em sede de Recursos Representativos da Controvérsia.

Far-se-á a apreciação da matéria à luz dos mais recentes precedentes jurisprudenciais do Conselho Administrativo de Recursos Fiscais do Ministério da Fazenda (CARF), o que nos permitirá tecer considerações em análise às linhas de entendimento detectadas, buscando compreender os argumentos que as embasam.

Vale destacar que não é o objetivo da presente obra adentrar na materialidade deste tema, não tratando de tecer quaisquer considerações acerca da composição da base de cálculo para a incidência do PIS e da Cofins, e sim procurar trazer luz à enorme polêmica gerada nos Tribunais Administrativos Federais, utilizando como base metodológica os fatos ocorridos nesse notório e relevante tema, para que assim seja cumprido o propósito maior da presente coletânea no que se refere ao exame de temas relacionados aos Novos Rumos do Processo Tributário Brasileiro.

Ao final, com tais elementos devidamente conhecidos e analisados, será possível assinalar os principais aspectos que gravitam ao redor da temática, com a apresentação das considerações que entendemos pertinentes, de modo a estabelecer sistemática que possa ser aplicada a este tema, bem como a outros que guardem similitude com os fatos aduzidos na presente obra.

2. DIVERGÊNCIAS ENTRE AS TURMAS DO CARF: DAS LINHAS DE ENTENDIMENTO DETECTADAS

Antes de adentrar à problemática proposta, com a consequente observância dos julgamentos em sentidos antagônicos no âmbito do aclamado Conselho Administrativo de Recursos Fiscais CARF, para fins introdutórios, vale trazer um breve contexto do julgamento desta relevante tese.

2.1 Breve Contexto Histórico do julgamento da tese que o "ICMS não deve compor a base de cálculo do PIS e da Cofins"

Em quase 20 anos de discussão judicial, o Superior Tribunal de Justiça STJ sempre deu sinalizações no sentido de que o ICMS deveria compor o cálculo das contribuições sociais.

Em 1993, foi editada a Súmula 68 nesse sentido "*a parcela relativa ao ICM inclui-se na base de cálculo do PIS*". Em 1994, foi editada a Súmula 94 "*a parcela relativa ao ICMS inclui-se na base de cálculo do Finsocial*".

O Supremo Tribunal Federal (STF) discute a matéria desde meados de 1998, quando o RE 240.785, foi distribuído ao ministro Marco Aurélio Mello.

Em 1999 foi iniciado o julgamento do RE nº 240.785 com voto favorável à empresa demandante pelo Ministro Relator Marco Aurélio Mello, data na qual o caso foi suspenso por pedido de vista do então Ministro Nelson Jobim.

Em 2006, em razão de alteração de composição do STF, os Ministros optam por renovar o julgamento do RE nº 240.785 e em agosto deste mesmo ano, o julgamento é reiniciado. Com um placar de 6 votos a 1 favoráveis à empresa demandante, ocorreu novo pedido de vista, dessa vez pelo Ministro Gilmar Mendes.

Em outubro de 2007, foi protocolada pela União a Ação Declaratória de Constitucionalidade (ADC) nº 18, na qual requereu que fosse declarada como constitucional a inclusão do ICMS na base de cálculo do PIS e da Cofins.

Em dezembro do mesmo ano é protocolado o RE nº 574.706 no STF, que também discutia a inclusão do ICMS na base de cálculo do PIS e da Cofins e em abril de 2008 foi reconhecida a sua Repercussão Geral.

Em maio de 2008, a União pede ao STF que a ADC nº 18 seja julgada antes do RE nº 240.785, sendo tal pedido aceito pela maioria do Plenário, sendo o julgamento adiado.

Em agosto de 2008 é deferida liminar na ADC nº 18, suspendendo todos os casos que tratavam da inclusão do ICMS na base de cálculo do PIS e da Cofins.

Na sequência, a liminar concedida na ADC nº 18 foi prorrogada por diversas vezes, em fevereiro e setembro de 2009 e em março de 2010, quando os Ministros do STF salientaram se tratar da última vez que a prorrogação seria concedida.

Em outubro de 2014, o julgamento do RE 240.785 foi finalizado, com placar final de 7 votos a 2 pela não inclusão do ICMS na base de cálculo do PIS e da Cofins, com transito em julgado em março de 2015.

Após este precedente, em março de 2015, a 1ª Turma do STJ seguiu a orientação do STF ao excluir o ICMS da base das contribuições sociais para um atacadista do Rio Grande do Norte (Ag no REsp nº 593.627), mas a tese não foi adiante, já que em 2016, o STJ analisou o tema, em sede de Recurso Repetitivo através do REsp nº 1.144.469, e entendeu que o ICMS deveria integrar a base de cálculo do PIS e da Cofins, decisão esta que transitou em julgado.

Somente em fevereiro de 2017, o RE nº 574.706 é novamente incluído na pauta do Plenário do STF e em março de 2017 é realizado o julgamento em sede de Repercussão Geral no STF, que por 6 votos a 4, definiu pela seguinte tese "*ICMS não compõe a base de cálculo para incidência do PIS e da Cofins*".

O veredicto foi publicado somente no mês de outubro de 2017 e no mesmo mês a Procuradoria Geral da Fazenda Nacional apresentou embargos de declaração com efeitos infringentes contra a decisão, almejando alterar o mérito e afirmando omissão do STF, requerendo esclarecimentos acerca do ICMS que deve ser retirado da base dessas contribuições sociais, bem como a modulação temporal da decisão para que produza efeitos somente após o julgamento dos embargos de declaração ou, caso o STF entenda por não acolher o pedido de modulação, que a Receita Federal seja autorizada a instituir regras regulamentando a forma de restituição ou compensação desses valores.

Tais embargos de declaração não possuem efeito suspensivo, de modo que mantida a higidez da decisão proferida em sede de Repercussão Geral no RE nº 574.706, de modo a não existir qualquer substrato jurídico que impeça a sua aplicação.

Com relação a pendência de julgamento da Ação Direta de Constitucionalidade (ADC) nº 18, em setembro de 2018, o Ministro Celso de Mello acabou por proferir decisão julgando-a prejudicada sob o fundamento da perda superveniente de seu objeto, reforçando a sustentação da tese definida com Repercussão Geral na Suprema Corte.

Aos 04 de Junho de 2019, a Procuradoria-Geral da República apresentou parecer ao STF defendendo que a decisão que excluiu o ICMS da base de cálculo do PIS e da Cofins tenha apenas efeitos *ex nunc*, posteriores ao julgamento dos embargos declaratórios apresentados pela Fazenda Nacional, opinando pelo provimento parcial do pedido da Fazenda Nacional nos Embargos de Declaração, no sentido de modular a decisão, não para reformá-la, considerando a profunda discussão promovida pela Suprema Corte. De acordo com a PGR, caso seja definida a eficácia retroativa, os pedidos de restituição poderiam gerar considerável impacto orçamentário ao Estado.

2.2 Das Linhas de Entendimento Detectadas no âmbito do CARF

De acordo com pesquisas realizadas junto ao sítio do Conselho Administrativo de Recursos Fiscais - CARF nos meses de abril e maio de 2019, foi possível localizar divergências entre as suas Turmas no que se refere ao tema da Exclusão do ICMS da base de cálculo do PIS e Cofins.

Em análise à jurisprudência do CARF, verifica-se que surgem três posicionamentos distintos no seio das turmas ordinárias deste tribunal administrativo.

O primeiro posicionamento que destacamos é o da 2ª Turma Ordinária da 4ª Câmara da 3ª Seção de Julgamento do

CARF[2], que em julgamento proferido aos 26.02.2019, manteve o ICMS na base do PIS e da Cofins, com aplicação de precedente do Superior Tribunal de Justiça STJ, sob a justificativa da impossibilidade de aplicação da tese do STF em razão de disposição do Regimento Interno do CARF, por ainda não existir decisão final transitada em julgado.

O Relator da Turma esclareceu em seu voto que em 13.03.2017 transitou em julgado o Recurso Especial nº 1144469/PR, proferido pelo STJ sob a sistemática do art. 543-C do CPC/73, que firmou a tese: "*O valor do ICMS, destacado na nota, devido e recolhido pela empresa compõe seu faturamento, submetendo-se à tributação pelas contribuições ao PIS/PASEP e Cofins, sendo integrante também do conceito maior de receita bruta, base de cálculo das referidas exações*".

De acordo com a maioria da Turma, apesar do Supremo Tribunal Federal ter decidido em sentido contrário em sede de Repercussão Geral no Recurso Extraordinário nº 574.706, publicado em outubro de 2017, como ainda não se trata de uma *decisão definitiva de mérito*, haveria impedimento da aplicação desse entendimento com base no artigo 62, §2º do Anexo II do Regimento Interno do CARF, aprovado pela Portaria MF 343/2015, o denominado "RICARF".

O §2º do artigo 62 do "RICARF" traz ordem no sentido de que as decisões definitivas de mérito proferidas pelo Supremo Tribunal Federal e pelo Superior Tribunal de Justiça nos termos dos artigos 1.036 a 1041 do Novo Código de Processo Civil *deverão* ser reproduzidas no julgamento dos recursos no CARF.

Conforme tal posicionamento, a inexistência do trânsito em julgado no *leading case* faz com que sua *ratio* não seja ainda vinculante ao CARF.

Alegam ainda, que a aplicação da decisão do STF neste momento, contaria com a possibilidade de modulação de

---

2. CARF, 3º Seção, Acórdão 3402-006.283, Rel. Waldir Navarro Bezerra, 4º Câmara, 1º Turma ordinária, j. 26/02/2019.

efeitos em favor da Fazenda Pública e, portanto, seria temerária a sua aplicação.

O segundo posicionamento que destacamos é aquele adotado pela 1ª Turma da 2ª Câmara e a 1ª e a 2ª Turma da 3ª Câmara, que tem decidido de forma oposta, aplicando a decisão de mérito exarada pelo STF em sede de repercussão geral.

É o teor, por exemplo, dos acórdãos 3201003.725[3] e 3201004.124[4], que trazem ordem no sentido de que com a decisão proferida pela Corte Suprema, não mais prevalece o contido no REsp 1.144.469/PR do Superior Tribunal de Justiça – STJ, amparando tal entendimento, entre outros fundamentos, no próprio fato do STJ não mais estar aplicando o seu antigo posicionamento, decidindo reiteradamente de acordo com o julgado no RE 574.706.

O terceiro posicionamento encontrado, é o adotado pela 1ª Turma da 4ª Câmara, no qual os julgamentos foram suspensos para aguardar o trânsito em julgado da repercussão geral no Supremo.

A Câmara Superior de Recursos Fiscais, até a data de finalização desta obra, ainda não se posicionou acerca da tese.

Tal pesquisa demonstra ausência de uniformidade entre as decisões do CARF, de modo que os contribuintes ficam em situação de extrema insegurança, com a consequente falta de previsibilidade de suas situações jurídicas, a depender de qual Turma do CARF julgará o seu Recurso. É este o tema que desejamos enfrentar.

Antes de prosseguir com as análises e considerações conclusivas acerca da problemática proposta, compete-nos abordar de maneira mais ampla os conceitos e os princípios que

---

3. CARF, 3º Seção, Acórdão 3201003.725, Rel. Paulo Roberto Duarte Moreira, 2º Câmara, 1º Turma ordinária, j. 24/05/2018.

4. CARF, 3º Seção, Acórdão 3201004.124, Rel. Leonardo Vinicius Toledo de Andrade, 2º Câmara, 1º Turma ordinária, j. 25/07/2018.

balizam o relevante Processo Administrativo Tributário Federal Brasileiro, bem como a consequente aplicabilidade e efeitos das decisões de mérito proferidas em sede dos Recursos Representativos da Controvérsia a este 'procedimento'.

3. PROCESSO ADMINISTRATIVO TRIBUTÁRIO FEDERAL – CONCEITOS ESSENCIAIS E PRINCÍPIOS BALIZADORES

Discorrer acerca do Processo Administrativo Tributário traz a necessidade de brevemente conceituarmos *Processo*.

Conforme preleciona Paulo Cesar Conrado[5] "*Processo é relação jurídica. Mais: é relação jurídica instrumental – defluente que é do fato jurídico conflito, supõe a preexistência de um´outra relação (jurídica), efetiva ou potencial. Por isso instrumental: processo é relação que em outra relação encontra o seu fim; é seu instrumento, portanto*".

Fixado esse conceito, no qual *processo* é a relação jurídica implicada pelo fato jurídico *conflito*, e de que este se presta a servir como verdadeiro capacitador do sistema jurídico para o cumprimento da função de generalizar expectativas normativas, faz-se necessário compreender acerca do conceito e finalidades do denominado processo administrativo tributário.

3.1 Conceito e finalidade essencial do Processo Administrativo Tributário Brasileiro

Para dar início a tal conceituação, essencial discorrermos, sem delongas, acerca do instituto do crédito tributário e sua exigibilidade.

5. CONRADO, Paulo Cesar. *Processo Tributário*. 2º ed. São Paulo: Quartier Latin do Brasil, 2007, p. 25.

3.1.1 Crédito Tributário e exigibilidade

Para que exsurja o denominado crédito tributário, é necessário que ocorra um ato administrativo plenamente vinculado, este ato é denominado *lançamento.*

De acordo com o art. 142 do Código Tributário Nacional (Lei 5.172/66), lançamento é o ato privativo da autoridade administrativa, sendo vinculado e obrigatório, visando a verificação da ocorrência do fato jurídico, a determinação da matéria tributável, o cálculo do montante do tributo devido, a identificação do sujeito passivo e, quando for o caso, a aplicação da penalidade cabível.

Na lição do aclamado mestre Paulo de Barros Carvalho[6]

> lançamento tributário é o ato jurídico administrativo, da categoria dos simples, constitutivos e vinculados, mediante o qual se insere na ordem jurídica brasileira u´a norma individual e concreta, que tem como antecedente o fato jurídico tributário e, como consequente, a formalização do vínculo obrigacional, pela individualização dos sujeitos ativo e passivo, a determinação do objeto da prestação, formado pela base de cálculo e correspondente alíquota, bem como pelo estabelecimento dos termos espaço-temporais em que o crédito há de ser exigido.

Desse modo, com o estabelecimento do verdadeiro vínculo obrigacional entre os sujeitos ativo e passivo dessa relação, devidamente formalizada através do lançamento tributário, inicia-se a denominada etapa *não contenciosa ou oficiosa* do procedimento tributário, com o surgimento do crédito tributário, através do qual será devido valor a título de *tributo.*

Por meio do lançamento tributário, surgirá o crédito tributário e o direito subjetivo da autoridade administrativa fazendária, *in casu,* sujeito ativo dessa relação jurídica, realizar a cobrança do gênero *tributo.*

---

6. CARVALHO, Paulo de Barros. *Curso de Direito Tributário.* 29º ed. São Paulo: Saraiva Educação, 2018, p. 578.

Dessa forma, através do lançamento e da respectiva notificação ao contribuinte, torna-se o crédito tributário plenamente exigível e há a possibilidade de inaugurar a denominada etapa *contenciosa* do procedimento tributário, que se concretizará pela resistência do contribuinte à pretensão fazendária.

3.1.2 Conceituação e base normativa do Processo Administrativo Tributário

Diante do lançamento e nascimento do denominado crédito tributário e da resistência do contribuinte à pretensão fazendária (direito à impugnação) é inaugurado o Processo Administrativo Tributário, o qual podemos conceituar como um conjunto de atos administrativos aplicados às normas materiais de direito tributário em face da relação jurídica entre o ente fazendário e o contribuinte.

Conforme preleciona James Marins *"o processo administrativo tributário é, portanto, a etapa litigiosa do percurso de formalização da obrigação tributária no âmbito da Administração tributária. Não se confunde com o procedimento de lançamento e também* não é processo de caráter jurisdicional, uma vez que não tem curso perante o Poder Judiciário (...). Ambos, procedimento de lançamento e processo administrativo tributário, cuidam, cada qual com seu regime jurídico próprio, de dar aplicação 'in concreto' às normas do direito tributário material (localizadas na dimensão estática da tributação)[7].

Destaca-se que a expressão processo administrativo tributário pode ser utilizada tanto em sentido amplo, quando designa o conjunto de atos administrativos tendentes ao reconhecimento, pela autoridade competente, de uma situação jurídica pertinente a relação fisco-contribuinte, quanto em sentido estrito, a qual designa a espécie de processo

7. MARINS, James. *Direito Processual Tributário Brasileiro - Administrativo e Judicial*. 12ª ed. São Paulo: Thomson Reuters Brasil, 2019, p. 92.

administrativo destinada a determinação e exigência do credito tributário[8].

Desse modo, o Processo Administrativo Tributário vem disciplinar o regime jurídico para a solução de conflitos de cunho fiscal formalizados perante a Administração tributária.

O Processo Administrativo Tributário advém de disposição Constitucional, tendo seu fundamento de validade no art. 5º, LV da Constituição Federal, que elucida:

> *Art. 5º Todos são iguais perante a lei, sem distinção de qualquer natureza, garantindo-se aos brasileiros e aos estrangeiros residentes no País a inviolabilidade do direito à vida, à liberdade, à igualdade, à segurança e à propriedade, nos termos seguintes:*
>
> *LV - aos litigantes, em processo judicial ou administrativo, e aos acusados em geral são assegurados o contraditório e ampla defesa, com os meios e recursos a ela inerentes.*

Ademais, insta mencionar, que o Procedimento e o Processo Administrativo Tributário, também dispõe de disciplina própria, consubstanciada em dois diplomas principais, um geral, enunciado pela Lei Federal 9.784/99, que regula o processo administrativo tributário no âmbito da Administração direta e indireta na esfera Federal e outro especial, o Decreto Federal 70.235/72, que enuncia normas gerais que devem reger o processo administrativo tributário.

Com relação ao Decreto 70.235/72, James Marins[9] esclarece que "*O Dec. 70.235/1972 é ato normativo exarado pelo Poder Executivo que, embora sem ter origem congressual, foi recepcionado em nosso sistema como lei ordinária 'ratione materiae' em virtude da norma inserida no art. 22, I, da CF/1988 (competência da União para legislar sobre processo)* ".

---

8. Processo Tributário. Disponível em: http://www.portaleducacao.com.br/direito/artigos/16505/processo-tributario#!5 < acesso abril/2019 >

9. MARINS, James. *Direito Processual Tributário Brasileiro - Administrativo e Judicial.* 12ª ed. São Paulo: Thomson Reuters Brasil, 2019, p. 261.

No que concerne à Lei 9.784/99, a denominada Lei Geral do Processo Administrativo Federal – LGPAF, James Marins complementa que:

> enquanto veículo legislativo introdutório de normas gerais às diversas modalidades de Processo Administrativo no âmbito da Administração federal, direta e indireta, a Lei 9.784/1999 presta-se seguramente para a colmatação subsidiária de lacunas principiológicas das quais se ressente o Dec. 70.235/1972, tornando sua interpretação e aplicação mais compatíveis com o atual estágio de evolução do Processo Administrativo brasileiro[10].

Dessa forma, observa-se que a própria Lei 9.784/1999 inicialmente se presta ao auxílio de completude das normas relativas ao processo administrativo tributário federal no que se refere as lacunas principiológicas trazidas pelo Decreto 70.235/72.

Vale destacar, que o processo administrativo tributário não dispõe de um Código específico (Código de Processo Tributário) e é comum nos depararmos com a existência de outras lacunas e divergências que precisam ser completadas através de outras normas do sistema jurídico.

3.1.3 Finalidade Essencial do Processo Administrativo Tributário

Em linhas gerais, podemos destacar que o fim determinado do denominado *contencioso administrativo* é a discussão da legalidade e legitimidade do lançamento fiscal, concedendo ao contribuinte a oportunidade de discordar da ação do Fisco.

Dessa forma, o Processo Administrativo Tributário tratar-se-á de um sistema de controle da legalidade dos atos administrativos, com a finalidade precípua de resolução de conflitos em matéria tributária, geralmente relativo à determinação, dispensa ou exigência de um crédito tributário lançado, de interesse entre particulares (contribuintes) e órgãos da administração pública.

---

10. *Idem*. p. 261.

3.2 Dos Princípios Balizadores do Processo Administrativo Tributário

Quando tratamos de Princípios, interessante trazer o significado segundo o Dicionário Aurélio[11], o qual possui diversas acepções para esta palavra, das quais destacamos: *(i) "O primeiro impulso dado a uma coisa"; (ii) "Ato de principiar uma coisa"; (iii) "Origem"; (iv) "Causa primária"; (v) "O que constitui a matéria".*

Desse modo, podemos aferir que os Princípios são a origem; o fundamento de essência; alicerce e a sustentação para legitimar as normas.

Além disso, os princípios também trazem ideias mais genéricas, de modo que seja possível extrair concepções para a criação de outras normas, servindo, a um só tempo, como parâmetro hermenêutico e como elemento para colmatação de lacunas.

Com louvor, James Marins[12] traz estudo aprofundado acerca dos princípios fundamentais do Direito Processual Tributário, princípios esses que justificam a necessidade de organização do denominado Contencioso Administrativo Tributário, sendo eles: *i) princípio da diferenciação do Processo Tributário; ii) princípio da dualidade de cognição; iii) princípio da harmonia processual; iv) princípio da tutela judicial efetiva em matéria tributária; v) princípio da autotutela vinculada do ente tributante; e vi) princípio da justiça tributária.*

Para fins do presente estudo, desejamos destacar os princípios fundamentais da "harmonia processual" e da "justiça tributária", princípios esses que devem alicerçar a administração pública na sua função solucionadora de conflitos em âmbito fiscal.

---

11. Disponível em: https://dicionariodoaurelio.com/princípio < acesso maio/2019 >.

12. MARINS, James. *Direito Processual Tributário Brasileiro - Administrativo e Judicial.* 12ª ed. São Paulo: Thomson Reuters Brasil, 2019, p. 84.

O princípio da *harmonização processual* deve ocorrer entre as duas esferas cognitivas, quais sejam a administrativa e a judicial.

Conforme preleciona James Marins[13] "*este princípio destina-se a evitar e corrigir os desacertos tão frequentes no confronto entre as duas etapas processuais tributárias, a administrativa e a judicial. Esta harmonização, é princípio racional que busca evitar a superposição de "jurisdições", ou melhor dizendo, de "esferas cognitivas", com evidente e desnecessário desgaste do aparelho estatal*".

A existência de funções julgadoras na Administração Pública, denota evolução das instituições jurídicas, tornando mais seguro o relacionamento de conflito entre contribuinte e Estado, assim, o Estado, se reveste da verdadeira função de resolução dos conflitos, sem com isso ultrapassar a conotação judicial do denominado princípio do monopólio da jurisdição, com este harmonizando-se.

Com relação ao princípio da *justiça tributária*, vale ressaltar a importância deste princípio no âmbito da esfera administrativa, apesar de não parecer ser a finalidade específica da Administração Pública, que busca a satisfação de um interesse público, quando o fim administrativo especifico colidir com o fim genérico de justiça, o fim de justiça é o que deve prevalecer, como prescreve James Marins[14] "*a busca pela justiça no âmbito do Processo Tributário é elemento de aproximação e harmonização entre a etapa administrativa e a judicial, ainda cada qual com seu método próprio. Precisa ser reafirmado para que o Processo Tributário que tenha lugar no seio da Administração se torne adequadamente jurídico, isto é, atenda mais claramente aos princípios inerentes ao convívio jurídico calçado no Estado de Direito e na ideia de Direito*".

---

13. *Idem*, p. 85.

14. *Ibidem*, p. 88.

Desse modo, calcados os princípios fundamentais que devem servir de fundamento de essência e sustentação ao Processo Administrativo Tributário Brasileiro, passamos a discorrer acerca dos princípios que devem reger à Administração Pública Federal nessa relevante atividade julgadora.

3.2.1 Princípios Norteadores do Processo Administrativo Tributário Federal

Conforme destacamos previamente, a disciplina do processo administrativo tributário federal é realizada pelo Decreto 70.235/72 e suas alterações posteriores.

No entanto, o Decreto 70.235/1972 não trata expressamente dos princípios orientadores do processo administrativo tributário federal, a este aplica-se os explicitados princípios constantes do art. 2º da Lei 9.784/99, a saber: *legalidade, finalidade, motivação, razoabilidade, proporcionalidade, moralidade, ampla defesa, contraditório, segurança jurídica, interesse público e eficiência.*

Passemos, então, ao exame específico desses princípios:

a. Princípio da Legalidade. Desnecessário apontar o quão relevante é o princípio da legalidade para a atividade administrativa, afinal a Administração Pública somente pode atuar quando a lei assim o autorizar.

b. Princípio da Finalidade. Este princípio pressupõe que o administrador somente pode manejar sua competência para praticar ato administrativo se e na exata medida do necessário para cumprir a finalidade prevista na lei que lhe outorgou competência.

c. Princípio da Motivação. Tal princípio requer a observância de que a decisão administrativa não pode ser exarada sem fundamento legal que a suporte. A motivação é exigência do Estado de Direito.

d. Princípio da Razoabilidade. Tal princípio visa alinhar o processo administrativo fiscal diante dos limites lógicos entre o fato, o objeto da discussão e a atuação do ente tributário, guardando íntima relação com o princípio da finalidade, pois, caso a razoabilidade não seja atendida, restará também ferida a finalidade. Tratando-se ainda de importante ferramenta para aferir o respeito à legalidade.

e. *Princípio da Proporcionalidade.* A Lei Federal 9.784/99, no artigo 2º, Parágrafo único, Inciso VI, consagra o princípio da proporcionalidade ao exigir a: ***adequação entre meios e fins, vedada a imposição de obrigações, restrições e sanções em medida superior àquelas estritamente necessárias ao atendimento do interesse público.***

O princípio da proporcionalidade exige que o administrador se paute por critérios de equilíbrio entre o ato praticado, a finalidade perseguida e as consequências do ato.

f. Princípio da Moralidade. Trata-se de princípio aplicável a toda a administração pública por força constitucional, através dos artigos 37, *caput* e §4º e 85 e que obriga que a atividade administrativa seja pautada não somente pela lei, mas também pela boa-fé, lealdade e probidade.

g. Princípio da Ampla Defesa. Tal princípio também possui decorrência direta de preceito constitucional (artigo 5º, LV). O artigo 3º da Lei 9.784/99 arrola as prerrogativas inerentes à ampla defesa e ao contraditório no processo administrativo.

h. Princípio do Contraditório. Princípio de grande relevância, é o responsável por instalar o denominado *Contencioso Administrativo Tributário*, já que a impugnação formulada pelo contribuinte caracterizará o conflito de interesses a ser deduzido na esfera administrativa.

Conforme lição de James Marins[15] "*a impugnação administrativa é a resistência formal do contribuinte à pretensão fiscal do Estado sobre seus bens, e é direito que se assegura ao*

15. MARINS, James. *Direito Processual Tributário Brasileiro - Administrativo e Judicial.* 12ª ed. São Paulo: Thomson Reuters Brasil, 2019, p. 84.

cidadão como meio de ver vivificado o primado da legalidade através do devido processo legal".

i. Princípio da Segurança Jurídica. Trata-se de princípio da mais distinta importância para o ordenamento jurídico brasileiro e consequentemente para o tema ora sob estudo.

Este princípio é elevado à categoria de princípio geral de direito, sendo consagrado no Preâmbulo e no *caput* e inciso XXXVI do art. 5º da Constituição Federal de 1988, sendo expressamente albergado pela Lei 9.784/99, como princípio específico a ser aplicado ao processo administrativo tributário federal.

j. Princípio do Interesse Público. Tal princípio é apresentado como um princípio fundante do direito administrativo, de modo que é apresentado na sua aplicação como supremacia do interesse público e indisponibilidade do interesse público. No processo administrativo este se apresenta na medida em que o processo e os atos, no seu âmbito praticados, somente se justificam se necessários a um fim de interesse público, sendo que no caso da existência de uma ou mais soluções possíveis, a decisão a ser consagrada deve ser àquela que preserva o interesse público.

k. Princípio da Eficiência. Este princípio pode se traduzir no dever de otimização dos meios à disposição da Administração Pública, sendo que no caso do processo administrativo, este se revela na obrigação de conduzir o procedimento com o fito de atingir os seus devidos fins, de modo a exigir que o processo chegue a uma decisão, e que esta decisão seja proferida no menor tempo possível e ainda, que os meios despendidos no processo sejam os necessários e suficientes para a decisão pretendida.

Estando devidamente explicitados todos os princípios expressos no *caput* do art. 2º da Lei 9.784/99, vale destacar alguns princípios implícitos na referida Lei Federal e destacados pela doutrina pátria e que igualmente devem ser aplicados pela Administração Pública na sua relevante função julgadora através do Processo Administrativo Tributário Federal.

a. Princípio da Igualdade. Tal princípio é de extrema importância para o processo administrativo tributário em razão da Administração Pública ser concomitantemente parte e juiz, de modo que deverá agir com absoluta imparcialidade, a fim de assegurar a total isonomia, já que num processo em que há oposição de interesses do poder público em face de um particular, a Administração deverá atuar com total impessoalidade.

b. Princípio da Verdade Material. A Administração Pública deve se valer da verdade efetiva, real, independentemente de essas constarem nos autos. Este princípio decorre do princípio do interesse público, de modo que a administração não poderá ignorar determinados fatos que cheguem ao seu conhecimento, sob a alegação de que tais elementos não constam dos autos.

c. Princípio do Formalismo Moderado. Podemos compreender tal princípio como uma decorrência do princípio da eficiência, pois a formalidade processual, apesar de necessária, não pode servir de óbice às finalidades do procedimento.

d. Princípio da Oficialidade ou Impulso Oficial. Este princípio demanda que cabe ao ente tributante o dever de dar o prosseguimento ao processo administrativo tributário, de modo a providenciar a produção de provas, solicitar pareceres e laudos, todo o necessário para alcançar uma conclusão que seja satisfatória, tendo como fundamento de validade o próprio princípio do interesse público.

4. DOS RECURSOS REPRESENTATIVOS DA CONTROVÉRSIA

A fim de abordar acerca da sua aplicação no âmbito do processo administrativo tributário federal, vale tecer breves explicações acerca do instituto dos “Recursos Representativos da Controvérsia”.

A Constituição Federal de 1988 adotou duas modalidades de controle de constitucionalidade: o concentrado e o difuso.

O primeiro é de atribuição especifica do STF, enquanto o controle difuso pode ser realizado por qualquer juiz ou tribunal.

De forma simplista, podemos explicitar que os recursos representativos da controvérsia são uma espécie de julgamento em massa, visando dar celeridade ao processamento das demandas já existentes, sendo utilizado como um mecanismo para redução do acumulo de ações no Judiciário brasileiro, já que a decisão concedida em ação destacada como representativa de controvérsia, deve servir de modelo para as decisões a serem adotadas em todos os demais recursos sobre a mesma matéria, evitando que os Tribunais Superiores tenham que julgar outras milhares de causas idênticas, sendo corolário dos relevantes princípios da eficiência e da segurança jurídica, de modo que confere previsibilidade à situações jurídicas similares.

Como representantes dos Recursos Representativos da Controvérsia, temos o instituto da Repercussão Geral no tocante aos Recursos Extraordinários junto ao Supremo Tribunal Federal e dos Recursos Repetitivos relativos aos Recursos Especiais no âmbito do Superior Tribunal de Justiça.

4.1 Da Repercussão Geral e sua regulamentação

O instituto da Repercussão Geral no Recurso Extraordinário surgiu com a promulgação da Emenda Constitucional 45 de 2004, que acrescentou o artigo 102, inciso III, à Constituição Federal na parte sobre competência do STF.

Segundo esta norma, no Recurso Extraordinário que chega ao Supremo, o recorrente deve demonstrar a repercussão geral das questões constitucionais discutidas no caso.

A Repercussão Geral foi regulamentada pela Lei 11.418/2006, que acrescentou ao Código de Processo Civil - Lei 5.869/73, os artigos 543-A e 543-B (atuais artigos 1.036 a 1.041 do Novo CPC - Lei 13.105/2015).

Tais artigos estabeleceram que a decisão que reconhece ou não a repercussão é irrecorrível e o Supremo não deverá admitir o recurso quando a questão constitucional não oferecer repercussão geral, também sendo especificado, que para o efeito de repercussão geral, será considerada a existência de questões relevantes do ponto de vista econômico, político, social ou jurídico que ultrapassem os interesses subjetivos da causa, ou seja, casos que repercutam para a sociedade como um todo.

Entre outros pontos, o parágrafo 5º do artigo 543-A do CPC/73 (atual parágrafo 8º do artigo 1.035 do Novo CPC/2015) previu o "*efeito erga omnes* (para todos) e vinculante em RE, ***dispondo que, negada a existência da repercussão geral, a decisão valerá para todos os recursos sobre matéria idêntica, os quais serão indeferidos liminarmente, com a exceção de revisão da tese***"[16].

Ainda, conforme o parágrafo 1º do artigo 543-B do CPC/73 (atual parágrafo 1º do artigo 1.036 do Novo CPC/2015), caberá ao Tribunal de origem selecionar um ou mais recursos que representam a discussão e encaminhá-los ao Supremo, suspendendo o andamento dos demais processos até o pronunciamento definitivo da Corte.

Vale destacar, que o instituto da repercussão geral entrou em vigor com a Emenda Regimental 21 de 03.05.2007, que o regulamentou através da alteração do Regimento Interno do Supremo Tribunal Federal.

4.2 Dos Recursos Repetitivos e sua regulamentação

O instituto dos Recurso Repetitivos foi criado através da Lei 11.672/2008, que acresceu o artigo 543-C ao CPC/73 (atuais artigos 1.036 a 1.041 do Novo CPC/2015), estabelecendo o procedimento para o julgamento de recursos repetitivos no âmbito do Superior Tribunal de Justiça.

---

16. Repercussão geral e sua regulamentação. Disponível em: http://www.stf.jus.br/portal/cms/verNoticiaDetalhe.asp?idConteudo=168514 < acesso maio/2019 >.

A exemplo do que ocorre em sede de Repercussão Geral, quando um Recurso Especial é classificado como Recurso Repetitivo, o seu processo fica suspenso no tribunal de origem até o pronunciamento definitivo do STJ sobre a matéria.

A sua regulamentação ocorreu através da Resolução 8/2008, a qual estabeleceu os procedimentos relativos ao processamento e julgamento de recursos especiais repetitivos no âmbito do Superior Tribunal de Justiça.

Tal Resolução encontra-se revogada pela Emenda Regimental 24 de 28.09.2016, que alterou o Regimento Interno do STJ para adequá-lo ao novo CPC/2015, mantendo a previsão legal relativa aos recursos repetitivos.

5. CONSIDERAÇÕES CONCLUSIVAS

Fixada a problemática proposta e as principais premissas acerca do Processo Administrativo Tributário Federal Brasileiro e dos Recursos Representativos da Controvérsia, cabe-nos tecer considerações conclusivas acerca da matéria.

Para tanto, necessário destacar os principais pontos identificados nas linhas de entendimento detectadas a fim de enfrentá-los e tecer as respectivas considerações que entendemos pertinentes à matéria.

5.1 Considerações ao posicionamento do CARF que aplica o precedente do STJ

O posicionamento que destacamos trata-se do adotado pela 2ª Turma Ordinária da 4ª Câmara da 3ª Seção de Julgamento do CARF[17], que manteve o ICMS na base de cálculo do PIS e da Cofins, com aplicação de precedente do Superior Tribunal de Justiça, sob a justificativa da impossibilidade de

17. CARF, 3º Seção, Acórdão 3402-006.283, Rel. Waldir Navarro Bezerra, 4º Câmara, 1º Turma ordinária, j. 26/02/2019.

aplicação da tese do STF com base no artigo 62, §2º do Anexo II do Regimento Interno do CARF - RICARF.

5.1.1 Entendimentos acerca da acepção da expressão *decisões definitivas de mérito*

Referida disposição do "RICARF", dispõe que:

> *Art. 62, § 2º As decisões definitivas de mérito, proferidas pelo Supremo Tribunal Federal e pelo Superior Tribunal de Justiça em matéria infraconstitucional, na sistemática dos arts. 543-B e 543-C da Lei 5.869, de 1973, ou dos arts. 1.036 a 1.041 da Lei 13.105, de 2015 - Código de Processo Civil, deverão ser reproduzidas pelos conselheiros no julgamento dos recursos no âmbito do CARF.*

De acordo com a maioria da Turma, apesar do STF ter decidido em sede de Repercussão Geral no RE nº 574.706, publicado em outubro de 2017, como ainda não se trata de uma *decisão definitiva*, em razão de pendência de julgamento de Embargos de Declaração da União, haveria impedimento da aplicação desse entendimento.

Verificamos que a Turma sob comento compreende que a acepção da expressão "*decisões definitivas de mérito*" contida no artigo 62, §2º do Anexo II do Regimento Interno do CARF, quer significar *decisão transitada em julgado* ou decisão na qual foi operada a *coisa julgada material*. Com a devida vênia, discordamos deste posicionamento, vejamos:

Empregando conceitos insertos no Código de Processo Civil, verificamos que o artigo 203, §1º do Novo CPC/2015 dispõe que "*sentença é o pronunciamento por meio do qual o juiz, com fundamento nos arts. 485 e 487, põe fim à fase cognitiva do procedimento comum, bem como extingue a execução*".

Em leitura ao artigo 487 do Novo CPC/2015, entre outras disposições, verifica-se que haverá *resolução de mérito quando o juiz acolher ou rejeitar o pedido formulado na ação ou na reconvenção*, bem como, *quando homologar o reconhecimento da procedência do pedido formulado na ação ou na reconvenção.*

Desse modo são dispostos no CPC/2015 em quais situações haverá a denominada *resolução de mérito.*

Embora o Código de Processo Civil tenha definido a sentença apenas em face de sua eficácia de pôr fim à relação processual, doutrinariamente e em outras passagens do CPC é possível verificar a diversidade de tratamento para as sentenças definitivas de mérito e as meramente terminativas (sem resolução de mérito).

Conforme esclarece Humberto Theodoro Júnior[18] *'sentença definitiva ou sentença em sentido estrito', é a que exaure a instância ou o primeiro grau de jurisdição através da definição do juízo, isto é, a que dá solução ao litígio posto 'sub judice', fazendo-o mediante acolhimento ou rejeição do pedido formulado pelo autor.*

Dessa forma, a *sentença definitiva* aqui descrita, tem como função declarar o direito aplicável à espécie através do enfrentamento e resolução do mérito da causa.

Ora, emprestando a acepção terminológica contida no Código de Processo Civil quando tratamos de uma *sentença definitiva,* já que esta é aquela que *resolve o mérito*, nos parece que a acepção da expressão *decisões definitivas de mérito* contida no artigo 62, §2º do "RICARF", quer simplesmente significar aquelas cujo *mérito* foi definitivamente julgado pelo Supremo Tribunal Federal e pelo Superior Tribunal de Justiça sob a sistemática dos Recursos Representativos da Controvérsia.

O termo *decisões definitivas de mérito* empregado neste artigo, visa estabelecer a mesma concepção da terminologia *sentença definitiva* empregada no Código de Processo Civil, qual seja àquela que resolve o *mérito*, portanto, *definitiva de mérito.*

Trata-se exatamente do caso sob análise, no qual o Supremo Tribunal Federal julgou o RE nº 574.706, via Plenário em sede de Repercussão Geral, definindo o mérito da causa

18. JÚNIOR, Humberto Theodoro. *Curso de Direito Processual Civil.* 42ª ed. Vol. I. Rio de Janeiro: Forense, 2005, p. 458.

através do estabelecimento da seguinte tese "*ICMS não compõe a base de cálculo para incidência do PIS e da Cofins*", não sendo atribuído qualquer efeito suspensivo ao acórdão proferido, sendo este de aplicação imediata.

Ademais, vale destacar que o artigo 62 do "RICARF" encontra-se fundamentado no inciso I, parágrafo 6º do artigo 26-A do Decreto 70.235/72, incluído pela Lei 11.941/2009, que estabelece que no âmbito do processo administrativo fiscal, fica vedado aos órgãos de julgamento afastar a aplicação ou deixar de observar tratado, acordo internacional, lei ou decreto, sob fundamento de inconstitucionalidade, sendo não aplicável tal disposição nos caso de lei ou ato normativo que já tenha sido declarado inconstitucional por *decisão definitiva plenária do Supremo Tribunal Federal.*

Dessa forma, na nossa interpretação, o termo *decisões definitivas de mérito* constante do artigo 62, §2º do "RICARF", não foi previsto com a intenção de significar uma decisão imutável e perpétua em sede de Recursos Representativos de Controvérsia, e sim a *definitividade* no sentido de provimento final com relação ao *mérito*, definidor do litígio posto *sub judice*, já que se a intenção do legislador fosse empregar ao termo *definitivas de mérito* a acepção de *trânsito em julgado* ou *coisa julgada*, este assim o referiria.

5.1.2 Da relevância e dos efeitos das decisões proferidas em sede de Repercussão Geral

Vale ressaltar, que no caso sob estudo, estamos tratando de decisão definitiva de mérito elevada a nível de repercussão geral, tendo sido demonstrada a transcedência da causa, devido a relevante repercussão econômica, social e politica para toda a sociedade.

Em interessante estudo sob o tema Rénan Kfuri Lopes[19] dispõe acerca da construção do efeito vinculativo da decisão

19. A Repercussão Geral no Novo CPC: A construção da vinculação da decisão de mérito proferida em repercussão geral pelo STF. Disponível em: http://www.rkladvocacia.

de recurso extraordinário em regime de repercussão geral, explicitando que se considerarmos o artigo 927 do CPC/2015 como taxativo para as espécies de decisões vinculantes, não encontraríamos ali a decisão proferida pelo STF em repercussão geral, de modo que na escolha legislativa processual, não há, vinculação da decisão recursal realizada via repercussão geral aos demais processos que tenham a mesma *ratio decidendi*.

No entanto, conforme prossegue, defende que tal raciocínio não é correto *"primeiro, pelo motivo de o art. 927 não ser um rol exaustivo de decisões vinculantes, mas meramente exemplificativo (...) Depois, pela conjunção existente na redação do art. 1.030 e do art. 1.042, permitindo perceber que o legislador inseriu a necessidade de seguir os precedentes criados a partir de julgamentos de recursos extraordinários dotados de repercussão geral, ainda que não tenha incluído no rol do art. 927, como precedente legalmente vinculante"*.

Vale destacar, que o artigo 1.036, §5º do CPC/15 determina que reconhecida a existência de repercussão geral, todos os processos de igual matéria devem ser suspensos, de modo que quando definida a questão constitucional em regime de repercussão geral, os recursos outrora sobrestados deverão ser impactados pelo entendimento jurídico firmado, causando um efeito cascata dentro do próprio STF.

Ademais, o artigo 1.035, §8º do CPC/2015, previu o efeito erga omnes (para todos) e vinculante em RE para todos os recursos sobre matéria idêntica, quando negada a existência da repercussão geral.

Ora, se o não reconhecimento da repercussão geral atinge todos os recursos de matéria idêntica, a decisão que admitir a repercussão geral e que julga o mérito do recurso extraordinário, deve também vincular todos os recursos sobrestados e idênticos.

---

com/repercussao-geral-no-novo-cpc-construcao-da-vinculacao-da-decisao-de-merito-proferida-em-repercussao-geral-pelo-stf/#_ftn20 <acesso maio/2019 >.

Nessa esteira, Rénan Kfuri Lopes[20] conclui que:

> se a decisão do recurso extraordinário em regime de repercussão geral for proferido pelo 'pleno do STF', há uma sedimentação do entendimento, produzindo, dessa maneira, o precedente da própria Suprema Corte, a qual, naquela 'ratio decidendi', entendemos que haja uma vinculação obrigatória aos recursos eventualmente sobrestados, em regime de repetitivo ou não, aos recursos já interpostos e não sobrestados e, por aplicação obrigatória de precedente, a todos os tribunais anteriores quando futuramente forem julgar processos e recursos sobre a mesma matéria. A decisão oriunda do 'pleno do STF' detém, por si só, uma argumentação imensa de capacidade vinculativa, mesmo sem estar inserta ao art. 927 e àquele rol, o qual entendemos como exemplificativo.

De fato, identifica-se a ocorrência de vinculação e efeito cascata ao caso sob comento, sendo amplamente adotada a *decisão definitiva de mérito* exarada pelo Pleno do STF em sede de repercussão geral a todos os casos idênticos julgados pelo Poder Judiciário, em especial no próprio STJ.

Ora, se o próprio STJ, em juízo de retratação, afastou a aplicação do seu trânsito em julgado contrário à tese cujo mérito foi definitivamente julgado no STF em sede de repercussão geral, como poderiam os tribunais administrativos prosseguirem com tal aplicação?

Tal entendimento, por todo o exposto e com a devida vênia nos parece incorreto e ilógico, já que caso o entendimento esposado, no sentido da decisão proferida pelo Pleno do STF não ser considerada como "decisão definitiva de mérito" para fins de aplicação do art. 62, §2º do RICARF", também não deveria estar sendo amplamente aplicada a casos idênticos por todos os tribunais do Poder Judiciário, em respeito ao instituto da Repercussão Geral, inclusive se sobrepondo à própria decisão judicial transitada em julgado do STJ.

---

20. Idem. <acesso maio/2019 >.

Quanto a este ponto, vale destacar trecho da decisão proferida pelo eminente Ministro Celso de Mello aos 28.08.2018, pela qual julgou prejudicada a ADC nº 18, tanto pela perda superveniente de seu objeto, quanto pelo entendimento de que a Suprema Corte já dirimiu a matéria em repercussão geral através do julgamento plenário do RE 574.706/PR:

> *Cabe registrar, nesse ponto, consoante entendimento jurisprudencial prevalecente no âmbito desta Corte, que a circunstância de o precedente no 'leading case' ainda não haver 'transitado em julgado' não impede que a decisão proferida pelo Plenário desta Suprema Corte em sede de repercussão geral produza, desde logo, todos os efeitos próprios de tal julgamento, devendo, por isso mesmo, os 'demais órgãos do Poder Judiciário fazer a aplicação imediata da diretriz consagrada no tema em questão' (ARE 909.527-AgR/RS, Rel. Min. LUIZ FUX - ARE 940.027-AgR/PI, Rel. Min. ROSA WEBER - RE 611.683-AgR/DF, Rel. Min. DIAS TOFFOLI - RE 631.091-AgR/PR, Rel. Min. RICARDO LEWANDOWSKI - RE 1.006.958-AgR-ED-ED/RS, Rel. Min. DIAS TOFFOLI, v.g.)*

O entendimento ora esposado é reforçado na esfera administrativa, através do brilhante voto 'vencido' da Conselheira Semíramis de Oliveira Duro[21], proferido no Acórdão 3301-004.355:

> Venho sustentando que, para fins de interpretação do §2º do art. 62 do RICARF, negar a aplicação da decisão do RE nº 574.706 – RG, com base no REsp nº 1.144.469/PR (julgado como recurso repetitivo e já transitado em julgado), é uma falácia. É uma falácia, porquanto o próprio STJ já alterou o seu posicionamento para reconhecer que o ICMS não integra a base de cálculo da contribuição para o PIS e Cofins, afastando a aplicação do REsp 1.144.469/PR, em virtude da decisão do STF, como se observa nas decisões citadas abaixo", e prossegue: "Por fim, aponto que, recentemente o STJ se manifestou no sentido da obrigatoriedade da aplicação do decisum, independentemente do trânsito em julgado (AgInt no Agravo em Recurso Especial nº 282.685 – CE, DJ 27/02/2018).

---

21. CARF, 3º Seção, Acórdão 3301-004.355, Rel. Semíramis de Oliveira Duro, 3º Câmara, 1º Turma ordinária, j. 20/03/2018.

5.1.3 Da afronta aos princípios norteadores do Processo Administrativo Tributário Federal

Conforme apresentado nesta obra, dentre os diversos princípios fundamentais do Processo Administrativo Tributário Federal, destacamos o princípio da *harmonização processual* que deve servir de alicerce à administração pública na sua função solucionadora de conflitos em âmbito fiscal.

Para o caso em tela, inicialmente necessário nos socorrer deste princípio, que proclama a harmonia entre as duas esferas cognitivas, a administrativa e a judicial, evitando a superposição de "jurisdições", de modo que o Estado não ultrapasse a conotação judicial do princípio do monopólio da jurisdição.

Dessa forma, nos parece que há afronta a este princípio fundamental do Processo Administrativo Tributário Federal, quando há a persistência na aplicação de precedente do Superior Tribunal de Justiça, a despeito de todos os tribunais do Poder Judiciário no país, inclusive o próprio STJ, não mais aplicar tal decisão, para aplicar a decisão definitiva de mérito expedida em sede de repercussão geral no STF, inclusive culminando no consequente trânsito em julgado de diversas ações de idêntica natureza no Judiciário.

Entendemos ainda, que tal posição perpetrada por algumas turmas do CARF, ferem o *Princípio da Razoabilidade*, já que se trata de um verdadeiro desperdício de tempo e de recursos financeiros, os órgãos da Receita Federal do Brasil prosseguirem, por exemplo, com autuações contra os contribuintes por ausência de eventual pagamento de tributos, quando há decisão de mérito proferida pelo STF em sede de recurso extraordinário, no qual se reconheceu a repercussão geral.

Como destacamos, tal princípio guarda íntima relação com o princípio da finalidade, que no caso da administração pública é o de perquirir o interesse público, e tais desperdícios da máquina pública também acabam por ferir tal princípio.

Outro princípio que deve ser destacado é o da *Eficiência*, que preconiza que a Administração Pública deve conduzir o procedimento com o fito de que o processo chegue a uma decisão, e que esta decisão seja proferida no menor tempo possível.

Desse modo, verifica-se que a posição destacada por tais turmas no CARF, além de gerar maior dispêndio de tempo para ser concluída em âmbito administrativo, já que poderá gerar recurso ao Conselho Superior de Recursos Fiscais - CSRF, também acabará por fomentar a judicialização das demandas, cuja matéria deverá ser novamente devolvida ao poder judiciário.

As nefastas consequências advindas deste posicionamento se contrapõem a um dos principais escopos do processo administrativo, que é o de evitar a judicialização das demandas administrativas e resulta em não conferir efetividade na prestação jurisdicional do Estado.

Por fim, vale destacar a afronta ao princípio da mais distinta relevância para o ordenamento jurídico brasileiro, o da *Segurança Jurídica.*

Nesse sentido, em profunda análise acerca do tema, Gustavo Sampaio Valverde[22] conclui que:

> a tarefa de se relacionar com a sociedade, outorgando-lhe a certeza acerca da estabilidade de determinados fluxos comunicativos, é tarefa inalienável do direito. Somente a ele cabe reduzir a complexidade presente no fato social, determinando o que é lícito e o que é ilícito. Na ausência desse tipo particular de previsão, tudo permaneceria como mera possibilidade, sem que ninguém pudesse saber previamente o que deve-ser, de forma a poder adequar sua conduta nessa direção. E sem uma pauta cogente de previsibilidade, ou melhor, sem a segurança jurídica de que determinadas comunicações devem e que outras não devem ser produzidas, seria realmente muito improvável que o sistema político pudesse se organizar para tomar decisões vinculativas em

22. *Segurança Jurídica e Processo: Recursos, Coisa Julgada, Ação Rescisória e Ações* de (In)Constitucionalidade - Estudos Analíticos em Homenagem a Paulo de Barros Carvalho – Curso de Especialização em Direito Tributário, Rio de Janeiro, Forense, 2006, p. 190.

> grande escala, que o sistema científico pudesse criar suas verdades ou que o sistema econômico pudesse produzir e distribuir riqueza de uma forma organizada.

Vale ressaltar a importância do termo *previsibilidade*, no sentido de que ao sinal de desrespeito a este princípio, aos particulares tudo permaneceria como mera possibilidade, sem que ninguém pudesse saber previamente o que deve ser, de forma a ficar impossibilitado de adequar a sua conduta a qualquer direção.

Entendemos que é exatamente esta situação de total ausência de previsibilidade que ocorre no caso em tela em razão do posicionamento perpetrado por tais Turmas julgadoras do CARF, que optam por adotar postura divergente de todo o Poder Judiciário, bem como de outras turmas do próprio tribunal administrativo, conferindo absoluta insegurança jurídica aos particulares.

5.2 Considerações ao posicionamento do CARF que aplica o precedente do STF

Conforme amplamente exposto, entendemos acertado o posicionamento das turmas do CARF que trazem ordem no sentido de que com a decisão proferida pela Corte Suprema, não mais prevalece o contido no REsp 1.144.469/PR do Superior Tribunal de Justiça – STJ, residindo tal entendimento no próprio fato do STJ não mais estar aplicando o seu antigo posicionamento, decidindo reiteradamente de acordo com o julgado no RE 574.706, bem como na interpretação de que com a decisão de mérito proferida em sede de repercussão geral no STF, consideram-se preenchidos os requisitos estabelecidos no §2º, do artigo 62 do RICARF, devendo tal decisão ser reproduzida pelos conselheiros no julgamento dos recursos no âmbito do CARF.

5.3 Considerações ao posicionamento do CARF de sobrestar o julgamento para aguardar o trânsito em julgado no STF

Com relação à hipótese de sobrestamento do julgamento junto ao CARF para aguardar o trânsito em julgado no STF, trata-se de pedido usualmente utilizado pelos contribuintes nos seus recursos perante o CARF e na maioria das vezes negado, em razão da alegação de ausência de previsão legal específica nesse sentido nas leis que regem o processo administrativo tributário federal, bem como no regimento interno do CARF.

Os §§1º e 2º do art. 62-A da Portaria MF 256/2009 (redação dada pela Portaria MF 586/2010) foram revogados com a publicação de novo Regimento Interno do CARF – a Portaria MF 343/2015, não mais existindo a previsão de sobrestamento de processos administrativos para aguardar julgamento de recursos extraordinários da mesma matéria, igualmente sobrestados.

Os acórdãos que trazem tal posicionamento são mais antigos, quando havia previsão legal especifica acerca do sobrestamento no Regimento Interno do CARF.

A despeito de não entendermos que tal posicionamento seja o mais acertado, em razão da decisão definitiva de mérito proferida pelo STF em sede de repercussão geral no RE 574.706 já ter o condão de refletir sobre as demais ações com fundamento na mesma controvérsia, devendo prevalecer a orientação firmada pela Suprema Corte, com a devida vênia, discordamos do posicionamento de não aplicação de sobrestamento do julgamento pelo único fundamento de inexistência de previsão na legislação que rege o processo administrativo tributário federal.

Em virtude de o processo administrativo tributário não dispor de um Código específico (Código de Processo Tributário), é muito comum nos depararmos com a existência de lacunas e divergências que precisam ser completadas através de outras normas do sistema jurídico.

Dessa forma, verificamos que o legislador através do artigo 15 do CPC/15, de modo expresso determinou a aplicação supletiva e subsidiária do Código de Processo Civil ao processo administrativo tributário, trazendo fator de conexão entre este procedimento e o CPC, que assim dispõe: "*art. 15. Na ausência de normas que regulem processos eleitorais, trabalhistas ou administrativos, as disposições deste Código lhes serão aplicadas supletiva e subsidiariamente*".

Diante disso, o Código de Processo Civil passou a ter relevante papel de colmatação de lacunas e integração das normas inerentes ao processo administrativo tributário, sem com elas conflitarem, já que devem ser utilizadas quando há omissão na legislação relativa ao processo administrativo tributário.

Desse modo, apesar de não concordarmos com o posicionamento de sobrestamento para o caso especifico ora sob estudo, no qual houve decisão de mérito proferida em sede de repercussão geral, sem qualquer efeito suspensivo que obste a sua aplicação, entendemos que o sobrestamento pode ser aplicado em determinados casos, via aplicação supletiva e subsidiária do Código de Processo Civil.

6. CONCLUSÃO

Conforme amplamente exposto, entendemos acertada a posição das turmas do CARF que trazem ordem no sentido de que com a decisão proferida pela Corte Suprema, não mais prevalece o contido no REsp 1.144.469/PR do Superior Tribunal de Justiça, residindo tal entendimento no próprio fato do STJ não mais aplicar o seu posicionamento, decidindo reiteradamente de acordo com o julgado no RE 574.706.

Entendemos ainda, que um órgão administrativo de julgamento não aplicar o que foi decidido meritoriamente em sede de recurso extraordinário com repercussão geral reconhecida pelo Supremo Tribunal Federal, para aplicar decisão do Superior Tribunal de Justiça, quando até mesmo este

Superior Tribunal não mais aplica o seu entendimento, configura verdadeira afronta ao julgado da mais Alta Corte do país.

Interpretamos ainda, que tal entendimento afronta inclusive o próprio Regimento Interno do CARF, que no §2º, do artigo 62 dispõe acerca de *decisão definitiva de mérito*, não exigindo que esta esteja *transitada em julgado* para que possa ser aplicada pelo CARF.

Assim, preenchidos os requisitos estabelecidos no §2º, do artigo 62 do "RICARF", a decisão meritória proferida em sede de recurso extraordinário com repercussão geral reconhecida pelo Supremo Tribunal Federal deve ser amplamente reproduzida pelos conselheiros no julgamento dos recursos no âmbito do CARF, inclusive em respeito ao relevante princípio da igualdade, a fim de assegurar a total isonomia à aplicação das decisões aos particulares.

REFERÊNCIAS

BRASIL. Código de Processo Civil. Lei 13.105, de 16 de março de 2015.

_____. Código de Processo Civil. Lei 5.869, de 11 de janeiro de 1973.

BRASIL. Conselho Administrativo de Recursos Fiscais. 3º Seção, Acórdão 3402-006.283, Rel. Waldir Navarro Bezerra, 4º Câmara, 1º Turma ordinária, j. 26/02/2019. Disponível em: <https://carf.fazenda.gov.br/sincon/public/pages/ConsultarJurisprudencia/consultarJurisprudenciaCarf.jsf>. Acesso em: abril/2019.

BRASIL. Conselho Administrativo de Recursos Fiscais. 3º Seção, Acórdão 3201003.725, Rel. Paulo Roberto Duarte Moreira, 2º Câmara, 1º Turma ordinária, j. 24/05/2018. Disponível em: <https://carf.fazenda.gov.br/sincon/public/pages/ConsultarJurisprudencia/consultarJurisprudenciaCarf.jsf>. Acesso em: maio/2019.

BRASIL. Conselho Administrativo de Recursos Fiscais. 3º Seção, Acórdão 3201004.124, Rel. Leonardo Vinicius Toledo de Andrade, 2º Câmara, 1º Turma ordinária, j. 25/07/2018. Disponível em: <https://carf.fazenda.gov.br/sincon/public/pages/ConsultarJurisprudencia/consultarJurisprudenciaCarf.jsf>. Acesso em: maio/2019.

BRASIL. Conselho Administrativo de Recursos Fiscais. 3º Seção, Acórdão 3301-004.355, Rel. Semíramis de Oliveira Duro, 3º Câmara, 1º Turma ordinária, j. 20/03/2018. Disponível em: <https://carf.fazenda.gov.br/sincon/public/pages/ConsultarJurisprudencia/consultarJurisprudenciaCarf.jsf>. Acesso em: maio/2019.

BRASIL. Supremo Tribunal Federal. Repercussão geral e sua regulamentação. Disponível em: <http://www.stf.jus.br/portal/cms/verNoticiaDetalhe.asp?idConteudo=168514>. Acesso em maio/2019.

CARVALHO, Paulo de Barros. *Curso de Direito Tributário.* 29º ed. São Paulo: Saraiva Educação, 2018.

CONRADO, Paulo Cesar. *Processo Tributário.* 2º ed. São Paulo: Quartier Latin do Brasil, 2007.

JÚNIOR, Humberto Theodoro. *Curso de Direito Processual Civil.* 42ª ed. Vol. I. Rio de Janeiro: Forense, 2005.

LOPES, Rénan Kfuri. *A Repercussão Geral no Novo CPC:* A construção da vinculação da decisão de mérito proferida em repercussão geral pelo STF. Disponível em: < http://www.rkladvocacia.com/repercussao-geral-no-novo-cpc-construcao-da-vinculaca o-da-decisao-de-merito-proferida-em-repercussao-geral-pelo-stf/#_ftn20>. Acesso em maio/2019.

MARINS, James. *Direito Processual Tributário Brasileiro - Administrativo e Judicial.* 12ª ed. São Paulo: Thomson Reuters Brasil, 2019.

_____*Processo Tributário*. Disponível em: http://www.portal educacao.com.br/direito/artigos/16505/processo-tributario#!5 Acesso em abril/2019.

VALVERDE. Gustavo Sampaio. *Segurança Jurídica e Processo: Recursos, Coisa Julgada, Ação Rescisória e Ações de (In) Constitucionalidade* - Estudos Analíticos em Homenagem a Paulo de Barros Carvalho – Curso de Especialização em Direito Tributário, Rio de Janeiro, Forense, 2006.

DAS PROVAS NO PROCESSO ADMINISTRATIVO TRIBUTÁRIO - ENTRE A PRECLUSÃO E A VERDADE MATERIAL

Caio Augusto Takano[1]

Alexandre Evaristo Pinto[2]

1. Introdução

Como adverte Paulo de Barros Carvalho, a legislação tributária institui em sua configuração que o ato administrativo seja devidamente fundamentado, o que se traduz na exigência de que, na realização daquele ato, haja prova concludente de que o evento ocorreu em estrita conformidade da previsão genérica

1. Doutor e Mestre em Direito Econômico, Financeiro e Tributário pela Universidade de São Paulo – USP. Especialista em Direito Tributário pelo IBET. Coordenador da Especialização em Compliance e Gestão Tributária da FBT. Professor no Curso de Pós-graduação em Direito Tributário do IBDT. Conselheiro Julgador do TIT e do CMT.

2. Doutorando em Direito Econômico, Financeiro e Tributário pela Universidade de São Paulo – USP. Mestre em Direito Comercial pela Universidade de São Paulo - USP. Especialista em Direito Tributário pela Universidade de São Paulo - USP. Coordenador do MBA em IFRS da FIPECAFI. Professor no Curso de Pós-graduação em Direito Tributário do IBDT. Conselheiro Julgador do CARF, do TIT e do CMT.

da regra, justificando a subsunção realizada[3]. Sem essa justificação, eivado de nulidade estará o lançamento tributário. Daí Paulo Ayres Barreto afirmar que "*cabe à Administração provar, de forma inequívoca, fazendo uso dos meios de prova em direito admitidos, os fatos que alega. Não logrando êxito nessa comprovação, o fato por ela alegado não subsiste como fato jurídico. É mero evento ou fato social, irrelevante para o direito*"[4].

Tais considerações são essenciais para que se compreenda a questão central do presente artigo: qual deve ser a abertura do processo administrativo tributário – enquanto ferramenta de controle da legalidade dos atos da administração tributária – para concessões ou mitigação de suas regras em prol de uma análise mais acurada do lançamento e de sua adequada motivação. Ou, em termos mais simples: qual é a amplitude e os limites ao Princípio da Verdade Material no processo administrativo tributário?

De um lado, se é verdade que todo processo – enquanto sequência concatenada e ordenada de atos – impõe regras para que possa se desenvolver de forma racional e célere, respeitando-se o devido processo legal e permitindo-se cumprir adequadamente a sua função, de outro, a ideia de preclusão do direito de provas vai de encontro com a própria realização desta função, ao permitir que se ignore uma prova cabal de ilegalidade do ato praticado (restringindo-se o âmbito de análise da revisão do ato administrativo) em razão de mero descumprimento de formalidade que não imponha prejuízo ao processo ou a direitos e garantias das partes.

Essa tensão entre a aplicação do Princípio da Verdade Material e a regra da preclusão do direito de produção de provas no processo administrativo tributário, após a oportunidade para apresentação de impugnação (salvo algumas exceções

---

3. CARVALHO, Paulo de Barros. A prova do procedimento administrativo tributário. *Revista Dialética de Direito tributário*, n. 34. São Paulo: Dialética, 1998, pp. 107-108.

4. BARRETO, Paulo Ayres. *Imposto de renda e preços de transferência*. São Paulo: Dialética, 2001, p. 136.

legalmente previstas), impõe-se diuturnamente nos tribunais administrativos, sejam eles federais, estaduais ou municipais. A interpretação restritiva tem dado azo a uma aplicação da legislação do contencioso administrativo tributário em dissonância com a própria finalidade do processo (i.e., o controle da legalidade do ato público), ao passo que a interpretação ampliativa, com base no Princípio da Verdade Material, tem permitido que dispositivos expressamente previstos não fossem aplicados.

Diante dos inerentes desafios à aplicação do Princípio da Verdade Material, propomo-nos, neste breve estudo, a discorrer a propósito de seus fundamentos e dos limites à sua aplicação, buscando-se, assim, contribuir com alguns parâmetros que permitam o julgador administrativo aplicar o referido princípio de forma adequada, em abertura suficiente para garantir, a um só tempo, um controle amplo e efetivo da legalidade do lançamento tributário e em plena aderência com a legislação de processo administrativo de cada ente tributante.

2. O processo administrativo e sua função no Estado de Direito

É impossível perquirir sobre o momento de produção de provas no processo administrativo tributário sem que, antes, se compreenda o processo administrativo tributário. Por sua vez, tal tarefa estaria fadada ao artificialismo se o intérprete não apresentar um conhecimento sobre o processo administrativo em sentido lato, entendendo a sua função e os seus principais aspectos.

Celso Antônio Bandeira de Mello assevera que, no Estado de Direito, o processo administrativo é meio de garantia dos administrados ante as prerrogativas públicas[5]. No raciocínio do referido autor, o processo administrativo possuiria algumas finalidades essenciais, dentre as quais: (i) resguardar

5. MELLO, Celso Antônio Bandeira de. *Curso de Direito Administrativo*. 14ª ed. São Paulo: Malheiros, 2002. p. 428.

os direitos dos administrados frente ao poder estatal, garantindo a possibilidade de que o administrado seja ouvido antes do proferimento da decisão que o afeta; e (ii) permitir uma atuação administrativa melhor fundamentada e responsável, uma vez que a Administração tomará as suas decisões com base também em informações trazidas pelos administrados[6]. Revela-se, desde logo, o escopo do processo administrativo como uma forma de revisão do ato do poder público com a participação do próprio administrado, ambos com interesses convergentes em resguardar a conformidade do ato com o Princípio da Legalidade.

Sob uma perspectiva normativa, não obstante o processo administrativo tenha sido objeto de diversas leis esparsas nos âmbitos de cada um dos entes federados, destaca-se a edição da Lei 9.784/99, que buscou consolidar e regular o processo administrativo na seara federal.

O objetivo da referida lei se mostra expresso em seu artigo 1º, que dispõe que se trata de norma de proteção dos direitos dos administrados e ao melhor cumprimento dos fins da Administração[7]. De tal norma se extrai a importância do processo administrativo enquanto forma de composição cooperativa e fundamentada das relações entre particulares e a Administração Pública, pois enfatiza aquilo que a doutrina sempre enfatizou: o processo administrativo nada mais é do que uma forma de controle do ato administrativo, pelo qual se garante a sua conformidade formal e material com a lei. Afinal, do que adiantaria o princípio da legalidade ter sido reiteradamente enfatizado e reforçado no texto constitucional (nos arts. 5º, inc. II; art. 37; art. 150, inc. I)[8] – o que recebeu, nas lições de

---

6. MELLO, Celso Antônio Bandeira de. *Curso de Direito Administrativo*. 14ª ed. São Paulo: Malheiros, 2002. pp. 439-440.

7. Lei 9.784/99: *"Art. 1o Esta Lei estabelece normas básicas sobre o processo administrativo no âmbito da Administração Federal direta e indireta, visando, em especial, à proteção dos direitos dos administrados e ao melhor cumprimento dos fins da Administração"*.

8. CARRAZZA, Roque Antonio. *Curso de direito constitucional tributário*. 26ª Edição. São Paulo: Malheiros. 2010, p. 260.

Paulo de Barros Carvalho, a denominação de "*idempotência dos conjuntores*"[9] –, se não houvesse instrumentos normativos jurídicos que pudessem garantir de forma eficiente a submissão do Poder Público, em todos os seus atos, a este princípio.

Vale lembrar, ainda, que o artigo 2º da Lei 9.784/99[10] amplia o rol de princípios constitucionais da Administração Pública contidos no artigo 37 da Constituição Federal[11], fazendo menção expressa aos princípios da finalidade, motivação, razoabilidade, proporcionalidade, ampla defesa, contraditório, segurança jurídica e interesse público.

No que tange aos critérios a serem observados nos processos administrativos, o artigo 2º, parágrafo único, X, da Lei 9.784/99[12] estabelece que deverá ser observado a garantia do direito à produção de provas. Sobre tal direito, cabe ressaltar, ainda, que o artigo 36 da Lei 9.784/99[13] prevê que cabe ao interessado a prova dos fatos que tenha alegado, não obstante o artigo 37 da Lei 9.784/99[14] estabeleça que, quando fa-

---

9. CARVALHO, Paulo de Barros. Os princípios constitucionais tributários no sistema positivo brasileiro. In MARTINS, Ives Gandra; ELALI, André (Coord.). *Elementos atuais de direito tributário: estudos e conferências*. Curitiba: Juruá, 2005, p. 395; CARVALHO, Paulo de Barros. *Direito tributário: linguagem e método*. 3ª Edição. São Paulo: Noeses, 2009, pp. 254-255.

10. Lei 9.784/99: *"Art. 2º A Administração Pública obedecerá, dentre outros, aos princípios da legalidade, finalidade, motivação, razoabilidade, proporcionalidade, moralidade, ampla defesa, contraditório, segurança jurídica, interesse público e eficiência"*.

11. Constituição Federal: *"Art. 37. A administração pública direta e indireta de qualquer dos Poderes da União, dos Estados, do Distrito Federal e dos Municípios obedecerá aos princípios de legalidade, impessoalidade, moralidade, publicidade e eficiência e, também, ao seguinte: (...)"*.

12. Lei 9.784/99: *"Art. 2º (...) Parágrafo único. Nos processos administrativos serão observados, entre outros, os critérios de: (...)*
X - garantia dos direitos à comunicação, à apresentação de alegações finais, à produção de provas e à interposição de recursos, nos processos de que possam resultar sanções e nas situações de litígio;".

13. Lei 9.784/99: *"Art. 36. Cabe ao interessado a prova dos fatos que tenha alegado, sem prejuízo do dever atribuído ao órgão competente para a instrução e do disposto no art. 37 desta Lei"*.

14. Lei 9.784/99: *"Art. 37. Quando o interessado declarar que fatos e dados estão registrados em documentos existentes na própria Administração responsável pelo processo*

tos e dados estão registrados em documentos existentes na própria Administração, o interessado poderá declarar tal fato e solicitar que o órgão da Administração competente para a instrução proverá, de ofício, à obtenção dos documentos ou das respectivas cópias. Não apenas se retirou um ônus do administrado, como também enfatizou a ideia de que todo ato público deve ser motivado e a prova dessa motivação cabe àquele quem o pratica.

Com relação ao momento de apresentação das provas no processo administrativo, o artigo 38 da Lei 9.784/99[15] determina que o interessado poderá, na fase instrutória e antes da tomada da decisão, juntar documentos e pareceres, requerer diligências e perícias, bem como aduzir alegações referentes à matéria objeto do processo. Assim, o referido dispositivo normativo não limita a apresentação de provas ao momento da impugnação, sendo expresso ao permitir a apresentação de provas em qualquer momento que anteceder à tomada de decisão pelo julgador administrativo. Trata-se de tomada de posição objetiva e expressa de reconhecer que as regras de preclusão da produção de provas no processo administrativo – seja qual for o seu âmbito – não é absoluta, cabendo mitigá-la sempre que a produção de provas extemporânea seja útil ao controle de legalidade do ato administrativo e, de outro lado, não implique tumulto processual ou prejuízo irreversível ao direito de defesa da outra parte.

Nesse sentido, aliás, o §2º do referido dispositivo estabelece que as provas trazidas pelos interessados somente

---

ou em outro órgão administrativo, o órgão competente para a instrução proverá, de ofício, à obtenção dos documentos ou das respectivas cópias".

15. Lei 9.784/99: *"Art. 38. O interessado poderá, na fase instrutória e antes da tomada da decisão, juntar documentos e pareceres, requerer diligências e perícias, bem como aduzir alegações referentes à matéria objeto do processo.*
§ 1º Os elementos probatórios deverão ser considerados na motivação do relatório e da decisão.
§ 2º Somente poderão ser recusadas, mediante decisão fundamentada, as provas propostas pelos interessados quando sejam ilícitas, impertinentes, desnecessárias ou protelatórias.".

poderão ser recusadas quando sejam ilícitas, impertinentes, desnecessárias ou protelatórias.

Daí se conclui que o processo administrativo se justifica enquanto instrumento de controle de legalidade do ato administrativo (i.e., um meio apto a controlar a formação das decisões estatais), e, assim sendo, admite mitigações a questões formais de seu procedimento, desde que relevantes a este controle e que não impliquem violações ao direito de defesa da outra parte.

3. O processo administrativo tributário e sua função de controle de legalidade do lançamento

Não é nova a ideia de existir um tribunal administrativo para realizar o controle de legalidade do lançamento tributário. Em rigor, tais órgãos contam com cerca de um século de existência e são encontrados em diversos entes da federação.

Na seara federal, um órgão de julgamento de processo administrativo tributário surge com o Decreto 16.580/24[16], que instituiu um Conselho de Contribuintes em cada Estado e no Distrito Federal, com competência para julgamento de recursos referentes ao Imposto sobre a Renda. Todavia, embora previstos no referido Decreto, somente houve instalação de um Conselho de Contribuintes do Imposto de Renda, no Distrito Federal, sendo que este iniciou seu funcionamento em 14 de setembro de 1925[17].

Um órgão administrativo para impostos de consumo somente vai surgir em 1931, embora já houvesse previsão de sua criação desde o Decreto n. 5.157/27, com a edição do Decreto n. 20.350/31[18], que criou um outro Conselho de Contribuintes com competência

---

16. Decreto n. 16.580/24: *"Art. 16. Em cada e no Districto Federal haverá um Conselho de Contribuintes, nomeado pelo Ministro da Fazenda"*.

17. MARTINS, Ana Luísa. *Conselho Administrativo de Recursos Fiscais: 85 anos de imparcialidade na solução dos litígios fiscais*. Rio de Janeiro: Capivara, 2010. p. 44.

18. Decreto n. 20.350/31: *"Art. 1º É criado, nesta Capital, o Conselho de Contribuintes, constituído, em partes iguais, de funcionários da Fazenda e de contribuintes."*.

para julgamento de recursos anteriormente interpostos ao Ministro da Fazenda, referentes aos impostos sobre consumo, sobre classificação e valor de mercadorias pelas Alfândegas, multas aplicadas por infração de leis e regulamentos fiscais.

O Decreto 24.036/34, extinguiu os Conselhos até então existentes, instituindo o 1º e 2º Conselho de Contribuintes. Tais órgãos de julgamento iriam ganhar a companhia do 3º Conselho de Contribuintes, criado pelo Decreto 54.767/64, e do 4º Conselho de Contribuinte, criado pelo Decreto 70.235/72. O 3º Conselho de Contribuintes foi extinto pelo Decreto 79.630/77, de modo que o antigo 4º Conselho de Contribuintes foi renomeado para 3º Conselho de Contribuintes.

Por fim, a última grande reforma dos órgãos de processo administrativo tributário se deu com a Medida Provisória 449/2008, convertida na Lei 11.941/2009, que extinguiu os Conselhos de Contribuintes e criou o Conselho Administrativo de Recursos Fiscais (CARF), que é formado por três seções de julgamento, cada qual para análise de tributos específicos.

No âmbito do Estado de São Paulo, a criação de um órgão para julgamento de processo administrativo se deu com a publicação do Decreto 7.184/35[19], pelo qual foi criado o Tribunal de Impostos e Taxas (TIT). A criação do TIT foi de fundamental importância para a melhoria do processo administrativo tributário paulista, uma vez que as decisões administrativas fiscais eram submetidas até então ao Secretário da Fazenda do Estado de São Paulo.

---

19. Decreto n. 7.184/35: *"Art. 1.º - Fica criado, na Secretaria da Fazenda, o Tribunal de Impostos e Taxas, com as atribuições seguintes:*
a) - julgar, em última *instancia, os recursos contra decisões das autoridades fiscais sobre lançamentos e incidência de impostos e taxas e multas que até esta data eram da competência do Secretário da Fazenda;*
b) - julgar, em última instancia, *quaisquer outras questões fiscais que forem submetidas a sua decisão pelo Secretário da Fazenda:*
c) - emitir pareceres, mediante solicitação do Secretário da Fazenda, sobre quaisquer assumptos que interessem sem às *relações entre o fisco e os contribuintes;*
d) - representar ao Secretário da Fazenda, sugerindo medidas tendentes ao aperfeiçoamento do sistema tributario do Estado e que visem principalmente o estabelecimento da justiça fiscal e a conciliação dos interesses dos contribuintes com os do Tesouro".

Com relação ao Município de São Paulo, embora já tenha havido órgão responsável pelo processo administrativo tributário, o Conselho Municipal de Impostos e Taxas, criado pelo Decreto-lei 347/46 e regulamentado pelo Decreto 873/46[20], este foi esvaziado ao longo dos anos até ter sido extinto. Assim, um órgão municipal para julgamento de processos administrativos tributários somente surgiu com a Lei 14.107/2005[21] instituiu o Conselho Municipal de Tributos.

Diante dessa realidade, a pergunta que imediatamente surge é: por que existem tantos tribunais administrativo e por que eles são relevantes até hoje?

Tal qual exposto anteriormente ao se tratar da função do processo administrativo em sentido lato, o processo administrativo tributário também tem por objetivo garantir a lisura dos lançamentos tributários, bem como garantir que a autoridade fiscal tenha ciência de todos os elementos de fato que auxiliam na determinação de todos os critérios da regra de matriz de incidência tributária. Busca-se, destarte, a adequação da subsunção do fato à norma tributária e o controle da constituição e exigibilidade do crédito tributário pelo lançamento.

Não é, contudo, apenas nem sua função de controle de legalidade que reside a relevância do processo administrativo tributário. Sua peculiar estrutura e regras permitem uma resolução de questões tributárias com maior eficiência e maior técnica. Ao tratar da análise da eficiência do processo judicial por meio de uma pesquisa empírica, Armando Castelar

---

20. Decreto 873/46: "*Art. 1º - O Conselho Municipal de Impostos e Taxas, criado pelo decreto-lei 347, de 13 de fevereiro de 1946, é o órgão competente da Secretaria de Finanças, para:*
a) julgar em segunda instância (artigos 6º e 9º) os recursos dos contribuintes sobre tributos municipais e multas, por infração de leis e regulamentos do Município e quaisquer outros facultados por leis especiais;".

21. Lei 14.107/2005: "*Art. 1º Esta lei regula as medidas de fiscalização, a formalização do crédito tributário, o processo administrativo fiscal decorrente de notificação de lançamento e auto de infração, o processo de consulta e demais processos administrativos fiscais, relativos a tributos administrados pela Secretaria Municipal de Finanças, e cria o Conselho Municipal de Tributos*".

Pinheiro conclui que as duas principais razões de uma avaliação negativa do Poder Judiciário são: (i) morosidade ou falta de agilidade; e (ii) formalismo processual exagerado[22].

Diante de tal cenário, Fábio Fanucchi assinala que o processo administrativo tributário evita que cheguem ao Poder Judiciário diversos casos que poderiam ser resolvidos entre as partes, exonerando total ou parcialmente o crédito tributário, quer seja em virtude da existência de defeitos insanáveis no lançamento tributário, quer seja em razão de diferenças de interpretação acerca da legislação tributária[23]. Ainda tecendo vantagens sobre o processo administrativo tributário, referido autor menciona as seguintes características: (i) especialização técnica dos julgadores; (ii) independência dos julgadores em relação aos agentes fiscais que procederam o lançamento; (iii) livre convencimento dos julgadores; (iv) duplo grau de "jurisdição" com mais de uma instância administrativa; e (v) oportunidade para prévia discussão da matéria e formação de provas, que podem inclusive vir a ser aproveitadas em futuro litígio judicial[24].

Outra característica fundamental do processo administrativo tributário é que ele se distancia do culto ao formalismo, tão presente no processo judicial[25]. Nesse sentido, Geraldo Ataliba destaca que o informalismo presente no processo administrativo tem por objetivo a realização do direito material, isto é, o que interessa é a aplicação da lei, de modo que o contribuinte deve ter o direito de se defender da maneira

22. PINHEIRO, Armando Castelar. *Magistrados, Judiciário e Economia no Brasil.* In: ZYLBERSZTAJN, Décio, SZTAJN, Raquel. *Direito & Economia.* Rio de Janeiro: Elsevier, 2005. p. 251.

23. FANUCCHI, Fábio. *Processo Administrativo Tributário.* In: PRADE, Péricles Luiz M. CARVALHO, Célio B. de. *Novo Processo Tributário.* São Paulo: Resenha Tributária, 1975. pp. 40-41.

24. FANUCCHI, Fábio. *Processo Administrativo Tributário.* In: PRADE, Péricles Luiz M. CARVALHO, Célio B. de. *Novo Processo Tributário.* São Paulo: Resenha Tributária, 1975. pp. 40-41.

25. BOTALLO, Eduardo Domingos. *A Prova no Processo Administrativo Tributário Federal.* In: ROCHA, Valdir de Oliveira. *Processo Administrativo Fiscal.* 6º Volume. São Paulo: Dialética, 2002. p. 13.

mais ampla e irrestrita, sem nenhum tipo de cerceamento[26].O que, de certa forma, nem poderia ser diferente, principalmente tendo em vista que não é necessário possuir poderes postulatórios para figurar como parte do processo administrativo, admitindo-se que o próprio administrado – leigo em matéria jurídica, mas destinatário do ato do poder público – possa participar do controle de legalidade do ato.

Nasce daí o dito princípio da verdade material, pelo qual a Administração não deve ficar restrita ao que as partes demonstraram no processo administrativo, devendo buscar o que realmente é verdade[27] – e sem adentrarmos nas profundas discussões filosóficas sobre o conceito de verdade[28] –, ainda que a parte não tenha cumprido rigorosamente as exigências formais para trazer uma informação ou prova relevante ao processo.

Ao tratar do princípio da verdade material ou da liberdade na prova, Hely Lopes Meirelles destaca que ao contrário do processo judicial que é baseado na verdade formal, no processo administrativo, a autoridade administrativa pode, até o julgamento final, conhecer de novas provas, ainda que produzidas em outro processo ou decorrentes de fatos supervenientes que comprovem as alegações em tela[29]. Logo se vê que o princípio da verdade material acaba decorrendo da preocupação com a efetividade do ordenamento jurídico, ou seja, garantindo a não subsistência de exigências fiscais sem fundamento jurídico[30].

---

26. ATALIBA, Geraldo. *Princípios de Procedimento Tributário*. In: PRADE, Péricles Luiz M. CARVALHO, Célio B. de. *Novo Processo Tributário*. São Paulo: Resenha Tributária, 1975. pp. 33-34.

27. MELLO, Celso Antônio Bandeira de. *Curso de Direito Administrativo*. 14ª ed. São Paulo: Malheiros, 2002. p. 446.

28. Sobre o tema, BARRETO, Paulo Ayres. *Planejamento tributário: limites normativos*. São Paulo: Noeses, 2016, pp. 9-21.

29. MEIRELLES, Hely Lopes. *Direito Administrativo Brasileiro*. 32ª ed. São Paulo: Malheiros, 2006. p. 687.

30. NOGUEIRA, Alberto. *O Devido Processo Legal Tributário*. Rio de Janeiro: Renovar, 1995. p. 37 e p. 87.

Eis porque se pode afirmar residir no Princípio da Verdade Material e no Informalismo a importância do processo administrativo fiscal, permitindo-se uma acurada análise de legalidade do ato do Poder Público, a partir de manifestação dos próprios administrados, por um julgador ou órgão qualificado, e sem apegos excessivos ao formalismo que pudessem prejudicar esse acesso democrático ao processo administrativo.

4. Da Produção de Provas no Processo Administrativo Tributário

No âmbito do processo administrativo tributário, o contribuinte pode apresentar documentos que comprovem as suas alegações e demonstrem vícios na prática de um ato administrativo, sendo que uma das grandes vantagens de tal processo é o fato de que o próprio administrado poderá auxiliar diretamente no controle da atividade estatal (amplo acesso), como, também tais documentos serão analisados por julgadores especializados seja na primeira ou na segunda instância administrativa (ampla cognição).

Ao tratar do conceito de prova, Paulo Bonilha assevera que o processo de aplicação das normas requer o conhecimento da lei e da verdade do fato, sendo que a descoberta da verdade como requisito fundamental ao julgamento depende da exigência da prova[31]. Para tanto, Eduardo Botallo destaca que o princípio do devido processo legal, previsto no artigo 5º, LIV, da Constituição Federal abrange os seguintes direitos: (i) direito de ser ouvido; e (ii) direito de produzir provas, que abrange a produção de provas antes da decisão de mérito e o controle da execução da Administração Pública (proteção do direito dos administrados)[32].

---

31. BONILHA, Paulo Celso Bergstrom. *Da Prova no Processo Administrativo Tributário*. São Paulo: LTr, 1992. p. 85.

32. BOTALLO, Eduardo Domingos. *A Prova no Processo Administrativo Tributário Federal*. In: ROCHA, Valdir de Oliveira. *Processo Administrativo Fiscal*. 6º Volume. São Paulo: Dialética, 2002. p. 9.

Ricardo Lobo Torres, por sua vez, afirma que o direito à ampla defesa e ao contraditório deve ser compreendido à luz das novas formas de processualidade fiscal, que traz como um de seus corolários a reaproximação da forma processual ao conteúdo tributário, na busca da verdade material[33]. Nesse sentido, cumpre ressaltar o processo administrativo tributário deve ser enquadrado como instrumento da afirmação de direitos fundamentais, o que denota o caráter instrumental do processo e a necessidade de que a verdade material seja observada. James Marins assinala que a verdade material decorre da busca pela aproximação entre a realidade dos fatos e sua representação formal no processo tributário, sendo ponte entre a materialidade do tributo e a sua formalização por meio do lançamento tributário[34].

Ao destacar a importância da busca da verdade material, José Eduardo Soares de Melo assinala que esta deve ser interpretada na busca pela descoberta se ocorreu ou não o fato gerador, uma vez que se trata de análise da legalidade da tributação, isto é, verificar se ocorreu o fato gerador[35]. Assim, para o referido autor, a falta de apreciação de provas trazidas após a impugnação, mas antes da decisão final, feriria o princípio da instrumentalidade do processo e a busca da verdade material[36].

Na mesma linha, Hugo de Brito Machado Segundo destaca que a verdade real ou material se origina do princípio da legalidade, visto que o efetivo conhecimento dos fatos é requisito primordial para a correta observância das leis que lhes são

---

33. TORRES, Ricardo Lobo. *O Direito a Ampla Defesa e a Processualidade* Tributária. ROCHA, Sergio André. *Processo Administrativo Tributário.* São Paulo: Quartier Latin, 2007. pp. 560-566.

34. MARINS, James. *Direito Processual Tributário Brasileiro.* 12ª ed. São Paulo: Revista dos Tribunais, 2019. p. 179.

35. MELO, José Eduardo Soares. *Processo Tributário Administrativo e Judicial.* 4ª ed. São Paulo; Quartier Latin, 2015. pp. 111-112.

36. MELO, José Eduardo Soares. *Processo Tributário Administrativo e Judicial.* 4ª ed. São Paulo; Quartier Latin, 2015. pp. 111-112.

aplicáveis, de modo que estar-se-ia praticando uma ilegalidade caso a lei fosse aplicada sem conhecimento pleno dos fatos[37].

Antonio da Silva Cabral menciona ainda que o princípio da verdade material no processo administrativo tributário denuncia que o que está em jogo é a legalidade da tributação, de modo que a prova é o elemento necessário para que os julgadores possam verificar se houve o fato gerador concreto, que fez nascer a obrigação tributária[38]. Cumpre notar, ainda, que para o referido autor, o princípio da preclusão está mais ligado ao direito material, isto é, a preclusão seria uma face do princípio da eventualidade, pelo qual se o contribuinte não contestou alguma das exigências constantes no lançamento tributário, ocorreria a preclusão de tal matéria, o que impediria que tal exigência fosse discutida no âmbito da segunda instância administrativa[39]. Dessa forma, diferentemente do princípio da verdade material que se referiria às provas, a preclusão alcançaria tão somente as exigências de direito contidas no auto de infração.

No âmbito do processo administrativo tributário federal, o artigo 16, III, do Decreto 70.235/72[40] prevê que a impugnação mencionará os motivos de fato e de direito em que se

---

37. MACHADO SEGUNDO, Hugo de Brito. *Processo Tributário*. 10ª ed. São Paulo: Atlas, 2018. pp. 30-31.

38. CABRAL, Antonio da Silva. *Processo Administrativo Fiscal*. São Paulo: Saraiva, 1993 p. 75.

39. CABRAL, Antonio da Silva. *Processo Administrativo Fiscal*. São Paulo: Saraiva, 1993 pp. 64-66.

40. Decreto 70.235/72: *"Art. 16. A impugnação mencionará:*
I - a autoridade julgadora a quem é dirigida;
II - a qualificação do impugnante;
III - os motivos de fato e de direito em que se fundamenta, os pontos de discordância e as razões e provas que possuir; (Redação dada pela Lei nº 8.748, de 1993)
IV - as diligências, ou perícias que o impugnante pretenda sejam efetuadas, expostos os motivos que as justifiquem, com a formulação dos quesitos referentes aos exames desejados, assim como, no caso de perícia, o nome, o endereço e a qualificação profissional do seu perito. (Redação dada pela Lei nº 8.748, de 1993)
V - se a matéria impugnada foi submetida à apreciação judicial, devendo ser juntada cópia da petição. (Incluído pela Lei nº 11.196, de 2005)".

fundamenta, os pontos de discordância e as razões e provas que possuir. A mesma ideia encontra-se presente também na legislação de processo administrativo tributário de outros entes, como no Estado de São Paulo (art. 17 da Lei 13.457/2009) no Município de São Paulo (art. 16 da Lei 14.107/2005), razão pela qual as considerações que serão feitas a seguir, aplicam-se a todas as legislações de processo administrativo fiscal que contenham redação semelhante.

Com relação à disposição de que as provas devem ser apresentadas no momento da impugnação, Marcos Neder e Maria Teresa Martinez Lopez assinalam que a concentração dos atos processuais em momentos específicos tem por objetivo proteger o Estado contra a protelação injustificada do processo[41].

O §4º do artigo 16 do Decreto 70.235/72[42] vai além ao determinar que a prova documental deve ser apresentada na impugnação sob risco de preclusão caso o impugnante apresente prova em outro momento processual exceto nas seguintes hipóteses: (i) no caso de demonstração da impossibilidade de apresentação oportuna das provas, por motivo de força maior; (ii) no caso de fato ou direito superveniente; e (iii) no caso da prova ser destinada a contrapor fatos ou razões posteriormente trazidas aos autos.

Nessas hipóteses, o §5º do artigo 16 do Decreto 70.235/72[43] determina que quando da juntada de documentos probatórios

---

41. NEDER, Marcos Vinicius, LOPEZ, Maria Teresa Martinez. *Processo Administrativo Fiscal Federal Comentado*. 3ª ed. São Paulo: Dialética, 2010. pp. 304-308.

42. Decreto 70.235/72: "*Art. 16. (...)*
§ 4º A prova documental será apresentada na impugnação, precluindo o direito de o impugnante fazê-lo em outro momento processual, a menos que: (Incluído pela Lei nº 9.532, de 1997) *(Produção de efeito)*
a) fique demonstrada a impossibilidade de sua apresentação oportuna, por motivo de força maior;(Incluído pela Lei nº 9.532, de 1997) (Produção de efeito)
b) refira-se a fato ou a direito superveniente;(Incluído pela Lei 9.532, de 1997) (Produção de efeito)
c) destine-se a contrapor fatos ou razões posteriormente trazidas aos autos. (Incluído pela Lei nº 9.532, de 1997) (Produção de efeito)".

43. Decreto 70.235/72: "*Art. 16. (...)*

após a impugnação, tal juntada deverá ser requerida à autoridade julgadora, mediante petição em que se demonstre a ocorrência das hipóteses previstas no §4º do artigo 16 do Decreto 70.235/72. Todavia, caso a decisão já tenha sido proferida, os documentos apresentados permanecerão nos autos para, se for interposto recurso, serem apreciados pela autoridade julgadora de segunda instância, conforme preceitua o §5º do artigo 16 do Decreto 70.235/72[44]. Tal dispositivo normativo pode também dar margem à interpretação de que as provas poderão ser apresentadas após a decisão de 1ª instância administrativa, mas tão somente nas hipóteses previstas no §4º do artigo 16 do Decreto 70.235/72.

Como se nota, a regra contida no §4º do artigo 16 do Decreto 70.235/72 dispõe que o momento de apresentação das provas é quando da protocolização da impugnação, sendo que estará preclusa a apresentação de novas provas, exceto se tais provas se enquadrarem nas hipóteses também previstas no §4º do artigo 16 do Decreto n. 70.235/72.

Eduardo Botallo critica o referido dispositivo normativo ao afirmar que a limitação por preclusão não condiz com a essência do processo administrativo tributário, que tem pôr fim a busca da verdade material[45]. Analisando o artigo 396 do antigo Código de Processo Civil[46], cujo dispositivo equivalente no

---

§ 5º A juntada de documentos após a impugnação deverá ser requerida à autoridade julgadora, mediante petição em que se demonstre, com fundamentos, a ocorrência de uma das condições previstas nas alíneas do parágrafo anterior. (Incluído pela Lei nº 9.532, de 1997)".

44. Decreto 70.235/72: *"Art. 16. (...)*
§ 6º Caso já tenha sido proferida a decisão, os documentos apresentados permanecerão nos autos para, *se for interposto recurso, serem apreciados pela autoridade julgadora de segunda instância. (Incluído pela Lei 9.532, de 1997)"*.

45. BOTALLO, Eduardo Domingos. *A Prova no Processo Administrativo Tributário Federal*. In: ROCHA, Valdir de Oliveira. *Processo Administrativo Fiscal*. 6º Volume. São Paulo: Dialética, 2002. p. 12.

46. Código de Processo Civil Antigo (Lei 5.869/73): *"Art. 396. Compete à parte instruir a petição inicial (art. 283), ou a resposta (art. 297), com os documentos destinados a provar-lhe as alegações"*.

atual Código de Processo Civil seria o artigo 434[47], referido autor destaca que a exigência nele contida se refere tão somente às razões e documentos que sejam pressupostos da causa, de modo que não haveria óbice à apresentação, a qualquer tempo, de outros documentos que comprovassem àquelas razões[48].

No mesmo diapasão, Luís Eduardo Schoueri e Gustavo Contrucci de Souza assinalam que a preclusão do direito à prova prevista no artigo 16 do Decreto 70.235/72 seria inconstitucional por ser incompatível com a verdade material, que se lastreia no princípio da legalidade[49]. Também Alberto Xavier entende que qualquer limitação ao direito à prova antes da decisão final de segunda instância administrativa afronta aos princípios da ampla defesa e da verdade material[50].

Ao comparar a regra do Decreto 70.235/72 acerca da apresentação das provas no momento da impugnação e a regra do artigo 38 da Lei 9.784/99, pelo qual as provas poderão ser apresentadas antes da tomada da decisão administrativa,

---

47. Código de Processo Civil (Lei 13.105/15): "*Art. 434. Incumbe à parte instruir a petição inicial ou a contestação com os documentos destinados a provar suas alegações. Parágrafo único. Quando o documento consistir em reprodução cinematográfica ou fonográfica, a parte deverá trazê-lo nos termos do caput, mas sua exposição será realizada em audiência, intimando-se previamente as partes.*
Art. 435. É lícito às partes, em qualquer tempo, juntar aos autos documentos novos, quando destinados a fazer prova de fatos ocorridos depois dos articulados ou para contrapô-los aos que foram produzidos nos autos.
Parágrafo único. Admite-se também a juntada posterior de documentos formados após a petição inicial ou a contestação, bem como dos que se tornaram conhecidos, acessíveis ou disponíveis após esses atos, cabendo à parte que os produzir comprovar o motivo que a impediu de juntá-los anteriormente e incumbindo ao juiz, em qualquer caso, avaliar a conduta da parte de acordo com o art. 5º".

48. BOTALLO, Eduardo Domingos. *A Prova no Processo Administrativo Tributário Federal*. In: ROCHA, Valdir de Oliveira. *Processo Administrativo Fiscal*. 6º Volume. São Paulo: Dialética, 2002. pp. 12-13.

49. SCHOUERI, Luís Eduardo, SOUZA, Gustavo Contrucci de. *Verdade Material no "Processo" Administrativo Tributário*. In: ROCHA, Valdir de Oliveira. *Processo Administrativo Fiscal*. 3º Volume. São Paulo: Dialética, 1998. pp. 156-157.

50. XAVIER, Alberto. *Princípios do Processo Administrativo e Judicial Tributário*. Rio de Janeiro: Forense, 2005. p. 160.

Eduardo Botallo assinala que o dispositivo legal possibilita provas apresentadas após a impugnação[51].

Como decorrência de tal diferenciação de regras, Marcos Neder assinala que a regra do Decreto 70.235/72 é mais rígida[52]. Ainda na interpretação do artigo 38 da Lei 9.784/99, Maria Teresa Martinez Lopez e Marcela Cheffer Bianchini destacam que tal dispositivo autoriza a juntada de documentos na fase instrutória e antes da tomada de decisão, que deve ser entendida como decisão de primeira instância administrativa, sendo que seria possível dizer ainda que a fase instrutória se encerraria com a impugnação, quando se instauraria a fase litigiosa ou processual[53].

Embora concorde que as provas deverão ser apresentadas quando da impugnação com exceção das hipóteses do artigo 16, §4º, do Decreto n. 70.235/72, Maria Rita Ferragut assevera que tendo em vista que a produção de provas compete às partes e às autoridades julgadoras, caberá ao julgador decidir se irá avaliar ou não a prova trazida após o momento da impugnação, desde que se trate de prova necessária, de modo que a depender da importância da prova trazida ao processo, o julgador poderá decidir pela flexibilização ou não da regra preclusiva[54].

Marcos Neder e Maria Teresa Martinez Lopez apontam uma tendência de atenuação os rigores da norma, uma vez que esta visa garantir a legalidade na apuração do crédito

---

51. BOTALLO, Eduardo Domingos. *A Prova no Processo Administrativo Tributário Federal*. In: ROCHA, Valdir de Oliveira. *Processo Administrativo Fiscal*. 6º Volume. São Paulo: Dialética, 2002. p. 13.

52. NEDER, Marcos Vinicius. *A Inserção da Lei n. 9.784/99 no Processo Administrativo Fiscal*. In: ROCHA, Valdir de Oliveira. *Processo Administrativo Fiscal*. 6º Volume. São Paulo: Dialética, 2002. p. 91.

53. LOPEZ, Maria Teresa Martinez, BIANCHINI, Marcela Cheffer. *Aspectos Polêmicos sobre o Momento de Apresentação da Prova no Processo Administrativo Fiscal Federal*. In: NEDER, Marcos Vinicius, SANTI, Eurico Marcos Diniz de FERRAGUT, Maria Rita. *A Prova no Processo Tributário*. São Paulo: Dialética, 2010. p. 41.

54. DARZÉ, Andréa Medrado. *Preclusão da Prova no Processo Administrativo Tributário: Um Falso Problema*. In: ROSTAGNO, Alessandro. *Contencioso Administrativo Tributário – Questões Polêmicas*. São Paulo: Noeses, 2011. pp. 82-88.

tributário, permitindo com que o julgador busque exaustivamente verificar se houve ou não a ocorrência da hipótese de incidência e, em caso positivo, identificar o sujeito passivo e mensurá-la com exatidão[55].

Tal tendência é criticada por James Marins, para quem a flexibilização generalizada de preclusões processuais acaba por fragilizar a segurança do processo, de modo que o artigo 38 da Lei n. 9.784/99 não contribui para a celeridade e economia processual[56]. O raciocínio, no entanto, não nos parece o mais adequado com a finalidade do processo administrativo tributário.

Se, de uma lado, regras de igual teor como do artigo 16 do Decreto n. 70.235/72 evitam o uso de instrumentos protelatórios (provas apresentadas desordenadamente ao longo do trâmite processual, obrigando a concessão de vista às partes em decorrência do princípio do contraditório), de outro, restam prejudicados os princípios informadores do informalismo e da verdade material, que sempre permitiram o oferecimento de provas, coleta de documentos, durante o curso do processo, para que o crédito tributário seja constituído a partir da certeza e liquidez adequada[57].

A este propósito, Hugo de Brito Machado Segundo[58] ressalta que é muito comum que a Administração Tributária, de todas as esferas da federação, profira decisões administrativas que são "*verdadeiras pérolas da contração*": negam pedido de produção de prova formulados por contribuintes ou rejeitam provas apresentadas após o oferecimento de impugnação ao lançamento fiscal e, subsequentemente, julgam improcedente a defesa

---

55. NEDER, Marcos Vinicius, LOPEZ, Maria Teresa Martinez. *Processo Administrativo Fiscal Federal Comentado*. 3ª ed. São Paulo: Dialética, 2010. pp. 304-308.

56. MARINS, James. *Direito Processual Tributário Brasileiro*. 12ª ed. São Paulo: Revista dos Tribunais, 2019. p. 289.

57. MELO, José Eduardo Soares de. *Processo Tributário Administrativo e Judicial*. 4ª Ed. São Paulo: Quartier Latin, 2015, p. 170.

58. SEGUNDO, Hugo de Brito Machado. *Processo Tributário*. 10ª Ed. São Paulo: Atlas, 2018, p. 46-47.

apresentada por "falta de provas". Tal conduta é uma evidente violação ao princípio da verdade material, devendo ser enfrentado caso a caso, no âmbito do processo administrativo tributário.

A nosso ver, caberá ao julgador administrativo ponderar, a partir de seu livre convencimento motivado e do princípio da verdade material, em que situações as provas apresentadas extemporaneamente deverão ser aceitas para o bom deslinde do caso. Isso significa dizer que, no âmbito de um processo no qual a produção de provas se faça indispensável, o julgador administrativo não pode indeferir essa prova apenas porque o contribuinte a apresentou em momento ou de modo "inadequado"[59].

5. Limites à aplicação do Princípio da Verdade Material no Processo Administrativo

O Princípio da Verdade Material implica que o julgador administrativo não pode ficar adstrito tão somente ao que as partes demonstrarem no procedimento, mas, ao contrário, deve buscar, na maior medida do possível (e neste ponto reside o seu caráter principiológico) a versão dos fatos que melhor correspondam ao evento tributário, permitindo-se que o juiz vá além daquilo que as partes possam ter alegado. Portanto, o órgão julgador passa a ter papel mais ativo na busca de uma solução justa e adequada ao caso concreto, de modo que passa a ser menos importante o que a parte assume ou não como verdade no processo, diante do que a Administração determinar como verdade substancial nos autos[60].

A Administração Tributária, no exercício de uma função pública e em sentido jurídico, tem o ofício de aplicar os mandamentos legais sobre situações concretas, no entanto, pelo

59. TAKANO. Caio Augusto; PITMAN, Arthur Leite da Cruz. Princípios do processo administrativo fiscal. In. DALLE LUCCA, Jandir J.; BERTASI, Maria Odete Duque (Coord.). *Princípios gerais de direito aplicados ao contencioso fiscal paulista.* São Paulo: Lex, 2019, p. 46.

60. MELLO, Celso Antônio Bandeira de. *Curso de Direito Administrativo.* 31ª Ed. São Paulo: Ed. Malheiros, 2014, p. 512.

princípio da verdade material, impõe-se que esta não fique adstrita às alegações ou provas trazidas aos autos pelas partes, devendo esta agir de ofício para determinar a produção de provas que entende necessárias à formação de sua convicção, quanto à ocorrência de determinado fato[61].

Isso porque, por força do artigo 142 do Código Tributário Nacional, não basta que o órgão fiscal tome apenas conhecimento da ocorrência do fato que possivelmente enseja a incidência tributária, mas precisa confrontá-lo com a lei instituidora do tributo para se certificar se este se enquadra ao modelo legal. Por vezes, esta verificação dos elementos necessários e suficientes à constituição da obrigação tributária é complexa e exige apreciação aprofundada da relação fática[62].

Por este viés, a busca pela verdade material no âmbito do processo administrativo fiscal é corolário de algumas exigências: (i) que se demonstre com maior grau de verossimilhança possível, a veracidade dos fator alegados no âmbito do processo; (ii) limitando-se as situações em que se presume a ocorrência dos fatos relevantes; (iii) sendo deferido às partes o direito de produzir as provas necessárias para bem demonstrar a procedência de suas alegações[63].

Para as autoridades fiscais, o princípio da verdade material não significa que estas devem agir com a diligência que se esperaria do próprio contribuinte no cumprimento de suas obrigações fiscais e, por exemplo, realizar a apuração de crédito de ICMS ou refazer a escrituração fiscal. Por outro lado, para o julgador administrativo, significa que este não pode se abster de atuar quando vislumbrar a possibilidade quando há possibilidade de se requerer diligência ou oportunizar a

61. MEDAUAR, Odete. *A Processualidade no Direito Administrativo*. 2ª Ed. São Paulo: Revista dos Tribunais, 2008, p. 121.

62. NOGUEIRA, Ruy Barbosa. *Curso de Direito Tributário*. 14ª Ed. São Paulo: Saraiva, 1995, p. 222.

63. ROCHA, Sérgio André. *Processo Administrativo Fiscal – Controle Administrativo do Lançamento Tributário*. 4ª ed. Rio de Janeiro: Lumen Juris, 2010, pp. 176-175.

produção de provas que possa contribuir com a solução adequada do caso, sem que isso cause excessivo prejuízo no trâmite processual[64].

Seja como for, é importante frisar que o princípio da verdade real não vai ao ponto de mitigar irrestritamente as normas que regem o processo administrativo ou de se inverter injustificadamente o ônus da prova (como seriam os casos do art. 373, §3º do CPC/2015). Assim, não é função do Julgador imiscuir-se no dever próprio do contribuinte de comprovar a regularidade das deduções previstas em lei. Se o contribuinte busca demonstrar a existência de um direito seu, a comprovação da regularidade de seu exercício é igualmente seu dever. Não cabe ao julgador ou ao fisco comprová-la em seu lugar, apenas não obstar que elementos de prova relevantes sejam trazidos aos autos e analisados, desde que pertinentes.

Igualmente relevante é a percepção de que o princípio da verdade material não possui idêntica aplicação ao Fisco e ao contribuinte. Isso porque o primeiro se submete a regras específicas de motivação de seus atos, bem como elementos essenciais para a sua conformação, como o art. 142 do CTN, de modo que provas que sejam juntadas extemporaneamente pelo Poder Público não tem o condão de validar um ato administrativo que, à época de sua prática, continha vício de motivação ou não obedecia aos requisitos formais do lançamento tributário, seja de acordo com o art. 142 do CTN ou os dispositivos de legislação interna de cada ente político aplicáveis. Nesse sentido, são pertinentes as lições de Fabiana Del Padre Tomé, no sentido de que, depois de instaurado o processo administrativo tributário venham a ser colacionadas provas capazes de constituir o fato jurídico tributário ou o ilícito tributário, não será possível convalidar a nulidade do lançamento

64. Nesse sentido: "*Taxa de Fiscalização de Estabelecimento. Transferência de estabelecimento para outro município. Princípio da verdade material. RECURSO CONHECIDO E PROVIDO.*" (P.A. n.º 6017.2017/0009843-7, 2ª Câmara Julgadora do Conselho Municipal de Tributos de São Paulo).

lavrado sem a devida fundamentação, porquanto se haveria vício em sua estrutura interna[65].

Por derradeiro, ressalte-se que a diligência ou a oportunização de produção probatória para esclarecimento de matéria de fato é uma faculdade do julgador, quando este entender que o procedimento será necessário/útil para formar sua convicção. Assim, na legislação de processo administrativo tributário do Estado de São Paulo, entendo que o art. 25 da Lei 13.457/2009 deve ser lido em conjunto com o art. 26 da mesma lei, a se inferir que o julgador administrativo deve decidir levando em conta sua livre convicção pessoal motivada, sendo que a realização de diligências para esclarecimentos de fatos é um instrumento para a formação de sua convicção, dispensável quando o conjunto probatório nos autos for suficiente para fundamentar sua decisão[66].

6. Referências

ATALIBA, Geraldo. *Princípios de Procedimento Tributário.* In: PRADE, Péricles Luiz M. CARVALHO, Célio B. de. *Novo Processo Tributário*. São Paulo: Resenha Tributária, 1975.

BARRETO, Paulo Ayres. *Imposto de renda e preços de transferência*. São Paulo: Dialética, 2001.

________. *Planejamento tributário: limites normativos*. São Paulo: Noeses, 2016.

BONILHA, Paulo Celso Bergstrom. *Da Prova no Processo Administrativo Tributário*. São Paulo: LTr, 1992.

65. TOMÉ, Fabiana del Padre. *A prova no direito tributário*. 2ª Edição. São Paulo: Noeses, 2009, p. 298.

66. TAKANO. Caio Augusto; PITMAN, Arthur Leite da Cruz. Princípios do processo administrativo fiscal. In. DALLE LUCCA, Jandir J.; BERTASI, Maria Odete Duque (Coord.). *Princípios gerais de direito aplicados ao contencioso fiscal paulista.* São Paulo: Lex, 2019, p. 43.

BOTALLO, Eduardo Domingos. *A Prova no Processo Administrativo Tributário Federal*. In: ROCHA, Valdir de Oliveira. *Processo Administrativo Fiscal*. 6º Volume. São Paulo: Dialética, 2002.

CABRAL, Antonio da Silva. *Processo Administrativo Fiscal*. São Paulo: Saraiva, 1993.

CARRAZZA, Roque Antonio. *Curso de direito constitucional tributário*. 26ª Edição. São Paulo: Malheiros. 2010.

CARVALHO, Paulo de Barros. A prova do procedimento administrativo tributário. *Revista Dialética de Direito tributário*, n. 34. São Paulo: Dialética, 1998.

________. Os princípios constitucionais tributários no sistema positivo brasileiro. In MARTINS, Ives Gandra; ELALI, André (Coord.). *Elementos atuais de direito tributário: estudos e conferências*. Curitiba: Juruá, 2005, p. 395; CARVALHO, Paulo de Barros. *Direito tributário: linguagem e método*. 3ª Edição. São Paulo: Noeses, 2009.

DARZÉ, Andréa Medrado. *Preclusão da Prova no Processo Administrativo Tributário: Um Falso Problema*. In: ROSTAGNO, Alessandro. *Contencioso Administrativo Tributário – Questões Polêmicas*. São Paulo: Noeses, 2011.

FANUCCHI, Fábio. *Processo Administrativo Tributário*. In: PRADE, Péricles Luiz M. CARVALHO, Célio B. de. *Novo Processo Tributário*. São Paulo: Resenha Tributária, 1975.

LOPEZ, Maria Teresa Martinez, BIANCHINI, Marcela Cheffer. *Aspectos Polêmicos sobre o Momento de Apresentação da Prova no Processo Administrativo Fiscal Federal*. In: NEDER, Marcos Vinicius, SANTI, Eurico Marcos Diniz de, FERRAGUT, Maria Rita. *A Prova no Processo Tributário*. São Paulo: Dialética, 2010.

MACHADO SEGUNDO, Hugo de Brito. *Processo Tributário*. 10ª ed. São Paulo: Atlas, 2018.

MARINS, James. *Direito Processual Tributário Brasileiro*. 12ª ed. São Paulo: Revista dos Tribunais, 2019. p. 179.

MARTINS, Ana Luísa. *Conselho Administrativo de Recursos Fiscais: 85 anos de imparcialidade na solução dos litígios fiscais*. Rio de Janeiro: Capivara, 2010.

MEDAUAR, Odete. *A Processualidade no Direito Administrativo*. 2ª Ed. São Paulo: Revista dos Tribunais, 2008, p. 121.

MEIRELLES, Hely Lopes. *Direito Administrativo Brasileiro*. 32ª ed. São Paulo: Malheiros, 2006.

MELLO, Celso Antônio Bandeira de. *Curso de Direito Administrativo*. 14ª ed. São Paulo: Malheiros, 2002.

MELO, José Eduardo Soares. *Processo Tributário Administrativo e Judicial*. 4ª ed. São Paulo; Quartier Latin, 2015.

NEDER, Marcos Vinicius, LOPEZ, Maria Teresa Martinez. *Processo Administrativo Fiscal Federal Comentado*. 3ª ed. São Paulo: Dialética, 2010.

NEDER, Marcos Vinicius. *A Inserção da Lei n. 9.784/99 no Processo Administrativo Fiscal*. In: ROCHA, Valdir de Oliveira. *Processo Administrativo Fiscal*. 6º Volume. São Paulo: Dialética, 2002.

NOGUEIRA, Alberto. *O Devido Processo Legal Tributário*. Rio de Janeiro: Renovar, 1995.

NOGUEIRA, Ruy Barbosa. *Curso de Direito Tributário*. 14ª Ed. São Paulo: Saraiva, 1995.

PINHEIRO, Armando Castelar. *Magistrados, Judiciário e Economia no Brasil*. In: ZYLBERSZTAJN, Décio, SZTAJN, Raquel. *Direito & Economia*. Rio de Janeiro: Elsevier, 2005.

ROCHA, Sérgio André. *Processo Administrativo Fiscal – Controle Administrativo do Lançamento Tributário*. 4ª Ed. Rio de Janeiro: Lumen Juris, 2010.

SCHOUERI, Luís Eduardo, SOUZA, Gustavo Contrucci de. *Verdade Material no "Processo" Administrativo Tributário*. In: ROCHA, Valdir de Oliveira. *Processo Administrativo Fiscal*. 3º Volume. São Paulo: Dialética, 1998.

TAKANO. Caio Augusto; PITMAN, Arthur Leite da Cruz. Princípios do processo administrativo fiscal. In. DALLE LUCCA, Jandir J.; BERTASI, Maria Odete Duque (Coord.). *Princípios gerais de direito aplicados ao contencioso fiscal paulista*. São Paulo: Lex, 2019, p. 46.

TOMÉ, Fabiana del Padre. *A prova no direito tributário*. 2ª Edição. São Paulo: Noeses, 2009.

TORRES, Ricardo Lobo. *O Direito a Ampla Defesa e a Processualidade* Tributária. ROCHA, Sergio André. *Processo Administrativo Tributário*. São Paulo: Quartier Latin, 2007.

XAVIER, Alberto. *Princípios do Processo Administrativo e Judicial Tributário*. Rio de Janeiro: Forense, 2005.

A PRECLUSÃO NA PRODUÇÃO DE PROVAS NO ÂMBITO DO PROCESSO ADMINISTRATIVO FISCAL FEDERAL - UMA ANÁLISE CRÍTICA DA JURISPRUDÊNCIA DO CARF

Carlos Augusto Daniel Neto[1]

Diego Diniz Ribeiro[2]

Introdução

No âmbito do processo administrativo fiscal federal (*PAF*), inaugurado pela apresentação de impugnações ou

---

1. Doutor em Direito Tributário pela Universidade de São Paulo; Mestre em Direito Tributário pela Pontifícia Universidade Católica de São Paulo; Especialista em Direito Tributário pelo IBET/SP; ex-Conselheiro Titular da 1ª Seção do Conselho Administrativo de Recursos Fiscais - CARF; ex-Conselheiro da 3ª Seção do CARF; Advogado; Professor do Centro de Estudos de Direito Econômico e Social (CEDES) e do Instituto Brasileiro de Direito Tributário (IBDT). *E-mail: carlosaugustodanielneto@gmail.com.*

2. Doutorando em Processo Civil pela Universidade de São Paulo; Mestre em Direito Tributário pela Pontifícia Universidade Católica de São Paulo - PUC/SP. Especialista em Direito Tributário pelo IBET/SP. ex-Conselheiro titular na 3ª Seção de Julgamento do Conselho Administrativo de Recursos Fiscais - CARF. Advogado licenciado. Professor em cursos de graduação e pós-graduação na GV Law, IBET, IBDT, EPD, ESA/SP, ESPGE e IMESB.

outros meios de recurso administrativo pelo contribuinte[3]-[4], a temática da produção de provas é objeto de diversos questionamentos: discutem-se quais provas podem ser produzidas, a utilização das provas produzidas em outros processos administrativos ou judiciais etc.

Entretanto, nenhuma matéria é objeto de tantas discussões quanto o limite temporal para a apresentação das provas e as limitações normativas estabelecidas pelo Decreto nº 70.235/72, que regulamenta esse contencioso administrativo fiscal, na esfera federal. Discute-se, principalmente, até onde vai a preclusão temporal para a juntada de documentos ou, indo além, questiona-se a própria existência de limitação nessa espécie de procedimento contencioso.

Sobre essa matéria, a jurisprudência do Conselho Administrativo de Recursos Fiscais (*CARF*)[5] tem se direcionado no sentido de que as limitações temporais à produção de provas podem ser flexibilizadas, invocando-se, para tanto, diversos argumentos distintos, como a interpretação sistemática da legislação, o princípio da verdade material, a aplicação direta da Lei 9.784/99, entre outros que serão oportunamente analisados.

Este artigo tem como escopo realizar uma análise crítica dos argumentos que têm sido utilizados para a flexibilização da preclusão temporal, como forma de verificar a consistência deles, à luz do ordenamento jurídico. Antes disso, entretanto, é preciso explicitar qual é o regime jurídico da produção de provas no *PAF*.

---

3. Nos termos do art. 14 do Decreto n. 70.235/72, *verbis*: "Art. 14. A impugnação da exigência instaura a fase litigiosa do procedimento."

4. Até o advento da insurgência do contribuinte o que se tem é uma fase procedimental. A respeito desta diferença entre procedimento administrativo e processo administrativo destacam-se: ROCHA, Sérgio André. *Processo administrativo fiscal*. São Paulo: Almedina, 2018. MARINS, James. *Direito processual tributário brasileiro – administrativo e judicial*. 3ª ed. São Paulo: Dialética., 2003.

5. O CARF é o órgão administrativo que julga, em última instância, os recursos administrativos de decisões proferidas pelas Delegacias Regionais de Julgamento da Receita Federal (DRJs), dentro do processo administrativo fiscal federal.

1. A Produção de Provas no Âmbito do PAF

É essencial, posto que trivial, afirmar aqui que a relevância do processo administrativo no ordenamento jurídico pátrio é ratificada pela presença de elementos do seu regime jurídico no âmbito da Constituição Federal de 1988 (*CF/88*), especialmente no seu art. 5º, incisos LIV e LV[6] que impõem, mesmo no âmbito administrativo, respeito ao *devido processo legal* e garantia da ampla defesa e do contraditório, com todos os meios e recursos a eles inerentes.

Com base na competência delegada por meio do Decreto-Lei 822/69, em seu art. 2º[7], foi editado o Decreto 70.235/72, que rege todo o processo administrativo de determinação e exigência dos créditos tributários da União e o de consulta sobre a aplicação da legislação tributária federal. Frise-se que, apesar do veículo normativo de introdução dessa regulamentação ter sido um *Decreto Federal*, o mesmo possui natureza jurídica de *Lei Ordinária* – excepcionalmente, diga-se de passagem, em razão do regime vigente na época de sua edição, que autorizou a edição de decreto com força normativa de lei.

Pois bem. O regime de *ampla defesa* a que se sujeita o *PAF* engloba, naturalmente, o instituto das *provas*[8], entendidos como quaisquer elementos, *autorizados pelo Direito*[9], que possam

---

6. "LIV - ninguém será privado da liberdade ou de seus bens sem o devido processo legal;
LV - aos litigantes, em processo judicial ou administrativo, e aos acusados em geral são assegurados o contraditório e ampla defesa, com os meios e recursos a ela inerentes;"

7. "Art. 2º O Poder Executivo regulará o processo administrativo de determinação e exigência de créditos tributários federais, penalidades, empréstimos compulsórios e o de consulta."

8. Em um chamado Estado Democrático de Direito, onde vige a ideia de devido processo legal, o instituto da prova no processo não trata apenas da (i) oportunidade atribuída às partes de requisitarem a produção de uma específica prova. Vai para além disso para também abarcar os seguintes direitos: (ii) havendo pertinência com o caso, ter a prova efetivamente produzida em concreto; (iii) ter a possibilidade participar da produção da prova; (iv) ser intimado para manifestar-se a respeito das provas; e, por fim (v) ter a prova produzida efetivamente analisada pelo órgão julgador por intermédio da decisão que resolverá o caso.

9. Veda-se, assim, a admissibilidade de provas ilícitas, conforme determina o art. 5º, LVI da CF/88.

ser utilizados para estabelecer a verdade dos fatos da causa, conectando-se com eles por meio de uma relação instrumental.

No cerne do regime probatório de qualquer processo, está o seu grau de semelhança com um sistema *adversarial* (com a produção de prova centrada nas partes e com uma maior ênfase no princípio do dispositivo) ou *inquisitorial* (com a produção de prova centrada nos julgadores e com maior ênfase na característica publicista da atividade judicativa)[10].

Como pontuado por Barbosa Moreira, essa "*divisão do trabalho processual*" constitui um dos elementos centrais de qualquer sistema de resolução de litígios e irá definir quais devem ser as atividades das partes e dos juízes[11] - sendo uma resultante positivamente determinada pelas *regras de adjudicação* vigentes no ordenamento jurídico[12].

Ao tratar sobre a produção de provas, o regulamento do *PAF* adota o *princípio dispositivo moderado,* ao estabelecer dois momentos distintos de produção probatória: *i)* o primeiro, na lavratura do auto de infração, no qual o dever probatório recai sobre a autoridade fiscal, para fundamentar a imputação realizada, nos termos do art. 9º do Decreto 70.235/72[13]; e *ii)* o segundo, que se inicia com a impugnação do contribuinte,

---

10. JOLOWICZ, J. A. "Adversarial an inquisitorial approaches to civil litigation". *On civil procedure*. Cambridge:
Cambridge University Press, 2000, p. 177.

11. MOREIRA, José Carlos Barbosa. "Os poderes do juiz na direção e na instrução do processo". *Temas de direito processual civil – quarta série*. São Paulo: Saraiva, 1989, p. 45-46.

12. As normas de adjudicação, ou de julgamento, são as normas secundárias que outorgam o poder de formular decisões de casos postos em julgamento, identificando os indivíduos que deverão decidir, bem como as normas procedimentais que deverão ser seguidas, conferindo poderes aos agentes do processo (HART, Herbert A. L. *O Conceito de Direito*. São Paulo: Martins Fontes, 2009, p.125)

13. "Art. 9º A exigência do crédito tributário e a aplicação de penalidade isolada serão formalizados em autos de infração ou notificações de lançamento, distintos para cada tributo ou penalidade, os quais deverão estar instruídos com todos os termos, depoimentos, laudos e demais elementos de prova indispensáveis à comprovação do ilícito."

nos termos do art. 16, §4º do Decreto 70.235/72, e que marca o início da fase contenciosa do procedimento fiscal.

De modo mais claro, a produção de provas no momento da fiscalização e autuação e um *dever* da autoridade administrativa, sendo condição da própria validade do ato, sob pena de sua nulidade, ao passo que na esfera processual, o contribuinte possui o ônus de provar, submetendo-se às consequências negativas do ato administrativo caso não apresente infirme os fatos aduzidos pelo fiscal.

Percebe-se, pois, que no âmbito do processo administrativo tributário federal, até por conta da sua estreiteza procedimental, não há, *ao menos como regra*, a possibilidade do órgão julgador, de ofício, produzir provas, cabendo tal mister às partes litigantes. Em outros termos, *não há uma regra ampla, como aquela veiculada pelo art. 370 do CPC*[14]. Há, em verdade, uma *exceção*, qual seja, a regra estampada no art. 18 do Decreto 70.235/72, que autoriza à autoridade julgadora solicitar, *de ofício* ou a requerimento, a realização de diligências e perícias, quando entendê-las necessárias, evidenciando assim um elemento inquisitorial.

Importante registrar que a regra alhures referida é bem mais estreita que aquela do art. 370 do CPC. Primeiramente porque, parte do prescritivo legal, trata da possibilidade de uma atuação de ofício pelo julgador em uma específica modalidade de prova: a pericial. Não obstante, quando fala em possibilidade de realização de diligências, o faz pressupondo que tal conversão do julgamento se pauta em fatos e provas já apresentados pelas partes nos autos, ou seja, tal conversão do julgamento em diligência deve nortear-se com a finalidade de esclarecimento e, quando muito, implicar atuação judicativa de caráter complementar à atuação das partes quanto ao cumprimento do seu ônus probatório, mas não substitutiva.

14. "Art. 370. Caberá ao juiz, de ofício ou a requerimento da parte, determinar as provas necessárias ao julgamento do mérito."

Dito isso, destaca-se que sobre a produção de prova pelo contribuinte, dispôs o art. 16, §§ 4º, 5º e 6º, *verbis*:

> *Art. 16. A impugnação mencionará: (...)*
>
> *§ 4º A prova documental será apresentada na impugnação, precluindo o direito de o impugnante fazê-lo em outro momento processual, a menos que:*
>
> *a) fique demonstrada a impossibilidade de sua apresentação oportuna, por motivo de força maior;*
>
> *b) refira-se a fato ou a direito superveniente;*
>
> *c) destine-se a contrapor fatos ou razões posteriormente trazidas aos autos.*
>
> *§ 5º A juntada de documentos após a impugnação deverá ser requerida à autoridade julgadora, mediante petição em que se demonstre, com fundamentos, a ocorrência de uma das condições previstas nas alíneas do parágrafo anterior.*
>
> *§ 6º Caso já tenha sido proferida a decisão, os documentos apresentados permanecerão nos autos para, se for interposto recurso, serem apreciados pela autoridade julgadora de segunda instância.*

Como se vê, há uma clara *regra* estabelecendo a preclusão temporal para a juntada de provas documentais, estabelecendo como marco a apresentação da impugnação, ao mesmo tempo em que estabelece as *exceções explícitas* a essa regra, para os casos de *i)* força maior; *ii)* fato ou direito superveniente; e *iii)* fatos ou razões trazidas posteriormente aos autos, e estabelece também que a apresentação extemporânea deve se dar por meio de petição própria, fundamentada. Essas exceções, diga-se de passagem, abarcam a maior parte de situações que se apresentam, no âmbito do CARF, referentes à apresentação extemporânea de provas, exclusive aqueles casos de absoluta desídia do contribuinte.

Por fim, o parágrafo 6º estabelece que os documentos apresentados – leia-se, apresentados nos termos do art. 16, §4º – devem permanecer nos autos para serem reapreciados pela segunda instância, no caso de interposição de recurso de ofício ou voluntário.

A adoção da técnica de preclusão – seja ela temporal, consumativa ou lógica - é típica de sistemas processuais que dão prevalência ao aspecto *dispositivo*, estabelecendo regras jurídicas para a atuação das partes, distribuindo não apenas o ônus probatório, mas também determinando a forma e os meios pelos quais ele deverá ser atendido.

A preclusão é, assim como outras regras e princípios, decorrência do devido processo legal. A segurança jurídica e a marcha regular do processo são valores igualmente relevantes para o ordenamento jurídico, e necessitam de regras que os concretizem, cumprindo a preclusão, nesse mister, exemplar função.

Dessa breve exposição, resta claro que há um regime de regras de preclusão probatória no âmbito do *PAF*, com suas próprias exceções, que contemplam um *sistema de formalismo moderado* na produção de provas. Vejamos agora a forma como o CARF tem aplicado esses dispositivos.

2. A Jurisprudência do CARF sobre Preclusão Probatória

O tema da preclusão probatória é assaz recorrente no âmbito do CARF, razão pela qual seria um esforço hercúleo analisar todas as decisões sobre a matéria das turmas desse órgão. Para aperfeiçoar a análise, cingiremos nosso escopo às decisões proferidas no âmbito das Câmaras Superiores de Recursos Fiscais (CSRF), colegiado competente para resolver divergências de entendimentos entre as turmas do CARF.

Em recente artigo, Fernando Pinto analisou as decisões proferidas nos últimos dois anos, para concluir que o CARF tem aceitado, de forma relativamente pacífica, a juntada de provas até a interposição do Recurso Voluntário, divergindo a partir daí, se seria possível juntá-las por meio de petição posterior, ou mesmo no Recurso Especial[15]. Para os fins a que

15. PINTO, Fernando Brasil de Oliveira. "Carf busca definir prazo máximo para apresentação de provas documentais" In Revista Eletrônica Consultor Jurídico.

esse artigo se propõe, entretanto, iremos além: analisaremos os fundamentos invocados, de maneira crítica, para verificar a consistência dos mesmos, à luz do Direito Positivo – razão pela qual traremos à baila acórdãos que se fundamentem em argumentos distintos.

Inicialmente, analisaremos o Acórdão CSRF nº 9101-002.781[16], no qual se discutiu a juntada de documentos, para a comprovação de custos deduzidos na apuração do IRPJ e CSLL, apenas no Recurso Voluntário. No voto vencedor, a conselheira redatora consignou que a *interpretação isolada* do art. 16, §4º poderia implicar impossibilidade de juntada de documentos depois da impugnação, ressalvada a exceção legal, mas que não lhe parecia ser "o caso de adotar interpretação tão rigorosa".

O primeiro fundamento para flexibilização foi a observância dos princípios administrativos arrolados no *caput* do art. 2º da Lei 9.784/99[17], que implicariam em uma *formalidade moderada, "com a adequação entre meios e fins, assegurando-se aos contribuintes a produção de provas e, principalmente, resguardandose o cumprimento à estrita legalidade"*.

O segundo argumento invocado foi a aplicação do art. 38 da Lei 9.784/99, que determina a possibilidade de juntada de provas, na fase instrutória, até a tomada da decisão[18], e que estabelece, em seu §2º, que as provas somente poderão ser

---

Disponível em https://www.conjur.com.br/2019-mar-20/direto-carf-carf-busca-definir-prazo-apresentacao-provas-documentais, com acesso em 12/04/2019.

16. Redatora designada Conselheira Cristiane Silva, julgado em 06/04/2017.

17. "Art. 2º A Administração Pública obedecerá, dentre outros, aos princípios da legalidade, finalidade, motivação, razoabilidade, proporcionalidade, moralidade, ampla defesa, contraditório, segurança jurídica, interesse público e eficiência."

18. "Art. 38. O interessado poderá, na fase instrutória e antes da tomada da decisão, juntar documentos e pareceres, requerer diligências e perícias, bem como aduzir alegações referentes à matéria objeto do processo.
§ 1º Os elementos probatórios deverão ser considerados na motivação do relatório e da decisão.
§ 2º Somente poderão ser recusadas, mediante decisão fundamentada, as provas propostas pelos interessados quando sejam ilícitas, impertinentes, desnecessárias ou protelatórias."

recusadas se forem ilícitas, impertinentes, desnecessárias ou protelatórias.

Por fim, o terceiro argumento invocado foi de natureza *consequencialista*, aduzindo que a aplicação das regras do art. 16, §4º do Decreto 70.235/72 implicaria na mitigação do *princípio da verdade material*, invocando doutrina de Maria Teresa López e Marcos Vinicius Neder[19], razão pela qual o disposto nelas deveria ser flexibilizado.

No Acórdão CSRF nº 9303-007.555[20], o Tribunal se manifestou favoravelmente à flexibilização da preclusão com base no art. 38 da Lei 9.784/99, já mencionado acima, e também nos arts. 63, §2º[21], e 65[22] da mesma lei, que autorizam a Administração a rever de ofício ato ilegal, mesmo no caso de não conhecimento do recurso, e dispensar a sanção aplicada no caso de fatos novos ou circunstâncias relevantes que justifiquem a sua inadequação – ainda que no caso concreto tenha se entendido que não estão presentes as condições para admissibilidade da prova.

No Acórdão CSRF nº 9303-007.855[23] foi aduzido pela relatora que dever ser admitida a relativização do *princípio da preclusão*, *"tendo em vista que, por força do princípio da*

---

19. LÓPEZ, Maria Teresa M.; NEDER, Marcos Vinicius. *Processo Administrativo Fiscal Federal Comentado*, 3ª ed. São Paulo: Dialética, 2010, p. 305-306.

20. Relator Cons. Luiz Eduardo de Oliveira Santos, julgado em 18/10/2018.

21. "Art. 63. O recurso não será conhecido quando interposto:
I - fora do prazo;
II - perante órgão incompetente;
III - por quem não seja legitimado;
IV - após exaurida a esfera administrativa.
§ 1ººNa hipótese do inciso II, será indicada ao recorrente a autoridade competente, sendo-lhe devolvido o prazo para recurso.
§ 2º O não conhecimento do recurso não impede a Administração de rever de ofício o ato ilegal, desde que não ocorrida preclusão administrativa."

22. "Art. 65. Os processos administrativos de que resultem sanções poderão ser revistos, a qualquer tempo, a pedido ou de ofício, quando surgirem fatos novos ou circunstâncias relevantes suscetíveis de justificar a inadequação da sanção aplicada."

23. Relatora Cons. Vanessa Cecconello, julgado em 22/01/2019.

verdade material, podem ser analisados documentos e provas trazidos aos autos posteriormente à análise do processo pela autoridade de primeira instância".

Por fim, no Acórdão CSRF nº 9101-003.952[24], o redator designado pugnou por uma interpretação sistemática do art. 16 e seus parágrafos, do Decreto 70.235/72, à luz dos princípios da informalidade, da racionalidade e da efetividade do processo administrativo fiscal. Aduziu, também, que conforme o art. 18 do Decreto 70.235/72, se o julgador pode converter o julgamento em diligência, carreando novas provas ao processo, *a fortiori* poderia também aceitar aquelas apresentadas extemporaneamente.

Prossegue no seu raciocínio, afirmando que no *PAF* prevalece o princípio da busca pela verdade material e conclui que dentro da interpretação sistemática proposta, o julgador pode conhecer elementos trazidos fora do momento adequado, quando estes se mostram pertinentes ao caso em julgamento, revelando efeito potencial na formação do convencimento do colegiado.

Pois bem. Compulsando outros julgados do CARF, verificamos que os argumentos apresentados não discrepam desses reproduzidos acima, razão pela qual serão sistematizados e analisados criticamente.

Os argumentos podem ser assim sistematizados:

a) argumento da eficácia direta dos princípios da Lei 9.784/99;

b) argumento da eficácia interpretativa dos princípios da Lei 9.784/99;

c) argumento da aplicação do art. 38 da Lei 9.784/99;

d) argumento da aplicação dos arts. 63, §2º e 65 da Lei 9.784/99;

e) argumento do princípio da verdade material;

f) argumento a fortiori, com base no art. 18 do Decreto 70.235/72;

---

24. Redator designado Cons. Caio Nader Quintela, julgado em 06/12/2018.

Passemos ao enfrentamento deles.

3. Análise Crítica dos Argumentos Utilizados pelo CARF

a) Argumento da eficácia direta dos princípios da Lei 9.784/99

Um dos argumentos mais recorrentes diz respeito à aplicação dos princípios enunciados pelo art. 2º da Lei 9.784/99, dentre os quais a legalidade, finalidade, motivação, razoabilidade, proporcionalidade, ampla defesa, contraditório e eficiência.

Antes, entretanto, é preciso esclarecer que ao tratarmos do art. 16 do Decreto 70.235/72 e do art. 2º da Lei 9.784/99, estamos falando de dispositivos cuja significação é base de espécies normativas distintas – o primeiro dá lastro à construção de *regras de preclusão*, ao passo que o segundo carreia *princípios da Administração Pública.*

Na consagrada distinção elaborada por Humberto Ávila, as regras são normas imediatamente descritivas, primariamente retrospectivas e com pretensão de decidibilidade e abrangência, para cuja aplicação se exige a avaliação da correspondência, sempre centrada na finalidade que lhes dá suporte ou nos princípios que lhes são axiologicamente sobrejacentes, entre a construção conceitual da descrição normativa e a construção conceitual dos fatos[25].

Os princípios, no entender do mesmo autor, são normas imediatamente finalísticas, primariamente retrospectivas e com pretensão de complementariedade e de parcialidade, para cuja aplicação se demanda uma avaliação da correlação entre o estado de coisas a ser promovido e os efeitos decorrentes da conduta havida como necessária à sua promoção[26].

---

25. ÁVILA, Humberto. *Teoria dos Princípios*, 16ªed. São Paulo: Malheiros, 2015, p.102.

26. ÁVILA, Humberto. *Teoria dos Princípios*, p. 102.

Tratam-se, portanto, de normas jurídicas que ostentam diferenças qualitativas entre si, mormente em relação ao seu modo de aplicação. As regras determinam o que deve ser feito, caso atendida a sua hipótese de incidência, enquanto os princípios ordenam que algo seja realizado na maior medida possível, dentro das possibilidades jurídicas e fáticas existentes – uma estabelece *determinações*, enquanto a outra estrutura *mandamentos de otimização*[27].

Da mesma forma, essas duas espécies de normas possuem *funções eficaciais* distintas, impactando de maneiras diferentes outras normas jurídicas. Os princípios podem exercer uma eficácia direta, *integrativa*, agregando elementos *não previstos* em subprincípios ou regras, ou indireta, atuando na intermediação ou interposição de outro princípio ou regra[28]. As regras, por seu turno, possuem eficácia decisiva, oferecendo uma solução para um conflito de interesses já detectado pelo Poder Legislativo, atuando como *razões excludentes* que afastam a livre ponderação de razões substanciais para a tomada de decisão[29].

Feita esses breves esclarecimentos conceituais, observa-se que o cerne do argumento em questão é propor uma eficácia direta, integrativa, dos princípios da Lei nº 9.784/99 sobre o regime jurídico de preclusão probatória. Há dois equívocos que podem ser imediatamente identificados.

O primeiro se baseia no fato de que as regras são a materialização da ponderação entre diversas razões de decidir relativas a uma determinada situação a ser regulada – por força da autoridade outorgada pela Constituição ao Poder Legislativo, a eles é dada competência e legitimidade para essa decisão, e essa solução dada traz simplificação, igualdade e

---

27. ALEXY, Robert. *Teoria dos Direitos Fundamentais*, trad. Virgílio Afonso da Silva. São Paulo: Malheiros, 2008, p.90-91.

28. ÁVILA, Humberto. *Teoria dos Princípios*, p.122-123.

29. ÁVILA, Humberto. *Teoria dos Princípios*, p. 128.

redução de complexidades na aplicação do Direito[30]. Como explica Frederick Schauer, a *autoridade* da regra atua como um *obstáculo*, excluindo o acesso do aplicador a outros fatores que poderiam ser relevantes para a tomada da melhor decisão possível para um caso, determinando uma solução subótima a ser aplicada de forma geral[31].

Assim, a eficácia direta dos princípios só tem espaço no campo em que o legislador não atuou – é dizer, nos casos em que haja uma lacuna normativa, ou estejamos diante de um caso difícil, cuja solução não seja imediatamente dada pelo ordenamento. Pretender aplicar diretamente os princípios à questão da preclusão significa, ao fim, ignorar completamente a ponderação realizada pelo legislador e a decisão que foi tomada, considerando todos os princípios envolvidos, como aqueles da ampla defesa, contraditório e efetividade.

É uma opção egoísta do aplicador: por entender que o produto de sua ponderação principiológica é melhor que a regra posta pelo legislador, ignora-a, aplicando diretamente os princípios ao caso concreto e afastando regras válidas, vigentes e eficazes. *Sob a bandeira da legalidade, o aplicador imediatamente violenta a própria legalidade, para impor a sua visão do que seria a melhor decisão.*

O segundo equívoco, igualmente metodológico, pressupõe a possibilidade de princípio e regra conflitarem, com prevalência daqueles sobre estas, quando, rigorosamente, deve se dar o contrário. O caráter *definitivo* das regras impõe a sua prevalência sobre princípios de mesmo nível hierárquico, cabendo apenas em circunstâncias bastante excepcionais

30. SCHAUER, Frederick. *Playing by the Rules – A Philosophical Examination of Rule-Based Decision-Making in Law and in Life*. Oxford: Clarendon Press, 2002, p.135-136.

31. Diz o autor: "*once we understand that rule get in the way, that they gain their ruleness by cutting off access to factors that might lead to the best resolution in a particular case, we see that rules function as impediments to optimally sensitive decisionmaking. Rules doom decisionmaking to mediocrity by mandating the inaccessibility of excellence.*" (SCHAUER, Frederick. "Formalism" in *The Yale Law Journal*, Vol. 97, Nº 4 (Mar.1988), p.539).

a criação de exceções à regra, diante de um caso concreto[32]. Nesse sentido, explica Robert Alexy:

> Um princípio cede lugar quando, em um determinado caso, é conferido um peso maior a um outro princípio antagônico. Já uma regra não é superada pura e simplesmente quando se atribui, no caso concreto, um peso maior ao princípio contrário ao princípio que sustenta a regra. É necessário que sejam superados também aqueles princípios que estabelecem que as regras que tenham sido criadas pelas autoridades legitimadas para tanto devem ser seguidas e que não se deve relativizar sem motivos uma prática estabelecida[33].

Em outras palavras, o caso concreto deve ter características particulares relevantes juridicamente a ponto de justificar a superação da própria noção de autoridade das regras – o que pressupõe uma argumentação baseada principalmente nos fatos que estão sendo julgados, ao passo que nos precedentes analisados o confronto das regras sempre se deu de forma abstrata.

Por ter como premissa um desrespeito à autoridade das regras e a aplicação absolutamente imprópria dos princípios, entendemos que o presente argumento, *per si*, não se sustenta.

b) Argumento da eficácia interpretativa dos princípios da Lei 9.784/99;

Outro ponto proposto foi uma *interpretação sistemática* do art. 16 do Decreto 70.235/72, à luz dos dispositivos da Lei 9.784/99, com base na eficácia interna indireta dos princípios, que assumem, por vezes, uma *função interpretativa*, na medida em que servem para interpretar normas construídas a partir de textos normativos expressos, restringindo ou ampliando seus sentidos[34].

32. Para proposta de metódica para justificação de exceções às regras tributárias, *v.* DANIEL NETO, Carlos Augusto. *Derrotabilidade de Regras Tributárias e Segurança Jurídica Substancial.* 341 f. Doutorado – Faculdade de Direito, Universidade de São Paulo, São Paulo, 2017.

33. ALEXY, Robert. *Teoria dos Direitos Fundamentais*, p. 105.

34. ÁVILA, Humberto. *Teoria dos Princípios*, p. 123.

Essa eficácia dos princípios é bastante relevante, pois é sabido que os textos normativos são necessariamente vagos e ambíguos, orientando assim a tomada de decisão, pelo intérprete, entre os sentidos possíveis para os termos, que melhor esteja alinhada com determinados princípios jurídicos.

A função interpretativa dos princípios está ligada à chamada *interpretação decisória*, que, às vezes, consiste em escolher um significado no âmbito dos significados identificados (ou identificáveis) dos textos (*interpretação decisória padrão*), oferecendo um critério normativo para orientar essa decisão[35].

Isso não implica, de forma alguma, em dizer que o recurso aos princípios permite ignorar os sentidos do texto normativo, caindo no ceticismo interpretativo radical. Como adverte Guastini, "*uma coisa é dizer que os textos normativos têm uma pluralidade de significados possíveis (admitem uma multiplicidade de interpretações), outra coisa é dizer que não têm significado nenhum (admitem qualquer interpretação)*"[36]. Parafraseando o autor italiano, uma coisa é dizer que os textos possuem diversos significados possíveis, outra coisa é dizer que os princípios podem impor um significado incompatível com os sentidos suportados por esses textos.

O recurso à locução "interpretação sistemática" tampouco salva o conteúdo deste argumento. Define-a Juarez Freitas, como a "*operação que consiste em atribuir, topicamente, a melhor significação*, dentre várias possíveis, aos princípios, *às normas estritas (ou regras) e aos valores jurídicos (...) tendo em vista bem solucionar os casos sob apreciação*"[37].

A definição proposta por esse autor corrobora o que dissemos acima, quanto ao grau de influência dos princípios na

---

35. GUASTINI, Riccardo. *Interpretar y argumentar*. Madrid: Centro de Estudios Políticos y Constitucionales, 2014, p.346

36. GUASTINI, Riccardo. *Interpretar y argumentar*, p.352.

37. FREITAS, Juarez. *A Interpretação Sistemática do Direito*, 5ªed. São Paulo: Malheiros, 2010, p.82.

escolha das significações *possíveis*, e reitera que essa eficácia se dá apenas diante do *caso concreto*, sendo impossível estabelecer essa "interpretação" *in abstrato*, com vistas a afastar as regras do art. 16 do Decreto 70.235/72 de forma geral. Não é demais repetir: este norte interpretativo dado pelos princípios não pode ser divorciado dos possíveis sentidos veiculados pela regra objeto de interpretação, nem das particularidades fáticas do caso em julgamento, ou seja, não se resolve um plano abstrato de interpretação, mas sim no âmbito da realização prática do direito.

Assim, esse argumento também não merece prosperar.

c) Argumento da aplicação do art. 38 da Lei 9.784/99;

Alguns dos acórdãos analisados sustentam a flexibilização da preclusão probatória no *PAF* com fundamento no art. 38 da Lei 9.784/99 (*O interessado poderá, na fase instrutória e antes da tomada da decisão, juntar documentos e pareceres, requerer diligências e perícias, bem como aduzir alegações referentes à matéria objeto do processo*), por entender que esse dispositivo afetou o regime jurídico das provas estabelecido pelo Decreto 70.235/72.

Primeiramente, cumpre observar que a Lei 9.784/99 é uma *regra geral* do processo administrativo federal. Na condição de regra geral, duas possibilidades se põem: a) é possível a edição de regras específicas, desde que não conflitem com as determinações gerais; e b) é possível a edição de regras específicas que se sobrepõem à geral, pela especialidade.

Na primeira hipótese, a regra geral se põe em nível hierárquico superior às normas específicas, vinculando materialmente o seu conteúdo, ao passo que na segunda, a regra geral se põe lado a lado com as normas específicas, cada uma abrangendo questões próprias, sem superposições.

No caso da Lei 9.784/99, a identificação do seu regime jurídico em relação aos regimes específicos foi determinada expressamente pelo seu art. 69, aos dispor que *os processos administrativos específicos continuarão a reger-se por lei própria, aplicando-se-lhes apenas subsidiariamente os preceitos dessa lei.* Optou-se, pois, por uma prevalência da regra específica sobre a geral, competindo-lhe apenas regular os campos lacunosos.

Esse entendimento se encontra consolidado na jurisprudência do Superior Tribunal de Justiça (STJ), a exemplo do REsp nº 1.138.206/RS[38], julgado sob a sistemática de recursos repetitivos, na qual afirmou o Ministro Luiz Fux, como *ratio decidendi* do julgado:

> O processo administrativo tributário encontra-se regulado pelo Decreto 70.235/72 - Lei do Processo Administrativo Fiscal -, o que afasta a aplicação da Lei 9.784/99, ainda que ausente, na lei específica, mandamento legal relativo à fixação de prazo razoável para a análise e decisão das petições, defesas e recursos administrativos do contribuinte.

No caso, afastou-se peremptoriamente a aplicação da Lei 9.784/99 ao *PAF*, nos campos onde não há lacuna normativa. Em relação ao art. 38 da lei geral, opera-se a mesma lógica: existindo no Decreto 70.235/72 um regime jurídico próprio para a produção probatória, não há que se falar em aplicação desse artigo ao *PAF*. Melhor dizendo, com a finalidade de aplicar a lei, o aplicador acaba desrespeitando-a, quando determina os limites de sua própria eficácia, por meio do art. 69.

Além disso, não é preciso grande esforço hermenêutico para perceber a incompatibilidade do Capítulo X da Lei 9.784/99 (onde se insere o art. 38) com o rito do *PAF*, visto que no art. 29 da mesma lei se estabelece que a produção de provas deverá se dar de forma inquisitorial (sem prejuízo da participação das partes), justamente o inverso da racionalidade do regime jurídico do Decreto 70.235/72.

Por tudo isso, não procede também este argumento.

Pelas mesmas razões, não procede, também, outra "*versão*" desse argumento, que se baseia na interpretação

38. REsp 1138206/RS, Rel. Ministro LUIZ FUX, PRIMEIRA SEÇÃO, julgado em 09/08/2010, DJe 01/09/2010.

contrario sensu do art. 38, §2º, da Lei 9.784/99[39], para defender a obrigatoriedade de recebimento das provas nos casos em que elas sejam pertinentes e necessárias à tomada de decisão.

d) Argumento da aplicação dos arts. 63, §2º e 65 da Lei 9.784/99.

Outro argumento relacionado à Lei 9.784/99 diz respeito à aplicação dos arts. 63, §2º e 65, *verbis*:

> *Art. 63. O recurso não será conhecido quando interposto: (...)*
> *§ 2º O não conhecimento do recurso não impede a Administração de rever de ofício o ato ilegal, desde que não ocorrida preclusão administrativa.*
>
> *Art. 65. Os processos administrativos de que resultem sanções poderão ser revistos, a qualquer tempo, a pedido ou de ofício, quando surgirem fatos novos ou circunstâncias relevantes suscetíveis de justificar a inadequação da sanção aplicada.*

Quanto ao primeiro dispositivo, ele não possui qualquer subsunção em relação à situação da preclusão probatória, fazendo referência ao não conhecimento de recursos. Ainda assim, a regra em nada inova, pois diz respeito ao *poder-dever de autotutela administrativa*, consolidado há muito na jurisprudência de nossos tribunais superiores, a exemplo da Súmula 346 do Supremo Tribunal Federal (*STF*)[40] e Súmula 473 do STJ[41].

Como aduzido pelo STF, ao definir a tese de repercussão geral no RE nº 594.296[42], a partir da promulgação da CF/88, foi erigido à condição de garantia constitucional do cidadão,

39. "Art. 38. (...) §2º Somente poderão ser recusadas, mediante decisão fundamentada, as provas propostas pelos interessados quando sejam ilícitas, impertinentes, desnecessárias ou protelatórias."

40. "A administração pública pode declarar a nulidade dos seus próprios atos".

41. "A Administração pode anular seus próprios atos, quando eivados de vícios que os tornam ilegais, porque deles não se originam direitos; ou revogá-los, por motivo de conveniência ou oportunidade, respeitados os direitos adquiridos, e ressalvada, em todos os casos, a apreciação judicial".

42. RE 594.296, rel. min. Dias Toffoli, P, j. 21-9-2011, DJE 30 de 13-2-2012, Tema 138.

em um processo administrativo, o direito ao contraditório e à ampla defesa, com os meios e recursos a eles inerentes. Desse modo, qualquer ato da Administração Pública que puder repercutir sobre os interesses do cidadão, *deverá ser precedido de prévio* procedimento em que se assegure ao interessado o efetivo exercício do direito ao contraditório e à ampla defesa.

Em se tratando de lançamentos tributários e autos de infração lavrados pela Administração Tributária Federal, esse procedimento, que garante a ampla defesa e o contraditório, não apenas existe, mas também é regido por lei própria, com seu regime jurídico específico, razão pela qual o teor do art. 63 da Lei 9.784/99 é despiciendo para o *PAF*.

Igualmente, ao art. 65 nada dispõe acerca de regime probatório. O que ele traz, em rigor, são condições específicas para a utilização da equidade para a dispensa de sanção devida, com fundamento material na interpretação do art. 108, §2º do Código Tributário Nacional (CTN)[43], nos casos em que o surgimento de fatos novos ou circunstâncias relevantes (do caso concreto, não consideradas *prima facie* relevantes pela lei) justifiquem a *inadequação da sanção* aplicada.

Trata-se de uma disposição que teve origem no art. 174 da Lei 8.112/90, e se referia a processos disciplinares[44], funcionando como uma *cláusula de equidade*, que posteriormente foi estendida a todos os processos administrativos que impliquem qualquer tipo de sanção, por força da Lei 9.784/99.

Trata-se da positivação de uma cláusula de equidade condicionada à demonstração de uma peculiaridade do caso concreto que justifique a inadequação da sanção, para fins de aplicação de *razoabilidade* nas decisões administrativas. Como ensina Ávila, a razoabilidade é utilizada como critério

---

43. "Art. 108. (...) § 2º O emprego da equidade não poderá resultar na dispensa do pagamento de tributo devido."

44. "Art.174.O processo disciplinar poderá ser revisto, a qualquer tempo, a pedido ou de ofício, quando se aduzirem fatos novos ou circunstâncias suscetíveis de justificar a inocência do punido ou a inadequação da penalidade aplicada."

que exige a relação das normas gerais com as *individualidades do caso concreto*, quer mostrando sob qual perspectiva a norma deve ser aplicada, quer indicando em quais hipóteses o caso individual, em virtude de suas especificidades, deixa de se enquadrar na norma geral[45].

Em nosso entender, o preceito do artigo 65 da Lei 9.784/99 se encontra em fina harmonia com o artigo 108, §2º do CTN, haja vista que o dispositivo veda a utilização da equidade apenas em relação aos tributos devidos, mas não quanto às multas e outras sanções tributárias - não vislumbramos qualquer incompatibilidade entre eles, mas, pelo contrário, uma redundância na indicação da relevância do postulado da razoabilidade na aplicação das leis tributárias sancionatórias[46].

Pretender aplicar o referido dispositivo aos casos de preclusão probatória nos parece um rotundo equívoco, visto que *preclusão não é sanção*[47]. O contribuinte não possui o *dever de provar*, cujo descumprimento se configura como ato ilícito, mas sim o ônus de provar o direito que alega ter, sob pena de manutenção da validade do ato administrativo, que goza de presunção de legitimidade.

É dizer, não provar o que alega não implica em punição[48], mas apenas na manutenção do tributo cobrado – razão pela

45. ÁVILA, Humberto. *Teoria dos Princípios*, p. 194. Foi dessa forma que atuou o STJ no julgamento do REsp nº 494.080, ao aduzir o seguinte: "*Deve ser confirmado, no entanto, à luz da doutrina antes citada, o julgamento por equidade realizado pelo Tribunal de origem, que, analisando as circunstâncias de fato do caso, reconheceu a boa-fé da impetrante, ao formular consulta ao Consulado, mantendo, com isso, a exigência do pagamento do tributo, mas dispensando-a da multa imposta.*".

46. Nesse sentido, SILVA, Paulo Roberto Coimbra. *Direito Tributário Sancionador*. São Paulo: Quartier Latin, 2007, p. 301, e SCHOUERI, Luís Eduardo. *Direito Tributário*, 7ª ed. São Paulo: Saraiva, 2017, p.845.

47. Esse ponto já fora ressaltado, com razão, pela Conselheira Adriana Gomes Rêgo no voto vencido no Acórdão CARF nº 9101-002.890.

48. Neste diapasão são as lições de José Frederico Marques, pautado em Carnelutti: "*...o ônus é um imperativo em função do próprio interesse daquele a quem é imposto. Descumprida a ordem legal contida num ônus, a consequência é um prejuízo para a pessoa que desatendeu ao preceito jurídico. No ônus, como esclarece Carnelutti, há a*

qual não faz sentido algum aplicar um dispositivo relacionado às sanções ao presente caso. A preclusão, ao contrário, é uma regra inerente ao devido processo legal e essencial para o desenvolvimento e conclusão das lides, relacionando-se com a estrutura dispositiva do procedimento em contraditório.

Não procede, também, esse argumento.

e) Argumento do princípio da verdade material

De todos os argumentos utilizados nos acórdãos, esse talvez seja o mais recorrente. O *princípio da verdade material* é invocado constantemente no *PAF*, para justificar as mais diversas providências possíveis, em matéria processual. Em outras palavras, esse princípio é evocado como uma *panaceia* para todos os casos em que as regras postas não atendem à ideia de devido processo legal do julgador.

Adjudicam-lhe todos os significados e alcances possíveis, descurando que, assim fazendo, estão atentando contra qualquer tentativa séria de *densificação* do seu conteúdo normativo, e tornando-o uma norma com função muito mais retórica, do que propriamente reconhecendo e delimitando a eficácia direta dele sobre outras normas jurídicas.

Esse mau uso do princípio da verdade material poucas vezes é posto em evidência nos julgados de CARF, cabendo menção à crítica desenvolvida pelo Conselheiro Diego Diniz Ribeiro, no julgamento do Acórdão nº 3402-003.196[49]:

> Neste momento convém aqui abrir um parêntese para afirmar que quando se apregoa o sobredito princípio da verdade material não se faz no sentido de equiparar este importante valor normativo a uma ferramenta mágica, semelhante a uma

---

subordinação de um ou mais interesses do respectivo titular a outro interesse dele próprio que lhe é imposto para que o primeiro se faça condição da obtenção do segundo. A parte tem, por exemplo, ônus de propor a ação, se quer ver decidida sua pretensão." (*In:* "Instituições de direito processual civil". Campinas: Millenium, 2000, V. II. P. 263.). No mesmo sentido: ALVIM, J.E. Carreira. "Teoria Geral do Processo." 16ª ed. Rio de Janeiro: Forense, 2014. p. 224.

49. Julgado em 23/08/2016.

> "varinha de condão" dotada de aptidão para "validar" preclusões e atecnias e transformar tais defeitos em um processo administrativo "regular". Com a devida vênia, este tipo de interpretação a respeito do princípio da verdade material só se presta a apequenar e, até mesmo, achincalhar esta importante norma.

Como precisamente colocado, o princípio da verdade material não deve ser um *deus ex machina* a ser invocado sempre que o contribuinte deixar de atender às regras procedimentais do *PAF*, mas tampouco devemos ignorar seu real conteúdo normativo.

A busca da verdade em um contexto processual possui uma característica essencial: envolve a submissão das partes e do juiz a determinadas regras, que tratam sobre essa atividade probatória e, também, determinam um momento em que o *nó górdio* da busca pela verdade deve ser cortado, para a tomada da decisão e solução final do litígio, objetivo derradeiro da lide processualizada[50]. A distinção entre uma verdade "formal" e outra "material", está relacionada à natureza autoritativa da declaração de fatos provados por parte do julgador – e a consequente irrelevância dos demais aspectos, uma vez resolvido o caso posto em julgamento[51]. Nesse sentido, pontua com precisão Fabiana Del Padre Tomé que "*provar, de fato, não quer dizer demonstrar a verdade dos fatos discutidos, e sim determinar ou fixar formalmente os mesmos fatos mediante procedimentos determinados*"[52].

Cabe ainda menção à lição de Francesco Carnelutti, que põe luzes sobre a "dicotomia" entre verdade material e verdade formal, *verbis*:

> Uma definição deste gênero (no sentido de serem as provas meios idôneos para a demonstração da verdade dos fatos) não pode a

---

50. TARUFFO, Michelle. *A Prova*, p. 23.

51. BELTRÁN, Jordi Ferrer. *Prueba y verdade em el derecho*, 2ªed. Madrid: Marcial Pons, 2005, p.62.

52. TOMÉ, Fabiana Del Padre. Prova e Aplicação do Direito Tributário. In: SCHOUERI, Luís Eduardo (coord.). *Direito Tributário: Homenagem a Paulo de Barros Carvalho*. São Paulo: Quartier Latin, 2008, p.611.

> rigor reputar-se inexata, porém, para não parecer como tal, deve ajudar-se com a metáfora que vimos utilizada na antítese entre verdade material e verdade formal: de fato, a verdade que se obtém com os meios legais somente pode ser a segunda e de maneira alguma a primeira. Dizer, portanto, que prova em sentido jurídico é a demonstração da verdade formal ou judicial, ou dizer, entretanto, que é a determinação formal dos fatos discutidos, é, no fundo, a mesma coisa: aquela somente é a expressão figurada e esta uma expressão direta de um conceito essencialmente idêntico[53].

A ideia de uma "verdade real" como estado de coisas a ser atingido, ao custo do rompimento de todas as regras jurídicas em nome de um resultado ideal, é, na melhor das hipóteses, fruto do desvario de crer ser capaz de conhecer tudo[54], ou apreender um evento ocorrido em sua infinita complexidade[55]. O equívoco dos que defendem essa ideia envolve as próprias *premissas* assumidas: a prova não é instrumento para a demonstração da *verdade* – este é um ideal inatingível por definição -, mas para a reconstrução, estruturada normativamente, de determinado fato, de modo a formar, no julgador, a convicção de sua ocorrência de modo verossímil[56].

---

53. CARNELUTTI, Francesco. *A Prova Civil*. Campinas: Bookseller, 2001, p.72-73.

54. É também fruto de uma mundividência que ainda acredita na existência de um juiz Hércules, capaz de proferir a decisão perfeita para o caso em concreto, enquanto que, em verdade, tal perfeição é inatingível, cabendo ao julgador, com a cooperação das partes, proferir a melhor decisão possível.

55. Nesse sentido, é precisa a lição de ÁVILA, GUALAND e PIRES FILHO: "Acima de tudo, a verdade real é um mito, que deve ser desconstruído, e apenas serviu (e ainda serve) para justificar os atos abusivos praticados pelo Estado. Falar em verdade real é falar em algo absolutamente impossível de ser alcançado, a começar pela inexistência de verdades absolutas. A própria ciência encarregou-se de demonstrar isto. Ademais, não há que se esquecer que o crime é um fato histórico (para isso servem a prova e o próprio processo) é sempre minimalista e imperfeita" (ÁVILA, Gustavo Noronha de; GUALAND, Dieter Mayrhofer; PIRES FILHO, Luiz Alberto Brasil Simões. "A obsessão pela verdade e algumas de suas consequências para o processo penal". "In": AZEVEDO, Rodrigo Ghiringhelli de; CARVALHO, Salo de. *A crise no processo penal e as novas formas de administração da justiça criminal*. Porto Alegre: Notadez, 2006, p.43-44).

56. ROCHA, Sérgio André. *Processo administrativo fiscal*, p. 216.

Em rigor, esse princípio é utilizado como pretexto para o julgador, imbuído de subjetividade, produzir provas ao seu bel prazer (abandonando o modelo *dispositivo* de distribuição dos ônus processuais), em busca de um "fato puro", inalcançável, que entenda ser a versão mais adequada (novamente, de acordo com a subjetividade) da realidade. Noutras palavras, *o princípio da verdade material dispara contra a "verdade real", e atinge, no final, a "verdade conveniente"*, são produzidas novas provas até se alcançar um lastro fático para a solução desejada para o caso. Sob essa ótica, invocar o princípio da verdade material para, *in abstrato*, flexibilizar as regras probatórias do *PAF*, mormente as regras acerca da preclusão temporal, é abrir ensanchas ao arbítrio e à construção de uma justiça à luz da subjetividade do julgador, e não sob o império do Direito à luz do caso em concreto.

O recurso principiológico contra as regras que desagradam o aplicador são apenas uma faceta do mal que a doutrina dita "neoconstitucionalista" imprimiu sobre o pensamento jurídico brasileiro, pondo de mãos dadas o *pamprincipiologismo* e o *voluntarismo decisório*, sob a justificativa – vaga – da justiça[57] (do julgador, diga-se, vez que aquela positivada pelo legislador não lhe serve).

Mais ainda, há diversos problemas de ordem metodológica nesse argumento.

Um deles, talvez o mais grave, é considerar a possibilidade de ponderação do "princípio da verdade material" com um suposto "*princípio da preclusão*", para entender – independente de quaisquer circunstâncias fáticas - que a busca pela "verdade" deve prevalecer. Ora, as normas que tratam da preclusão probatória são *regras* e não princípios, possuindo eficácia decisiva e cristalizando a solução dada a essa ponderação (que o aplicador busca reabrir) pelo legislador. A "sanha principiologista" fez com que os aplicadores reputassem

57. Regularmente empregada em um sentido metafísico do termo, já que utilizada sem qualquer referência com as particularidades do caso em julgamento.

como princípios quaisquer regras do ordenamento jurídico, como forma de legitimar a sua ponderação no caso concreto e consolidação da posição que entende ser a mais adequada.

Outro problema encampa uma questão de hierarquia normativa: sustenta-se que o princípio da verdade material, construído a partir das regras da legislação regente do *PAF*, autoriza a prorrogação indefinida da produção probatória, mas se ignora completamente que a CF/88 estabelece, no seu art. 5º, LXXVIII, a razoável duração do processo no âmbito administrativo, com todos os meios que garantam a celeridade de sua tramitação, dentre os quais tem merecido destaque a sistemática de preclusões processuais.

Devemos ressaltar, entretanto, que não queremos dizer de forma alguma que as regras procedimentais sejam inflexíveis ou peremptórias, sob quaisquer circunstâncias. Essa flexibilização pode ser justificada, *sempre à luz do caso decidendo, e apenas em hipóteses excepcionais*, mas nunca para a construção de uma regra geral que, materialmente, tem o condão de ignorar a autoridade das normas postas pelo legislador.

Não há, em nenhum precedente analisado, qualquer consideração sobre especificidades dos casos concretos, mas simples confrontação entre as regras do art. 16 do Decreto 70.235/72 e o princípio da verdade material, derrogando as primeiras em favor de uma reconstrução da sistemática de preclusão pelo julgador, ao seu livre talante.

Olvida-se, assim, da metódica básica de aplicação dos princípios a casos concretos, que deve levar em conta todos os demais princípios conflitantes, tanto materiais quanto formais, sempre à luz das circunstâncias fáticas específicas. É um ônus argumentativo complexo, mas que deve ser exigido, como alerta Carlos Ari Sundfeld, para que, no debate jurídico, os princípios não sirvam como armas de espertos e preguiçosos[58].

58. SUNDFELD, Carlos Ari. "Princípio é Preguiça?", "In" *Direito Administrativo para Céticos*, 2ª ed. São Paulo: Malheiros, 2014, p. 215.

Tudo que foi dito acima, ainda que de forma sucinta, serve para refutar o argumento – pelo menos da forma como ele vem sendo manejado na jurisprudência do CARF – para o afastamento da sistemática legal de preclusão probatória.

f) Argumento *a fortiori*, com base no art. 18 do Decreto 70.235/72

O último argumento que identificamos se baseia na autorização do art. 18 do Decreto 70.235/72[59], que franqueia à autoridade julgadora a determinação, de ofício ou a requerimento, da realização de diligências ou perícias que entenda necessárias, inferindo daí que o julgador teria poderes para receber a prova em qualquer momento processual.

Em primeiro lugar, esse raciocínio encampa uma *petição de princípio*, visto que há uma premissa oculta no argumento, que contempla a própria conclusão que se pretende justificar.

Explico-me: ao aduzir que o julgador administrativo, por poder solicitar diligências e perícias, também tem poderes para admitir provas em qualquer momento processual, adota-se como premissa oculta que a assunção normativa de que esse mesmo julgador possui plenos poderes sobre a produção de provas no processo – premissa esta que *inclui* a conclusão de que poderia receber extemporaneamente os documentos apresentados.

Essa premissa, ademais, não é correta.

A adoção dessa premissa como verdadeira implicaria no reconhecimento de uma idêntica normatividade ao art. 370 do CPC/2015 e ao art. 18 do Decreto 70.235/72, o que é evidentemente equivocado, ao confrontarmos as redações de ambas as disposições. O primeiro dá plenos poderes ao juiz para se substituir às partes na produção de prova, enquanto o segundo implica uma atuação judicativa de *caráter complementar* à

---

59. "Art. 18. A autoridade julgadora de primeira instância determinará, de ofício ou a requerimento do impugnante, a realização de diligências ou perícias, quando entendê-las necessárias, indeferindo as que considerar prescindíveis ou impraticáveis, observando o disposto no art. 28, in fine."

atuação das partes quanto ao cumprimento do seu ônus probatório, mas nunca substitutiva.

Há uma preponderância expressa na legislação pela dispositividade, com ênfase no ônus probatório das partes e, excepcionalmente, autorizando ao julgador a produção de provas. É exatamente este o sentido do art. 18: criar uma exceção à sistemática dispositiva que, como já desenvolvido neste trabalho, *não se equipara a regra do art. 370 do CPC* e, por isso, não permite uma atuação substitutiva do julgador em face do ônus probatório das partes, mas admite apena uma função complementar.

De outro lado, há que se ressaltar o fato de os artigos 18 e 16, ambos do Decreto 70.235/72, estarem em *mesmo nível hierárquico*, é impróprio buscar construir uma interpretação de um deles que conduza à franca contradição com o outro. Pelo contrário, devem ser interpretados de modo a serem compatibilizados, visto tratarem de que aspectos distintos, e complementares, do processo administrativo tributário.

A leitura dada em alguns precedentes no CARF não é corroborada pelos demais dispositivos da legislação, mormente o art. 29, que dispõe: "*Na apreciação da prova, a autoridade julgadora formará livremente sua convicção, podendo determinar as diligências que entender necessárias.*". Como se vê, a diligência pode ser realizada em função da formação livre de sua convicção, *a partir da apreciação da prova já produzida nos autos*, o que mais uma vez leva ao caráter de complementaridade quanto a atuação do julgador em relação às provas – em outras palavras, caso não haja provas nos autos, não cabe à autoridade a determinação de diligências, pois não há elementos sequer para que se construa qualquer convicção, cabendo simplesmente a aplicação das regras de distribuição do ônus probatório.

Outro dispositivo legal que contraria diametralmente a posição ora criticada é o art. 16, III e IV, do Decreto 70.235/72, *verbis*:

> *Art. 16. A impugnação mencionará:*
>
> *III - os motivos de fato e de direito em que se fundamenta, os pontos de discordância e as razões e provas que possuir;*

> *IV - as diligências, ou perícias que o impugnante pretenda sejam efetuadas, expostos os motivos que as justifiquem, com a formulação dos quesitos referentes aos exames desejados, assim como, no caso de perícia, o nome, o endereço e a qualificação profissional do seu perito. [grifo nosso]*

Em um dos incisos, ele determina que a impugnação deva carrear aos autos as provas que o contribuinte *possui*, e no inciso seguinte trata da solicitação de diligências ou perícias. Por uma questão lógica interpretativa, poder-se-ia excluir do alcance da diligência a produção de provas que já estejam em posse do contribuinte, por terem sido discriminadas pelo legislador, em perfeita consonância com as regras do ônus probatório, cabendo à diligência a produção de provas que o contribuinte não possua.

A diligência pode ser utilizada, por exemplo, para *complementar* as provas produzidas nos autos, em vista do grau de verossimilhança construído pelo atendimento do ônus probatório do contribuinte, muitas vezes para fazer frente a razões aduzidas posteriormente nos autos.

Um exemplo recorrente diz respeito a pedidos de compensação de IRRF, nos quais a DRJ entende não proceder por não ter o contribuinte comprovado o oferecimento das receitas à tributação, apesar de ter juntado os comprovantes de retenção das fontes pagadoras. Nesses casos, o CARF complementa a produção probatória, com fulcro no art. 16, §4º, c do Decreto 70.235/72, intimando o contribuinte a apresentar o oferecimento da receita à tributação.

O instrumento da diligência não pode ser utilizado, entretanto, para que o julgador supra o dever da autoridade fiscal de comprovar os fatos descritos na autuação, tampouco para substituir o contribuinte no atendimento ao seu ônus de provar a existência de fato impeditivo, modificativo ou extintivo da autuação fiscal.

Portanto, parece-nos também não prosperar esse argumento.

Conclusão

Como se buscou demonstrar nos tópicos anteriores, a jurisprudência do CARF tem sistematicamente desconsiderado as regras de preclusão probatória do *PAF*, sob os mais diversos argumentos que, um a um, buscamos contraditar.

Pretendeu-se, com isso, apontar como o voluntarismo se imiscuiu no processo administrativo fiscal, especialmente em matéria de provas, de forma tão arraigada a ponto dos colegiados acatarem pacificamente a negativa de aplicação e observância de *lei*, em direta ofensa ao determinado pelo art. 26-A do Decreto 70.235/72[60].

Não se quer dizer, frisemos novamente, que regras procedimentais nunca sejam passíveis de flexibilização, mas que ela deve se dar sempre à luz de casos concretos, atendendo a metódicas estruturadas de justificação, com base em normas do ordenamento jurídico, e de forma absolutamente excepcional, nunca como regra geral.

Da forma como se tem feito, o CARF pragmaticamente corre o risco de abandonar a aplicação das regras de preclusão probatória, valendo-se para tanto de argumentos ora vazios, ora equivocados, ora absolutamente ineptos, para sustentar a flexibilização imposta.

As regras – pasmem os *pamprincipiologistas* e *neoconstitucionalistas* – importam!

Elas são a cristalização de decisões tomadas pelo legislador, à luz de diversas razões substanciais conflitantes, e que, por força de sua autoridade outorgada pela CF/88, devem necessariamente vincular os julgadores no processo administrativo. Não são conselhos, que podem ou não ser seguidos pelos aplicadores, mas sim determinações cogentes de deveres e ônus das partes dentro do *PAF*.

---

60. Art. 26-A. No âmbito do processo administrativo fiscal, fica vedado aos órgãos de julgamento afastar a aplicação ou deixar de observar tratado, acordo internacional, lei ou decreto, sob fundamento de inconstitucionalidade.

O Direito é construído e reconstruído por meio do respeito às suas normas no processo decisório – o respeito aos pontos de partida sistêmicos. Abandoná-las é romper com a ordem jurídica, em favor do *voluntarismo* e do *arbítrio*, posturas incompatíveis com o devido processo legal e com o Estado de Direito.

Referências

ALEXY, Robert. *Teoria dos Direitos Fundamentais*, trad. Virgílio Afonso da Silva. São Paulo: Malheiros, 2008.

ALVIM, J.E. Carreira. *Teoria Geral do Processo*, 16ª ed. Rio de Janeiro: Forense, 2014.

ÁVILA, Gustavo Noronha de; GUALAND, Dieter Mayrhofer; PIRES FILHO, Luiz Alberto Brasil Simões. "A obsessão pela verdade e algumas de suas consequências para o processo penal". "In": AZEVEDO, Rodrigo Ghiringhelli de; CARVALHO, Salo de. *A crise no processo penal e as novas formas de administração da justiça criminal*. Porto Alegre: Notadez, 2006.

ÁVILA, Humberto. *Teoria dos Princípios*, 16ªed. São Paulo: Malheiros, 2015.

BELTRÁN, Jordi Ferrer. *Prueba y verdade em el derecho*, 2ªed. Madrid: Marcial Pons, 2005.

CARNELUTTI, Francesco. *A Prova Civil*. Campinas: Bookseller, 2001.

DANIEL NETO, Carlos Augusto. *Derrotabilidade de Regras Tributárias e Segurança Jurídica Substancial*. 341 f. Doutorado – Faculdade de Direito, Universidade de São Paulo, São Paulo, 2017.

FREITAS, Juarez. *A Interpretação Sistemática do Direito*, 5ªed. São Paulo: Malheiros, 2010.

GUASTINI, Riccardo. *Interpretar y Argumentar*. Madrid: Centro de Estudios Políticos y Constitucionales, 2014.

HART, Herbert A. L. *O Conceito de Direito*. São Paulo: Martins Fontes, 2009.

JOLOWICZ, J. A. "Adversarial an inquisitorial approaches to civil litigation". *On civil procedure*. Cambridge: Cambridge University Press, 2000.

LÓPEZ, Maria Teresa M.; NEDER, Marcos Vinicius. *Processo Administrativo Fiscal Federal Comentado*, 3ª ed. São Paulo: Dialética, 2010.

MARINS, James. *Direito processual tributário brasileiro – administrativo e judicial*. 3ª ed. São Paulo: Dialética, 2003.

MARQUES, José Frederico. *Instituições de direito processual civil*, v. II. Campinas: Millenium, 2000.

MOREIRA, José Carlos Barbosa. "Os poderes do juiz na direção e na instrução do processo". *Temas de direito processual civil – quarta série*. São Paulo: Saraiva, 1989.

PINTO, Fernando Brasil de Oliveira. "Carf busca definir prazo máximo para apresentação de provas documentais" In *Revista Eletrônica Consultor Jurídico*. Disponível em https://www.conjur.com.br/2019-mar-20/direto-carf-carf-busca-definir-prazo-apresentacao-provas-documentais, com acesso em 12/04/2019.

SCHAUER, Frederick. *Playing by the Rules – A Philosophical Examination of Rule-Based Decision-Making in Law and in Life*. Oxford: Clarendon Press, 2002.

_______________. "Formalism" in *The Yale Law Journal*, Vol. 97, Nº 4 (Mar.1988).

SCHOUERI, Luís Eduardo. *Direito Tributário*, 7ª ed. São Paulo: Saraiva, 2017.

ROCHA, Sérgio André. *Processo administrativo fiscal*. São Paulo: Almedina, 2018.

SILVA, Paulo Roberto Coimbra. *Direito Tributário Sancionador*. São Paulo: Quartier Latin, 2007.

SUNDFELD, Carlos Ari. "Princípio é Preguiça?", "In" *Direito Administrativo para Céticos*, 2ª ed. São Paulo: Malheiros, 2014.

TOMÉ, Fabiana Del Padre. Prova e Aplicação do Direito Tributário. In: SCHOUERI, Luís Eduardo (coord.). *Direito Tributário: Homenagem a Paulo de Barros Carvalho*. São Paulo: Quartier Latin, 2008.

O PROCESSO ADMINISTRATIVO FISCAL E AS QUESTÕES DE ORDEM PÚBLICA: A INOCORRÊNCIA DE PRECLUSÃO CONSUMATIVA

Felipe Ricetti Marques[1]

1. Introdução

O processo administrativo fiscal é a forma eleita pelo sistema de revisão e de aferição de validade do ato administrativo de lançamento realizado pelo ente público de acordo com as suas atribuições sendo regido, no âmbito Federal pelos Decretos 70.235/72 e 7.574/2011, pelas Leis 9.784/1999 e 13.105/2015 (Código de Processo Civil[2]) e regimentos internos dos órgãos de julgamento dos entes federados. Dessa forma, a relação processual se dará entre fisco e contribuinte na primeira instância e entre o órgão colegiado paritário e o contribuinte em segunda grau, em grau recursal.

Sendo assim, em todas estas fases, o contribuinte estará diante de decisões e análises técnicas advindas da

---

1. Pós-Graduado em Direito Administrativo pela Pontifícia Universidade Católica de São Paulo – PUC/SP. Advogado Sócio do Pollet Advogados Associados.

2. Art. 15. Na ausência de normas que regulem processos eleitorais, trabalhistas ou administrativos, as disposições deste Código lhes serão aplicadas supletiva e subsidiariamente.

administração, seja na fase da impugnação, ou mesmo nas fases recursais, onde o Estado sempre buscará, por seus próprios instrumentos, exercer a sua função jurisdicional[3] no intuito de alcançar o bem comum, em obediência aos princípios da legalidade e do interesse público.

Ocorre, todavia, que a defesa técnica no processo administrativo é uma faculdade do contribuinte que, muitas vezes, opta em fazer sua própria impugnação e demais recurso sem a presença de um operador do direito que lhe dê o suporte técnico necessário para o enfrentamento da imposição tributária.

Esta não obrigatoriedade de defesa técnica não atenta contra a Constituição Federal, pois lá se garante o direito fundamental de petição aos litigantes em processo administrativo por meio do contraditório e da ampla defesa, nos termos do que dispõe o inciso "***XXXIV***- *são a todos assegurados, independentemente do pagamento de taxas:* ***a)*** *o direito de petição aos Poderes Públicos em defesa de direitos ou contra ilegalidade ou abuso de poder*" e inciso "*LV - aos litigantes, em processo judicial ou administrativo, e aos acusados em geral são assegurados o contraditório e ampla defesa, com os meios e recursos a ela inerente*" do art. 5º, caminhando, inclusive, com a dicção e diretrizes da Lei 9.784/1999[4], que garantem aos administrados a faculdade de se fazer assistir por advogado, inclusive. Não por outra razão que o Supremo Tribunal Federal consolidou entendimento por meio da Súmula Vinculante 5[5], que não atenta contra a Constituição Federal a falta de defesa técnica.

---

3. CASTRO, Alexandre Barros. *Procedimento Administrativo Tributário. Teoria e Prática.* São Paulo: Saraiva: 2008. p. 28

4. Art. 3º O administrado tem os seguintes direitos perante a Administração, sem prejuízo de outros que lhe sejam assegurados:
I - ...
III - formular alegações e apresentar documentos antes da decisão, os quais serão objeto de consideração pelo órgão competente;
IV - fazer-se assistir, facultativamente, por advogado, salvo quando obrigatória a representação, por força de lei.

5. Súmula Vinculante 5. A falta de defesa técnica por advogado no processo administrativo disciplinar não ofende a Constituição.

Contudo, não se pode fechar os olhos para o fato de que, apesar de não obrigatória, a defesa técnica sempre será a melhor opção do contribuinte pois, muitas vezes, este, seu contador ou até mesmo seu advogado não especializado, deixam de tratar, em suas impugnações ou recursos no âmbito da administração fiscal, de matérias relacionadas vícios de natureza formal ou material (*v.g.* decadência ou erro na apuração da base de cálculo) que, por sem dúvida, acarretam a nulidade absoluta da imposição tributária manifesta no lançamento.

Portanto, a questão que aqui se coloca, nesta breve reflexão, é a seguinte: o fato de determinadas matérias não terem sido ventiladas no âmbito do processo administrativo fiscal, seja em impugnação ou em recurso, impede que o contribuinte as invoque no átrio do processo e em momento anterior a decisão definitiva?

2. As Questões de Ordem Pública e a Preclusão Consumativa.

A primeira premissa que deve nortear o presente estudo é a de que as matérias de Ordem Pública podem e devem ser suscitadas a qualquer momento e fase do processo administrativo fiscal, mesmo porque, a finalidade do Agente Público é alcançar o interesse Público fixado em lei, como nos ensina Celso Antônio Bandeira de Mello[6]:

> Deveras, se <u>a Administração tem por finalidade alcançar verdadeiramente o interesse público fixado na lei</u>, é óbvio que só poderá fazê-lo buscando a verdade material, ao invés de satisfazer-se com a verdade formal, já que esta, por definição, prescinde do ajuste substancial com aquilo que efetivamente é, razão porque seria insuficiente para proporcionar o encontro com o interesse público substantivo.

Em suma, na atividade administrativa de lançamento (vinculada por força do art. 142 do CTN[7]), deve se atender a

---

6. Mello, Celson Antônio Bandeira de. *Curso de Direito Administrativo, 26ª ed. São Paulo: Malheiros, 2009, p.502.*

7. Art. 142. Compete privativamente à autoridade administrativa constituir o

Ordem Pública[8] ou o interesse Público[9], cujo alcance do significado vale consignar:

> ORDEM PÚBLICA. **Entende-se a situação e o estado de legalidade normal**, em que as autoridades exercem suas precípuas atribuições e os cidadãos as respeitam e acatam, sem constrangimento ou protesto. Não se confundem com a ordem jurídica, embora seja uma consequência desta e tenha sua existência formal justamente dela derivada.
>
> PÚBLICO
>
> [...]
>
> Público. Além do sentido vulgar, na linguagem jurídica, é tomado na acepção de próprio ou pertinente ao Estado, revelando a subordinação ou a afetação que incide sobre todas as coisas ou fatos qualificados ou considerados como tal.
>
> Deste modo, no sentido de público integra-se o de autoridade do Estado ou poder do Estado, mostrando sua identificação com o próprio fato, a que, intimamente, se ligou. Deste sentido de público é que se gerou o verbo publicizar.
>
> E, nesta razão, é que o conceito público não se refere simplesmente à condição de ser coisa de interesse comum ou do interesse coletivo, mas à intimação conexão ou identificação da própria coisa com as finalidades do Estado, pairando acima dos interesses particulares em mesmo, coletivos.

Destarte, pelas amarras legais, não é do interesse público do Estado impor ao contribuinte tributo constituído com erro na sua base de cálculo ou sem a ocorrência do fato gerador, como também não prestigia este interesse a persecução de crédito tributário decaído ou prescrito, ou mesmo com vício

---

crédito tributário pelo lançamento, assim entendido o procedimento administrativo tendente a verificar a ocorrência do fato gerador da obrigação correspondente, determinar a matéria tributável, calcular o montante do tributo devido, identificar o sujeito passivo e, sendo caso, propor a aplicação da penalidade cabível.
Parágrafo único. A atividade administrativa de lançamento é vinculada e obrigatória, sob pena de responsabilidade funcional.

8. SILVA, de Plácido e Silva. *Vocabulário Jurídico*. 15ª Edição Rio de Janeiro: Editora Forense, 1999. p. 577.

9. SILVA, de Plácido e Silva. atualizadores: Nagib Slaibi Filho e Gláucia Carvalho. *Vocabulário Jurídico Conciso*. 1ª Edição Rio de Janeiro: Editora Forense, 2008. p. 605.

de motivação ou erro na identificação do sujeito passivo por exemplo, pois, como já referendado, o Agente Público, na sua função administrativa, está jungido ao princípio da legalidade objetiva, bem alinhavado por Paulo de Barros Carvalho[10]:

> O procedimento administrativo tributário deve seguir seus trâmites no âmbito daquilo que se conhece por realização do conteúdo objetivo das normas jurídicas, para preservar o império da legalidade e da justiça. Como é cometido à Administração "aplicar a lei de ofício", haverão de procurar, seus agentes, a forma mais concreta, adequada e verdadeira de realizar os comandos jurídicos. Esse princípio, que ilumina toda a marcha do procedimento, atina, de maneira plena, com a **ratio essendi** da figura, oposto que já examinamos, com alguma insistência até, que **o procedimento existe para garantirão Poder Público o aperfeiçoamento da intelecção da mensagem legislada, expedindo atos inteiramente consonantes com o sistema jurídico vigente.** Nessa exata dimensão, a legalidade que deve presidira celebração e anexação dos atos, no quadro procedimental, não vem em favor ou detrimentos de qualquer das partes, antes pressupõe o objetivo cardeal de efetivar os comandos legais nos seus precisos e estritos termos.
>
> [...]
>
> Com supedâneo nesse postulado, apreendido em toda a sua abrangência, emerge a necessidade de conferir-se ampla defesa ao administrado, não só como requisito erigido nos sistemas liberais, em homenagem a pessoa humana do particular, mas, sobretudo, como disposição técnica para assegurar a efetiva e correta aplicação da "legalidade objetiva".

Evidente, portanto, que uma vez constatado erro na constituição do crédito tributário, seja em que fase esteja o processo administrativo fiscal, tem o contribuinte o direito de suscitar toda e qualquer questão que entenda pertinente para desconstituição da imposição fiscal, mormente porque tratar-se-á de questões de ordem pública afetas ao próprio desenvolvimento da atividade administrativa pelo Agente Fiscal que, como já consignado, não detém uma carta em branco para exercer seu *múnus*, já que deve sempre voltar-se para a vontade da lei e para o interesse público.

---

10. CARVALHO, Paulo de Barros. *Contencioso Administrativo Tributário. Questões Polêmicas – Segurança Jurídica no novo CARF.* São Paulo: Noeses, 2011. P. 12.

Em outras linhas, existem vícios imunes a preclusão[11], ou seja, não atingíveis pelo *"o ato de encerrar ou impedir que alguma coisa se faça ou prossiga"* que, na hipótese em comento, está diretamente relacionada ao direito incondicionado do contribuinte peticionar em qualquer momento processual, para sustentar vícios por meio das denominadas Questões de Ordem Pública, passíveis de serem apreciadas, inclusive, de ofício pela autoridade julgadora em homenagem ao "princípio do informalismo em favor do contribuinte"[12] que, na lição de Alexandre Barros Castro, significa:

> Mas o que vem a ser o princípio do informalismo em favor do interessado? **Por ele deve ser entendida a ausência de formas rígidas, de modelos exclusivos, significando, a *contrario sensu*, a aceitação de um rol amplo e vasto de direitos e prerrogativas**, no que diz respeito à realização da verdade material, objetivo maior tanto da Fazenda Pública tanto do contribuinte. Por sua observância devem-se acolher todos os efeitos favoráveis que o administrado venha a suscitar em seu interesse. Na prática, a atenção a esse princípio acarreta a tolerância quanto à denominação de recursos e demais peças impugnatórias etc., uma vez que o que aqui importa é a vontade de impugnar, cabendo à Fazenda respeitar e fazer valer esse objetivo; razão pela qual cabe a ela, Administração Pública, promover o devido saneamento das irregularidades formais, porventura cometidas pelas partes.
>
> Em suma, tal princípio é decorrência lógica do primado da supremacia do coletivo sobre o particular, ou seja, o que aqui importa é alcançar a verdade material, não se restringindo tal tarefa em razão de formalismos e rigores desnecessários. **Portanto, tal princípio favorece à parte e não à Fazenda Pública, cujos atos serão celebrados e acompanhados sempre de imprescindível rigor.**

Neste sentido, e não por outro motivo, que o Superior Tribunal de Justiça[13] vem decidindo monocraticamente que "*existem situações ou vícios processuais imunes à preclusão,*

11. SILVA, de Plácido e Silva. Vocabulário Jurídico. 15ª Edição Rio de Janeiro: Editora Forense, 1999. p. 628.

12. CASTRO, Alexandre Barros. *Procedimento Administrativo Tributário – Teoria e Prática.* São Paulo: Saraiva, 2008.p. 137/138.

13. REsp 1.467.926/PR, Rel. Min. Humberto Martins, Segunda Turma, julgado em 30/09/2015, DJe 07/10/2015.

em que o direito dos litigantes cede em face do interesse público a ser preservado. ***São as denominadas questões de ordem pública*** *passíveis de ser apreciadas,* ***inclusive, de ofício pela autoridade judicial.*** *Logo, não ocorre preclusão pro judicato em matérias de ordem pública*".

Portanto, uma vez exercido o direito de petição que detém o contribuinte contra toda e qualquer ilegalidade aferida nos autos do processo administrativo fiscal, que pode ser exercício a qualquer tempo, deve o julgador administrativo ponderar sobre todas as questões de ordem públicas suscitadas, sob pena de, não o fazendo, ser compelido a tanto por ordem judicial, pois o direto subjetivo de debate sobre a validade da exação, ao meu sentir, é incondicionado. Veja-se, a pretexto, a doutrina especializada[14]:

> Isto posto, o que se irá sustentar é constituir direito subjetivo – cujo titular é qualquer sujeito passivo de qualquer exação tributária, manejada por qualquer dos Entes Políticos dotados de competência tributária – a discussão sobre sua validade, em processo não judicial, desenvolvido no seio do Ente Tributante, com duplo grau de apreciação, isso nos termos da legislação tributária ordinária dos sujeitos ativos das respectivas obrigações tributárias, ou mesmo que não exista tal pretensão específica.
>
> [...]
>
> 3.6.1.3 Alexandre de Moraes vai mais além, sublinhando – e isso é básico para o que se pretende demonstrar – que o direito de petição possui eficácia constitucional, compelindo as autoridades destinatárias ao recebimento, ao exame e, se necessário for, à resposta ao quanto requerido em prazo razoável, sob pena de configurar-se atingimento ao direito líquido e certo do peticionário, sanável por "writ of mandamus".
>
> Refere-se, ainda, que, apesar da impossibilidade de obrigar-se o Poder Público competente a adotar as medidas cabíveis para sanar a ilegalidade ou abuso de poder, será possível, "a posteriori, a responsabilização do servidor omisso, nos planos civil, administrativo e penal.

14. JÚNIOR, Luiz Fernando Mussolini. *Processo Administrativo Tributário – Das decisões Terminativas contrárias à Fazenda Pública.* 1ª Edição. São Paulo: Editora Manole, 2004. p. 21/24.

> 3.6.1.4 José Afonso da Silva ressalta a inexistência de previsão constitucional de sanção para a falta de resposta, mas assevera que, independentemente disso, **a Administração pode ser constrangida a responder, por via de mandado de segurança, quer quando se nega expressamente ao pronunciamento, quer quando simplesmente se omite, sendo necessário, para tanto, que o peticionário invoque com clareza que faz uso do direito de petição que lhe é conferido pelo art. 5º, XXXIV, "a" da Magna Carta.**

3. Entendimento dos Órgãos Administrativos sobre a preclusão consumativa e o momento de invocação das matérias de ordem pública.

Mesmo parecendo óbvio o direito de petição contra as ilegalidades e mais, que o desapego às formalidades é necessário para o atingimento do bem comum, esta questão é tormentosa no âmbito da jurisprudência administrativa que, atualmente, vem se inclinando a agasalhar o tema ventilado neste trabalho.

Isso, pois, há jurisprudência do Conselho Administrativo de Recursos Fiscais que sustenta que questões inovadoras não podem ser conhecidas no âmbito do processo administrativo fiscal, pois seguem o mantra de que *"todas as matérias de defesa devem ser concentradas na impugnação"*. Leiam-se:

> Contribuições Sociais Previdenciárias Período de apuração: 01/02/2000 a 31/12/2001 PROCESSO ADMINISTRATIVO FISCAL. RECURSO VOLUNTÁRIO. IMPUGNAÇÃO INOVADORA. PRECLUSÃO. **No Processo Administrativo Fiscal, dada à observância aos princípios processuais da impugnação específica e da preclusão, todas as alegações de defesa devem ser concentradas na impugnação, NÃO PODENDO O ÓRGÃO AD QUEM SE PRONUNCIAR SOBRE MATÉRIA ANTES NÃO QUESTIONADA, SOB PENA DE SUPRESSÃO DE INSTÂNCIA E VIOLAÇÃO AO DEVIDO PROCESSO LEGAL. [...]**
>
> (Acórdão 2401-004.196 – Rel. Arlindo da Costa e Silva – 1ª TO da 4ª Câmara da 2ª Seção de Julgamento do CARF – d. 08.03.2016)
>
> Contribuição para o PIS/Pasep Período de apuração: 01/01/2010 a 31/12/2011 MATÉRIA NÃO IMPUGNADA. PRECLUSÃO TEMPORAL E IMPOSSIBILIDADE DE INOVAR NO RECURSO

> VOLUNTÁRIO. **Nos termos do art. 17 do Decreto 70.235/72, considerar-se-á não impugnada a matéria que não tenha sido expressamente contestada pelo impugnante. O sistema de preclusões no procedimento administrativo veda a veiculação de novos fundamentos para a impugnação no âmbito do Recurso Voluntário. [...]**
>
> (Acórdão 3402-002.920 – Rel. Carlos Augusto Daniel Neto – 2ª TO da 4ª Câmara da 3ª Seção de Julgamento do CARF – d. 23.02.2016)

Todavia, pensamos que tal entendimento é equivocado e não resiste a maiores reflexões!

Como já enfatizado, não há preclusão consumativa no âmbito administrativo relativamente a matérias de ordem pública, seja por questão de segurança jurídica e mesmo por questão racional e de pura economicidade, já que não se revela producente a inscrição de crédito em dívida ativa e a sua execução fiscal, simplesmente porque o contribuinte não alegou determinada nulidade em sua defesa ou recurso administrativos para que, depois, nos autos da execução fiscal, a dívida seja anulada e a Fazenda Nacional seja condenada ao pagamento de honorários advocatícios.

E nem poderia ser diferente, pois o direito de suscitar questões de Ordem Pública é lídimo e tem escoro, também, nos princípios da verdade material e da instrumentalidade dos atos administrativos, que vigem no âmbito do processo administrativo fiscal e, segundo a doutrina especializada[15], significam:

> 3.2.13 Verdade Material
>
> No processo administrativo predomina o princípio da verdade material no sentido de que aí se busca descobrir se realmente ocorreu ou não o fato gerador, pois o que está em jogo é a legalidade da tributação. O importante é saber se o fato gerador ocorreu e se a obrigação teve o seu nascimento.
>
> O julgamento administrativo é norteado pelo Princípio da Verdade Material, constituindo-se em dever do Julgador

15. MELO, José Eduardo Soares de. *Processo Tributário Administrativo e Judicial*. 2ª Edição. São Paulo: Quartier Latin: 2009. p. 73.

> Administrativo a sua busca incessante. Adequação do lançamento de acordo com ajustes reconhecidos pela própria autoridade fiscal em diligência realizada.
>
> A não apreciação das provas trazidas aos autos depois da impugnação e já na fase recursal, antes da decisão final administrativa, fere o princípio da instrumentalidade processual prevista no CPC e a busca da verdade material, que norteia o contencioso administrativo tributário.
>
> A jurisprudência transcrita demonstra que, no processo administrativo, o Julgador não se atém, exclusivamente, às alegações das partes (fisco e contribuinte), devendo tomar as providências necessárias (diligência etc.) para buscar a realidade fática, uma vez que a pretensão à obrigação tributária não nasce dos argumentos e elementos fazendários contraposto pelo autuado. Impõe-se a comprovação documental de que o ilícito tributário teria sido, efetivamente, praticado.

Em outras palavras, o princípio da verdade material é justamente aquele que impõe ao agente administrativo o dever de conhecer de novas questões em qualquer tempo do processo, visto que ele materializa a busca incessante, por parte da autoridade administrativa, da realidade dos fatos. Neste sentido, precioso colacionar julgamentos levado à efeito pelo então Conselho de Contribuintes do Ministério da Fazenda:

> PROCESSO ADMINISTRATIVO FISCAL - PRINCÍPIO DA VERDADE MATERIAL-NULIDADE
>
> A não apreciação de documentos juntados aos autos depois da impugnação tempestiva e antes da decisão fere o princípio da verdade material, com ofensa ao princípio constitucional da ampla defesa. No processo administrativo predomina o princípio da verdade material, no sentido de que aí se busca descobrir se realmente ocorreu ou não o fato gerador, pois o que está em jogo é a legalidade da tributação. O importante é saber se o fato gerador ocorreu e se a obrigação teve seu nascimento.
>
> Preliminar acolhida. Recurso provido.
>
> (Acórdão 103-19.789 – Rel. Sandra Maria Dias Nunes – 3ª Câmara do 1º Conselho de Contribuintes – d. 11.02.1999)
>
> [...]
>
> Na própria Lei nº 9.784/99, na qual se baseou a primeira instância para decidir, no seu artigo 38, vamos encontrar a autorização para que o interessado junte documentos e pareceres, requeira

diligências e perícias, bem como possa aduzir alegações referentes à matéria objeto do processo antes de ser prolatada a decisão, ainda na fase instrutória, determinando, também, que os elementos probatórios deverão ser considerados na motivação do relatório e da decisão, somente podendo ser recusadas as provas propostas pelos interessados quando sejam ilícitas, impertinentes, desnecessárias e protelatórias, mediante decisão fundamentada.

Em direção oposta ao entendimento da DRJ, o § 4º do artigo 16 do Decreto 70.235/72, dispõe: 'prova documental será apresentada na impugnação, precluindo o direito de o impugnante fazê-lo em outro momento processual, a menos que: (...)'.

Aurélio Pitanga Seixas Filho, in Princípios Fundamentais do Direito Administrativo Tributário – A Função Fiscal, Rio, Forense, 1996, p. 46 e 47, ensina que 'Contrariamente à dinâmica de aplicação das leis pelas autoridades jurisdicionais, onde vigora o princípio da verdade formal, em que as formas dos atos, prazos e a sistematização dos procedimentos são rigorosamente definidos e obedecidos, nos procedimentos administrativos em geral, as formas dos atos e os prazos previstos anteriormente, (pois, afinal, não se pode prescindir de alguma sistematização para se ordenar o comportamento da administração pública), podem ser, eventualmente, desobedecidos, para dar cumprimento ao princípio mais relevante da verdade material. **A dinâmica da administração pública não está sujeita a formalidades rígidas ou a obediência a formas sacramentais, pois a natureza da ação administrativa exige que a aplicação da lei se faça da forma mais expedita possível. o dever investigatório dirigido pela discricionariedade da autoridade fiscal não pode ficar amarrado por formalismos, sob pena de não se descobrir corretamente a verdade dos fatos, ou de ficar cerceado o direito de defesa do contribuinte**'.

O entendimento do Conselho de Contribuintes tem se alinhado com esse pensamento, ou seja, de que deve ser seguido o princípio da verdade material. Cito dois Acórdãos, um deles da Câmara Superior de Recursos Fiscais:

'Número do Recurso:301-120475 TERCEIRA TURMA Número do Processo:10320.001705/98-35 RECURSO DE DIVERGÊNCI. Data da Sessão:09/11/2004 09:30:00 CSRF/03-04.194 Decisão: NPU - NEGADO PROVIMENTO POR UNANIMIDADE. Ementa: PROCESSO ADMINISTRATIVO TRIBUTÁRIO – PROVA MATERIAL APRESENTADA EM SEGUNDA INSTÂNCIA DE JULGAMENTO – PRINCÍPIO DA INSTRUMENTALIDADE PROCESSUAL E A BUSCA DA VERDADE MATERIAL. - A não apreciação de provas trazidas aos autos depois da impugnação e já na fase recursal, **antes da decisão final administrativa, fere o princípio da instrumentalidade processual prevista no CPC e a busca da verdade material, que norteia o contencioso**

> **administrativo tributário.** "No processo administrativo predomina o princípio da verdade material no sentido de que aí se busca descobrir se realmente ocorreu ou não o fato gerador, pois o que está em jogo é a legalidade da tributação. O importante é saber se o fato gerador ocorreu e se a obrigação teve seu nascimento". (Ac. 103-18789 – 3ª. Câmara - 1º. C.C.). Recurso negado.'
>
> [...]
>
> Em face de todo o exposto e **em nome de um princípio maior, qual seja, o da busca da verdade material**, voto no sentido de anular o processo a partir do Despacho Decisório de fl. 69, inclusive, de modo que a DRF de origem analise o pedido de ressarcimento ***à luz da* documentação trazida pela interessada no processo, devendo a mesma ser complementada, se necessário for.**"
>
> (In voto Conselheiro Relator Dalton Cesar Cordeiro de Miranda – Acórdão nº 203- 12.338 – 3ª Câmara do 2º Conselho de Contribuintes – d. 14.08.2007)

É esta a essência da regra que emana do "caput" do art. 37 da Constituição Federal[16], bem como do art. 2º e 3º da Lei 9.784/99[17], que determinam a obediência aos primados da legalidade, da eficiência, da razoabilidade, da segurança jurídica e da boa-fé do administrado, como também dos incisos LIV e LV do artigo 5º da Constituição Federal[18], que asseguram

16. Art. 37. A administração pública direta e indireta de qualquer dos Poderes da União, dos Estados, do Distrito Federal e dos Municípios obedecerá aos princípios de legalidade, impessoalidade, moralidade, publicidade e eficiência e, também, ao seguinte:

17. Art. 2º A Administração Pública obedecerá, dentre outros, aos princípios da legalidade, finalidade, motivação, razoabilidade, proporcionalidade, moralidade, ampla defesa, contraditório, segurança jurídica, interesse público e eficiência.
Parágrafo único. Nos processos administrativos serão observados, entre outros, os critérios de:
I - atuação conforme a lei e o Direito;
Art. 3º O administrado tem os seguintes direitos perante a Administração, sem prejuízo de outros que lhe sejam assegurados:
I - ser tratado com respeito pelas autoridades e servidores, que deverão facilitar o exercício de seus direitos e o cumprimento de suas obrigações;

18. Art. 5º Todos são iguais perante a lei, sem distinção de qualquer natureza, garantindo-se aos brasileiros e aos estrangeiros residentes no País a inviolabilidade do direito à vida, à liberdade, à igualdade, à segurança e à propriedade, nos termos seguintes:
...
LIV - ninguém será privado da liberdade ou de seus bens sem o devido processo legal;

aos litigantes em processo administrativo o devido processo legal com todos os meios a ele inerentes (contraditório e ampla defesa).

Munidos destes instrumentos processuais e princípios é que os contribuintes, exercendo o direito de petição que é constitucionalmente garantido no alínea "a" do inciso XXXIV do art. 5º[19], estão autorizados a travar discussão sobre as matérias ainda não levantas_no âmago do processo administrativo fiscal – PAF, que versem sobre questões de Ordem Pública que, como já revelado anteriormente, são cognoscíveis de ofício, como, por exemplo àquelas que se relacionam com a exigência de crédito tributário (erro na base de cálculo/alíquota, fato tributável, prescrição ou decadência), ou mesmo as relacionadas a observância do devido processo legal no âmbito do PAF (normas procedimentais, ausência de intimação, ausência de prova, destruição de provas, tempestividade, direitos e garantias fundamentais, solidarização de administradores das pessoas jurídicas). A pretexto, veja-se o entendimento do Conselho Administrativo de Recursos Fiscais - CARF:

> [...]
>
> DECADÊNCIA. PRESCRIÇÃO. MATÉRIAS DE ORDEM PÚBLICA.
>
> Por se tratar de matéria de ordem pública, a decadência pode ser conhecida de ofício pelo julgador, a qualquer tempo do processo.
>
> ..."
>
> (Acórdão nº 3003-000.117 – Rel. Cons. Vinicius Guimarães – Turma Extraordinária/3ª Turma da 3ª Seção de Julgamento - j. 23.01.2019 – publicado em 13.02.2019)
>
> "RECURSO CONTRA DECISÃO QUE NÃO CONHECEU DA IMPUGNAÇÃO POR INTEMPESTIVIDADE.

LV - aos litigantes, em processo judicial ou administrativo, e aos acusados em geral são assegurados o contraditório e ampla defesa, com os meios e recursos a ela inerentes;

19. XXXIV - são a todos assegurados, independentemente do pagamento de taxas: a) o direito de petição aos Poderes Públicos em defesa de direitos ou contra ilegalidade ou abuso de poder;

> CONHECIMENTO DA PRELIMINAR DE TEMPESTIVIDADE. NÃO CONHECIMENTO DO RECURSO QUANTO ÀS DEMAIS MATÉRIAS.
>
> O recurso apresentado contra decisão de primeira instância que não conheceu da impugnação por intempestividade deve ser conhecido apenas em relação à preliminar de tempestividade e não quanto às demais matérias, para as quais não se instaurou a contenda administrativa.
>
> CONHECIMENTO DE OFÍCIO DA MATÉRIA RELATIVA À RESPONSABILIDADE SOLIDÁRIA.
>
> **A responsabilidade solidária, por envolver questão de legitimidade das partes, que é pressuposto processual e matéria de ordem pública**, deve ser conhecida em qualquer grau de jurisdição, ainda que de ofício.
>
> (Acórdão nº 2202-003.740, da 2ª Turma da 2ª Câmara da 2ª Seção, Relator do acórdão: conselheiro Marco Aurélio de Oliveira Barbosa -Presidente da Turma, sessão em 16/03/2017)

Bem da verdade, a ideia central é que a análise de questões processuais/procedimentais e de direito material jamais podem ser relegadas, já que é o próprio interesse público que demanda a sincronia da atividade administrativa com o espírito da lei, mesmo porque transcendem os interesses das partes[20].

É por isso que se entende, inclusive no âmbito administrativo que, ***"as questões de ordem pública são aquelas que condicionam a legitimidade do próprio exercício da atividade administrativa****. Por isso* ***<u>não precluem e podem, a qualquer tempo, ser objeto de exame,</u>*** *em qualquer fase do processo e em qualquer grau de jurisdição, sendo passíveis de reconhecimento de ofício pelo julgador"* (*in* voto acórdão 3301-004.787 – pág.

20. "...
DIREITO TRIBUTÁRIO. DECADÊNCIA. MATÉRIA DE ORDEM PÚBLICA. APRECIAÇÃO DE OFÍCIO.
O instituto da decadência, no âmbito do direito tributário, É MATÉRIA DE ORDEM PÚBLICA, QUE TRANSCENDE AOS INTERESSES DAS PARTES, sendo cognoscível de ofício pelo julgador administrativo, em qualquer instância recursal, quando presentes os seus requisitos.
..." (Acórdão nº 2402-006.441 – Rel. Cons. Luís Henrique Dias Lima – 2ª Turma Ordinária, da 4ª Câmara da 2ª Seção de Julgamento - j. 04.07.2018 – publicado em 17.08.2018)

465), não por outra razão que a doutrina especializada, no mesmo sentido, assevera:

> ... **o estado de coisas denominado de ordem pública se expressa pelo controle da regularidade e desenvolvimento de atos e procedimentos**, CHAMANDO A ATENÇÃO DOS ENVOLVIDOS NA RELAÇÃO PROCESSUAL PARA A PRESENÇA DE DEFEITOS TIDOS COMO GRAVES, INTRANSPONÍVEIS, BEM COMO PARA A NECESSIDADE DE AFASTÁ-LOS, PARA SE GARANTIR A LEGALIDADE. Em outros termos, **é com o resguardo da integridade e da adequação dos atos processuais e dos procedimentos que se assegurará o estado de ordem pública processual.**
>
> (CABRAL, Trícia Navarro Xavier. Ordem pública processual. Brasília: Gazeta Jurídica, 2015)

Portanto, via de regra, as nulidades estão intrinsicamente ligadas a inobservância, por parte da fiscalização da Receita Federal do Brasil, de regras legais que disciplinam o direito à ampla defesa (nulidade de intimação e destruição de provas que lastrearam o lançamento), bem assim de outros elementos que revelam erro crasso no método da constituição do crédito tributário que se dá em dissonância com a legislação específica, as quais, inclusive podem ser corroboradas por:

(i) teses definidas em recurso repetitivo pelo Supremo Tribunal Federal e Superior Tribunal de Justiça, que são de aplicação cogente para o Julgador administrativo[21] sendo, inclusive, causa de perda do mandato do conselheiro[22] segundo Regimento Interno do

---

21. Art. 62. Fica vedado aos membros das turmas de julgamento do CARF afastar a aplicação ou deixar de observar tratado, acordo internacional, lei ou decreto, sob fundamento de inconstitucionalidade.

...

§ 2º As decisões definitivas de mérito, proferidas pelo Supremo Tribunal Federal e pelo Superior Tribunal de Justiça em matéria infraconstitucional, na sistemática dos arts. 543-B e 543-C da Lei nº 5.869, de 1973, ou dos arts. 1.036 a 1.041 da Lei nº 13.105, de 2015 - Código de Processo Civil, deverão ser reproduzidas pelos conselheiros no julgamento dos recursos no âmbito do CARF. (Redação dada pela Portaria MF nº 152, de 2016)

22. Art. 45. Perderá o mandato o conselheiro que:

...

CARF, de tais como: a) exclusão do ICMS da base de cálculo do PIS e da COFINS[23]; b) redução de multas confiscatórias[24]; exclusão de responsabilidade de sócios[25]; c) exclusão do salário de verbas de salário-de-contribuição que não podem servir como base de cálculo da contribuição previdenciária[26]; d) dentre outras matérias decididas pelas referidas Cortes na sistemática de recursos repetitivos[27];

(ii) Súmulas do Conselho Administrativo de Recursos Fiscais dentre as quais, exemplificativamente, valem destacar as seguintes: a) que determinam que todos os cotitulares de contas bancárias devem ser intimados para manifestarem-se sobre omissão de rendimentos antes do lançamento tributário[28]; b) que afasta o agravamento da multa de ofício pela não apresentação de documentos[29]; c) dentre outras que

---

VI - deixar de observar enunciado de súmula ou de resolução do Pleno da CSRF, bem como o disposto no art. 62;

23. RE nº 574.706/PR – Tema de Repercussão Geral nº 69;

24. RE nº 582.461/SP - Tema de Repercussão Geral 214;

25. RE nº 562.276/PR – Tema de Repercussão Geral nº 13; REsp 1.101.728/SP – Tema Repetitivo nº 97; REsp 1.153.119 – Tema Repetitivo nº 334;

26. REsp 1.230.957 – Temas Repetitivos nºs 478, 479, 737, 738;

27. Art. 928. Para os fins deste Código, considera-se julgamento de casos repetitivos a decisão proferida em:
I - incidente de resolução de demandas repetitivas;
II - recursos especial e extraordinário repetitivos.
Parágrafo único. O julgamento de casos repetitivos tem por objeto questão de direito material ou processual.

28. Súmula CARF nº 29: TODOS OS COTITULARES da conta bancária DEVEM SER INTIMADOS para comprovar a origem dos depósitos nela efetuados, na fase que precede à lavratura do auto de infração com base na presunção legal de omissão de receitas ou rendimentos, SOB PENA DE NULIDADE DO LANÇAMENTO.

29. Súmula CARF nº 96: A falta de apresentação de livros e documentos da escrituração não justifica, por si só, o agravamento da multa de ofício, quando essa omissão motivou o arbitramento dos lucros.

estão bem definidas no sítio eletrônico do Conselho Administrativo de Recursos Fiscais[30].

Estes elementos devem sempre ser ponderados pelo Órgão Julgador Administrativo, seja porque são cognoscíveis de ofício ou mesmo em virtude de que representam circunstâncias que necessariamente devem ser consideradas para a formação do livre convencimento do julgador e aferição da validade do lançamento. Nesse diapasão, a jurisprudência do Conselho Administrativo de Recursos Fiscais, prescreve:

> Assunto: Sistema Integrado de Pagamento de Impostos e Contribuições das Microempresas e das Empresas de Pequeno Porte – Simples
>
> Ano-calendário: 2006
>
> PROCESSO ADMINISTRATIVO. PRECLUSÃO.
>
> Em regra, os fundamentos de defesa, assim como o pedido de diligência e as provas documentais, devem ser apresentados por ocasião da impugnação, precluindo o direito de o contribuinte fazê-lo em outro momento processual. Isso é assim exatamente porque é neste momento que se instaura o contraditório em um procedimento que, até então, era inquisitório. Como exceções temos os casos expressamente previstos na legislação (§ 4º do artigo 16 do Decreto 70.235/1972), bem como **as hipóteses em que o argumento possa ser conhecido de ofício pelo julgador, quer por tratar de matéria de ordem pública, quer por ser necessário à formação do seu livre convencimento, neste último caso em vista do princípio da vedação ao non liquet.**
>
> [...]
>
> (Acórdão 1401-002.637 – Cons. Rel. Livia de Carli Germano – 1ª TO da 4ª Câmara da 1ª Seção – d. 04.07.2018)
>
> "PROCESSO ADMINISTRATIVO FISCAL
>
> Ano-calendário: 2008
>
> MATÉRIA DE ORDEM PÚBLICA. APLICAÇÃO DA MULTA DE PENALIDADE. APRECIAÇÃO DE OFICIO.
>
> **As matérias de ordem pública podem ser suscitadas pelo colegiado e apreciadas de ofício**, ou seja, **mesmo que não tenha sido objeto do recurso voluntário**. Isso se aplica à exigência de

30. http://idg.carf.fazenda.gov.br/jurisprudencia/sumulas-carf/quadro-geral-de-sumulas-1.

penalidades, dentre elas a multa de oficio isolada por falta de recolhimento do tributo por estimativa, que foi lançada em concomitância com a multa de oficio proporcional sobre o tributo devido no ano-calendário.

Embargos conhecidos e rejeitados.

Vistos, relatados e discutidos os presentes autos.

(Acórdão 1402-002.246 – Cons. Rel. Antonio José Praga de Souza – 2ª TO da 4ª Câmara da 1ª Seção – d. 04.08.2010)

4. Conclusões

Como visto acima, o sistema legal, interpretado de modo integrado e em harmonia com os princípios que circundam a atividade administrativa e o processo administrativo revelam que, não importa o momento em que se suscita determinada questão de Ordem Pública, o que importa é que sempre esta pretensão deve ser decidida pelo julgador administrativo, pois não são alcançadas pela preclusão consumativa.

Portanto, para que não se chancele lançamento nulo por cerceamento de defesa ou mesmo natimorto pela ausência de emprego correto da técnica de lançamento, todos os elementos dispostos em petição posterior à impugnação e recurso voluntário, não importa o momento, que ventilem matérias de ordem pública devem ser ponderados pelo julgador administrativo sob pena de, não o fazendo (por ação ou omissão), tal conduta ser considerada ato ilegal passível de correção pela via mandamental, para salvaguarda de direito líquido e certo.

Ademais, deve se consignar, que a falta de apreciação de questões de Ordem Pública por parte do Tribunal Administrativo, além de atentar contra diversos princípios que norteiam a atividade administrativa, certamente causará um ônus para a União, na medida em que autorizará o ajuizamento de execução fiscal cujo direito de ação se mostrará, por exemplo, absolutamente prescrito, decaído ou nulo, o que determinará que suporte, sem necessidade, os ônus da sua sucumbência nas execuções fiscais que vierem a ser anuladas.

5. Referências

CABRAL, Trícia Navarro Xavier. *Ordem pública processual.* Brasília: Gazeta Jurídica, 2015.

CARVALHO, Paulo de Barros. *Contencioso Administrativo Tributário. Questões Polêmicas – Segurança Jurídica no novo CARF*. São Paulo: Noeses, 2011. P. 12.

CASTRO, Alexandre Barros. *Procedimento Administrativo Tributário. Teoria e Prática.* São Paulo: Saraiva, 2008. p. 28.

JÚNIOR, Luiz Fernando Mussolini. *Processo Administrativo Tributário – Das decisões Terminativas contrárias à Fazenda Pública.* 1ª Edição. São Paulo: Editora Manole, 2004. p. 21/24.

MELO, José Eduardo Soares de. *Processo Tributário Administrativo e Judicial.* 2ª Edição. São Paulo: Quartier Latin, 2009. p. 73.

MELLO, Celso Antônio Bandeira de. *Curso de Direito Administrativo,* 26ª ed. São Paulo: Malheiros, 2009, p.502.

SILVA, de Plácido e Silva. *Vocabulário Jurídico.* 15ª Edição Rio de Janeiro: Editora Forense, 1999. p. 577.

SILVA, de Plácido e Silva. atualizadores: Nagib Slaibi Filho e Gláucia Carvalho. *Vocabulário Jurídico Conciso.* 1ª Edição Rio de Janeiro: Editora Forense, 2008. p. 605.

DO PROCEDIMENTO AO PROCESSO ADMINISTRATIVO TRIBUTÁRIO E A PROVA COMO ELEMENTO ESSENCIAL EM MATÉRIA DE RESPONSABILIDADE

Marcio Cesar Costa[1]

1. Considerações iniciais

Falar em processo sempre conduz à ideia do litígio no âmbito judicial, cuja decisão será proferida pelo magistrado. Esta é a primeira conclusão.

O processo judicial pressupõe uma legislação processual, com formalidades e procedimentos específicos a serem seguidos pelas partes que litigam. É, primeiramente, um processo oneroso, quando não se goza da justiça gratuita, tanto referente às taxas exigidas para propositura da ação como no risco de condenação de honorários advocatícios em favor da parte contrária, dentre outras despesas que geralmente incidem.

---

1. Doutor e Mestre em Direito Tributário pela PUC/SP. Conselheiro Efetivo do Conselho Municipal de Tributos de São Paulo. Professor de Direito Tributário. Advogado e consultor Jurídico.

Integrando a legislação brasileira, os principais diplomas normativos são: I) Código de Processo Civil (Lei 13.105, de 16 de março de 2015); II) Código de Processo Penal (Decreto-Lei 3.689, de 3 de outubro de 1941); III) Código de Processo Penal Militar (DECRETO-LEI 1.002, de 21 DE Outubro de 1969); IV) Consolidação da Leis Trabalhistas – CLT (DECRETO-LEI 5.452, de 1º de Maio de 1943), em seus artigos 763 a 910; e V) Lei de Execuções Fiscais - LEF (Lei 6.830 de 22 de Setembro de 1980).

Cada uma dessas normas regula ferramentas e apresenta instrumentos adequados para que o processo se desenvolva em total respeito aos direitos e garantias fundamentais – ou pelo menos assim deveria acontecer.

Dentre essa série de atos e ritos a serem seguidos na tramitação do processo, não se pode esquecer do procedimento administrativo para constituição da obrigação tributária ou da relação jurídica tributária em matéria de responsabilidade.

É indispensável, portanto, a observância dessa fase administrativa para que a constituição da obrigação ocorra de forma regular e que a cobrança do valor tributário contra o sujeito passivo diverso do contribuinte seja nos termos da lei, conforme preceitua o artigo 135 do CTN[2].

Uma vez constituída, caso o devedor, sujeito passivo da relação jurídico-tributária, concorde com a cobrança e quite o débito, extingue-se a relação, conforme exposto no capítulo da obrigação tributária. Porém, se o contribuinte discordar da cobrança, terá o direito de se defender e apresentar as suas razões de fato e de direito.

Como ocorre no processo judicial, o processo administrativo também deverá seguir ritos procedimentais e formalidades específicos, como exemplo a Lei 9.784, de 29 de janeiro de 1999 que o regula em âmbito da administração pública federal.

---

2. "Art. 135. São pessoalmente responsáveis pelos créditos correspondentes a obrigações tributárias resultantes de atos praticados com excesso de poderes ou infração de lei, contrato social ou estatutos: I - as pessoas referidas no artigo anterior; II - os mandatários, prepostos e empregados; III - os diretores, gerentes ou representantes de pessoas jurídicas de direito privado."

Feitas estas considerações esclarece-se que o objetivo deste capítulo é discorrer acerca do procedimento e processo administrativo tributário, com foco na responsabilidade tributária de terceiro nos termos do artigo 135 do CTN.

Assim como há o procedimento e processo administrativo entre Sujeito Ativo e Contribuinte, há também, fundamentado em princípios constitucionais e até em razão dos requisitos necessários para a constituição do crédito tributário, que ser aplicada a mesma sistemática ao exigir do terceiro responsável o cumprimento da obrigação tributária.

A análise e exposição neste capítulo serão feitas sempre considerando que o procedimento e processo administrativo deverão também ser aplicados quando o sujeito ativo pretenda cobrar o tributo de terceiro responsável nos termos do artigo 135 do CTN.

De fato, não há norma infraconstitucional específica no ordenamento que dê tratativa distinta no procedimento administrativo para efeito de constituição da relação jurídica em matéria de responsabilidade. Porém, tendo em vista que a própria Constituição Federal dispõe a garantia do devido processo legal e contraditório à toda sociedade, os mesmos critérios e formalidades legais estendem à relação jurídica de responsabilidade tributária.

A apuração de responsabilidade do terceiro que praticou ato doloso relacionado ao fato gerador da obrigação tributária é uma conclusão que deverá ser feita pelo agente fiscal no procedimento de fiscalização. Isto é, o agente fiscal ao fiscalizar o contribuinte e, ao analisar os documentos fiscais, financeiros e contábeis da empresa e outros, deverá verificar se o terceiro responsável praticou atos dolosos relacionados ao fato gerador objeto da fiscalização.

Feita estas considerações, passa-se a tratar, no próximo tópico, de definições sobre o Processo, Procedimento para efeito de melhor compreensão do objeto deste artigo.

1.1 Definição de Processo, Procedimento e Ato

A obrigação tributária é um dever jurídico que deverá ser cumprido pelo sujeito ativo, pelo contribuinte ou até mesmo por terceira pessoa designada por lei.

Elucida-se que há várias razões para o não cumprimento dos mencionados deveres jurídicos, o que poderá acarretar insatisfação de uma das partes envolvidas na relação. Esses descumprimentos podem ocorrer no plano das obrigações tributárias devidas por lei ao contribuinte e à terceira pessoa, ou ainda pelo próprio ente detentor de capacidade para arrecadar, tal como ocorre no caso da recusa imotivada de restituir indébito tributário pleiteado pelo contribuinte perante à administração pública tributária.

Essas diferentes situações de direito precisam, então, ser examinadas nos termos do que a lei prevê e, para isso, há o procedimento e o processo.

É importante salientar que é possível construir diversas interpretações a partir das palavras procedimento e processo, a depender dos contextos em que estiverem inseridas.

Inicialmente, o procedimento pode ser conceituado como a forma de proceder ou o método adotado para atingir um dado fim. E, procedimento administrativo tributário, espécie do gênero procedimento, consiste nos atos praticados pela administração pública tributária para fiscalizar os contribuintes e arrecadar os tributos.

RUY BARBOSA NOGUEIRA conceitua, em matéria de direito tributário, procedimento administrativo como sendo a "*sequência ordenada de atos tendentes a verificar a ocorrência do fato gerador da obrigação correspondente, determinar a matéria tributável, calcular o montante do tributo devido, identificar o sujeito passivo e, sendo o caso, propor a aplicação da penalidade cabível.* Noutro falar, trata-se *de um modo de proceder para que tanto a imposição, como a arrecadação e a fiscalização sejam feitas na medida e na forma previstas na lei*"[3].

3. NOGUEIRA, Ruy Barbosa. *Curso de Direito Tributário*. 9. ed. São Paulo: Saraiva, 1989, p. 248.

O procedimento fiscal é, dentro do conceito proposto, a forma administrativa de examinar e apurar as obrigações para que as leis sejam devidamente aplicada tanto para defender os interesses do sujeito ativo como do sujeito passivo contra quem a cobrança do tributo é exigida.

É cabível afirmar que o procedimento administrativo tributário tem, em primeiro plano[4], a finalidade de proceder com o lançamento tributário. E, este lançamento, poderá se dar de ofício pela pessoa política, como ocorre no caso do IPTU, ITR e taxas ou, ainda, como também poderá decorrer de lavratura de auto de infração.

Há também o procedimento fiscal consistente na análise feita pela fiscalização frente a pedido formulado pelo contribuinte de restituição de indébito tributário que este entenda devido ou, ainda, ao efetuar compensações tributárias realizadas com ajustes contábeis.

Neste caso será analisado, com base nos dados constantes no sistema da administração pública, se são ou não procedentes as pretensões do contribuinte ou outra pessoa revestida de direito subjetivo[5]. Neste caso, vale frisar, que quem motivará a abertura do procedimento é o sujeito ativo de direito distinto da pessoa política.

Considerando o conceito de procedimento administrativo como todos os atos praticados no lançamento para a constituição de crédito tributário, não há que se falar em litígio. Este

---

4. No procedimento administrativo, além da função legal de constituir o crédito tributário, dentro da tese proposta, terá também como finalidade de construir provas para eventual constituição da relação jurídica de responsabilidade tributária contra o terceiro, nos termos do artigo 135 do CTN.

5. Toda análise feita pela fiscalização é um procedimento que compete à administração pública com base nas informações constantes no seu banco de dados. A título de exemplo pode ser citada a compensação previdenciária decorrente da retenção de 11% de Contribuição Previdenciária no caso de sessão de mão de obra. Caso a RFB entenda que não procede a pretensão do contribuinte, lavrada um despacho decisório. Contra esta negativa o sujeito de direito (contribuinte) poderá apresentar manifestação de inconformidade que será analisada/julgada em processo administrativo pelas instâncias competentes.

somente nascerá se, e somente se, uma das partes discordar da cobrança tributária ou, ainda em se tratando de negativa de restituição do indébito por parte da fiscalização. Portanto, somente em caso de discordância da conclusão atingida no procedimento – havendo o ato impugnatório – é que se estabelecerá o conflito de interesses.

Nestes termos, concluído o procedimento administrativo tendente a investigar a obrigação tributária ou a pretensão propugnada pelo contribuinte e, seguidamente, havendo o ato impugnatório, surgirá então a segunda fase administrativa tributária, ou seja, a processual.

Inicialmente, por **processo**, dentro do conceito proposto, deve-se entender por uma situação de fato em que uma pessoa litiga um direito subjetivo (dar, fazer ou não fazer) contra outra pessoa que poderá, ou não, ser detentora do dever jurídico de reparar a pretensão pugnada.

No **processo administrativo**, gênero do qual **processo tributário** é espécie, é a fase em que as partes – pessoa política, contribuinte e terceira pessoa – litigam.

Por haver contraposições de verdades de fatos e matéria probatória, o rito processual deverá ser seguido, criteriosamente, nos termos da Constituição Federal. Todas as normas constitucionais deverão ser aplicadas no processo tributário. Assim, não há qualquer critério que poderá ser estabelecido que confronte com os direitos e garantias individuais previstos na Carta Maior.

Nos termos ora expostos, no processo administrativo tributário presume-se existir, previamente, um procedimento. Pois, é no procedimento fiscal que será apresentada toda a fundamentação de direito para a constituição de crédito tributário. O processo administrativo geralmente é decorrente da lavratura de um auto de infração ou, por também iniciativa de pessoa diversa da administração que impugna a resposta dada por esta a um pedido formulado.

RUY BARBOSA NOGUEIRA[6] ao conceituar processo tributário,

> [...] assim compreendida toda forma de discussão, da obrigação principal, seja da obrigação acessória, explica que pode desenvolver-se em duas ou uma só esfera. Na instância administrativa e em seguida na judiciária ou apenas em uma delas, pois se a solução administrativa dada pela Fazenda é favorável ao contribuinte, ou este se conforma com a solução, o caso termina só com a atividade administrativa.

PAULO DE BARROS CARVALHO[7], ratificando a importância da distinção das duas figuras, utiliza **processo** remetendo ao campo jurisdicional, em que se pressupõe a existência de órgão estatal, independente e imparcial, com o objetivo de compor litígio e que se opere no plano da atividade jurisdicional.

Isto é, para o jurista a palavra processo deverá remeter ao litígio desenvolvido perante os órgãos do Poder Judiciário. Enquanto que, **procedimento**, mesmo reconhecendo que poderá utilizar a expressão para nominar também a conjunção dos atos e termos na relação processual, interpreta que é apropriado referir-se à discussão no curso da esfera administrativa. Concluiu, portanto, que procedimento deverá ser aludido à impugnação de atos administrativos.

CANDIDO RANGEL DIMAMARCO, ao tratar do tema define que o processo é uma realidade complexa que figuram dois elementos distintos e interligados: i) o procedimento, como série de atos coordenados a partir de uma demanda e direcionado a um provimento de um juiz e a ii) relação jurídica processual, que é um vínculo complexo entre sujeitos processuais (juiz, autor e réu) que *se expressa com inúmeras*

6. NOGUEIRA, Ruy Barbosa. *Curso de Direito Tributário*. 9. ed. São Paulo: Saraiva, 1989, p. 249.

7. CARVALHO, Paulo de Barros. *Direito Tributário* – Linguagem e Método. 5. ed. São Paulo: Noeses, 2013, p. 905-906.

situações ocupadas por eles do princípio ao fim (deveres, poderes, faculdades, ônus, sujeição, autoridade).[8]

Assim, para o processualista, não há como distinguir normas que disciplinam os procedimentos sem influência na relação jurídica processual e, da mesma forma, é impossível encontrar normas de direcionamento único ao procedimento e normas direcionadas apenas à relação processual. Para o autor toda norma sobre procedimento em juízo é norma processual porque o procedimento integra o conceito de processo.

HELY LOPES MEIRELLES, por sua vez, distingue processo como um conjunto de atos coordenados para a obtenção de decisão sobre uma controvérsia no âmbito judicial ou administrativo e procedimento como o rito de realização do processo, isto é, o rito processual.

Neste trabalho adotar-se-á **procedimento administrativo** como os atos praticados pela fiscalização para a constituição do crédito tributário ou resposta a um pedido formulado pelo contribuinte e, por **processo administrativo**, como sendo a fase contenciosa em que haverá a contraposição de interesses da pessoa política com o contribuinte ou terceira pessoa.

Por **ato administrativo**, por sua vez, pode-se entender como todas as manifestações unilaterais praticadas sejam no procedimento administrativo (fase não litigiosa) ou no processo administrativo (fase litigiosa).

1.2 Início do procedimento fiscal

No Brasil há dezenas de tributos que são exigidos da população. Cada um deles tem sua regra matriz de incidência específica e sua finalidade de arrecadação é sempre justificada para custear com certos custos/despesas sociais.

8. DINAMARCO, Cândido Rangel. *Instituições de Direito Processual Civil.* V. 1, 6. ed. São Paulo: Malheiros, 2009, p. 68-69.

Em se tratando de tributos cujos fatos geradores não se confundem, os procedimentos de arrecadação e fiscalização poderão ou não ser iguais. A título de exemplo, no âmbito federal a fiscalização seguirá um procedimento para arrecadar os tributos previdenciários e outro para arrecadar tributos cuja base de cálculo decorre da receita; no âmbito estadual, a técnica de arrecadação e fiscalização de ICMS não será a mesma daquela utilizada para fiscalizar e arrecadar o IPVA e ITCMD. E, por fim, o mesmo ocorre com o município, cujo procedimento para arrecadar e fiscalizar o ISS é absolutamente distinto daquele utilizado para o caso do IPTU.

Ratifica-se que, no procedimento de arrecadação e fiscalização, a administração pública segue formalidades e critérios específicos para cada tributo. Tanto assim que, maioria das vezes, até mesmo os agentes públicos competentes são instalados em setores específicos.

Ocorre, porém, que, mesmo que os procedimentos de arrecadação e fiscalização observem legislação, formalidades, critérios específicos – o fato é que, em toda constituição do crédito tributário em face de pessoas que não os contribuintes propriamente ditos, há que ser instaurado o procedimento de apuração dos atos previstos dos artigos 134[9] e 135 do CTN, que fundamentam a pretensão da pessoa política.

Em geral, o procedimento de fiscalização poderá ser iniciado por vários fatores. Seja por denúncia de fraude, em razão da atividade exercida pela empresa, oscilação de faturamento em que

9. "Art. 134. Nos casos de impossibilidade de exigência do cumprimento da obrigação principal pelo contribuinte, respondem solidariamente com este nos atos em que intervierem ou pelas omissões de que forem responsáveis: I - os pais, pelos tributos devidos por seus filhos menores; II - os tutores e curadores, pelos tributos devidos por seus tutelados ou curatelados; III - os administradores de bens de terceiros, pelos tributos devidos por estes; IV - o inventariante, pelos tributos devidos pelo espólio; V - o síndico e o comissário, pelos tributos devidos pela massa falida ou pelo concordatário; VI - os tabeliães, escrivães e demais serventuários de ofício, pelos tributos devidos sobre os atos praticados por eles, ou perante eles, em razão do seu ofício; VII - os sócios, no caso de liquidação de sociedade de pessoas. Parágrafo único. O disposto neste artigo só se aplica, em matéria de penalidades, às de caráter moratório."

há uma redução do recolhimento tributário, em decorrência de pedido formulado pelo contribuinte de indébito – dentre outras.

A administração fiscal, motivada por alguma situação de fato, conforme exemplos mencionados, designará um agente público e será instaurado um procedimento fiscal contra o contribuinte para fiscalizá-lo.

Há casos de grandes contribuintes os quais são designados agentes públicos para acompanhar todas as atividades econômico-tributários das empresas diariamente, como ocorre no controle que é feito pela Receita Federal do Brasil sobre as entradas e saídas de insumos de produtos nas empresas que fabricam bebidas e produtos de fumo.[10]

Como exemplo pode-se destacar também o controle feito pelas Fazendas dos Estados em empresas que praticam a atividade de venda de mercadoria, que industrializam produtos ou que prestem serviços. A fiscalização do Estado busca sempre verificar se as empresas de grande porte (ou grandes contribuintes), principalmente, aquelas que importam insumos, mantém o controle interno de estoque (insumos, produtos industrializados ou mercadorias) e a sua origem, considerando o crescente número de empresas declaradas inidôneas que praticam fraudes nos dias atuais[11].

Pois bem. O primeiro ato da administração tributária no procedimento fiscal se dará por meio de uma notificação ao contribuinte. Esta notificação poderá ocorrer diretamente pelo agente público ou via correio. Atualmente, há uma

10. Esta medida adotada pela Receita Federal do Brasil é uma ferramenta que visa coibir controles fraudulentos de bebidas e cigarros com o intuito de burlar a fiscalização, conforme Portaria 2.284, de 29 de novembro de 2010, da Receita Federal do Brasil.

11. No caso, as empresas declaradas inidôneas pelas fazendas dos Estados são aquelas que emitem notas fiscais de venda de insumos ou mercadorias. Quando constatada tal prática pela fiscalização, as empresas que adquiram o produto/insumo têm o direito de creditamento do ICMS na entrada prejudicado. Por ser uma questão muito comum nos dias atuais, como ocorre no Estado de São Paulo, as empresas que adquirem insumos para industrializar estão tomando alguns cuidados para evitar que a administração fiscal do Estado considere os creditamentos realizados em livros fiscais na entrada de produtos inidôneos.

tendência das notificações também serem efetuadas por meio eletrônico, como já ocorre no caso da Fazenda do Estado de São Paulo que intima o contribuinte, ou o advogado devidamente constituído, pelo certificado digital.

Na notificação, a administração pública poderá solicitar que o contribuinte apresente documentos fiscais, contábeis e financeiros com o objetivo de verificar se as obrigações tributárias – seja ela acessória ou principal – estão sendo cumpridas corretamente.

Nessa primeira fase, o agente fiscal analisará todos os documentos e, se atingir uma conclusão exata sobre as questões fiscais, contábeis e financeiras, poderá solicitar esclarecimentos adicionais sobre as operações ou, ainda, novos documentos para formar a sua convicção.

Após analisados os documentos, o agente fiscal, concluindo que todas as obrigações tributárias foram corretamente cumpridas pelo contribuinte, lavrará o termo fiscal de encerramento do procedimento de fiscalização, atestando situação regular ou, concluindo pela irregularidade, lavrará o auto de infração constituindo crédito tributário (principal e acessório) ou, ainda, multa sancionatória (multa isolada ou punitiva), por não cumprimento de obrigação acessória ou por eventual prática de ilícito tributário constatado no procedimento fiscal.

Em referência a eventual inadimplemento de tributos em que há a constituição de crédito, mas não foi constatado qualquer prática de ilícito praticado por pessoa que ocupa a função de terceiro responsável pela empresa, ocupará o polo passivo no auto de infração (ou outra denominação dada ao documento fiscal de constituição do crédito tributário) apenas o contribuinte.

Analisando o artigo 135 do CTN, conforme já tratado anteriormente, o mero inadimplemento da obrigação tributária não caracteriza a responsabilidade do terceiro. Este entendimento já está consolidado pelo STJ ao editar a Súmula 430:

> *O inadimplemento da obrigação tributária pela sociedade não gera, por si só, a responsabilidade solidária do sócio-gerente.*

Todavia, considerando se o agente público, com base na análise dos documentos, declarações apresentadas pela empresa ou outro meio de prova, constate a prática de ato doloso relacionado ao fato gerador da obrigação tributária, o mesmo deverá lavrar um termo de responsabilidade tributária, devidamente fundamentado, e constituir a relação jurídica contra o terceiro exigindo contra ele o cumprimento do dever legal em pagar o tributo.

Com o término do procedimento fiscal, o contribuinte deverá ser notificado para assinar o termo. Trata-se, portanto, de uma fase não contenciosa. Não há qualquer litígio entre o fisco e o contribuinte no procedimento fiscal.

Analisando o artigo 14 do Decreto 70.235/72 constata-se que o nascimento do litígio se consumará somente se o sujeito passivo apresentar a impugnação à autuação fiscal:

> Art. 14. A impugnação da exigência instaura a fase litigiosa do procedimento.

Nesse sentido foi prolatado o acórdão 1301001.463 nos autos do processo administrativo nº 10283.721300/2008-16 pela 3ª CÂMARA/1ªSEJUL em 08/04/2014[12]:

> PROCEDIMENTO DE FISCALIZAÇÃO. NATUREZA INQUISITÓRIA. CERCEAMENTO DO DIREITO DE DEFESA. INOCORRÊNCIA. O procedimento de fiscalização representa o momento em que a autoridade fazendária pratica atos e lavra termos objetivando reunir elementos para uma eventual formalização de exigência fiscal. Nos termos do art. 14 do Decreto 70.235, de 1972, **a fase litigiosa do procedimento é instaurada a partir da apresentação de impugnação à exigência formalizada, ocasião em que o contribuinte passa exercer o seu direito de defesa, descabendo falar em cerceamento desse referido direito antes da inauguração do litígio.**

Atualmente, a fiscalização de um modo geral tal como a União, Estado de São Paulo e Município de São Paulo, não se

12. BRASIL. Ministério da Fazenda. *Processo Administrativo nº 10283.721300/2008-16*. Acórdão nº 1301-001.463. Julgamento: 08 abr. 2014. Órgão Julgador: 3ª Câmara; 1ª Turma Ordinária. Publicação: 08 jun. 2015, grifo nosso.

atem ao cuidado constituir o procedimento administrativo para apurar se foi praticado pelo terceiro responsável algum ato, nos termos do artigo 135 do CTN, relacionado ao fato gerador.

Em muitos casos, a fiscalização, quando assim o faz, inclui o terceiro responsável com o codevedor em execução fiscal. Portanto, não é comum se deparar com procedimento específico apurando eventual prática de ato relacionado com o fato gerador, objeto da autuação fiscal, por exemplo.

Em síntese, as responsabilidades dos terceiros geralmente são acusadas quando da inscrição da dívida ativa, na propositura da execução fiscal ou, até mesmo, já na tramitação da execução fiscal.

Noutro falar, a fiscalização de modo geral não cumpre com o dever de instaurar o procedimento de apuração de terceiro responsável. A observância de procedimento administrativo é o que exatamente fundamentará eventual cobrança tributária contra o terceiro.

1.3 Conclusão do ato de fiscalização

Conforme exposto, o procedimento fiscal se inicia com a notificação do contribuinte. A fiscalização lavrará um termo de intimação, que deverá ser assinado pelo superior responsável administrativo e pelo agente fiscal designado. Neste termo, que é entregue diretamente ao contribuinte, constará uma lista de documentos que deverão ser apresentados para a fiscalização analisar se todas as obrigações tributárias foram devidamente cumpridas em determinado período fiscal previamente estabelecido na notificação.

Recebidos os documentos e analisados pelo agente fiscal, a conclusão poderá ser que as informações financeiras contabilizadas e apresentadas pelo contribuinte são procedentes ou, então, lavrar o Auto de Infração, fundamentando nos dados colhidos no procedimento fiscal, constituindo crédito tributário e aplicando multa cabível.

Considerando que o agente fiscal, ao analisar os documentos da empresa verifique a prática de atos ou omissão de atos praticados por terceiros responsáveis relacionados aos fatos geradores fiscalizados, deverá lavrar o termo de responsabilidade, fundamentado e provas, exigindo também, contra terceira pessoa diferente do contribuinte, o cumprimento da obrigação tributária. A hipótese normativa neste caso é o artigo 135 do CTN.

Isto porque, conforme exposto, por se tratar de uma responsabilidade pessoal, analisando o mencionado dispositivo, haverá a exclusão do contribuinte e será instaurada uma relação jurídica contra o terceiro responsável.

É importante salientar ainda que, no caso da responsabilidade do artigo 134 do CNT, esta somente incide quando ocorrer a impossibilidade de quitação do débito pelo contribuinte e somado a prática de ato culposo ou omissão (impossibilidade do contribuinte + ato culposo ou omissivo praticado pelo terceiro responsável). Portanto, neste caso, conforme restará exposto, não é possível instaurar a fase administrativa contra os terceiros relacionados nos incisos do mencionado artigo.

Feitas as considerações sobre a fase procedimental, passa-se a tratar da produção probatória como um dever jurídico sujeito ativo ao lançar o tributo e do sujeito passivo para contestar a cobrança que lhe é exigida.

1.4 A prova e a verdade material como elementos necessários para a responsabilização do terceiro

A prova é elemento necessário em todas as relações em que houver conflito. É a figura jurídica que sustentará as alegações das partes ao defenderem seus interesses e direitos.

Conforme conceituado por FABIANA DEL PADRE TOMÉ,

> [...] a prova apresenta importância capital no ordenamento jurídico. É por meio dela que se compõe o fato jurídico, em todos

> os seus aspectos (conduta nuclear, tempo e espaço), bem como o sujeito que o praticou e sua medida, dados fundamentais para a determinação do liame obrigacional a ser estabelecido. Podemos dizer, em síntese, que a linguagem das provas é da ordem da aplicação do direito[13].

Esse tópico tem como objetivo justamente analisar a prova que deverá ser produzida no procedimento e no processo administrativo tributário, os sujeitos que estarão aptos a fazê-las e em que momento.

Primeiramente, destaca-se que o lançamento de crédito tributário é um ato que deverá ser realizado na primeira etapa da relação jurídica, ou seja, na fase procedimental. Isso porque o lançamento é um poder/dever da administração pública de realizá-lo, logo se concluindo que somente ela poderá/ deverá produzir a prova que fundamentará a sua pretensão.

Assim, a partir do momento que são apresentados os documentos contábeis, fiscais e financeiros pelo contribuinte no procedimento de fiscalização, o agente fiscal construirá seu juízo de valor verificando se existe ou não inconsistências nas eventuais declarações prestadas anteriormente.

Constatando irregularidades, o agente fiscal, deverá descrever as suas intepretações e, fundamentando no contexto probatório que teve acesso, relatar em termo conclusivo fiscal as suas considerações.

Em síntese, a presunção de legitimidade dos atos administrativos não dispensa a pessoa política de construir o complexo de provas. O seu direito ao lançamento tributário, somente se confirmará se ficar comprovado que o fato ocorrido subsumi à hipótese de incidência – tanto na constituição de tributos quanto na aplicação de penalidade por descumprimento de dever jurídico por parte do administrado.

---

13. TOMÉ, Fabiana Del Padre. Teoria Geral das Provas no Direito Tributário. *Revista Jurídica Consulex,* ano XI, nº 433, p. 6-9, 1º fev. 2015. Acesso em: 15 set. 2016.

Da mesma forma que caberá à administração pública se pautar em provas para o lançamento de crédito tributário, também é dever do sujeito passivo ou terceira pessoa, comprovar o seu inconformismo sobre o que lhe esteja sendo imputado.

Não é suficiente que a administração tributária apenas descreva os fatos na autuação fiscal lançando o tributo ou penalidade cabível. Todo e qualquer lançamento em auto de infração deverá ser acompanhado das provas que o fundamente.

Nesse toar, no procedimento, o contribuinte ou terceira pessoa, apenas apresente os documentos e esclarecimentos solicitados pela fiscalização. As informações prestadas e entregues ao agente fiscal terão como finalidade única a confirmação de que as obrigações tributárias foram cumpridas nos termos da legislação vigente. Assim, por se tratar de ato vinculado da administração pública, não haverá o contraditório, pois não há relação processual antes do lançamento tributário.

A figura do sujeito passivo somente nascerá quando do encerramento da operação fiscal, ou seja, do procedimento fiscal finalizado. Havendo inconformismo, este poderá apresentar sua impugnação se valendo de todos os meios de provas cabíveis em direito, para contestar o ato de lançamento do crédito tributário.

Pois bem, em que momento o sujeito passivo da relação jurídica tributária deverá apresentar provas para refutar as alegações/conclusões do lançamento realizado pela administração tributária?

O Decreto 70.235, de 6 de março de 1972, mais precisamente em seu artigo 16[14], dispõe que as provas deverão ser

---

14. "Art. 16. [...] 4º A prova documental será apresentada na impugnação, **precluindo o direito de o impugnante fazê-lo em outro momento processual**, a menos que: a) fique demonstrada a impossibilidade de sua apresentação oportuna, por motivo de força maior; b) refira-se a fato ou a direito superveniente; c) destine-se a contrapor fatos ou razões posteriormente trazidas aos autos" (BRASIL. Presidência da República. *Decreto nº 70.235, de 6 de março de 1972*. Dispõe sobre o processo administrativo fiscal, e dá outras providências. Brasília: DOU, 7 mar. 1972).

apresentadas no ato da impugnação. Este é, portanto, o momento legal para efeito de apresentação de provas.

Entretanto, a questão do momento das provas em processos administrativos é ainda muito debatida pelos órgãos julgadores e na ciência do direito. Muitos se posicionam que, em razão da busca da verdade material, é possível apresentá-las até a decisão final. Outros fundamentam, em observância ao princípio da legalidade, que é limitado ao ato impugnatório, ressalvadas as hipóteses previstas no mencionado diploma legal para fazê-la em momento posterior.

Este é também a interpretação construída por SÉRGIO FERRAZ e o ADILSON ABREU DALLARI ao comparar a verdade material no âmbito do processo judicial com o processo administrativo. Veja-se:[15]

> Em oposição ao princípio da verdade formal, inerente aos processos judiciais, no processo administrativo se impõe o princípio da verdade material. O significado deste princípio pode ser compreendido por comparação: no processo judicial habitualmente se tem entendido que aquilo que não consta dos autos não pode ser considerado pelo juiz (ao qual se reconhece, contudo, certa margem de liberdade na investigação da verdade e, mesmo, da produção de provas), cuja decisão fica adstrita às provas ali produzidas; no processo administrativo o julgador deve sempre buscar a verdade, ainda que para isso tenha que se valer de outros elementos além daqueles trazidos aos autos pelos interessados.

Para corroborar com a citação acima vale transcrever ainda a explicação da ODETE MEDAUAR sobre a importante busca da verdade material para a aplicação do direito – no sentido de que a administração decida com base na realidade dos fatos e valendo de provas lícitas que a administração tem plena liberdade de produzir[16].

---

15. FERRAZ, Sérgio; DALLARI, Adilson Abreu. *Processo Administrativo*. São Paulo: Malheiros, 2012, p. 133.

16. MEDAUAR, Odete. *Direito administrativo moderno*. 11 ed. rev. e atual. São Paulo: Revista dos Tribunais, 2007, p. 170.

> O princípio da verdade material ou real, vinculado ao princípio da oficialidade, exprime que a Administração deve tomar as decisões com base nos fatos tais como se apresentam na realidade, não se satisfazendo com a versão oferecida pelos sujeitos. Para tanto, tem o direito e o dever de carrear para o expediente todos os dados, informações, documentos a respeito da matéria tratada, sem estar jungida aos aspectos considerados pelos sujeitos. Assim, no tocante a provas, desde que obtidas por meios lícitos (como impõe o inciso LVI do art. 5º da CF), a Administração detém liberdade plena de produzi-las.

JAMES MARINS na mesma linha explica que todos os atos administrativos, nas atividades de fiscalização – tanto no procedimento como no processo administrativo - deve-se de pautar em provas concretas para buscar ao máximo atingir a realidade dos acontecimentos. Observa-se, ainda, que o mesmo autor salienta que tal aproximação à realidade dos fatos é um dever também de colaboração do particular, ou seja, sujeito passivo da relação jurídica tributária [17]

> A busca pela verdade material é princípio de observância indeclinável da Administração Tributária no âmbito de suas atividades procedimentais e processuais. Deve fiscalizar em busca da verdade material; deve apurar e lançar com base na verdade material. As faculdades fiscalizatórias da Administração Tributária devem ser utilizadas para o desvelamento da verdade material e seu resultado deve ser reproduzido fielmente no bojo do procedimento e do processo administrativo. **O dever de investigação da Administração e o dever de colaboração por parte do particular têm por finalidade propiciar a aproximação da atividade formalizadora com a realidade dos acontecimentos.**

A busca da verdade material é conceituada pelo argentino ROBERTO DROMI como extrema relevância no processo administrativo. Explica o doutrinador que se a decisão administrativa não se ajusta com a verdade dos fatos está restará viciada [18]

17. MARINS, James. *Direito Processual Tributário Brasileiro* (Administrativo e Judicial). 2. ed. São Paulo: Dialética, 2002, p. 177.

18. DROMI, Roberto. *Instituciones de Derecho Administrativo*. Buenos Aires: Edito-

> Mientras que en el proceso civil el juez debe necesariamente constreñirse a juzgar según pruebas aportadas por las partes (verdad formal), en el procedimiento administrativo él organo debe ajustarse a los hechos, prescindindo de que hayan sido alegados y probados por el particular o no (verdad material). Si la decision administrativa no se ajustar a los hechos materialmente verdaderos su acto estaria viciado.

A título de exemplo, vale transcrever o acórdão prolatado pelo CARF em 2014 que, analisando o tema com base em importantes princípios aplicáveis em processos administrativos, tal como a ampla defesa e a verdade material, assim decidiu que:

> PRINCÍPIOS PROCESSUAIS. PRECLUSÃO. OFICIALIDADE. VERDADE MATERIAL. APRESENTAÇÃO DAS PROVAS. CONSIDERAÇÃO. O direito da parte à produção de provas posteriores, até o momento da decisão administrativa comporta graduação, a critério da autoridade julgadora, com fulcro em seu juízo de valor acerca da utilidade e da necessidade, de modo a assegurar o equilíbrio entre a celeridade, a oficialidade, a segurança indispensável, a ampla defesa e a verdade material, para a consecução dos fins processuais.[19]

O mesmo órgão julgador, ao justificar a possibilidade de apresentar provas em fase recursal, ou seja, antes de decisão final administrativa, fundamenta a sua conclusão analisando o princípio da instrumentalidade processual e verdade material. Vejamos:

> PROCESSO ADMINISTRATIVO TRIBUTÁRIO PROVA MATERIAL APRESENTADA EM SEDE DE RECURSO VOLUNTÁRIO PRINCÍPIO DA INSTRUMENTALIDADE PROCESSUAL E A BUSCA DA VERDADE MATERIAL. <u>A não apreciação de provas trazidas aos autos depois da impugnação e já na fase recursal, antes da decisão final administrativa fere o princípio da</u>

---

rial Astrea de Rodolfo Depalma y Hnos, 1973, p. 510.

19. BRASIL. Ministério da Fazenda. Conselho Administrativo de Recursos Fiscais. *Processo nº 10880.008207/2006-11*. Acórdão: 2801-003.682. Relator: Marcio Henrique Sales Parada. Julgamento: 9 set. 2014. Órgão Julgador: Primeira Turma Especial. Publicação: 02 mar. 2015, grifo nosso.

> instrumentalidade processual prevista no CPC e a busca da verdade material, que norteia o contencioso administrativo tributário.[20]

Analisando o dispositivo legal conjuntamente com as duas decisões que fundamentam na possibilidade de apresentar provas em momentos posteriores ao ato de impugnação, ou seja, na fase recursal, concluiu-se que deverá haver critérios a serem observados e formalidades a serem cumpridas.

Até mesmo em prol da celeridade processual, há que ter formas e tempo adequados para a apresentação de provas. Se o sujeito passivo da relação jurídica tributária processual, por exemplo, teve a oportunidade plena para apresentar certos documentos na impugnação e, injustificadamente, não o fez, deverá ser recusada a sua apresentação em momento posterior.

Existem regras e formas nos procedimentos e processos administrativos tributários e estas deverão ser cumpridas rigorosamente a fim de se controlar a legalidade nos atos de constituição do crédito tributário. Registre-se que o fato da possibilidade de reforma da decisão administrativa pelo judiciário isso, não lhe tira a sua força normativa e nem tão pouco sua importância como órgão julgador.

A busca da verdade material, nos processos administrativos tributários, deverá ser analisada com cautela. Não há dúvida que esta fase é o momento mais importante para se argumentar e comprovar as verdades dos fatos, porém existem limites nos direitos de defesas.

A título de exemplo, se não foi possível a apresentação de uma planilha de demonstração de faturamentos/receitas/custos que requeira uma equipe qualificada e um tempo superior a 30 dias para apresentação nos autos, em busca da verdade material, é dever jurídico da administração aceitá-la posteriormente.

---

20. BRASIL. Ministério da Fazenda. Conselho Administrativo de Recursos Fiscais. *Processo nº 10320.001336/200209*. Acórdão nº 3301-002.284. Relatora: Fabia Regina Freitas. Julgamento: 23 abr. 2014. Órgão Julgador: 3ª Câmara; 1ª Turma Ordinária. Publicação: 5 mar. 2015.

Nem sempre o tempo para impugnações ou recursos administrativos é suficiente para juntada de todos os documentos necessários para confrontação com as conclusões fiscais no lançamento. Assim, sendo justificadamente comprovada a impossibilidade de apresentação de documentos no ato impugnatório, nos termos Decreto nº 70.235/1972, o julgador deverá acolhê-los e apreciá-los como prova.

Analisando a questão em relação ao lançamento tributário – seja feito "de ofício" ou autuação fiscal – conclui-se pela possibilidade de apresentação de prova em fase recursal desde que, comprovada sua impossibilidade de fazê-la no ato da impugnação.

E quando se tratar de pedido de restituição de indébito tributário recusado pela administração pública? Até que momento o sujeito de direito ao crédito poderá apresentá-la? Será no pedido de restituição inicialmente apresentado ou na Manifestação de Inconformidade?

Sobre este ponto o CARF também se manifestou ao prolatar o recente Acórdão 3402-002.827. Veja-se:

> COMPENSAÇÃO. LIQUIDEZ E CERTEZA DO CRÉDITO. ÔNUS DA PROVA. INSUFICIÊNCIA. PRECLUSÃO. VERDADE MATERIAL. As alegações constantes da manifestação de inconformidade devem ser acompanhadas de provas suficientes que as confirmem, precluindo o direito de fazê-lo em momento posterior. Documentos insuficientes com que pretende o contribuinte fazer prova podem ser afastados diante de abundante e minuciosa demonstração probatória apresentada pela Autoridade Fiscal, prevalecendo esta em desfavor daquela, ainda mais quando não contestada para a apuração de crédito tributário em favor do contribuinte. O afastamento da preclusão em privilégio da verdade material pode se dar apenas diante de prova que se mostre inconteste para o julgador[21].

---

21. BRASIL. Conselho Administrativo de Recursos Fiscais. *Processo nº 15374.901978/2008-85*. Acórdão nº 3402-002.827. Relator: Thais De Laurentiis Galkowicz. Julgamento: 25 jan. 2016. Órgão Julgador: 4ª Câmara, 2ª Turma Ordinária, 3ª Seção. Publicação: 11 fev. 2016.

Considerando que se trata de primeira defesa, ainda que a questão se refira a pedido formulado pelo sujeito de direito, diferente da pessoa política, os mesmos critérios e formalidades de defesa deverão ser seguidos/cumpridos.

Uma vez negada, pela administração tributária, a restituição de indébito ao sujeito de direito, os meios de provas deverão ser anexados ao ato impugnatório.

Aplicando a mesma sistemática em impugnação apresentada em face de lançamentos tributários, no caso da Manifestação de Inconformidade, a apresentação é possível em momento posterior, nos termos do Decreto 70.235/1972.

Outro ponto sobre o tema que merece ser analisado é a questão da prova pericial. Seria possível apresentação de prova pericial no âmbito do processo administrativo tributário?

A prova pericial é um importante elemento que deverá ser sempre construído quando o objeto do conflito requerer uma linguagem técnica que relate a verdade dos fatos. É uma prova técnica, relatada em documento físico, perfeitamente aplicável no âmbito do administrativo tributário.

A sua construção deverá observar sempre os critérios legais bem como todas outras provas admitidas em direito. Por se tratar de procedimento que requer a contratação de perito, separação e análise de documentos, e auditorias, dentre outras atividades justificadas, o julgador deverá, em busca da verdade material, aceitá-la em momento posterior.

No caso concreto, é importante que o sujeito de direito requeira a prova pericial dentro do prazo da impugnação. Ou, considerando que o julgador não esteja satisfeito com as provas constantes dos autos para formar a sua convicção, poderá requerê-la na fase em que processo se encontre – até final decisão administrativa.

> PERÍCIA. DESNECESSIDADE. INDEFERIMENTO. A perícia tem, como destinatária final, a autoridade julgadora, a qual possui a prerrogativa de avaliar a pertinência de sua realização para

> a consolidação do seu convencimento acerca da solução da controvérsia objeto do litígio, sendo-lhe facultado indeferir aquelas que considerar prescindíveis ou impraticáveis[22].

A prova é extremamente importante na instância administrativa em cumprimento do princípio da legalidade. A verdade material ou liberdade das provas, conforme leciona HELY LOPES MEIRELLES, autoriza a administração pública a valer-se de qualquer prova que a autoridade processante ou julgadora tenha conhecimento, desde que faça transladar no processo[23].

O sujeito passivo, ao defender-se do lançamento tributário, deverá adotar o ato impugnatório como momento jurídico para anexar as provas possíveis e estiverem disponíveis. Caso o prazo seja insuficiente para constituí-las, como poderá ocorrer para realização de auditorias contábeis e financeiras, ele deverá esclarecer e comprovar a razão dos fatos impeditivos em apresentá-las naquele momento, requerendo a juntada em momento oportuno em busca da verdade material – o que deverá ser acolhido pela administração pública.

1.5 Da instauração do contencioso administrativo contra o terceiro responsável

Conforme ensinamentos de RUBENS GOMES DE SOUSA, o contencioso tributário é sempre de iniciativa do contribuinte, exatamente porque caberá a este alegar o que funda o seu direito, seja e opondo ao lançamento de iniciativa da fiscalização, *seja alegando diretamente que não deve ser lançado, seja ainda pedindo restituição do que já tenha pago*[24]. Em todos

---

22. BRASIL. Conselho Administrativo de Recursos Fiscais. *Processo nº 19647.011220/2007-76*. Acórdão nº 2301-004.018. Relator: Manoel Coelho Arruda Junior. Julgamento: 16 abr. 2014. Órgão Julgador: 3ª Câmara, 1ª Turma Ordinária, 2ª Seção de Julgamentos. Publicação: 19 fev. 2015.

23. MEIRELLES, Hely Lopes. *O Processo Administrativo em Especial o Tributário*. São Paulo: Resenha Tributária, 1975, p. 20.

24. SOUSA, Rubens Gomes de. *Compêndio de Legislação Tributária*. 3. ed. Rio de Janeiro: Edições Financeiras S.A., 1960, p. 123.

os casos destacados o contencioso (no âmbito administrativo) se inicia por descontentamento do contribuinte frente à pretensão da administração tributária.

É imperioso destacar que, para haver a mencionada oposição deve-se tem como premissa que toda cobrança de um tributo prescinde de um lançamento anterior realizado pela administração pública. Não basta a ocorrência do fato que se subsuma a hipótese de incidência de uma norma jurídica.

Conforme leciona LUCIANO AMARO, com a simples prática do fato gerador, o indivíduo só será compelível ao pagamento do tributo pertinente se o sujeito ativo efetivar o ato formal previsto em lei, para a determinação do valor do tributo, dele cientificando o sujeito passivo. Antes da consecução desse ato, embora nascida a obrigação tributária, ela está desprovida de exigibilidade.[25]

O artigo 142[26] prescreve que é da competência privativa da administração pública constituir o crédito tributário, assim entendido como o procedimento administrativo tendente a verificar: a) a ocorrência do fato gerador da obrigação tributária; b) determinar a matéria tributável; c) calcular o montante do tributo devido; d) indicar o sujeito passivo; e) aplicar a penalidade cabível, quando for o caso. O parágrafo único do mesmo diploma legal dispõe ainda que o lançamento tributário é vinculado e obrigatório, sob pena de responsabilidade funcional.

Considerando que o contencioso administrativo é sempre provocado pelo sujeito passivo, o processo será sempre iniciado por uma petição dirigida à própria autoridade administrativa[27] que constituiu o crédito através do lançamen-

---

25. AMARO, Luciano. *Direito Tributário Brasileiro*. 16. ed. São Paulo: Saraiva, 2010, p. 359-360.

26. BRASIL. Presidência da República. *Lei nº 5.172, de 25 de outubro de 1966.*Dispõe sobre o Sistema Tributário Nacional e institui normas gerais de direito tributário aplicáveis à União, Estados e Municípios. Brasília: DOU, 27 out. 1966.

27. SOUSA, Rubens Gomes de. *Compêndio de Legislação Tributária*. 3. ed. Rio de Janeiro. Edições Financeiras S.A., 1960, p. 125.

to. Esta petição poderá ser denominada como reclamação, impugnação total ou parcial ou, ainda, como manifestação de inconformidade.

Em matéria de responsabilidade tributária do terceiro, tendo em vista que somente serão responsáveis quando se prova a ocorrência de ato por culpa (ou a sua omissão) ou dolo, o procedimento de apuração fiscal é devido como meio de apuração dos fatos. No procedimento fiscal serão constituídas todas as provas admitidas em direito como a fundamentação do lançamento contra o responsável.

Não basta no ato conclusivo do procedimento fiscal, realizado contra o contribuinte, apontar, no auto de infração de lançamento de crédito tributário, supostos corresponsáveis. Considerando que, a prova do ato, relacionado ao fato gerador, é o que faz incidir a responsabilidade, será apenas mediante o procedimento fiscal que será possível produzi-la para efeito do lançamento.

Diante disso, é importante salientar que o lançamento deverá ser realizado não apenas contra o contribuinte para a cobrança de tributos ou penalidades. A mesma regra legal, consoante previsto no artigo em destaque, se aplica a todos os lançamento tributário seja contra quem for. Será através do procedimento fiscal, como meio legal para apurar a prática de ato que dará ensejo à responsabilidade tributária de terceiro, que fundamentará a pretensão da pessoa política e garantirá ao terceiro o direito de se defender com as mesmas ferramentas legais que o contribuinte.

1.6 Fase recursal

O direito ao recurso administrativo contra a decisão de primeira instância está fundamentado no artigo 5ª – mais precisamente em seus incisos XXXIV e LV que assim dispõe:

> *Art. 5º Todos são iguais perante a lei, sem distinção de qualquer natureza, garantindo-se aos brasileiros e aos estrangeiros*

> *residentes no País a inviolabilidade do direito à vida, à liberdade, à igualdade, à segurança e à propriedade, nos termos seguintes:*
>
> *[...]*
>
> *XXXIV - são a todos assegurados, independentemente do pagamento de taxas:*
>
> *a) o direito de petição aos Poderes Públicos em defesa de direitos ou contra ilegalidade ou abuso de poder;*
>
> *[...]*
>
> *LV - aos litigantes, em processo judicial ou administrativo, e aos acusados em geral são assegurados o contraditório e ampla defesa, com os meios e recursos a ela inerentes; [...].*

Nota-se que o inciso LV ora transcrito ao garantir/assegurar o contraditório e a ampla defesa prescreve exatamente a figura do recurso com ferramenta essencial à assegurar desse direito.

JOSÉ DOS SANTOS CARVALHO FILHO, nos mesmos termos interpreta que[28]:

> O texto deixa claro que o princípio da ampla defesa não estará completo se não se garantir ao interessado o direito de interposição de recursos. Com efeito, hipóteses de arbitrariedades e condutas abusivas por parte de maus administradores devem ser corrigidas pelos agentes superiores, e para que o interessado leve sua pretensão a estes certamente se socorrerá do instituto recursal. Cercear o recurso, portanto, é desnaturar indevidamente o fundamento pertinente ao próprio direito de defesa.

Ainda que seja objeto de capítulo próprio, cumpre desde logo frisar que é imprescindível a observância no processo administrativo dos princípios da ampla defesa e do contraditório.

Em se tratando de processo administrativo tributário no âmbito federal, o artigo 57 da Lei 9.874/99 prescreve que o recurso administrativo tramitará no máximo por três instâncias administrativas, ressalvando as disposições diversas. Esta regra é basicamente a mesma adotada por outros órgãos

---

28. CARVALHO FILHO, José dos Santos. *Manual de Direito Administrativo*. 27. ed. rev., ampl. e atual. até 31-12-2013. São Paulo: Atlas, 2014, p. 905.

julgadores administrativos, tais como: o Tribunal de Impostos e Taxas – TIT do Estado de São Paulo[29] e Conselho Municipal de Tributos – CMT do município de São Paulo[30].

A fase recursal na instância administrativa poderá ser iniciada tanto pelo sujeito passivo como pelo sujeito ativo da relação jurídica tributária.

Noutro falar, diferente do que ocorre na primeira instância administrativa em que somente iniciará quando o sujeito passivo da obrigação tributária discorde da autuação fiscal, uma vez acolhida às argumentações da impugnação ao auto de infração, a autoridade julgadora de primeira instância poderá-deverá recorrer, de ofício, da decisão que cancelou total ou parcialmente o lançamento tributário, tomando como exemplo o artigo 34 do Decreto 70.235/72[31].

---

29. SÃO PAULO (Estado). Secretaria da Fazenda. *Lei 10.941, de 25/10/2001*. Dispõe sobre o processo administrativo tributário decorrente de lançamento de ofício e dá outras providências. São Paulo: DOE, 26 out. 2001.
"**Artigo 36** - O autuado, vencido no todo ou em parte, em primeira instância, poderá interpor recurso ordinário para o Tribunal de Impostos e Taxas, quando o débito fiscal exigido tenha valor que exceda o equivalente a 2.000 (duas mil) Unidades Fiscais do Estado de São Paulo - UFESPs, considerada, para esse fim, a soma dos valores correspondentes a imposto, multa, atualização monetária e juros de mora, devidos na data da interposição do recurso.
[...]
Artigo 37 - Cabe recurso especial, interposto tanto pelo autuado como pela Fazenda Pública do Estado, fundado em dissídio entre a interpretação da legislação adotada pelo acórdão recorrido e a adotada em outro acórdão não reformado, proferido por qualquer das Câmaras do Tribunal de Impostos e Taxas.
§ 1º - O recurso especial, dirigido ao Presidente do Tribunal, deverá conter o nome e a qualificação do recorrente, a identificação do processo, o pedido de nova decisão, com os respectivos fundamentos, a indicação da decisão paradigmática, bem como a demonstração precisa da divergência, sem o que não será admitido o recurso."

30. SÃO PAULO (Município). Secretaria de Finanças. *Lei 14.107, de 12 de dezembro de 2005*. Dispõe sobre o processo administrativo fiscal e cria o Conselho Municipal de Tributos. São Paulo: 12 dez. 2005.
"**Artigo 45**. Cabe recurso ordinário da decisão final proferida em primeira instância, interposto pelo sujeito passivo.
[...]
Artigo 49. Cabe recurso de revisão da decisão proferida pela Câmara Julgadora que der à legislação tributária interpretação divergente da que lhe haja dado outra Câmara Julgadora ou as Câmaras Reunidas".

31. Art. 34. A autoridade de primeira instância recorrerá de ofício sempre que a decisão:

Ademais, o conhecimento do recurso à segunda instância administrativa deve observar procedimentos específicos, como, por exemplo, o juízo de admissibilidade, geralmente feito pelo presidente ou vice-presidente do órgão e a tempestividade.

A segunda instância administrativa é composta por câmaras e/ou turmas e o julgamento se dá por colegiado. Ou seja, a câmara, como exemplo, é formada por representantes da administração pública (fiscais ou procuradores) e por representantes dos contribuintes, que são profissionais com conhecimento/domínio no direito tributário (contadores, advogados – em sua maioria das vezes).

Em regra geral, cada Câmara é formada por seis conselheiros – sendo três representantes do Fisco e três do contribuinte. Dos seis integrantes que compõe a Câmara há um presidente e um vice-presidente. Em caso de empate no julgamento o(a) presidente proferirá o voto de qualidade para o desempate contra ou a favor do sujeito passivo.

Além da segunda instância há também uma terceira em que o sujeito ativo e/ou passivo da relação jurídica poderá recorrer. Neste caso há também o Juízo de admissibilidade feito pelo presidente (ou o vice-presidente, quando determinado pela legislação competente) que, além da tempestividade e legitimidade, dentre outras, há ainda a necessária análise do acordão paradigma que deverá ser utilizado como base do recurso interposto pela parte[32].

I - exonerar o sujeito passivo do pagamento de tributo e encargos de multa de valor total (lançamento principal e decorrentes) a ser fixado em ato do Ministro de Estado da Fazenda.

II - deixar de aplicar pena de perda de mercadorias ou outros bens cominada à infração denunciada na formalização da exigência.

§ 1º O recurso será interposto mediante declaração na própria decisão.

§ 2º Não sendo interposto o recurso, o servidor que verificar o fato representará à autoridade julgadora, por intermédio de seu chefe imediato, no sentido de que seja observada aquela formalidade.

32. Esta regra é adotada pelo Conselho Administrativo de Recursos Fiscais, pelo Tribunal de Impostos e Taxas do Estado de São Paulo e também pelo Conselho

Vale ressaltar que há muitas discussões se em grau de recurso é possível apresentar provas. Analisando a busca da verdade material na instância administrativa - finalidade do processo administrativo que é a aplicação das regras legais e a busca da verdade dos fatos - o direito do sujeito no processo produzir provas novas se concretiza quando este não teve oportunidade de fazê-las anteriormente.

Na ementa transcrita a seguir, o CARF[33] já decidiu que a não apreciação da prova fere o princípio da verdade material:

> **A não apreciação de provas trazidas aos autos depois da impugnação e já na fase recursal, antes da decisão final administrativa fere o princípio da instrumentalidade processual prevista no CPC e a busca da verdade material, que norteia o contencioso administrativo tributário.**

Não há dúvida que o recurso administrativo tem como objetivo precípuo reanalisar a matéria da lide e, esta análise, compreenderá uma nova interpretação dos fatos e valoração das provas. A apresentação de provas novas que poderão dar uma "visão" mais real dos fatos certamente proporcionará uma segurança maior da resolução do processo. Certamente o papel do recurso administrativo, nos termos das normas constitucionais mencionadas, certamente cumprirá seu papel jurídico de forma eficaz.

Encerrando o processo administrativo o sujeito passivo, não obtendo êxito em suas defesas, poderá recorrer-se ao judiciário mediante a propositura de ação ordinária, anulatória de débito fiscal no caso, ou aguardar a procuradoria inscrever a dívida e propor a execução fiscal para, então, opor os cabíveis embargos.

Municipal de Tributos de São Paulo. A apresentação do acórdão paradigma é condição para a admissibilidade do recurso à terceira instância administrativa.

33. BRASIL. Ministério da Fazenda. Conselho Administrativo de Recursos Fiscais. *Processo nº 10320.001336/2002-09*. Acórdão: 3301-002.284. Relatora: Fabia Regina Freitas. Julgamento: 23 abr. 2014. Órgão Julgador: 3ª Câmara; 1ª Turma Ordinária. Publicação: 05 mar. 2015.

Este mesmo direito é estendido ao terceiro responsável, nos termos do artigo 135, quando há uma relação jurídica de responsabilidade tributária instaurada contra ele e em que houve a tramitação do processo administrativo regular.

1.7 Considerações finais

Não há ainda uma uniformidade de entendimento no Brasil no que concerne a responsabilização da terceira pessoa vinculada ao fato gerador da obrigação tributária, nos termos dos artigos 134 e 135 do CTN e também das súmulas 430 e 435 do STJ.

O tema reclama a tão importante segurança jurídica – tanto em proteção ao direito subjetivo do sujeito ativo da obrigação tributária como da própria terceira pessoa que pelo simples fato de compor uma sociedade é inserida na relação jurídica como devedor responsável. Em busca da verdade material, há que ter a prova como fundamento da responsabilização do terceiro!

A prova é o que fundamenta a responsabilização. Sem a prova não há que se falar em responsabilidade e o ônus, por questão lógica, é da obrigação de que tem alega a responsabilidade.

Conforme exposto ao longo do trabalho, o momento mais importante para a produção de provas e que menor ônus gerará às partes é no processo administrativo. Será na fase administrativa que a Fiscalização produzirá todos os elementos probatórios e que a parte – pessoa física – defenderá, também se valendo de provas, contra pretensão/responsabilização que lhe estiver sendo imputada.

Referências

AMARO, Luciano. *Direito tributário brasileiro*. 16.ed. São Paulo: Saraiva, 2010.

BECHO, Renato Lopes. *A responsabilidade tributária dos sócios tem fundamento legal?* São Paulo: Dialética, 2010.

______. *As diversas interpretações para a responsabilidade tributária de terceiros*

BONFÁ DE JESUS, Isabela. *Manual de Direito Tributário.* São Paulo: RT, 2014.

BRASIL. Constituição (1988). Constituição da República do Brasil. Brasília, DF: Senado, 1988.

CARRAZZA, Elizabeth Nazar. *IPTU e Progressividade - Igualdade e Capacidade Contributiva.* 2 ed., São Paulo: Quartier Latin. 2016.

CARRAZZA, Roque Antonio. *Curso de Direito Constitucional Tributário.* 30. ed., São Paulo: Malheiros, 2015.

CARVALHO, Paulo de Barros. *Curso de Direito Tributário.* 23.ed. São Paulo: Saraiva, 2011.

______. *Direito Tributário: Linguagem e Método.* São Paulo: Noeses, 2008.

DINAMARCO, Cândido Rangel. *Instituições de Direito Processual Civil.* V. 1, 6. ed. São Paulo: Malheiros, 2009.

DROMI, Roberto. *Instituciones de Derecho Administrativo.* Buenos Aires: Editorial Astrea de Rodolfo Depalma y Hnos, 1973.

MEIRELLES, Hely Lopes. *Direito Administrativo Brasileiro,* 37ª Edição, Malheiros Editores, São Paulo, 2011.

NOGUEIRA, Ruy Barbosa. *Curso de Direito Tributário.* 9. ed. São Paulo: Saraiva, 1989.

SCHOUERI, Luís Eduardo. *Direito Tributário.* 2. ed. São Paulo: Saraiva, 2012.

SOUSA, Rubens Gomes de. *Compêndio de Legislação Tributária.* 3 ed. Rio de Janeiro. Edições Financeiras S.A. 1960.

O VALOR SEGURANÇA JURÍDICA NAS DECISÕES ADMINISTRATIVAS EM MATÉRIA TRIBUTÁRIA E A APLICAÇÃO DAS DIRETRIZES INTERPRETATIVAS CONTIDAS NA LINDB

Gisele Barra Bossa[1]

1. Introdução

O alto grau de litigiosidade em matéria tributária nos provoca a refletir e buscar medidas solucionadoras capazes de garantir a efetiva segurança jurídica nas relações entre administradores e administrados[2]. Em termos práticos, quando se fala na busca de decisões com alto grau de satisfatividade; no respeito à irretroatividade de interpretações em desfavor dos contribuintes diante da existência de reiterados julgados

---

1. Doutoranda e Mestre em Ciências Jurídico-Econômicas pela Universidade de Coimbra e Conselheira Titular da 1ª Seção do Conselho Administrativo de Recursos Fiscais – CARF. Professora.

2. Maiores aprofundamentos e alternativas propositivas em BOSSA, Gisele Barra. SALUSSE, Eduardo Perez. PISCITELLI, Tathiane. ARAUJO, Juliana Furtado Costa (Coordenadores). *Medidas de Redução do Contencioso Tributário e o CPC/2015*. São Paulo: Almedina, 2017.

favoráveis; na necessária coerência e uniformidade jurisprudencial; e no dever do julgador de considerar as consequências práticas da sua decisão, estamos tratando de mecanismos garantidores de previsibilidade, transparência e, em última análise, da segurança jurídica.

No entanto, a pretexto do suposto atendimento ao interesse público, assistimos a relativização de tais diretrizes processuais e interpretativas. Ora sobre o pretexto dos dispositivos do CPC/2015 estarem moldados para um sistema de *common law*, "conflitante" com a dinâmica de *civil law* que até então permeou nossas relações público-privadas, ora sobre o argumento de que as previsões contidas na Lei de Introdução às Normas do Direito Brasileiro (LINDB) não se adequam ao Processo Administrativo Fiscal Federal (PAF), o Estado se sente confortável em não cumprir suas próprias leis, como se, em verdade, tais disciplinamentos já não estivessem alinhados à uma verdadeira "constelação de postulados hermenêuticos"[3] em Direito Tributário.

Dentro desse cenário, o presente artigo pretende tratar de forma sucinta e não exaustiva da compatibilidade entre o sistema tributário vigente, as normas de processo administrativo fiscal, os pilares balizadores do CPC/2015 e as diretrizes interpretativas trazidas pela LINDB, com especial ênfase em dois aspectos atrelados à atividade judicante[4]: (i) dever de motivação das decisões administrativa e de observância das suas consequências práticas; e (ii) estabilidade, uniformidade e coerência jurisprudencial.

---

3. DIDIER, Fredie Souza; OLIVEIRA, Rafael Alexandre. *Dever judicial de considerar as consequências práticas da decisão: interpretando o art. 20 da Lei de Introdução às Normas do Direito Brasileiro. In: Revista de Direito Administrativo e Constitucional (Revista A&C)*, ano 19, nº 75, jan/mar. 2009. Belo Horizonte: Forum, p. 150. Disponível em: https://bit.ly/2Fa2PK7. Acesso em: 09/06/2019.

4. Tais valores são de fundamental observância pelos julgadores administrativos e judiciais, mas este artigo irá focar na prática relativa ao PAF.

2. Da Ressignificação do Princípio da Supremacia do Interesse Público

Antes de adentrar a temática relativa à conformação de dispositivos, relevante trazer breves ponderações acerca da aplicação do princípio da supremacia do interesse público por ser comumente arguido para justificar a não aplicação de dispositivos veiculados por lei ordinária e lei complementar, ou ainda, para dar interpretação diversa daquela pretendida pelo legislador (*animus legis*).

O princípio da supremacia do interesse público sobre o particular figura como pilar norteador da relação entre o Estado e os cidadãos. É dogma aplicável tanto ao Direito Administrativo como ao Direito Tributário brasileiro, a partir do qual foi proclamada "*a superioridade do interesse da coletividade, firmando a prevalência dele sobre o do particular, como condição, até mesmo, da sobrevivência e asseguramento deste último.*"[5].

Estaria, então, a Administração Pública em posição privilegiada nas relações com os cidadãos? Poderia se valer desse princípio para sustentar arbitrariedades, condutas corporativistas ou atos e procedimentos ineficientes? Sem dúvida a resposta é negativa.

A doutrina administrativista moderna tem criticado essa posição, sustentando que a dicotomia entre interesse público *vs* interesse privado seria artificial[6] e, na prática, ao invés de estreitar as relações entre a administração e seus administrados, acaba por figurar como mecanismo de ação individual dos agentes. Carlos Ari Sundfeld[7] pondera que "*essa postura*

5. MELLO, Celso Antônio Bandeira de. *Curso de direito administrativo*. 16. ed. São Paulo: Malheiros, 2003, p. 50 e ss.

6. Nesse sentido, SUDFELD. Carlos Ari. *Direito Administrativo para Céticos*. 2ª edição. 2ª tiragem. São Paulo: Malheiros, 2017, p. 135 e ss. e ÁVILA, Humberto. *Repensando o "princípio da supremacia do interesse público sobre o particular". In: Revista Eletrônica sobre a Reforma do Estado, nº 11,* **set/out/nov 2007**. Disponível em: https://goo.gl/SFpRZe. Acesso em: 01/01/2018.

7. SUDFELD. Carlos Ari, *op. cit.*, p. 136.

de abandonar com coragem a identificação conceitual entre o direito administrativo todo e o poder de autoridade é mesmo algo importante, teórica e politicamente".

Vale reforçar que o interesse público primário ou interesse da sociedade e da coletividade como um todo, de onde ecoa o princípio da supremacia do interesse público sobre o privado, não se confunde com o interesse público secundário.

O conteúdo do interesse público secundário não corresponde ao interesse social, mas tão somente ao interesse estatal (patrimonial). Logo, não estamos tratando do interesse público propriamente dito e sim de interesses exclusivos do Estado.

Como premissa, o interesse público secundário só deveria estar legitimado na hipótese de convergir com o interesse do povo. No entanto, a realidade brasileira escancara a completa dissociação entre a busca do bem-estar social e o exercício dos poderes de autoridade da Administração Pública. A cooperação e a eficiência deveriam legitimar as escolhas discricionárias dos agentes públicos.

Dentro desse cenário, repensar a conceituação de interesse público[8] e, consequentemente, a aplicação do princípio da supremacia do interesse público sobre o particular é essencial para garantir "*a proteção e promoção dos direitos individuais de maneira ponderada e compatível com a realização das necessidades e aspirações da coletividade como um todo*"[9].

Ainda nas palavras de Gustavo Binenbojm, "*a definição do que é interesse público, e de sua propalada supremacia sobre os interesses particulares, deixa de estar ao inteiro arbítrio do administrador, passando a depender de juízos de ponderação*

8. Dadas as considerações acerca da distinção entre interesse público primário e secundário, leia-se tecnicamente, a partir desse parágrafo, o termo "interesse público", como interesse público primário.

9. BINENBOJM, Gustavo. *Da supremacia do interesse público ao dever de proporcionalidade: um novo paradigma para o Direito Administrativo. In: Revista de Direito Administrativo (RDA)*, v. 239, jan/mar. 2005. Rio de Janeiro, p. 1-31. Disponível em: https://goo.gl/LLUkGQ. Acesso em: 01/01/2018.

proporcional entre os direitos fundamentais e outros valores de interesse metaindividuais constitucionalmente consagrados"[10].

De fato, o direito administrativo deve ser explicado a partir da proporcionalidade e não mais da supremacia e o dito interesse público prescinde da associação dos interesses públicos e particulares.

Celso Antônio Bandeira de Mello apresenta a noção de interesse público como a projeção de interesses individuais e privados no plano coletivo. O interesse comum a todos os indivíduos representa o ideal de bem-estar e segurança almejados pelo grupo social. A supremacia do interesse público "é pressuposto de uma ordem social estável, em que todos e cada um possam sentir-se garantidos e resguardados"[11].

Claramente, o doutrinador rejeita a dissociação dos conceitos ao enfatizar a existência de ligação entre os interesses públicos e privados. Sabemos que não é fácil desconstruir velhos paradigmas, mas é evidente que o Estado brasileiro precisa se organizar para proteger, promover e compatibilizar direitos individuais e interesses gerais da coletividade para atender de forma efetiva os ditames constitucionais.

Não podemos olvidar que **a livre iniciativa, a livre concorrência, a eficiência de gestão dos recursos públicos e a moralidade administrativa** são valores constitucionais necessários à promoção do interesse público e não podem ser considerados incompatíveis com esse objetivo. **Conformar esses preceitos não significar dispor do interesse público**.

No mais, acerca do conceito e pressupostos para o atendimento do princípio da eficiência administrava, Humberto Ávila[12] foi assertivo ao dizer que "*eficiente é atuação admi-*

---

10. BINENBOJM, Gustavo, op. cit., p. 8.

11. MELLO, Celso Antônio Bandeira de, op. cit., p. 53 e ss.

12. ÁVILA, HUMBERTO. *Moralidade, Razoabilidade e Eficiência na Atividade Administrativa. In: Revista Eletrônica sobre a Reforma do Estado,* nº 04, out/nov/dez 2005, p. 23-24. Disponível em: https://goo.gl/Hn3CpK. Acesso em: 01/01/2018.

nistrativa que promove de forma satisfatória os fins em termos quantitativos, qualitativos e probabilísticos". Logo, não basta que o agente público escolha o meio adequado. A opção do administrador não pode trazer efeitos negativos como insegurança jurídica, aumento do gasto público, instabilidade institucional para órgão, crise de confiança, comportamentos indesejáveis dos cidadãos, dentre outros, sob pena de comprometer o interesse público.

Por fim, a Constituição atribuiu grande importância ao princípio da moralidade. Além da sua aplicação residual quando nenhum outro princípio específico constante do artigo 37, da CF/88[13] for cabível, há várias situações que a lei maior se preocupou com padrões de conduta.

Em especial, vale citar: (i) a moralidade alinhada aos valores fundamentais da dignidade, trabalho, livre iniciativa (art. 1º), justiça (art. 3º), igualdade, liberdade, propriedade, segurança (art. 5º, *caput*) e estabilidade das relações (art. 5º, *caput* e XXXVI); e (ii) a moralidade como modo objetivo e impessoal de atuação administrativa; (iii) a criação de procedimentos de defesa dos direitos dos cidadãos capazes de anular atos administrativos que se afastem do padrão de conduta juridicamente desejado; (iv) consagração de condições para o ingresso na função pública, escolha da seriedade e reputação como requisitos do homem público; e (v) instituição de mecanismos de controle da atividade administrativa[14].

Todas essas nuances evidenciam que o princípio da moralidade impõe ao agente público condutas sérias, leais, motivadas e esclarecedoras para atendimento do interesse público primário. Portanto, a concepção e aplicação desse princípio fatalmente envolve não só o equilíbrio e a transparência nas

---

13. CF/88, Art. 37. *A administração pública direta e indireta de qualquer dos Poderes da União, dos Estados, do Distrito Federal e dos Municípios obedecerá aos princípios de legalidade, impessoalidade, moralidade, publicidade e eficiência (...).* De certa forma, a conduta do agente público que viole um dos princípios que regem a administração pública, fatalmente implica em violação ao princípio da moralidade.

14. Em ÁVILA, HUMBERTO, *op. cit.*, p. 5-8.

relações público-privadas como a necessária busca pela eficiência e satisfatividade da tutela administrativa e judicial.

Os já citados valores processuais e interpretativos, por vezes colocados à margem quando dos julgamentos judiciais e administrativos, são essenciais para garantir o dito interesse público primário, cuja representação máxima é a segurança jurídica.

3. O Valor Segurança Jurídica e a Busca pela Satisfatividade das Decisões Administrativas

Para fins de garantir a satisfatividade da decisão proferida, a autoridade julgadora deverá cuidar, essencialmente, de bem motivar suas decisões de forma a evitar o efeito surpresa para o contribuinte, realizar a devida valoração da prova, ponderar as consequências da sua decisão e, por fim, garantir a estabilidade e coerência do julgado.

Com o intuito de dar concretude ao tema e demonstrar sua contemporaneidade, cabe trazer breves considerações acerca da repercussão, no âmbito do Conselho Administrativo de Recursos Fiscais (CARF), da tentativa de aplicação imediata do artigo 24, do Decreto-Lei 4.657/42, incluído pela Lei 13.655/2018 (LINDB), para fins cancelar determinadas autuações fiscais em matéria de ágio "empresa veículo".

Sem adentrar no mérito da possibilidade ou não de amortização do ágio em casos cuja dinâmica operacional envolve a constituição de "empresa veículo", é certo que o CARF julgou inúmeros casos de forma favorável ao contribuinte, especialmente nos anos de 2005 a 2014 (9 anos)[15] e, por conseguinte,

15. *Confira-se alguns julgados: acórdão nº 106-14.486 (Sessão de 16/03/2005); acórdão nº 102-47.181 (Sessão de 09/11/2005); acórdão nº 102-47.521 (Sessão de 26/04/2006); acórdão nº 105-16.395 (Sessão de 25/04/2007); acórdão nº 105-16.774 (Sessão de 08/11/2007); acórdão nº 108-09.529 (sessão de 23/01/2008); acórdão nº 101-97.027 (Sessão de 13/11/2008); acórdão nº 1101-00.064 (Sessão de 13/05/2009); acórdão nº 1201-000.285 (Sessão de 09/07/2010); acórdão nº 1402-000.342 (Sessão de 15/12/2010); acórdão nº 1101-00.354 (Sessão 02/09/2010); acórdão nº 1201-00.548 (Sessão de 03/08/2011); acórdão nº 1301-000.711 (Sessão de 19/10/2011); acórdão nº 1402-000.802 (Sessão de*

enfrentar a aplicação das diretrizes do CTN alinhadas à LINDB seria, no mínimo, o esperado pelos contribuintes.

3.1 Da Aplicabilidade da LINDB ao CARF

Por tratar-se de diretrizes interpretativas das normas de direito brasileiro, a LINDB deve ser observada e aplicada por todos os Órgãos de Estado. E, assim sendo, a decisão da 2ª Turma da Câmara Superior de Recursos Fiscais (dentre outras que depois foram proferidas), fatalmente, chamou a atenção dos contribuintes ao afastar a aplicação desta Lei a atividade judicante do CARF, *verbis*:

> "Assunto: Imposto sobre a Renda de Pessoa Física - IRPF
> Ano-calendário: 2002
>
> "PROCESSO ADMINISTRATIVO FISCAL. RECURSO ESPECIAL. QUESTÃO DE ORDEM. CONHECIMENTO.
>
> Não se conhece de questão de ordem cujo conteúdo não tem pertinência com o objeto do Recurso Especial, tampouco é aplicável ao Processo Administrativo Fiscal."
>
> (Processo nº 19515.003515/2007-74, Acórdão nº 9202-006.996, 2ª Turma da Câmara Superior de Recursos Fiscais, Sessão de 21 de junho de 2018, Relatora Maria Helena Cotta Cardozo).

Como fundamento, o voto condutor o acórdão em questão, defendeu que a lei apenas "*promoveu alterações na atuação dos órgãos de controle da Administração Pública, principalmente do Tribunal de Contas da União (TCU)*", pois "*os*

21/10/2011); acórdão nº 1201-000.659 (Sessão de 15/03/2012); acórdão nº 1101-000.708 (Sessão de 11/04/2012); acórdão nº 1101-000.709 (Sessão de 11/04/2012); acórdão nº 1201-000.689 (Sessão de 08/05/2012); acórdão nº 1402-001.077 (Sessão de 13/06/2012); acórdão nº 1301-000.999 (Sessão de 07/08/2012); acórdão nº 1202-000.884 (Sessão de 03/10/2012); acórdão nº 1101-000.835 (Sessão de 04/12/2012); acórdão nº 1402-001.279 (Sessão de 04/12/2012); acórdão nº 1402-001.310 (Sessão de 05/12/2012); acórdão nº 1102-000.873 (Sessão de 11/06/2013); acórdão nº 1301-001.224 (Sessão de 11/06/2013); acórdão nº 1102-000.875 (Sessão de 12/06/2013); acórdão nº 1402-001.409 (Sessão 10/07/2013); acórdão nº 1302-001.150 (Sessão de 07/08/2013); e acórdão nº 1102-000.982 (Sessão de 04/12/2013), dentre outros.

dispositivos ora tratados basearam-se na obra dos Professores Carlos Ari Sundfeld e Floriano de Azevedo Marques Neto, denominada Contratações Públicas e Seu Controle, o que não deixa margem de dúvida acerca da natureza essencialmente administrativa dos novos dispositivos".

No mais, consignou que "*em nenhum momento a lei em tela sinaliza que seria dirigida à atividade judicante administrativa, como é o caso do CARF*", de modo que, "*quando muito, a aplicação desta lei no CARF restringir-se-ia às atividades essencialmente administrativas, afetas à sua Secretaria-Executiva*".

Em vista de tais registros, os citados professores e coautores do anteprojeto da LINDB, manifestaram-se na mídia. Vale conferir os seguintes trechos:

> Floriano de Azevedo Marques[16]
>
> "A Lei de Introdução às Normas do Direito Brasileiro trata da aplicação da norma por todo o órgão que o faça no exercício de competência estatal. **Me surpreende que este argumento tenha sido utilizado para gerar uma imunidade à Lei de Introdução – ou por acaso o Carf não utiliza a regra da Lei de Introdução sobre a vigência?** Aplicar a LINDB na contratação ou exoneração de servidor público? Esta é uma interpretação contra legis."
>
> (...)
>
> **"Se alguém achar que existe algum órgão que é imune à aplicação das Leis de Introdução", ponderou, "este alguém está dizendo que algum órgão está imune à aplicação das regras do Direito"**.
>
> Carlos Ari Sundfeld[17]
>
> "A resposta quanto ao âmbito de incidência dos novos arts. 20 a 30 da Lei de Introdução é bem clara, a começar da ementa da lei

16. MENDES, Guilherme. CARF deve aplicar artigo 24 da LINDB, afirma autor da nova redação da norma. Jota, São Paulo, 06 ago. 2018. Disponível em: https://goo.gl/phv85x. Acesso em: 07/06/2019. "Floriano de Azevedo Marques, que formulou as alterações da lei, afirma que o CARF não está imune à sua aplicação."

17. SUNDFELD, Carlos Ari. LINDB: Direito Tributário está sujeito à Lei de Introdução reformada. Jota, São Paulo, 10 ago. 2018. Disponível em: https://goo.gl/3kub1r. Acesso em: 07/06/2019.

que a alterou. Trata-se de "**disposições sobre segurança jurídica e eficiência na criação e aplicação do direito público". Os dispositivos da lei 13.655 não são de direito administrativo em sentido estrito** (isto é, sobre contratos administrativos, servidores públicos, serviços públicos e outros temas a cargo dos professores desse ramo), **tampouco sobre controle da administração; a lei é geral de direito público.**

Seus dispositivos são abrangentes e serão observados nas operações jurídicas envolvendo o direito público em geral. Entendem-se como tal as operações cuja tutela tenha como centro as autoridades administrativas, embora com fiscalização e participação de controladores externos e juízes. **Em suma, os arts. 20 a 30 da Lei de Introdução tratam do direito público cuja aplicação primária seja administrativa.**

(...)

Quanto à esfera administrativa, a lei não fez distinções nem previu tratamento especial ou imunidades para suas subdivisões. Logo, a Lei de Introdução reformada tem de ser observada por todas as autoridades administrativas, seja qual for sua atuação material específica (ativa, consultiva, controladora, licenciadora, reguladora, sancionadoraetc.), a legislação setorial a que está sujeita (contratual, concorrencial, tributáriaetc.), sua vinculação organizacional (autoridades singulares, membros de colegiadoetc.) ou seu nível hierárquico (primeira instância, órgãos recursais, Chefe do Executivoetc.).

Eis então o âmbito objetivo de incidência da lei: situações de criação e aplicação do direito público sob tutela primária da administração pública como um todo. Ela impacta diretamente a aplicação dos direitos constitucional, tributário, administrativo (em sentido estrito), financeiro, ambiental, sanitário, concorrencial, previdenciário, de trânsito, enfim, os ramos do direito público.

(...)

Impor normas comuns a todos os administradores, controladores e juízes não significa desconhecer as especificidades de organização e funcionamento do controle externo e do Judiciário, tampouco as diferenças que existem na extensão de suas competências de aplicação das normas de direito público cuja tutela primária seja da administração. Para a sujeição de todos às mesmas normas sobre criação e aplicação do Direito, a **Lei de Introdução levou em conta a necessidade de coerência normativa: nem o juiz, nem o controlador, podem invalidar, sancionar ou substituir as opções do administrador usando parâmetros de**

> **interpretação e decisão discrepantes dos que são naturais e exigíveis na função administrativa.**
>
> **A interpretação tributária feita pelo juiz tem de estar sujeita às mesmas diretrizes que vinculam o administrador tributário. Por identidade de razão, autoridades administrativas judicantes (como o CARF) não podem, para decidir casos, usar conjunto próprio e autônomo de referências jurídicas, diversas das que estão a vincular o administrador tributário ativo e o Poder Judiciário. Convém não esquecer que, ao menos nesse sentido, o Direito é uno, e que a autoridade judicante administrativa em matéria tributária nada mais faz do que aplicar o Direito, e não outra coisa qualquer.**" (grifos nossos)

Tais colocações deixam claro que a LINDB é plenamente aplicável ao CARF e não há qualquer motivação de ordem técnica, jurídica ou hermêutica capaz de afastar os preceitos contidos na Lei 13.655/2018 da atuação do citado órgão administrativo de julgamento.

A LINDB é preceito norteador interpretativo que objetiva trazer maior eficácia às disposições setoriais (e.g. Direito Tributário), previsibilidade de atuação aos contribuintes e coerência normativa dada a unicidade do Direito.

Materialmente, os artigos 20 a 24 reforçam valores que convergem com (i) os princípios que regem a Administração Pública, constantes do artigo 37[18], da CF/88; (ii) o artigo 2º[19], da Lei 9.784/99; e (iii) às diretrizes processuais da Lei 13.105/2015[20] (Código de Processo Civil). Assim sendo, quan-

18. "Art. 37. A administração pública direta e indireta de qualquer dos Poderes da União, dos Estados, do Distrito Federal e dos Municípios obedecerá aos princípios de legalidade, impessoalidade, moralidade, publicidade e eficiência e, também, ao seguinte:"

19. Art. 2º A Administração Pública obedecerá, dentre outros, aos princípios da legalidade, finalidade, motivação, razoabilidade, proporcionalidade, moralidade, ampla defesa, contraditório, segurança jurídica, interesse público e eficiência.

20. Sobre o tema, não é demais citar os valores processuais constantes dos artigos 4º, 6º e 8º, da Lei nº 13.105/2015:
"Art. 4º As partes têm o direito de obter em prazo razoável a solução integral do mérito, incluída a atividade satisfativa. (...)
Art. 6º Todos os sujeitos do processo devem cooperar entre si para que se obtenha, em tempo razoável, decisão de mérito justa e efetiva. (...)

do a LINDB trata do primado da eficiência vinculado ao alto grau de satisfatividade das decisões e à irretroatividade, estabilidade e coerência dos julgados em prol da segurança jurídica, está ressaltando e reafirmando a eficácia das próprias diretrizes constitucionais e processuais de caráter geral e especial (CTN).

De acordo com Humberto Ávila[21] "*para que a administração esteja de acordo com o dever de eficiência, não basta escolher meios adequados para promover seus fins. A eficiência exige mais o que mera adequação. Ela exige satisfatoriedade na promoção dos fins atribuídos à administração. Escolher um meio adequado para promover um fim, mas que promove o fim de modo insignificante, com muitos efeitos negativos paralelos ou com pouca certeza, é violar o dever de eficiência administrativa. O dever de eficiência traduz-se, pois, na exigência de promoção satisfatória, para esse propósito, a promoção minimamente intensa e certa do fim*".

Assim sendo, a inobservância desse conjunto normativo viola o princípio da eficiência, pois os litígios acabam sendo levados para o âmbito do Poder Judiciário e, para além do ônus suportado pelas partes, temos o ônus para a própria Administração Pública (vale incluir aqui ônus da sucumbência). O Estado é um só e os custos do contencioso são suportados por todos os cidadãos brasileiros. A eficiência de gestão dos recursos públicos e o cuidado na busca de soluções satisfativas são valores legais necessários à promoção do interesse público e não podem ser considerados incompatíveis com esse objetivo.

Essas diretrizes principiológicas e hermenêuticas devem liderar não só as iniciativas do Poder Judiciário, mas desafiar

---

Art. 8º Ao aplicar o ordenamento jurídico, o juiz atenderá aos fins sociais e às exigências do bem comum, resguardando e promovendo a dignidade da pessoa humana e observando a proporcionalidade, a razoabilidade, a legalidade, a publicidade e a eficiência."

21. ÁVILA, HUMBERTO. Moralidade, Razoabilidade e Eficiência na Atividade Administrativa. In: Revista Eletrônica sobre a Reforma do Estado, nº 04, out/nov/dez 2005, p. 23-24. Disponível em: https://goo.gl/Hn3CpK. Acesso em: 09/06/2019.

os órgãos do Legislativo e Executivo a cumprirem suas funções como verdadeiros guardiões da segurança jurídica.

3.2 A Pertinência da Questão de Ordem Suscitada no Âmbito do PAF e O Dever de Motivação da Decisões

É notório que tema ágio é altamente controvertido e respondeu em 2014, pelo montante de R$ 18,7 bilhões, nas 30 maiores empresas não financeiras do País (em receita líquida) que acumulavam R$ 283,4 bilhões em contencioso tributário, conforme estudo empírico realizado por Ana Teresa Lopes[22] na Escola de Direito da Fundação Getúlio Vargas.

Não podemos olvidar que tais montantes, a depender da classificação de risco da companhia, podem afetar seu resultado financeiro caso devida ou indevidamente provisionados. Portanto, em termos práticos, se determinada demanda tem classificação de perda remota, por exemplo, o valor em litígio não precisa ser provisionado e pode ser reinvestido na atividade produtiva e/ou na expansão as operações empresariais.

Do contrário, se a expectativa de perda for provável, o resultado da companhia será impactado. Essas são as próprias diretrizes do CPC 25[23]:

> *"**Provisão***
>
> *14. Uma provisão deve ser reconhecida quando: (a) a entidade tem uma obrigação presente (legal ou não formalizada) como resultado*

---

22. LOPES, Ana Teresa. *O contencioso tributário sob a perspectiva corporativa: estudo das informações publicadas pelas maiores companhias abertas do país.* Dissertação de mestrado apresentada no programa de direito da FGV DIREITO SP (p. 35 e p. 49), em 15/03/2017. Disponível em: https://goo.gl/2xp1fN. Acesso em: 24/07/2018.

23. "Na elaboração das demonstrações financeiras é comum que as empresas reconheçam como provisão os valores relativos às ações judiciais passivas cuja probabilidade de perda é provável. De acordo com o CPC 25, embora haja um nível de incerteza nestas provisões, o reconhecimento desses eventos como passivo indica que é mais provável que a saída de caixa aconteça do que não aconteça (itens 15 e 16)", por CANADO, Vanessa. Precedentes e Probabilidade de Perda em Ações Judiciais. Jota, São Paulo, 10 mai. 2018. Disponível em: https://goo.gl/eHKKPf. Acesso em: 13 ago. 2018.

de evento passado; (b) seja provável que será necessária uma saída de recursos que incorporam benefícios econômicos para liquidar a obrigação; e (c) possa ser feita uma estimativa confiável do valor da obrigação.

Se essas condições não forem satisfeitas, nenhuma provisão deve ser reconhecida.

Obrigação presente

15. Em casos raros não é claro se existe ou não uma obrigação presente. Nesses casos, presume-se que um evento passado dá origem a uma obrigação presente se, levando em consideração toda a evidência disponível, é mais provável que sim do que não que existe uma obrigação presente na data do balanço.

*16. Em quase todos os casos será claro se um evento passado deu origem a uma obrigação presente. Em casos raros – como em um processo judicial, por exemplo –, pode-se discutir tanto se certos eventos ocorreram quanto se esses eventos resultaram em uma obrigação presente. Nesse caso, a entidade deve determinar se a obrigação presente existe na data do balanço ao considerar toda a evidência disponível incluindo, por exemplo, a opinião de peritos. A evidência considerada inclui qualquer evidência adicional proporcionada por eventos após a data do balanço. Com base em tal evidência: **(a) quando for mais provável que sim do que não que existe uma obrigação presente na data do balanço, a entidade deve reconhecer a provisão (se os critérios de reconhecimento forem satisfeitos); e (b) quando for mais provável que não existe uma obrigação presente na data do balanço, a entidade divulga um passivo contingente, a menos que seja remota a possibilidade de uma saída de recursos que incorporam benefícios econômicos (ver item 86).**" (grifos nossos)*

Esse singelo exemplo serve para demonstrar como a mudança repentina de entendimento do CARF pode impactar diretamente a tomada de decisão dos investidores.

Vejam que, em razão da alteração de posicionamento, as empresas acabam, inevitavelmente, por afetar seus resultados. Tal movimentação financeira é, por óbvio e diretamente, sentida pelos investidores[24]. O efeito desta dinâmica nefasta é simples: assistimos o desinvestimento nas operações

24. A simples divulgação dos balanços e notas explicativas afugentam os investimentos.

nacionais, o agravamento do "Custo Brasil" [25], a saída de grupos econômicos do país e o aumento da crise de confiança diante da insegurança jurídica provocada pelos Órgãos de Estado.

Sobre este aspecto, bem caminhou o **artigo 20 da LINDB**, ao dispor que:

> Art. 20. Nas *esferas administrativa*, controladora e judicial, **não se decidirá com base em valores jurídicos abstratos sem que sejam consideradas as <u>consequências práticas da decisão</u>.**
>
> **Parágrafo único. <u>A motivação demonstrará a necessidade e a adequação da medida imposta ou da invalidação de ato</u>, contrato, ajuste, processo ou norma administrativa, inclusive em face das possíveis alternativas.**
>
> Parágrafo único. **<u>A motivação</u>** demonstrará a necessidade e a adequação da medida imposta ou da invalidação de ato, contrato, ajuste, processo ou norma administrativa, inclusive em face das **possíveis alternativas**.

A devida motivação calcada em valores concretos, a observância prática dos efeitos da decisão proferida e a publicização de eventual mudança de posicionamento, são fundamentais para trazer coerência aos julgados, bem como asseguram que o administrado tenha ciência e previsibilidade para bem gerir suas atividades empresariais. Contudo, tal diretriz tende a ser ignorada pelos julgadores administrativos por considerarem que as consequências práticas do julgado não têm o condão de afetar **a razão de decidir em concreto**, devendo o órgão judicante ser ater exclusivamente às normas de caráter infraconstitucional para motivar sua decisão.

---

25. O custo Brasil é um termo genérico, usado para descrever o conjunto de dificuldades estruturais, burocráticas e econômicas que encarecem o investimento no Brasil, dificultando o desenvolvimento nacional, aumentando o desemprego, o trabalho informal, a sonegação de impostos e a evasão de divisas. Em outros termos, "é custo adicional de transacionar, de realizar negócios, no Brasil, em comparação ao custo em um país com instituições que funcionam adequadamente", em PINHEIRO, Armando Castelar. A Justiça e o Custo Brasil. In: Revista USP, nº 101, mar/abr/mai. São Paulo, p. 141-158. Disponível em: https://goo.gl/CSvJcn. Acesso em: 07/06/2019.

Contudo, tal posicionamento, além de violar o artigo 20 da LINDB implica em inobservância de postulados processuais relevantes para a interpretação das fontes e para a aplicação das normas, que são a razoabilidade e a proporcionalidade (artigo 8º, do CPC/2015), a coerência e a integridade (art. 926), a ponderação e a boa-fé (art. 489, §§ 2º e 3º). A todos esses postulados hermêuticos se soma o postulado do pragmatismo constante do artigo 20 da LINDB.

Nessa mesma linha, o processualista Fredie Didier[26] defende que:

> O *caput* do art. 20 inaugura, em termos dogmáticos, o postulado hermenêutico do pragmatismo, segundo o qual as consequências práticas devem ser consideradas no momento da valoração e da escolha de um dos sentidos possíveis do texto normativo de conteúdo semântico aberto.
>
> Esse postulado não se aplica apenas à decisão judicial. Ele também se aplica às decisões administrativas e às decisões tomadas por órgãos de controle, como os tribunais de contas e as agências reguladoras.

Para além de ser um postulado hermêutico, o parágrafo único do artigo 20 da LINDB, contém regra que impõe ao julgador dever específico de motivação, que acaba por reforçar a disposição contida no artigo 93, IX, da CF/88, segundo a qual "*todos os julgamentos dos órgãos do Poder Judiciário serão públicos, e fundamentadas todas as decisões, sob pena de nulidade*".

No mais, cumpre observar que o próprio II do §1º do art. 489 do CPC já impõe que o emprego de conceitos jurídicos indeterminados deve ser acompanhado de explicação do motivo concreto de sua incidência no caso.

E, nesse sentido, considero acertado o posicionamento do citado processualista do sentido de que o artigo 20 "*acrescenta mais uma regra especifica de fundamentação decisória, ao exigir que a incidência do conceito jurídico indeterminado não*

26. DIDIER, Fredie Souza; OLIVEIRA, Rafael Alexandre, *op. cit.*, p. 150.

apenas esteja demonstrada no caso concreto como também que fique claro que o julgador considerou as consequências práticas decorrentes de cada um dos sentidos possíveis e que avaliou tais consequências à luz da proporcionalidade".

Na prática, o artigo 20 da LINDB estabelece mais uma hipótese em que a fundamentação pode ser considerada deficiente e, por conseguinte, apta a ensejar a oposição de embargos de declaração (art. 1.022, II, parágrafo único, II, do CPC)[27].

Vale ponderar que, em linha com MacCormick[28], a construção decisória não pode ser puramente baseada em consequências, já que o futuro é desconhecido e cadeias de consequências podem se desenvolver ao infinito. O que se defende é uma visão intermediária, ou seja, para os casos capazes de ensejar interpretações distintas e que admitem respostas conflitantes (e.g. casos de ágio "empresa veículo" ou até valoração da prova), todas elas toleráveis pelo ordenamento jurídico, o julgador deve considerar as consequências práticas da sua decisão.

Sobre o aspecto da devida apreciação e valoração da prova, vale ponderar a importância do dever de motivação em sentido amplo (aqui inclui-se as consequências atinentes) quando da tomada de decisão pelo órgão de julgamento. Isso porque, a busca da verdade material está diretamente relacionada com a efetiva satisfatividade das decisões administrativas.

O julgador administrativo deve compreender que a administração pública, por vezes real detentora de determinadas informações fiscais - plataformas digitais que viabilizam o cruzamento de dados e a troca de informações/abertura de

---

27. Nas exatas palavras de Fredie Didier e Rafael Oliveira "*o art. 20 da LINDB funciona como mais um parágrafo do art. 489 do CPC, seja porque estabelece mais um postulado normativo (tal como os §§2º e 3º do art. 489), seja porque estabelece mais uma situação em que a fundamentação pode ser considerada deficiente (tal como o §1º do art. 489) – nesse sentido, inclusive, o desatendimento do disposto no parágrafo único do art. 20 da LINDB é omissão apta a ensejar a oposição de embargos de declaração, nos termos do art. 1.022, II, parágrafo único, II, do CPC*". *Op. cit.*, p. 151-152.

28. MACCORMICK, Neil. *Rhetoric and the Rule of Law: a theory of legal reasoning.* New York: Oxford University Press, 2005, e-Book Kindle, pos. 2469-2492.

acessos sistêmicos entre as autoridades fiscais federal e estaduais-, não pode ficar restrita ao que as partes demonstram no curso do processo e, além de fundamentar sua decisão com base nas provas apresentadas, deve buscar a verdade material por meio das diligências necessárias.

Somente diante da efetiva análise documental, das diligências necessárias à busca da verdade material, bem como mediante decisão fundamentada por parte do julgador, capaz de demonstrar que a documentação suporte apresentada pelo contribuinte é insuficiente ou inapta a comprovar o direito alegado, que o lançamento deve ser mantido, sob pena de enriquecimento ilícito do Estado.

Nos termos do artigo 3º, inciso III, da Lei 9.784, de 1999, é direito do contribuinte ver a documentação probatória apresentada devidamente analisada pelo órgão competente, sob pena de afronta aos valores constantes dos artigos 5º ao 8º, da Lei 13.105/2015 (Código de Processo Civil), bem como no artigo 2º da Lei 9.784/1999.

Nota-se que, mesmo diante das hipóteses previstas no §4º, do artigo 38, da Lei 9.784/1999, em que as provas poderão ser recusadas, o normativo dispõe sobre a necessidade de decisão fundamentada por parte da autoridade fiscal. Constam do rol as provas "*ilícitas, impertinentes, desnecessárias ou protelatórias*", incidências que, na grande maioria das vezes, fogem a realidade dos casos concretos.

Por fim, a autoridade julgadora tem a prerrogativa e o dever de determinar de ofício a realização de atividades de instrução destinadas a averiguar e comprovar os dados necessários à tomada de decisão, nos termos do artigo 29, da Lei 9.784/99[29].

---

29. Art. 29. As atividades de instrução destinadas a averiguar e comprovar os dados necessários à tomada de decisão realizam-se de ofício ou mediante impulsão do órgão responsável pelo processo, sem prejuízo do direito dos interessados de propor atuações probatórias.
§ 1º O órgão competente para a instrução fará constar dos autos os dados necessários à decisão do processo.

A partir dessas considerações sobre o artigo 20, da LINDB e da sua compatibilidade com as normas de caráter constitucional e infraconstitucional, importante avançarmos para os disciplinamentos constantes dos artigos 23 e 24.

3.3 O artigo 24, da LINDB e sua conformação com os preceitos contidos no CTN e na CF/88

Igualmente alinhado aos valores da segurança jurídica e da previsibilidade, o invocado artigo 24, da LINDB, proíbe expressamente que a administração tributária dê aplicação retroativa a nova interpretação sobre a legislação tributária, *verbis*:

> "Art. 24. **A revisão**, nas esferas administrativa, controladora ou judicial, quanto à validade de ato, contrato, ajuste, processo ou norma administrativa cuja produção já se houver completado levará em conta as **orientações gerais da época**, sendo vedado que, com base em mudança posterior de orientação geral, se **declarem inválidas situações plenamente constituídas**.
>
> Parágrafo único. Consideram-se orientações gerais as interpretações e especificações contidas em atos públicos de caráter geral ou **em jurisprudência judicial ou administrativa majoritária, e ainda as adotadas por prática administrativa reiterada e de amplo conhecimento público**." (grifos nossos)

De acordo com o próprio autor do Anteprojeto da LINDB, Floriano de Azevedo Marques[30], tal dispositivo é plenamente aplicável ao CARF:

> O art. 24 proíbe que a administração tributária dê aplicação retroativa a nova interpretação sobre a legislação tributária, de modo que nenhuma revisão de validade de ato singular da

§ 2º Os atos de instrução que exijam a atuação dos interessados devem realizar-se do modo menos oneroso para estes.

30. MENDES, Guilherme. CARF deve aplicar artigo 24 da LINDB, afirma autor da nova redação da norma. Jota, São Paulo, 06 ago. 2018. Disponível em: https://goo.gl/phv85x. Acesso em: 07/06/2019. "Floriano de Azevedo Marques, que formulou as alterações da lei, afirma que o CARF não está imune à sua aplicação."

> autoridade (o lançamento, por exemplo) pode ser feita por mudança da orientação geral a respeito. Aliás, como se sabe, a proibição da irretroatividade da nova interpretação vai além dos simples casos de invalidação de atos administrativos, pois está prevista em termos amplos na Lei Federal de Processo Administrativo (art. 2º, parágrafo único, XIII) e no Código Tributário (art. 100, II, III e parágrafo único, e art. 146).

Voltando ao exemplo do aproveitamento fiscal do ágio "empresa veículo", entre os nos anos de 2005 a 2014, o CARF tinha entendimento dominante no sentido de ser legítima e válida a amortização do ágio nesses casos[31]. Inclusive, nos litígios que remontam esses períodos, a I. Procuradoria da Fazenda Nacional (PGFN) sequer enfrenta a relação de julgados apresentada pelos contribuintes e limitar-se a considerar "*inviável a aplicação do artigo 24 da LINDB à atividade administrativa do lançamento e aos julgamentos proferidos pelo CARF pelo simples fato (mas não apenas) de que a previsão ali contida não se adequa ao peculiar procedimento de constituição do crédito tributário*"[32].

Se havia o entendimento de que tais operações seriam toleráveis pelo CARF, como não admitir que estamos diante de efetiva prática reiterada da Administração Pública? E pior, cogitar a imputação de multa de ofício de 75% ou até de multa qualificada de 150%?

Na medida em que as operações foram calcadas em precedentes favoráveis, atos lícitos e ante a inexistência de legislação apta a limitar a capacidade do contribuinte de se auto organizar e de gerir suas atividades com o menor ônus fiscal, não há que se falar em fraude à lei, tampouco considerar a ocorrência de fraude fiscal hábil a ensejar a qualificação da multa de ofício e a consequente representação fiscal para fins penais.

---

31. Vide relação constante da nota de rodapé nº 14.

32. BURGOS. Rodrigo de Macedo. *Artigo 24 da LINDB, lançamento fiscal e o CARF*. Jota, São Paulo, 23/08/2018. Disponível em: https://bit.ly/2WLwkgi. Acesso em: 13/06/2019.

Na prática, as doutas autoridades fiscais e julgadoras, ao manterem a qualificação da multa em casos como esse, acabam por imputar a mesma penalidade aplicável às circunstâncias fáticas que envolvem interposição fraudulenta de pessoas e/ou falsificação de documentos fiscais, o que viola cabalmente o artigo 112, do CTN, além dos já citados preceitos legais e processuais. Logo, idealmente, seria recomendável afastar toda e qualquer penalidade para garantir o mínimo de segurança jurídica.

Em vista desta causuística extrema, bem como partindo para leitura do *caput* do artigo 24, da LINDB é possível evidenciar sua perfeita conformação com os preceitos contidos no artigo 150, III, *a*, da CF/88 (proibição constitucional da irretroatividade da lei tributária), no artigo 100, incisos II, III e parágrafo único e no artigo 2º, parágrafo único, inciso XIII, da Lei 9.784/1999. Confira-se:

> CF/88
>
> *"Art. 150. Sem prejuízo de outras garantias asseguradas ao contribuinte, é vedado à União, aos Estados, ao Distrito Federal e aos Municípios: (...)*
>
> *III - cobrar tributos:*
>
> *a)* ***em relação a fatos geradores ocorridos antes do início da vigência da lei que os houver instituído ou aumentado;***
>
> CTN
>
> *"Art. 100. São normas complementares das leis, dos tratados e das convenções internacionais e dos decretos: (...)*
>
> **II - as decisões dos órgãos singulares ou coletivos de jurisdição administrativa, a que a lei atribua eficácia normativa;**
>
> **III - as práticas reiteradamente observadas pelas autoridades administrativas;**
>
> Parágrafo único. A observância das normas referidas neste artigo exclui a imposição de penalidades, a cobrança de juros de mora e a atualização do valor monetário da base de cálculo do tributo.
>
> ***Lei 9.784/1999***

> "Art. 2º A Administração Pública obedecerá, dentre outros, aos princípios da legalidade, finalidade, motivação, razoabilidade, proporcionalidade, moralidade, ampla defesa, contraditório, segurança jurídica, interesse público e eficiência.
>
> Parágrafo único. Nos processos administrativos serão observados, entre outros, os critérios de: (...)
>
> **XIII - interpretação da norma administrativa da forma que melhor garanta o atendimento do fim público a que se dirige, vedada aplicação retroativa de nova interpretação**.

A expressão "prática reiterada" impõe que seja dado o mesmo tratamento jurídico-tributário para os contribuintes que estejam em situação equivalente, sob pena de afronta aos princípios da igualdade e da capacidade contribuinte. Aliás, deixar de observar esse regramento cria, além de injustiça fiscal, disfunções concorrenciais têm termos comerciais.

É certo que, o objetivo dos novos artigos da LINDB, dentre eles o artigo 24, não foi alterar regras de caráter específico (e.g. CTN ou legislação relativa ao PAF), de modo que estas continuam em vigor, sem qualquer alteração, mas contribuir para dar maior eficácia e aumentar o grau de segurança jurídica na aplicação dessas disposições setoriais. Daí, inclusive, ser irrelevante o fato de a LINDB ter sido instituída por lei ordinária e não lei complementar. Os efeitos aqui sinalizados (afastar as penalidades) estão atrelados às próprias disposições do **artigo 100, III e § único**, do CTN, combinadas com o artigo 24, da LINDB - dispositivo de caráter geral que tem, justamente, a finalidade de trazer diretrizes interpretativas.

Outro aspecto relevante que merece ser superado diz respeito à expressão "*revisão*" constante do *caput* do artigo 24 da LINDB, o dispositivo protege em concreto o auto lançamento – "*situação plenamente constituída*". Isso porque, o contribuinte agiu segundo as "*orientações gerais da época*" - os julgados do CARF são interpretações públicas e, por consequência, o contribuinte não se baseou nas suas próprias visões privadas sobre o critério jurídico que seria aplicável. Em outros termos, o Estado não pode, com base em nova interpretação, contestar auto lançamento que se limitou a acolher interpretação pública que vigorava.

Com relação à preferência pela aplicação do artigo 100, II, do CTN em detrimento do artigo 100, III, do mesmo dispositivo, por potencial especialidade, considero o inciso II (*II - as decisões dos órgãos singulares ou coletivos de jurisdição administrativa, a que a lei atribua eficácia normativa*) é aplicável aos casos em que o reconhecimento do valor normativo às interpretações já contem estabilidade de grau máximo, leia-se Súmulas CARF, decisões proferidas sobre o regime de repetitivo e repercussão geral. Nessas hipóteses, o próprio lançamento deve ser afastado.

Já o inciso III ("*III - as práticas reiteradamente observadas pelas autoridades administrativas*"), é aplicável, em linha com as próprias diretrizes do artigo 24 da LINDB (*§ único. "Consideram-se orientações gerais as interpretações e especificações contidas em atos públicos de caráter geral ou em jurisprudência judicial ou administrativa majoritária, e ainda as adotadas por prática administrativa reiterada e de amplo conhecimento público"*), quando à época do fato gerador, existam manifestações equivales que, por seu maior volume ou pelo grau superior do órgão de que emanadas, bastem para sinalizar ao contribuinte de boa-fé que a interpretação da lei tributária feita por certo órgão administrativo ou judicial foi superada, ainda que incerta. Para ambos os diplomas normativos, basta a existência de costume administrativo tributário quanto ao critério jurídico de interpretação da lei, não se exige a definitividade dessa jurisprudência administrativa, tampouco sua formalização em grau máximo (edição de Súmula CARF).

Diante das razões expostas, cabe concluir que a LINDB: (i) é aplicável em matéria tributária; (ii) a norma geral constante do artigo 24 da LINDB, em linha com os citados dispositivos da legislação tributária proíbe, a retroação de nova orientação; (iii) sua função é contribuir de modo importante para eficácia das disposições particulares, especialmente o artigo 100, III, do CTN. Com efeito, em situações análogas ao presente exemplo, não cabe a aplicação de qualquer penalidade – multas em geral.

Por fim, o artigo 23 da LINDB, em homenagem ao princípio da publicidade, transparência e previsibilidade, prevê a instituição de regime de transição:

> *Art. 23. A decisão administrativa, controladora ou judicial que estabelecer interpretação ou orientação nova sobre norma de conteúdo indeterminado, impondo novo dever ou novo condicionamento de direito, deverá prever regime de transição quando indispensável para que o novo dever ou condicionamento de direito seja cumprido de modo proporcional, equânime e eficiente e sem prejuízo aos interesses gerais.*

Por mais que o legislador vincule tal previsão à sua indispensabilidade, podemos considerar, em termos processuais, a possibilidade de instauração do incidente de demandas repetitivas na esfera administrativa[33]. Esta medida pode figurar como instrumento interessante para: garantir a estabilidade, uniformidade e coerência jurisprudencial; e dar previsibilidade de ação aos contribuintes.

4. Conclusões

Sabemos que a insegurança jurídica marcada pelo "efeito surpresa" faz com que o Brasil sempre se destaque como um dos piores países do mundo para se investir e empreender[34], como pretendemos, então, nos desenvolver? Por vezes parece que não há tal ambição e mais, o Estado se sente no direito de não cumprir suas próprias leis e diretrizes técnicas de interpretação.

---

33. Pautado também nos princípios da economia e da celeridade processual, está previsto no art. 12, § 2º, III do CPC/2015 e regulado, sobretudo, do art. 976 ao art. 987, do mesmo diploma legal.

34. Relevantes dados em: http://portugues.doingbusiness.org/pt/data/exploreeconomies/brazil. Acesso em 17/06/2019.

A causuística em torno de presente artigo pretendeu, por conseguinte, demonstrar que a atividade judicante administrativa não pode afastar a aplicação da LINDB nos casos concretos cuja conformação de preceitos seja necessária para garantir a satisfatividade da decisão e o valor segurança jurídica.

O artigo 20 da LINDB joga luzes à questão da motivação das decisões e traz o postulado do pragmatismo. A razão de decidir dos julgadores administrativos e judiciais deve estar alicerçada não só em diplomas normativos, mas em ponderações acerca das consequências práticas das suas decisões.

Já o polêmico artigo 24 da LINDB nada mais fez do que trazer eficácia e reforçar a observância dos preceitos contidos no CTN e na CF/88, mas por que causou e causa tanto alvoroço sua aplicação no âmbito do CARF? Pelo simples fato de que sua consequência lógica seria afastar as penalidades imputadas, conforme prevê o próprio artigo 100, III, do CTN. Trocamos a segurança jurídica pela tirania das multas. Seria esta uma troca justa? Sobrevivemos diante da ineficiência e da rejeição a aplicação de preceitos hermêuticos e processuais invocando o suposto interesse público quando, em verdade, estamos atentando contra a própria moralidade administrativa.

A aplicação do princípio da supremacia do interesse público sobre o particular não pode privilegiar os interesses da Fazenda Pública, mas deve atender ao primado da cooperação, razoabilidade, proporcionalidade e eficiência, com o objetivo de promover justiça fiscal e distributiva. O Estado "*precisa ser eficiente e eficaz para o atendimento das demandas que o pacto constitucional lhe impôs e que se encontram substancialmente desatendidas*"[35].

Por fim, concluo o presente artigo com as precisas reflexões do Carlos Ari Sundfeld, "*o profissional do Direito, ao construir soluções para os casos, tem um dever analítico. Não bastam boas intenções, não basta intuição, não basta invocar e*

35. BINENBOJM, Gustavo, op. cit., p. BINENBOJM, Gustavo, op. cit., p. 8.

elogiar princípios; é preciso respeitar o espaço de cada instituição, comparar normas e opções, estudar causas e consequências, ponderar as vantagens e desvantagens. Do contrário viveremos no mundo da arbitrariedade, não do Direito".[36]

Referências

BOSSA, Gisele Barra. SALUSSE, Eduardo Perez. PISCITELLI, Tathiane. ARAUJO, Juliana Furtado Costa (Coordenadores). *Medidas de Redução do Contencioso Tributário e o CPC/2015*. São Paulo: Almedina, 2017.

BURGOS. Rodrigo de Macedo. *Artigo 24 da LINDB, lançamento fiscal e o CARF*. Jota, São Paulo, 23/08/2018. Disponível em: https://bit.ly/2WLwkgi. Acesso em: 13/06/2019.

ÁVILA, Humberto. *Repensando o "princípio da supremacia do interesse público sobre o particular". In: Revista Eletrônica sobre a Reforma do Estado*, nº 11, set/out/nov 2007. Disponível em: https://goo.gl/SFpRZe. Acesso em: 09/06/2019.

____. *Moralidade, Razoabilidade e Eficiência na Atividade Administrativa. In: Revista Eletrônica sobre a Reforma do Estado*, nº 04, out/nov/dez 2005. Disponível em: https://goo.gl/Hn3CpK. Acesso em: 09/06/2019.

BOSSA, Gisele Barra. *Potenciais Caminhos para Redução do Contencioso Tributário e as Diretrizes do CPC/2015: entraves e oportunidades. In: Medidas de Redução do Contencioso Tributário e o CPC/2015*. São Paulo: Almedina, 2017, p. 23-56.

BINENBOJM, Gustavo. *Da supremacia do interesse público ao dever de proporcionalidade: um novo paradigma para o Direito Administrativo. In: Revista de Direito Administrativo (RDA)*, v. 239, jan/mar. 2005. Rio de Janeiro, p. 1-31. Disponível em: https://goo.gl/LLUkGQ. Acesso em: 09/06/2019.

---

36. SUNDFELD, Carlos Ari. *Princípio é preguiça*. In: *Direito administrativo para céticos*. 2a ed. 2ª tiragem. São Paulo: Malheiros, 2017, p. 206.

CARRAZZA, Roque Antônio. *Curso de Direito Constitucional Tributário*. 19ª edição, revista, ampliada e atualizada até a EC 39/2002. Malheiros: São Paulo, 2003.

DIDIER, Fredie Souza; OLIVEIRA, Rafael Alexandre. *Dever judicial de considerar as consequências práticas da decisão: interpretando o art. 20 da Lei de Introdução às Normas do Direito Brasileiro. In: Revista de Direito Administrativo e Constitucional (Revista A&C)*, ano 19, nº 75, jan/mar. 2009. Belo Horizonte: Forum, p. 143-160. Disponível em: https://bit.ly/2Fa2PK7. Acesso em: 09/06/2019.

LIMBERGER, Têmis; KOSSMANN, Edson Luís. *O princípio constitucional da eficiência ante o Estado (in) suficiente. In: Revista de Direito Administrativo (RDA)*, v. 273, set./dez. 2016. Rio de Janeiro, p. 287-311. Disponível em: https://goo.gl/214Xew. Acesso em: 09/06/2019.

MACCORMICK, Neil. *Rhetoric and the Rule of Law: a theory of legal reasoning*. New York: Oxford University Press, 2005, e-Book Kindle, pos. 2469-2492.

MELLO, Celso Antônio Bandeira de. *Curso de direito administrativo*. 16. ed. São Paulo: Malheiros, 2003.

SARMENTO, Daniel (coord.). *Interesses Públicos versus Interesses Privados: desconstruindo o princípio de supremacia do interesse público*. 2ª tiragem. Rio de Janeiro: Lúmen Júris, 2007.

SCHOUERI, Luis Eduardo. *Direito Tributário*: São Paulo: Saraiva, 2011.

SUDFELD. Carlos Ari. *Direito Administrativo para Céticos*. 2ª edição. 2ª tiragem. São Paulo: Malheiros, 2017.

____. *Fundamentos de direito público*. 4. ed. São Paulo: Malheiros, 2000.

Capítulo 2

PROCESSO DE CONHECIMENTO

OS EFEITOS DA AÇÃO ANULATÓRIA EM RELAÇÃO À EXECUÇÃO FISCAL E EMBARGOS DO DEVEDOR

Simone Rodrigues Costa Barreto[1]

1. Introdução

Em matéria de execução fiscal, o tema da garantia do juízo ganhou relevo nos últimos tempos. Muito se discutiu sobre a prevalência do dinheiro em relação aos bens relacionados no rol do art. 11 da Lei 6.830/80, para fins de garantia do juízo, tendo em vista precedente do Superior Tribunal de Justiça exarado em sede de Recurso Repetitivo. Os juízes, acolhendo o pleito da União, dos Estados e dos Municípios por intermédio de seus procuradores, acabavam por decretar a penhora *on line* dos bens do devedor, por vezes antes mesmo da citação deste. A indicação de bens à penhora pelo devedor era inócua.

Nada obstante, esse tema perdeu demasiada relevância com a edição da Lei 13.043/2014, que introduziu o seguro garantia no rol do art. 9º da Lei 6.830/80, ao lado da fiança bancária. Embora esta já constasse no aludido dispositivo legal, a

1. Doutora e Mestre pela PUC/SP. Professora nos Cursos de Especialização do IBET e da PUC/COGEAE. Advogada em São Paulo.

Lei 13.043/14 – editada posteriormente ao Repetitivo do STJ – conferiu importância a essas garantias, demonstrando que o dinheiro não poderia tornar letra morta esse permissivo legal. Em outras palavras, a prevalência do dinheiro passou a ser relativizada, de modo a abrir espaço à aceitação, pelo credor e pelo juízo, da fiança bancária e do seguro garantia.

Posto de lado o tema da garantia, vez que de certa forma superado, vêm sendo bastante discutidos nos dias atuais os efeitos da ação anulatória em relação à execução fiscal, diante de variáveis como o momento em que é proposta, isto é, se anterior ou posteriormente ao feito executivo, bem como a presença, ou não, de causa suspensiva da exigibilidade do crédito tributário.

Não há, no direito positivo processual, diretriz clara e objetiva que trate do assunto. Todavia, uma interpretação sistemática de dispositivos do Código de Processo Civil nos permite concluir pela melhor conduta a ser adotada pelos advogados e magistrados.

Pretendemos demonstrar, com o presente trabalho, como a execução fiscal e os embargos do devedor deverão ser tratados diante de ação anulatória proposta pelo contribuinte devedor, que vise desconstituir a dívida exequenda. Veremos como a jurisprudência do Superior Tribunal de Justiça trata do tema, a fim de nortear os advogados e julgadores em seu mister.

2. Os efeitos da ação anulatória ajuizada previamente à execução fiscal, quando presente causa suspensiva da exigibilidade do crédito tributário

Os contribuintes que possuem débitos já constituídos perante a União, os Estados e os Municípios podem aguardar a cobrança judicial da dívida por parte do credor, mediante processo executório, ou, a seu critério, podem se antecipar e propor ação anulatória de débito fiscal, cujo fundamento é o art. 38 da Lei nº 6.830/80[2].

---

2. **Art. 38** - A discussão judicial da Dívida Ativa da Fazenda Pública só é admissível

Consoante referido dispositivo legal, a discussão da dívida ativa da Fazenda Pública pode se dar em (i) execução fiscal, (ii) mandado de segurança, (iii) ação de repetição de indébito, e (iv) ação anulatória, esta precedida do depósito do valor do débito. Trataremos, no presente trabalho, da ação anulatória ajuizada previamente à execução fiscal.

Embora o art. 38 da Lei 6.830/80 fale expressamente do depósito do valor do débito, este não é mandatório. Pode o contribuinte valer-se da ação anulatória sem o depósito judicial e obter a suspensão da exigibilidade do crédito tributário mediante a concessão de tutela antecipada, nos termos do art. 151, V do Código Tributário Nacional. O depósito judicial é uma faculdade do contribuinte, e não uma imposição.

Consoante as lições de James Marins:

> *e. Ação anulatória e o depósito preparatório.* A segunda parte do *caput* do art. 38 da Lei n° 6.830/80 estabelece que a ação anulatória deve ser precedida do depósito preparatório do valor do débito (monetariamente corrigido e acrescido dos juros e multa de mora e demais encargos). Este depósito (tido como nova roupagem da anacrônica regra do *solve et repete*), no entanto, não se constitui em *condição da ação* ou sequer *pressuposto de procedibilidade*, conforme já há muito decidido pelo STF, sumulado pelo extinto Tribunal Federal de Recursos e reiterado pelo STJ, constituindo-se, em verdade , mera *faculdade do contribuinte* que deseje suspender a exigibilidade do tributo durante a pendência da ação, impedindo o aforamento da execução fiscal, consoante restou assentado pela jurisprudência do Supremo Tribunal Federal.
>
> É lícito, portanto, ao autor-contribuinte propor a ação anulatória do lançamento fiscal independentemente da realização do depósito preparatório, em homenagem ao *princípio da tutela judicial efetiva em matéria tributária*, que não se coaduna com criação de

---

em execução, na forma desta Lei, salvo as hipóteses de mandado de segurança, ação de repetição do indébito ou ação anulatória do ato declarativo da dívida, esta precedida do depósito preparatório do valor do débito, monetariamente corrigido e acrescido dos juros e multa de mora e demais encargos.
Parágrafo Único - A propositura, pelo contribuinte, da ação prevista neste artigo importa em renúncia ao poder de recorrer na esfera administrativa e desistência do recurso acaso interposto.

> óbice material – *visceralmente antiisonômico* – oposto inconstitucionalmente ao exercício do direito de ação.[3]

Outro não é entendimento de Hugo de Brito Machado Segundo, *in verbis*:

> Insista-se que o depósito é uma faculdade do contribuinte que pretender a suspensão da exigibilidade do crédito tributário discuto em juízo. Não é uma imposição ao exercício do direito de ação, pois o art. 38 da Lei de Execuções Fiscais, que determina a feitura de depósito do montante integral do crédito tributário no âmbito da ação anulatória, deve ser interpretado *conforme a Constituição*. Não se pode vislumbrar em tal artigo um obstáculo à obtenção de uma prestação jurisdicional, ou uma *condição da ação anulatória*, 'pois tal representaria uma dupla inconstitucionalidade: a consistente em restrição de acesso aos tribunais e a consistente em violação do princípio da igualdade, discriminando-se em relação a contribuintes com menores recursos'.[4]

A vantagem da realização do depósito judicial é a imediata suspensão da exigibilidade do crédito tributário, independentemente da vontade e do entendimento do julgador. Mas, para que isso ocorra, o depósito deve se dar no montante *integral* do débito em discussão.

Analisemos, primeiramente, a hipótese em que o contribuinte obtém a suspensão da exigibilidade do crédito tributário – ou pelo depósito do débito discutido ou pela concessão de tutela antecipada – e, posteriormente, é surpreendido com o ajuizamento da execução fiscal. Nesse caso, é certo que a ação executória foi proposta enquanto suspensos os atos de exigibilidade do crédito tributário. E se assim for, a ação não poderia ter sido ajuizada, razão pela qual deve ser extinta.

Ora, se o contribuinte, de forma cautelosa, se antecipou à cobrança judicial e propôs ação anulatória de débito fiscal

---

3. MARINS, James. *Direito Processual Tributário Brasileiro (Administrativo e Judicial)*. 5ª edição. São Paulo: Dialética, 2010, p. 436-437.

4. MACHADO SEGUNDO, Hugo de Brito. *Processo tributário*. 4ª edição. São Paulo: Atlas, 2009, p. 393.

visando justamente impedir o ajuizamento da execução fiscal, não pode o entre tributante credor ignorar a causa suspensiva da exigibilidade do crédito tributário.

Veja-se, nesse sentido, a posição do Superior Tribunal de Justiça, exarada em sede de Recurso Repetitivo:

> PROCESSUAL CIVIL E TRIBUTÁRIO. RECURSO ESPECIAL REPRESENTATIVO DE CONTROVÉRSIA. ART. 543-C, DO CPC. AÇÃO ANTIEXACIONAL ANTERIOR À EXECUÇÃO FISCAL. DEPÓSITO INTEGRAL DO DÉBITO. SUSPENSÃO DA EXIGIBILIDADE DO CRÉDITO TRIBUTÁRIO (ART. 151, II, DO CTN). ÓBICE À PROPOSITURA DA EXECUÇÃO FISCAL, QUE, ACASO AJUIZADA, DEVERÁ SER EXTINTA.
>
> 1. O depósito do montante integral do débito, nos termos do artigo 151, inciso II, do CTN, suspende a exigibilidade do crédito tributário, impedindo o ajuizamento da execução fiscal por parte da Fazenda Pública. (Precedentes: REsp 885.246/ES, Rel. Ministro MAURO CAMPBELL MARQUES, SEGUNDA TURMA, julgado em 22/06/2010, DJe 06/08/2010; REsp 1074506/SP, Rel. Ministro LUIZ FUX, PRIMEIRA TURMA, julgado em 06/08/2009, DJe 21/09/2009; AgRg nos EDcl no REsp 1108852/RJ, Rel. Ministro MAURO CAMPBELL MARQUES, SEGUNDA TURMA, julgado em 18/08/2009, DJe 10/09/2009; AgRg no REsp 774.180/RS, Rel. Ministro HUMBERTO MARTINS, SEGUNDA TURMA, julgado em 16/06/2009, DJe 29/06/2009; REsp 807.685/RJ, Rel. Ministro TEORI ALBINO ZAVASCKI, PRIMEIRA TURMA, julgado em 04/04/2006, DJ 08/05/2006; REsp 789.920/MA, Rel. Ministro FRANCISCO FALCÃO, PRIMEIRA TURMA, julgado em 16/02/2006, DJ 06/03/2006; REsp 601.432/CE, Rel. Ministro FRANCISCO PEÇANHA MARTINS, SEGUNDA TURMA, julgado em 27/09/2005, DJ 28/11/2005; REsp 255.701/SP, Rel. Ministro FRANCIULLI NETTO, SEGUNDA TURMA, julgado em 27/04/2004, DJ 09/08/2004; REsp 174.000/RJ, Rel. Ministra ELIANA CALMON, SEGUNDA TURMA, julgado em 08/05/2001, DJ 25/06/2001; REsp 62.767/PE, Rel. Ministro ANTÔNIO DE PÁDUA RIBEIRO, SEGUNDA TURMA, julgado em 03/04/1997, DJ 28/04/1997; REsp 4.089/SP, Rel. Ministro GERALDO SOBRAL, Rel. p/ Acórdão MIN. JOSÉ DE JESUS FILHO, PRIMEIRA TURMA, julgado em 27/02/1991, DJ 29/04/1991; AgRg no Ag 4.664/CE, Rel. Ministro GARCIA VIEIRA, PRIMEIRA TURMA, julgado em 22/08/1990, DJ 24/09/1990)
>
> 2. É que as causas suspensivas da exigibilidade do crédito tributário (art. 151 do CTN) impedem a realização, pelo Fisco, de

atos de cobrança, os quais têm início em momento posterior ao lançamento, com a lavratura do auto de infração.

3. O processo de cobrança do crédito tributário encarta as seguintes etapas, visando ao efetivo recebimento do referido crédito: a) a cobrança administrativa, que ocorrerá mediante a lavratura do auto de infração e aplicação de multa: exigibilidade-autuação; b) a inscrição em dívida ativa: exigibilidade-inscrição; c) a cobrança judicial, via execução fiscal: exigibilidade-execução.

4. Os efeitos da suspensão da exigibilidade pela realização do depósito integral do crédito exequendo, quer no bojo de ação anulatória, quer no de ação declaratória de inexistência de relação jurídico-tributária, ou mesmo no de mandado de segurança, desde que ajuizados anteriormente à execução fiscal, têm o condão de impedir a lavratura do auto de infração, assim como de coibir o ato de inscrição em dívida ativa e o ajuizamento da execução fiscal, a qual, acaso proposta, deverá ser extinta.

5. A improcedência da ação antiexacional (precedida do depósito do montante integral) acarreta a conversão do depósito em renda em favor da Fazenda Pública, extinguindo o crédito tributário, consoante o comando do art. 156, VI, do CTN, na esteira dos ensinamentos de abalizada doutrina, verbis: *"Depois da constituição definitiva do crédito, o depósito, quer tenha sido prévio ou posterior, tem o mérito de impedir a propositura da ação de cobrança, vale dizer, da execução fiscal, porquanto fica suspensa a exigibilidade do crédito. (...) Ao promover a ação anulatória de lançamento, ou a declaratória de inexistência de relação tributária, ou mesmo o mandado de segurança, o autor fará a prova do depósito e pedirá ao Juiz que mande cientificar a Fazenda Pública, para os fins do art. 151, II, do Código Tributário Nacional. Se pretender a suspensão da exigibilidade antes da propositura da ação, poderá fazer o depósito e, em seguida, juntando o respectivo comprovante, pedir ao Juiz que mande notificar a Fazenda Pública. Terá então o prazo de 30 dias para promover a ação. Julgada a ação procedente, o depósito deve ser devolvido ao contribuinte, e se improcedente, convertido em renda da Fazenda Pública, desde que a sentença de mérito tenha transitado em julgado"* (MACHADO, Hugo de Brito. Curso de Direito Tributário. 27ª ed., p. 205/206).

6. *In casu*, o Tribunal a quo, ao conceder a liminar pleiteada no bojo do presente agravo de instrumento, consignou a integralidade do depósito efetuado, às fls. 77/78: *"A verossimilhança do pedido é manifesta, pois houve o depósito dos valores reclamados em execução, o que acarreta a suspensão da exigibilidade do crédito tributário, de forma que concedo a liminar pleiteada para o*

> *fim de suspender a execução até o julgamento do mandado de segurança ou julgamento deste pela Turma Julgadora.*"
>
> 7. A ocorrência do depósito integral do montante devido restou ratificada no aresto recorrido, consoante dessume-se do seguinte excerto do voto condutor, *in verbis*: "O depósito do valor do débito impede o ajuizamento de ação executiva até o trânsito em julgado da ação. Consta que foi efetuado o depósito nos autos do Mandado de Segurança impetrado pela agravante, o qual encontra-se em andamento, de forma que a exigibilidade do tributo permanece suspensa até solução definitiva. Assim sendo, a Municipalidade não está autorizada a proceder à cobrança de tributo cuja legalidade está sendo discutida judicialmente.
>
> 8. *In casu*, o Município recorrente alegou violação do art. 151, II, do CTN, ao argumento de que o depósito efetuado não seria integral, posto não coincidir com o valor constante da CDA, por isso que inapto a garantir a execução, determinar sua suspensão ou extinção, tese insindicável pelo STJ, mercê de a questão remanescer quanto aos efeitos do depósito servirem à fixação da tese repetitiva.
>
> 9. Destarte, ante a ocorrência do depósito do montante integral do débito exequendo, no bojo de ação antiexacional proposta em momento anterior ao ajuizamento da execução, a extinção do executivo fiscal é medida que se impõe, porquanto suspensa a exigibilidade do referido crédito tributário.
>
> 10. Recurso especial desprovido. Acórdão submetido ao regime do art. 543-C do CPC e da Resolução STJ 08/2008.[5] (grifos originais)

Conquanto o precedente mencionado versasse sobre a suspensão da exigibilidade do crédito tributário mediante o depósito judicial da dívida, isso não nos parece óbice à aplicação do entendimento nele fixado para os casos em que a suspensão da exigibilidade se dá por outra causa, dentre aquelas previstas no rol do art. 151 do Código Tributário Nacional, dado que, qualquer que seja ela, o efeito será o mesmo: a suspensão da exigibilidade do crédito tributário e, por conseguinte, a suspensão dos atos de cobrança pelo fisco.[6]

---

5. REsp 1.140.956-SP, Rel. Min. Luiz Fux, DJe 03.12.2010.

6. Nesse sentido já decidiu o STJ:
PROCESSUAL CIVIL. TRIBUTÁRIO. RECURSO ESPECIAL. AÇÃO ANULATÓRIA DE DÉBITO FISCAL. IPTU. TLP. ART. 535, II, DO CPC. VIOLAÇÃO. NÃO OCORRÊNCIA. ART. 472 DO CPC. EXTENSÃO DO JULGADO A TERCEIRO QUE

Em suma, presente uma das causas de suspensão da exigibilidade do crédito tributário na ação anulatória ajuizada previamente à Execução Fiscal, a extinção do feito executivo é medida que se impõe, restabelecendo-se a situação anterior, em que o contribuinte não possuía contra si uma cobrança judicial em aberto.

NÃO FOI PARTE. FUNDAMENTO VEICULADO OBITER DICTUM. DISPOSITIVO DO ACÓRDÃO NÃO ALCANÇA AQUELE QUE NÃO PARTICIPOU DA LIDE. ART. 585, §1º DO CPC. CONCESSÃO DE TUTELA ANTECIPADA. POSSIBILIDADE. ARTS. 3º E 40, § 3º, DA LEI 8.666/93. RELAÇÃO CONTRATUAL ENTRE CESSIONÁRIO E CEDENTE. PREVISÃO DE SUJEIÇÃO PASSIVA. NÃO OPONÍVEL AO FISCO NEM OPOSTA POR ELE PARA DEFINIR O SUJEITO PASSIVO. ART. 143 DO CTN. DISSÍDIO. FALTA DE SIMILITUDE FÁTICA.
1. Hipótese em que se sustenta violação aos arts. 472, 535, II, e 585, § 1º, do CPC, pois a Corte de origem deferiu antecipação de tutela em ação anulatória de débito fiscal para excluir débitos relativos ao IPTU e à TLP de imóvel objeto de concessão de uso entre o recorrido e a Infraero.
2. Afasta-se a suposta infringência ao inciso II do artigo 535 do CPC, uma vez que há fundamentação expressa na ementa do decisum sobre a questão da impossibilidade de ser utilizada a convenção (contrato) entre o cedente e o cessionário para fins tributários.
3. Nos termos do REsp 758.655/RS (DJ de 28.5.2007), da relatoria do Ministro Teori Albino Zavascki, é possível a concessão de tutela antecipada em ação anulatória de débito proposta durante tramitação de execução fiscal, o que pode levar à suspensão dos atos executórios.
4. Se cabível a antecipação de tutela em ação anulatória de débito, inclusive para suspender atos executivos de execução fiscal conexa, razão não há para não ser concedida a mencionada proteção quando nem sequer se observa ter sido proposta a execução fiscal, especialmente como na hipótese ora sub examine, em que se concedeu a tutela porque, ao ser apreciada a verossimilhança e o risco de dano, entendeu-se ser a recorrida parte ilegítima para figurar em eventual cobrança fiscal.
5. A Corte de origem decidiu de forma correta ao afastar a convenção (contrato) entre o recorrido e a Infraero, na qual há previsão da responsabilidade tributária daquele, para fins da pretensão exigida nos autos (anulação de débito de IPTU e de TLP), uma vez que a convenção possui caráter obrigacional e veicula apenas os contratantes.
6. O fisco não pode imputar a sujeição passiva tributária prevista na convenção, mesmo que esta seja feita através de licitação, pois a responsabilidade pelo pagamento dos tributos nela fixada faz lei apenas entre os contratantes, salvo lei geral expressa em contrário (art. 123 do CTN).
7. Não há similitude fática entre os acórdãos confrontados, nos termos do que exige a parte final do parágrafo único do artigo 541 do CPC e o § 2º do artigo 255 do RISTJ, motivo pelo qual não se conhece do recurso neste ponto.
8. Recurso especial parcialmente conhecido e improvido. (REsp 1088510 / DF, Min. Benedito Gonçalves, DJe 19.08.2009)

3. Os efeitos da ação anulatória ajuizada no curso da execução fiscal, quando presente causa suspensiva da exigibilidade do crédito tributário

Situação distinta ocorre quando a ação anulatória em que a exigibilidade do crédito tributário restou suspensa por uma das causas do art. 151 do Código Tributário Nacional é ajuizada após a propositura da execução fiscal. Nesse caso, quando do ajuizamento do feito executivo, não estava o ente tributante credor impedido de exercer os atos de cobrança, razão pela qual não possui o contribuinte devedor o direito de ver restabelecida a situação anterior, em que não havia uma cobrança judicial contra si. Portanto, a extinção da execução fiscal, nessa hipótese, não seria cabível.

Nada obstante, diante da concessão da tutela antecipada nos autos da ação anulatória ou, ainda, do depósito da dívida nessa ação, é certo que os atos de cobrança não podem prosseguir. O caminho natural, portanto, seria o sobrestamento da execução fiscal com a consequente paralização dos atos executórios durante a vigência da causa suspensiva da exigibilidade do crédito tributário.

Nesse sentido é o seguinte precedente do Superior Tribunal de Justiça:

> PROCESSUAL CIVIL. VIOLAÇÃO DO ART. 535 DO CPC. INEXISTÊNCIA. DEVIDO ENFRENTAMENTO DAS QUESTÕES RECURSAIS. CONCESSÃO DE TUTELA ANTECIPADA. SUSPENSÃO DA EXIGIBILIDADE.
>
> 1. Inexiste violação do art. 535 do CPC quando a prestação jurisdicional é dada na medida da pretensão deduzida, com enfrentamento e resolução das questões abordadas no recurso.
>
> 2. "É possível a suspensão dos atos executivos, no processo de execução fiscal, em virtude da antecipação dos efeitos da tutela jurisdicional pleiteada em ação anulatória de débito fiscal proposta durante a tramitação da execução (REsp. n. 758.655/RS, Primeira Turma, Rel. Min. Teori Albino Zavascki, DJ de 28.5.2007)" (REsp 1153771/SP, Rel. Min. Mauro Campbell Marques, Segunda Turma, julgado em 12/4/2012, DJe 18/4/2012).

Agravo regimental improvido".[7-8]

Destarte, cessada a vigência da causa suspensiva da exigibilidade do crédito tributário, a execução fiscal terá o seu curso retomado, com o prosseguimento dos atos de cobrança.

A existência de garantia nos autos da execução fiscal não é pressuposto à sua suspensão. Esta deverá ocorrer no estágio em que se encontra o feito executivo no momento do advento da causa suspensiva da exigibilidade do crédito tributário. Se já houver garantia ofertada nos autos, aceita ou não pelo juízo, nele permanecerá; se não houver, não será necessária a sua apresentação.

Pensamos que a suspensão da execução fiscal em questão só apresenta utilidade quando não opostos os respectivos embargos à execução. Isso porque é pressuposto à sua oposição o oferecimento de garantia nos autos da execução, o que, juntamente com os requisitos para a concessão da tutela provisória, possibilita a concessão de efeito suspensivo ao feito executivo e o consequente sobrestamento dos atos executórios, nos termos do art. 919, § 1º, do Código de Processo Civil[9].

---

7. AgRg no REsp 1315730/DF, Rel. Ministro Humberto Martins, Segunda Turma, DJe 18/12/2012.

8. Vide, no mesmo sentido, AgRg no AREsp 156870/RJ, Rel. Ministro Humberto Martins, Segunda Turma, DJe 21/05/2012:
TRIBUTÁRIO. SUSPENSÃO DA EXIGIBILIDADE DO CRÉDITO TRIBUTÁRIO. HIPÓTESES PREVISTAS NO ART. 151 DO CTN. PROPOSITURA DA AÇÃO EXECUTIVA FISCAL APÓS A SUSPENSÃO. EXTINÇÃO DO FEITO.
1. A jurisprudência do STJ firmou-se no sentido de que a suspensão da exigibilidade do crédito tributário, por alguns dos motivos elencados nos incisos do art. 151 do CTN, conduz a inviabilidade de propositura da ação executiva fiscal, quando posterior ao fato suspensivo, ensejando a extinção do feito.
2. A existência de qualquer das hipóteses previstas no art. 151 do CTN tem como consequência: (I) a extinção da execução fiscal, se a causa da suspensão ocorreu antes da propositura do feito executivo; ou (II) a suspensão da execução, se a exigibilidade foi suspensa quando já proposta a execução.
3. No caso em apreço, as Instâncias ordinárias assentaram que a causa da suspensão, consubstanciada na hipótese prevista no inciso V do art. 151 - concessão de medida liminar ou tutela antecipada em outro processo - ocorreu em momento anterior à propositura da ação. Impõe-se, portanto, a extinção da execução fiscal. Agravo regimental improvido.

9. Art. 919. Os embargos à execução não terão efeito suspensivo.

Em suma, presente uma das causas de suspensão da exigibilidade do crédito tributário na ação anulatória ajuizada no curso da execução fiscal, esta ficará suspensa, no estágio em que se encontrar.

4. Os efeitos da ação anulatória ajuizada previamente à execução fiscal quando não há causa de suspensão da exigibilidade do crédito tributário

Analisamos até aqui os efeitos da ação anulatória quando é conferida a suspensão da exigibilidade do crédito tributário *antes* ou *no curso* da execução fiscal. A questão que se põe é: quais os efeitos da ação anulatória prévia à execução fiscal quando *não* há causa suspensiva da exigibilidade do crédito tributário?

Pois bem. Indeferida a tutela antecipada pleiteada na ação anulatória e não tendo havido o depósito do montante integral da dívida em discussão, é certo que o ente tributante credor poderá prosseguir com os atos de cobrança. Inscrito o débito em dívida ativa e ajuizada a respectiva execução fiscal, poderá o credor seguir com a busca de bens do devedor com vistas à garantia do juízo, caso o contribuinte assim não proceda no prazo de 05 (cinco) dias, a contar de sua citação, nos termos do art. 8º da Lei 6.830/80[10].

---

§ 1º O juiz poderá, a requerimento do embargante, atribuir efeito suspensivo aos embargos quando verificados os requisitos para a concessão da tutela provisória e desde que a execução já esteja garantida por penhora, depósito ou caução suficientes.

10. Art. 8º - O executado será citado para, no prazo de 5 (cinco) dias, pagar a dívida com os juros e multa de mora e encargos indicados na Certidão de Dívida Ativa, ou garantir a execução, observadas as seguintes normas:
I - a citação será feita pelo correio, com aviso de recepção, se a Fazenda Pública não a requerer por outra forma;
II - a citação pelo correio considera-se feita na data da entrega da carta no endereço do executado, ou, se a data for omitida, no aviso de recepção, 10 (dez) dias após a entrega da carta à agência postal;
III - se o aviso de recepção não retornar no prazo de 15 (quinze) dias da entrega da carta à agência postal, a citação será feita por Oficial de Justiça ou por edital;
IV - o edital de citação será afixado na sede do Juízo, publicado uma só vez no órgão oficial, gratuitamente, como expediente judiciário, com o prazo de 30 (trinta) dias, e conterá, apenas, a indicação da exequente, o nome do devedor e dos

A mera propositura da ação anulatória não impedirá a prática dos atos de cobrança pela Fazenda Pública. No entanto, permitirá a suspensão da execução fiscal, desde que a mesma esteja integralmente garantida. É o que se conclui a partir das diretrizes do Código de Processo Civil.

De acordo com o art. 55, *caput* e § 2º, I, do Código de Processo Civil[11], consideram-se conexas as ações que tiverem em comum o pedido ou a causa de pedir, como a *execução de título extrajudicial* e a *ação de conhecimento relativa ao mesmo ato jurídico*. Por sua vez, os arts. 921, I c/c 313, V, "a" do mesmo Código[12] determinam a suspensão da execução quando a sentença de mérito *depender do julgamento de outra causa ou da declaração de existência ou de inexistência de relação jurídica que constitua o objeto principal de outro processo pendente*.

Conclui-se, assim, pela suspensão da execução fiscal quando em curso ação anulatória que vise a desconstituição do título extrajudicial exequendo. Isso porque a reunião das ações, por vezes, se mostra inviável diante da circunstância de que os processos tramitam em varas de foros distintos.

---

corresponsáveis, a quantia devida, a natureza da dívida, a data e o número da inscrição no Registro da Dívida Ativa, o prazo e o endereço da sede do Juízo.

11. Art. 55. Reputam-se conexas 2 (duas) ou mais ações quando lhes for comum o pedido ou a causa de pedir.
§ 1º Os processos de ações conexas serão reunidos para decisão conjunta, salvo se um deles já houver sido sentenciado.
§ 2º Aplica-se o disposto no caput:
I - à execução de título extrajudicial e à ação de conhecimento relativa ao mesmo ato jurídico;
II - às execuções fundadas no mesmo título executivo.
§ 3º Serão reunidos para julgamento conjunto os processos que possam gerar risco de prolação de decisões conflitantes ou contraditórias caso decididos separadamente, mesmo sem conexão entre eles.

12. Art. 921. Suspende-se a execução:
I - nas hipóteses dos arts. 313 e 315, no que couber;
(...)
Art. 313. Suspende-se o processo:
(...)
V - quando a sentença de mérito:
a) depender do julgamento de outra causa ou da declaração de existência ou de inexistência de relação jurídica que constitua o objeto principal de outro processo pendente;

A suspensão da execução fiscal, na hipótese em análise, é medida que se impõe para se evitar a prolação de decisões conflitantes. Consoante a jurisprudência do Superior Tribunal de Justiça, a suspensão do feito executivo se dá em razão da prejudicialidade da ação anulatória anteriormente ajuizada, *in verbis*:

> PROCESSUAL CIVIL E TRIBUTÁRIO. AGRAVO INTERNO NO RECURSO ESPECIAL. SUSPENSÃO DO CURSO DE EXECUÇÃO FISCAL. QUESTÃO PREJUDICIAL EXTERNA. ACÓRDÃO DA AÇÃO ANULATÓRIA QUE ANULA CDA. EXECUÇÃO FISCAL QUE TRATA DAS MESMAS CERTIDÕES DE DÍVIDA ATIVA. PREJUDICIALIDADE CARACTERIZADA. AGRAVO INTERNO DESPROVIDO.
>
> 1. A jurisprudência desta Corte afirma que cabe ao juízo aferir a prejudicialidade externa consoante as circunstâncias do caso concreto. Precedentes: AgRg no AREsp. 334.989/MG, Rel. Min. OLINDO MENEZES, DJe 8.10.2015; AgRg no REsp. 1.423.021/ES, Rel. Min. HUMBERTO MARTINS, DJe 9.2.2015. No presente caso, o acórdão do Tribunal de origem manteve em curso a Execução Fiscal, mesmo se tratando das mesmas CDAs que estão sendo discutidas na Ação Anulatória; cabível, portanto, sua suspensão enquanto se aguarda o trânsito em julgado da Ação Anulatória.
>
> 2. Agravo Interno da FAZENDA NACIONAL desprovido.[13]

> AGRAVO REGIMENTAL NO AGRAVO EM RECURSO ESPECIAL. EXECUÇÃO EXTRAJUDICIAL E AÇÃO ANULATÓRIA. PREJUDICIALIDADE RECONHECIDA. SUSPENSÃO DO PROCESSO EXECUTIVO. POSSIBILIDADE. DISSÍDIO. OMISSÃO. NÃO OCORRÊNCIA. AGRAVO REGIMENTAL IMPROVIDO. (...)
>
> 2. O Superior Tribunal de Justiça considera "possível a suspensão do processo executivo em virtude da conexão existente entre este e o processo de anulação ou revisão da dívida executada, haja vista a identidade de partes e causa de pedir, máxime porque, uma vez julgado procedente o feito cognitivo, o débito exequendo pode vir a ser reduzido ou quiçá extinto" (REsp n. 1.118.595/MT, Rel. o Ministro Luis Felipe Salomão, Quarta Turma, julgado em 19/11/2013, DJe 6/12/2013).

---

13. AgInt no REsp 1614312/PE, Rel. Ministro Napoleão Nunes Maia Filho, Primeira Turma, DJe 07/02/2017.

3. Agravo regimental a que se nega provimento.[14]

PROCESSO CIVIL. AGRAVO REGIMENTAL NO AGRAVO REGIMENTAL NO AGRAVO EM RECURSO ESPECIAL. IMISSÃO NA POSSE. ANULATÓRIA DE EXECUÇÃO EXTRAJUDICIAL. PREJUDICIALIDADE. POSSIBILIDADE. DECISÃO MANTIDA.

1. Consoante previsto no art. 265, IV, a, do CPC, suspende-se o processo quando o julgamento depender da resolução de questão debatida em outro feito. A norma busca evitar a existência de decisões colidentes.

2. É possível o reconhecimento de prejudicialidade externa entre as demandas anulatória de execução extrajudicial e petitória. Precedentes.

3. Agravo regimental a que se nega provimento.[15]

O fato de os processos – ação anulatória e execução fiscal – tramitarem em varas de foros distintos torna necessária a suspensão desta, quando a primeira é ajuizada anteriormente. [16] Não fosse assim, ambas as ações tramitariam simultaneamente, do que poderia resultar a prolação de decisões conflitantes.

Em se tratando de ação anulatória desprovida de causa suspensiva da exigibilidade do crédito tributário, tem-se entendido que a garantia da execução fiscal é condição à sua suspensão. E não poderia ser diferente, uma vez que os atos

14. AgRg no AREsp 680.048/RJ, Rel. Ministro Marco Aurélio Bellizze, Terceira Turma, DJe 22/06/2016.

15. AgRg no AgRg no AREsp 429.064/MG, Rel. Ministro Antonio Carlos Ferreira, Quarta Turma, DJe 13/08/2015.

16. Veja-se, também, precedente do Tribunal de Justiça do Estado de São Paulo: CONDOMÍNIO RESIDENCIAL CASALBUONO. SENTENÇA DE PARCIAL PROCEDÊNCIA. RECURSO DO EMBARGANTE – PEDIDO DE SUSPENSÃO DO FEITO. Lançamento objeto de discussão em ação anulatória proposta pela anterior proprietária do imóvel, pendente de julgamento de agravo interposto em face de decisão que inadmitiu recurso especial. Possibilidade de decisões conflitantes. Prejudicialidade configurada. Recurso provido para suspender o andamento da execução e dos embargos até o julgamento definitivo da anulatória. RECURSO DO MUNICÍPIO – Alegada legitimidade do lançamento. Prejudicado. (Apelação 1012627-10.2015.8.26.0320; Relator: João Alberto Pezarini; Órgão Julgador: 14ª Câmara de Direito Público; Foro de Limeira - Vara da Fazenda Pública; Data do Julgamento: 31/08/2017; Data de Registro: 13/09/2017)

de cobrança não restaram sobrestados. Com a garantia da dívida, os direitos do ente tributante credor ficam preservados.

Veja-se o entendimento preconizado pela Primeira Seção do Superior Tribunal de Justiça:

> PROCESSUAL CIVIL. CONFLITO NEGATIVO DE COMPETÊNCIA. EXECUÇÃO FISCAL. AÇÃO ANULATÓRIA AJUIZADA ANTERIORMENTE. CONEXÃO. NORMA DE ORGANIZAÇÃO JUDICIÁRIA. EXISTÊNCIA DE VARA ESPECIALIZADA PARA JULGAR EXECUÇÕES FISCAIS. REUNIÃO DOS PROCESSOS. IMPOSSIBILIDADE. SUSPENSÃO DA EXECUÇÃO. GARANTIA DO JUÍZO. NECESSIDADE.
>
> (...) Embora não seja permitida a reunião dos processos, **havendo prejudicialidade entre a execução fiscal e a ação anulatória, cumpre ao juízo em que tramita o processo executivo decidir pela suspensão da execução, caso verifique que o débito está devidamente garantido, nos termos do art. 9º da Lei 6.830/80.**
>
> 2. Pelas mesmas razões de decidir, o presente conflito deve ser conhecido e declarada a competência do Juízo suscitado para processar e julgar a ação anulatória de débito fiscal.[17]

Dessa forma, a execução fiscal, quando ajuizada ação anulatória prévia sem que tenha havido a suspensão da exigibilidade do crédito tributário, deverá ser suspensa pelo respectivo juízo, desde que integralmente garantida a dívida pelo devedor.[18]

Nesse contexto, a garantia da execução fiscal por parte do devedor leva a outra questão: considerando o início do prazo para oposição dos embargos à execução, como deve o devedor proceder?

É certo que os embargos do devedor – ação de conhecimento incidental à execução[19] – tem o mesmo escopo que a ação antiexa-

---

17. CC 105.358/SP, Rel. Ministro Mauro Campbell Marques, Primeira Seção, DJe 22/10/2010.

18. No mesmo sentido: CC 105358/SP, Rel. Ministro Mauro Campbell Marques, Primeira Seção, DJe 22/10/2010; e CC 106041/SP, Rel. Castro Meira, Primeira Seção, DJe 09/11/2009.

19. PROCESSUAL CIVIL. RECURSO ESPECIAL REPRESENTATIVO DA CONTROVÉRSIA.

cional movida pelo devedor: a desconstituição da dívida. Portanto, é possível concluir que as partes, a causa de pedir e o pedido de ambas as ações são idênticos, de modo a configurar a litispendência, nos termos do art. 337, VI, §§ 1º a 3º do Código de Processo Civil[20].

Ao tratar da exceção de pré-executividade, Paulo Cesar Conrado bem demonstrou a litispendência e seus efeitos:

> É que, como assenta a legislação processual (tanto a velha como a nova), coisa julgada e litispendência são conceitos que se inter-relacionam. Natural, portanto, que onde haja potencial coisa

---

ART. 543-C DO CPC E RESOLUÇÃO N. 8/2008 DO STJ. ENUNCIADO ADMINISTRATIVO N. 2/STJ. EXECUÇÃO DE SENTENÇA CONTRA A FAZENDA PÚBLICA. CONCOMITÂNCIA DE EMBARGOS À EXECUÇÃO. AUTONOMIA RELATIVA DAS AÇÕES. ARBITRAMENTO DE HONORÁRIOS EM CADA UMA DELAS. POSSIBILIDADE. COMPENSAÇÃO DAS VERBAS HONORÁRIAS. IMPOSSIBILIDADE. RECURSO ESPECIAL PROVIDO.
1. O presente recurso atrai a incidência do Enunciado Administrativo n. 2/STJ, segundo o qual "aos recursos interpostos com fundamento no CPC/1973 (relativos a decisões publicadas até 17 de março de 2016) devem ser exigidos os requisitos de admissibilidade na forma nele prevista, com as interpretações dadas, até então, pela jurisprudência do Superior Tribunal de Justiça".
TESES JURÍDICAS FIXADAS SOB VIGÊNCIA DO CPC/1973. 2. Os embargos do devedor são ação de conhecimento incidental à execução, razão porque os honorários advocatícios podem ser fixados em cada uma das duas ações, de forma relativamente autônoma, respeitando-se os limites de repercussão recíproca entre elas, desde que a cumulação da verba honorária não exceda o limite máximo previsto no § 3º do art. 20 do CPC/1973.
3. Inexistência de reciprocidade das obrigações ou de bilateralidade de créditos: ausência dos pressupostos do instituto da compensação (art. 368 do Código Civil). Impossibilidade de se compensarem os honorários fixados em embargos à execução com aqueles fixados na própria ação de execução.
SOLUÇÃO DO CASO CONCRETO 4. Possibilidade de cumulação da verba honorária fixada nos embargos à execução com a arbitrada na própria execução contra a Fazenda Pública, vedada a compensação entre ambas.
5. Recurso especial provido. Acórdão sujeito ao regime previsto no art. 543-C do CPC/1973 c/c o art. 256-N do RISTJ. (REsp 1520710/SC, Rel. Ministro Mauro Campbell Marques, Corte Especial, DJe 27/02/2019)

20. Art. 337. Incumbe ao réu, antes de discutir o mérito, alegar:
(...)
VI - Litispendência;
(...)
§ 1º Verifica-se a litispendência ou a coisa julgada quando se reproduz ação anteriormente ajuizada.
§ 2º Uma ação é idêntica a outra quando possui as mesmas partes, a mesma causa de pedir e o mesmo pedido.
§ 3º Há litispendência quando se repete ação que está em curso.

> julgada, haja, por derivação, pressuposta litispendência, bastando para isso que debate traçado pela exceção de pré-executividade seja replicado por outro instrumento processual.
>
> Esse outro instrumento a que nos referimos, se:
>
> (i) cronologicamente anterior à execução, fará incidir, sobre ela (a exceção), a figura da litispendência;
>
> (ii) se posterior, será o litispendente.
>
> (...)
>
> Não faz sentido, de fato, que determinada questão (a regularidade do crédito tributário) seja alvo de avaliação judicial replicada, ora por um instrumento, ora por outro. Essa é, desde sempre, a razão que governa a noção de litispendência – e de coisa julgada, da mesma forma.[21]

Trazendo essas lições para os embargos do devedor e a ação anulatória, tem-se:

(i) se a ação anulatória for cronologicamente anterior à execução, incidirá sobre os embargos do devedor a figura da litispendência;

(ii) se a ação anulatória for posterior à execução, será o litispendente.

Valemo-nos, mais uma vez, do escólio de James Marins:

> *i. Ação anulatória e embargos do devedor: litispendência.* O objeto da ação executiva não se confunde com o objeto da ação de embargos do devedor ou com o pedido da ação anulatória de débito fiscal. Embora seu grau de afinidade pela causa de pedir remota recomende sua reunião por conexão (vide *supra*), apresentam-se, de outro turno, como ações de natureza e pedidos distintos que não se habilitam a arguição de litispendência. Por outro lado, entre a ação anulatória e a ação de embargos à execução *pode haver*, além da identidade de partes, a coincidência

21. CONRADO, Paulo Cesar. Redefinição do conceito de litispendência a partir da "nova" coisa julgada (art. 502 do CPC/2015): Impacto no confronto de Execução Fiscal e Medidas Antiexacionais (Embargos, Exceção de Pré-Executividade e Anulatória. In CONRADO, Paulo Cesar. ARAUJO, Juliana Furtado Costa (Coord.). *Processo tributário analítico: volume IV: coisa julgada.* 1ª edição. São Paulo: Noeses, 2019, p. 01-09 (06).

> entre a causa de pedir e o pedido (objeto) de modo a que exsurja a relação de litispendência (art. 301, parágrafos 1°, 2° e 3°, do CPC), uma vez que seja em sede em sede de ação de embargos à execução, seja em sede de ação anulatória fiscal, o que pretende o contribuinte-autor é tutela jurisdicional constitutivo-negativa que desconstitua o título por vício formal ou material.[22]

Assim, enquanto diz-se conexas a execução fiscal e a ação anulatória (de conhecimento), esta e os embargos do devedor configuram litispendência.

No contexto do exposto, não há razão para o contribuinte devedor opor os competentes embargos à execução quando presente ação anulatória prévia à execução. Como visto, os embargos do devedor discutirão a mesma matéria que a ação anulatória, o que levará à extinção dos primeiros pela presença da litispendência.[23] O devedor, ainda, poderá incorrer em condenação às verbas de sucumbência, além de ter que arcar com as custas de distribuição da ação.

Veja-se, nesse sentido, o entendimento do Superior Tribunal de Justiça:

---

22. Obra citada, p. 440-441.

23. "Revela-se recorrente na prática do contencioso tributário judicial o manejo de Ação Anulatória de Débito Fiscal questionando créditos tributários em matérias de alta complexidade que, em muitos casos, não viabilizam ao juízo a formação de seu convencimento em caráter liminar. Nessas situações, considerando-se também a impossibilidade financeira do contribuinte de efetuar o depósito do montante integral visando à suspensão de exigibilidade do crédito tributário, opta-se pela apresentação de garantia nos autos da Ação Anulatória de Débito Fiscal, tão somente para antecipação de garantia com vistas à emissão/renovação de sua Certidão de Regularidade Fiscal.
Com o posterior ajuizamento pela Fazenda Pública da execução fiscal com vistas à cobrança do mesmo crédito tributário, é fundamental o traslado da garantia ofertada nos autos da Ação Anulatória de Débito Fiscal para o executivo fiscal, que deverá ter seu curso sobrestado, até o trânsito em julgado da referida ação de procedimento comum. Isso porque, no caso de o curso da execução fiscal não ser suspenso até o traslado da garantia, o contribuinte poderá, a depender do caso concreto e da manifestação do juízo da execução fiscal nesse ponto, ser obrigado a opor embargos à execução, que terão manifesta relação de litispendência com a Ação Anulatória de Débito Fiscal, tendo em vista a tríplice identidade: partes, causa de pedir e pedido idênticos". MONTEIRO, Guilherme Manier Carneiro. Concomitância de ações judiciais e honorários advocatícios. In MASCITTO, Andréa... [et al.]. *Garantias judiciais no processo tributário: cenários, perspectivas e desafios.* São Paulo: Blucher, 2018, p. 219-227 (224 e 225).

> PROCESSO CIVIL. EXECUÇÃO FISCAL E AÇÃO ANULATÓRIA DO DÉBITO. CONEXÃO. SUSPENSÃO DA EXIGIBILIDADE DO CRÉDITO EXEQUENDO SEM GARANTIA DO JUÍZO. INVIÁVEL.
>
> 1. Se é certo que a propositura de qualquer ação relativa ao débito constante do título não inibe o direito do credor de promover-lhe a execução (CPC, art. 585, § 1º), o inverso também é verdadeiro: o ajuizamento da ação executiva não impede que o devedor exerça o direito constitucional de ação para ver declarada a nulidade do título ou a inexistência da obrigação, seja por meio de embargos (CPC, art. 736), seja por outra ação declaratória ou desconstitutiva. Nada impede, outrossim, que o devedor se antecipe à execução e promova, em caráter preventivo, pedido de nulidade do título ou a declaração de inexistência da relação obrigacional.
>
> 2. Ações dessa espécie têm natureza idêntica à dos embargos do devedor, e quando os antecedem, podem até substituir tais embargos, já que repetir seus fundamentos e causa de pedir importaria litispendência.
>
> 3. Para dar à ação declaratória ou anulatória anterior o tratamento que daria à ação de embargos, no tocante ao efeito suspensivo da execução, é necessário que o juízo esteja garantido.
>
> 4. Inexistindo prova da garantia, é inviável a suspensão da exigibilidade do crédito exequendo.
>
> 5. Recurso especial a que se nega provimento.[24]

Portanto, a conclusão a que se chega é a de que a ação anulatória prévia à execução fiscal é sucedânea dos embargos do devedor, desde que trate exatamente da mesma matéria que seria versada nestes.

Vale destacar que essa é a premissa que vendo sendo adotada pelos juízes da vara das execuções fiscais municipais da Comarca de São Paulo, *in verbis*:

> "Afastas estas causas, passo a analisar os efeitos da ação anulatória em relação a esta ação de execução fiscal, a qual está garantida por seguro.

24. REsp 677741/RS, Rel. Ministro Teori Albino Zavascki, Primeira Turma, DJ 07/03/2005.

> Pois bem, decorre logicamente do reconhecimento da litispendência entre ação de conhecimento autônoma (ação anulatória) e a ação de conhecimento incidental (embargos à execução), o reconhecimento de que a ação anulatória trata do mesmo tema dos embargos à execução, por isso é sucedâneo destes embargos à execução.
>
> Operando a ação anulatória como se embargos fossem (sucedâneo), não pode se dotar a ação anulatória demais poderes do que os próprios embargos ostentam".[25]

Em suma, nos casos em que houver (i) ação anulatória prévia à execução fiscal sem causa de exigibilidade do crédito tributário e (ii) garantia na execução fiscal, a suspensão desta é medida que se impõe, fazendo a ação anulatória as vezes dos embargos do devedor.

5. Conclusão

Diante de todo o exposto, é possível concluir que:

a) havendo ação anulatória ajuizada previamente à Execução Fiscal, com a presença de causa suspensiva da exigibilidade do crédito tributário, a extinção do feito executivo é medida que se impõe, restabelecendo-se a situação anterior, em que o contribuinte não possuía contra si uma cobrança judicial em aberto;

b) havendo ação anulatória ajuizada posteriormente à Execução Fiscal, com a presença de causa suspensiva da exigibilidade do crédito tributário, o feito executivo deve ser suspenso, no estágio em que se encontrar;

c) havendo ação anulatória ajuizada previamente à Execução Fiscal, sem a presença de causa suspensiva da exigibilidade do crédito tributário, a feito executivo deve ser suspenso, desde que garantido, sendo a ação anulatória sucedânea dos embargos do devedor.

---

25. Trecho da decisão proferida na Execução Fiscal nº 0081487-54.1300.8.26.0090 pelo juiz Felipe de Melo Franco. DJe 17.04.2019.

A DINÂMICA DA PROVA NAS AÇÕES ANULATÓRIAS DE DÉBITO FISCAL: IMPLICAÇÕES DO ART. 373 DO CÓDIGO DE PROCESSO CIVIL

Fabiana Del Padre Tomé[1]

1. Sobre o objeto deste escrito

O crédito tributário surge como resultado da aplicação da norma geral e abstrata (regra-matriz de incidência tributária), em função da ocorrência do fato jurídico nela previsto. Tudo isso, por certo, mediante relato em linguagem e na forma prescrita pelo ordenamento.

Essa aplicação normativa pode ser realizada pelo particular, no cumprimento de seus deveres instrumentais, ou por autoridade administrativa. Na primeira hipótese, tem-se o impropriamente denominado *lançamento por homologação*, em que o contribuinte emite a norma individual e concreta, constituindo, ele próprio, sua obrigação tributária. Por outro

---

1. Doutora e Mestra em Direito Tributário pela PUC/SP. Professora nos cursos de pós-graduação *stricto* e *lato sensu* em Direito da PUC/SP. Vice coordenadora do curso de Especialização em Direito Tributário da PUC/SP. Professora nos cursos de extensão, especialização e mestrado do Instituto Brasileiro de Estudos Tributários (IBET). Advogada.

lado, quando a obrigação é constituída por ato administrativo, está-se diante do *lançamento tributário*, referido pelo art. 142 do Código Tributário Nacional. Voltemos nossa atenção a esta última modalidade.

O Código Tributário Nacional estabelece, em seu art. 142, que o lançamento tributário, na qualidade de ato privativo de autoridade administrativa para fins de constituição do crédito tributário, decorre da verificação do "fato gerador" da obrigação correspondente, prestando-se para determinar a matéria tributável, bem como o montante do tributo devido e o respectivo sujeito passivo. Essa atividade, nos termos do parágrafo único do citado dispositivo, é vinculada e obrigatória, sob pena de responsabilidade funcional. Por isso mesmo, entre a norma que prevê a incidência do tributo e sua efetiva aplicação, por meio do lançamento tributário, há de estar presente o fato jurídico tributário, devidamente provado pela Administração.

Tal movimentação das estruturas do direito em direção à maior proximidade das condutas intersubjetivas exige a certificação da ocorrência do fato conotativamente previsto na hipótese da norma que se pretende aplicar, sendo necessário, para que o relato ingresse no universo do direito, constituindo fato jurídico, sua enunciação em linguagem competente, quer dizer, que seja descrito consoante as provas em direito admitidas. Assim, cumpridos tais requisitos, e devidamente cientificado o particular (pessoalmente, por correspondência ou mediante edital, conforme o caso), tem-se por constituído o crédito tributário, com a presunção de legitimidade que é inerente aos atos administrativos e sobrevindo-lhe a exigibilidade com o respectivo termo de vencimento.

Caso o contribuinte discorde de tal exigência, cabe-lhe movimentar o Judiciário, mediante ação anulatória, demonstrando os motivos de insubsistência do referido crédito. Nesse contexto, tem lugar de grande importância a figura da *prova*, que deve ser manejada pelo autor da demanda jurisdicional, para fins de ilidir a presunção de legitimidade do lançamento tributário.

Ao autor compete a prova dos fatos constitutivos do seu direito, prescreve o *caput* do art. 373 do Código de Processo Civil, repetindo a dicção já constante do Estatuto Processual que lhe precedeu. A Lei 13.105/2015, todavia, veiculou hipóteses em que estaria o julgador autorizado a atribuir o ônus da prova de modo diverso (§§ 1º e 2º do art. 373 do Código de Processo Civil). Trata-se daquilo que a doutrina costuma denominar "dinâmica da prova" ou "carga dinâmica do ônus probatório", pois atribui o ônus da prova à parte que se encontra em melhor condição de desincumbir-se de tal encargo, evitando a tão repudiada "prova diabólica", de impossível ou demasiadamente custosa produção.

Eis o cerne deste texto: considerando que a ação anulatória de débito fiscal rege-se pelos preceitos do Código de Processo Civil, examinaremos os fundamentos e hipóteses de aplicação do novel art. 373 e parágrafos às ações anulatórias intentadas pelo contribuinte em face da Fazenda Pública, atribuindo-se a esta última o ônus da prova da legitimidade do crédito tributário constituído.

2. Delimitando o conceito de "ônus da prova"

Por "ônus" entende-se a necessidade de desenvolver certa atividade para obter um determinado resultado pretendido. Sua existência pressupõe um direito subjetivo de agir, que pode ou não ser exercido, isto é, um direito subjetivo disponível. Sobre o assunto vale conferir as lições de Paulo de Barros Carvalho[2] a respeito das "regras técnicas ou procedimentais", do que se depreende que o ônus configura, logicamente, uma relação *meio-fim*, estabelecida numa regra técnica e estruturada na forma *ter-que*, enquanto a obrigação funda-se no operador deôntico *obrigatório*.

O ponto diferencial entre ônus e *obrigação* está nas consequências cominadas a quem não realiza um determinado

---

2. "Regras técnicas ou procedimentais no direito tributário", *Revista de Direito Tributário* nº 112, p. 7-13.

ato. Quando se está diante de vínculo obrigacional, a omissão do sujeito que figura no polo passivo desencadeia a relação sancionatória. No ônus, diversamente, o indivíduo que não cumpre suas atribuições apenas sofre as implicações inerentes ao próprio descumprimento. A respeito do tema, anota Francesco Carnelutti[3]:

> existe somente obrigação quando a inércia dá lugar à sanção jurídica (execução ou pena); entretanto, se a abstenção do ato faz perder somente os efeitos úteis do próprio ato, temos a figura do ônus. (...) Por isso, se a consequência da falta de um requisito dado em um ato é somente sua nulidade, há ônus e não obrigação de efetuar o ato de cujo requisito se trata.

A esse critério distintivo acrescente-se outro, fundado no *interesse*: enquanto o vínculo obrigacional se impõe para a tutela de um interesse alheio, no ônus o liame volta-se à tutela de interesse próprio. Como explica Ovídio A. Baptista da Silva[4], "a parte gravada com o ônus não está obrigada a desincumbir-se do encargo, como se o adversário tivesse sobre isso um direito correspectivo, pois não faz sentido dizer que alguém tenha direito a que outrem faça prova no seu próprio interesse".

Arruda Alvim[5] distingue o ônus perfeito do ônus imperfeito. Na primeira modalidade o ônus implica uma tarefa que o titular do direito subjetivo disponível tem de exercitar caso pretenda obter efeito favorável. Em tal hipótese, o descumprimento da atividade exigida acarreta, necessariamente, consequência jurídica danosa. Quanto ao ônus imperfeito, o resultado prejudicial em razão da ausência de efetivação do ato envolvido na relação de ônus é possível, mas não necessário. Nessa segunda espécie é que se enquadra a figura do ônus da prova.

---

3. *A prova civil*, 2 ª ed., tradução de Lisa Pary Scarpa, Campinas: Bookseller, 2002, p. 255.

4. *Curso de processo civil*, v. 1, p. 345.

5. *Manual de direito processual civil*, 5ª ed., São Paulo: Revista dos Tribunais, v. 2, p. 430-431.

Na lição de Giuseppe Chiovenda[6], assim como não existe um dever de contestar, igualmente não há que falar em *dever de provar*. Por isso, denomina-se ônus da prova a relação jurídica que estabelece a atividade de carrear provas aos autos, já que, nas suas palavras, "é uma condição para se obter a vitória, não um dever jurídico". Esse ônus, todavia, é *imperfeito*, no sentido de que, conquanto quem não produza a prova assuma o risco pela sua falta, tal omissão não implica, por si só, a perda do direito que se pretende ver tutelado, pois ainda que a parte não tenha se desincumbido do ônus da prova, o julgador pode dar-lhe ganho de causa em virtude de motivos outros. Eduardo Cambi[7] formula exemplo no qual os fatos alegados pelo autor são impossíveis, situação em que, mesmo o réu não tendo contestado a ação, apresentando provas em contrário, o juiz pode rejeitar o pedido do autor, julgando-o improcedente. Por outro lado, esclarece o processualista, ainda que a parte tenha realizado o ato exigido em decorrência do seu ônus probatório, isso não é suficiente para que lhe seja atribuído efeito favorável, visto que, ao apreciar os fatos alegados e valorar as provas em seu conjunto, o julgador pode entender mais convincentes os argumentos e elementos probatórios trazidos por uma parte que por outra. Não basta produzir prova, desincumbindo-se do respectivo ônus para obter êxito na demanda: é preciso que a prova resultante cumpra a função em razão da qual foi realizada, sendo persuasiva o bastante para conferir convicção ao seu destinatário.

2.1 Função e estrutura do ônus da prova

Consignamos ser o ônus uma espécie de encargo jurídico a que se veem submetidas as partes do processo com vistas a obter o resultado que o sistema outorga a quem realiza os atos na forma e tempo estabelecidos por esse sistema. A figura do

---

6. *Principii di diritto processuale civile*, 4ª ed., Nápoles: Jovena, 1928, p. 48.

7. *Direito constitucional à prova no processo civil*, São Paulo: Revista dos Tribunais, 2001, p. 35.

ônus da prova, especificamente, decorre da necessidade de possibilitar a decisão em situações em que o conjunto probatório seja insuficiente para convencer o julgador. Assevera Enrique M. Falcón[8] que tanto as partes, ao desempenhar sua atividade probatória, como o julgador, no momento de avaliar as provas e ditar a decisão, devem ser orientados por uma regra que ofereça condições de determinar o vencedor e o perdedor na demanda, já que não é possível deixar de julgar.

Ao mesmo tempo em que o ônus da prova corresponde ao encargo que têm as partes de produzir provas para demonstrar os fatos por elas alegados, serve ao julgador como auxiliar na formação de seu convencimento, em especial nas hipóteses em que a prova é insuficiente, incerta ou faltante. Nesse sentido, o ônus da prova está intimamente relacionado com problemas de valoração dos elementos carreados aos autos.

A referência à dupla função do ônus da prova é feita, também, por Eduardo Cambi[9]:

> i) servir de *regra de conduta* para as partes, predeterminando quais são os fatos que devem ser provados por cada uma delas e, assim, estimulando suas atividades; ii) servir de *regra de julgamento*, distribuindo, entre as partes, as consequências jurídicas e os riscos decorrentes da suficiência ou da ausência da produção da prova, bem como permitindo que, em caso de dúvida quanto à existência do fato, o juiz possa decidir, já que não se admite que o processo se encerre com uma decisão *non liquet*.

A partir dessa bipartição, fala-se em ônus da prova em sentido subjetivo, no primeiro caso, e em ônus da prova em sentido objetivo, na segunda situação. Tal dualidade existe tão somente para fins de estudo analítico, pois uma função não subsiste sem a outra: elas se co-implicam. Sendo o ônus uma faculdade, exige um titular que a exerça, servindo de base para a aplicação da regra de julgamento. Por outro

8. *Tratado de la prueba*, Buenos Aires: Astrea, 2003, v. 1, p. 245.

9. *Direito constitucional à prova no processo civil*, p. 40.

lado, a falta de certeza que conduz o julgador a decidir conforme os preceitos do ônus da prova não pode ser dissociada do encargo que pesa sobre quem solicita a tutela jurisdicional, cujo pressuposto é a verificação desse fato incerto. O âmbito objetivo do ônus da prova está, portanto, intimamente ligado com o aspecto subjetivo, sendo ambos necessários para a compreensão do instituto do ônus da prova.

Como discurso dialógico, a comunicação jurídica materializada nos autos processuais exige que todos os fatos alegados sejam fundamentados, com vistas a possibilitar a solução do *dubium* conflitivo. No discurso jurídico-processual temos duas relações comunicativas: uma, entre sujeito ativo e julgador; outra, entre sujeito passivo e julgador. Em cada um desses liames, os emissores (sujeitos ativo e passivo) enunciam fatos contrapostos, cujo reconhecimento fará prevalecer o direito de um ou de outro. O julgador, como destinatário, exige daqueles que discursam a prova de seus argumentos, os quais devem fazê-lo conforme prescrito pelas regras de distribuição do ônus da prova.

3. Distribuição do ônus da prova

O direito à produção probatória decorre da liberdade que tem a parte de argumentar e demonstrar a veracidade de suas alegações, objetivando convencer o julgador. Por isso, ainda que não lhe tenha sido atribuído o ônus da prova, todos os elementos de convicção que levar aos autos serão importantes, interferindo no ato decisório. Visto por outro ângulo, o direito à prova implica a existência de ônus, segundo o qual determinado sujeito do processo tem a incumbência de comprovar os fatos por ele alegados, sob pena de, não o fazendo, ver frustrada a pretendida aplicação do direito material.

Existem, nesse sentido, preceitos que determinam a quem incumbe o ônus de provar, denominados *regras de distribuição do ônus da prova*. A respeito delas, três são as principais teorias elaboradas pela doutrina: (i) do *fato afirmativo*, em que o ônus da prova cabe a quem alega; (ii) da *iniciativa*, segundo a qual é sempre do autor o encargo de provar os fatos por ele afirmados; e (iii) dos *fatos constitutivos, impeditivos e extintivos*, nos termos dos quais àquele que demanda compete provar os fatos constitutivos do seu direito, enquanto ao demandado cabe provar fatos impeditivos ou extintivos de sua obrigação.

Essas três concepções, ao nosso ver, estão intimamente relacionadas entre si, podendo ser compiladas em uma só. Daí a assertiva de que o ônus da prova incumbe a quem alega.

Referido conteúdo encontrava-se no Código Processual Civil de 1973 (art. 333, I e II) e foi mantido na Codificação de 2015, na qualidade de regramento geral para a distribuição do ônus da prova, conforme se depreende da redação do *caput* e incisos I e II do art. 373:

> Art. 373. O ônus da prova incumbe:
>
> I – ao autor, quanto ao fato constitutivo de seu direito;
>
> *II – ao réu, quanto à existência de fato impeditivo, modificativo ou extintivo do direito do autor.*

Concordamos com Devis Echandía[10] quando este afirma que tal teoria não pode ser admitida como regra geral absoluta, de modo que ao autor caiba provar os fatos constitutivos e, ao demandado, os fatos extintivos, modificativos ou impeditivos. Mais apropriado seria adaptar a assertiva de forma que esta seja independente da posição processual das partes. Entendemos, portanto, que a prova dos fatos constitutivos cabe a quem pretenda o nascimento da relação jurídica, e a dos extintivos, impeditivos ou modificativos, a quem os alegue, independentemente de ser autor ou réu. Segundo Pontes de Miranda[11], o ônus da prova incumbe ao sujeito que alega a existência ou a inexistência de um fato, do qual deva resultar

---

10. *Teoría general de la prueba judicial*, Buenos Aires: Victor P. De Zavalía, 1970, p. 216.

11. Anotações à obra de Francisco Augusto das Neves e Castro, *Teoria das provas e suas aplicações aos atos civis*, Campinas: Servanda, 2000, p. 63.

uma mutação no estado jurídico atual das coisas. Eis o motivo porque Emílio Betti[12] conclui serem dois os ônus assumidos por quem pede qualquer coisa em juízo: (i) o ônus da afirmação, isto é, deve afirmar a existência de um fato jurídico no qual se funda o pedido; e (ii) o ônus da prova, quer dizer, precisa provar aquela alegação. A repartição do ônus da prova acompanha o ônus da afirmação, tanto em relação ao autor como ao demandado.

3.1 A atribuição do ônus da prova por decisão judicial

Autores há, como Jeremías Bentham[13], que entendem que o ônus da prova deve ser imposto à parte que puder satisfazê-lo com menores inconvenientes, isto é, menor perda de tempo, menos incômodos e despesas inferiores. A dificuldade da adoção dessa sistemática é que, na realidade, não haveria, propriamente, regra norteadora da distribuição do ônus, considerando que ao julgador caberia, caso a caso, deliberar livremente sobre a que parte incumbiria constituir prova dos fatos.

Modernamente, Leo Rosenberg[14] e Gian Antonio Micheli[15] se encarregaram de desenvolver teorias sobre o ônus da prova, sempre considerando sua função auxiliar à atividade julgadora. Para Rosenberg, as regras inerentes ao ônus da prova ajudam o aplicador do direito a formar um juízo afirmativo ou negativo sobre a pretensão, ainda que remanesçam incertezas com respeito às circunstâncias do fato, porque referidas regras lhe indicam o modo de chegar a uma decisão em tais situações. A essência e o valor das normas sobre o encargo da prova consistem nessa instrução dada ao julgador acerca do

---

12. *Diritto processuale civile*, 2ª ed., Roma: Societá Editrice del Foro Italiano, 1936, p. 91.

13. *Tratado de las pruebas judiciales*, tradução de Manuel Osorio Florit, Granada Editorial Comares, 2001, p. 36.

14. *La carga de la prueba*, tradução de Krotoschin, Buenos Aires: Ejea, 1956, p. 27.

15. *La carga de la prueba*, tradução de Sentís Melendo, Buenos Aires: Ejea, 1961, p. 59 e ss.

conteúdo da decisão que deve pronunciar num caso em que não se têm elementos de convicção sobre um fato importante. No mesmo sentido, Micheli assevera que a regra do ônus da prova manifesta natureza de norma dirigida exclusivamente ao julgador para regular o exercício concreto da jurisdição. O ônus da prova adquire sua maior relevância no momento em que o julgador deve exarar sua decisão, motivo pelo qual não se apresenta como um dever jurídico, mas apenas como uma necessidade prática de provar, a fim que o julgador possa considerar determinado fato como existente.

Em obra sobre o assunto[16], já anotei considerar ser a posição de Bentham demasiadamente ampla, atribuindo ao julgador a função de estabelecer, em cada caso concreto, a parte que tem o ônus da prova. Ao mesmo tempo em que estabelecem encargos às partes, as regras de distribuição do ônus da prova conferem um norte ao julgador, nas hipóteses em que as provas não sejam suficientes para convencê-lo deste ou daquele fato. Há de ter-se disposições que especifiquem o modo pelo qual se operam essas atribuições, no que andou bem o legislador no Código de Processo Civil vigente. Este, nos §§ 1º e 2º do art. 373, assim estabeleceu:

> *§ 1º. Nos casos previstos em lei ou diante de peculiaridades da causa relacionadas à impossibilidade ou à excessiva dificuldade de cumprir o encargo nos termos do caput ou à maior facilidade de obtenção da prova do fato contrário, poderá o juiz atribuir o ônus da prova de modo diverso, desde que o faça por decisão fundamentada, caso em que deverá dar à parte a oportunidade de se desincumbir do ônus que lhe foi atribuído.*
>
> *§ 2º. A decisão prevista no § 1º deste artigo não pode gerar situação em que a desincumbência do encargo seja impossível ou excessivamente difícil.*

Com preceito de tal conteúdo, há uma espécie de atribuição diversa do ônus da prova. Fala-se, assim, em inversão de ônus da prova.

---

16. Fabiana Del Padre Tomé, *A prova no direito tributário*, 3ª ed., São Paulo: Noeses, 2011.

Seguindo, porém, a linha de raciocínio de Leo Rosenberg[17] e Gian Antonio Micheli[18], entendemos inexistir inversão do ônus da prova, pois referido encargo não está determinado previamente para esta ou aquela parte, ficando na dependência das alegações efetuadas. Não obstante se observe no ordenamento uma série de normas que, aparentemente, estabeleçam essa inversão do ônus da prova, a interpretação sistemática desses dispositivos leva à conclusão de que eles não invertem, efetivamente, o encargo de provar, pois continua havendo necessidade de que cada uma das partes demonstre o pressuposto de fato previsto na hipótese da norma que invoca como fundamento à sua pretensão, ainda que seu pleito seja exatamente a constituição de um fato (F1) que o desincumba de provar outro fato (F2).

Sistematizando as disposições do art. 373, I e II, §§ 1º e 2º do Código de Processo Civil, temos os seguintes desdobramentos:

1. o inciso I estipula que o ônus da prova cabe ao autor, quanto ao fato constitutivo do seu direito;

2. no inciso II, tem-se a atribuição ao réu do ônus da prova dos fatos por ele alegados, impeditivos, modificativos ou extintivos do direito do autor;

3. o § 1º prevê hipóteses de nova atribuição do ônus da prova, mediante demonstração de fatos atinentes (i) às peculiaridades da causa ou (ii) à impossibilidade ou excessiva dificuldade de produção probatória pelo sujeito a quem inicialmente era atribuído o ônus;

4. o § 2º, contudo, dispõe sobre o mecanismo para desconstituir-se a atribuição do ônus da prova posto nos termos do § 1º, o que dá com suporte na prova da dificuldade excessiva ou impossibilidade de

---

17. *La carga de la prueba*, p. 43.

18. *La carga de la prueba*, p. 61.

desincumbência do ônus probatório que lhe tenha sido imposto pelo julgador.

Com efeito, a "carga dinâmica da prova" veiculada pelo art. 373 do Código de Processo Civil não implica mera inversão do ônus da prova, com sua dispensa a quaisquer das partes. Somente se demonstrado o fato da maior facilidade de obtenção da prova por parte processual diferente da que alegou o fato, ou impossibilidade de o sujeito que fez a alegação prová-la, tem lugar a conferência do encargo à parte adversa. Desloca-se, assim, o objeto da prova, que deixa de ser o *fato alegado* constitutivo, impeditivo, modificativo ou extintivo do direito (art. 373, I e II), passando a consistir no *fato alegado* da impossibilidade probatória ou da maior facilidade alheia (art. 373, § 1º). A presença de tal requisito é indispensável para que se atribua a carga da prova a quem não tenha alegado o fato, cabendo, por isso mesmo, a alegação de fato contrário e respectiva contraprova, nos termos do art. 373, § 2º, do Código Processual Civil.

4. Presunção de legitimidade do ato administrativo de lançamento tributário e a aplicabilidade do art. 373, §§ 1º e 2º, do Código de Processo Civil às ações anulatórias de débito fiscal

O ato administrativo, segundo ensinamentos de Lúcia Valle Figueiredo[19], consiste em "norma concreta, emanada pelo Estado, ou por quem no exercício da função administrativa, que tem por finalidade criar, modificar, extinguir ou declarar relações jurídicas entre este [o Estado] e o administrado, suscetível de ser contrastada pelo Poder Judiciário". Esse ato, aponta Celso Antônio Bandeira de Mello[20], reveste-se de características peculiares, que objetivam, simultaneamente, conferir garantia aos administrados e prerrogativas à Administração.

---

19. *Curso de direito administrativo*, p.162.

20. *Ato administrativo e direitos dos administrados*, p. 20.

Relativamente à garantia dos administrados, são identificados os seguintes atributos:

(i) *ausência de autonomia da vontade:* todo comportamento do Poder Público deve visar à finalidade prevista em lei, sem interferência de eventuais desejos do agente competente para praticar o ato administrativo [decorre do princípio da estrita legalidade];

(ii) *busca do interesse público:* o fim legal a ser atingido por meio do ato administrativo é o interesse de toda a coletividade e não do órgão estatal, isoladamente considerado

(iii) *tipicidade:* o interesse público objetivado pelo ato administrativo é aquele previsto em lei, sendo vedada à autoridade administrativa qualquer prática que não esteja legalmente autorizada ou que extrapole a prescrição legal; e

(iv) *formalismo:* o ato administrativo, além de ser praticado com estrita observância ao prescrito em lei, deve atender a requisitos que possibilitem ao administrado o conhecimento de seu conteúdo e motivos determinantes de sua prática.

Por outro lado, implementando as prerrogativas do Poder Público, os atos administrativos têm por qualificativos:

(i) *imperatividade:* possibilidade de constituir, unilateralmente, obrigações a terceiros[21];

(ii) *presunção de legitimidade:* presunção *juris tantum* de validade, da qual decorre que o ato seja considerado

21. Paulo de Barros Carvalho manifesta posicionamento contrário à atribuição de imperatividade ao lançamento tributário, por entender que a Administração não pode atender a deliberações de sua vontade, sendo-lhe vedado gravar a conduta do administrado quando bem lhe aprouver [*Curso de direito tributário*, p. 408]. Se, porém, considerarmos que essa constituição unilateral de obrigações opera-se sempre com fundamento em lei, não vemos por que negar ao lançamento tal qualificativo.

regularmente praticado, até que outra linguagem jurídico-prescritiva determine o contrário, invalidando-o; e

(iii) *exigibilidade:* poder de cobrar do administrado a observação da prescrição introduzida no ordenamento pelo ato administrativo[22].

Merece atenção especial, para os fins deste estudo, o atributo da *presunção de legitimidade* dos atos administrativos, dentre os quais situa-se o lançamento tributário. Além de se tratar de uma presunção relativa, suscetível de ser ilidida por prova contrária, essa caraterística não impede a aplicação dos §§ 1º e 2º do art. 373 do Código de Processo Civil. Uma coisa é o atributo do lançamento tributário; outra, distinta e não atingida por tal característica, consiste na regra estrutural do processo, objetivando decisão de mérito justa e efetiva (art. 6º do CPC).

Ao ser objeto de controvérsia judicial, no âmbito de ação anulatória, o crédito tributário submete-se ao crivo do Judiciário, a ser exercido mediante aplicação da normativa processual vigente. Desse modo, sobrevindo alegação de fato cuja prova possa ser mais facilmente produzida pela Administração, a ela há de atribuir-se o ônus da prova.

5. Análise de casos

Firmes nos pressupostos enunciados nos tópicos anteriores, passemos ao exame de algumas situações, objeto de ação anulatória tributária, em que teria cabimento a distribuição dinâmica do ônus da prova.

22. Não se confunda, todavia, exigibilidade com autoexecutoriedade. Esta, diferentemente da exigibilidade, implica a possibilidade de a Administração, com seus próprios recursos, impor o cumprimento do comando veiculado pelo ato administrativo. Trata-se de característica que não é verificada no lançamento e no ato de aplicação de penalidade tributária, sendo imprescindível a intervenção do Poder Judiciário para proceder à execução da pretensão impositiva.

5.1 Sócio-administrador incluído em CDA

Vimos que o ônus consiste no encargo ou responsabilidade por determinado comportamento, não se confundindo com o conceito de *obrigação*. Reveste os caracteres de uma *faculdade*, consistindo em permissão bilateral: o agir é necessário para alcançar certa finalidade; se inobservado, contudo, não acarreta punição, mas apenas o não atingimento do objetivo pretendido. A existência do ônus pressupõe um direito subjetivo disponível, que pode ou não ser exercido, situação que não se verifica na esfera tributária, tendo em vista que os atos de lançamento e de aplicação de penalidades pelo descumprimento de obrigações tributárias ou de deveres instrumentais competem ao Poder Público, de modo privativo e obrigatório, tendo de fazê-lo com base nos elementos comprobatórios do fato jurídico e do ilícito tributário. Daí porque não tem a autoridade administrativa mero ônus de provar o fato jurídico ou o ilícito tributário que dá suporte a seus atos, mas verdadeiro *dever*, como manifestado por José Souto Maior Borges[23]:

> O Fisco, entretanto, tem o dever – não o ônus – de verificar a ocorrência da situação jurídica tributária conforme ela se desdobra no mundo fáctico, com independência das chamadas provas pré-constituídas ou presunções de qualquer gênero. (...) Se o procedimento administrativo tributário é, em princípio, indisponível, nele não cabe a inserção da categoria jurídica em que o ônus consiste.

A construção do fato no antecedente da norma administrativo-tributária individual e concreta, por meio das provas admitidas, constitui-se na própria motivação do ato administrativo, elemento sem o qual este não subsiste.

Efetuado o lançamento ou o ato de aplicação de penalidade segundo os moldes prescritos pelo ordenamento – incluindo sua fundamentação na linguagem das provas –, passa a ser do contribuinte o ônus da contraprova. Instalado o

23. *Lançamento tributário*, 2ª ed., São Paulo: Malheiros, 1999, p. 121.

contencioso administrativo, o discurso jurídico assume o caráter de uma *discussão*, enriquecida por ações linguísticas endereçadas à persuasão e ao convencimento, em que a cada parte incumbe justificar suas afirmações.

Situação diversa é aquela em que a norma individual e concreta, constituidora do fato jurídico tributário e do correspondente liame obrigacional, é expedida pelo particular. Nesse caso, o ato de formalização não se enquadra na definição do conceito de lançamento tributário por faltar-lhe, na composição, a participação de agente público competente. A despeito disso, é comumente denominado *lançamento por homologação*, como explica Alberto Xavier[24]:

> Entre nós generalizou-se uma classificação, pretensamente baseada no Código Tributário Nacional, que atende ao grau de colaboração do contribuinte no procedimento administrativo do lançamento. Nuns casos, o Fisco toma ele próprio a iniciativa da prática do lançamento, quer por razões atinentes à natureza do tributo, quer por incumprimento, pelo contribuinte, dos seus deveres de cooperação: é o lançamento *direto* ou *ex officio* previsto no artigo 149. Noutros casos – situados no pólo oposto – é o contribuinte que toma a iniciativa do procedimento, apresentando a sua declaração tributária e colaborando ativamente, como parte, no seu desenrolar: é o lançamento *misto* ou *por declaração*, previsto no artigo 147. Enfim, em certas hipóteses, o Fisco só atua eventualmente, a título de controle *a posteriori*, cabendo ao contribuinte a principal tarefa de calcular o tributo devido, realizar o seu pagamento, sujeito, como se disse, a eventual homologação das autoridades: é o *lançamento por homologação* previsto no artigo 150.

O critério classificatório que leva à identificação dessas três modalidades de "lançamento" reside no grau de participação do contribuinte no procedimento que culminará no ato constitutivo do crédito tributário. Entendido o lançamento como ato, porém, chegamos à conclusão de que lançamento é um só: o chamado lançamento de ofício, pois se trata de ato exarado por autoridade administrativa, nos exatos termos do

---

24. *Do lançamento*: teoria geral do ato, do procedimento e do processo tributário, 2ª ed., Rio de Janeiro: Forense, 1997, p. 70.

art. 142 do Código Tributário Nacional. No chamado *lançamento por declaração*, a constituição do crédito também decorre de norma individual e concreta produzida pela Administração, não diferindo do lançamento de ofício. A participação do administrado restringe-se ao cumprimento de deveres instrumentais, existentes, também, nos denominados *lançamento de ofício*, em que o contribuinte tem de cumprir deveres dessa espécie, tais como escriturar livros, emitir notas fiscais etc. Os deveres instrumentais são imprescindíveis à operacionalidade da tributação, pois é com base neles que o Fisco constitui o crédito tributário, introduzido no ordenamento pelo ato de lançamento. O denominado *lançamento por homologação*, por sua vez, nada tem de lançamento. Não é exarado por autoridade administrativa, mas pelo próprio particular. É o contribuinte quem, cumprindo deveres instrumentais, constitui o crédito tributário.

Esses esclarecimentos são necessários para identificar o sujeito que constitui o fato jurídico tributário e, por conseguinte, a quem compete apresentar provas do referido fato. Tratando-se de lançamento, realizado pela autoridade administrativa, esta precisa motivar seu ato mediante emprego da linguagem das provas. Sendo a norma individual e concreta emitida pelo particular, a ele incumbe demonstrar a veracidade dos fatos alegados[25].

Caso o ato de lançamento não se fundamente em provas, estará irremediavelmente maculado, devendo ser retirado do ordenamento. Na hipótese de o contribuinte deixar de apresentar os documentos comprobatórios do fato enunciado no antecedente da norma individual e concreta por ele emitida, sujeitar-se-á ao ato de lançamento a ser realizado pela autoridade administrativa e à aplicação das penalidades cabíveis, como adverte Geraldo Ataliba[26]: "o sistema de legislação vi-

---

25. Essa comprovação pode consistir em deixar à disposição da fiscalização os documentos relativos ao fato relatado no antecedente da norma individual e concreta.

26. Lançamento – procedimento regrado. *Estudos e pareceres de direito tributário*,

gente, quanto ao assunto, é claro: omissão do contribuinte, a sua falta de colaboração ou a colaboração maliciosa ou danosa, além de serem criminalmente reprimidos, não inibem o fisco no lançamento". Opostamente, se o contribuinte fornecer os documentos que se referem ao objeto fiscalizado, as informações nele contidas farão prova a seu favor.

Devidamente provado o fato enunciado pelo Fisco ou pelo contribuinte, as alegações que pretendam desconstituí-lo devem, igualmente, estar fundadas em elementos probatórios. Tudo, na esteira da regra segundo a qual o ônus/dever da prova cabe a quem alega, não se admitindo, na esfera tributária, convenções que alterem essa forma de distribuição.

Em vista disso, nas hipóteses em que a autoridade administrativa impute reponsabilidade pessoal ao sócio administrador, com fundamento no art. 135, III, do Código Tributário Nacional, necessária se faz a prova de que o administrador agiu (i) com excesso de poderes, praticando atos além do que lhe tinha sido autorizado e, portanto, alheio aos fins da sociedade; (ii) com violação às disposições legais que regem as ações da pessoa jurídica, como é o caso da legislação comercial e civil; ou (iii) com ofensa às disposições constantes dos instrumentos societários – contrato social ou estatutos. Por isso é que, conforme já pronunciado pelo Superior Tribunal de Justiça, a simples falta de pagamento de tributo não configura, por si só, circunstância que acarrete a responsabilidade tributária do administrador, restando impossibilitada essa responsabilização quando não ficar comprovado que o agiu com dolo, excesso de poderes, infração à lei ou estatuto (AG nº 930.334/AL, REsp 668.643/RS).

No entanto, em descumprimento a tal disposição, é comum o procedimento adotado pelas Fazendas Públicas, no sentido de incluir o some dos sócios na Certidão de Dívida Ativa (CDA), independentemente da comprovação de tais pressupostos. Ocorre que, segundo o art. 204 do CTN, a CDA

São Paulo: Revista dos Tribunais, 1978, p. 337.

goza de presunção relativa de liquides e certeza. Daí a prolação de decisões, pelo Superior Tribunal de Justiça, invertendo o ônus da prova para considerar que, sendo exarada CDA com o nome do sócio figurando como responsável tributário, resta definida a presunção *juris tantum* de liquidez e certeza da referida certidão, cabendo ao sócio demonstrar que não se fez presente qualquer das situações previstas no art. 135 do CTN (REsp nº 1.059.481/SP). Disso advém uma questão fundamental: como faz o sócio administrador para provar que *não* praticou atos com excesso de poderes, infração à lei ou ao contrato social ou estatuto?

A resposta a essa indagação exige que tenhamos sempre em mente o fato de que a presunção de legitimidade dos atos administrativos não exime a Administração do *dever* de comprovar a ocorrência do fato jurídico, bem como das circunstâncias em que este se verificou. É que, sendo os atos de lançamento e de aplicação de penalidade vinculados e regidos, dentre outros, pelos princípios da estrita legalidade e da tipicidade, tais expedientes dependem, necessariamente, da cabal demonstração da ocorrência dos motivos que os ensejaram. A motivação deve ser, portanto, respaldada em provas.

No que pertine especificamente à CDA, trata-se de título executivo constituído unilateralmente, em decorrência de ato administrativo lavrado contra o contribuinte e que, assegurado o devido processo legal, foi mantido no ordenamento. Em vista disso, caso não tenha havido autuação fiscal contra o sócio-administrador, comprovando-se que este agiu com excesso de poderes, violação à lei ou ofensa ao contrato social ou estatuto, cai por terra a presunção de legitimidade da CDA.

Retomemos, assim, a questão que colocamos acima: como faz o sócio-administrador para provar que *não* praticou atos com excesso de poderes, infração à lei ou ao contrato social ou estatuto? Entendemos que essa prova é feita mediante a demonstração de que inexistiu autuação fiscal contra o sócio-administrador, não tendo sido provado o ilícito desencadeador da responsabilidade tributária.

Não tem como subsistir inscrição em CDA exarada sem que tenha havido atuação fiscal contra o sócio-administrador, com a prova da prática dos ilícitos referidos no art. 135, III, do CTN. Em vista disso, a *prova de que não houve prova* é suficiente para ilidir a presunção de liquidez e certeza da CDA.

Surge, então, um novo obstáculo, consistente na circunstância de que, muitas vezes, quando da propositura ou do redirecionamento da execução fiscal contra terceiros (sócios, ex-sócios, administradores etc.) estes não têm acesso ao auto de infração lavrado contra a pessoa jurídica. Fica, assim, na dependência de documentos que estão em posse da Fazenda Pública, sendo, em muitos casos inviabilizada a sua obtenção pelo particular. Essa é uma situação de pleno cabimento do disposto no § 1º do art. 373 do Código de Processo Civil.

Com suporte nesse dispositivo, sempre que a solução da controvérsia demandar o teor de documentos lavrados pela Administração, tem cabimento a determinação para que a Fazenda apresente tais dados, tendo em vista a sua maior facilidade na obtenção e apresentação dos citados documentos.

5.2 A prova de notificação do contribuinte

Os atos administrativos apresentam características que objetivam, simultaneamente, conferir garantia aos administrados e prerrogativas à Administração. Dentre elas, destacamos a *presunção de legitimidade*, caracterizando presunção *juris tantum* de validade, da qual decorre que o ato seja considerado regularmente praticado, até que outra linguagem jurídico-prescritiva determine o contrário, invalidando-o.

Essa presunção, entretanto, não exime a Administração do *dever* de comprovar a ocorrência do fato jurídico, bem como das circunstâncias em que este se verificou. É que, sendo os atos de lançamento e de aplicação de penalidade vinculados e regidos, dentre outros, pelos princípios da estrita legalidade e da tipicidade, tais expedientes dependem, necessariamente, da cabal demonstração da ocorrência dos motivos que os ensejaram. A motivação deve ser, portanto, respaldada em provas.

Ao discorrer sobre o tema, Susy Gomes Hoffmann[27] esclarece que a presunção de legitimidade não diz respeito ao conteúdo do ato administrativo, mas à sua existência no mundo jurídico. Nesse sentido, aliás, a presunção de legitimidade é atributo de todo ato jurídico, quer seja ele praticado pela Administração ou pelo particular. Trata-se de pressuposto para a realização de negócios jurídicos, dado o caos que se instalaria caso todos os atos praticados tivessem sua validade colocada em dúvida. É exatamente em razão dessa presunção de legitimidade que os atos públicos e privados, enquanto não questionados, permanecem no sistema, produzindo os respectivos efeitos de direito.

Inconcebível, portanto, o posicionamento segundo o qual, diante da presunção de legitimidade dos atos administrativos, caberia ao contribuinte apresentar provas contrárias ao relatado nos atos de lançamento e de aplicação de penalidade, incumbindo-se a autoridade administrativa apenas de ilidir as provas que o contribuinte juntar aos autos do processo instaurado. É insustentável o lançamento ou o ato de aplicação de penalidade que não tenha suporte em provas suficientes da ocorrência do evento.

O mesmo se pode dizer do ato de notificação do lançamento tributário. Na qualidade de requisito imprescindível para a introdução do débito fiscal no ordenamento, há de ser feito e documentado pela autoridade administrativa, cabendo-lhe o ônus de sua demonstração.

Eis o motivo pelo qual discordamos do entendimento exarado pela 1ª Seção do Superior Tribunal de Justiça, ao consolidar a posição segundo a qual o envio do carnê de IPTU pelo Município seria ato suficiente para caracterizar a notificação do lançamento desse imposto, cabendo ao contribuinte excluir

---

27. *Teoria da prova no direito tributário*, Campinas: Copola, 1999, p. 127.

a presunção de certeza e liquidez do título daí decorrente, comprovando o não recebimento da notificação do débito[28].

Embora o assunto tenha sido sumulado por aquela Corte (Súmula 397 do STJ), necessário se faz trazê-lo novamente ao debate, especialmente em virtude das recém editadas regras a respeito da dinâmica da carga probatória.

Os julgados que levaram à edição da Súmula 397 basearam-se na presunção de que, tendo havido o envio do carnê ao contribuinte, a ele cabe qualquer contraprova: ou seja, ao contribuinte competiria demonstrar o fato do *não recebimento* do documento constitutivo do débito tributário. Mas, vale indagar, qual mecanismo teria o contribuinte para demonstrar esse *não recebimento*? Ao nosso ver, trata-se de circunstância de dificílima ou até mesmo de impossível comprovação, configurando o que os processualistas costumam denominar de "prova diabólica".

Exigência dessa natureza já era objeto de repúdio em nosso ordenamento. Com maior razão, não pode ela substituir em face das disposições no atual Código de Processo Civil, que de modo expresso e enfático disciplina, no art. 373, §§ 1º e 2º, a atribuição do ônus da prova a quem tenha melhores condições de fazê-lo. No caso da notificação fiscal do IPTU ou de qualquer outro tributo é a Administração quem tem meios para documentar sua concretude e, desse modo, afastar a negativa alegada pelo contribuinte. Incumbe-lhe, pois, tomar as medidas apropriadas para essa certificação do recebimento pelo contribuinte.

5.3 Juntada de documentos e do processo administrativo que deu ensejo à autuação fiscal

Ao cumprir os deveres instrumentais que lhe são impostos, o contribuinte e demais intervenientes em negócios jurídicos entregam documentos (em meio físico ou eletrônico) à Administração Tributária, passando estes a integrar seu acervo

28. STJ, Resp. 1.111.124, Rel. Min. Teori Albino Zavascki, j. em 22/04/2009.

de informações. Do mesmo modo, a documentação dos procedimentos fiscalizatórios é inerente à sua atividade, devendo ser por ela controlada e arquivada. Ainda, instaurando-se contencioso administrativo tributário, incumbe-lhe dar o devido trâmite e zelar pela conservação dos respectivos dados.

Muito embora o particular também tenha, ou deva ter, igual acesso a tais documentos e dados, na hipótese de ser-lhe dificultada sua obtenção e apresentação em juízo, tem cabimento a determinação para que a Administração o faça, desde que, por certo, essa atribuição não seja impossível ou de difícil prática.

Não raras vezes, por exemplo, ao receber notificação de inscrição de débito tributário em dívida ativa, o contribuinte desconhece sua origem. E, ainda que solicite à Administração o lançamento tributário e, se for o caso, o processo administrativo que lhe tenha precedido, vê frustrada sua pretensão. Assim ocorrendo, e pleiteando o contribuinte a anulação do referido débito, tem lugar o art. 373, §§ 1º e 2º, do Código de Processo Civil, pois, nos termos da legislação administrativa tributária em vigor, a exigência tributária sustenta-se tão somente se presentes todos os requisitos para sua constituição e exigibilidade, motivo pelo qual cabe à autoridade administrativa conservar os dados que sejam inerentes ao crédito tributário.

6. Conclusão

O direito à produção probatória decorre da liberdade que tem a parte de argumentar e demonstrar a veracidade de suas alegações, objetivando convencer o julgador. Visto por outro ângulo, o direito à prova implica a existência de ônus, segundo o qual determinado sujeito do processo tem a incumbência de comprovar os fatos por ele alegados, sob pena de, não o fazendo, ver frustrada a pretendida aplicação do direito material. Desse modo, a prova dos fatos constitutivos cabe a quem pretenda o nascimento da relação jurídica, enquanto a dos extintivos, impeditivos ou modificativos compete a quem os alega (art. 373, *caput*, do CPC).

A despeito disso, a ideia de ônus da prova decorre da necessidade de possibilitar a decisão em situações em que o conjunto probatório é insuficiente para convencer o julgador. Funciona como regra auxiliar na formação do convencimento do sujeito incumbido de compor conflitos, o que levou o legislador da Lei 13.105/2015 a estabelecer uma espécie de carga probatória dinâmica, possibilitando ao julgador atribuir o ônus da prova a quem tenha melhores condições de cumpri-lo (art. 373, §§ 1º e 2º do CPC).

As disposições processuais acima referidas aplicam-se, na íntegra, às ações anulatórias tributárias. Assim, embora o lançamento tributário goze de presunção de legitimidade, tal atributo não se presta para afastar os preceitos atinentes à dinâmica da probatória em sede de controvérsia judicial. Hipóteses, por exemplo, em que a lide tenha por cerne documentos inerentes ao processo administrativo, os quais ficam em posse da Administração, a ela há de ser atribuída a incumbência de apresentá-los, tendo pleno cabimento a aplicação do art. 373, § 1º, do Código de Processo Civil.

Referências

ARRUDA ALVIM, José Manoel. *Manual de direito processual civil*. 5. ed. São Paulo: Revista dos Tribunais, 1996.

ATALIBA, Geraldo. Lançamento – procedimento regrado. *Estudos e pareceres de direito tributário*. São Paulo: Revista dos Tribunais, 1978.

BANDEIRA DE MELLO, Celso Antônio. *Ato administrativo e direito dos administrados*. São Paulo: RT, 1981.

BENTHAM, Jeremías. *Tratado de las pruebas judiciales*. Tradução de Manuel Osorio Florit. Granada Editorial Comares, 2001.

BETTI, Emilio. *Diritto processuale civile*. 2. ed. Roma: Societá Editrice del Foro Italiano, 1936.

BORGES, José Souto Maior. *Lançamento tributário*. 2. ed. São Paulo: Malheiros, 1999.

CAMBI, Eduardo. *Direito constitucional à prova no processo civil*. São Paulo: Revista dos Tribunais, 2001.

CARNELUTTI, Francesco. *A prova civil*. 2. ed. Tradução de Lisa Pary Scarpa, Campinas: Bookseller, 2002.

CARVALHO, Paulo de Barros. "Regras técnicas ou procedimentais no direito tributário". *Revista de Direito Tributário* 112. São Paulo: Malheiros. [s.d].

CHIOVENDA, Giuseppe. *Principii di diritto processuale civile*. 4. ed. Nápoles: Jovena, 1928.

ECHANDÍA, Devis. *Teoría general de la prueba judicial*. Buenos Aires: Victor P. de Zavalía, 1970.

FALCÓN, Enrique M. *Tratado de la prueba*, Buenos Aires: Astrea, v. 1., 2003.

FIGUEIREDO, Lúcia Valle. *Curso de direito administrativo*. 7. ed. São Paulo: Malheiros, 2004.

HOFFMANN, Susy Gomes. *Teoria da prova no direito tributário*, Campinas: Copola, 1999.

MICHELI, Gian Antonio. *La carga de la prueba*. Tradução de Sentís Melendo, Buenos Aires: Ejea, 1961.

PONTES DE MIRANDA, Francisco Cavalcanti. Anotações à obra de Francisco Augusto das Neves e Castro, *Teoria das provas e suas aplicações aos atos civis*, Campinas: Servanda, 2000.

ROSENBERG, Leo. *La carga de la prueba*. Tradução de Krotoschin, Buenos Aires: Ejea, 1956.

SILVA, Ovídio A. Baptista da. *Curso de processo civil*. São Paulo: Revista dos Tribunais, v. 1, 2001.

TOMÉ, Fabiana Del Padre. *A prova no direito tributário*, 4. ed., São Paulo: Noeses, 2016.

XAVIER, Alberto. *Do lançamento*: teoria geral do ato, do procedimento e do processo tributário, 2. ed., Rio de Janeiro: Forense, 1997.

A ANTECIPAÇÃO DE PENHORA EM AÇÃO ANULATÓRIA NO NOVO CÓDIGO DE PROCESSO CIVIL

André Felix Ricotta de Oliveira[1]

1. Introdução

No antigo Código de Processo Civil instituído ela Lei 5.869/73, os contribuintes, possuidores de débitos tributários em aberto perante as Fazendas Públicas, tinham ao seu dispor a medida cautelar de antecipação de penhora, objetivando conseguir a certidão positiva, com efeito de negativa, quando o Estado era inerte para propor a Execução Fiscal para exigir os créditos tributários supostamente devidos.

Caso fossem propostas as competentes Execuções Fiscais em face do contribuinte devedor, este teria a possibilidade de garantir o juízo através da efetivação da penhora, opor

1. Doutor, Mestre e Especialista em Direito Tributário pela Pontifícia Universidade Católica de São Paulo (PUC-SP). *Master of Business Administration* (MBA) em Direito Empresarial pela Fundação Getúlio Vargas – FGV-RJ. Ex-Juiz Contribuinte do Tribunal de Impostos e Taxas da Secretaria da Fazenda do Estado de São Paulo. Coordenador do IBET de SJC. Professor do Instituto Brasileiro de Estudos Tributários - IBET. Professor do curso da Graduação em Direito da Universidade Estácio de Sá e de diversos cursos de Pós-graduação. Advogado.

Embargos às Execuções Fiscais e, consequentemente, obter Certidão Positiva de Débitos, com efeito de negativa - CPEN, nos termos do artigo 206 do Código Tributário Nacional, a qual tem o mesmo efeito da certidão negativa de débitos – CND, como prova de quitação de determinado tributo.

Contudo, como muitas vezes as Fazendas Públicas ficam ou ficavam por um longo período inertes, sem proporem as devidas ações de Execução em face do contribuinte devedor, impossibilitando-o de efetivar a penhora e consequentemente a obter a expedição da Certidão Positiva de Débito, com efeito de Negativa - CPEN, ficando assim impedido de realizar sua atividade econômica.

Portanto, em razão de que é assegurado a todos o livre exercício da atividade econômica, conforme dispõe o parágrafo único do artigo 170 da Constituição Federal, bem como do seu direito constitucional de poder se socorrer ao Poder Judiciário para evitar a lesão que vem sofrendo do fisco, para que sejam adiantados os efeitos da penhora, os contribuintes devedores tinham ao dispor a possibilidade de proporem Ação Cautelar de Caução ou antecipação de penhora, para terem garantidos os seus direitos de obter a Certidão Positiva de Débitos, com efeito de Negativa, bem como não terem seus nomes inscritos no CADIN, tendo em vista que com esta medida judicial conseguiam antecipar os feitos da penhora de bens em Execução Fiscal.

Ocorre que com a edição do Novo Código de Processo Civil, pela Lei n° 13.105/15, ao revogar o anterior, também acabou com todo regramento que existia a respeito das cautelares, não existindo mais o processo cautelar autônomo, a ação cautelar incidental, medidas cautelares nominadas e inominadas.

2. Da Cautelar de antecipação de penhora no antigo CPCC

Dispõe o artigo 205 do Código Tributário Nacional que *"a lei poderá exigir que a prova da quitação de determinado tributo, quando exigível, seja feita por certidão negativa, expedida à vista de requerimento do interessado, que contenha todas as informações necessárias à identificação de sua pessoa, domicílio fiscal e ramo de negócio ou atividade e indique o período a que se refere o pedido".*

Por sua vez o artigo 206 do mesmo Codex possibilita ao contribuinte outra oportunidade para obtenção da CND e viabiliza o exercício de suas atividades empresariais, determinando que:

> *Art. 206. Tem os mesmos efeitos previstos no artigo anterior a certidão de que conste a existência de créditos não vencidos, em curso de cobrança executiva em que tenha sido efetivada a penhora, ou cuja exigibilidade esteja suspensa.*

Atualmente a Certidão Negativa de Débitos é essencial para qualquer pessoa jurídica conseguir permanecer em atividade, em razão de que somente com a CND a sociedade empresarial consegue participar de processos licitatórios, contratar com o poder público, obter recursos públicos e contrair financiamentos bancários.

Se a pessoa jurídica fica impedida de realizar qualquer dos negócios jurídicos acima descritos está impossibilitada de exercer sua atividade econômica de forma plena, auferir receitas, continuar no mercado e, consequentemente, arcar com suas obrigações tributárias.

Desse modo, era cabível a competente a ação cautelar, para que não causasse maiores gravames para os contribuintes e não ficassem sem a prestação jurisdicional necessária para mantença de suas atividades, até que as Fazendas Públicas propusessem as Execuções Fiscais. Nesse sentido, dispunham e davam fundamento para tal iniciativa os artigos 798 e 799 do antigo Código de Processo Civil.

As medidas cautelares eram decisões que podiam ser tomadas pelo juízo competente quando verificado o fundado receio de que uma das partes, antes do julgamento da lide, tinham seu direito lesado ou podia ocorrer difícil reparação, conforme dispunha o artigo 798 do antigo Código de Processo Civil[2].

O artigo 799 do antigo Código de Processo Civil[3] visava dar mais tranquilidade ao Juízo em conceder uma medida liminar e não causar dano a outra parte, através da prestação de caução. Assim, os contribuintes podiam propor ações cautelares com a pretensão de antecipar a penhora, que poderia ser realizado no Processo de Execução quando da nomeação e aceite do bem a penhora.

Tal medida além de beneficiar os contribuintes com débitos tributários também beneficiava as Fazendas Públicas, tendo em vista que quando propunham as Execuções Fiscais, estas já estavam com o juízo garantido com a efetivação antecipada da penhora.

Além do mais, para realizar e conseguir o deferimento da antecipação da penhora, via ação cautelar, muitas vezes o contribuinte apresentava todo seu patrimônio e demonstrava quais eram os bens passíveis de penhora, o que, na maioria das vezes o Exequente não teria essa possibilidade e acesso a essa informação em sede de Execução Fiscal.

Importante salientar que, dificilmente em uma Execução Fiscal a pessoa jurídica devedora abre seus dados para facilitar o processo para o Exequente. Desse modo, a Ação Cautelar de antecipação de penhora trazia benefícios para ambas às partes.

A ideia, fundamento e objetivo da demanda em tela era garantir o juízo com um bem ou direito do patrimônio do contribuinte devedor, sendo este bem tinha que ser mais que suficiente para garantir todo o débito tributário até o final da

---

2. Art. 798. Além dos procedimentos cautelares específicos, que este Código regula no Capítulo II deste Livro, poderá o juiz determinar as medidas provisórias que julgar adequadas, quando houver fundado receio de que uma parte, antes do julgamento da lide, cause ao direito da outra lesão grave e de difícil reparação.

3. Art. 799. No caso do artigo anterior, poderá o juiz, para evitar o dano, autorizar ou vedar a prática de determinados atos, ordenar a guarda judicial de pessoas e depósito de bens e impor a prestação de caução.

ação principal (Ação Anulatória ou Execução Fiscal), que não comprometesse a solvabilidade do contribuinte, o exercício de suas atividades empresariais, o cumprimento das suas demais obrigações trabalhistas, tributárias e comerciais.

Sendo o valor dos bens oferecidos em antecipação de penhora mais que suficientes para garantia dos débitos tributários, o contribuinte podia discutir a exigência destes tranquilamente através da propositura da ação principal, sem sofrer mais nenhuma constrição patrimonial e com a possibilidade de obtenção da Certidão positiva de débitos, com efeito de negativa.

No caso de improcedência da demanda principal, os bens eram levados a leilão e os valores frutos da arrematação eram convertidos em renda a favor da Fazenda Pública, ocorrendo a consequente extinção dos créditos tributários.

Por outro lado, se a Fazenda Pública não permanecesse inerte e tivesse propostas as competentes Execuções Fiscais, o contribuinte devedor obedeceria as determinações do artigo 9º, inciso III, da Lei de Execuções Fiscais, que possibilitam aos devedores nomearem bens à penhora para garantia da execução, com efeito, os débitos tributários que se encontravam em aberto, já estariam garantidos e o contribuinte poderia obter a certidão positiva de débitos, com efeito de negativa, nos termos do artigo 206 do Código Tributário Nacional.

Porém, fica o contribuinte prejudicado até a propositura da Execução Fiscal, por isso a necessidade da propositura da ação cautelar para antecipar todas as fases processuais do processo de execução fiscal necessárias para a expedição da certidão negativa de débitos - CND.

O Contribuinte além de antecipar os efeitos da penhora para obter a certidão positiva de débitos, com efeito de negativa – CPEN, demonstra interesse e vontade de resolver suas pendencias tributárias, inclusive de afastar possíveis ilegalidades ou excessos nos débitos, que lhe foram imputados e assim respondendo pelo que for efetivamente devido.

A ação cautelar de antecipação de penhora concedia a prestação jurisdicional necessária para o contribuinte continuar sua atividade, podendo propor a Ação Anulatória de Débito Fiscal para discutir os tributos devidos, bem como facilitava e agilizava para as Fazendas Públicas o recebimento de eventuais créditos tributários.

O Egrégio Superior Tribunal de Justiça tinha o entendimento que era possível ação cautelar de caução ou antecipação de penhora para obtenção de certidão positiva de débito, com efeito de negativa, inclusive sendo aceitos bens imóveis com antecipação da garantia conforme se pode observar nas ementas abaixo transcritas:

> TRIBUTÁRIO. CERTIDÃO POSITIVA COM EFEITO DE NEGATIVA. CAUÇÃO REAL. CAUTELAR.
>
> Ofertada caução real no processo cautelar é de se conceder certidão positiva com efeito de negativa, nos termos do art. 206 do CTN.
>
> Recurso improvido.
>
> (REsp nº 363.518- ES – 1ª T do STJ – Rel. Min. Garcia Vieira – v. u. – j. 12.03.02 – publ. DJU 1 de 15.04.02, p. 175)
>
> Tributário. Certidão Positiva com efeito de Negativa. Penhora de bens suficientes. A execução fiscal que, em princípio, agrava a situação do devedor pode, ao revés, beneficia-lo com a possibilidade de obter a certidão positiva com efeito de negativa (CTN, 206); trata-se de um efeito reflexo da penhora, cuja função primeira é a de garantir a execução – reflexo inevitável porque, suficiente a penhora, os interesses que a certidão negativa visa acautelar já estão preservados. Mas daí não se segue que, enquanto a execução fiscal não for ajuizada, o devedor capaz de indicar bens suficientes à penhora tenha direito à certidão positiva com efeito de negativa, porque aí os interesses que a certidão negativa visa tutelar estão a descoberta. A solução pode ser outra se, como no caso, o contribuinte antecipar a prestação da garantia em Juízo, de forma cautelar. Recurso Especial não conhecido.
>
> (REsp nº 99.653 – 2ª T do STJ – Rel. Min. Ari Pangendler – v.u. – publ. DJU de 23.11.98, p. 162).

Este entendimento também era adotado pelo Egrégio Tribunal Regional Federal da 1ª Região, que o contribuinte tinha direito em caucionar, em processo cautelar para poder discutir o débito tributário através de ação anulatória, *in verbis*:

> PROCESSUAL CIVIL E TRIBUTÁRIO - CAUÇÃO DE BENS EM MEDIDA CAUTELAR PARA SUSPENSÃO DA EXIGIBILIDADE DO CRÉDITO TRIBUTÁRIO: POSSIBILIDADE - SEGUIMENTO NEGADO - AGRAVO INOMINADO NÃO PROVIDO.
>
> 1- Seja para garantia do juízo em futura (ainda não ajuizada execução fiscal ou como garantia dos débitos tributários cuja nulidade pretende discutir em ação ordinária, o devedor tem direito a caucionar, em processo cautelar, bens suficientes em ordem a que, caucionados, se lhe expeça "Certidão Negativa de Débito-CND" positiva com efeito de negativa (v.g.: STJ, REsp nº 99.653/SP, T2; TRF1, AG nº 2000.01.00.096197-7/GO, T4).
>
> 2- A simplória impugnação calcada no fato de não ser "dinheiro" é um vesgo que se alastra cada vez mais na administração fiscal, que parece não se lembrar de que, se é importante receber o tributo, mais importante é manter o contribuinte com condições de gerar mais tributo e mais condições de pagá-lo. De outra banda, o art. 151 do CTN, em sua redação mais "moderna", contempla vários modos de suspensão da exigibilidade do crédito tributário (depósito em dinheiro é uma entre eles e no mesmo pé de igualdade!).
>
> 3- Agravo inominado não provido.
>
> 4- Peças liberadas pelo Relator em 06/04/2004 para publicação do acórdão.
>
> (Ag. Inst. 2003.01.00.028186-0/BA – 7ª T do TRF 1ª Reg – Rel. Des. Luciano Tolentino Amaral – v.u. – j. 06.04.04 – publ. DJU 2 de 14.05.04, p. 97)
>
> PROCESSUAL CIVIL. TRIBUTÁRIO. DÉBITO FISCAL. AÇÃO CAUTELAR. LIMINAR. OFERECIMENTO DE BENS EM ESTOQUE COMO CAUÇÃO. CERTIDÃO POSITIVA COM EFEITO DE NEGATIVA. INEXISTÊNCIA DE ESPECIFICAÇÃO ADEQUADA DOS BENS E PROVA DA PROPRIEDADE. SUSPENSÃO DA EXIGIBILIDADE DO CRÉDITO TRIBUTÁRIO. IMPOSSIBILIDADE.
>
> 1. A jurisprudência do Tribunal Regional Federal da 1ª Região e a do Superior Tribunal de Justiça orientam-se no sentido da possibilidade de oferecimento de bens em caução para fins de garantia do débito fiscal e expedição de Certidão Positiva de Débito com Efeito de Negativa. A medida justifica-se porque,

> enquanto não ajuizada a execução fiscal, o contribuinte permanece sem a possibilidade de oferecer bens a penhora para garantir o débito e de desenvolver regularmente sua atividade (TRF-1ª Região – AG 2001.01.006.009552-0/MG, rel. Juiz Luciano Tolentino Amaral, DJU 08/02/02, p. 48; e STJ - REsp 99.653/SP, rel. Min. Ari Pargendler, DJU 23/11/98, p. 162).
>
> 2. Os bens oferecidos em caução devem ser devidamente discriminados e avaliados, além de possuir documentação que comprove a propriedade. A simples apresentação de lista de bens supostamente em estoque não se mostra suficiente para, liminarmente, garantir o débito fiscal e suspender a exigibilidade do crédito tributário.
>
> 3. Agravo de instrumento não provido.
>
> (Ag. Inst. 2003.01.00.022577-2/AM – 7ª T do TRF 1ª Reg – Rel. Des. Tourinho Neto – v.u. – j. 11.02.04 – publ. DJU 2 de 09.03.04, p. 92)
>
> Processo Civil. Tributário. Agravo de Instrumento. Ação Cautelar. Caução. Certidão Positiva de Débito com efeitos de Negativa. Art. 206, CTN.
>
> 1. Ainda que não tenha havido inércia por parte da Fazenda Nacional no ajuizamento da ação de execução fiscal de dívida, a agravada não necessita aguardar a ação executória para resguardar o seu direito de discutir o débito e caucionar em juízo, no intuito de obter certidão positiva com efeitos de negativa, tornando justo e razoável a utilização da ação cautelar para tal fim, assegurando, inclusive, o resultado útil da ação anulatória de débito fiscal.
>
> 2. O receio de dano irreparável ou de difícil reparação resta caracterizado ante o fato de que a impossibilidade de obter a certidão positiva com efeitos de negativa gera diversas dificuldades e entraves no desenvolvimento regular das atividades da empresa agravada, razão pela qual cabível a garantia da dívida com o bem ofertado, possibilitando o fornecimento da referida certidão, nos termos do art. 206, do CTN.
>
> *3 Agravo de instrumento da União improvido.*
>
> (Ag. Inst. 2003.01.00.011139-1/BA – 8ª T do TRF 1ª Reg – Rel. Desa. Maria do Carmo Cardoso – v.u. – j. 30.03.04 – publ. DJU 2 de 16.04.04, p. 288)

A jurisprudência acima colacionada deixa claro que o Egrégio Superior Tribunal de Justiça já tinha pacificado o entendimento da possibilidade da concessão da medida cautelar de antecipação de penhora para obtenção de certidão positiva, com efeito de negativa, contudo, alguns Magistrados entendiam que essa medida não era possível, pois o que estava se pleiteando era a suspensão da exigibilidade do crédito tributário fora das hipóteses previstas do artigo 151 do Código Tributário Nacional.

O Professor Eduardo Marcial Ferreira Jardim também acompanha o entendimento da possibilidade da concessão da medida cautelar da caução para discussão judicial de dívida ativa, levando em consideração o princípio da igualdade, lecionando que: "*Verativamente, os artigos 9º, 11 e 38 da Lei 6.830/80, retrilhados pelo artigo 655 do Código de Processo Civil, possibilitam ao executado uma gama de direitos mais amplos que ao demandante, conspirando, minimamente, contra o postulado da igualdade. Por conseguinte, se os referidos comandos permitem ao executado assegurar o juízo mediante penhora de bens em geral, com a finalidade de insurgir-se contra débito inscrito em dívida ativa, a fortiori não se pode negar ao demandante a mesma possibilidade, sob pena de profanar o primado da igualdade que, sobranceiro, haverá de repugnar qualquer coartação concernente ao exercício de direito e garantias*"[4].

Portanto, era totalmente cabível a pretensão jurisdicional pleiteada através da de ação cautelar, para antecipar os efeitos da penhora e obtenção da certidão positiva de débitos, com efeito de negativa.

3. Da Suspensão da exigibilidade do crédito tributário

Conforme já salientado o objetivo da ação cautelar de caução ou de antecipação da penhora, tendo em vista a ausência de propositura de Execução Fiscal, era de simplesmente antecipar os efeitos da penhora, para obtenção de certidão positiva de débitos, com efeito de negativa, nos termos do artigo 206 do Código Tributário Nacional.

---

4. "Caução na Seara Tributária: Bens Móveis, Imóveis, TDAs e Apólices do Tesouro". *Revista Dialética de Direito Tributário* nº 47, p. 18.

Contudo, alguns Magistrados indeferiam a medida cautelar, por entenderem que o contribuinte estava pleiteando a suspensão da exigibilidade do crédito tributários em hipótese não prevista no artigo 151 do CTN, conforme se pode observar na ementa abaixo transcrita:

> PROCESSUAL CIVIL. AGRAVO DE INSTRUMENTO. AÇÃO CAUTELAR. ANTECIPAÇÃO DA PENHORA. EXECUÇÃO FISCAL NÃO AJUIZADA. SUSPENSÃO DA EXIGIBILIDADE DO CRÉDITO TRIBUTÁRIO. IMPOSSIBILIDADE. CERTIDÃO POSITIVA DE DÉBITO COM EFEITO DE NEGATIVA.
>
> I - Conforme já havia sido adiantado por ocasião da decisão que deferiu o efeito suspensivo, o artigo 151 do CTN veicula um rol taxativo das causas obstativas da exigibilidade do crédito tributário, o qual não contempla a possibilidade de suspensão por meio de prestação de caução.
>
> II - A 1ª Seção do Superior Tribunal de Justiça pacificou o entendimento de que a caução realizada por meio de ação cautelar não suspende a exigibilidade do crédito tributário, posicionamento este já adotado também no âmbito desta E. Turma.
>
> III - Agravo de instrumento provido."
>
> (TRF 3. 3ª T. Ag.Inst. nº 251038/SP. Rela. Des. Fed. Cecília Marcondes. v.u.. julg. 12/06/2008. CJF3 24/06/2008)

A medida liminar pleiteada em Ação Cautelar de antecipação de penhora não tinha a finalidade de suspender a exigibilidade do crédito tributário, nos termos do artigo 151 do Código Tributário Nacional e impedir que a Fazenda Pública de executar os valores devidos.

O objetivo da cautelar era apenas de antecipar a penhora, que poderia ser realizada em processo executivo e assim obter a Certidão Positiva de Débitos, com efeito de negativa, nos termos do artigo 206 do Código Tributário Nacional, que determina que em sendo efetivada a penhora de bens em Execução Fiscal tem o contribuinte direito a certidão em comento. Sendo assim, não se exige a suspensão da exigibilidade do crédito tributário para expedição de CND e sim a efetivação da penhora.

Desse modo, o artigo 206 do Código Tributário Nacional possibilita a expedição da CND aos devedores de débitos tributários caso tenham efetuado a penhora em processo de execução.

A pretensão não impedia que a Fazenda Pública de propor Execução Fiscal para exigir os valores que entendia devidos, até mesmo pelo fato de que a penhora não se encontra entre as hipóteses de suspensão da exigibilidade do crédito tributário previstas no artigo 151 do Código Tributário Nacional. Simplesmente visava uma medida antecipatória e/ou preparatória da própria Execução Fiscal e seguir todos os termos e efeitos da penhora.

Ademais, o que o contribuinte desejava era que a Fazenda Pública justamente propusesse a ação de Execução Fiscal e com isso conseguir nomear bens à penhora e obter a certidão positiva de débitos, com efeito de negativa, nos termos do art. 206 do CTN. Tem-se a situação que o contribuinte que tem Execução Fiscal ajuizada encontra-se em melhor situação daquele que ainda aguarda a propositura da ação executiva, por isso este pode antecipar os efeitos da penhora devido a inércia da Fazenda Pública.

Desse modo, tinha-se um entendimento jurisprudência equivocado referente a ação cautelar de antecipação de penhora. Contudo, o Egrégio Superior Tribunal de Justiça sedimentou este entendimento no julgamento do Recurso Especial nº 1.123.669-RS, Relator Ministro Luiz Fux, em sede de recurso repetitivo, tema 237:*"Questão referente à possibilidade de oferecimento de garantia, em sede de ação cautelar, para a suspensão da exigibilidade do crédito tributário, cujo respectivo executivo fiscal ainda não foi ajuizado, visando à obtenção de certidão positiva com efeitos de negativa"*.

No julgamento do Recurso Especial em tela, o Superior Tribunal de Justiça pacificou que era possível ao contribuinte, após o vencimento da obrigação tributária e antes da propositura da execução fiscal, garantir o juízo de forma antecipada, para o fim de obter certidão positiva com efeito de negativa, *in verbis*:

PROCESSUAL CIVIL E TRIBUTÁRIO. RECURSO ESPECIAL REPRESENTATIVO DE CONTROVÉRSIA. ART. 543-C, DO CPC. AÇÃO CAUTELAR PARA ASSEGURAR A EXPEDIÇÃO DE CERTIDÃO POSITIVA COM EFEITOS DE NEGATIVA. POSSIBILIDADE. INSUFICIÊNCIA DA CAUÇÃO. IMPOSSIBILIDADE. 1. O contribuinte pode, após o vencimento da sua obrigação e antes da execução, garantir o juízo de forma antecipada, para o fim de obter certidão positiva com efeito de negativa. (Precedentes: EDcl no AgRg no REsp 1057365/RS, Rel. Ministro LUIZ FUX, PRIMEIRA TURMA, julgado em 04/08/2009, DJe 02/09/2009; EDcl nos EREsp 710.153/RS, Rel. Ministro HERMAN BENJAMIN, PRIMEIRA SEÇÃO, julgado em 23/09/2009, DJe 01/10/2009; REsp 1075360/RS, Rel. Ministro MAURO CAMPBELL MARQUES, SEGUNDA TURMA, julgado em 04/06/2009, DJe 23/06/2009; AgRg no REsp 898.412/RS, Rel. Ministro HUMBERTO MARTINS, SEGUNDA TURMA, julgado em 18/12/2008, DJe 13/02/2009; REsp 870.566/RS, Rel. Ministra DENISE ARRUDA, PRIMEIRA TURMA, julgado em 18/12/2008, DJe 11/02/2009; REsp 746.789/BA, Rel. Ministro TEORI ALBINO ZAVASCKI, PRIMEIRA TURMA, julgado em 18/11/2008, DJe 24/11/2008; EREsp 574107/PR, Relator Ministro JOÃO OTÁVIO DE NORONHA DJ 07.05.2007) 2. Dispõe o artigo 206 do CTN que: "tem os mesmos efeitos previstos no artigo anterior a certidão de que conste a existência de créditos não vencidos, em curso de cobrança executiva em que tenha sido efetivada a penhora, ou cuja exigibilidade esteja suspensa." A caução oferecida pelo contribuinte, antes da propositura da execução fiscal é equiparável à penhora antecipada e viabiliza a certidão pretendida, desde que prestada em valor suficiente à garantia do juízo. 3. É viável a antecipação dos efeitos que seriam obtidos com a penhora no executivo fiscal, através de caução de eficácia semelhante. A percorrer-se entendimento diverso, o contribuinte que contra si tenha ajuizada ação de execução fiscal ostenta condição mais favorável do que aquele contra o qual o Fisco não se voltou judicialmente ainda. 4. Deveras, não pode ser imputado ao contribuinte solvente, isto é, aquele em condições de oferecer bens suficientes à garantia da dívida, prejuízo pela demora do Fisco em ajuizar a execução fiscal para a cobrança do débito tributário. Raciocínio inverso implicaria em que o contribuinte que contra si tenha ajuizada ação de execução fiscal ostenta condição mais favorável do que aquele contra o qual o Fisco ainda não se voltou judicialmente. 5. Mutatis mutandis o mecanismo assemelha-se ao previsto no revogado art. 570 do CPC, por força do qual era lícito ao devedor iniciar a execução. Isso porque as obrigações, como vínculos pessoais, nasceram para serem extintas pelo cumprimento, diferentemente dos direitos reais que visam à perpetuação da situação jurídica nele edificadas. 6. Outrossim, instigada a

> *Fazenda pela caução oferecida, pode ela iniciar a execução, convertendo-se a garantia prestada por iniciativa do contribuinte na famigerada penhora que autoriza a expedição da certidão. 7. In casu, verifica-se que a cautelar restou extinta sem resolução de mérito, impedindo a expedição do documento de regularidade fiscal, não por haver controvérsia relativa à possibilidade de garantia do juízo de forma antecipada, mas em virtude da insuficiência dos bens oferecidos em caução, consoante dessume-se da seguinte passagem do voto condutor do aresto recorrido, in verbis:*
>
> *"No caso dos autos, por intermédio da análise dos documentos acostados, depreende-se que os débitos a impedir a certidão de regularidade fiscal perfazem um montante de R$ 51.802,64, sendo ofertados em garantia pela autora chapas de MDF adquiridas para revenda, às quais atribuiu o valor de R$ 72.893,00. Todavia, muito embora as alegações da parte autora sejam no sentido de que o valor do bem oferecido é superior ao crédito tributário, entendo que o bem oferecido como caução carece da idoneidade necessária para aceitação como garantia, uma vez que se trata de bem de difícil alienação.*
>
> *8. Destarte, para infirmar os fundamentos do aresto recorrido, é imprescindível o revolvimento de matéria fático-probatória, o que resta defeso a esta Corte Superior, em face do óbice erigido pela Súmula 07 do STJ. 9. Por idêntico fundamento, resta inteditada, a este Tribunal Superior, a análise da questão de ordem suscitada pela recorrente, consoante infere-se do voto condutor do acórdão recorrido, litteris:*
>
> *"Prefacialmente, não merece prosperar a alegação da apelante de que é nula a sentença, porquanto não foi observada a relação de dependência com o processo de nº 2007.71.00.007754-8. Sem razão a autora. Os objetos da ação cautelar e da ação ordinária em questão são diferentes. Na ação cautelar a demanda limita-se à possibilidade ou não de oferecer bens em caução de dívida tributária para fins de obtenção de CND, não se adentrando a discussão do débito em si, já que tal desbordaria dos limites do procedimento cautelar. Ademais, há que se observar que a sentença corretamente julgou extinto o presente feito, sem julgamento de mérito, em relação ao pedido que ultrapassou os limites objetivos de conhecimento da causa próprios do procedimento cautelar." 10. Recurso Especial parcialmente conhecido e, nesta parte, desprovido. Acórdão submetido ao regime do art. 543-C do CPC e da Resolução STJ 08/2008.*

Na decisão proferida pelo Superior Tribunal de Justiça restou clara a possibilidade de propositura de ação cautelar para antecipar os efeitos da penhora, devido a inércia da Fazenda Pública, para obtenção de CND e que tal medida instigaria a Fazenda, em razão da caução oferecida, a iniciar a execução fiscal, convertendo-se a garantia prestada por iniciativa do contribuinte na desejada penhora que autoriza a expedição da certidão, com efeito.

Com efeito, a antecipação cautelar dos efeitos da penhora devido a falta de propositura de Execução Fiscal, não suspende a exigibilidade do crédito tributário e sim instiga a Fazenda Pública a propor a competente ação executória para que a caução prestada seja convertida em penhora.

4. Da antecipação da penhora no Novo CPC

O novo Código de Processo Civil extingui as ações cautelares autônomas. O antigo Código de Processo Civil, também conhecido como Código Buzaid, disciplinava o processo cautelar autônomo, ações cautelares incidentais, medidas cautelares nominadas e inominadas no seu Livro III – Do Processo Cautelar (artigos 796 a 889).

Tendo em vista que o novo Código de Processo Civil eliminou o livro III acima citado, não é possível mais a antecipação da penhora quando a Fazenda Pública ainda não promoveu a execução fiscal e o contribuinte é devedor do crédito tributário? Não se aplica mais o posicionamento cristalizado pelo Superior Tribunal de Justiça, pois foi proferido na vigência do antigo Código de Processo Civil?

Com a edição do Novo Código de Processo Civil não acabaram as cautelares e sim se tornaram mais simples. Acabaram as cautelares nominadas, o processo cautelar autônomo e os seus respectivos requisitos próprios. As ações cautelares foram extintas e com o Novo CPC a regra é da concessão das providências cautelares sem a necessidade de ação cautelar autônoma ou incidental.

Neste sentido, são as lições de Luiz Guilherme Marinoni, Sérgio Cruz Arenhart e Daniel Mitidiero, *in verbis*:

> O Novo Código não está organizado do ponto de vista estrutural como o Código de Buzaid – no que agora interessa, não prevê um processo cautelar, isto é, um processo destinado a prestar tão somente tutela cautelar (ou, pelo menos, tutela tida como cautelar). No novo Código, o procedimento comum e os procedimentos diferenciados podem viabilizar tanto a prestação de tutela satisfativa como de tutela cautelar de maneira antecedente ou incidental (art. 294, parágrafo único, CPC). O processo civil visa à tutela dos direitos, que pode ser prestada por atividades de cognição e execução e mediante decisões provisórias e definitivas que podem ter lugar indistintamente em qualquer outro procedimento. Daí a razão pela qual se preferiu introduzir a técnica antecipatória – dita palidamente no Código "tutela provisória – na parte geral, relegando-se à história do processo civil a figura do processo cautelar como complemento de apoio dos processos de conhecimento e de execução[5].

O Novo Código de Processo Civil criou o regime das tutelas provisórias, que acolheu as providencias cautelares, dando um regramento único para concessão das tutelas, estas podendo ser de urgência ou evidência, tanto satisfativas, como cautelares para que a ação principal atinja seu fim, conforme dispõe seu artigo 294 e § único[6]. As tutelas de urgência, podem ser cautelares ou antecipada, podem ser concedidas em caráter de urgência ou incidental.

Daniel Amorim Assumpção Neves também tem o mesmo entendimento, dispondo que *"o processo autônomo cautelar desaparece, e, como nunca houve um processo autônomo de tutela antecipada, é possível afirmar que deixa de existir o processo autônomo de tutela de urgência. Há tratamento diverso quanto à natureza da tutela de urgência pretendida quando o pedido for feito de forma antecedente"*[7]

---

5. "Código de Processo Civil Comentado". Revista dos Tribunais. 4ª edição. p. 406.

6. "Art. 294. A tutela provisória pode fundamentar-se em urgência ou evidência. Parágrafo único. A tutela provisória de urgência, cautelar ou antecipada, pode ser concedida em caráter antecedente ou incidental".

7. "Novo Código de Processo Civil – Lei 13.105/2015. Ed. Método, 2015, p. 188.

O pedido da providência cautelar é realizado nos próprios autos da ação principal, desta feita apenas acabaram com os procedimentos cautelares, não sendo mais admitidos processos autônomos. O Novo Código de Processo Civil unificou em uma disciplina única através das tutelas provisórias, que se divide em tutelas de urgência e de evidência.

Continua no Novo Código de Processo Civil a prever e disciplinar a tutela cautelar ou a providência cautelar para preservação do direito material e para que a ação não seja prejudicada durante o seu trâmite e a demanda alcance seu objetivo e finalidade.

Luiz Guilherme Marinoni, Sérgio Cruz Arenhart e Daniel Mitidiero explicam a diferença entre tutela cautelar e tutela satisfativa, disciplinando que:

> *Enquanto existe uma relação de natureza processual entre a técnica antecipatória e a tutela final, entre o provimento final e o definitivo, a relação que existe entre a tutela satisfativa e a tutela cautelar é de natureza material: a tutela cautelar serve para conservar a tutela do direito para sua eventual e futura satisfação. A tutela cautelar é referível à tutela satisfativa, porque está preordenada à sua conservação. É importante perceber, nessa linha, que também aqui inexiste uma relação de instrumentalidade processual. A tutela satisfativa e a tutela cautelar são tutelas do direito. Em outras palavras, a tutela cautelar não é um instrumento do instrumento, embora esse seja um endereço doutrinário comum no direito brasileiro. A tutela cautelar presta tutela ao direito material*[8].

As providências cautelares ou tutelas cautelares são espécies do gênero tutela provisória de urgência, conforme leciona Cassio Scarpinella Bueno que "*a tutela provisória pode ter como fundamento a ocorrência de situação de urgência ou de evidência. A tutela provisória de urgência ocupa a maior parte dos dispositivos, arts. 300 a 310, que corresponde ao Título II do Livro V da Parte Geral. A tutela provisória de evidência restringe-se a um só, o art. 311, equivalente ao Título III. O parágrafo único do art. 294 apresenta para tutela provisória de*

---

8. "Código de Processo Civil Comentado". Revista dos Tribunais. 4ª edição. p. 409.

urgência duas espécies: a cautelar e a antecipada e a antecedente ou a incidente"[9].

Assim, as providências cautelares são pedidas, nos termos da tutela de urgência para preservação de determinada situação ou direito e com isso não traga prejuízos ao objeto da ação principal, com a finalidade de que esta consiga atingir seu fim e somente serão concedidas se estiverem presentes os requisitos do artigo 300 do Novo Código de Processo Civil.[10]

As providencias cautelares serão concedidas quando houver evidente probabilidade do direito e o perigo de dano ou o risco ao resultado útil do processo, sendo que o último requisito é inerente e da natureza das tutelas cautelares.

Fredie Didier Júnior adverte que a demora do processo acarreta no comprometimento no resultado final e reverbera no *"periculum in mora"*, *"verbis"*:

> *"A tutela provisória de urgência pode ser cautelar ou satisfativa (antecipada). Em ambos os casos, a sua concessão pressupõe, genericamente, a demonstração da probabilidade do direito (tradicionalmente conhecida como 'fumus boni iuris') e, junto a isso, a demonstração do perigo de dano ou de ilícito, ou ainda do comprometimento da utilidade do resultado final que a demora do processo representa (tradicionalmente conhecido 'periculum in mora') (art. 300 CPC)"*[11].

---

9. *Novo Código de Processo Civil*, Anotado. Ed. Saraiva. 3ª Ed. p. 401.

10."Art. 300. A tutela de urgência será concedida quando houver elementos que evidenciem a probabilidade do direito e o perigo de dano ou o risco ao resultado útil do processo.
§ 1 o Para a concessão da tutela de urgência, o juiz pode, conforme o caso, exigir caução real ou fidejussória idônea para ressarcir os danos que a outra parte possa vir a sofrer, podendo a caução ser dispensada se a parte economicamente hipossuficiente não puder oferecê-la.
§ 2º A tutela de urgência pode ser concedida liminarmente ou após justificação prévia.
§ 3º A tutela de urgência de natureza antecipada não será concedida quando houver perigo de irreversibilidade dos efeitos da decisão".

11. *Curso de Direito Processual Civil*: teoria da prova, direito probatório, ações probatórias, decisão, precedente, coisa julgada e antecipação dos efeitos da tutela. Volume 2. Ed. Juspodivm. 10ª ed. p. 594.

O processualista ainda explica as características das providências cautelares, ensinando que *"a tutela provisória cautelar antecipa os efeitos de tutela definitiva nãosatisfativa (cautelar), conferindo eficácia imediata ao direito à cautela. Adianta-se, assim, a cautela a determinado direito. Ela somente se justifica diante de uma situação de urgência do direito a ser acautelado, que exija sua preservação de imediato"*.

O artigo 301 do Novo Código de Processo Civil disciplina sobre as providências cautelares como medidas idôneas para assegurarem o direito e trás de forma exemplificativa que *"a tutela de urgência de natureza cautelar pode ser efetivada mediante arresto, sequestro, arrolamento de bens, registro de protesto contra alienação de bens e qualquer outra medida idônea para asseguração do direito"*.

Entendem Luiz Guilherme Marinoni, Sérgio Cruz Arenhart e Daniel Mitidiero que toda e qualquer tutela idônea para conservação do direito pode ser requerida pela parte a título de tutela cautelar e por isso que as indicações presentes no artigo 301 do Novo CPC são meramente exemplificativas, *"in verbis"*:

> *"Toda e qualquer tutela idônea para conservação do direito pode ser requerida pela parte a título cautelar (art. 301, CPC). Daí que a alusão ao arresto, sequestro, arrolamento de bens e ao registro de protesto contra alienação de bens são apenas exemplos de providências que podem ser obtidas pela parte. É possível obter atipicamente tutela cautelar no direito brasileiro – isto é, embora empregando terminologia diversa, o novo Código reconhece o poder cautelar do juiz. O fato de o legislador não ter repetido as hipóteses de cabimento do arresto, do sequestro, do arrolamento de bens e do registro de protesto contra alienação significa que essas medidas cautelares se submetem aos requisitos comuns a toda e qualquer medida cautelar: probabilidade do direito (fumus boni iuris) e perigo na demora (periculum in mora). Significa ainda que o Código vigente incorporou o significado desses termos – tal como eram compreendidos na legislação anterior"*[12].

12. *Código de Processo Civil Comentado*. Revista dos Tribunais. 4ª edição. p. 414.

Portanto, o Novo Código de Processo Civil não extingui as medidas cautelares, mas apenas o procedimento e as ações cautelares autônomas. Estando presente os requisitos para concessão e para assegurar o direito, deve ser concedida a providência cautelar em sede de tutela de urgência. A parte pode pedir de forma incidental ou antecedente; a primeira nos próprios autos da ação principal; e a últimas nos termos previstos no artigo 303 do Novo Código de Processo Civil.[13]

5. Conclusões

Portanto, o Novo Código de Processo Civil não acabou com as providências cautelares e no caso em especial, com as cautelares de antecipação de penhora. Acabou com a forma de ação cautelar autônoma, com as medidas cautelares nominadas e inominadas e seus respectivos regramentos específicos.

---

13. "Art. 303. Nos casos em que a urgência for contemporânea à propositura da ação, a petição inicial pode limitar-se ao requerimento da tutela antecipada e à indicação do pedido de tutela final, com a exposição da lide, do direito que se busca realizar e do perigo de dano ou do risco ao resultado útil do processo.
§ 1º Concedida a tutela antecipada a que se refere o caput deste artigo:
I - o autor deverá aditar a petição inicial, com a complementação de sua argumentação, a juntada de novos documentos e a confirmação do pedido de tutela final, em 15 (quinze) dias ou em outro prazo maior que o juiz fixar;
II - o réu será citado e intimado para a audiência de conciliação ou de mediação na forma do art. 334 ;
III - não havendo autocomposição, o prazo para contestação será contado na forma do art. 335.
§ 2º Não realizado o aditamento a que se refere o inciso I do § 1º deste artigo, o processo será extinto sem resolução do mérito.
§ 3º O aditamento a que se refere o inciso I do § 1º deste artigo dar-se-á nos mesmos autos, sem incidência de novas custas processuais.
§ 4º Na petição inicial a que se refere o caput deste artigo, o autor terá de indicar o valor da causa, que deve levar em consideração o pedido de tutela final.
§ 5º O autor indicará na petição inicial, ainda, que pretende valer-se do benefício previsto no caput deste artigo.
§ 6º Caso entenda que não há elementos para a concessão de tutela antecipada, o órgão jurisdicional determinará a emenda da petição inicial em até 5 (cinco) dias, sob pena de ser indeferida e de o processo ser extinto sem resolução de mérito".

O Novo Código de Processo Civil disciplinou e tornou mais simples as providências cautelares, devendo serem pleiteadas nos próprios autos da ação anulatória de débito fiscal, como tutela de urgência cautelar, antecipada ou incidental.

O Direito Processual Civil tem a finalidade de efetivar e garantir a eficácia e aplicabilidade do Direito material, como ainda existe no ordenamento jurídico as providências cautelares e a possibilidade de pleitear a cautelar de antecipação de penhora, o posicionamento do Superior Tribunal de Justiça proferido no julgamento do Recurso Especial nº 1.123.669-RS, em sede de recurso repetitivo, no regime do art. 543-C do CPC, ainda está vigente e deve ser aplicado em todos os casos semelhantes.

AÇÃO ANULATÓRIA DE DÉBITO FISCAL E O CPC/2015

Robson Junio De Castro Leandro[1]

Renan Clemente[2]

1. AÇÃO ANULATÓRIA DE DÉBITO FISCAL

Neste tópico, faremos uma análise dos principais aspectos alusivos à Ação Anulatória de Débito Fiscal, trazendo o tratamento dado pela Doutrina, Jurisprudência e pelo Superior Tribunal de Justiça e Supremo Tribunal Federal, com enfoque no Código de Processo Civil de 2015.

---

1. Pós-graduando em MBA de Gestão Financeira e Econômica de Tributos na Fundação Getúlio Vargas. Pós-graduado em Direito Tributário pelo Complexo Jurídico Damásio de Jesus, com extensão em Processo Tributário Analítico pelo Instituto Brasileiro de Estudos Tributários e no Novo Código de Processo Civil pela Pontifícia Universidade Católica- COGEAE, de São Paulo. Assistente da professora Isabela Bonfá de Jesus no curso de Direito Tributário da PUC/SP. Advogado tributário no escritório Vezzi Lapolla e Mesquita Advogados.

2. Graduado pela Universidade Paulista; pós-graduado pela Universidade Presbiteriana Mackenzie em Direito Tributário; Extensão Universitária "ICMS – Teoria e Prática" ministrada pelo IBET; Extensão Universitária "Processo Tributário Analítico" ministrada pelo IBET. Assistente da professora Isabela Bonfá de Jesus no curso de Direito Tributário da PUC/SP. Advogado tributário no Mesquita Pereira, Almeida, Esteves Advogados.

Sem a pretensão de esgotar o tema, explicaremos aspectos gerais desta espécie de ação e traremos à baila os aspectos mais controvertidos que circundam a Ação Anulatória de Débito Fiscal, tais como, possibilidade de suspensão do crédito tributário e a sua coexistência com a ação de execução fiscal e os embargos à execução.

De forma introdutória, no sistema jurídico brasileiro, é o próprio fisco que constitui o título executivo representativo de crédito tributário[3], através do lançamento tributário, mediante processo administrativo especial de acertamento que goza de presunção de legalidade.

Importante ressaltar que o ato administrativo de lançamento[4] levado a efeito pela Fazenda Pública, embora tenha presunção *iuris tantum*, ou seja, relativa, não tem caráter absoluto. Em continuidade, nem mesmo as decisões administrativas são definitivas, ainda que questionadas pelo contribuinte em âmbito administrativo, podendo o contribuinte buscar, por meio do processo judicial tributário, uma solução justa e imparcial para o tributo que acredita ser indevido, mormente em razão do princípio do livre acesso ao Poder Judiciário.

Nesta celeuma, temos uma das ações antiexacionais que pode ser proposta pelo contribuinte, a Ação Anulatória de Débito Fiscal que, como regra, tem por objeto a invalidação do lançamento tributário ou, eventualmente, de decisão administrativa desfavorável ao contribuinte[5].

Neste sentido se aplicam as lições de Cleide Previtalli Cais onde afirma que "a ação anulatória de débito fiscal

---

3. PAULSEN, Leandro. *Curso de direito tributário*. 7. ed. Porto Alegre: Livraria do Advogado, 2015, p. 347.

4. CTN, Art. 142: Compete privativamente à autoridade administrativa constituir o crédito tributário pelo lançamento, assim entendido o procedimento administrativo tendente a verificar a ocorrência do fato gerador da obrigação correspondente, determinar a matéria tributável, calcular o montante do tributo devido, identificar o sujeito passivo e, sendo caso, propor a aplicação da penalidade cabível.

5. COSTA, Regina Helena. *Curso de Direito Tributário*. 5. Ed. São Paulo: Livraria Saraiva, p: 442.

pode ser promovida pelo contribuinte contra o Poder Público tendo como pressuposto a preexistência do lançamento fiscal, cuja anulação se pretende pela procedência da ação, desconstituindo-o"[6].

A respectiva ação tem previsão legal no art. 38 da LEF, a saber[7]:

> *Art. 38 - A discussão judicial da Dívida Ativa da Fazenda Pública só é admissível em execução, na forma desta Lei, salvo as hipóteses de mandado de segurança, ação de repetição do indébito ou ação anulatória do ato declarativo da dívida, esta precedida do depósito preparatório do valor do débito, monetariamente corrigido e acrescido dos juros e multa de mora e demais encargos.*
>
> *Parágrafo Único - A propositura, pelo contribuinte, da ação prevista neste artigo importa em renúncia ao poder de recorrer na esfera administrativa e desistência do recurso acaso interposto.*

Nota-se que se torna desnecessário o exaurimento da via administrativa para ingressar com a Ação Anulatória de Débito Fiscal, em total consonância com o princípio constitucional da inafastabilidade da jurisdição[8]. Tal assertiva, por outro lado, não exclui a imprescindibilidade de que esteja configurado o interesse processual[9], qualificado pelo binômio da necessidade e da adequação.

Submetida ao processo de conhecimento, seguindo o rito ordinário comum, a referida ação, diferentemente do que ocorre no Mandado de Segurança, comporta dilação probatória, isto é, a produção de quaisquer provas admissíveis, segundo o devido processo legal.

Os fundamentos jurídicos que podem ser utilizados na Ação Anulatória de Débito Fiscal são diversos, permitindo que o contribuinte questione o crédito tributário indevido em

---

6. CAIS, Cleide Previtalli. *O processo Tributário*, p. 380. São Paulo: Revista dos Tribunais, 2001.

7. Lei de Execução Fiscal n° 6830/80.

8. Artigo 5°, inciso XXXV da Constituição Federal.

9. Artigo 17 do Código de Processo Civil.

razão da não incidência do tributo em discussão, não ocorrência do fato gerador, pela arguição de imunidade tributária ou isenção tributária, ausência de lei instituidora do tributo, base de cálculo distinta, erros formais e materiais de procedimentos administrativos, dentre outras situações fático-jurídicas que tornem indevida a exação tributária.

Importa referir que, segundo súmula vinculante 28, é inconstitucional a exigência de depósito prévio como requisito de admissibilidade de ação judicial na qual se pretenda discutir a exigibilidade de crédito tributário, ou seja, a propositura de Ação Anulatória independe de depósito prévio para que seja admitida.

Vale ressaltar que a propositura da Ação Anulatória de Débito Fiscal, por si só, não suspende a exigibilidade do crédito tributário, não inibindo, portanto, a Fazenda Pública de inscrever o crédito em dívida ativa e, posteriormente, de efetivar a execução fiscal[10].

Por outro lado, para que ocorra a suspensão da exigibilidade do referido crédito, assim como determina o art. 151, II e V do Código Tributário Nacional, se faz necessário o depósito em montante integral ou decisão antecipatória suspensiva da exigibilidade do crédito tributário[11].

Por fim, classifica-se a Ação Anulatória de Débito Fiscal, segundo Rodrigo Dalla Pria[12] da seguinte forma: "(...) trata-se de *ação constitutiva: a) negativa:* pois desconstitui a decisão administrativa que indeferiu a restituição; e b) *positiva,* pois constrói no sistema jurídico a norma individual e concreta que garante o direito à restituição".

---

10. CPC 2015 - Art. 784, § 1º A propositura de ação anulatória de débito fiscal não inibe a Fazenda Pública de promover-lhe a cobrança. (Redação dada pela Lei nº 8.953, de 13.12.1994)

11. CTN - Art. 151. Suspendem a exigibilidade do crédito tributário:
(...)II - o depósito do seu montante integral;
(...) V – a concessão de medida liminar ou de tutela antecipada, em outras espécies de ação judicial;

12. CONRADO, Paulo. *Processo Tributário Analítico*. 3. ed. São Paulo: Editora NOESES, 2015, p. 115.

2. AÇÃO ANULATÓRIA DE DÉBITO FISCAL E A EXECUÇÃO FISCAL

2.1 AÇÃO ANULATÓRIA ANTES DA EXECUÇÃO FISCAL

Assim como já mencionado, a propositura da Ação Anulatória de Débito Fiscal antes do ajuizamento da ação de Execução Fiscal, em nada impede a Fazenda Pública de promover a cobrança do crédito tributário, desde que, logicamente, o contribuinte não esteja amparado por uma das hipóteses de suspensão de crédito de tributário, quais sejam, o depósito em montante integral, a teor do art. 151, II, do CTN, ou decisão antecipatória suspensiva da exigibilidade do crédito tributário, prevista no inciso V deste mesmo artigo.

O intento é não impedir a execução calcada em título da dívida líquida e certa ser obstada pela simples propositura de ação cognitiva por parte do devedor. Dito de outro modo, a regra é que o credor poderá promover a execução fiscal mesmo com o ajuizamento por parte do devedor de uma ação com natureza cognitiva.

Assim, quando o contribuinte se antecipa ao ajuizamento da execução fiscal, é importante a verificação de enquadramento em causa de suspensão de exigibilidade do crédito tributário, na forma do art. 151 do CTN, para que se verifique a consequência processual por ela desencadeada.

2.1.1 QUANDO NÃO HÁ DEPÓSITO OU OUTRA CAUSA ARROLADA NO ART. 151 PASSÍVEL DE SUSPENSÃO DO CRÉDITO TRIBUTÁRIO

Não restando configurado as hipóteses de suspensão de exigibilidade de crédito tributário previstas no art. 151, II e V do Código Tributário Nacional, a Fazenda Pública não estará impedida de ajuizar a execução fiscal. Contudo, antecedendo, então, a ação anulatória à execução fiscal, estarão ambas conexas por prejudicialidade externa, tema que será abordado em tópico específico, de modo que se recomende a reunião dos processos objetivando evitar julgamentos contraditórios, conforme entendimento do STJ (CC nº 81.290/SP). Não custa lembrar que a conexão modifica apenas a competência relativa, não tendo o condão de alterar a competência absoluta.

Nesta celeuma, se o juízo detiver competência privativa funcional para julgamento da execução fiscal, não deverão os correspondentes autos ou os embargos ser remetidos para um outro juízo que não detenha essa competência da mesma natureza. Ao juízo com competência privativa para execuções fiscais deverão ser remetidos os autos da ação autônoma que eventualmente seja conexa com os embargos à execução[13] ou, caso não fosse possível a reunião, haveria prejudicialidade externa a ensejar a suspensão da ação autônoma, até o julgamento dos embargos do executado a fim de se evitar a ocorrência de decisões conflitante.

Ressalte-se, contudo, que a conexão por si só não suspende o executivo fiscal, destaca-se que não ocorrendo o depósito do montante do crédito tributário pelo contribuinte, ainda assim, como será abordado adiante, é possível que o Fisco fique impedido de praticar seus atos executórios no bojo da execução fiscal, tal como a expropriação de bens através da penhora.

2.1.2 QUANDO HÁ CAUSA PASSÍVEL DE SUSPENSÃO DO CRÉDITO TRIBUTÁRIO

A exigibilidade do crédito fica suspensa desde que tenha havido depósito integral ou tutela provisória nos autos da

13. CPC - Art. 55. Reputam-se conexas 2 (duas) ou mais ações quando lhes for comum o pedido ou a causa de pedir.
§ 1º Os processos de ações conexas serão reunidos para decisão conjunta, salvo se um deles já houver sido sentenciado.
§ 2º Aplica-se o disposto no caput:
I – à execução de título extrajudicial e à ação de conhecimento relativa ao mesmo ato jurídico;
II – às execuções fundadas no mesmo título executivo. § 3º Serão reunidos para julgamento conjunto os processos que possam gerar risco de prolação de decisões conflitantes ou contraditórias caso decididos separadamente, mesmo sem conexão entre eles

ação anulatória, não se aplicando o previsto no §1° do art. 919 do Código de Processo Civil, uma vez que está amparado pelo art. 151, II e V, do Código Tributário Nacional, suspendendo-se automaticamente, *in verbis:*

> Art. 919. Os embargos à execução não terão efeito suspensivo.
>
> *§ 1º O juiz poderá, a requerimento do embargante, atribuir efeito suspensivo aos embargos quando verificados os requisitos para a concessão da tutela provisória e desde que a execução já esteja garantida por penhora, depósito ou caução suficientes.*
>
> *Art. 151. Suspendem a exigibilidade do crédito tributário: (...)*
>
> *II - o depósito do seu montante integral; (...)*
>
> *V – a concessão de medida liminar ou de tutela antecipada, em outras espécies de ação judicial (...)*

Desta forma, em caso de distribuição posterior da execução fiscal pelo Fisco, o apensamento dos processos também poderá ser requerido, devendo o juiz da anulatória extinguir a execução fiscal por força da suspensão da exigibilidade do crédito, vez que há falta de interesse processual da Fazenda Pública, com previsão expressa no art. 17 do Código de Processo Civil. Por decorrência lógica, uma vez que a ação anulatória do contribuinte tenha sido julgada improcedente, o depósito em montante integral realizado para a suspensão do crédito tributário será convertido em renda para Fazenda Pública, enquadrando-se em hipótese de extinção do crédito tributário (Art. 156, VI, CTN).

Entende-se que quando a suspensão da exigibilidade do crédito for decorrente das medidas antecipatórias (liminar e tutela antecipada previstas no art. 151, IV e V, CT), a execução fiscal que lhe fosse posterior também deveria ser extinta, haja vista que o juiz, apesar de não estar numa cognição exauriente, ter entendido pela probabilidade de não certeza do aludido crédito.

Noutra vertente, quando há depósito em montante integral do débito tributário, causa possível de suspensão de exigibilidade de crédito tributário, é digno destacar que o CPC, especificamente em seu art. 311, II, traz a possibilidade de ser pleiteada também a tutela de evidência, com intuito de antecipar a garantia que ocorreria na ação de execução, que será concedida independentemente da demonstração do perigo de dano ou de risco ao resultado útil do processos, quando as alegações de fato puderem ser comprovadas apenas documentalmente e houver tese firmada em julgamento de casos repetitivos[14].

2.2 AÇÃO ANULATÓRIA APÓS A EXECUÇÃO FISCAL

A propositura de ação anulatória, seja em momento anterior ou posterior à execução fiscal, sem que tenha sido efetuado o depósito do montante integral do valor questionado, ou concedida tutela antecipada, por não se amoldar ás hipóteses do art. 151, do CTN, não afastaria a exigibilidade do débito, de modo a impedir o ajuizamento ou suspender o trâmite do feito executivo.

Não parece razoável que o contribuinte somente possa ir de encontro à exação tributária por meio dos Embargos à Execução que exigem prévia garantia que deve ser ofertada pelo executado.

Impossibilitar o contribuinte de interpor a Ação Anulatória de Débito fiscal é agir contra o próprio conteúdo do art. 38 da Lei 6.830/80, que indica a inequívoca possibilidade de o contribuinte valer-se desta, nada obstante a previsão dos Embargos, sobretudo porque o tributo pode se apresentar manifestamente indevido, assim como o procedimento administrativo utilizado para constituição do crédito tributário, que pode apresentar vícios, sejam eles formais ou materiais. Tal assertiva corrobora o princípio constitucional da inafastabilidade da jurisdição, com previsão no art. art. 5º, inciso XXXV.

É entendimento pacífico do STJ[15] no sentido de ser plenamente cabível o ajuizamento de ação declaratória ou se na-

14. JESUS, Isabela Bonfá. *Manual de Direito e Processo Tributário*, p .391. São Paulo: Revista dos Tribunais, 4. ed. 2017.

15. STJ, AGARESP 31.488, 2ª Turma, Rel. Min. Humberto Martins, unânime, j. 20/09/2011, DJE 26/09/2011;

tureza desconstitutiva de crédito, mesmo depois da propositura da execução fiscal.

A ação anulatória ajuizada posteriormente à execução fiscal é modalidade de defesa heterotópica e é plenamente cabível, não havendo necessidade de se limitar a impugnação do devedor apenas aos embargos à Execução Fiscal.

Por corolário lógico, também não parece razoável o contribuinte valer-se da Ação anulatória de Débito Fiscal garantindo o juízo, quando já intentada a Execução Fiscal, uma vez que essa garantia, por si só, seria suficiente para, cumulativamente, ocasionar a suspensão de exigibilidade do crédito tributário e para oposição dos Embargos à Execução.

2.3 A CONEXÃO ENTRE A AÇÃO DE EXECUÇÃO FISCAL E AÇÃO ANULATÓRIA DE DÉBITO FISCAL

Cinge-se uma controvérsia na questão que envolve a conexão da ação anulatória de débito fiscal e a ação de execução fiscal. A questão não é pacífica, demandando estudo mais aprofundado sobre o tema.

O Código de Processo Civil disciplina a questão da conexão em seu art. 55, exigindo, para tanto, que existam duas ou mais ações onde houver identidade entre o pedido ou a causa de pedir.

Assim, muitos contribuintes, ao serem executados pelo Fisco em situação onde exista uma ação anulatória preexistente discutindo judicialmente sobre o mesmo débito, pleiteiam a conexão dos feitos nos autos da execução fiscal para julgamento em conjunto. O pedido, por seu turno, gira em torno de que se aguarde o deslinde da ação ordinária antiexacional para que, no caso de improcedência, o Fisco pratique seus atos executórios no bojo da execução fiscal. Caso seja julgada procedente a ação desconstitutiva de débito fiscal, automaticamente, seu julgamento será aproveitado para a extinção do feito executivo fiscal.

Como afirmado anteriormente, o que acarreta a suspensão da exigibilidade do crédito tributário é o atendimento das hipóteses previstas pelos incisos II ou V do art.151 do CTN.

A controvérsia que nasce com a questão de suspensão da exigibilidade do crédito tributário com a propositura de ação anulatória antecedente não deve prevalecer, sob pena de ofensa ao art. 784, §1º, CPC.

Atentos a essas premissas, como já abordado nos tópicos anteriores, os contribuintes costumeiramente ingressam com ação anulatória de débito fiscal com o depósito do montante integral ou, na sua ausência, perseguindo a tutela provisória de urgência ou evidência que determine a suspensão da exigibilidade do crédito tributário. Apenas nessas situações a ação anulatória acarretará a suspensão da exigibilidade do título executivo que o fundamenta.

Entretanto, o que deve ser discutido sobre o efeito da conexão dos processos por prejudicialidade externa é a questão dos atos executórios perquiridos pelo Fisco na Execução Fiscal, como, por exemplo, o cumprimento do mandado de penhora.

2.3.1 DOS EFEITOS DA CONEXÃO DOS FEITOS – AÇÃO ANULATÓRIA DISTRIBUÍDA DESPROVIDA DE DEPÓSITO DO MONTANTE INTEGRAL

Partindo-se da premissa de que a ação anulatória de débito fiscal, por si só, não prescinde de depósito do montante integral para admissibilidade e processamento, de acordo com a jurisprudência pacifica das Cortes Superiores[16], como ficaria a questão dos contribuintes que ingressarem com ação anulatória de débito fiscal sem a cobertura de qualquer das causas suspensivas de exigibilidade do crédito tributário contidas no

16. "Razoável é a interpretação do aresto recorrido no sentido de que não constitui requisito para a propositura da ação anulatória de débito fiscal o depósito previsto no referido artigo. Tal obrigatoriedade ocorre se o sujeito passivo pretender inibir a Fazenda Pública de propor a execução fiscal (...)" (RE 105552/SP, Rel. Djaci Falcão, DJ de 30/08/1985, 2ª turma).

art. 151 do Código Tributário Nacional, na hipótese de posterior proposição por parte da Fazenda Pública de execução fiscal sobre o mesmo débito?

É um tema complexo e que demanda atenção especial.

Discute-se a relação jurídica que existe entre a ação anulatória de débito fiscal (desconstitutiva, repressiva e antiexacional) e a execução fiscal quando concomitantes. A doutrina e a jurisprudência do Superior Tribunal de Justiça[17] se posicionam ao lado da existência de conexão entre a ação anulatória de débito fiscal e a ação de execução fiscal, não ocorrendo, assim, litispendência na espécie. É este também o nosso entendimento.

Para uma breve introdução do que será desenvolvido, não falaremos da suspensão da execução fiscal nos termos do art. 151 do CTN. Em absoluto, tal hipótese não ocorre e esse entendimento já foi pacificado pela jurisprudência pátria! Ademais, não faria qualquer sentido aceitar a suspensão da execução fiscal por conta preexistência de ação anulatória de débito fiscal sem depósito integral da dívida, pois colocaria essa última em posição mais favorável que dos Embargos à Execução Fiscal.

Entretanto, por uma questão de utilidade, instrumentalidade e segurança jurídica, o que deve ser vedado na hipótese de ação anulatória de débito fiscal proposta em momento

---

17. "CONFLITO DE COMPETÊNCIA. EXECUÇÃO FISCAL E AÇÃO ORDINÁRIA. CONEXÃO. 1.1 Debate-se acerca da competência para processar e julgar ação ordinária 'na qual se busca a revisão e parcelamento de débito tributário objeto de execução fiscal precedentemente ajuizada, tendo em vista a possível ocorrência de conexão. 2. A Primeira Seção desta Corte pacificou o entendimento de que existe conexão entre a ação anulatória ou desconstitutiva do título executivo e a ação de execução, por representar aquele meio de oposição aos atos executórios de natureza idêntica a dos embargos do devedor. 3. "A ação anulatória ou desconstitutiva do título executivo representa forma de oposição do devedor aos atos de execução, razão pela qual quebraria a lógica do sistema dar-lhes curso perante juízos diferentes, comprometendo a unidade natural que existe entre pedido e defesa" (CC 38.045/MA, Rel. p/ Acórdão Min. Teori Albino Zavascki, DJ 09.12.03) 4. É incontroverso que o débito tributário em questionamento na ação ordinária está em cobrança nos autos da Execução Fiscal n. 2002.61.82.038702-0; logo, os feitos devem ser reunidos para julgamento perante o Juízo Federal da 11ª Vara das Execuções Fiscais da Seção Judiciária de São Paulo, o suscitante" (CC 103.229/SP, Rel. Min. Castro Meira, 1ª Seção, julgado em 28/04/2010, DJe 10/05/2010).

anterior à ação de Execução Fiscal é a execução dos bens do executado. É uma situação diferente da suspensão da execução fiscal em si. Tal procedimento privilegia a garantia do crédito da Fazenda Pública, bem como salvaguardar o contribuinte de atos expropriatórios posteriormente considerados indevidos com eventual procedência da ação antiexacional. Em suma, nossa posição é a de que a execução fiscal deve prosseguir até a penhora para a garantia do crédito da Fazenda Pública, mas sem a execução dos bens até o deslinde da ação ordinária.

A preservação do crédito da Fazenda Pública privilegia o princípio da economia processual, pois evita que o Exequente aguarde o deslinde de ação ordinária para começar a diligenciar sobre os bens a serem expropriados nos autos da execução fiscal. Assim, nosso posicionamento é pelo andamento da execução fiscal com o recolhimento do Mandado de Penhora.

No campo do contribuinte, com a suspensão apenas dos atos de excussão dos bens nos autos da execução fiscal por conta do trâmite de ação ordinária repressiva sobre o respectivo título executivo, é também privilegiado o princípio constitucional do direito de petição/acesso ao Poder Judiciário, bem como o direito de propriedade.

Para James Marins[18] a questão da conexão repousa na causa de pedir remota, que é a razão mediata do pedido. A identificação que se verifica na causa de pedir entre as ações origina a conexão dos feitos, e deve evitar tão somente a execução dos bens do executado. Referido autor ensina que:

> (...) o que há de comum entre a execução e a ação anulatória do débito fiscal e que deve induzir a conexão com a reunião das causas é justamente a causa de pedir remota (ou razão mediata do pedido), isto é, no primeiro caso, o lançamento como funcionamento do título executivo (causa de pedir remota para a execução dos bens do contribuinte devedor) e, no segundo caso, o próprio lançamento tido como viciado, agora como causa de pedir remota do pedido anulatório. Por sua afinidade devem os

18. *Direito processual tributário brasileiro*, p. 404-5.

> processos (embargos de execução fiscal e anulatória) ser reunidos evitando-se a possibilidade de julgamentos contraditórios.

Nesse esteio, temos que o doutrinador busca privilegiar a coerência, evitando-se que sejam proferidas decisões divergentes no feito, o que acarretaria, obviamente, violação à utilidade do processo e segurança jurídica. O próprio Código de Processo Civil preconiza, em seu art. 55, §3º, que os processos que possam gerar risco de prolação de decisões conflitantes devem ser reunidos, ainda que inexistente a conexão.

É cediço que a prolação de decisões conflitantes põe em risco toda a garantia do ordenamento jurídico no que tange ao próprio princípio da segurança jurídica. Cuida-se, também, de se evitar a produção de efeitos prejudiciais para as partes por conta de alguma decisão contraditória proferida em algum dos processos, razão pela qual é de rigor a conexão dos feitos para julgamento conjunto. Uma ação anulatória julgada procedente para a desconstituição do título executivo que lastreia a Execução Fiscal poderia, ante a desconexão dos feitos, ver-se frustrada por atos executórios perpetrados durante seu trâmite no bojo da execução fiscal. O Min. Luiz Fux já se posicionou nessa direção quando da apreciação do Recurso Especial nº 517891-PB:

> Refoge à razoabilidade permitir que a ação anulatória do débito caminhe isoladamente da execução calcada na obrigação que se quer nulificar, por isso que, exitosa a ação de conhecimento, o seu resultado pode frustrar-se diante de execução já ultimada. Precedentes desta Corte sobre o tema: REsp 887607/SC, Relatora Ministra Eliana Calmon, Segunda Turma, publicado no DJ de 15.12.2006; REsp 722303/RS, desta relatoria, Primeira Turma, publicado no DJ de 31.08.2006; REsp 754586/RS, Relator Ministro Teori Albino Zavascki, Primeira Turma, publicado no DJ de 03.04.2006". REsp 774030/RS. Ministro Luiz Fux. T1. j. 15/03/2007. DJ 09.04.2007. p. 229

Adiantemos o passo do estudo para analisarmos a questão do fundamento jurídico que sustenta a pretensão dos contribuintes em requerer a conexão dos feitos.

2.3.2 DA CONEXÃO INDUZIDA PELA IDENTIDADE DO FUNDAMENTO JURÍDICO DA AÇÃO ORDINÁRIA COM O FUNDAMENTO JURÍDICO DA EXECUÇÃO FISCAL

É remansoso na jurisprudência e na doutrina que a ação anulatória tributária presume a existência de um lançamento fiscal ou outro ato administrativo, cuja pretensão do contribuinte é a sua desconstituição com a procedência da ação. James Marins[19] leciona nesse mesmo sentido, afirmando que a ação anulatória tributária "necessariamente pressupõe a existência de ato administrativo cuja desconstituição seja objeto do processo".

Não pretendendo esgotar o tema, registramos que a ação anulatória de débito fiscal também irá buscar a desconstituição de atos do próprio contribuinte. É salutar registrar que existem tributos que são constituídos sem a interferência imediata do Fisco, como nos casos do ICMS, IRPJ, IPI, ISS, Contribuições Sociais, etc. Nessas ocasiões é o contribuinte quem registra ao Fisco, através de seus documentos fiscais (GIA ou DCTF, por exemplo), as informações competentes aos seus tributos. Na hipótese em que a Fazenda Pública entenda pela inconformidade das informações cedidas pelo próprio contribuinte, o crédito tributário será executado sem atendimento da previsão contida no art. 142 do Código Tributário Nacional.

Feitas tais considerações, a conclusão uníssona é de que a ação antiexacional repressiva em estudo pretende a desconstituição de tributos originados pela prática do fato gerador da obrigação tributária ou descumprimento dos deveres instrumentais, bem como de créditos decorrentes de aplicação de penalidades tributárias, por exemplo a multa. Júlio M. de Oliveira[20], com muita clareza, afirma que "a anulatória sempre visa a desconstituir tributos (créditos tributários decorrentes

---

19. *Direito processual tributário brasileiro*, p. 403;

20. *Processo Tributário Analítico*, p. 111;

da ocorrência do fato jurídico tributário ou do descumprimento de deveres instrumentais) ou créditos oriundos da aplicação de penalidades tributárias que possuem presunção de legalidade no sistema jurídico.". E conclui: "A ação anulatória pressupõe e visa a desconstituir o fato jurídico tributário erigido em linguagem competente, inovando no mundo jurídico".

Se o fundamento da ação anulatória de débito fiscal é a extinção do fato jurídico tributário definitivamente constituído, e o fundamento da ação de execução fiscal é a satisfação desse mesmo crédito tributário, é de hialina clareza a conclusão de que estamos diante de causa de conexão dos feitos com fulcro no art. 55 do Código de Processo Civil.

Existe uma clara conexão entre a causa de pedir remota da ação ordinária antiexacional e da ação executiva, pois versam sobre o mesmo fato jurídico tributário que deu azo à existência do correspondente crédito tributário, cuja exigência pode se dar pelo mesmo título executivo (CDA), razão pela qual se faz necessário reunir os feitos para que se evitem julgamentos contraditórios.

Na ação antiexacional, o contribuinte irá atacar o título, buscando a sua desconstituição/insubsistência. Na execução fiscal, que encontra fundamento no mesmo título, o contribuinte também irá se insurgir pela sua extinção, motivo que nos força à conclusão de que ambas possuem o mesmo fundamento e mesma causa de pedir.

Em uma demonstração abstrata, retirando-se o título executivo atacado na ação anulatória tributária e o título executivo que lastreia a ação de execução fiscal, veremos a extinção imediata de ambas. Ou seja, o elemento de conexão entre as ações é realmente o mesmo título executivo que fundamenta tanto o pedido da ação ordinária antiexacional, quanto à execução fiscal. Nítida, portanto, a prejudicialidade externa existente com a concomitância de trâmite de ação antiexacional e ação exacional sobre o mesmo título.

E é justamente no sentido de se evitar decisões judiciais divergentes sobre o mesmo título, que o Superior Tribunal de Justiça[21] [22] já pacificou a matéria no sentido de que, havendo conexão entre a ação anulatória de débito fiscal e o feito executivo fiscal, os feitos devem ser reunidos para julgamento em conjunto.

Corroborando esta assertiva, o STJ [23] atesta que decisão que não determine a conexão das ações em evidência é contrária ao posicionamento da Corte. Acompanhando o entendimento do C. STJ, muito recentemente também se posicionou o Tribunal Regional da 4ª Região[24] pela existência de conexão na hipótese em comento com as mesmas ressalvas dos art. 54 e art.55, §1º, CPC.

É importante observar que, em atenção ao comando do art. 55, §1º do Código de Processo Civil, não ocorrerá conexão dos feitos na ocasião em que um dos processos já houver sido sentenciado (Súmula 235 do Superior Tribunal de Justiça – "A conexão não determina a reunião dos processos, se um deles já foi julgado"). A reunião dos feitos também não ocorrerá se uma das ações tramitarem em varas especializadas, ocasião em que há competência absoluta para julgamento, nos termos do art. 54 do CPC.

Havendo conexão, deve ocorrer a reunião dos processos no juízo prevento, nos termos do art. 58 do Código de Processo

---

21. "Havendo conexão entre execução fiscal e ação anulatória de débito fiscal, impõe-se a reunião dos processos, de modo a evitar decisões conflitantes; espécie em que, ajuizada primeiro a execução fiscal, o respectivo juízo deve processar e julgar ambas as ações." (AgRg no ARESP 129.803/DF, Rel. Min. Ari Pargendler, Primeira Turma, DJe 15/08/2013)

22. Ainda nesse sentido: STJ, Agravo Regimental na Medida Cautelar AgRg na MC 23694/DF 2014/0329019-1, p. em 05/03/2018.

23. (...) Na hipótese dos autos, o Tribunal de Justiça, sem consignar a existência de vara especializada para julgamento das ações fiscais, decidiu que "não há conexão entre ação de execução fiscal, na qual não foram opostos embargos, e ação anulatória, ante a ausência dos pressupostos contidos no art. 103 do CPC, por manifesta impossibilidade decisões contraditórias [...] o que existe entre a ação anulatória e execução fiscal é apenas prejudicialidade" (e-STJ, fls. 195 e seguintes). Aparentemente, a depender da organização judiciária do Estado do Rio Grande do Sul, o acórdão está em confronto com o entendimento jurisprudencial do STJ. (AREsp 333974 RS 2013/0125723-5; Rel. Min. Gurgel Faria, DJE DJe05/12/2017)

24. TRF4; Apelação Cível AC 5006865-34.2017.4.04.7105 RS 5006865-34.2017.4.04.7105; Segunda Turma; Rel. Des. Andrei Pitten Velloso; j. em 14.05.2019.

Civil, exceto nas hipóteses de impossibilidade absoluta de reunião dos feitos, o que será estudado adiante.

2.3.3 IMPOSSIBILIDADE DE REUNIÃO DOS FEITOS EM RAZÃO DE COMPETÊNCIA ABSOLUTA PARA PROCESSAMENTO DA EXECUÇÃO FISCAL

Nós já superamos a questão de que há relação de prejudicialidade externa entre as ações de execução fiscal e ação anulatória de débito fiscal, porquanto o fundamento de ambas as ações gira em torno do mesmo crédito tributário (título executivo), impondo-se, nessa toada, a reunião dos feitos para se evitar julgamentos divergentes.

Entretanto, em algumas comarcas, a competência da Vara das Execuções Fiscais é absoluta, prejudicando a questão da reunião dos feitos no juízo prevento.

É o caso do que ocorre na Comarca de São Paulo, por exemplo. Em São Paulo, a competência da Vara das Execuções Fiscais é absoluta para o processamento de feitos executivos fiscais. Torna-se impossível, portanto, devido à conexão existente entre ação anulatória tributária e ação de execução fiscal, a reunião dos feitos no juízo prevento, conforme a jurisprudência pacífica do Superior Tribunal de Justiça. Nesses casos, o que ocorre?

Os feitos não são reunidos para julgamento em conjunto em razão da competência absoluta das Varas das Execuções Fiscais, mas o contribuinte pode requerer a suspensão dos atos expropriatórios da execução fiscal em função da prejudicialidade existente em função do trâmite das referidas ações, pois, com a efetivação de expropriação de bens nos autos da execução fiscal, pode-se gerar prejuízo de grave e difícil reparação que tornaria o julgamento da ação antiexacional frustrado.

Vejamos bem: é a existência das duas ações em momento simultâneo que gera a conexão dos feitos, tudo em função da relação de prejudicialidade existente entre elas. Na impossibilidade de conexão entre as ações, como no caso de competência absoluta do juízo para o julgamento de uma delas, a prejudicialidade segue existindo. Elas não podem ser reunidas para julgamento em conjunto, mas ainda existe uma relação de prejudicialidade que deve ser observada para se evitar prolação de decisão contraditória entre as ações.

A jurisprudência do Superior Tribunal de Justiça[25], determina que a prejudicialidade existente entre a ação anulatória de débito fiscal acompanhada do depósito do montante integral do débito ajuizada anteriormente à execução fiscal determina a extinção. sem resolução do mérito, desta última.

Cumpre ao juízo da execução fiscal assinalar, ou não, a suspensão do feito executivo fiscal em função da interposição de ação anulatória de débito fiscal preexistente. Ainda que a jurisprudência cite a garantia do juízo para o deferimento da suspensão, entendemos que tal conduta apenas serviria para reforçar o pedido, pois, de todas as formas, a garantia do juízo suspende a exigibilidade do crédito tributário, com fulcro no art.151, II, CTN.

O que, ao nosso sentir, irá fundamentar o pedido de suspensão dos atos executórios na execução fiscal até o julgamento definitivo da ação ordinária que visa a desconstituição do mesmo título executivo, é a prejudicialidade externa existente por conta da existência simultânea de ambas as ações, como já afirmado anteriormente.

---

25. (...) 3. Deveras, o depósito prévio previsto no art. 38, da LEF, não constitui condição de procedibilidade da ação anulatória, mas mera faculdade do autor, para o efeito de suspensão da exigibilidade do crédito tributário, nos termos do art. 151 do CTN, inibindo, dessa forma, o ajuizamento da ação executiva fiscal, consoante a jurisprudência pacífica do E. STJ. (Precedentes do STJ: AgRg nos EDcl no Ag 1107172/PR, Rel. Ministro HERMAN BENJAMIN, SEGUNDA TURMA, julgado em 03/09/2009, DJe 11/09/2009; REsp 183.969/SP, Rel. Ministro MILTON LUIZ PEREIRA, PRIMEIRA TURMA, julgado em 21/03/2000, DJ 22/05/2000; REsp 60.064/SP, Rel. Ministro DEMÓCRITO REINALDO, PRIMEIRA TURMA, julgado em 26/04/1995, DJ 15/05/1995; REsp 2.772/RJ, Rel. Ministro HUMBERTO GOMES DE BARROS, PRIMEIRA TURMA, julgado em 15/03/1995, DJ 24/04/1995) 4. O art. 535 do CPC resta incólume se o Tribunal de origem, embora sucintamente, pronuncia-se de forma clara e suficiente sobre a questão posta nos autos. Ademais, o magistrado não está obrigado a rebater, um a um, os argumentos trazidos pela parte, desde que os fundamentos utilizados tenham sido suficientes para embasar a decisão. 5. Recurso especial provido. Acórdão submetido ao regime do art. 543-C do CPC e da Resolução STJ 08/2008. (STJ- Recurso Especial Nº 962.838 - BA (2007/0145215-1), Ministro Luiz Fux, Data julgamento- 25/11/2009).

Para concluir, existindo a competência absoluta do juízo das execuções fiscais, não há que se falar em reunião dos processos no juízo prevento, mas sim a tramitação das ações em apartado, sendo facultada ao juízo das execuções fiscais a determinação da suspensão dos atos executórios do feito executivo em detrimento da prejudicialidade externa existente em virtude da ação anulatória tributária ajuizada precedentemente. E não há qualquer incoerência nesse cenário.

Ainda que a tramitação das ações ocorra em apartado, a prejudicialidade externa que enseja a conexão dos feitos irá ensejar não a suspensão da execução fiscal, mas sim dos atos expropriatórios na penhora até o deslinde da ação ordinária antiexacional, pois, caso seja julgada procedente para a desconstituição do crédito tributário, o título executivo objeto da execução fiscal restará fatalmente atingido, acarretando a sua consequente extinção.

Concluindo, em nosso sentir:

a) A ação anulatória de débito fiscal (antiexacional) tem como fundamento a desconstituição de crédito tributário lançado com as formalidades do art. 142 do Código Tributário Nacional ou através das informações prestadas pelo próprio contribuinte que não sejam homologadas pelo Fisco;

b) A ação de execução fiscal (exacional) tem como fundamento a satisfação do mesmo crédito tributário;

c) Há conexão entre os processos por conta do fundamento (causa de pedir remota/razão mediata do pedido) das ações, que tem o condão de suspender não o feito executivo em si, mas os atos executórios da penhora até o julgamento definitivo da ação ordinária, tudo com objetivo de se evitar que decisões conflitantes gerem efeitos prejudiciais às partes no bojo das ações que tramitam em apartado.

REFERÊNCIAS

PAULSEN, Leandro. *Curso de direito tributário*. 7. ed. Porto Alegre: Livraria do Advogado, 2015;

COSTA, Regina Helena. *Curso de Direito Tributário*. 5. ed. São Paulo: Livraria Saraiva, 2015;

CONRADO, Paulo Cesar. *Processo Tributário Analítico*, 3.ed. São Paulo: Editora NOESES, 2015;

CAIS, Cleide Previtalli. *O processo Tributário*, 3.ed. Ver: Atual. São Paulo: Revista dos Tribunais, 2001;

JESUS, Isabela Bonfá. *Manual de Direito e Processo Tributário*, 4. ed. São Paulo: Revista dos Tribunais, 2017;

MARINS, James. *Direito Processual Brasileiro*, 11. ed. São Paulo: Revistas dos Tribunais, 2015.

AÇÃO ANULATÓRIA DE DÉBITO FISCAL E QUESTÕES PROCESSUAIS

Vanessa Fernanda Soares Carneiro[1]

1. Aspectos Gerais

A ação anulatória, disposta no art. 38 da LEF (Lei de Execução Fiscal n° 6.830/80) e tão aclamada pela jurisprudência e doutrina, consiste numa ação de conhecimento que segue o rito ordinário e tem por objeto a busca de tutela jurisdicional para desconstituir o procedimento administrativo de lançamento (inscrito ou não em dívida ativa).

A previsão dessa medida judicial corrobora com o direito de **acesso à justiça, também chamado como princípio da inafastabilidade do controle jurisdicional ou princípio do direito de ação,** previsto no art. 5°, XXXV, da Constituição Federal/88, nos seguintes termos: "a lei não excluirá da apreciação do Poder Judiciário lesão ou ameaça de direito. "

---

1. Graduação em Direito - UNAMA/ Universidade da Amazônia, graduação em Ciências Contábeis - FECAP/Fundação Escola de Comércio Álvares Penteado, especialização em Direito Processual Civil - CEU/Centro de Extensão Universitária, pós-graduação *Latu Sensu* em Direito Tributário - CEU/Centro de Extensão Universitária, especialização em Direito Tributário Internacional - IBDT/Instituto Brasileiro de Direito Tributário.

Seguindo essa linha, o prof. Roque Antonio Carrazza ensina que

> *a segurança jurídica impõe, outrossim, que a lei garanta a todos os contribuintes o livre acesso ao Poder Judiciário. Eles devem receber da lei meios efetivos para, a qualquer tempo, postular, querendo a tutela deste Poder, a fim de que ele decida se um direito subjetivo foi ou está na* iminência de ser lesado. Este é o alcance que tem, no campo tributário, o *princípio da universalidade da jurisdição* (também conhecido como *princípio da inafastabilidade da jurisdição*).[2] (grifo do autor)

Nesse contexto Constitucional, a LEF, no artigo mencionado, assegura ao contribuinte, em todas as fases de cobrança do crédito tributário, o direito de interposição de medidas judiciais específicas, dentre elas a referida ação anulatória, vejamos:

> Art. 38 - A discussão judicial da Dívida Ativa da Fazenda Pública só é admissível em execução, na forma desta Lei, salvo as hipóteses de mandado de segurança, ação de repetição do indébito ou ação anulatória do ato declarativo da dívida, esta precedida do depósito preparatório do valor do débito, monetariamente corrigido e acrescido dos juros e multa de mora e demais encargos.

A enumeração trazida por tal artigo, em legislação especial, evidencia que o processo judicial tributário apresenta singularidades que imprimem autonomia jurídica ao ramo do Direito Processual Tributário. O professor Hugo de Brito Machado Segundo destaca que:

> O processo judicial tributário é, em quase toda a sua extensão, o mesmo processo civil no qual são solucionadas as lides de uma maneira geral. Não há um processo e um Direito Processual específicos, como ocorre, por exemplo, no âmbito do Processo Penal, mas apenas o processo e o Direito Processual Civil aplicados à solução de conflitos verificados nas relações jurídicas tributárias. Mesmo assim, cogita-se do Processo Tributário, como disciplina jurídica autônoma, pois as peculiaridades do direito

---

2. Carrazza, Roque Antonio. *Curso de Direito Constitucional Tributário*. 30. ed. São Paulo: Malheiros Editores. 2015. P. 518.

> material subjacente ao processo eventualmente influenciam na interpretação e na aplicação das normas processuais, fazendo com que possam ser entendidas de modo peculiar.[3]

Por sua vez, as normas processuais cíveis em lides tributárias, na ausência de previsão específica em lei especial, serão aplicadas subsidiariamente, conforme preceitua o art. 1º da LEF:

> *Art. 1º - A execução judicial para cobrança da Dívida Ativa da União, dos Estados, do Distrito Federal, dos Municípios e respectivas autarquias será regida por esta Lei e, subsidiariamente, pelo Código de Processo Civil.*

Na prática, isso significa que as ações mencionadas no art. 38 acima terão seu rito ordinário regulado pelas normas de processo de conhecimento do CPC/15 (art.319 e ss), no que não houver regramento especial vigente.

Aliás, para o professor Renato Lopes Becho, "a relação do direito tributário com o direito processual civil e, como se observa, intensa. Há processos administrativos e judiciais específicos para causas tributárias, assim como a solução de conflitos decorrentes da tributação utiliza todo o arsenal oferecido pelo direito processual: ações de conhecimento, cautelar, executiva e mandamental."[4]O art. 38 da LEF, portanto, dispõe sobre as opções de ações judiciais cujo cabimento é imputado respectivamente à cada fase da cobrança do crédito tributário, distinguidas da seguinte maneira. A ação declaratória é cabível tanto na fase de hipótese de incidência quanto do fato imponível. Ora, por hipótese de incidência entende-se a mera previsão legal, a aplicação hipotética da norma. Já o fato imponível consiste na materialidade da hipótese legal, ou seja, na ocorrência efetiva do fato. O Mandado de Segurança,

3. Machado Segundo, Hugo de Brito. *Processo Tributário*. 7. ed. São Paulo: Editora Atlas S.A. 2014.P. 217 e 218.

4. Becho, Renato Lopes. *Lições de Direito Tributário*. 3. ed. São Paulo: Editora Saraiva. 2015. P.61.

por sua vez, é cabível nas fases de fato imponível, lançamento, inscrição em dívida ativa e Execução fiscal. Entretanto, às etapas de lançamento e inscrição em dívida ativa também é aplicável a Ação anulatória.

Por fim, na fase de execução fiscal, além do MS, é cabível ainda Embargos à execução e Exceção de pré-executividade. Todas essas medidas têm natureza jurídica antiexacional, pois perfazem instrumentos de defesa do contribuinte que visa o reconhecimento da inexistência de uma relação jurídica tributária ou o não descumprimento dessa relação. Dentre as ações mencionadas acima, a ação anulatória do ato constitutivo do crédito tributário será objeto de maior detalhamento no presente estudo.

2. Cabimento

A nulidade do ato administrativo pode vincular-se a questões substanciais, como a inexistência da obrigação tributária, ou formais, como a incompetência da autoridade que lançou o crédito tributário ou vícios no procedimento/processo administrativo adotados.

A evidenciação da nulidade pode dizer respeito não só à controvérsia na interpretação das normas, mas também na divergência jurídica de fatos ou sua própria ocorrência.

Como ensina Hugo de Brito Machado Segundo, "(..) na "ação anulatória" não se busca a prestação de uma tutela jurisdicional "pura", apenas condenatória, ou apenas declaratória. A sentença que dá pela procedência dos pedidos formulados pelo autor de uma ação desse tipo tem conteúdo declaratório, constitutivo negativo e, também, condenatório."[5]

Nesse contexto, infere-se que a declaração de nulidade do lançamento desconstitui sua autonomia formal no que tange à obrigação que lhe deu causa. Destarte, a ação anulatória é uma ação de natureza constitutiva negativa.

---

5. Machado Segundo, Hugo de Brito. *Processo Tributário*. 7. ed. São Paulo: Editora Atlas S.A. 2014. P. 398.

Assim, a nulidade vinculada a um vício material, que invalida a obrigação tributária constituída via lançamento, enseja a declaração de inexistência dessa obrigação. Por conseguinte, nessa hipótese, a Fazenda Pública é condenada a se abster da cobrança e ressarcir custas judiciais e honorários advocatícios incorridos na propositura da ação.

Considerando as consequências que a ação anulatória pode alcançar, é assegurada à essa medida jurisdicional a ampla dilação probatória. Aliás, não poderia ser diferente, vez que se trata de ação de conhecimento, de rito ordinário.

Num comparativo com o alcance do Mandado de Segurança, a ação anulatória se apresenta como instrumento mais amplo que àquele quando a discussão envolve a validade do crédito tributário. Apesar disso, em algumas circunstâncias, a ação anulatória é preterida pelo contribuinte por ser mais onerosa, tendo em vista que há condenação da parte vencida no pagamento de honorários advocatícios de sucumbência e de custas processuais, geralmente mais elevadas.

A despeito dessas observações, restando o débito apenas lançado ou já inscrito em dívida ativa (não iniciada a execução fiscal), a ação anulatória é posta como alternativa ao contribuinte que precise antecipar a discussão judicial do débito, frente à eventual necessidade, por exemplo, de CND (Certidão Negativa de Débito) ou Certidão Positiva com efeito de negativa.

Isso porque a ação anulatória de débito fiscal, com a garantia do juízo ou a obtenção de tutela provisória, tem o condão de suspender a exigibilidade do crédito lançado ou já inscrito em dívida ativa, viabilizando assim a obtenção da Certidão Positiva com efeito de Negativa, se for o caso.

3. Legitimidade

Conforme dito anteriormente, é assegurado ao contribuinte o direito à interposição de ação anulatória de débito fiscal, instrumento que viabiliza o questionamento da exigibilidade do tributo com o intuito de desconstituir o respectivo lançamento via processo judicial tributário.

Tratando-se de ação de iniciativa do contribuinte, assim como nas demais ações mencionadas inicialmente, é de extrema relevância a confirmação da legitimidade para ingressar em juízo na condição de parte vinculada à relação jurídica que se pretenda questionar.

De um modo geral, esse aspecto pode ser de fácil solução. Contudo, em algumas circunstâncias, essa legitimidade pode não estar tão clara, como em situações que envolvem, por exemplo, a sistemática da substituição tributária do ICMS para frente ou para trás.

A substituição tributária consiste no regime jurídico no qual há a transferência da obrigação do contribuinte de recolher o tributo a outrem. Entretanto, são assegurados meios de cobrança do tributo daquele que efetivamente realizou o fato gerador do tributo, caso o substituto não observe a obrigação legal que lhe foi atribuída.

O STJ já se posicionou reiteradamente admitindo a legitimidade do contribuinte substituído na discussão judicial da sistemática de recolhimento antecipado do ICMS, ou seja, substituição tributária, ainda que ele não seja o responsável pelo pagamento do tributo, mas que suporte o seu respectivo ônus.[6]

Nesse cenário, o prof. Hugo de Brito Machado Segundo[7] leciona o seguinte:

> *Na verdade, a legitimidade para discutir em juízo exigências tributárias depende, em primeiro lugar, de saber se existe relação jurídica tributária – ou relação meramente factual – entre aquele que propõe a ação e a entidade pública demandada. Se há relação jurídica, há legitimidade para discutir aspectos dessa mesma relação, entre eles, e, principalmente, o tributo que no seu âmbito é,*

6. Ac. un. da 2ª T.do STJ – Resp 209.485/SP, J.16.8.2001, DJU I de 29.4.2002.

7. Machado Segundo, Hugo de Brito. *Processo Tributário*. 7. ed. São Paulo: Editora Atlas S.A. 2014. P. 322 e 324.

> *ou deve ser pago. A segunda variável, relevante apenas em se tratando apenas de ação de repetição de indébito. (...) Tanto substituto quanto substituído, por exemplo, podem questionar aspectos da substituição tributária, ou do tributo pago em seu âmbito, restringindo-se essa legitimidade nos termos do art. 166 do CTN apenas nas hipóteses de restituição do indébito.*
>
> *(...)Para determinar a legitimidade ativa ad causam em cada caso, portanto, essencial é saber: (a) a natureza da transferência do ônus tributário e (b) o tipo de ação intentada contra a exigência.*

Em determinadas circunstâncias, requer-se, portanto, a análise minuciosa da relação jurídica entre as partes de modo a aferir, assertivamente, a legitimidade daquela que pretende iniciar a lide judicial.

4. Depósito Judicial

Observa-se que, a princípio, o art. 38 da LEF exige que a interposição da ação anulatória seja precedida por depósito judicial, gerando a ideia de que há um requisito de procedibilidade a ser observado.

Entretanto, atribuindo a esse dispositivo legal interpretação conforme a Constituição Federal, essa exigência não pode ser acatada como óbice ao direito à prestação jurisdicional, especialmente ao contribuinte que, eventualmente, não tenha condições financeiras de arcar com o respectivo depósito.

O depósito prévio não representa, portanto, requisito de procedibilidade da Ação ora em estudo. Sua ausência resultará apenas na não suspensão da exigibilidade do crédito tributário.

Aliás, é importante ressaltar que o depósito é aceitável em qualquer tipo de procedimento, cujo exercício de direito independe de autorização judicial ou administrativa.

Desse modo, o depósito apresenta-se tão somente como opção para a suspensão da exigibilidade do crédito que, alternativamente, também pode ser obtida mediante a concessão de tutela de urgência, nos termos do art. 300 do CPC/15 e do art. 151, VI, do CTN.

Prof. Hugo de Brito Machado Segundo observa que "a opção pelo depósito pode ser desvantajosa em certos casos, quando a ilegalidade da cobrança for manifesta, e/ou o valor for demasiadamente elevado para as possibilidades do autor da ação"[8].

Nessas circunstâncias, seria mais apropriado buscar tutelas de urgência suspensivas da exigibilidade ao invés de realizar o depósito do respectivo valor.

Por outro lado, especialmente nas hipóteses de êxito duvidoso da ação, é importante destacar que o depósito se apresenta como meio mais seguro de suspenção da exigibilidade do crédito questionado, uma vez que garante de forma definitiva a regularidade fiscal do contribuinte no que tange ao montante em discussão.

O depósito, entretanto, deve ser integral e em dinheiro, conforme já se manifestou o STJ ao editar a Súmula 112.

Assim, infere-se que a ação anulatória, que não for precedida do depósito integral e em dinheiro, apenas não terá o condão de suspender a exigibilidade do crédito. Seu curso seguirá exclusivamente sem a atribuição desse efeito ao crédito tributário.

Infere-se, pois, que o depósito judicial é faculdade e não dever do contribuinte que pretende ingressar com ação anulatória, a depender do efeito que se pretende obter. Isso significa que a ação é cabível com ou sem depósito. Reitera-se que, sem o depósito, não haverá a suspensão da exigibilidade do crédito, tampouco a obtenção da CND ou Certidão Positiva com Efeito de Negativa, se necessária por ocasião da propositura desse tipo de ação.

Nesse sentido, segue abaixo entendimento do STJ corroborando tal assertiva:

> *(...)Deveras, o ajuizamento de ação anulatória de débito fiscal, desacompanhada de depósito no montante integral, não tem o condão*

8. Machado Segundo, Hugo de Brito. *Processo Tributário*. 7. ed. São Paulo: Editora Atlas S.A. 2014. P. 399.

> *de suspender o curso de execução fiscal já proposta. (STJ, REsp 763.405/RS, rel. Min. Luiz Fux, DJ 28.09.2006)*

Não bastando o posicionamento do STJ, a questão do depósito prévio já foi também objeto de súmula vinculante n. 28 do STF, nos seguintes termos:

> *"É inconstitucional a exigência de depósito prévio como requisito de admissibilidade de ação judicial na qual se pretende discutir a exigibilidade do crédito tributário".*

Outro aspecto importante é que, na interpretação literal do art. 38 da LEF, a única forma de garantia aceita seria o depósito em dinheiro. Entretanto, alguns julgados trazem o entendimento de que, uma vez comprovada a ausência de condições financeiras de arcar com o depósito, poderiam ser acatadas outras garantias como forma de suspensão da exigibilidade do crédito.

Nessa linha de raciocínio, apresenta-se como alternativa, no âmbito do art. 300 do CPC /2015, a tutela provisória de urgência cautelar antecedente. Essa ação deve ser requerida quando se pretenda substituir o depósito em dinheiro por outras garantias, como por exemplo a fiança bancária. A aceitação dessa tutela provisória, que viabiliza a apresentação alternativa de garantias em substituição ao depósito em dinheiro, fundamenta-se no fato de que na execução fiscal caberiam as demais garantias previstas em lei, além do depósito judicial. Nesse contexto, não faria sentido restringir o direito do contribuinte apenas pelo fato de que a Procuradoria não foi célere no ajuizamento da Execução Fiscal. Essa falta de celeridade prejudicaria, portanto, o contribuinte que, de forma diligente, pretende antecipar a discussão do crédito constituído pela Fazenda Pública. A assertiva acima decorre da posição dos tribunais no sentido de que, na falta de celeridade da Fazenda Pública em ajuizar a execução fiscal, é facultado ao devedor requerer a tutela provisória com o propósito de antecipar a garantia que poderia apresentar se executado fosse. Aliás, transcreve-se abaixo julgamento do STJ, em Recurso Repetitivo que culminou no REsp. 1.123.669, cujo objeto traduz exatamente o que fora mencionado até o momento, veja-se:

> 'EMENTA: PROCESSUAL CIVIL E TRIBUTÁRIO. RECURSO ESPECIAL REPRESENTATIVO DE CONTROVÉRSIA. ART. 543-C, DO CPC. AÇÃO CAUTELAR PARA ASSEGURAR A EXPEDIÇÃO DE CERTIDÃO POSITIVA COM EFEITOS DE NEGATIVA. POSSIBILIDADE. INSUFICIÊNCIA DA CAUÇÃO. IMPOSSIBILIDADE. 1. O contribuinte pode, após o vencimento da sua obrigação e antes da execução, garantir o juízo de forma antecipada, para o fim de obter certidão positiva com efeito de negativa. (Precedentes: EDcl no AgRg no REsp 1057365/RS, Rel. Ministro LUIZ FUX, PRIMEIRA TURMA, julgado em 04/08/2009, DJe 02/09/2009; EDcl nos EREsp 710.153/RS, Rel. Ministro HERMAN BENJAMIN, PRIMEIRA SEÇÃO, julgado em 23/09/2009, DJe 01/10/2009; REsp 1075360/RS, Rel. Ministro MAURO CAMPBELL MARQUES, SEGUNDA TURMA, julgado em 04/06/2009, DJe 23/06/2009; AgRg no REsp 898.412/RS, Rel. Ministro HUMBERTO MARTINS, SEGUNDA TURMA, julgado em 18/12/2008, DJe 13/02/2009; REsp 870.566/RS, Rel. Ministra DENISE ARRUDA, PRIMEIRA TURMA, julgado em 18/12/2008, DJe 11/02/2009; REsp 746.789/BA, Rel. Ministro TEORI ALBINO ZAVASCKI, PRIMEIRA TURMA, julgado em 18/11/2008, DJe 24/11/2008; EREsp 574107/PR, Relator Ministro JOÃO OTÁVIO DE NORONHA DJ 07.05.2007) 2. Dispõe o artigo 206 do CTN que: "tem os mesmos efeitos previstos no artigo anterior a certidão de que conste a existência de créditos não vencidos, em curso de cobrança executiva em que tenha sido efetivada a penhora, ou cuja exigibilidade esteja suspensa." A caução oferecida pelo contribuinte, antes da propositura da execução fiscal é equiparável à penhora antecipada e viabiliza a certidão pretendida, desde que prestada em valor suficiente à garantia do juízo. 3. É viável a antecipação dos efeitos que seriam obtidos com a penhora no executivo fiscal, através de caução de eficácia semelhante. A percorrer-se entendimento diverso, o contribuinte que contra si tenha ajuizada ação de execução fiscal ostenta condição mais favorável do que aquele contra o qual o Fisco não se voltou judicialmente ainda. 4. Deveras, não pode ser imputado ao contribuinte solvente, isto é, aquele em condições de oferecer bens suficientes à garantia da dívida, prejuízo pela demora do Fisco em ajuizar a execução fiscal para a cobrança do débito tributário. Raciocínio inverso implicaria em que o contribuinte que contra si tenha ajuizada ação de execução fiscal ostenta condição mais favorável do que aquele contra o qual o Fisco ainda não se voltou judicialmente. 5. Mutatis mutandis o mecanismo

> assemelha-se ao previsto no revogado art. 570 do CPC, por força do qual era lícito ao devedor iniciar a execução. Isso porque as obrigações, como vínculos pessoais, nasceram para serem extintas pelo cumprimento, diferentemente dos direitos reais que visam à perpetuação da situação jurídica nele edificadas. 6. Outrossim, instigada a Fazenda pela caução oferecida, pode ela iniciar a execução, convertendo-se a garantia prestada por iniciativa do contribuinte na famigerada penhora que autoriza a expedição da certidão. (...)10. Recurso Especial parcialmente conhecido e, nesta parte, desprovido. Acórdão submetido ao regime do art. 543-C do CPC e da Resolução STJ 08/2008."

Com base no teor do julgamento desse Recurso Repetitivo, os contribuintes estão optando, com fulcro no art. 311, II, do CPC/15, pela tutela de evidência, que "será concedida, independentemente da demonstração de perigo de dano ou de risco ao resultado útil do processo, quando" (...) "as alegações de fato puderem ser comprovadas apenas documentalmente e houver tese firmada em julgamento de casos repetitivos ou em súmula vinculante".

Por fim, o depósito só deverá ser convertido em renda da Fazenda Pública após o trânsito em julgado da sentença de mérito que considerar improcedente o pleito realizado pelo autor da ação.

5. Parcelamento do Crédito e Depósito Judicial

Em determinadas circunstâncias, os contribuintes aderem ao parcelamento do crédito tributário e posteriormente ingressam com ação anulatória, depositando mensalmente em juízo as respectivas parcelas devidas. Essa providência se apresenta como alternativa para garantir a suspensão da exigibilidade do crédito tributário e, concomitantemente, diminuir as dificuldades de realizar o depósito integral e imediato do valor objeto da lide judicial.

Entretanto, para evitar o risco de a Fazenda Pública rescindir o parcelamento e restabelecer a exigibilidade integral do crédito discutido, logo após sua citação, é imprescindível a propositura paralela de ação cautelar, com pedido de medida liminar, no intuito de manter o parcelamento já celebrado entre as partes, bem como a suspensão do crédito tributário dele decorrente.

Como pressupostos para a concessão da medida cautelar e consequente manutenção do parcelamento e da suspensão da exigibilidade da dívida, poderão ser demonstrados os seguintes fatos:

(i) Em razão do parcelamento, há ainda parcelas não vencidas, o que inviabiliza o depósito integral;

(ii) Inexistência de prejuízos para ambas as partes na manutenção do parcelamento, pois os valores a serem depositados serão acrescidos dos juros aplicáveis aos financiamentos de um modo geral e

(iii) O depósito será feito mensalmente, na medida em que cada parcela for vencendo.

Por fim, é importante ressaltar que a medida cautelar se justifica não só pela iminência de o parcelamento ser rescindido, mas também na inutilidade da sentença que julgar procedente a ação anulatória por ocasião do pagamento do crédito tributário.

6. Petição Inicial

Conforme disposto no parágrafo único do art. 318 do CPC/15, "o procedimento comum aplica-se subsidiariamente aos demais procedimentos especiais e ao processo de execução". Assim, na ausência de previsão em lei especial, como já dito anteriormente, à ação anulatória de crédito tributário são aplicáveis todos os dispositivos do Título I "Do Procedimento Comum" do CPC/15.

Nesse contexto, a petição inicial da ação anulatória, como qualquer outra ação de conhecimento de rito ordinário, deverá observar os requisitos constantes no art. 319 do CPC/15.[9]

9. *"Art. 319. A petição inicial indicará:*
I - o juízo a que é dirigida;

Levando em consideração os requisitos gerais impostos a toda e qualquer ação de conhecimento, é interessante abordar algumas peculiaridades pertinentes à ação anulatória em questão. Inicialmente, não há necessidade de constar na petição inicial a denominação de ação anulatória de débito fiscal ou qualquer outra que se entenda cabível (lançamento ou crédito tributário). A nomenclatura a ser utilizada não tem qualquer relevância. Como nas demais ações de rito ordinário, o importante é a formulação correta do pedido, ou seja, a solicitação de que seja decretado nulo o ato administrativo de lançamento tributário. Ademais, para evitar que a coisa julgada se forme apenas no que tange à anulação do ato administrativo já constituído, é oportuno buscar uma sentença mais abrangente, formulando pedido para que se declare também a inexistência da relação jurídica que legitima a realização de novos lançamentos referentes à mesma matéria. A ação anulatória, por sua vez, deve ser movida contra a entidade pública competente, ou seja, aquela que realizou o ato administrativo do lançamento fiscal. No tocante ao valor da causa, a princípio, é atribuído o valor do crédito tributário. Contudo, se for indicado valor menor que o questionado, caberá à Fazenda Pública demandada impugná-lo, sob risco de ser mantido sem qualquer alteração.

II - os nomes, os prenomes, o estado civil, a existência de união estável, a profissão, o número de inscrição no Cadastro de Pessoas Físicas ou no Cadastro Nacional da Pessoa Jurídica, o endereço eletrônico, o domicílio e a residência do autor e do réu;
III - o fato e os fundamentos jurídicos do pedido;
IV - o pedido com as suas especificações;
V - o valor da causa;
VI - as provas com que o autor pretende demonstrar a verdade dos fatos alegados;
VII - a opção do autor pela realização ou não de audiência de conciliação ou de mediação.
§ 1º Caso não disponha das informações previstas no inciso II, poderá o autor, na petição inicial, requerer ao juiz diligências necessárias a sua obtenção.
§ 2º A petição inicial não será indeferida se, a despeito da falta de informações a que se refere o inciso II, for possível a citação do réu.
§ 3º A petição inicial não será indeferida pelo não atendimento ao disposto no inciso II deste artigo se a obtenção de tais informações tornar impossível ou excessivamente oneroso o acesso à justiça."

Em relação às provas, como regra em toda ação ordinária, caberá à parte autora requerer a produção das que entender necessárias à solução do mérito Ainda que se trate de matéria eminentemente de direito, com fulcro no art. 369 do CPC/15, é oportuno solicitar o pedido genérico de produção de provas, vez que não se tem certeza sobre o conteúdo que virá na contestação.

Também, mesmo que se tenha conhecimento do tipo de prova que se pretenda produzir, é prudente ainda assim requerer a produção de todas as provas admissíveis em direito, minimizando o risco de surpresas durante a discussão.

Em eventual ausência de requerimento de produção de provas pela parte autora, caberá ao juiz de ofício definir as provas que subsidiarão seu julgamento, nos termos do art. 370 do CPC/15, sendo-lhe possível indeferir, "em decisão fundamentada, as diligências inúteis ou meramente protelatórias" (parágrafo único).

7. Jurisprudência

Da jurisprudência analisada, é relevante destacar mais alguns acórdãos que tratam questões peculiares vinculadas à ação anulatória de crédito tributário.

A primeira dessas questões se refere à extensão do pedido, ainda que não realizado expressamente.

O STF decidiu em RE n. 93.906 que, no caso de a ação ser julgada procedente, o depósito realizado pelo contribuinte deverá ser devolvido, considerando implícito tal pleito, vejamos:

> VOTAÇÃO UNÂNIME. RESULTADO CONHECIDO E PROVIDO. VEJA RE-83995, RE-86717, RE-84844, RE-92061, RE-89838. (...)
>
> EMENTA:AÇÃO ANULATORIA DE CRÉDITO FISCAL. DEPOSITO. SUA DEVOLUÇÃO COM CORREÇÃO MONETÁRIA. NA AÇÃO ANULATORIA DE CRÉDITO FISCAL, ANTECEDIDA DE DEPOSITO PARA GARANTIA DA INSTÂNCIA, ESTA NECESSARIAMENTE IMPLICITO O PEDIDO DE DEVOLUÇÃO DA

QUANTIA DEPOSITADA, UMA VEZ JULGADA PROCEDENTE A CAUSA. A ATUALIZAÇÃO DO RESPECTIVO NUMERARIO, PELA CORREÇÃO MONETÁRIA, CONSTITUI SIMPLES DECORRÊNCIA DA OBRIGAÇÃO DE DEVOLVER E, ASSIM, NÃO EXORBITA DOS LINDES DA EXECUÇÃO."

No que tange à Execução Fiscal de crédito inscrito em dívida ativa, o STF já se manifestou, no RE 93849, pela impossibilidade de a Fazenda Pública iniciar essa lide judicial, se anteriormente for proposta ação anulatória cumulada com depósito do valor questionado, como transcrito abaixo:

> Ementa: Direito Tributário. A ação anulatória de débito fiscal, precedida do depósito do crédito tributário, impede a Fazenda Pública de ajuizar a execução fiscal, dês que fica suspensa a exigibilidade daquele (artigo 151, inc. II, do CNT). A regra do § 1º do art. 585 do CPC há de ser interpretada à vista da regra do § 3º do artigo 20, do Dec.-lei 147/67. Recurso extraordinário provido.

Relativamente à possibilidade de o depósito judicial ser feito nos próprios autos da ação ordinária, EREsp 40.737/DF, STJ, 1ª Seção – *"EMBARGOS DE DIVERGÊNCIA. CAUTELAR. DEPÓSITO. SUSPENSÃO DA EXIGIBILIDADE DO CRÉDITO TRIBUTÁRIO. POSSIBILIDADE DE SER FEITO NOS PRÓPRIOS AUTOS. RECEBIMENTO DOS EMBARGOS.*

O depósito previsto no art. 151, II, do Código Tributário Nacional, pode ser feito nos próprios autos da ação ordinária."[10]

REFERÊNCIAS

Becho, Renato Lopes. *Lições de Direito Tributário*. 3. ed. São Paulo: Editora Saraiva. 2015. P.61.

Borba, Mozart. *Diálogos sobre o Novo CPC*. 4. ed. Salvador: Editora JusPodivm. 2017.

10. Cassone, Vitório. *Processo Tributário Teoria e Prática*/Vitório Cassone, Júlio César Rossi, Maria Eugênia Teixeira Cassone. 12. ed. São Paulo: Editora Atlas S.A. 2012. P. 131.

Carrazza, Roque Antonio. *Curso de Direito Constitucional Tributário*. 30. ed. São Paulo: Malheiros Editores. 2015

Cassone, Vitório. *Processo Tributário Teoria e Prática*/Vitório Cassone, Júlio César Rossi, Maria Eugênia Teixeira Cassone. 12. ed. São Paulo: Editora Atlas S.A. 2012.

Jesus, Isabela Bonfá de. *Manual de direito e processo tributário*/ Isabela Bonfá de Jesus, Fernando Bonfá de Jesus, Ricardo Bonfá de Jesus. 3. ed. São Paulo: Editora Revista dos Tribunais, 2016.

Machado Segundo, Hugo de Brito. *Processo Tributário*. 7. ed. São Paulo: Editora Atlas S.A. 2014.

Pacheco, José da Silva. *Comentários à Lei de Execução Fiscal*. 7. ed. São Paulo: Editora Saraiva. 2000.

PRINCÍPIO DA RAZOÁVEL DURAÇÃO DO PROCESSO EM MATÉRIA TRIBUTÁRIA

Claudio de Abreu[1]

Maria Carolina Guarda Ramalho Barbosa[2]

INTRODUÇÃO

O artigo ora em análise possui como objetivo central estudar a origem do princípio da razoável duração do processo em matéria tributária, seus fundamentos no Estado Democrático de Direito e os consequentes impactos econômicos em virtude da sua não observância.

Com efeito, a metodologia utilizada para alcançar a finalidade e o objetivo deste estudo foi a pesquisa teórica bibliográfica e jurisprudencial, sendo certo que, fundamentados na operatividade do sistema jurídico nacional, registramos nossas conclusões acerca do princípio da razoável duração do processo em matéria tributária.

---

1. Doutor e Mestre em Direito Tributário pela Pontifícia Universidade Católica de São Paulo (PUC/SP). Professor de Direito Tributário na PUC/SP. Advogado.

2. Mestranda em Direito Constitucional e Processual Tributário pela Pontifícia Universidade Católica de São Paulo (PUC/SP). Especialista em Direito Tributário pela PUC/SP. Gestora Tributária pela FIPECAFI. Advogada.

O primeiro item deste artigo consigna esclarecimentos acerca da forma de organização de nosso Estado, Social e Democrático de Direito, o qual tem por preceito fundamental a segurança jurídica, bem como pontua as origens do princípio da razoável duração do processo em matéria tributária no processo tributário administrativo e no processo tributário judicial, os quais são utilizados como ferramenta de participação popular na fiscalização das atividades estatais para que os indivíduos possam, efetivamente, atuar no controle social para resolução de conflitos na esfera tributária, sendo garantido o devido processo legal, o contraditório e a ampla defesa.

Em seguida, no item 2, discorremos acerca da previsão constitucional e legal do princípio da duração razoável do processo, bem como a relação deste princípio com os demais existentes em nosso ordenamento jurídico e como a jurisprudência aplica referido princípio aos casos concretos

Ato contínuo, no item 3, ponderamos as consequências da não observância do princípio da duração razoável do processo, cujo efeito será a insegurança jurídica.

Por fim, tecemos nossas conclusões acerca do princípio da duração razoável do processo em matéria tributária como garantia da efetividade processual e proteção aos contribuintes.

1. Origem do princípio da razoável duração do processo em matéria tributária

Desde a sua formação, o Estado Democrático de Direito tem por objetivo assegurar e prover aos seus cidadãos a efetiva garantia dos direitos fundamentais, impondo limites ao Poder Estatal de forma a garantir a segurança jurídica nas relações entre os indivíduos.

Nesse contexto, Carlos Ari Sundfeld esclarece que o Estado Democrático de Direito contempla a interligação de constitucionalismo, República, participação popular direta, separação dos poderes, legalidade, direitos individuais e políticos[3], evidenciando, portanto, a supremacia da Constituição Federal, a necessidade da tripartição dos Poderes, a superioridade da lei e a garantia dos direitos individuais.

Em razão da necessidade de maior desenvolvimento e proteção à garantia dos direitos individuais, nasce o Estado Social e Democrático de Direito, cujo regime vivemos atualmente, sendo certo que, nesta forma de governo, o Estado possui, além dos deveres supracitados, a obrigação de atuar positivamente para gerar desenvolvimento e justiça social.

Como instrumento deste desenvolvimento, nos deparamos com o princípio da segurança jurídica, corolário do Estado Democrático de Direito, conquistado por meio de lutas contra o poder ilimitado do Estado, princípio que assegura a previsibilidade da ação estatal, bem como permite aos cidadãos a respectiva organização de acordo com as leis vigentes.

Em outras palavras, o princípio da segurança jurídica é de suma importância, haja vista seu papel de assegurar a estabilidade na relação jurídica tributária garantindo a máxima Aristotélica de dar a cada um o que é seu.

Assim, muito antes da formação de um Estado Social e Democrático de Direito, mas visando dar estabilidade e previsibilidade às relações, São Tomás de Aquino construiu, em sua obra Suma Teológica, uma definição de justiça derivada dos conceitos romano e aristotélico como a vontade de dar, com habitualidade, a cada um o que é seu segundo uma razão geométrica, isto é, trata-se de uma virtude cardeal que consiste em dar a cada um o que é seu, tendo em mente que cada um possui uma medida e que nem todos são materialmente iguais.

Seguindo o pensamento aristotélico, São Tomás de Aquino defende ser justo aquele que observa o Direito com habitualidade, previsibilidade e coerência, ou seja, o homem, para

3. Sundfeld, Carlos Ari. *Fundamentos de Direito Público*. 4ª Edição. 6ª Tiragem, 2005. Pags. 53 e 54.

convívio pacífico em sociedade, precisa de regras postas que sejam devidamente observadas por todos, com habitualidade, de forma a trazer estabilidade e segurança às relações.

Nota-se, dessa forma, que o princípio da segurança jurídica é amplo, sendo norma jurídica que determina a adoção de comportamentos que provoquem efeitos que contribuam para garantir a promoção de um estado de confiabilidade do Direito.

Com efeito, para se alcançar a segurança jurídica nas relações entre os contribuintes e a Administração Pública, a lei que disciplina ação tipo tributária deve valer para todos igualmente, isto é, deve ser habitualmente aplicada a seus destinatários de acordo com a isonomia.

Percebe-se que a segurança jurídica está relacionada com o princípio da confiança da lei tributária. Os contribuintes possuem o direito de ter assegurado o cumprimento imparcial e não discriminatório das leis. O Estado possui o dever de ser coerente e não prejudicar seus cidadãos.

Ademais, vale pontuar que o princípio da boa-fé também deve ser observado no Direito Tributário, na medida em que as pessoas devem ser resguardadas quando tenham justificadamente sido levadas pelo Poder Público a acreditar na conservação de certo estado, razão pela qual está intimamente ligado ao princípio da segurança jurídica, visto que visa dar certeza, previsibilidade, lealdade e celeridade às relações.

Em virtude da forma de organização de nosso Estado, Social e Democrático de Direito, bem como dada a necessária observância ao princípio da segurança jurídica, surgem os processos tributários administrativo e judicial como ferramentas de participação dos contribuintes na fiscalização das atividades estatais, circunstância que possibilitará aos indivíduos a efetiva atuação no controle social para resolução de conflitos na esfera tributária, sendo garantido o devido processo legal, o contraditório e a ampla defesa.

Por meio de princípios e demais regras, podemos afirmar que o processo tributário tem por atributo limitar a atuação da Administração Pública, de modo a proteger os direitos e garantias fundamentais de cada contribuinte, previstos na Constituição Federal, evitando abusos na atuação estatal.

Portanto, o processo tributário auxilia os contribuintes a exercerem seu papel na sociedade e no Estado Social e Democrático de Direito, uma vez que é utilizado como ferramenta para a defesa de direitos tanto no Poder Executivo quanto no Legislativo, sendo patente a importância da duração razoável do processo para efetivar tal participação.

Ora, sem a duração razoável do processo não há falar em efetiva participação da sociedade no controle/fiscalização dos atos da Administração Pública, visto que os contribuintes ficariam à mercê do impulso oficial quanto ao andamento dos processos por parte da Administração Pública, desrespeitando, portanto, o princípio da segurança jurídica e, por consequência, os preceitos fundamentais do próprio Estado Democrático de Direito.

Com o intuito de evitar tal desrespeito, o Pacto de San José da Costa Rica, promulgado e publicado no Brasil 09 de novembro de 1992, Convenção Interamericana de Direitos Humanos da qual o Brasil é Estado parte, assevera em seu art. 8º, I:

> *Art. 8º Garantias Judiciais.*
>
> *Toda pessoa tem o direito a ser ouvida com as devidas garantias e dentro de um prazo razoável, por um juiz ou tribunal competente, independente e imparcial, estabelecido com antecedência pela lei, na apuração de qualquer acusação penal formulada contra ela, ou na determinação de seus direitos e obrigações de ordem civil, trabalhista, fiscal ou de qualquer outro caráter.*

Em harmonia com o Pacto de San José da Costa Rica, a Emenda Constitucional nº 45, de 30 de dezembro de 2004 (“EC 45/04”), inseriu o inciso LXXVIII ao art. 5º da Constituição Federal, a saber:

> *Art. 5º Todos são iguais perante a lei, sem distinção de qualquer natureza, garantindo-se aos brasileiros e aos estrangeiros residentes no País a inviolabilidade do direito à vida, à liberdade, à igualdade, à segurança e à propriedade, nos termos seguintes:*
>
> *(...)*
>
> *LXXVIII - a todos, no âmbito judicial e administrativo, são assegurados a razoável duração do processo e os meios que garantam a celeridade de sua tramitação.*

Para reforçar o quanto disposto no referido artigo, a Constituição Federal reafirmou o mencionado conteúdo em outros dispositivos, de forma a destacar uma tutela jurisdicional efetiva, a saber: (I) o art. 5º, inciso LIV, o qual preconiza o devido processo legal; (II) o art. 5º, inciso XXXIV, alínea 'a', que dispõe acerca do direito de petição; (III) o art. 5º, inciso XXXV, o qual pontua acerca do direito de acesso à jurisdição; (IV) o art. 37, caput, que cristaliza o princípio da eficiência e (V) o art. 70 que tutela o princípio da economicidade.

É possível concluir, assim, que a origem do princípio da razoável duração do processo é antiga, embasada no pensamento aristotélico e seguido por São Tomás de Aquino, não contemplando direito novo. No entanto, também é possível afirmar que tal princípio é reforçado em nossa Constituição Federal, em especial no art. 5º, inciso LXXVIII, de forma a caracterizar um Estado Social e Democrático de Direito, cuja base consiste em assegurar a seus cidadãos a efetividade do primado da segurança jurídica.

2. Da razoável duração do processo em matéria tributária no âmbito administrativo e judicial: direito à decisão de mérito

Consoante esclarecido no item antecedente, a duração razoável do processo foi cristalizada em nossa Constituição Federal por meio da Emenda Constitucional 45/04, a qual acresceu ao art. 5º, o inciso LXXVIII, sendo certo que a análise e o julgamento do processo tributário em prazo razoável, é corolário, também, dos princípios da eficiência, da moralidade e da razoabilidade, previstos no já citado art. 37 da Lei Maior.

Com o intuito de suprir lacuna, a Lei 11.457, de 16 de março de 2007, em seu art. 24, determinou que: É obrigatório que seja proferida decisão administrativa no prazo máximo de 360 (trezentos e sessenta) *dias a contar do protocolo de petições, defesas ou recursos administrativos do contribuinte.*

Assim, buscando dar eficiência ao processo administrativo tributário, a Lei 11.457/2007, alinhada à Constituição Federal, estipulou, expressamente, um período razoável para o seu deslinde.

Em atenção aos princípios constitucionais e dispositivos legais aplicáveis ao tema objeto de estudo, o Superior Tribunal de Justiça, em sede de julgamento de Recurso Especial, analisou a necessidade de o processo administrativo fiscal federal ter trâmite com duração razoável, a saber:

> TRIBUTÁRIO. CONSTITUCIONAL. RECURSO ESPECIAL REPRESENTATIVO DE CONTROVÉRSIA. ART. 543-C, DO CPC. DURAÇÃO RAZOÁVEL DO PROCESSO. PROCESSO ADMINISTRATIVO FISCAL FEDERAL. PEDIDO ADMINISTRATIVO DE RESTITUIÇÃO. PRAZO PARA DECISÃO DA ADMINISTRAÇÃO PÚBLICA. APLICAÇÃO DA LEI 9.784/99. IMPOSSIBILIDADE. NORMA GERAL. LEI DO PROCESSO ADMINISTRATIVO FISCAL. DECRETO 70.235/72. ART. 24 DA LEI 11.457/07. NORMA DE NATUREZA PROCESSUAL. APLICAÇÃO IMEDIATA. VIOLAÇÃO DO ART. 535 DO CPC NÃO CONFIGURADA. **1. A duração razoável dos processos foi erigida como cláusula pétrea e direito fundamental pela Emenda Constitucional 45, de 2004, que acresceu ao art. 5º, o inciso LXXVIII, in verbis: "a todos, no âmbito judicial e administrativo, são assegurados a razoável duração do processo e os meios que garantam a celeridade de sua tramitação."** 2. **A conclusão de processo administrativo em prazo razoável é corolário dos princípios da eficiência, da moralidade e da razoabilidade.** (Precedentes: MS 13.584/DF, Rel. Ministro JORGE MUSSI, TERCEIRA SEÇÃO, julgado em 13/05/2009, DJe 26/06/2009; REsp 1091042/SC, Rel. Ministra ELIANA CALMON, SEGUNDA TURMA, julgado em 06/08/2009, DJe 21/08/2009; MS 13.545/DF, Rel. Ministra MARIA THEREZA DE ASSIS MOURA,

TERCEIRA SEÇÃO, julgado em 29/10/2008, DJe 07/11/2008; REsp 690.819/RS, Rel. Ministro JOSÉ DELGADO, PRIMEIRA TURMA, julgado em 22/02/2005, DJ 19/12/2005). 3. O processo administrativo tributário encontra-se regulado pelo Decreto 70.235/72 - Lei do Processo Administrativo Fiscal -, o que afasta a aplicação da Lei 9.784/99, ainda que ausente, na lei específica, mandamento legal relativo à fixação de prazo razoável para a análise e decisão das petições, defesas e recursos administrativos do contribuinte. 4. Ad argumentandum tantum, dadas as peculiaridades da seara fiscal, quiçá fosse possível a aplicação analógica em matéria tributária, caberia incidir à espécie o próprio Decreto 70.235/72, cujo art. 7º, § 2º, mais se aproxima do thema judicandum, in verbis: "Art. 7º O procedimento fiscal tem início com: (Vide Decreto 3.724, de 2001). I - o primeiro ato de ofício, escrito, praticado por servidor competente, cientificado o sujeito passivo da obrigação tributária ou seu preposto; II - a apreensão de mercadorias, documentos ou livros; III - o começo de despacho aduaneiro de mercadoria importada. § 1° O início do procedimento exclui a espontaneidade do sujeito passivo em relação aos atos anteriores e, independentemente de intimação a dos demais envolvidos nas infrações verificadas. § 2° Para os efeitos do disposto no § 1º, os atos referidos nos incisos I e II valerão pelo prazo de sessenta dias, prorrogável, sucessivamente, por igual período, com qualquer outro ato escrito que indique o prosseguimento dos trabalhos." 5. A Lei 11.457/07, com o escopo de suprir a lacuna legislativa existente, em seu art. 24, preceituou a obrigatoriedade de ser proferida decisão administrativa no prazo máximo de 360 (trezentos e sessenta) dias a contar do protocolo dos pedidos, litteris: "Art. 24. É obrigatório que seja proferida decisão administrativa no prazo máximo de 360 (trezentos e sessenta) dias a contar do protocolo de petições, defesas ou recursos administrativos do contribuinte." 6. Deveras, ostentando o referido dispositivo legal natureza processual fiscal, há de ser aplicado imediatamente aos pedidos, defesas ou recursos administrativos pendentes. 7. Destarte, tanto para os requerimentos efetuados anteriormente à vigência da Lei 11.457/07, quanto aos pedidos protocolados após o advento do referido diploma legislativo, o prazo aplicável é de 360 dias a partir do protocolo dos pedidos (art. 24 da Lei 11.457/07). 8. O art. 535 do CPC resta incólume se o Tribunal de origem, embora sucintamente, pronuncia-se de forma clara e suficiente sobre a questão posta nos autos. Ademais, o magistrado não está obrigado a rebater, um a um, os argumentos trazidos pela parte, desde que os fundamentos utilizados tenham sido suficientes para embasar a decisão. 9. **Recurso especial parcialmente provido, para determinar a obediência ao prazo de 360 dias para conclusão do**

> **procedimento sub judice.** Acórdão submetido ao regime do art. 543-C do CPC e da Resolução STJ 08/2008. (RESP 1138206/RS, julgamento: 09/08/2010, 1ª Seção, Relator: Luiz Fux, destacamos)

Nota-se que referido julgado tem por preocupação central dar eficiência e efetividade ao processo administrativo, em respeito ao art. 37 da Lei Maior e ao art. 24 da Lei11.457/07, os quais consignam a necessidade de o Estado atuar de forma eficiente em seus atos.

O princípio da eficiência, por sua vez, foi instituído em nossa Constituição Federal por meio da Emenda Constitucional 19, de 04 de junho de 1998 ("EC 19/98"), o qual positiva o dever de o agente público agir de forma a viabilizar que o Estado alcance seu fim, qual seja, o bem-estar social garantindo segurança jurídica a todos.

Referido princípio possui, claramente, forte ligação com o princípio da efetividade processual e do devido processo legal, na medida em que, no âmbito judicial, o Poder Judiciário, deve atuar em conformidade com os valores constitucionais e o quanto previsto no art. 37 da Lei Maior, sendo inconcebível um devido processo legal ineficiente.

Com efeito, em observância a tais princípios, o Poder Judiciário deve atuar de forma a atender e garantir, de forma adequada e célere, a tutela jurisdicional pleiteada pelo titular do direito.

O novo Código de Processo Civil, o qual é aplicado subsidiariamente aos processos tributários, foi elaborado em conformidade aos preceitos constitucionais e garantiu, expressamente, em seu art. 4º e 139, o direito das partes obterem, em prazo razoável, a solução do mérito e o dever do juiz em zelar pela razoável duração do processo, a saber:

> *Art. 4º. As partes têm o direito de obter em prazo razoável a solução integral do mérito, incluída a atividade satisfativa."*
>
> *"Art. 139 - O juiz dirigirá o processo conforme as disposições deste Código, incumbindo-lhe:*
>
> *(...)*

> *II - velar pela duração razoável do processo;*

Vê-se assim a relação intrínseca entre a razoável duração do processo e o direito dos jurisdicionados ao julgamento de mérito. Logo, inexistirá efetividade caso a duração não seja razoável e ou a apreciação judicial quede inerte quanto ao mérito submetido à apreciação.

Corroborando com o exposto, cumpre destacar o voto proferido pelo Exmo. Sr. Ministro Herman Benjamin no julgamento do Mandado de Segurança 20.295/DF, Primeira Seção, DJe 29/11/2016:

> No caso concreto, incide, como bem apontado pelo Parquet federal, o princípio da primazia do mérito, consagrado no Código de Processo Civil de 2015, nítido na dicção dos arts. 4º e 6º do aludido Diploma.
>
> Tal princípio, bastião de um processo mais ágil e efetivo, não se restringe somente aos artigos acima citados, mas inspira toda a ordem estabelecida pelo novo Código, agindo pari passu com outros princípios, como o da solução consensual dos conflitos, presente na dicção do art. 3º, §§ 2º e 3º, também inserto no capítulo das normas fundamentais do processo civil (Capítulo I).
>
> Não obstante isso, verifica-se que a autoridade impetrada aduz que o ato reputado coator é na verdade um ato comissivo, a saber, o Despacho, da lavra do próprio Ministro dos Transportes, que negou o enquadramento do impetrante, exarado no processo administrativo 14.261-98.
>
> Desse modo, também por essa razão, deve-se superar o óbice da ilegitimidade e avançar ao exame dos demais pontos levantados nos autos.
>
> (...)
>
> Entretanto, à luz dos princípios da primazia da decisão de mérito, previsto expressamente nos arts. 4º e 6º do CPC de 2015; da duração razoável do processo; da celeridade; da instrumentalidade das formas, bem como da aplicação analógica dos arts. 139, IX e 1.029, § 3º; do CPC de 2015, não é o caso de se extinguir o presente Mandado de Segurança sem adentrar o mérito da controvérsia.

No mesmo sentido, é o entendimento firmado pelo Superior Tribunal de Justiça no julgamento do Recurso Especial 1.383.776-AM, Relator Ministro Og Fernandes, Segunda Turma, julgado em 06/09/2018, DJe 17/09/2018, nos termos da ementa a seguir transcrita:

> RESPONSABILIDADE CIVIL. RECURSO ESPECIAL. RAZOÁVEL DURAÇÃO DO PROCESSO. LESÃO. DESPACHO DE CITAÇÃO. DEMORA DE DOIS ANOS E SEIS MESES. INSUFICIÊNCIA DOS RECURSOS HUMANOS E MATERIAIS DO PODER JUDICIÁRIO. NÃO ISENÇÃO DA RESPONSABILIDADE ESTATAL. CONDENAÇÕES DO ESTADO BRASILEIRO NA CORTE INTERAMERICANA DE DIREITOS HUMANOS. AÇÃO DE INDENIZAÇÃO POR DANOS MORAIS. RESPONSABILIDADE CIVIL DO ESTADO CARACTERIZADA.
>
> 1. Trata-se de ação de execução de alimentos, que por sua natureza já exige maior celeridade, esta inclusive assegurada no art. 1º, c/c o art. 13 da Lei n. 5.478/1965. Logo, mostra-se excessiva e desarrazoada a demora de dois anos e seis meses para se proferir um mero despacho citatório. O ato, que é dever do magistrado pela obediência ao princípio do impulso oficial, não se reveste de grande complexidade, muito pelo contrário, é ato quase que mecânico, o que enfraquece os argumentos utilizados para amenizar a sua postergação.
>
> 2. O Código de Processo Civil de 1973, no art. 133, I (aplicável ao caso concreto, com norma que foi reproduzida no art. 143, I, do CPC/2015), e a Lei Complementar n. 35/1979 (Lei Orgânica da Magistratura Nacional), no art. 49, I, prescrevem que o magistrado responderá por perdas e danos quando, no exercício de suas funções, proceder com dolo ou fraude. A demora na entrega da prestação jurisdicional, assim, caracteriza uma falha que pode gerar responsabilização do Estado, mas não diretamente do magistrado atuante na causa.
>
> **3. A administração pública está obrigada a garantir a tutela jurisdicional em tempo razoável, ainda quando a dilação se deva a carências estruturais do Poder Judiciário, pois não é possível restringir o alcance e o conteúdo deste direito, dado o lugar que a reta e eficaz prestação da tutela jurisdicional ocupa em uma sociedade democrática. A insuficiência dos meios disponíveis ou o imenso volume de trabalho que pesa sobre determinados órgãos judiciais isenta os juízes de responsabilização pessoal pelos atrasos, mas não priva os cidadãos de reagir diante de tal demora, nem permite considerá-la inexistente.**

> **4. A responsabilidade do Estado pela lesão à razoável duração do processo não é matéria unicamente constitucional, decorrendo, no caso concreto, não apenas dos arts. 5º, LXXVIII, e 37, § 6º, da Constituição Federal,** mas também do art. 186 do Código Civil, bem como dos arts. 125, II, 133, II e parágrafo único, 189, II, 262 do Código de Processo Civil de 1973 (vigente e aplicável à época dos fatos), dos arts. 35, II e III, 49, II, e parágrafo único, da Lei Orgânica da Magistratura Nacional, e, por fim, dos arts. 1º e 13 da Lei n. 5.478/1965.
>
> **5. Não é mais aceitável hodiernamente pela comunidade internacional, portanto, que se negue ao jurisdicionado a tramitação do processo em tempo razoável, e também se omita o Poder Judiciário em conceder indenizações pela lesão a esse direito previsto na Constituição e nas leis brasileiras.** As seguidas condenações do Brasil perante a Corte Interamericana de Direitos Humanos por esse motivo impõem que se tome uma atitude também no âmbito interno, daí a importância de este Superior Tribunal de Justiça posicionar-se sobre o tema.
>
> 6. Recurso especial ao qual se dá provimento para restabelecer a sentença." (destacamos)

Desta feita, resta evidente que o Código de Processo Civil, em respeito às garantias individuais, determinou expressamente a duração razoável do processo e a primazia do julgamento de mérito, sendo dever do Magistrado conduzir o processo de modo a garantir seu efetivo cumprimento, o que deve nortear todo o processo judicial, sob pena de violação à Lei Maior e ao Código de Processo Civil.

Importante pontuar que a celeridade, a duração razoável do processo e a primazia do julgamento de mérito são importantes instrumentos para garantir a efetividade processual. No entanto, não são sinônimos. Isso porque a celeridade contempla apenas uma das características para que o processo seja, de fato, efetivo, sendo certo que mencionada celeridade deve respeitar as garantias constitucionais entre as quais se encontram a ampla defesa e a produção da prova.

Logo, um processo célere, mas que ofenda o devido processo legal, por exemplo, não pode, por consequência, ser considerado efetivo.

Neste sentido, merecem destaque os ensinamentos de José Roberto dos Santos Bedaque[4]:

> Processo efetivo é aquele que, observado o equilíbrio entre os valores segurança e celeridade, proporciona às partes o resultado desejado pelo direito material. Pretende-se aprimorar o instrumento estatal destinado a fornecer a tutela jurisdicional. Mas constitui perigosa ilusão pensar que simplesmente conferir-lhe celeridade é suficiente para alcançar a tão almejada efetividade. Não se nega a necessidade de reduzir a demora, mas não se pode fazê-lo em detrimento do mínimo de segurança, valor também essencial ao processo justo. Em princípio, não há efetividade sem contraditório e ampla defesa. A celeridade é apenas mais uma das garantias que compõem a ideia do devido processo legal, não a única. A morosidade *excessiva não pode servir de* desculpa para o sacrifício de valores também fundamentais, pois ligados à segurança do processo.

Nota-se, portanto, que o direito a um processo célere, desde que observado o princípio constitucional ao devido processo legal, é condição indispensável para garantir a efetividade processual e a proteção jurídica assegurada a todos os contribuintes em um Estado Democrático de Direito, de modo a resolver os conflitos e, por conseguinte, materializar a segurança jurídica, sendo certo que, dos julgados apresentados, é possível concluir que nossos Tribunais estão em linha com as bases constitucionais e a preocupação do Estado Democrático de Direito em garantir um processo efetivo, o qual deve tramitar em prazo razoável.

3. Insegurança jurídica em face da ausência de duração razoável do processo tributário

Conforme destacado, o Estado Democrático de Direito tem por objetivo assegurar aos seus cidadãos a efetiva garantia dos direitos fundamentais, impondo limites ao Poder

---

4. BEDAQUE, José Roberto dos Santos. *Efetividade do Processo e Técnica Processual*. São Paulo: Malheiros, 2007. p. 49.

Estatal de forma a viabilizar a segurança jurídica nas relações entre os indivíduos, sendo a duração razoável do processo tributário um instrumento e um direito dos contribuintes, no âmbito dos processos administrativo e judicial tributário, para a efetivação de tais garantias.

A não observância ao princípio da duração razoável do processo tributário, impactará a segurança jurídica das relações entre o Estado e os contribuintes, irradiando efeitos negativos para além do sistema jurídico, atingindo aspectos econômicos mediante a perda de credibilidade do ordenamento.

A morosidade da duração do processo tributário, a instabilidade das regras postas e as alterações constantes das leis, atingem a competitividade da economia o que, por conseguinte, deve gerar prejuízos à sociedade como um todo. Neste cenário de incertezas, potenciais investidores buscarão outras alternativas de investimentos no cenário mundial.

Vê-se assim que a segurança jurídica é fator de suma importância para o desenvolvimento econômico e social, e deve ser preservada diuturnamente por todos os cidadãos.

A segurança jurídica impõe a eficácia das normas, ou seja, o ordenamento jurídico deve ser efetivamente respeitado, inexistindo alterações ao arrepio da Constituição, a qual assegura a duração razoável das ações judiciais.

O respeito a esses aspectos proporciona um grau de confiabilidade ao ordenamento jurídico, ampliando a confiança não apenas no tocante às relações jurídicas, mas também as sociais e econômicas.

Dada a nossa superprodução de leis, códigos, medidas provisórias, regulamentos, decretos, portarias e instruções normativas, diplomas legais em geral, os quais, em sua grande maioria, se sobrepõem uns aos outros, por certo há uma instabilidade e insegurança nas relações jurídicas e que afetam as transações econômicas, o que indubitavelmente cria obstáculos aos novos investimentos.

O Poder Judiciário tem papel fundamental no que diz respeito à manutenção da segurança jurídica e pacificação dos conflitos submetidos à apreciação, de modo a garantir aos cidadãos a efetividade dos princípios constitucionais, em especial, a razoável duração do processo, o devido processo legal e a ampla defesa. No entanto, a prolação de decisões arbitrárias com interpretações equivocadas, não obstante situações similares terem sido disciplinadas com tratamentos distintos, a morosidade e o número excessivo de processos implicam em distanciamento do papel fundamental de garantidor da segurança jurídica.

Assim, percebe-se que a insegurança jurídica prejudica não apenas eventuais investimentos e a produtividade do setor econômico, mas também as condições sociais, o que reflete, diretamente, nas garantias e direitos individuais garantidos pelo Estado Democrático de Direito.

Desta feita, verifica-se que o cenário jurídico, com a devida observância do devido processo legal e da duração razoável do processo, influenciará diretamente o cenário econômico, na medida em que o desenvolvimento deste depende, invariavelmente, do grau de confiabilidade daquele; sendo certo que a previsibilidade nas relações jurídicas, dentre elas a duração razoável do processo, são medidas imprescindíveis para encorajar o investimento, a eficiência e o crescimento econômico.

CONCLUSÃO

A duração razoável do processo, cristalizada em nossa Constituição Federal por meio do art. 5º, inciso LXXVIII, é corolário da segurança jurídica, bem como dos princípios da eficiência, da moralidade e da razoabilidade, previstos no art. 37 da Carta Magna, os quais constituem os pilares que asseguram a efetividade do processo tributário administrativo e judicial.

É possível concluir que o direito a um processo de duração razoável, respeitados o devido processo legal e a ampla defesa, configura condição indispensável para garantir a efetividade processual e a proteção jurídica assegurada a todos os contribuintes em um Estado Democrático de Direito, de modo a resolver os conflitos e, por conseguinte, materializar a segurança jurídica.

REFERÊNCIAS

BRASIL. Constituição da República Federativa do Brasil (1988).

______. Lei nº 5.172, de 25 de outubro de 1966. Institui o Código Tributário Nacional.

______. Lei nº 13.015, de 16 de março de 2015. Institui o Código de Processo Civil.

ATALIBA, Geraldo. *Hipótese de Incidência Tributária*. 6. ed. São Paulo: Malheiros, 2008.

ATALIBA, Geraldo. *República e Constituição*. 3. ed. São Paulo: Malheiros, 2011.

BECHO, Renato Lopes. *Execução Fiscal: Análise Crítica*. São Paulo: Noeses, 2018.

BEDAQUE, José Roberto dos Santos. *Efetividade do Processo e Técnica Processual*. São Paulo: Malheiros, 2007.

BONFÁ DE JESUS, Isabela; Fernando; BONFÁ DE JESUS, Ricardo. *Manual de direito e processo tributário*. São Paulo: Revista dos Tribunais, 2016.

BUENO, Scarpinella Cássio. *Curso sistematizado de direito processual civil*. Teoria Geral. 8. ed. São Paulo: Saraiva, 2014.

CARRAZZA, Roque Antonio. *Curso de Direito Constitucional Tributário*. 26ª edição. São Paulo: Malheiros, 2010.

CARVALHO, Paulo de Barros. *Curso de Direito Tributário*. 21ª edição. São Paulo: Saraiva, 2005.

DIDIER JR., Fredie. *Curso de direito processual civil: introdução ao direito processual civil*, parte geral e processo de conhecimento. 17. Ed. Salvador: Jus Podivm, 2015.

DÓRIA, Antônio Roberto Sampaio. *Direito Constitucional Tributário e o "due processo of law"*. 2ª Ed. Rio de Janeiro: Forense, 1986.

NERY JÚNIOR, Nelson. *Princípios do processo civil na Constituição Federal.* 3ª Ed. São Paulo: Revista dos Tribunais, 1996.

SILVEIRA. Paulo Fernando. *Devido Processo Legal – due processo of law*. 3ª Ed. Belo Horizonte. Ed. Del Rey, 2001.

SUNDFELD, Carlos Ari. *Fundamentos de Direito Público*. 4ª Edição. 6ª Tiragem, 2005.

AÇÃO DECLARATÓRIA EM MATÉRIA TRIBUTÁRIA: DELINEAMENTOS GERAIS

Gabriel Lemos Azi[1]

INTRODUÇÃO

O presente artigo busca, sem a pretensão de exaurir o tema, trazer o delineamento geral da Ação Declaratória em matéria tributária. A despeito de tal Ação não encontrar expressa previsão e muito menos regulamentação no sistema processual tributário, podemos, com fulcro na Lei 13.105/2015, Código de Processo Civil ou Novo CPC, conseguir traçar as vigas mestras de tal instituto e demonstrar sua relevância para aqueles que operam na seara do direito tributário.

Adiantando um pouco do que será visto, a Ação Declaratória em Matéria Tributária assume dúplice feição, ou seja, o Autor — sempre o contribuinte — por meio da provocação do Poder Judiciário, buscará eliminar incerteza quanto à (in) existência de um vínculo jurídico, catando, por essa razão, a

1. Doutorando em Direito Constitucional e Processual Tributário pela Pontifícia Universidade Católica de São Paulo, Mestre em Direito Constitucional e Processual Tributário pela Pontifícia Universidade Católica de São Paulo, Especialista em Direito Tributário e em Direito Empresarial pela Pontifícia Universidade Católica de São Paulo, Advogado e Consultor Jurídico.

declaração (daí o nome da ação) de que determinado elo existe ou não.

1. COTEJO HISTÓRICO, CONCEITO, CABIMENTO E REQUISITOS DA AÇÃO DECLARATÓRIA

1.1 COTEJO HISTÓRICO E CONCEITO

Inicialmente, cumpre destacar que o instituto da Ação Declaratória possui longínqua tradição histórica. Como bem ensina CELSO AGRÍCOLA BARBI[2], ela encontra sua origem no direito formulário romano, com o nome de *prejudiciales*. Tais ações visavam simplesmente a declaração de um fato ou um direito, para uso em uma causa que o autor posteriormente precisasse promover, para defesa ou para qualquer outro fim.

No direito medieval, com o declínio do romano, desapareceram essas ações. Contudo, as exigências jurídicas voltadas a solucionar os problemas do cotidiano, levaram os juristas da época a suprir sua ausência, o que fizeram com os conhecidos *juízos provocatórios*, em que usavam formas do direito romano para revestir instituições de viés germânico.

No Brasil, a primeira tentativa de introduzir a Ação Declaratória foi do Dr. Márcio Tibúrcio Gomes de Carneiro, em Congresso Jurídico promovido no Rio de Janeiro, no ano de 1922. O Código de Processo Civil do Distrito Federal, de 1924, nos artigos 575 a 580, foi a pioneira Lei brasileira a prescrever o assunto.[3] Em âmbito nacional, o Código de Processo Civil de 1939 inaugurou legislação com abrangência ampla que, no parágrafo único do art. 2º e no art. 290, previu a Ação Declaratória.

2. BARBI, Celso Agrícola. *Comentários ao código de processo civil, volume I*. 14ª ed. Rio de Janeiro: Forense, 2010, p. 34-36.

3. Minas Gerais, por meio da Lei nº 1.111 de 19 de outubro de 1929, e Mato Grosso, em 1928, também introduziram o instrumento processual em suas legislações.

Nos dias atuais, a estudada ação encontra previsão nos artigos 19 e 20 do Código de Processo Civil, que assim prescreve:

> *Art. 19. O interesse do autor pode limitar-se à declaração:*
>
> *I - da existência, da inexistência ou do modo de ser de uma relação jurídica;*
>
> *II - da autenticidade ou da falsidade de documento.*
>
> *Art. 20. É admissível a ação meramente declaratória, ainda que tenha ocorrido a violação do direito.*

Da leitura dos dispositivos mencionados, nota-se que o interesse de agir do autor da Ação Declaratória pode cingir-se à obtenção da declaração oficial (do Estado Juiz) de certeza, que somente a sentença judicial pode fornecer. Nessa linha, CASSIO SCARPINELA BUENO entende que "*a chamada Ação Declaratória, assim entendido o pedido de tutela jurisdicional que se resume a obter certeza do Estado-juiz, certeza esta consistente na existência, inexistência ou modo de ser de uma relação jurídica ou, ainda, no reconhecimento de autenticidade ou falsidade de documento.*"[4]

Em matéria tributária, JAMES MARINS leciona que:

> Pode-se definir a *ação declaratória em matéria tributária* como a ação antiexacional imprópria, de rito ordinário, aforada pelo contribuinte em face da fazenda pública ou em face de ente que exerça funções parafiscais, com a finalidade de ver reconhecida judicialmente (declarada) a *existência*, a *forma* (declaração positiva) ou a *inexistência* (declaração negativa) de determinado vínculo jurídico obrigacional de caráter tributário com o escopo de promover o acertamento da relação fiscal manchada de incerteza.[5]

Dos conceitos trazidos, especialmente por JAMES MARINS — já que nosso foco é a Ação Declaratória em matéria

---

4. BUENO, Cassio Scarpinella. *Novo código de processo civil anotado*. São Paulo: Saraiva, 2015, p.57

5. MARINS, James. *Direito tributário processual brasileiro* (administrativo e judicial). 8ª ed. São Paulo: Dialética, 2015, p.496.

tributária — notamos que somente o contribuinte[6] poderá invocar interesse de agir para efetuar o acertamento judicial da sua relação jurídica com o estado fisco, haja vista o poder público já possuir a prerrogativa legal, por meio do lançamento fiscal, que, quando definitivo, torna-se artefato necessário à instrumentalização da Ação de Execução Fiscal.

1.2 Cabimento e Requisitos

Quanto ao cabimento e requisitos para propositura da Ação Declaratória em Matéria Fiscal, deve o autor debruçar-se, de forma inegociável, sobre o inciso I, do art. 19 do Código de Processo Civil. Nota-se assim, e esse é traço relevante, que a Ação Declaratória poderá ter tanto viés positivo quanto negativo. Desta forma, em matéria tributária, a Ação será Declaratória da Existência de Relação Jurídico-Tributária, ou Declaratória da Inexistência de Relação Jurídico-Tributária. No primeiro caso (positiva), podemos citar como exemplo o contribuinte pedindo o reconhecimento ao creditamento de IPI em operação que determinada parte da cadeia seja isenta ou não tributada. Por sua vez, na hipótese de negativa, poderá ser pleiteado a inexistência da relação jurídico-tributária em decorrência da inconstitucionalidade da lei ou pela não subsunção do fato ocorrido com a norma jurídica instituidora da exação.

Quanto aos trâmites processuais para propositura da Ação Declaratória em matéria tributária, deve o autor/contribuinte observar os mesmos requisitos gerais contidos no Código de Processo Civil[7]. Dessa forma, sua petição inicial deverá conter a qualificação do autor, a indicação dos fundamentos legais (causa de pedir), a identificação da parte ré, com indicação do foro competente e, finalmente, o pedido.

---

6. Pela classificação tradicional (vide CONRADO, Paulo Cesar. *Processo tributário*. 3ª ed. São Paulo: Quartier Latin, 2012.) as ações em matéria tributária dividem-se em exacionais e antiexacionais. As primeiras são aquelas de exclusiva iniciativa do fisco (e.g. Ação de Execução Fiscal). As segundas, são aquelas de exclusiva iniciativa do contribuinte (e.g. Ação Declaratória e Ação Anulatória).

7. Art. 319 e seguintes do Código de Processo Civil.

A parte ré sempre será a Fazenda Pública, e não uma autoridade determinada; por exemplo, o Delegado da Receita Federal.

No que toca às condições da ação para propositura da Declaratória, caberá ao autor/contribuinte comprovar seu interesse de agir, extraído da conjugação dos requisitos utilidade mais necessidade de aforamento da ação. Deverá ele demonstrar a incerteza jurídica presente no caso concreto, dirimida pela sentença declaratória em situação jurídica concreta.[8] Não é facultado ao autor buscar discutir simples teses jurídicas.[9] Nas palavras de JOSÉ EDUARDO SOARES DE MELO,

---

8. BOLLATO, Eduardo. Execução fiscal, ação declaratória e repetição de indébito, Revista de Direito Tributário 50/158.

9. Nesse sentido temos o AgRg nos EREsp 1.188.875/MG, STJ, 1ª Seção, Benedito Gonçalves, unânime, 11-5-2011, Dje 17-511 "**PROCESSUAL CIVIL E TRIBUTÁRIO. AGRAVO REGIMENTAL NOS EMBARGOS DE DIVERGÊNCIA. ISS. PRODUTOS FARMACÊUTICOS. AÇÃO DECLARATÓRIA DE INEXISTÊNCIA DE RELAÇÃO JURÍDICA. ACÓRDÃO EMBARGADO QUE ENTENDEU PELA FALTA DE INTERESSE DE AGIR, ANTE O CARÁTER GENÉRICO E ABSTRATO DA PRETENSÃO DEDUZIDA. POSIÇÃO EM CONFORMIDADE COM A JURISPRUDÊNCIA DA PRIMEIRA SEÇÃO. INCIDÊNCIA DA SÚMULA 168/STJ. REVISÃO DE EVENTUAL ERRO DE JULGAMENTO QUANTO À NATUREZA DA PRETENSÃO AVIADA NA AÇÃO DECLARATÓRIA. INADEQUAÇÃO DA VIA ELEITA.1.** Agravo regimental contra decisão que indeferiu embargos de divergência (art. 266, § 3º, do RISTJ) pelos quais os contribuintes defendem o cabimento da demanda por eles proposta, ao argumento de que o pedido deduzido na ação declaratória de inexistência de relação jurídica com a Fazenda Municipal (ISS) não é genérico ou abstrato, "mas trata de relações jurídicas concretas, realizadas, e que, inclusive, geram o recolhimento mensal do ICMS".**2.** O acórdão embargado registrou que não cabe ação declaratória de cunho genérico e abstrato, ou seja, que não demonstra, efetivamente, a repercussão do provimento jurisdicional almejado na esfera jurídica do autor, concluindo pela falta de interesse de agir. Essa posição está de acordo com a jurisprudência deste Tribunal: REsp 870.445/RS, Rel. Ministro Mauro Campbell Marques, Segunda Turma, DJe 08/02/2011; AgRg no REsp 1045978/RS, Rel. Ministro Benedito Gonçalves, Primeira Turma, DJe 12/04/2010; REsp 1.106.764/RJ, Rel. Ministro Luiz Fux, Primeira Turma, DJe 02/02/2010; REsp 1041079/RJ, Rel. Ministro Castro Meira, Segunda Turma, DJe 10/11/2008; EDcl no REsp 786.952/SP, Rel. Ministro Francisco Falcão, Primeira Turma, DJ 25/05/2006. Incidência da Súmula 168/STJ. **3.** Os embargos de divergência não se prestam para revisar eventual desacerto do acórdão embargado na apreciação da natureza da pretensão (genérica e abstrata) veiculada na ação declaratória em discussão. Em caso semelhante, assim já decidiu a Primeira Seção: EREsp 1.045.978/RS, Rel. Ministro Humberto Martins, Primeira Seção, DJe 13/10/2010. **4.** Agravo regimental não provido.

"os fatos devem concernir à situação tributária envolvendo diretamente o autor."[10]

De mais a mais, o contribuinte não poderá utilizar a Ação Declaratória para formular "consultas", em tese, muito menos discutir situações sem nenhuma relação com algum fato concretamente experimentado por ele. O objeto da Ação Declaratória em matéria tributária, com efeito, não pode simplesmente buscar a declaração sobre (in)existência de fato jurídico tributário (fato gerador), mas sim à existência ou inexistência da relação jurídico-tributária em sua perspectiva obrigacional, que culmina da ocorrência de certo fato legalmente prescrito.[11]

Por fim, discute-se ainda, com fulcro no art. 38[12] da Lei 6.830/80, se a Ação Declaratória em Matéria Tributária seria cabível em nosso ordenamento. Isso porque o mencionado enunciado prescritivo, faz alusão como instrumento hábil para deliberação judicial do crédito tributário, apenas à Execução, ao Mandado de Segurança, à Ação Anulatória acompanhada de depósito e à Ação de Restituição de Indébito.

Pensamos, com fundamento na doutrina de ALBERTO XAVIER, que tal dispositivo, caso aplicado, seria inconstitucional, por materializar incontroversa restrição ao direito do exercício da jurisdição. Segundo o autor:

> As puras razões de ordem técnica, uma vez que esta ação não é o instrumento normalmente adequado para discutir a dívida ativa

---

10. MELO, José Eduardo Soares de. *Processo tributário administrativo e judicial.* 4ª ed. – São Paulo: Quartier Latin, 2015, p. 343.

11. MARINS, James. *Direito tributário processual brasileiro* (administrativo e judicial). 8ª ed. São Paulo: Dialética, 2015, p. 502.

12. Art. 38 - A discussão judicial da Dívida Ativa da Fazenda Pública só é admissível em execução, na forma desta Lei, salvo as hipóteses de mandado de segurança, ação de repetição do indébito ou ação anulatória do ato declarativo da dívida, esta precedida do depósito preparatório do valor do débito, monetariamente corrigido e acrescido dos juros e multa de mora e demais encargos.
Parágrafo Único - A propositura, pelo contribuinte, da ação prevista neste artigo importa em renúncia ao poder de recorrer na esfera administrativa e desistência do recurso acaso interposto.

> da Fazenda 'em execução', mas sim para discutir a existência ou não de relação jurídica tributária que autorize a Fazenda Pública a constituir dívidas ativas contra o contribuinte para efeitos de execução futura.[13]"

Nota-se, portanto, que o cabimento da Ação Declaratória em matéria tributária não encontra maiores resistências. Trata-se de ferramenta de incontroversa relevância. Por meio dela, conforme já dito, poderá o contribuinte buscar, por exemplo, a declaração de inexistência de relação jurídica que o obrigue a recolher determinado tributo por ele ser inconstitucional. Do mesmo modo, pode ainda pleitear a declaração da existência de relação jurídica que o autorize a aproveitar créditos de determinado tributo não-cumulativo.

2. ANTECIPAÇÃO DE TUTELA E DEPÓSITO NA AÇÃO DECLARATÓRIA TRIBUTÁRIA

A despeito de alguma controvérsia quanto à questão, pensamos que com o fito de suspender a exigibilidade do crédito tributário, mesmo antes do seu nascimento (na hipótese do tributo ainda não ter sido lançado[14]), com fulcro no art. 151 do CTN[15], poderá o autor/contribuinte valer de ao menos

---

13. XAVIER, Alberto. *Do lançamento, teoria geral do ato, do procedimento e do processo tributário*. 2ª ed. Rio de Janeiro: Forense, 1997, p. 360.

14. Paulo Cesar Conrado defende que, nas Ações Declaratórias, o enunciado "suspensão da exigibilidade do crédito tributário" comporta interpretação elástica. Com isso, segundo o autor: "Diríamos, ao final de tudo e portanto, que "a suspensão da exigibilidade do crédito tributário" é a locução que designa, no caso das "ações" preventivas, "*obstaculização do processo de positivação do direito*", impondo, como resultado, uma proibição, sempre provisória para que o Estado-Fisco emita lançamento – conclusão que descartamos, por certo, nos casos em que a causa de suspensão seja veiculada pelo Estado-juiz (incisos IV e V) e, em tal momento, garanta (ele mesmo, Estado – Juiz) a possibilidade de emitir lançamento do crédito tributário." (CONRADO, Paulo Cesar. *Processo tributário*. 3ª ed. São Paulo: Quartier Latin, 2012, p. 131.)

15. Art. 151. Suspendem a exigibilidade do crédito tributário:
I - moratória;
II - o depósito do seu montante integral;
III - as reclamações e os recursos, nos termos das leis reguladoras do processo tributário administrativo;
IV - a concessão de medida liminar em mandado de segurança.

dois instrumentos: (I) antecipação dos Efeitos da Tutela, nos moldes previstos no Código de Processo Civil, ou (II) depósito integral do montante em discussão. Vejamos cada uma das hipóteses separadamente.

2.1 ANTECIPAÇÃO DOS EFEITOS DA TUTELA

De início, pode parecer que não é possível promover a antecipação dos efeitos da tutela, por essa ação possuir natureza declaratória, não sendo permitido antecipar efeitos que obriguem a condenação da parte ré a fazer ou não fazer algo. Da mesma forma, seria juridicamente inviável requerer a tutela de natureza cautelar, haja vista a efetividade da mera declaração não depender de proteção alguma de provimento específico, ou seja, o seu efeito, que é de afastar o estado de incerteza, seria produzido com ou sem a concessão de tutelas cautelares. Provimentos de urgência ou antecipatórios/conservativos somente seriam oportunos em face das sentenças futuras, condenatórias ou constitutivas.

Contudo, a despeito da robustez dos argumentos, com eles não concordamos. Balizados na melhor doutrina e na jurisprudência pátria, vemos como perfeitamente possível requerer, desde que atendidos os requisitos legais, a antecipação dos efeitos da tutela, seja em sua forma antecipatória ou cautelar.[16] E ainda mais, tanto para antecipar efeitos da decisão quanto para suspender a exigibilidade do crédito tributário.

V – a concessão de medida liminar ou de tutela antecipada, em outras espécies de ação judicial;
VI – o parcelamento.
Parágrafo único. O disposto neste artigo não dispensa o cumprimento das obrigações assessórios dependentes da obrigação principal cujo crédito seja suspenso, ou dela consequentes.

16. Art. 294. A tutela provisória pode fundamentar-se em urgência ou evidência.
Parágrafo único. A tutela provisória de urgência, cautelar ou antecipada, pode ser concedida em caráter antecedente ou incidental.

Nesse sentido, HUGO DE BRITO MACHADO SEGUNDO é feliz ao afirmar que:

> *Não nos parece, contudo, que seja assim. Tal visão, em verdade, não resiste a um exame mais cuidadoso do problema.*
>
> *A ausência de um dispositivo que expressamente condene o réu a dar, fazer ou deixar de fazer alguma coisa não torna a sentença declaratória um mero conselho, uma peça ornamental desprovida de qualquer eficácia jurídica. Declarada a relação que disciplina a situação de fato levada pelas partes ao conhecimento do juiz, essa relação há de ser respeitada, tal como declarada pelo juiz. A ação declaratória, muitas vezes, até mesmo pela forma através da qual pede a "mera declaração", tem o evidente efeito cominatório, consistente na condenação do réu na obrigação de fazer, não fazer, ou tolerar algo que decorra da relação jurídica declarada. (...) Desde que estejam presentes os requisitos, naturalmente, o provimento liminar há de ser deferido como forma de assegurar a própria efetividade da tutela a ser depois concedida.*[17]

Portanto, nota-se que não há qualquer obstáculo à concessão de medida antecipatória dos efeitos da tutela, com natureza antecipatória ou mesmo cautelar, na esfera da Ação Declaratória em matéria tributária, nos moldes do art. 294 do Código de Processo Civil. Isto porque mesmo sentença declaratória comporta antecipação dos seus efeitos práticos, buscados de forma definitiva com a sentença.

Ademais, por meio da concessão de medida antecipatória, além da produção imediata dos efeitos da sentença ou do acautelamento diante da possibilidade de perecimento do objeto, poderá ser ainda determinada a suspensão da exigibilidade do crédito tributário, nos moldes do art. 151, inciso V, do Código Tributário Nacional.

2.2 DEPÓSITO DO MONTANTE CONTROVERTIDO

Com o objetivo precípuo de suspender a exigibilidade do crédito tributário, art. 151, inciso II, do CTN, é lícito ao autor/

17. SEGUNDO, Hugo de Brito Machado. *Processo tributário*. 11ª ed. São Paulo: Atlas, 2019, p. 449.

contribuinte acompanhar a Ação Declaratória, negativa na maioria das vezes, o depósito correspondente ao montante integral do crédito controvertido. Cabe ao juiz admitir o depósito como causa suspensiva do crédito, ouvindo a ré, Fazenda Pública, somente para verificar questões atinentes ao valor depositado e sua correspondência com o *quantum debeatur*.

Para JAMES MARINS, "não há necessidade de concessão de 'liminar para depósito' ou mesmo de 'ação cautelar de depósito' uma vez que o efeito suspensivo decorrerá do depósito em si mesmo, e não da medida liminar que é causa suspensiva distinta, prevista no art. 151, V, do CTN".[18]

Além disso, é questão pacífica, inclusive já objeto de Súmula Vinculante do Supremo Tribunal Federal, de número 28[19], que é vedada a exigência de qualquer espécie de depósito como requisito de admissibilidade de ação judicial que busque, direta ou indiretamente, debater a exigibilidade do crédito tributário. Dessa forma, é proibido ao juiz exigir depósito como condição *sine qua non* para propositura da Ação Declaratória que discuta crédito tributário. Se o autor/contribuinte o faz, é com o condão puro e simples de suspender a exigibilidade do crédito tributário.

A título de exemplo: caso o contribuinte ingresse com uma ação para ver reconhecido direito de isenção relativa ao PIS, declarando simplesmente a inexistência da relação jurídica que o obrigue a recolher a contribuição, poderá mês a mês depositar o montante "devido" como forma de suspender a exigibilidade, sem ser necessária qualquer autorização do juiz.

Sobre o assunto, o REsp nº 1.140.956/SP, 1ª Seção do STJ, Luiz Fux, 24-11-2010, DJe 03-12-2010, tratou especificamente dos efeitos jurídicos do depósito. Vejamos:

---

18. MARINS, James. *Direito tributário processual brasileiro* (administrativo e judicial). 8ª ed. São Paulo: Dialética, 2015, p. 507-508.

19. É inconstitucional a exigência de depósito prévio como requisito de admissibilidade de ação judicial na qual se pretenda discutir a exigibilidade de crédito tributário.

PROCESSUAL CIVIL E TRIBUTÁRIO. RECURSO ESPECIAL REPRESENTATIVO DE CONTROVÉRSIA. ART. 543-C, DO CPC. AÇÃO ANTIEXACIONAL ANTERIOR À EXECUÇÃO FISCAL. DEPÓSITO INTEGRAL DO DÉBITO. SUSPENSÃO DA EXIGIBILIDADE DO CRÉDITO TRIBUTÁRIO (ART. 151, II, DO CTN). ÓBICE À PROPOSITURA DA EXECUÇÃO FISCAL, QUE, ACASO AJUIZADA, DEVERÁ SER EXTINTA.

1. O depósito do montante integral do débito, nos termos do art. 151, inciso II, do CTN, suspende a exigibilidade do crédito tributário, impedindo o ajuizamento da execução fiscal por parte da Fazenda Pública. (Precedentes: **REsp 885.246/ES**, Rel. Ministro MAURO CAMPBELL MARQUES, SEGUNDA TURMA, julgado em 22/06/2010, DJe 06/08/2010; **REsp 1074506/SP**, Rel. Ministro LUIZ FUX, PRIMEIRA TURMA, julgado em 06/08/2009, DJe 21/09/2009; **AgRg nos EDcl no REsp 1108852/RJ**, Rel. Ministro MAURO CAMPBELL MARQUES, SEGUNDA TURMA, julgado em 18/08/2009, DJe 10/09/2009; **AgRg no REsp 774.180/RS**, Rel. Ministro HUMBERTO MARTINS, SEGUNDA TURMA, julgado em 16/06/2009, DJe 29/06/2009; **REsp 807.685/RJ**, Rel. Ministro TEORI ALBINO ZAVASCKI, PRIMEIRA TURMA, julgado em 04/04/2006, DJ 08/05/2006; **REsp 789.920/MA**, Rel. Ministro FRANCISCO FALCÃO, PRIMEIRA TURMA, julgado em 16/02/2006, DJ 06/03/2006; **REsp 601.432/CE**, Rel. Ministro FRANCISCO PEÇANHA MARTINS, SEGUNDA TURMA, julgado em 27/09/2005, DJ 28/11/2005; **REsp 255.701/SP**, Rel. Ministro FRANCIULLI NETTO, SEGUNDA TURMA, julgado em 27/04/2004, DJ 09/08/2004; **REsp 174.000/RJ**, Rel. Ministra ELIANA CALMON, SEGUNDA TURMA, julgado em 08/05/2001, DJ 25/06/2001; **REsp 62.767/PE**, Rel. Ministro ANTÔNIO DE PÁDUA RIBEIRO, SEGUNDA TURMA, julgado em 03/04/1997, DJ 28/04/1997; **REsp 4.089/SP**, Rel. Ministro GERALDO SOBRAL, Rel. p/ Acórdão MIN. JOSÉ DE JESUS FILHO, PRIMEIRA TURMA, julgado em 27/02/1991, DJ 29/04/1991; **AgRg no Ag 4.664/CE**, Rel. Ministro GARCIA VIEIRA, PRIMEIRA TURMA, julgado em 22/08/1990, DJ 24/09/1990) **2.** É que as causas suspensivas da exigibilidade do crédito tributário (art. 151 do CTN) impedem a realização, pelo Fisco, de atos de cobrança, os quais têm início em momento posterior ao lançamento, com a lavratura do auto de infração.

3. O processo de cobrança do crédito tributário encarta as seguintes etapas, visando ao efetivo recebimento do referido crédito:

a) a cobrança administrativa, que ocorrerá mediante a lavratura do auto de infração e aplicação de multa: exigibilidade-autuação; b) a inscrição em dívida ativa: exigibilidade-inscrição; c) a cobrança judicial, via execução fiscal: exigibilidade-execução **4.** Os efeitos da suspensão da exigibilidade pela realização do depósito integral do crédito exequendo, quer no bojo de ação anulatória, quer no de ação declaratória de inexistência de relação jurídico-tributária, ou mesmo no de mandado de segurança, desde que ajuizados anteriormente à execução fiscal, têm o condão de impedir a lavratura do auto de infração, assim como de coibir o ato de inscrição em dívida ativa e o ajuizamento da execução fiscal, a qual, acaso proposta, deverá ser extinta. **5.** A improcedência da ação antiexacional (precedida do depósito do montante integral) acarreta a conversão do depósito em renda em favor da Fazenda Pública, extinguindo o crédito tributário, consoante o comando do art. 156, VI, do CTN, na esteira dos ensinamentos de abalizada doutrina, *verbis*: *"Depois da constituição definitiva do crédito, o depósito, quer tenha sido prévio ou posterior, tem o mérito de impedir a propositura da ação de cobrança, vale dizer, da execução fiscal, porquanto fica suspensa a exigibilidade do crédito.*

(...)Ao promover a ação anulatória de lançamento, ou a declaratória de inexistência de relação tributária, ou mesmo o mandado de segurança, o autor fará a prova do depósito e pedirá ao Juiz que mande cientificar a Fazenda Pública, para os fins do art. 151, II, do Código Tributário Nacional. Se pretender a suspensão da exigibilidade antes da propositura da ação, poderá fazer o depósito e, em seguida, juntando o respectivo comprovante, pedir ao Juiz que mande notificar a Fazenda Pública. Terá então o prazo de 30 dias para promover a ação. Julgada a ação procedente, o depósito deve ser devolvido ao contribuinte, e se improcedente, convertido em renda da Fazenda Pública, desde que a sentença de mérito tenha transitado em julgado" (MACHADO, Hugo de Brito. Curso de Direito Tributário. 27ª ed., p. 205/206). **6.** *In casu*, o Tribunal *a quo*, ao conceder a liminar pleiteada no bojo do presente agravo de instrumento, consignou a integralidade do depósito efetuado, às fls. 77/78: *"A verossimilhança do pedido é manifesta,* ***pois houve o depósito dos valores reclamados em execução****, o que acarreta a suspensão da exigibilidade do crédito tributário, de forma que concedo a liminar pleiteada para o fim de suspender a execução até o julgamento do mandado de segurança ou julgamento deste pela Turma Julgadora.*

7. A ocorrência do depósito integral do montante devido restou ratificada no aresto recorrido, consoante dessume-se do seguinte excerto do voto condutor, *in verbis:"O depósito do valor do débito impede o ajuizamento de ação executiva até o trânsito em julgado da ação.* ***Consta que foi efetuado o depósito nos autos do Mandado de Segurança impetrado pela agravante****, o qual encontra-se em andamento, de forma que a exigibilidade do tributo permanece suspensa até solução definitiva. Assim sendo, a Municipalidade não está autorizada a proceder à cobrança de*

> *tributo cuja legalidade está sendo discutida judicialmente.*" **8.** *In casu*, o Município recorrente alegou violação do art. 151, II, do CTN, ao argumento de que o depósito efetuado não seria integral, posto não coincidir com o valor constante da CDA, por isso que inapto a garantir a execução, determinar sua suspensão ou extinção, tese insindicável pelo STJ, mercê de a questão remanescer quanto aos efeitos do depósito servirem à fixação da tese repetitiva. **9.** Destarte, ante a ocorrência do depósito do montante integral do débito exequendo, no bojo de ação antiexacional proposta em momento anterior ao ajuizamento da execução, a extinção do executivo fiscal é medida que se impõe, porquanto suspensa a exigibilidade do referido crédito tributário. **10.** Recurso especial desprovido. Acórdão submetido ao regime do art. 543-C do CPC e da Resolução STJ 08/2008.

Nota-se, portanto, que o depósito do montante integral é um eficaz instrumento à disposição do contribuinte no bojo da Ação Declaratória tributária. Tem o condão de suspender a exigibilidade do crédito tributário, com isso impedido que a fazenda pública, no curso da ação, promova atos de constrição patrimonial e até mesmo constituição de novos créditos com fulcro na matéria controvertida debatida nos autos.

Por derradeiro, cumpre destacar que o depósito poderá ter dois destinos com o trânsito em julgado da ação. Em sendo procedente, o autor deverá promover o levantamento do montante. Nem mesmo que a fazenda pública argua a existência de outros débitos de sua titularidade é condição suficiente para afastar tal medida. Em contra nota, sendo julgada improcedente a ação, o depósito será convertido em renda do respectivo ente público, independente do lançamento fiscal do tributo em discussão nos autos. Funciona, nesse caso, como uma espécie de "autolançamento".

3. SENTENÇA NA AÇÃO DECLARATÓRIA TRIBUTÁRIA: EFEITOS, EFICÁCIA NO TEMPO E COISA JULGADA

Não resta mais dúvida, nesse momento, que a Ação Declaratória em matéria tributária tem por finalidade precípua

— não afastando outras, pela sua hibridez (cumulação com pedido de repetição do indébito, por exemplo) — obter a certeza oficial, isto é, do Poder Judiciário, sobre a (in)existência de determinada relação jurídica. Tal certeza é alcançada pela sentença que julgar o mérito da causa. Ela (decisão) não declara apenas o direito, sem efeito palpável algum. Possui natureza prescritiva, impondo obrigação às partes.

JOSÉ MANOEL DE ARRUDA ALVIM, enfrentando a questão da eficácia da sentença declaratória, assevera ainda que o provimento jurisdicional possua natureza eminentemente declaratória, sua estrutura é por excelência prescritiva, assim como os comandos emanados de toda e qualquer norma jurídica. Para ele "é errôneo, todavia, como já se disse, pretender-se que da ação declaratória não dimanam efeitos palpáveis, e, suscetíveis, por isso mesmo, de justificar atividade sucessiva à sentença declaratória, calcada em tais efeitos, ainda que não se trate de execução"[20].

Outro ponto que merece destaque no que toca aos efeitos da sentença na Ação Declaratória é a questão de sua eficácia no tempo. Compreendemos que os efeitos da decisão devem perdurar enquanto a situação fático/jurídica existir. Somente ocorrendo alteração em alguns desse pilares ela deixará de produzir efeitos. Melhor explicando: enquanto as normas jurídicas forem as mesmas, e o fato a elas vinculado também seja o mesmo, os efeitos da decisão devem prevalecer.[21]

---

20. ALVIM, José Manoel de Arruda. *Tratado de direito processual civil*, volume 1. São Paulo: RT, 1990, p. 427.

21. Nesse sentido temos o REsp 576.926/PE, Rel. Min. Denise Arruda, j. em 16.3.2006 que assevera o seguinte:
RECURSO ESPECIAL. TRIBUTÁRIO. EXECUÇÃO FISCAL. SENTENÇA TRANSITADA EM JULGADO PROFERIDA EM MANDADO DE SEGURANÇA. COISA JULGADA TRIBUTÁRIA. NÃO-OCORRÊNCIA. PEDIDO FORMULADO NA INICIAL LIMITADO A DETERMINADO EXERCÍCIO. PARTE DISPOSITIVA DA DECISÃO. LIMITAÇÃO DEEXERCÍCIO FINANCEIRO. APLICAÇÃO DA SÚMULA 239/STF. RECURSO PROVIDO.
1. A coisa julgada tributária deve ser determinada em função das partes, da causa de pedir e do pedido formulado na inicial. Este último, por sua vez, pode estar delimitado a uma cobrança, num dado exercício financeiro, ou estar relacionado ao tributo,

Por essa razão entendemos que a Súmula 239 do Supremo Tribunal Federal[22] deve ser interpretada com temperança. Tal afirmação decorre não somente da análise da realidade jurídica de forma sistemática, mas da própria jurisprudência do Supremo Tribunal, que em decisão de lavra do Ministro Rafael Mayer assim se posicionou:

> *Esse verbete se situa no plano do direito tributário formal, pois realmente o lançamento de um tributo originante de um crédito exigível em determinado exercício financeiro, não se poderia transpor a condição de débito de um próximo exercício. (...), mas se a decisão se coloca no plano do direito tributário material, para dizer inexistente a pretensão fiscal do sujeito ativo, por inexistência de fonte legal da relação jurídica que obrigue o sujeito passivo, então não é possível renovar a cada exercício o lançamento e a cobrança do tributo.23*

---

em si mesmo. 2. No primeiro caso, em que o pedido diz respeito a um débito situado em exercício certo, deve ser aplicado o teor da Súmula 239/STF: "Decisão que declara indevida a cobrança do imposto em determinado exercício não faz coisa julgada em relação aos posteriores." 3. No segundo caso, não se referindo o pedido a exercício financeiro específico, mas ao reconhecimento da inconstitucionalidade ou ilegalidade da exação, ou de sua imunidade ou isenção, por exemplo, deve ser afastada a restrição inserta na mencionada súmula. Isso porque, nessa hipótese, há uma abrangência no pedido e, portanto, sendo esse julgado procedente, a coisa julgada terá efeitos mais amplos, ou seja, abarcará as situações jurídicas posteriores, não se restringindo a exercício financeiro específico. 4. Assim, deve-se ter em conta que a coisa julgada somente protege o que foi objeto do pedido e, por conseguinte, da decisão, de maneira que, se o pedido foi abrangente, a decisão também o será, não se aplicando a Súmula 239/STF, na medida em que a coisa julgada terá maior amplitude; se o pedido restringir-se a determinado exercício, então a decisão estará limitada a esse, incidindo o enunciado da súmula em apreço. 5. Essa mesma interpretação deve ser dada, em se tratando de ação mandamental. Assim, se o ato ilegal ou abusivo é declarado indevido, de forma genérica, em relação às situações jurídicas a ele ligadas como um todo, a coisa julgada projetar-se-á a exercícios financeiros futuros, até que haja alguma alteração no estado de fato e/ou de direito da decisão. No entanto, se o ato ilegal ou abusivo lastreia-se em exercício financeiro específico, a decisão fará coisa julgada somente em relação a este.6. No caso dos autos, o pedido constante do writ, assim como a parte dispositiva da decisão transitada em julgado, têm natureza restrita, na medida em que estão vinculados a exercício financeiro específico. Desse modo, não se operou a coisa julgada em relação aos exercícios financeiros seguintes, sendo plenamente aplicável a Súmula 239/STF 7. Recurso especial provido.

22. Súmula 239 do Supremo Tribunal Federal: Decisão que declara indevida a cobrança de imposto em determinado exercício não faz coisa julgada em relação aos posteriores.

23. Decisão citada pelo professor José Eduardo Soares de Melo no livro *Processo*

Entendemos, com efeito, que, proposta a Ação Declaratória e estabilizada com a coisa julgada, não há que ocorrer renovação a cada ano, na hipótese de não advir alteração fática ou jurídica. Não se justifica, com toda razão, a necessidade de se promover infindáveis ações versando sobre idêntica matéria. Sem dúvida alguma, caso necessária tal prática, teríamos enorme insegurança jurídica e falta de economia processual. Isso porque, sem medo de errar, haveria julgados antagônicos e incomensuráveis ônus às partes (custas processuais e honorários advocatícios)[24].

Questão de relevo e vinculada diretamente ao tema, muito discutida pela doutrina processual em todas os ramos, especialmente com a relevância que o Código de Processo Civil atual conferiu às decisões com "efeito vinculante", diz respeito à mudança de posicionamento (jurisprudência) das cortes superiores e à extensão da coisa julgada.

Suponhamos, por exemplo, que determinado contribuinte obteve perante o poder judiciário sentença transitada em julgado que o desobriga a arcar com o IPI sobre a revenda de produtos importados. Com a mudança de entendimento recente do Superior Tribunal de Justiça, em julgado vinculante, fixou-se que o mencionado tributo sobre produtos industrializados deverá incidir no processo de revenda. Nessa específica hipótese, o que fazer? Propor Ação Rescisória? E se o prazo legal já transcorreu? O contribuinte que obteve tal decisão poderá beneficiar-se para todo o sempre com essa vantagem não experimentada pelos seus concorrentes?

Em estudo bastante interessante promovido por HUGO DE BRITO MACHADO SEGUNDO e RAQUEL MACHADO

---

tributário administrativo e judicial. 4ª ed. São Paulo: Quartier Latin, 2015. p. 344.

24. Nessa mesma linha posiciona-se processualista de escol, como Candido Rangel Dinamarco, Ada Pelegrini Grinover e Antônio Carlos de Araújo Cintra. Vide: CINTRA, Antônio Carlos de Araújo; GRINOVER, Ada Pelegrini; DINAMARCO, Cândido Rangel. *Teoria geral do processo*, 18 ed. São Paulo: Malheiros, 2002.

CAVALCANTI[25], os autores, por meio exemplo prático, demonstram que a coisa julgada deve ser respeitada de forma absoluta. No entanto, em situações específicas, especialmente nas relações jurídicas de trato continuado, em que ocorra mudança posterior da situação fática ou jurídica, a coisa julgada deve ser interpretada de forma sistemática, comportando relativização.

Inicialmente, sem medo de questionamentos, entendemos que a matéria envolve tensão entre princípios constitucionais relevantes que, ao fim e ao cabo, buscam garantir a segurança jurídica do sistema normativo. Cito, sem com isso afastar a relevância de outros, o princípio da igualdade em confronto com a certeza do direito.

Decisão que alterou posicionamento acerca de determinado tema, assunto esse já resolvido e esgotado no passado (por exemplo, o direito de usufruir da isenção de IPTU em determinado exercício), não possui o condão de relativizar a coisa julgada, ela deve manter-se estável.

Em contraponto, na hipótese de relação jurídica de trato sucessivo ou continuativa, a alteração jurisprudencial poderá surtir alguma implicação nos efeitos do *decisum*. Não é possível, logo afirmamos, o ataque puro e simples à coisa julgada, especialmente com relação a seus efeitos pretéritos. Jamais deverá ser tolerado que uma decisão com foro de definitividade se transforme, retroativamente, em um erro rescindível. Todavia, também é tolerável que um contribuinte, porque obteve o trânsito em julgado favorável a si, se esquive definitivamente de um tributo que nova situação jurídica o obriga a arcar.

Segundo os autores, e com ele comungamos a opinião:

> *O correto, ponderado e proporcional, no caso, parece ser o respeito à coisa julgada, e a todos os efeitos por ela já produzidos no passado,*

---

25. MACHADO, Hugo de Brito. *Coisa julgada, constitucionalidade legalidade em matéria tributária*. São Paulo/Fortaleza: Dialética, 2006.

> *garantindo-se assim a segurança. Mas, em relação aos seus efeitos sobre eventos futuros, posteriores à nova orientação jurisprudencial do STF, deve-se admitir, em tese, a possibilidade de que sejam revistos, para que também não reste desprestigiada a isonomia.*[26]

Entretanto, não é qualquer mudança na jurisprudência que enseja os efeitos aqui mencionados. Caso se trate de decisão do Supremo Tribunal Federal em controle de constitucionalidade concentrado, com efeitos *erga omnes*, não é necessária qualquer outra formalidade além da publicação da decisão no diário da justiça. A partir desse marco, cessam os efeitos, para o futuro, da coisa julgada, devendo o contribuinte que estava por ela albergado retomar o recolhimento do tributo. O período passado, frisamos, não poderá ser atingido[27].

Já nas hipóteses de guinada da jurisprudencial do Superior Tribunal de Justiça, no plano da legalidade, e do Supremo Tribunal Federal na sede de controle difuso, a mera publicação da decisão não enseja o cessamento dos efeitos da coisa julgada. É indispensável que a parte interessada, no caso das Ações Declaratórias Tributárias, a Fazenda Pública, promova a Ação de Rescisão da Coisa Julgada, nos termos do art. 505, inciso I, do Código de Processo Civil.

4. AÇÃO DECLARATÓRIA TRIBUTÁRIA E CASOS CONCRETOS

Nada melhor, para compreensão de determinado instituto, que vê-lo funcionando na prática. Por isso trarei, de forma breve, duas hipóteses em que a Ação Declaratória em matéria tributária se corporifica, mostra seu viés prático.

---

26. MACHADO, Hugo de Brito. *Coisa julgada, constitucionalidade legalidade em matéria tributária*. São Paulo/Fortaleza: Dialética, 2006. P. 457.

27. Tal entendimento, inclusive, encontra respaldo legal no artigo 5º,§3º da Lei nº 9.882/1999.

4.1 AÇÃO DECLARATÓRIA DE IMUNIDADE TRIBUTÁRIA

Claro exemplo da utilidade prática da Ação Declaratória é o da hipótese em que se pede o reconhecimento a imunidade tributária. Por exemplo, o Supremo Tribunal Federal nas ADIs 2.028, 2036, 2028 e 2061, em que se questionava artigos da Lei 9.732 e também dispositivos que modificavam e regulamentavam a Lei 8.212, julgou que somente à Lei Complementar é outorgado definir critérios para gozo de imunidade tributária, nos termos do art. 146, inciso III, da Constituição Federal.

Tal papel, segundo o Supremo, cabe ao art. 14 do Código Tributário Nacional[28]. Prescreve que, para usufruir da Imunidade Tributária, as entidades do terceiro setor deverão comprovar, documentalmente, que (I) não distribuem qualquer parcela do seu resultado ou patrimônio a qualquer título; (II) aplicaram integralmente no país e em seu objeto precípuo todas as rendas obtidas; e (III) mantiveram escrituração contábil de forma adequada, conforme prescreve a legislação.

Com tal julgamento, afastando exigência imposta por Lei Ordinária, caberá às pessoas jurídicas beneficiadas, em especial aquelas arroladas no art. 150, VI, "c" e 195, § 7º da Constituição, caso não obtenha pela via administrativa o reconhecimento do direito, manejar Ação Declaratória (positiva) para

28. Art. 14. O disposto na alínea c do inciso IV do artigo 9º é subordinado à observância dos seguintes requisitos pelas entidades nele referidas:
I – não distribuírem qualquer parcela de seu patrimônio ou de suas rendas, a qualquer título;(Redação dada pela Lcp nº 104, de 2001)
II - aplicarem integralmente, no País, os seus recursos na manutenção dos seus objetivos institucionais;
III - manterem escrituração de suas receitas e despesas em livros revestidos de formalidades capazes de assegurar sua exatidão.
§ 1º Na falta de cumprimento do disposto neste artigo, ou no § 1º do artigo 9º, a autoridade competente pode suspender a aplicação do benefício.
§ 2º Os serviços a que se refere a alínea c do inciso IV do artigo 9º são exclusivamente, os diretamente relacionados com os objetivos institucionais das entidades de que trata este artigo, previstos nos respectivos estatutos ou atos constitutivos.

que o poder judiciário, fazendo valer a determinação do Supremo Tribunal Federal, reconheça a imunidade a que faz jus.

4.2 AÇÃO DECLARATÓRIA DE COMPENSAÇÃO

Outra modalidade bastante comum de manejo da Ação Declaratória é a que busca o direito de compensação de indébitos tributários do contribuinte com débitos vencidos ou vincendos do contribuinte. Tal ação tem como fundamento legal o art. 66 da Lei 8.383/91[29], com alteração promovida pela Lei 9.069/95, que concede ao contribuinte o direito de compensação nas hipóteses de pagamento indevido ou a maior de tributos federais, mesmo quando tais créditos são resultantes de decisão judicial.

Diversos itens procedimentais acabam por suscitar dúvidas, especialmente porque a Fazenda Nacional, por meio da Receita Federal, busca de todas as formas obstaculizar direito líquido e certo dos contribuintes.

5. CONCLUSÃO

Nessas breves linhas escritas, percebe-se que a Ação Declaratória possui previsão desde o direito romano, sendo formalmente introduzida no Brasil com a edição do Código Processual Civil de 1939. Atualmente, encontra fundamento

29. Art. 66. Nos casos de pagamento indevido ou a maior de tributos, contribuições federais, inclusive previdenciárias, e receitas patrimoniais, mesmo quando resultante de reforma, anulação, revogação ou rescisão de decisão condenatória, o contribuinte poderá efetuar a compensação desse valor no recolhimento de importância correspondente a período subsequente.
§1º A compensação só poderá ser efetuada entre tributos, contribuições e receitas da mesma espécie.
§ 2º É facultado ao contribuinte optar pelo pedido de restituição.
§ 3º A compensação ou restituição será efetuada pelo valor do tributo ou contribuição ou receita corrigido monetariamente com base na variação da UFIR.
§ 4º As Secretarias da Receita Federal e do Patrimônio da União e o Instituto Nacional do Seguro Social - INSS expedirão as instruções necessárias ao cumprimento do disposto neste artigo.

legal no art. 19 e 20 do Código de Processo Civil. Com o seu manejo, o autor busca que o estado-juiz declare a existência ou a inexistência de uma determinada relação jurídica.

Deve ainda o autor obediência a todos os requisitos gerais necessários para processamento da petição inicial. Não é facultado a ele, e aqui é traço determinante, que busque por meio do instrumento processual declaratório a discussão de lei em tese ou utilize o poder judiciário como órgão de consulta. A matéria presente na Ação Declaratória deve possuir concretude, envolvendo diretamente o autor.

Vimos ainda que é perfeitamente aceitável a antecipação dos efeitos da tutela na Ação Declaratória em matéria tributária, tanto com o fim de antecipar os efeitos da decisão vindoura, quanto com o objetivo de suspender a exigibilidade do crédito tributário, já constituído e o por ventura que venha a ser constituído no curso da ação. De mais a mais, é perfeitamente possível, e mesmo recomendável, a realização do depósito com o condão de suspender a exigibilidade do crédito, isso porque, ao final da ação, caso o autor sagre-se vencedor, poderá promover o levantamento dos valores.

Com relação aos efeitos da decisão na Ação Declaratória, ela, conforme visto, não declara meramente determinada situação jurídica. Possui, sim, efeitos concretos, impondo obrigação às partes. Quanto a sua eficácia no tempo, a sentença, diferente do quanto previsto na súmula 239 do Supremo Tribunal Federal, deve avançar com diversos exercícios, desde que possua natureza continuativa e a situação fática e jurídica permaneçam as mesmas.

Importante ainda destacar que é possível certa relativização da coisa julgada da sentença na Ação Declaratória, desde que ocorra alteração no posicionamento (jurisprudencial) dos tribunais superiores. Todavia, não é aceitável em nenhuma hipótese efeitos retroativos, ou seja, afastamento da coisa julgada e cobrança, por exemplo, de tributos não recolhidos nesse período. Os efeitos são só e somente só prospectivos.

6. REFERÊNCIAS

ALVIM, José Manoel de Arruda. *Tratado de direito processual civil, volume 1*. São Paulo: RT, 1990.

CINTRA, Antônio Carlos de Araújo; GRINOVER, Ada Pellerini; DINAMARCO, Cândido Rangel. *Teoria geral do processo*. 18 ed. São Paulo: Malheiros, 2002.

BARBI, Celso Agrícola. *Comentários ao código de processo civil, volume I*. 14ª ed. – Rio de Janeiro: Forense, 2010.

BOLLATO, Eduardo. *Execução fiscal, ação declaratória e repetição de indébito*. Revista de Direito Tributário 50/158.

BUENO, Cassio Scarpinella. *Novo código de processo civil anotado*. São Paulo: Saraiva, 2015.

BUENO, Cassio Scarpinella. *Manual de Direito Processual Civil: volume único*. 4 ed. – São Paulo: Saraiva, 2018.

CONRADO, Paulo Cesar. *Processo tributário*. 3. Ed. São Paulo: Quartier Latin, 2012.

DIDIER JR, Fredie. *As condições da ação e o novo CPC*. Disponível em http://portalprocessual.com/as-condicoes-da-acao-e--o-novo-cpc/. Acesso em: 05 de maio.2019.

__________ A sentença meramente declaratória como título executivo – aspecto importante da reforma processual civil brasileira de 2005. *In*. I CIANCI, Mirna; QUARTIERI, Rita (coords.) *Temas atuais de direito civil*. São Paulo; Saraiva, 2007.

JESUS, Isabela Bonfá de. *Manual de direito e processo*/ Isabela Bonfá de Jesus, Fernando Bonfá de Jesus, Ricardo Bonfá de Jesus. – 3 ed. – São Paulo: Editora Revista dos Tribunais, 2016.

LOPES, João Batista. *Ação declaratória*. 5 ed. São Paulo: RT. 2002.

MACHADO, Hugo de Brito. *Coisa julgada, constitucionalidade legalidade em matéria tributária*. São Paulo/Fortaleza: Dialética, 2006.

MARINS, James. *Direito tributário processual brasileiro (administrativo e judicial)*. 8.ed – São Paulo: Dialética, 2015.

MELO, José Eduardo Soares de. *Processo tributário administrativo e judicial*. 4ª ed. – São Paulo: Quartier Latin, 2015.

NEVES, Daniel Amorim Assumpção. *Manual de direito processual civil – volume único*. 11ed. – Salvador: Ed JusPodivm, 2019.

SEGUNDO, Hugo de Brito Machado. *Processo tributário*. 11 ed. – São Paulo: Atlas, 2019.

XAVIER, Alberto. *Do lançamento, teoria geral do ato, do procedimento e do processo tributário*. 2ed. Rio de Janeiro: Forense, 1997.

AÇÃO DECLARATÓRIA EM MATÉRIA TRIBUTÁRIA: CONFLITOS QUE MOTIVAM A SUA PROPOSITURA E INTERESSE DE AGIR

Marina Vieira de Figueiredo[1]

Introdução

O direito positivo, enquanto conjunto de normas dedicadas a regular a vida em sociedade, não toca o mundo do ser. As normas, sozinhas, não alteram as condutas dos sujeitos, apenas atuam de modo a estimular que estas pessoas se conduzam na forma desejada pelo ordenamento.

É imprescindível, portanto, que os comandos normativos se aproximem cada vez mais dos sujeitos cujas condutas pretendem regular. E isso se dá mediante o "processo de positivação", em que normas de superior hierarquia servem de fundamento para a produção de normas inferiores, até a individualização dos comandos prescritivos. Neste processo, porém, é comum a produção de normas incompatíveis entre si.

---

1. Doutora e mestre em Direito Tributário pela Pontifícia Universidade Católica de São Paulo (PUC/SP). Professora dos cursos de especialização em Direito Tributário do IBET e da PUC/SP. Conselheira do Conselho Municipal de Tributos de São Paulo. Advogada.

Questionamentos quanto à existência de conflitos entre normas é o que motiva, muitas vezes, o acesso ao Poder Judiciário, de modo que este possa decidir se há ou não desacordo entre elas e qual a solução que deve ser aplicada.

Diferentes, contudo, são os tipos de tutela que podem ser requeridas pelo sujeito passivo e a definição da mais adequada depende do momento em que se encontra o processo de positivação da norma tributária.

Especificamente no que diz respeito às ações declaratórias, estas são vistas como medidas cabíveis antes da constituição do crédito tributário (preventivas) e que tem por objetivo afastar a incidência da norma que institui o tributo.

O problema que se põe é: se tal relação ainda não foi constituída, como determinar se a parte que ingressou com a medida judicial tem interesse e legitimidade para requerer a tutela pretendida? Além disso, qual o tipo de conflito que, efetivamente, é objeto de discussão na esfera judicial?

Estas são as questões que pretendemos responder neste artigo.

1. O DIREITO E A MOVIMENTAÇÃO DAS ESTRUTURAS NORMATIVAS

O direito positivo, considerado na sua perspectiva estritamente normativa, não é outra coisa senão um conjunto de normas jurídicas[2] destinadas a regular a vida em sociedade.

No entanto, para que essas normas cumpram tal papel, estimulando os destinatários a adotar as condutas que o

2. É importante ressaltar, desde já, que "normas jurídicas", na nossa concepção, não se confundem com textos jurídico-prescritivos. Embora o direito se manifeste, sempre, em linguagem de índole prescritiva, não são os textos jurídico-prescritivos, isoladamente, que disciplinam condutas. Esses são apenas o ponto de partida para a construção dos juízos condicionais (normas jurídicas em sentido estrito) que estatuirão, no seu antecedente, os acontecimentos que o direito considera relevantes e, no seu consequente, as consequências jurídicas que deles advirão.

sistema considera desejáveis, é indispensável que sejam aplicadas, dando ensejo à produção de novas normas, cada vez mais individualizadas, de modo a aproximar seus comandos dos seus destinatários e, assim, estimulá-los a adotar as condutas que o sistema considera mais desejáveis.[3]

Esse processo de aplicação, é bom que se diga, é inteiramente regulado pelo direito. Afinal, é qualidade comum a toda e qualquer norma jurídica o fato de ter a sua produção condicionada ao que prescreve uma norma de superior hierarquia, seja no que diz respeito à forma (sujeito competente e procedimento), seja em relação à matéria sobre a qual poderá dispor.[4] Portanto, independentemente do escalão, todas as normas deverão observância às regras superiores que as fundamentam.

1.1 O CONCEITO DE APLICAÇÃO DAS NORMAS JURÍDICAS E AS DIVERGÊNCIAS QUANTO À INCIDÊNCIA

Embora o direito seja um sistema semanticamente aberto – na medida em que se relaciona com o contexto social, alterando-se de modo a se adequar à evolução da sociedade –, é fechado sintaticamente, pois, como já destacado, regula a criação dos elementos que poderão integrá-lo (normas jurídicas).[5]

---

3. "Aquilo que está ao alcance do legislador é aproximar os comandos normativos, cada vez mais, estimulando de maneira crescente as consciências, para determinar as vontades na direção do cumprimento das condutas estipuladas. E isso se faz com o processo de positivação das normas jurídicas, numa trajetória que vai da mais ampla generalidade e abstração, para chegar a níveis de individualidade e concreção." (CARVALHO, Paulo de Barros. *Curso de direito tributário.* 25ª ed. São Paulo: Saraiva, 2013, p. 353)

4. [...] a peculiaridade que possui o direito de regular sua própria criação. Isso pode operar-se de forma a que uma norma apenas determine o processo porque outra norma é produzida. Mas também é possível que seja determinado ainda – em certa medida – o conteúdo da norma a produzir. (KELSEN, Hans. *Teoria pura do direito.* 7ª ed. São Paulo: Martins Fontes, 2006, p. 246)

5. "Reconhecer a clausura operacional dos ordenamentos jurídicos não acarreta afirmar que este sistema - na condição de um dos subsistemas sociais, em paridade com os (sub)sistemas formados pela economia, política, cultura, moral e ética - não se

Esta relação de fundamentação/derivação deixa claro, por outro lado, a ideia de que o ato de produção de uma norma não é outra coisa senão um ato de aplicação da norma que lhe serve de fundamento (norma superior). Em termos mais diretos: aplicar uma norma resulta na produção de uma nova, mais especializada que a primeira.

A definição do conceito de aplicação, porém, suscita divergências, especialmente quando comparado ao conceito de incidência.

Tradicionalmente, a doutrina defende que aplicação e incidência são conceitos distintos: a incidência de uma norma ocorreria automática e infalivelmente após a ocorrência de uma situação, no mundo da vida, que se enquadra na hipótese prevista na lei como apta a desencadear consequências jurídicas. A aplicação, por sua vez, ocorreria num momento posterior, de modo a transpor para o mundo jurídico, mediante linguagem jurídica, a incidência ocorrida anteriormente.[6]

Em oposição a esta teoria, a doutrina moderna, amparada nos ensinamentos de Paulo de Barros Carvalho,[7] defende que incidência e aplicação são conceitos sinônimos, pois, se é verdade que não há comunicação automática entre o mundo do *ser* e do *dever-ser*, o acontecimento do mundo da vida somente desencadearia as consequências previstas no ordenamento quando devidamente constituído na linguagem competente para atribuir-lhe este poder. Em síntese: enquanto não houver o relato

---

relacione com os demais. O fechamento funcional, portanto, não implica em que o sistema jurídico esteja inacessível às mudanças ocorridas nos outros subsistemas que constituam o seu entorno ou o contexto. Identificar a clausura e a abertura significa dizer que embora o sistema se relacione com (ou seja aberto aos) demais sistemas integrantes do sistema social global, a forma de relacionamento é própria. O fechamento opera como a lente de uma máquina fotográfica: o sistema jurídico, ao se relacionar com o contexto social, em sua multiplicidade, seleciona e representa ("fotografa") os aspectos que demandam a regulação jurídica. [...]" (ARAÚJO, Clarice von Oertzen de. *Incidência jurídica: teoria e crítica.* 1ª ed. São Paulo: Noeses, 2011, p. 58)

6. PONTES DE MIRANDA, F.C. *Tratado de direito privado. Tomo I.* Rio de Janeiro: Editor Borsoi, 1970, p. 16.

7. CARVALHO, Paulo de Barros. *Direito tributário: fundamentos jurídicos da incidência.* São Paulo: Saraiva, 2009, p. 11.

em linguagem jurídica, nada existe para o mundo do direito e, como consequência, nenhum efeito jurídico é constatado:

> De fato, sob a perspectiva daquele que está dentro do ordenamento – participante do sistema – o mais adequado seria falar em incidência e aplicação como conceitos sinônimos, na medida em que, para estas pessoas, o que não está relatado na linguagem do direito não tem relevância jurídica. Ademais, não existe comunicação automática entre o mundo do *ser* e do *dever-ser*.
>
> Num caso de homicídio, por exemplo: o fato de alguém matar outra pessoa não significa necessariamente que tal acontecimento será transposto para o mundo do *dever ser*. Se, no processo penal, não forem apresentadas provas, legitimadas pelo direito (linguagem competente), aptas a comprovar que o acusado matou aquela pessoa, ele será inocentado, de modo que, para o mundo jurídico, ele não terá matado ninguém.
>
> Neste contexto, não parece ter sentido falar em incidência como ocorrência anterior à aplicação. Sob o ponto de vista do ordenamento jurídico, os acontecimentos sociais são simples eventos, sem qualquer relevância para o direito enquanto não forem constituídos em linguagem jurídica própria.[8]

1.2 SUBSUNÇÃO COMO ELEMENTO INDISPENSÁVEL PARA A INCIDÊNCIA/APLICAÇÃO DAS NORMAS JURÍDICAS

No item precedente tratamos das duas principais posições teóricas a respeito dos conceitos de incidência e aplicação. Ambas são, como vimos, posições inconciliáveis, já que partem de premissas distintas. Quando muito, poderíamos afirmar que se trata de perspectivas diversas a respeito de um mesmo fenômeno: o direito aproximando seus comandos de modo a alterar as condutas intersubjetivas.

8. Paulo de Barros Carvalho, *Direito tributário:* fundamentos jurídicos da incidência, p. 97.

É interessante observar, porém, que independentemente da perspectiva que se adote (incidência como algo diverso de aplicação ou como conceitos sinônimos) fato é que ambas as teorias partem de uma mesma premissa: para que ocorra a incidência e/ou a aplicação é indispensável a subsunção, ou seja, o perfeito enquadramento da ocorrência do mundo do *ser* (transcrita ou não em linguagem competente) àquilo que prevê o direito positivo, de modo a desencadear as relações jurídicas correlatas.

A necessidade de subsunção do acontecimento ao quanto previsto na lei, por sua vez, poderia levar a conclusão de que não seria possível a edição de normas conflitantes em patamares distintos do sistema.

Afinal, se o legislador somente pode atuar nos limites impostos pela Constituição, não conseguiria elaborar normas inconstitucionais. Da mesma forma, se os regulamentos devem integral observância ao que prescreve a lei, por força da subsunção não seria possível contrariá-la. Com muito mais razão, as sentenças, acórdãos, atos administrativos e todos os demais instrumentos destinados a individualizar os comandos prescritivos não se desviariam deles em hipótese alguma.

Ocorre que, como bem observa Tércio Sampaio Ferraz Júnior,[9] o processo de subsunção não é uma operação dedutiva, em que a norma superior funciona como premissa maior, a descrição do caso concreto como premissa menor e o desencadeamento das consequências correlatas como conclusão necessária. A tipificação do fato relevante para o direito e das consequências a ele correlatas tem que ser construída pelo aplicador e, nesta tarefa, é possível que ocorram divergências.

1.3 NORMAS JURÍDICAS COMO CONSTRUÇÕES DO INTÉRPRETE

Apesar de direito positivo se manifestar, sempre, numa linguagem de índole prescritiva, não são os textos jurídicos,

---

9. *Introdução ao Estudo do Direito*. 6ª ed. São Paulo: Atlas, 2008, p. 293-294.

isoladamente, que disciplinam a conduta. O texto prescritivo é apenas o ponto de partida para a construção da norma jurídica.

Paulo de Barros Carvalho, ao tratar da interpretação do direito positivo, decompõe analiticamente esse processo de construção do sentido em quatro fases:[10]

(I) 1ª Fase – Plano S1: neste plano o aplicador toma contato com o suporte físico, ou seja, com o texto que servirá de base para a construção do sentido (norma jurídica);

(II) 2ª Fase – Plano S2: a partir do exame do texto, o aplicador começa, então, a construir as significações isoladas dos termos utilizados pela autoridade competente ao elaborar o texto jurídico;

(III) 3ª Fase – Plano S3: construídas as significações isoladas (S2), o aplicador agrupa-as, de modo a formular o juízo hipotético condicional que corresponde à norma jurídica; e

(IV) 4ª Fase – Plano S4: em seguida, o aplicador faz a análise das relações de coordenação e subordinação existentes entre a norma construída e as demais que compõem o sistema.

Como assinala referido autor, o simples contato com o texto jurídico (S1) não é suficiente para que o intérprete compreenda o comando prescritivo, tendo em vista a necessidade de construção do sentido das palavras empregadas pelo legislador (S2).

Quando a lei prescreve, por exemplo, que a base de cálculo do tributo é a renda auferida, é indispensável construir o sentido do termo "renda". Contudo, mesmo após definir o conceito de renda, ainda não é possível compreender adequadamente o comando imposto pela lei. Afinal, surgirão questões como: quem deve pagar este tributo? Para quem este

10. *Direito tributário: fundamentos jurídicos da incidência*, p. 25.

tributo deve ser pago? Se a base de cálculo é a renda, qual é a alíquota aplicável?

Para respondê-las, deverá o intérprete construir os sentidos dos outros termos empregados pelo legislador para definir sujeito passivo, alíquota etc. (ainda no plano S2) e então reuni-los (S3) para possibilitar a compreensão da mensagem transmitida pelo legislador, ou seja, entender qual a conduta regulada e de que maneira ela é regulada.

Uma vez construído o juízo condicional, é necessário, então, verificar sua relação, seja de coordenação, seja de subordinação, com as demais normas que integram o sistema (S4). Tal procedimento, contudo, somente poderá ser executado se forem construídos também os sentidos destas outras normas com as quais a regra construída mantém relação.

Examinando todas estas etapas, fica claro que o texto, enquanto suporte físico, é o único dado objetivo de que dispõe o intérprete para a construção das normas jurídicas e, nessa qualidade, serve como importante instrumento de controle das interpretações adotadas pelos participantes do sistema no momento da aplicação dessas normas. O problema é que tal "limite" não é suficiente para evitar a construção de normas conflitantes.[11]

A linguagem é o veículo por meio do qual o homem se comunica. Não por outra razão, esse é o substrato utilizado pelo direito para comunicar os padrões de comportamento que devem ser observados pela sociedade.[12]

---

11. Como assevera Friedrich Müller: "No interesse de uma clareza constitucional e da determinidade pelos princípios do Estado de Direito, o texto da prescrição deve ser tratado como limite da concretização em circunstâncias a serem detalhadas. Como, porém, o texto da norma não pode ser igualado à norma e esta por sua vez não é "aplicável" como previamente dada, essa linha de fronteira para a mera tópica se revela como apenas relativa, correspondendo à peculiaridade da objetividade jurídica." (*Teoria estruturante do direito.* 2ª ed. São Paulo: Revista dos Tribunais, 2009, p. 81)

12. "[...] o direito somente é possível mediante palavras. Suprimidas as palavras, suprime-se automaticamente o direito. Algumas espécies animais formam comunidades organizadas que realizam regularmente determinados comportamentos; mas

Ao estabelecer estes padrões o legislador seleciona palavras e as combina em frases, de acordo com o sistema sintático da língua que utiliza. Essa seleção, contudo, não é de livre escolha do legislador. Ele deve, necessariamente, se utilizar de um repertório comum àqueles a quem se dirige a mensagem legislativa.

Isso porque, como observa Roman Jakobson, para que ocorra a comunicação, melhor dizendo, para que se transmita uma mensagem, é indispensável que tanto o seu emissor – no caso, o legislador –, quando o seu receptor – aqueles a quem se dirigem os comandos prescritivos – compartilhem o mesmo código.[13]

Com efeito, seria impossível que o direito cumprisse seu papel – regular as condutas intersubjetivas – se não se manifestasse em linguagem inteligível para todos os seus

nem assim dizemos que têm uma ordem jurídica. O direito surge com o homem, como expressão de sua capacidade de configurar a vida em sociedade. Aparece em sociedade, é um fenômeno social. Mas sua essência consiste em palavras, sem as quais não é nada. Retiremos as palavras do código civil: não sobra nada. Suprimamos as palavras da constituição: não sobra nada. Esqueçamos as palavras de um contrato ou de uma escritura pública: não sobra nada. E não se trata de uma prova contundente apenas em relação ao texto escrito, que é a parte mais substancial de todo o direito moderno. Retiremos as palavras do costume: o que resta dele? Um comportamento carente de significado, porque o que configura o costume não é o comportamento habitual de uma comunidade, mas o significado obrigatório de tal comportamento, e o significado só é possível mediante sua vinculação às palavras." (ROBLES, Gregorio. *O direito como texto: quatro estudos de teoria comunicacional do direito*. São Paulo: Manole, 2005, p. 38-39)

13. Falar implica a seleção de certas entidades linguísticas e sua combinação em unidades linguísticas de mais alto grau de complexidade. Isto se evidencia imediatamente no plano lexical: quem fala seleciona palavras e as combina em frases, de acordo com o sistema sintático da língua que utiliza; as frases, por sua vez, são combinadas em enunciados. Mas o que fala não é de modo algum um agente completamente livre na sua escolha de palavras: a seleção (exceto nos raros casos de efetivo neologismo) deve ser feita a partir do repertório lexical que ele próprio e o destinatário da mensagem possuem em comum. O engenheiro da comunicação aproxima-se de modo mais adequado da essência do ato de fala quando sustenta que, na troca de informação, o que fala e o que ouve têm a sua disposição mais ou menos o mesmo "fichário de representações *pré-frabricadas*": o destinatário da mensagem verbal escolhe uma destas "possibilidades pré-concebidas" e impõe-se que o destinatário faça uma escolha idêntica no mesmo repertório de "possibilidades já previstas e preparadas". Assim, para ser eficiente, o ato de fala exige o uso de um código comum por seus participantes." (JAKOBSON, Roman. *Linguística e comunicação*. São Paulo: Cultrix, 2005, p. 37)

destinatários. O problema, porém, é que os destinatários das normas, em especial aqueles a quem cumpre aplicá-las, muitas vezes possuem noções diversas sobre o sentido dos termos empregados nos textos prescritivos e, como consequência, o resultado da atividade interpretativa pode ser diverso.

Em síntese, o que se pretende demonstrar é que norma a aplicar, e que servirá de base para a subsunção, pode não ser a mesma para todos os aplicadores. Assim, ainda que sejam obrigados a realizar a operação de subsunção a que nos referimos, isso não impedirá eventuais conflitos na aplicação, pois tomarão por base "tipos legais" distintos. Esse é o cerne dos conflitos que motivam a propositura de medidas judiciais por aqueles que se veem obrigados a pagar tributos.

2. O PROCESSO DE POSITIVAÇÃO NO DIREITO TRIBUTÁRIO

Como já ressaltado, as normas jurídicas, para regularem as condutas intersubjetivas, precisam ser aplicadas, de modo a fazer surgir relações jurídicas que imputem direitos e deveres a sujeitos determinados.

Transpondo tais considerações para o subsistema tributário, fica evidente que, para que as pessoas físicas e jurídicas sejam compelidas a pagar tributos, é indispensável, em primeiro lugar, a existência de normas que autorizem a sua instituição.

A identificação de regras dessa natureza, todavia, não é suficiente para compelir alguém a levar dinheiro aos cofres públicos. É necessário, também, que as pessoas jurídicas de direito público exerçam tal competência, produzindo normas que especifiquem quais os acontecimentos que darão ensejo a relações jurídicas tributárias.

Considerando, porém, que as situações do mundo da vida não são automaticamente transportadas para o mundo jurídico, exigindo sua certificação em linguagem competente, impõe-se a aplicação da norma que institui o tributo. Em outros termos: deve-se produzir uma nova regra, agora individual e concreta, certificando que ocorreu um evento que se enquadra na classe delineada na hipótese da norma que institui o tributo e constitua a relação jurídica correspondente, atribuindo a uma pessoa específica (sujeito passivo) o dever de pagar a outrem (sujeito ativo) uma quantia determinada (base de cálculo x alíquota).

Neste ponto, é importante ressaltar que, embora alguns, amparados nas disposições do art. 142[14] do CTN, advoguem a tese segundo a qual apenas a Administração Pública é competente para realizar tal aplicação, parece-nos claro, pelo exame dos demais enunciados que disciplinam a matéria, que também o particular – nos chamados "lançamentos por homologação" – é competente para constituir relações jurídicas tributárias.[15]

Ao afirmar, portanto, que o "lançamento tributário" é ato privativo da Autoridade Administrativa, o legislador apenas deixou claro que esta modalidade de constituição do crédito tributário cabe ao agente público, o que não significa que outros sujeitos não sejam, igualmente, competentes para praticar atos igualmente destinados a certificar a ocorrência de fato tributável e constituir a correspondente relação jurídica.

---

14. "Art. 142. Compete privativamente à autoridade administrativa constituir o crédito tributário pelo lançamento, assim entendido o procedimento administrativo tendente a verificar a ocorrência do fato gerador da obrigação correspondente, determinar a matéria tributável, calcular o montante do tributo devido, identificar o sujeito passivo e, sendo caso, propor a aplicação da penalidade cabível."

15. Como já anotei em trabalho específico sobre o tema (*Lançamento tributário: revisão e seus efeitos*. São Paulo: Noeses, 2014), o exame do art. 150 do CTN, ao estabelecer que o pagamento antecipado realizado pelo sujeito passivo é suficiente para extinguir o crédito tributário, permite que se conclua que a relação jurídica tributária é constituída pelo particular antes da prática de qualquer ato pela Administração Pública. Afinal, não é possível extinguir algo que não existe.
Esta, aliás, é a razão pela qual o Superior Tribunal de Justiça (STJ), ao julgar o tema, pacificou, sob a égide dos recursos repetitivos (REsp 962.379), posicionamento no sentido de que cabe ao particular constituir o crédito tributário nos lançamentos por homologação. Esse entendimento, por sua vez, foi positivado em súmula do mesmo tribunal, a qual tem a seguinte redação: "Súmula 436. A entrega de declaração pelo contribuinte reconhecendo débito fiscal constitui o crédito tributário, dispensada qualquer outra providência por parte do fisco" (DJ 13/05/2010).

É interessante observar, no entanto, que mesmo nos casos em que o legislador atribui ao particular a tarefa de aplicar as normas tributárias, não fica a Administração Pública impedida de exercer essa competência. Verificando o agente público que o sujeito passivo não cumpriu o dever que lhe é próprio, deixando de constituir a relação jurídica tributária, deverá, necessariamente, realizar tal tarefa por meio de um ato de lançamento.

De fato, a Administração Pública, por força do princípio da legalidade, está adstrita aos termos da lei, não podendo deixar de cumprir seus mandamentos. Não por outra razão, o CTN é claro ao prescrever, no seu art. 142, parágrafo único, que "a atividade administrativa de lançamento é vinculada e obrigatória, sob pena de responsabilidade funcional". Fica claro, assim, que o agente público, ao constatar uma omissão do particular, está obrigado a supri-la por meio de um ato de lançamento.

De todo modo, o que queremos exprimir, até aqui, é que a imputação do dever de pagar o tributo depende da sucessiva aplicação de normas, produzindo outras mais especializadas. Esse processo – a que denominamos "processo de positivação" – pode ser sintetizado em pelo menos três passos:

(I) Edição de norma que autoriza a instituição do tributo;

(II) Aplicação da norma de competência, editando-se a norma instituidora da exação; e

(III) Aplicação da norma que institui o tributo, editando-se nova norma, responsável pela constituição da relação jurídica tributária entre sujeitos individualizados.

Uma vez cumpridas essas etapas, a regra seria a extinção da obrigação tributária por um dos meios previstos na legislação em vigor (art. 156 do CTN), devidamente certificados em linguagem competente.

É certo, contudo, que, em algumas situações, o sujeito passivo deixa de cumprir o dever que lhe foi imputado, o que justifica a continuidade do processo de positivação (inscrição em dívida ativa e posterior ajuizamento do processo de execução) de modo a garantir que tal dever seja cumprido mesmo contra sua vontade.

2.1 VÍCIOS NO PROCESSO DE POSITIVAÇÃO NO DIREITO TRIBUTÁRIO

As normas jurídicas, como já destacado, não são algo dado, mas sim construído pelos seus aplicadores das normas e estes, muitas vezes, divergem sobre o conteúdo da norma. Afinal, apesar de partirem de um mesmo texto prescritivo (suporte físico) para a construção do sentido, a linguagem nele empregada admite diversas interpretações.

Não são raros, portanto, os casos em que os aplicadores, ao interpretarem os textos normativos, constroem normas diversas, aplicando-as de modos igualmente distintos. Vejamos um exemplo: a Lei 9.718/98, ao instituir a Contribuição ao PIS e a COFINS, prescreveu que: (I) o fato que dá ensejo ao pagamento destas contribuições é auferir faturamento; (II) o sujeito passivo destas contribuições é a pessoa jurídica que aufere esse faturamento; e (III) a base de cálculo do tributo é o faturamento, assim entendido como a receita bruta da pessoa jurídica.

Reunindo estes enunciados num juízo condicional, de modo a construir a norma que institui referidas contribuições, temos o seguinte:

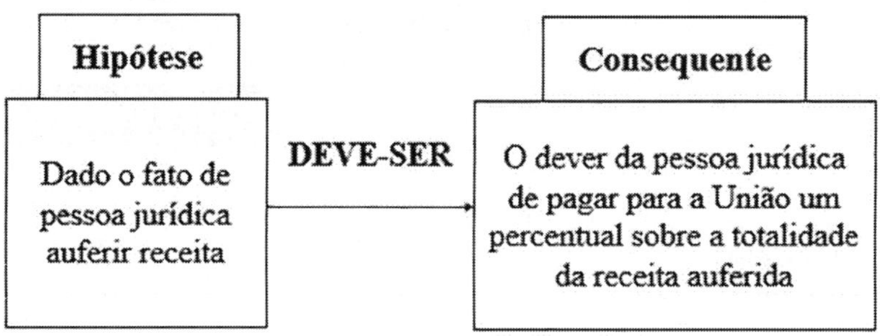

Esta norma, por sua vez, mantinha relação de subordinação com as normas constitucionais que regulam a instituição e a cobrança de tributos. Mais especificamente, estava subordinada à norma de competência construída com suporte no art. 195, I, da Constituição da República, o qual, à época em que a Lei 9.718/98 foi editada, possuía a seguinte redação:

> *Art. 195. A seguridade social será financiada por toda a sociedade, de forma direta e indireta, nos termos da lei, mediante recursos provenientes dos orçamentos da União, dos Estados, do Distrito Federal e dos Municípios, e das seguintes contribuições sociais:*
>
> *I – dos empregadores, incidente sobre a folha de salários, o faturamento e o lucro;*

Ao interpretar referido enunciado, não resta dúvida de que o legislador ordinário conferiu ao termo faturamento o sentido de "totalidade das receitas da pessoa jurídica". Ou seja, construiu norma de competência segundo a qual estava autorizado a instituir contribuição sobre todas as receitas da pessoa jurídica.

Tomando tal interpretação como referência, a conclusão seria pela constitucionalidade da norma que instituiu as contribuições (construída com suporte na Lei 9.718/98), pois a base de cálculo destes tributos era exatamente aquela autorizada pela Constituição. Em outros termos, não haveria qualquer conflito entre as normas superior e inferior:

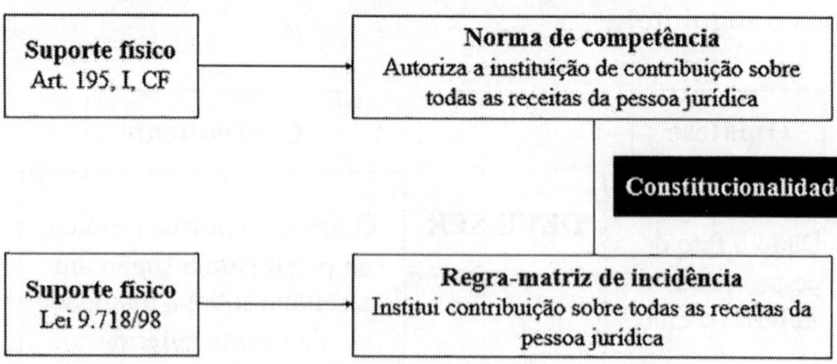

Os contribuintes, no entanto, interpretaram o texto constitucional de modo diverso, atribuindo outro sentido ao termo faturamento e defendendo, assim, que a norma que instituiu o tributo seria inconstitucional:

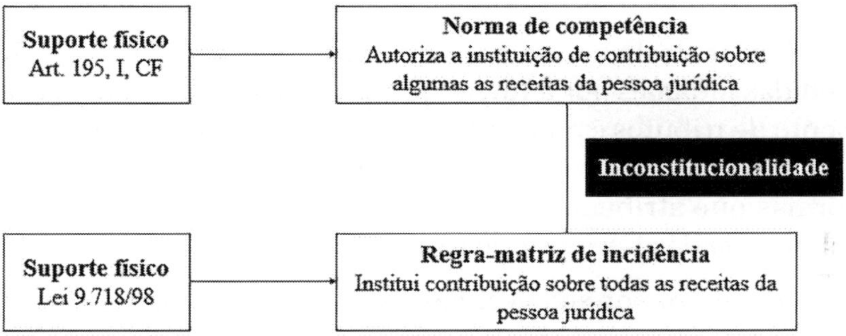

Como se percebe, o conflito na interpretação do art. 195 da CF e na construção da norma de competência resultou, igualmente, num desacordo no que diz respeito à constitucionalidade ou não da norma instituidora dos referidos tributos, o que motivou a propositura de medidas judiciais para que o Poder Judiciário decidisse: (I) qual a interpretação a ser conferida ao texto constitucional; e, portanto, (II) se a regra-matriz de incidência seria ou não viciada (inconstitucional).

O exemplo bem serve, como se vê, ao propósito de demonstrar não somente a possibilidade de construção de normas conflitantes, mas também que a própria identificação do conflito entre norma superior e inferior depende, primeiro, da solução da divergência quanto ao conteúdo dessas normas.

3. ESPÉCIES DE CONFLITOS E O PAPEL DO PODER JUDICIÁRIO NA SUA RESOLUÇÃO

Nos itens precedentes tentamos demonstrar que é possível que, no curso do processo de positivação, sejam produzidas normas conflitantes. Esses conflitos, porém, podem ser divididos em duas categorias: (I) conflitos na construção da norma a aplicar; e (II) conflitos entre a norma aplicada (norma superior) e a regra que resulta dessa operação (norma inferior). A resolução dos primeiros – os quais denominaremos "conflitos de primeira ordem" – é, por sua vez, indispensável para que se possa decidir pela existência, ou não, daqueles outros ("conflitos de segunda ordem").

Diante deste cenário, parece claro que a propositura de medidas judiciais por aqueles que se veem obrigados ao pagamento de tributos é motivada, em primeiro lugar, por conflitos de primeira ordem, ou seja, por conflitos na construção das normas que atribuem aos entes políticos a competência para tributar ou das normas que instituem tributos.

O pedido, por sua vez, consistirá em requerimento para que se reconheça um conflito de segunda ordem, cuja análise depende da resolução do primeiro, de modo a afastar o dever de pagar o tributo nos termos estatuídos pela legislação.

Para melhor compreensão dessas ideias, podemos sintetizá-las do seguinte modo:

(I) se o conflito de primeira ordem consiste numa divergência de interpretação da norma de competência, o conflito de segunda ordem consistirá numa incompatibilidade entre esta norma e aquela que institui o tributo; e

(II) se o conflito de primeira ordem corresponde a uma divergência de interpretação da norma que institui o tributo, o conflito de segunda ordem corresponderá a uma incompatibilidade entre esta norma e aquela que constitui a relação jurídica tributária (norma individual e concreta).

No curso de um processo judicial, portanto, serão praticados vários atos a fim de solucionar os conflitos de primeira ordem e, assim, determinar se existe ou não o conflito de segunda ordem, os quais não são outra coisa senão um desajuste entre a norma criada e a regra que amparou sua criação.

A depender, porém, do momento do processo de positivação em que é ajuizada a medida judicial, diversos são os conflitos passíveis de exame pelo Poder Judiciário e distintas serão as tutelas requeridas.[16]

Em quaisquer casos, todavia, a existência de conflitos de segunda ordem dependerá, inteiramente, de linguagem competente que reconheça a sua existência. Significa dizer: será necessário que um agente competente reconheça que a norma inferior foi criada ilicitamente – em desacordo com a norma superior – por meio da edição de uma nova norma.

4. AS TUTELAS DE NATUREZA DECLARATÓRIA

As ações de natureza declaratória são concebidas como medidas preventivas, cabíveis antes da positivação da norma individual e concreta que constitui a relação jurídica tributária. Rodrigo Della Pria expõe a ideia nos seguintes termos:

> *Para que uma norma individual e concreta produzida em atividade jurisdicional retorne ao processo de positivação e retome-o ou finalize-o do ponto em que foi suspenso pelo litígio é imprescindível que sua eficácia (social) seja adequada. Não é por outro motivo que o sistema jurídico-processual prescreve uma série de tutelas, tendo cada uma delas a potencialidade de produzir uma norma individual e concreta com eficácia moldada à fase em que se encontra o processo de positivação da norma jurídico-material.*
>
> *Assim, uma tutela meramente declaratória, por exemplo, não pode ser considerada instrumento adequado a desconstituir uma relação jurídica posta por ato-norma do lançamento, pois, não havendo incerteza quanto à existência da relação jurídica tributária (o ato-norma do lançamento já está inserido no sistema) a tutela*

16. Como observa Rodrigo Dalla Pria: "De fato, não obstante a propagada autonomia existente entre as relações jurídicas processual e substancial, sempre haverá um liame que conectará uma à outra, a começar pelos elementos do processo: causa de pedir (relação jurídica de direito material conflituosa) e pedido (tutela jurídica processual e pretensão material); passando pelas condições da ação: partes legítimas (ordinariamente, serão os sujeitos da relação jurídica de direito material) e interesse de agir (necessidade e adequação da tutela pretendida no que diz respeito à composição da relação jurídica material conflituosa)". ("Processo de positivação da norma tributária e a fixação da tutela jurisdicional apta a dirimir os conflitos havidos entre contribuinte e Fisco." In.: CONRADO, Paulo Cesar (coord.) *Processo tributário analítico.* 1ª ed. São Paulo: Noeses, 2011, p. 70)

> *"declaratória", que tem por escopo impedir a constituição da mencionada relação, será inútil.*[17]

Os conflitos que motivam a sua propositura, portanto, consistirão em: (I) divergências na interpretação da norma de competência (conflito de primeira ordem); e (II) incompatibilidade entre esta norma e aquela que institui o tributo (conflito de segunda ordem).

O pedido formulado, por sua vez, consistirá em requerimento para que seja editada norma anulatória reconhecendo o vício na norma que institui o tributo e impedindo que esta norma seja aplicada, ou seja, que se dê curso ao processo de positivação, constituindo-se a relação jurídica tributária.

O problema que se põe é: se tal relação ainda não foi constituída, como determinar se a parte que ingressou com a medida judicial tem interesse e legitimidade para requerer a tutela pretendida?

4.1 INTERESSE PROCESSUAL E LEGITIMIDADE PARA PROPOSITURA DE AÇÃO DECLARATÓRIA

O Código de Processo Civil, no seu art. 17, é claro ao prescrever que "para postular em juízo é necessário ter interesse e legitimidade". O seu art. 19, I, por sua vez, estabelece que o interesse pode se limitar à declaração "da existência, da inexistência ou do modo de ser de uma relação jurídica".

O interesse processual – e, como consequência, a legitimidade para a demanda – se verifica sempre que se comprova a utilidade e necessidade do pronunciamento judicial.[18] Como

17. *Op. Cit*, p. 72-73.

18. Conforme reiteradamente decidido pelo E. Superior Tribunal de Justiça, "Há interesse processual quando se reconhece a utilidade e a necessidade do pronunciamento judicial para a satisfação da pretensão deduzida em juízo" (REsp 1769173/SP, 3ª Turma, Rel. Min. Nancy Andrighi, DJe 18/10/2018).

observa Fredie Didier Jr.,[19] a *utilidade* se verifica "sempre que o processo puder propiciar ao demandante o resultado favorável pretendido". A *necessidade*, por sua vez, "fundamenta-se na premissa de que a jurisdição tem que ser encarada como última forma de solução de conflito".

Firme nessas premissas, pode-se concluir que, para demonstrar o interesse e a legitimidade para propositura de uma ação declaratória em matéria tributária, cabe ao autor demonstrar a probabilidade de que venha a ser editada norma individual e concreta constituindo relação jurídica tributária em que ele figure como sujeito passivo da exação.

De fato, a jurisprudência, há muito, já se consolidou no sentido de não ser possível a discussão de "lei em tese", ou seja, sem demonstrar a repercussão do provimento judicial na esfera do particular. A título de exemplo, podemos citar as seguintes ementas:

> *AGRAVO REGIMENTAL NO AGRAVO EM RECURSO ESPECIAL. PROCESSUAL CIVIL E TRIBUTÁRIO. IPI. AÇÃO DECLARATÓRIA. INTERPRETAÇÃO DE LEI EM TESE. IMPOSSIBILIDADE. EXTINÇÃO DO PROCESSO. REEXAME DE MATÉRIA DE FATO. ÓBICE DA SÚMULA 7/STJ. 1. O Tribunal de origem deixou expressamente consignado que nem a inicial e nem o próprio laudo especificaram quais produtos, materiais ou insumos gerariam o direito de crédito de IPI, não sendo possível analisar a pretensão declaratória de forma genérica, carecendo a autora do direito de ação. 2. Para infirmar as premissas fáticas do acórdão recorrido e adotar qualquer conclusão em sentido contrário ao que foi ali registrado, seria necessário o reexame de matéria de fato, o que é inviável em sede de recurso especial, tendo em vista o disposto na Súmula 7/STJ.*
>
> *3. Agravo regimental não provido.*[20]
>
> TRIBUTÁRIO E PROCESSUAL CIVIL. AGRAVO REGIMENTAL NO AGRAVO DE INSTRUMENTO. ICMS. AÇÃO

---

19. *Curso de direito processual civil.* V. 1. 19ª ed. Salvador: Jus Podivm, 2017, p. 403-405.

20. AgRg no AREsp 850.689/SP, Rel. Ministro MAURO CAMPBELL MARQUES, SEGUNDA TURMA, julgado em 08/03/2016, DJe 14/03/2016.

> DECLARATÓRIA. INTERPRETAÇÃO DE LEI EM TESE. IMPOSSIBILIDADE. AUSÊNCIA DE PREQUESTIONAMENTO. SÚMULA 282/STF. INCIDÊNCIA. 1. Se o Tribunal de origem não enfrenta a matéria dos artigos 126, 165, 267, VI, 282, 458 e 535 do CPC, tem-se como não-suprido o requisito do prequestionamento. Súmula n. 282 do STF incidente à espécie. 2. Em sede de ação declaratória, deve-se apontar, ainda que potencialmente, a repercussão do provimento judicial na esfera particular, sob pena de apreciação em tese do texto legal. 3. Agravo regimental não-provido.[21]

Não há, porém, que se falar em discussão de "lei em tese" quando o particular, ao propor a medida judicial, demonstra a potencialidade de que a norma cuja legitimidade se discute (conflito de segunda ordem) possa produzir efeitos em relação a ele, ou seja, que possa vir a ser aplicada, constituindo-se relação jurídica em que tal pessoa figure como sujeito da relação. Vejamos dois casos em que tal questão foi examinada pelo Superior Tribunal de Justiça:

> PROCESSUAL CIVIL E TRIBUTÁRIO. RECURSO ESPECIAL. EXISTÊNCIA DE RELAÇÃO JURÍDICO-TRIBUTÁRIA. ICMS. TRANSPORTE DE MERCADORIAS ENTRE A MATRIZ E AS FILIAIS DE EMPRESA CONTRIBUINTE. AÇÃO DECLARATÓRIA. CABIMENTO. APLICAÇÃO DO ART. 4º DO CÓDIGO DE PROCESSO CIVIL. RECURSO ESPECIAL CONHECIDO E PROVIDO COM A FINALIDADE DE QUE A AÇÃO, EM JUÍZO DE PRIMEIRO GRAU, MEREÇA JULGAMENTO PELO MÉRITO. 1. Cuidam os autos de ação cautelar e ação declaratória ajuizadas por Monsanto do Brasil Ltda., nova denominação de Sementes Agroceres S/A, objetivando o reconhecimento da desobrigação de recolher ICMS nas operações de transferência de bens, quais sejam, sementes de milho híbrido, entre estabelecimentos de sua propriedade localizados no Estado de Minas Gerais e em outros Estados da Federação, bem como que seja reconhecida a inexistência de relação jurídico-tributária em tal procedimento. Após o deferimento da liminar, o Juízo monocrático prolatou sentença indeferindo as petições iniciais ante as ausências de condições da ação - falta de interesse processual e a impossibilidade jurídica do pedido -, julgando extintos os processos sem o julgamento de mérito e arbitrando os honorários

21. AgRg no Ag 927.765/MG, Rel. Ministro JOSÉ DELGADO, PRIMEIRA TURMA, julgado em 11/03/2008, DJe 14/04/2008.

advocatícios em 10% (dez por cento) a serem arcados pela autora. Irresignada, a autora manejou recurso de apelação requerendo a cassação do decisum vergastado a fim de que o feito fosse remetido ao Juízo monocrático para que lá se desse seu regular processamento, restabelecendo-se os efeitos da medida liminar para assegurar a eficácia da sentença de mérito a ser proferida nos autos da ação principal. O TJMG proferiu acórdão negando provimento à apelação sob a alegação de que a recorrente não indicou fato concreto que evidenciasse uma relação que pudesse ter ou não sua juridicidade reconhecida, pois não existe interesse de agir nas ações declaratórias quando se pleiteia o reconhecimento de relação jurídica pretérita ou futura. Opostos embargos de declaração por entender que o aresto recorrido se encontrava maculado por omissões, estes restaram rejeitados ante a inexistência dos vícios elencados no art. 535 do CPC. Insistindo pela via especial, a recorrente requer a cassação do arestos vergastados a fim de que sejam afastadas as alegadas ausências de condições da ação, quais sejam, a impossibilidade jurídica do pedido e a falta de interesse processual - analisando-se, consequentemente, a lide no seu mérito, consoante as seguintes razões: a) foi negado vigência ao art. 4º do CPC ao entender que a recorrente pleiteia declaração de inexistência de relação jurídica com base em meras conjecturas, pois ela sempre asseverou que efetuava operações de transferência de sementes, pois possuía estabelecimentos em outros Estados da Federação para os quais os bens eram constantemente transportados; b) o pedido inicial foi bem delineado, demonstrando-se as atividades da recorrente, as operações que realizava e a finalidade do pleito, sendo improcedente a alegação de impossibilidade jurídica do pedido. Aduz, ainda, violação do art. 4º do CPC. Em sede de contra-razões, pugnou-se pelo improvimento do recurso sob a alegação de que: a) é indispensável a demonstração pela parte interessada de que ela realiza operações que podem se enquadrar na norma cujos efeitos tributários se pretende questionar; b) a divergência jurisprudencial suscitada não detém requisitos intrínsecos, quais sejam, a similitude das situações e a mera transcrição de determinado trecho do acórdão; c) a ação declaratória não é meio adequado para interpretação de lei em tese. 2. Disponibiliza-se a via da ação declaratória quando há delimitação objetiva da questão sobre a qual se busca a manifestação jurisdicional, não havendo, em decorrência, mera alegação contra lei em tese. 3. Na espécie, a empresa recorrente buscou a manifestação jurisdicional sobre fato que, potencialmente, está inserido em seu contexto jurídico e de atuação profissional, qual seja, a incidência de ICMS no transporte de mercadorias realizado entre a matriz e as filiais. 4. Recurso especial conhecido e provido com a finalidade de que os

> autos sejam encaminhados ao juízo de primeiro grau, para que se proceda ao regular julgamento de mérito da ação sob o rito ordinário originalmente intentada.[22]
>
> "PROCESSUAL CIVIL E TRIBUTÁRIO. EMBARGOS DE DIVERGÊNCIA EM RECURSO ESPECIAL. AÇÃO DECLARATÓRIA. INEXISTÊNCIA DE RELAÇÃO JURÍDICA. EFEITOS PROSPECTIVOS. CABIMENTO. [...] 2. Cabe ação declaratória para obter o reconhecimento de inexistência de relação jurídica-tributária para fins prospectivos, quando o contribuinte demonstra que o fato jurídico suscitado diz respeito ao cotidiano de suas atividades e que há conduta rotineira do fisco infirmando o direito alegado já manifestada em outros casos análogos, seja por meio de indeferimento de pedido administrativo ou de lavratura de auto de infração. [...].[23]

Ao examinar os excertos mencionados, percebe-se que a demonstração da potencialidade a que nos referimos depende de prova de que o autor da demanda pratica, ou poderá praticar, acontecimentos (eventos) que poderão ser interpretados como sujeitos à tributação e, portanto, provavelmente serão traduzidos em linguagem competente, dando ensejo à constituição de relações de cunho tributário. Somente assim será possível afastar a discussão de "lei em tese".

CONCLUSÕES

Ao longo deste trabalho pretendemos demonstrar que os conflitos entre norma superior e inferior é um conflito de segunda ordem, cuja solução demanda, primeiro, uma decisão quanto a um conflito na própria construção da norma superior (o qual denominamos de segunda ordem).

Neste contexto, e considerando que as ações de natureza puramente declaratórias são concebidas como medidas preventivas, cabíveis antes da positivação da norma

---

22. REsp 746.897/MG, Rel. Ministro JOSÉ DELGADO, PRIMEIRA TURMA, julgado em 28/06/2005, DJ 29/08/2005, p. 228.

23. EREsp 1135878/RS, Rel. Ministro BENEDITO GONÇALVES, PRIMEIRA SEÇÃO, julgado em 26/06/2013, DJe 02/08/2013.

individual e concreta que constitui a relação jurídica tributária, pode-se concluir que os conflitos que serão levados ao conhecimento do juiz e que, portanto, deverão ser solucionados, são os seguintes:

(I) conflito de primeira ordem: divergências na interpretação da norma de competência, ou seja, na construção da regra que delimita os requisitos para a instituição de um tributo; e

(II) conflito de segunda ordem: compatibilidade (ou não) entre a norma instituidora da exação e a norma de competência.

No que diz respeito ao interesse de agir, por sua vez, este ficará configurado sempre que o particular comprovar a probabilidade de que venha a ser editada norma individual e concreta constituindo relação jurídica tributária em que ele figure como sujeito passivo da exação. Em termos mais diretos: depende de prova de que o autor da demanda prática, ou poderá praticar, acontecimentos (eventos) que poderão ser interpretados como sujeitos à tributação e, portanto, provavelmente serão traduzidos em linguagem competente, dando ensejo à constituição de relações de cunho tributário.

REFERÊNCIAS

ARAÚJO, Clarice von Oertzen de. *Incidência jurídica: teoria e crítica.* 1ª ed. São Paulo: Noeses, 2011.

CARVALHO, Paulo de Barros. *Curso de direito tributário.* 25ª ed. São Paulo: Saraiva, 2013.

________. *Direito tributário: fundamentos jurídicos da incidência.* São Paulo: Saraiva, 2009.

DIDIER JR., Fredie. *Curso de direito processual civil.* V. 1. 19ª ed. Salvador: Jus Podivm, 2017.

FERRAZ JR., Tércio Sampaio. *Introdução ao Estudo do Direito*. 6ª ed. São Paulo: Atlas, 2008.

FIGUEIREDO, Marina Vieira de. *Lançamento tributário: revisão e seus efeitos*. São Paulo: Noeses, 2014.

JAKOBSON, Roman. *Linguística e comunicação*. São Paulo: Cultrix, 2005.

KELSEN, Hans. *Teoria pura do direito*. 7ª ed. São Paulo: Martins Fontes, 2006.

MÜLLER, Friedrich. *Teoria estruturante do direito*. 2ª ed. São Paulo: Revista dos Tribunais, 2009.

PONTES DE MIRANDA, F.C. *Tratado de direito privado. Tomo I*. Rio de Janeiro: Editor Borsoi, 1970.

PRIA, Rodrigo Dalla. "Processo de positivação da norma tributária e a fixação da tutela jurisdicional apta a dirimir os conflitos havidos entre contribuinte e Fisco." In.: CONRADO, Paulo Cesar (coord.) *Processo tributário analítico*. 1ª ed. São Paulo: Noeses, 2011.

ROBLES, Gregorio. *O direito como texto: quatro estudos de teoria comunicacional do direito*. São Paulo: Manole, 2005.

AÇÃO DE REPETIÇÃO DE INDÉBITO, O CÓDIGO DE PROCESSO CIVIL DE 2015, NOVOS RUMOS E PERSPECTIVAS

Maria Lucia de Moraes Luiz[1]

Atendendo ao honroso convite das Professoras Isabela Bonfá de Jesus e Renata Elaine Silva Ricetti Marques analisaremos, por meio do presente, sem intenção de esgotar o tema, os novos rumos e perspectivas, do Processo Judicial Tributário, em especial, a Ação de Repetição de Indébito.

INTRODUÇÃO

Inicialmente, consignamos que não objetivamos analisar a Ação de Repetição de Indébito, de modo geral, dado que nossa doutrina já o fez, de modo significativo.

Pretendemos, sem a pretensão de esgotar o tema, analisar os novos rumos e perspectivas da Ação em referência, notadamente diante das novas prescrições contidas no Código de Processo Civil de 2.015, em especial art. 926, 927 e 928, que tratam da aplicação vinculante, dos julgados em

1. Mestre em Direito Constitucional pela PUC-SP. Advogada.

demandas repetitivas, inclusive Recurso Especial e Extraordinário, repetitivos.

Entendemos que tais prescrições processuais buscam a redução da litigiosidade, que, sabemos é significativa no Brasil. Nesse sentido, destacaremos decisões do próprio Fisco, por meio das quais há dispensa acerca da interposição Recursos em determinadas situações, em especial, quando a matéria já foi sedimentada por parte dos Tribunais Superiores.

Dentro desse contexto, entendemos que, o sujeito passivo que recolheu tributo considerado ilegal ou inconstitucional, com determinados precedentes fixados pelo Superior Tribunal de Justiça ou pelo Supremo Tribunal Federal, certamente, poderá recuperar aquilo que indevidamente recolheu, seja na esfera judicial, ou mesmo na via administrativa, de modo mais célere, seguro e eficaz.

É certo que o Código de Processo Civil de 2.015 possui pouco mais de três anos de vigência, contudo, isso não prejudica a inexistência de dúvidas ou celeumas sobre sua efetiva aplicação.

1. A AÇÃO DE REPETIÇÃO DE INDÉBITO

A Ação de Repetição de Indébito está prevista no art. nº 165 do CTN, cuja prescrição transcrevemos:

> *Art. 165. O sujeito passivo tem direito, independentemente de prévio protesto, à restituição total ou parcial do tributo, seja qual for a modalidade do seu pagamento, ressalvado o disposto no § 4º do artigo 162, nos seguintes casos:*
>
> *I - cobrança ou pagamento espontâneo de tributo indevido ou maior que o devido em face da legislação tributária aplicável, ou da natureza ou circunstâncias materiais do fato gerador efetivamente ocorrido;*
>
> *II - erro na edificação do sujeito passivo, na determinação da alíquota aplicável, no cálculo do montante do débito ou na elaboração ou conferência de qualquer documento relativo ao pagamento;*

> *III - reforma, anulação, revogação ou rescisão de decisão condenatória.*

Verificando a questão sob um enfoque mais amplo, vale dizer, sem nos adentrarmos aos artigos subsequentes do Código Tributário Nacional, que versam sobre a legitimidade para requerer a restituição, assim como o prazo prescricional para a propositura da Ação, temos uma relação jurídica de débito do fisco e crédito do contribuinte que, por sua vez, materializa-se, por meio do pagamento indevido, como pode ser observado nas precisas colocações de Paulo César Conrado:

> *Pondo, de toda sorte, tal questão de lado, o que sobra de efetivo é o fato de que, verificada a ocorrência da requestada figura do pagamento indevido, exsurge para o sujeito passivo da obrigação tributária o direito subjetivo à restituição da parcela indebitamente paga: eis aí a figura do débito do fisco.*
>
> *Regra: se pagamento é causa da extinção da obrigação tributária, pagamento indevido, é, de sua parte, causa extintiva que vai além, dando causa, desde quando posto com tal (como indevido), a um´outra relação jurídica, a decantada relação de débito do fisco." (In Processo Tributário, 2ª Edição, p. 254.*

A condição do fisco como devedor trata de situação atípica trazendo a condição do sujeito passivo de devedor para o *status* de credor, para com o Fisco, desde que, por evidente, haja pagamento de tributo indevido.

Nesse diapasão, Paulo de Barros Carvalho, assim destaca:

> *Visto o pagamento pela óptica das possibilidades teóricas de extinção das relações jurídicas, temos que, por seu intermédio, se cumpre o dever jurídico cometido ao sujeito passivo, contranota do direito subjetivo de que está investido o sujeito credor, o qual, simultaneamente desaparece. Um vínculo obrigacional jamais poderia remanescer sem os nexos correlatos (direito e dever), como assinalamos inicialmente.*
>
> *(...)*
>
> *Certificado que o ente tributante não era portador do direito subjetivo à percepção do gravame, ou que o seu direito se limitava simplesmente*

> *à parte do que efetivamente recebeu, há de devolver o valor total ou a parcela a maior quem detém em seu poder, pois não tem título jurídico que justifique a incorporação daqueles valores ao seu patrimônio. (In Curso de Direito Tributário, 15ª Edição, p. 455 e 456)*

Ao ensejo dos tópicos seguintes, é de se constatar que a Repetição de *Indébito tem* sido utilizada, majoritariamente, após o reconhecimento da ilegalidade ou inconstitucionalidade de um determinado tributo.

Lembramos, ainda, que acaso o contribuinte obtenha êxito, no término da Ação de Repetição de Indébito, poderá recuperar o *quantum* a maior pago, por meio de execução contra a Fazenda Pública, reavendo os valores por meio de precatório, assim como realizar a compensação do valor a ser restituído, nos termos do art. 170 e 170-A, do CTN.

Nesse sentido, sedimentada é a jurisprudência do Superior Tribunal de Justiça:

> PROCESSUAL CIVIL E TRIBUTÁRIO. SENTENÇA DECLARATÓRIA DO DIREITO À COMPENSAÇÃO DE INDÉBITO TRIBUTÁRIO. POSSIBILIDADE DE REPETIÇÃO POR VIA DE PRECATÓRIO OU REQUISIÇÃO DE PEQUENO VALOR. FACULDADE DO CREDOR. RECURSO ESPECIAL REPRESENTATIVO DE CONTROVÉRSIA. ART. 543-C, DO CPC.
>
> 1."A sentença declaratória que, para fins de compensação tributária, certifica o direito de crédito do contribuinte que recolheu indevidamente o tributo, contém juízo de certeza e de definição exaustiva a respeito de todos os elementos da relação jurídica questionada e, como tal, é título executivo para a ação visando à satisfação, em dinheiro, do valor devido" (REsp n. 614.577/SC, Ministro Teori Albino Zavascki).
>
> 2. A opção entre a compensação e o recebimento do crédito por precatório ou requisição de pequeno valor cabe ao contribuinte credor pelo indébito tributário, haja vista que constituem, todas as modalidades, formas de execução do julgado colocadas à disposição da parte quando procedente a ação que teve a eficácia de declarar o indébito. Precedentes da Primeira Seção: REsp.796.064 - RJ, Primeira Seção, Rel. Min. Luiz Fux, julgado em 22.10.2008; EREsp. Nº 502.618 - RS, Primeira Seção, Rel. Min. João Otávio de Noronha, julgado em 8.6.2005; EREsp. N.

> 609.266 - RS, Primeira Seção, Rel. Min. Teori Albino Zavascki, julgado em 23.8.2006.
>
> 3. Recurso especial provido. Acórdão submetido ao regime do art.
>
> 543-C do CPC e da Resolução STJ 08/2008."
>
> (REsp 1114404/MG, Rel. Ministro MAURO CAMPBELL MARQUES, PRIMEIRA SEÇÃO, julgado em 10/02/2010, DJe 01/03/2010) (destaques nossos).

Dadas as considerações gerais acerca da Ação de Repetição de Indébito, passemos a analisar as principais alterações trazidas, por meio do Código de Processo Civil de 2.015, em especial, no que tange à obrigatória aplicação das decisões dos Tribunais Superiores, em sede de Recursos Repetitivos.

2. CÓDIGO DE PROCESSO CIVIL DE 2015

A insegurança jurídica quanto à uniformidade das decisões judiciais em casos idênticos, a enorme litigiosidade existente no Brasil e, ainda, a morosidade do Poder Judiciário são aspectos de notório conhecimento por parte dos operadores do Direito.

A estabilidade e uniformidade das decisões judiciais, em casos que versem acerca do mesmo objeto, é questão que, indubitavelmente, o atual Código de Processo Civil trouxe atenção especial, notadamente por meio de precedentes a serem aplicados com eficácia vinculante.

Digressão interessante, e que faz conexão com os princípios e objetivos na nova legislação processual, reside no fato que o atual Código de Processo Civil foi a primeira legislação processual aprovada no regime democrático.

A vinculação das decisões judiciais, objetivando uniformização, estabilidade e segurança jurídica não trata de fato inaugurado pela nova legislação processual, tampouco ponto pacífico em nossa doutrina.

De modo exemplificativo, destacamos a Emenda Constitucional nº 45/2004 que trouxe ao nosso Sistema a Repercussão

Geral e a Súmula Vinculante, esta última, objeto de críticas, notadamente por supostamente desrespeitar a tripartição dos Poderes e, ainda, a livre convicção do magistrado.

Sem prejuízo, lembramos as ações de controle de constitucionalidade, em que há a força vinculante *erga omnes*, o que também fora objeto de amplos debates, notadamente se, nesses casos, o Supremo Tribunal Federal atuaria como um verdadeiro legislador negativo, quando declarada a inconstitucionalidade de determinada Lei.

Frisamos, por oportuno, que foge ao escopo do presente apresentar qualquer juízo de valor sobre as novas prescrições processuais, porém, tão somente analisar o impacto delas no Processo Judicial Tributário, em especial, na Ação de Repetição de Indébito.

O Código de Processo Civil de 2.015, pautado na estabilidade e eficiência da prestação jurisdicional, segurança jurídica, isonomia e celeridade processual, passou a prever o Sistema de Precedentes, dado que os juízes e tribunais deverão observar e seguir as orientações constantes dos precedentes.

Com relação à necessidade de estabilidade e segurança das decisões judiciais e da prestação jurisdicional, assim como acerca da força vinculante das decisões proferidas em sede de demandas repetitivas, destacamos os art. 926, 927 e 928, que, de modo respectivo, transcrevemos:

> *"Art. 926. Os tribunais devem uniformizar sua jurisprudência e mantê-la estável, íntegra e coerente.*
>
> § 1º Na forma estabelecida e segundo os pressupostos fixados no regimento interno, os tribunais editarão enunciados de súmula correspondentes a sua jurisprudência dominante.
>
> § 2º Ao editar enunciados de súmula, os tribunais devem ater-se às circunstâncias fáticas dos precedentes que motivaram sua criação.
>
> *Art. 927. Os juízes e os tribunais observarão:*
>
> *I - as decisões do Supremo Tribunal Federal em controle concentrado de constitucionalidade;*

II - os enunciados de súmula vinculante;

III - os acórdãos em incidente de assunção de competência ou de resolução de demandas repetitivas e em julgamento de recursos extraordinário e especial repetitivos;

IV - os enunciados das súmulas do Supremo Tribunal Federal em matéria constitucional e do Superior Tribunal de Justiça em matéria infraconstitucional;

V - a orientação do plenário ou do órgão especial aos quais estiverem vinculados.

§ 1º Os juízes e os tribunais observarão o disposto no art. 10 e no art. 489, § 1º, *quando decidirem com fundamento neste artigo.*

§ 2º A alteração de tese jurídica adotada em enunciado de súmula ou em julgamento de casos repetitivos poderá ser precedida de audiências públicas e da participação de pessoas, órgãos ou entidades que possam contribuir para a rediscussão da tese.

§ 3º Na hipótese de alteração de jurisprudência dominante do Supremo Tribunal Federal e dos tribunais superiores ou daquela oriunda de julgamento de casos repetitivos, pode haver modulação dos efeitos da alteração no interesse social e no da segurança jurídica.

§ 4º A modificação de enunciado de súmula, de jurisprudência pacificada ou de tese adotada em julgamento de casos repetitivos observará a necessidade de fundamentação adequada e específica, considerando os princípios da segurança jurídica, da proteção da confiança e da isonomia.

§ 5º Os tribunais darão publicidade a seus precedentes, organizando-os por questão jurídica decidida e divulgando-os, preferencialmente, na rede mundial de computadores.

Art. 928. Para os fins deste Código, considera-se julgamento de casos repetitivos a decisão proferida em:

I - incidente de resolução de demandas repetitivas;

II - recursos especial e extraordinário repetitivos.

Parágrafo único. O julgamento de casos repetitivos tem por objeto questão de direito material ou processual." (destaques nossos).

Muito embora o inciso III, do art.927 do Código de Processo Civil prescreva, de forma, peremptória, que os juízes e os tribunais deverão observar "*os acórdãos em incidente de assunção de competência ou de resolução de demandas repetitivas e em julgamento de recursos extraordinário e especial repetitivos"*, no presente, pretendemos focar nas decisões proferidas em sede de Recurso Especial e Extraordinário Repetitivos.

Em que pesem as prescrições acerca da estabilidade das decisões judiciais, assim como aplicação obrigatória delas, entendemos que nosso sistema não fora modificado, por meio da incorporação do *Common Law*, porém, tão somente houve a positivação do Sistema de Precedentes, em homenagem à estabilidade e eficiência da prestação jurisdicional, segurança jurídica, isonomia e celeridade processual.

Com efeito, como bem destacado por Rafael Tomaz de Oliveira, as novas prescrições processuais tratam de esforços legislativos, que nada mais objetivam senão a previsibilidade das decisões judiciais e da prestação jurisdicional, sem, contudo, afastar nossa fonte primária do direito, que é a Lei, até por previsão na Constituição Federal de 1.988, *in verbis*:

> "Assim, é importante afirmar: aquilo que vem posto no Novo Código nos arts. 926-928 não deve ser enquadrado como uma modalidade de "direito jurisprudencial", mas, simplesmente, um esforço legislativo para criar maior consistência e previsibilidade nas decisões exaradas do Poder Judiciário.
>
> *Há de se ter presente que, do ponto de vista da tradição, ou do estilo jurídico, continuamos a ser um país vinculado à família romano-canônica, cuja fonte primária do direito é a lei. Os dispositivos do NCPC citados acima não autorizam nenhuma conclusão de que estaríamos incorporando entre nós alguns elementos da tradição do common law. Instrumentos de vinculação já existentes em nossa ordem jurídica – e que, de alguma maneira, acabaram reforçados pela nova codificação – são tão estranhos à tradição do common law quanto à própria ideia de total vinculação da decisão judicial à lei, e a consequente relação legislativo-judiciário, predominante na cultura romano-canônica."* (*In* Hermenêutica e Jurisprudência no Código de Processo Civil - Coerência e Integridade. Coordenadores: Lenio Luiz Streck; Eduardo Arruda Alvim e George Salomão Leite; 2ª Edição; Saraiva, p. 56 – destaques nossos).

Em entendimento semelhante, disserta Eduardo Correa da Silva que o Código de Processo Civil de 2.015 não revogou a estrutura do *Civil Law*, dado que a atividade jurisdicional está sempre vinculada ao princípio da legalidade, vejamos:

> "Registre-se que a estrutura do sistema de civil law não está revogada com a entrada em vigor do Código de Processo Civil. O alicerce do Estado Democrático de Direito, como o próprio nome sugere, é regido pelo princípio da legalidade, de modo que o Estado-juiz deverá, sempre, prestar a atividade jurisdicional com a devida observância a Constituição Federal e à legislação pátria, como fontes primárias do direito, no momento da realização do julgamento. Do mesmo modo, ocorrerá, na hipótese de edição de súmula ou na formação do precedente, que, ao serem exarados, deverão observância obrigatória a Constituição Federal e a legislação infraconstitucional." (In Aplicação do Artigo 170-A do Código Tributário Nacional, na hipótese de julgamento de Recurso Repetitivo: Análise à Luz do Código de Processo Civil/15; Eduardo Correa da Silva, Dissertação de Mestrado, São Paulo, 2017, p. 65– destaques nossos)

Nesse sentido, não é demais destacar a prescrição contida no art. 489 do Código de Processo Civil de 2.015, que prevê a necessidade de fundamentação por parte do magistrado, nesse contexto e, em especial, ao aplicar o precedente ao caso concreto, vale dizer, deve-se, de forma meticulosa e fundamentada, verificar similitude fática entre o precedente e o caso concreto.

Tem-se, portanto, que visando à segurança jurídica e a estabilidade das decisões judiciais, o Código de Processo Civil de 2.015 prestigiou o Sistema de Precedentes, de modo a trazer maior certeza, celeridade e segurança da prestação jurisdicional.

3. NOVOS RUMOS E PERSPECTIVAS DA AÇÃO DE REPETIÇÃO DE INDÉBITO

Como já exposto, nosso sistema atual procurou, de modo enfático, prestigiar a celeridade processual, assim como a estabilidade das decisões judiciais.

A complexidade do nosso sistema tributário é evidente; inúmeras e, por vezes, não conclusivas, normas tributárias, obrigações acessórias e, sobretudo, enorme carga tributária.

Não é incomum um tributo recolhido pelo sujeito passivo ser declarado ilegal ou inconstitucional, possibilitando ao contribuinte a propositura de Ação de Repetição de Indébito que, como já descrito, não trata da única forma de recuperar um tributo pago de modo indevido.

Dentro desse contexto, em termos práticos, tem-se que, após a declaração de ilegalidade ou inconstitucionalidade de determinado tributo, com eficácia vinculante, verificada a similitude fática entre o caso concreto e o precedente, o magistrado *está obrigado* a aplicar os termos do decidido pelos Tribunais Superiores, ainda em primeira instância.

Logo, observamos não só mais celeridade na efetiva restituição do *quantum* indevidamente pago pelo sujeito passivo, assim como redução da litigiosidade, de demandas já sedimentadas por parte dos Tribunais Superiores, em sede de Recursos Repetitivos.

A própria Procuradoria Geral da Fazenda Nacional, nesse sentido, no dia 12 de maio de publicou a Portaria PGFN nº 502/2016, que deu flexibilidade à Fazenda Nacional acerca da possibilidade de dispensa de contestação, contrarrazões, interposição de recursos e desistência daqueles já interpostos em algumas hipóteses, das quais destacamos, as decisões em consonância com julgamento nos Tribunais Superiores em sede de recursos repetitivos ou com repercussão geral.

No próprio *site* do Ministério da Fazenda[2] pudemos observar notícia de que a Procuradoria Geral da Fazenda Nacional amplia regra que dispensa procuradores de contestar e recorrer.

Na notícia em destaque há expressa referência sobre o Código de Processo Civil de 2.015, seus princípios, assim como a busca da redução da litigiosidade, *in verbis*:

2. http://www.fazenda.gov.br/noticias/2016/maio/pgfn-amplia-regra-que-dispensa-procuradores-de-contestar-e-recorrer

Novo Código de Processo Civil

Além da racionalização de recursos no sentido da atuação útil, a portaria da PGFN se alinha com o novo Código de Processo Civil que passou a vigorar em março. "A questão da cooperação processual e da boa fé entre as partes no novo código é muito forte. Então, a gente entende que havia um terreno fértil para essa evolução", disse Campos.

O novo CPC tenta reduzir a litigiosidade tornando o processo mais caro quando há condenação por instância recursal. Um dispositivo do código prevê a sucumbência de honorários advocatícios majorados a cada instância, cumulativamente. Outro prevê multa tão somente por recurso não provido.

A cada manifestação ou recurso, o procurador estará agravando um eventual prejuízo", segundo Campos. "Já há uma presunção de que o agravo interno não provido por unanimidade ou tido por manifestadamente protelatório ensejará multa independente da discussão se há ou não há má-fé processual, como havia antes, explica.

Campos explica que o procurador que quiser contestar processos em que exista jurisprudência pacífica e consolidada, vai ter que justificar o seu ato na medida em que a contestação, nessa hipótese, já vai acarretar condenação e honorários em primeiro grau.

De forma que, se ele reconhecesse a procedência nos termos da Lei 10.522, a Fazenda estaria isenta de honorários e o processo não estaria sujeito ao reexame necessário. (destaques nossos).

Por oportuno, destacamos, de modo exemplificativo e ilustrativo, alguns temas com jurisprudência consolidada nos Tribunais Superiores, em que há lista de dispensa de contestar ou recorrer, conforme art. 2º, V, VII e §§ 3º a 8º, da Portaria PGFN Nº 502/2016[3].

3.1. Não incidência da contribuição previdenciária sobre os valores recebidos a título de auxílio-creche, conforme

3. http://www.pgfn.fazenda.gov.br/assuntos/legislacao-e-normas/documentos-portaria-502/lista-de-dispensa-de-contestar-e-recorrer-art-2o-v-vii-e-a7a7-3o-a-8o-da-portaria-pgfn--no-502-2016#1.8_ok

Súmula 310/STJ e Recurso Especial nº 1.146.772/DF (tema nº 338 de recursos repetitivos).

3.2. Não incidência de Imposto de Renda sobre os valores recebidos a título de férias proporcionais e respectivo terço constitucional convertidas em pecúnia em razão de demissão sem justa causa, conforme Recurso Especial 1.111.223/SP (tema 121 de recursos repetitivos).

3.3. Não incidência de imposto de renda sobre indenização por danos morais de qualquer natureza, conforme Recurso Especial 1.152.764/RS (tema 370 de recursos repetitivos) e. por fim;

3.4. Inconstitucionalidade, incidental e com os efeitos da repercussão geral, do art. 1º, I, da Lei 7.988/89, uma vez que a majoração de alíquota de 6% para 18%, a qual se reflete na base de cálculo do Imposto de Renda pessoa jurídica incidente sobre o lucro das operações incentivadas no ano-base de 1989, ofende os princípios da irretroatividade e da segurança jurídica, conforme Recurso Extraordinário 592.396/SP (tema 168 de repercussão geral)

Dado o cenário exposto, observamos maior celeridade e menor litigiosidade, na recuperação do tributo, pago, de forma indevida, quando referido tributo foi declarado inconstitucional por parte dos Tribunais Superiores, em sede de Recursos Repetitivos.

Conclui-se, portanto, que o Sistema de Precedentes adotado pelo CPC de 2.015, em muito colaborou com a celeridade da Ação de Repetição de Indébito, notadamente nos casos em que os tributos tenham sido declarados ilegais ou inconstitucionais, em sede de Recursos Repetitivos.

4. JURISPRUDÊNCIA

Na sequência destacaremos algumas decisões em que a jurisprudência aplica julgados em sede de Recurso Repetitivo, dada sua eficácia vinculante.

Demonstraremos que o Poder Judiciário vem aplicando as teses firmadas no Sistema de Precedentes, de modo enfático, justamente em razão da natureza vinculante das decisões proferidas em sede de Recursos Repetitivos.

Pois bem. Na primeira decisão, do Tribunal Regional Federal da 3ª Região, é possível observar que não foram acolhidos os Embargos de Declaração Fazendários, em razão do Recurso Extraordinário 574.706/PR, julgado em sede de Repercussão Geral e, que restou decidido que o ICMS não compõe a base de cálculo do PIS e da COFINS:

> EMBARGOS DE DECLARAÇÃO. ACORDÃO EMBARGADO QUE, EM SEDE DE JUÍZO DE RETRATAÇÃO, TRABALHOU COM A DECISÃO DO STF POSTA NO RE 574.706/RS (TEMA 69), OCASIÃO EM QUE A TURMA ENTENDEU PELA PLENA APLICABILIDADE DO V. ARESTO DA SUPREMA CORTE, SEM POSSIBILIDADE DE SUSPENSÃO DO FEITO À CONTA DE EMBARGOS DE DECLARAÇÃO ONDE A UNIÃO FORMULARIA PEDIDO DE MODULAÇÃO DE EFEITOS. Restou devidamente consignada no decisum a impossibilidade de suspensão do presente feito, à luz da tese fixada pelo STF no julgamento do RE 574.706, a qual esta Turma se sujeita ante o caráter vinculativo emprestado pelos arts. 1.039 e 1.040, III, do CPC/15; a questão tornou-se objeto do Tema 69 da repercussão geral: "O ICMS não compõe a base de cálculo para a incidência do PIS e da Cofins". Não há omissão no aresto embargado, apenas insistência da União em matéria que foi tratada e rejeitada. O julgamento proferido no RE 574.706 é claro ao identificar que todo o ICMS faturado deve ser excluído do conceito de receita, na condição de mero ingresso de caixa, e não somente o valor devido pelo contribuinte após deduções do imposto cobrado anteriormente. LIMITE COGNITIVO DO TRF. O Tribunal Regional Federal não é órgão capaz de esclarecer a vontade dos membros do STF proferida por eles na condição de julgadores. AUSÊNCIA DE QUALQUER VÍCIO LEGITIMADOR DO ACOLHIMENTO DOS EMBARGOS DE DECLARAÇÃO, QUE FICAM REJEITADOS." (APELAÇÃO / REEXAME NECESSÁRIO / SP nº 5000597-12.2017.4.03.6128; Relator: Desembargador Federal Luis Antonio Johonson Di Salvo; e - DJF3: 23/04/2019 -).

Destacamos que, no caso, foi aplicada tese fixada pelo Supremo Tribunal Federal, antes mesmo do trânsito em julgado da decisão proferida nos autos do Recurso Extraordinário nº

574.706/PR, em que houve oposição de Embargos de Declaração, pela Fazenda Nacional.

Em outro julgado, o Ministro Mauro Campbell do Superior Tribunal de Justiça, mais especificamente na oportunidade do julgamento do Recurso Especial nº 1604515/RS, cujo acórdão foi publicado em 02/02/2018, deixou expressamente consignado que os efeitos do julgamento em representativo de controvérsia, são imediatos.

Transcrevemos, por oportuno, parte do voto:

> "Os efeitos do julgamento em representativo de controvérsia são imediatos. Por isso, a pertinência da determinação de sobrestamento de todos os recursos pendentes e a suspensão de todos os processos que envolvam a mesma tese representativa da controvérsia"

4.1 O Sistema dos Precedentes e o art. 170-A do Código Tributário Nacional

Como já expusemos, na Ação de Repetição de Indébito, o sujeito passivo que recolheu tributos de forma indevida, pode optar por reaver seus valores por meio do precatório, assim como por meio da compensação.

A compensação, na dicção do art. 156 do CTN é causa extintiva do crédito tributário. De outro giro, o art. 170, do mesmo diploma legal, disciplina a compensação tributária.

Nesse toar, houve inúmeras ações em que se pleiteava a compensação, antes mesmo de decisão definitiva, vale dizer, muitos contribuintes postulavam a compensação de tributos *sub judice*, em caráter antecipatório ou liminar.

Tendo em vista a natureza provisória de decisões antecipatórias ou liminares, bem como a possibilidade de sua reversibilidade, a compensação precoce trazia enorme insegurança jurídica.

A Lei Complementar 104/2001 introduziu ao nosso sistema o art. 170-A do CTN, que vedou, de modo expresso, a compensação de tributo, objeto de contestação judicial, antes de decisão judicial, antes do trânsito em julgado da decisão judicial respectiva[4].

Ressaltamos que antes mesmo da edição do Art. 170-A do Código Tributário Nacional, o Superior Tribunal de Justiça editou a Súmula 212[5], que vedava a compensação de créditos tributários, por medida liminar. Referida Súmula foi modificada em de 11/05/2005, cuja redação, passou a ser a seguinte: *"A compensação de créditos tributários não pode ser deferida em ação cautelar ou por medida liminar cautelar ou antecipatória"*

O inciso II, do art. 311 do CPC, trouxe a chamada tutela de evidência e, assim prescreve:

> *Art. 311. A tutela da evidência será concedida, independentemente da demonstração de perigo de dano ou de risco ao resultado útil do processo, quando:*
>
> *(...)*
>
> *II - as alegações de fato puderem ser comprovadas apenas documentalmente e houver tese firmada em julgamento de casos repetitivos ou em súmula vinculante;*
>
> (... – destaques nossos)

Nos termos do artigo supratranscrito, a tutela de evidência pode ser concedida independentemente da demonstração de perigo de dano, e nos casos em que houver tese firmada em julgamentos de casos repetitivos ou súmula vinculante.

Trata-se, pois, de mais um mecanismo que prestigia o Sistema de Precedentes e, sobretudo, a eficácia vinculante das decisões proferidas em sede de Recursos Repetitivos.

---

4. Art. 170-A. É vedada a compensação mediante o aproveitamento de tributo, objeto de contestação judicial pelo sujeito passivo, antes do trânsito em julgado da respectiva decisão judicial.

5. A compensação de créditos tributários não pode ser deferida por medida liminar.

Nesse sentido, destacamos que o Poder Judiciário já vem proferindo decisões autorizando a compensação, antes do trânsito em julgado da decisão judicial, quando trata de matéria consolidada em sede de Recursos Repetitivos, com base na tutela de evidência.

Com efeito, nos autos do Processo 5007628-70.2017.4.03.6100 foi proferida decisão deferindo tutela de evidência pleiteada, em razão do Recurso Especial 1.230.957, *in verbis*:

> Trata-se de cumprimento provisório de sentença proposto por ALIANÇA NAVEGAÇÃO E LOGÍSTICA LTDA, no qual a autora requer a concessão de tutela de evidência para autorizar a imediata compensação dos valores correspondentes à contribuição previdenciária incidente sobre as quantias pagas pela empresa aos empregados a título de aviso prévio indenizado, terço constitucional de férias e auxílio-creche, recolhidos nos cinco anos anteriores ao ajuizamento da ação judicial.
>
> (...)
>
> Desse modo, o C. Superior Tribunal de Justiça pacificou o entendimento de que não incide a contribuição previdenciária sobre o aviso prévio indenizado e o terço constitucional de férias.
>
> A respeito da possibilidade de compensação imediata dos valores recolhidos a título de aviso prévio indenizado e terço constitucional de férias, cumpre transcrever a decisão proferida pelo ilustre Ministro Roberto Barroso no julgamento do agravo interposto em face da decisão que negou seguimento ao recurso extraordinário nº 895.351:
>
> (...)
>
> V - Tendo em vista que a matéria relativa à exigibilidade de contribuição previdenciária sobre a remuneração paga em virtude do afastamento do empregado no período de quinze dias que antecede a concessão de auxílio doença/acidente, bem assim sobre o abono constitucional de férias (1/3) encontra-se, atualmente, pacificada nos colendos STF e STJ, não se mostra razoável aguardar-se o trânsito em julgado de decisum para a efetivação da compensação do indébito tributário em referência, quando inexistente qualquer possibilidade de alteração da situação jurídica já reconhecida, nos autos. Ademais, segundo a inteligência do art. 557, caput e respectivo §1º, do CPC, o relator negará seguimento a recurso manifestamente em confronto com súmula ou com jurisprudência dominante do respectivo tribunal, do

> Supremo Tribunal Federal, ou de Tribunal Superior, ou ainda, estando a decisão recorrida em manifesta contrariedade à súmula ou à jurisprudência dominante do Supremo Tribunal Federal, ou de Tribunal Superior, o relator poderá dar provimento, de pronto, ao recurso, pelo que se verifica, assim, a inaplicabilidade do art. 170-A, do CTN, na espécie, diante da perfeita harmonia do acórdão desta 8ª Turma com o entendimento jurisprudencial consolidado nos colendos STF e STJ nesta matéria, a possibilitar a eficácia plena e imediata da garantia fundamental da razoável duração do processo (CF, art. 5º, LXXVIII e respectivo §1º) na materialização instrumental do processo justo.
>
> (...)
>
> Assim, ante o julgamento pelo Superior Tribunal de Justiça do Recurso Especial nº 1.230.957-RS, submetido à sistemática prevista pelo artigo 543-C do Código de Processo Civil de 1973, entendo possível a imediata compensação dos valores referentes à contribuição previdenciária incidente sobre o aviso prévio indenizado e terço constitucional de férias.
>
> Pelo todo exposto, defiro a tutela de evidência pleiteada para assegurar o direito da autora de compensar imediatamente os valores indevidamente recolhidos a título de contribuição previdenciária patronal incidente sobre as quantias pagas pela empresa a seus empregados a título de aviso prévio indenizado, terço constitucional de férias e auxílio-creche, nos termos da sentença proferida no mandado de segurança nº 0020995-62.2011.403.6100. (destaques nossos)

Entendemos que a decisão acima transcrita adequa-se, perfeitamente, às novas diretrizes do Código de Processo Civil de 2.015, em especial porque com o atual Sistema dos Precedentes, não se mostra razoável que um contribuinte tenha que aguardar o trânsito de decisão judicial, que nada mais será que a mera formalização de uma decisão, com eficácia vinculante, que deverá, de modo obrigatório, ser aplicada pelo Magistrado.

Relembremos que a vedação da compensação, em sede provisória, pautou-se justamente na segurança jurídica, dada a possibilidade de reversibilidade da decisão provisória.

Contudo, atualmente o fundamento dessa vedação perde sua finalidade em determinadas situações, pois o provimento jurisdicional definitivo, nada mais será que a aplicação dos julgados em sede repetitiva, à qual os juízes e tribunais estão vinculados, pela nova legislação processual.

Nada obstante, antes mesmo do advento da atual legislação processual, o Poder Judiciário já havia afastado o art. 170-A do CTN[6], com relação a tributo declarado inconstitucional. Com o atual Código de Processo Civil, a tendência é que haja mais decisões nesse sentido.

De todo o exposto, observamos que o Poder Judiciário vem observando as diretrizes propostas na atual legislação processual, aplicando as decisões julgadas em sede de Recurso Repetitivo, inclusive sem trânsito em julgado, e, ainda, afastando a prescrição contida por meio do art. 170-A do CTN.

5. CONCLUSÕES

O Código de Processo Civil de 2.015 possui pouco mais de três anos de vigência, contudo, isso não prejudica a inexistência de dúvidas ou celeumas sobre sua efetiva aplicação.

A Ação de Repetição de Indébito está prevista no art 165 do Código Tributário Nacional.

Com a pagamento efetivado de modo indevido pelo sujeito passivo, exsurge o direito subjetivo à restituição e a figura de débito do Fisco.

A Repetição de Indébito, tem sido, majoritariamente, utilizada após o reconhecimento da ilegalidade ou inconstitucionalidade de um determinado tributo.

Os valores indevidamente recolhidos poderão ser reavidos, tanto por meio de precatório, quanto pela compensação.

A vinculação das decisões judiciais, objetivando uniformização, estabilidade e segurança jurídica não trata de fato inaugurado pela nova legislação processual.

---

6. TRF/1ª Região, AC 2001.32.00.005707-6/AM, Relatora Desembargadora Federal Maria do Carmo Cardoso, Oitava Turma, DJ de 24/08/2007.

O Código de Processo Civil de 2.015, pautado na estabilidade e eficiência da prestação jurisdicional, segurança jurídica, isonomia e celeridade processual, passou a prever o Sistema de Precedentes, dado que os juízes e tribunais deverão observar e seguir as orientações constantes dos precedentes.

Dado o contexto e, especificamente com relação à Ação de Repetição de Indébito, observamos não só a celeridade na efetiva restituição do *quantum* indevidamente pago pelo sujeito passivo, mas também a redução da litigiosidade, de demandas já sedimentadas por parte dos Tribunais Superiores, em sede de Recursos Repetitivos.

A própria Procuradoria Geral da Fazenda Nacional deu flexibilidade à Fazenda Nacional acerca da possibilidade de dispensa de contestação, contrarrazões, interposição de recursos e desistência daqueles já interpostos com relação às decisões em consonância com julgamento nos Tribunais Superiores em sede de recursos repetitivos ou com repercussão geral.

O Poder Judiciário já vem proferindo decisões autorizando a compensação, antes do trânsito em julgado da decisão judicial, quando trata de matéria consolidada em sede de Recursos Repetitivos, com base na tutela de evidência.

Por meio da análise da jurisprudência pudemos notar que o Poder Judiciário vem observando as diretrizes propostas na atual legislação processual, aplicando as decisões julgadas em sede de Recurso Repetitivo.

6. REFERÊNCIAS

CARVALHO. Paulo de Barros. *Curso de Direito Tributário.* 15ª Edição: São Paulo. Saraiva, 2003.

CONRADO. Paulo Cesar. *Processo Tributário.* 2ª Edição: São Paulo. Quartier Latin, 2007.

LEITE, George Salomão; STRECK, Lenio Luiz; ALVIM, Eduardo Arruda. *Hermenêutica e Jurisprudência no Código de*

Processo Civil - Coerência e Integridade. 2ª Edição. São Paulo: Saraiva, 2018.

MINISTÉRIO DA FAZENDA: Notícia: *PGFN amplia regra que dispensa procuradores de contestar e recorrer*. Disponível em http://www.fazenda.gov.br/noticias/2016/maio/pgfn-amplia-regra-que-dispensa-procuradores-de-contestar-e-recorrer. Acesso em 01 de maio de 2019.

PROCURADORIA GERAL DA FAZENDA NACIONAL: *Lista de Dispensa de Contestar e Recorrer (Art.2º, V, VII e §§ 3º a 8º, da Portaria PGFN Nº 502/2016). Disponível em* http://www.pgfn.fazenda.gov.br/assuntos/legislacao-e-normas/documentos-portaria-502/lista-de-dispensa-de-contestar-e-recorrer-art-2o-v-vii-e-a7a7-3o-a-8o-da-portaria-pgfn-no-502-2016#1.8_ok. Acesso em 01 de maio de 2019.

SILVA, Eduardo Correa. *Aplicação do Artigo 170-A do Código Tributário Nacional, na hipótese de julgamento de Recurso Repetitivo: Análise à Luz do Código de Processo Civil/15*. Dissertação de Mestrado apresentada na Escola de Direito de São Paulo da Fundação Getúlio Varga, São Paulo: 2017.

O DIREITO À COMPENSAÇÃO INDEPENDENTE DO TRÂNSITO EM JULGADO: O FUNCIONAMENTO JUDICIÁRIO COMO O CRITÉRIO DE SEGURANÇA

Guilherme Peloso Araujo[1]

1. O NOVO CÓDIGO DE PROCESSO CIVIL E O SEU CONTEXTO

A alteração do Código de Processo Civil, promovida pela Lei 13.105 de 16 de março de 2015 (CPC/2015), trouxe à tona inúmeras discussões sobre os rumos do processo civil brasileiro, algumas delas relacionadas ao tratamento dispensado pela Lei aos princípios constitucionais processuais. E não poderia ser diferente. A leitura dos primeiros parágrafos da exposição de motivos do anteprojeto deixa isso muito claro:

Um sistema processual civil que não proporcione à sociedade o reconhecimento e a realização dos direitos, ameaçados ou violados, que têm cada um dos jurisdicionados, não

1. Doutor em direito pela USP. Mestre em direito do Estado pela PUC-SP. Advogado em São Paulo.

se harmoniza com as garantias constitucionais de um Estado Democrático de Direito.

Sendo ineficiente o sistema processual, todo o ordenamento jurídico passa a carecer de real efetividade. De fato, as normas de direito material se transformam em pura ilusão, sem a garantia de sua correlata realização, no mundo empírico, por meio do processo.

A elaboração do anteprojeto esteve marcada pelo mais elevado espírito de concretização do direito constitucional, estabelecendo o processo como meio para a efetivação da tutela jurisdicional pelo Estado, para a proteção do cidadão. Reconhece-se, com muita sabedoria, que o sistema processual ineficiente macula o direito com o vício da ineficácia.[2]

O texto da exposição de motivos transita expressamente pelos mais interessantes princípios e garantias constitucionais, informando, ainda, que a elaboração do anteprojeto esteve sempre preocupada com a *solução* dos problemas enfrentados no dia a dia das demandas judiciais.

Fala-se em processo justo, célere, rente às necessidades sociais, menos complexo, atento a preceitos constitucionais, com duração razoável, preocupado com a *formação da norma jurídica* por meio da jurisprudência e com as suas alterações, atento à participação social na formação dos precedentes vinculativos, fala-se, ainda, em simplificação do sistema recursal e em efetividade da prestação jurisdicional.

Ainda, a exposição de motivos esclareceu a intenção de que o novo Código de Processo Civil fosse instituído com a finalidade de ajustar parte dos problemas vividos pelo Poder Judiciário brasileiro, que, notoriamente, sofre com acusações de morosidade e de falta de efetividade na tutela de direitos.

---

2. Cassio Scarpinella Bueno (*Curso sistematizado de direito processual civil.* 3. ed. São Paulo: Saraiva, v. 1, 2009, p. 153) aponta a efetividade como umas das principais questões que envolvem o direito processual atual. Aponta, especialmente, que os instrumentos processuais devem servir ao rápido gozo da tutela jurisdicional.

Objeto de destaque na exposição de motivos, o Novo Código de Processo Civil inova no ordenamento brasileiro ao estabelecer, com detalhes, a forma pela qual a jurisprudência se formará e como o próprio Poder Judiciário com ela se relacionará. Com questões dissolvidas por inúmeros artigos, o CPC/2015 positiva a natureza de *fonte do direito* da jurisprudência, o que nos parece ser a sua principal novidade inserida no sistema de direito positivo.

É justamente uma reflexão sobre a jurisprudência enquanto *fonte do direito* que pretendemos analisar neste estudo, à luz de normas constitucionais sobre o funcionamento judiciário.

2. DIREITO CONSTITUCIONAL E A SUA APLICAÇÃO

A boa intenção do legislador ordinário em concretizar princípios constitucionais no texto do CPC/2015 é, somente, o primeiro dos passos para a adequada aplicação constitucional.

Isso porque não basta à lei ordinária reproduzir normas constitucionais para que a sua concretização venha a ocorrer. A positivação legal é, sem dúvida, uma importante etapa para a aplicação dos princípios e regras constitucionais, mas insuficiente na missão de plena eficácia do texto constitucional, já que a aplicação, em concreto, do direito dependerá da sua interpretação.

Nesse contexto, a doutrina aponta o caminho pelo qual o intérprete de normas constitucionais deverá caminhar, sugerindo, inicialmente, uma interpretação harmônica de todo o texto constitucional. As palavras de Celso Ribeiro Bastos e Carlos Ayres Britto deixam isso claro:

> *Dizendo melhor ainda, o ordenamento constitucional não é resultante de um conglomerado caótico ou desconectado de normas. Antes, é a própria expressão de um conjunto harmônico, sistemático e unitário, no sentido de que, sem prejuízo da função particular das*

> *suas normas, estas somente adquirem plena significação, a partir da compreensão do todo em que estão insculpidas.3*

Em complemento à afirmação, merece destaque a posição de Canotilho, sugerindo que alguns vetores norteiam o intérprete do texto constitucional, que deverá, dentre outros cuidados, se preocupar com a unidade da Constituição[4], com sua máxima efetividade e com sua harmonização das suas normas.[5]

A posição do intérprete constitucional, portanto, é de suma importância. Será ele que, valendo-se da necessidade de obtenção de unicidade, harmonia e efetividade do texto Constitucional, laborará sobre os seus dispositivos *revelando*[6] o direito constitucional aderente ao caso concreto, ainda que, para isso tenha que coadunar princípios aparentemente conflitantes. Diferentes técnicas de interpretação e de aplicação de princípios[7] são os instrumentos eventuais conflitos entre o seu conteúdo sejam resolvidos, fazendo prevalecer a aplicação de um direito uno.

---

3. *Interpretação e aplicação das normas constitucionais.* São Paulo: Saraiva, 1982, p. 65-66.

4. "O princípio da unidade da constituição ganha relevo autônomo como princípio interpretativo quando com ele se quer significar que a constituição deve ser interpretada de forma a evitar contradições (antinomias, antagonismos) entre as suas normas. [...] Daí que o intérprete deva sempre considerar as normas constitucionais não como normas isoladas e dispersas, mas sim como preceitos integrados num sistema interno unitário de normas e princípios." (CANOTILHO, José Joaquim Gomes. *Direito Constitucional.* 6. ed. Coimbra: Almedina, 1995, p. 226-227); "[...] é que a Lei Maior, recamada de princípios que se derramam sobre todos os seus dispositivos, conecta de modo mais estreito os respectivos títulos formais e, assim, contraindica uma interpretação isolada dos institutos, figuras e mandamentos nesses títulos embutidos. Esta a razão da peremptória asserção de Willoughby, traduzida na ideia de que 'a Constituição corresponde a um todo lógico, onde cada provisão é parte integrante do conjunto, sendo assim logicamente adequado, senão imperativo, interpretar uma parte à luz das provisões de todas as demais partes'." (BASTOS, Celso Ribeiro; BRITTO, Carlos Ayres. *Interpretação e aplicação das normas constitucionais.* São Paulo: Saraiva, 1982, p. 22)

5. CANOTILHO, José Joaquim Gomes. *Direito Constitucional.* 6. ed. Coimbra: Almedina, 1995, p. 227-228.

6. GRAU, Eros Roberto. *Ensaio e discurso sobre a interpretação / aplicação do direito.* 2. ed. São Paulo: Malheiros, 2003, p. 82.

7. ÁVILA, Humberto. *Teoria dos princípios: da definição à aplicação dos princípios jurídicos.* 3. ed. São Paulo: Malheiros, 2004, p. 93.

> Eros Grau[8] aponta, nesse contexto, que o direito não é aplicado em pedaços, com dispositivos isolados. Leciona o professor, reforçando a necessidade de unicidade e harmonia do sistema de direito positivo: *A interpretação do direito é a interpretação do direito, no seu todo, não de textos isolados, desprendidos do direito.*
>
> *Não se interpreta o direito em tiras, aos pedaços.*
>
> *A interpretação de qualquer texto de direito impõe ao intérprete, sempre, em qualquer circunstância, o caminhar pelo percurso que se projeta a partir dele - do texto - até a Constituição. Um texto de direito isolado, destacado, desprendido do sistema jurídico, não expressa significado normativo algum.*

Essas afirmações ficam mais claras ao pensamos que o direito se desenvolve sob as abas de princípios gerais, caminhando por princípios específicos a cada um dos seus ramos, que resultam em regras específicas, que permitem a sua concretização. No momento da aplicação, como apontou Eros Grau, o direito é um só.

Isso expressa o melhor sentido de *sistema* de direito positivo. A fixação do conceito de *sistema*, ainda que de maneira não muito aprofundada, permite identificar bons caminhos para a adequada interpretação e aplicação do direito.

Não é por outro motivo que Roque Antonio Carrazza[9] aponta que a verdadeira interpretação do direito é a interpretação sistemática. Mas, o que isso quer dizer?

Sistema, como aponta Luhmann[10] é uma organização própria que se destaca do meio em que se insere. Essa organização é regida por regras próprias para o seu desenvolvimento e reprodução, marcando, definitivamente, a sua diferença como o meio em que se insere. O sistema tem, portanto, regras próprias determinadas por ele mesmo, para o

8. *Ensaio e discurso sobre a interpretação / aplicação do direito.* 2. ed. São Paulo: Malheiros, 2003, item XVIII.

9. *Curso de direito constitucional tributário.* 23. ed. São Paulo: Malheiros, 2007, p. 42.

10. *Introdução à teoria dos sistemas.* Tradução Ana Cristina Arantes Nasser. Petrópolis, RJ: Vozes, 2009, pag. 101.

seu desenvolvimento. Será por essas regras que o sistema determinará a sua forma de interação com o ambiente que o circunda, prevendo técnicas para a eventual incorporação de dados que lhe sejam estrangeiros.[11]

Diante da definição, parece-nos evidente a natureza de *sistema* do direito positivo, que é uma criação humana que se destaca de outras criações culturais, prevendo regras próprias para a sua reprodução (hierarquia entre normas, regras de validade, processo legislativo) e meios para a sua interação com o ambiente (fontes materiais do direito, relação de subsunção, atividade judiciária).

A interação do sistema de direito positivo com o ambiente que lhe é externo, por sua vez, é regida pelas regras de natureza formal ou instrumental[12], aquelas que regulam a forma de estruturação e inserção de novas normas do ordenamento jurídico. Submetidos a tais regras está, inclusive, o juiz de direito, que é uma das autoridades competentes para a produção de normas jurídicas.

O juiz de direito está inserido no ciclo de positivação do direito como uma das autoridades investidas de competência para a sua aplicação. A aplicação, por sua vez, se caracteriza pela inserção de novas normas, voltadas à individualidade e concretude, o que deverá representar e estar de acordo, como apontou Eros Grau, com todo o sistema de direito positivo. O Poder Judiciário é, portanto, um importante participante no

---

11. LUHMANN, Niklas. *Introdução à teoria dos sistemas*. Tradução Ana Cristina Arantes Nasser. Petrópolis, RJ: Vozes, 2009, p. 132.

12. "Por formais ou instrumentais, se entendem aquelas leis que tem por objeto as leis substanciais. Existem para servir as leis substanciais, regulando a sua formação ou o seu desenvolvimento. Das leis formais, umas se caracterizam por regular a produção das normas jurídicas, ou seja, por regular os processos de criação, modificação ou extinção das normas jurídicas. Assim, as leis que regulam o processo de elaboração das leis. Outras leis formais se destinam à atuação das leis substanciais, regulando os modos e as forma segundo os quais o Estado faz valer as leis substanciais. Entre as normas de atuação se acham as de direito processual civil." (SANTOS, Moacyr Amaral. *Primeiras linhas de direito processual civil*. 22. ed. São Paulo, Saraiva, v. 1, 2002, p. 24)

sistema de direito positivo, já que ele (Judiciário) é também competente para a produção de normas jurídicas.

Nasce, aqui, a importante questão que norteará o nosso estudo neste trabalho: como o Poder Judiciário deve se comportar neste contexto de *fonte do direito*. O assunto passa a ser ainda mais interessante ao percebermos a tendência brasileira ao ativismo jurisprudencial.

2.1 O PODER JUDICIÁRIO TAMBÉM É UM SISTEMA

Atendo-nos à solução de questões de direito tributário, os argumentos a seguir serão erigidos considerando a aplicação do sistema processual civil para medidas judiciais ordinárias que tenham por objeto a obrigação tributária, com especial foco na participação do Poder Judiciário na formação da norma jurídica, tarefa que, entendemos, deve ser iniciada pela avaliação da estruturação constitucional desse Poder.

Nesse sentido, reputamos correto verificar no Poder Judiciário uma organização na forma de um *sistema*, já que ele se destaca por suas regras próprias de funcionamento e pela previsão dos seus meios próprios de desenvolvimento. É organizado, assim como o direito positivo, *hierarquicamente*.

Essa hierarquia decorre da estruturação constitucional piramidal do Poder Judiciário, que parte de um grande número de juízes de primeiro grau, chegando aos poucos das Cortes Superiores. Apesar de sabermos da inexistência de subordinação entre uns e outros, a hierarquia deve ser reconhecida como decorrência lógica da competência para reformar decisões[13].

---

13. Cumpre-nos afirmar, contudo, que há respeitável entendimento doutrinário no sentido de inexistir hierarquia no Poder Judiciário. Veja-se: "Mas entre juízos e tribunais não há qualquer hierarquia, no sentido de estes exercerem uma suposta competência de mando sobre aqueces, ditando normas para os julgamentos a serem feitos. O que há é que as decisões dos órgãos inferiores podem ser revistas pelos órgãos superiores, mas cada juiz é livre ao proferir a sai sentenças, ainda que contrarie a jurisprudência dos tribunais." (CINTRA, Antonio Carlos de Araújo;

René David[14] é categórico ao afirmar que "em todos os países a organização judiciária é concebida como uma hierarquia". Michele Taruffo[15] (2016a, p. 438), por sua vez, deixa a afirmação mais precisa ao reconhecer que a autoridade mais notável é colocada no mais alto nível, de modo que o seu pronunciamento goze de maior importância e a sua autoridade seja exercida pela competência de revisão.

O pouco reconhecimento da hierarquia na organização judiciária brasileira, contudo, reduz a eficiência do funcionamento do Poder Judiciário, já que permite, a qualquer juízo, a prolação de decisões, em qualquer sentido, sob a proteção do princípio do livre convencimento motivado. Essa conduta, contudo, não privilegia o funcionamento judiciário ditado pela Constituição Federal. Vejamos.

2.1.1 PRAGMÁTICA JUDICIÁRIA BRASILEIRA E EXERCÍCIO DE HIERARQUIA

Pensar sobre essa questão demanda estabelecer, ainda que brevemente, algumas premissas. Apesar de sermos um país de *civil law,* o sistema processual brasileiro tem uma característica básica dos processos judiciais de *comom law*, que se refere à permissão para a discussão de constitucionalidades em quaisquer processos individuais[16], privilegiando, assim, o controle difuso e concreto da constitucionalidade de normas.

As Cortes Superiores brasileiras, como resultado da preponderância do controle difuso da constitucionalidade,

---

GRIONOVER, Ada Pelegrini; DINAMARCO, Cândido Rangel. *Teoria geral do processo.* 16 ed. São Paulo: Malheiros, 2000, p. 170)

14. *Os grandes sistemas do direito contemporâneo*. 3. ed. São Paulo: Martins Fontes, 1998, p. 121.

15. TARUFFO, Michele. Institutional factor influencing precedents. In: MACCORMICK, Neil; SUMMERS, Robert; GOODHART, Arthur (coords.). *Interpreting precedents*. New York: Routledge, 2016a, p. 438.

16. FAVOREU, Louis. *As cortes constitucionais*. Tradução Dunia Marinho Silva. São Paulo: Landy Editora, 2004, p. 17.

tradicionalmente[17], exercem principalmente a função de revisão de decisões proferidas em casos concretos.

Diferente é a competência, como apontado por Favoreu[18], das Cortes Constitucionais no tradicional sistema de *civil law*, com a preponderância da produção de tutelas concentradas, abstratas e com eficácia *erga omnes*, o que também é papel do Supremo Tribunal Federal (STF) brasileiro, mas que lhe foi atribuída somente pela Constituição Federal de 1946, por meio da Emenda 16 de 1965, e potencializado pela Constituição de 1988. Os poucos anos de exercício da função é indício da nossa dificuldade de incorporação dessa tradição em nossa atividade jurisdicional.

O passar dos anos, desde a entrada em vigor da Constituição Federal de 1988, veio a demonstrar que a preponderante natureza revisional das Cortes Superiores brasileiras lhes impunha a ineficiência, já que o grande volume de recursos não permitia a análise satisfatória de casos. A partir disso, diversas mudanças foram inseridas na Constituição Federal e no Código de Processo Civil então vigente, para restringir o acesso às Cortes Superiores e, em contrapartida, atribuir eficácia extraprocessual às questões por elas decididas.

São exemplos dessas alterações: a súmula vinculante (art. 103-A, CF), a possibilidade de impedir processamento de recurso contrário a texto de súmula (art. 518, § 1º, CPC/1973), o julgamento monocrático por tribunais (art. 557, CPC/1973), a repercussão geral (art. 102, CF; art. 543-A, CPC/1973), a previsão de julgamento de representativos de controvérsia (arts. 543-B e 543-C, CPC/1973), entre outros.

17. O controle abstrato da constitucionalidade de normas foi instituído no sistema brasileiro pela Emenda à Constituição de 1946, nº 16 de 1965. Pouquíssimo usado no período que se sucedeu à sua previsão, o real exercício do controle concentrado da constitucionalidade passou a existir a partir da promulgação da Carta de 1988. Sobre a história do sistema de controle concentrado: MENDES, Gilmar Ferreira. *Jurisdição constitucional*. 4 ed. São Paulo: Saraiva, 2004, p. 23.

18. *As cortes constitucionais*. Tradução Dunia Marinho Silva. São Paulo: Landy Editora, 2004, p. 27.

A intenção dessas modificações legislativas foi levada adiante pela Lei 13.1015/2015, o Novo Código de Processo Civil, que manteve mecanismos de controles do fluxo de processos para Cortes Superiores, além de ter previsto outras técnicas com mesma finalidade.

Essas alterações têm a finalidade de reagir à ineficiente atuação que marca a pragmática do Poder Judiciário brasileiro, criando instrumentos para que o processo judicial seja racional, sem que haja necessidade de análise, em concreto, de todas as ações, por todas as instâncias de julgamento. Veja-se que todas as alterações, inclusive, as mais atuais, têm a finalidade de fazer prevalecer o entendimento do juízo de superior hierarquia, sem que ele tenha que, necessariamente, tomar contato com os autos de todos os processos em que a sua decisão seja possível.

As alterações buscam, portanto, um melhor funcionamento do sistema judiciário, a partir da positivação de efeitos da hierarquia. Deveras, parece-nos incoerente que em uma organização marcada pela hierarquia, o agente de inferior posição possa discordar deliberadamente de seu superior hierárquico (jurisprudência), causando o simples efeito de obrigar a parte a usar recurso, cujo resultado do julgamento é sabido (à luz da jurisprudência).

Aparentemente, o princípio do livre convencimento do juízo transformou-se em um "cheque em branco" para qualquer decisão seja possível, ainda que em absoluto desprezo da jurisprudência. Coloca-se, em preponderância, muitas vezes, a atuação egoística[19] do juízo que prefere dar a *sua* solução ao

19. Na definição de Abbagnano (ABBAGNANO, Nicola. **Dicionário de filosofia**. Trad. Alfredo Rossi. 5. ed. São Paulo: Martins Fontes, 2007, p. 307): "**EGOÍSMO** (in. *Egoism*; fr. Égoisme; ai. *Egoismus*; ital. *Egoísmo*). 1. Termo criado no séc. XVIII para indicar a atitude de quem dá importância predominante a si mesmo ou aos seus próprios juízos, sentimentos ou necessidades, e pouco ou nada se preocupa com os outros. Platão já achava que o "amor desmesurado por si mesmo" (que nada tem a ver com a *filáucia* de que falava ARISTÓTELES, V. AMOR DE SI) é a causa de todas as culpas dos homens (Leis, V, 731e). Muitas vezes o E. foi considerado atitude natural do homem. [...]"

caso, em detrimento da solução do Judiciário (jurisprudência) para o caso.

A tradicional pouca importância da jurisprudência, fruto da superpotência do processo individual e, certamente, da doutrina de *civil law* que coloca a liberdade de decisão do juízo no centro do processo civil[20], empurra o sistema jurisdicional para o escuro ambiente da falta de previsibilidade e da arbitrariedade. Além disso, o sentimento da real possibilidade de vitória, já que até o trânsito em julgado tudo é possível, incentiva a litigância e a recorribilidade; esvazia, em sentido oposto, a possibilidade de acordos endo, extra, pré e pós-processuais.

A natureza *sistêmica* da organização judiciária depende de coerência entre manifestações de suas autoridades. Qual seria, se não fosse esse, o sentido da organização piramidal do Poder Judiciário? Apenas a concentração do exercício do poder, em favor do arbítrio?

A organização inerente a um sistema determina a racionalidade das atividades produzidas dentro dos seus limites. A capacidade de revisão do juízo *ad quem* e o menor número de julgadores a cada degrau da escada judiciária, atesta a sua natureza hierárquica. Essa hierarquia, contudo, não deve ser vista, apenas, como forma de controle de poder, mas como o instrumento para que o *sistema* entregue respostas coerentes à sociedade.[21]

---

20. CRUZ E TUCCI, José Rogério. *Parâmetros de eficácia e critérios de interpretação do precedente judicial. In* MITIDIERO, Daniel; AMARAL, Guilherme Rizzo (Org.). Processo civil: estudos em homenagem ao Professor Doutor Carlos Alberto Alvaro de Oliveira. São Paulo: Atlas, 2012, p. 245.

21. Sobre a racionalidade na atuação do Judiciário, Marinoni (*Precedentes obrigatórios*. 2. ed. São Paulo: Editora Revista dos Tribunais, 2011. p. 460) aponta: "Trata-se, assim, de alcançar um objetivo que é imprescindível à racionalidade de qualquer sistema que dá aos seus juízes o poder de realizar o controle da constitucionalidade diante dos casos concretos. Não há como atribuir este poder aos juízes sem vinculá-los às decisões da Suprema Corte. O controle difuso exige que os procedentes da Corte que dá a última palavra acerca da questão constitucional sejam obrigatórios. Não se trata de mera opção técnica, ainda que ótima à eficiência da distribuição da

A natureza sistêmica organizada hierarquicamente demanda a coerência e a racionalidade na produção de atos intra-sistema, o que se materializa em um tratamento mais comprometido com a qualidade e estabilidade da jurisprudência, além de seu respeito pelos juízos inferiores. Trata-se de questão de reconhecimento, por cada magistrado e considerado a posição por ele ocupada na pirâmide judiciária, da sua atuação voltada para a mais eficiente e eficaz prestação jurisdicional, e não da realização do seu conceito íntimo de justiça.

Considerando a organização constitucional do Poder Judiciário, cada magistrado, cuja atuação é fundamental para o adequado funcionamento do sistema, deve reconhecer que é a jurisdição é provida por todo o *sistema judiciário* e não por um juízo em específico. Essa conclusão deve conduzir a uma atuação em conformidade com esse sistema que o inclui, de modo que, cada decisão proferida deve se ocupar de manter o sistema estável e previsível. Já o caminho para que isso seja levado a efeito, sem dúvida, é a detalhada e comprometida consideração dos precedentes próprios e hierarquicamente superiores para o julgamento de qualquer medida judicial.

O leitor poderia nos interpelar, neste momento, dizendo que o CPC/2015 veicula uma série de obrigações tendentes a perseguir esses objetivos. O Novo Código determina a obrigação de manutenção da estabilidade (art. 926, CPC/2015) e da detalhada análise de casos para a alteração da jurisprudência (art. 927, § 2º, CPC/2015), da diferenciação de casos na aplicação de precedentes (art. 489, VI, CPC/2015), de respeito às decisões de cortes hierarquicamente superiores (art. 927, CPC/2015), além dos já existentes precedentes vinculantes (art. 1.036, CPC/2015) e novas técnicas de vinculação (incidente de assunção de competência – art. 947, CPC/2015).

---

justiça, mas de algo que, quando ausente, impede o próprio funcionamento do controle difuso. De modo que admitir, no atual estágio do direito brasileiro, controle difuso sem vinculação dos órgãos judiciários aos precedentes constitucionais constitui equívoco imperdoável."

A reflexão que propomos, diante disso, é: havia necessidade de o legislador federal impor tais obrigações ao Poder Judiciário ou o próprio Poder Judiciário já deveria atuar como um sistema? Ainda além: a vontade do Poder Judiciário em buscar esse tipo de atuação não é mais importante do que a mera previsão legal, que poderá, ao final, não gozar de plena aplicação?

Considerando que o principal dos objetivos da nova Lei processual é desafogar o Poder Judiciário, especialmente as Cortes Superiores, aparentemente, se o próprio Judiciário não se convencer da sua natureza sistêmica, investindo a sua atuação de intensas notas de coerência, de estabilidade e de respeito à hierarquia, talvez os problemas processuais brasileiros continuem os mesmos[22].

É a partir disso, então, que voltaremos a nossa análise para a atuação das Cortes Superiores brasileiras, que ocupam o ápice da pirâmide do Judiciário brasileiro, especialmente considerando a sua competência constitucional.

2.2 ATUAÇÃO DAS CORTES SUPERIORES, DE ACORDO COM A CONSTITUIÇÃO FEDERAL

Voltamos ao início deste trabalho para reafirmar a tarefa do intérprete de entregar máxima efetividade à interpretação constitucional. Assumida tal premissa, refletiremos, à luz da Constituição Federal de 1988, sobre alguns elementos que fundamentam a necessidade de atribuição de a maior eficácia

22. Não queremos atribuir a dificuldade pela qual o sistema processual passa somente ao Poder Judiciário. Estamos cientes da irresponsabilidade na atuação jurisdicional dos principais litigantes brasileiros, de acordo com o CNJ, o próprio Estado e as instituições bancárias. Parece-nos, contudo, que o grande número de processos mantidos por essas partes poderia ser reduzido a partir de claras, firmes e estáveis interpretações do direito pelo Poder Judiciário, assim como a atribuição de maior eficácia às decisões jurisdicionais. Veja-se a título de exemplo, o abuso da fazenda pública ao recorrer ao máximo em processos de natureza tributária, em cujas decisões poder ser executadas somente após o trânsito em julgado (art. 170-A do CTN); também, isso válido para o particular, que tem incentivo ao recurso de apelação com o seu efeito suspensivo automático; ou ainda, pelo constante esvaziamento da efetividade da tutela coletiva, além de tantos outros exemplos.

à atuação das Cortes Superiores, considerando, especialmente, a competência para o julgamento dos recursos extraordinário e especial.

Faz-se necessário, diante disso, buscar a mais efetiva aplicação para as disposições constitucionais que colocam o Supremo Tribunal Federal e o Superior Tribunal de Justiça no vértice da pirâmide judiciária, de modo a potencializar a aplicação do texto constitucional.

As Cortes Superiores, a partir do texto constitucional, devem reconhecer em si a prerrogativa de analisar, sob impulso legitimado, todos os assuntos que desrespeitem o texto constitucional ou a lei federal, de acordo com a sua competência. Isso, certamente, não deve significar que as Cortes devam analisar todos os *processos* que qualquer litigante pretenda a elas submeter. Esse é exatamente o fundamento para a elaboração das Leis 11.418/2006 e 11.672/2008, que inseriram as regras de recursos repetitivos no Código de Processo Civil de 1973 (CPC/1973).[23]

Gostaríamos, contudo, de pensar essa competência sem a influência do legislador ordinário, ou seja, saber se haveria a possibilidade de, a partir do texto constitucional, travar-se uma melhor atuação das Cortes e se há condutas que o próprio Judiciário pode adotar em favor da sua maior efetividade. A resposta para essas dúvidas, entendemos, está na relação do Poder Judiciário com as suas próprias manifestações, ou seja, com a jurisprudência.

Melhor observar a jurisprudência, a partir das noções de hierarquia, significaria entregar ao jurisdicionado a ciência

23. É muito interessante a comparação promovida por Heitor Sica (*Congestionamento viário e congestionamento judiciário: reflexões sobre a garantia de acesso individual ao Poder Judiciário. In* Revista de Processo. São Paulo: Revista dos Tribunais, 2014, v. 236) entre os esforços para a redução do congestionamento viário em grandes cidades e o congestionamento processual perante o Poder Judiciário. O autor sustenta o seu argumento sobre a análise da extensão da garantia constitucional de acesso ao Judiciário, discutindo se ela deve significar a solução individualizada de cada processo ajuizado.

sobre a resposta do Poder Judiciário para o seu caso, garantindo maior segurança ao sistema de direito positivo, já que esclarece o seu conteúdo. Teria o efeito de incentivar a composição entre partes fora do ambiente da ação judicial, pois, sabendo do resultado da ação, haveria menor interesse na custosa manutenção da tramitação de processos.

Significa reconhecer, nesse contexto, que o *sistema judiciário,* na primeira oportunidade em que possível, deve proferir tutela efetiva com alta tendência de perenidade, o que é qualificado pelo respeito à jurisprudência (chances de reforma reduzidas). O cidadão, na condição de parte no processo, não deve torcer pela resposta de um juiz ou de outro para o seu caso, mas ser capaz de prever o resultado provável a ser proferido pelo *sistema* judiciário.

A relação, diante disto, entre eficácia constitucional, jurisprudência[24] e organização sistêmica e hierarquizada do judiciário, sugere, com clareza, a função *nomofilácica*[25] das Cortes Superiores, cabendo às Cortes e juízos inferiores a observação da sua jurisprudência.

---

24. Veja o que Pedro Lessa (*Do poder judiciário.* São Paulo: Livraria Francisco Alves, 1915, p. 126-127) já comentava sobre a Constituição de 1891: "Manda a Constituição que as justiças dos Estados *consultem* a jurisprudência dos tribunais federais, e vice-versa que estes últimos tribunais *consultem* a jurisprudência dos tribunais locais. O que, pois, ordena a Constituição, é que os tribunais de cada uma das duas espécies ou ordens constitucionais de justiça examinem, estudem, pesquisem o modo de interpretar e aplicar as leis da outra ordem de tribunais, afim de bem se instruírem acerca do escopo dos preceitos legais, evitando-se desse modo inúteis e só prejudiciais divergências no aplicar as normas jurídicas. [...]"

25. É excerto da exposição de motivos do anteprojeto do novo Código de Processo Civil: "Por outro lado, haver, indefinidamente, posicionamentos diferentes e incompatíveis, nos Tribunais, a respeito da mesma norma jurídica, leva a que jurisdicionados que estejam em situações idênticas, tenham de submeter-se a regras de conduta diferentes, ditadas por decisões judiciais emanadas de tribunais diversos.
Esse fenômeno fragmenta o sistema, gera intranquilidade e, por vezes, verdadeira perplexidade na sociedade. [...]
Essa é a função e a razão de ser dos tribunais superiores: proferir decisões que moldem o ordenamento jurídico, objetivamente considerado. A função paradigmática que devem desempenhar é inerente ao sistema.

Não é razoável imaginar que todos os processos teriam a chance de serem analisados pelas Cortes Superiores, com os seus 11 Ministros do STF e 33 do STJ. As funções das Cortes Superiores, especialmente a sua competência para revisão de julgamentos em recurso especial e extraordinário, devem seguir a finalidade de uniformizar entendimentos sobre a aplicação das normas constitucionais e federais, pelo STF e STJ, respectivamente.

A interpretação das competências constitucionais outorgadas para essas Cortes atesta que a elas não deve ser imposta a condição de cortes de revisão comuns, com competência para analisar (ainda que potencialmente) todos os processos em trâmite perante o Judiciário brasileiro. É irracional supor que os 11 Ministros do STF e os 33 do STJ condições de reanalisar decisões proferidas por 13.841 magistrados brasileiros de primeira instância[26].

É importante reconhecer que o texto constitucional é expresso, ao tratar do recurso especial, que ao STJ caberá resolver questões às quais divergentes interpretações tenham sido dadas por diferentes tribunais brasileiros. Apesar de a competência para análise do recurso extraordinário não advir da mesma literalidade, considerável doutrina sustenta também ser esta a função do STF nesta competência, qual seja, uniformizar o entendimento sobre o texto constitucional. Veja-se:

> Inexiste previsão constitucional de recurso extraordinário (STF) com fundamento específico no dissídio jurisprudencial entre tribunais do país acerca de interpretação de textos da Constituição Federal. Mas a *função unificadora da interpretação da Constituição* não fica afastada porque, no julgamento final das questões sobre a compatibilidade de leis ou ato normativos com ela, a sua palavra final será, em si mesma, fator de unificação (pela influência que exerce sobre a jurisprudência dos outros tribunais).[27]

26. Número indicado pelo anuário Justiça em números 2014: ano-base 2013/Conselho Nacional de Justiça – Brasília: CNJ, 2014.

27. CINTRA, Antonio Carlos de Araújo; GRIONOVER, Ada Pelegrini; DINAMARCO, Cândido Rangel. *Teoria geral do processo.* 16 ed. São Paulo: Malheiros, 2000, p. 179.

> A possibilidade de decisões contraditórias e mesmo a ameaça de uma tendência anárquica dentro do sistema é minimizada pelo *recurso extraordinário* (art. 102, III, *a*, *b* e *c*, da Constituição), que permite ao Supremo Tribunal Federal uniformizar a interpretação em matéria constitucional.[28]

> A competência de uniformização tem o efeito de entregar racionalidade ao *sistema* judiciário, não permitindo casos em que decisões divergentes são proferidas em tão curto espaço de tempo, sem que haja adequada fundamentação sobre as diferenças entre os casos. Há, nestas situações, descumprimentos pelas próprias Cortes de sua função constitucional.[29]

> A coerência das manifestações em decisões, além de respeitar um mínimo de racionalidade no sistema, configura, certamente, incentivo para que Tribunais inferiores adotem os posicionamentos firmados pelas Cortes Superiores. Trata-se, aqui, de questão de humildade do julgador de inferior hierarquia que, sabendo do posicionamento do Tribunal Superior, deve decidir em sua conformidade, não incentivando recursos e atribuindo certeza ao ordenamento jurídico.[30]

O jurisdicionado deve buscar sempre uma resposta do Poder Judiciário, não a resposta de um juízo específico. Com um mínimo de lógica em sua atuação, o Poder Judiciário deve fazer o possível para entregar o mesmo resultado para cidadãos que estejam em situação análoga.

---

28. MENDES, Gilmar Ferreira. *Jurisdição constitucional.* 4 ed. São Paulo: Saraiva, 2004, p. 20.

29. Marinoni e Mitidiero (*Repercussão geral no recurso extraordinário.* 2. ed. São Paulo: Revista dos Tribunais: 2008, p. 20) fundamentam as previsões legais de vinculação à jurisprudência no dever constitucional de racionalização da atividade judiciária: "Esses mecanismos processuais visam a compatibilizar as decisões jurisdicionais, uniformizando-as, concretizando, dessa ordem, o valor constitucional da igualdade no formalismo processual. Acabam por velar, nesse azo, pela unidade do Direito no Estado Constitucional brasileiro, sobre racionalizar a atividade judiciária, importante em notável economia de atos processuais.
Além disso, têm por desiderato racionalizar a atividade judiciária, impedindo que recursos em confronto com a orientação dos Tribunais Superiores tenham seguimento, ocupando inutilmente a estrutura judiciária.

30. A racionalidade, tal qual apresentamos, também potencializa a aplicação do princípio da igualdade ao dispensar igual tratamento a casos análogos.

Atribuir toda essa importância às Cortes Superiores deve servir, também, para valorizar as decisões tomadas por seus órgãos de solução de divergências internas.

Não nos parece, por exemplo, que às decisões tomadas pelo Pleno do STF seja atribuída a importância que esse foro demanda, nem mesmo pelo Judiciário. O desprestígio dessas decisões é espelho do desprestígio da jurisprudência. A falta de unidade na atuação do Poder Judiciário, que não observa regras lógicas advindas de um sistema de hierarquia, passa ao cidadão a mensagem de qual toda decisão é possível no âmbito do seu processo.

Respeitar a jurisprudência significa a entrega de uma atuação igualitária ao cidadão e o exercício uniforme da jurisdição. A consciência da importância da jurisprudência, certamente, teria tornado desnecessário que uma lei ordinária impusesse às Cortes o dever de manter a sua jurisprudência estável (art. 926, CPC/2015).

O fato que nos parece mais interessante em toda essa discussão é que estamos a argumentar a necessidade de respeito por um órgão de suas próprias decisões. Veja-se que não falamos da obrigação dos cidadãos ou do Poder Executivo seguirem a jurisprudência dos tribunais, mas apenas do próprio Judiciário olhar para si mesmo e respeitar as suas próprias manifestações.

Notadamente no ambiente pós-positivista, em que o Poder Judiciário é chamado a intervir diretamente nos textos legais para o seu ajuste a princípios constitucionais, reinará a insegurança e incerteza sobre o conteúdo dos textos de lei, caso o Poder Judiciário não seja capaz de produzir uma atuação coerente.

A constitucional estruturação hierárquica do Poder Judiciário e a também constitucional função *nomofilácica* das Cortes Superiores, em nosso ponto de vista, são elementos suficientes para o reconhecimento do dever de observação da jurisprudência.

Além disso, a organização sistemática do Poder Judiciário tem a finalidade de garantir à sociedade da unidade da sua resposta. Veja-se que o cidadão apresenta o seu pedido em uma ação judicial ao Poder Judiciário, e não a um juízo específico e é o Poder Judiciário que responderá o seu pedido. Todo o caminho entre o protocolo de uma petição inicial e o trânsito em julgado da ação, marcado por um grande número de recursos, tem a finalidade de garantir que o litigante tenha a resposta do Poder Judiciário, e não do juiz que julga o seu caso. Fazer o sistema funcionar com eficiência deve significar o dever de o magistrado proferir decisões aderentes ao posicionamento do *sistema judiciário*, ainda que isso signifique proferir uma decisão contrária ao seu posicionamento pessoal.

Apresentado o nosso ponto de vista, parece-nos importante alguns comentários sobre o sistema brasileiro de vinculação a precedentes.

3. UMA APLICAÇÃO DO DEVER DE OBSERVAÇÃO DA JURISPRUDÊNCIA ART. 170-A DO CTN

De acordo com o que temos apresentado, o dever de observação da jurisprudência decorre de ditames constitucionais, ou seja, é um dever jurídico-constitucional, que tem como efeitos a mais eficiente e segura atuação judiciária, assim como a maior segurança para os sujeitos de direito sobre o conteúdo da decisão final a ser proferida pelo Poder Judiciário, em caso de ajuizamento de uma ação.

Esse dever jurídico-constitucional está calcado nas normas de organização judiciária, de acordo com as quais o Poder Judiciário é estruturado em instâncias de julgamento, com menor número de magistrados a cada nível superior que exercem juízo de revisão sobre as decisões proferidas pelos juízos inferiores. Traduzindo essa organização na imagem de uma pirâmide, o seu vértice é ocupado pelo Supremo Tribunal Federal e pelo Superior Tribunal de Justiça, ambos com competência de uniformização do conteúdo do direito vigente (constitucional e federal, respectivamente).

Constitucionalmente, portanto, a organização judiciária segue uma racionalidade sistemática, que deve ser levada a efeito na atuação diária dos magistrados, quando da prática de decisões. Isso deve ser feito com a observação das manifestações das instâncias que lhe sejam superiores, de maneira que a sua atuação tenha por objetivo aplicar o direito com segurança, fazendo o possível que a parte não dependa da interposição de recursos para obtenção da tutela jurisdicional pretendida.

Aderir ao posicionamento firmado por instâncias superiores, especialmente pelo STF e STJ, significa a produção de uma tutela jurisdicional com baixa chances de reforma e que entrega ao interessado, de forma mais eficiente, a prestação jurisdicional *oficial* do sistema judiciário, ou seja, aquela que será proferira ao final da tramitação do processo. Essa atuação judiciária repara ilegalidades com maior eficiência, uma vez que não submete aquele que tem que o direito ao seu lado à interposição de recursos, com a sua natural morosidade no processamento, para a obtenção da tutela pretendida.

Em questões de direito tributário, considerando a existência de posicionamentos favoráveis ao contribuinte nas Cortes Superiores, esse tipo de tutela permite a possibilidade de execução provisória da decisão para a cessação do recolhimento indevido, dotando a tutela jurisdicional de efetividade no cumprimento da sua finalidade de reparar ilegalidades.

Outra observação sobre o andamento do processo tributário também é muito importante. É absolutamente comum, especialmente em ações ajuizadas contra a União Federal, ordinárias ou mandados de segurança, a existência de pedidos declaratórios do direito à compensação do indébito tributário, a ser exercida administrativamente pelo contribuinte.

A decisão que analisada esses pedidos de compensação, contudo, está sujeita à incidência do art. 170-A do Código Tributário Nacional, que veda o exercício do direito à compensação judicialmente declarado, antes do trânsito em julgado da medida em que proferida. Ou seja, ainda que a tutela jurisdicional declare a inconstitucionalidade ou ilegalidade da incidência tributária e permita ao contribuinte a compensação do indébito disso decorrente, o exercício dessa compensação fica sujeita ao trânsito em julgado da decisão que a autorizou.

O dispositivo, inserido no Código Tributário Nacional em 2001, tem a finalidade de garantir à fazenda pública a segurança de não sofrer com compensações, ou seja, realizar a *devolução do indébito*, com fundamento em decisões que venham a ser reformadas posteriormente à compensação. O caso de a decisão ser reformada submeteria a fazenda pública à perseguição dos tributos indevidamente compensados com o crédito inexistente.

O fundamento para existência do art. 170-A do CTN, portanto, está na práxis judiciária. Considerando a chance de reforma da decisão que autoriza a compensação pelo contribuinte, esse dispositivo condiciona a eficácia da decisão à preclusão máxima do processo em que proferida. Adota-se, diante disso, a imutabilidade como o elemento de segurança da decisão judicial.

De fato, o art. 170-A do CTN garante, com alto grau de sucesso, que as compensações do indébito tributário sejam feitas somente diante a certeza da existência do recolhimento indevido. Faz isso, contudo, por meio do *desproporcional* impedimento de que qualquer compensação seja feita durante o curso da medida judicial em que autorizada. É *desproporcional*, pois, há outros meios, menos danosos para os direitos fundamentais do contribuinte, que devem ser utilizados para a atribuição de segurança sobre a existência do indébito tributário, ao invés do condicionamento da eficácia de uma decisão judicial ao distante trânsito em julgado da ação em que proferida. Vejamos.

De acordo com Humberto Ávila[31], a solução de conflitos normativos à partir do postulado da *proporcionalidade* demanda a realização dos juízos de *adequação*, *necessidade* e de *proporcionalidade em sentido estrito.*

Pelo primeiro deles, o juízo de *adequação*, caberá ao intérprete verificar se os fins pretendidos com a edição da norma são, de fato, atingidos com a aplicação do seu conteúdo. O juízo de *adequação,* diante disso, aponta para a pertinência do art. 170-A do CTN, já que, o objetivo garantir a certeza sobre o direito a ser aplicado em favor do contribuinte é concretizado com a atribuição de eficácia somente à decisão judicial contra a qual não caibam mais recursos. O art. 170-A do CTN, portanto, é adequado para o fim que justifica a sua existência.

Diferente, no entanto, é o resultado do juízo de *necessidade*, segundo o qual o cabe ao intérprete a verificação sobre a existência de outros meios para a consecução do mesmo fim, mas como uma menor desvantagem para o cidadão, no caso, contribuinte. É nesse contexto do juízo de necessidade que se inserem as normas constitucionais de organização judiciária, que têm o efeito de ditar a forma de atuação judiciária.

Conforme apresentamos acima, a Constituição Federal de 1988 organiza o Poder Judiciário hierarquicamente, em uma estrutura piramidal. O sentido de tal organizar é permitir a órgãos cada vez menores a cada instância de julgamento o exercício do juízo de revisão sobre as decisões proferidas pelas instâncias inferiores, de modo a viabilizar a uniforme aplicação do direito. No vértice dessa pirâmide judiciária estão o Supremo Tribunal Federal e o Superior Tribunal de Justiça, Tribunais que, à luz das próprias disposições constitucionais, possuem a finalidade de uniformizar o conteúdo do direito vigente.

---

31. ÁVILA, Humberto. *Teoria dos princípios*: da definição à aplicação dos princípios jurídicos. 3. ed. São Paulo: Malheiros, 2004, p. 177.

Essas Cortes Superiores, às quais não é dado revisar as decisões proferidas em todos os processos judiciais, cabe a função *nomofilácica*, ou seja, sanar divergências interpretativas sobre o direito positivo. Essa função é exercida, por sua vez, por meio da solução de casos concretos, que são submetidos ao julgamento das Cortes por meio dos recursos extraordinário e especial, após esgotadas as instâncias ordinárias de julgamento.

A própria Constituição Federal, com as Cortes Superiores, estabeleceu instrumento para a solução de divergências sobre o conteúdo do direito, de modo a viabilizar a aplicação uniforme do ordenamento jurídico.

A decisão proferida pela Corte Superior representa, portanto, a solução constitucional para a divergência interpretativa sobre o conteúdo do direito, o que deve instruir a realização do juízo de necessidade sobre a aplicação do art. 170-A do CTN.

Cumpre, então, avaliar se há necessidade de se aguardar pelo trânsito em julgado para a compensação tributária fundada em norma já reconhecida pelo Supremo Tribunal Federal ou pelo Superior Tribunal de Justiça. Parece-nos que não.

O significado constitucional da manifestação das Cortes Supremas é o de uniformização do direito, de maneira que, tanto para a fazenda pública, quanto para contribuintes, a existência dessa manifestação deve significar a determinação da norma jurídica vigente, de maneira que o trânsito em julgado em uma ação passa a representa o mero aguardo pela aplicação definitiva dessa posição firmada pelo Poder Judiciário.

É importante que se verifique que o trânsito em julgado representa a última preclusão do processo e não a "descoberta" da verdadeira norma jurídica vigente, o que, de acordo com a Constituição Federal, é marcado pelo posicionamento da Corte Superior.

Maior ainda é a importância das manifestações dessas Cortes se considerado o dever de atuação *sistemática* do Poder Judiciário. Conforme apresentamos, a adesão do magistrado ao posicionamento firmado pelo juízo de instância superior, notadamente aos posicionamentos das Cortes Superiores, resulta na atuação racional e eficiente do Poder Judiciário, que além de instrumentalizar a previsibilidade sobre o resultado das controvérsias, não submete as partes assistidas pelo direito à necessidade de interposição de recursos para a obtenção da tutela adequada. É dever constitucional, portanto, a atuação judiciária marcada pela observação das manifestações das Cortes de hierarquia superior.

A manifestação da Corte Superior, assim, faz unir o alto grau de certeza sobre o conteúdo do direito e, em decorrência, o fato de o Poder Judiciário proferir tutela com baixas chances de reforma, o que torna *desnecessária* a aplicação do art. 170-A do CTN como instrumento de atribuição de segurança ao ordenamento jurídico, no que se refere à compensação tributária.

Estamos a dizer que, diante de uma manifestação favorável à pretensão do contribuinte proferida pelo STF ou pelo STJ (dentro de suas competências), deixa de existir a dúvida sobre o conteúdo do direito que fundamenta a existência do art. 170-A do CTN, uma vez que exercida a função *nomofilácica* daquelas Cortes. O fim da dúvida sobre o conteúdo do direito, o que, repita-se, é constitucionalmente qualificado, torna a aplicação do dispositivo do Código Tributário Nacional despiciendo para a garantia de segurança da fazenda pública.

A *desnecessidade* da aplicação do dispositivo nesses casos, entretanto, não é a única causa para afastar a sua incidência nos casos em que haja posicionamento do mérito do pedido pelas Cortes Superiores. A sua aplicação, nesse contexto, também não ultrapassa o juízo de *proporcionalidade em sentido estrito*.

Pela avaliação da *proporcionalidade em sentido estrito* caberá a ponderação sobre a infração, pela norma jurídica em avaliação de direitos e garantias fundamentais, de modo a se verificar a existência de meios menos danosos para a realização do fim por ela pretendido. O juízo de proporcionalidade, portanto, ditará qual das normas, cumpridoras do mesmo objetivo, deverá ser aplicada.

Assim, essa ponderação opõe a aplicação do art. 170-A do CTN e a existência de manifestação das Cortes Superiores, como forma de elucidar o direito vigente, viabilizando a efetividade da decisão judicial que declara o direito à compensação tributária.

Significa, diante disso, assumir que a pretensão de certeza sobre o direito vigente pode ser atingida pelas duas vias, seja pela coisa julgada material da decisão individual para o contribuinte, seja pelo posicionamento da Corte competente para uniformização do direito. Conforme temos afirmado, os dois caminhos conduzem à certeza sobre a incidência ou não incidência tributária.

Vale reafirmar, dentro desse contexto, que o trânsito em julgado qualifica apenas o termo final de uma medida judicial. O conteúdo da decisão que autorizará, ou não, a compensação tributária, é ditado pelo posicionamento do Poder Judiciário sobre o conteúdo da norma jurídica aplicável ao caso concreto, situação que coloca o posicionamento das Cortes Superiores em posição de destaque para a aferição das chances de reforma (segurança para a fazenda pública) de uma decisão que declara o direito à compensação pelo contribuinte.

Conforme concluído a partir do *juízo de necessidade*, existindo a manifestação da Corte Superior, o que qualifica a uniformização do direito de acordo com a Constituição Federal, juridicamente, deixa de haver dúvida sobre o conteúdo da norma tributária, de modo que, acompanhando o posicionamento da Corte Superior, a compensação tributária, com segurança, poderia ser levada a efeito antes do trânsito em julgado da decisão que a declarada.

Questão que se põe, à luz do *juízo de proporcionalidade em sentido estrito*, é que a aplicação do art. 170-A do CTN representa afronta à garantia constitucional de *efetividade* da prestação jurisdicional[32], ou seja, à garantia de que as decisões judiciais, de maneira eficiente, geram efeitos para a reparação das ilegalidades por ela reconhecidas.

A garantia de *efetividade* da tutela jurisdicional, destarte, assegura que a prestação do Poder Judiciário gere *efeitos* no mundo real, ou seja, as suas decisões deverão ser envolvidas de plena eficácia. Qualquer restrição de *eficácia* da tutela jurisdicional – como é o caso do art. 170-A do CTN –, portanto, entra em rota de colisão com a garantia constitucional de efetividade na prestação jurisdicional, de modo demandar a verificação de existência de um propósito constitucional específico que permita tal restrição.

É nesse contexto que a inconstitucionalidade do art. 170-A do CTN, à luz da proporcionalidade, deve ser reconhecida, quando diante de casos em que haja manifestação da Corte Superior.

Isso porque o art. 170-A do CTN restringe a garantia de efetividade da tutela jurisdicional para beneficiar a supremacia do interesse público sobre o privado, consubstanciada na *certeza* sobre o direito de compensação. Restringe-se, portanto, uma garantia fundamental, protegendo o Estado da dúvida sobre o direito vigente.

A manifestação da Corte Suprema, por sua vez, como o instrumento constitucional de atribuição de *certeza* sobre o direito vigente, faz extinguir o propósito que fundamenta a existência do art. 170-A do CTN, de maneira que a sua aplicação passa a constituir uma "gratuita" afronta à garantia constitucional de efetividade da tutela jurisdicional. A *determinação* do conteúdo do direito vigente faz a mitigação da *efetividade da tutela* desnecessária para a proteção do erário,

32. A garantia constitucional de acesso ao Poder Judiciário (art. 5º, XXXV) é material, e não meramente instrumental, o que significa a garantia de uma tutela jurisdicional efetiva, no sentido de promover com maior adequação possível a reparação da lesão ou a prevenção da ameaça a direito do contribuinte. Assim, não garante apenas que o contribuinte peça ao Judiciário, mas que uma tutela jurisdicional adequada para a reparação/prevenção seja prestada. Efetividade é o estado daquilo que é efetivo, que é o adjetivo que representa a capacidade de gerar efeitos *reais*.

de maneira que a essa garantia constitucional (efetividade da tutela) possa ser atribuída a máxima aplicabilidade.

A aplicação do art. 170-A do CTN em casos cujo mérito já tenha sido objeto de manifestação das Cortes Supremas, portanto, representa meio que produz restrição indevida à garantia fundamental de efetividade da tutela jurisdicional, o que torna a aplicação do dispositivo inconstitucional nesse contexto.

De fato, a valorização das regras constitucionais que estabelecem o modo de funcionamento do Poder Judiciário conduz à conclusão de que a mitigação da *efetividade* da tutela jurisdicional pelo art. 170-A do CTN, em favor da segurança para a fazenda pública, se torna vazia de sentido após decisão sobre o mérito do pedido de repetição pelas Cortes Superiores, já que a pretensão defendida nos dois casos é a aplicação da *norma jurídica* correta.

Essa tese, que nos parece plenamente aplicável, demonstra a necessidade de reflexão do processo judicial à luz dos efeitos jurídicos da jurisprudência. Outras questões como a qualidade e perenidade das manifestações das Cortes Superiores, a relativização da coisa julgada, a necessidade de aplicação da sistemática do IRDR para a vinculação de juízos inferiores, o livre convencimento motivado, a demanda por igualdade e segurança jurídica, o mais eficiente funcionamento judiciário e a redução do número de processos podem apimentar a discussão proposta neste artigo. Sem prejuízo, o cerne do pensamento sobre todas essas questões, parece-nos, está no tratamento que o próprio Poder Judiciário dispensa às suas manifestações jurisprudenciais.

CONCLUSÃO

O novo Código de Processo Civil, colocado em vigor pela Lei 13.105 de 16 de março de 2015, carrega em si a intenção de melhor concretizar princípios constitucionais aplicáveis ao processo civil. Mais que isso, contudo, o Código oferece incentivo para a reflexão sobre o processo judicial e sobre o Poder Judiciário à luz do texto constitucional.

Seguindo esse “incentivo” oferecido pelo Código, a partir da Constituição Federal é possível identificar que o Poder Judiciário é um sistema hierarquicamente organizado. Tem, como consequência dessa organização, o objetivo de produzir decisões uniformes, o que, em último grau, é garantido pela existência das Cortes Superiores, com um pequeno número de julgadores, que têm a finalidade de *uniformizar* o conteúdo do direito vigente para a sua aplicação.

Dessa organização constitucional, devemos inferir que o funcionamento do sistema Judiciário deverá ser informado pela mais alta racionalidade e coerência lógica, sendo a adequada observação da jurisprudência o instrumento para tanto. Descabe, portanto, a irrestrita liberdade para que cada magistrado formule o seu juízo sobre o sentido da norma jurídica após a existência de decisões dos órgãos de julgamento que lhe sejam hierarquicamente superiores, notadamente as Cortes Superiores. Há, entendemos, o dever jurídico-constitucional de adesão ao posicionamento exarado por tais Cortes.

Esse dever jurídico, por sua vez, deve gerar efeitos na aplicação judiciária do direito, um deles, relacionado à constitucionalidade da restrição imposta pelo art. 170-A do Código Tributário Nacional à compensação, submetendo-a ao trânsito em julgado da ação em que declarado o direito do contribuinte.

A manifestação do STF ou do STJ, dentro de suas respectivas competências, estabelece a *uniformização* do conteúdo do direito vigente, afastando dúvidas decorrentes da sua interpretação para aplicação. Com a manifestação dessas Cortes, portanto, a controvérsia jurídica deve chegar ao fim, permitindo ao Poder Judiciário a uniformidade nas suas decisões.

Estando estabelecido, então, o conteúdo do direito, torna-se desnecessário o aguardo até a formação da coisa julgada em cada processo individual para que se afirme conhecida a regra jurídica aplicável ao caso. Ou seja, havendo a manifestação o trânsito em julgado deixa de ser determinante para que se estabeleça a compensação com segurança em favor da fazenda pública.

Manter a aplicação do art. 170-A do CTN, ainda nessas condições, representa o injustificado retardo da eficácia da decisão judicial, contrariando a garantia constitucional de prestação jurisdicional efetiva, motivo pelo qual, nesses casos, a inconstitucionalidade parcial do dispositivo deveria ser declarada, autorizando a imediata compensação pelo contribuinte.

Questionar a aplicabilidade do art. 170-A do CTN em favor da efetividade da decisão judicial é um dos efeitos da adequada utilização da organização constitucional judiciária no processo, de maneira que se faz necessária a constante reflexão sobre as inúmeras outras hipóteses de sua aplicação como forma de tornar a tutela jurisdicional mais efetiva e isonômica.

REFERÊNCIAS

ABBOUD, Georges. *Jurisdição constitucional e direito fundamentais*. São Paulo: Editora Revista dos Tribunais, 2011.

ATAÍDE JR., Jaldemiro Rodrigues. *Precedentes vinculantes e irretroatividade do direito no sistema processual brasileiro: os precedentes dos Tribunais Superiores e sua eficácia temporal.* Curitiba: Juruá, 2012.

ÁVILA, Humberto. *Teoria dos princípios: da definição à aplicação dos princípios jurídicos.* 3. ed. São Paulo: Malheiros, 2004.

BARROSO, Luís Roberto. *O controle de constitucionalidade no direito brasileiro*. São Paulo: Saraiva, 2004.

BASTOS, Celso Ribeiro; BRITTO, Carlos Ayres. *Interpretação e aplicação das normas constitucionais*. São Paulo: Saraiva, 1982.

BECHO, Renato Lopes. Alterações mais importantes do processo civil em matéria tributária e o novo CPC. In: ___. *Grandes questões atuais do direito tributário*. São Paulo: Dialética, v. 19, p. 385, 2015.

___________. *Lições de direito tributário*. São Paulo: Saraiva, 2011.

BEDAQUE, José Roberto dos Santos. *Efetividade do processo e técnica processual*. São Paulo: Malheiros, 2006.

BOBBIO, Norberto. *O positivismo jurídico: lições de filosofia do direito*. Comp. Nello Morra. Trad. Márcio Pugliese. São Paulo: Ícone, 2006.

BONAVIDES, Paulo. *Constituinte e Constituição*. 3. ed. São Paulo: Malheiros, 2010.

BUENO, Cassio Scarpinella. *Curso sistematizado de direito processual civil*. 3. ed. São Paulo: Saraiva, v. 1, 2009.

___________. *Manual de direito processual civil*. São Paulo: Saraiva, 2015.

CANOTILHO, José Joaquim Gomes. *Direito Constitucional*. 6. ed. Coimbra: Almedina, 1995.

CARRAZZA, Roque Antonio. *Curso de direito constitucional tributário*. 23. ed. São Paulo: Malheiros, 2007.

CINTRA, Antonio Carlos de Araújo; GRIONOVER, Ada Pelegrini; DINAMARCO, Cândido Rangel. *Teoria geral do processo*. 16 ed. São Paulo: Malheiros, 2000.

CRUZ E TUCCI, José Rogério. *Parâmetros de eficácia e critérios de interpretação do precedente judicial. In* MITIDIERO, Daniel; AMARAL, Guilherme Rizzo (Org.). Processo civil: estudos em homenagem ao Professor Doutor Carlos Alberto Alvaro de Oliveira. São Paulo: Atlas, 2012.

___________. *Precedente judicial como fonte do direito*. São Paulo: Editora Revista dos Tribunais, 2004.

DAVID, René. *Os grandes sistemas do direito contemporâneo*. 3. ed. São Paulo: Martins Fontes, 1998.

DIDIER Jr., Fredie; CUNHA, José Carneiro da. *Curso de Direito Processual Civil*. 10. ed. Salvador: *JusPodivm*, 2012.

FAVOREU, Louis. *As cortes constitucionais*. Tradução Dunia Marinho Silva. São Paulo: Landy Editora, 2004.

GRAU, Eros Roberto. *Ensaio e discurso sobre a interpretação / aplicação do direito*. 2. ed. São Paulo: Malheiros, 2003.

HOLMES, Jr., Oliver Wendell. O caminho do direito. In: *Os grandes filósofos do direito*. Clarence Morris (Org.). Trad. Reinaldo Guarany. São Paulo: Martins Fontes: 2002.

KELSEN, Hans. *Teoria pura do direito*. Tradução João Baptista Machado. 5. ed. São Paulo: Martins Fontes, 1996.

KERN, Christoph A. O papel das cortes supremas. *Revista dos tribunais*. São Paulo: Thomson Reuters, v. 948, 2014.

LEONEL, Ricardo de Barros. Eficácia imediata da sentença e as reformas do CPC: um aspecto da caminhada para a efetividade da tutela jurisdicional. *Revista Justitia*. São Paulo: MPSP, v. 200, 2009.

LESSA, Pedro. *Do poder judiciário*. São Paulo: Livraria Francisco Alves, 1915.

LUHMANN, Niklas. *Introdução à teoria dos sistemas*. Tradução Ana Cristina Arantes Nasser. Petrópolis, RJ: Vozes, 2009.

MANCUSO, Rodolfo de Camargo. *Divergência jurisprudencial e súmula vinculante*. 3. ed. São Paulo: Editora Revista dos Tribunais, 2007.

____________. *Recurso extraordinário e recurso especial.* 10 ed. São Paulo: Revista dos Tribunais, 2007.

MARINONI, Luiz Guilherme; ARENHART, Sérgio Cruz; MITIDIERO, Daniel. *O novo processo civil.* São Paulo: Editora Revista dos Tribunais, 2015.

MARINONI, Luiz Guilherme; MITIDIERO, Daniel. *Repercussão geral no recurso extraordinário.* 2. ed. São Paulo: Revista dos Tribunais: 2008.

MARINONI, Luiz Guilherme. *Manual do processo de conhecimento.* 4. ed. São Paulo: Editora Revista dos Tribunais, 2005.

____________. *O STJ enquanto Corte de precedentes: recompreensão do sistema processual da Corte Suprema.* São Paulo: Editora Revista dos Tribunais, 2013.

____________. *Precedentes obrigatórios.* 2. ed. São Paulo: Editora Revista dos Tribunais, 2011.

MELO, Celso Antônio Bandeira de. *O conteúdo jurídico do princípio da igualdade.* 3. ed. 6. tiragem. São Paulo: Malheiros, 1999.

MENDES, Gilmar Ferreira. *Jurisdição constitucional.* 4 ed. São Paulo: Saraiva, 2004.

NEVES, Antonio Castanheira. *O instituto dos "assentos" e a função jurídica dos tribunais superiores.* Coimbra: Coimbra Editora, 1983.

SANTOS, Moacyr Amaral. *Primeiras linhas de direito processual civil.* 22. ed. São Paulo, Saraiva, v. 1., 2002.

SICA, Heitor Vitor Mendonça. Congestionamento viário e congestionamento judiciário: reflexões sobre a garantia de acesso individual ao Poder Judiciário. *Revista de Processo.* São Paulo: Revista dos Tribunais, 2014, v. 236.

SILVA, José Afonso da. *Curso de direito constitucional positivo*. 33. ed. São Paulo: Malheiros, 2010.

____________. *Aplicabilidade das normas constitucionais*. 8. ed. São Paulo: Malheiros, 2012.

TARUFFO, Michele. Institutional factor influencing precedents. In: MACCORMICK, Neil; SUMMERS, Robert; GOODHART, Arthur (coords.). *Interpreting precedents*. New York: Routledge, 2016.

A AÇÃO RESCISÓRIA NO PROCESSO TRIBUTÁRIO - NOVOS ENTENDIMENTOS - JULGAMENTO PELO STJ DO RESP 1.652.295/MG

Ana Cristina Maia Mazzaferro[1]

INTRODUÇÃO

Muito se tem discutido desde a edição do Novo Código de Processo Civil (NCPC/15) acerca do cabimento da Ação Rescisória em sede de matéria tributária, em especial pelo fato de envolver geralmente questões acerca de constitucionalidade de tributos.

Isso porque, em especial os §§12 a 15º do art. 525 do CPC apresentam expressamente as possibilidades de Ação Rescisória nos casos de incompatibilidade do título executivo com a posição do Supremo Tribunal Federal (STF) em sede de controle de constitucionalidade concentrado ou difuso.

Assim, de acordo com a legislação processual vigente, para os casos em que o título executivo estiver fundamentado em legislação que for julgada inconstitucional pelo STF, independente se em controle de constitucionalidade difuso ou

1. Mestranda em Direito Político Econômico e Financeiro na Universidade Presbiteriana Mackenzie. Advogada na área de contencioso tributário. aninhamazza@gmail.com

concentrado (§ 12 do art. 525), possível o questionamento do título executivo, seja por meio de Impugnação, seja por meio de Ação Rescisória.

Com base nessa estrutura normativa, diversos questionamentos começaram a surgir com relação à coisa julgada inconstitucional, uma vez que, ainda que se detenha uma decisão transitada em julgado, que fez coisa julgada, há um pronunciamento posterior do STF sobre o mesmo tema, que torna a referida coisa julgada como inconstitucional, o que faz surgir de imediato quais os casos e qual a forma de se atingir tal decisão formal, sem que haja ofensa ou inobservância ao princípio da Segurança Jurídica e nem mesmo uma banalização da coisa julgada.

É nesse exato contexto o recente julgamento do Superior Tribunal de Justiça (STJ) sobre o tema, que ao analisar o REsp 1.652.295/MG entendeu que não seria necessária Ação Rescisória para questionar a cobrança de ISS sobre serviços notariais, uma vez que o tema havia sido julgado constitucional pelo STF, sendo portanto, exigível o tributo, independente de coisa julgada anterior que detinha o Contribuinte, a qual não mais vigora, em razão de superveniente declaração de constitucionalidade do tributo pelo Supremo em sede controle de constitucionalidade, o que torna a coisa julgada inconstitucional.

Diante de todos esses aspectos, o presente estudo visa analisar as possibilidades de se afetar a coisa julgada inconstitucional, sobretudo no enfoque da Ação Rescisória, destacando a necessidade do referido meio processual para se atingir a coisa julgada, levando em consideração o aspecto da Segurança Jurídica, Livre Iniciativa e Concorrência.

1. COISA JULGADA INCONSTITUCIONAL

A ideia de coisa julgada consiste em decisões que não sejam mais passíveis de recurso. É exatamente nesse sentido o teor do disposto no § 3º do art. 6º da Lei de Introdução ao Direito Brasileiro

(LIDB), que traz em seu teor o entendimento de que coisa julgada é *"a decisão judicial de que já não caiba mais recurso"*.

É importante destacar que a LINDB não traz nenhum conceito ou ideia de que a coisa julgada não possa sofrer alterações, modificações, mas tão somente o conceito de que não há mais possiblidades de recursos da decisão.

A doutrina, de um modo geral, define a coisa julgada como a impossibilidade de alterações na sentença e em seus respectivos efeitos[2], sendo a coisa julgada considerada pela maioria da doutrina como um termo efetivo da decisão e não um de seus efeitos[3], uma forma de se conferir estabilidade para as relações jurídicas.

Justamente nessa linha são as considerações de Teresa Arruda Alvin Wambier sobre o conceito de coisa julgada:

> *A coisa julgada não é um efeito da sentença ou da decisão de mérito, mas uma qualidade que se agrega aos efeitos da sentença. Não pode ser vista como um efeito autônomo da sentença (ou da decisão interlocutória de mérito. Indica a forma como certos efeitos se exteriorizam, a sua força, a sua estabilidade, a sua autoridade.* Expressões como imutabilidade, definitividade, intangibilidade exprimem uma qualidade, uma propriedade, um atributo do objeto a que se referem.[4]

É possível a compreensão de que a coisa julgada não comporta uma extensão da sentença, decorrente de efeitos processuais, ligado a cunho decisório, mas sim um simples efeito da decisão, dotado de autonomia.

Nessa linha ainda de conceitos sobre a coisa julgada, possível citar como o instituto aparece nas disposições do Código

---

2. DINAMARCO, Cândido Rangel. Relativizar a coisa julgada material. *Revista da Escola Paulista da Magistratura*, v. 2, n. 2, p. 7-45, 2001.

3. LIEBMAN, Enrico Tullio. *Eficácia e autoridade da sentença e outros escritos sobre a coisa julgada*. trad. Alfredo Buzaid e Benvindo Aires. 4. ed. Rio de Janeiro: Forense, 2006.

4. WAMBIER, Teresa Arruda Alvim. et. al. *Primeiros comentários ao novo Código de Processo Civil*: artigo por artigo. 1. ed. São Paulo: Revista dos Tribunais, 2015 - p. 819.

processual vigente, citado em subseção própria, dos art. 502 a 508, a lei processual traz as linhas gerais e aplicação da coisa julgada.

Já no art. 502 do NCPC/15 fica evidente que o legislador processual traz a ideia do conceito de coisa julgada material, isso porque, ainda que se faça distinções na doutrina sobre divisões e *tipos* de coisa julgada, certo é que, para fins de análise dos efeitos de uma possível modificação de decisão tida por definitiva, necessário que o mérito da demanda tenha sido julgado.

Dessa forma, prescreve o art. 502 do NCPC:

> *Art. 502. Denomina-se coisa julgada material a autoridade que torna imutável e indiscutível a decisão de mérito não mais sujeita a recurso.*

Aqui fica clara a intenção do legislador em trazer a ideia de que a coisa julgada material é um efeito decorrente da decisão de *mérito*, cuja regra geral do instituto consiste na solidez da decisão, ou seja, um provimento jurisdicional de caráter definitivo, que não deve mais, a rigor, sofrer modificações recursais pelo Judiciário.

Seguindo com a análise da coisa julgada é possível notar que há muito a Doutrina defendeu a total imutabilidade das decisões afetadas pelo referido instituto, sob o entendimento de que o Princípio supostamente assegurado de forma sólida pela constituição devesse prevalecer sobre qualquer outra situação.

Ocorre que, com as constantes alterações processuais e, em especial a edição do vigente Código Processual, foi possível notar evidente evolução no direito processual brasileiro, em especial, no tema aqui tratado, coisa julgada, em razão de se buscar uma aplicação mais justa e real, visto que diversas situações que se detinha a coisa julgada havia modificações do cenário geral da jurisprudência que incorrida de forma direta ou indireta nos quadros processuais com coisa julgada.

Justamente por isso, é possível afirmar que a coisa julgada atualmente é tratada pela própria legislação processual vigente de forma muito mais flexível e adequada às condições reais, afastando-se, assim, sua suposta carga de imutabilidade, restando a coisa julgada ligada com a ideia de efetivação da decisão judicial, que não pode sofrer mais recursos, porém não mais o entendimento de que não há *nenhuma* possiblidade de se afetar a decisão.

Com relação específica aos casos tributários, essa evolução no enquadramento da coisa julgada fica ainda mais evidente, visto que as ações de controle de constitucionalidade são recorrentes e acabam por afetar os Contribuintes de uma maneira geral, de tal modo que se manter uma decisão que fez coisa julgada, mas fundada em decisão de mérito cuja análise acerca da constitucionalidade foi posteriormente alterada pelos Tribunais Superiores, acaba por trazer situações absolutamente desiguais, afetando outros Princípios Constitucionais.

Assim, a ideia mais atual sobre a coisa julgada permite que diversos aspectos relativos ao mérito da decisão sejam observados de forma mais ampla, em especial quando houver posterior julgamento do tema em sede de controle de constitucionalidade, o que irá diretamente atingir a todos os Contribuintes, independente de possuírem decisão que se entenda por definitiva, sob pena de outros princípios constitucionais serem afetados.

Com relação a tal possiblidade de se afetar o que restou firmado em coisa julgada, a Doutrina vem chamando de relativização da coisa julgada, o que se parte do pressuposto de ser possível nos casos em que haja alteração de julgamento de mérito em sede de controle de constitucionalidade, o que acaba sendo tratado, portanto, por flexibilização da coisa julgada inconstitucional.

Neste ponto cabem as considerações de Theotonio Negrão ao analisar em sua obra o próprio art. 502 do Código vigente:

> *A ideia de relativização da coisa julgada material consiste no excepcional afastamento da sua autoridade, a fim de que um outro valor igualmente caro ao ordenamento jurídico sobre ele prevaleça, por falar mais alto do que a imutabilidade e a indiscutibilidade*

> *do julgado no específico caso concreto. Tal prevalência operaria independentemente da apresentação de ação rescisória, bastando a formulação de pretensão voltada à declaração de ineficácia da coisa julgada, quer em demanda especificamente ajuizada para tanto, quer no contexto de outra demanda*[5]

Observa-se da Nota do autor que a afetação da coisa julgada se faz necessária e é permitida nos casos em que também há o confronto com outros Princípios Constitucionais, o que acaba por *permitir* que a regra geral de imutabilidade da decisão seja atingida e se permita situações em que possa ocorre a flexibilização do que restou decidido.

Justamente esse é o permissivo para se afetar a coisa julgada quando há decisão de mérito posterior, proferida em sede de controle de constitucionalidade, fazendo-se valor, portanto, a viabilidade da Ação Rescisória, que se passará a demonstrar.

É importante notar que não se está falando aqui em violação aos ditames constitucionais relativos à coisa julgada, em que se é assegurado como direito fundamental a coisa julgada, a possiblidade de afetar a coisa julgada é justamente a aplicação do contexto constitucional como um todo, que verifica não o instituto de maneira isolada, mas sua inserção no ordenamento jurídico de forma geral, fazendo com que a situação atual, decorrente de decisão pacificadora de Tribunal Superior (controle de constitucionalidade) possa ser aplicada da forma mais equânime possível.

Aqui é possível, ainda, seguir a análise sob o aspecto de que, sendo a coisa julgada um instituto processual, designado e definido por meio de *Lei*, ao entrar em confronto com uma norma constitucional, tal como o Princípio da Igualdade (*v.g* Contribuintes iguais em situações idênticas de incidência tributária, mas com efeitos desiguais, decorrentes somente da aplicação da coisa julgada) deverá, assim, prevalecer a aplicação da norma constitucional.

---

5. NEGRÃO, Theotonio, et. al. *Código de Processo Civil e Legislação Processual em Vigor-2018*. 49. São Paulo. Ed. Editora Saraiva, 2018– p. 535/536.

2. AÇÃO RESCISÓRIA EM CASOS DE COISA JULGADA INCONSTITUCIONAL

A Ação Rescisória é atualmente prevista no art. 966 do NCPC/15, sendo viável nas seguintes situações:

> *Art. 966. A decisão de mérito, transitada em julgado, pode ser rescindida quando:*
>
> *I - se verificar que foi proferida por força de prevaricação, concussão ou corrupção do juiz;*
>
> *II - for proferida por juiz impedido ou por juízo absolutamente incompetente;*
>
> *III - resultar de dolo ou coação da parte vencedora em detrimento da parte vencida ou, ainda, de simulação ou colusão entre as partes, a fim de fraudar a lei;*
>
> *IV - ofender a coisa julgada;*
>
> *V - violar manifestamente norma jurídica;*
>
> *VI - for fundada em prova cuja falsidade tenha sido apurada em processo criminal ou venha a ser demonstrada na própria ação rescisória;*
>
> *VII - obtiver o autor, posteriormente ao trânsito em julgado, prova nova cuja existência ignorava ou de que não pôde fazer uso, capaz, por si só, de lhe assegurar pronunciamento favorável;*
>
> *VIII - for fundada em erro de fato verificável do exame dos autos.*

Observa-se do Código vigente que a Ação Rescisória tem por objeto a desconstituição de decisão que tenha seu trânsito em julgado, tendo discussão na doutrina se há possiblidade de rejulgamento da matéria, ou se a medida judicial visa efetivamente retirar do ordenamento jurídico decisão que esteja maculada de efetivo vício e nulidades, que permanecem mesmo com o trânsito em julgado que encerra o processo[6].

Dessa forma, a Doutrina classifica a Ação Rescisória como ação autônoma, cujo objeto é necessariamente afetar

6. SCARPINELLA, Cassio Bueno. *Novo Código de Processo Civil Anotado*. 1. Ed. São Paulo: Saraiva, 2015.

decisão transitada em julgado, nas hipóteses previstas na legislação processual, sendo viável rediscutir o julgado firmado, bem como questionar coisa julgada material que tenha sido objeto de posterior decisão divergente em sede de controle de constitucionalidade.

No que se refere ao objeto da Ação Rescisória é possível destacar que o NCPC/15 prevê expressamente o objeto da Ação Rescisória como sendo cabível para questionar decisão de mérito transitada em julgado, de tal modo que *"São três os requisitos exigidos: a) decisão; b) mérito; e c) transitada em julgado."*[7]

Ainda no tocante ao cabimento, importante destaque para a necessidade de que a decisão que se pretende rescindir seja efetivamente aquela que tenha resolvido o mérito, daí porque se faz referência à coisa julgada material.

Nesse sentido, para fins do presente estudo, que visa analisar a viabilidade de Ação Rescisória em casos de coisa julgada inconstitucional, importante deter atenção especial ao disposto no inciso V do citado art. 966 do NCPC/15, que relata a hipótese do cabimento da medida judicial para as situações em que houver violação manifesta à norma jurídica.

Aqui cabe a referência à redação que a antiga legislação processual trazia a esse respeito (art. 485 do CPC/73), em que tão somente era preceito normativo a Ação Rescisória de *sentença* que violasse disposição *literal* de lei.

É justamente nesse ponto a interpretação acerca do cabimento da Ação Rescisória na legislação atual, que traz o permissivo de forma mais *aberta*, para que possa se rever decisão que tenha formado coisa julgada posteriormente afetada por decisão judicial vinculante proferida pelos Tribunais Superiores.

Aqui há possibilidade de entendimento de que qualquer decisão advinda dos Tribunais Superiores que tenham caráter vinculante, tais como Recursos Repetitivos no âmbito do

7. WAMBIER, Teresa Arruda Alvim. et. al. *Breves Comentários ao Novo Código de Processo Civil*. 2. ed. São Paulo: Revista dos Tribunais, 2016. P 2.247.

Superior Tribunal de Justiça, por exemplo, já seriam suficientes para fundamentar uma Ação Rescisória.

Isso se faz necessário justamente porque muitas vezes, ainda que se tenha feito coisa julgada, as decisões acabam por incorrer em vícios de constitucionalidade, que vão trazer instabilidade à própria Segurança Jurídica, vez que se terá uma decisão com evidentes vícios e ainda protegida pela coisa julgada.

Será nesse sentido a eficácia da Ação Rescisória, justamente para que possa haver uma flexibilização em decisões que já fizeram coisa julgada, mas que possuem algum vício e desde que atendidas as citadas hipóteses do art. 966 do NCPC/15.

Por outro lado, com base no disposto no §12 do art. 525 do NCPC, há quem defenda que tão somente nos casos de controle de constitucionalidade, seja concentrado ou difuso, é que seria possível a utilização da Ação Rescisória para se afetar a coisa julgada (inconstitucional).

De todo modo o referido dispositivo legal não traz mais dúvidas no sentido de que em ambos os casos de controle de constitucionalidade é possível a medida rescisória:

> *§ 12. Para efeito do disposto no inciso III do § 1º deste artigo, considera-se também inexigível a obrigação reconhecida em título executivo judicial fundado em lei ou ato normativo considerado inconstitucional pelo Supremo Tribunal Federal, ou fundado em aplicação ou interpretação da lei ou do ato normativo tido pelo Supremo Tribunal Federal como incompatível com a Constituição Federal , em controle de constitucionalidade concentrado ou difuso.*

Nesse sentido, já nesse ponto do estudo se torna possível destacar que os dispositivos processuais atuais possuem como objetivo flexibilizar uma interpretação mais tradicional sobre as hipóteses de se afetar a coisa julgada, em especial porque referido instituto sempre foi visto como uma forma de proteção sólida, de um direito formalizado por meio de uma ação judicial que foi finalizada, trazendo o fundamento de que a Constituição Federal assegura tal garantia de preservação da coisa julgada.

Pois bem, certo é que a coisa julgada efetivamente necessita de uma proteção bastante sólida, uma vez que não se pode ter uma situação jurídica consolidada por um meio processual que teve o seu devido encerramento ser ilidida por qualquer fato infundado, realmente há uma necessidade de preservação de um direito efetivo, que sua alteração, caso feita à qualquer maneira poderá trazer diversas consequências significativas.

Ocorre que muito se observava que a coisa julgada acabava por sofrendo diversas instabilidades, haja vista que alguns casos detinham coisa julgada, porém com base em fundamentos que já tinham sido analisados pelas Cortes Superiores de forma divergente, o que acabou por levar situações divergentes para entes em mesma situação jurídica.

Melhor explicando, em casos em que o Contribuinte possuía uma decisão transitada em julgada de determinado tributo como constitucional, porém sem que os Tribunais Superiores sequer tivessem feito o exame de constitucionalidade acerca daquela exação, o processo judicial singular daquele Contribuinte se encerrou de forma regular e com a coisa julgada material devidamente fixada.

Posteriormente, a mesma exação seguiu em julgamento por meio de controle de constitucionalidade ou até mesmo por meio de medida com afetação de aplicação *erga omnes* pelas Cortes Superiores, que acabam por reconhecer a exação como inconstitucional, em decisão que transita em julgado.

Diante de tal contexto surge o questionamento se aquele Contribuinte que detinha a decisão transitada em julgado (pela constitucionalidade da exação) não ficará prejudicado diante dos demais Contribuintes que tiveram seu direito reconhecido em sede de ações judiciais ainda em andamento e que foram afetadas pelo julgamento *erga omnes* das Cortes Superiores e que reconheceu o tributo como inconstitucional!

Assim também deve ser a interpretação quando as ações foram nesse sentido favoráveis ao Fisco, ou seja, determinado tributo foi reconhecido como inconstitucional em ação individual sem efeitos abrangentes transitada em julgado e, posteriormente declarado o mesmo tributo como constitucional pelas Cortes Superiores em vias de controle de constitucionalidade, nesse caso o Contribuinte também não poderá ser beneficiado de forma isolada para afastar uma exação, enquanto sua concorrente comercial, por exemplo, deverá arcar com os custos tributários do tributo pois estará abarcado já pelos efeitos da decisão judicial de constitucionalidade que teve aplicação geral.

Definidos os traços gerais condições sobre a aplicação a Ação Rescisória dentro do contexto da coisa julgada inconstitucional em matéria tributária, importante uma análise decorrente da Súmula 343 do STF, a qual afasta a medida rescisória para casos com decisão que seja controvertida nos Tribunais.

Vale o destaque ao teor da Súmula 343 do STF:

> *Súmula 343*
>
> *Não cabe ação rescisória por ofensa a literal disposição de lei, quando a decisão rescindenda se tiver baseado em texto legal de interpretação controvertida nos tribunais.*

Embora a Súmula em referência traga tal ponto como condição à Ação Rescisória, certo é que o atual Código de Processo (diga-se, inexistente quando da edição da referida Súmula) confere a possibilidade de que nos casos de matéria constitucional seja utilizada Ação Rescisória para questionar a decisão que esteja em desacordo com interpretação que tenha sido posteriormente proferida pelo Supremo em controle de constitucionalidade.

Tanto é assim que o próprio Supremo já analisou a questão sob tal aspecto e efetivamente reconheceu a necessidade de se afastar a aplica da Súmula 343 no julgamento do RE 328812/AM, no seguinte sentido:

> Embargos de Declaração em Recurso Extraordinário. 2. Julgamento remetido ao Plenário pela Segunda Turma. Conhecimento. 3. É possível ao Plenário apreciar embargos de

> declaração opostos contra acórdão prolatado por órgão fracionário, quando o processo foi remetido pela Turma originalmente competente. Maioria. 4. Ação Rescisória. Matéria constitucional. Inaplicabilidade da Súmula 343/STF. 5. A manutenção de decisões das instâncias ordinárias divergentes da interpretação adotada pelo STF revela-se afrontosa à força normativa da Constituição e ao princípio da máxima efetividade da norma constitucional. 6. Cabe ação rescisória por ofensa à literal disposição constitucional, ainda que a decisão rescindenda tenha se baseado em interpretação controvertida ou seja anterior à orientação fixada pelo Supremo Tribunal Federal. 7. Embargos de Declaração rejeitados, mantida a conclusão da Segunda Turma para que o Tribunal a quo aprecie a ação rescisória. (RE 328812/AM, Tribunal Pleno, Rel. Min. Gilmar Mendes, julgado em 06.03.2008, DJe-078 30.04.2008)

Não há dúvidas, portanto, que o Tribunal Supremo reconhece tal vertente da Ação Rescisória, o que culmina com o acompanhamento da norma processual atual, que visa justamente, solucionar tais entraves com seus dispositivos mais atuais e conectados com a realidade mais atual.

Com isso, o art. 525 do NCPC/15 é o principal instrumento legal que disciplina os casos de rescisória para situações de julgamento do Supremo que aborde controle de constitucionalidade.

No que se refere ao prazo processual para a viabilidade da Ação Rescisória, que em muito a doutrina que analisava a legislação processual já passada discutia a respeito, a legislação atual é muito clara no sentido de trazer em seu §15º do art. 525 expressamente que o prazo para Ação Rescisória *"será contado do trânsito em julgado da decisão proferida pelo Supremo Tribunal Federal."*.

Assim, o Código Processual é claro no sentido de que é possível, viável, autorizado legalmente, que a coisa julgada seja afetada para os casos em que houver posterior decisão de mérito por meio do controle constitucional do Supremo, sem que haja qualquer violação a princípio constitucional.

3. ANÁLISE DO JULGAMENTO DO STJ

Uma vez superada a questão de que pode haver a flexibilização da coisa julgada inconstitucional, cumpre seguir o estudo com relação a efetiva necessidade de que tal afetação deverá ser realizada tão somente por meio de Ação Rescisória.

Não obstante existir na doutrina algumas boas discussões e entendimentos sobre tal tema, para essa análise, o presente estudo irá se valer da recentíssima decisão proferida pelo Superior tribunal de Justiça ao julgar o REsp 1.652.295/MG.

O referido caso abordava Contribuinte que havia conseguido decisão procedente em sede de ação individual para afastar a incidência de determinado tributo.

Quando do julgamento de seu caso individual o mérito da exação tributária foi analisado de forma conclusiva e o entendimento foi no sentido de que aquela cobrança, tal como perpetrada, era realizada de forma inconsistente com o sistema normativo.

Referida decisão transitou em julgada e fez coisa julgada com relação àquela Contribuinte que detinha sua ação judicial individual e que obterá o pleito judicial afastando a cobrança por entender que era realizada de forma ilegítima, sem amparo normativo.

Ocorre que, posteriormente à obtenção de tal situação de coisa julgada, o Supremo Tribunal Federal julgou em sede de controle de constitucionalidade a legitimidade daquela hipótese tributária, proferindo decisão em Ação Direta de Inconstitucionalidade reconhecendo a *constitucionalidade* da cobrança tributária.

Dessa maneira, uma vez que o Supremo proferiu decisão no âmbito do controle de constitucionalidade seu alcance é indubitavelmente erga omnes, de maneira que será aplicável a todos os Contribuintes.

Nesse ponto é que se torna possível vislumbrar a diferença entre Contribuintes, que terão contra si aplicadas situações jurídicas decorrentes de interpretações divergentes do Poder Judiciário.

Assim, não é razoável que, na medida em que o Supremo altere o seu entendimento sobre determinada incidência tributária, por meio de decisão efetivamente proferida em sede de controle de constitucionalidade, os Contribuintes sujeitos a tal exação encontrem situações práticas divergentes, decorrentes da mesma hipótese de incidência tributária, sob pena de violação de Princípios Constitucionais tais como Igualdade, Livre Concorrência e até mesmo da Segurança Jurídica.

Nesse cenário, o raciocínio imediato seria no sentido de que se faria necessária Ação Rescisória para que a coisa julgada obtida pelo Contribuinte em sua ação judicial pudesse ser afetada pela posterior decisão proferida pelo Supremo em via de controle de constitucionalidade.

Pois, seguindo na linha de intepretação atualizada do contexto processual que o NCPC/15 já traz em suas disposições processuais vigentes, o STJ aplicou o entendimento de que nesse caso sequer seria necessária a Ação Rescisória para se afetar a coisa julgada.

Isso porque, o STJ acabou por aplicar o entendimento de que as decisões proferidas em controle de constitucionalidade têm como objetivo trazer orientações pacificadoras da jurisprudência, contexto esse cada vez mais vigente no Judiciário atual.

Ou seja, uma vez que o Supremo profere decisão que efetivamente tenha aplicação *erga omnes*, a intenção é que haja uma homogeneidade na interpretação do Poder Judiciário e uma orientação para que as decisões sejam proferidas de forma homogênea e igualitária, fazendo com que cada vez mais seja uniforme a posição do Judiciário.

Cumpre destacar trecho do voto do Relator Ministro FRANCISCO FALCÃO no referido julgada sob análise:

> *Na ocasião, consignou que, como a relação jurídico-tributária é de trato sucessivo, a coisa julgada que protegia o embargante deve ser respeitada apenas no período em que subsistia. Desse modo, concluiu que com relação aos fatos geradores ocorridos após a decisão*

> *do STF, que tem eficácia erga omnes e efeito vinculante, é legítima a exação pretendida pelo exequente.*

É importante o destaque para o fundamento de que as relações tributárias em análise tem por característica o *trato sucessivo*, o que significa que a cada novo fato gerador devem ser observadas as novas condições relativas à hipótese de incidência tributária.

Uma vez que o Supremo realiza o julgamento em sede de controle de constitucionalidade e há divergência de coisa julgada anterior, caracteriza-se a plena formação de coisa julgada inconstitucional, que deve ter os seus efeitos cessados, sem que haja qualquer violação à Segurança Jurídica que é conferida à coisa julgada, já que há superveniência de decisão pacificadora do Supremo, cujos efeitos são aplicáveis desde o julgamento pacificador.

Relevante o apontamento no sentido de que todos os efeitos da coisa julgada ANTES da finalização da decisão pacificadora (controle de constitucionalidade) não podem ser afetados pelo novo posicionamento, que passará a ter efeitos tão somente após sua efetiva vigência.

No caso prático em análise estão em discussão tão somente a cobrança de valores posteriores à efetiva vigência da decisão do Supremo que foi proferida na ADI citada no julgado.

O STJ segue se entendimento descrevendo que a decisão pacificadora proferida pelo Supremo consiste em uma modificação no estado de direito da ação individual em que se detinha a coisa julgada, agora coisa julgada inconstitucional. Segue trecho do voto Relator:

> *O reconhecimento da constitucionalidade da cobrança de ISS sobre as atividades cartorárias pelo STF, em sede de controle concentrado, resultou em uma modificação no estado de direito em relação à lide anteriormente decidida, fazendo cessar os efeitos da precedente sentença, que fixara entendimento diverso. Noutras palavras, trata-se de execução de CDA formada a partir da declaração de constitucionalidade da exação pelo STF e, portanto, legítima.*

Claro, portanto, que a cobrança em análise refere-se tão somente a período posterior à declaração de constitucionalidade do Supremo do tributo em questão.

Por fim, importante a menção à ementa do recentíssimo julgado do STJ, que destaca de forma bem objetiva os principais pontos abordados neste estudo:

> PROCESSUAL CIVIL E TRIBUTÁRIO. COISA JULGADA QUE IMPEDIA A COBRANÇA DE ISS SOBRE SERVIÇOS NOTARIAIS. TESE APRECIADA PELO STF, QUE DECLAROU CONSTITUCIONAL A COBRANÇA DO ISS SOBRE SERVIÇOS DE REGISTROS PÚBLICOS, CARTORÁRIOS E NOTARIAIS (ADI n. 3.089/DF). TÍTULO EXECUTIVO POSTERIOR À DECLARAÇÃO DE CONSTITUCIONALIDADE. VALIDADE DA EXAÇÃO.
>
> I - Na origem, trata-se de execução fiscal que objetiva a cobrança de ISS sobre serviços notariais. Em via de sentença, foram julgados improcedentes os embargos à execução.
>
> II - Ao julgar a apelação, o Tribunal a quo reformou a sentença, extinguindo a execução fiscal em virtude da existência de coisa julgada sobre o caso concreto. Consignou-se que o embargante tem a seu favor decisão transitada em julgado que o isenta do recolhimento do ISS e que a decisão do STF na ADI n. 3.089/DF, pela compatibilidade da tributação de ISS sobre os serviços de registros públicos, é posterior à coisa julgada do caso concreto e, portanto, não deve prevalecer.
>
> III - Na vigência do CPC/1973, o art. 530 condicionava o cabimento dos embargos infringentes à existência de sentença de mérito reformada por acórdão não unânime. No caso em análise, o Tribunal a quo extinguiu a execução fiscal, sem resolução de mérito, diante da existência de coisa julgada o que, portanto, não autoriza o conhecimento dos embargos infringentes. Precedentes: AREsp n.1.081.436/MT, Rel. Ministro Mauro Campbell Marques, Segunda Turma, DJe 27/6/2018 e AgInt no REsp n. 1.271.913/PR, Rel. Ministra Regina Helena Costa, Primeira Turma, DJe 28/11/2017.
>
> IV - No mérito, considerando que a relação jurídico-tributária é continuada, alteradas as circunstâncias no estado de direito da matéria pela decisão do STF na ADI n. 3.089/DF, é válida a cobrança de ISS sobre os serviços notariais após a declaração de constitucionalidade da exação. Precedentes: AgInt no REsp n. 1.516.130/SC, Rel. Ministro Mauro Campbell Marques, Segunda

> Turma, DJe 15/12/2016; AgRg na MC n. 24.972/SC, Rel. Ministro Olindo Menezes (Desembargador convocado do TRF 1ª Região), Primeira Turma, DJe 2/2/2016 e AgRg no REsp n. 1.470.687/SC, Rel. Ministro Napoleão Nunes Maia Filho, Primeira Turma, DJe 26/6/2015.
>
> V - Recurso especial provido.

Merece destaque o julgamento proferido pelo STJ, vez que se trata de precedente importante para o reconhecimento da prevalência na aplicação das decisões pacificadoras do Supremo, para fazer valer um movimento processual, já embutido na ideia da nova legislação processual, mas que, principalmente, já vinha sendo abordado por parte da doutrina moderna.

Em complementação à análise do referido julgado, essa ideia de uniformização de entendimentos também é abordada no mesmo plano pela Doutrina.

É muito importante a contribuição firmada nas considerações da processualista Teresa Arruda Alvim Wambier a esse respeito:

> *Um dos pilares do CPC/2015 é o prestígio da uniformização da jurisprudência, como desdobramento dos princípios da igualdade e da segurança jurídica. Para cumprir essa finalidade, foram estabelecidas técnicas de julgamento de causas repetitivas, com a previsão de suspensão dos demais processos que tramite, sobre a mesma matéria (art. 967, art. 1.029, § 4º; e art. 1.036, § 1º, do CPC/2015. Com isso, espera-se reduzir o risco da ocorrência de decisões conflitantes, para que um só entendimento seja aplicável a todos os litígios que versem sobre idêntica questão de direito.*[8]

Observa-se, portanto, que a tendência realmente e no sentido de que ocorra uma uniformização da jurisprudência, com o objetivo de que a Igualdade a própria Segurança Jurídica sejam efetivas, reduzindo riscos com relação a decisões divergentes e conflitantes sobre mesmo tema.

---

8. WAMBIER, Teresa Arruda Alvim. et. al. *Breves Comentários ao Novo Código de Processo Civil*. 2. ed. São Paulo: Revista dos Tribunais, 2016 - p 2.252.

CONCLUSÃO

Conforme restou demonstrado no presente estudo, as novas linhas processuais apresentam a possibilidade de se atingir situações de coisa julgada, sendo expressos no NCPC/15 os casos em que são possíveis procedimentos processuais para se atingir a coisa julgada.

Especialmente no que se refere a coisa julgada inconstitucional, certo é que as decisões pacificadoras do Supremo cada vez mais têm ganhado importância na afetação da coisa julgada, fazendo com que haja uma harmonização dos entendimentos pacificadores do Supremo, sem que para tanto seja atingida a Segurança Jurídica, uma vez que o objetivo é justamente evitar que Contribuintes em uma mesma situação possuam julgamento sobre o mesmo tema com resultados diferentes.

Ao se tratar de decisões pacificadoras do Supremo, sobretudo decisões em sede de controle de constitucionalidade, cada vez mais tem se notado a qualidade normativa de tais decisões pacificadoras, que vem sendo aplicadas até mesmo para afetar a chamada coisa julgada inconstitucional.

Nesse aspecto, o próprio Código Processual atual, ao dispor sobre as possibilidades de Ação Rescisória aborda meios para se afetar coisa julgada inconstitucional sem que haja qualquer afronta ao Princípio da Segurança Jurídica, sendo importante a ponderação da uniformização das decisões pacificadoras como forma de equilíbrio e Igualdade.

Na atual decisão proferida pelo STJ foi possível, ainda, observar que nos casos de posição do Supremo sobre a constitucionalidade de uma norma em sede de controle de constitucionalidade é possível que sejam gerados efeitos futuros aos Contribuintes sem ser sequer necessária a medida de uma Ação Rescisória, dada a força normativa das decisões pacificadoras do Supremo.

Assim, mesmo que se detenha coisa julgada em ação individual no caso de alteração posterior do entendimento do Supremo Tribunal Federal se estará diante de coisa julgada inconstitucional, a qual poderá ser, sem sombra de dúvidas afetada pela norma pacificadora do Supremo, seja de forma direta, pelo entendimento mais moderno e aplicado recentemente pelo STJ, ou ainda, seja pela via da Ação Rescisória, prevista no texto processual atual.

Importante destacar que tais hipóteses são possíveis para produção de efeitos no período que seja POSTERIOR à decisão pacificadora, de modo que, uma vez afetada a coisa julgada inconstitucional (seja a favor do Fisco ou Contribuinte), seus efeitos serão relativos ao período em que se tornou vigente a decisão pacificadora do Supremo.

Por fim, é possível concluir que, seja por meio de medida judicial prevista para afetação da coisa julgada inconstitucional, ou ainda por sua aplicação direta, como recentemente entendeu o Superior Tribunal de Justiça, muito importa é que se tenha em mente a importância no reconhecimento da aplicação das decisões pacificadoras do Supremo[9], mediante análises de constitucionalidade de normas por meio de ações de controle difuso, em detrimento da coisa julgada inconstitucional sem que se incorra em violação ao Princípio da Segurança Jurídica, sendo essa a forma de se obter soluções mais igualitárias e decisões homogêneas para Contribuintes em mesma situação.

REFERÊNCIAS

BARROSO, Luís Roberto. *O Controle de Constitucionalidade no Direito Brasileiro*. 4. ed. São Paulo: Saraiva, 2009.

CÂMARA, Alexandre Freitas. *Ação rescisória*. 3. ed. São Paulo: Atlas, 2014.

____________, Alexandre Freitas. Relativização da coisa julgada material. In: NASCIMENTO, Carlos Valder do (Coord.).

9. FRANCISCO, José Carlos. Coisa Julgada Inconstitucional e a Afirmação do Direito Judicial. *Revista da Procuradoria Geral do Estado de São Paulo*. nº 73/74. São Paulo, 2011.

Coisa julgada inconstitucional. 4. ed. Rio de Janeiro: América Jurídica, 2003.

DINAMARCO, Cândido Rangel. *Relativizar a coisa julgada material*. Revista da Escola Paulista da Magistratura, v. 2, n. 2, p. 7-45, 2001.

FRANCISCO, José Carlos. Coisa Julgada Inconstitucional e a Afirmação do Direito Judicial. *Revista da Procuradoria Geral do Estado de São Paulo*. nº 73/74. São Paulo, 2011.

LIEBMAN, Enrico Tullio. *Eficácia e autoridade da sentença e outros escritos sobre a coisa julgada*. trad. Alfredo Buzaid e Benvindo Aires. 4. ed. Rio de Janeiro: Forense, 2006.

MASSUD, Rodrigo Giacomeli Nunes. *Normatividade dos precedentes e legitimidade da tributação*: coisa julgada e rescisória tributária no CPC/2015. 2016. 198 f. Dissertação (Mestrado em Direito) - Pontifícia Universidade Católica de São Paulo, São Paulo, 2016.

NEGRÃO, Theotonio, et. al. *Código de Processo Civil e Legislação Processual em Vigor-2018*. 49. ed. São Paulo: Saraiva, 2018.

NOMURA, Rogério Hideaki. *Os reflexos das decisões do Supremo Tribunal Federal sobre a coisa julgada tributária*. 2017. 173 f. Dissertação (Mestrado em Direito) - Programa de Estudos Pós-Graduados em Direito, Pontifícia Universidade Católica de São Paulo, São Paulo, 2017. Disponível em <https://tede2.pucsp.br/handle/handle/20602>. Acesso em: 31.05.2019.

PANDOLFO, Rafael. *Jurisdição Constitucional Tributária: reflexos nos processos administrativo e judicial*. São Paulo: Noeses, 2012.

PRADO, Pedro Pierobon Costa do. *Desconsideração da coisa julgada inconstitucional*. 2016. 324 f. Dissertação (Mestrado em Direito) - Programa de Estudos Pós-Graduados em Direito, Pontifícia Universidade Católica de São Paulo, São Paulo,

2016. Disponível em <https://tede2.pucsp.br/handle/handle/19398>. Acesso em: 30.05.2019.

SOUSA MIRANDA, Elis Regina. Relativização da Coisa Julgada Inconstitucional em Face da Segurança Jurídica e da Justiça das Decisões Judiciais. *Cadernos do Programa de Pós-Graduação em Direito* – PPGDir./UFRGS, Porto Alegre, v. 8, n. 1, ago. 2013. ISSN 2317-8558. Disponível em: <https://seer.ufrgs.br/ppgdir/article/view/40398/29869>. Acesso em: 01.06.2019 2019. doi:https://doi.org/10.22456/2317-8558.40398.

THEODORO JÚNIOR, Humberto; FARIA, Juliana Cordeiro de. *A Coisa Julgada Inconstitucional e Os Instrumentos Processuais para seu Controle*. Coisa Julgada Inconstitucional, v. 2. Revista dos Tribunais: São Paulo, 2002.

TORRES, Heleno Taveira. *Direito Constitucional Tributário e Segurança Jurídica* – Metódica da Segurança Jurídica do Sistema Constitucional Tributário. São Paulo: Revista dos Tribunais, 2011.

WAMBIER, Teresa Arruda Alvim; MEDINA, José Miguel Garcia. *O Dogma da Coisa Julgada*: Hipóteses De Relativização. São Paulo: Revista dos Tribunais, 2003.

WAMBIER, Teresa Arruda Alvim. et. al. *Primeiros Comentários ao Novo Código de Processo Civil*: artigo por artigo. 1. ed. São Paulo: Revista dos Tribunais, 2015.

______. *Breves Comentários ao Novo Código de Processo Civil*. 2. ed. São Paulo: Revista dos Tribunais, 2016.

A CAUÇÃO COMO INSTRUMENTO PARA A DETERMINAÇÃO DA SUSPENSÃO DA EXIGIBILIDADE DO CRÉDITO TRIBUTÁRIO

Rodrigo César de Oliveira Marinho[1]

Bruna Dias Miguel[2]

1. INTRODUÇÃO

É bem verdade que as causas de suspensão da exigibilidade do crédito tributário decorrem de lei e, entre elas, também é verdade, não encontramos qualquer referência direta à caução.

De fato, a caução não está entre as causas de suspensão da exigibilidade do crédito tributário do art. 151, da Lei 5.172/66 (CTN) que contempla as seguintes hipóteses: (I) moratória (inciso I); (II) depósito do montante integral do tributo devido, nos limites dos valores depositados (inciso II); (III)

---

1. Doutor e Mestre em Direito Tributário pela PUC/SP. Professor do Instituto Brasileiro de Estudos Tributários ("IBET") e da Escola Paulista de Direito. Advogado no Machado Meyer Sendacz Opice e Advogados.

2. Mestranda em Direito Tributário pela PUC/SP. Especialista em Direito Tributário pelo Instituto Brasileiro de Estudos Tributários ("IBET"). Advogada no Machado Meyer Sendaz e Opice Advogados.

reclamações e os recursos administrativos, desde que cabíveis e tempestivos, nos termos das leis reguladoras do processo tributário administrativo de cada ente federado (inciso III), (IV) concessão de medida liminar em mandado de segurança, nos termos da Lei 12.016/09 (inciso IV), (V) concessão de medida liminar ou de tutela antecipada, em outras espécies de ação judicial, de acordo com as regras processuais vigentes, no caso, com as regras da Lei 13.105/15 ("CPC/15") (inciso V) e (VI) o parcelamento (inciso VI)[3].

Esse conjunto limitado de hipóteses pode trazer dificuldades operacionais ou alta onerosidade ao contribuinte que deseja discutir judicialmente a legitimidade do crédito tributário, especialmente se já tiver se encerrado a via da discussão perante os órgãos da Administração Tributária.

Isso porque, após encerrada a via administrativa de discussão sobre a legitimidade do crédito tributário, cessarão os efeitos da suspensão da exigibilidade do respectivo crédito tributário (*cf.*, art. 151, III, do CTN), de modo que, não havendo materialização de qualquer outra hipótese de suspensão da exigibilidade, o Fisco estará autorizado a promover todos os meios disponíveis para a cobrança do valor em questão, *e.g.*, com a inscrição em dívida ativa, o respectivo protesto, a inscrição do contribuinte nos cadastros de inadimplentes e a propositura de ação de execução fiscal.

Não é preciso muito para entender que a circunstância de mora, aliada à circunstância de crédito tributário plenamente exigível, traz para o contribuinte diversos percalços, a começar pelo impedimento de obtenção de certidões de regularidade fiscal, pela dificuldade de desenvolvimento de atividades econômicas, especialmente, em razão da dificuldade de obtenção de crédito e, ainda, pelo risco de constrição patrimonial pela penhora de bens, inclusive, mediante do bloqueio *online* de valores monetários.

3. As hipóteses previstas nos incisos V e VI foram incluídas pela LC 104/2001.

Diante dessas circunstâncias, não restam muitas alternativas ao contribuinte. Ou bem o contribuinte realiza o pagamento dos valores devidos – hipótese de extinção do crédito tributários, *cf.*, art. 156, I, do CTN; ou bem o contribuinte se vale de alguma das hipóteses de suspensão da exigibilidade do crédito tributário e, concomitantemente, lança mão de medidas judiciais para discutir a legitimidade do crédito tributário em questão.

Entre essas hipóteses, podemos citar o depósito judicial dos valores relativos ao crédito tributário exigido e a concessão de decisões provisórias e de urgência. Em relação à primeira hipótese, não se pode deixar de dizer, trata-se de medida de alta onerosidade, eis que o contribuinte terá que dispor do valor integral do crédito tributário para a obtenção da suspensão da exigibilidade, nos termos do art. 151, II, do CTN. E, em relação às demais hipóteses, também não se pode deixar de dizer que o contribuinte ficará à mercê de uma decisão judicial, o que pressupõe a valoração do Estado-juiz sobre a existência dos requisitos autorizadores desse tipo de tutela.

Entendemos, entretanto, que o contribuinte pode se valer de um instrumento para, de um lado, evitar a onerosidade excessiva da realização de um depósito judicial e, de outro lado, maximizar as chances de convencimento para a concessão de tutelas de urgência. Estamos tratando da possibilidade do oferecimento de caução, *e.g.*, mediante o oferecimento de seguro garantia ou carta de fiança bancária, para dar ao juízo o conforto necessário de que eventual tutela de urgência que tenha por objetivo a suspensão da exigibilidade tributária, se revertida, não implicará prejuízo ao Fisco.

Obviamente – é importante abrir um parêntese –, existe um leque maior de estratégias que podem ser adotadas pelos contribuintes para tratar a forma de embate contra créditos tributários que entendem serem exigidos de forma indevida. Entretanto, o que o presente trabalho irá demonstrar é a possibilidade de garantir a suspensão da exigibilidade do crédito tributário, instrumentalizada pelo oferecimento de caução suficiente e idônea e determinada por uma decisão provisória e de urgência nos autos de um processo judicial.

2. O MITO DE QUE A EXIGIBILIDADE DO CRÉDITO TRIBUTÁRIO PRESSUPÕE O DEPÓSITO JUDICIAL DOS VALORES EM DISCUSSÃO, CF., ARTIGO 151, II, DO CTN

Não é novidade para quem atua com o Direito Tributário que, historicamente, nas ações denominadas de antiexacionais – nome utilizado por James Marins[4] e por Paulo Cesar Conrado para classificar aquelas propostas pelos contribuintes para fins de contestação da legitimidade de um crédito tributário constituído em favor do fisco[5] –, exigia-se o depósito

---

4. "a. Ações exacionais e ações antiexacionais. Sob este enfoque, a primeira divisão do escopo classificatório a que nos é dado referir, na seara do processo tributário, leva em consideração a posição das partes na relação jurídica processual, ou seja, a posição ativa ou passiva dos sujeitos, Fisco ou contribuinte, nas ações tributárias.
(...) Doutra parte, estando não a Fazenda Pública, mas o contribuinte no polo ativo da relação jurídica processual com referibilidade ao direito tributário, encontramos como segunda espécie de ação tributária, as ações antiexacionais, que colimam:
i) Proteger o contribuinte da possibilidade de dano iminente decorrente da atividade tributária do Fisco, como nas hipóteses de: (a) mandado de segurança e (b) ação cautelar.
ii) Obstar a execução forçada dos bens do contribuinte, desconstituir ou impedir a formalização de relação jurídica tributária, como: (a) embargos à execução fiscal; (b) ação anulatória de débito fiscal e (c) ação declaratória de inexistência de relação jurídica tributária.
iii) Obter do Fisco a devolução de tributo indevidamente recolhido aos cofres públicos, como no caso da ação de repetição de indébito.
iv) Dirimir definitiva e coletivamente, buscando pronunciamento judicial com eficácia *erga omnes*, as controvérsias sobre a constitucionalidade ou inconstitucionalidade de determinada norma tributária, com a finalidade de retirar a eficácia de norma que veicule exação inconstitucional ou garantir a eficácia de norma veiculadora de benefício fiscal, nas hipóteses de: (a) ação direta de inconstitucionalidade, (b) ação declaratória de constitucionalidade e (c) ação direta de inconstitucionalidade por omissão.
v) solicitar ao Poder Judiciário a emissão de norma individual que, suprindo omissão legislativa, possibilite ao cidadão o exercício de direitos, liberdades ou prerrogativas constitucionais de ordem tributária, através do: (a) mandado de injunção." (ob. citada, 2018, p. 465)

5. "Por essa óptica, processo antiexacional é meio de intervenção do contribuinte no desenvolvimento do ciclo de positivação do direito tributário, o que, segundo assentado, ocorrerá: (I) por meio de impugnação do lançamento (que ensejará o

judicial como requisito para suspensão da exigibilidade do crédito tributário (*cf.*, art. 151, II, do CTN). Em alguns casos, o depósito era entendido, inclusive, como própria condição dessa ação antiexacional.

Esse entendimento estava pautado no art. 38, da Lei 6.830/80 (Lei de Execução Fiscal – "LEF") que dispõe que o depósito judicial seria condição prévia para a discussão na esfera judicial do débito tributário inscrito na dívida ativa, via ação anulatória ou, ainda, em repetição de indébito:

> *Art. 38 - A discussão judicial da Dívida Ativa da Fazenda Pública só é admissível em execução, na forma desta Lei, salvo as hipóteses de mandado de segurança, ação de repetição do indébito ou ação anulatória do ato declarativo da dívida, esta precedida do depósito preparatório do valor do débito, monetariamente corrigido e acrescido dos juros e multa de mora e demais encargos.*
>
> *Parágrafo Único - A propositura, pelo contribuinte, da ação prevista neste artigo importa em renúncia ao poder de recorrer na esfera administrativa e desistência do recurso acaso interposto.*

Nesse sentido, o Superior Tribunal de Justiça ("STJ") sedimentou o entendimento de que somente o depósito em dinheiro e correspondente ao montante integral do débito que teria o condão de suspender a exigibilidade do crédito tributário (*cf.*, Súmula 112).

Com base nisso, no passado, era comum ver tutelas provisórias serem negadas, mesmo diante da demonstração dos requisitos para a respectiva concessão, sob o fundamento de

---

aparelhamento de "processo" na acepção 10 de delimitação do objeto) ou (II) por meio de petição inicial (que ensejará o aparelhamento de "processo" agora na acepção 9). A tais modos (entendidos, reanote-se, sob perspectiva material, ou seja, como meios de intervenção do contribuinte no fenómeno de positivação do direito tributário e não como simples variáveis processuais), podemos atribuir os predicados direto e indireto, respectivamente, o que se justifica porque, enquanto no primeiro caso a resistência que o contribuinte opõe à pretensão fiscal o é diretamente à Administração, titular da pretensão resistida, no segundo, utilizada é a figura interposta do Poder Judiciário: intervenção diretamente canalizada à Administração (primeiro caso); intervenção indiretamente projetada em face da Administração (segundo caso)." (CONRADO, Paulo Cesar. *Processo Tributário*. São Paulo: Quartier Latin, 2004, p. 89)

que só o depósito teria o condão de suspender a exigibilidade do crédito tributário – decisões que ignoravam as demais hipóteses de suspensão da exigibilidade do crédito tributário, tais como aquelas que tratam da possibilidade de (I) concessão de medida liminar em mandado de segurança, nos termos da Lei 12.016/09, *cf.*, art. 151, IV, do CTN e (II) concessão de medida liminar ou de tutela antecipada, em outras espécies de ação judicial, de acordo com as regras processuais vigentes, *cf.*, art. 151, V, do CTN.

Além do mais, também era comum haver resistência às demandas antiexacionais quando não precedidas de depósito, como se o depósito, além de meio único para suspender a exigibilidade do débito tributário, fosse também condição da ação, justamente por conta do teor do art. 38, da LEF acima destacado.

Nada mais equivocado, segundo pensamos. É um mito pensar que somente por meio do depósito se poderia discutir o crédito tributário e que somente o depósito suspenderia a exigibilidade de um crédito tributário.

Ora, entendemos que o contribuinte não pode ser tolhido pela LEF de ingressar com uma ação judicial para defender ou preservar um direito que entende ser seu. Entendimento contrário, a nosso ver, implicaria violação às garantias constitucionais da inafastabilidade da tutela jurisdicional, do devido processo legal, do contraditório e da ampla defesa (*cf.*, art. 5º, incisos XXXV, LIV e LV, da CF[6]). Nesse mesmo sentido são os ensinamentos de Paulo de Barros Carvalho[7], para quem:

---

6. "Art. 5º (...)
XXXV - a lei não excluirá da apreciação do Poder Judiciário lesão ou ameaça a direito;
(...)
LIV - ninguém será privado da liberdade ou de seus bens sem o devido processo legal;
LV - aos litigantes, em processo judicial ou administrativo, e aos acusados em geral são assegurados o contraditório e ampla defesa, com os meios e recursos a ela inerentes;"

7. CARVALHO, Paulo de Barros. *Curso de Direito Tributário*. São Paulo: Saraiva, 2007, p. 479/480.

> *Querem alguns, sobre o fundamento da letra fria da Lei n. 6.830/80, que a ação anulatória do débito tributário haja de ser precedida, forçosamente, pelo depósito do valor em litígio. A orientação, de cunho meramente literal, não encontra apoio jurídico no sistema, onde vigora o primado da universalidade da jurisdição (art. 5. °, XXXV): A lei não excluirá da apreciação do Poder Judiciário lesão ou ameaça a direito. E bem de ver que a necessidade de promover o depósito é um empeço que muitas vezes tolhe o interessado, desencorajando-o de predicar a defesa dos direitos que sinta lesados. E acresce ponderar que a Fazenda não fica prejudicada, porquanto, não havendo causa suspensiva da exigibilidade, nada a impede de ingressar com a ação de execução, garantida pela penhora dos bens do devedor.*

Mas, como conciliar o art. 38, da LEF com esses dispositivos constitucionais? A resposta é imediata no sentido de que essa conciliação pressupõe que a interpretação nos leve à conclusão de que a prescrição da LEF só reforçaria a prescrição do CTN, no sentido de que, qualquer demanda antiexacional que seja precedida de depósito judicial tem o condão de suspender imediatamente a exigibilidade do crédito tributário[8].

Atualmente esse debate parece estar resolvido, tendo sido objeto de apreciação pelo Supremo Tribunal Federal ("STF") que editou a Súmula Vinculante 28, consignando que é "inconstitucional a exigência de depósito prévio como requisito de admissibilidade de ação judicial na qual se pretende discutir a exigibilidade de crédito tributário". Em que pese o precedente representativo da controvérsia ter versado sobre a inconstitucionalidade do art. 19, da Lei 8.870/90[9], que tratava da exigência

8. "b. Medida cautelar de depósito suspensivo. O depósito administrativo ou judicial do valor do débito tributário é causa suspensiva da exigibilidade do crédito consoante previsão expressa do art. 151, II, do CTN. Também o art. 38 da Lei 6.830/1980 prevê o depósito como requisito para a discussão da dívida ativa em ação de repetição de indébito ou anulatória (requisito somente para suspensão da exigibilidade do tributo em discussão)". (MARINS, James. Direito Processual Tributário Brasileiro: Administrativo e Judicial. São Paulo: Editora Revista dos Tribunais, p. 623, 2018)

9. "Art. 19. As ações judiciais, inclusive cautelares, que tenham por objeto a discussão de débito para com o INSS serão, obrigatoriamente, precedidas do depósito preparatório do valor do mesmo, monetariamente corrigido até a data de efetivação, acrescido dos juros, multa de mora e demais encargos. (Vide ADIN n° 1.074-3)

da realização de depósito judicial para discussão na esfera judicial de débito para com o INSS, o mesmo racional é aplicável para alcançar a conclusão de que não se pode exigir depósito do valor do crédito tributário como condição da ação antiexacional.

Assim, não nos parece haver dúvidas de que o contribuinte não está obrigado a depositar o montante integral do depósito como condição para ajuizar uma ação para discutir a legitimidade de um crédito tributário e, da mesma forma, não nos parece haver dúvidas de que é um mito pensar que apenas o depósito suspenderia a exigibilidade do crédito tributário.

Como explicamos, a tutela provisória concedida nos autos do mandado de segurança, bem como nos autos de qualquer outra ação antiexacional é também, ao lado do depósito, meio hábil para a suspensão da exigibilidade do crédito tributário.

Aqui é importante dizer que as tutelas provisórias não dependem do depósito para serem concedidas. Depósito e tutela provisória são coisas distintas que não se confundem. O depósito implica, ao nosso ver, a suspensão imediata da exigibilidade do crédito tributário, independentemente de haver uma decisão judicial que reconheça isso. A tutela provisória, por sua vez, só existe se veiculado por decisão judicial. Assim, uma vez confirmados os requisitos para a concessão das tutelas provisórias – via de regra, o embasamento jurídico manifestamente plausível (*fumus boni juris*) e também a ameaça de dano que não possa ser tempestivamente eliminado pela decisão no processo

---

Parágrafo único. A propositura das ações previstas neste artigo importa em renúncia ao direito de recorrer na esfera administrativa e desistência do recurso interposto. Ressaltamos que referido dispositivo foi declarado inconstitucional pelo STF, por meio da Ação Direta de Inconstitucionalidade ("ADI") nº 1074, ajuizada pela Confederação Nacional da Indústria: "AÇÃO DIRETA DE INCONSTITUCIONALIDADE. ARTIGO 19, CAPUT, DA LEI FEDERAL N. 8.870/94. DISCUSSÃO JUDICIAL DE DÉBITO PARA COM O INSS. DEPÓSITO PRÉVIO DO VALOR MONETARIAMENTE CORRIGIDO E ACRESCIDO DE MULTA E JUROS. VIOLAÇÃO DO DISPOSTO NO ARTIGO 5º, INCISOS XXXV E LV, DA CONSTITUIÇÃO DO BRASIL. 1. O artigo 19 da Lei n. 8.870/94 impõe condição à propositura das ações cujo objeto seja a discussão de créditos tributários. Consubstancia barreira ao acesso ao Poder Judiciário. 2. Ação Direta de Inconstitucionalidade julgada procedente" (ADI 1.074, rel. min. Eros Grau, P, j. 28-3-2007, *DJE* 23 de 25-5-2007).

principal (*periculum in mora*), sendo livre o convencimento do Magistrado, é plenamente possível a determinação da suspensão da exigibilidade do crédito tributário.

Assim, tanto a garantia integral do valor do débito como a tutela provisória são meios idôneos e independentes para a suspensão da exigibilidade do crédito tributário lançado contra o contribuinte.

3. OFERECIMENTO DE CAUÇÃO COMO INSTRUMENTO PARA A DETERMINAÇÃO DA SUSPENSÃO DA EXIGIBILIDADE DO CRÉDITO TRIBUTÁRIO

Como vem sendo explicado, o art. 151, do CTN[10], trata de várias hipóteses de suspensão da exigibilidade do crédito tributário, as quais, uma vez identificadas, impedem que o Fisco adote atos expropriatórios do patrimônio do contribuinte.

Ainda, conforme também adiantamos acima, em nossa opinião, a realização do depósito judicial integral dos valores em discussão é a hipótese mais onerosa para o devedor para fins de suspensão da exigibilidade do crédito tributário (prevista no inciso II, do art. 151, do CTN), podendo ser realizado a qualquer tempo pelo contribuinte e, independentemente de autorização judicial[11].

10. "Art. 151. Suspendem a exigibilidade do crédito tributário:
I - moratória;
II - o depósito do seu montante integral;
III - as reclamações e os recursos, nos termos das leis reguladoras do processo tributário administrativo;
IV - a concessão de medida liminar em mandado de segurança.
V – a concessão de medida liminar ou de tutela antecipada, em outras espécies de ação judicial; (Incluído pela Lcp nº 104, de 2001)
VI – o parcelamento. (Incluído pela Lcp nº 104, de 2001)
Parágrafo único. O disposto neste artigo não dispensa o cumprimento das obrigações assessórios dependentes da obrigação principal cujo crédito seja suspenso, ou dela consequentes."

11. Nesse sentido, importante mencionar a Súmula nº 2, do Tribunal Regional Federal da 3ª Região – "TRF3", que dispõe que "É direito do contribuinte em ação

Nesse sentido, muito já se discutiu em relação à apresentação de outras garantias para a suspensão da exigibilidade do crédito tributário, como, *e.g.*, a carta de fiança bancária e o seguro-garantia, ambas previstas, atualmente, no inciso II, do art. 9º, da Lei 6.830/80, como hipóteses de garantia do crédito tributário na execução fiscal ajuizada pelo Fisco.

Historicamente, a discussão ganhou força com a pretensão de equiparação das cauções em questão com o depósito judicial e, consequentemente, a obtenção da causa suspensiva da exigibilidade do crédito tributário com fundamento no art. 151, II, do CTN. Os contribuintes ingressavam com as ações judiciais na tentativa de obtenção de provimento jurisdicional que assegurasse a concessão de uma tutela antecipada/medida liminar reconhecendo a suspensão da exigibilidade do crédito tributário com base no dispositivo em questão (art. 151, II, do CTN).

Sob esse fundamento, qual seja, da equiparação do depósito à carta de fiança e ao seguro garantia, discutia-se a possibilidade de se aplicar, por analogia, o art. 151, II, do CTN, para determinar a suspensão da exigibilidade do crédito tributário com base nesses meios alternativos de garantia.

O Poder Judiciário, entretanto, vem sendo sequencialmente resistente a essa tese. Em breve síntese, a maioria das decisões, refletem o entendimento de que a prestação das

---

cautelar fazer o depósito integral de quantia em dinheiro para suspender a exigibilidade do crédito tributário". Ainda, nesse mesmo sentido, consolidando o entendimento da referida Súmula, vale destacarmos o Provimento nº 58/1991, do Conselho da Justiça Federal da 3ª Região, que dispõe que o depósito realizado de forma voluntária, para fins de obtenção da suspensão da exigibilidade do crédito tributário independe de autorização judicial, nos seguintes termos:
"Art. 1º: Os depósitos voluntários facultativos destinados à suspensão da exigibilidade do crédito tributário e assemelhados, previstos pelo artigo 151, II, do C.T.N., combinado com o artigo 1º, III, do Decreto-Lei nº 1.737. de 20 de dezembro de 1979, bem como, aqueles de que trata o artigo 38 da lei 6.830 de 1980 (Lei de Execuções Fiscais) serão feitos, independente de autorização judicial, diretamente na CAIXA ECONÔMICA FEDERAL que fornecerá aos interessados guias específicas para esse fim, em conta à ordem do Juízo por onde tramitar o respectivo processo.
Parágrafo Único: Efetuado o depósito a Caixa Econômica Federal encaminhará cópias da guia respectiva ao órgão responsável pela arrecadação do crédito e ao Juízo à disposição do qual foi realizado".

referidas garantias não poderiam suspender a exigibilidade do crédito tributário porque, ainda que tais garantias pudessem ser equiparadas ao depósito para fins de penhora na exceção fiscal, a regra do art. 151, II, do CTN não poderia ser ampliada e deveria ser interpretada restritiva e literalmente.

Esse, inclusive, foi o entendimento que prevaleceu no STJ sobre o tema, quando do julgamento do Recurso Especial 1.156.668/DF[12], no sentido de que a carta de fiança bancá-

---

12. "TRIBUTÁRIO. RECURSO ESPECIAL REPRESENTATIVO DE CONTROVÉRSIA. ART. 543-C, DO CPC. CAUÇÃO E EXPEDIÇÃO DA CPD-EN. POSSIBILIDADE. SUSPENSÃO DA EXIGIBILIDADE DO CRÉDITO TRIBUTÁRIO. ART. 151 DO CTN. *INEXISTÊNCIA DE EQUIPARAÇÃO DA FIANÇA BANCÁRIA AO DEPÓSITO DO MONTANTE INTEGRAL DO TRIBUTO DEVIDO PARA FINS DE SUSPENSÃO DA EXIGIBILIDADE. SÚMULA 112/STJ*. VIOLAÇÃO AO ART. 535, II, DO CPC, NÃO CONFIGURADA. MULTA. ART. 538 DO CPC. EXCLUSÃO.
1. A fiança bancária não é equiparável ao depósito integral do débito exequendo para fins de suspensão da exigibilidade do crédito tributário, ante a taxatividade do art. 151 do CTN e o teor do Enunciado Sumular 112 desta Corte, cujos precedentes são de clareza hialina: (...) 2. O art. 151 do CTN dispõe que, in verbis: 151. Suspendem a exigibilidade do crédito tributário: I - moratória; II - o depósito do seu montante integral; III - as reclamações e os recursos, nos termos das leis reguladoras do processo tributário administrativo; IV - a concessão de medida liminar em mandado de segurança.
V - a concessão de medida liminar ou de tutela antecipada, em outras espécies de ação judicial; (Incluído pela Lcp nº 104, de 10.1.2001) VI - o parcelamento." 3. Deveras, a suspensão da exigibilidade do crédito tributário (que implica óbice à prática de quaisquer atos executivos) encontra-se taxativamente prevista no art. 151 do CTN, sendo certo que a prestação de caução, mediante o oferecimento de fiança bancária, ainda que no montante integral do valor devido, não ostenta o efeito de suspender a exigibilidade do crédito tributário, mas apenas de garantir o débito exequendo, em equiparação ou antecipação à penhora, com o escopo precípuo de viabilizar a expedição de Certidão Positiva com Efeitos de Negativa e a oposição de embargos. (...) 4. Ad argumentandum tantum, peculiaridades do instituto da fiança demonstram, de forma inequívoca, a impossibilidade de sua equiparação ao depósito, tais como a alegação do benefício de ordem e a desoneração do encargo assumido mediante manifestação unilateral de vontade do fiador, nos termos dos arts. 827 e 835 do Código Civil, verbis: "Art. 827. O fiador demandado pelo pagamento da dívida tem direito a exigir, até a contestação da lide, que sejam primeiro executados os bens do devedor." "Art. 835. O fiador poderá exonerar-se da fiança que tiver assinado sem limitação de tempo, sempre que lhe convier, ficando obrigado por todos os efeitos da fiança, durante sessenta dias após a notificação do credor." 5. O contribuinte pode, após o vencimento da sua obrigação e antes da execução, garantir o juízo de forma antecipada, para o fim de obter certidão positiva com efeito de negativa.
(...) 6. In casu, o pleito constante da exordial da presente ação cautelar, juntada às fls. e-STJ 28, foi formulado nos seguintes termos, verbis: "À vista do exposto,

ria não suspenderia a exigibilidade do crédito tributário, com fundamento no art. 151, II, do CTN, por ausência de previsão legal, tendo sido esse rol classificado como taxativo.

Contudo, a nosso ver, esse entendimento que sempre foi sustentado por parte do Fisco – e que acabou sendo encampado pelo STJ – merece ressalvas, com todo o acatamento, seja diante das próprias alterações legislativas pelas quais passou a LEF, seja diante das novas previsões contidas no CPC/15 ou, por fim, seja em razão do grau de proteção que essas garantias alternativas proporcionam ao Fisco.

---

demonstrada a existência de periculum in mora e fumus boni juris, pleiteiam as requerentes, com fundamento nos artigos 796 e 804 do Código de Processo Civil, que lhe seja deferida medida liminar para assegurar a suspensão da exigibilidade do crédito tributário objeto dos Processos Administrativos 15374.002156/00-73 e 15374.002155/00-19 até final decisão de mérito da questão jurídica em debate na AO 2007.34.00.036175-5 sem apresentação de garantia ou, quando menos, caso V.Exa. entenda necessária a garantia da liminar, requer a Autora seja autorizada a apresentação de fiança bancária do valor envolvido, a exemplo do que aconteceria na hipótese de propositura de execução fiscal, tornando-se, assim, válida a expedição de Certidão Positiva com Efeitos de Negativa, tal como previsto no art. 206, do CTN." (grifos no original) (...) 7. O Tribunal a quo, perpetuou o equívoco do juízo singular, confirmando a concessão da liminar, para suspender a exigibilidade do crédito tributário e para determinar a expedição de Certidão Positiva com Efeitos de Negativa, mediante apresentação de fiança bancária, ao entendimento de que o art. 9º, §3º, da Lei 6.830/80 não estabeleceria qualquer distinção entre o depósito em dinheiro e a fiança bancária, apta a garantir o crédito tributário.

8. Destarte, não obstante o equivocado entendimento do aresto recorrido, verifica-se que o pedido formulado referiu-se à expedição de certidão de regularidade fiscal.

9. O art. 535 do CPC resta incólume se o Tribunal de origem, embora sucintamente, pronuncia-se de forma clara e suficiente sobre a questão posta nos autos. Ademais, o magistrado não está obrigado a rebater, um a um, os argumentos trazidos pela parte, desde que os fundamentos utilizados tenham sido suficientes para embasar a decisão.

10. Exclusão da multa imposta com base no art. 538, parágrafo único, do CPC, ante a ausência de intuito protelatório por parte da recorrente, sobressaindo-se, tão-somente, a finalidade de prequestionamento.

11. Recurso especial parcialmente provido, apenas para afastar a multa imposta com base no art. 538, § único do CPC. Acórdão submetido ao regime do art. 543-C do CPC e da Resolução STJ 08/2008". (REsp 1156668/DF, Rel. Ministro LUIZ FUX, PRIMEIRA SEÇÃO, julgado em 24/11/2010, DJe 10/12/2010)

3.1 A TUTELA PROVISÓRIA DE URGÊNCIA COMO MEIO DE EFETIVAÇÃO DO PODER GERAL DE CAUTELA

A tutela provisória pode ser conceituada como um juízo de probabilidade, realizado em fase de cognição sumária pelo magistrado, por meio da análise do preenchimento de determinados requisitos e com fundamento no próprio poder geral de cautela do juiz. Está prevista no art. 294 e seguintes do CPC/15.

Nessas situações, portanto, que não depender de cognição exauriente, não será realizada uma ampla produção probatória quanto à existência do direito do pleiteante, mas, tão-somente, uma análise com base na aparência de direito.

Não devemos confundir a tutela provisória com a medida liminar. Entendemos que a liminar refere-se apenas ao momento em que é prolatada uma decisão judicial, mas não necessariamente ao seu conteúdo. É possível a concessão de uma tutela provisória em sede de sentença, *e.g.*, não sendo proferida, portanto, no momento inicial do processo, isto é, na fase de cognição sumária.

De acordo com o art. 294, do CPC/15, a tutela provisória pode ser fundamentada em urgência (sendo cautelar ou antecipada[13], concedida em caráter antecedente ou incidental[14]) ou em evidência[15]. Como veremos de forma mais detalhada

13. A tutela provisória antecipada, prevista nos arts 303 e 304 do CPC/15, é aquela quando o autor antecipa os efeitos da tutela pretendida para afastar perigo de dano ou do resultado útil do processo, possuindo, portanto, caráter satisfativo. Já a tutela provisória cautelar (arts 305 a 310 do CPC/15) também objetiva assegurar o resultado útil do processo, mas, diversamente da antecipada, não antecipa os efeitos da tutela pretendida, apenas garante que o bem será conservado até o final do processo sem que as partes façam uso dele.

14. O caráter antecedente ou incidental refere-se ao momento processual em que a tutela é pleiteada: será antecedente, se o pleito for realizado antes do pedido de tutela definitiva; e será considerada **incidental**, quando o pleito for realizado já no curso do processo.

15. A tutela de evidência é aquela prevista no art. 311, do CPC/15, e poderá ser concedida pelo Juiz independentemente de comprovação de perigo de dano ou de risco

no presente estudo, a tutela provisória de urgência – que é a que nos interessa – poderá ser concedida pelo juiz quando estiverem presentes elementos que *evidenciem a probabilidade do direito e o perigo de dano ou o risco ao resultado útil do processo* (art. 300, do CPC/15).

A probabilidade do direito, como sabemos, é o denominado *fumus boni iuris,* ou seja, a aparência da existência do direito, enquanto que o perigo de dano ou risco ao resultado útil do processo é tido pelo *periculum in mora.* A demonstração do preenchimento desses requisitos, de forma cumulativa, deverá ser suficiente – ao menos na teoria – para que seja concedida uma tutela provisória de urgência pelo juiz (seja na tutela antecipada seja na tutela cautelar[16]).

Ainda, com base no poder geral de cautela, o art. 297, do CPC/15 estabelece que o juiz poderá determinar as medidas que considerar adequadas para efetivação da tutela provisória.

Nesse sentido, em algumas situações específicas, arroladas nos §§1º a 3º, do art. 300, do CPC/15, poderão ser exigidos o preenchimento de outros requisitos (além dos previstos no *caput*, do art. 300, do CPC/15) para a concessão da tutela de urgência, quais sejam: i) a exigência de apresentação de

---

ao resultado útil do processo, nas seguintes situações: "I - ficar caracterizado o abuso do direito de defesa ou o manifesto propósito protelatório da parte; II - as alegações de fato puderem ser comprovadas apenas documentalmente e houver tese firmada em julgamento de casos repetitivos ou em súmula vinculante; III - se tratar de pedido reipersecutório fundado em prova documental adequada do contrato de depósito, caso em que será decretada a ordem de entrega do objeto custodiado, sob cominação de multa; IV - a petição inicial for instruída com prova documental suficiente dos fatos constitutivos do direito do autor, a que o réu não oponha prova capaz de gerar dúvida razoável. Parágrafo único. Nas hipóteses dos incisos II e III, o juiz poderá decidir liminarmente."

16. Conforme Enunciado do Fórum Permanente de Processualistas Civis ("FPPC") – Carta de Vitória, sob a Coordenação Geral de Fredie Didier Jr. e a Coordenação Local de Rodrigo Mazzei, V Encontro do Fórum Permanente de Processualistas Civis: "143. (art. 300, caput) A redação do art. 300, caput, superou a distinção entre os requisitos da concessão para a tutela cautelar e para a tutela satisfativa de urgência, erigindo a probabilidade e o perigo na demora a requisitos comuns para a prestação de ambas as tutelas de forma antecipada.59 (Grupo: Tutela Antecipada)"

caução pelo juiz – real ou fidejussória idônea – para que seja concedida a tutela de urgência, isso tudo para ressarcir os danos que a outra parte possa vir a sofrer (§1º); II) ser necessária a justificação prévia para a concessão da tutela de urgência (§2º) ou, ainda, III) quando a natureza da tutela de urgência for antecipada essa não será convertida se houver risco de reversibilidade dos efeitos da decisão (§3º).

Assim, nessas hipóteses, além do preenchimento dos requisitos já previstos no *caput*, do art. 300, do CPC/15 (*probabilidade do direito e o perigo de dano ou o risco ao resultado útil do processo*), poderá ser exigido que a parte apresente caução ou, então, justifique previamente a necessidade de concessão da tutela de urgência (estamos excluindo aqui a hipótese prevista no §3º, do art. 300, do CPC/15, já que, a nosso ver, não se trata da exigência ou não da observância de determinado requisito, mas, sim, de situação inerente à própria natureza da tutela de urgência pleiteada).

Assim, se por um lado, o art. 300 do CPC/15 trouxe a possibilidade de concessão da tutela de urgência – uma vez presentes os requisitos para tanto –, por outro lado, também protegeu a própria Fazenda Pública quando dispôs sobre a possibilidade de se exigir uma contracautela – caso se entenda pela necessidade – como proteção do direito fazendário.

A partir do momento em que o §1º, do art. 300, do CPC/15 permite que a concessão da tutela provisória de urgência seja concedida com base em caução que preserve os interesses da parte adversária, entendemos ser possível defender que o crédito tributário pode ter a sua exigibilidade suspensa, senão pelo art. 151, II, do CTN, mas com base nos incisos IV e V, do mesmo art. 151, do CTN. Isso porque, como será demonstrado, a caução – que pode ser dada mediante carta de fiança ou seguro garantia – permitirá que o juiz, com base no art. 300, §1º, do CPC/15 conceda a medida provisória de urgência que, com base no art. 151, IV e V, do CTN levará à suspensão da exigibilidade do crédito tributário.

3.2 SUSPENSÃO DA EXIGIBILIDADE DO CRÉDITO TRIBUTÁRIO, INSTRUMENTALIZADA PELO ARTIGO 300, §1º, DO CPC/15

Como pontuamos, a tutela provisória de urgência poderá ser concedida pelo juiz quando estiverem presentes elementos que *evidenciem a probabilidade do direito e o perigo de dano ou o risco ao resultado útil do processo* (*cf.*, art. 300, do CPC/15).

É cediço que a probabilidade do direito (*fumus boni iuris*) consiste na aparência da existência do direito, enquanto que o perigo de dano ou risco ao resultado útil do processo é tido pelo risco de ineficácia da medida caso não seja concedida naquele momento processual ou, ainda, o risco de tornar inútil o próprio processo.

Assim, sabemos – e também não é novidade – que é possível que seja concedida a tutela provisória para a suspensão da exigibilidade do crédito tributário, com fundamento no inciso V, do art. 151, do CTN (ou com base no inciso IV do mesmo dispositivo, em se tratando de mandado de segurança), sem que o contribuinte seja compelido a depositar o valor integral do débito ou mesmo sem que o contribuinte seja compelido a apresentar qualquer tipo de caução (*e.g.*, carta de fiança ou seguro garantia), desde que o magistrado, obviamente, esteja convencido dos fundamentos suscitados pela parte, notadamente, aqueles que demonstram a presença dos requisitos autorizadores da tutela provisória de urgência (*e.g.*, a probabilidade do direito e o perigo de dano).

Entretanto, quem lida diariamente com as ferramentas processuais que estão à disposição dos contribuintes sabe que não é comum a concessão de tutelas provisórias de urgência em matéria tributária para suspensão da exigibilidade do crédito tributário derivado de lançamento tributário de ofício, por exemplo. Seja porque muitas dessas matérias tributárias que chegam ao Poder Judiciário dependem de análise de um complexo arcabouço probatório, o que prejudica o convencimento em sede de cognição sumária por parte do Juiz; seja porque, ainda que a matéria seja predominantemente de direito, não há precedentes vinculantes ou reiterados sobre o assunto – veja-se aqui que há uma tendência de tomada de decisões com base em precedentes, o que já se tem notado como evolução na interpretação do Direito no Brasil, numa equiparação ainda tímida ao *common law*[17] –, o que também deixa o juiz mais suscetível ao entendimento de que a probabilidade de direito não é firme; e, por último, ainda de forma exemplificativa, seja porque há quem entenda que o mero risco de inadimplência de tributos não seria suficiente para demonstração do *periculum in mora*, apesar de o STJ já ter se posicionado em sentido contrário.

Esses exemplos demonstram que, muitas vezes – à exceção de matérias que são predominantemente de direito e que possuem vasto acolhimento pelos Tribunais –, o magistrado não se sente seguro em conceder uma tutela provisória de urgência que tenha o condão de suspender a exigibilidade de créditos tributários que, também, remontam valores geralmente muito altos.

Além do mais, também não se desconhece a existência de precedentes, até recentes do STJ, no sentido de estabelecer que as novas formas de garantia (*e.g.*, seguro garantia e carta de fiança) não são equiparadas ao depósito para fins de suspensão da exigibilidade com base no art. 151, II, do CTN[18].

---

17. Em estudo das fontes do direito e dando importância aos precedentes, numa análise evolutiva da interpretação jurídica no Brasil, Renato Lopes Becho explica que: "(...) Estamos, com isso, afirmando que as decisões judiciais não são, apenas, individuais e concretas. Elas agem como elementos interpretativos, como textos gerais e abstratos, nos mesmos termos que as leis. Elas criam expectativas de direito"; e "Acolhemos o entendimento de que a jurisprudência é fonte do direito, assim como a legislação, e que os precedentes jurisprudenciais criam expectativas de direito, assim como as leis. Em outra oportunidade (BECHO, 2009, p. 344-345), afirmamos que na dicotomia positivação completa e fraca está a filosofia dos direitos humanos, instrumentalizada pela teoria do neoconstitucionalismo no terreno tributário. Uma parte do direito resta amplamente entregue ao legislador. Outra nos parece ter sido entregue ao julgador, que estará sujeito a inferências típicas das fontes de cognição, nomeadamente a doutrina". (BECHO, Renato Lopes. *Lições de Direito Tributário*. São Paulo: Saraiva, 2011. p. 199 e 201, respectivamente)

18. - "PROCESSUAL CIVIL E TRIBUTÁRIO. RECURSO ESPECIAL. CDA. EXIGIBILIDADE DO CRÉDITO. SEGURO GARANTIA. SUSTAÇÃO DE PROTESTOS. EQUIPARAÇÃO AO DEPÓSITO EM DINHEIRO. IMPOSSIBILIDADE.

JURISPRUDÊNCIA SÓLIDA DO STJ. SÚMULA 83/STJ. RECURSO ESPECIAL NÃO CONHECIDO. 1. A irresignação não merece conhecimento. 2. Com efeito, o acórdão recorrido encontra-se em harmonia com a jurisprudência do STJ de ser inviável a equiparação do seguro garantia ou da fiança bancária ao depósito judicial em dinheiro e integral para efeito de suspensão de exigibilidade do crédito não tributário ou tributário; na verdade, somente o depósito em dinheiro viabiliza a suspensão determinada no artigo 151 do CTN (REsp. 1.156.668/DF, Primeira Seção, Rel. Min. Luiz Fux, Dje 10.12.2010; AgRg na MC 19.128/SP, Rel. Min. Francisco Falcão, DJe 24.8.2012). 3. Presume-se, portanto, que o acórdão recorrido está em total sintonia com o atual entendimento do Superior Tribunal de Justiça, razão pela qual incide a regra estabelecida na Súmula 83/STJ. 4. Prejudicada a análise do dissídio jurisprudencial. 5. Recurso Especial não conhecido". (REsp 1796295 / ES. DJe 22/04/2019)

- "TRIBUTÁRIO. SUSPENSÃO DA EXIGIBILIDADE DO TRIBUTO. SEGURO-GARANTIA. IMPOSSIBILIDADE DE EQUIPARAÇÃO A DINHEIRO PARA ESSE EFEITO. APLICAÇÃO DA SÚMULA 112/STJ. 1. Trata-se, na origem, de Ação de Anulação de Débito Fiscal em que o Tribunal regional entendeu que o seguro-garantia não tem finalidade de suspender a exigibilidade do débito fiscal e que só o depósito em dinheiro do montante integral do débito possui esta função. 2. É patente que a compreensão esposada pelo Tribunal local está de acordo com a pacífica orientação do STJ, que entende ser inviável a equiparação do seguro-garantia ou da fiança bancária ao depósito judicial em dinheiro e pelo montante integral para efeito de suspensão da exigibilidade do crédito tributário, sob pena de afronta ao art. 151 do CTN. 3. A configuração da "probabilidade de provimento do recurso" encontra óbice no entendimento, já fartamente exposto, de que apenas o depósito judicial realizado em dinheiro e pelo montante integral é causa de suspensão da exigibilidade do crédito tributário, conforme sedimentado no enunciado da Súmula 112/STJ: "O depósito somente suspende a exigibilidade do crédito tributário se for integral e em dinheiro". 4. Recurso Especial não provido". (REsp 1759792 / MG. DJe 21/11/2018)

- "PROCESSUAL CIVIL. TRIBUTÁRIO. AGRAVO INTERNO NO PEDIDO DE TUTELA PROVISÓRIA. CÓDIGO DE PROCESSO CIVIL DE 2015. APLICABILIDADE. DEPÓSITO JUDICIAL. ART. 151, II, DO CTN. SUSPENSÃO DA EXIGIBILIDADE DO CRÉDITO TRIBUTÁRIO. SUBSTITUIÇÃO POR SEGURO GARANTIA. INVIABILIDADE. MOVIMENTAÇÃO DOS VALORES DEPOSITADOS EM JUÍZO. IMPOSSIBILIDADE ANTES DO TRÂNSITO EM JULGADO DA DEMANDA À QUAL VINCULADOS. FUMUS BONI IURIS E PERICULUM IN MORA NÃO DEMONSTRADOS. ARGUMENTOS INSUFICIENTES PARA DESCONSTITUIR A DECISÃO ATACADA. I - Consoante o decidido pelo Plenário desta Corte na sessão realizada em 09.03.2016, o regime recursal será determinado pela data da publicação do provimento jurisdicional impugnado. Aplica-se o Código de Processo Civil de 2015. II - É pacífica a orientação do Superior Tribunal de Justiça quanto à inviabilidade de equiparação do seguro garantia ou da fiança bancária ao depósito judicial em dinheiro e integral para efeito de suspensão de exigibilidade do crédito tributário. III - A 1ª Seção desta Corte tem entendimento consolidado segundo o qual a movimentação de valores judicialmente depositados, em atendimento ao disposto no art. 151, II, do CTN, fica condicionada ao trânsito em julgado da demanda à qual vinculados. IV - Ausência de demonstração, em juízo de cognição sumária, do invocado periculum in mora. V - O Agravante não apresenta, no agravo, argumentos suficientes para desconstituir a decisão recorrida. VI - Agravo Interno improvido." (AgInt no TP 178 / SP. DJe 21/06/2017)

E, muito embora não concordemos com tal conclusão, não podemos ignorá-la, sendo nosso dever discutir se há a possibilidade de instrumentalizar a suspensão da exigibilidade do crédito tributário com base no oferecimento desses novos meios de garantias (*e.g.*, carta de fiança e seguro garantia). E há!

É aqui que o art. 300, §1º, do CPC/15 pode ajudar os contribuintes. Referido dispositivo prescreve que:

> *Art. 300. A tutela de urgência será concedida quando houver elementos que evidenciem a probabilidade do direito e o perigo de dano ou o risco ao resultado útil do processo.*
>
> *§1º Para a concessão da tutela de urgência, o juiz pode, conforme o caso, exigir caução real ou fidejussória idônea para ressarcir os danos que a outra parte possa vir a sofrer, podendo a caução ser dispensada se a parte economicamente hipossuficiente não puder oferecê-la.*

Isso porque a hipótese de concessão da tutela provisória de urgência em circunstância na qual o requerente ofereça ao Juízo – e, principalmente, à parte contrária – uma garantia idônea[19] e suficiente para ressarcir os prejuízos eventualmente inerentes à concessão de tal tutela pode dar ao magistrado o conforto necessário para proteger também o requerente dos percalços inerentes à inadimplência tributária, *e.g.*, ausência de certidão de regularidade fiscal, risco de expropriação patrimonial, negativação em cadastros de inadimplentes etc.

Note-se que, de um lado, há o contribuinte que, valendo-se do direito de acesso ao Poder Judiciário, busca legitimamente discutir a validade do lançamento tributário e, como medida de urgência, busca também legitimamente evitar os

---

19. Nesse sentido, são as lições de Nelson Nery Junior e Rosa Maria de Andrade Nery:
"§1º: 6. **Caução.** A fim de garantir a efetiva indenização dos prejuízos que eventualmente o requerido venha a sofrer, se entender que existe risco que sobrevenham, o juiz pode determinar a prestação de caução como condição para a concessão da tutela de urgência" (NERY JÚNIOR, Nelson, NERY, Rosa Maria de Andrade. *Código de Processo Civil Comentado.* 16ª ed., rev., atual e ampl., São Paulo: Editora Revista dos Tribunais, 2016, 931).

prejuízos inerentes à inadimplência tributária. De outro lado, também temos que entender o lado fazendário que, na busca, igualmente legítima, da proteção à indisponibilidade dos interesses públicos, tentar ver satisfeita a obrigação creditória em face do contribuinte.

Diante desse cenário, em circunstâncias não muito claras sobre a presença dos requisitos autorizadores da tutela provisória de urgência, tais como aquelas exemplificativamente listadas acima, o oferecimento de caução, com base no art. 300, §1º, do CPC/15, é, ao nosso ver, um importante instrumento para proteger os interesses de ambas as partes.

Protege os interesses do contribuinte que evitará os percalços da mora enquanto discute a legitimidade do lançamento tributário e, de outro lado, protege os interesses públicos, na medida em que a caução poderá ser convertida em pagamento do tributo em favor do Fisco em caso de improcedência da ação.

Além disso, a concessão da tutela provisória de urgência com base na caução oferecida pelo contribuinte permite que o contribuinte tenha a chance de discutir a validade do lançamento tributário perante o Poder Judiciário, utilizando-se, para tanto de um meio menos oneroso para evitar os percalços da mora e, assim, poder continuar praticando regularmente as suas atividades econômicas.

De outro lado, também é importante dizer que tal medida é ideal, inclusive, em atenção ao princípio da eficiência em relação aos atos públicos (*cf.*, art. 37, da CF[20]) e em atenção ao princípio da economia processual (*cf.*, artigos 4º e 6º, do CPC/15[21]), tendo em vista que o próprio contribuinte pode

20. "Art. 37. A administração pública direta e indireta de qualquer dos Poderes da União, dos Estados, do Distrito Federal e dos Municípios obedecerá aos princípios de legalidade, impessoalidade, moralidade, publicidade e eficiência e, também, ao seguinte: (...)"

21. "Art. 4º As partes têm o direito de obter em prazo razoável a solução integral do mérito, incluída a atividade satisfativa."
"Art. 6º Todos os sujeitos do processo devem cooperar entre si para que se obtenha, em tempo razoável, decisão de mérito justa e efetiva."

antecipar-se a qualquer tentativa da fazenda de constrição de bens e, logo no início da discussão, já oferece para o ente tributante uma garantia idônea e suficiente para quitação do débito tributário em caso de improcedência da ação proposta. Veja-se que o oferecimento dessa garantia pode evitar que o ente tributante despeje esforços para alcançar a satisfação do seu crédito via ação de execução fiscal. Evita a caçada de bens e meios para satisfazer o crédito tributário. Evita que o Poder Judiciário se mova para a expropriação de bens do contribuinte para satisfação da execução fiscal, incorrendo em dispêndios desnecessários. Tudo isso porque o contribuinte, de boa-fé e na tentativa de evitar suportar o ônus da inadimplência enquanto discute a validade do tributo apresenta espontaneamente caução em favor do Fisco.

Assim, o oferecimento da caução não só atende aos interesses do contribuinte, como protege o próprio interesse fazendário de ver satisfeita a obrigação tributária, já que o contribuinte terá garantido o débito até o provimento jurisdicional definitivo, de modo que o Fisco não correndo o risco de deixar de receber os valores eventualmente devidos no caso de o contribuinte não lograr êxito na demanda judicial.

Diante disso, em ato de boa-fé e, objetivando igualmente obter a suspensão da exigibilidade do crédito tributário, a parte poderá apresentar a caução idônea e suficiente à garantia integral do crédito tributário – seja ela fiança bancária ou seguro-garantia.

3.3 A SEGURANÇA DA CARTA DE FIANÇA E DO SEGURO GARANTIA NA PRESERVAÇÃO DO DIREITO DO FISCO

A caução, como vem sendo afirmado ao longo deste trabalho, é meio para instrumentalizar a suspensão da exigibilidade do crédito, nos termos do art. 300, §1º, do CPC/15 *c/c* art. 151, IV e V, do CTN.

Nesse ponto, é importante pensar também com viés da proteção aos interesses públicos, essa caução deve representar, de um lado, segurança ao Fisco e, de outro lado, dentro do princípio da razoabilidade e proporcionalidade, uma menor onerosidade ao contribuinte[22].

Sabemos também que o depósito, ainda que dê uma maior segurança ao Fisco, é medida bastante onerosa ao contribuinte e, muitas vezes, é medida de impossível materialização, em razão do montante do débito em discussão.

Justamente por isso, numa tentativa de equalizar os interesses do Fisco (segurança) e do contribuinte (menor onerosidade), tem-se no ordenamento a possibilidade do oferecimento de cartas de fiança ou de seguro garantia.

Essas duas espécies de garantias são, atualmente, equiparadas ao depósito, tamanha é a segurança que oferecem ao Fisco. Com efeito, a equivalência do seguro garantia e da carta de fiança bancária com o depósito judicial, a nosso ver, poderia ser sustentada a partir da análise conjunta dos arts. 7º, II, 9º, §3º e 15, I, da Lei 6.830/80 e, recentemente, do próprio art. 835, §2º, da Lei 13.105/15:

> - *"Art. 7º - O despacho do Juiz que deferir a inicial importa em ordem para: (...) II - penhora, se não for paga a dívida, nem garantida a execução, por meio de depósito, fiança ou seguro garantia. (...) §3º - A garantia da execução, por meio de depósito em dinheiro, fiança bancária ou seguro garantia, produz os mesmos efeitos da penhora."*
>
> - *"Art. 15 - Em qualquer fase do processo, será deferida pelo Juiz: I - ao executado, a substituição da penhora por depósito em dinheiro, fiança bancária ou seguro garantia; (Redação dada pela Lei 13.043, de 2014)"*

---

22. "Art. 805. Quando por vários meios o exequente puder promover a execução, o juiz mandará que se faça pelo modo menos gravoso para o executado. Parágrafo único. Ao executado que alegar ser a medida executiva mais gravosa incumbe indicar outros meios mais eficazes e menos onerosos, sob pena de manutenção dos atos executivos já determinados."

> - *"Art. 835. A penhora observará, preferencialmente, a seguinte ordem: (...) §2º Para fins de substituição da penhora, equiparam-se a dinheiro a fiança bancária e o seguro garantia judicial, desde que em valor não inferior ao do débito constante da inicial, acrescido de trinta por cento."*

Referidos dispositivos, em nossa opinião, permitem alcançar a conclusão de que a intenção do legislador foi a de colocar no mesmo patamar o depósito judicial, a fiança bancária e o seguro-garantia, justamente em razão da segurança que as três espécies de garantia oferece ao Fisco.

Outra evidência que corrobora a nossa opinião está no próprio processo de liquidação das referidas garantias: o seguro-garantia e a carta de fiança bancária acabam se equiparando ao depósito em dinheiro nessa situação específica, já que, tanto a instituição financeira quanto a seguradora contratada deverão, no prazo previsto, realizar o depósito em dinheiro dos valores em discussão.

Ou seja, se o contribuinte perder a discussão judicial (ou então for deferido pedido de liquidação de garantia no decorrer do processo[23]), as instituições financeiras fiadoras e as companhias seguradoras são obrigadas a depositar o valor total da dívida garantida nos autos do processo judicial, depósito este que poderá ser levantado pelo ente tributante com a devida autorização do juízo. Nesse sentido, o seguro garantia e a carta de fiança terão o mesmo efeito prático do depósito judicial, caso seja determinada a sua liquidação por parte do Fisco.

Ainda, não podemos deixar de considerar que, desde a edição do CTN (em 1966), houve significativa evolução histórica e avanços econômicos no que tange às possíveis garantias a serem apresentadas pelos devedores nas execuções fiscais. Percebeu-se, inclusive, a necessidade de também ser levado em consideração o próprio princípio da menor onerosidade ao devedor, até mesmo para não inviabilizar os meios de defesa do

---

23. Situações, por exemplo, em que não se tem o efeito suspensivo e, por essa razão, o fisco pleiteia a liquidação da garantia.

contribuinte, seja por meio de um processo de execução (*e.g.*, embargos à execução fiscal) ou por meio de ação de sua autoria (*e.g.*, ação anulatória, declaratória ou mandado de segurança).

Nesse ponto, também devemos ponderar que o CTN não acompanhou na mesma velocidade as modificações que foram ocorrendo em relação à possibilidade de apresentação das cauções para fins de suspensão da exigibilidade do crédito tributário. E nem poderia. Por se tratar de lei complementar, qualquer modificação a ser realizada demandará de aprovação por meio de quórum qualificado.

De qualquer forma, entendemos que mesmo não estando expresso no art. 151, do CTN que o oferecimento de seguro garantia e de carta de fiança possa suspender a exigibilidade do crédito tributário e mesmo diante dos precedentes negativos do STJ que entendem não haver equiparação entre essas garantias para fins de aplicação do inciso II, do art. 151, do CTN, a realidade fática e a evolução do direito de das relações patrimoniais nos faz refletir sobre o tema.

E, mesmo que se considere imprópria a interpretação extensiva do inciso II, do art. 151, do CTN para abranger, além do depósito, a carta de fiança e o seguro garantia, é preciso encontrar meios para permitir que a estagnação da legislação não seja empecilho ao atendimento dos interesses – que são mútuos – do contribuinte e do Fisco.

Justamente por conta disso, deve-se concluir como possível a suspensão da exigibilidade do crédito tributário, com fundamento dos incisos IV ou V, do art. 151, do CTN, em razão da concessão de tutela provisória de urgência embasada em caução oferecida pelo contribuinte em forma de carta de fiança ou seguro garantia.

Não podemos pensar, assim entendemos, que existiria uma antinomia entre as normas específicas que tratam da equiparação do depósito ao seguro garantia e à carta de fiança e o art. 151, do CTN, mas sim complementação do sentido e eficácia dos dispositivos que regulam a suspensão da exigibilidade do crédito tributário.

4. CONCLUSÃO

Diante do exposto, somos do entendimento de que a suspensão da exigibilidade dos créditos tributários discutidos pelo contribuinte em ações antiexacionais (*e.g.*, ação anulatória, ação declaratória, mandado de segurança) se afigura perfeitamente possível, quando do oferecimento de seguro garantia ou carta de fiança como meio de caução. Isso porque, considerando que esses meios de garantia atendem conjuntamente os interesses do contribuinte (menor onerosidade) e do Fisco (segurança de recebimento dos valores), o oferecimento deles como caução com base no art. 300, §1°, do CPC/15 pode facilitar e dar maior conforto ao juiz para deferimento de tutela provisória de urgência que tenha por objetivo a suspensão da exigibilidade do respectivo crédito tributário, nos termos dos incisos IV ou V, do art. 151, do CTN.

5. REFERÊNCIAS

BECHO, Renato Lopes. *Lições de Direito Tributário*. São Paulo: Saraiva, 2011.

CARVALHO, Paulo de Barros. *Curso de Direito Tributário*. São Paulo: Saraiva, 2007.

CONRADO, Paulo Cesar. *Processo Tributário*. São Paulo: Quartier Latin, 2004.

MARINS, James. *Direito Processual Tributário Brasileiro: Administrativo e Judicial*. São Paulo: Editora Revista dos Tribunais, 2018.

NERY JÚNIOR, Nelson, NERY, Rosa Maria de Andrade. *Código de Processo Civil Comentado*. 16ª ed., rev., atual e ampl., São Paulo: Editora Revista dos Tribunais, 2016.

Capítulo 3

PRECEDENTES E CONTROLE DE CONSTITUCIONALIDADE

O GRAVE PROBLEMA DA TÉCNICA DE MODULAÇÃO DOS EFEITOS DAS DECISÕES PROFERIDAS EM CONTROLE DE CONSTITUCIONALIDADE EM MATÉRIA TRIBUTÁRIA

Renata Elaine Silva Ricetti Marques[1]

1. INTRODUÇÃO

A possibilidade de modulação dos efeitos da decisão na declaração de inconstitucionalidade não é um assunto recente. A primeira manifestação do Supremo Tribunal Federal (STF) com relação à modulação desses efeitos ocorreu em 31 de maio de 1977, no julgamento do Recurso Extraordinário n. 79.343/BA, de relatoria do ministro Leitão de Abreu, que, apesar de não tratar de matéria tributária, inaugurou na jurisprudência brasileira a discussão em torno da excepcionalidade da regra

1. Pós-Doutoranda em Direito Tributário pela Universidade de São Paulo (USP); Doutora e Mestre em Direito Tributário pela Pontifícia Universidade Católica de São Paulo (PUC/SP); Especialista pelo Instituto Brasileiro de Estudos Tributários (IBET); Coordenadora e Professora do Curso de Pós-Graduação lato sensu em Direito Tributário da Escola Paulista de Direito (EPD), Coordenadora e Professora dos cursos de Pós-Graduação em Direito Tributário da ATAME (Cuiabá). Professora convidada dos Cursos de Pós-graduação do IBET e da PUC/COGEAE. Presidente do Instituto Acadêmico de Direito Tributário e Empresarial - IADTE. Membro da Comissão de Direito Constitucional e Tributário da Ordem dos Advogados do Brasil – Subseção de Pinheiros. Advogada.

de nulidade da lei ou ato normativo declarado inconstitucional. Postulava-se nesse Recurso Extraordinário a declaração incidental de inconstitucionalidade do Decreto-lei 322, de 7 de abril de 1967, que permitia o reajuste periódico do valor de aluguel fixado em cláusula de contrato de locação não residencial.

Desde então, ou seja, desde o ano de 1977, o STF vem aplicando a possibilidade de excepcionar a regra geral que determina que os efeitos da decisão proferida em controle de constitucionalidade sempre retroagem, isto é são *ex tunc*, respeitando situações que, mesmo inconstitucionais, possam produzir efeitos a partir da decisão de inconstitucionalidade, isto é *ex nunc* ou ainda, possam produzir efeitos em outro momento que será fixado de acordo com a necessidade do caso concreto, sendo a única forma de garantindo segurança jurídica e preservando excepcional interesse social.

Modular a questão temporal da decisão é uma necessidade jurídica que decorre da própria impossibilidade de situações concretas retroagirem a data da edição da lei (*ex tunc*), porém defendemos que apenas e tão somente a questão temporal pode e deve ser alterada em alguns casos excepcionais. Não concordamos com a modulação do aspecto espacial e do aspecto pessoal da decisão, sob pena de ferir o princípio constitucional da igualdade. Como vamos discorrer nas breves linhas do nosso artigo.

2. A ADOÇÃO, PELO BRASIL, DA TEORIA DA NULIDADE, O EFEITO *EX TUNC* DAS DECISÕES E A CRIAÇÃO DO SISTEMA BRASILEIRO DE CONSTITUCIONALIDADE

Para entendemos melhor a questão da modulação dos feitos em controle de constitucionalidade, temos que analisar a teoria da nulidade e a teoria da anulabilidade da norma inconstitucional.

A teoria da nulidade teve início nos Estados Unidos com a célebre decisão do juiz Marshall, quando do julgamento do caso *Marbury v. Madison*, ocorrido em 1803, em que se proclamou que nenhum ato contrário à Constituição poderia ser considerado válido. No Brasil, essa teoria foi acolhida pela Constituição Republicana de 1891, defendida por Ruy Barbosa. De modo mais específico, a teoria da nulidade decorre do princípio da supremacia da Constituição e defende que seria uma afronta direta ao texto constitucional admitir que uma norma viciada pudesse regular condutas intersubjetivas. Daí por que a inconstitucionalidade deve ser tida como uma forma de nulidade, conceito que denuncia o vício de origem e a impossibilidade de convalidação do ato[2].

Por sua vez, a teoria da anulabilidade da norma inconstitucional teve como precursor Hans Kelsen, que introduziu, por meio da Constituição da Áustria (1920), a ideia de que uma lei não poderia ser declarada inconstitucional desde a sua publicação. Segundo Kelsen, a declaração de inconstitucionalidade deve partir de um órgão legiferante que teria a função exclusiva de declarar ou não inconstitucionalidade de lei, órgão esse denominado "tribunal constitucional", cuja decisão demarcaria o prazo inicial da retirada da norma do sistema.

A norma declarada inconstitucional pelo tribunal constitucional seria, assim, segundo a teoria, apenas *anulável* e não *nula*, como verificado na doutrina americana, o que conferiria à decisão um caráter constitutivo negativo. Nesse sentido, é oportuno o comentário de Luiz Roberto Barroso:

> A tese da anulabilidade da lei inconstitucional e do caráter constitutivo negativo da decisão que reconhece a inconstitucionalidade não teve adesão expressiva da doutrina nem dos ordenamentos positivos. Exceto pela Áustria, tal formulação não prevaleceu nem mesmo na Alemanha, tampouco nos países da Europa. No Brasil, foi defendida com brilho por Regina Macedo Nery Ferrari, em sede doutrinária, e pelo ministro Leitão de Abreu, em voto vencido proferido no Supremo Tribunal Federal. É inegável, porém,

2. BARROSO, Luís Roberto. *O controle de constitucionalidade no direito brasileiro*: exposição sistemática da doutrina e análise crítica da jurisprudência. 3. ed. São Paulo: Saraiva, 2008. p. 16.

> que a teoria da nulidade da lei inconstitucional, conquanto vencedora, teve de fazer concessões e abrir exceções.[3]

Conforme mencionamos acima, a nulidade da lei declarada inconstitucional e seu efeito *ex tunc* é uma herança do modelo americano de controle difuso de constitucionalidade e tem sua fundamentação na supremacia da Constituição. Tal controle foi o primeiro tipo inserido no sistema jurídico brasileiro, na vigência da Constituição Republicana de 1891[4]. Caracteriza-se por ser, em resumo, o tipo de controle em que todos os órgãos do Poder Judiciário, diante de um caso concreto, têm competência para repelir lei ou ato normativo que se revele incompatível com a Constituição Federal, o que torna, assim, todos os órgãos do Poder Judiciário integrantes da justiça constitucional. Desde então, os efeitos das decisões em controle difuso de constitucionalidade são, em regra, *ex tunc* (retroagem) e *inter partes*.

Somente no ano de 1965 foi inserido em nosso sistema jurídico - em plena vigência da Constituição de 1946 e por meio da Emenda Constitucional n. 16, de 26 de novembro de 1965 - o controle de constitucionalidade concentrado ou abstrato. Ao manter a coerência sistêmica, o instituto, à época novel, também passou a dar efeito *ex tunc* às decisões proferidas em controle concentrado de constitucionalidade, denotando a adoção, pelo Brasil, do dogma da nulidade da lei declarada inconstitucional e destoando, assim, dos efeitos verificados no modelo introduzido por Hans Kelsen na constituição austríaca, que sustentava que a lei declarada inconstitucional não poderia ser considerada nula desde o início (*ex tunc*), mas sim anulável (*ex nunc*).

Portanto, após 1965 o sistema jurídico brasileiro passou a instrumentalizar dois tipos de sistema de controle de

---

3. Ibidem, p. 20.

4. "A Constituição Republicana de 1891 inseriu no contexto brasileiro o controle de constitucionalidade incidental, *incidenter tantum*, que é mantido até hoje. Com influência do direito norte-americano, através do controle de constitucionalidade difuso, qualquer juiz ou tribunal judicial possuía competência para analisar a constitucionalidade da uma norma que demonstrasse, no caso concreto, ser prejudicial ao mérito". (SILVA, Renata Elaine. *Decisões em matéria tributária*: jurisprudência e dogmática do Supremo Tribunal Federal em matéria tributária. São Paulo: Saraiva, 2009. p. 81).

constitucionalidade: um difuso, em que a constitucionalidade de lei ou ato normativo é analisada por qualquer órgão do Poder Judiciário a partir de um caso concreto que demanda a pronúncia incidental de inconstitucionalidade no julgamento da ação submetido a Juízo; o outro concentrado, de competência originária do STF, que, como guardião da Constituição, conforme art. 102 da mesma, deve julgar originariamente as ações direta de inconstitucionalidade e declaratória de constitucionalidade.

Nasceu, assim, o sistema brasileiro de constitucionalidade que está adaptado à realidade brasileira, como vimos, *v.g.*, com a adaptação que ocorreu na introdução do modelo austríaco em nosso sistema, momento em que foi ignorado o efeito da anulabilidade da lei como ocorria no modelo original.

É importante enfatizar, para melhor compreender o nosso sistema, que a adaptação certamente não é um fenômeno exclusivamente brasileiro. Com efeito, o sistema de controle de constitucionalidade sofreu adequações no mundo inteiro, ajustando-se, assim, às necessidades de cada país, pois na adoção dos sistemas clássicos identificados como difuso (americano) e concentrado (austríaco), foi-se alterando suas formas originárias para satisfazer as necessidades do sistema jurídico de cada país.

Verifica-se, hoje, que todos os países acabaram adotando os dois sistemas, seja num modelo dual (expressão de Garcia Belaunde), em que se percebe nitidamente a presença de ambos os sistemas, mas com alterações, conforme ocorreu no Brasil, ou seja, pela adoção de um modelo misto, em que os dois sistemas se misturam para compor um modelo diferente, caracterizado por ser um tipo de controle de constitucionalidade que pode até começar nos diversos tribunais que fazem parte da justiça constitucional (difuso), mas que acabará no controle concentrado, com decisão de efeito *erga omnes,* como na Venezuela e na Costa Rica, onde a competência jurisdicional para declarar a constitucionalidade ou a inconstitucionalidade é concentrada em um único órgão, cuja análise da questão constitucional parte de um caso concreto e culmina numa decisão que tem efeito *erga omnes*.

Nessa toada, a questão dos efeitos prospectivos mostra-se como um fenômeno que vem juntar-se aos ajustes da peculiar proposta do sistema jurídico de cada país, de modo a buscar a máxima harmonização e racionalidade do controle de constitucionalidade das leis e dos atos normativos.

É nítido, outrossim, que o sistema brasileiro vem sofrendo fortes influências dos países que adotam o verdadeiro sistema misto desde a Emenda Constitucional 45/2004, que cria súmula vinculante, e do Código de Processo Civil de 2015 (arts. 926 e 927), que dispõe sobre a necessidade de observância dos precedentes dos tribunais superiores.

3. RETIRADA DA *VIGÊNCIA* E DA *EFICÁCIA* COM A DECISÃO PROFERIDA NO CONTROLE DE CONSTITUCIONALIDADE

De acordo com o sistema de controle de constitucionalidade brasileiro, a decisão judicial em controle concentrado que declarar inconstitucional uma lei ou um ato normativo pode modificar os efeitos da *vigência* do referido diploma normativo e não a *validade*.

Por outro lado, no caso de controle difuso verifica-se apenas a retirada da *eficácia técnica* da norma, ou seja, cria-se um obstáculo de ordem formal (sentença), que impede a norma declarada inconstitucional de propagar efeitos para aquele caso concreto, podendo, do mesmo modo e de acordo com a nova tendência, estabelecer quando esse obstáculo começará a surtir efeito.

Para isso, deve-se entender que a declaração de inconstitucionalidade não retira a *validade* da lei, ou seja, não altera seu *status* de relação de pertinencialidade com o sistema, "uma norma 'N' é válida no sistema jurídico 'S' se, e somente se, pertencer a esse conjunto"[5], pois a norma posta pela

5. CARVALHO, Paulo de Barros. *Direito tributário*: linguagem e método. 7. ed. São Paulo: Noeses, 2018. p. 236.

autoridade competente (legislador) continua com sua existência no mundo jurídico inalterado.

O juiz, quando declara que a lei ou ato normativo é inconstitucional, apenas altera sua força propulsora de reger as condutas, ou seja, altera a *vigência*, que, nas palavras de Paulo de Barros Carvalho[6], "é a propriedade das regras jurídicas que estão prontas para propagar efeitos, tão logo aconteçam, no mundo fáctico, os eventos que elas descrevem". Isso significa que a decisão em controle concentrado apenas retira a força da norma de propagar efeitos, de modo que ela continua existindo (válida), mas sem efeitos para os eventos que ela descreve.

Nesse fio de raciocínio, mostra-se sustentável defender que, no caso de controle difuso, nem mesmo a vigência pode o juiz retirar com a sua decisão, posto que a norma continua com força para propagar efeitos em outros casos, ou seja, a decisão em controle difuso retira apenas a eficácia para o caso concreto, criando um obstáculo formal para a aplicação daquela lei que foi declarada inconstitucional[7].

Portanto, entendemos que a decisão quando *erga omnes* apenas afeta o plano da vigência normativa, e quando *inter partes* altera o plano da eficácia normativa.

Daí talvez advenha a dificuldade de construir um raciocínio dogmático sobre os efeitos da decisão no controle de constitucionalidade, bem como sobre a questão da modulação desses efeitos, o que, aos nossos olhos, torna-se inviável em decorrência do entendimento de que em controle de constitucionalidade retira-se a validade, não as vigência e eficácia.

A impossibilidade decorre justamente da definição de *validade*. Há uma corrente doutrinária que entende que *validade* não se confunde com *existência*, sendo a primeira o valer da norma, e a outra sua existência no sistema. Essa corrente

---

6. Idem. *Curso de direito tributário*. 30. ed. São Paulo: Saraiva, 2019. p. 114.

7. SILVA, Renata Elaine. *Decisões em matéria tributária*: jurisprudência e dogmática do Supremo Tribunal Federal em matéria tributária. São Paulo: Saraiva, 2009. p. 43-46.

tem como seu representante maior Pontes de Miranda[8], para quem a lei inconstitucional é jurídica, pois não passou pelo plano da validade. Seria impossível sustentar que uma norma que não tenha passado para o plano da validade possa ter efeitos válidos para o futuro, *v.g.*, a norma é inconstitucional (inválida), mas continua tendo efeitos como se fosse válida. Pontes de Miranda afirma que a norma inconstitucional tem eficácia legal e continua a incidir, o que equivale a afirmar que são os planos da vigência e da eficácia que devem ser analisados, não o da validade. Muito embora o jurista nada afirme a respeito, é dessa forma que, particularmente, interpretamos suas lições à luz do entendimento teórico que adotamos[9].

Do mesmo modo, para aqueles que entendem que validade é sinônimo de existência, ou seja, para a corrente kelseniana[10], a qual nos filiamos, não há igualmente possibilidade de se sustentar a retirada da validade, isto porque *validade* é aqui definida como *relação de pertinencialidade*, ou seja, a norma que pertence ao sistema é válida desde o momento em que nele ingressa. De acordo com a teoria sustentada por essa corrente, no controle de constitucionalidade a norma declarada inconstitucional continua existindo, mas tem sua força (vigência) suspensa ou alterada.

Com base nessas premissas, podemos interpretar didaticamente a parte final do art. 27[11] da Lei Federal n. 9.868/99 da seguinte forma: "[...] poderá o Supremo Tribunal Federal, por maioria de dois terços de seus membros, restringir a *vigência* daquela declaração ou decidir que ela só tenha *incidência* a

---

8. MIRANDA, Francisco Cavalcanti Pontes. *Tratado de direito privado*, parte geral. Rio de Janeiro: Borsoi, 1954. p.7.

9. SILVA, op. cit., capítulo I.

10. KELSEN, Hans. *Teoria pura do direito*. São Paulo: Martins Fontes, 2006. passim.

11. Art. 27. Ao declarar a inconstitucionalidade de lei ou ato normativo, e tendo em vista razões de segurança jurídica ou de excepcional interesse social, poderá o Supremo Tribunal Federal, por maioria de dois terços de seus membros, restringir os efeitos daquela declaração ou decidir que ela só tenha eficácia a partir de seu trânsito em julgado ou de outro momento que venha a ser fixado.

partir de seu trânsito em julgado ou em outro momento que venha a ser fixado". Isso porque a definição de *vigência* corresponde exatamente aos *efeitos* da norma; a de *eficácia* jurídica, ao mecanismo próprio da *incidência*. O enunciado do artigo 27 passa a exprimir, assim, um sentido de exceção à regra de interrupção da vigência da norma *ex tunc*.

Portanto, a inconstitucionalidade não induz à inexistência da norma viciada, justamente porque são conceitos postos em planos distintos: plano da vigência e plano da validade/existência. A declaração de inconstitucionalidade é, dessa forma, um ato dinâmico que promove alterações no sistema antes estático.

Essa particular leitura do art. 27 só será possível quando a definição de *vigência* e de *validade* adotada pelo intérprete for a mesma que adotamos. Se a referência teórica adotada estabelecer que a vigência significa "tempo de validade"[12] - como definido por Tércio Sampaio Ferraz Jr., para quem a produção de efeitos está no plano de eficácia da norma e não no plano da vigência [...][13] -, a interpretação que construímos não é possível. Isso porque, conforme bem lembra Tácio Lacerda Gama[14], "[...[definir o conceito de validade pressupõe escolher uma concepção do que seja Direito, ou um ponto de vista sobre ele, abandonando outros".

4. QUAL O LIMITE DA MODULAÇÃO DOS EFEITOS

Desde os idos de 1999 a regra do dogma da nulidade da lei declarada inconstitucional em controle de constitucionalidade encontra-se flexibilizada, segundo a redação estabelecida no art.

12. FERRAZ JÚNIOR, Tercio Sampaio. *Introdução ao estudo do direito*: técnica, decisão e dominação, 4. ed. São Paulo: Atlas, 2003. p.199.

13. Também no mesmo sentido entende Ulises Schimill Ordónez para quem a vigência seria o aspecto temporal da validade da norma. (ORDONEZ, Ulises Schimill. Doxa (Publicaciones periódicas). Alicante, *Biblioteca Virtual Miguel de Cervantes*, n. 19, 1996, p. 229-258. p. 229).

14. GAMA, Tácio Lacerda. *Competência tributária*: fundamentos para uma teoria da nulidade. São Paulo: Noeses, 2009. p. 303.

27 da Lei Federal 9.868 de 10 de novembro de 1999, que inaugurou legalmente a técnica de modulação dos efeitos da decisão.

> *Art. 27. Ao declarar a inconstitucionalidade de lei ou ato normativo, e tendo em vista razões de segurança jurídica ou de excepcional interesse social, poderá o Supremo Tribunal Federal, por maioria de dois terços de seus membros, restringir os efeitos daquela declaração ou decidir que ela só tenha eficácia a partir de seu trânsito em julgado ou de outro momento que venha a ser fixado.*

Uma vez que o STF não excepciona a *validade* da norma, mas sim sua *vigência*, resta estabelecer que a decisão dessa corte em verdade alarga o âmbito de vigência da norma, ao deslocar a data de sua eficácia para o momento do trânsito em julgado da decisão (*ex nunc*) ou outro momento qualquer fixado no tempo, que pode ser inclusive prospectivo. Dito de outro modo, o STF, modulando os efeitos da declaração, poderá estende o âmbito temporal da vigência para o futuro, nesta última hipótese, ou mantém o âmbito temporal coincidente com a data da declaração da inconstitucionalidade, naquela outra.

Porém, por meio da leitura do art. 27 vemos que além da questão temporal, também foi normatizada pela regra a expressão "restringir os efeitos daquela declaração", expressão essa que ultrapassa a questão temporal da vigência. Assim, a modulação dos efeitos da decisão poderá ser de dois tipos:

(i) Modulação temporal: O estabelecimento de uma data a partir da qual a decisão da corte constitucional passará a surtir efeitos e a propagar sua força normativa, ou seja, o estabelecimento do marco temporal (*ex nunc* ou *em outro momento que será fixado*);

(ii) Modulação em outros aspectos: O estabelecimento de uma modulação que tratará uma "limitação" dos aspectos espacial, matéria e/ou pessoal da vigência.

Nesse contexto, com relação à modulação apenas temporal, como dito alhures, trata-se de uma necessidade inerente ao próprio sistema de controle de constitucionalidade que diante de uma situação concreta necessitará ser modulada em nome da segurança jurídica. O artigo art. 27 da lei 9.868/99 apenas normatizou tal necessidade.

Porém com relação à modulação em outros aspectos da vigência (podendo se conjugado com o temporal) deve ser analisado com mais cuidado para que em nome da segurança jurídica e de excepcional interesse social não venha ferir o princípio constitucional da igualdade, causando assim uma insegurança jurídica.

Segundo Tácio Lacerda Gama "Ao ingressar no sistema de direito positivo com presunção de validade, toda norma jurídica possui esses quatro âmbitos de vigência"[15], ou seja, o âmbito subjetivo envolve os sujeitos que têm o seu comportamento disciplinado pela norma; o âmbito espacial delimita o local onde a norma irradia efeitos; o âmbito material prescreve o comportamento disciplinado pela norma.[16]

Sendo a vigência uma propriedade de qualificar fatos e propagar efeitos, "[...] deflui que a norma jurídica se diz vigente quando está apta para qualificar fatos e determinar o surgimento de efeitos de direito, dentro dos limites que a ordem positiva estabelece, no que concerne ao espaço e no que consulta ao tempo"[17], na precisa síntese de Paulo de Barros Carvalho. É possível verificar que as lições do autor mostram-se compatíveis com outra possibilidade: a de extensão dos efeitos da vigência para além dos aspectos de tempo e espaço, tornando aceitável sustentar, dessa forma, a modulação dos efeitos da norma declarada inconstitucional em relação ao âmbito pessoal e ao âmbito material.

Algumas decisões proferidas pelo STF refletem essa premissa, mesmo aquelas proferidas em controle difuso de constitucionalidade quando seus efeitos forem vinculante (caso de

---

15. Ibidem, p. 316.

16. Ibidem, p. 316.

17. *Curso de direito tributário*. 30. ed. São Paulo: Saraiva, 2019. p. 115.

recurso com efeito repetitivo ou de repercussão geral), *v.g.* o conhecido caso da declaração de inconstitucionalidade dos art. 45 e 46 da Lei Federal 8.212/91, que previam um prazo decadencial de 10 anos para as contribuições previdenciárias. A referida corte constitucional decidiu que prazo de prescrição e decadência é matéria reservada à lei complementar, conforme disposto no artigo 146 da Constituição Federal, não podendo tal matéria ser tratada em lei ordinária. Nessa ocasião, o STF restringiu os efeitos da decisão (aspecto subjetivo da vigência), de modo a garantir o direito à repetição do indébito somente àqueles contribuintes que já tinham ações ajuizadas até 11 de junho de 2008, data do julgamento, deixando sem direito de repetir o indébito todos os demais contribuintes que ainda não tinham ajuizado a competente ação até a data da decisão, vejamos:

> PRESCRIÇÃO E DECADÊNCIA TRIBUTÁRIAS. MATÉRIAS RESERVADAS A LEI COMPLEMENTAR. DISCIPLINA NO CÓDIGO TRIBUTÁRIO NACIONAL. NATUREZA TRIBUTÁRIA DAS CONTRIBUIÇÕES PARA A SEGURIDADE SOCIAL. INCONSTITUCIONALIDADE DOS ARTS. 45 E 46 DA LEI 8.212/91 E DO PARÁGRAFO ÚNICO DO ART. 5º DO DECRETO-LEI 1.569/77. RECURSO EXTRAORDINÁRIO NÃO PROVIDO. MODULAÇÃO DOS EFEITOS DA DECLARAÇÃO DE INCONSTITUCIONALIDADE. I. PRESCRIÇÃO E DECADÊNCIA TRIBUTÁRIAS. RESERVA DE LEI COMPLEMENTAR.
>
> [...]
>
> **MODULAÇÃO DOS EFEITOS DA DECISÃO. SEGURANÇA JURÍDICA. São legítimos os recolhimentos efetuados nos prazos previstos nos arts. 45 e 46 da Lei 8.212/91 e não impugnados antes da data de conclusão deste julgamento.**
>
> (RE 556664, Relator(a): Min. GILMAR MENDES, Tribunal Pleno, julgado em 12/06/2008, REPERCUSSÃO GERAL - MÉRITO DJe-216 DIVULG 13-11-2008 PUBLIC 14-11-2008 EMENT VOL-02341-10 PP-01886)

Outra decisão emblemática foi proferida em, 19 de outubro de 2016, no julgamento do Recurso Extraordinário 593849, com repercussão geral, que definiu que o Contribuinte tem direito a diferenças em regime de substituição tributária, isto é, tem direito à diferença entre o valor do tributo recolhido previamente e aquele realmente devido no momento da venda. Segundo a decisão:

> ...Por unanimidade, o Tribunal fixou tese nos seguintes termos: "É devida a restituição da diferença do Imposto sobre Circulação de Mercadorias e Serviços - ICMS pago a mais no regime de substituição tributária para a frente se a base de cálculo efetiva da operação for inferior à presumida". Em seguida, o Tribunal modulou os efeitos do julgamento a fim de que o precedente que aqui se elabora deve orientar todos os litígios judiciais pendentes submetidos à sistemática da repercussão geral e os casos futuros oriundos de antecipação do pagamento de fato gerador presumido realizada após a fixação do presente entendimento, tendo em conta o necessário realinhamento das administrações fazendárias dos Estados membros e do sistema judicial como um todo decidido por essa Corte. Ausente, justificadamente, o Ministro Celso de Mello. Presidiu o julgamento a Ministra Cármen Lúcia. Plenário, 19.10.2016
>
> (RE 593849, Relator(a): Min. EDSON FACHIN, Tribunal Pleno, julgado em 19/10/2016, ACÓRDÃO ELETRÔNICO REPERCUSSÃO GERAL - MÉRITO DJe-065 DIVULG 30-03-2017 PUBLIC 31-03-2017 REPUBLICAÇÃO: DJe-068 DIVULG 04-04-2017 PUBLIC 05-04-2017)

Em outras palavras o entendimento fixado na supracitada tese passa apenas a valer para os casos futuros e tão-somente devem atingir os casos pretéritos que já estejam em trâmite judicial, afetando desse modo o aspecto pessoal da vigência, uma vez que limite as pessoas que podem valer-se dos efeitos da inconstitucionalidade proferido pela decisão.

Percebe-se que a maioria dos casos em matéria tributária que envolvem grande repercussão "econômica" têm pedidos de modulação de efeitos, como se o aspecto meramente econômico fosse um fator que justificaria alterar um dos aspectos da vigência da decisão proferida em controle de constitucionalidade.

O pedido de modulação mais recente encontra-se no caso do RE 574.706/PR julgado em 15.03.2017 que fixou a tese de que "o ICMS não compõe a base de cálculo para a incidência do PIS e da COFINS", sob o argumento de que tais valores não compõem o conceito de faturamento por não se incorporarem ao patrimônio do contribuinte. Por meio de embargos de declaração a Procuradoria-Geral da Fazenda Nacional requereu que a decisão produzisse efeitos apenas a partir da data do julgamento de seus declaratórios, justificando pelo possível impacto econômico que a decisão causaria. E em 04 de junho de 2019 a Procuradoria Geral da República em parecer também sustentou que a decisão deve ser modulada para que seja aplicado o efeito *ex nunc* para a decisão.

> 5. Os embargos declaratórios podem e devem ser acolhidos para que se proceda à modulação dos efeitos do julgado. O acórdão traz em si impacto e abrangência que impõem seja sua eficácia lançada pro futuro, com efeitos ex nunc.
>
> 6. A tese fixada em repercussão geral – com eficácia vinculante e efeitos ultra partes – produz importante modificação no sistema tributário brasileiro, alcança um grande número de transações fiscais e pode acarretar grave impacto nas contas públicas.
>
> - Parecer pelo parcial provimento dos embargos, tão somente para que se faça a modulação dos efeitos do acórdão, de modo que o decidido neste paradigma da repercussão geral tenha eficácia pro futuro, a partir do julgamento dos declaratórios.[18]

A crítica que formulamos não recai, destarte, sobre o âmbito temporal da vigência porque não vislumbramos óbice quanto a isso, o que sustentamos, baseados no princípio da segurança jurídica, que deve nortear toda e qualquer decisão judicial, principalmente aquelas que alcançam situações já consolidadas e que necessitam ser mantidas incólumes. Nesse sentido, bem esclarece Barroso[19]: "Aliás, a rigor técnico, a possibilidade de ponderar valores e bens jurídicos constitucionais não depende de previsão legal". Até porque antes mesmo da introdução em nosso ordenamento jurídico, por meio do

---

18. http://www.mpf.mp.br/pgr/documentos/PIS_Cofins.pdf.

19. BARROSO, Luís Roberto. *O controle de constitucionalidade no direito brasileiro*: exposição sistemática da doutrina e análise crítica da jurisprudência. 3. ed. São Paulo: Saraiva, 2008. p. 118.

referido art. 27 da Lei Federal 9.868/99, e da modulação temporal dos efeitos da decisão já vinha a jurisprudência do STF desde o ano 1977, conforme destacado no início do presente trabalho, em discussão dessa hipótese.

O que nos preocupa, e por isso é o objeto de nossa crítica, é a possibilidade de restrição dos efeitos da decisão em relação aos demais aspectos da vigência, ou seja, quanto ao aspecto pessoal, ao aspecto material e ao aspecto espacial.

Partindo do entendimento visto nos casos acima retratados, somos conduzidos à indagação acerca da possibilidade de se limitar, discricionariamente, os citados demais aspectos. Diante disso, coloca-se à reflexão: não deveria a decisão em controle de constitucionalidade trabalhar apenas o deslocamento do âmbito temporal de vigência da norma, sem atingir os demais aspectos? Uma decisão que restringe o aspecto pessoal não está ignorando o princípio da igualdade? Essas indagações certamente não encontram uma resposta favorável, mas devem servir de base para uma atenciosa reflexão.

5. CONSIDERAÇÕES FINAIS

Resolvemos revisitar o referido tema, que foi objeto de outros artigos há exatamente 10 anos atrás (Revista Dialética. 170) em especial porque o assunto continua na pauta do dia, a modulação dos efeitos da decisão continua a ser temida pelos contribuintes, por tudo que aqui relatamos.

Resumindo a modulação dos efeitos pode ocorrer nos seguintes casos: (I) quando existente uma situação fática já consolidada e que deve ser preservada em nome da segurança jurídica; ou (II) naquela hipótese positivada no art. 27 da Lei Federal 9.868/99 para os casos de declaração de inconstitucionalidade em controle concentrado.

Contudo, a primeira hipótese mostra-se mais ampla e, por isso, abrange a segunda, o que nos leva à confortável conclusão lógica de que a prescrição contida no art. 27 em questão chega a ser desnecessária. Isso porque a possibilidade de se restringir os efeitos de uma decisão, ou até mesmo de modulá-los, é inerente à toda e qualquer decisão emergente num sistema jurídico dinâmico como o nosso, em que são disciplinadas as condutas intersubjetivas no sentido de alcançar valores que a sociedade quer ver realizados.

É fácil perceber que quase todas as recentes questões em matéria tributária giram em torno de constitucionalidade ou inconstitucionalidade de lei. A preocupação com os efeitos prospectivos vem, portanto, nessa toada, saltando aos olhos dos operadores do Direito, pois hoje em matéria tributária toda e qualquer ação tende a demandar a modulação dos efeitos da decisão. Contudo, entendemos que o sistema jurídico não está preparado para modular todo e qualquer aspecto relativo às controvérsias tributárias submetidas ao controle judicial.

Entendemos que o aspecto temporal da vigência pode ser modulado em casos excepcionais, considerando a teoria da anulabilidade da norma e as situações concretas já consolidadas, que devem ser preservadas por imposição do princípio da segurança jurídica já contemplado pela jurisprudência.

Diferente, entretanto, é o nosso entendimento em relação à modulação dos demais aspectos da vigência: o subjetivo, o espacial e o material, que, sem sombra de dúvidas, refletem o ponto mais crítico e polêmico acerca da discussão em torno do efeito prospectivo.

REFERÊNCIAS

BARROSO, Luís Roberto. *O controle de constitucionalidade no direito brasileiro*: exposição sistemática da doutrina e análise crítica da jurisprudência. 3. ed. São Paulo: Saraiva, 2008.

CARVALHO, Paulo de Barros. *Curso de direito tributário*. Paulo de Barros Carvalho. 30. ed. São Paulo: Saraiva, 2019.

CARVALHO, Paulo de Barros. *Direito tributário*: linguagem e método. Paulo de Barros Carvalho. 7. ed. São Paulo: Noeses, 2018.

FERRAZ JÚNIOR, Tercio Sampaio. *Introdução ao estudo do direito*: técnica, decisão e dominação. 4. ed. São Paulo: Atlas, 2003.

GAMA, Tácio Lacerda. *Competência tributária*: fundamentos para uma teoria da nulidade. São Paulo: Noeses, 2009.

KELSEN, Hans. *Teoria pura do direito*. São Paulo: Martins Fontes, 2006.

MIRANDA, Francisco Cavalcanti Pontes. *Tratado de direito privado*, parte geral. Rio de Janeiro: Borsoi, 1954. p.7.

ORDÓNEZ, Ulises Schimill. Doxa (Publicaciones periódicas). Alicante, *Biblioteca Virtual Miguel de Cervantes*, n. 19, 1996, p. 229-258.

SILVA, Renata Elaine. *Decisões em matéria tributária*: jurisprudência e dogmática do Supremo Tribunal Federal em matéria tributária. São Paulo: Saraiva, 2009.

Silva, Renata Elaine. Modulação dos efeitos da decisão em matéria tributária: possibilidade ou não de "restringir os efeitos daquela declaração" in *Revista Dialética de Direito Tributário- RDDT* 170. P. 52 (novembro-2009).

A DISTINÇÃO DO *LEADING CASE* EM MATÉRIA TRIBUTÁRIA

Saul Tourinho Leal[1]

Apresentação

O Supremo Tribunal Federal (STF) nunca desfrutou de tamanha evidência. A Corte tem sido protagonista dos grandes debates nacionais. Essa marcante atuação, quando voltada para o Direito Tributário, ganha relevo.

Temas polêmicos e que impactam diretamente a sociedade têm presença constante na pauta do plenário. Advogados, professores, doutrinadores e todos os integrantes desse universo semanalmente presenciam os ministros da Suprema Corte debaterem diversas questões tributárias cuja importância não se discute.

Nesse momento, assistimos a uma efervescência do chamado processo constitucional e, notadamente, do recurso extraordinário. Com o advento da repercussão geral, passou a

---

1. Doutor em Direito Constitucional (PUC/SP). Foi assessor estrangeiro da Corte Constitucional da África do Sul e da vice-presidência da Suprema Corte de Israel. Integra a banca Ayres Britto Consultoria Jurídica e Advocacia. Professor da faculdade de Direito do IDP.

ser muito desafiador decifrar todos os enigmas gerados pela aplicação do novo instituto, fazendo do recurso extraordinário e, principalmente, da relação que deve haver entre o STF e as demais instâncias do Judiciário, um tema à procura de autores.

Mais do que pesquisar o STF, seminal seria buscar compreender e apontar alternativas para a relação entre a Corte e as demais instâncias judiciais na sua tarefa de aplicar o precedente tributário fixado pelo Supremo após apreciar um recurso extraordinário dotado de repercussão geral. Os juízes estariam aplicando o precedente? Estariam afastando-o? Há, de fato, uma uniformização das posições inerentes ao nosso subsistema constitucional tributário? Os juízes estariam aplicando precedentes do STF distintos do caso concreto que lhes foi remetido? Os jurisdicionados têm tido seus direitos a um devido processo legal violado?

São muitas as dúvidas que afloram nos debates tributários fazendo, dessa temática, uma das mais fascinantes na dogmática processo-constitucional.

O STF concentra na temática tributária a maioria dos temas tidos como de repercussão geral, requisito de admissibilidade do recurso extraordinário (RE) que impõe à Corte a apreciação somente de casos que transcendam os interesses das partes sob os prismas: social, econômico, jurídico ou político.

Esse trabalho abordará questões processuais surgidas com a repercussão geral quando o que se está em debate é o Direito Tributário. Veremos como estão refinadas as novas características processuais que marcam o recurso extraordinário e, com o modelo da repercussão geral, veremos principalmente a necessidade de os julgadores promoverem a técnica da distinção para não colocarem na mesma vala casos diversos.

A dentição (ou *distinguish)* nada mais é do que a "diferenciação" que os julgadores têm de promover no momento em que se veem diante do desafio de identificar semelhanças fáticas e jurídicas num caso a ensejar, ou não, a mera repetição do precedente tributário anteriormente fixado pelo STF.

Aplica-se o precedente ou não se aplica, em razão da falta de identidade entre ele e o caso a ser apreciado.

1. Conhecendo a técnica

O resultado do julgamento de um recurso extraordinário (RE) dotado de repercussão geral consiste, noutras palavras, na elaboração, às demais instâncias judiciais, de um comando impositivo com força superior à de uma lei. Isso porque, nada obstante essas instâncias não sejam obrigadas – pelo menos ainda – a seguir o precedente, todo o modelo é voltado para estimulá-las a aplicá-lo. A decisão do Supremo deixa de ser uma fonte de orientação – como na sistemática anterior – e assume posição de comando impositivo difícil de ser superado.

Com a repercussão geral, a sistemática de julgamento do recurso extraordinário é a seguinte: 1) escolhe-se um, ou alguns, recursos; 2) paralisa-se o julgamento de todos os casos que tratem da matéria; 3) o STF julga o recurso escolhido; 4) todo o Judiciário é persuadido a aplicar aquela decisão aos casos semelhantes.

O que se faz com esse modelo é forçar a criação de uma cultura judicial de respeito ao precedente firmado pela corte de última instância naquela temática. O Brasil, de uma forma bem à brasileira, passa a tentar construir uma cultura precedentalista.

No modelo norte-americano da *common law,* há pelo menos dois tipos de precedentes, o obrigatório *(binding precedent)* e o persuasivo *(persuasive precedent).*

Segundo Jorge Amaury Nunes Maia, o precedente obrigatório se dá "quando proferido por órgão da jurisdição hierarquicamente superior àquele que vai julgar o caso futuro e que dele não se poderá afastar a não ser em certas circunstâncias"[2]. Já o persuasivo ocorreria "quando (a) não se tratar de decisão

2. MAIA, Jorge Amaury. *Segurança Jurídica e Súmula Vinculante*. São Paulo: Saraiva/IDP, 2010, p. 125.

de última instância a que esteja vinculada a corte que vai aplicá-lo; ou (b) quando se tratar de decisão de corte de outro sistema judiciário, tal como a corte de última instância estadual de um Estado dos Estados Unidos diferente daquele em que tramita o processo no qual se quer utilizar o precedente"[3].

Mesmo Hans Kelsen, na sua Teoria Pura do Direito, já reconhecia a possibilidade da adoção de modelo semelhante à repercussão geral. Para o autor, "um tribunal, especialmente um tribunal de última instância, pode receber competência para criar, através da sua decisão, não só uma norma individual, apenas vinculante para o caso *sub judice*, mas também normas gerais"[4]. Para Kelsen, isso se daria "quando a decisão judicial cria o chamado precedente judicial, quer dizer: quando a decisão judicial do caso concreto é vinculante para a decisão de casos idênticos"[5].

Do ponto de vista de gerenciamento judiciário, o precedente da Suprema Corte na sistemática da repercussão geral, passa a ser mais impositivo do que a própria legislação, pois a esta é possível impor inúmeros desafios, seja a sua interpretação ou, até mesmo, a declaração de inconstitucionalidade. Todavia, quanto ao precedente do STF, pouco se pode fazer. É possível declará-lo inconstitucional? Não. O que resta ao Judiciário é aplicar o precedente na íntegra ou comprovar que a aplicação seria inadequada.

O precedente tributário deve ser aplicado aos casos iguais. Mas há, de fato, casos iguais? Afirmar isso é crer numa ficção. Contudo, o fazemos porque outra saída não há à proposta maior que é implantar a repercussão geral. Para Kelsen, "como a decisão que constitui o precedente apenas pode ser

---

3. MAIA, Jorge Amaury. *Segurança Jurídica e Súmula Vinculante*. São Paulo: Saraiva/IDP, 2010, p. 125.

4. KELSEN, Hans. *Teoria Pura do Direito*. Tradução de João Baptista Machado. São Paulo: WMF Martins Fontes, 2009, p. 277-278.

5. KELSEN, Hans. *Teoria Pura do Direito*. Tradução de João Baptista Machado. São Paulo: WMF Martins Fontes, 2009, p. 278.

vinculante para a decisão de casos iguais, a questão de saber se o caso é igual ao precedente é de importância decisiva"[6]. Isso porque, "como nenhum caso é igual ao precedente sob todos os aspectos, a 'igualdade' de dois casos que a esse respeito interesse considerar apenas pode residir no fato de eles coincidirem em certos pontos essenciais"[7].

Por sua vez, segundo Jorge Amaury Nunes Maia, "aplicar o precedente não é uma tarefa automática, a ser exercida mecanicamente"[8]. O Professor destaca ainda que "já se viu que, sob certas circunstâncias, a corte de justiça, tanto nos Estados Unidos quanto na Inglaterra, está autorizada a não aplicar o precedente, seja porque realmente não se ajusta ao caso concreto (*distinguishing*), seja porque o precedente não mais satisfaz aos ideais de justiça da época e merece ser revogado (*overruling*)".[9]

Logo, para demonstrar a inadequação da aplicação do precedente ao caso concreto posteriormente apreciado pelas demais instâncias judiciais, o julgador pode se valer da praxe norte-americana de afastar o precedente firmado pela Suprema Corte no caso levado a julgamento, pelo fato de este ser diverso - fática ou juridicamente - daquele. Essa distinção (*distinguishing*) goza hoje da grande relevância entre nós.

2. A segurança jurídica tributária baseada no precedente

Qual seria o critério para rejeitar a aplicação de um precedente tributário firmado pelo STF sobre um caso concreto a ser apreciado pelo juiz da comarca de Nazaré do Piauí?

---

6. KELSEN, Hans. *Teoria Pura do Direito*. Tradução de João Baptista Machado. São Paulo: WMF Martins Fontes, 2009, p. 278.

7. KELSEN, Hans. *Teoria Pura do Direito*. Tradução de João Baptista Machado. São Paulo: WMF Martins Fontes, 2009, p. 278.

8. MAIA, Jorge Amaury. *Segurança Jurídica e Súmula Vinculante*. São Paulo: Saraiva/IDP, 2010.

9. NUNES, Jorge Amaury Maia. *Segurança jurídica e súmula vinculante*. São Paulo: Saraiva, 2010 (Série IDP), p. 125-126.

Uma possibilidade seria o fato de o caso de Nazaré ser distinto do caso apreciado pelo STF. O julgador deixaria de aplicar o precedente não por insurreição ou resistência, mas porque o caso a ser apreciado se distancia, jurídica ou faticamente, do precedente. Nessa hipótese, o sucesso da repercussão geral depende muito mais de uma política de boa compreensão judiciária quanto às matérias tributárias debatidas do que de qualquer outro fator.

Mesmo Kelsen chegou a alertar para os riscos trazidos com a falta de sintonia entre os magistrados das demais instâncias e o precedente firmado pela Corte Constitucional. Segundo ele, "não se pode impedir-se que diferentes tribunais generalizem por forma diferente a decisão que constitui o precedente, o que não concorre para o fim da instituição: alcançar uma jurisprudência uniforme"[10]. O que Kelsen diz é: se o STF disser algo e os tribunais passarem a dizer além ou aquém deste algo, de nada adiantou instituir o modelo da repercussão geral.

É que o fim almejado é a segurança, daí Jorge Amaury Nunes Maia afirmar que "parece assentado na doutrina norte-americana do século XX que uma das grandes vantagens, se não a maior delas, da utilização da técnica do precedente obrigatório é a segurança para as relações jurídicas que decorre da previsibilidade de sua aplicação, ainda que, algumas vezes, essa aplicação possa não ser a melhor."[11]

É preciso enxergar algumas realidades contra as quais normalmente são dirigidas críticas pelo mero receio do novo. Os institutos inseridos no processo constitucional, notadamente a repercussão geral e a súmula vinculante, forçam a criação de uma cultura precedentalista na qual reside a força motriz da processualística contemporânea baseada na premissa de que o direito nasce nos tribunais.

---

10. *Op. cit.* p. 278.

11. NUNES, Jorge Amaury Maia. *Segurança jurídica e súmula vinculante*. São Paulo: Saraiva, 2010 (Série IDP), p. 120-121.

Após a exigência de repercussão geral para admissibilidade do recurso extraordinário, não é mais possível se dizer que o julgamento de um recurso que verse sobre temática tributária só atingirá a parte envolvida no caso alvo de julgamento. Mesmo que não se tenha súmula vinculante aprovada, os reflexos do julgamento são irradiados para todos. Há um caso concreto a ser apreciado, mas, com o julgamento, a Corte fixa, na verdade, diretrizes judiciais que conduzirão todos os outros casos tributários que com ele guardem similitudes.

Daí ter razão o Ministro Gilmar Mendes quando, em decisão no STF afirma que "a exigência da conformação desse conjunto fático para a aplicação da jurisprudência do Supremo Tribunal Federal sobre o tema é corolário de uma ideia forte de precedente que deve ser construída por esta Corte"[12]. Para Sua Excelência, a adoção de um conceito forte de precedente exige "para cada caso a realização do devido *distinguish* entre as circunstâncias fáticas que, reunidas, darão ensejo, ou não, à incidência do precedente jurisprudencial ao caso concreto sob exame do Tribunal"[13].

Percebe-se a estruturação de uma política judiciária voltada para a resolução de conflitos variados utilizando como pano de fundo o julgamento de um caso. Na verdade, o que se julga não é aquele caso, mas, sim, todas as situações próximas dele que surgirão no futuro. A Corte, ao apreciar um RE dotado de repercussão geral, fixa, no julgamento, uma diretriz constitucional a ser seguida.

3. Casos tributários nos quais a distinção foi aplicada

O STF vem promovendo distinções entre os precedentes firmados por ele próprio e outros casos que guardam correspondência, mas cujas particularidades tornam possível afastar a aplicação do precedente.

---

12. HC 88917/MS, de relatoria do Ministro Gilmar Mendes, julgado em 02.08.2006.

13. HC 88917/MS, de relatoria do Ministro Gilmar Mendes, julgado em 02.08.2006.

Há um caso em matéria tributária no qual a aplicação da distinção (*distinguishing*) foi feita pelo Supremo.

A Corte havia definido, após julgar caso com repercussão geral, que o Ministério Público do Distrito Federal e Territórios (MPDFT) tem legitimidade para questionar, valendo-se da ação civil pública, a validade dos Termos de Acordo de Regime Especial (TARE) firmados entre o governo do Distrito Federal e atacadistas, por meio dos quais se previa um regime especial de recolhimento do ICMS[14].

Meses depois, o Ministro Marco Aurélio se depara com outro RE interposto indagando se o MPDFT seria parte legítima para, utilizando-se da ação civil pública, questionar o Programa de Promoção do Desenvolvimento Econômico Integrado e Sustentável do Distrito Federal – Pró-DF[15]. Mesmo se tratando de um RE voltado para a realidade do DF, tal qual era o do TARE, estamos falando de outro programa.

Percebam que a técnica da distinção assume toda a relevância num momento como esse, uma vez que poderia, o Ministro, monocraticamente, aplicar o precedente do TARE caso reputasse serem, os casos, iguais. O desfecho seria o automático reconhecimento da legitimidade do MPDFT para questionar, também, o Pró-DF.

Deveria ser aplicado o precedente ou se promover uma distinção, afastando o precedente do TARE e apreciando o RE sobre o Pró-DF? O Ministro Marco Aurélio optou pela distinção.

Para Sua Excelência, ela se faria necessária, porque o precedente invocado dizia respeito ao TARE, enquanto o novo caso se volta para a legitimidade do MPDFT para propor ação civil pública visando anular Portaria Distrital a qual autorizou o Banco de Brasília – BRB a contratar financiamento com a empresa recorrida –, nos termos da Lei Distrital nº 2.427/1999,

---

14. RE 576155/DF, de relatoria do Ministro Ricardo Lewandowski, julgado em 12.08.2010.

15. RE 590672 AgR/DF, de relatoria do Ministro Marco Aurélio, julgado em 12.04.2011.

alterada pela Lei nº 2.483/1999, e regulamentada pelo Decreto Distrital nº 21.080/2000, que criou o Pró-DF.

O Pró-DF consagra uma relação jurídica de direito privado, estabelecida entre o BRB e a empresa beneficiada com o empréstimo consubstanciador de incentivo financeiro e a de direito público, entre a empresa contribuinte e a Fazenda Distrital. Ele consiste numa política de estímulos para atração de capitais e investimentos, diferentemente do que ocorria com o TARE, uma vez que, no Pró-DF "os contribuintes são obrigados a promover o pagamento do ICMS no valor integral, regularmente apurado, sem qualquer redução", ao passo que, no TARE, "há uma redução do ICMS devido pela empresa, de acordo com seu enquadramento na tabela progressiva do tributo, havendo, assim, uma remição parcial do imposto"[16].

Para o Ministro "as duas situações realmente se mostram diferentes, considerados o TARE e o Pró-DF"[17]. Daí foi feito a distinção dos casos.

À luz de Kelsen, a decisão do Ministro Marco Aurélio foi "justa". Para o autor austríaco, "justa seria a decisão de um caso concreto somente quando tomasse em consideração todas as particularidades do mesmo caso. Dado que os casos concretos a decidir pelos tribunais são completamente diferentes uns dos outros, a decisão reta, isto é, a decisão que toma em conta as particularidades do caso, não pode ser encontrada numa norma geral, vinda de fora, mas apenas na realidade do próprio caso concreto"[18].

Todavia, caso a Suprema Corte não siga atenta à necessária distinção entre casos, o que se verá é um grande desestímulo às instâncias ordinárias. É evidente que se trata de um processo de maturação de um instituto e que a distinção é um desafio recente. Mesmo assim, é de ser ressaltado o zelo que

---

16. RE 590672 AgR/DF, de relatoria do Ministro Marco Aurélio, julgado em 12.04.2011.

17. RE 590672 AgR/DF, de relatoria do Ministro Marco Aurélio, julgado em 12.04.2011.

18. *Op. cit.* p. 280.

a Suprema Corte deve ter para com essa técnica, sob pena de desestimular todas as instâncias judiciais a proceder à distinção que se faz necessária muitas vezes quando se está diante de um caso tributário.

Eis um exemplo de hesitação da Corte quanto à aplicação, ou não, da distinção. O Ministro Dias Toffoli se deparou com o pedido da parte no sentido de que o seu caso fosse julgado em conjunto com um *leading case* da Corte, numa discussão tributária, com repercussão geral reconhecida. Além do julgamento em conjunto a parte pretendia que seu patrono sustentasse oralmente o caso no dia do julgamento.

Esse pedido se deu em razão de uma nova realidade com a qual o jurisdicionado tem se deparado, qual seja, o fato de o grande tema tributário da sua vida ser apreciado pelo STF por meio do julgamento de um recurso que não é o seu e cujo resultado irá lhe afetar imediatamente, uma vez que a tendência é a de repetição pura e simples do precedente da Suprema Corte. Daí os constantes pedidos formulado pelas partes para que seus casos sejam também inseridos no rol que será apreciado pelo STF e que definirá o resultado daquela grande discussão tributária[19].

Diante do pedido, o Ministro Dias Toffoli[20] afirmou que o caso da parte versava sobre "a cobrança de ICMS sobre importações realizadas antes e depois da EC nº 33/01" e que, por esta razão, deveria ser feita uma distinção com o *leading case* que estava sendo apontado como aquele que trazia discussão idêntica e cuja repercussão geral havia sido reconhecida.

O Ministro Toffoli afirmou: "não vislumbro perfeita identidade com o citado RE nº 594.996/RS, cuja repercussão geral foi reconhecida, que se refere tão-somente à questão da incidência

19. Vale destacar que o STF alterou o art. 325 do Regimento Interno passando a permitir que o ministro relator do recurso paradigma na sistemática da repercussão geral faça uma reunião de processos, para que possa fazer uma análise mais ampla da questão tratada.

20. RE 596391/RS, de relatoria do Ministro Dias Toffoli, apreciado em 14.03.2011.

de ICMS na importação de equipamento médico por sociedade civil não-contribuinte do imposto, após a EC nº 33/01".

Contudo, em seguida, Sua Excelência determinou o sobrestamento do feito, mesmo tendo reconhecido que não se tratava de matéria idêntica: "como o julgamento do mencionado RE nº 594.996/RS, com repercussão geral reconhecida, refletirá no deslinde do presente caso, determino o sobrestamento do processo, devendo os autos permanecer na Secretaria Judiciária até a conclusão do referido julgamento".

Logo, mesmo no STF há variações quanto à aplicação perfeita da técnica da distinção, pois, no caso acima, mesmo tendo se reconhecido se tratar de caso diverso, na sequência se determinou o sobrestamento do recurso, punindo, de certa forma, à parte, que teve o seu recurso paralisado indevidamente. Se se tratava de caso diverso, o que deveria ocorrer era o seu regular processamento. Ou, então, estar-se-ia diante de casos idênticos e, aí sim, operar-se-ia o sobrestamento. O que se deu, como visto, foi um *mix: o caso é diverso, mas, mesmo assim, será sobrestado.*

O Tribunal de Justiça do Estado do Rio de Janeiro (TJ/RJ) tem aplicado a técnica do *distinguishing* em matéria tributária.

A contribuinte teve o seu recurso extraordinário devolvido pelo STF para o TJ/RJ em razão de ter ele identidade com outro caso com repercussão geral reconhecida e cujo julgamento de mérito ainda não havia ocorrido. Por entender que seu caso era diverso do outro que seria analisado pelo Supremo, a contribuinte interpôs agravo de instrumento tentando demonstrar as razões pelas quais o seu recurso deveria ter regular tramitação.

No caso da contribuinte, discutia-se a não-incidência de ICMS sobre a mera movimentação de bens do ativo fixo e de uso e consumo entre seus estabelecimentos (matriz e filiais), inclusive o diferencial de alíquotas de operações interestaduais.

O caso dotado de repercussão geral que seria apreciado pela Suprema Corte debatia a possibilidade ou não de lei complementar – no caso, a 122/06 – dispor sobre o direito à compensação dos créditos do ICMS[21].

O vice-presidente do TJ/RJ, Desembargador Antônio Eduardo F. Duarte, entendeu serem distintos os temas e, assim, realizou a distinção afirmando: “devem os autos retornar a Colenda Corte, para reavaliação da adequação da aplicação do paradigma acima indicado ao recurso nele interposto, de forma exclusiva”[22].

Temos, nesses três casos, modalidades diversas de *distinguishing*.

No primeiro caso, o próprio STF o fez. No segundo, a Suprema Corte a refuta, mesmo reconhecendo a falta de identidade fática e jurídica nas controvérsias. Por derradeiro, a instância ordinária promove uma distinção dando regular processamento ao recurso extraordinário interposto pelo contribuinte.

Parece ser esta uma prova de que a distinção em matéria tributária passará a assumir cada vez mais uma posição privilegiada no novo modelo de advocacia gerado com o advento da repercussão geral, razão pela qual devemos colaborar ao máximo com os seus estudos, compreensão aplicação e refinamento.

Conclusões

O modelo introduzido pela repercussão geral tornou muito maior a responsabilidade dos julgadores para com os casos que ficaram sobrestados aguardando a definição, pelo STF, do tema nele versados.

---

21. RE 601967/RS, de relatoria do Ministro Marco Aurélio, com repercussão geral reconhecida em 09.12.2010 e cuja discussão pode ser conhecida pela leitura da seguinte ementa: “controvérsia sobre caber ou não a lei complementar – no caso, a nº 122/06 – dispor sobre o direito à compensação de créditos do ICMS”.

22. Agravo de Instrumento em Recurso Extraordinário nº 2006.136.01770, contribuinte contra o Estado do Rio de Janeiro.

Caso apliquem, pura e simplesmente, o precedente, correm o risco de negar acesso à jurisdição a alguém que foi "enforcado com o pescoço alheio", usando expressão do Ministro Gilmar Mendes.

Não é possível colocar no mesmo plano discussões que se distanciam fática ou juridicamente. Nessas hipóteses, deve o julgador promover a devida distinção (*distinguishing*), tirando o processo da vala comum e negando aplicação ao precedente.

Não por insurreição, mas por se manter fiel aos exatos termos da cultura precedentalista que o Brasil tenta, numa forma à brasileira, implementar.

FALHAS NA UTILIZAÇÃO DE PRECEDENTES VINCULANTES EM MATÉRIA TRIBUTÁRIA PELAS CORTES SUPERIORES BRASILEIRAS

Gustavo Perez Tavares[1]

INTRODUÇÃO

Quando o assunto é segurança jurídica, o Poder Judiciário deveria atuar como norte, dando concreção ao direito e retirando-lhe suas incongruências. No entanto, conforme expusemos em outros trabalhos, o Poder Judiciário brasileiro é forte fonte de insegurança jurídica, notadamente em matéria tributária.

Seguindo nessa linha, o presente trabalho demonstrará as graves consequências advindas de falhas na utilização e aplicação de precedentes vinculantes pelas Cortes superiores brasileiras – fato este agravado pela introdução, pelo CPC/2015, de um sistema formal de vinculação do Poder Judiciário a diversos precedentes –, a partir de atos temporalmente próximos, porém, antagônicos, do Supremo Tribunal Federal[2] e do Superior Tribunal de Justiça[3].

---

1. Mestre (2017) e Especialista (2014) em direito tributário pela PUC/SP. Visiting Research Scholar, Cornell University Law School (2017-2019). Advogado.

2. Recurso Extraordinário nº 594.015/SP, julgamento em 06/04/2017, DJe de 05/08/2017.

3. Súmula 614, STJ. Disponível em: http://www.stj.jus.br/docs_internet/SumulasSTJ.pdf, acesso em 13/05/2019.

Iniciaremos pelo julgamento do RE 594.015/SP, no qual o STF, em apenas um acórdão, rompeu com uma jurisprudência historicamente pacificada acerca da materialidade do Imposto Predial Urbano – IPTU, sem qualquer alteração legislativa ou social que o justificasse. Em seguida, analisaremos a Súmula 614 do STJ, editada apenas alguns meses após o referido RE 594.015/SP, mas ignorando-o completamente e estabelecendo um conflito direto entre dois precedentes vinculantes nascidos pós-CPC/2015.

A minuciosa análise feita na primeira parte deste artigo, da doutrina e jurisprudência acerca do IPTU até o julgamento do RE 594.015/SP, apesar de um tanto tediosa, é necessária para colocar o referido julgamento em perspectiva, ao comprovar que anos de concreção do direito tributário foram jogados fora por um colegiado que votou com base "na sua consciência individual", ignorando as amarras que as regras jurídicas devem exercer em todos – inclusive nos juízes.

1. BREVES CONSIDERAÇÕES ACERCA DA REGRA-MATRIZ DO IPTU

Para bem entender o contexto no qual os precedentes vinculantes que serão analisados foram proferidos, mister se faz contextualizar a situação da doutrina e da jurisprudência brasileiras acerca da regra-matriz de incidência do IPTU até a prolação do RE 595.015/SP, em agosto de 2017 – notadamente no que se refere à qualidade da posse do imóvel para fins de configuração da materialidade do imposto.

Com efeito, a doutrina tradicional brasileira que se debruçou sobre o IPTU firmou há muito posição no sentido de que, para a configuração da materialidade do imposto municipal é necessária a ocorrência de propriedade de bem imóvel urbano ou, não havendo a propriedade, a existência de posse com *animus domini*, equivale dizer, posse com possibilidade e intenção de se tornar proprietário.

Esse entendimento se firmou à luz da legislação atualmente vigente, a saber, não apenas as disposições constitucionais insculpidas no art. 156, I, CF, mas também com base no Código Tributário Nacional (arts. 32 a 34) que, em seu artigo 34, afirma estar o possuidor "a qualquer título" entre os sujeitos passivos do IPTU.

Iniciemos pelas disposições do art. 156, I, da CF, e lembremos, ainda que de passagem, que a discussão da qualidade da posse para o IPTU surge em razão de disposição do Código Tributário Nacional, ou seja, norma infraconstitucional que, por isso mesmo, não pode(ria) ser utilizada para interpretar a Constituição[4].

Esse destaque é ainda maior em se tratando de matéria tributária, incluindo-se aí o IPTU, no qual o legislador ordinário possui pouca margem de manobra, uma vez que a "Constituição já direciona a autuação do legislador ordinário municipal"[5]. Na lição de Elizabeth Nazar Carrazza, pela análise do dispositivo constitucional (art. 156, I, CF[6]):

> Percebe-se, à primeira vista, que a Magna Carta, ao traçar, em seu art. 156, I, a regra-matriz de incidência do IPTU, estabeleceu que este tributo deve ter por hipótese de incidência o fato de uma pessoa (física ou jurídica) ser proprietária de imóvel (prédio ou terreno) urbano. Trata-se, pois, de um imposto que incide sobre o direito real da pessoa sobre o bem imóvel urbano.[7]

---

4. Consagrando-se o chamado postulado de supremacia do texto constitucional. Confira-se, entre outros: BARROSO, Luís Roberto Barroso. *Interpretação e aplicação da Constituição*: fundamentos de uma dogmática constitucional transformadora – 7.ed.rev. – São Paulo: Saraiva, 2009. O que não se confunde, vale dizer, com a interpretação semântica do texto constitucional, esta sim, condicionada ao horizonte de sentido jurídico composto, entre outros, pelos textos legais anteriores.

5. CARRAZZA, Elizabeth Nazar. *IPTU e Progressividade* – Igualdade e Capacidade Contributiva. São Paulo: Quartier Latin, 2015, p. 173.

6. "Art. 156. Compete aos Municípios instituir impostos sobre:
I - *propriedade* predial e territorial urbana; (...)" (destacamos)

7. CARRAZZA, Elizabeth Nazar. *IPTU e Progressividade* – Igualdade e Capacidade Contributiva. São Paulo: Quartier Latin, 2015.

Conforme se observa, a regra constitucional prescreve o fato de ser proprietário do imóvel como fato tributável, em nada se referindo à posse, diferentemente do que faz o art. 34 do CTN ao dispor sobre o contribuinte do IPTU, ao afirmar que: "Contribuinte do imposto é o proprietário do imóvel, o titular do seu domínio útil, ou o seu possuidor a qualquer título", sendo que a expressão *a qualquer título* gera maiores dificuldades, sendo necessário confrontá-la à materialidade constitucionalmente delimitada.

Aliás, a distinção entre o conceito de propriedade e posse consta, inclusive, na própria Constituição Federal, que em seu artigo 183 estabelece que "aquele que possuir como sua área urbana (...), por cinco anos, ininterruptamente e sem oposição, utilizando-a para sua moradia ou de sua família, adquirir-lhe-á o domínio, desde que não seja proprietário de outro imóvel urbano ou rural". Ou seja, resta evidente que a propriedade e o domínio do bem imóvel não se confundem com a sua mera posse.

Não se pode olvidar, ainda, que os conceitos de direito privado não podem ser deturpados para fins de tributação. Deste modo, o conceito de propriedade, perfeitamente definido e com conteúdo próprio, deve ser, necessariamente, analisado com base no art. 1228, §1°, do Código Civil, que estabelece que "o proprietário tem a faculdade de usar, gozar e dispor da coisa (...)"

Importante trazer as lições de Silvio Rodrigues, para quem o direito de propriedade é:

> o mais completo dos direitos subjetivos e constitui, como vimos, o próprio cerne do direito das coisas. Aliás, poder-se-ia mesmo dizer que, dentro do sistema de apropriação de riqueza em que vivemos, a propriedade representa a espinha dorsal do direito privado, pois o conflito de interesses entre os homens que o ordenamento jurídico procura disciplinar, se manifesta, na quase generalidade dos casos, na disputa sobre bens.[8]

8. RODRIGUES, Silvio. *Direito Civil*: Parte Geral das Obrigações. V. 2. 28ª ed. São Paulo. Saraiva. 2000.

Com isso em mente, conforme esclarece a doutrina nacional, a expressão *a qualquer título* do art. 34 do CTN deve ser interpretada à luz da Constituição Federal, como a posse que se equipara à propriedade, e que pode ser transformada em propriedade, ou seja, a posse *ad usucapione* ou posse com *animus domini*, uma vez que a mera posse não revela capacidade contributiva, não havendo como o legislador designar esse fato como suficiente para a caracterização da hipótese de incidência do tributo[9].

Essa interpretação é, ainda, coerente com o próprio art. 34 do CTN que, ao elencar os contribuintes do imposto, além do proprietário, lista o titular de domínio útil, o qual, como se sabe, reveste-se de todas as características de proprietário, revelando, assim, capacidade contributiva.

Conforme destacado, a doutrina brasileira sedimentou seu posicionamento no sentido acima exposto. Como por exemplo, ao abordar o contribuinte do IPTU à luz do art. 34 do CTN, Leandro Paulsen também mostra preocupação com a expressão "possuidor a qualquer título" uma vez que isso poderia levar a tributação além do titular da propriedade, em ofensa à Constituição Federal, de modo que, com destaque para a jurisprudência do STJ, também especifica a questão do possuidor com *animus domini* para a caracterização da sujeição passiva[10].

Conforme lições de Misabel de Abreu Machado Derzi e Sacha Calmon Navarro, não é tributada pelo IPTU a posse "(...) do locatário, do comodatário, do arrendatário do terreno urbano, do administrador clandestino ou precário (posse nova) etc. A posse prevista no Código Tributário como tributável, é a de pessoa que já é ou pode ser proprietário da coisa."[11]

---

9. JESUS, Isabela Bonfá de. *Manual de direito e processo tributário*. 3 ed. rev. atual. ampl. São Paulo: Editora Revista dos Tribunais, 2016, p. 361-362.

10. PAULSEN, Leandro. *Curso de direito tributário*: completo. 6. ed. rev. atual. e ampl. Porto Alegre: Livraria do Advogado Editora, 2014.

11. DERZI, Misabel de Abreu Machado e NAVARRO, Sacha Calmon. *Do imposto sobre a propriedade predial e territorial urbana*. São Paulo: Saraiva, 1982. p. 119.

Eutálio Porto, por sua vez, ao analisar os contribuintes do IPTU, também ressalva a necessidade de existência do *animus domini* para caracterizar o possuidor a qualquer título como contribuinte[12].

Essa também a conclusão de Hugo de Brito Machado, para quem o contribuinte do IPTU é o proprietário que reúne os dois domínios do imóvel, o titular do domínio útil (se há enfiteuse), ou o possuidor com ânimo de proprietário, ou seja, para quem falta apenas o título de proprietário[13].

Mais especificamente sobre o tema do RE 594.015/SP, a doutrina já alertava sobre a tentativa dos Municípios em tributar, pelo IPTU, as pessoas jurídicas que detinham apenas a posse precária de bens imóveis públicos, destacando a inconstitucionalidade dessa tentativa. Essa a lição de Aires F. Barreto:

> Já vimos, linhas acima, que não é toda e qualquer posse que pode ser submetida ao IPTU, mas exclusivamente aquela que pode conduzir ao domínio. Contudo, por incrível que possa parecer, fiscos há que, sem respaldo no sistema, vêm procedendo a exigências descabidas de IPTU, a pessoas que são meras

12."Diante do acima exposto, é possível identificar com exatidão as hipóteses previstas no art. 34 do CTN, sendo considerado:
a) Proprietário: aquele que é titular do domínio, que detém a coisa de forma plena, ou seja, tem posse e título registrado, e por isso, "tem a faculdade de usar, gozar e dispor da coisa, bem como o direito de reavê-la do poder de quem quer que injustamente a possua ou detenha" (art. 1228 CC/02 e art. 524 do CC/16). Neste caso, não pode ser considerado contribuinte quem já não detém todos os atributos da propriedade, por ter prometido, de forma definitiva, a venda do imóvel a terceiros, não exercendo a plenitude dos seus direitos.
b) Titular do domínio útil: aquele que adquire esta condição pela enfiteuse, que é modalidade de transferência dos direitos sobre o imóvel, em que o proprietário atribui a outrem o seu domínio útil (art. 678, CC/16), cuja obrigação inclui a satisfação dos impostos e ônus reais sobre ele gravados (art. 682, do CC/16 – o instituto foi abolido pelo atual Código Civil).
c) Possuidor que detém a coisa a qualquer título: são os casos em que se revela contribuinte o detentor da posse com o *animus domini*, caracterizando ter condições de obter a propriedade plena, inclusive utilizando a tutela jurisdicional em seu favor, se lhe for negado este direito." (*in* PORTO, Eutálio. Direito Tributário Municipal, em ROCHA, Sergio André (Coord.) *Curso de Direito Tributário* (815-866). São Paulo: Quartier Latin, 2011, p. 834/835).

13. MACHADO, Hugo de Brito. *Curso de Direito Tributário*, 31 ed., Malheiros Editores: Sã Paulo, 2010, p. 416.

> arrendatárias de áreas, especialmente as localizadas em portos, cuja concessão é conferida pela União a pessoas jurídicas estatais, de regra concessionarias de serviço publico.[14]

Com o reconhecido estilo, Barreto reafirma a doutrina, ao destacar que não é *qualquer* posse que justifica a incidência do IPTU, mas apenas aquela que pode levar ao domínio, e ressalta a tentativa das municipalidades em exigir o imposto predial daqueles que possuem apenas a posse precária de imóveis públicos.

Essa tentativa, destaca Barreto, fere o texto constitucional, uma vez que a posse, nessa situação, é precária, não dispondo os concessionários dos poderes de proprietário. Confira-se:

> A pretensão das municipalidades, consistente na exigência do IPTU sobre o imóvel de propriedade da União, que é depois concedido e, a seguir, arrendado para instalações portuárias, esbarra em vedação constitucional.
>
> (...)
>
> A concessão não absorve, não extingue o direito de propriedade, nem mesmo transfere propriedade alguma ao concessionário. O concessionário de bem público não está investido no poder de dispor do bem. O Poder concedente – a União – outorga o direito de utilização de bem público, mas conserva a propriedade do bem objeto da concessão.
>
> (...)
>
> A concessão não retira da União a propriedade do bem imóvel, de tal sorte que, não fosse a vedação constitucional do art. 150, VI, a, da CF, ela é que seria contribuinte do IPTU. Somente da União e de ninguém mais poderia ser exigido o imposto. Eventual cobrança da concessionaria mostrar-se-ia inconstitucional e, com maior razão, se o imposto fosse exigido da singela arrendatária.[15]

---

14. BARRETO. Aires F., *Curso de Direito Tributário Municipal*. São Paulo: Saraiva, 2009, p. 218.

15. Idem, p. 218-219.

Conforme se observa, referido Autor é enfático ao afastar a tributação, pelo IPTU, das pessoas que detém os imóveis públicos, em situações análogas àquela julgada no RE 594.015/SP (conforme veremos adiante). Ademais, Barreto é preciso ao afirmar que, ainda que inexistente a imunidade recíproca, esses possuidores de bens imóveis públicos ainda assim não poderiam ser contribuintes do IPTU, uma vez que eles não integram a relação jurídica que permite a sua cobrança[16].

Por sua vez, a jurisprudência dos Tribunais Superiores, até o julgamento do indigitado RE 594.015/SP, era pacífica no sentido de que a posse precária não é passível de tributação pelo IPTU, uma vez que a Constituição Federal havia eleito a propriedade urbana como materialidade do imposto municipal.

No âmbito do Superior Tribunal de Justiça, por exemplo, utilizando-se apenas os termos de pesquisa "IPTU e posse" é possível encontrar diversos julgados de ambas as Turmas afetas à matéria tributária (Primeira e Segunda, integrantes da Primeira Seção) corroborando a tese da necessidade de posse com *animus domini* para a configuração da hipótese de incidência do IPTU.

Da Primeira Turma destacamos o acórdão proferido no Agravo Regimental no Recurso Especial nº 1311562/MG, de Relatoria do Ministro Gurgel de Faria, julgado em agosto de 2016[17], e de cujo acórdão podemos retirar que se tratava de

---

16. Idem, p. 219.

17. Ementa:
PROCESSUAL CIVIL E TRIBUTÁRIO. AGRAVO REGIMENTAL NO RECURSO ESPECIAL. IPTU. CONCESSIONÁRIA DE ENERGIA ELÉTRICA. PROPRIEDADE DO BEM. RESPONSABILIDADE.
1. À luz do art. 105, III, da CF/1988, o Superior Tribunal de Justiça não tem competência para a revisão de acórdão cuja conclusão deriva de fundamentação constitucional.
2. Segundo entendimento jurisprudencial de ambas as Turmas que compõem a Primeira Seção, o IPTU não é exigível da cessionária de imóvel pertencente à União, quando esta detém a posse direta mediante relação pessoal, sem animus domini, situação não verificada no caso dos autos, em que foi comprovada a propriedade do imóvel pela concessionária.
3. Agravo regimental desprovido.
Disponível em: https://ww2.stj.jus.br/processo/revista/inteiroteor/?num_re-

embargos à execução fiscal originário da Comarca de Contagem, no qual um contribuinte buscava afastar a cobrança de IPTU sobre imóvel de propriedade da CEMIG (empresa de economia mista) veiculado à prestação de serviço público. Em que pese a correlação da matéria com aquela discutida nos autos do RE 594.015, aqui ficaremos adstritos à questão da posse/propriedade para fins de caracterização do IPTU.

Dentre os fundamentos que levaram à manutenção da cobrança do imposto em face da CEMIG, afeto à competência do STJ, destaca-se: *apenas se a concessionária de serviço público for possuidora direta do bem imóvel, sem animus domini, na condição de titular de direito de relação pessoal, exercendo posse precária, não será contribuinte do IPTU* (p. 5 do acordão). Destaque-se que o julgamento foi à unanimidade de votos.

Na Segunda Turma a matéria não é tratada de forma diversa. Com efeito, no Agravo Interno em Recurso Especial nº 876.108/RJ, julgado em outubro de 2016, também à unanimidade e de Relatoria do Ministro Herman Benjamin, a solução jurídica dada à lide foi a mesma[18]. O acórdão, infelizmente, não traz detalhes quanto às circunstâncias fáticas que circundaram o caso, mas é suficiente para demonstrar que a tese da necessidade de posse com *animus domini* era consistente no STJ, ao afirmar que:

---

gistro=201200422135&dt_publicacao=14/09/2016, acesso em 2/5/2019.

18. Ementa:
PROCESSUAL CIVIL. AUSÊNCIA DE PREQUESTIONAMENTO. SÚMULA 282/STF. CONTRATO DE CONCESSÃO DE SERVIÇO PÚBLICO. IPTU. AUSÊNCIA DE ANIMUS DOMINI.
1. Não se conhece de Recurso Especial quanto à matéria (art. 7º do Decreto-Lei 271/1967) que não foi especificamente enfrentada pelo Tribunal de origem, dada a ausência de prequestionamento. Incidência, por analogia, da Súmula 282/STF.
2. Na cessão de direito de uso, a posse do cessionário advém de relação de direito pessoal, razão pela qual não se configuram as hipóteses do art. 34 do CTN, não havendo sujeição passiva para fins de exigência do IPTU. Precedentes do STJ.
3. Agravo Interno não provido.
Disponível em: https://ww2.stj.jus.br/processo/revista/inteiroteor/?num_registro=201600547838&dt_publicacao=07/10/2016, acesso em 2/5/2019.

> Consequentemente, uma vez mantida a premissa adotada no acordão recorrido – isto é, a de que a "concessão de uso é um contrato bilateral típico que não caracteriza expressão de animus domines", de modo que "a posse exercida pelo cessionário (...) não exterioriza propriedade" (fl. 251, e-STJ) – , correta foi a aplicação dos precedentes do STJ, contrários à incidência do IPTU (fl. 2).

No âmbito do Supremo Tribunal Federal a questão da posse hábil a configurar a materialidade do IPTU não destoava do STJ e da doutrina especializada. Também utilizando-se apenas as expressões "IPTU e posse" é possível encontrar julgados a corroborar a tese acima exposta. Aqui a matéria é quase que exclusivamente tratada em relação à imunidade recíproca quando os imóveis públicos estão ocupados por terceiros. Conforme afirmamos acima, não entraremos aqui na questão constitucional, mas apenas na necessidade de relação de propriedade ou de posse com *animus domini* para a caracterização do IPTU.

Em julgado unânime de 2002, no âmbito da Primeira Turma, e de relatoria do Ministro Ilmar Galvão, a incidência do imposto municipal foi afastada, entre outros motivos, pela ausência de posse que caracterize a materialidade do IPTU. Confira-se a ementa do julgado:

> TRIBUTÁRIO. IPTU. IMÓVEIS QUE COMPÕEM O ACERVO PATRIMONIAL DO PORTO DE SANTOS, INTEGRANTES DO DOMÍNIO DA UNIÃO. Impossibilidade de tributação pela Municipalidade, independentemente de encontrarem-se tais bens ocupados pela empresa delegatária dos serviços portuários, em face da imunidade prevista no art. 150, VI, a, da Constituição Federal. Dispositivo, todavia, restrito aos impostos, não se estendendo às taxas. Recurso parcialmente provido."

Colhemos a seguinte passagem do voto do relator[19]:

> O acórdão, ao invocar a norma do art. 32 do CTN, além de incidir no mau vezo de buscar na lei a interpretação da Constituição, não atentou para a circunstância de que o art. 32 do CTN

19. Disponível em: http://redir.stf.jus.br/paginadorpub/paginador.jsp?docTP=AC&docID=258274, acesso em 13/05/2019.

> não pode ser interpretado como tendo englobado, no conceito de posse, de forma indiscriminada, o ocupante de bem público, sempre em caráter precário; o mero detentor, como o locatário; e, finalmente, o possuidor com animus domini; esse, sim, responsável pelo tributo incidente sobre o imóvel privado de que tem a posse, na qualidade de substituto do proprietário, figura de ordinário desconhecida ou, no mínimo, alheia ao destino do bem tributado. (fls. 3/4 do acórdão)

Veja-se, do voto do Ministro Moreira Alves, acompanhando o Relator, a importância da questão da posse no CTN:

> O que se pode suscitar não é o problema de posse com animus domini, mas posse exclusiva, porque aqui há desdobramento de posse, pois, obviamente, ele tem posse direta. Esta, a concessionária, evidentemente, tem. O problema é saber se o Código Tributário, quando fala em posse, fala em posse exclusiva, em que não há desdobramento; e quando se trata de posse exclusiva, aí, sim, o possuidor responde. Quando se trata de posse desdobrada – o caso da locação e do comodato -, o possuidor direto não responde.

No âmbito da Segunda Turma, no mesmo sentido, destacamos acordão[20] cuja ementa é a seguinte:

> Agravo regimental no recurso extraordinário com agravo. Prequestionamento. Ausência. Tributário. Imunidade tributária recíproca. Imóvel pertencente à União que se encontra em posse precária de concessionária de serviço público. Utilização do bem na atividade fim. Impossibilidade de cobrança de IPTU. Precedentes. 1. Não se admite o recurso extraordinário quando os dispositivos constitucionais que nele se alega violados não estão devidamente prequestionados. Incidência das Súmulas nºs 282 e 356/STF. 2. A imunidade tributária constante do art. 150, VI, a, da Constituição Federal alcança o imóvel pertencente à União que se encontra em posse precária de concessionária de serviço público para ser utilizado na atividade fim a qual essa se destina. 3. Agravo regimental não provido.

20. Disponível em: http://redir.stf.jus.br/paginadorpub/paginador.jsp?docTP=TP&docID=11756152, acesso em 15/05/2019.

Do voto do Relator, Ministro Dias Toffoli, retiramos passagem que expressa a importância da posse precária para a descaracterização da incidência:

> O acórdão recorrido não merece reparos. Consoante a jurisprudência da Corte, a imunidade tributária recíproca (art. 150, VI, a, da Constituição Federal) alcança o imóvel pertencente à União que se encontra em posse precária de concessionária de serviço público para ser utilizado na atividade fim a qual essa se destina.

Há diversos outros acórdãos, inclusive do Plenário tratando sobre o tema, mas entraremos neles no tópico a seguir, quando tratarmos do julgamento específico do R$ 549.015/SP, no qual houve certamente mudança de posicionamento da Corte, ao nosso ver, injustificado. Aqui o importante é demonstrar que, nos Tribunais Superiores, a questão estava pacificada no sentido de ser apenas a posse com *animus domini* aquela suficiente para a configuração da hipótese de incidência do IPTU.

2. DO JULGAMENTO DO RE 594.015/SP – FALTA DE CONTRIÇÃO PELA JURISPRUDÊNCIA E A ALTERAÇÃO DA MATERIALIDADE DO IPTU

Pois bem, conforme destacamos, o julgamento do RE 594.015/SP marca uma guinada jurisprudencial do STF – que pode significar até mesmo a alteração da materialidade do IPTU e, como tanto, deveria estar fundamentada em uma ou mais razões que, isoladas ou conjuntamente, justificassem a mudança do direito aplicável aos fatos. No entanto, o que se demonstrará é que o Supremo, ao julgar a questão da subsistência da chamada "imunidade recíproca" contida no art. 150, VI, "a", da Constituição Federal, demonstrou pouca ou nenhuma vinculação à sua jurisprudência, incorrendo em diversas "falhas técnicas" na criação e aplicação de seus precedentes.

Um pouco de contexto sobre a discussão de fundo do RE 594.015/SP pode ser benéfico para um entendimento mais profundo do assunto e, imediatamente em sequência, passaremos à análise do seu julgamento.

O art. 150, VI, "a", da Constituição Federal, dentro das limitações ao Poder de tributar, prescreve a vedação à União, Estados, Municípios e ao Distrito Federal instituírem impostos sobre o *patrimônio, renda ou serviços, uns dos outros*, com duas ressalvas contidas nos parágrafos 2° e 3°, a saber:

> *§ 2° - A vedação do inciso VI, «a», é extensiva às autarquias e às fundações instituídas e mantidas pelo Poder Público, no que se refere ao patrimônio, à renda e aos serviços, vinculados a suas finalidades essenciais ou às delas decorrentes.*
>
> *§ 3° - As vedações do inciso VI, «a», e do parágrafo anterior não se aplicam ao patrimônio, à renda e aos serviços, relacionados com exploração de atividades econômicas regidas pelas normas aplicáveis a empreendimentos privados, ou em que haja contraprestação ou pagamento de preços ou tarifas pelo usuário, nem exonera o promitente comprador da obrigação de pagar imposto relativamente ao bem imóvel.*

Relevante ainda trazer à baila o art. 173, §2°, da CF, o qual, ao tratar da exploração da atividade econômica pelo Estado, afirma que "As empresas públicas e as sociedades de economia mista não poderão gozar de privilégios fiscais não extensivos às do setor privado", reforçando a ideia de que a imunidade recíproca encontraria limitações na exploração de atividade econômica pelo Ente público.

Nesse cenário surgem as discussões relativas, entre outras, aos imóveis detidos pela União e pelos Estados, diretamente ou por meio de autarquias, empresas públicas e de economia mista, com relação à incidência do IPTU exigido por alguns municípios, quando há alguma atividade econômica a eles relacionados, ou seja, não houve questionamento quando os imóveis, de propriedade dos Entes, estavam diretamente destinados à função pública.

Com relação às discussões que efetivamente chegaram ao judiciário, dentre as quais tivemos oportunidade de trabalhar em nossa atuação como advogado, poderíamos diferenciar algumas situações de fato que, em nosso entender, ensejariam soluções diversas, notadamente as seguintes: *(a)* imóvel de propriedade da União (suas autarquias e fundações), de suas empresas públicas ou de economia mista, utilizado na exploração de atividade econômica ou em atividades que envolvam o pagamento de preço ou tarifa pelo usuário; *(b)* imóvel de propriedade da União (suas autarquias e fundações), em posse de particulares (como locatários, por exemplo), destinados a atividades não-públicas[21]; e *(c)* imóvel de propriedade da União (suas autarquias e fundações), em posse de terceiros, relacionados à prestação de serviço público, independentemente de ser remunerado ou não por preço ou tarifa.

As primeiras duas hipóteses (*a* e *b*) encontrariam vedação nos §§ 2º, tanto do art. 150, quanto do art. 173, da Constituição, uma vez que haveria exploração de atividade econômica regidas pelas normas aplicáveis a empreendimentos privados ou exigência de preço e tarifa pelo Ente na utilização do imóvel. Já na hipótese *(c)*, acima, entendo que a imunidade se manteria, uma vez que não há exploração de atividade econômica regida por normas aplicáveis a empreendimentos privados (em regime de concorrência, por exemplo, uma concessão de rodovias federais), e a exigência de preço ou tarifa pelo particular (se é que o valor exigido se enquadra nessas categorias), além de não se referir diretamente à prestação do serviço em si (mas tratar-se de valor mais complexo, relacionado ao equilíbrio econômico e financeiro do contrato), é tributada pelo ISS, bem como os bens móveis e imóveis do particular também são tributados pelo IPTU.

De toda forma, para o que nos interessa diretamente à questão da materialidade do IPTU, nas hipóteses *(b)* e *(c)*, a questão da posse precária dos imóveis se torna relevante para sabermos se o particular possuidor do imóvel preencheria os

---

21. Caso do RE 601.720/RJ, julgado em conjunto com o RE 594.015/SP, em que a Infraero locava um imóvel para uma concessionária de veículos.

requisitos para ser contribuinte do imposto predial, uma vez que não há ânimo de dono em sua posse do imóvel.

No STF, o *controlling precedent* para o RE 594.015/SP seria, até então, o RE 253.472/SP, julgado pelo Plenário em 2010 (propositadamente deixado de fora do tópico anterior), no qual prevaleceu o voto do Ministro Joaquim Barbosa[22].

22.Inteiro teor disponível em: http://redir.stf.jus.br/paginadorpub/paginador.jsp?docTP=AC&docID=618164, acesso em 13/05/2019. Ementa: "TRIBUTÁRIO. IMUNIDADE RECÍPROCA. SOCIEDADE DE ECONOMIA MISTA CONTROLADA POR ENTE FEDERADO. CONDIÇÕES PARA APLICABILIDADE DA PROTEÇÃO CONSTITUCIONAL. ADMINISTRAÇÃO PORTUÁRIA. COMPANHIA DOCAS DO ESTADO DE SÃO PAULO (CODESP). INSTRUMENTALIDADE ESTATAL. ARTS. 21, XII, f, 22, X, e 150, VI, a DA CONSTITUIÇÃO. DECRETO FEDERAL 85.309/1980. 1. IMUNIDADE RECÍPROCA. CARACTERIZAÇÃO. Segundo teste proposto pelo ministro-relator, a aplicabilidade da imunidade tributária recíproca (art. 150, VI, a da Constituição) deve passar por três estágios, sem prejuízo do atendimento de outras normas constitucionais e legais: 1.1. A imunidade tributária recíproca se aplica à propriedade, bens e serviços utilizados na satisfação dos objetivos institucionais imanentes do ente federado, cuja tributação poderia colocar em risco a respectiva autonomia política. Em conseqüência, é incorreto ler a cláusula de imunização de modo a reduzi-la a mero instrumento destinado a dar ao ente federado condições de contratar em circunstâncias mais vantajosas, independentemente do contexto. 1.2. Atividades de exploração econômica, destinadas primordialmente a aumentar o patrimônio do Estado ou de particulares, devem ser submetidas à tributação, por apresentarem-se como manifestações de riqueza e deixarem a salvo a autonomia política. 1.3. A desoneração não deve ter como efeito colateral relevante a quebra dos princípios da livre-concorrência e do exercício de atividade profissional ou econômica lícita. Em princípio, o sucesso ou a desventura empresarial devem pautar-se por virtudes e vícios próprios do mercado e da administração, sem que a intervenção do Estado seja favor preponderante. 2. SOCIEDADE DE ECONOMIA MISTA. EXPLORAÇÃO DE SERVIÇOS DE ADMINISTRAÇÃO PORTUÁRIA. CONTROLE ACIONÁRIO MAJORITÁRIO DA UNIÃO. AUSÊNCIA DE INTUITO LUCRATIVO. FALTA DE RISCO AO EQUILÍBRIO CONCORRENCIAL E À LIVRE-INICIATIVA. Segundo se depreende dos autos, a Codesp é instrumentalidade estatal, pois: 2.1. Em uma série de precedentes, esta Corte reconheceu que a exploração dos portos marítimos, fluviais e lacustres caracteriza-se como serviço público. 2.2. O controle acionário da Codesp pertence em sua quase totalidade à União (99,97%). Falta da indicação de que a atividade da pessoa jurídica satisfaça primordialmente interesse de acúmulo patrimonial público ou privado. 2.3. Não há indicação de risco de quebra do equilíbrio concorrencial ou de livre-iniciativa, eis que ausente comprovação de que a Codesp concorra com outras entidades no campo de sua atuação. 3. Ressalva do ministro-relator, no sentido de que "cabe à autoridade fiscal indicar com precisão se a destinação concreta dada ao imóvel atende ao interesse público primário ou à geração de receita de interesse particular ou privado". Recurso conhecido parcialmente e ao qual se dá parcial provimento.

O caso, originário da Primeira Turma, foi afetado ao Plenário em razão do entendimento dos Ministros de que se tratava de um assunto muito relevante, ainda sem julgamento pelo pleno, e que poderia afetar outros casos similares. O Ministro Relator Marco Aurélio votara pelo afastamento da imunidade, pautado nas exceções constitucionais já aqui apresentadas, mas fixando que o caráter de possuidor "a qualquer título" do imóvel já configuraria a hipótese de incidência do IPTU, pautando-se no art. 32 do CTN. Confira-se:

> Relativamente ao IPTU, a Carta de 1988 não trouxe inovação. Compete aos municípios instituí-lo, considerada a propriedade predial e territorial urbana. Pois bem, sob tal aspecto, há muito encontra-se em vigor o Código Tributário Nacional, mais precisamente o artigo 32 desse diploma, no que revela como fato gerador do tributo "a propriedade, o domínio útil ou a posse de bem imóvel por natureza ou por acessão física, conforme definido na lei civil, localizado na zona urbana do município". Mais do que isso, o código define como contribuinte do imposto "o titular de seu domínio útil ou o seu possuidor a qualquer título.
>
> (...)
>
> Ora, não se afigura como fato gerador do imposto em comento apenas a propriedade, o que desaguaria na convicção de ser contribuinte de direito, sempre e sempre, o proprietário. Requer-se a existência física do imóvel, mas admissível é que se tome como fato gerador não só a propriedade, como também o domínio útil ou a posse quando esses fenômenos não estão na titularidade daquele que normalmente os tem, ou seja, o proprietário.

No entanto, prevaleceu à época o voto do Ministro Joaquim Barbosa o qual, como já se depreende da própria ementa, seguiu um caminho menos apegado às regras postas pela constituição e mais voltado às justificações[23] da regra de imunidade, não tendo adentrado especificamente à questão da posse (apesar de parecer aceitar a tese defendida pelo

23. Uma *particularistic decision*, para utilizar a terminologia de Frederick Shauer (*in*, Playing by the Rules: a philosophical examination of rule-based decision making in law and in life. Oxford University Press, New York, 1991, p. 76).

Ministro Marco Aurélio), de modo que essa questão constitui apenas *obiter dictum* ou *dicta* no precedente[24].

A questão de a possibilidade de tributação do mero possuidor não ter sido o *holding* ou a *ratio decidendi* do RE 253.472/SP é extremamente relevante para o presente trabalho, uma vez que na jurisprudência exposta no tópico anterior essa questão claramente fez parte da fundamentação dos acórdãos. Não fosse assim, a reversão da jurisprudência teria ocorrido em 2010 (e em 2017). Os julgados de 2016 do STJ, no entanto, afastam essa hipótese, indicando que a reversão, como aqui sustentado, apenas ocorreu com o RE 594.015/SP.

No novel julgamento (RE 594.015/SP), ao contrário, a "posse a qualquer título" constituiu verdadeiro fundamento do voto condutor (*holding*, portanto), revertendo, ao que parece, a jurisprudência até então majoritária (como demonstramos no tópico anterior) e, com isso, influindo na materialidade constitucional do IPTU. Confira-se a ementa do julgado[25]:

> IMUNIDADE – SOCIEDADE DE ECONOMIA MISTA ARRENDATÁRIA DE BEM DA UNIÃO – IPTU. Não se beneficia da imunidade tributária recíproca prevista no artigo 150, inciso VI, alínea "a", da Constituição Federal a sociedade de economia mista ocupante de bem público.

Conforme se observa, não é possível depreender da ementa quais foram os fundamentos do acordão e, até mesmo, ela destoa da própria tese fixada pelos Ministros quando

---

24. Didier Jr. Fredie. *Curso de direito processual civil*, 10 ed. Salvador: Ed. Jus Podivm, 2015, v. 2, p. 444-445: "O obter dictum (obter dicta, no plural), ou simplesmente dictum, é o argumento jurídico, consideração, comentário exposto apenas de passagem na motivação da decisão, que se convola em juízo normativo acessório, provisório, secundário, impressão ou qualquer outro elemento jurídico-hermenêutico que não tenha influência relevante e substancial para a decisão ('prescindível para o deslinde da controvérsia'). Trata-se de colocação ou opinião jurídica adicional, paralela e dispensável para a fundamentação e conclusão da decisão. É mencionada pelo juiz 'incidentalmente' ou 'a propósito' ('by the way') (...)".

25. Íntegra do acórdão disponível em: http://redir.stf.jus.br/paginadorpub/paginador.jsp?docTP=TP&docID=13440489, acesso em 06/05/2019.

da finalização do julgamento, tendo prevalecido aquela elaborada pelo Ministro Barroso, a saber: "A imunidade recíproca, prevista no art. 150, VI, a, da Constituição não se estende a empresa privada arrendatária de imóvel público, quando seja ela exploradora de atividade econômica com fins lucrativos. Nessa hipótese é constitucional a cobrança do IPTU pelo Município". Equivale dizer, a tese fixada é consideravelmente mais abrangente ("empresa privada") do que a ementa leva a entender ("sociedade de economia mista") e, inclusive, abarcaria as três hipóteses que aventamos acima.

Para verificar a mudança de jurisprudência, que revela a alteração da materialidade do IPTU, é preciso ir ao voto condutor do Ministro Marco Aurélio e aos debates que se seguiram após o voto de divergência do Ministro Edson Fachin.

Um primeiro destaque negativo a se fazer do voto do Ministro Marco Aurélio no que se refere à utilização de precedentes reside no fato de que ele não demonstra qualquer constrição na sua decisão em conta dos precedentes que, aparentemente, controlavam o julgamento, notadamente o RE 253.472/SP (acima discutido), o qual é citado pelo Ministro Relator apenas para afirmar que restara vencido naquela ocasião, tendo sido formada maioria em sentido contrário ao seu voto. Confira-se a única menção feita ao julgamento anterior:

> Assim já me pronunciei [pelo afastamento da imunidade] no Plenário quando do julgamento do recurso extraordinário no 253.472/SP, de minha relatoria, no qual fiquei vencido, redator do acórdão o ministro Joaquim Barbosa, julgado em 25 de agosto de 2010, publicado no Diário da Justiça de 1o de fevereiro de 2011, em que se discutiu a extensão da imunidade recíproca a imóvel pertencente à União, mas sob a gestão da Companhia de Docas do Estado de São Paulo – Codesp, sociedade de economia mista. (p. 6 do acordão, esclarecemos entre colchetes).

Conforme se observa, não há qualquer tentativa do Ministro Relator em justificar a apresentação de um voto em sentido contrário, seja para diferenciar o caso atual do anterior (*distinguishing*), seja para superar o precedente (*overruling*).

O precedente não exerce qualquer constrição ao julgador e se apresenta como uma razão de primeira ordem[26], apenas.

Com relação à matéria de fundo, o Ministro Relator apresenta basicamente as mesmas considerações jurídicas do seu voto no RE 253.472/SP. Em primeiro lugar há o destaque para os artigos do Código Tributário Nacional:

> Há de observar-se o disposto no artigo 32 do Código Tributário Nacional quanto à hipótese de incidência do IPTU, bem como a relação de contribuintes descrita no artigo 34. Eis os preceitos:
>
> *Art. 32. O imposto, de competência dos Municípios, sobre a propriedade predial e territorial urbana tem como fato gerador a propriedade, o domínio útil ou a posse de bem imóvel por natureza ou por acessão física, como definido na lei civil, localizado na zona urbana do Município.*
>
> *Art. 34. Contribuinte do imposto é o proprietário do imóvel, o titular do seu domínio útil, ou o seu possuidor a qualquer título.*

Em seguida, o Ministro afirma que, com a autorização do CTN, o Município de Santos poderia instituir o IPTU em face do possuidor a qualquer título, sem que isso representasse ofensa à materialidade constitucionalmente delimitada. Confira-se:

> Com a leitura dos preceitos, fica evidente que, em momento algum, o Município de Santos extrapolou a própria competência ao instituir e cobrar o referido imposto do particular, nos termos do previsto no Código Tributário municipal:
>
> *Artigo 38 - Contribuinte do imposto é o proprietário do imóvel construído, o titular do seu domínio útil, promitente comprador de imóvel adquirido das autarquias de que trata a letra "b" do artigo 9o, ou o seu possuidor a qualquer título.*
>
> *Artigo 39 - O imposto é devido, a critério do Executivo:*

26. RAZ, Joseph. The authority of law: essays on law and morality. 2nd ed. Oxford University Press: New York, 2009, p. 3-27. SCHAUER, Frederick. Playing by the Rules: a philosophical examination of rule-based decision making in law and in life. Oxford University Press, New York, 1991, p. 76.

> *I. pelo possuidor direto, sem prejuízo da responsabilidade solidária dos possuidores indiretos;*
>
> *II. pelo possuidor indireto, sem prejuízo da responsabilidade solidária dos demais possuidores indiretos e do possuidor direto;*
>
> *III. pelo possuidor de imóvel construído, arrendatário de área e instalações portuárias, dentro ou fora do porto organizado, no regime jurídico da exploração do porto e das operações portuárias previsto na Lei Federal no 8.630, de 25 de fevereiro de 1993, sem prejuízo da responsabilidade solidária do contribuinte e possuidor indireto.*
>
> *Parágrafo único - O disposto neste artigo aplica-se aos sucessores das pessoas nele referidas a qualquer título.*

Em arremate, o Ministro deixa clara a tese de que a posse a qualquer título, independentemente do ânimo de proprietário, já realiza a hipótese de incidência do imposto predial municipal:

> A hipótese de incidência do Imposto Predial Territorial Urbano – IPTU não está limitada à propriedade do imóvel, incluindo o domínio útil e a posse do bem. O mesmo entendimento vale para o contribuinte do tributo, que não se restringe ao proprietário do imóvel, alcançando tanto o titular do domínio útil quanto o possuidor a qualquer título. Não há falar em ausência de legitimidade da recorrente para figurar no polo passivo da relação jurídica tributária.

Em oposição ao voto do Ministro Relator, o Ministro Edson Fachin apresentou divergência, abordando os dois tópicos aqui discutidos em menor e maior grau (o respeito à jurisprudência da Corte e a necessidade de posse com *animus domini*, respectivamente). Com relação à jurisprudência, o Ministro Fachin afirma (em antecipação de seu voto) que, por *coerência*, deve se filiar à corrente majoritária e, em seguida, passa a demonstrar a existência de precedente sobre o tema. Confira-se:

> Senhora Presidente, como já se disse, a coerência é um apostolado, e nisto todos os cumprimentos - embora desnecessários, mas me permito fazer questão de registrar - devem ser rendidos ao eminente Ministro Marco Aurélio.
>
> Eu vou seguir esse apostolado, mas isso me faz ir - com o perdão da expressão - para o lado oposto, ou seja, tenho aqui me

> manifestado - e o eminente Ministro-Relator assim já posicionou esse tema - afirmativamente para o cabimento dessa imunidade tributária. (em antecipação de seu voto).
>
> Do mesmo modo, a jurisprudência do STF é no sentido da aplicação da imunidade tributária recíproca à Companhia Docas do Estado de São Paulo (CODESP), tendo em vista que se trata de instrumentalidade estatal, por explorar serviços públicos de administração portuária.
>
> Confira-se o caso líder dessa construção pretoriana, o RE 253.472, de relatoria do Ministro Marco Aurélio e com acórdão redigido pelo Ministro Joaquim Barbosa, Tribunal Pleno, j. 25.08.2010, DJe 1o.02.2011, assim ementado: (...)
>
> Esse é o entendimento prevalecente no Plenário e em ambas as Turmas do Tribunal, vejam-se os seguintes julgamentos: AR-AgR 1.949, de minha relatoria, Tribunal Pleno, DJe 27.09.2016; AR-AgR 1.950, de relatoria do Ministro Dias Toffoli, Tribunal Pleno, DJe 20.06.2014; AI- AgR-ED 458.856, de relatoria do Ministro Luiz Fux, Primeira Turma, DJe 24.08.2016; RE-ED-ED 265.749, de relatoria do Ministro Celso de Mello, Segunda Turma, DJe 22.08.2011.

Conforme se observa, o Ministro Fachin identifica o precedente que controla o caso (RE 253.472/SP) e demonstra o entrincheiramento da questão no âmbito da Corte, atendo-se a ele, por coerência. A existência do precedente é, portanto, razão autônoma para agir[27], uma razão autorizativa[28] (no caso, para manter a imunidade).

Quanto à matéria de fundo, destaca a Ministro a existência de jurisprudência e doutrina abalizada afastando o mero possuidor da hipótese constitucional de incidência do IPTU, inclusive à luz do Código Tributário Nacional[29]. Confira-se:

---

27. SCHAUER, Frederick. Playing by the Rules: a philosophical examination of rule-based decision making in law and in life. Oxford University Press, New York, 1991, p. 181 ss.

28. SUMMERS, Robert S. Two Types of Substantive Reasons: The Core of a Theory of Common-Law Justification, 63 Cornell L. Rev. 707 (1978), p. 724/725.

29. Aqui, em uma nota particular, devemos registrar que concordamos com o Ministro Fachin, uma vez que sua análise parte da materialidade constitucional do IPTU, para então analisar o conteúdo do Código Tributário Nacional, e não ao inverso, como parece fazer o Ministro Marco Aurélio ao interpretar a Constituição à luz do

> No que toca ao art. 34 do CTN, parece-nos majoritária na doutrina tributária e na jurisprudência pátria a interpretação de que a liberdade de conformação legislativa do ente tributante está adstrita à posse que, *per se*, possa conduzir à propriedade, haja vista que é incompatível com a Constituição Federal de 1988 a eleição de meros detentores de terras públicas, isto é, desprovidos de posse *ad usucapionem*, como contribuintes de IPTU.
>
> Verifica-se que o imóvel qualificado como bem público federal, ainda que destinado à exploração de atividade dotada de utilidade pública, remanesce imune aos tributos fundiários municipais, por força do art. 150, VI, "a", da Constituição Federal de 1988.
>
> Por consequência, em relação ao segundo fundamento, não há concessão de benefício fiscal a pessoa jurídica de direito privado da Administração Pública indireta não estendido às demais sociedades empresárias do setor privado, porquanto esse raciocínio não se coaduna ao procedimento licitatório prévio e aos regimes constitucionalmente diferenciados de exploração dos portos e do petróleo." (destaques do original)

Em seguida ao voto do Ministro Fachin, que inaugurou a divergência, pediu vista o Ministro Barroso. Também precisamos deixar registrado os fundamentos do pedido de vista do Ministro que, na linha já muito criticada por outros autores[30], não apresenta um alto nível de constrangimento pelas regras postas pelo legislador:

> O SENHOR MINISTRO ROBERTO BARROSO - Presidente, eu ouvi, com atenção e interesse, o voto do Ministro Marco Aurélio, como havia ouvido, em sessão anterior, o voto do Ministro Luiz Edson Fachin num caso do Município do Rio, coerente com a linha em que acaba de votar Sua Excelência.

CTN. No entanto, como expusemos acima, o intuito do trabalho não é advogar por uma ou outra posição, mas apenas demonstrar a substantiva alteração na compreensão da materialidade constitucional do IPTU operada a partir desse julgado.

30. STRECK, Lenio Luiz. *O ativismo judicial existe ou é imaginação de alguns?* (coluna "Senso Incomum de 13/06/2013", disponível em: http://www.conjur.com.br/2013-jun-13/senso-incomum-ativismo-existe-ou-imaginacao-alguns, acesso em 13/05/2019. TORRANO, Bruno. Supremo Tribunal Federal não pode ter papel iluminista no Estado. Conjur, disponível em: http://www.conjur.com.br/2016-jan-31/bruno-torrano-supremo-tribunal-federal-nao-papel-iluminista, acesso em 13/05/2019.

> Eu devo dizer, Presidente, que *eu não tenho nenhuma dúvida de que a jurisprudência assentada deste Tribunal é no sentido em que se encaminha o Ministro Edson Fachin no voto proferido hoje*, tal como no anterior.
>
> Devo dizer a Vossa Excelência, no entanto, que me impressionaram as razões trazidas pelo Ministro Marco Aurélio. *Não teria dúvida de que, do ponto de vista técnico-formal, provavelmente, a tese chancelada pela jurisprudência* é a melhor; mas, do ponto de vista de uma *justiça fiscal, material, de uma justiça tributária, material, eu tenho dúvidas reais.*" (destacamos)

Conforme se observa, o Ministro Barroso afirma *(I)* categoricamente a existência de jurisprudência firmada na Corte pela imunidade e *(II)* que do ponto de vista técnico-formal essa tese estaria correta, mas que suas dúvidas recaem sobre uma solução divergente com base em "uma justiça tributária", abrindo aqui espaço para razões de primeira ordem, particularistas[31] e de difícil controle.

Quando da apresentação de seu voto, em sessão posterior, o Ministro Barroso chega a se manifestar pelo "respeito ao precedente", contudo, pela possibilidade de sua superação em "situações-limite", discurso esse coerente com a doutrina dos precedentes[32]:

> Eu juntarei um voto, mas, na verdade e neste particular, acho que a posição defendida pelo Ministro Marco Aurélio não merece retoque. A posição aqui sustentada pelo Ministro Fachin, por evidente, representou a sustentação de uma jurisprudência tradicional.
>
> Eu costumo dizer, acho que o respeito à jurisprudência e aos precedentes é um valor jurídico em si, independentemente do mérito do precedente. Porém, em situações-limite, em que mudam os

---

31. SCHAUER, Frederick. Playing by the Rules: a philosophical examination of rule-based decision making in law and in life. Oxford University Press, New York, 1991, p. 76.

32. BLACKSTONE, Sir William. Commentaries on the Laws of England in Four Books. Notes selected from the editions of Archibold, Christian, Coleridge, Chitty, Stewart, Kerr, and others, Barron Field's Analysis, and Additional Notes, and a Life of the Author by George Sharswood. In Two Volumes. (Philadelphia: J.B. Lippincott Co., 1893). Vol. 1 - Books I & II, p. 70. MITIDIERO, Daniel. *Precedentes: da persuasão à vinculação*. 2a Ed. São Paulo: Editora Revista dos Tribunais, 2017.

> fatos ou a percepção do direito, é o caso, sim, de se proceder à superação do precedente e o estabelecimento de uma nova visão.

No entanto, essa "situação-limite" não é apresentada em seu voto (como também não o fora no voto do Ministro Marco Aurélio, como já demonstramos), de modo que, apesar do discurso, a jurisprudência do STF não impôs ao Ministro Barroso a assunção do ônus argumentativo para superá-lo.

Com relação à matéria de fundo, em seu voto, o Ministro Barroso chega a ensaiar uma construção no sentido de que, no caso específico, a posse exercida pela empresa particular não é precária, o que legitimaria a incidência do IPTU sem alterar sua materialidade constitucional, que continuaria a exigir a posse com *animus domini*. Confira-se:

> 5. Ainda, os contratos firmados entre as empresas privadas e a Administração Pública para uso de bem público, além de se sujeitarem a longos prazos, conferem direitos aos particulares, como alteração do imóvel utilizado e construção de imóveis com outras finalidades. Pode-se dizer que o bem é formalmente público e materialmente privado, uma vez que o particular detém quase todas as prerrogativas do proprietário, não havendo precariedade da posse. Nesses casos, resta caracterizado o fato gerador do IPTU conforme art. 32, do CTN, e a sujeição passiva, conforme art. 34.

No entanto, a tese não é desenvolvida, apenas aventada e, como o Ministro acaba acompanhando o voto do Relator, que resta vencedor, suas considerações são, por coerência com o que afirmamos acima, *obiter dictum*, não compondo o precedente substancialmente.

Em seguida votou o Ministro Alexandre de Morais o qual procurou fazer uma substanciosa recapitulação histórica da origem da imunidade recíproca (também se apoiando nas justificações da regra constitucional, em vez de se pautar na regra por si). Interessante que, ao acompanhar o Relator, o Ministro Morais também parece ensaiar uma abordagem à questão da posse para a definição da materialidade do IPTU, afirmando que as "formas contratuais pelas quais o poder público consente (cessão, arrendamento, etc.) em consignar o uso de seus bens imóveis aos desideratos da inciativa privada configuram títulos jurídicos que realmente viabilizam a exigência de IPTU", porém, sem apresentar qualquer fundamento para a sua posição.

Acompanharam ainda o Relator a Ministra Rosa Weber, afirmando que a questão não deveria ser analisada sob a ótica da posse, mas sim sob uma "ótica constitucional", ao que parece, entendendo que não há relação entre a posse e a materialidade constitucional do IPTU; o Ministro Luiz Fux, com um voto semelhante ao Ministro Barroso, ou seja, voltado para a questão pouco controlável da "justiça fiscal"; e o Ministro Lewandowski que, ao acompanhar o Relator e também se filiar à corrente da "justiça fiscal", não deixaram de observar que "o Ministro Fachin está votando de forma estritamente consentânea com aquilo que foi já decidido pelo Plenário desta Corte", sem apresentar, contudo, razões para a alteração jurisprudencial.

Finalizaram o julgamento a Ministra Carmen Lucia e o Ministro Celso de Melo, decano da Corte, ambos votando com a divergência, porém, sem somarem novos argumentos àqueles versados pelo Ministro Fachin.

Desse modo, ficou vencedor o voto do Ministro Relator e, consequentemente, a tese da desnecessidade de uma posse específica para a configuração da hipótese de incidência do IPTU, alterando-se não apenas a jurisprudência a esse respeito – sem qualquer mudança legislativa ou social que a justifique –, mas também a própria materialidade constitucional do imposto, tendo em vista a função precípua do STF em interpretar a Constituição Federal, à luz do art. 102 da CF.

3. SÚMULA 614/STJ: DESCOMPASSO ENTRE OS TRIBUNAIS SUPERIORES BRASILEIROS

Com se não bastasse todos os problemas surgidos com o julgamento do RE 595.015/SP, pelo STF, no dia 9 de maio de 2018, o Superior Tribunal de Justiça aprovou 5 (cinco) novas

Súmulas, publicadas no DJe do dia 14/05/2018, entre as quais a de número 614, cuja dicção é a seguinte: *Súmula 614 - O locatário não possui legitimidade ativa para discutir a relação jurídico-tributária de IPTU e de taxas referentes ao imóvel alugado nem para repetir indébito desses tributos.*[33]

Como se pode depreender por tudo o que discorremos sobre o IPTU na legislação, doutrina e jurisprudência brasileiras, a Súmula 614 do STJ, em tese, consolida e reflete a jurisprudência dominante da Corte com relação à ilegitimidade ativa do locatário em discutir os tributos vinculados ao imóvel (os casos citados como representativos dessa jurisprudência consolidada são todos anteriores a 2015 e alguns possuem mais de dez anos, a demonstrar a estabilidade do entendimento jurisprudencial) e, apesar de redundante, não apresentaria maiores problemas, cumprindo, aparentemente, com o requisito de coerência interna exigida pelo Código de Processo Civil[34].

Ocorre que, como vimos, o Supremo Tribunal Federal, ao julgar o Recurso Extraordinário 594.015/SP (tema 385 de repercussão geral), em 6/04/2017, fixou a tese de que "A imunidade recíproca, prevista no art. 150, VI, a, da Constituição não se estende a empresa privada arrendatária de imóvel público, quando seja ela exploradora de atividade econômica com fins lucrativos. Nessa hipótese é constitucional a cobrança do IPTU pelo Município".

Rememore-se que a jurisprudência do STJ que suporta a edição da Súmula 614 foi elaborada a partir de um cenário de sedimentação doutrinária e jurisprudencial, inclusive do STF, de ilegitimidade tributária passiva do mero possuidor do imóvel, a justificar sua ilegitimidade ativa para a discussão e repetição do tributo municipal. No entanto, após a guinada jurisprudencial do STF, não mais faria sentido impedir a repetição

---

33. Disponível em: http://www.stj.jus.br/docs_internet/SumulasSTJ.pdf, acesso em 13/05/2019.

34. Código de Processo Civil Brasileiro (Lei. 13.105/2015): Art. 926. Os tribunais devem uniformizar sua jurisprudência e mantê-la estável, íntegra e *coerente*.

do indébito de IPTU pelo simples possuidor, uma vez que este teria, agora, legitimidade passiva pelo tributo municipal.

Em vista disso, fica evidente o descompasso entre a edição da Súmula 614, pelo STJ, e a atual jurisprudência vinculante do STF, cada uma apontando em uma direção diametralmente oposta. Há flagrante falta visão sistêmica e pouca preocupação com a integridade do direito[35].

A doutrina prega uma maior atenção aos comandos normativos que exigem coerência e integridade das decisões dos Tribunais, notadamente na era pós-CPC/2015, o que significa dizer existir tanto um dever de coerência/consistência em sentido estrito – do Tribunal com suas próprias decisões anteriores –, quanto um dever de integridade/coerência em sentido amplo, compreendida como "a conformidade da decisão com a unidade do ordenamento jurídico como um todo (art. 926, caput), e, ao mesmo tempo", na lição de Hermes Zanetti Jr[36].

Nessa linha, a Súmula 614 do STJ apesar de atender ao dever de coerência/consistência em sentido estrito, não cumpre, de outro lado, o dever de integridade/coerência em sentido amplo.

No livro "Insegurança jurídico-tributária no Poder Judiciário"[37] apontamos 3 hipóteses claras nas quais a atuação das Cortes traz insegurança jurídica ao contribuinte, notadamente (a) a existência de "decisões principiologicamente conflitantes"; (b) a alteração de jurisprudência dominante sem a adoção de meios para proteger situações jurídicas existentes até então; e (c) o julgamento por *standards* (ou por formação e aplicação de regras criadas pelas próprias Cortes), quando não for feito com a técnica adequada.

---

35. STRECK, Lenio Luiz e ABBOUD, Georges. *O que é isto – o precedente judicial e as súmulas vinculantes?* 3 ed. Rev. Atual. De acordo com o novo CPC. Porto Alegre: Livraria do Advogado Editora, 2015, p. 317.

36. ZANETTI JR., Hermes. *Precedentes Normativos Formalmente Vinculantes*: A Formalização Das Fontes Jurisprudenciais. Ius trib. Ano 1, n.° 1, 2015, pp. 31-49.

37. TAVARES, Gustavo Perez. *Insegurança jurídico-tributária no Poder Judiciário.* 1. ed. Rio de Janeiro: Editora Lumen Juris, 2018, p. 130 e seguintes.

No entanto, os casos aqui narrados conseguem reunir, em apenas um tema, as três situações de insegurança tratadas no referido livro. Na primeira situação ocorre um claro exemplo das chamadas "decisões principiologicamente conflitantes", uma vez que os fundamentos utilizados nas decisões são conflitantes entre si, apesar de as matérias "de capa", aparentemente, não conflitarem (uma trata de imunidade de imóveis públicos e a outra de legitimidade passiva na repetição de indébito).

Ademais, o RE 594.015/SP rompeu com anos de jurisprudência pacificada nos Tribunais Superiores brasileiros, sem apontar qualquer novo elemento legislativo ou social para tanto, e nem tampouco procurou resguardar situações jurídicas que se estabeleceram com base na jurisprudência anterior.

Em terceiro lugar, tanto a formulação e aprovação da "tese" de julgamento do RE 594.015/SP, quanto a edição da Súmula 614, do STJ, revelam os problemas causados pela criação e aplicação de regras pelas Cortes. Por exemplo, não dá para depreender da tese fixada no RE a profunda alteração da materialidade do IPTU, o que traduz uma falha na criação do texto da regra e pode acarretar uma equivocada aplicação do precedente em casos futuros, tanto ao englobar casos que não deveriam ser atingidos pelo julgamento, quanto, ao contrário, ao deixar de fora casos nos quais a materialidade do IPTU estará em discussão, mas o RE 594.015/SP não será aplicado por falha na formulação da "tese"[38].

---

38. Infelizmente o espaço reservado a este artigo não permite um maior aprofundamento nessa questão, chamada de caráter sub-e-sobreinclusivo das regras (inclusive as jurídicas). Para um aprofundamento da questão, Confira-se: ALEXANDER, Larry. "With me, it's all er nuthin": formalism in law and morality. The University of Chicago Law Review, n. 3, v. 66,1999, p. 551; e SCHAUER, Frederick. Playing by the Rules: a philosophical examination of rule-based decision making in law and in life. Oxford University Press, New York, 1991, p. 31-34. Em português, vale colacionar o trecho da obra de DANIEL NETO: "As primeiras [sobreinclusivas] seriam aquelas que abrangem casos que não seriam cobertos, caso a justificação fosse aplicada diretamente – por exemplo, veja-se o caso dos setores cujo recolhimento da Contribuição Previdenciária sobre a Receita Bruta era mandatório, com a finalidade de desonerar tributariamente essas atividades, mas que acabou prejudicando certas empresas e cooperativas que utilizavam uma quantidade inexpressiva de mão de obra para obter uma elevada receita.

Outro exemplo é que, com transformação em súmula da jurisprudência do STJ anterior ao RE 594.015/SP, pode-se tornar inviável (ou improvável) a rediscussão da matéria naquele Tribunal, em razão do caráter preclusivo das regras[39].

Por fim, não é possível se conformar com a hipótese de que, nesse caso, houve um simples, mas grave, caso de falta de atenção de um Tribunal (STJ) para com a modificação da jurisprudência de outro (STF), mas sim, deve ser observado que há um despreparo geral dos nossos Tribunais para lidar com precedentes, notadamente com a criação e aplicação de regras vinculantes pelas Cortes.

CONCLUSÃO

Conclui-se, portanto, que as falhas dos Tribunais Superiores brasileiros em trabalhar com precedentes vinculantes, em geral, e com a criação e aplicação de regras jurídicas, em especial, traz insegurança jurídica ao jurisdicionado.

Conforme demonstramos, a falta de constrição do STF para com sua própria jurisprudência no julgamento do RE 594.015/SP, além de demonstrar uma atecnica da Corte na

---

A regra do segundo tipo (subinclusiva) é aquela que o conteúdo da regra fica aquém do que a justificação pretendeu atingir. Exemplo disto é o rol de doenças que dá ensejo à isenção no Imposto de Renda – nesse caso, a finalidade do legislador foi beneficiar os portadores de doenças graves, mas ao estabelecer um rol, acabou por deixar de fora doenças igualmente, ou até mais, graves." em DANIEL NETO, Carlos Augusto. O 'Mínimo Existencial' como Condição de Derrotabilidade de Regras Tributárias. DIREITO TRIBUTÁRIO ATUAL, v. 37, p. 84-95, 2017.

39. Em termos gerais, as regras existem para que o sujeito a quem cabe tomar determinada decisão não precise, a todo momento, recorrer a todas as razões que justificariam a escolha por um ou outro caminho a ser seguido. Em outras palavras, a regras precluem as razões que a justificaram. O exemplo clássico é o das regras de velocidade máxima permitidas em estradas, nas quais há inúmeras razões que justificariam uma velocidade maior ou menor a depender, entre outros, da qualidade do asfalto, do tipo do carro, da habilidade do motorista, etc. No entanto, fixa-se uma velocidade máxima que deverá ser seguida por todos, independentemente das justificativas acima descritas, as quais precluem em face da regra. Por todos, confira-se: Alexander, Larry; Sherwin, Emily. Rule of Rules: Morality, Rules, and the Dilemmas of Law. Durham, Duke University Press, 2001.

utilização e formação de precedentes vinculantes, causa insegurança a todo o sistema jurídico-tributário, ao jogar fora anos de doutrina e jurisprudência coerentes pela necessidade de posse qualificada para a incidência do IPTU.

Por sua vez, a falta de coerência externa e a excessiva sumularização da jurisprudência do STJ, ao ignorar as mudanças trazidas pelo RE 594.015/SP, afundam ainda mais o sistema em uma insegurança crítica, pois, além de dispor em sentido contrário ao Supremo, a Súmula 614 engessa (preclui) a matéria nela discutida, dificultando imensamente que um novo julgamento venha para homogeneizar a questão.

Em apenas dois casos aqui analisados, identificamos graves falhas na utilização de precedentes que geram insegurança pela existência de decisões vinculantes incompatíveis entre si (seja a jurisprudência interna do STF, seja pela falta de coerência e integridade entre os precedentes do STF e do STJ) pela alteração brusca de jurisprudência consolidada, e em especial pela criação e aplicação de regras (standards) pela Cortes Superiores brasileiras.

Assim, entendemos que uma implementação exitosa de um sistema de precedentes vinculantes, no Brasil, deverá necessariamente passar por um retrabalho das características e funções das regras para a coordenação de conduta e resolução de conflito sociais. Esse objetivo somente será alcançado se a doutrina encampar sua função crítica e não deixar passar batido casos como os aqui analisados, e não se limitar a reproduzir o que diz a jurisprudência.

REFERÊNCIAS

ALEXANDER, Larry; SHERWIN, Emily. *Rule of Rules*: Morality, Rules, and the Dilemmas of Law. Durham, Duke University Press, 2001.

ALEXANDER, Larry. "With me, it's all er nuthin": formalism in law and morality. *The University of Chicago Law Review*, n. 3, v. 66,1999.

BARRETO. Aires F., *Curso de Direito Tributário Municipal.* São Paulo: Saraiva, 2009.

BARROSO, Luís Roberto Barroso. *Interpretação e aplicação da Constituição: fundamentos de uma dogmática constitucional transformadora* – 7.ed.rev. – São Paulo: Saraiva, 2009.

BLACKSTONE, Sir William. *Commentaries on the Laws of England in Four Books.* Notes selected from the editions of Archibold, Christian, Coleridge, Chitty, Stewart, Kerr, and others, Barron Field's Analysis, and Additional Notes, and a Life of the Author by George Sharswood. In Two Volumes. (Philadelphia: J.B. Lippincott Co., 1893). Vol. 1 - Books I & II.

CARRAZZA, Elizabeth Nazar. *IPTU e Progressividade* – Igualdade e Capacidade Contributiva. São Paulo: Quartier Latin, 2015.

DANIEL NETO, Carlos Augusto. O 'Mínimo Existencial' como Condição de Derrotabilidade de Regras Tributárias. *DIREITO TRIBUTÁRIO ATUAL*, v. 37, p. 84-95, 2017.

DERZI, Misabel de Abreu Machado e NAVARRO, Sacha Calmon. Do imposto sobre a propriedade predial e territorial urbana. São Paulo: Saraiva, 1982.

DIDIER JR. Fredie. *Curso de direito processual civil*, 10 ed. Salvador: Ed. Jus Podivm, 2015, v. 2.

JESUS, Isabela Bonfá de. *Manual de direito e processo tributário.* 3 ed. rev. atual. ampl. São Paulo: Editora Revista dos Tribunais, 2016.

MACHADO, Hugo de Brito. *Curso de Direito Tributário*, 31 ed., Malheiros Editores: Sã Paulo, 2010.

MITIDIERO, Daniel. *Precedentes: da persuasão à vinculação.* 2a Ed. São Paulo: Editora Revista dos Tribunais, 2017.

PAULSEN, Leandro. *Curso de direito tributário*: completo. 6. ed. rev. atual. e ampl. Porto Alegre: Livraria do Advogado Editora, 2014.

PORTO, Eutálio. *Direito Tributário Municipal*, em ROCHA, Sergio André (Coord.) Curso de Direito Tributário (815-866). São Paulo: Quartier Latin, 2011.

RAZ, Joseph. *The authority of law*: essays on law and morality. 2nd ed. Oxford University Press: New York, 2009.

RODRIGUES, Silvio. *Direito Civil*: Parte Geral das Obrigações. V. 2. 28ª ed. São Paulo. Saraiva. 2000.

SCHAUER, Frederick. *Playing by the Rules*: a philosophical examination of rule-based decision making in law and in life. Oxford University Press, New York, 1991.

STRECK, Lenio Luiz e ABBOUD, Georges. *O que é isto – o precedente judicial e as súmulas vinculantes?* 3 ed. Rev. Atual. De acordo com o novo CPC. Porto Alegre: Livraria do Advogado Editora, 2015.

STRECK, Lenio Luiz. *O ativismo judicial existe ou é imaginação de alguns?* Coluna "Senso Incomum" de 13/06/2013, disponível em: http://www.conjur.com.br/2013-jun-13/senso-incomum-ativismo-existe-ou-imaginacao-alguns, acesso em 13/05/2019).

SUMMERS, Robert S. *Two Types of Substantive Reasons*: The Core of a Theory of Common-Law Justification, 63 Cornell L. Rev. 707 (1978), p. 724/725.

TAVARES, Gustavo Perez. *Insegurança jurídico-tributária no Poder Judiciário*. 1. ed. Rio de Janeiro: Editora Lumen Juris, 2018.

TORRANO, Bruno. Supremo Tribunal Federal não pode ter papel iluminista no Estado. *Conjur*, disponível em: http://www.conjur.com.br/2016-jan-31/bruno-torrano-supremo-tribunal-federal-nao-papel-iluminista, acesso em 13/05/2019.

ZANETTI JR., Hermes. *Precedentes Normativos Formalmente Vinculantes*: A Formalização Das Fontes Jurisprudenciais. Ius trib. Ano 1, n.° 1, 2015.

ENTRE A SUPERAÇÃO PROSPECTIVA DE PRECEDENTE E O ATIVISMO JUDICIAL: O FIM DA SUBSTITUIÇÃO TRIBUTÁRIA PROGRESSIVA?

Valério Pimenta de Morais[1]

1. RESUMO

O Novo Código de Processo Civil introduz no direito positivado estruturas processuais alinhadas com o trabalho mais intenso com precedentes judiciais, o que, de fato, não se revela como um processo de aproximação de nosso modelo processual – espécie do direito romano-germânico – com o modelo processual próprio da "common law", mas, antes, próprios de sistemas jurídicos complexos.

Desta feita, alguns institutos processuais são analisados ao longo do presente trabalho, interessando-nos na jurisprudência do C. Supremo Tribunal Federal, especificamente a

---

1. Doutor e Mestre em Direito Tributário pela Pontifícia Universidade Católica de São Paulo – PUCSP. Especialista em Direito Tributário pela Escola Superior da Procuradoria do Estado de São Paulo. Especialista em Direto Constitucional e Administrativo pela Escola Paulista de Direito. Especialista em Direito Penal Econômico pela Universidade de Coimbra/Instituto Brasileiro de Ciências Criminais. Graduado em Direito pela Faculdade de Direito do Largo de São Francisco da Universidade de São Paulo – USP. Juiz do Tribunal de Impostos e Taxas.

análise do RE nº 593.849/MG, sob o rito da repercussão geral, em que se discutiu a interpretação constitucional do artigo 150, § 7º, da CFRB, em que, ao final, somos levados à conclusão da desnaturação da técnica da substituição tributária progressiva, em nota evidente de ativismo judicial.

Para tanto, percorreu-se – de maneira breve – considerações em torno de sistemas jurídicos; precedentes judiciais (concebidos como normas diretivas de otimização de paradigmas); a apresentação da teoria egológica do Direito de Carlos Cossio como um fundamento para aplicação dos precedentes judiciais no Direito brasileiro e, por fim, a análise casuística do RE nº 593.849/MG, onde foram tratados conceitos de ativismo judicial e superação de prospectiva de precedente, como manifestação mais viva da nova dinâmica processual.

2. CONSIDERAÇÕES DE SISTEMA: DO SISTEMA JURÍDICO

Toma-se que a concepção de sistema – e sistema jurídico em especial – vai se imbricar com a linguagem, em verdadeira relação de necessidade. O sistema, mesmo que numa extensão interpretativa maior, será considerado sua forma lógica mais apurada e desenvolvida.

Em alinhamento com a apreensão de Ricardo Lobo Torres[2] – em contraposição à filosofia hegeliana de que o sistema do Direito seria o "reino da liberdade realizada"–, não se poderia aceitar a ideia de um sistema jurídico único, sob pena de trazer uma alta dose de confusão do próprio fenômeno jurídico e da própria vida humana.

Projeta-se que a concepção de sistema estratifica a base de qualquer discurso científico. E assim o é no Direito, que procura assentar-se sobre uma série de fenômenos que apresentam

2. TORRES, Ricardo Lobo. Noção de sistema tributário. In: (Coords.) MARTINS, Ives Gandra da Silva; NASCIMENTO, Carlos Valder; MARTINS, Rogério Gandra da Silva. **Tratado de direito tributário.** v.1. São Paulo: Saraiva, 2011, p.10-11.

potencial de concretização com regularidade no seio social, sob pena de perecer em sua consistência, potencial ou efetiva, quando se toma a perspectiva da concepção da norma jurídica.

Esquematicamente (conforme cuidado por A. Menezes Cordeiro em introdução à obra de Claus Wilhelm Canaris[3]), o Direito passa a se positivar, essencialmente, tomando em conta a necessidade de aplicação do princípio da igualdade, e o faz "mediante bitolas eleitas em cada cultura jurídica", de forma que só se poderia falar em Direito na medida em que os conflitos de interesses apresentassem soluções previsíveis e, essencialmente, diferenciadas de acordo com o quanto se entenda relevante para a referida cultura jurídica, afastando-se, assim, mesmo na forma de um esquema primário, de qualquer nódoa de arbitrariedade e revelando, de acordo com a complexidade das relações apreciadas pelo Direito, sua marca evolutiva.

Em que pese a diversidade doutrinária[4] sobre aspectos específicos em torno da conceituação de sistema, é constante a proposta kantiana[5] de caracterizar sistema com base nos conceitos de ordem e unidade, estreitamente interligados, mesmo diante de técnica aplicável ao Direito – a qual consideramos de maneira diversa – da poiética. Nela, o Direito, após a Revolução Francesa, passa de um resultado possível da prudência prática, na forma da sabedoria da sociedade e das experiências passadas indeterminadas no tempo, para uma técnica como experimentação, "poiesis", concebida como

3. CORDEIRO, A. Menezes. In: CANARIS, Claus Wilhelm. **Pensamento sistemático e conceito de sistema na ciência do direito**. 3.ed. Lisboa: Fundação Calouste Gulbenkian, 2002, p. LXIII-LXIV.

4. Claus Wilheim Canaris aponta o trabalho de Ritschl – System und systematiche Methode in der Geschichte des wissenschaftlichen Spachgebrauchs und der philosophischen Methodologie, de 1906 – como um bom panorama histórico sobre a evolução do termo "sistema" e suas dissonâncias específicas. (CANARIS, Claus Wilhelm. **Pensamento sistemático e conceito de sistema na ciência do direito**. 3.ed. Lisboa: Fundação Calouste Gulbenkian, 2002, p.9).

5. KANT, Imanuel. **Crítica da razão pura**. Tradução de Manuela Pinto dos Santos e Alexandre Fradique Morujão. 5.ed. Lisboa: Fundação Calouste Gulbenkian, 2001, p.433-434.

uma atividade que se exterioriza na composição externa ao próprio sistema ou agente.

Apresentadas estas notas breves e iniciais referentes à concepção de sistema, voltamo-nos à nossa referência epistemológica do Direito, como o resultado da atividade do homem em sociedade – legislador –, com evidente imperatividade. Acentue-se que, por ser decorrente da atividade humana, o Direito Positivo sofre frequentes alterações em sua composição original, dependentes, em validade, na medida em que se toma como referência atos de Estado legitimamente estabelecidos, tanto de ordem formal, na guarda da obediência ao processo de elaboração do elemento normativo, quanto de cunho material, decorrente da análise de seu conteúdo constitucionalmente contrastável (na medida da pirâmide kelseniana, em que a Constituição Federal apresenta-se no ápice do ordenamento jurídico).

Por necessário, o ensinamento de Hans Kelsen[6], relacionável ao quanto se pode apreender da inter-relação entre a unidade (Constituição Federal) e a ordem (regra entre os atos constitucionais e infraconstitucionais) no sistema de Direito Positivo, para delimitar um sistema jurídico e apreender o ápice normativo pertencente à Constituição Federal: "Se o ato legislativo, que subjetivamente tem o sentido de dever-ser, tem objetivamente este sentido, quer dizer, tem o sentido de uma norma válida, é porque a Constituição empresta ao ato legislativo este sentido objetivo".

Dessa forma, para os limites que tomamos para o momento do Direito Positivo e sua manifestação, então, como sistema jurídico positivado, uma vez validamente constituído, passa a ser coercitivamente imposto à sociedade.

É certo que a noção apresentada de Direito Positivo – naquilo que vai se ter das correntes filosóficas do Direito (apontamento que ultrapassaria os limites do presente artigo)

6. KELSEN, Hans. **Teoria pura do direito**. Tradução de João Baptista Machado. 6.ed. São Paulo: Martins Fontes, 1999, p.9.

gera concepções derivadas do "positivismo jurídico", que procura, essencialmente, sobrepor-se ao "Direito Natural", na medida em que sua inerente coercibilidade pode ser exercida pelo Estado. Assim, elementos axiológicos específicos e concretos, como segurança e propriedade, são passíveis de serem assegurados pelo sistema jurídico positivo, por meio do Direito Positivo estatal, ao passo que elementos axiológicos, dotados de maior abstração, como justiça e verdade, encontrariam guarida na seara do Direito Natural. Haveria, então, maior necessidade de utilização e saturação linguística para a sua conformação (inclusive com instância de poder decisório distinto da estatal). Tome-se, como exemplo direto, a judicância própria dos tribunais de direitos humanos, com notória supranacionalidade.

No sistema jurídico de Direito Positivo há que ter presente a perspectiva neopositivista[7], com evidentes notas de principiologia, assim como da atuação periférica do legislador (papel insusceptível de compartilhamento com a autoridade judicante, pois presentes condições, causas e aplicações determinadas).

Deste modo, em linhas gerais, em regra, o legislador atuaria na periferia do sistema jurídico, alimentando-se, daí, das influências exteriores para construir o direito positivo.

No nosso entendimento, o Direito não pode ser concebido tendo como pauta única uma norma jurídica determinada. Por consequência, qualquer estudo do Direito, em qualquer plano semiótico (sintático, semântico ou pragmático), só se

7. Apontamos que Thomas da Rosa de Bustamante, à semelhança de Robert Alexy (**Teoria dos direitos fundamentais**. Tradução de Virgílio Afonso da Silva. São Paulo: Malheiros, 2008, p.52) promove uma tradução de relevo do conceito, amparando-se – e sincretizando – diversas doutrinas jurídicas. Assim, em sua consideração, Direito seria, no decote neopositivista: "uma ordem normativa institucionalizada (MacCormick) que se constitui sob a forma de uma prática social (Hart) de natureza construtivista (Rawls, Habermas, Dworkin, Alexy), interpretativa, argumentativa (Dworkin) e não manifestamente injusta (Radbruch, Alexy, MacCormick), pressupondo-se uma teoria procedimental da justiça (Habermas) capaz de tornar definitivamente sedimentado o conhecimento moral necessário para satisfazer as exigências epistemológicas da ideia de 'extrema justiça'." (BUSTAMANTE, Thomas da Rosa de. **Teoria do precedente judicial**: a justificação e a aplicação de regras jurisprudenciais. São Paulo: Noeses, 2012, p.165-166).

torna possível, gnosiologicamente, com o conceito de sistema jurídico. Em outras palavras, a noção de sistema jurídico enseja distintas aproximações, contudo, todo sistema jurídico, antes de ser jurídico, é sistema.

Nesta medida, o sistema jurídico positivado representa a unidade fundamental da matéria do Direito, ou seja, fornece ao Direito Positivo o seu caráter de unidade, dentro de uma premissa de que há que se distinguir sistema jurídico de sistema normativo[8].

Essa mesma medida de apreensão - de que o Direito não se esgota em normas positivadas, mas também decorre da sua apreciação como fenômeno social e de uma vivência valorada -, a doutrina de Miguel Reale[9], naquilo que diz respeito à interpretação legal, no quanto concebe pela construção de uma "imagem feliz": "Um caso judicial sempre se resolve pela totalidade do ordenamento jurídico e não por uma só de suas partes, tal como o peso de uma esfera gravita sobre a superfície em que ela jaz, mesmo que seja um só o ponto de contacto".

O sistema jurídico positivado, portanto, além de traduzir-se em unidade para o Direito, revela-se, por si mesmo, como um sistema, um conjunto ordenado de normas jurídicas (não consideradas estritamente na limitação das leis, ou melhor, do produto do Poder Legislativo), que guardam entre si uma série de relações. Assim, o sistema jurídico pressupõe uma construção de sentido[10], que percorre elementos não só de lei, mas também carrega

---

8. Nestes termos, ao se cuidar da unidade do Direito, indaga-se sobre a completude do sistema normativo, com a presença ou não de lacunas. E tal questionamento se justifica em razão da consideração, por um lado, de um ideal racional e, por outro, como ficção de manifesta finalidade prática. Situamo-nos dentre aqueles que entendem o Direito como uma realidade dinâmica, cuja unidade não pode se confundir com a unidade do sistema normativo, na medida em que as normas, por mais completas, precisas e determinadas que se apresentem, são, ao fim, parte integrante do Direito e não podem, de modo algum, identificar-se integralmente com ele, a ponto de lhe esgotar.

9. REALE, Miguel. A teoria estimativa do direito (notas à margem do último livro de Carlos Cossio). **Revista da Faculdade de Direito da Universidade de São Paulo**. v.39, São Paulo: Universidade de São Paulo, 1944. Disponível em: <http://www.revistas.usp.br/rfdusp/article/view/66024/68635>. Acesso em: 09 dez. 2016, p.144.

10. Toma-se em conta que o signo, como construção linguística (apreensível como

interpretação e jurisprudência. Sua harmonia só é presente e aferível quando do arranjo e formação da norma individual e concreta – ou do processo decisório de um modo geral, espraiadas no Novo Código de Processo Civil -, que dotam o sistema jurídico de uma carga maior - ao menos pretendida - de objetivação da lide.

Na concepção autopoiética de sistema jurídico luhmanniano[11], a diferenciação funcional própria do Direito, enquanto sistema jurídico, reside, não propriamente em dar conformação comportamental, dentro da noção de conduta humana intersubjetivada, mas, antes, em assegurar as expectativas normativas contrafáticas, não se adaptando aos fatos, portanto, protegendo quem espera um comportamento conforme a norma – situação contrária, então, da expectativa cognitiva, que se revela adaptada.

Essa expectativa normativa, própria do sistema jurídico, pauta-se na generalidade, que traz a includência e, por decorrência, a igualdade – e na congruência, seja na sua consideração temporal (ao utilizar-se da sanção, mantém a integridade da expectativa normativa), seja social (na medida da presença do consenso mínimo em que devem se encontrar os interessados ou partes), seja material (ao oferecer segurança contra as contradições). Alinhando-se, ao final, com a estipulação dos precedentes judiciais passíveis de observação nas prescrições do Novo Código de Processo Civil – em especial, nas disposições do seu artigo 927.

Aponta-se, incidentalmente, a possível existência de uma patologia sistêmica, na medida em que, na sua atuação,

---

teoria dos signos verbais), não pode construir uma realidade que lhe seja exterior. Desta maneira, o objeto científico só pode ser apreendido pela própria atividade do pesquisador, com a limitação de seu acervo de linguagem. Assim, concebemos a linguagem, como elemento central de qualquer investigação científica. Neste sentido, Luis Alberto Warat: "Na verdade as linguagens não se esgotam nas informações transmitidas, pois elas engendram uma série de ressonâncias significativas e normalizadoras das práticas sociais (WARAT, Luis Alberto. **O direito e sua linguagem**. 2.ed. Porto Alegre: Sergio Antonio Fabris, 1995, p.15).

11. LUHMANN, Niklas. **Introdução à teoria dos sistemas**. 2.ed. Petrópolis, RJ: Vozes, 2010, p.102-111.

verifica-se um deslocamento dos Poderes "centrais" – Poder Executivo e Poder Judiciário – para as regiões periféricas do sistema, passando a receber diretamente os estímulos sociais e rompendo com a estrutura de Direito Positivo, uma vez comprometidos com o "input" do sistema jurídico positivado.

E isto, inegavelmente, pode tonar-se mais frequente quando se analisa mais de perto as decisões proferidas pelos tribunais superiores, sobretudo diante das mudanças processuais civis do Novo Código de Processo Civil que, em específico quanto ao Poder Judiciário, pode reposicioná-lo, de maneira equivocada, no campo de atuação do sistema jurídico, na consideração autopoiética.

Em suma, da conjugação das expectativas normativas – na pauta das decisões judiciais e da dogmática –, apreende-se uma possível continuidade entre o passado e o futuro, apta para traduzir na complexidade social um grau mínimo de segurança jurídica, uma vez que, ao longo do tempo considerado, poderá emergir elementos de igualdade de tratamento na consideração do sistema positivado.

O que se colhe, em resultado, com a concepção autopoiética de sistema jurídico, é a busca de maior equilíbrio do sistema jurídico com a dotação de um maior grau de certeza jurídica nas relações estabelecidas e, consequentemente nos comportamentos jurídicos relevantes, na medida em que o ajuste temporal se fará sentir entre as expectativas normativas[12], fruto, pois, da atuação central dos Poderes Executivo e Judiciário e periférica do Poder Legislativo.

---

12. Celso Fernandes Campilongo traz a concepção de expectativas normativas, com base na doutrina luhmanniana. No ponto, a sua lição: "Para Luhmann, o direito promove a 'generalização congruente das expectativas normativas'. [...] 'Generalização' equivale a dizer que o critério para a compreensão do sistema não pode ser individual ou subjetivo. [...] 'Congruente' significa a generalização da segurança do sistema em três dimensões: temporal [...]; social [...]; material. [...] 'Expectativas normativas' são aquelas que resistem aos fatos, não se adaptam às frustrações ou, na linguagem de Luhmann, não estão dispostas à aprendizagem." (CAMPILONGO, Celso Fernandes. **Política, sistema jurídico e decisão judicial**. 2.ed. São Paulo: Saraiva, 2011, p.19).

3. DAS NOTAS GERAIS DOS PRECEDENTES JUDICIAIS NA DISCIPLINA DO NOVO CÓDIGO DE PROCESSO CIVIL

As novas implementações normativas do Novo Código de Processo Civil que, em nosso entender, pretendem maior estabilidade das relações jurídicas, não podem ser considerada uma modalidade de determinismo forte[13], mas um elemento de persuasão razoável, na seara do Direito brasileiro. Nesta toada, questiona-se se o Novo Código de Processo Civil traduz um novo sistema de vinculatividade no processo civil brasileiro, ou revela-se um mecanismo de persuasão decisória, em otimização do sistema jurídico positivado, com caminho de trânsito decisório estreito entre as normas positivadas.

Em linhas gerais, a consideração de precedente judicial – a depender do sistema jurídico associado – será um conceito mais amplo que o de antecedente judicial. Pressupondo, além da anterioridade relativa, uma modalidade de confrontação, numa abordagem simplificadora, com um novo fato ou uma nova situação, sobre os quais o precedente judicial exercerá uma influência em graus valorativos distintos (obrigatório ou persuasório), revelado na exposição tensional entre os limites da lei e dos precedentes judiciais para a consideração desta área de expressão do Direito – ou ambiente decisional[14].

---

13. O que nos remete ao trabalho de J. J. Gomes Canotiho, apreendido pela inegabilidade do indeterminismo, ou melhor, da presença de um determinismo mitigado, na medida em que a Constituição – ou, expansivamente, o Direito – não dá resposta a todos os problemas relacionados às fontes do direito e na conformidade de qualquer sistema complexo, existem problemas relacionados com a unidade do sistema jurídico ". (CANOTILHO, J.J. Gomes. **Direito constitucional e teoria da Constituição**. 7.ed. Coimbra: Almedina, 2003, p.1195-1197).

14. Por "ambiente decisional", vai se ter, numa generalização processualística, as situações de direito material que serão objeto das decisões judiciais. Conforme o trabalho de Teresa Arruda Alvim Wambier, cuida-se de elemento conceitual orientador, essencialmente, das considerações funcionais da lei e da jurisprudência: "Este conceito deve orientar nossas considerações sobre a função da lei e a função da jurisprudência, sobre a evolução do direito, sobre a conveniência da adoção de precedentes vinculantes ou que inspirem elevado grau de respeito. Não há uma resposta universal a todas as perguntas que se podem formular acerca destes

A observação ao precedente judicial é um dos pontos de maior reflexão e impacto, decorrente do novo regramento processual civil brasileiro. Inequívoco, contudo, a sua ideia e trabalho, ligada necessariamente à noção de sistema, em que, essencialmente, a análise do precedente judicial toma a perspectiva temporal dúplice. Isto ocorre na medida em que no tempo de sua formação seria analisada sob a perspectiva do passado; ao passo que no tempo do seu resultado – a solução do litígio –, relacionar-se-ia com a perspectiva do futuro[15], revelando-se a aplicação pelos casos semelhantes.

Aponta-se aqui, uma das preocupações quanto aos precedentes judiciais, com a desconsideração, pelo operador do Direito, sistêmica de sua formação e aplicação, levando-se à concepção conhecida como "realismo à brasileira". Trata-se de uma situação jurídica em que a verdade e a validade das suas proposições decorrem, única e exclusivamente, por terem sido proferidas por órgãos do Poder Judiciário, em franco abandono das normas jurídicas elaboradas pelo Poder Legislativo[16].

O Novo Código de Processo Civil trata desta preocupação em relação aos precedentes judiciais, como modalidade possível de uniformidade e estabilidade[17] – numa pretensão, em

---

tópicos. Justamente a distinção entre ambientes de decisão pode, a nosso ver, servir de útil ponto de partida para reflexões". (WAMBIER, Teresa Arruda Alvim. Precedentes e evolução do direito. In: (Coord.) WAMBIER, Teresa Arruda Alvim. **Direito jurisprudencial**. São Paulo: RT, 2012, p.17).

15. O tempo normativo é explorado por Tercio Sampaio Ferraz Junior na medida em que a positivação estrutura a diacronia – passado e futuro – em sincronia, correndo de modo inverso. (FERRAZ JUNIOR, Tercio Sampaio. **O direito**: entre o futuro e o passado. São Paulo: Noeses, 2014, p.21).

16. Registre-se a posição doutrinária de José Luis Martí, com a crítica do deslocamento do Direito do plano do conhecimento para o plano da vontade, traduzindo as incompatibilidades, aqui sintetizados: separação dos Poderes; o próprio Estado de Direito, com a necessidade de conhecimento prévio das normas; a potencial facultatividade na proteção dos direitos fundamentais e, por fim, a deficiência democrática. (MARTÍ, José Luis. El realismo jurídico: uma amenaza para el liberalismo y la democracia. In: **Revista Isonomía**, n.17, Cidade do México, jun.2002, p.259-282).

17. Nestes termos, ressaltamos, que a dicção do artigo 926, *caput*, do Novo Código

nosso sentir, de determinismo forte, em causalismo jurídico –, por meio de seus artigos 926 a 928, Capítulo I – "Disposições gerais", do Título I – "Da ordem dos processos e dos processos de competência originária dos tribunais". Paralelamente a este conjunto normativo específico, alinha-se a disciplina normativa do artigo 489, § º, V e VI, do mesmo diploma, determinantes para formar a teoria dos precedentes judiciais, na consideração de Renato Lopes Becho[18].

O que se tem é que o uso de precedentes judiciais é comum em sistemas jurídicos complexos, seja pelos sistemas da matriz romano-germânica, seja da matriz anglo-saxônica. Contudo, merecem destaque suas divergências próprias, garantidoras de sua sobrevivência, reveladas, ao final, por normas diretivas de otimização de paradigmas[19] e não, propriamente, ingressando no sistema jurídico da *common law*.

O que se pode apreender, por um lado, é que a tentativa de implementação de um determinismo forte, e decorrente vinculatividade, para o sistema de precedentes constante do Novo Código de Processo Civil, vai encontrar sua expressão no instrumento processual da reclamação. Por outro lado, num grau de obrigatoriedade menor, no sentido de uma proposta otimizadora, contraposta, inclusive, pelo juiz de 1ª instância por meio da disciplina normativa do artigo 489, §1º, V e VI, do Novo Código de Processo Civil.

---

de Processo Civil toma a seguinte preocupação, na linha de verdadeiro comando ordenatório: "Os tribunais devem uniformizar a sua jurisprudência e mantê-la estável, íntegra e coerente".

18. "Esses dois incisos positivam, entre nós, a doutrina ou teoria dos precedentes e justificam uma análise comparativa entre nosso ordenamento jurídico e o inglês, ainda que feito muito brevemente, mas cujo resultado poderá mudar o rumo da jurisprudência tributária". (BECHO, Renato Lopes. O desprestígio da lei em decisões "descuidadas" no aniversário do CTN. **Revista do Advogado**. Associação dos Advogados de São Paulo n.132, São Paulo, 2016, p.96).

19. BUENO, Cassio Scarpinella. **Novo código de processo civil anotado**. São Paulo: Saraiva, 2015, p.567-568.

Naquilo que diz respeito à reclamação, instrumento processual, essencialmente, ligado à preservação da competência judicante do tribunal e para a garantia da autoridade de suas decisões, com natureza jurídica, por nós considerada, de ação, uma vez que instaura uma nova relação jurídica e produz coisa julgada como eficácia de sua decisão.

O Novo Código de Processo Civil, de sua parte, ampliou as hipóteses de aplicação, transcendendo os limites constitucionais relacionadas pelo artigo 102, I, *l*, da Constituição Federal de 1988, ligado à preservação da competência do Supremo Tribunal Federal e da garantia da autoridade de suas decisões; e pelo artigo 103-A, § 3º, relacionada à decisão que não observar súmula vinculante; bem como, naquilo que diz respeito à preservação da competência e da garantia da autoridade das decisões do Superior Tribunal de Justiça, na forma da disposição do artigo 105, I, *f*, da Constituição Federal de 1988.

Assim, questiona-se, evidentemente, a constitucionalidade da ampliação do Novo Código de Processo Civil diante do cabimento da reclamação – e seu considerado modelo de vinculatividade - para a garantia de tese firmada em incidente de resolução de demandas repetitivas ou em incidente de assunção de competência.

Dessa forma, pragmaticamente, parece-nos caber ao operador do Direito (o que inclui a autoridade judicante judicial ou administrativa[20]), um posicionamento árduo no estreito caminho, entre a linha estratificada dos precedentes judiciais (artigos 926 a 928 do Novo Código de Processo Civil) e a linha possível de caminho corretivo – e emanadora, de sua parte, de possível revisão judicial – *overruling* - do tribunal superior de sua posição, diante da eventual interposição de reclamação.

Destaque-se, por sua vez, a expressão utilizada pelo artigo 927 do Novo Código de Processo Civil[21], valendo-se do ver-

---

20. Para tanto, destaque-se o artigo 15 do Novo Código de Processo Civil, que traduz a subsidiariedade e supletividade da disciplina e institutos relacionados ao processo administrativo, dentre eles o tributário.

21. Art. 927. Os juízes e os tribunais observarão: I – as decisões do Supremo

bo "observar". O fato aponta para uma possível interpretação de que se apresenta com caráter vinculante, pois o texto normativo, em referência, mostra-se inegavelmente imperativo. Mas não se encontra lastro constitucional para fundamentar-lhe tal concepção, uma vez que, essencialmente os tribunais judiciários – em especial, os tribunais superiores (Supremo Tribunal Federal e Superior Tribunal de Justiça), em regra, a menos da disposição de súmula vinculante junto ao Supremo Tribunal Federal, estratificada pelo artigo 103-A da Constituição Federal de 1988, não legislam para todos, com a elaboração de preceitos abstratos gerais, como faz crer o conteúdo dos incisos do referido artigo codificado, que para sua conformação necessitaria do pressuposto de validade constitucional[22].

Portanto, o papel da autoridade judicante monocrática no ato decisório passa a percorrer um estreito caminho rumo à otimização do processo e consequente estabilização do litígio, com igualdade e uniformidade, assim expresso: (I) o caminho apresentado pelo artigo 489 do Novo Código de Processo Civil, em que a autoridade judicante monocrática, à vista da aferição

---

Tribunal Federal em controle concentrado de constitucionalidade; II – os enunciados de súmula vinculante; III – os acórdãos em incidente de assunção de competência ou de resolução de demandas repetitivas e em julgamento de recursos extraordinário e especial repetitivos; IV – os enunciados das súmulas do Supremo Tribunal Federal em matéria constitucional e do Superior Tribunal de Justiça em matéria infraconstitucional; V – a orientação do plenário ou do órgão especial aos quais estiverem vinculados. § 1º Os juízes e os tribunais observarão o disposto no art. 10 e no art. 489, § 1º, quando decidirem com fundamento neste artigo. § 2º A alteração de tese jurídica adotada em enunciado de súmula ou em julgamento de casos repetitivos poderá ser precedida de audiências públicas e da participação de pessoas, órgãos ou entidades que possam contribuir para a rediscussão da tese. § 3º Na hipótese de alteração de jurisprudência dominante do Supremo Tribunal Federal e dos tribunais superiores ou daquela oriunda de julgamento de casos repetitivos, pode haver modulação dos efeitos da alteração no interesse social e no da segurança jurídica. § 4º A modificação de enunciado de súmula, de jurisprudência pacificada ou de tese adotada em julgamento de casos repetitivos observará a necessidade de fundamentação adequada e específica, considerando os princípios da segurança jurídica, da proteção da confiança e da isonomia. § 5º Os tribunais darão publicidade a seus precedentes, organizando-os por questão jurídica decidida e divulgando-os, preferencialmente, na rede mundial de computadores.

22. NERY JÚNIOR, Nelson; NERY, Rosa Maria de Andrade. **Código de processo civil comentado**. 16.ed. São Paulo: RT, 2016, p.1963.

de que o acórdão do precedente judicial foi construído de maneira descuidada, não o aplica; (II) o caminho apresentado pela observação dos precedentes judiciais, na forma das disposições dos artigos 927 a 928 do Novo Código de Processo Civil. Cuida-se da aferição de equilíbrio e ponderação da apreensão da *ratio decidendi* (comportando comungar com a essência da tese presente no precedente judicial); e, por fim, (III) o caminho apresentado pelo "realismo à brasileira" (referindo-se à situação jurídica em que a verdade das proposições decorre do fato de terem sido proferidas por órgãos do Poder Judiciário – afere-se apenas o órgão emanador do precedente judicial), situação de comodidade e, ao final, de não otimização processual[23].

Então, neste estreito caminho da realidade dos precedentes judiciais no Brasil, permeados por um inegável questionamento da constitucionalidade de sua atual expressão, ganha destaque a consideração dos ambientes decisionais, como um critério objetivo – ao menos mínimo o suficiente – de sua aplicação, que conforme expõe Teresa Arruda Alvim Wambier[24], entende-se por ambiente decisional "a área de direito material ou substancial, com seus próprios princípios e regras, em que o conflito deve ser resolvido". Neste conceito, emerge a dicotomia entre a certeza e a flexibilidade da área do Direito material em questão, na medida em que em algumas áreas do Direito a atuação judicial será mais ampla, por outro lado, em outras áreas, será mais restrita[25].

---

23. Esclarecedora a posição de Neil Duxbury quanto a situações de uso do precedente judicial: "Algumas vezes, apontar-se para um precedente era obviamente uma forma de ser justo. Mas, em outras vezes, eu tinha a certeza de que era o caminho do covarde ou uma desculpa para a inércia". (DUXBURY, Neil apud WAMBIER, Teresa Arruda Alvim. Precedentes e evolução do direito. In: (Coord.) WAMBIER, Teresa Arruda Alvim. **Direito jurisprudencial**. São Paulo: RT, 2012, p.14-15).

24. WAMBIER, Teresa Arruda Alvim. Precedentes e evolução do direito. In: (Coord.) WAMBIER, Teresa Arruda Alvim. **Direito jurisprudencial**. São Paulo: RT, 2012, p.52-53.

25. Enfatiza-se, no ponto, a inquietude gerada por um ativismo judicial dilatado, decorrente da criação de um ambiente – produzido por fatores sócio-político-econômicos e jurídicos – em que se instala a conflituosidade de larga abrangência diretamente junto ao Poder Judiciário. Para tanto, por ativismo judicial, vai se ter com Elival da Silva Ramos, que "[...] deve-se entender o exercício da função jurisdicional para além

Com este questionamento sobre a atuação judicial – ampla ou restrita – apreende-se as áreas decisionais "frouxas"[26] (ou, por nós, preferencialmente, concebidas como de maior indeterminação) em que se tem um maior permissivo de atuação judicante, diante da necessidade de se estabilizar e harmonizar certa área do Direito material, no intuito de recompor a segurança sistêmica.

Estes pontos de abertura da atuação judicial, no escopo legal, encontram-se divididos[27] em: (I) utilização de "conceitos jurídicos indeterminados", relacionados com a predefinição da consequência jurídica, porém, encontra-se em aberto o pressuposto normativo; (II) utilização de "conceitos normativos", concebida, em verdade, como subespécie dos "conceitos jurídicos indeterminados", que contam com a valoração – o mais objetiva possível; (III) utilização de "conceitos discricionários", que contam com a valoração – subjetiva do aplicador do Direito; e (IV) utilização de "cláusulas gerais", que não incorporam qualquer consequência jurídica, sendo totalmente abertas, tanto no pressuposto quanto na consequência jurídica da norma.

Contudo, há que ser dito, que existem áreas do Direito em que os ambientes decisionais não apresentam um grau de mobilidade da autoridade judicante, sendo precisamente determinados, assim, pela lei. Assim, podem ser consideradas como "áreas mais duras" (ou de maior determinação legal)[28].

---

dos limitantes impostos pelo próprio ordenamento que incumbe, institucionalmente, ao Poder Judiciário fazer atuar, resolvendo litígios de feições subjetivas (conflitos de interesse) e controvérsias jurídicas de natureza objetiva (conflitos normativos). Essa ultrapassagem das linhas demarcatórias da função jurisdicional se faz em detrimento, particularmente, da função legislativa, não envolvendo o exercício desabrido da legiferação (ou de outras funções não jurisdicionais) e sim a descaracterização da função típica do Poder Judiciário, com a incursão insidiosa sobre o núcleo essencial de funções constitucionalmente atribuídas a outros Poderes". (RAMOS, Elival da Silva. **Ativismo judicial**: parâmetros dogmáticos. São Paulo: Saraiva, 2010, p.308).

26. WAMBIER, Teresa Arruda Alvim. Precedentes e evolução do direito. In: (Coord.) WAMBIER, Teresa Arruda Alvim. **Direito jurisprudencial**. São Paulo: RT, 2012, p.18.

27. ENGISCH, Karl. **Introdução ao pensamento jurídico**. Tradução de João Baptista Machado. 8.ed. Lisboa: Fundação Calouste Gulbenkian, 2001, p.208-228.

28. Está a expressão utilizada por Teresa Arruda Alvim Wambier, enfatizando sua aplicação, sobretudo quando se toma o direito penal e o direito tributário.

Nestes termos, o ramo do Direito revela-se um critério objetivo determinante em correlação ao tipo de decisão que pode ser resultante. Nesta medida, campos do Direito, como o Direito Tributário e o Penal, podem ser apreendidos como ambientes decisionais mais rígidos, onde não haveria espaço para a autoridade judicante alterar regras de Direito material.

Nesses ambientes decisionais, a autoridade judicante encontra-se com atuação mais determinada ou cerrada. São ambientes decisionais dotados de maior rigor, restando à atividade legislativa preencher seus elementos essenciais.

Tem-se, portanto, a aferição da força persuasiva dos precedentes à brasileira, em que se pode apreender a presença de conceitos próprios do manejo com precedentes judiciais, sensivelmente originados do sistema legal da *common law*, construído por meio de um senso comum de justiça, como a igualdade, na linha básica de um processo de repetição, replicando a justiça, com tendência a permanecer no sistema jurídico, ou, ao causar injustiça, com tendência de reforma.

Resultando disto, como um dos grandes desafios emergentes, a importância do modo de extração (melhor a expressão construção, à vista de seu cuidar também de um processo de interpretação)[29] legítima de regras persuasivas, a partir de um precedente judicial.

Dessa forma, na operabilidade do sistema jurídico, à parte, para a defesa de seus interesses, procura por um precedente

---

(WAMBIER, Teresa Arruda Alvim. Precedentes e evolução do direito. In: (Coord.) WAMBIER, Teresa Arruda Alvim. **Direito jurisprudencial**. São Paulo: RT, 2012, p.68).

29. Com André Ramos Tavares apreende-se, em síntese, o modelo interpretativo associado a cada sistema legal, na medida em que o modelo da "civil law" – ou codificado – revela-se pelo raciocínio abstrato e dedutivo pelo operador do Direito, ao passo que no sistema legal da "common law" revela-se fortemente suportado na decisão judicial – *judge made law* –, atuando por meio de um raciocínio indutivo, com a busca nos julgados da norma de decisão dos casos em repetição sequencial. (TAVARES, André Ramos. **Reforma do Judiciário no Brasil pós-88**: (des) estruturando a justiça: comentários completos à Emenda Constitucional n. 45/04. São Paulo: Saraiva, 2005, p.108-109).

judicial que lhe dê sustento argumentativo. Para tanto, deve identificar os fatos relevantes do seu caso concreto, revelando-se a questão legal que será decidida. À parte, então, circunstancia um precedente judicial que tenha abordado as mesmas questões de direito, constatando que este precedente judicial pautou-se, essencialmente, na mesma situação de fato relevante para decidir o caso concreto. Ou seja, estabelece-se um raciocínio analógico entre o precedente judicial – aparentemente aplicável – e o caso concreto sujeito à decisão judicial.

Portanto, o trabalho com precedentes judiciais implica a apreensão e o domínio de uma série de conceitos aplicáveis aos seus procedimentos. Dentre eles, destacam-se: (I) "Holding" e *ratio decidendi* (apreensíveis como expressões sinônimas) relacionadas à norma construída a partir do caso concreto pelos tribunais superiores, servindo de persuasão dos tribunais inferiores, traduzem a essência da tese jurídica necessária e suficiente para produzir a decisão do caso concreto. Uma regra de direito – e jamais de fato – que vincula os julgamentos futuros, internamente ao tribunal superior ou em relação aos tribunais inferiores; (II) *Obiter dictum* cuida-se de elemento processual de passagem da fundamentação da decisão, dispensável, portanto, para invocar como precedente judicial com qualquer relação em caso concreto análogo, guardando relação com as considerações marginais apresentadas pelo órgão judicante, apresentando, quando muito, uma carga de persuasividade em relação aos casos futuros juridicizados; (III) *Distinguish* conceito relacionado à modalidade de exceção frente a uma regra geral (decorrente da *ratio decidendi* ou *holding*), a despeito do caso concreto estar no seu horizonte de aplicação, em razão de que os fatos relevantes ou a lógica da decisão de sua fundamentação não se revelam aplicáveis ao caso submetido à decisão por decorrência de peculiaridades; (IV) *Overrruling* e *overriding* ligados à revogação do precedente judicial que prevalecia; apresentam, de outra parte, diferença quanto à abrangência de seus efeitos jurídicos, na medida em que por *overruling* tem-se a revogação total de um precedente, ao passo que por *overriding* haverá revogação parcial.

4. EM BUSCA DE UM FUNDAMENTO PARA A APLICAÇÃO DOS PRECEDENTES JUDICIAIS NO SISTEMA JURÍDICO BRASILEIRO

Inobstante as possíveis inconstitucionalidades que podem ser apontadas com o tema, os precedentes judiciais traduzem um conjunto de pretensões próprias de segurança e previsibilidade jurídicas, intencionalmente aportadas no sistema jurídico brasileiro, através das normas do Novo Código de Processo Civil.

O Direito, apreendido como conduta em interferência intersubjetiva, em juízo disjuntivo – diante da releitura que Carlos Cossio (e o que denominou de teoria egológica do Direito), promove do juízo hipotético da norma jurídica, ao considerar a conduta com o pensamento em sua licitude ou ilicitude. Desta maneira, o Direito é um elemento, essencialmente, sujeito à violação e próprio da liberdade individual, de maneira que a normatividade deve ser apreendida, antes, na conduta do agente (livre)[30], mediante a experiência jurídica da autoridade judicante, (protagonista na aplicação do Direito). Isto deve ocorrer com a valoração da autoridade judicante e do sistema jurídico (perdendo-se a suposta neutralidade científica do Direito, traduzindo, ainda, uma "objetividade possível" para aplicar a lei democraticamente produzida pelos parlamentos).

Não se revelaria possível a constituição do fato jurídico sem o operador do Direito influenciá-lo de maneira sensível, uma vez que no recorte da suficiência do suporte fático, tem-se a intensa e exclusiva atuação do intérprete na sua aferição (ou, com a influência da filosofia de David Hume[31]). A cone-

30. Evidente a alteração lógica da proposta cossiana frente ao paradigma de Hans Kelsen, colocando a licitude em primeiro plano e a ilicitude – a sanção – em plano inferior. Neste sentido o que se apreende de Arnaldo Vasconcelos: "Com a alteração Cossio quis privilegiar o momento jurídico da liberdade, enquanto Kelsen pretendeu destacar a importância ímpar do ilícito como uma única via de acesso ao Direito. Como se pode observar, são posições diametralmente opostas, tendentes antes a afastar seus defensores, do que aproximá-los". (VASCONCELOS, Arnaldo. **Teoria pura do direito**: repasse crítico de seus principais fundamentos. Rio de Janeiro: 2003, p.72).

31. HUME, David. **Tratado da natureza humana**: uma tentativa de introduzir o método experimental de raciocínio nos assuntos morais. Tradução de Débora Danowski. 2.ed. São Paulo: Unesp, 2009, p.101-111.

xão entre a causa e o efeito, entre a incidência de uma regra jurídica sobre um suporte fático, que constitui um fato jurídico, mostrar-se-ia arbitrária (ao menos na arbitrariedade estatal da seleção e estabelecimento da causalidade jurídica).

Em nosso entender, a corrente de pensamento da teoria egológica do Direito deposita seus esforços justamente na composição do fato jurídico pela autoridade judicante, a partir da distinção entre fato e evento[32], promovendo uma saturação adicional da camada de linguagem da conformação do fato e do consequente jurídico.

Daí sua importância na aplicação dos "precedentes judiciais" atualmente no Brasil, assumindo-se a concepção semântica de norma – suficiente para distinguir entre norma e enunciado normativo –, em que a mesma é construída pelo significado de um enunciado normativo, conforme lição de Robert Alexy[33].

Em notas gerais, regras e princípios podem, sumariamente, ser entendidos como espécies de normas, por ambas veicularem, ao final, juízos deônticos, sendo ambas razões para juízos concretos, ainda que de espécies diferentes. Não sendo incomum, na ordem operacional do Direito, a aproximação conceitual entre regra e norma.

5. DA CASUÍSTICA: BREVE ANÁLISE DA JUDICÂNCIA DO SUPREMO TRIBUNAL FEDERAL: RE 593.849/MG (rep. geral) - ENTRE O ATIVISMO JUDICIAL E O FIM DA SUBSTITUIÇÃO TRIBUTÁRIA?

Concebe-se, sinteticamente para os limites do presente trabalho, o ativismo judicial sempre que o objeto, o

---

32. Paulo de Barros Carvalho, percorrendo o trabalho de Jürgen Habermas ("Teoria da ação comunicativa") promove a distinção entre fato jurídico e evento, mediante a associação das concepções de autoridade competente e o uso da teoria das provas. (CARVALHO, Paulo de Barros. **Direito tributário**: fundamentos da incidência. 2.ed. São Paulo: Saraiva, 1999, p.89).

33. ALEXY, Robert. **Teoria dos direitos fundamentais**. Tradução de Virgílio Afonso da Silva. São Paulo: Malheiros, 2008, p.54.

procedimento ou o instrumento, próprios da função típica do Poder Legislativo, são invadidos por atos da atividade judicante do Poder Judiciário. Assim, afere-se o ativismo judicial na medida em que o Poder Legislativo deixa de produzir democraticamente - essência de procedimento - os princípios e regras constitucionais - essência de objeto – por meio de normas gerais e abstratas – essência de instrumento -, passando a ser conduzidas pelas atividades do Poder Judiciário, que se estratifica como ativista ao delimitar materialmente normas gerais e abstratas por meio de suas decisões, aferida em maior grau em função da essencialidade dos direitos atingidos[34].

Uma das indagações em torno da decisão do Recurso Extraordinário – RE – nº 593.849/MG, decidido sob o rito da repercussão geral, é se o Colendo Pretório Excelso teria promovido ato de ativismo judicial, em descompasso com a prescrição normativa do artigo 150, §7º, da Constituição Federal de 1988.

O RE nº 593.849/MG apresentou como objeto decisório a análise da constitucionalidade da restituição do ICMS cobrado antecipadamente pelo regime de substituição tributária quando a base de cálculo presumida for superior ao valor efetivo da operação.

A substituição tributária para frente tem como finalidade prestigiar a praticidade da atividade fiscal, facilitando a cobrança do ICMS. Esta técnica fiscal tem como pressuposto a eleição de um dos agentes da cadeia de circulação para que se promova o recolhimento antecipado do imposto que seria devido pelas operações posteriores, normalmente centrando-se nas figuras do fabricante ou distribuidor, elege-se um agente da cadeia para recolher. Para lastrear a substituição tributária ampara-se na estipulação de uma base de cálculo do imposto presumida.

O entendimento que o C. STF assentara, até então, decorreu do julgamento da ADI nº 1.851/AL, rel. Min Ilmar Galvão, em

34. Cfr.. ÁVILA, Humberto. Ativismo judicial e direito tributário. In: **Grandes questões atuais do direito tributário**. 15.v. (Coord.) Valdir de Oliveira Rocha. São Paulo: Dialética, 2011, p.151-153.

que, na apreensão interpretativa da disposição do artigo 150, §7º, da Constituição Federal de 1988, entendeu-se que só haveria de se falar em restituição do ICMS se o fato gerador não ocorresse.

Com o julgamento do RE nº 583.489/MG, o STF superou este entendimento de maneira prospectiva – com a modulação de efeitos para os litígios futuros e os pendentes na data de sua decisão -, pautando-se na disciplina do artigo 927, §3º, do Novo Código de Processo Civil. Assim, o STF cuidou do Tema 201 da sistemática da repercussão geral, fixando a tese jurídica:

> É devida a restituição da diferença do Imposto sobre Circulação de Mercadorias e Serviços – ICMS pago a mais no regime de substituição tributária para frente se a base de cálculo efetiva da operação for inferior à *presumida.*

Retome-se que a disciplina constitucional da substituição tributária encontra assento na literalidade do artigo 150, §7º, da Constituição Federal de 1988:

> *A lei poderá atribuir a sujeito passivo de obrigação tributária a condição de responsável pelo pagamento de imposto ou contribuição, cujo fato gerador deva ocorrer posteriormente, assegurada a imediata e preferencial restituição da quantia paga, caso não se realize o fato gerador presumido.*

Sobre este artigo duas interpretações revelam-se possíveis ao se tomar em consideração a expressão final do referido parágrafo ("caso não se realize o fato gerador presumido"), marcadas ou não por uma dose maior de ativismo judicial, a primeira – presente no paradigma superado da ADI nº 1.851 -, essencialmente vinculada à corrente interpretativista do Direito, em que se limita a interpretação aos preceitos expressos da Constituição. A segunda interpretação, presente no atual entendimento do STF, admite a restituição na medida em que que o fato gerador não ocorresse tal como presumido, seja por não realização, seja em razão de que o fato gerador presumido apresente base de cálculo de maior valor que a efetivamente praticada, com o que emerge a vinculação da corrente não interpretativista do Direito, com pauta na adoção de valores e princípios substantivos, não advindos da interpretação direta da Constituição, em marcante característica de ativismo judicial, em nosso sentir.

Como tocado, a técnica da substituição tributária progressiva, veiculada pelo artigo 150, §7º, da Constituição Federal de 1988, estrutura, no âmbito constitucional, a praticidade tributária, viabilizando a atuação da Administração Tributária de maneira eficiente, pois, do contrário, seria necessário a criação de uma estrutura administrativo-tributária de grandes proporções para o atendimento do poder-dever de fiscalização a cargo das Administrações Tributárias.

Por fim, o entendimento abrigado pela decisão final do RE nº 593.849/MG acaba por desnaturar o conceito de substituição tributária, conforme voto dissidente trilhado pelo Min. Teori Zavascki no mesmo julgado: "É claro que nem sempre haverá perfeita coincidência entre o valor presumido e o valor efetivamente realizado. Mas – ressalvadas as óbvias situações de excessos injustificáveis e desarrazoados – é condição inerente ao sistema de substituição tributária progressiva (art. 150, §7º, da CF/88)".

Destaque-se, ainda, a contundência de voto dissidente do Min. Gilmar Mendes: "Portanto, estamos aqui a desarrumar um sistema que funciona. E não é o momento de "acender fósforo para ver se tem gasolina no tanque". É essa a minha ponderação. Do ponto de vista jurídico, não é difícil dizer que se trata de uma realidade institucional. O que se deu ao legislador foi a possibilidade de desenhar a substituição. "Ah, mas houve um caso arbitrário"; o caso arbitrário terá que ser tratado. Uma fixação de um valor absolutamente destoante claro que terá de ser tratada. Mas o sistema em si tem de ser tratado como tal, porque não é pensado para relações individualizadas e singularizadas".

Em suma, naquilo que diz respeito ao RE nº 593.849/MG, a relatada superação prospectiva do paradigma (ADI nº 1.851/AL), nos termos do permissivo do artigo 927, §3º, do Novo

Código de Processo Civil, pode ser considerada como manifesto ativismo judicial, na medida em que desarticula a técnica da substituição tributária progressiva.

REFERÊNCIAS

Livros e artigos

ALEXY, Robert. *Teoria dos direitos fundamentais.* Tradução de Virgílio Afonso da Silva. São Paulo: Malheiros, 2008.

ÁVILA, Humberto. Ativismo judicial e direito tributário. In: *Grandes questões atuais do direito tributário.* 15 v. (Coord.) Valdir de Oliveira Rocha. São Paulo: Dialética, 2011.

BECHO, Renato Lopes. O desprestígio da lei em decisões "descuidadas" no aniversário do CTN. *Revista do Advogado.* Associação dos Advogados de São Paulo n.132, São Paulo, 2016.

BUENO, Cassio Scarpinella. *Novo código de processo civil anotado.* São Paulo: Saraiva, 2015.

BUSTAMANTE, Thomas da Rosa de. *Teoria do precedente judicial:* a justificação e a aplicação de regras jurisprudenciais. São Paulo: Noeses, 2012.

CAMPILONGO, Celso Fernandes. *Política, sistema jurídico e decisão judicial.* 2.ed. São Paulo: Saraiva, 2011.

CANARIS, Claus Wilhelm. *Pensamento sistemático e conceito de sistema na ciência do direito.* 3.ed. Lisboa: Fundação Calouste Gulbenkian, 2002.

CANOTILHO, J.J. Gomes. *Direito constitucional e teoria da Constituição.* 7.ed. Coimbra: Almedina, 2003.

CARVALHO, Paulo de Barros. *Direito tributário:* fundamentos da incidência. 2.ed. São Paulo: Saraiva, 1999.

CORDEIRO, A. Menezes. In: CANARIS, Claus Wilheim. *Pensamento sistemático e conceito de sistema na ciência do direito.* Tradução de Menezes Cordeiro. 3.ed. Lisboa: Fundação Calouste Gulbenkian, 2002.

COSSIO, Carlos. *La teoria egológica del derecho y el concepto jurídico de liberdad.* Buenos Aires: Losada, 1944.

ENGISCH, Karl. *Introdução ao pensamento jurídico.* Tradução de João Baptista Machado. 8.ed. Lisboa: Fundação Calouste Gulbenkian, 2001.

FERRAZ JUNIOR, Tercio Sampaio. *O direito: entre o futuro e o passado.* São Paulo: Noeses, 2014.

HUME, David. *Tratado da natureza humana:* uma tentativa de introduzir o método experimental de raciocínio nos assuntos morais. Tradução de Débora Danowski. 2.ed. São Paulo: Unesp, 2009.

KANT, Imanuel. *Crítica da razão pura.* Tradução de Manuela Pinto dos Santos e Alexandre Fradique Morujão. 5.ed. Lisboa: Fundação Calouste Gulbenkian, 2001.

KELSEN, Hans. *Teoria pura do direito.* Tradução de João Baptista Machado. 6.ed. São Paulo: Martins Fontes, 1999.

LUHMANN, Niklas. *Introdução à teoria dos sistemas.* 2.ed. Petrópolis, RJ: Vozes, 2010.

MARTÍ, José Luis. El realismo jurídico: uma amenaza para el liberalismo y la democracia. In: *Revista Isonomía,* n.17, Cidade do México, jun.2002.

NERY JÚNIOR, Nelson; NERY, Rosa Maria de Andrade. *Código de processo civil comentado.* 16.ed. São Paulo: RT, 2016.

RAMOS, Elival da Silva. *Ativismo judicial:* parâmetros dogmáticos. São Paulo: Saraiva, 2010.

REALE, Miguel. A teoria estimativa do direito (notas à margem do último livro de Carlos Cossio). *Revista da Faculdade de Direito da Universidade de São Paulo.* v.39, São Paulo: Editora da Universidade de São Paulo, 1944. Disponível em: <http://www.revistas.usp.br/rfdusp/article/view/66024/68635>. Acesso em: 09 dez. 2016.

TAVARES, André Ramos. *Reforma do Judiciário no Brasil pós-88:* (des)estruturando a justiça: comentários completos à Emenda Constitucional n. 45/04. São Paulo: Saraiva, 2005.

TORRES, Ricardo Lobo. Noção de sistema tributário. In: (Coords.) MARTINS, Ives Gandra da Silva; NASCIMENTO, Carlos Valder e MARTINS, Rogério Gandra da Silva. *Tratado de direito tributário.* v.1. São Paulo: Saraiva, 2011.

WAMBIER, Teresa Arruda Alvim. Precedentes e evolução do direito. In: (Coord.) WAMBIER, Teresa Arruda Alvim. *Direito jurisprudencial.* São Paulo: RT, 2012.

WARAT, Luis Alberto. *O direito e sua linguagem.* 2.ed. Porto Alegre: Sergio Antonio Fabris, 1995.

Legislação nacional

BRASIL. Presidência da República. Constituição da República Federativa do Brasil de 1988. Disponível em: <http://www.planalto.gov.br/ccivil_03/constituicao/constituicaocompilado.htm>. Acesso em: 04 jun. 2019.

_____; _____. Código de Processo Civil. Lei ordinária n. 13.105, de 16 de março de 2015. Disponível em: <http://www.planalto.gov.br/ccivil_03/_ato2015-2018/2015/lei/l13105.htm>. Acesso em: 15 jun. 2017.

Decisões judiciais

BRASIL. Supremo Tribunal Federal. Ação direta de inconstitucionalidade – ADI n. 1.851. Disponível em: <http://redir.stf.jus.br>. Acesso em: 04 jun. 2019.

_____; _____. Recurso extraordinário – RE n. 593.849/MG. Disponível em: <http://redir.stf.jus.br>. Acesso em: 04 jun. 2019.

A TRANSCENDÊNCIA DOS FUNDAMENTOS DETERMINANTES DA DECLARAÇÃO DE INCONSTITUCIONALIDADE DA LEI EM SEDE DE CONTROLE CONCENTRADO

José Américo Zampar Júnior[1]

Juliana Carolina Frutuoso Bizarria[2]

1. Introdução

A necessidade de respeito às decisões paradigmáticas – precedentes – integra não apenas a lógica de funcionamento da *common law* como também a do *civil law,* pois relaciona-se à ideia de coerência do sistema, ou seja, visa propiciar a unidade, previsibilidade e estabilidade do Direito, garantindo tratamento isonômico aos jurisdicionados. Está diretamente relacionada à segurança jurídica. No ordenamento brasileiro,

1. Mestre em Direito Processual Civil pela PUC-SP. Especialista em Direito Civil e Empresarial pela PUC-PR. Bacharel em Direito pela UNESP. Membro do Instituto Brasileiro de Direito Processual (IBDP) e do Centro de Estudos Avançados de Processo (CEAPRO). Servidor público federal.

2. Mestranda em Direito Processual Civil pela PUC-SP. Especialista em Direito Contratual e em Direito Processual Civil pela PUC-SP. Bacharel em Direito pela UNESP. Advogada.

a necessidade de respeito à estas decisões foi o meio utilizado pelo legislador no intuito de eliminar a divergência jurisprudencial, constante e imotivada, fazendo-se respeitar as orientações dos Tribunais Superiores, que são as Cortes a quem cabe o papel de uniformização do direito.

O respeito às decisões paradigmas não deve se restringir apenas ao seu comando – parte dispositiva da decisão – mas também em relação aos seus fundamentos determinantes – *ratio decidendi*.

A Constituição da República Federativa do Brasil ao estabelecer o controle concentrado de constitucionalidade das leis como uma das formas de se manter a unidade e integridade do direito brasileiro fixou que as decisões ali proferidas produzem eficácia contra todos e efeito vinculante, relativamente aos demais órgãos do Poder Judiciário e à administração pública direta e indireta, nas esferas federal, estadual e municipal.

Embora seja esta a redação do texto constitucional, a doutrina e a jurisprudência do Supremo Tribunal Federal vêm enfrentando dificuldades, ao longo das últimas décadas, em determinar o adequado alcance do efeito vinculante da decisão proferida em sede de controle concentrado de constitucionalidade e de aceitar a reclamação como mecanismo apropriado para que prevaleça a autoridade destas decisões, na hipótese em que não haja plena identidade entre o ato impugnado e a parte dispositiva da decisão de inconstitucionalidade.

O estudo enfrenta o debate acerca da adequada interpretação a ser atribuída ao efeito vinculante das decisões proferidas pelo Supremo Tribunal Federal em sede de controle concentrado de constitucionalidade, analisando a possibilidade de transcendência dos fundamentos determinantes desta decisão à luz dos avanços interpretativos trazidos pelo Código de Processo Civil de 2015 e o cabimento da reclamação como remédio adequado para que prevaleça o entendimento que levou à declaração de inconstitucionalidade e garantir a segurança jurídica.

2. A ADI e a eficácia da declaração de inconstitucionalidade

O controle de constitucionalidade difuso tem origem na decisão histórica do juiz John Marshall, no caso *Marbury vs. Madison*, em 1803, nos EUA e é exercido por qualquer juiz ou tribunal e pelo Supremo Tribunal Federal por meio do recurso extraordinário quando da análise do caso concreto. O controle concentrado ou abstrato tem sua origem em 1920, na Áustria, por inspiração de Hans Kelsen, consistindo na ideia de criação de um Tribunal ou Corte Constitucional que, para assegurar a segurança jurídica, era o único órgão incumbido de exercer esse controle, retirando a lei do ordenamento jurídico ou interpretando-a com efeitos *ex nunc*[3].

Com a promulgação da Constituição Republicana em 1891 foi instalado o Supremo Tribunal Federal e introduzido o controle de constitucionalidade (arts. 59 e 60) do tipo difuso, no ordenamento brasileiro. A Emenda Constitucional 16, de 6 de dezembro de 1965, introduziu o controle concentrado de constitucionalidade, por intermédio da denominada ação genérica de inconstitucionalidade (art. 101, I, *k*), mediante a representação do Procurador-Geral da República.

A introdução de um controle principal, por meio de ação direta, em fiscalização abstrata e concentrada, não afetou o controle incidental e difuso já existente e ambos passaram a conviver no sistema brasileiro. Por essa razão, diz-se que o sistema de controle brasileiro é de caráter misto[4], pois excetuando-se o processamento e julgamento, em via principal, das ações diretas pelo STF, a averiguação da constitucionalidade pode ser exercida por todos os órgãos do aparelho judicial no sistema difuso.

A Constituição de 1988 manteve o sistema híbrido e ampliou o controle de constitucionalidade com a previsão de outras ações,

---

3. CANOTILHO, José Joaquim Gomes. *Direito constitucional e teoria da constituição.* 7.ed. Coimbra: Almedina, 2003. p. 900-901.

4. RAMOS, Elival da Silva. *Controle de constitucionalidade no Brasil:* perspectivas de evolução. São Paulo: Saraiva, 2010. p. 248.

bem como a legitimidade para sua propositura, que deixou de ser exclusiva do Procurador-Geral da República para abranger autoridades, órgãos públicos e entidades representativas.

A Constituição atribui a competência ao STF no art. art. 102, I, *a*, para o controle abstrato de constitucionalidade da lei ou ato normativo federal ou estadual, que é efetuado por meio das decisões em julgamento de ação declaratória de constitucionalidade (ADC), ação declaratória de inconstitucionalidade (ADI) e arguição de descumprimento de preceito fundamental para solução de dúvida constitucional (ADPF); sendo que as Leis 9.868 e 9.882 de 1999 disciplinam o seu processamento. O controle abstrato de constitucionalidade de leis ou atos normativos estaduais ou municipais em face da Constituição estadual é realizado pelo Tribunal de Justiça do Estado (art. 125, §2º, da Constituição Federal), na forma em que dispuser a Constituição de cada Estado.

Ao julgar procedente a ADI ou improcedente a ADC, o STF efetua o controle de validade da norma em tese, eliminando-a do ordenamento jurídico se considerada inconstitucional[5]. O objeto é uma lei ou ato normativo[6], que pode ter produzido efeitos ou não, e o processo é objetivo, portanto, não envolve direitos subjetivos e nem há contraditório[7].

A decisão de mérito proferida na ação direta de inconstitucionalidade, em regra, possui efeitos retroativos (*ex tunc*)[8],

---

5. A inconstitucionalidade de uma lei pode acarretar as seguintes variantes de declaração: inconstitucionalidade total; inconstitucionalidade parcial, inconstitucionalidade parcial sem redução do texto ou inconstitucionalidade sem a pronúncia da nulidade.

6. São passíveis de controle de constitucionalidade as diversas espécies normativas constantes no art. 59 da CF/88: emenda constitucional, lei complementar, lei ordinária, lei delegada, medida provisória, decretos legislativos e resoluções, decretos autônomos, legislação estadual e tratados internacionais.

7. BARROSO, Luís Roberto. *O controle de constitucionalidade no direito brasileiro*. 7.ed. São Paulo: Saraiva, 2016. p. 123. No mesmo sentido: BRASIL. Supremo Tribunal Federal. *Rcl 397-RJ*. Relator: Min. Celso de Mello. DJ 21.05.1993. Disponível em: < http://portal.stf.jus.br> Acesso em: 10 mai. 2019.

8. O Tribunal poderá restringir os efeitos da declaração de inconstitucionalidade ou decidir que ela só tenha eficácia a partir de seu trânsito em julgado ou de outro mo-

gerais (*erga omnes*), repristinatórios e vinculantes. Com o trânsito em julgado, esta decisão estará acobertada pela coisa julgada.

A coisa julgada formal refere-se à impossibilidade de discussão da decisão nos limites do processo em que foi proferida, por não estar mais sujeita a recurso. A coisa julgada material "é a qualidade que torna imutável e indiscutível o comando que emerge da parte dispositiva da decisão de mérito (interlocutória ou sentença) não mais sujeita a recurso ordinário ou extraordinário, nem à remessa necessária do CPC 496"[9].

Os contornos da coisa julgada material podem ser definidos por meio da sua extensão, ou melhor dos limites objetivos e subjetivos. Os limites objetivos da coisa julgada indicam o que se submete aos seus efeitos e os limites subjetivos referem-se aos indivíduos que podem ser afetados.

Com relação aos limites subjetivos, em regra, a coisa julgada atinge apenas as partes que participaram do processo (art. 506 do CPC/2015), pois tiveram a oportunidade de exercer o contraditório e deduzir todas as questões pertinentes em sua defesa e, após o encerramento do processo, não será dado à essas partes rediscutir o mesmo objeto em outra ação. Na ação em que se examina a constitucionalidade da lei ou ato normativo os efeitos da decisão têm caráter geral (*erga omnes*), pois embora os órgãos legitimados atuem em nome próprio, o fazem no interesse da sociedade.

No tocante aos efeitos objetivos da decisão, com a procedência do pedido de inconstitucionalidade, a lei ou ato normativo já não mais poderá ser validamente aplicado e não deverá mais produzir efeitos. A declaração de inconstitucionalidade repercute sobre a legislação que havia sido afetada pela lei que foi reconhecida como inválida, portanto, com a superveniência dessa decisão restaura-se a vigência da legislação

---

mento que vier a ser fixado (art. 27 da Lei 9.868/99).

9. NERY JÚNIOR, Nelson; NERY, Rosa Maria de Andrade. *Código de processo civil comentado*. 16.ed. São Paulo: RT, 2016. p. 1.288.

previamente existente revogada pelo diploma objeto do processo de controle normativo abstrato[10].

Além da eficácia contra todos (*erga omnes*) a Constituição dispõe sobre o efeito vinculante das decisões proferidas em ADC e ADI relativamente aos demais órgãos do Poder Judiciário e à Administração Pública direta e indireta, nas esferas federal, estadual e municipal (art. 102, §2º, CF/88). A Lei 9.868/99 também estabelece sobre o efeito vinculante (art. 28, parágrafo único).

3. A introdução do efeito vinculante no direito constitucional brasileiro

O efeito vinculante surgiu no controle concentrado de constitucionalidade europeu em decorrência da necessidade de reforço da eficácia das decisões proferidas no âmbito da jurisdição constitucional frente às manifestações de recalcitrância dos demais poderes e órgãos do Estado, visando inibir a reprodução de atos declarados inconstitucionais. Isso porque a autoridade de tais decisões limita-se, em regra, à parte dispositiva do julgado, que se restringe à declarar a constitucionalidade ou inconstitucionalidade da lei ou ato normativo, não se estendendo a outros atos semelhantes, vigentes ou futuros. Com a previsão do efeito vinculante, os fundamentos

10. "A declaração de inconstitucionalidade de uma lei alcança, inclusive, os atos pretéritos com base nela praticados, eis que o reconhecimento desse supremo vício jurídico, que inquina de total nulidade os atos emanados do Poder Público, desampara as situações constituídas sob sua égide e inibe - ante a sua inaptidão para produzir efeitos jurídicos válidos - a possibilidade de invocação de qualquer direito. - A declaração de inconstitucionalidade em tese encerra um juízo de exclusão, que, fundado numa competência de rejeição deferida ao Supremo Tribunal Federal, consiste em remover do ordenamento positivo a manifestação estatal inválida e desconforme ao modelo plasmado na Carta Política, com todas as consequências daí decorrentes, inclusive a plena restauração de eficácia das leis e das normas afetadas pelo ato declarado inconstitucional" BRASIL. Supremo Tribunal Federal. *ADI 652-MA*. Relator: Min. Celso de Mello. DJ 02.04.1993. Disponível em: <http://portal.stf.jus.br> Acesso em: 10 mai. 2019. Na doutrina, conferir entre outros: CLÈVE, Clèmerson Merlin. *A fiscalização abstrata da constitucionalidade no Direito Brasileiro*. 2.ed. São Paulo: RT, 2000. p. 249. BARROSO, Luís Roberto. *Interpretação e aplicação da Constituição*. 3.ed. São Paulo: Saraiva, 2003. p. 92.

determinantes dos julgados também passaram a ser impositivos aos demais órgãos, inclusive os tribunais e a administração pública, que se viram proibidos de repetir atos normativos cuja inconstitucionalidade havia sido reconhecida, bem como obrigados a eliminar os demais atos que contiverem o mesmo vício apontado[11].

O efeito vinculante tem por objetivo eliminar divergências hermenêuticas, obstando a perpetuação de controvérsias interpretativas sobre a Constituição, pois "sendo a Constituição a mesma, o seu conteúdo e o seu cumprimento não podem variar de acordo com a localidade, o caso ou a esfera de poder"[12]. Deve prevalecer a exegese constitucional conferida pelo intérprete máximo do texto constitucional, o que contribui para a estabilidade das relações sociais, segurança jurídica e tratamento igualitário em face da aplicação da Constituição.

A Emenda Constitucional 3/1993 inseriu a ação declaratória de constitucionalidade no sistema de controle concentrado brasileiro e introduziu o efeito vinculante[13]. Posteriormente, o efeito vinculante foi estendido às decisões proferidas em ação declaratória de inconstitucionalidade e arguição de descumprimento de preceito fundamental, pelas Leis 9.868 e 9.882 de 1999. A Emenda Constitucional 45/2004 deu nova redação ao §2º do art. 102 da Constituição, alterando a definição dos órgãos e entidades submetidos ao efeito vinculante, substituindo a expressão "Poder Executivo" por "administração pública direta e indireta, nas esferas federal, estadual e municipal", além de prever a atribuição do efeito vinculante às denominadas súmulas vinculantes do STF (art. 103-A da

11. LEAL, Roger Stiefelmann. *O efeito vinculante na jurisdição constitucional*. São Paulo: Saraiva, 2008. p. 102-113.

12. LEAL, Roger Stiefelmann. *O efeito vinculante na jurisdição constitucional*. São Paulo: Saraiva, 2008. p. 102-115.

13. "Art. 102 (...) §2º As decisões definitivas de mérito, proferidas pelo Supremo Tribunal Federal, nas ações declaratórias de constitucionalidade de lei ou ato normativo federal, produzirão eficácia contra todos e efeito vinculante, relativamente aos demais órgãos do Poder Judiciário e ao Poder Executivo".

CF/88), estendendo desta forma o efeito vinculante a decisões fora do controle abstrato de constitucionalidade.

Na PEC 130/1992, de autoria do deputado Roberto Campos – que inspirou o texto aprovado com a EC 3/1993 – havia a seguinte justificativa:

> Além de conferir eficácia *erga omnes* às decisões proferidas pelo Supremo Tribunal Federal em sede de controle de constitucionalidade, a presente proposta de emenda constitucional introduz no Direito brasileiro o conceito de efeito vinculante em relação aos órgãos e agentes públicos. Trata-se de instituto jurídico desenvolvido no Direito processual alemão, que tem por objetivo outorgar eficácia às decisões proferidas por aquela Corte Constitucional, assegurando força vinculante não apenas à parte dispositiva da decisão, mas também aos chamados fundamentos ou motivos determinantes (*tragende Gründe*). (...) o efeito vinculante, que deflui dos fundamentos determinantes (*tragende Gründe*) da decisão, obriga o legislador a observar estritamente a interpretação que o tribunal conferiu à Constituição. (....) Se o tribunal declarar a inconstitucionalidade de uma lei do Estado A, o efeito vinculante terá o condão de impedir a aplicação de norma de conteúdo semelhante do Estado B ou C (...)[14].

A autoria da fundamentação que embasou a justificativa da PEC 130/92 foi de Gilmar Mendes, conforme ele próprio assinalou em seu voto na Reclamação 1880-SP[15], não deixando dúvida de que embora não tenha incorporado a proposta na sua inteireza, o legislador da EC 3/93 distingue a eficácia *erga omnes* (contra todos) do efeito vinculante. Ligando este último à segurança jurídica das relações.

4. O CPC e a valorização do sistema de precedentes

Os sistemas do *civil law* e do *common law* representam expressões culturais diversas – o que resultou na predominância da

14. BRASIL. CONGRESSO NACIONAL. *Diário do Congresso Nacional.* Seção I. Brasília, Ano XLVII, n. 156, quarta-feira, 23 set. 1992. Disponível em <http://imagem.camara.gov.br/Imagem/d/pdf/DCD23SET1992.pdf#page=19> Acesso em: 05 mai. 2019. p. 21.693-21.695.

15. BRASIL. Supremo Tribunal Federal. *Reclamação 1880-SP*. Relator: Min. Marco Aurélio. DJ 19.03.2004. Disponível em: <http://portal.stf.jus.br> Acesso em: 10 mai. 2019.

lei como fonte principal no *civil law* e do precedente no *common law* –, tratam-se de sistemas extremamente complexos, mas também semelhantes, que têm sido objeto de influência recíproca, superando-se, em grande parte, as contraposições tradicionais.

Especificamente em relação ao papel do direito jurisprudencial nos dois sistemas jurídicos, nota-se que, apesar das diferenças estruturais relativas à história jurídica e às fontes do direito, contemporaneamente, os critérios de interpretação da lei e das decisões judiciais não se mostram de todo antagônicos, ainda que esteja presente alguma diferença quanto à origem das normas que vinculam a tomada de decisão, ou seja, no *civil law*, ainda há uma predominância das normas produzidas pelo legislador, e no *commom law*, das normas costumeiras, precedentes judiciais.

A crise da legalidade e da noção de soberania são apontados como os motivos principais da convergência entre os sistemas do *civil law* e do *commom law*[16]. O abandono do formalismo interpretativo, em que a atividade do intérprete se resume à identificação de significados predeterminados pelo legislador, com o reconhecimento da atuação judicial como criadora e concretizadora de normas abertas, aliado à força do constitucionalismo e do poder conferido ao julgador para controlar a constitucionalidade da lei no caso concreto, são fatores que descaracterizam o ideal de juiz do *civil law*, criado a partir da revolução francesa como "*bouche de la loi*". A aplicação estrita da lei passou a não ser suficiente para garantir a certeza e a segurança jurídica[17].

Além disso, deparou-se com a problemática de que a vagueza e a equivocidade das normas[18] permitem que a lei

16. BUSTAMANTE, Thomas da Rosa de. *Teoria do precedente judicial:* a justificação e aplicação de regras jurisprudenciais. São Paulo: Noeses, 2012. p. 115.

17. MARINONI, Luiz Guilherme. *Precedentes obrigatórios.* 5.ed. São Paulo: RT, 2016. p. 81-82.

18. As expressões vagueza (=âmbito de incidência da norma, quais hipóteses recaem em seu campo de aplicação) e equivocidade (=admite uma pluralidade de

seja interpretada de diversas formas, a interpretação não se restringe à declaração de sentido, é permeada de valoração e atribuição de significado, o que fez surgir no *civil law* a preocupação com a crescente coexistência de decisões distintas para casos similares, situação indesejável para um Estado que supõe que a lei deva ser igual para todos[19]. Desse ponto de vista, a aproximação entre os sistemas e o consequente dever de respeito aos precedentes justifica-se na necessidade de igualdade de tratamento perante o direito e da segurança jurídica, elementos que integram a ótica de ambos os sistemas[20].

Ao longo da vigência do CPC/1973 sucederam-se diversas reformas legislativas que tiveram por finalidade não só adaptar aquele Código aos ditames da Constituição de 1988 e à realidade social, influenciada pelo Código de Defesa do Consumidor – diplomas processuais que representaram impacto no aumento da quantidade de processos em razão da facilitação do acesso à justiça e ampliação do leque de proteção de direitos fundamentais –, mas principalmente com o objetivo de conferir maior importância a instrumentos voltados à uniformização e vinculação decisória.

Constata-se que as reformas legislativas que se sucederam no Brasil objetivaram a criação e implementação de técnicas de uniformização de julgados e instrumentos de vinculação decisória, visando com isso a redução quantitativa do

---

significações, estando sempre sujeito a controvérsias interpretativas) são utilizadas no sentido dado por Guastini. Cf: GUASTINI, Riccardo. *Interpretare e argomentare*. Milano: Giuffrè, 2011. p. 39. GUASTINI, Riccardo. *Das fontes às normas*. São Paulo: Quartier Latin, 2005. p. 24 e seguintes. Conferir também no direito brasileiro: MAXIMILIANO, Carlos. *Hermenêutica e aplicação do Direito*. 20.ed. Rio de Janeiro: Forense, 2011. p. 13.

19. MARINONI, Luiz Guilherme. *Precedentes obrigatórios*. 5.ed. São Paulo: RT, 2016. p. 82.

20. "Ora, o elemento crucial que efetivamente justifica a recepção analógica da decisão anterior para a solução da hipótese posterior é o "princípio da universalidade", entendido como uma exigência natural de que casos substancialmente iguais sejam tratados de modo semelhante. É ele, com efeito, o componente axiológico que sempre resistiu a ideia de Justiça 'como qualidade formal'" In: CRUZ E TUCCI, José Rogério. *Precedente judicial como fonte do Direito*. São Paulo: RT, 2004. p. 25.

número de processos, num esforço mais voltado à gestão de processos nos Tribunais Superiores do que a segurança jurídica e coerência do sistema[21].

Na atualidade, a introdução de um "sistema de precedentes" pelo CPC/2015 foi o meio utilizado pelo legislador no intuito de eliminar a divergência jurisprudencial, constante e imotivada, fazendo-se respeitar as orientações dos Tribunais Superiores, que são as Cortes a quem cabe o papel de uniformização do direito. O CPC/2015 inova ao prever expressamente que determinados pronunciamentos são dotados de eficácia vinculante, o que lhes confere maior força cogente em relação ao que sucedia nas legislações anteriores, já que tais padrões decisórios, via de regra[22], apenas tinham eficácia persuasiva.

O Código implantou um sistema de precedentes no ordenamento jurídico brasileiro que podem ser caracterizados como "precedentes normativos formalmente vinculantes"[23] por decorrerem de expressa previsão legal e possibilitarem a impugnação, por via recursal e/ou por via autônoma, das decisões que não respeitem o precedente. O diploma processual enumera algumas decisões "que já nascem como precedentes *obrigatórios* e que devem ser paradigma para as posteriores, em casos normalmente idênticos e às vezes semelhantes"[24]. Ao utilizar o verbo "observarão" (art. 926 do CPC/2015) a lei deixou claro o caráter vinculante do preceito, a obrigatoriedade

21. ABBOUD, Georges; NERY JÚNIOR, Nelson. *Stare Decisis* vs Direito Jurisprudencial. In: DIDIER JÚNIOR, Fredie *et. al.* (Orgs..). *Novas Tendências do Processo Civil:* estudos sobre o projeto do novo Código de Processo Civil. Salvador: JusPodivm, 2013. p. 485512.

22. As decisões do STF em controle concentrado de constitucionalidade (ADI, ADC e ADPF) e as súmulas vinculantes já eram dotadas de eficácia vinculante por expressa disposição legal (arts. 102, §2º e 103-A, Constituição da República Federativa do Brasil de 1988).

23. ZANETI JÚNIOR, Hermes. *O valor vinculante dos precedentes:* teoria dos precedentes normativos formalmente vinculantes. 3.ed. Salvador: Jus Podivm, 2017. p. 350-352.

24. ARRUDA ALVIM, Teresa; DANTAS, Bruno. *Recurso especial, recurso extraordinário e a nova função dos tribunais superiores no direito brasileiro*. 5.ed. São Paulo: Thomson Reuters Brasil, 2018. p. 276.

de que as decisões judiciais anteriores sejam aplicadas para os casos futuros.

O CPC/2015 ainda acrescenta uma maior preocupação com a fundamentação das decisões judiciais, prevendo, inclusive, parâmetros, no art. 489, a serem observados para uma fundamentação adequada e específica, circunstância que contribui para a qualidade das decisões manifestadas pelo Poder Judiciário, o que constitui o fator capaz de determinar o nível de segurança jurídica de um sistema.

A valorização dos precedentes judiciais exige que o julgador e as partes observem a utilização de mecanismos de operação com precedentes judiciais – como as técnicas usualmente atribuídas aos países de *common law*, a exemplo da *ratio decidendi*, da distinção dos casos (*distinguishing*) e da superação do entendimento anteriormente adotado (*overruling*) – para a solução da demanda.

A *ratio decidendi* é definida pela doutrina estrangeira como a regra jurídica "expressa ou implicitamente tratada pelo julgador como um passo necessário para alcançar a sua conclusão"[25] ou como a interpretação de uma questão jurídica suficiente e necessária para a justificação da decisão do caso[26].

No direito brasileiro, Marinoni aplica o termo *ratio decidendi* com abrangência diferente da utilizada no *common law* ao defini-lo como as razões determinantes de questões jurídicas debatidas no processo que não se ligam necessariamente à solução que é dada ao caso[27]. A proposta do autor considera que no sistema brasileiro a força dos precedentes não está relacionada necessariamente à resolução de casos, sendo natural conferir

25. CROSS, Rupert; HARRIS, J. W. *El precedente em el derecho inglés*. Madrid: Marcial Pons, 2012. p. 94.

26. MACCORMICK, Neil. *Legal reasoning and legal theory*. Oxford: Oxford University Press, 1994. p. 215. DUXBURY, Neil. *Nature and authority of precedent*. Nova Iorque: Cambridge University Press, 2008. p. 67.

27. MARINONI, Luiz Guilherme. *Precedentes obrigatórios*. 5.ed. São Paulo: RT, 2016. p. 178.

autoridade às razões suficientes à solução de questões de direito, muito embora a situação de fato não deve ser desconsiderada, já que os precedentes só podem ser interpretados em função das circunstâncias de fato que deram origem à discussão[28].

O elemento vinculante da decisão que servirá como precedente é a interpretação/tese de direito necessária à solução da demanda, por isso a *ratio decidendi* não se confunde com toda a fundamentação da decisão, que também contém um elemento meramente persuasivo, denominado *obiter dictum*. *Obter dictum* são "outras opiniões sobre o direito, valores e os princípios relacionados à decisão em questão, opiniões que vão além dos pontos necessários para a decisão do caso particular"[29], ou ainda, "meras reflexões que ali constaram por decorrência do raciocínio desenvolvido pelo julgador, mas que não podem ser consideradas, isoladamente, como justificativa para a conclusão judicial"[30].

A identificação da *ratio decidendi* depende do exame: "i) dos fatos juridicamente relevantes de um caso, ii) da questão ou das questões de direito que ele coloca e iii) de como tais questões foram enfrentadas pelo colegiado"[31], pois corresponderá ao entendimento ou argumentos acolhidos pela maioria dos juízes e imprescindíveis para justificar a solução do caso.

Deste modo, não há que se confundir o fundamento determinante (*ratio decidendi*) para a solução da demanda e toda a fundamentação da decisão, posto que a *ratio decidendi* abrange apenas a regra, interpretação, tese utilizada pelo tribunal como necessária para solucionar um caso específico e não abrange toda a fundamentação da decisão.

---

28. MARINONI, Luiz Guilherme. *Precedentes obrigatórios*. 5.ed. São Paulo: RT, 2016. p. 187-189.

29. MACCORMICK, Neil. *Retórica e o Estado de Direito*. Rio de Janeiro: Elsevier, 2008. p. 193.

30. LIMA, Tiago Asfor Rocha. *Precedentes judiciais civis no Brasil*. São Paulo: Saraiva, 2013. p. 171.

31. MELLO, Patrícia Perrone Campos. O Supremo e os precedentes constitucionais: como fica a sua eficácia após o Novo Código de Processo Civil. *Universitas JUS*, v. 26, n. 2, p. 41-53, 2015. p. 46.

Especificamente no direito brasileiro, sempre se conferiu maior importância ao dispositivo – síntese da decisão –, em razão dos limites objetivos da coisa julgada, do que aos seus fundamentos, relegando quase nenhuma atenção aos dados fáticos e/ou de direito que motivaram a decisão, o que dificulta a construção de razões generalizáveis, motivo pelo qual identificar a *ratio decidendi* no sistema brasileiro é tarefa ainda mais complexa.

As decisões de mérito do STF nas ações diretas de inconstitucionalidade e nas ações declaratórias de constitucionalidade já eram dotadas de efeito vinculante e eficácia contra todos (*erga omnes*) por expressa previsão da Constituição (art. 102, §2º) e conforme regulamentação legal (art. 10, §3º da Lei 9.882/99) na arguição de descumprimento de preceito fundamental. Com a superveniência do inciso I do art. 927 do CPC/2015, importa analisar qual a extensão deste dispositivo e se o sentido da vinculação do sistema de precedentes adotado pelo CPC difere, em alguma medida, do efeito vinculante das ações de controle concentrado já previsto no sistema.

Há corrente doutrinária que defende que o inciso I do art. 927 do CPC/2015 só veio reforçar a vinculação que já estava prevista no sistema pelas disposições constitucionais, pois os efeitos *erga omnes* e vinculante referem-se, respectivamente, à abrangência subjetiva da coisa julgada (limites objetivos da coisa julgada) e à abrangência objetiva (limites objetivos da coisa julgada), por essa razão, o efeito vinculante compreenderia o comando do acórdão expresso na parte dispositiva da decisão e não os seus motivos (art. 504, I, CPC/2015). Além disso, essa corrente nega a extensão da vinculação aos motivos determinantes em razão de pretenso engessamento do sistema, da violação à independência decisória dos juízes e da dificuldade de se delimitar os fundamentos determinantes[32].

---

32. NERY JÚNIOR, Nelson; NERY, Rosa. *Constituição Federal comentada*. 7.ed. São Paulo: Thomson Reuters Brasil, 2019. p. 998: "No Brasil não há fundamento para se aceitar a vinculação dos tribunais aos motivos determinantes da declaração de inconstitucionalidade com eficácia *erga omnes*. Essa vinculação dos tribunais a *ratio decidendi*, além de contrariar o sólido e correto sistema processual (v.g., CPC 504) engessaria o sistema constitucional, impossibilitando a abertura e evolução do direito constitucional.

Alexandre Câmara, por sua vez, adota tese de que do art. 927 não resulta qualquer eficácia vinculante, porque "esta, quando existente, resultará de outra norma, resultante da intepretação de outro dispositivo legal (e que atribua expressamente tal eficácia)"[33]. Para o autor, a eficácia vinculante das decisões do STF em controle concentrado de constitucionalidade só existe em razão dos dispositivos legais (art. 102, §2º da CF/88 e art. 10, §3º, da Lei 9.882/1999) que lhe conferem essa característica.

A concepção de efeito vinculante das decisões do STF em controle concentrado de constitucionalidade tal como previsto na legislação constitucional já deveria ser lida como abrangendo os fundamentos ou motivos determinantes do julgado, nesse sentido, as disposições do CPC/2015 vieram apenas para explicitar regra já prevista no sistema. Além disso, conforme se demonstrou, o efeito vinculante não se confunde com os efeitos e limites próprios da coisa julgada e também não há que se confundir a *ratio decidendi* com toda a fundamentação da decisão.

5. A transcedência dos fundamentos determinantes da declaração de inconstitucionalidade da lei em sede de controle concentrado

O efeito vinculante introduzido pela EC 3/1993 constituiu novidade no direito constitucional brasileiro e a delimitação do alcance de sua eficácia é alvo de divergência na

(...). Nem se deve argumentar que a vinculação à *ratio decidendi* seria permitida de maneira semelhante ao regime dos precedentes do *stare decisis* e que, no *commom law*, não teria havido impedimento à evolução do direito constitucional. Ocorre que a vinculação dos precedentes não tem fixidez e definitividade, porque harmoniza a estabilidade das decisões e a liberdade jurisdicional com as possibilidades do *distinguishing* e do *overruling*. A vinculação dos motivos determinantes da decisão seria inconstitucional, porque violaria a independência decisória dos juízes. Também criaria uma vinculação incompatível com o nosso sistema misto de controle de constitucionalidade, sem dizer na dificuldade que haveria em relação à delimitação do que seriam esses motivos determinantes, algo extremamente problemático no *stare decisis*: decidir o que é precedente e distingui-lo do que seria *dicta*." No mesmo sentido: ABBOUD, Georges. *Processo constitucional brasileiro*. São Paulo: RT, 2016. p. 273.

33. CÂMARA, Alexandre Freitas. *O novo processo civil brasileiro*. 3.ed. São Paulo: Atlas, 2017. p. 440.

jurisprudência do STF até hoje. Desde o julgamento da primeira ação declaratória de constitucionalidade – ADC 1[34], o Supremo enfrenta o tema.

Ao longo das décadas de 1990, 2000 e 2010 o Supremo Tribunal Federal traçou jurisprudência – em que pese o teor do texto constitucional – rejeitando a transcendência dos fundamentos determinantes da declaração de inconstitucionalidade em sede de controle concentrado. Neste sentido, rejeitou a Reclamação 2.990-RN[35], que questionava a não aplicação da tese adotada na ADI 1.797-PE, relativamente à conversão do valor dos vencimentos dos servidores públicos do Estado do Rio Grande do Norte de cruzeiro real para URV. O STF manteve a tese de não ser possível a transcendência dos motivos determinantes da decisão proferida em sede de controle abstrato de normas sob a égide do CPC/2015, ao apreciar a Reclamação 27.702-AM[36], na qual uma coligação partidária suscitou violação dos fundamentos da ADI 4.430-DF, pelo TRE-AM, que não teria considerado a representação parlamentar dos partidos integrantes da coligação reclamante na divisão do tempo de propaganda gratuita que foi veiculada no rádio e na televisão.

Não obstante, é possível colher-se exemplos na casuística da Suprema Corte de admissão da transcendência dos motivos determinantes, como na hipótese da Reclamação 1.987-DF[37], em que o Governador do Distrito Federal suscitou que o ato do Tribunal Regional do Trabalho da 10ª Região que determinou o sequestro de verbas do Distrito Federal teria afrontado a

34. BRASIL. Supremo Tribunal Federal. *ADC 1-DF*. Relator: Min. Moreira Alves. DJ 16.06.1995. Disponível em: <http://portal.stf.jus.br> Acesso em: 10 mai. 2019.

35. BRASIL. Supremo Tribunal Federal. *Ag.Rg.Rcl. 2990-RN*. Relator: Min. Sepúlveda Pertence. DJ 14.09.2007. Disponível em: <http://portal.stf.jus.br> Acesso em: 10 mai. 2019.

36. BRASIL. Supremo Tribunal Federal. *Ag.Rg.Rcl. 27702-AM*. Relator: Min. Ricardo Lewandowski. DJe 06.10.2017. Disponível em: <http://portal.stf.jus.br> Acesso em: 10 mai. 2019.

37. BRASIL. Supremo Tribunal Federal. *Rcl. 1987-DF*. Relator: Min. Maurício Correa. DJe 21.05.2004. Disponível em: <http://portal.stf.jus.br> Acesso em: 10 mai. 2019.

decisão proferida pelo Supremo Tribunal Federal na ADI 1.662-SP, na qual se questionou a Instrução Normativa TST 11/97 que autorizava o sequestro de verbas dos Estados. O Ministro Relator da Reclamação, Maurício Correa, defendeu a necessidade de ser preservada a interpretação constitucional conferida pelo Supremo e seus motivos determinantes, para além do teor da mera parte dispositiva do julgamento da ADI, consignando na ementa da Reclamação nº 1.987-DF que: "a única situação suficiente para motivar o sequestro de verbas públicas destinadas à satisfação de dívidas judiciais alimentares é a relacionada à ocorrência de preterição da ordem de precedência, a essa não se equiparando o vencimento do prazo de pagamento ou a não-inclusão orçamentária. Ausente a existência de preterição, que autorize o sequestro, revela-se evidente a violação ao conteúdo essencial do acórdão proferido na mencionada ação direta, que possui eficácia *erga omnes* e efeito vinculante. A decisão do Tribunal, em substância, teve sua autoridade desrespeitada de forma a legitimar o uso do instituto da reclamação. Hipótese a justificar a transcendência sobre a parte dispositiva dos motivos que embasaram a decisão e dos princípios por ela consagrados, uma vez que os fundamentos resultantes da interpretação da Constituição devem ser observados por todos os tribunais e autoridades, contexto que contribui para a preservação e desenvolvimento da ordem constitucional".

Embora o Supremo Tribunal Federal resista em aceitar a reclamação por violação aos motivos determinantes da decisão proferida em sede de controle concentrado de constitucionalidade, tem aceitado o seu uso, de modo amplo, em sede de controle difuso de constitucionalidade para prevalecer a autoridade de suas decisões, quando reconhece e fixa tese em repercussão geral. Como exemplo, cita-se a Reclamação 32.686-SC[38], em que o Ministro Luís Roberto Barroso suspendeu, cautelarmente, o acórdão que modulou decisão do STF proferida no

38. BRASIL. Supremo Tribunal Federal. *Rcl. 32.686-SC MC*. Decisão monocrática. Min. Luís Roberto Barroso. DJe 10.12.2018. Disponível em: <http://portal.stf.jus.br> Acesso em: 10 mai. 2019.

RE 574.706, que reconheceu a repercussão geral da discussão acerca da incidência do ICMS na base de cálculo do PIS/COFINS (tema 69), limitando a incidência da tese aos fatos ocorridos em período anterior à vigência da Lei 12.973/2014.

Interessante observar que na seara tributária federal, a Lei 13.874/2019, que instituiu a Declaração de Direitos de Liberdade Econômica e estabelece garantias de livre mercado, reforça a necessidade de observância da transcendência dos motivos determinantes das decisões proferidas em controle concentrado de constitucionalidade.

A Lei altera a Lei 10.522/2002 e passa a dispensar a Procuradoria-Geral da Fazenda Nacional de contestar, de oferecer contrarrazões e de interpor recursos e a autoriza a desistir de recursos já interpostos, na hipótese em que a ação ou a decisão judicial ou administrativa verse sobre temas fundados em dispositivo legal que tenha sido declarado inconstitucional pelo Supremo Tribunal Federal em sede de controle difuso e tenha tido sua execução suspensa por Resolução do Senado Federal ou tema sobre o qual exista enunciado de súmula vinculante ou que tenha sido definido pelo Supremo Tribunal Federal em sentido desfavorável à Fazenda Nacional em sede de controle concentrado de constitucionalidade ou ainda, sobre temas decididos pelo Supremo Tribunal Federal, em matéria constitucional, ou pelo Superior Tribunal de Justiça, pelo Tribunal Superior do Trabalho, pelo Tribunal Superior Eleitoral ou pela Turma Nacional de Uniformização de Jurisprudência, no âmbito de suas competências, quando não houver viabilidade de reversão da tese firmada em sentido desfavorável à Fazenda Nacional. As referidas dispensas podem ser estendidas a tema não abrangido pelo julgado, quando a ele forem aplicáveis os fundamentos determinantes extraídos do julgamento paradigma ou da jurisprudência consolidada, desde que inexista outro fundamento relevante que justifique a impugnação em juízo.

A Lei estabeleceu não apenas a dispensa judicial, como também disciplinou impedimento aos Auditores-Fiscais da Secretaria Especial da Receita Federal do Brasil de constituírem o crédito tributário nas hipóteses descritas. Conferiu-se forte valorização às decisões judiciais de forma a tentar mitigar a litigiosidade, inclusive impedindo a constituição do crédito tributário, com base nos fundamentos determinantes da decisão, a *ratio decidendi*.

É imprescindível anotar que o efeito vinculante das decisões proferidas pelo Supremo Tribunal Federal em sede de controle concentrado de constitucionalidade não deve se confundir com os efeitos da coisa julgada operada nas referidas ações. O efeito vinculante e a coisa julgada são aspectos diversos que emergem da mesma decisão judicial.

A coisa julgada é a qualidade de imutabilidade de que se reveste a parte dispositiva da decisão proferida, pelo exaurimento da possibilidade de ser interposto recurso em face desta decisão e do debate de seu conteúdo. Decidida a inconstitucionalidade de uma norma pelo Supremo Tribunal Federal, não cabe mais a possibilidade de se propor uma outra ação para discutir sua constitucionalidade. A coisa julgada veda a repetição de ações.

Com o efeito vinculante pretendeu-se conferir amplitude à *ratio decidendi* que transcende ao caso concreto, pois "os órgãos estatais abrangidos pelo efeito vinculante devem observar, não apenas o conteúdo da parte dispositiva da decisão, mas a norma abstrata que dela se extrai, isto é, que determinado tipo de situação, conduta ou regulação – e não apenas aquele objeto do pronunciamento jurisdicional – é constitucional ou inconstitucional e deve, por isso, ser preservado ou eliminado"[39]. O efeito vinculante "impossibilita a renovação de ato cujo conteúdo se identifique ao do ato que foi reputado incompatível com a Constituição Federal segundo o Supremo"[40].

Conforme pondera Teresa Arruda Alvim[41], no sistema introduzido pelo CPC/2015, as decisões possuem três graus

39. MENDES, Gilmar Ferreira; BRANCO, Paulo Gustavo Gonet. *Curso de Direito Constitucional.* 8.ed. São Paulo: Saraiva, 2013. p. 1300.

40. THAMAY, Rennan. *Coisa julgada.* São Paulo: Thomson Reuters Brasil, 2018. p. 244.

41. ARRUDA ALVIM WAMBIER, Teresa; WAMBIER, Luiz Rodrigues (Coord.).

de obrigatoriedade: *a)* as de *obrigatoriedade forte* constituem precedentes obrigatórios, para cujo desrespeito o sistema prevê medida processual específica como forma de sanção, que é a reclamação; *b)* para as de *obrigatoriedade média* o sistema prevê a sua correção por meios que não foram concebidos especificamente para esse fim; e *c)* nas de *obrigatoriedade fraca* não há remédio para fazer-lhes valer a autoridade, por exemplo, pode-se citar a vinculatividade de um juiz às suas próprias decisões em casos semelhantes, pois embora se espere um padrão de conduta, não é cogente sua observância.

O desrespeito às decisões do STF no controle concentrado de constitucionalidade dá ensejo à utilização de instrumento processual criado especialmente para garantir a sua observância, que é a reclamação, nos termos do art. 102, I, "l", da CF/88 e art. 988, III, do CPC, devendo ser proposta antes do trânsito em julgado da decisão.

A reclamação, ação autônoma, tem por objetivo preservar a autoridade das decisões proferidas pelo Tribunal cuja decisão paradigma tenha sido inobservada. Na reclamação não se objetiva debater o mérito da ação judicial que violou a decisão cuja observância era obrigatória, embora possa, por vezes, desempenhar a função de sucedâneo recursal. Sua finalidade é a de cassar a decisão proferida que não esteja em conformidade com o paradigma, sem que o Tribunal de origem tenha especificado adequadamente as razões de sua decisão, devolvendo-se o processo a novo julgamento pela Corte reclamada, a qual deverá, adequadamente, aplicar o precedente ou demonstrar as razões de sua inaplicabilidade.

O CPC/2015 previu o cabimento da reclamação para preservar a competência do tribunal, garantir a autoridade das decisões do tribunal, garantir a observância de enunciado de súmula vinculante e de decisão do Supremo Tribunal Federal em controle concentrado de constitucionalidade e garantir a observância de acórdão proferido em julgamento de incidente

---

Temas essenciais do novo CPC: análise das principais alterações do sistema processual civil brasileiro. São Paulo: Revista dos Tribunais, 2016. p. 487-488.

de resolução de demandas repetitivas ou de incidente de assunção de competência.

O diploma processual – em linha com o texto constitucional – não apenas coloca as decisões do Supremo Tribunal Federal em controle concentrado de constitucionalidade com um grau de obrigatoriedade forte, mas vai além, explicitando que não é apenas o comando decisório que deve ser respeitado, e sim, a própria tese de constitucionalidade firmada, quando especifica no §4º do art. 988 que o cabimento da reclamação proposta para garantir a observância de decisão do Supremo Tribunal Federal em controle concentrado de constitucionalidade compreende a aplicação indevida da tese jurídica e sua não aplicação aos casos que a ela correspondam.

Neste sentido, quando o STF julga uma ação direta de constitucionalidade movida em face da legislação de qualquer dos entes federativos, se outro ente possuir ato normativo de igual teor, embora não esteja abarcado pela decisão proferida, este ato normativo será atingido pela força vinculante da decisão, em razão da *ratio decidendi*. A segurança jurídica e a estabilidade do ordenamento jurídico não podem conviver com soluções diversas para casos semelhantes; esta é uma das principais justificativas para a adoção de um sistema de precedentes no direito brasileiro.

Aguarda julgamento no Supremo Tribunal Federal a ADI 5.654-CE, que questiona a constitucionalidade das Leis 12.023/92 e 15.893/2015 do Estado do Ceará, que preveem a incidência do IPVA sobre aeronaves e embarcações registradas no Estado. Declarada a inconstitucionalidade dos dispositivos legais – o que se espera, considerando a jurisprudência consolidada do Supremo Tribunal Federal quanto ao tema[42-43]

---

42. BRASIL. Supremo Tribunal Federal. *RE 379.572-RJ*. Relator Min. Gilmar Mendes. DJe 31.08.2008. Disponível em: <http://portal.stf.jus.br> Acesso em: 10 mai. 2019. BRASIL. Supremo Tribunal Federal. *RE 134.509-AM*. Redator do Acórdão Min. Sepúlveda Pertence. DJ 13.09.2002. Disponível em: <http://portal.stf.jus.br> Acesso em: 10 mai. 2019.

43. Em sentido contrário à jurisprudência consolidada do Supremo Tribunal Federal, entendendo que o conceito semântico de veículo automotor possibilita aos

– outros Estados da federação não poderão editar ato normativo com idêntico fundamento, pois, embora a coisa julgada formada na ADI não lhes afete diretamente, o respeito à segurança jurídica e às decisões do Supremo Tribunal Federal impõem que os Tribunais locais, ao aplicarem o precedente, adotem idêntica orientação, aplicando a solução interpretativa firmada pelo STF e concluindo pelo desvalor do ato normativo avaliado em sede de processo judicial ordinário.

Outro exemplo que se pode suscitar diz respeito à controvérsia posta nas ADI´s 1.945-MT e 5.576-SP, relativas à incidência de ICMS, à alíquota de 18% (dezoito por cento), ou ISS, à alíquota de 5% (cinco por cento), sobre os serviços acessórios de comunicação (*softwares*). Caso venha a prevalecer a tese de que o imposto correto é de competência municipal, os Estados não poderão mais cobrar o referido imposto e vice-versa. Embora os limites objetivos das decisões atinjam apenas os Estados do Mato Grosso e de São Paulo, seria incongruente com o sistema jurídico e um desrespeito à segurança jurídica permitir, por exemplo, que o Estado do Rio de Janeiro continuasse cobrando ICMS sobre os referidos serviços, ou de outro lado, que todos os municípios do país pudessem fazer incidir o tributo, quando declarado inconstitucional pelo Supremo Tribunal Federal.

Igualmente, na ADPF 349 se questionam dispositivos da Lei 4.871/89, do município de Uberlândia (MG), que, disciplinando a cobrança do ITBI, torna obrigatória a cobrança do tributo antes da transmissão dos bens imóveis e dos direitos

---

Estados a tributação, pois "o percurso gerativo de sentido, especialmente ao se tomar o fenômeno normativo sob a ótica do texto, há de ser realizado, no mínimo, a partir do texto, sem jamais desconsiderar os signos ali plasmados. E ainda que tal acepção pudesse ser aceita nos julgados pós-promulgação da CF/88, não haveria como sustentá-los na atualidade, em virtude das mudanças paradigmáticas pelas quais passaram os veículos automotores em todo o mundo e os próprios reclamos sociais (...) a expressão 'tipos de veículos automotores' há de ser empregada em sua máxima amplitude, com vistas a alcançar o maior contorno pretendido pela CF/88": Cf. TOMÉ, Fabiana del Padre; PACOBAHYBA, Fernanda Mara Macedo. *O IPVA e as polêmicas em torno da abrangência da expressão "veículos automotores" e da diferenciação de alíquotas em função dos "tipos" de veículos – Reflexões acerca da ADI Nº 5654*. Disponível em: <https://www.ibet.com.br>. Acesso em 15 mai. 2019.

a eles relativos. Se julgada procedente a ADPF proposta, os motivos que levaram à sua decisão deverão ser respeitados pelos demais municípios do país, restando impossibilitados de editarem atos normativos em igual sentido, sob pena de desrespeito à tese jurídica formulada pelo STF em precedente com eficácia obrigatória e vinculante.

Urge ao Supremo Tribunal Federal uma revisão de seu entendimento quanto à inadmissão da transcendência das razões determinantes de suas decisões de inconstitucionalidade proferidas em sede de controle concentrado, porque "é incoerente reconhecer a eficácia normativa da *ratio decidendi* na elaboração de súmulas vinculantes e nos precedentes proferidos no controle difuso e rejeitar a mesma eficácia à *ratio decidendi* em sede concentrada"[44]. A segurança jurídica e a unidade do direito clamam pela uniformização.

Essa matéria, inclusive, foi objeto de debate entre os Ministros do Supremo Tribunal Federal no julgamento da ADI 4.697-DF[45], na qual se discutiu a possibilidade de serem fixadas as teses que levaram à decisão proferida no controle de constitucionalidade. O Ministro Luís Roberto Barroso anotou que:

> o artigo 988 diz que uma das hipóteses de cabimento da reclamação é a observância de acórdãos proferidos em ação direta de inconstitucionalidade. Aí vem (...) o §4º e diz que as hipóteses dos incisos tal e tal, quer dizer, de cabimento de reclamação pela não observância da decisão em ADI, 'compreendem a aplicação indevida da tese jurídica e sua não aplicação aos casos que a ela correspondam'. Portanto, o que produz a vinculação é a tese jurídica.

No mesmo julgamento, o Ministro Gilmar Mendes – lembrando as ações em que se discutiram a permissão de bingo – consignou que não é compatível com o sistema o Supremo

44. MELLO, Patrícia Perrone Campos. O Supremo e os precedentes constitucionais: como fica a sua eficácia após o Novo Código de Processo Civil. *Universitas JUS, v. 26, n. 2, p. 41-53, 2015.*

45. BRASIL. Supremo Tribunal Federal. *ADI 4.697-DF.* Relator Min. Edson Fachin. DJe 30.03.2017. Disponível em: <http://portal.stf.jus.br> Acesso em: 10 mai. 2019.

Tribunal Federal ter de julgar uma ADI de cada Estado da Federação para fixar determinada matéria em âmbito nacional ou mesmo ter de fazer respeitar seu entendimento firmado em uma ADI por meio da edição de súmula vinculante. O Ministro concluiu que "em casos tais, seria possível, sim, aceitar-se uma reclamação (...) A mesma tese, quer dizer, ou no sentido do fundamento da *ratio decidendi*. Claro, estamos trabalhando para refinar os conceitos. Isso daria uma dinâmica e um sentido maior, porque vai acontecer isso a toda hora. Por exemplo, em matéria de Direito Municipal, toda hora nos deparamos com essa situação. Amanhã, discutimos IPTU progressivo ou taxa de iluminação pública. Evidentemente que declaramos a inconstitucionalidade de uma norma desse tipo. Vale para Vassouras, claro, e também para Espinosa, porque há aqui um fenômeno de mimetismo institucional, inevitavelmente. Como acontece, por exemplo, com as leis tributárias dos Estados muitas vezes. Então, a mim, me parece que seria interessante reabrir esse debate, tendo em vista inclusive, agora, a provocação que vem do Código de Processo Civil, a ideia da transcendência. E a reclamação será um bom laboratório, um bom instrumento".

6. Conclusão

A concepção de efeito vinculante das decisões do STF em controle concentrado de constitucionalidade tal como previsto na legislação constitucional, desde a Emenda Constitucional 03/93, já deveria ser lida como abrangendo os fundamentos ou motivos determinantes do julgado, nesse sentido, as disposições do CPC/2015 vieram para explicitar regra já prevista no sistema. Além disso, não há que se confundir a *ratio decidendi* com toda a fundamentação da decisão e nem o efeito vinculante se confunde com os efeitos e limites próprios da coisa julgada.

Os limites objetivos da coisa julgada referem-se à parte dispositiva da decisão. O efeito vinculante vai além. A partir da delimitação do fundamento determinante para a declaração de constitucionalidade ou de inconstitucionalidade de uma norma, deve o sistema jurídico se conformar ao entendimento exarado, de modo a garantir sua estabilidade e integridade. Aqui tem-se a vinculação prevista pelo art. 102, §2º da CF.

Não mais se admite que os diversos entes federativos busquem perpetrar inconstitucionalidades, ampliando a litigiosidade, sob o fundamento de que a decisão proferida em sede de controle concentrado de constitucionalidade não lhes atinge, pois não estão abarcados pelos limites objetivos da coisa julgada. O efeito vinculante veda esse comportamento.

É cabível o uso reclamação, nos termos do art. 988, III e §4º do CPC/2015, para fazer respeitar as decisões do Supremo Tribunal Federal proferidas em sede de controle concentrado de constitucionalidade, inclusive quando a decisão reclamada violar a *ratio decidendi* da decisão proferida. É o instrumento apto para conferir força ao efeito vinculante das decisões constitucionais proferidas em sede de controle concentrado, por meio da transcendência dos fundamentos determinantes da decisão.

O sistema jurídico brasileiro busca a integridade e estabilidade. Cabe ao Supremo Tribunal Federal, como legítimo guardião da adequada interpretação constitucional, impor a autoridade de suas decisões, não apenas pelo comando dispositivo, mas também pelos fundamentos que levaram à sua proclamação, garantindo que o direito seja interpretado à luz das garantias previstas no texto constitucional e do momento histórico.

A defesa da integridade e da estabilidade jurídica não implica, necessária e obrigatoriamente, no fim da interpretação e da evolução do direito. O sistema jurídico não é um ser que se consome em si mesmo, é aberto e permeado por outras ciências – como a sociologia, política, economia, história etc. – e pela vontade da própria sociedade. A evolução social confere azo à modificação do Direito.

7. Referências

ABBOUD, Georges. *Processo constitucional brasileiro*. São Paulo: RT, 2016.

______; NERY JÚNIOR, Nelson. *Stare Decisis* vs Direito Jurisprudencial. In: DIDIER JÚNIOR, Fredie *et. al.* (Orgs..). *Novas Tendências do Processo Civil:* estudos sobre o projeto do novo Código de Processo Civil. Salvador: JusPodivm, 2013. p. 485512.

ARRUDA ALVIM, Teresa; DANTAS, Bruno. *Recurso especial, recurso extraordinário e a nova função dos tribunais superiores no direito brasileiro*. 5.ed. São Paulo: Thomson Reuters Brasil, 2018.

ARRUDA ALVIM WAMBIER, Teresa; WAMBIER, Luiz Rodrigues (Coord.). *Temas essenciais do novo CPC*: análise das principais alterações do sistema processual civil brasileiro. São Paulo: Revista dos Tribunais, 2016.

BARROSO, Luís Roberto. *O controle de constitucionalidade no direito brasileiro*. 7.ed. São Paulo: Saraiva, 2016.

______. *Interpretação e aplicação da Constituição*. 3.ed. São Paulo: Saraiva, 2003.

BRASIL. CONGRESSO NACIONAL. *Diário do Congresso Nacional*. Seção I. Brasília, Ano XLVII, n. 156, quarta-feira, 23 set. 1992. Disponível em <http://imagem.camara.gov.br/Imagem/d/pdf/DCD23SET1992.pdf#page=19> Acesso em: 05 mai. 2019. p. 21.693-21.695.

BRASIL. Supremo Tribunal Federal. *ADC 1-DF*. Relator: Min. Moreira Alves. DJ 16.06.1995. Disponível em: <http://portal.stf.jus.br> Acesso em: 10 mai. 2019.

BRASIL. Supremo Tribunal Federal. *ADI 652-MA*. Relator: Min. Celso de Mello. DJ 02.04.1993. Disponível em: <http://portal.stf.jus.br> Acesso em: 10 mai. 2019.

BRASIL. Supremo Tribunal Federal. *ADI 4.697-DF.* Relator Min. Edson Fachin. DJe 30.03.2017. Disponível em: <http://portal.stf.jus.br> Acesso em: 10 mai. 2019.

BRASIL. Supremo Tribunal Federal. *Ag.Rg.Rcl. 2990-RN*. Relator: Min. Sepúlveda Pertence. DJ 14.09.2007. Disponível em: <http://portal.stf.jus.br> Acesso em: 10 mai. 2019.

BRASIL. Supremo Tribunal Federal. *Ag.Rg.Rcl. 27.702-AM*. Relator: Min. Ricardo Lewandowski. DJe 06.10.2017. Disponível em: <http://portal.stf.jus.br> Acesso em: 10 mai. 2019.

BRASIL. Supremo Tribunal Federal. *Rcl 397-RJ*. Relator: Min. Celso de Mello. DJ 21.05.1993. Disponível em: < http://portal.stf.jus.br> Acesso em: 10 mai. 2019.

BRASIL. Supremo Tribunal Federal. *Rcl. 1987-DF*. Relator: Min. Maurício Correa. DJe 21.05.2004. Disponível em: <http://portal.stf.jus.br> Acesso em: 10 mai. 2019.

BRASIL. Supremo Tribunal Federal. *Rcl. 32.686-SC MC*. Decisão monocrática. Min. Luís Roberto Barroso. DJe 10.12.2018. Disponível em: <http://portal.stf.jus.br> Acesso em: 10 mai. 2019.

BRASIL. Supremo Tribunal Federal. *RE 134.509-AM*. Redator do Acórdão Min. Sepúlveda Pertence. DJ 13.09.2002. Disponível em: <http://portal.stf.jus.br> Acesso em: 10 mai. 2019.

BRASIL. Supremo Tribunal Federal. *RE 379.572-RJ.* Relator Min. Gilmar Mendes. DJe 31.08.2008. Disponível em: <http://portal.stf.jus.br> Acesso em: 10 mai. 2019.

BRASIL. Supremo Tribunal Federal. *Reclamação 1880-SP*. Relator: Min. Marco Aurélio. DJ 19.03.2004. Disponível em: <http://portal.stf.jus.br> Acesso em: 10 mai. 2019.

BUSTAMANTE, Thomas da Rosa de. *Teoria do precedente judicial:* a justificação e aplicação de regras jurisprudenciais. São Paulo: Noeses, 2012.

CÂMARA, Alexandre Freitas. *O novo processo civil brasileiro.* 3.ed. São Paulo: Atlas, 2017.

CANOTILHO, José Joaquim Gomes. *Direito constitucional e teoria da constituição*. 7.ed. Coimbra: Almedina, 2003.

CLÈVE, Clèmerson Merlin. *A fiscalização abstrata da constitucionalidade no Direito Brasileiro*. 2.ed. São Paulo: RT, 2000.

CROSS, Rupert; HARRIS, J. W. *El precedente em el derecho inglés*. Madrid: Marcial Pons, 2012.

CRUZ E TUCCI, José Rogério. *Precedente judicial como fonte do Direito*. São Paulo: RT, 2004.

DUXBURY, Neil. *Nature and authority of precedent*. Nova Iorque: Cambridge University Press, 2008.

GUASTINI, Riccardo. *Das fontes às normas*. São Paulo: Quartier Latin, 2005.

______. *Interpretare e argomentare*. Milano: Giuffrè, 2011.

JESUS, Isabela Bonfá de. Análise da escolha dos precedentes nos processos judicial e administrativo: redução do contencioso tributário. In: BOSSA, Gisele Barra; et. al. (orgs.). *Medidas de Redução do Contencioso Tributário e o CPC/2015*. São Paulo: Almedina, 2017. v. 1. p. 469-482.

JESUS, Isabela Bonfá de; JESUS, Fernando Bonfá de; JESEUS, Ricardo Bonfá de. *Manual de direito e processo tributário*. 4.ed. São Paulo: RT, 2017.

LEAL, Roger Stiefelmann. *O efeito vinculante na jurisdição constitucional*. São Paulo: Saraiva, 2008.

LIMA, Tiago Asfor Rocha. *Precedentes judiciais civis no Brasil*. São Paulo: Saraiva, 2013.

MACCORMICK, Neil. *Legal reasoning and legal theory*. Oxford: Oxford University Press, 1994.

______. *Retórica e o Estado de Direito*. Rio de Janeiro: Elsevier, 2008.

MARINONI, Luiz Guilherme. *Precedentes obrigatórios*. 5.ed. São Paulo: RT, 2016.

MARQUES, Renata Elaine Silva Ricetti. *Curso de decadência e de prescrição no direito tributário*: regras do direito e segurança jurídica. 3.ed. São Paulo: Noeses, 2019.

MAXIMILIANO, Carlos. *Hermenêutica e aplicação do Direito*. 20.ed. Rio de Janeiro: Forense, 2011.

MELLO, Patrícia Perrone Campos. O Supremo e os precedentes constitucionais: como fica a sua eficácia após o Novo Código de Processo Civil. *Universitas JUS*, v. 26, n. 2, p. 41-53, 2015.

MENDES, Gilmar Ferreira; BRANCO, Paulo Gustavo Gonet. *Curso de Direito Constitucional*. 8.ed. São Paulo: Saraiva, 2013.

NERY JÚNIOR, Nelson; NERY, Rosa Maria de Andrade. *Código de processo civil comentado*. 16.ed. São Paulo: RT, 2016.

______; ______. *Constituição Federal comentada*. 7.ed. São Paulo: Thomson Reuters Brasil, 2019.

RAMOS, Elival da Silva. *Controle de constitucionalidade no Brasil:* perspectivas de evolução. São Paulo: Saraiva, 2010.

THAMAY, Rennan. *Coisa julgada*. São Paulo: Thomson Reuters Brasil, 2018.

TOMÈ, Fabiana del Padre; PACOBAHYBA, Fernanda Mara Macedo. *O IPVA e as polêmicas em torno da abrangência da expressão "veículos automotores" e da diferenciação de alíquotas em função dos "tipos" de veículos – Reflexões acerca da ADI Nº 5654*. Disponível em: <https://www.ibet.com.br>. Acesso em 15 mai. 2019.

ZANETI JÚNIOR, Hermes. *O valor vinculante dos precedentes:* teoria dos precedentes normativos formalmente vinculantes. 3.ed. Salvador: Jus Podivm, 2017.

O ESTABELECIMENTO PRESTADOR DOS SERVIÇOS E A AÇÃO DIRETA DE INCONSTITUCIONALIDADE Nº 5.835

Julcira Maria de Mello Vianna Lisboa[1]

Beatriz Biaggi Ferraz[2]

Introdução

O tema relativo ao processo tributário que trata da Ação Direta de Inconstitucionalidade é de extrema relevância para a comunidade jurídica e se caracteriza pelo pedido de declaração de inconstitucionalidade podendo ser proposta diretamente ao Supremo Tribunal Federal. Pretendemos neste artigo tratar e analisar esse instrumento processual apontando seu conceito, elencando as pessoas legítimas para requerer o pedido, conforme o artigo 103 da Constituição Federal e focando os requisitos essenciais para a propositura da Ação em tela.

Além disso faremos um exame da Ação Direita de Inconstitucionalidade nº 5835 MC/DF a fim de verificarmos os

1. Mestre e Doutora pela PUC/SP e Professora de Direito Tributário na PUC/SP.

2. Mestre pela PUC/SP e assistente pessoal da Profa. Dra. Julcira Maria de Mello Vianna Lisboa.

argumentos favoráveis e desfavoráveis à propositura da Ação destacando o aspecto territorial envolvido na Ação proposta que trata do ISS.

Em seguida, com base nas explanações apontadas chegaremos a conclusões fundamentadas na Constituição Federal.

1. O que é a Ação Direta de Inconstitucionalidade ("ADI")

A ADI é uma forma de controle de constitucionalidade concentrado repressivo em que se questiona a constitucionalidade de determinada lei. Em outras palavras, as leis emanadas do poder legislativo e, que cumprem o processo de criação de acordo com o sistema constitucional, são consideradas válidas e vigentes no ordenamento jurídico pátrio, entretanto, quando analisadas em confronto com o texto constitucional podem sofrer questionamentos, na medida em que, sua interpretação ou aplicação pode não estar em conformidade com o texto constitucional[3].

---

3. Apenas para elucidar o que é a ADI, trazemos as palavras de José Afonso da Silva sobre a Ação Declaratória de Constitucionalidade, que apesar de não ser o tema de estudo, muito se assemelha com a ADI, apenas divergindo de que na ação estudada no presente artigo se busca a declaração de inconstitucionalidade de uma norma posta no sistema jurídico brasileiro, enquanto que na Ação Declaratória de Constitucionalidade se busca a validação de determinada norma: "*A ação declaratória de constitucionalidade, como lembrado, 'pressupõe controvérsia a respeito da constitucionalidade da lei, o que é aferido diante da existência de um grande número de ações onde a constitucionalidade da lei é impugnada' e sua finalidade imediata consiste na rápida solução dessas pendencias. Esse o pressuposto de sua criação, daí a ideia que deixamos expressa acima de que ela se caracteriza como um meio de paralisação de debates em torno de questões jurídicas de interesse coletivo, precisamente porque seu exercício pressupõe a existência de decisões generalizadas em processos concretos reconhecendo a inconstitucionalidade da lei em situação oposta a interesses governamentais. Visa ela, pois, solucionar esse estado de controvérsia generalizado por via da coisa julgada vinculante, quer confirme as decisões proferidas concluindo-se, em definitivo pela inconstitucionalidade da lei, com o que se encerram os processos concretos em favor dos autores, quer reforme essas decisões com a declaração da constitucionalidade da lei. O termo reformar não é sem propósito, porque a declaração de constitucionalidade, no caso, tem o efeito de inverter o sentido daquelas decisões. Daí certo sentido avocatório que persiste nessa ação, bem sabido, aliás, que ela veio como substitutivo da avocatória que existiu no sistema constitucional revogado e que sempre*

Isto porque a Constituição Federal possui caráter de norma suprema no ordenamento jurídico brasileiro e, por possuir este caráter determina que todas demais normas inseridas no sistema jurídico brasileiro estejam em sintonia com referido diploma legal.

Nas palavras de Kildare Gonçalves Carvalho:

> na chamada supremacia ou superlegalidade constitucional, devendo todo o ordenamento jurídico conformar-se com os preceitos da Constituição, quer sob o ponto de vista formal (competência para edição de ato normativo e observância do processo legislativo previsto para a elaboração da norma jurídica), quer do ponto de vista material (adequação do conteúdo da norma aos princípios ou preceitos constitucionais[4].

O controle constitucional concentrado segundo o ordenamento pátrio pode ser feito pelo Poder Judiciário, em especial, pelo Supremo Tribunal Federal, guardião da Constituição Federal, que quando demandado, analisa se determinada norma emanada pelo Poder Legislativo fere algum dispositivo Constitucional[5].

---

mereceu muita repulsa dos meios jurídicos." (SILVA, José Afonso. **Curso de Direito Constitucional Positivo**. 38ª ed. São Paulo: Malheiros Ed. 2015. p. 59/60).

4. Gonçalves Carvalho, Kildare. **Direito Constitucional Didático**. 6ª Ed., Belo Horizonte: Delrey, 1999, p. 137.

5. Segundo Fredie Didier Jr. "*Uma das características da Constituição Federal brasileira é sua rigidez. Rígida é porque, para a alteração de suas normas, exige-se processo legislativo peculiar, complexo e muito mais difícil do que aquele reservado para a elaboração e reforma de normas infraconstitucionais (conforme art. 60, CF). E essas exigências especiais impostas para que se possa atingir o texto constitucional colocam a CF brasileira em posição de destaque no ordenamento jurídico, em um degrau acima das demais normas. Daí emana o princípio da supremacia da constituição. (...) Partindo da concepção tradicional do ordenamento jurídico, tem-se que as normas de um ordenamento não se encontram em um mesmo plano, mas, sim, escalonadas, verticalmente, em diferentes degraus, sendo que, no topo da escadaria positiva, encontra-se a Constituição, iluminando e legitimando as normas hierarquicamente inferiores. (...) E a validade destas normas infraconstitucionais está condicionada aos limites formais e materiais que lhes são impostos pela Constituição – que confinam a forma pela qual devem ser elaboradas a sua substancia/conteúdo. Uma norma inferior que exceda esses limites é ilegítima, porquanto inquinada pelo vício da inconstitucionalidade. (...) Pois bem. Por conta dessa supremacia e rigidez constitucionais, fez-se*

Segundo Hélio Moretzsohn de Carvalho:

> o controle da Constitucionalidade pelo Poder Judiciário, originário da doutrina de Marshall nos Estados Unidos da América do Norte, foi adotado em nosso constitucionalismo republicano, embora o Direito brasileiro admita também o controle político exercido pelo Congresso Nacional, através das Comissões Parlamentares, e pelo Presidente da República, mediante o veto. Assim, o controle jurisdicional de constitucionalidade, no Direito pátrio é exercido, por via de exceção, em que a arguição de inconstitucionalidade pressupõe um caso concreto, com o interessado buscando a invalidação do preceito normativo violador do texto constitucional[6][7].

Na prática referido instrumento processual para decretação da inconstitucionalidade das normas é muito utilizado pelos contribuintes, vez que o sistema nacional tributário está previsto na Constituição Federal. E é a própria Constituição Federal quem outorga competência para a instituição dos diversos

---

necessária a instituição de mecanismos de fiscalização da fidelidade das normas infraconstitucionais à Constituição. Eis o chamado controle de constitucionalidade das normas" (DIDIER JR. Fredie. (Org.). **Ações Constitucionais**. 6ª ed. atual. Salvador: Editora Jus Podivm. 2012. p. 451/452).

6. CARVALHO, Hélio Moretzsohn de. Direito Constitucional Comparado: Controle de Constitucionalidade. In: GARCIA, M., AMORIM, J. R. N. (Org.). **Estudos de direito constitucional comparado**. Rio de Janeiro: Elsevier, 2007. p. 487.

7. Para entender como o sistema norte americano influenciou o sistema brasileiro no controle concentrado de constitucionalidade por meio do Poder Judiciário, colacionamos as lições de Sacha Calmon Navarro Coêlho: "*O Poder Judiciário tem competência para julgar disputas atuais que se promovam entre litigantes diversos. O direito de declarar inconstitucionalidade das leis surge porque uma delas, invocada por uma das partes como fundamento do seu direito, está em conflito com a lei fundamental. Esta faculdade, que é o dever mais importante e dedicado da Corte, não lhe é atribuída como um poder de revisão da obra legislativa, mas porque os direitos dos litigantes nas controvérsias de natureza judicial requerem que a Corte opte entre a lei fundamental e a outra, elaborada pelo Congresso na suposição de estar em consonância com sua experiencia constitucional, mas que na verdade, exorbita do poder conferido ao ramo legislativo do governo. Essa tentativa para conseguir a declaração judicial da validade da lei elaborada pelo Congresso não se apresenta, na hipótese, em um caso ou controvérsia, a cuja apreciação está limitada a jurisdição desta Corte, segundo a lei suprema dos Estados Unidos*" (Estados Unidos, Supreme Court, Muskrat *vs.* United States *apud* Sacha Calmon Navarro Coêlho. **O controle da constitucionalidade das leis e do poder de tributar na Constituição de 1988.** 4ª ed. São Paulo: Forense. 2016.)

tributos, traça os aspectos da hipótese de incidência dos impostos e disciplina sobre normas gerais em matéria tributária.

Melhor explicando, qualquer lei editada pelo Congresso Nacional acerca da instituição, alteração do aspecto pessoal, ou material, pode ser objeto de controle de constitucionalidade repressivo pelo Poder Judiciário mediante o ajuizamento da Ação Direita de Inconstitucionalidade que, ao final, sempre busca a exclusão de referida lei editada pelo Congresso Nacional do sistema jurídico pátrio sob fundamento de que fere algum dispositivo constitucional[89].

Na seara tributária, portanto, em razão das constantes alterações legislativas e o elevado número de novas normas tributárias, faz com que este instituto seja muito utilizado

---

8. E aqui é importante destacar o fato de que não é porque o Supremo Tribunal Federal decretou inconstitucional uma lei que haveria afronta a repartição de poderes. Sobre o tema, concordamos com as reflexões de Calil Simão: "*Aparentemente, essa afirmação poderia levar os apressados a imaginarem um retrocesso da interpretação do princípio da separação dos poderes. Não é isso o que ocorre. Explicaremos. Quando o Supremo Tribunal Federal declara inconstitucional uma 'lei', o efeito vinculante dessa decisão, em face do Poder legislativo, significa que ele não mais poderá legislar dessa maneira. Cria, na verdade, um obstáculo ao livre exercício ou à livre escolha das matérias a serem legisladas. Eventual descumprimento, inclusive, pode ensejar a interposição, por parte das minorias parlamentares, de mandado de segurança como forma de obstacularizar o processamento de eventual proposição no mesmo sentido.*" (SIMÃO, Calil. **Elementos do sistema de controle de constitucionalidade**. 3ª ed. 2015. São Paulo: Saraiva. p. 192/193).

9. Com opinião contrária, contudo, no sentido de que o julgamento de inconstitucionalidade de uma lei por um tribunal afronta a separação de poderes, trazemos o entendimento de Paulo Bonavides: "*Caracteriza-se esse processo por seu teor sumamente enérgico, pela sua agressividade e radicalismo, pela natureza fulminante da ação direta. Consente aos governados e com mais frequência a certas autoridades públicas a iniciativa de promover o ataque imediato e ofensivo ao texto eivado de inconstitucionalidade. Uma vez declarada inconstitucional, a lei é removida da ordem jurídica com a qual se apresenta incompatível. O órgão competente para julgar essa ação tanto poderá ser um tribunal ordinário como uma corte especial, a exemplo dos chamados tribunais constitucionais, dotados para esse fim de jurisdição específica. A teoria constitucional tem dado preferência a essa última modalidade de tribunais, atenta sem dúvida às objeções relativas ao reforço de poderes que o controle traria à jurisdição ordinária, fazendo assim avultar ainda mais o conflito dificilmente dissimulável entre o juiz e o legislador, com grave dano à pureza do princípio da separação dos poderes.*" (BONAVIDES, Paulo. **Curso de Direito Constitucional**. 30ª ed. São Paulo: Malheiros. 2015. p. 314/315).

para resguardar o próprio direito dos contribuintes, que caso não manejem a ação direta de inconstitucionalidade podem ver inúmeras garantias como igualdade, segurança jurídica, proporcionalidade, razoabilidade, praticabilidade tributária, capacidade contributiva e outros, violados.

2. Requisitos para o ingresso da Ação Direta de Inconstitucionalidade

Conforme exposto no tópico anterior, a ADI visa extirpar do sistema jurídico brasileiro determinada lei que não está de acordo com os preceitos constitucionais. Por essa razão, a ADI "*Não cuida do julgamento de um caso concreto, mas, sim, da constitucionalidade da lei em tese, de uma relação de validade entre normas*"[10].

Por não se tratar, portanto, do julgamento de um caso concreto, a ADI não representa uma pessoa física ou jurídica específica, mas sim de uma classe determinada que busca retirar a norma que fere a Constituição Federal[11].

Tanto é assim que os legitimados para propor a ADI estão elencados no art. 103, da Constituição Federal[12]. Nos termos de

---

10. DIDIER JR. Fredie. (Org.). **Ações Constitucionais.** 6ª ed. Salvador: Editora Jus Podivm. 2012. p. 463.

11. Nas palavras de Damares Medina "*O controle concentrado de constitucionalidade desenvolve-se em um processo tipicamente objetivo, cuja caracterização foi paulatinamente construída pela jurisprudência do Supremo Tribunal Federal. O processo objetivo, na dicção que foi a ele conferida pelo Supremo Tribunal Federal, denota-se pelo seu escopo de defesa da Constituição e de manutenção da ordem constitucional, o que pressupõe a inexistência de interesses subjetivos deduzidos à lide e a ausência de partes propriamente ditas. Associadas a esse caráter objetivo está a legitimação restrita aos entes indicados no rol do art. 103 da Constituição Federal e a eficácia erga omnes das decisões proferidas no exercício do controle concentrado de constitucionalidade. A rigor, o controle de constitucionalidade da lei em tese mais se aproxima de um controle político, que de uma prestação jurisdicional pura e simples*" (MEDINA, Damares. A finalidade do *amicus curiae* no controle concentrado de constitucionalidade. **Jus Navigandi**, Teresina, a. 9, n. 717, 22 jun. 2005. Disponível em: <https://jus.com.br/artigos/6917/a-finalidade-do-amicus-curiae-no-controle-concentrado-de-constitucionalidade> Acesso em: 4 mai. 2019)

12. Art. 103. Podem propor a ação direta de inconstitucionalidade e a ação declaratória de constitucionalidade: (Redação dada pela Emenda Constitucional 45, de 2004)

referido artigo, são legitimados para propor a ADI o Presidente da República, Governador dos Estados ou Distrito Federal, Procurador Geral da República, as mesas do Senado Federal, Câmara dos Deputados, Assembleias Legislativas do Estado ou Distrito Federal, Conselho Federal da Ordem dos Advogados, partidos políticos com representação no Congresso Nacional e confederação sindical ou entidade de classe de âmbito nacional.

Assim, o rol de legitimados para a proposição de uma ação que extirpará determinada do ordenamento jurídico é reduzido e quando referida ação for proposta, será sempre pensando no interesse coletivo[13].

I - o Presidente da República;
II - a Mesa do Senado Federal;
III - a Mesa da Câmara dos Deputados;
IV - a Mesa de Assembleia Legislativa ou da Câmara Legislativa do Distrito Federal; (Redação dada pela Emenda Constitucional 45, de 2004)
V - o Governador de Estado ou do Distrito Federal; (Redação dada pela Emenda Constitucional 45, de 2004)
VI - o Procurador-Geral da República;
VII - o Conselho Federal da Ordem dos Advogados do Brasil;
VIII - partido político com representação no Congresso Nacional;
IX - confederação sindical ou entidade de classe de âmbito nacional.
§ 1º O Procurador-Geral da República deverá ser previamente ouvido nas ações de inconstitucionalidade e em todos os processos de competência do Supremo Tribunal Federal.
§ 2º Declarada a inconstitucionalidade por omissão de medida para tornar efetiva norma constitucional, será dada ciência ao Poder competente para a adoção das providências necessárias e, em se tratando de órgão administrativo, para fazê-lo em trinta dias.
§ 3º Quando o Supremo Tribunal Federal apreciar a inconstitucionalidade, em tese, de norma legal ou ato normativo, citará, previamente, o Advogado-Geral da União, que defenderá o ato ou texto impugnado.

13. Aqui compartilhamos das lições de Fredie Didier Jr. no sentido de que "*(...) Parte-se da seguinte premissa, que parece correta: não é razoável imaginar que uma entidade, pela simples circunstância de estar autorizada em tese para a condução de processo coletivo (e, pois, do processo objetivo), possa propor qualquer demanda coletiva, pouco importa quais são as suas peculiaridades. É preciso verificar se o legitimado coletivo reúne atributos que o tornem o representante adequado para a melhor condução de determinado processo coletivo, devendo esta adequação ser examinada pelo magistrado de acordo com os critérios gerais, mas sempre à luz da situação jurídica litigiosa deduzida em juízo. Todos os critérios para a aferição da representatividade adequada são examinados em confronto com o conteúdo da demanda coletiva. A análise da legitimação coletiva (e, por consequência, da representação adequada) dar-se-ia em duas fases. Primeiramente, verifica-se se há autorização constitucional para que determinado ente possa conduzir o processo coletivo – ou seja, deve ser examinado o art. 103 da CF/88. A seguir, o STF faz o*

Atualmente é muito comum as entidades de classe ou confederações sindicais (listadas no inciso IX, do art. 103, da Constituição Federal) proporem ADIs. Ainda que em um primeiro momento seja óbvio o interesse coletivo destas instituições, o Supremo Tribunal Federal ("STF") exige que referidas instituições comprovem sua existência formal, com representatividade adequada, tenha categoria econômica definida e comprove seu caráter nacional.

Por existência formal, o STF exige que referido instituto esteja inscrito tanto no registro civil quando no registro sindical[14]. Já em relação a representatividade, o STF exige que a totalidade dos membros da categoria seja representada, bem como que sejam constituídas por no mínimo três federações sindicais, representativas de categorias econômicas e profissionais homogêneas[15]. Nesse sentido, também, o caráter nacional é comprovado pela existência do instituto em pelo menos nove unidades da federação brasileira[16].

Ainda, como requisito indispensável para propositura da ADI, o STF exige a chamada "representatividade adequada"[17].

---

controle in concreto da adequação da legitimidade" (DIDIER JR. Fredie. (Org.). **Ações Constitucionais**. 6ª. Salvador: Editora Jus Podivm. 2012. p. 481).

14. ADI 4422 AgR, Relator(a): Min. CELSO DE MELLO, Tribunal Pleno, julgado em 06/11/2014, PROCESSO ELETRÔNICO DJe-032 DIVULG 18-02-2015 PUBLIC 19-02-2015.

15. ADI 4750 AgR, Relator(a): Min. LUIZ FUX, Tribunal Pleno, julgado em 21/05/2015, PROCESSO ELETRÔNICO DJe-113 DIVULG 12-06-2015 PUBLIC 15-06-2015.

16. ADI 4294 AgR, Relator(a): Min. LUIZ FUX, Tribunal Pleno, julgado em 01/07/2016, ACÓRDÃO ELETRÔNICO DJe-188 DIVULG 02-09-2016 PUBLIC 05-09-2016.

17. Segundo Fredie Didier Jr. "*Há vários critérios para a verificação da representatividade adequada. O STF, porém, vale-se de um deles, no controle da legitimidade para a propositura da ADIN/ADC: exige-se que exista um vínculo de afinidade temática entre o legitimado e o objeto litigioso. Deu-se a esse vínculo o nome de 'pertinência temática'. É importante frisar um aspecto: a 'pertinência temática' é critério de aferição da legitimidade ad causum, e não do interesse de agir. Busca-se verificar a idoneidade do sujeito condutor do processo, a pertinência do elemento subjetivo da demanda. Se o que se indaga é a aptidão ou não para a condução do processo de controle de constitucionalidade, o alvo da indagação, é o sujeito demandante e, assim, a sua legitimidade. O exame do interesse de agir é feito a partir da constatação da utilidade e da necessidade da prestação jurisdicional, e em tema de ação necessária (de que é exemplo a ADIN/ADC), tem diminuta importância prática, pois está in re ipsa.*" (DIDIER JR. Fredie. (Org). **Ações Constitucionais**. 6ª ed. Salvador: Editora Jus Podivm. 2012. p. 481/482).

Referida representatividade adequada significa que deve haver correlação entre o objeto social da confederação sindical ou entidade de classe de âmbito nacional e o objeto do pedido de inconstitucionalidade[18]. Em outras palavras, trata-se da identidade entre o objeto que é exercido pela confederação sindical ou entidade de classe e o que a lei reputada inconstitucional está ferindo.

3. A Ação Direta de Inconstitucionalidade nº 5835 MC/DF ("ADI")

A ADI 5835 foi ajuizada pela Confederação Nacional do Sistema Financeiro ("CONSIF") e pela Confederação Nacional das Empresas de Seguros Gerais, Previdência Privada e Vida, Saúde Suplementar e Capitalização ("CNSeg") e, além de ambas as instituições comprovarem a presença dos requisitos listados acima, comprovaram também a representatividade adequada vez que a alteração legislativa promovida pela Lei Complementar 157/2016 ("LC 157/2016") alterou a sujeição passiva para o recolhimento do ISS em relação aos serviços prestados por associados a referidos institutos, bem como caso referida alteração não seja declarada inconstitucional, promoverá uma alteração na estrutura operacional para cumprimento das obrigações acessórias dos associados.

---

18. "AGRAVO REGIMENTAL EM ARGUIÇÃO DE DESCUMPRIMENTO DE PRECEITO FUNDAMENTAL. ENTIDADE DE CLASSE. ASSOCIAÇÃO NACIONAL DAS EMPRESAS DE TRANSPORTES URBANOS - NTU. PERTINÊNCIA TEMÁTICA. AUSÊNCIA. ILEGITIMIDADE ATIVA AD CAUSAM. AGRAVO REGIMENTAL NÃO PROVIDO. **1. A jurisprudência do STF exige, para a caracterização da legitimidade ativa das entidades de classe e das confederações sindicais para as ações de controle concentrado, a existência de correlação entre o objeto do pedido de declaração de inconstitucionalidade e os objetivos institucionais da associação.** 2. No caso, não há pertinência temática entre as normas impugnadas, que cuidaram de inaugurar e disciplinar o veto popular como instrumento de participação popular no processo legislativo no âmbito do Município de Aracaju, e os objetivos institucionais perseguidos pela autora (NTU), que estão voltados para a proteção dos interesses de empresas de transportes urbanos. O liame mediato, indireto, não satisfaz o requisito da pertinência temática. Precedentes: ADI 5.023-AgR, Rel. Min. ROSA WEBER, Pleno, DJe 6/11/2014; ADI 4.722, Rel. Min. DIAS TOFFOLI, Pleno, DJe de 14/2/2017. 3. Agravo regimental a que se nega provimento." (grifamos) (ADPF 385 AgR, Relator(a): Min. ALEXANDRE DE MORAES, Tribunal Pleno, julgado em 16/10/2017, PROCESSO ELETRÔNICO DJe-244 DIVULG 24-10-2017 PUBLIC 25-10-2017).

Ainda, referida ADI foi distribuída por dependência a Ação de Descumprimento de Preceito Fundamental nº 499 ("ADPF 499"). Referida ADPF foi ajuizada pela Confederação Nacional de Saúde, Hospitais e Estabelecimentos e Serviços – CNS e visa também a declaração de inconstitucionalidade de dispositivo da LC 157/2016.

Em síntese, a diferença das ações reside no fato da ADI 5835 ser mais abrangente e questionar outros incisos do art. 3º, da Lei Complementar 116/2003 ("LC 116/2003"), com a redação da LC 157/2016. Isto é, enquanto a ADPF 499, questiona apenas o inciso XXII, do art. 3º, da LC 116/2003, com a redação dada pela LC 157/2016[19], a ADI em foco no presente artigo, pugna pela inconstitucionalidade também dos incisos XXIV[20] e XXV[21], de referido artigo e do art. 6º, §3º e 4º, da LC 116/2003[22].

Desta forma, a ADI 5835 requer a inconstitucionalidade dos dispositivos que determinaram que o ISS devido pelas empresas de *leasing* (arrendamento mercantil), administradoras de

---

19. Art. 3º O serviço considera-se prestado, e o imposto, devido, no local do estabelecimento prestador ou, na falta do estabelecimento, no local do domicílio do prestador, exceto nas hipóteses previstas nos incisos I a XXV, quando o imposto será devido no local: (Redação dada pela Lei Complementar 157, de 2016)
(...)
XXIII - do domicílio do tomador dos serviços dos subitens 4.22, 4.23 e 5.09; (Incluído pela Lei Complementar 157, de 2016)

20. XXIV - do domicílio do tomador do serviço no caso dos serviços prestados pelas administradoras de cartão de crédito ou débito e demais descritos no subitem 15.01; (Incluído pela Lei Complementar 157, de 2016)

21. XXV - do domicílio do tomador dos serviços dos subitens 10.04 e 15.09. (Incluído pela Lei Complementar 157, de 2016)

22. Art. 6º Os Municípios e o Distrito Federal, mediante lei, poderão atribuir de modo expresso a responsabilidade pelo crédito tributário a terceira pessoa, vinculada ao fato gerador da respectiva obrigação, excluindo a responsabilidade do contribuinte ou atribuindo-a a este em caráter supletivo do cumprimento total ou parcial da referida obrigação, inclusive no que se refere à multa e aos acréscimos legais.
(...)
§ 3º No caso dos serviços descritos nos subitens 10.04 e 15.09, o valor do imposto é devido ao Município declarado como domicílio tributário da pessoa jurídica ou física tomadora do serviço, conforme informação prestada por este. (Incluído pela Lei Complementar 157, de 2016)
§ 4º No caso dos serviços prestados pelas administradoras de cartão de crédito e débito, descritos no subitem 15.01, os terminais eletrônicos ou as máquinas das operações efetivadas deverão ser registrados no local do domicílio do tomador do serviço. (Incluído pela Lei Complementar 157, de 2016).

fundos de investimento, administradoras de consórcios, planos de saúde e administradoras de cartão de crédito seja devido no domicílio do tomador, alterando o critério pessoal do ISS e criando inúmeras novas obrigações acessórias para estas empresas.

3.1 Argumentos favoráveis ao contribuinte relacionados à ADI

Todas os associados das instituições que ajuizaram a ADI 5835 têm em comum o fato de possuírem um estabelecimento sede que faz a gerência, operacionalização e funcionamento do serviço prestado.

Tomemos como exemplo, as empresas de planos de saúde. Estas empresas possuem um estabelecimento sede que procedimentaliza efetivamente o serviço vendido para que este possa ser prestado. Ou seja, o serviço prestado pelas operadoras de plano de saúde não é prestado com o atendimento médico, mas com a própria administração do plano, gestão, pagamento e reembolso dos sinistros pelos tomadores quando demandados dos beneficiários.

Isto porque, na operação de planos de saúde, há duas etapas, sendo que a primeira consiste na contratação do plano de saúde pelo beneficiário e a segunda, na prestação dos serviços propriamente ditos, ou seja, na ocorrência do sinistro, em que os profissionais que atenderam o beneficiário que contratou o plano efetivamente recebem pelos serviços prestados. É nesta segunda hipótese que se encontra o núcleo da prestação do serviço tributado pelo ISS.[23]

23. "RECURSO EXTRAORDINÁRIO. CONSTITUCIONAL. TRIBUTÁRIO. ISSQN. ART. 156, III, CRFB/88. CONCEITO CONSTITUCIONAL DE SERVIÇOS DE QUALQUER NATUREZA. ARTIGOS 109 E 110 DO CTN. AS OPERADORAS DE PLANOS PRIVADOS DE ASSISTÊNCIA À SAÚDE (PLANO DE SAÚDE E SEGURO-SAÚDE) REALIZAM PRESTAÇÃO DE SERVIÇO SUJEITA AO IMPOSTO SOBRE SERVIÇOS DE QUALQUER NATUREZA-ISSQN, PREVISTO NO ART. 156, III, DA CRFB/88. (...) A base de cálculo do ISSQN incidente tão somente sobre a comissão, vale dizer: a receita auferida sobre a diferença entre o valor recebido pelo contratante e o que é repassado para os terceiros prestadores dos serviços, conforme assentado em sede jurisprudencial. (...) em sede de Repercussão Geral a tese jurídica assentada é: "As operadoras de planos de saúde e de seguro-saúde realizam prestação de serviço sujeita ao Imposto Sobre Serviços de Qualquer

Nos casos das administradoras de cartões de crédito e débito, por exemplo, também se verifica que o fato de haver uma máquina para que o adquirente da mercadoria ou serviço possa pagar pela mercadoria ou serviço, não significa que a prestação do serviço ocorre naquele município, na medida em que, a máquina em que o cartão do comprador é passado, captura os dados da operação e os repassa a empresa credenciadora, que retransmite ao emissor do cartão e à bandeira do cartão utilizado. Após todos esses processamentos é que a empresa credenciadora efetuará os repasses dos valores e liquidação da fatura.

Assim, no caso das administradoras do cartão de crédito e débito, pouco importaria, por exemplo, o local da máquina receptora dos dados da compra de determinado produto ou serviço, vez que referida máquina é apenas um posto de coleta dos dados da operação que será realizada.

Igualmente, ainda que não seja objeto da ADI 5835 objetivamente, verifica-se a situação de postos de coleta nos casos de laboratórios de análises clínicas, que têm diversos estabelecimentos de coletas, entretanto, a análise do material genético é efetuada em um determinado estabelecimento e é neste estabelecimento que analisa o material genético em que há a efetiva prestação do serviço[24].

Ora, diante das inúmeras possibilidades que surgem para a definição do aspecto pessoal (sujeito ativo) para a cobrança do ISS no caso da LC 157/2016 ser considerada válida, bem como de eventuais novas obrigações acessórias para se procedimentalizar o pagamento do ISS nos Municípios dos tomadores do serviço, é que foi proposta a ADI 5835 sob análise.

Assim, o primeiro argumento favorável aos contribuintes é no sentido de que se seria constitucional cobrar o ISS em

---

Natureza – ISSQN, previsto no art. 156, III, da CRFB/88". 28. Recurso extraordinário DESPROVIDO. (RE 651703, Relator(a): Min. LUIZ FUX, Tribunal Pleno, julgado em 29/09/2016, PROCESSO ELETRÔNICO REPERCUSSÃO GERAL - MÉRITO DJe-086 DIVULG 25-04-2017 PUBLIC 26-04-2017).

24. A hipótese acima mencionada está atualmente em discussão nos autos do Recurso Especial nº 1.439.753/PE, sob a relatoria do Ministra Assusete Magalhães da 1ª Seção do Superior Tribunal de Justiça.

locais onde não há a efetiva prestação dos serviços, à luz dos artigos 146, III[25], e 156, III, ambos da Constituição Federal[26].

Segundo já decidido pelo STF[27] e como é pacificado na doutrina[28-29], para haver a prestação de um serviço e, conse-

---

25. Art. 146. Cabe à lei complementar:
(...)
III - estabelecer normas gerais em matéria de legislação tributária, especialmente sobre:
a) definição de tributos e de suas espécies, bem como, em relação aos impostos discriminados nesta Constituição, a dos respectivos fatos geradores, bases de cálculo e contribuintes;

26. Art. 156. Compete aos Municípios instituir impostos sobre:
(...)
III - serviços de qualquer natureza, não compreendidos no art. 155, II, definidos em lei complementar. (Redação dada pela Emenda Constitucional nº 3, de 1993).

27. "RECURSO EXTRAORDINÁRIO. CONSTITUCIONAL. TRIBUTÁRIO. ISSQN. ART. 156, III, CRFB/88. CONCEITO CONSTITUCIONAL DE SERVIÇOS DE QUALQUER NATUREZA. ARTIGOS 109 E 110 DO CTN. AS OPERADORAS DE PLANOS PRIVADOS DE ASSISTÊNCIA À SAÚDE (PLANO DE SAÚDE E SEGURO-SAÚDE) REALIZAM PRESTAÇÃO DE SERVIÇO SUJEITA AO IMPOSTO SOBRE SERVIÇOS DE QUALQUER NATUREZA-ISSQN, PREVISTO NO ART. 156, III, DA CRFB/88. (...) 21. Sob este ângulo, o conceito de prestação de serviços não tem por premissa a configuração dada pelo Direito Civil, mas relacionado ao oferecimento de uma utilidade para outrem, a partir de um conjunto de atividades materiais ou imateriais, prestadas com habitualidade e intuito de lucro, podendo estar conjugada ou não com a entrega de bens ao tomador. (...) "(RE 651703, Relator(a): Min. LUIZ FUX, Tribunal Pleno, julgado em 29/09/2016, PROCESSO ELETRÔNICO REPERCUSSÃO GERAL - MÉRITO DJe-086 DIVULG 25-04-2017 PUBLIC 26-04-2017).

28. "Deveras, uma vez que o estabelecimento escolhido pela empresa (dentre tantos que efetivamente possua), realize, desenvolva e ultime os atos materiais, providências e medidas necessárias à prestação dos serviços, ter-se-á caracterizado, nesse local o ´estabelecimento prestador' dos serviços contratados.
(...)
Ademais, convém lembrar que o lugar do contrato **não** tem maior relevo, para determinação do local de incidência do Imposto, **nem** cabe adotar, para tanto, o 'critério' do local onde estabelecido o tomador (usuário ou encomendante) dos serviços. Essas premissas são indispensáveis à análise dos casos concretos, à luz das noções jurídicas expostas, demonstrativas de que – para discernir o local onde se considera prestado o serviço e, por conseguinte, a qual Município é devido ISS, não cabe considerar 1) o local onde celebrado o contrato, 2) nem o local onde estabelecido o tomador, sendo relevante, por outro lado, 3) o local onde os serviços são prestados, realizados e ultimados e 4) onde se situa o estabelecimento prestador." (BARRETO, Aires F., **ISS na Constituição e na lei**. São Paulo: Dialética, 2003, p. 264/266).

29. "Com efeito, não se pode pretender como estabelecimento um simples imóvel destinado à manutenção temporária de pessoa que prestará o serviço, ou à conservação de alguns equipamentos utilizados nesta prestação, quando o núcleo econômico da empresa, bem maior, situa-se em outro lugar. Não fosse assim, o advogado que, embora com escritório em São Paulo, viajasse até Brasília para fazer uma

quentemente, a ocorrência de fato gerador, não basta que o serviço possa ser tomado (simples fruição), mas é necessário que efetivamente haja alguma *prestação*.

Em outras palavras, o núcleo do aspecto material do fato gerador é a *prestação* do serviço e que, conforme visto nos exemplos acima, se trata da ocorrência do sinistro em contratos médicos com planos de saúde, na liquidação de faturas pelas administradoras do cartão de crédito e na efetiva análise do material biológico coletado e não a mera coleta de dados para que estes serviços possam ser prestados.

Os artigos 3º, incisos XXIII, XXIV e XXV e 6º, parágrafos 3º e 4º, da LC 116/2003, com a redação dada pela LC 157/2016 e impugnados como inconstitucionais na ADI 5853, acabaram por prever a instituição do ISS por Município em que não há a efetiva prestação de serviço.

Conforme descrito pelos exemplos acima citados, nos casos de planos de saúde, por exemplo, o médico pode atender no Município "A", na residência do paciente, porém, o emitente da ordem de pagamento que caracterizará o sinistro estará no Município "B", local onde se encontra o estabelecimento do plano de saúde prestador do serviço.

Ora, o fato do médico ter atendido seu paciente no Município "A", não caracteriza referido Município como sujeito ativo do ISS, vez que não houve efetiva prestação de serviço, uma vez que o serviço é efetivamente prestado com a ocorrência do sinistro, conforme acima explanado.

Desta forma, os dispositivos da LC 157/2016 questionados na ADI 5853, ferem o próprio princípio federativo[30] e a reparti-

---

sustentação oral perante o Supremo Tribunal Federal, e permanecesse hospedado em um Hotel, teria de recolher o ISS em Brasília, pois o Hotel seria o estabelecimento prestador. É evidente, porém, o desacerto da conclusão." (MACHADO, Hugo de Brito. "Local da ocorrência do fato gerador do ISS". **Revista Dialética de Direito Tributário**. Volume 58. Jul. 2000. P. 52).

30. Conforme exposto por José Eduardo Soares de Melo "A Federação constitui uma das pedras fundamentais do edifício jurídico (expressamente consagrada no primeiro artigo da Constituição Federal, e reiterada em inúmeras outras

ção de competências, uma vez que estabelecem competências para a instituição dos impostos diversas daquela prevista no artigo 156, III, da Constituição Federal.

Em outras palavras, a Constituição Federal, além de determinar as competências para instituição dos tributos e o próprio aspecto material, também determina o critério territorial[31] da obrigação tributária, impedindo que diversos entes

---

disposições constitucionais), com ampla aplicação no que concerne às normas de imposição tributária. Sua magnitude é ressaltada no art. 60, § 4º, da mesma Constituição, que proíbe ao Congresso Nacional sobre eventual proposta tendente a aboli-la, vedando sua indissolubilidade.
Compreende a associação de Estados, implicando configuração jurídica de um novo Estado (federal), sendo que as características básicas do regime federativo podem ser assentadas na forma seguinte: "1. esquema de constituição rígida; 2. um poder constitucional próprio nos Estados; 3. Existência de um território próprio; 4. Existência de um povo próprio; 5. Os poderes derivam da sua constituição compatibilizada com a repartição de competências que está na Constituição Federal; 6. Representação proporcional da vontade do povo dos Estados, paritariamente nesse órgão; 7. Corte constitucional que assegure a supremacia da Constituição Federal (...) Em razão da *autonomia*, existe absoluta igualdade entre a União, Estados, Distrito Federal e Municípios, e nenhum tipo de hierarquia, mas apenas a fixação de competências distintas.
O *princípio federativo*, conjugado com a *autonomia municipal*, apresenta profundas e substanciais implicações no âmbito tributário, tendo em vista o plano eminentemente normativo, e as diferenciadas competências conferidas às referidas pessoas políticas, a saber: a) o Código Tributário Nacional (caracterizado como lei complementar) dispõe sobre normas gerais de Direito Tributário, sendo aplicado indistintamente na elaboração das normas tributárias federais, estaduais, distritais e municipais; b) as leis federais, conquanto fruto de atuação do mesmo órgão editor das leis nacionais (Congresso Nacional), e instituidoras de tributos de sua competência exclusiva, não podem determinar, ordenar ou impor seus comandos na elaboração de leis estaduais, distritais e municipais, o mesmo ocorrendo com estas que não podem intervir no âmbito federal" (MELO, José Eduardo Soares de. **Curso de direito tributário**. São Paulo: Dialética, 2010. p. 14-16).

31. Segundo Roque Antonio Carrazza: "*Vem a propósito reiterarmos que o critério adotado pela Constituição na partilha das competências impositivas dos Estados, dos Municípios e do Distrito Federal foi, além do material, o territorial. Noutros termos, levou em conta, para a solução dos possíveis conflitos neste campo, o âmbito de aplicação territorial das leis que criam os impostos estaduais, municipais e distritais. Por conseguinte, as leis tributárias que instituem tais gravames apenas têm voga sobre os fatos verificados no território de ordem jurídica que as editou. (...) se o fato imponível do ISS (prestação de um serviço de qualquer natureza) deu-se no território do Município de São Paulo, só a lei paulistana poderá ser aplicada. Ainda a título de exemplo, se o fato imponível do ICMS ou do ISS ocorreu em Brasília, apenas a lei tributária brasiliense cabível terá seguimento*" (CARRAZZA, Roque Antonio. **Curso de Direito**

instituam tributos sobre um mesmo fato gerador[32], em respeito, também, ao princípio federativo, acima mencionado.

Em razão das delimitações constitucionais em relação a competência para a instituição do ISS, é patente que a Lei Complementar que disporá de maneira geral sobre os aspectos da hipótese de incidência deve conter algum "*elemento de conexão entre a realidade e a determinação normativa, que para o ISS é a 'prestação' de alguma atividade que componha o serviço no Município indicado como sujeito ativo pela legislação. Exemplo disso é que as exceções à regra de que o ISS é a seria devido no Município do 'estabelecimento prestador', previstas nas redações originárias dos arts. 12, a do DL 406/68 e 3º da LC 116/2003, sempre trataram de situações em que havia algum serviço preponderantemente prestado no domicílio do tomador*"[33].

Ou seja, nos termos do artigo 146, III, da Constituição Federal, a Lei Complementar somente poderá determinar o sujeito ativo do aspecto da hipótese de incidência diverso do previsto na Constituição em casos em que haja dúvida de onde determinado tributo deve ser cobrado. Em outras palavras, a Lei Complementar somente poderá determinar sujeito ativo do aspecto da hipótese de incidência diverso nos casos de conflitos de competência.

Nas atividades tratadas na ADI 5835, como as de operação de planos de saúde, administradoras de cartão de crédito,

---

Constitucional Tributário. 20ª Ed. Malheiros: São Paulo, 2004. p. 590/591).

32. SOUZA, Hamilton Dias. SZELBRACIKOWSKI, Daniel Corrêa. *In* Ação Direta de Inconstitucionalidade nº 5.835, Tribunal Pleno. Relator: Ministro Alexandre de Moraes. Brasília, DF, 27 nov. 2017. Disponível em: <http://redir.stf.jus.br/estfvisualizadorpub/jsp/consultarprocessoeletronico/ConsultarProcessoEletronico.jsf?seqobjetoincidente=5319735>. Acesso em 13 mai. 2019.

33. SOUZA, Hamilton Dias. SZELBRACIKOWSKI, Daniel Corrêa. *In* Ação Direta de Inconstitucionalidade nº 5.835, Tribunal Pleno. Relator: Ministro Alexandre de Moraes. Brasília, DF, 27 nov. 2017. Disponível em:<http://redir.stf.jus.br/estfvisualizadorpub/jsp/consultarprocessoeletronico/ConsultarProcessoEletronico.jsf?seqobjetoincidente=5319735>. Acesso em 13 mai. 2019.

arrendamento mercantil, administração de fundos e consórcios, verifica-se que não há qualquer serviço prestado no estabelecimento do tomador do serviço, visto que conforme acima exposto, as atividades para a efetiva prestação de tais serviços, ocorrem no estabelecimento do prestador.

Desta forma, é nítido que a LC 157/2016, ao alterar a LC 116/2003, ao estabelecer que alguns serviços deveriam ser tributados no domicílio do tomador, afrontou o quanto disposto na Constituição Federal para fins de instituição do ISS.

Não obstante referida afronta aos artigos 146, III e 156, III, da Constituição Federal, os contribuintes também argumentam pela inconstitucionalidade da LC 157/2016 em razão da afronta aos artigos 146, I[34], e 150, I, da Constituição Federal[35], vez que a LC 157/16 acabou por criar mais dúvidas acerca da determinação do tomador de serviço do que propriamente saná-las.

Isto porque, em razão da natureza das operações das atividades em que a LC 157/2016 estabeleceu o município do tomador como ente competente para a instituição do ISS, verifica-se que pode haver dúvida sobre quem é o município tomador, vez que mais de um município pode entender que é competente para instituir e arrecadar o ISS.

Trazemos o exemplo dado na própria ADI 5835:

> A propósito, como ficaria a situação de um portador (exemplo, Antônio Correa) que tenha residência no Município A (com alíquota de 5%), utilize o seu cartão para pagamento em diversos Municípios do país e também no exterior, mas à razão de 80% nesse Município A, porém declare como seu domicílio o Município B, com alíquota de 2%, onde, apesar de também possui

34. "Art. 146. Cabe à lei complementar:
I - dispor sobre conflitos de competência, em matéria tributária, entre a União, os Estados, o Distrito Federal e os Municípios"

35. "Art. 150. Sem prejuízo de outras garantias asseguradas ao contribuinte, é vedado à União, aos Estados, ao Distrito Federal e aos Municípios:
I - exigir ou aumentar tributo sem lei que o estabeleça;"

> residência, não fique mais do que 60 dias durante o período do ano? Qual seria o elemento de conexão entre o Município eleito pelo portador do cartão (B), o do existente entre o portador e o Município A e o serviço prestado pela administradora, estabelecida no Munícipio C? A Lei não responde[36].

Nos termos do artigo 146, I, da Constituição Federal, a Lei Complementar deve dispor sobre os conflitos de competência e, verifica-se que neste caso, a LC 157/2016, ao apenas mencionar que o estabelecimento tomador será o competente para instituição e arrecadação dos ISS, não previu quaisquer situações em que mais de um Município pode se entender competente para fins de cobrança de tal imposto.

Nesse sentido, a ausência de determinação sobre qual o Município correto para a instituição e arrecadação do ISS acaba por ferir, também, o princípio da estrita legalidade, vez que não há definição do sujeito ativo correto[37].

Ainda, outro argumento aduzido pelos contribuintes é que a LC 157/2016 feriria o princípio da proporcionalidade,

---

36. SOUZA, Hamilton Dias. SZELBRACIKOWSKI, Daniel Corrêa. *In* Ação Direta de Inconstitucionalidade nº 5.835, Tribunal Pleno. Relator: Ministro Alexandre de Moraes. Brasília, DF, 27 nov. 2017. Disponível em: <http://redir.stf.jus.br/estfvisualizadorpub/jsp/consultarprocessoeletronico/ConsultarProcessoEletronico.jsf?seqobjetoincidente=5319735>. Acesso em 13 mai. 2019.

37. O STF já decidiu que o princípio da legalidade é violado quando a lei não trata de elementos tributários essenciais: "(...) 2. Respeita o princípio da legalidade a lei que disciplina os elementos essenciais determinantes para o reconhecimento da contribuição de interesse de categoria econômica como tal e deixa um espaço de complementação para o regulamento. A lei autorizadora, em todo caso, deve ser legitimamente justificada e o diálogo com o regulamento deve-se dar em termos de subordinação, desenvolvimento e complementariedade. (...) 4. O grau de indeterminação com que os dispositivos da Lei nº 11.000/2000 operaram provocou a degradação da reserva legal (art. 150, I, da CF/88). Isso porque a remessa ao ato infralegal não pode resultar em desapoderamento do legislador para tratar de elementos tributários essenciais. Para o respeito do princípio da legalidade, seria essencial que a lei (em sentido estrito) prescrevesse o limite máximo do valor da exação, ou os critérios para encontrá-lo, o que não ocorreu." (RE 704292, Relator(a): Min. DIAS TOFFOLI, Tribunal Pleno, julgado em 19/10/2016, ACÓRDÃO ELETRÔNICO DJe-170 DIVULG 02-08-2017 PUBLIC 03-08-2017)

146-A[38] e 170, *caput*, IV e parágrafo único, também da Constituição Federal[39].

O princípio da proporcionalidade pode ser traduzido pela compatibilidade entre meio e fim, entre a medida adotada e a finalidade a ser atingida[40].

Referido princípio é invocado na medida em que caso a LC 157/2016 seja aplicada, o fato de se considerar o Município do estabelecimento tomador como sujeito ativo para a cobrança do ISS criaria inúmeras obrigações acessórias para os contribuintes, que teriam que se inteirar das normas tributárias daqueles Municípios, instalar *softwares* para o cumprimento de referidas obrigações acessórias, entre outros.

No caso de planos de saúde, por exemplo, que têm tomadores de serviços espalhados por diversos Municípios, caso fosse adotada a tese da LC 157/2016, referidos operadores de plano de saúde, teriam que saber a legislação de todos os

---

38. "Art. 146-A. Lei complementar poderá estabelecer critérios especiais de tributação, com o objetivo de prevenir desequilíbrios da concorrência, sem prejuízo da competência de a União, por lei, estabelecer normas de igual objetivo. (Incluído pela Emenda Constitucional nº 42, de 19.12.2003)"

39. "Art. 170. A ordem econômica, fundada na valorização do trabalho humano e na livre iniciativa, tem por fim assegurar a todos existência digna, conforme os ditames da justiça social, observados os seguintes princípios:
(...)
IV - livre concorrência;
(...)
Parágrafo único. É assegurado a todos o livre exercício de qualquer atividade econômica, independentemente de autorização de órgãos públicos, salvo nos casos previstos em lei."

40. Segundo Isabela Bonfá de Jesus: "Proporcional: o que é bem conformado; harmonioso; o que se encontra na mesma relação que outra coisa em intensidade, grandeza e grau. Decorre, portanto, de comparação. O foco da proporcionalidade é a compatibilidade entre meio e fim – entre a medida adotada e a finalidade a ser atingida. A proporcionalidade proscreve o excesso, e sua análise demanda a comparação da medida adotada com outra de igual eficiência, mas que comprometa o direito individual envolvido em menor intensidade. O exame da proporcionalidade envolve a verificação da existência de meios que sejam alternativos àquele inicialmente escolhido pelo Poder Público, e que possam promover, igualmente, o fim, sem restringir os direitos fundamentais afetados (...)" (JESUS, I. B; JESUS, F. B.; JESUS, R. B. **Manual de direito e processo tributário**. 3. ed. São Paulo: Revista dos Tribunais, 2016. p. 52-53.).

Municípios de seus tomadores, implicando, necessariamente, na análise de onde é o domicílio de cada um de seus associados e, consequentemente, em qual Município, quais as obrigações acessórias para que a própria obrigação principal seja cumprida, entre outros.

O mesmo valeria para as administradoras de cartão de débito e crédito, que teriam que efetuar um levantamento de onde está cada máquina de cartão e onde é o estabelecimento do contratante do serviço. E neste caso, as consequências são mais graves ainda, na medida em que, como as máquinas são aparelhadas com sinal de *internet*, basta que o contratante do serviço da máquina a leve para outro Município, onde não necessariamente tem qualquer estabelecimento, mas faça uma venda de entrega ao domicílio do consumidor, para que haja novo problema não solucionado pela LC 157/2016.

Ora, referidas questões e novas obrigações acessórias criadas, afrontam a própria livre concorrência das empresas prestadoras dos serviços objeto da ADI 5835, bem como a própria atividade de tais empresas, na medida em que terão que desembolsar elevado capital para a adequação à todas estas novas obrigações acessórias.

Mas não só. Aos próprios consumidores dos planos de saúde, por exemplo, a declaração de constitucionalidade da ADI 157/2016 trará consequências, na medida em que, os próprios operadores de planos de saúde deixarão de atender determinados segurados a depender do Município em que tenham domicílio, ferindo, também, em última análise o próprio direito do consumidor[41] em ter um plano de saúde com determinada cobertura.

41. "Art. 5º Todos são iguais perante a lei, sem distinção de qualquer natureza, garantindo-se aos brasileiros e aos estrangeiros residentes no País a inviolabilidade do direito à vida, à liberdade, à igualdade, à segurança e à propriedade, nos termos seguintes:
(...)
XXXII - o Estado promoverá, na forma da lei, a defesa do consumidor;"

Em razão de todos estes argumentos, é que os contribuintes pleiteiam a inconstitucionalidade da LC 157/16.

3.2 Argumentos desfavoráveis ao contribuinte relacionados à ADI

O parágrafo 1º, do artigo 103, da Constituição Federal e a Lei Federal nº 9.868/1999 determinam que o Procurador-Geral da República será previamente ouvido nas ações de inconstitucionalidade[42].

Na ADI 5835, o argumento para a declaração de constitucionalidade do artigo 3º, incisos XXII, XXIV, XXV, 6º, § 3º e 4º, da LC 116/03, com a redação dada pela LC 157/16 e, consequentemente para a improcedência do pedido formulado na ADI, segundo a Advogada-Geral da União é no sentido de que a Constituição Federal delimita apenas a competência do legislador infraconstitucional para dispor sobre a matéria e exige que referida regulamentação seja mediante Lei Complementar, vez que a Constituição Federal não seria um diploma com todas as respostas para o mundo jurídico-tributário.

Em razão de tal fato, o Parecer da Advogada-Geral apresentado na ADI 5835 defende que *"não procede, portanto, a alegação das autoras no sentido de que o aspecto espacial do fato gerador do ISS estaria predefinido, de maneira exaustiva, no Texto Constitucional, o que impediria o legislador complementar*

---

42. Segundo Nelson Nery Junior e Rosa Maria de Andrade Nery "*Como há interesse público no controle da constitucionalidade das leis por via de ação, deve intervir obrigatoriamente o MP (CPC 82 III), na pessoa do PGR (...) Está investido do dever institucional de defender, sempre, a plena validade jurídica do ato estatal impugnado. É garante e curador da presunção de constitucionalidade de todos os atos emanados do Poder Público (RTJ 131/958). Sua função é eminentemente defensiva. Ocupa, dentro da estrutura formal desse processo objetivo, a posição de órgão agente, posto que não lhe compete opinar e nem exercer a função fiscalizadora já atribuída ao PGR, não importando a origem institucional ou a fonte de produção normativa de que tenham emanado os preceitos questionados em ação direta (STF, ADIn 1350-5, rel. Min. Celso de Mello, j. 27.6.1996, DJU 13.8.1996). neste sentido RTJ 131/470* " (NERY JUNIOR, Nelson. NERY, Rosa Maria de Andrade (Org.). **Constituição Federal Comentada e legislação constitucional**. 5ª ed. São Paulo: Editora Revista dos Tribunais, 2014. p. 730/731).

de eleger o domicílio do tomador dos serviços como local de incidência do tributo em determinadas hipóteses excepcionais"[43].

Ora, como a matéria seria afeta a Lei Complementar, então, a questão debatida nos autos sequer poderia ser tratada mediante o ajuizamento da ADI.

4. Aspectos tributários relacionados ao local da prestação de serviços e abrangência das atividades afetadas pela ADI em análise

O local da prestação dos serviços é tema recorrente no direito tributário e que sempre causou muitas discussões.

Isto porque, não obstante definido que o local da prestação do serviço é onde efetivamente este serviço é prestado e, a partir disto, é neste Município que se deve ser cobrado o imposto, há diversas alterações legislativas, por vezes relacionadas a *lobby's* jurídicos, que voltam a questionar para onde deve ser recolhido o ISS.

Ora, a definição da constitucionalidade ou não do 3º, incisos XXII, XXIV, XXV, 6º, § 3º e 4º, da LC 116/03, com a redação dada pela LC 157/16 reflete diretamente no conceito do local da prestação do serviço, na medida em que, se admitir que é possível a cobrança do ISS pelo Município onde está localizado o estabelecimento tomador, seria alterar o que é considerado local da prestação.

Conforme visto acima, a prestação de um serviço pode englobar diversas fazes, mas o ISS somente incide sobre a prestação do serviço-fim, razão pela qual, as atividades tratadas na ADI 5835, não podem ser tributadas no estabelecimento tomador.

43. MENDONÇA. Grace Maria Fernandes. ARRUDA, Isadora Maria B. R. C. de. PEREIRA. Alessandra Lopes da Silva. *In* Ação Direta de Inconstitucionalidade nº 5.835, Tribunal Pleno. Relator: Ministro Alexandre de Moraes. Brasília, DF, 27 nov. 2017. Disponível em <http://redir.stf.jus.br/estfvisualizadorpub/jsp/consultarprocessoeletronico/ConsultarProcessoEletronico.jsf?seqobjetoincidente=5319735>. Acesso em 13 mai. 2019.

Se se admitisse a tributação das atividades tratadas na ADI 5835 e no presente artigo, consequentemente, haveria total subversão do conceito de local da prestação de serviços, bem como se admitiria a tributação de atividade que não corresponde ao serviço-fim, afrontando a própria Constituição Federal seja em relação ao aspecto pessoal, seja em relação ao aspecto material.

Exemplificaremos nosso pensamento com o caso dos laboratórios de análises clínicas, que não é objeto da ADI 5835, mas o qual entendemos demonstrar claramente a questão do local da prestação de serviços. Estes laboratórios de análises clínicas possuem estabelecimentos preparados apenas para operacionalizar sua atividade-fim, que é a análise de material biológico e o consequente diagnóstico se determinado paciente está ou não acometido com uma doença.

Os estabelecimentos para preparados para operacionalizar esta atividade-fim são equipados com enfermeiros, matérias de coleta, entre outros equipamentos que permitem a coleta do material biológico do paciente.

Contudo, há casos em que os estabelecimentos que coletam o material biológico, não são os mesmos que detém as máquinas, microscópios e profissionais aptos para analisar o conteúdo biológico coletado.

Questiona-se então: a mera coleta de material biológico seria a atividade-fim dos laboratórios de análises clínicas?

Entendemos que não. O serviço-fim destes laboratórios é efetivamente o diagnóstico do conteúdo do material coletado, ou seja, se determinada pessoa está com diabetes, por exemplo e, este diagnóstico, por óbvio não pode ser efetuado em um posto de coleta, mas sim por uma equipe médica e com aparelhos próprios para isto.

Este exemplo de local da coleta (meio preparador para a efetiva prestação do serviço) *versus* local da efetiva prestação de serviços, pode ser verificado em todas as atividades das autoras da ADI 5835, razão pela qual, a definição ou não sobre a constitucionalidade dos artigos 3º, incisos XXII, XXIV, XXV, 6º, § 3º e 4º, da LC 116/03, com a redação dada pela LC 157/16, reflete em diversos segmentos prestadores de serviços.

Assim, a simples alteração promovida pelo artigo 3º, incisos XXII, XXIV, XXV, da LC 116/03, com a redação dada pela LC 157/16, do estabelecimento *prestador* para o estabelecimento *tomador*, não é uma alteração qualquer que pode ser efetuada de forma leviana e para atender fins políticos, na medida em que causa graves impactos a todo sistema tributário e conceitos já arraigados no mundo jurídico, como é o caso do *local da prestação* e do *serviço-fim*.

5. À guisa da conclusão

Conforme exposto ao longo do presente artigo, a ADI é um instrumento precioso, principalmente dos contribuintes, para o questionamento de normas tributárias que não estejam em consonância com a Constituição Federal.

Ora, a Constituição Federal é norma suprema em nosso ordenamento jurídico e além de conter importantes princípios de aplicabilidade tributária, dispõe sobre o Sistema Tributário Nacional e, principalmente, outorga competências para os entes federativos instituírem e arrecadarem impostos.

Em nossa opinião, a Constituição Federal detém muitas das respostas aos questionamentos tributários formulados, podendo ser, praticamente, a única fonte para o direito tributário.

Desta forma, se editada Lei Complementar que, além de não adicionar nada ao quanto previsto na Constituição Federal acaba por, a bem da verdade, confundir a delimitação de competências traçada pela Constituição Federal, é patente a sua inconstitucionalidade.

Não obstante, o sistema jurídico como um todo, deve ser interpretado de forma harmônica com a Constituição Federal e os princípios trazidos por ela, de modo que, se determinada Lei Complementar acaba por ferir princípios como a proporcionalidade e a segurança jurídica dos consumidores, deve ser extirpada do sistema político.

Referências

BARRETO, Aires F., *ISS na Constituição e na lei.* São Paulo: Dialética, 2003.

BONAVIDES, Paulo. *Curso de Direito Constitucional.* 30ª ed. São Paulo: Malheiros. 2015.

BRASIL. Constituição da República Federativa do Brasil de 1988. *Diário Oficial da União,* Brasília, DF, 5 out. 1988. Disponível em : <http://www.planalto.gov.br/ccivil_03/constituicao/constituicao.htm>. Acesso em 27 abr. 2019.

BRASIL. Lei Complementar nº 157, de 29 de dezembro de 2019. Altera a Lei Complementar nº 116, de 31 de julho de 2003, que dispõe sobre o Imposto Sobre Serviços de Qualquer Natureza (...). *Diário Oficial da União,* Brasília, DF, 30 dez. 2016. Disponível em : <http://www.planalto.gov.br/ccivil_03/leis/LCP/Lcp157.htm>. Acesso em 27 abr. 2019.

BRASIL. Supremo Tribunal Federal. Ação Direta de Inconstitucionalidade nº 5.835, Tribunal Pleno. Relator: Ministro Alexandre de Moraes. Brasília, DF, 27 nov. 2017. Disponível em: <http://portal.stf.jus.br/processos/detalhe.asp?incidente=5319735>. Acesso em 13 mai. 2019.

BRASIL. Supremo Tribunal Federal. Arguição de Descumprimento de Preceito Fundamental nº 499, Tribunal Pleno. Relator: Ministro Alexandre de Moraes. Brasília, DF, 23 nov. 2017. Disponível em : <http://portal.stf.jus.br/processos/detalhe.asp?incidente=5316998>. Acesso em 13 mai. 2019.

BRASIL. Supremo Tribunal Federal. Ação Direta de Inconstitucionalidade nº 4.422, Tribunal Pleno. Relator: Ministro Celso de Mello. Brasília, DF, 27 mai. 2010. Disponível em: <http://

portal.stf.jus.br/processos/detalhe.asp?incidente=3892215> Acesso em 13 mai. 2019.

BRASIL. Supremo Tribunal Federal. Ação Direta de Inconstitucionalidade nº 4.750, Tribunal Pleno. Relator: Ministro Luiz Fux, DF, 03 abr. 2012. Disponível em: <http://portal.stf.jus.br/processos/detalhe.asp?incidente=4223249> Acesso em 13 mai. 2019.

BRASIL. Supremo Tribunal Federal. Ação Direta de Inconstitucionalidade nº 4.294, Tribunal Pleno. Relator: Ministro Luiz Fux, DF, 08 set. 2009. Disponível em: <http://portal.stf.jus.br/processos/detalhe.asp?incidente=3749697> Acesso em 13 mai. 2019.

BRASIL. Supremo Tribunal Federal. Arguição de Descumprimento de Preceito Fundamental nº 385, Tribunal Pleno. Relator: Ministro Alexandre de Moraes. Brasília, DF, 15 fev. 2016. Disponível em: <http://portal.stf.jus.br/processos/detalhe.asp?incidente=4926737>. Acesso em 13 mai. 2019.

BRASIL. Supremo Tribunal Federal. Recurso Extraordinário nº 651.703, Tribunal Pleno. Relator: Ministro Luiz Fux. Brasília, DF, 22 ago. 2011. Disponível em: <http://portal.stf.jus.br/processos/detalhe.asp?incidente=4117105>. Acesso em 13 mai. 2019.

BRASIL. Supremo Tribunal Federal. Recurso Extraordinário nº 704.292, Tribunal Pleno. Relator: Ministro Dias Toffoli. Brasília, DF, 08 ago. 2012. Disponível em: <http://portal.stf.jus.br/processos/detalhe.asp?incidente=4282374>. Acesso em 13 mai. 2019.

BRASIL. Superior Tribunal de Justiça. Embargos de Divergência em Recurso Especial nº 1.439.753, Primeira Seção. Relatora: Ministra Assusete Magalhães. Brasília, DF, 28 abr. 2015. Disponível em: <https://ww2.stj.jus.br/processo/pesquisa/?tipoPesquisa=tipoPesquisaNumeroRegistro&-

termo=201200908572&totalRegistrosPorPagina=40&aplicacao=processos.ea>. Acesso em 13 mai. 2019.

CARRAZZA, Roque Antonio. *Curso de Direito Constitucional Tributário.* 20ª ed. São Paulo: Malheiros Ed. 2004.

COÊLHO, Sacha Calmon Navarro. *O controle da constitucionalidade das leis e do poder de tributar na CF/1988.* 4ª ed. São Paulo: Forense. 2016.

CARVALHO, Kildare Gonçalves. *Direito Constitucional Didático.* 6ª ed. Belo Horizonte: Delrey, 1999.

CARVALHO, Hélio Moretzsohn de. Direito Constitucional Comparado: Controle de Constitucionalidade. In: GARCIA, M., AMORIM, J. R. N. (Org.). *Estudos de direito constitucional comparado.* Rio de Janeiro: Elsevier, 2007.

DIDIER JR. Fredie. (Org.). *Ações Constitucionais.* 6ª ed. Salvador: Editora Jus Podivm. 2012.

JESUS, I. B; JESUS, F. B.; JESUS, R. B. *Manual de direito e processo tributário.* 3. ed. São Paulo: Revista dos Tribunais, 2016.

MACHADO, Hugo de Brito. "Local da ocorrência do fato gerador do ISS". *Revista Dialética de Direito Tributário.* Volume 58. Jul. 2000.

MEDINA, Damares. A finalidade do *amicus curiae* no controle concentrado de constitucionalidade. *Jus Navigandi*, Teresina, a. 9, n. 717, 22 jun. 2005. Disponível em: <https://jus.com.br/artigos/6917/a-finalidade-do-amicus-curiae-no-controle-concentrado-de-constitucionalidade> Acesso em: 4 mai. 2019.

MELO, José Eduardo Soares de. *Curso de direito tributário.* São Paulo: Dialética, 2010.

MENDONÇA. Grace Maria Fernandes. ARRUDA, Isadora Maria B. R. C. de. PEREIRA. Alessandra Lopes da Silva. *In* Ação Direta de Inconstitucionalidade nº 5.835, Tribunal

Pleno. Relator: Ministro Alexandre de Moraes. Brasília, DF, 27 nov. 2017. Disponível em: <http://redir.stf.jus.br/estfvisualizadorpub/jsp/consultarprocessoeletronico/ConsultarProcessoEletronico.jsf?seqobjetoincidente=5319735>. Acesso em 13 mai. 2019.

NERY JUNIOR, Nelson. NERY, Rosa Maria de Andrade (Org.). *Constituição Federal Comentada e legislação constitucional.* São Paulo: Editora Revista dos Tribunais, 2014.

SILVA, José Afonso. *Curso de Direito Constitucional Positivo.* 38ª ed. São Paulo: Malheiros Ed. 2015.

SIMÃO, Calil. *Elementos do sistema de controle de constitucionalidade.* 3ª ed. São Paulo: Saraiva. 2015.

SOUZA, Hamilton Dias. SZELBRACIKOWSKI, Daniel Corrêa. *In* Ação Direta de Inconstitucionalidade nº 5.835, Tribunal Pleno. Relator: Ministro Alexandre de Moraes. Brasília, DF, 27 nov. 2017. Disponível em < http://redir.stf.jus.br/estfvisualizadorpub/jsp/consultarprocessoeletronico/ConsultarProcessoEletronico.jsf?seqobjetoincidente=5319735>. Acesso em 13 mai. 2019.

Capítulo 4

MÉTODOS ALTERNATIVOS DE COBRANÇA DO CRÉDITO TRIBUTÁRIO

O PROCESSO TRIBUTÁRIO: REFLEXÕES SOBRE O CONTENCIOSO ADMINISTRATIVO E O PROCESSO JUDICIAL. OUTROS MEIOS ALTERNATIVOS DE COBRANÇA

Eduardo Marcial Ferreira Jardim[1]

1. INTRODUÇÃO

O processo tributário é o meio de composição de litígio que tem por objeto a obrigação de índole tributária, o qual abriga dois planos normativos, vale dizer, o administrativo e o judicial.

Por oportuno, cumpre esclarecer que a cobrança do tributo por parte da Fazenda Pública ocorre necessariamente na via administrativa, na dimensão em que cabe ao Poder Executivo a incumbência de realizar a gestão e a cobrança da obrigação tributária, fazendo-o por meio dos órgãos do Ministério da Fazenda na esfera Federal, bem como às Secretarias de Fazenda- Estados e DF, senão também às Secretarias das Finanças no âmbito municipal.

---

1. Doutor e mestre em Direito pela Pontifícia Universidade Católica de São Paulo e Professor no Mestrado e Doutorado na Faculdade de Direito da Universidade Presbiteriana Mackenzie. Membro da Academia Paulista de Letras Jurídicas, Cadeira nº 62. Sócio de Eduardo Jardim e Advogados Associados. Autor de obras jurídicas nas Editoras Noeses, Saraiva, Mackenzie e Intelecto. eduardo@eduardojardim.com.br

Já no respeitante ao contribuinte, dispõe ele da possibilidade de pagar o *debitum e* com isso extinguir a obrigação, podendo, outrossim, insurgir-se contra a exigibilidade e percorrer as vias administrativas até a decisão irreformável.

Por outro lado, caso queira, o contribuinte pode declinar da órbita administrativa e optar por discutir o assunto somente em juízo, no qual pode percorrer as múltiplas instâncias até o Supremo Tribunal Federal, uma vez que a matéria tributária afigura-se integralmente constitucionalizada, razão por que os feitos tendem a encerrar-se no Pretório Excelso.

A fase administrativa compreende uma legislação federal, vinte e sete estaduais e cinco mil, seiscentos e setenta municipais, cada qual exercendo a sua autonomia nesse patamar procedimental e processual.

Embora esse modelo legislativo processual se harmonize como pacto federativo, não se pode admitir, também, que nada impediria a existência de uma legislação nacional, a exemplo da codificação do processo tributário na Alemanha que também é um Estado Federal. Temos entre nós o exemplo do CTN que reveste a natureza jurídica de lei nacional e, por isso aplicável a todas as unidades federativas, tudo com fulcro no disposto no art. 146, incisos I, II e III, do Diploma Excelso.

A bem ver, de par com a codificação, o modelo alemão é caracterizado pelo esgotamento da etapa administrativa e pela especialização dos tribunais, o qual, no ver de James Marins é qualificado como um dos mais avançados sistema de soluções de lides tributárias (Direito Processual Tributário Brasileiro, São Paulo: Editora Dialética, 1 ed. 2001, p.328).

Por outro lado, a legislação do processo judicial tributário se resume em poucos diplomas aplicáveis a quaisquer questões tributárias em todos os planos de governo. Assim, temos basicamente a Lei 6.830/80 que disciplina a execução fiscal, bem como o Código de Processo Civil, afora textos específicos que dispõem sobre Mandado de Segurança, Cautelar Fiscal, Declaratória, Consignação em pagamento, Ação Declaratória de Constitucionalidade e Ação Direta e Inconstitucionalidade, dentre outras.

Por óbvio, é de mister que toda legislação processual administrativa ou processual haverá de respeitar os princípios constitucionais gerais e aqueles de matizes processuais, *ad exemplum* do juiz natural, duplo grau de jurisdição, devido processo legal, ampla defesa, contraditoriedade e publicidade.

Essas são as considerações preambulares que servem de fanal para a análise do assunto em seus complexos meandros, convindo observar que esse modelo hospeda sobrenumeráveis vicissitudes que serão questionadas e acompanhadas de propostas objetivadas à otimização da cobrança do tributo com a devida agilidade e de forma a minimizar o inadimplemento, quer omissivo, quer comissivo, ou mesmo a não satisfação do crédito em decorrência de um preciosismo normativo ou de pontos lacunosos contidos na legislação.

Ademais, não se pode olvidar que a efetividade na cobrança do crédito, afora exprimir prioridade no campo do interesse público, culmina por realizar a consecução do bem comum e da igualdade, até porque a despesa pública deve ser paga por todos e quando alguns não pagam, outros pagam por eles, o que é sobremodo injusto.

2. CRÉDITOS TRIBUTÁRIOS INSCRITOS NA DÍVIDA ATIVA E NÃO INSCRITOS

2.1 CRÉDITOS INSCRITOS NA DÍVIDA ATIVA

Num primeiro momento, cumpre trazer à colação a abordagem dos créditos tributários inscritos na dívida ativa, primeiramente aqueles constantes dos registros da União Federal e, posteriormente, far-se-á uma projeção proporcional na busca e um valor estimativo tendente a expressa a totalização da dívida ativa tributária no plano nacional.

Importa assinalar, aos demais, que no presente estudo a locução crédito tributário é utilizada nos termos do disposto no art. 39, §2º, da Lei. 4.320, de 17-03-1964, compreendendo, pois, o tributo e os respectivos adicionais e também as multas.

Na sequência, será aquilatado, também, o importe estimado nos créditos apurados e em fase de cobrança ou de recursos, portanto não inscritos adotando, para tanto, a mesma metodologia no sentido de fazer uma projeção estimada para o âmbito nacional.

Pois bem, o cenário dos créditos federais inscritos na dívida ativa é sobremodo elevado e, por isso mesmo, preocupante, uma vez que o seu montante totaliza R$ 2.1 trilhões, compreendendo tributos em geral, dos quais R$ 491.2 bilhões dizem respeito à contribuições previdenciárias, consoante estampado no site da Procuradoria Geral da Fazenda Nacional (www.pgfn.fazenda.gov.br/).

Esses dados, a bem ver, colhidos no site da Procuradoria Geral da Fazenda Nacional, razão pela qual desfrutam eles inegável grau de credibilidade, em face da própria presunção de legalidade, certeza e legitimidade que circundam as manifestações da Administração Pública, consoante as lições de Hely Lopes Meirelles (2018, p.178/187).

Não é sem razão, aliás, que a PGFN apresentou um Projeto de Lei. 1646/ 2019 objetivado a revelar a dimensão do problema e, sobretudo, buscando soluções efetivas com relação ao assunto, por óbvio, de graves repercussões na ambitude do interesse público e no exercício da própria cidadania.

Outrossim, se considerada a participação das unidades federativas na arrecadação tributária e na sua respectiva partilha, o percentual de 70% cabe à União e traduz R$ 2.1 trilhões, força é deduzir que os 30% dos Estados e Municípios somariam aproximadamente R$ 900 bilhões, totalizando R$ 3.0 trilhões.

2.2 CRÉDITOS NÃO INSCRITOS NA DÍVIDA ATIVA

Por outro lado, não se pode olvidar também que existem créditos tributários em fase de cobrança ou de apuração ou ainda com exigibilidade suspensa em virtude de recursos contidos em processos administrativos que tramitam nas vias administrativas e são objeto de processos tributários.

É necessário obtemperar que muitos créditos constantes de processos administrativos tributários podem ser revertidos em prol do contribuinte, modificando, assim, a quantificação estimada em prol da Fazenda, isso em todos os níveis de governo, ou seja, federal, distrital, estadual e municipal.

Feitas essas ponderações, torna-se de mister trazer à baila as informações do Sindicato dos Procuradores da Fazenda Nacional em relação ao ano de 2015, segundo as quais a estimativa de sonegação de tributos federais naquele período teria importado em 452 bilhões de reais.

Se projetado esse valor para as demais unidades federativas, em harmonia com o percentual da partilha de 70% União e 30% para as demais, o total estimado no plano nacional somaria 645 bilhões de reais somente em 2015!

Assim, uma vez computado o importe de 645 bilhões por ano, sem levar em conta o crescimento da arrecadação, teríamos uma sonegação estimada de 2,5 trilhões entre 2015 e 2019.

2.3 SÍNTESE CONCLUSIVA

Ex-positis, ainda que os números sejam estimados, a totalização da dívida tributária nacional inscrita importaria em aproximadamente 3 trilhões, enquanto a não inscrita somaria 2.5 trilhões, totalizando, assim, a cifra astronômica de 5.5 trilhões de reais, o que revela as vicissitudes na administração do crédito tributário.

3. PONTOS CRÍTICOS RELATIVOS AO ASSUNTO GENERALIDADES

A falta de qualidade da legislação material e processual no âmbito da tributação representa uma das causas dos problemas da gestão do crédito tributário, cuja efetivação está condicionada ao Direito Tributário Material conjugado com normas de processo tributário, tanto na etapa administrativa, como na judiciária.

No plano da tributação, por exemplo, a legislação chama de mercadoria o que não é mercadoria denomina de renda o que não é renda e assim avante. Tal fato tende a gerar insegurança jurídica, de um lado, bem como rende espaço para a instalação de mais demandas administrativas e judiciais que poderiam ser evitadas, pois isso tudo prejudica cuidar da gestão e cobrança do crédito em condições de normalidade.

Destarte, nas dobras deste item serão analisados criticamente múltiplos aspectos concernentes ao assunto, numa amostragem de situações que poderiam efetivamente ser revertidas em prol da boa e célere gestão do crédito tributário que é de interesse público.

3.1. VISÃO CRÍTICA DA LEGISLAÇAO SUBSTANTIVA E ADJETIVA

Realmente, o tópico *in casu* diz respeito à matéria que hospeda incontáveis vicissitudes, as quais, por via transversa, concorrem para o insucesso na cobrança do crédito tributário.

Nesse sentido, a produção normativa é sobremodo vasta, complexa e comumente abriga inconstitucionalidades vitandas, representando, portanto, um modelo ideal para a geração de descompassos que comprometem os desígnios relativos à efetiva arrecadação das receitas da tributação.

No tocante à apontada criação imensurável de legislação sobre os múltiplos campos do direito, importando em 800 normas por dia, totalizando 5.4 milhões desde a promulgação da Constituição de outubro de 1988! Já na seara de tributação o Brasil produz 1,88 norma por hora, perfazendo o total de 363.779 desde o advento da nova ordem constitucional. (https://ibpt.com.br/).

Obviamente, o excesso apontado dificulta a vida do contribuinte, encarece a gestão dos tributos por parte do contribuinte e também da Fazenda Pública, configurando um modelo em que não há ganhadores, pois todos perdem, o contribuinte, a Fazenda e o Brasil.

Demais disso, consoante prefalado, a legislação substantiva compreende inúmeras obscuridades, contradições e lacunas, sem contar a existência de sobrenumeráveis e flagrantes inconstitucionalidades. Deveras, **é o** caso, por exemplo, da incidência do ICMS Mercantil sobre bens importados, conforme estabelecido pela Emenda Constitucional de nº 33 de 11-12-2001. É inacreditável verificar que o Congresso Nacional cometa um erro tão absurdo, porquanto Bens não podem ser tributados como se fossem Mercadorias. Oh my God, diriam os ingleses.

E o que não dizer do serviço público indivisível de iluminação pública que é objeto de tributação por uma taxa travestida com o *nomen juris* de contribuição, o que afronta o padrão ético do Estado, pois é uma verdadeira forma de contornar e burlar o requisito da divisibilidade das taxas. Nem se diga que é contribuição, pois o fato juridicizado consubstanciado na prestação de serviço público é pressuposto e taxa, *simpliciter et de plano.*

Igual sorte comporta a cobrança de tributos sobre fatos futuros que retrata mais uma teratologia na seara da tributação. Equivocada em sua origem contida no art. 58. §2º, inciso II, do CTN, foi expressamente mantida e redimensionada pela Emenda nº 03, de 17-03-1993, ora incluída no art. 150, §7º, da *Lex Legum*, a saber:

> *§ 7º A lei poderá atribuir a sujeito passivo de obrigação tributária a condição de responsável pelo pagamento de imposto ou contribuição, cujo fato gerador deva ocorrer posteriormente, assegurada*

> *a imediata e preferencial restituição da quantia paga, caso não se realize o fato gerador presumido.*

E o que não dizer do imposto sobre a Renda das pessoas físicas que, ao revés de incidir sobre a renda líquida, é cobrado sobre rendimentos brutos, *ad exemplum* da vedação a dedução de aluguel que traduz direito assegurado pelo art. 6º da Carta Magna e encontra-se nas dobras do direito à vida e à dignidade da pessoa humana. O mesmo ocorre com relação a medicamentos que absurdamente a legislação proíbe a dedução, donde, por via oblíqua, o desafortunado contribuinte paga imposto de renda em relação às despesas com remédios e afins! Não é diferente o tratamento relativo aos gastos com educação e dependentes, cuja dedução é irrisória, na verdade é uma farsa, e assim avante.

A propósito, Roque Carrazza, com seu costumeiro brilho, considera que as despesas necessárias com moradia, saúde, transporte e outras imprescindíveis a vida rotineira do contribuintes e de seus dependentes deveriam ser dedutíveis da renda líquida tributável e, nesse sentido, critica de forma incisiva as restrições contidas na legislação do imposto sobre a renda (2005, p. 110).

Na mesma trilha José Artur de Lima Gonçalves veementiza que o conceito de renda requer sejam deduzidas todas e não menos todas as despesas relevantes do destinatário da legislação, sendo vedado ao legislador e a *fortiori* ao Executivo subverter o conceito consagrado na Constituição (1997, p. 215).

Já nos lindes o *caput* do art. 183 do CPC/2015 estabelece prazo em dobro em prol da União e das demais unidades federativas, bem assim às suas Fundações e Autarquias, tudo em manifesta afronta ao tratamento paritário entre as partes no processo.

Ora o primado da igualdade, já bastaria para acoimar de nulidade o referido privilégio, pressuposto agravado por repercutir no postulado do devido processo legal que traduz consectário inexorável da isonomia processual.

Ao propósito, merece lembrada a lição de Pontes de Miranda ao professar que a igualdade de todos perante a lei é cogente para a legislatura, para a administração e para Justiça (1974, t.4, p. 698). No mesmo sentido é o magistério abalizado de Hector Fix Zamudio que ao abordar o assunto assim afirmou: *"el derecho genérico y fundamental de la igualdad de los governados frente à la ley, que em el campo justicial se traduce em él de igualdade de las parte em el processo" (1974, p. 32).*

A desigualdade se verifica também na execução fiscal, na medida em que a intimação do Procurador da Fazenda somente pode ser efetivada pessoalmente, nos termos do art. 25, da Lei. 6.830, de 22-09-1980, enquanto, o contribuinte pode ser intimado ou citado por publicação no órgão oficial ou pelo correio ou por via editalícia. Pois sem dúvida, afigura-se de clareza solar a diferença de tratamento entre o Fisco e o contribuinte, em manifesto desrespeito ao princípio da igualdade e do devido processo legal. De nada adianta o art. 7° do CPC/2015 assegurar a paridade entre às partes no processo, se o art. 183 do mesmo CPC estabelece o prazo em dobro em prol da Fazenda Pública ou de quem lhes faça às vezes.

Cruz e Tucci, a propósito, ao tratar do assunto observa que o prazo privilegiado tem por origem o falso pretexto de proteger o interesse público e, para tanto aduz que os advogados que defendem o outro lado não dispõem do instrumental e recursos inerentes ao Poder Público (1989, p. 43-33).

Ante essa ponderação do festejado Professor, torna-se lídimo concluir que se fosse para igualizar ter-se-ia que fazer ao contrário, vale dizer, ampliar o prazo do particular, o que mostra a dimensão do absurdo e da distorção do aludido privilégio.

Demais disso, a obra de Cruz e Tucci, datada de 1989, já antevê o advento da informática torna ainda mais intolerável o mencionado e censurável privilégio que ainda reina no Código de Processo Civil (opus cit. P. 43-44).

Outro tópico merecedor de críticas repousa na chamada Ação Declaratória de Constitucionalidade, a qual, na verdade, não reveste os requisitos tipificadores de *ação*, máxime porque não abriga o trinômio romano consubstanciado no *actum trium personarum*. Verdade seja, na referida ADC temos tão somente o autor e o juiz, daí a inegável incompletude conceptual que lhe confere foros de ação em consonância com o aspecto semântico do termo.

O asserto ressoa no magistério autorizado de Humberto Theodoro Júnior para quem a instalação do processo somente se perfaz com a presença de três sujeitos, vale dizer, o Estado, autor e réu, o que revela a irreparável lacuna que macula e compromete a ADC, fazendo-o *simpliciter et de plano*. (2014, p. 174).

Sobremais, não se pode deixar de assinalar que não há qualquer conflito de interesse, mas, sim, uma verdadeira atividade consultiva ao Supremo Tribunal Federal, o que, obviamente, configura um rematado despropósito.

Realmente, a ADC não hospeda conflito de interesse e, por isso, inexiste lide, consoante a arguta observação de Carnelutti que assim define o vocábulo lide: *"Uma litis, puesto que es um conflito intersubjetivo de interesses, tiene necesariamente dos sujetos" (1973, p. 29).*

Por outro lado, cumpre lembrar, por oportuno a arguta observação de Cleide Previtalli, segundo a qual nem toda lide é levada ao crivo do Judiciário, pois pode haver solução por simples acordo ou por arbitragem, mas a lide é pressuposto impostergável de qualquer ação submetida ao Estado Juiz (2013, p. 133).

Afora essa observação, a aludida ADC não se escoima de outra impropriedade inexorável, pois o seu efeito vinculante alcança terceiros estranhos ao pleito, os quais, além de tudo, não podem exercer o direito sacramental da universalidade da jurisdição previsto no inciso XXXV, do art. 5º, da Constituição Federal.

Nas dobras dessa observação, a natureza vinculante da ADC tem o condão de impor deveres a terceiros estranhos ao aludido pleito contrariando dois mil anos de história do processo que é a ampla defesa, segundo lecionado por Habcheid

(1985). Sobremais, o ultraje da ampla defesa significa o mesmo que condenar alguém sem ser ouvido, consoante sustentado pelo autor do deste trabalho ao versar sobre os princípios constitucionais aplicáveis ao processo (2019, p. 531).

Em veras, a questionada Ação Declaratória de Constitucionalidade representa uma vitanda teratologia criadas por Emenda que, além de tudo, jamais poderia restringir o direito de bater às portas do Judiciário.

3.2. REPROCHES A LANÇAMENTOS E A DECISÕES JUDICIAIS

3.2.1 LANÇAMENTOS

Afora os aspectos já suscitados, em especial a exigibilidade de tributos que não dependem de lançamento, como rega geral, não se pode olvidar a prática de lançamentos logicamente inconcebíveis por parte do Fisco. A título de exemplo, merece citado o caso patrocinado pelo Escritório do autor do presente Estudo, no qual um dado contribuinte construiu um galpão para um empresário autuado em R$ 500.000.000,00 (quinhentos milhões de reais), no qual cobrou e recebeu R$ 3.000.000,00 (três milhões de reais), mas foi autuado em R$ 500.000.000,00 (quinhentos milhões de reais) por suposta responsabilidade solidária passiva. É decididamente incredível! (proc. 10803-72.0021/2014-67).

Outro caso também conduzido pelo autor deste trabalho ocorreu na apreensão de um veleiro transoceânico que foi sancionado com a pena de perdimento, em face do vencimento da autorização temporária de permanência no Brasil.

Diante disso, bateu às portas do extinto TFR, impetrando Mandado de Segurança, contra o Ministro da Fazenda, então responsável pela decretação de perdimento, feito em que o demandante teve sucesso, mas não logrou recuperar o veleiro que foi objeto de roubo enquanto estava sob a responsabilidade do Porto Marina em que se encontrava e também da Receita Federal.

Entrementes, o Governo Federal não só deixou de assumir a responsabilidade, como abriu um processo criminal contra o proprietário, então autor do MS, acusando de ter roubado o próprio barco! Obtive sucesso no processo criminal, absolvendo o dono do veleiro, mas ele declinou de intentar a competente ação indenizatória contra a União Federal. Enfim, ganhamos, mas não levamos, cabendo lembrar que tudo começou com a lavratura de um auto de infração destituído de um mínimo e razoabilidade.

Os casos mencionados representam uma singela amostragem de uma política administrativa permeada de desacertos que implicam custos e perdas para a Fazenda e para o contribuinte, além de comprometer uma desejada relação de respeito mútuo entre ambos.

3.2.2 JULGAMENTO ADMINISTRATIVO E MATÉRIA CONSTITUCIONAL

Conforme noção cediça, o entendimento firmado em nosso direito e cristalizado nos tribunais administrativo, a exemplo do CARF e do TIT/SP, o julgamento na fase administrativa não pode acolher alegação de inconstitucionalidade da norma sob exame. A título de ilustrar o assunto, o CARF sumulou a matéria nos seguintes termos: SÚMULA n.º 2: O CARF não é competente para se pronunciar sobre a Inconstitucionalidade de lei tributária (*idg.carf.fazenda.gov.br/*).

Embora esse posicionamento seja pacificado nos órgãos do Poder Executivo, não se pode deixar de reconhecer que traduz uma incredível teratologia que transfigura o sistema normativo do direito, pois implica cindir o incindível e aplicar apenas uma parte do Direito.

Deveras, a apontada absurdez contraria o conceito lógico e ontológico de sistema, tão em prelecionado opor Juan Manuel Teran, Professor de Filosofia da Universidade do México, para quem *"Sistema es um conjunto ordenado de elementos según um punto de vista unitário (1971 p. 146)"*.

A referida unidade inerente não só aos sistemas normativos, mas exprime conteúdo monádico de qualquer sistema, seja fluvial, seja viário, seja planetário, os quais, por óbvio, não comportam recortes.

A percepção ora pugnada é compartilhada por juristas de prol, a exemplo de Eduardo Domingos Botallo (2009, p. 76 e ss), Mary Elbe Queiroz (2002 ,p. 125), James Marins (2001, p. 303) e, dentre outros, Odete Medauar (1994, p. 12/237).

Por todas as veras, não demasia reafirmar que é inconcebível interpretar o direito de forma segmentada, sem sopesar o contexto indecomponível, razão por que seria de mister uma reformulação nesses critérios decididamente equivocados e destituídos de um mínimo de densidade jurídica.

3.2.3 DECISÕES JUDICIAIS

Com todo acatamento e respeito à nobre função da magistratura, cumpre observar que a visão crítica de decisões preordena-se tão-somente a questionar eventuais descompassos na produção da norma concreta e individual, o que, em princípio, é de interesse de todos.

Caso n. 1

Recentemente, uma causa do Escritório do qual o autor é um dos sócios, ajuizou uma medida judicial com pedido de tutela antecipada. A bem ver, o referido feito cogita unicamente de multa tributária e não imposto, tudo no âmbito da legislação do ICMS do Estado de São Paulo, fato, aliás, explicitado em alto e bom som na exordial e explicado pessoalmente para a Magistrada da Vara da Fazenda Pública incumbida de julgar o processo.

Entrementes, apesar de ressaltado na petição inicial e também levado verbalmente ao conhecimento do juízo, não tardou a sobrevir o despacho de indeferimento sob o equivocado pretexto de falta de comprovação de crédito do imposto.

Ora, o caso vertente não trata de imposto, mas somente de multa fiscal, consoante reiterado na peça vestibular e comentado com a magistrada competente para o caso.

Por óbvio, o Escritório agravou e o Egrégio Tribunal de Justiça de São Paulo deu pressa em acolher a aludida providência afastando a decisão a quo. Ora, algo tão evidente e incontroverso não poderia render margem a enganos desse jaez, uma vez que esse tipo de medida conspira contra todas as partes, bem como contra o interesse público e contra o Direito (Processo nº. 1008366-22.2018.8.26.0053).

Embora não se trate de imposto o caso versa sobre multa fiscal que, nos termos dos arts. 113, § 1º e 139 do CTN, compõem o crédito tributário, cabendo depreender que a sua cobrança deve harmonizar-se com o figurino constitucional, sob pena de inobservar a memorável máxima de Ruy Barbosa, segundo a qual fora do direito não há salvação (1892, p. 285-289.).

Caso n. 2

Outro entendimento jurisprudencial que merece questionado repousa na orientação pretoriana firmada no Supremo Tribunal Federal em relação à chamada Contribuição de Iluminação Pública, na dimensão a Egrégia Corte concluiu pela constitucionalidade do aludido gravame. Para tanto, sustentou que o tributo sob exame teria a natureza de uma nova contribuição, tudo com o fito de justificar a sua conformidade com a Constituição Federal, consoante o excerto trazido à colação e constante daquele julgamento, a saber:. O Plenário do Supremo Tribunal Federal (STF), no julgamento do RE 573.675-RG, Rel. Min. Ricardo Lewandowski, reconheceu a repercussão geral do tema em exame e assentou que a contribuição para custeio do serviço de iluminação pública constitui, dentro do gênero tributo, um novo tipo de contribuição que não se confunde com taxa ou imposto. Nessas condições, concluiu pela constitucionalidade de sua cobrança. (RE 1143253 ED-AgR/SC, julgado em 26 de outubro de 2018 pela Primeira Turma daquela Colenda Corte).

Entrementes, tal entendimento se ressente de uma cosmovisão contextual do sistema constitucional tributário, o qual, em face de sua rigidez, adota como regra a proibição de criar novos tributos, donde, as únicas exceções consistem na competência residual da União que pode instituir tão somente novos impostos ou novas contribuições de seguridade, tudo nos termos da conjugação dos art. 154,I e 195,§4º, ambos da Constituição Federal.

Outrossim, o entendimento sustentado neste trabalho diverge da jurisprudência cristalizada no Supremo e, ao revés de contribuição, veementiza tratar-se de taxa de serviço público, mercê do seu pressuposto substanciado no respectivo fato jurídico. Todavia a referida taxa de serviço público não se harmoniza com o Texto Excelso em virtude de sua indivisibilidade, na contramão, portanto, do disposto no at. 145, inciso II, da Constituição Federal, cujo mandamento qualifica a divisibilidade como um dos requisitos das taxas em apreço.

Caso n. 3

Ademais, outra matéria polêmica consiste na pena administrativa de perdimento de mercadorias ou bens é julgada, a qual, nos termos do Decreto-lei n. 1.455/76 e objeto de julgamento em instância única, nos termos do disposto no art. 27, §4º, do Decreto-lei n. 1.455/1976. Decididamente, o legislador foi longe de andar certo, pois essa regra está em flagrante descompasso com o primado do duplo grau de jurisdição administrativa e judicial, consoante explicitado no art. 5º, inciso LV, da Constituição da República.

Vejamos, pois, o comando ora questionado interserto no referido Decreto-lei:

> *"Art 27. As infrações mencionadas nos artigos 23, 24 e 26 serão apuradas através de processo fiscal, cuja peça inicial será o auto de infração acompanhado de termo de apreensão, e, se for o caso, de termo de guarda.*
>
> *§ 4º Após o preparo, o processo será encaminhado ao Secretário da Receita Federal que o submeterá a decisão do Ministro da Fazenda, em instância única."*

Entrementes, a Corte Suprema estabeleceu diretriz em sentido diametralmente oposto, fazendo-o em remansosa jurisprudência, a exemplo julgamento do RE n. 976178 em que, por unanimidade, rejeitou o duplo grau como garantias constitucional, *ad exemplum* de um excerto do Excelentíssimo Ministro Dias Toffoli, então Relator, que assim atremou:

> *Não há que se falar em nulidade em razão da falta de observância do duplo grau na via administrativa, porquanto não existe garantia constitucional ou legal ao duplo grau de jurisdição em tal seara* (RE 976178 AgR / PR – PARANÁ - AG.REG. NO RECURSO EXTRAORDINÁRIO- Julgamento em 09/12/2016 – Dje-030 – Publicação em 15-02-2017).

Neste trabalho é propugnado entendimento oposto, por entender que o duplo grau é consagrado na via administrativa e judicial, porquanto o art. 5º, inciso LV, da Constituição Federal assegura o direito a recursos em processo judicial ou administrativo, donde o recurso significa no mínimo o duplo grau, objeto de inconformidade com uma dada decisão *a quo*.

Para concluir, depara-se oportuno reproduzir o citado comando constitucional com o fito de veementizar o ponto de vista ora sustentado, a saber:

> LV - aos litigantes, em processo judicial ou administrativo, e aos acusados em geral são assegurados o contraditório e ampla defesa, com os meios e recursos a ela inerentes

Com toda a razão, Isabela Bonfá observa argutamente que *o recurso é uma extensão do exercício do direito de ação iniciado com a propositura da demanda*, bem como *ao recorrer não se inicia uma nova ação, mas sim uma nova fase processual prolongando o estado de litispendência* (2014, p. 245).

Como visto, a disposição constitucional é estreme de dúvidas em relação ao assunto, tanto que o sujeito do mandamento é o binômio processo judicial e também administrativo e nessa vereda assegura a ambos o direito a recursos, o que significa recorrer de um *decisum a quo*, contemplando, assim, o duplo grau de jurisdição. A bem ver, estes argumentos reproduzem afirmação do autor do presente Estudo ao versar do verbete denominado *duplo grau* em seu de Direito Tributário (2011, p. 128)

Caso n. 4

Noutras áreas que não a tributária, merece registro mais caso patrocinado pelo Escritório do autor deste trabalho, cujo desfecho é realmente inacreditável. O feito, intentado na Justiça Federal de São Paulo, tinha por objeto o pleito de um valor relativo a diferença salarial do falecido marido da então autora e culminou com o acolhimento integral do pedido imerso nos autos, abrindo espaço para o cumprimento do *decisum* por meio de precatório.

Por outro lado, a autora veio a falecer no curso da demanda, ensejando, assim, a substituição do polo ativo pelo Espólio, tudo devidamente formalizado temporaneamente. Chegado o momento do pagamento do precatório ocorreu o inesperado, pois o Juiz Federal determinou que o depósito do valor fosse depositado na Caixa Econômica Federal em nome da falecida!!! (Processo nº 93.0008495-0- - Ação Ordinária). Ao depois, em vez de retificar o erro inconcebível, a Justiça Federal determinou o envio dos autos para o Juízo do Inventário, no qual merece encômios a forma fidalga, competente e comprometida do magistrado que conduziu o processo, cujo pagamento foi efetivado no prazo de poucos meses.

3.2.4 SÍNTESE CONCLUSIVA

Em veras, errar é humano e inevitável, mas certos erros, ora mencionados, jamais poderiam ser cometidos, a exemplo, de lavrar auto de infração responsabilizando interposta pessoa por infração praticada por terceiro, tudo por um fato alheio à causa que rendeu ensanchas à autuação original, ou mesmo o Judiciário determinar o pagamento de precatório à pessoa falecida e não ao /espólio, como constante dos autos.

3.3 EXCESSO DE INSTÂNCIAS E DE RECURSOS

Deveras, conforme sabido e ressabido, salvo o juizado especial e a arbitragem, o processo em geral é sobremodo demorado no direito brasileiro, notadamente o de natureza tributária.

O problema decorre de uma burocracia excessiva, inócua e iníqua, agravado por uma série de instâncias desnecessárias e recursos igualmente injustificáveis, tudo concebido sob o equivocado pretexto de redimensionar a ampla defesa, mas, na verdade, ao contrário de fazê-lo, culmina por negar a prestação jurisdicional. Deveras, pouco adiante solucionar um conflito após décadas de demanda, com todas as incertezas e custos que o caso requer, sem contar que a justiça tardia não tem o condão de reparar o passado.

Só com a burocracia que circunda a seara tributária, o Brasil despende 1.958 horas e 60 bilhões de reais por ano, ocupando, obviamente, o pior lugar no ranking mundial, conforme dados do Banco Mundial divulgado no Site do Instituto Brasileiro de Planejamento e Tributação. São 63 tributos e 97 obrigações de fazer, chamadas de acessórias, fato que dificulta sobremaneira e encarece a gestão tributária (https://ibpt.com.br).

Em suma, diante de tanta legislação complexa e, não raro em desconformidade com o figurino constitucional, agravado pelo número excessivo de instâncias, combinado com tanta burocracia, temos por consequência um inevitável retardo na efetiva prestação jurisdicional.

Vejamos alguns exemplos do alentado e incredível espaço e tempo entre o início e o final de processos tributários, tais como:

a) Execução Fiscal ajuizada em 26-01-2005. Julgamento final no Superior Tribunal de Justiça em 21-03-2019. Tempo: 14 anos, além do tempo da via administrativa (RESP 1795162/SP).

b) Execução Fiscal ajuizada em 26-01-2006 e julgada no STJ em 19-03-2019.Tempo: 13 anos, sem contar toda a fase administrativa.

c) RE 240795-Distribuído no STF em 17-11-1998 e Julgado em 08-10-2014. Tempo no Pretório Excelso: 16 anos, afora o lapso temporal entre o ajuizamento da exordial até chegar àquela Corte.

Em face dos problemas apontados, torna-se de mister apresentar sugestões no sentido de aprimorar a cobrança do crédito tributário em prol da Fazenda Pública, o que será desenvolvido no tópico subsecutivo.

4. PROPOSTAS

Ante os escólios trazidos à coleção em que inúmeras vicissitudes foram demostradas, é chegado o momento de apresentar sugestões voltadas para a otimização da cobrança do crédito tributário, sob pena de incompletude do próprio estudo que não poderia se limitar a apontar problemas sem indicar soluções.

Impende esclarecer que a administração eficaz do crédito tributário exprime tema de manifesto interesse de todos, o qual, dentre outras virtudes, preordena-se a partilhar a despesa pública de forma mais equável entre os cidadãos, porquanto se todos ou quase todos pagarem efetivamente a sua parcela na composição do orçamento dos múltiplos planos federativos, resta evidente que todos pagariam menos e de maneira mais equitativa, na busca permanente da concretização da justiça fiscal.

Destarte, este item será desdobrado em alguns tópicos tendentes a mostrar uma série de proposituras que, na percepção do presente Estudo, poderiam, sim, contribuir para afugentar absurdos que remanescem na cobrança do crédito tributário, desde o lançamento até o julgamento definitivo no Supremo Tribunal Federal.

Portanto, sugestões nessa vereda serão apresentadas, desde a fixação de prazo para julgamento de processo tributário, tanto administrativo, como judicial, bem como a redução de instâncias, senão também a criação de uma legislação nacional sobre processo administrativo tributário, além de instituição de um novo tributo insusceptível de inadimplemento, afora outros meios que poderiam aperfeiçoar o sistema de gestão e de cobrança tributária.

4.1 PRAZO PARA O JULGAMENTO DO PROCESSO TRIBUTÁRIO

A Emenda Constitucional de n. 45, de 8-12-2004, dispôs sobre a matéria e o seu texto encontra-se contido no art. 5º, inciso LXXVIII, a saber:

> *LXXVIII - a todos, no âmbito judicial e administrativo, são assegurados a razoável duração do processo e os meios que garantam a celeridade de sua tramitação. (Incluído pela Emenda Constitucional nº 45, de 2004)*

Como se vê, a Constituição Federal cumpriu o seu papel, faltando, contudo, a criação de leis que estabeleçam prazos objetivos para a sua efetividade e plenitude. Realmente, embora se trate de norma categorizada como não autoaplicável, é necessário enfatizar que toda norma constitucional desfruta de um mínimo eficacial, impondo, assim, ao Congresso Nacional o dever de implementá-la. A propósito, o asserto ora grafado reflete uma das muitas e memoráveis lições de Ruy Barbosa que assim atremou: as normas constitucionais não são meros avisos ou conselhos, mas mandamentos imperativos (1933, p. 489).

Com efeito, na órbita federal a matéria foi disciplinada por mio da Lei 11.457, de 16-03-2007, que, no seu artigo 24 fixou o prazo máximo de 360 dias para que seja proferida a competente decisão nos processos administrativos, consoante o texto a seguir transcrito:

> *Art. 24. É obrigatório que seja proferida decisão administrativa no prazo máximo de 360 (trezentos e sessenta) dias a contar do protocolo de petições, defesas ou recursos administrativos do contribuinte.*

O art. 2º do CPC/2015 dispõe também sobre a duração do processo temporal do processo em geral, limitando-se a determinar que o prazo seja razoável, ou seja, em nada acrescenta de modo efetivo o problema da verdadeira ausência de prazo no concernente à definitividade do feito.

Verdade seja, a redação se ressente de objetividade, pois deixou de dizer se o prazo compreende todo o processo, dede o início até a decisão definitiva ou se alude tão somente a cada fase do processo. É dizer, o problema não foi resolvido como seria desejado.

Como se vê, mais uma vez o legislador voltou não foi devidamente competente para alcançar o desígnio proposto, tanto que, em vez de implementar a regra constitucional e solucionar o assunto, acabou deixando um ponto lacunoso e o problema continua.

A indigitada lacuna realmente dá margem a incertezas, tanto que a matéria tem sido objeto de múltiplos feitos no Superior Tribunal de Justiça, dentre os quais um Recurso Especial datado de 2009 objeto de Repetitivo ainda pendente de julgamento neste ano de 2019, consoante estampado no site da referida Corte Nacional (REsp 1138206/RS).

Em apertada síntese, pode-se dizer que uma lei objetivada a definir em um ano o tempo de julgamento de um processo administrativo ensejou um desdobramento judicial que perdura há dez somente no STJ!

Por conseguinte, uma primeira proposta consiste na edição de Emenda constitucional que explicite em alo e bom som o prazo para julgamento do processo tributário, tanto na fase administrativa, como na judicial, fazendo-o de maneira pormenorizada

4.1.2 REDUÇÃO DE INSTÂNCIAS ADMINISTRATIVAS E JUDICIAIS

A redução de instâncias judiciais exprime uma exigência voltada para a efetividade da prestação jurisdicional que seria sobremodo eficaz em todos os campos do direito e notadamente na seara da tributação, até porque a matéria tributária é vocacionada a um mínimo de três instâncias – STJ - e, não raro, percorre um total de quatro instâncias em virtude de encontrar-se intensamente constitucionalizada, tendo como marco final o Pretório Excelso.

Ora, essa trajetória alentada do processo judicial tributário, concebida sob o pretexto de exaustar a ampla defesa e evitar decisões contrastantes, culmina por fazer exatamente o contrário, pois tende a empalidecer a prestação jurisdicional e a comprometer a duração razoável do processo e a distribuição de justiça, pois o retardo das decisões torna irreparável o direito violado.

Por isso, ao lado da estipulação de um prazo determinado para a duração do processo, conforme prefalado, seria de mister que o processo tributário administrativo e judicial ficassem restritos a tão somente duas instâncias. Destarte, salvo casos excepcionalíssimos, quer-se propor, como regra, sejam abolidos os recursos à terceira instância administrativa e à terceira e à quarta instâncias judiciais.

Logo, em havendo prazo para julgar conjugado com a definitividade do julgamento na segunda instância, resulta evidente que o processo tributário ganharia muita celeridade.

4.1.3 JULGAMENTO DE PROCESSO ADMINISTRATIVO E MATÉRIA CONSTITUCIONAL

Consoante exposto em tópico precedente, é sabido que a decisão em processo administrativo tributário é produzida à míngua da Constituição Federal e, mais do que isso, se o julgador aplicar o Texto Magno ele será punido com perda do respectivo mandato e a decisão seria susceptível de nulidade *pleno jure* por desrespeitar regras regimentais de Cortes como o CARF ou o Tribunal de Impostos e Taxas do Estado de São Paulo.

É realmente inacreditável o absurdo e o paradoxo existente no País, tanto que o cometimento de crimes previstos na legislação penal não enseja punição efetiva, a exemplo de feminicídio, latrocínio e outros, enquanto, por outro lado, no caso *sub examen,* o cumprimento da Constituição Federal não se forra de severas sanções!

Insta relembrar as críticas acerca do assunto apontadas no item 3.2.1 do presente Estudo, na dimensão em que por obséquio à unicidade imanente ao Sistema Normativo do Direito.

Força é salientar que afigura-se um absurdo inconcebível fragmentar qualquer sistema, pela simples razão de sua indivisibilidade lógica e ontológica. Tanto é verdade que a interpretação sistemática e contextual do direito não é apenas a melhor, mas a única.

Por conseguinte, o que se propugna seria revogar as disposições questionadas e não só autorizar a aplicação do figurino constitucional, mas tornar isso obrigação do julgador.

4.2 TRIBUTO SOBRE MOVIMENTAÇAO FINANCEIRA

A eventual instituição de um tributo sobre a movimentação financeira, com perfil semelhante aos antigos IPMF e CPMF, poderia ser de grande valia para o aperfeiçoamento da cobrança do crédito tributário.

Por sem dúvida, tributos desse jaez são absolutamente infensos a qualquer possibilidade de inadimplemento, máxima porque o sistema de apuração se opera de plano junto à rede bancária ou entidades financeiras, sem contar que não há o custo inerente à fiscalização dos tributos comuns.

Cumpre obtemperar que há uma inexplicável rejeição social em relação a tributos dessa natureza, talvez pelo insucesso da extinta CPMF que não resolveu o problema da saúde pública. Ora, a má gestão dos recursos oriundos da CPMF e, sobretudo, o descaso de políticas públicas com a saúde e com a seguridade social não autoriza qualificar negativamente um imposto ou contribuição de baixa percentagem, sem burocracia, de arrecadação imediata, insusceptível de sonegação, sem necessidade de fiscalização e que todos tem que pagar igualmente.

O preconceito é tão insustentável que o mesmo contribuinte que reclama de pagar 05% ou 1% sobre o movimento de sua conta bancária, não se insurge contra uma das mais elevadas e injustas cargas tributárias do planeta, pois assujeita-se ele sujeito ao pagamento de 27,5% de imposto sobre as renda, mais aproximadamente 50% de toda mercadoria ou serviço a ser utilizado, a exemplo de combustível, energia elétrica e vestuário, dentre outros.

Em estreita síntese, a proposta ora apresentada poderia importar de 1%, por exemplo, e com isso gerar uma arrecadação aproximada de 700 bilhões por ano, alcançando, por si só, a acalentada economia cogitada pela atual reforma da previdência.

Ademais, por tratar-se de um tributo em que todos pagam, haveria uma tendência natural de deixar a população a salvo de aumento de carga tributária e, mais do que isso, podendo até propiciar sua redução a médio prazo.

4.3 OUTROS MECANISMOS DE APRIMORAMENTO DA COBRANÇA DO CRÉDITO TRIBUTÁRIO

TRANSAÇÃO

À luz da teoria geral do direito o instituto *in casu* representa fórmula de extinção de litígio mediante concessões mútuas, o qual é comumente utilizado no direito privado senão também no direito público.

Prevista nos arts. 840 *usque* 850 do Código Civil é aplicável em questões relativas a direitos patrimoniais privados, enquanto, por outro lado, foi positivada no direito penal da Lei 9.099, de 26 de setembro de 1995, a qual criou os Juizados Especiais Cíveis e Criminais.

Não se pode olvidar que o Código Tributário Nacional cuida do assunto em seu art. 156, inciso III, o qual, contudo, não é aplicado em virtude de um aparente descompasso com o primado da vinculabilidade da tributação.

Deveras, o regime vinculado dos tributos impor que sua exigibilidade seja efetivada nos termos, quando, quanto e onde a lei determinar, sem qualquer margem de subjetivismo e discricionariedade. Tal aspecto é conflitante com uma transação aberta em que a Administração tributária pudesse negociar um *debitum* como forma de extinção da obrigação.

Entrementes, seria possível estabelecer um conceito legal de transação estrita, na medida em que a Lei poderia firmar parâmetros objetivos para a sua celebração, de tal sorte que, uma vez presentes os requisitos, dar-se-ia a respectiva concretização.

Merece lembrada a exemplar monografia sobre o tema da lavra de Fernanda Drummond Parisi que propugna em prol da transação com fulcro na supremacia do interesse público na liquidação do crédito tributário (2017).

Cabe citar, também, a dissertação de Mestrado de Felipe Viana de Araújo Duque que ao estudar o tema, desenvolveu o seu trabalho por meio da conjugação da pesquisa e de sua atuação como procurador da Fazenda Nacional (2019).

Realmente, a transação poderia gerar receitas para os cofres públicos, as quais, à míngua da transação correm o risco de não serem recebidas na hipótese de o contribuinte não dispor de recursos paga solver o seu débito integralmente. É dizer, todos perdem, mas cumprem a regra da vinculabilidade!

DAÇÃO EM PAGAMENTO

A dação em pagamento, prevista no art. 156, inciso XI, do CTN, consiste na entrega de bens imóveis para a Fazenda Pública. Pouco utilizada, poderia ser redimensionada e compreender também bens moveis, precatórios e outros valores teriam o condão de aperfeiçoar a cobrança e liquidação dos créditos tributários.

5. CONCLUSÕES

Como vimos de ver, inúmeras são as vicissitudes que circundam o adimplemento do crédito fazendário, a exemplo dos astronômicos valores inscritos na dívida ativa e também os valores pendentes que estão a caminho da inscrição.

Destarte, a otimização da gestão do crédito tributário e o sucesso no seu recebimento requer sejam tomadas uma série de providências harmonizadas com esse desígnio, tanto no plano legislativo, como na seara do processo administrativo e judicial.

Com referência à legislação, afigura-se óbvia a necessidade de reduzir a exagerada quantificação da produção normativa, bem como é imperioso aperfeiçoar a respectiva qualidade, até como forma de afugentar litígios desnecessários que comprometem a eficiência na boa administração do crédito tributário.

Ademais, a estabelecimento de prazos para a solução definitiva de demandas depara-se também uma medida de absoluta prioridade, sob pena de persistir e acumular pendências administrativas e judiciais numa perspectiva sempre crescente que, em verdade, é detrimentosa às partes, ao interesse público, sobre empalidecer o postulado da segurança jurídica.

Ao lado dessas observações qualificadas como proposituras para agilitar a cobrança do crédito tributário, algumas outras são apresentadas, a exemplo da criação de um tributo sobre a movimentação financeira, transação, dação em pagamento e precatório como meio de pagamento, tudo com o escopo de depurar o sistema.

Por derradeiro, impende reafirmar que a satisfação do crédito tributário vai ao encontro do interesse público e ressoa no interesse individual, segundo a máxima memorável Jean Rivero (1981, p. 14-15), até porque se todos pagarem, todos pagarão menos.

REFERÊNCIAS

MARINS, James. *Direito Processual Tributário Brasileiro*. 1 ed. São Pulo: Editora Dialética,2001.

BARBOSA, Ruy. *Discursos Parlamentares*. Rio de Janeiro: Ministério da Educação e Saúde, vol. 19, Capítulo XII, Obras completas, 1892.

------------ *Comentários à Constituição Federal Brasileira*, Tomo II, São Paulo: 1933.

BONFÁ DE JEUS, Isabela. *Manual de Direito Tributário*. 1. Ed. São Paulo: Revista dos Tribunais, 2014.

CARNELUTTI, Francesco. *Instituciones del processo civil*. Trad. da 5 ed. Italiana. Santiago Sentis Melendo. Buenos Aires: Ejea, vol. 1, 1973.

CARRAZZA, Roque Antônio. *Imposto sobre a Renda*. 1 ed. São Paulo: Malheiros Editores,2005.

CRUZ E TUCCI, Rógério Lauria e José Rogério. *Constituição de 1988 e processo*. São Paulo: Saraiva, 1989.

DUQUE, Felipe Viana de Araújo. Dissertação de Mestrado denominada "*Vicissitudes na cobrança do crédito tributário e reflexos sobre o aprimoramento do processo executivo fiscal*". Apresentada na Universidade Presbiteriana Mackenzie. 22-04-2019.

GONÇALVES, José Artur Lima. *Imposto sobre a Renda*. 1 ed. São Paulo: Malheiros Editores, 1997.

HABCHEID, Walter J. *Introduzione al diritto processuale civile comparato*. Rimini: Editora Maggioli, 1985

JARDIM, Eduardo Marcial Ferreira. *Dicionário de Direito Tributário*. 1 ed. São Paulo: Editora Noeses, 2011.

------------ *Manual de Direito Financeiro e Tributário*. 16 ed. São Paulo: Editora Saraiva, 2019.

MEDAUAR, Odete. "As garantias do devido processo legal, do contraditório e da ampla defesa no processo administrativo tributário". *Informativo IOB-Repertório de Jurisprudência* 12/237.São Paulo: 1994.

MEIRELLES, Hely Lopes; *Direito Administrativo Brasileiro*. 47 ed. São Paulo: Malheiros Editores.

PARISI, Fernand Drummond. *A transação Tributária no Brasil*. 1 ed. São Paulo: IOB, 2017.

PONTES DE MIRANDA, Francisco Cavalcanti. *Comentários à Constituição de 1967*, com as Emenda n. 1, de 1969. 2 ed. São Paulo: Revista dos Tribunais, 1974.

PREVITALLI, Cleide. *O Processo Tributário*, 8ª ed. São Paulo: Editora Revista dos Tribunais, 2013.

RIVERO, Jean. *Direito Administrativo*. Tradução do Doutor Rogerio Ehrhardt Soares. Coimbra:Livraria Almedina, 1981.

QUEIROZ, Mary Elbe. "A revisão do lançamento tributário". *Processo Administrativo Fiscal*. Vol. 6, SãoPaulo: Dialética. 2002.

THEODORO JÚNIOR, Humberto. *Curso de Direito Processual Civil*, vol. 1, ed. 55. Versão digital. São Paulo: Gen e Forense.

ZAMUDIO, Hector Fix. *Constitución y Processo Civil em Latinoamérica*. México: UNAM, 1974.

SÍTIOS DA INTERNET

Conselho Administrativo de Recursos Fiscais-CARF. <*idg.carf.fazenda.gov.br/*>

Instituto Brasileiro de Planejamento Tributário., < https://ibpt.com.br>

Procuradoria Geral da Fazenda Nacional.

<www.pgfn.fazenda.gov.br/>

Supremo Tribunal Federal.

<www.stf.jus.br/portal/principal/>

Superior Tribunal de Justiça.

<www.stj.jus.br/ >

ARBITRAGEM TRIBUTÁRIA: REALIDADE OU FANTASIA?

José Eduardo Tellini Toledo[1]

INTRODUÇÃO

Recebi, com muita honra, o convite formulado pela Dra. Isabela Bonfá de Jesus e Dra. Renata Elaine Silva Ricetti Marques, para participar da obra "Novos rumos do Processo Tributário: Judicial, administrativo e métodos alternativos de cobrança do crédito tributário".

Provocado pelo debate em relação ao processo administrativo e judicial tributário, a Lei de Execução Fiscal, o Código de Processo Civil de 2015 e os métodos alternativos de cobrança do crédito tributário, optei por apresentar um estudo sobre este último tema, que ainda provoca muita polêmica na seara tributária.

Não restam dúvidas acerca do crescimento da opção de solução de conflitos por meio alternativos, tais como a arbitragem. Conforme se verifica no sítio do Centro de Arbitragem e Mediação da Câmara de Comércio Brasil Canadá

---

1. Doutorando em Relações Econômicas Internacionais – PUC/SP. Mestre e Especialista em Direito Tributário – PUC/SP. Membro do CBar e do CIArb. Advogado.

(CAM-CCBC)[2], somente no ano de 2017 houve um crescimento de 43,87% em quantidade de arbitragens.

Levando em consideração que a lei que trata sobre a arbitragem é de 1996[3], ratificada pelo Supremo Tribunal Federal[4] em 2001, não são necessários grandes esforços para perceber a evolução da aplicação do instituto da arbitragem no Brasil.

Diante desse crescimento, toma corpo o debate acerca da possibilidade de se aplicar o instituto da arbitragem na área tributária (até mesmo pelo grande número de litigiosidade existente, tanto na esfera administrativa, quanto na judicial). Para alguns, grande inovação na solução de conflitos entre o contribuinte e o Estado; para outros, barreira intransponível e sem possibilidade de ser aplicada no Brasil.

A discussão é longa. Exige uma análise do sistema jurídico que alberga as normas que tratam sobre a arbitragem (como meio alternativo de solução de conflitos), em conjunto o sistema das normas tributárias, visando encontrar o denominador comum que permita a arbitrabilidade da obrigação tributária (principal e acessória).

Este é o propósito do presente estudo, que começou no ano de 2017, mas somente agora está "maduro" para ser publicado. E isso somente ocorreu após ser provocado por vários debates que tive a oportunidade de participar, bem como por atuação em ambas as áreas.

LEI DE ARBITRAGEM E A ADMINISTRAÇÃO PÚBLICA – BREVES CONSIDERAÇÕES SOBRE O INTERESSE PÚBLICO

A arbitragem, ao lado da conciliação e mediação, é forma alternativa de resolução de conflitos; aquela heterocompositiva e as

2. CAM-CCBC. Disponível em: https://ccbc.org.br/cam-ccbc-centro-arbitragem-mediacao/sobre-cam-ccbc/estatisticas-gerais/. Acesso em 24/05/2019;

3. Lei nº 9.307/96;

4. Supremo Tribunal Federal. Plenário. processo de homologação de Sentença Arbitral Estrangeira. Ag. Reg. SE 5206.). Disponível em < http://redir.stf.jus.br/paginadorpub/paginador.jsp?docTP=AC&docID=345889>. Acessado em 27/09/17;

duas últimas autocompositivas (já que, apesar da intervenção de terceiro, são as próprias partes é que solucionam a controvérsia).

Para ESCOBAR[5], a arbitragem é:

> "... uma tecnologia jurídica de afastamento do controle jurisdicional por vontade expressa das partes, que outorgam a particulares ou instituições poderes para dirimir conflitos decorrentes de direitos patrimoniais disponíveis, com a finalidade de obter uma decisão escrita, final, irrecorrível, que, sendo condenatória, constituíra título executivo, com força de título executivo judicial".

Apesar de estar presente no ordenamento desde 1824[6], esse método de solução de conflitos tomou força com a publicação da Lei de Arbitragem (Lei nº 9.307/96), atingindo sua plenitude a partir do ano de 2001, quando o Supremo Tribunal Federal reconheceu sua constitucionalidade[7] e o Estado brasileiro ratificou a chamada "Convenção de Nova Iorque"[8] (Convenção sobre o reconhecimento e a execução de sentenças arbitrais estrangeiras feita em Nova York, em 10 de junho de 1958), incorporando-a ao sistema jurídico interno.

Além das normas acima citadas, o atual Código de Processo Civil (que entrou em vigor em março de 2015), em seu artigo 3º, estabeleceu textualmente que, apesar da tutela jurisdicional não ser excluída diante de ameaças ou lesão a direito (e nem poderia ser de outra forma, face ao disposto no artigo 5º, inciso XXXV, da CF/88), a arbitragem também é admitida como uma nova forma de solução alternativa de

---

5. ESCOBAR, Marcelo Ricardo. *Arbitragem Tributária no Brasil*. São Paulo: Almedina, 2017;

6. LAMAS, Natália Mizrahi. Introdução aos princípios aplicáveis à arbitragem. *In* LEVY, Daniel. PEREIRA, Guilherme Setoguti J. *Curso de Arbitragem*. São Paulo: Thomson Reuters Brasil, 2018. p. 27;

7. STF. SE 5.206 AgR. Relator Ministro Sepúlveda Pertence. Relator para o acórdão Ministro Nelson Jobim. Disponível em http://portal.stf.jus.br/processos/detalhe.asp?incidente=1624362. Acesso em 16/05/2019;

8. BRASIL. Decreto 4.311, de 23 de julho de 2002. Disponível em http://www.planalto.gov.br/ccivil_03/decreto/2002/D4311.htm. Acesso em 16/05/2019;

solução de conflitos, reafirmando a importância desse meio de solução de disputas.

Apesar disso, a Lei da Arbitragem, em sua redação original, não se preocupou com a participação do Estado, relativamente a fatos que envolviam questões patrimoniais. Muitas foram as discussões que surgiram em decorrência da existência, ou não, de normas jurídicas que já permitissem a participação da Administração Pública nessa forma de solução de conflitos.

O Supremo Tribunal Federal, em 1973, já havia se manifestado no sentido de submeter a União Federal a um processo de arbitragem, cujo objeto era a repercussão patrimonial de uma indenização por desapropriação de imóvel, que ficou conhecido como "caso Laje", como destacado por TALAMINI[9]:

> O cabimento de arbitragem envolvendo o Poder Público – com a consequente legitimidade do ato legislativo que a previu – foi reconhecido pelo STF ainda na década de 1970, no "caso Laje". Admitiu-se a submissão da União Federal a processo arbitral em que se discutia a repercussão patrimonial de ato tipicamente estatal (indenização por desapropriação de imóvel).

Sem nos aprofundarmos nessa discussão (por um opção de corte metodológico), com o advento da Lei 13.129/2015 passou a não mais existir dúvidas sobre a possibilidade de a administração pública direta e indireta (arbitrabilidade subjetiva – capacidade da pessoa em contratar a arbitragem), utilizar a arbitragem (como meio de solução de controvérsias), para dirimir conflitos relativos a direitos patrimoniais disponíveis (arbitrabilidade objetiva – tema que pode ser objeto de arbitragem), desde que seja sempre de direito e respeitado o princípio da publicidade.

CARMONA[10] teve a oportunidade de se manifestar sobre esse tema:

---

9. TALAMINI, Eduardo. Arbitragem e Administração Pública no Direito Brasileiro. *In* VILLA-LOBOS, Nuno. PEREIRA, Tânia Carvalhais (org.). *Arbitragem em Direito Público*. FGV Projetos e CAAD. Disponível em: < https://fgvprojetos.fgv.br/publicacao/arbitragem-em-direito-publico>. Acesso em 23/05/2019. p. 125

10. CARMONA, Carlos Alberto. *Arbitragem e administração pública – primeiras reflexões*

> "As dificuldades, porém, são muitas e é necessário deixar claro que a Lei de Arbitragem, em sua origem, não se preocupou com o Estado e suas vicissitudes, de modo que o texto legal original sequer previa a arbitragem envolvendo a Administração Pública e os seus interesses, limitando-se a reforma aportada pela Lei nº 13.129/2015 a mencionar expressamente o que a doutrina já intuía, ou seja, que o Estado pode participar da arbitragem para resolver disputas patrimoniais. Com o desenvolvimento da arbitragem, que tomou impulso depois da decisão, pelo STF, de incidente de inconstitucionalidade[4], aumentou a percepção da necessidade de participação do Estado neste mecanismo de solução de litígios, de modo que a Lei nº 13.129/2015 tomou o cuidado de estipular que a presença da Administração Pública no juízo arbitral ensejaria o afastamento do julgamento por equidade (equidade substitutiva) e a utilização do idioma português."

Assim, com a possibilidade de estipulação de convenção de arbitragem nos contratos com a administração pública, a dúvida que foi instaurada decorreu do correto conceito dos direitos patrimoniais disponíveis, únicos que podem ser objeto de uma arbitragem (arbitrabilidade objetiva).

Apesar de que em um primeiro momento haver a impressão de que todos os direitos relacionados ao Estado são indisponíveis, a doutrina mais moderna se posicionou de forma contrária, principalmente nos atos negociais onde o Estado age como um particular.

PIETRO[11] bem destacou essa diferenciação, esclarecendo:

> O interesse público é sempre indisponível pela Administração Pública, porque ele é de titularidade da coletividade e não do poder público. A administração Pública apenas o administra, protege e tem o dever de dar-lhe efetividade. Mas não pode dele dispor livremente porque não lhe pertence.
>
> Portanto, é correto afirmar que o interesse público é indisponível. Mas isto não significa que todos os direitos patrimoniais, no

sobre a arbitragem envolvendo a administração pública. Revista Brasileira de Arbitragem. 2016. Issue 51, p. 7-21;

11. PIETRO, Maria Sylvia Zanella Di. *Direito Administrativo*. 31. Ed. Ver. Atual e ampl. Rio de Janeiro: Forense, 2018;

> âmbito do direito público, sejam indisponíveis. Por vezes, a disponibilidade de um patrimônio público pode ser de mais interesse da coletividade do que sua preservação.

SILVEIRA[12] compartilha do mesmo entendimento:

> tal princípio [*princípio da indisponibilidade do interesse público*] determina que a administração pública não pode dispor do interesse da coletividade ou renunciar a poderes que a lei lhe conferiu, dado que o titular do interesse público é o estado, o único capaz de autorizar a disponibilidade ou a renúncia mediante lei.
>
> (...)
>
> o princípio da indisponibilidade do direito público, portanto, a *priori* não seria um impedimento em si para a solução dos conflitos pela via arbitral.

É oportuno, neste momento, diferenciar o interesse público primário e secundário: enquanto o primeiro tem correlação direta com o interesse da coletividade e, portanto, indisponível, o segundo se caracteriza como disponível e pode ser objeto de alienação, como por exemplo, cláusulas financeiras.

BOSSA e VASCONCELOS[13], ao analisarem a ressignificação do princípio da supremacia do interesse público, assim se posicionaram:

> Vale reforçar que o interesse público primário ou interesse da sociedade e da coletividade como um todo, de onde ecoa o princípio da supremacia do interesse público sobre o privado, não se confunde com o interesse público secundário.

---

12. SILVEIRA, Bruna Alcino Marcondes da. A arbitrabilidade dos conflitos envolvendo as agências reguladoras. *in* MUNIZ, Joaquim de Paiva. BONIZZI, Marcelo José M. FERREIRA, Olavor A.V. Alves. Arbitragem e Administração Pública – temas polêmicos. Ribeirão Preto, P: Migalhas, 2018. p. 35-61;

13. BOSSA, Gisele Barra. VASCONCELOS, Mônica Pereira Coelho de. Arbitragem Tributária e a Reconstrução do Interesse Público. *In* PISCITELLI, Tathiane. MASCITTO, Andréa. MENDONÇA, Priscila Faricelli de (coord.). *Arbitragem Tributária – Desafios Institucionais Brasileiros e a Experiência Portuguesa.* São Paulo: Thomson Reuters Brasil, 2018. P. 53-56;

> O conteúdo do interesse público secundário não corresponde ao interesse social, mas tão somente ao interesse estatal (patrimonial). Logo, não estamos tratando do interesse público propriamente dito e sim de interesses exclusivos do Estado.

Nas palavras de PASINATTO e VALLE[14]:

> "O Crédito Tributário é classificado como interesse público secundário, ou seja, disponível e arbitrável. Isso, pois, os interesses públicos secundários nada mais são do que interesses com uma natureza instrumental que "resolvem-se em relações patrimoniais e, por isso, tornaram-se disponíveis na forma da lei, não importando sob que regime". Eles existem, simplesmente, para haja uma satisfação dos interesses primários, estes, sim, indisponíveis."

O Superior Tribunal de Justiça já teve a oportunidade de analisar a aplicabilidade de arbitragem em relação à disponibilidade dos interesses públicos, cujo relator, Ministro João Otávio de Noronha[15], assim se manifestou:

> Em outras palavras, pode-se afirmar que, quando os contratos celebrados pela empresa estatal versem sobre atividade econômica em sentido estrito – isto é, serviços públicos de natureza industrial ou atividade econômica de produção ou comercialização de bens, suscetíveis de produzir renda e lucro –, os direitos e as obrigações deles decorrentes serão transacionáveis, disponíveis e, portanto, sujeitos à arbitragem. Ressalte-se que a própria lei que dispõe acerca da arbitragem – art. 1º da Lei n. 9.307/96 – estatui que "as pessoas capazes de contratar poderão valer-se da arbitragem para dirimir litígios relativos a direitos patrimoniais disponíveis".
>
> Por outro lado, quando as atividades desenvolvidas pela empresa estatal decorram do poder de império da Administração Pública e, consequentemente, sua consecução esteja diretamente relacionada ao interesse público primário, estarão envolvidos direitos indisponíveis e, portanto, não-sujeitos à arbitragem.

---

14. PASINATTO, Ana Paulo. VALLE, Maurício Dalri Timm do. *Arbitragem Tributária: breve análise luso-brasileira*. Revista Jurídica Luso-Brasileira. Índice Gral do ano 3 (2017), nº 6. p. 1061;

15. STJ. REsp 612439. Relator Ministro João Otávio de Noronha. Disponível em https://ww2.stj.jus.br/processo/revista/inteiroteor/?num_registro=200302124603&dt_publicacao=14/09/2006. Acesso em 23/05/2019;

LEMES[16] apresenta um importante trabalho estatístico acerca da arbitragem com a Administração pública.

> Não podemos finalizar sem antes trazer alguns dados estatísticos colhidos em seis câmaras de arbitragens brasileiras (AMCHAM, CAM-CCBC, CAM/CIESP/FIESP, CAM-BOVESPA, CAM/FGV e CAMARB) para informar que, em 2015, do total de arbitragens em curso nas citadas Câmaras, 4% representavam arbitragens com a Administração Pública direta e indireta. Em 2016, essas Câmaras processavam 55 arbitragens com o setor público de um total de 609 casos em andamento, representando, portanto, 9% do movimento dessas Câmaras. Em 2015, os valores envolvidos em arbitragens eram de R$ 10 bilhões e, em 2016, foram R$ 24 bilhões. Os valores mais do que dobraram, e isso se deve, especialmente, às arbitragens com a Administração Pública.

Veja-se que, de fato, na arbitragem com a Administração Pública não há renúncia de direitos ou poderes, mas sim uma escolha de um procedimento para a solução de conflitos, em opção ao Poder Judiciário, que também vai ao encontro do próprio interesse público, uma vez que tal metodologia está em consonância com o artigo 3º, §§1º a 3º, do Código de Processo Civil de 2015, que permite a arbitragem na forma da lei, bem como determina que o Estado deverá promover, sempre que possível, a solução consensual de conflitos.

OBRIGAÇÕES TRIBUTÁRIAS: DIREITO DISPONÍVEL OU INDISPONÍVEL DO ESTADO

Ainda não é consenso a possibilidade de se efetuar a arbitragem na seara tributária, principalmente em face da discussão em torno da (in)disponibilidade do valor do tributo por parte do Estado[17].

---

16. LEMES, Selma. Arbitragem e Administração Pública: Passado, Presente E Futuro. *In* VILLA-LOBOS, Nuno. PEREIRA, Tânia Carvalhais (org.). *Arbitragem em Direito Público*. FGV Projetos e CAAD. Disponível em: < https://fgvprojetos.fgv.br/publicacao/arbitragem-em-direito-publico>. Acesso em 23/05/2019;

17. Entenda-se "Estado" em seu conceito amplo, como a União, os Estados e o Distrito Federal e os Municípios;

ESCOBAR[18] já adiantava que era inegável que a Constituição Federal tinha pavimentado o caminho para a Arbitragem com a Administração Pública, seja por menções indiretas[19], seja por previsões expressas[20].

Contudo, a resposta dessa dúvida passa, necessariamente, pela análise da norma jurídica e do estudo da Teoria da Relações, mais especificamente o objeto da relação jurídica entre o ente tributante e o contribuinte, dentro do nosso ordenamento jurídico.

A norma jurídica deve ser analisada sob dois prismas: a norma jurídica em sentido amplo (suporte físico de determinada legislação) e em sentido estrito (na qualidade de significação obtida de determinado enunciado prescritivo, com a intervenção do ser cognoscente, de acordo com o sistema de referência válido e aceitos pelos demais membros da mesma comunidade).

CARVALHO[21], esclarece:

> A despeito disso, porém, interessa manter o secular modo de distinguir, empregando ´normas jurídicos em sentido amplo´ para aludir aos conteúdos significativos das frases do direito posto, vale dizer, aos enunciados prescritivos, não enquanto manifestações empíricas do ordenamento, mas como significações que seriam construídas pelo intérprete. Ao mesmo tempo, a composição articulada dessas significações, de tal sorte que produza mensagens com sentido deôntico-jurídico completo, receberia o nome de ´normas jurídicas em sentido estrito´
>
> (...)

18. ESCOBAR, Marcelo Ricardo. *Arbitragem Tributária no Brasil*. São Paulo: Almedina, 2017. p. 132-133;

19. Reportando-se à ausência de monopólio da jurisdição estatal, prevista no artigo 5º, da CF/88;

20. Reportando-se ao artigo 114, §§1º e 2º e 12, §2º, das ADCT, da CF/88

21. CARVALHO, Paulo de Barros. *Direito Tributário Linguagem e Método*. 6ª ed. São Paulo, Noeses, 2015. p. 135;

> Uma coisa são os enunciados prescritivos, isto é, usados na função pragmática de prescrever condutas; outras, as normas jurídicas, como significações construídas a partir dos textos positivos e estruturados consoante a forma lógica dos juízos condicionais, compostos pela associação de duas ou mais proposições prescritivas.

É justamente pela análise da linguagem do direito positivo que será possível identificar a prescrição de condutas humanas. Como bem explica VILANOVA[22] :

> Tenhamos agora em conta a linguagem do direito positivo, não a linguagem da ciência-do-direito (dogmática). Gramaticalmente, o direito usa o modo indicativo ou o modo imperativo dos verbos. O indicativo presente e o indicativo futuro são mais frequentemente usados. Vários verbos são usados para indicar classes de ação ou conduta (comissiva ou omissiva), uma vez que o direito positivo assenta nas relações sociais e atende aos vários interesses individuais e coletivos de uma dada situação histórica.

Sem nos aprofundarmos no tema, é importante lembrar que da análise da norma jurídica será possível a obtenção de uma proposição antecedente (ou proposição hipótese), descritiva da ocorrência de eventos possíveis[23] no mundo social, bem como da proposição consequente (ou proposição tese), prescritora de condutas humanas intersubjetivas que devem ser observadas na relação instaurada por dois ou mais sujeitos.

Essa relação jurídica entre dois ou mais sujeitos, analisada sob o prisma da Teoria das Relações (ou da Teoria dos Predicados Poliádicos – pela existência de dois ou mais termos), dependerá da combinação entre a quantidade dos sujeitos.

Parafraseando novamente CARVALHO[24]:

---

22. VILANOVA, Lourival. *As Estruturas Lógicos e o Sistema do Direito Positivo*. 2ª ed. São Paulo: Max Limonad, 1997;

23. Ressalte-se que somente os eventos possíveis são capazes de instalar uma relação entre dois ou mais sujeitos;

24. CARVALHO, Paulo de Barros. *Direito Tributário – fundamentos jurídicos da incidência*. 10 ed. rev. e atual., 2ª tiragem. São Paulo. Saraiva. 2015. P. 55 e 56;

> .. seguindo a sorte dos predicados poliádicos, as relações estarão configuradas segundo uma combinatória estrita: um com um (uni-unívoca ou biunívoca), um com vários (uni-plurívoca), vários com um (pluriunívoca) ou vários com vários (pluriplurívoca). Não há outras combinações possíveis, o que significa declarar que, ao elaborar os enunciados prescritivos do direito posto, o legislador será prisioneiro dessa angusta possibilidade combinatória.

TAREK MOYSÉS MOUSSALEM, em aula ministrada na matéria de Organizações e Sistemas, no curso de Doutorado da PUC/SP[25], ao exemplificar esse assunto, apresentou a frase "EU SOU FELIZ". Nela temos a composição "sujeito" é "predicado" e, portanto, diante de um predicado monádico.

Por outro lado, na frase "3 é menor que 5", ou "Todos se amam", estaremos diante de fórmulas proporcionais com predicados poliádicos.

Esquematizando as lições acima, teremos:

x ┬ y = relação uni- plurívoca (como ocorre nas hipóteses de responsabilidade)
  └ y'

x ┐
  ├► y = relação pluri-unívoca
x'┘

x' ┐ ┌ y'
   ├─┤ = relação pluri-plurívoca
x ┘ └ y

Apenas para exemplificar o raciocínio acima, quando se está diante de uma relação *erga omnes*, estamos tratando de uma relação uni-plurívica.

Essas relações poderão se apresentar com características específicas: reflexiva ou irreflexiva (quando o vínculo se

25. Ocorrida em 10/04/2019;

estabelece, ou não, entre um termo com ele mesmo); simétrica ou assimétrica (quando o vínculo que se estabelece, ou não, entre dois termos é o mesmo); transitiva ou intransitiva (quando a relação existente, ou não, entre dois termos implicam na relação com um terceiro termo).

Assim, teremos:

relação reflexiva: x R x;

relação irreflexiva: x R y;

relação simétrica: x R y = y R´ x

relação assimétrica: x R y ≠ y R´ x

relação transitiva: xRy e yRz → xRz

relação intransitiva: xRy e yRz /→ xRz

Considerando que para a aplicação da norma jurídica haverá a necessidade de uma linguagem competente relatando um evento já ocorrido no mundo social, qualificando-se como um fato jurídico (previsto na proposição-tese, vertido em linguagem competente), é justamente a partir desse momento nascerá o vínculo entre dois ou mais sujeitos e o respectivo objeto prestacional, onde um deles (ativo) terá o direito de exigir de um ou de outros (passivo), o cumprimento de uma prestação. Já o sujeito(s) passivo(s) terá(ão) o dever de cumpri-la. Trata-se, portanto, de uma relação assimétrica.

O objeto dessa relação (ponto de interesse do presente estudo) decorre da conduta que dever ser cumprida pelo sujeito passivo ao sujeito ativo, mais especificamente a necessidade de atender as normas vigentes, válidas e eficazes relativamente ao cumprimento do pagamento do tributo, bem como das respectivas obrigações acessórias.

Nas palavras de VILANOVA[26]:

---

26. VILANOVA, Lourival. *Causalidade e relação no direito*. São Paulo: Revista dos Tribunais, 2000. p. 116 e 117;

> "As relações abstratamente consideradas, mas vistas do prisma do direito – assim, relações de direito privado, e relações de direito público, relações de direito substantivo e de direito adjetivo, relações de direitos e relações de sobredireito (interespacial e intertemporal), relações de direito pessoal e relações de direito real -, as relações jurídicas, como tais, são típicas do mundo do jurídico. Mas, num grau maior de abstração, são relações. Quer dizer, são estruturas formais, compondo-se de um termo antecedente (ou termo referente) e de outro termo consequente (ou termo relato) e, ainda, de uma espécie de operador: o operador relacionante".

Ocorre que nem sempre o contribuinte e a fiscalização concordam com os procedimentos adotados, seja em face de diferentes interpretações da legislação tributária, ou até mesmo por efetivo descumprimento das obrigações tributárias, o que leva à lavratura da lançamentos tributários com o consequente contencioso administrativo e judicial deles decorrentes, tendo como centro das atenções o objeto da relação tributária.

Assim, como foi colocado no início do presente estudo, resta saber se o objeto da relação jurídica (ou seja, o tributo e as obrigações acessórias) podem ser considerados, ou não, como direitos disponíveis por parte do Poder Público e se são, ou não, arbitráveis.

Muitos foram os debates e trabalhos acadêmicos no Brasil e Portugal, principalmente nos anos de 2017 e 2018 (e que permanecem no ano de 2019), acerca da possibilidade da instituição da Arbitragem Tributária, onde ouso afirmar que seus precursores foram Priscila Faricelli de Mendonça[27] (em sua dissertação de Mestrado, que deu origem ao seu livro publicado no ano de 2014) e Marcelo Ricardo Escobar[28] (na defesa da sua tese de Doutorado, ocasionando a publicação em livro no

---

27. MENDONÇA, Priscila Faricelli de. *Arbitragem e transações tributárias*. Brasília, DF. Gazeta Jurídica, 2014;

28. ESCOBAR, Marcelo Ricardo. *Arbitragem Tributária no Brasil*. São Paulo: Almedina, 2017;

ano de 2017), que diante da coragem de inovação, trouxeram o tema ao debate científico.

Essas discussões sempre tiveram, como ponto convergente, a arbitrabilidade[29] do tributo (e das obrigações acessórias) e a comparação com a arbitragem tributária com outros Países.

Em Portugal[30], (cujo tema, pode-se dizer, ainda é relativamente novo – iniciado em janeiro de 2011, mas altamente evoluído), o assunto surgiu em decorrência de várias debates técnico-científicos que desencadearam a autorização legislativa para se instituir a arbitragem como forma alternativa de resolução jurisdicional de conflitos em matéria tributária, por meio do art. 124, da lei nº 3-B/2010, de 28 de abril desse ano.

Posteriormente, foi introduzido no sistema jurídico português o Decreto-Lei nº 10/2011 o Regime Jurídico de Arbitragem Tributária (RJAT).

Nas palavras de VILLA-LOBOS e PEREIRA[31]:

> "Tantas vezes acusado de seguidismo no plano das soluções normativas em matéria tributária, Portugal pode hoje orgulhar-se de ter sido pioneiro na aprovação de um regime jurídico de arbitragem em matéria tributária. O pioneirismo e a singularidade do instituto da arbitragem foram igualmente reconhecidos a nível europeu nas Conclusões do advogado-geral Maciej Szpunar, naquele que ficou conhecido como o "Acórdão Ascendi"[3], no quadro do primeiro reenvio prejudicial de um tribunal arbitral tributário".

Naquele País, a discussão sobre a indisponibilidade do crédito tributário também foi ampla, tendo por base a

---

29. Assim entendido, como a possibilidade de determinada matéria ser submetida à arbitragem;

30. Optamos por esse país, por uma questão metodológica, como também pela semelhança histórica-cultural;

31. VILLA-LOBOS, Nuno. PEREIRA, Tânia Carvalhais. A IMPLEMENTAÇÃO DA ARBITRAGEM Tributária em Portugal: origens e estudos. *In* PISCITELLI, Tathiane. MASCITTO, Andréa. MENDONÇA, Priscila Faricelli de (coord.). *Arbitragem Tributária – Desafios Institucionais Brasileiros e a Experiência Portuguesa*. São Paulo: Thomson Reuters Brasil, 2018. P. 42;

interpretação restritiva do nº 3, do art. 212, da Constituição da República Portuguesa e do nº 2, do art.30, da Lei Geral Tributária (aprovada pelo Decreto-Lei nº 398/98, que prevê a indisponibilidade do crédito tributário, sendo posteriormente superada por apoio da própria doutrina local.

Nas palavras de SOUSA[32]:

> "Assim, numa interpretação holística, que tenha em mente a globalidade do nosso sistema de administração executiva no âmbito das relações jurídicas tributárias, o princípio da indisponibilidade dos créditos tributários só poderá reportar-se a ***créditos consolidados***, cuja existência esteja assente, depois de esgotados os meios normais de impugnação: até aí não haverá a certeza de haver direitos de crédito e, por isso, os atos que declaram a eliminação jurídica dos atos que definiram créditos tributários não implicam redução ou extinção desses créditos, cuja existência na ordem jurídica ainda não está assente".

Aplicando esse ensinamento ao Direito Tributário Brasileiro, teríamos a possibilidade de discussão dos créditos tributários até a sua constituição definitiva, momento após o qual passaria a ter a característica de indisponível.

Ocorre que no Brasil o tema sobre a disponibilidade do crédito tributário, pedra angular para a aplicação da arbitragem, não se pacificou, face a respeitados posicionamentos doutrinários acerca de sua indisponibilidade.

Muitos daqueles que sustentam a indisponibilidade do crédito tributário, tomam, por base, as disposições contidas no artigo 3º, do CTN, principalmente diante de sua parte final "... e cobrada mediante atividade administrativa plenamente vinculada[33]".

Veja-se, contudo, que a redação da norma jurídica acima citada, ao tratar da atividade administrativa plenamente

---

32. SOUSA, Jorge Lopes de. Comentário ao Regime Jurídico da Arbitragem Tributária. *In* VILLA-LOBOS, Nuno. PEREIRA, Tânia Carvalhais (coord.). *Guia da Arbitragem Tributária*. 3ª ed. rev. e atualizada. Coimbra: Almedina. 2017. P. 79;

33. BRASIL. Lei nº 5.172, de 25 de outubro de 1966. Disponível em http://www.planalto.gov.br/ccivil_03/leis/l5172.htm. Acesso em 16/05/2019.

vinculada, relaciona essa obrigação à atividade de cobrança, que, em uma análise semântica do texto, não sobrevive a uma confusão com o vocábulo "disponibilidade". Trata-se de conceitos distintos.

E nem poderia ser de outra forma, já que a competência tributária, conforme determinação constitucional, é indelegável e indisponível, diferentemente do crédito tributário, objeto da relação entre dois ou mais sujeitos (conforme a já citada Teoria dos Predicados Poliádicos), que pode ser disponível dentro de determinados critérios e introduzido por veículos corretos.

Inclusive, partindo-se de uma análise constitucional, verifica-se que o §6º, do art. 150, já estabelecia que qualquer subsídio ou isenção, redução de base de cálculo, concessão de crédito presumido, anistia ou remissão, relativos a impostos, taxas ou contribuições, só podia ser concedido mediante lei específica, federal, estadual ou municipal, que regule exclusivamente as matérias acima enumeradas ou o correspondente tributo ou contribuição, sem prejuízo do disposto no art. 155, §2.º, XII, g. (redação dada pela Emenda Constitucional nº 3, de 1993).

O CTN, em seu art. 171, também estabelece a possibilidade de a lei facultar, nas condições que estabeleça, aos sujeitos ativo e passivo da obrigação tributária celebrar transação que, mediante concessões mútuas, importe em determinação de litígio e consequente extinção de crédito tributário.

Desde modo, desde o ano de 1993 (apenas sob o prisma constitucional), dentro do sistema jurídico-tributário, já há relativização da suposta indisponibilidade do crédito tributário (para aqueles que defendem essa linha), cujo tema não mais estava voltado a seu objeto (crédito tributário), mas sim ao veículo introdutor de normas tributárias (lei específica, federal, estadual ou municipal, que regule exclusivamente as matérias acima enumeradas ou o correspondente tributo ou contribuição). De forma semelhante, o já citado art. 171, do CTN, ao tratar da transação e extinção do crédito tributário, também condiciona a existência de uma lei.

Podemos citar vários exemplos de parcelamentos especiais no âmbito federal, estadual e municipal que, premiando a inadimplência, caracterizam-se nitidamente como a disponibilidade do crédito tributário (em seu sentido amplo, pela exclusão ou redução de juros e multas aplicadas).

Mesmo em relação ao próprio tributo, temos, no âmbito estadual, as disposições contidas na Lei Complementar nº 160/2017 e Convênio ICMS nº 190/2017, que com a finalidade de encerrar a chamada "guerra fiscal do ICMS" entre os diversos Estados da Federação, permitiu a remissão de créditos tributários, constituídos ou não, decorrentes das isenções, dos incentivos e dos benefícios fiscais ou financeiro-fiscais instituídos em desacordo com o disposto na alínea "g" do inciso XII do §2º do art. 155 da Constituição Federal.

O exemplo acima demonstra, claramente, como o crédito tributário já é considerado disponível pelo sistema jurídico-tributário.

A discussão, portanto, volta-se à necessidade de veículo introdutor das normas jurídicas que prevejam essa disponibilidade do crédito tributário.

TORRES[34] já alertava sobre essa questão:

> O procedimento de arbitragem aplicado em matéria tributária, para ser adotado na exigência de créditos tributários ou mesmo na solução de conflitos em geral, teria que atender a todos os ditames de legalidade, como: a) previsão por Lei, a definir a arbitragem como medida de extinção de obrigações tributárias e indicar seus pressupostos gerais, limites e condições; b) edição de lei ordinária pelas pessoas de direito público interno pra regular, no âmbito formal, o procedimento de escolha dos árbitros, bem como a composição do tribunal arbitral, a tramitação dos atos, e bem assim os efeitos da decisão e do laudo arbitral[35], além de outros (art.

34. TORRES, heleno Taveira. Conciliação, transação e arbitragem em matéria tributária. *In* BOSSA, Gisele Barra. SALUSSE, Eduardo Perez. PISCITELLI, Tathiane. ARAÚJO, Juliana Furtado Costa (coord.). *Medidas de Redução do Contencioso Tributário e o CPC/2015*. São Paulo: Almedina, 2017. p. 322;

35. Discordamos do autor nesse ponto, haja vista que tais disposições já se encon-

37, da CF); e c) que ofereça, em termos materiais, os contornos dos conflitos que poderiam ser levados ao conhecimento e decisão do tribunal arbitral (art. 150, CF). A legalidade deve perpassar todo o procedimento, reduzindo o campo da discricionariedade e garantindo plena segurança jurídica na sua condução. Como visto, esta é uma questão que só depende de esforço político.

Não desconhecemos a existência de fortes defensores de que a legislação tributária brasileira já prevê a arbitragem, não sendo necessária a edição de novas normas jurídicas. Nesse sentido podemos destacar Heleno Torres[36] e Marcelo Ricardo Escobar[37].

Apesar de nos filiarmos ao entendimento acima, entendemos ser necessária a edição e publicação de veículos introdutores de normas jurídicas específicas para o tema da arbitragem tributária, não só pelas disposições do artigo 150, §6º, da CF, ou do artigo 171, do CTN, mas também para se reduzir ao máximo a existência de qualquer discricionariedade[38], bem como evitar, para os agentes da Administração Pública, qualquer questionamento acerca de sua responsabilidade funcional.

Essas normas jurídicas, válidas, vigentes e eficazes, teriam, portanto, efeitos importantes e vinculantes para o setor público e privado.

Assim, compartilhamos o entendimento daqueles que são favoráveis à arbitragem no Direito Tributário, não visando apenas a redução do contencioso administrativo e judicial (já que isso é apenas uma consequência), mas permitindo ao setor privado e público, uma melhor administração das

---

tram na própria Lei de Arbitragem;

36. Na apresentação feita ao livro "Arbitragem e Transações Tributárias", de Priscila Faricelli de Mendonça;

37. Idem, p. 226;

38. Considerando que toda norma jurídica é sempre composta de vagueza e ambiguidade, bem como sujeita a um processo de interpretação, sempre haverá um espaço para discricionariedade, ou uma zona de penumbra, que deve ser combatido pelos agentes competentes na elaboração das normas jurídicas;

discussões que envolvam as obrigações tributárias (principal e acessória), já que se caracterizam como interesse público secundário e, portanto, disponível.

Ademais, é importante ressaltar que nas normas jurídicas a serem produzidas, dando amparo à previsão da arbitragem na seara tributária, haverá necessidade de se prever, também, o momento em que as partes poderão optar por essa solução alternativa de conflitos, em detrimento ao Poder Judiciário.

Isto porque, antes da ocorrência do evento no mundo social e sua conversão em fato jurídico por meio da linguagem competente e eventual descumprimento da obrigação tributária, é impossível prever se haverá qualquer conflito que possa ensejar a escolha pela arbitragem.

Também não se tem qualquer pretensão de haver uma migração de processos em trâmite perante o Poder Judiciário, para um Tribunal Arbitral (salvo a existência de previsão normativa nesse sentido, assim como ocorreu em Portugal, que poderia ajudar a reduzir o contencioso judicial tributário).

Parafraseando VALLE e PASINATTO[39], torcemos para que efetivamente exista um interesse político e social do Estado brasileiro, que não impeça a implantação de câmaras arbitrais no Brasil e, consequentemente, uma redução de litígios e maior agilidade na solução de conflitos na área tributária.

De fato, existem algumas iniciativas nesse sentido.

Dentre elas, podemos destacar a Proposta de Emenda Constitucional 108/2015[40], de autoria do Senador Vicentinho Alves, que acrescenta o inciso LXXIX ao art. 5º da Constituição Federal, para estabelecer o emprego de meios extrajudiciais

---

39. VALLE, Maurício Dalri Timm do. PASINATTO, Ana Paula. Arbitragem tributária no Brasil e o interesse público: um novo mito da caverna? *In* DOMINGOS, Francisco Nicolau (org.) *Justiça Tributária – um novo roteiro*. Lisboa: Rei Livros, 2018. p. 301.

40. SENADO FEDERAL. Proposta de Emenda Constitucional nº 108/2015. Disponível em: https://www25.senado.leg.br/web/atividade/materias/-/materia/122592. Acesso em 24/05/2019;

de solução de conflitos como um direito fundamental, que infelizmente veio a ser arquivada no final do ano de 2018, em razão do final da legislatura daquele Senador.

Uma pena, pois a arbitragem, ao ser elevada ao nível de um direito fundamental (assim como os demais meios alternativos de solução de conflitos), encerraria qualquer dúvida que ainda houvesse acerca de sua aplicação, principalmente na área tributária.

O Plenário do Senado Federal, por sua vez, aprovou, no dia 21/05, o Projeto de Lei 2.097/2019[41], que atribui a três varas de execuções de títulos extrajudiciais do Distrito Federal competência para processar e julgar conflitos decorrentes da Lei de Arbitragem.

Especificamente em relação à arbitragem tributária, conforme notícia divulgada em jornais leigos[42], em 2018 houve a elaboração de um anteprojeto de lei visando a criação de uma arbitragem tributária especial (diferente da arbitragem convencional), que somente se aplicaria a créditos tributário não constituídos e questões de fato. Entretanto, ainda não há notícias sobre o encaminhamento desse projeto ao Congresso.

PALAVRAS FINAIS

Ainda no final deste trabalho, ao comentar sobre esse assunto com pessoas atuantes no direito tributário, ouvi a seguinte pergunta: "será que a arbitragem tributária vai pegar?".

Veja-se que apesar da arbitrabilidade da obrigação tributária já existir em nosso sistema jurídico-tributário, o tema ainda

41. SENADO FEDERAL. PL nº 2.097/2019. Disponível em: https://www12.senado.leg.br/noticias/materias/2019/05/21/aprovado-projeto-que-designa-varas-de-execucoes-do-df-para-realizacao-de-arbitragem. Acesso em 24/05/2019;

42. BAETA, Zinia. Especialistas e governo elaboram nova proposta para arbitragem tributária. Valor Econômico. São Paulo, 13 de agosto de 2018, Legislação e Tributos. Disponível em: https://www.valor.com.br/legislacao/5729277/especialistas-e-governo-elaboram-nova-proposta-para-arbitragem-tributaria. Acesso em 24/05/2019;

é alvo de questionamentos e dúvidas sobre aqueles que atuam nessa área. Certamente dependerá de novas normas jurídicas que trarão o devido delineamento de seu exercício, ou até mesmo uma redução do contencioso judicial, se assim for previsto.

Assim, respondendo ao tema deste estudo, a arbitragem tributária é uma realidade, evoluindo em discussões doutrinárias (como deve, efetivamente ocorrer) que certamente será objeto de implementação, com o apoio da sociedade e do Poder Público.

REFERÊNCIAS

BAETA, Zinia. Especialistas e governo elaboram nova proposta para arbitragem tributária. *Valor Econômico*. São Paulo, 13 de agosto de 2018, Legislação e Tributos. Disponível em: https://www.valor.com.br/legislacao/5729277/especialistas-e-governo-elaboram-nova-proposta-para-arbitragem-tributaria. Acesso em 24/05/2019;

BOSSA, Gisele Barra. VASCONCELOS, Mônica Pereira Coelho de. Arbitragem Tributária e a Reconstrução do Interesse Público. In PISCITELLI, Tathiane. MASCITTO, Andréa. MENDONÇA, Priscila Faricelli de (coord.). *Arbitragem Tributária – Desafios Institucionais Brasileiros e a Experiência Portuguesa*. São Paulo: Thomson Reuters Brasil, 2018;

BRASIL. Lei nº 5.172, de 25 de outubro de 1966. Disponível em http://www.planalto.gov.br/ccivil_03/leis/l5172.htm. Acesso em 16/05/2019;

BRASIL. Lei nº 9.307, de 23 de setembro de 1966. Disponível em http://www.planalto.gov.br/ccivil_03/leis/l9307.htm. Acesso em 16/05/2019;

BRASIL. Decreto 4.311, de 23 de julho de 2002. Disponível em http://www.planalto.gov.br/ccivil_03/decreto/2002/D4311.htm. Acesso em 16/05/2019;

CÂMARA DOS DEPUTADOS. Disponível em: https://www.camara.leg.br/proposicoesWeb/fichadetramitacao?idProposicao=2203112. Acesso em 24/05/2019;

CARMONA, Carlos Alberto. *Arbitragem e administração pública* – primeiras reflexões sobre a arbitragem envolvendo a administração pública. Revista Brasileira de Arbitragem. 2016. Issue 51;

CARVALHO, Paulo de Barros. *Direito Tributário – fundamentos jurídicos da incidência*. 10 ed. rev. e atual., 2ª tiragem. São Paulo. Saraiva. 2015;

________, Paulo de Barros. *Direito Tributário Linguagem e Método*. 6ª ed. São Paulo, Noeses, 2015;

ESCOBAR, Marcelo Ricardo. *Arbitragem Tributária no Brasil*. São Paulo: Almedina, 2017;

JOTA. Disponível em < https://www.jota.info/consenso/brasil-e-o-5o-pais-que-mais-utiliza-arbitragem-no-mundo-19092017>. Acesso em 16/05/2019;

LAMAS, Natália Mizrahi. Introdução aos princípios aplicáveis à arbitragem. In LEVY, Daniel. PEREIRA, Guilherme Setoguti J. *Curso de Arbitragem*. São Paulo: Thomson Reuters Brasil, 2018;

LEMES, Selma. Arbitragem e Administração Pública: Passado, Presente E Futuro. In VILLA-LOBOS, Nuno. PEREIRA, Tânia Carvalhais (org.). *Arbitragem em Direito Público*. FGV Projetos e CAAD. Disponível em: < https://fgvprojetos.fgv.br/publicacao/arbitragem-em-direito-publico>. Acesso em 23/05/2019;

MENDONÇA, Priscila Faricelli de. *Arbitragem e transações tributárias*. Brasília, DF. Gazeta Jurídica, 2014;

PASINATTO, Ana Paulo. VALLE, Maurício Dalri Timm do. *Arbitragem Tributária: breve análise luso-brasileira*. Revista Jurídica Luso-Brasileira. Índice Gral do ano 3 (2017);

PIETRO, Maria Sylvia Zanella Di. *Direito Administrativo*. 31. Ed. Ver. Atual e ampl. Rio de Janeiro: Forense, 2018;

SENADO FEDERAL. Proposta de Emenda Constitucional nº 108/2015. Disponível em: https://www25.senado.leg.br/web/atividade/materias/-/materia/122592. Acesso em 24/05/2019;

SENADO FEDERAL. PL nº 2.097/2019. Disponível em: https://www12.senado.leg.br/noticias/materias/2019/05/21/aprovado-projeto-que-designa-varas-de-execucoes-do-df-para-realizacao-de-arbitragem. Acesso em 24/05/2019;

SILVEIRA, Bruna Alcino Marcondes da. A arbitrabilidade dos conflitos envolvendo as agências reguladoras. *in* MUNIZ, Joaquim de Paiva. BONIZZI, Marcelo José M. FERREIRA, Olavo A.V. Alves. *Arbitragem e Administração Pública – temas polêmicos*. Ribeirão Preto, P: Migalhas, 2018;

SOUSA, Jorge Lopes de. Comentário ao Regime Jurídico da Arbitragem Tributária. In VILLA-LOBOS, Nuno. PEREIRA, Tânia Carvalhais (coord.). *Guia da Arbitragem Tributária*. 3ª ed. rev. e atualizada. Coimbra: Almedina. 2017;

STF. Plenário. processo de homologação de Sentença Arbitral Estrangeira. Ag. Reg. SE 5206.). Disponível em http://redir.stf.jus.br/paginadorpub/paginador.jsp?docTP=AC&docID=345889. Acesso em 27/09/17.

STF. SE 5.206 AgR. Relator Ministro Sepúlveda Pertence. Relator para o acórdão Ministro Nelson Jobim. Disponível em http://portal.stf.jus.br/processos/detalhe.asp?incidente=1624362. Acesso em 16/05/2019;

STJ. REsp 612439. Relator Ministro João Otávio de Noronha. Disponível em https://ww2.stj.jus.br/processo/revista/

inteiroteor/?num_registro=200302124603&dt_publicacao=14/09/2006. Acesso em 23/05/2019;

TALAMINI, Eduardo. Arbitragem e Administração Pública no Direito Brasileiro. In VILLA-LOBOS, Nuno. PEREIRA, Tânia Carvalhais (org.). *Arbitragem em Direito Público*. FGV Projetos e CAAD. Disponível em: < https://fgvprojetos.fgv.br/publicacao/arbitragem-em-direito-publico>. Acesso em 23/05/2019;

TORRES, Heleno Taveira. Conciliação, transação e arbitragem em matéria tributária. In BOSSA, Gisele Barra. SALUSSE, Eduardo Perez. PISCITELLI, Tathiane. ARAÚJO, Juliana Furtado Costa (coord.). *Medidas de Redução do Contencioso Tributário e o CPC/2015*. São Paulo: Almedina, 2017;

VALLE, Maurício Dalri Timm do. PASINATTO, Ana Paula. Arbitragem tributária no Brasil e o interesse público: um novo mito da caverna? *in* DOMINGOS, Francisco Nicolau (org.) *Justiça Tributária – um novo roteiro*. Lisboa: Rei Livros, 2018;

VILANOVA, Lourival. *Causalidade e relação no direito*. São Paulo: Revista dos Tribunais, 2000;

_________, Lourival. *As Estruturas Lógicos e o Sistema do Direito Positivo*. 2ª ed. São Paulo: Max Limonad, 1997;

VILLA-LOBOS, Nuno. PEREIRA, Tânia Carvalhais. A IMPLEMENTAÇÃO DA ARBITRAGEM Tributária em Portugal: origens e estudos. In PISCITELLI, Tathiane. MASCITTO, Andréa. MENDONÇA, Priscila Faricelli de (coord.). *Arbitragem Tributária – Desafios Institucionais Brasileiros e a Experiência Portuguesa*. São Paulo: Thomson Reuters Brasil, 2018;

DA REALIZAÇÃO DO NEGÓCIO JURÍDICO PROCESSUAL PELA FAZENDA NACIONAL E A IMPOSSIBILIDADE DE SUA UTILIZAÇÃO COMO HIPÓTESE DE SUSPENSÃO DA EXIGIBILIDADE DO CRÉDITO TRIBUTÁRIO

Isabela Bonfá de Jesus[1]

Edson Antônio Sousa Pontes Pinto[2]

INTRODUÇÃO

Recentemente a Procuradoria da Fazenda Nacional editou a Portaria n. 742/2018 que disciplina as hipóteses em que poderá, com o contribuinte, realizar Negócio Jurídico Processual visando facilitar o adimplemento de créditos tributários, aumentando assim a arrecadação de créditos já inscritos em dívida ativa e executados.

---

1. Vice-Coordenadora da Pós-Graduação Stricto Sensu (Mestrado/Doutorado) do Núcleo de Direito Constitucional e Processual Tributário da PUC/SP. Doutora e Mestre em Direito Tributário pela PUC/SP. Professora em Direito Tributário e Processo Tributário da Graduação e do Mestrado da PUC/SP. Advogada e Economista. Sócia titular do escritório Bonfá de Jesus Advogados. Autora da obra: Manual de Direito Tributário, 4a edição, 2017, ed. RT.

2. Mestre em Direito pela Pontifícia Universidade Católica de São Paulo. Professor da Faculdade Católica de Rondônia. Advogado.

O Negócio Jurídico Processual vem disciplinado no novo Código de Processo Civil, nos arts. 190 e 191, e objetiva flexibilizar o procedimento de acordo com a vontade das partes, tornando o processo mais cooperativo – e será aplicado em questões que envolvam direitos que podem ser transacionados.

Vale ressaltar que o fundamento central de tal instituto está no próprio novo Código de Processo Civil em seus 12 (doze) primeiros artigos que nada mais são do que vigas essenciais da própria norma processual.

Destacam-se os princípios previstos nos arts. 5° e 6°, que tratam da cooperação e colaboração entre os sujeitos do processo, a saber:

> *"Art. 5. Aquele que de qualquer forma participa do processo deve comportar-se de acordo com a boa-fé."*
>
> *"Art. 6. Todos os sujeitos do processo devem cooperar entre si para que se obtenha, em tempo razoável, decisão de mérito justa e efetiva."*

Após leitura dos artigos supra, o leitor pode estar se questionando: mas como vou cooperar com a pessoa que estou litigando?

Mas não é exatamente isso que se propõe, expliquemos: não é imaginar que as partes se ajudarão para vencer a demanda, mas dialogar com cooperação e boa-fé objetiva. É a aplicação de um modelo colaborativo e cooperativo de processo que irá orientar a atividade dos sujeitos do processo.

Cremos que exemplos ajudam a clarear a aplicação de tais princípios que devem nortear a conduta não só das partes, mas também do juiz. Listamos exemplificativamente 5 (cinco) itens que demonstram a atuação cooperativa e colaborativa que o juiz deve adotar na condução dos processos:

1) Inquisitórios/Poderes Instrutórios: o juiz não deve se limitar as provas apresentadas;

2) Dever de prevenção/advertência: avisar as partes para corrigirem vícios. Exemplos: arts. 317 e 139, IX, ambos do CPC/2015;

3) Dever de esclarecimento: juiz que dialoga com as partes;

4) Dever de consultar as partes: o juiz não pode decidir, em grau algum de jurisdição, com base em fundamento a respeito do qual não se tenha dado às partes oportunidade de se manifestar, ainda que se trate de matéria sobre a qual deva decidir de ofício (art. 10 do CPC/2015); e

5) Dever de auxílio das partes.

Já no tocante a atuação das partes de maneira colaborativa e cooperativa, identificamos alguns exemplos:

1) Versando o processo sobre direitos que admitam autocomposição, é lícito às partes plenamente capazes estipular mudanças no procedimento para ajustá-lo às especificidades da causa e convencionar sobre os seus ônus, poderes, faculdades e deveres processuais, antes ou durante o processo (art. 190 do CPC/2015);

2) as partes podem indicar o perito de comum acordo;

3) delimitação consensual das questões de fato e de direito, a qual, se homologada, vincula as partes e o juiz (art. 357, § 2. °, do CPC/2015).

Seguem agora exemplos de atuação colaborativa e cooperativa das partes com atuação no âmbito tributário:

1) Reconhecimento pelo procurador da Fazenda Pública que o débito já prescreveu ou decaiu e não ajuizar ações indevidas. Nesse caso, o juiz pode reconhecer de plano (art. 332, § 1. °, do CPC/2015);

2) O procurador da Fazenda Pública deve exercer o controle de legalidade dos atos administrativos. Exemplo: não inscrever em dívida ativa, nem redirecionar execução fiscal em face de sócios e gestores, sem a devida comprovação de sua responsabilidade tributária.

Ao trazer o Negócio Jurídico Processual para o âmbito das questões tributárias, a Portaria n. 742/2018 da PGFN dispõe acerca das hipóteses em que o instrumento poderá ser utilizado, as quais incluem, dentre outras, a realização de um plano de amortização de créditos tributários inscritos em dívida ativa e executados.

Ocorre que, por ser a Lei que traz as normas gerais em matéria tributária, o CTN discorre taxativa e exclusivamente acerca das hipóteses de suspensão da exigibilidade do crédito tributário, o que traz o questionamento acerca da possibilidade de se suspender a exigibilidade do crédito mediante negócio jurídico processual, mesmo que no seu bojo tenha uma forma de *parcelar* o crédito executado.

O presente artigo visa, portanto, discorrer acerca da impossibilidade de se utilizar o negócio jurídico processual, em especial o plano de amortização de crédito tributário, como forma de suspensão da exigibilidade do crédito tributário.

Para tanto, discorreremos inicialmente acerca do Negócio Jurídico Processual no âmbito do novo Código de Processo Civil, e após traremos as normativas da PGFN que tratavam e tratam do Negócio Jurídico Processual, até a presente Portaria n. 742/2018 em vigência acerca da matéria.

Por fim, traremos as conclusões finais, sem afastar, no entanto, nossa opinião favorável ao instrumento normativo em questão, por possibilitar, ainda que com certas imperfeições, uma oportunidade favorável de adimplemento dos créditos tributários executados.

1. DO NEGÓCIO JURÍDICO PROCESSUAL: ASPECTOS GERAIS DO INSTRUMENTO

O negócio jurídico processual, uma inovação trazida pelo novo Código de Processo Civil, já era previsto, mesmo que indiretamente, e não com essa nomenclatura, no Código de Processo Civil de 1973, como por exemplo, na renúncia do prazo recursal (art.

501), na redução ou ampliação dos prazos dilatórios (art. 181), no adiamento de audiência (art. 453, I), na suspensão do andamento do processo (arts. 265, II e 762), na atribuição do ônus probatório (excluídas as hipóteses previstas no parágrafo único do art. 333), na eleição de foro (arts. 111 e 112). Todavia, tais previsões eram superficiais e versavam mais sobre atos unilaterais do que propriamente negócios jurídicos processuais em sua essência.[3]

No atual código de processo civil, o negócio jurídico processual está previsto no art. 190 dispondo que é licito as partes estipular mudanças no procedimento e convencionar sobre seus ônus, deveres e outros assuntos, antes e durante o processo, e o art. 191, por sua vez, dispõe que o juiz e as partes poderão fixar calendário para prática de atos processuais.

Demétrio Beck da Silva Giannakos discorre acerca do negócio jurídico processual:

> É possibilitado às partes estipularem mudanças no procedimento e convencionarem sobre seus ônus, poderes, faculdades, calendário processual, direito material e deveres processuais. Pode ser considerado um desdobramento do modelo cooperativo, posto que acaba por concretizar essa possibilidade de maior atuação das partes na condução do processo.[4]

Neste sentido, o negócio jurídico processual pode ser entendido como o acordo feito pelas partes do processo, antes ou durante o processo, dispondo sobre questões processuais, condicionado ou não de apreciação judicial, a depender do conteúdo do negócio.[5]

---

3. "Os negócios jurídicos de caráter processual, a despeito de incomuns, não são exatamente novidade no direito processual civil brasileiro: as hipóteses de suspensão convencional do processo (CPC/73, art. 265, II, repetido no art. 313, II do NCPC) e de convenção acerca da distribuição do ônus da prova (respeitados os limites impostos pelo art. 333, parágrafo único, do CPC/73, e pelo art. 373, §§ 3º e 4º, do NCPC) perfazem exemplos de negócios jurídicos de caráter processual" (WAMBIER, Teresa Arruda Alvim. et. al. *Primeiros Comentários ao Novo Código de Processo Civil.* 2ª Ed. São Paulo: RT. Acesso on-line).

4. GIANNAKOS, Demétrio Beck da Silva. Análise Econômica dos Negócios Jurídicos Processuais. In: *Revista de Processo*, n. 278. São Paulo: RT, 2018.

5. Vale mencionar o pensamento de Cássio Scarpinella Bueno acerca da duvidosa

Conforme o art. 190 do CPC/15, os negócios jurídicos processuais têm os seguintes requisitos: a causa deve versar sobre direitos que admitam auto composição; as partes devem ser plenamente capazes; e a convenção deve limitar-se aos ônus, poderes, faculdades e deveres processuais das partes.

O negócio jurídico processual é, assim, produto da fase cooperativa do processo, característica evidente deste novo diploma que não mais se importa com as formalidades excessivas de um processo que se encerrava em si mesmo. Como bem observam Delosmar Neto e Luciano Guimarães ao discorrer sobre o referido instituto:[6]

> A flexibilização procedimental é uma das ferramentas pensadas para essa nova fase da processualística nacional. Essa se daria por meio da cooperação entre as partes e com amplo respeito às garantias fundamentais.7 Nesse contexto, o Código de Processo Civil traz o que há muito já se encontrava assentado na doutrina pátria e no direito comparado: a possibilidade de celebração, pelas partes, dos chamados negócios jurídicos processuais.
>
> O instituto visa a ampliar o espaço de possível acordo entre as partes, possibilitando ajustes ou acordos sobre o processo como um todo. É certo que o Código revogado já trazia a possibilidade de celebração de alguns negócios processuais, mas o alcance conferido ao instituto pelo novo diploma é muito maior.

Para além do direito processual o negócio jurídico é instituto precipuamente previsto no direito civil, do qual o negócio

---

aplicação prática do referido instituto: "Confesso, prezado leitor, que ainda não me convenci sobre a possibilidade de um alcance muito amplo e generalizado do art. 190. Muito pelo contrário. As escolhas feitas pelo legislador nos mais diversos campos do direito processual civil não podem ser alteradas pelas partes. A liberdade delas com relação ao procedimento, aos seus próprios ônus, poderes, faculdades, deveres processuais fica restrita àqueles casos em que o ato processual não é regido por norma cogente. Não se trata de exigir ou deixar de exigir forma específica. Disto se ocupa suficientemente o art. 188. Trata-se, isto sim, de negar validade e aplicação a negócios processuais que queiram alterar o que não é passível de alteração nos precisos termos da primeira parte do parágrafo único do art. 190" (BUENO, Cássio Scarpinella. *Manual de Direito Processual Civil*, 4ª Ed. 2018).

6. NETO, Delosmar Domingos de Mendonça; GUIMARÃES, Luciano. Negócio jurídico processual, direitos que admitem a autocomposição e o *pactum de non petendo*. In: *Revista de Processo*, n. 272. São Paulo: RT, 2017.

jurídico é espécie do gênero fato jurídico *lato sensu*. Desta maneira, passemos para análise do instituto do direito civil, conforme Silvio Venosa:

> Fundamentalmente, consiste na manifestação de vontade que procura produzir determinado efeito jurídico, embora haja profundas divergências em sua conceituação na doutrina. Trata-se de uma declaração de vontade que não apenas constitui um ato livre, mas pela qual o declarante procura uma relação jurídica entre as várias possibilidades que oferece o universo jurídico[7]

Pois bem, a inserção do instituto no direito processual pode ser considerada uma consequência do fenômeno conhecido como *contratualização do Direito Privado*,[8] no qual o contrato atua em campos antes não previstos como direito processual civil, e até mesmo se discute hoje no âmbito do direito processual penal com o PL do *Pacote Anticrime* e a implementação do *plea bargain*.

Assim sendo, o negócio jurídico processual pode ser caracterizado pela influência do princípio do autorregramento do processo que orienta que as partes podem estabelecer regras próprias para o processo em que são partes. No entendimento do Fredie Didier[9], este princípio visa consolidar no espaço processual a liberdade das partes, isso pois, o autorregramento da vontade pode ser vista em quatro zonas da liberdade, conforme ele explica, sendo: (i) liberdade de negocia-

---

7. VENOSA, Silvio de Salvo. *Direito Civil: Parte Geral.* 19ª Ed. São Paulo: Atlas, 2019. Acesso on-line.

8. "Mesmo com a adesão momentânea à teoria realista, é preciso apontar que há forte tendência de contratualização do
Direito Privado, ou seja, o contrato vem ganhando campos que antes não eram de sua abrangência. Por isso, ousa-se afirmar que todos os institutos negociais de Direito Civil seriam contratos, pela forte influência exercida pelo princípio da autonomia privada. [...] A contemporaneidade demonstra que o futuro é de uma contratualização de todo o direito, um neocontratualismo," (TARTUCE, Flávio. *Direito Civil: Das Coisas*. 10ª Ed. Rio de Janeiro: Forense, 2017).

9. DIDIER Jr., Fredie. Princípio do respeito ao autorregramento da vontade no processo civil. *Revista do Ministério Público do Rio de Janeiro*, nº 57.p 167-172, Rio de Janeiro, jul/set.2015.

ção; ii) liberdade de criação; iii) liberdade de estipulação; iv) liberdade de vinculação.

No mesmo sentido, afirma Teresa Arruda Alvim:[10]

> "O art. 190 do NCPC contém, por assim dizer, uma espécie de norma geral de autorização de negócios jurídicos de caráter processual, isto é, serve de autorização geral para que as partes pactuem, observadas as condições e restrições estipuladas no artigo em referência, negócios jurídicos que reflitam no processamento da ação".

Em outras palavras, o negócio jurídico processual é o instrumento pelo qual se consolida o princípio do autorregramento (ou autoregulação) do processo, tendo em vista que as partes podem estabelecer regras para o processo, todavia, essa liberdade para negociar no processo não é ilimitada, devendo ser respeitadas as normas processuais fundantes do processo.

Neste contexto, faz–se necessário uma análise dos limites do negócio jurídico processual que tanto podem ser materiais como formais, ou seja, o Código de Processo Civil traz limites ao conteúdo e a forma dos negócios jurídicos processuais.

Quanto ao objeto, o Código de Processo Civil limita em seu art. 190, que os negócios jurídicos processuais poderão ser realizados desde que tenham por objeto direitos que admitam auto composição.

Portanto, pela leitura do dispositivo é possível concluir que os direitos indisponíveis não poderão ser objeto dos negócios jurídicos processuais, tendo em vista que são direitos que não permitem composição pelas partes, nem mesmo a sua renúncia, de tal modo que, as partes, então, não poderão transacioná-los, afastando-os do espectro do referido acordo processual.

Com isso questiona-se se em nenhuma hipótese poderiam ser realizados negócios jurídicos processuais que tenham por objeto direitos indisponíveis.

---

10. WAMBIER, Teresa Arruda Alvim. et. al. *Primeiros Comentários ao Novo Código de Processo Civil.* 2ª Ed. São Paulo: RT. Acesso on-line.

Antônio do Passo Cabral afirma "a indisponibilidade sobre direito material não leva necessariamente à indisponibilidade sobre as situações jurídicas processuais" [11], ou seja, não é mera situação do direito material que faz ser impossível o negócio jurídico processual, isso pois o negócio jurídico processual poderá ser somente processual como nas hipóteses de utilização para determinar questões relativas ao calendário processual.

Neste mesmo sentido, as discussões realizadas no Fórum Permanecente dos Processualistas Civis deram origem aos enunciados 135 e 225: "A indisponibilidade do direito material não impede, por si só, a celebração de negócio jurídico processual" e "é admissível a celebração de convenção processual coletiva", respectivamente.

Logo, a indisponibilidade do direito material não significa a impossibilidade de se tratar outras matérias processuais no bojo do negócio jurídico processual, como são as hipóteses previstas na Portaria n. 742/2018, como será abordado a seguir.

Além do limite material, há o limite formal do negócio jurídico processual e, como visto anteriormente, o negócio jurídico processual origina-se do negócio jurídico do direito civil e neste sentido se sujeitam às regras de validade previstas no art. 104 do Código Civil, ou seja, o agente deve ser capaz; versar sobre objeto lícito, possível e determinado ou determinável; e forma prescrita ou não defesa em lei.

Desse modo, os limites materiais e formais do negócio jurídico processual devem ser seguidos pelas partes sob pena de nulidade, inclusive, o parágrafo único do art. 190 do NCPC, autoriza o juiz a controlar as validades dos negócios jurídicos processuais quando manifestamente ilegais ou com vício de abusividade em caso de vulnerabilidade.

---

11. CABRAL, Antônio do Passo. A Resolução n. 118 do Conselho Nacional do Ministério Público e as Convenções Processuais. In: NOGUEIRA, Pedro Henrique (orgs.). *Negócios processuais*. Salvador: JusPodivm, 2015.

2. DA REGULAMENTAÇÃO DO NEGOCÍO JURÍDICO PROCESSUAL NO ÂMBITO DA PROCURADORIA DA FAZENDA NACIONAL

O negócio jurídico processual no âmbito da Procuradoria Geral da Fazenda Nacional é regulamentado pela portaria n. 742, de 21 de dezembro de 2018, todavia, antes da vigência deste instrumento, foram editadas diversas portarias (Portarias n. 985/2016, 565/2017, 360/2018 e 515/2018).

A primeira portaria de que tratou do negócio jurídico processual foi a Portaria n. 985/2016 que dispõe sobre a atuação dos procuradores no âmbito dos juizados especiais federais, o art. 9º expressamente autorizou a realização dos negócios jurídicos processuais entre PGFN e os juizados especiais com o objetivo de racionalizar a atuação das demandas de massas que versarem sobre matéria de direito.[12]

As matérias passíveis de negócios jurídicos processuais seriam previstas em lista regionalizada, observando as peculiaridades locais, podendo limitar às demandas cujo valor da causa ou benefício patrimonial almejado exceda determinada quantia observado o disposto no art. 20 da Lei nº 10.522/2002.

Por fim, a portaria veda expressamente a celebração do negócio jurídico processual que implique a prática de ato não autorizado em lei ou vedado em lei que disponha sobre direito material ou importe em transação, conciliação ou outro meio de autocomposição em matéria tributária.

É de ser observar que não tinha como objetivo principal regulamentar o negócio jurídico processual, e sim a atuação dos procuradores no âmbito dos juizados especiais federais, mas tratou da temática do negócio jurídico processual de forma indireta e de maneira sucinta.

12. Art. 9º. Fica autorizada a realização de negócios jurídicos processuais entre as unidades da PGFN e os Juizados Especiais Federais, objetivando a racionalização da atuação em demandas de massa, que versem exclusivamente sobre matéria de direito, prevendo-se a citação por Portaria do Juízo.

Após essa normativa, foi editada a Portaria n. 565, de 26 de maio de 2017, que modificou o disposto no art.12 da Portaria n. 502, de 12 de maio de 2016, que recomenda a realização de mutirões, inclusive mediante negócios jurídicos processuais sobre as intimações por lote de temas, vale dizer, teve por objetivo racionalizar a atuação em demandas de massa para análise do enquadramento de processos ou recursos. A menção do negócio jurídico processual foi tão somente essa.

Posteriormente, a PGFN edita a Portaria n. 360, de 13 de junho de 2018, que, diferente das outras portarias, tinha por objeto principal o negócio jurídico processual e veio solidificar a autorização prevista na Portaria n. 985/2016 para realização dos negócios jurídicos processuais, taxativamente, nas seguintes hipóteses:

> *I – cumprimento de decisões judiciais;*
>
> *II – confecção ou conferência de cálculos;*
>
> *III – recursos, inclusive a sua desistência; e*
>
> *IV – forma de inclusão do crédito fiscal e FGTS em quadro geral de credores, quando for o caso.*

Por outro lado, a mesma portaria vedou, expressamente, a realização do negócio jurídico quando:

> *I – cujo cumprimento dependa de outro órgão, sem que se demonstre a sua anuência prévia, expressa e inequívoca;*
>
> *II – que preveja penalidade pecuniária;*
>
> *III – que envolva qualquer disposição de direito material por parte da União, ressalvadas as hipóteses previstas Portaria PGFN Nº 502, de 12 maio de 2016, e na Portaria PGFN Nº 985, de 18 de outubro de 2016;*
>
> *IV – que extrapole os limites dos arts. 190 e 191 do Código de Processo Civil; ou*
>
> *V – que gere custos adicionais à União, exceto se aprovado prévia e expressamente pela Procuradoria-Geral Adjunta competente.*

Por fim, a portaria dispõe sobre a forma, dispondo que os negócios jurídicos processuais devem ser previamente autorizados pelo procurador-chefe da defesa da respectiva

Procuradoria-Regional e/ou do Procurador-Chefe de Dívida Ativa da respectiva Procuradoria-Regional.

Menos de dois meses depois da Portaria n. 360/2018, a PGFN editou a Portaria n. 515/2018 que modificou a Portaria n. 360/2018 para acrescentar mais duas modalidades de celebração de negócios jurídicos, nas hipóteses de: prazos processuais e ordem de realização dos atos processuais, inclusive em relação à produção de provas, ampliando, desse modo, o rol anteriormente previsto.

A última portaria sobre negócio jurídico processual é a Portaria n. 742, de 21 de dezembro de 2018, que veio regulamentar a utilização do negócio jurídico processual em sede de execução fiscal para fins de amortização e equacionamento de débitos inscritos em dívida ativa da União, estabelecendo critérios para celebração do referido instituto.

O negócio jurídico processual para os referidos fins, em especial para amortização de créditos inscritos em dívida ativa, aplica-se também aos devedores em recuperação judicial e, poderá versar sobre:

> *I - calendarização da execução fiscal;*
>
> *II - plano de amortização do débito fiscal;*
>
> *III - aceitação, avaliação, substituição e liberação de garantias;*
>
> *IV - modo de constrição ou alienação de bens.*

Desse modo, para celebração do negócio jurídico processual, o contribuinte deverá ter capacidade econômico-financeira, bem como previsão de prazo certo para liquidação das dívidas e imposição de meios que facilitem o cumprimento das obrigações do negócio.

Se tratando especificamente de negócio jurídico processual que trate de plano de amortização do débito, deverão ser atendidos os critérios, cumulativamente ou alternativamente, como confissão dos débitos, apresentação de garantia fidejussória dos administradores da pessoa jurídica devedora, prazo de vigência não superior a 120 (cento e vinte) meses, salvo autorização expressa da Coordenação-Geral de Estratégias de Recuperação de Créditos e outras condições.

O instrumento poderá ser solicitado pelo devedor contendo suas informações e de seus administradores como bens e direitos de propriedade, situação econômico-financeira, bem como declaração de que o responsável, durante a amortização, não alienará os bens ou direitos sem a comunicação a Fazenda Nacional.

Por fim, são oito as hipóteses de rescisão do negócio jurídico processual, sendo as mais relevantes a falta de pagamento de 2 (duas) parcelas mensais, a constatação de ato de esvaziamento patrimonial, decretação de falência, a deterioração, a depreciação e o perecimento de bens incluídos no acordo para fins de garantia e outras hipóteses.

De maneira geral, a Portaria n. 742/2018 da PGFN trouxe, em definitivo, a autorização da celebração do negócio jurídico processual no âmbito tributário federal, enquanto as portarias anteriormente trataram a temática de forma subsidiária, vale lembrar, como veremos mais adiante, que em nenhumas das portarias mencionadas há a previsão da hipótese redução de montante dos créditos e/ou renúncia às garantias e privilégios do crédito.

Ademais, essa portaria, mesmo que louvável a iniciativa da PGFN em editá-la, assemelha muito a um contrato de adesão do devedor com a PGFN, pois somente as regras impostas pela procuradoria valerá, e o contribuinte em nada poderá opinar, nem mesmo sugerir cláusulas que entender necessárias, o que, de certa forma, acaba por ferir a intenção do legislador processual quando da instituição do negócio jurídico processual como forma de tornar o processo mais *cooperativo*.

3. DA IMPOSSIBILIDADE DE UTILIZAÇÃO DO NEGÓCIO JURÍDICO PROCESSUAL PARA SUSPENSÃO DA EXIGIBILIDADE DO CRÉDITO TRIBUTÁRIO

Conforme analisado acima, verifica-se que a PGFN instituiu a possibilidade de utilização do negócio jurídico processual como forma de permitir planejamentos de amortização do crédito tributário, bem como outras hipóteses de composição de atos processuais e seus respectivos processamentos no curso das execuções fiscais.

No entanto, as normativas que tratam da utilização do negócio jurídico processual trazem diversos questionamentos, sendo um deles quanto a própria possibilidade de garantir a suspensão da exigibilidade do crédito no bojo deste instrumento. Vejamos.

O Código Tributário Nacional traz normas gerais em matéria tributária sendo considerada, pois, materialmente uma lei complementar,[13] e compete a ela precipuamente tal função. É, pois, uma lei sobre como fazer leis tributárias.[14]

Renato Lopes Becho afirma que:[15]

> Por normas gerais entendemos aquelas de conteúdo amplo e aplicação abrangente, intermediárias entres os princípios e as simples regras jurídicas. No caso específico, as normas gerais serão aquelas que balizarão os institutos mencionados, impondo molduras para todos os entes da Federação. Portanto, tais leis complementares terão a natureza de lei nacional, no sentido já referido.

13. "Dentro desse contexto, lembramos que o Código Tributário Nacional foi recepcionado pela Constituição Federal de 1988 como lei ordinária (aspecto formal), entretanto, foi recepcionado como lei complementar quanto ao seu conteúdo, vigorando nos dias atuais com força de lei complementar" (JESUS, Isabela Bonfá de. et al. *Manual de Direito e Processo Tributário*. São Paulo: RT, 2016. p. 111).

14. COÊLHO, Sacha Calmon Navarro; DERZI, Misabel Abreu Machado. Da inexigibilidade das multas fiscais em regime de concordata. In: *Revista dos Procuradores da Fazenda Nacional*, n. 1. Rio de Janeiro: Forense, 1997. p. 82.

15. BECHO, Renato Lopes. *Lições de Direito Tributário*. 3ª Ed. São Paulo: Saraiva, 2015. p. 375.

Da mesma forma, Luís Eduardo Schoueri:[16]

> Assim, a ordem jurídica central (comunidade jurídica central), junto com as ordens jurídicas locais (comunidades jurídicas parciais), formariam a ordem jurídica total ou nacional, constituindo o Estado ou comunidade jurídica total. [...] Ou seja: a ordem jurídica (parcial) federal é diversa das ordens jurídicas (parciais) mineira e paulista. Essa circunstância não impede que haja normas que se apliquem a toda a ordem jurídica nacional (ordem jurídica total). Assim é que a Constituição Federal se faz observar por todas as ordens jurídicas parciais (federal, estaduais, distrital e municipais), porque integra a ordem jurídica nacional.

Logo, o CTN dispõe, enquanto lei nacional que trata de normas gerais em matéria tributária, as hipóteses e os limites para suspensão da exigibilidade do crédito tributário, indicando no seu art. 151, o parcelamento como uma das hipóteses a qual valerá para qualquer espécie de crédito tributário, independentemente de quem seja o sujeito ativo.

Além disso, o art. 155-A dispõe que o parcelamento será concedido na forma e condição estabelecidas em lei específica, promulgada pelo próprio ente competente para tributar. Logo, o parcelamento está diretamente relacionado ao poder de tributar, de modo que, por respeito à legalidade, e a competência de cada ente federativo tributante, será necessária lei específica autorizativa.

Como vimos a Portaria n. 742 da PGFN traz no §2º do art. 1º as hipóteses de composição mediante negócio jurídico processual: I - calendarização da execução fiscal; II - plano de amortização do débito fiscal; III - aceitação, avaliação, substituição e liberação de garantias; IV - modo de constrição ou alienação de bens.

Desta feita, a Portaria ao dispor sobre a possibilidade de realização de planos de amortização de dívidas tributárias não cria uma hipótese de suspensão da exigibilidade do crédito tributário, mas tão somente uma composição na forma de adimplir os créditos tributários devidos.

---

16. SCHOUERI, Luís Eduardo. *Direito Tributário*. 9ª Ed. São Paulo: Saraiva, 2019. p. 81.

Ou seja, não é possível a concessão individual de parcelamentos tributários (art. 151, VI, CTN) por instrumento processual (neste caso, o negócio jurídico processual), ainda que autorizado por decreto – visto que exige lei específica.

O plano de amortização do débito fiscal é, pois, instituto diverso do parcelamento previsto no Código Tributário Nacional e, por isso, não tem o condão de suspender a exigibilidade do crédito, mas pode, tão somente, suspender meios de constrição próprios do processo executivo fiscal, ou até mesmo adaptá-los à melhor forma acordada pelas partes.

O §4º do art. 3º da Portaria n. 742/2018 é categórico ao dispor que:

> *"Sem prejuízo da legislação aplicável aos débitos negociados, a celebração de NJP que objetive estabelecer plano de amortização do débito fiscal não suspende a exigibilidade dos créditos inscritos em dívida ativa da União".*

De tal modo que a concessão de Certidão Negativa de Débitos ou Certidão Positiva com efeitos de negativa não será automática com a homologação do Negócio Jurídico Processual, mas desde que cumpra com os requisitos previstos nos arts. 205 e 206 do CTN, conforme o §5º, do art. 3º da Portaria n. 742 da PGFN.[17]

Assim sendo, a formalização de um plano de amortização tem o condão de suspender o curso da execução fiscal em que se interpôs e homologou o negócio jurídico processual, mas não afastará os efeitos da inscrição em dívida ativa do crédito tributário.

Porém, questiona-se se o CTN não traz alguma hipótese que apresente fundamento suficiente para suspender a exigibilidade do crédito mediante a negociação de plano de amortização no âmbito de um Negócio Jurídico Processual.

---

17. § 5º. A concessão de certidão negativa de débito ou de certidão positiva com efeito de negativa fica condicionada ao cumprimento dos requisitos previstos nos artigos 205 e 206 da Lei nº 5.172, de 25 de outubro de 1966 (Código Tributário Nacional).

E respondendo a esse questionamento, afirma-se que a decisão judicial concedendo medida liminar ou tutela antecipada tem o condão de suspender a exigibilidade do crédito tributário, conforme art. 151, IV e V, do CTN.

Logo, realizado o Negócio Jurídico Processual, entabulando-se um plano de amortização do crédito tributário devido, pode o contribuinte, preenchidos os requisitos, postular a concessão de medida liminar ou tutela antecipada, conforme as disposições processuais específicas.

Neste caso, a suspensão da exigibilidade do crédito se dará por decisão judicial que verificando os requisitos elementares da referida tutela provisória, deferirá o efeito suspensivo à decisão de homologação do Negócio Jurídico Processual entabulado, de tal modo que o plano de amortização passa a ter, na prática, o mesmo efeito das hipóteses de parcelamento – aprovadas estas, no entanto, mediante lei.

Vale ressaltar também que o Negócio Jurídico Processual não pode tratar em nenhuma hipótese de transação ou compensação de crédito tributário, haja vista que são hipóteses de extinção do crédito tributário e exigem lei específica autorizativa nos dois casos (cf. arts. 170 e 171, do CTN).

Sendo assim, não é competência da PGFN, por intermédio do negócio jurídico processual, reduzir o valor do crédito tributário, seja do principal ou de eventuais acessórios, de tal sorte que o crédito objeto da composição processual será considerado em sua totalidade.

Ou seja, muito embora o Negócio Jurídico Processual possa ser utilizado para compor direitos disponíveis, não servirá para transacionar o crédito tributário, haja vista a necessidade de autorização legal específica, não podendo a PGFN fazê-lo de ofício por constituir hipótese de renúncia de receita.[18]

---

18. Deste modo, para que se respeite a Lei de Responsabilidade Fiscal, em especial o seu art. 14, "A concessão ou ampliação de incentivo ou benefício de natureza tributária da qual decorra renúncia de receita deverá estar acompanhada de estimativa do impacto orçamentário-financeiro no exercício em que deva iniciar sua vigência e nos dois seguintes".

A Portaria 742/2018 da PGFN merece ser aplaudida. Sua intenção de flexibilizar e facilitar o adimplemento de créditos tributários é louvável, e verifica-se a vontade do Poder Público de equacionar o volume de créditos executados, com aqueles efetivamente pagos pelos contribuintes, evitando-se que se acumulem volumes ineficientes de execuções fiscais no Poder Judiciário.

CONCLUSÃO

O negócio jurídico processual vem na esteira de inovações do novo diploma processual que incentiva um processo mais participativo e cooperativo.

Tal instrumento possibilita às partes que decidam livremente, e de comum acordo, aspectos processuais que facilitem o desenrolar processual da relação litigiosa instaurada entre eles, lhes permitindo compor acerca de elementos como os prazos processuais, por exemplo.

Com isso, a PGFN traz a Portaria n. 742/2018 que possibilita a utilização do negócio jurídico processual para flexibilizar alguns pontos processuais das execuções fiscais federais, dentre eles, a possibilidade de criação de um plano de amortização do crédito tributário executado.

Vale mencionar, todavia, que por ser um instrumento que tem na sua *ratio* o dever de cooperação entre as partes processuais, o negócio jurídico processual previsto na Portaria n. 742/2018 é um verdadeiro instrumento por adesão, no qual o contribuinte não tem qualquer margem para compor, ou seja, os termos serão definidos unilateralmente pela Procuradoria da Fazenda Nacional – divergindo, pois, das razões de criação do instrumento no novo Código de Processo Civil.

Logo, diante de tudo que foi exposto acima, verifica-se que a Portaria da PGFN n. 742/2018 traz as hipóteses em que o Fisco poderá compor com o contribuinte e, por intermédio de um Negócio Jurídico Processual, flexibilizar alguns prazos e atuações, em especial a aceitação de um plano de amortização de crédito tributários vencidos e vincendos.

No entanto, o Código Tributário Nacional é taxativo no art. 151, e traz as hipóteses estritas em que se suspenderá a exigibilidade do crédito tributário, dentre elas o parcelamento do crédito, conforme o inciso VI do referido artigo.

A possibilidade de se estruturar um plano de amortização do crédito tributário não se confunde com modalidade de parcelamento, visto que esta é hipótese de suspensão da exigibilidade do crédito tributário que exige lei específica autorizativa, enquanto a primeira vem disciplinado em Portaria da própria PGFN.

Desta forma, o plano de amortização facilitará o adimplemento por parte do contribuinte executado, haja vista que lhe permitirá uma forma mais benéfica de quitação do crédito tributário executado, no entanto, não poderá o plano prever hipótese de moratória ou transação, pois exigem, assim como o parcelamento, lei autorizativa.

Assim sendo, ao compor um negócio jurídico processual e estruturar a sua forma de amortização do crédito tributário, o contribuinte não terá a suspensão imediata da exigibilidade do crédito tributário, razão pela qual o crédito ainda constará e por consequência, não poderá ser emitida a certidão negativa, ou positiva com efeitos de negativa.

Porém, nada obsta que possa ele se valer de outras hipóteses de suspensão da exigibilidade do crédito tributário paralelamente ao negócio jurídico processual, como, por exemplo, o depósito integral ou, principalmente, a concessão de liminar ou tutela de urgência.

Nestes dois últimos casos, nada obsta que o contribuinte traga os elementos fáticos que demonstrem o preenchimento dos requisitos das respectivas tutelas, e requeira ao juízo a sua concessão para suspender a exigibilidade do crédito enquanto pendente e adimplido o plano de amortização pactuado, afinal, trata-se de hipótese de suspensão independente, podendo ser cumulado com o próprio negócio jurídico processual em si.

O Código de Processo Civil disciplina o negócio jurídico processual, lhe dá os contornos próprios do paradigma cooperativo do processo, e, de forma não tão cooperativa assim, as Portarias da PGFN trazem regramentos para sua utilização no âmbito tributário federal, que, de forma louvável, permitem uma maior flexibilização no adimplemento, ou até mesmo no oferecimento de garantia, por parte do contribuinte.

Respeitados os limites impostos pelo Código Tributário Nacional, a sistemática em questão merece ser valorizada e incentivada na relação fisco-contribuinte, visto que facilitará a quitação de créditos tributários, e espera-se, com isso, a diminuição do estoque de ações fiscais, e uma maior arrecadação no âmbito executivo fiscal.

REFERÊNCIAS

BECHO, Renato Lopes. *Lições de Direito Tributário*. 3ª Ed. São Paulo: Saraiva, 2015. p. 375.

BUENO, Cássio Scarpinella. *Manual de Direito Processual Civil*, 4ª Ed. 2018.

CABRAL, Antônio do Passo. A Resolução n. 118 do Conselho Nacional do Ministério Público e as Convenções Processuais. In: NOGUEIRA, Pedro Henrique (orgs.). *Negócios processuais*. Salvador: JusPodivm, 2015.

COÊLHO, Sacha Calmon Navarro; DERZI, Misabel Abreu Machado. Da inexigibilidade das multas fiscais em regime de concordata. In: *Revista dos Procuradores da Fazenda Nacional*, n. 1. Rio de Janeiro: Forense, 1997. p. 82.

DIDIER JR., Fredie. Princípio do respeito ao autorregramento da vontade no processo civil. *Revista do Ministério Público do Rio de Janeiro*, nº 57.p 167-172, Rio de Janeiro, jul/set.2015.

GIANNAKOS, Demétrio Beck da Silva. Análise Econômica dos Negócios Jurídicos Processuais. In: *Revista de Processo*, n. 278. São Paulo: RT, 2018.

JESUS, Isabela Bonfá de. et al. *Manual de Direito e Processo Tributário*. São Paulo: RT, 2016. p. 111.

NETO, Delosmar Domingos de Mendonça; GUIMARÃES, Luciano. Negócio jurídico processual, direitos que admitem a autocomposição e o *pactum de non petendo*. In: *Revista de Processo*, n. 272. São Paulo: RT, 2017.

SCHOUERI, Luís Eduardo. *Direito Tributário*. 9ª Ed. São Paulo: Saraiva, 2019. p. 81.

TARTUCE, Flávio. *Direito Civil*: Das Coisas. 10ª Ed. Rio de Janeiro: Forense, 2017.

VENOSA, Silvio de Salvo. *Direito Civil*: Parte Geral. 19ª Ed. São Paulo: Atlas, 2019. Acesso on-line.

WAMBIER, Teresa Arruda Alvim. et. al. *Primeiros Comentários ao Novo Código de Processo Civil*. 2ª Ed. São Paulo: RT. Acesso on-line.

NEGÓCIO JURÍDICO PROCESSUAL EM MATÉRIA TRIBUTÁRIA: UMA PORTA ABERTA AO DIÁLOGO

Andréa Mascitto[1]

1. INTRODUÇÃO: CONTEXTO E INCENTIVOS AOS MÉTODOS ALTERNATIVOS DE SOLUÇÃO DE CONTROVÉRSIAS TRIBUTÁRIAS

É de conhecimento geral que o sistema tradicional de cobrança judicial do crédito tributário não tem satisfeito nem os contribuintes nem o Fisco (usado neste artigo na sua acepção *lato senso*). Isso porque o cenário até agora, como veremos adiante, é de excessiva litigiosidade, pouca eficiência e baixíssima efetividade.

As estatísticas reveladas pelo Conselho Nacional de Justiça (CNJ)[2] mostram que:

---

1. Vice-Presidente Jurídica da Câmara de Comércio Brasil-Canadá (CCBC), Co-coordenadora de Grupo de Pesquisa sobre Métodos Alternativos de Solução de Controvérsia em Matéria Tributária do Núcleo de Mestrado Profissional da Faculdade de Direito FGV-SP, Professora do GVLaw e Advogada, sócia da área tributária do Pinheiro Neto Advogados,

2. Disponível em http://www.cnj.jus.br/files/conteudo/arquivo/2018/08/44b7368ec6f888b383f6c3de40c32167.pdf

- o tempo médio de tramitação de um processo é de 6,6 anos (sendo 1,9 anos na fase de conhecimento e 4,10 anos na fase de execução), sendo que de uma Execução Fiscal é de cerca de 9 anos;
- o Poder Judiciário brasileiro finalizou o ano de 2017 com 80,1 milhões de processos em tramitação, dentro os quais cerca de 39% são Execuções Fiscais (aproximadamente 31 milhões de processos);
- a "taxa de congestionamento" das execuções fiscais é muito maior do que qualquer outro tipo de processo: 91,7%, o que significa dizer que a cada 100 execuções que tramitaram em 2017 no Judiciário, apenas 8 foram baixadas. Caso desconsiderada a execução fiscal, a taxa de congestionamento do Judiciário cairia para 63% em 2017;
- o Judiciário teve um gasto de R$ 90,8 Bilhões em 2017[3];
- apenas 3/5 dos processos vencem a citação; 2,6% dos processos que chegam a leilão para adjudicação de bens e, desses, em 0,2% há efetiva satisfação do crédito tributário; e
- recupera-se judicialmente apenas cerca de 1%[4] do estoque da dívida ativa federal, hoje da ordem de R$ 2,1 Trilhões[5] (sendo que essa dívida supera os R$ 3 Trilhões, se consideradas também as Estaduais e Municipais).

---

3. O que corresponde a cerca de 1,4% do Produto Interno Bruto ("PIB") brasileiro de 2017, de R$ 6,56 Trilhões. Relevante observar que a PGFN informa ter recuperado no mesmo ano R$ 26,1 Bilhões, isto é, cerca de 28% do custo do Poder Judiciário.

4. Relatório publicado pelo IPEA e CNJ em Brasília, 2011.

5. Segundo dados da própria Procuradoria Geral da Fazenda Nacional ("PGFN"). Divulgado em: http://www.pgfn.fazenda.gov.br/noticias/2019/pgfn-propoe-medidas-para-fortalecer-a-cobranca-da-divida-ativa-da-uniao.

Há, portanto, uma clara dificuldade do modelo tradicional de cobrança executiva, que desafia uma solução adequada dos litígios entre Fisco e contribuintes. Como dizia *Jose Casalta Nabais*[6]: *"a justiça fiscal, como a justiça administrativa ou qualquer outra, tem por objectivo solucionar, resolver conflitos. O que apenas será viável se o número litígios a que a ordem jurídica dá origem for compatível com a capacidade de resposta do sistema para a sua solução"*.

Se não temos isso, o descontentamento generalizado é uma consequência lógica.

De um lado ficam os contribuintes insatisfeitos porque têm um constante sentimento de insegurança jurídica no desenvolvimento de suas atividades e na realização de investimentos no país em razão da complexidade do sistema tributário brasileiro e do tempo para que as questões tributárias polêmicas e também suas situações individuais sejam resolvidas. Nas palavras de *Luis Adams*[7], o que se vê é *"a incapacidade do Judiciário dar respostas ao empresariado no tempo em que precisa para estruturar seus negócios"*. Isso evidentemente traz custos ao nosso país. Não apenas um elevado dispêndio da máquina estatal – como visto acima – mas também uma perda de oportunidades de investimento.

De outro lado, o Fisco fica insatisfeito principalmente porque não tem alcançado retorno significativo na recuperação de créditos tributários pela via das Execuções Fiscais (reitere-se, o índice de recuperabilidade é de 1% apenas). Além disso, após a edição do novo Código de Processo Civil (Lei nº 13.105) em 2015, as disputas judiciais passaram a ser mais caras ao Fisco quando e se sucumbente[8].

Esse cenário, gera um terreno fértil à criação e adoção de modelos alternativos de solução de controvérsia. E isso não é

---

6. In *Reflexão sobre a introdução da arbitragem tributária*, p. 92.

7. Em evento promovido pela FGV em São Paulo sobre arbitragem tributária, 2018.

8. Conforme art. 85, parágrafo 3º, do CPC.

de hoje. Já em 1988 (há 30 anos) o vanguardista *Geraldo Ataliba* defendia a necessidade de se criarem mecanismos alternativos ao judicial para solucionar os conflitos tributários[9]. Alertava para o sobrepeso do Judiciário e o dizia insuportável.

Portanto, há 4 (quatro) principais elementos dão força à busca por modelos alternativos. São eles:

(i) a *Morosidade*: que está atrelada não só à taxa de congestionamento, mas também à longa duração do processo. Embora nos últimos tempos tenham havido avanços com o processo digital e o sistema de precedentes, ainda não se sente de maneira geral um significativo encurtamento da duração dos processos judiciais, de modo que – ao menos por enquanto – as estatísticas não mudaram.

(ii) a *Ineficiência*: dado que, sob a ótica fazendária, mesmo movimentando o Judiciário, pouco a Fazenda consegue efetivamente receber; e, sob a ótica do contribuinte, o processo muitas vezes não resolve seus problemas no prazo demandado ou num prazo satisfatório.

(iii) o *Déficit da atividade jurisdicional*: dado que o governo efetivamente arrecada menos do que gasta com o custeio da máquina estatal. Evidente que não pretendo com esse discurso acabar com o Judiciário, até porque o acesso ao Judiciário é prerrogativa constitucionalmente garantida. O que se propõe aqui é uma reflexão sobre a eficiência do sistema e se há formas alternativas com potencial de desafogar o Judiciário, resolver o litígio entre as partes e dinamizar o recebimento de créditos tributários a que o Governo efetivamente e legitimamente faça jus. A ideia é abrir as possibilidades de discussão entre Fisco e contribuintes, criando um sistema multiportas em que o método de solução da controvérsia seja eleito de acordo com as particularidades de cada caso e a critério das partes.

9. In *Recurso em matéria tributária*, p. 122

(iv) as *Vantagens dos modelos alternativos*: dentro dessa ideia de modelos alternativos, há uma multiplicidade de opções: transação e arbitragem, por exemplo, mas aqui focarei estritamente no negócio jurídico processual, que apresenta 3 (três) grandes atrativos: a abertura ao diálogo; a possibilidade de acordo entre Fisco e contribuinte que viabilize a continuidade da atividade econômico e, por via de consequência, a perpetuação da fonte de receita primária do Estado; e a celeridade e/ou adequação de cada situação concreto a um rito processual mais adequado.

Então a busca por modelos alternativos foi ganhando força e passou a ser refletida pela sociedade e retratada no mundo jurídico. Mencione-se, nesse tocante e diante do escopo desse artigo, medidas como por exemplo:

(I) a edição da *Resolução nº 125, do Conselho Nacional de Justiça (CNJ) em 2010*, criada com o objetivo de permitir que tanto o judiciário quanto as partes possam examinar as particularidades do conflito e compreender qual a melhor forma de solução a ser adotada em cada caso (ou mesmo grupo de casos); e

(II) a edição do *Código de Processo Civil em 2015*, que em variadas passagens prioriza soluções consensuais dos conflitos, dentre as quais se destacam o artigo 3º que confere ao Estado e às partes envolvidas no processo (juízes, advogados, defensorias e Ministério Público) a missão de estimular a mediação, conciliação e outros métodos de solução consensual de conflitos, e o negócio jurídico processual (previsto no art. 190, do CPC[10]).

Esses mecanismos instituídos, muito embora possam ser tomados por expressos autorizadores e incentivadores do

---

10. "Art. 190. Versando o processo sobre direitos que admitam autocomposição, é lícito às partes plenamente capazes estipular mudanças no procedimento para ajustá-lo às especificidades da causa e convencionar sobre os seus ônus, poderes, faculdades e deveres processuais, antes ou durante o processo.
Parágrafo único. De ofício ou a requerimento, o juiz controlará a validade das convenções previstas neste artigo, recusando-lhes aplicação somente nos casos de nulidade ou de inserção abusiva em contrato de adesão ou em que alguma parte se encontre em manifesta situação de vulnerabilidade."

aprimoramento da utilização de meios alternativos ao jurisdicional estatal na solução de controvérsias tributárias, ainda têm seu uso bastante acanhado e merecem ser explorados pelas razões acima tratadas. A ampliação do uso de métodos alternativos de solução de controvérsias tributárias dependerá, portanto, do empenho da comunidade jurídica.

2. EVOLUÇÃO DO INSTITUTO: SURGIMENTO DO NEGÓCIO JURÍDICO PROCESSUAL EM MATÉRIA TRIBUTÁRIA

Nosso ordenamento jurídico de fato deu espaço para uma maior negociação entre as partes e previu o negócio jurídico processual pré ou pós início do processo conforme art. 190 do CPC.

Assim, as partes estão autorizadas a negociar e o juiz deve exercer mínima intervenção, salvo hipóteses de (I) nulidade, (II) abusividade, e (III) vulnerabilidade de uma das partes nesse acordo.

Isso, entretanto, não era suficiente para que os Procuradores se sentissem seguros a negociar com os contribuintes, mas a Procuradoria Geral da Fazenda Nacional ("PGFN"), enquanto órgão federal em evolução, empenhado em desenvolver um modelo de cobrança e de recuperação de seus créditos de forma mais eficiente, enxergou ser esse um caminho de otimização (por exemplo: autorizar a negociação de garantias lhe assegura de que haverá algo ao final a se apegar, diferente do resultado que vem alcançando pela mesma prática de seguir o caminho da Execução Fiscal sem um diálogo ou profunda investigação prévia).

Com esse *mindset*, a PGFN começou a tomar medidas. Há 3 (três) anos a PGFN editou a Portaria nº 502/16 e depois a Portaria nº 565/17. Já lá ela tratava da realização de mutirões para racionalizar as demandas em massa com a dispensa de recurso e recomendava o uso do negócio jurídico processual.

Destaca-se, recomendava! Na prática, porém, até onde eu enxergo, essa recomendação foi ignorada.

Em 2018, então, a PGFN começou a ser mais enfática e editou medidas específicas, mudando inclusive o paradigma da relação Fisco-contribuinte de um caráter de disputa para uma tentativa de diálogo.

Em fevereiro de 2018, a PGFN incluiu na Portaria nº 33/18 (que tratava da averbação pré-executória e oferecimento de garantia na via administrativa) o art. 38, no qual disse expressamente que *"o Procurador da Fazenda Nacional poderá celebrar Negócio Jurídico Processual visando a recuperação dos débitos em tempo razoável ou obtenção de garantias em dinheiro, isoladamente ou em conjunto com bens idôneos a serem substituídos em prazo determinado, inclusive mediante penhora de faturamento, observado o procedimento disposto no regulamento expedido pela Procuradoria-Geral da Fazenda Nacional"*.

Em junho de 2018, editou a Portaria nº 375 regulamentando o atendimento dos contribuintes pelos procuradores e facultando o agendamento de audiências prévias. Antes, o acesso dos advogados aos procuradores era quase inexistente. Essa medida abriu um pouco mais de espaço, embora ainda haja margem para ampliação desse diálogo. De todo modo, já é bom ter um ponto de partida.

Ainda em junho de 2018 e, depois, em agosto de 2018, vieram as Portarias nºs 360 e 515, aí sim dizendo especificamente das "modalidades" de negócio jurídico processual. Dizia da fixação de calendário para:

- cumprimento de decisões judiciais;
- cálculos;
- desistências de recursos;
- inclusão de crédito fiscal e FGTS em quadro de credores;

- prazos processuais; e
- ordem dos atos processuais (inclusive prova).

Essa regra trouxe algumas limitações, exigindo anuência caso o cumprimento do negócio jurídico processual dependa de outro órgão; e vedando a celebração de negócio jurídico processual que preveja penalidade pecuniária, que envolva disposição de direito material ou custos à União Federal e que extrapole o CPC.

Trouxe também requisitos: autorização prévia do Procurador-Chefe de defesa e/ou da dívida ativa regional (a depender do objeto) e comunicação à Coordenação Geral de Representação Judicial da Fazenda Nacional (CRJ); e a atribuição de competência aos Procuradores Regionais complementar e regulamentar o disposto nessa Portaria de negócio jurídico processual.

Finalmente, em dezembro de 2018, foi editada a Portaria nº 742 e ela então previu o negócio jurídico processual em sede de Execução Fiscal, inclusive para empresas em recuperação judicial. Ali fica mais uma vez claro que não pode haver negócio jurídico processual para reduzir montante de crédito e nem que importe em renúncia às garantias e privilégios do crédito tributário. Depois, elencou que o negócio jurídico processual nesse caso se destinaria à:

- calendarização da EF;
- plano de amortização do débito;
- garantias; e
- constrição e alienação de bens.

Trouxe então várias condicionantes e, a título ilustrativo, destaco 2 (dois) pontos:

- compromisso de garantir ou parcelar os débitos inscritos no prazo de 30 (trinta) dias da celebração do negócio jurídico processual; e

- prazo máximo de 120 (cento e vinte) meses para o plano de amortização do débito.

Após essa longa digressão, está claro que existem hoje autorização legal e mecanismos concretos para a celebração do negócio jurídico processual em matéria tributária e que esses mecanismos, aliados à já comentada mudança de *mindset* da PGFN, têm se mostrado bastante eficiente como demonstram relatórios produzidos por aquele órgão, no qual se reporta um aumento de 252,7% do valor de créditos tributários recuperados de 2016 para 2017[11]. Mas o ponto que coloco é: esses negócios jurídicos processuais estão de fato acontecendo na prática?

Repito que o uso desses mecanismos é ainda muitíssimo acanhado e poderia ser melhor aproveitado. Considerando que as regras são muito recentes, penso que muitos contribuintes não têm buscado ainda esse caminho por desconhecimento, falta de informação ou de saber como funciona efetivamente. Já a Procuradoria, ouso dizer que talvez por insegurança sobre sua responsabilidade funcional e principalmente pela falta de um "repertório balizador" mais amplo, isto é, falta de uma ampla gama de exemplos.

3. SITUAÇÕES CONCRETAS

Normalmente, o negócio jurídico processual está voltado a discussões em torno de garantia (qual seria aceita) ou plano de amortização de débitos. De todo modo, cabe lembrar que o NJP é algo muito casuístico, que deve e é analisado no caso a caso, conforme inclusive indicam as condições previstas nas Portarias acima referidas.

Isso porque é avaliado o perfil do contribuinte (se devedor contumaz ou não), sua saúde financeira e patrimônio (sendo exigível a relação de bens e direitos não só do contribuinte,

11. PGFN em números, edição 2018 (relativa a dados de 2017). Ainda não divulgados até o momento da elaboração deste artigo os dados de 2018.

mas também de controladores, administradores, representantes legais etc).

Nesse contexto, embora a celebração do NJP dependa da situação peculiar de caso a caso, a busca por uma racionalidade lógica e pela "elasticidade" dos limites desse instituto passará pela avaliação de exemplos concretos.

Dito isso, valho-me da oportunidade deste artigo para citar 4 (quatro) exemplos reais de negócios jurídicos processuais já celebrados e inclusive comentados publicamente no painel de Negócio Jurídico Processual em matéria tributária, do Congresso sobre os *"Avanços e desafios na recuperação dos créditos da dívida ativa da UF – diálogos institucionais"*, realizado em 30.5.2019 na Federação das Indústrias do Estado de São Paulo (FIESP), em parceria com PGFN, Escola da Advocacia Geral da União (AGU) e Escola da Magistratura (EMAG), no qual representantes da advocacia pública e privada, magistratura e academia nos reunimos para discutir o tema objeto deste artigo. A saber:

- *Negociação de pool de garantias* por grande empresa do setor petroquímico. Nesse NJP, o contribuinte ofereceu uma combinação de diferentes garantias; porém, que não alcançavam o valor da dívida em discussão. PGFN aceitou, mas ficou combinado entre contribuinte e PGFN que quaisquer garantias levantadas em outros processos seriam migradas para garantia desse grande processo.

- *Dilação de prazo para oposição de Embargos à Execução Fiscal.* Nesse NJP, PGFN e contribuinte acordaram a dilação do prazo para oposição de Embargos à Execução em processo de extrema complexidade, que demandava uma análise mais profunda de lado a lado.

- *Cláusula de preferência de penhora.* Nesse NJP, PGFN e contribuinte estipularam uma cláusula de preferência de penhora de percentual do faturamento caso o contribuinte não honrasse os termos do acordo. Destaca-se que esse tipo de acordo entre as partes é possível, ainda que a jurisprudência exija esgotamento de todas as possibilidades de garantia antes de permitir a penhora de faturamento. É possível porque se origina da legítima vontade das partes de celebrar o negócio nestes termos.

- *Alienação de bens por iniciativa privada.* Nesse NJP, PGFN e contribuinte concordaram que a venda do ativo para quitação de Execução Fiscal mantida em definitivo seria feita por iniciativa privada do contribuinte ao invés de pôr leilão em hasta pública.

Importante citarmos esses exemplos concretos para comungarmos desse conhecimento e formarmos o "repertório balizador" a que me referi no capítulo anterior deste artigo.

4. NOVAS POSSIBILIDADES PARA REFLEXÃO

Porém, não devemos nos limitar a situações como as acima descritas e nem mesmo entender as diretrizes das Portarias editadas pela PGFN como contornos estanques das possibilidades de negócio jurídico processual.

Mediante diálogo, criatividade, reflexão e discussão das celeumas entre Fisco e contribuintes, é certo que esse instituto evoluirá e novas portas se abrirão nessa forma dita "alternativa" de cobrança do crédito tributário e definição das relações entre Fisco e contribuintes.

Para isso é necessário que os contribuintes busquem o Fisco e proponham NJPs que façam sentido e sejam razoáveis de parte a parte. Há espaço para acordos que vão além do que atualmente previsto nas Portarias PGFN e o exercício de reflexão e diálogo conjuntos permitirá a ampliação desse rol.

O NJP deve ser guiado pela tônica do *in dubio*, pró liberdade das partes negociarem.

Nesse contexto, nos debates havidos no mesmo Congresso acima mencionado, bem como em debates promovidos pelo Instituto Brasileiro de Direito Tributário (IBDT) em 5.11.2018[12], surgiram ideias que aqui retrato para fins de provocação de nossa reflexão e cuja possibilidade ainda deverá ser ponderada:

- NJP para substituição da ação de antecipação de garantia;
- NJP em que as partes compactuem uma revisão profunda pela RFB sem que isso implique em ônus à PGFN caso a dívida executada venha a ser cancelada após essa revisão, o que daria maior liberdade para o Fisco rever uma cobrança;
- NJP para as partes compactuarem uma delimitação do objeto litigioso da ação que será julgada; e
- NJP para as partes compactuarem que seu processo será definido em instância única, sem possibilidade recursal, para dar maior celeridade à definição sobre a obrigação tributária.

Essas são apenas algumas ideias preliminares que podem ampliar os negócios jurídicos processuais entre Fisco e contribuintes.

5. SUGESTÕES PARA APERFEIÇOAMENTO DO INSTITUTO

Sob a ótima pragmática e como já dito acima, os NJPs atuais são em sua maioria voltados a garantias ou plano de amortização de débitos. Dito isso, as sugestões deste artigo partem desse enfoque.

12. II Ciclo de Palestras: o Novo CPC e o Processo Tributário: "Negócio Jurídico Processual em Matéria Tributária". Evento promovido em parceria pelo IBDT / EMAG / Escola da AGU e CEAE/PRFN 3ª Região / CESA.

No caso de garantias, tenho observado na prática que na grande maioria das vezes o que há é uma conversa entre contribuinte e procurador, que não chegam a celebrar um NJP, mas o contribuinte leva ao juiz a garantia pretendida e a PGFN manifesta a concordância. É algo, portanto, que já poderia e estava sendo feito independentemente da figura do NJP. Não se tem ainda, via de regra, levado algo conjunto para mera homologação pelo juiz. Evidente que há exceções, tal qual o grande caso da petroquímica referido no capítulo 3 acima.

No caso do plano de amortização de débitos, a ideia do Fisco de sentar e conversar com o contribuinte (o que chamo de "galinha dos ovos de ouro", dado que a provedora da receita primária do Estado), conhecê-lo e propiciar a manutenção de sua atividade econômica ao invés de inviabilizar e fazer cessar seu negócio em razão da obrigação tributária e suas adjacências é excelente, mas alguns ajustes terão que ser feitos de parte a parte.

Esses ajustes que proponho são reflexos de experiências concretas e das dificuldades enfrentadas na prática para a celebração de negócio jurídico processual.

O *primeiro ponto* que coloco à reflexão é: de um lado, prazo e percentual de garantia são elementos que atribuem segurança à PGFN; de outro, engessam o NJP. Será que deveriam ser meros balizadores ou elementos estanques?

Outro ponto: as Portarias dão margem para atuação distinta das Procuradorias Regionais. Será que teremos exigências dispares a depender da regional? Valeria uma regra interna balizadora para dar uniformidade, sob pena de cada unidade impor exigências próprias?

Mais uma questão: Poderia o contribuinte negociar a globalidade de suas dívidas, ainda que não inscritas? Há uma previsão normativa (na Portaria da PGFN) de que o NJP está condicionado à anuência do órgão que lhe dará cumprimento. Ocorre que ainda não conhecemos a postura da RFB frente ao NJP? Tampouco de outros entes federativos. Penso que deveriam também tratar desse instituto e abrir oportunidades ao NJP.

Finalmente, questiono a validade jurídica do art. 4º, parágrafo único, inciso IV, da Portaria PGFN 742/18, que exige a "relação dos bens particulares dos controladores, administradores, gestores e representantes legais do sujeito passivo e o respectivo instrumento, discriminando a data de sua aquisição, o seu valor atual estimado e a existência de algum ônus, encargo ou restrição de penhora ou alienação, legal ou convencional, neste último caso com a indicação da data de sua constituição e da pessoa a quem ele favorece" para a celebração de NJP relativo a plano de amortização de dívida.

Essa exigência é ilegal quando não caracterizada a responsabilidade tributária advinda do quanto estipulado na Seção II, do capítulo V, do Código Tributário Nacional.

Não só ela não é juridicamente inválida como, na prática, representa grande desestímulo ao instituto, visto que inibe os contribuintes a proporem NJPs em razão do receio (ainda que infundado) de que os bens de todas as pessoas acima indicadas estejam em risco e sejam considerados para fins de definição do plano de amortização e eventualmente até garantia dos débitos cuja responsabilidade é exclusivamente do contribuinte.

Este é um ponto que merece reflexão na comunidade jurídica e imediata reforma se o objetivo é fomentar a adoção de métodos alternativos de solução de controvérsia em matéria tributária no Brasil.

6. CONCLUSÃO

De todo o exposto, concluo este artigo apontando de forma objetiva 8 (oito) breves aspectos da reflexão aqui proposta:

(I) o negócio jurídico processual já é uma *realidade* e uma boa ferramenta alinhada à tendência mundial e que ditará os novos rumos do processo tributário, havendo uma ampla gama de oportunidades para que sejam realizados. Hoje, ainda são acanhados os exemplos e ainda são poucas as experiências perto do potencial e da força desse instituto;

(II) a celebração do NJP deve ser avaliada no *caso a caso (análise causuística)*;

(III) os procuradores, ao sentarem para discutir um NJP que o contribuinte proponha, devem ter *claro em mente as razões* que fizeram a PGFN abrir esse caminho: otimizar a eficiência na arrecadação e reduzir a exposição a condenações de sucumbência substanciais;

(IV) os contribuintes devem ter em mente que terão que se esforçar e cumprir com o combinado, devem provar sua boa intenção, seriedade e vontade em de fato cumprir o NJP e seguir com a sua atividade para que o NJP se torne uma ferramenta de sucesso enquanto método alternativo que já existe em outras jurisdições e vem há muito sendo algo demandado no Brasil (essa possibilidade de fazer acordos com o Fisco brasileiro);

(V) é recomendado que tanto PGFN como contribuinte façam uso da criatividade e da inovação para o *diálogo e ação colaborativa*, que explorem alternativas e lutem por uma *solução convergente de interesses*;

(VI) os Procuradores devem ter *cuidado* para não buscarem de forma ilegal os bens de controladores, gestores, administradores e afins, o que pode afugentar as propostas dos contribuintes e gerar ainda mais litígios;

(VII) uma uniformização quanto à regulamentação e celebração de NJP seria salutar entre as Procuradorias Regionais; e

(VIII) a Receita Federal (RFB), assim como outros entes, deveriam aderir a essa medida.

7. REFERÊNCIAS

A EXECUÇÃO FISCAL NO BRASIL E O IMPACTO NO JUDICIÁRIO. Departamento de Pesquisas do Conselho Nacional de Justiça. Brasília, 2011.

ALMEIDA, Rafael Alves de; ALMEIDA Tania; CRESPO, Mariana Hernandez. *Tribunal Multiportas: investindo no capital social para maximizar o sistema de soluções de conflitos no Brasil*. Rio de Janeiro. Editora FGV, 2012. Disponível em http://bibliotecadigital.fgv.br/dspace/bitstream/handle/10438/10361/Tribunal%20Multi%20portars.pdf?sequence=1.

ANDREWS, Neil. *O moderno processo civil: formas judiciais e alternativas de resolução de conflitos na Inglaterra*. São Paulo: Revista dos Tribunais, 2010.

ATALIBA, Geraldo. Recurso em matéria tributária. Revista de informação legislativa, v. 25, nº 97, p. 111-132, 1988. Disponível em http://www2.senado.gov.br/bdsf/item/id/181823

CAPPELLETTI, Mauro; GARTH, Bryan. *Access to Justice*. Vol. 1 Book I. Milano: Giuffrè, 1978.

CARMONA, Carlos Alberto de. *A crise do processo e os meios alternativos para a solução de controvérsias*. In Revista de Processo, v. 56. São Paulo: *Revista* dos Tribunais, 1989.

DOMINGOS, Francisco Nicolau. *Os Métodos alternativos de resolução de conflitos tributários: Novas tendências dogmáticas*. Porto Alegre: Nubia Fabris Editora, 2016.

DOMINGOS, Francisco Nicolau (Org.). *Justiça tributária: um novo roteiro*. Lisboa, Rei dos Livros, 2018.

JUSTIÇA EM NÚMEROS. Publicação do Conselho Nacional de Justiça, 2018. Disponível em http://www.cnj.jus.br/files/conteudo/arquivo/2018/08/44b7368ec6f888b383f6c3de40c32167.pdf

LUCHIARI, Valeria Feriolo Lagrasta. *Histórico dos métodos alternativos de solução de conflitos*. GROSMAN, Claudia Frankel; MANDELBAUM, Helena Gurfinkel (Org.). In Mediação no Judiciário: teoria na prática. São Paulo: Primavera Editorial, 2011.

MACHADO, Hugo de Brito. *Os direitos fundamentais do contribuinte e a efetividade da jurisdição*. Tese (Doutorado em Direito). Universidade Federal de Pernambuco. Recife, 2009.

NABAIS, José Casalta. *Reflexão sobre a introdução da arbitragem tributária.* Revista da Procuradoria Geral da Fazenda Nacional, ano 1, número 1, 2011. Disponível em https://www.sinprofaz.org.br/artigos/reflexao-sobre-a-introducao-da-arbitragem-tributaria1/.

PGFN EM NÚMEROS. Publicação da Procuradoria-Geral da Fazenda Nacional, 2018. Disponível em http://www.pgfn.fazenda.gov.br/acesso-a-informacao/institucional/pgfn-em-numeros-2014/pgfn_em_numeros_final_2_web.pdf/view.

VILLA-LOBOS, Nuno; PEREIRA, Tania Carvalhais (Org). A arbitragem em direito público. Parceria entre FGV Projetos e CAAD (Centro de Arbitragem Administrativa de Portugal). São Paulo, 2019. Disponível em https://fgvprojetos.fgv.br/sites/fgvprojetos.fgv.br/files/fgv_publicacao_arbitragem_miolo.pdf.

O NEGÓCIO JURÍDICO PROCESSUAL NA COBRANÇA ADMINISTRATIVA DO CRÉDITO TRIBUTÁRIO: UMA ANÁLISE DA PORTARIA PGFN N.º 742/2018

Mariana Corrêa de Andrade Pinho[1]

Em consonância com o art. 190 do Código de Processo Civil[2], a Portaria PGFN n.º 742/2018 introduziu um mecanismo alternativo de equacionamento de débitos inscritos em dívida ativa da União, denominado negócio jurídico processual (NJP). Esse mecanismo oferece ao contribuinte a oportunidade de compor juntamente com o Fisco o procedimento de cobrança do crédito mais adequado, visando à regularidade fiscal.

---

1. Procuradora da Fazenda Nacional e Chefe da Divisão de Dívida Ativa da União na PRFN3ª Região. Doutoranda em Direito Financeiro pela Universidade São Paulo - USP. Mestre em Direito Tributário pela Pontifícia Universidade Católica de São Paulo – PUC/SP. Bacharel em Direito pela Universidade Federal de Pernambuco - UFPE.

2. Art. 190. Versando o processo sobre direitos que admitam autocomposição, é lícito às partes plenamente capazes estipular mudanças no procedimento para ajustá-lo às especificidades da causa e convencionar sobre os seus ônus, poderes, faculdades e deveres processuais, antes ou durante o processo.
Fredie Didier faz a ressalva que a autocomposição é o negócio sobre o direito litigioso, o que não é o caso dos negócios processuais. Por esse motivo, houve quem preferisse designar o fenômeno de flexibilização procedimental voluntária. (DIDER JR., Fredie. *Ensaios sobre os negócios jurídicos processuais*. São Paulo: JusPodivm, 2018, p. 30).
É importante destacar que o processo mencionado no dispositivo pode ser judicial ou administrativo, já que o art. 15 do CPC confere aplicação supletiva e subsidiária do Código de Processo Civil à seara Administrativa.

O negócio jurídico processual de que trata a citada portaria está alinhado ao estágio atual do Direito Tributário, no qual se observa uma necessidade de maior participação dos contribuintes nas diversas fases do processo tributário: constituição, controle de legalidade e, em especial, cobrança do crédito.

Além da maior participação do contribuinte, o NJP tem por pressuposto a redução da litigiosidade, na medida em que dá margem para um acordo extrajudicial entre as partes envolvidas. O NJP está, portanto, inserido numa tendência de valorização das soluções administrativas de cobrança, que têm se mostrado mais econômicas e eficientes que as soluções judiciais, beneficiando o contribuinte e a própria Administração Tributária.

A possibilidade de negócios jurídicos processuais em matéria tributária é resultado de uma transformação mais ampla do Direito Administrativo que consiste em evidenciar a abertura para a consensualidade em áreas habitualmente ocupadas pela imperatividade[3]. Nessa linha, o presente artigo enquadra o NJP no conceito de "contratualismo fiscal" e de "administração concertada", conceitos esses que decorrem de uma mudança de paradigma na relação administrativo-tributária: tradicionalmente pautada apenas pela letra da lei, ela passa a também se orientar pelo acordo celebrado.

Feita essa primeira abordagem e antes de adentrar no regramento legal do NJP, é útil para compreender o instituto confrontá-lo com os princípios da legalidade e da indisponibilidade do interesse público, e, em seguida, com o princípio da eficiência administrativa. Ultrapassada essa etapa, pretende-se esmiuçar os dispositivos da Portaria PGFN n.º 742/2018, bem como analisar os termos e as condições de alguns dos acordos já celebrados.

---

3. OLIVEIRA, Gustavo Justino de; SCHWANKA, Cristiane. A administração consensual como a nova face da administração pública no séc. XXI: fundamentos dogmáticos, formas de expressão e instrumentos de ação. *Revista da Faculdade de Direito, Universidade de São Paulo*, 104, 303-322. Disponível em: <http://www.revistas.usp.br/rfdusp/article/view/67859>. Acesso em: 26 de maio de 2019, p. 310.

1. AS ORIGENS DO NEGÓCIO JURÍDICO PROCESSUAL: CRISE DA LEI FORMAL E DESJUDICIALIZAÇÃO DA COBRANÇA TRIBUTÁRIA

O florescimento de métodos consensuais está associado à crise de legitimidade da lei formal como ordenadora de interesses. Na seara tributária, o grande desafio reside em conciliar o anseio por soluções consensuais com o princípio da legalidade.

O princípio da legalidade tributária é considerado por Roque Antonio Carraza como princípio instransponível à atuação do Fisco, pois decorre da garantia individual de autoimposição: são os próprios cidadãos, por meio de seus representantes, que determinam a repartição da carga tributária e, consequentemente, a exigência do tributo[4].

No entanto, a complexidade da realidade socioeconômica envolvida na relação tributária tem demandado uma produção jurídico-normativa mais célere que a lei formal. Caso contrário, o Direito Tributário se veria sempre atrasado em relação aos fatos regulados. Ademais, a norma tributária descompassada com a realidade ou inflexível, ao mesmo tempo em que não materializa uma garantia para o contribuinte, não satisfaz o interesse público.

Na prática, o anseio por atualização e flexibilidade foi absorvido pelo poder executivo, sob condição de que este pautasse a sua atuação nos exatos limites da lei. Com efeito, ao tratar genericamente do princípio da legalidade, José Casalta Nabais afirma que o executivo já não se apresenta com o carimbo de inimigo número um das liberdades, herança do Absolutismo. Para além da indiscutível legitimidade democrática de que atualmente goza, está frequentemente em melhores condições do que o parlamento para ser suporte da realização da ideia de direito e tutelar as exigências tradicionalmente imputadas à ideia de autoconsentimento dos impostos[5].

---

4. CARRAZZA, Roque Antonio. *Curso de Direito Constitucional Tributário*. 30ª ed. São Paulo: Malheiros, 2015, p. 288.

5. NABAIS, José Casalta. *O dever fundamental de pagar impostos: contributo para*

Dada a relevante incumbência, a organização administrativa do Estado não comporta mais um modelo autocentrado nos interesses da máquina pública, ou um modelo hermético e incomunicável com o administrado[6]. A afirmação é ainda mais contundente quando se trata de Administração Tributária, a qual tem a prerrogativa de restringir a liberdade e a propriedade do contribuinte em busca da satisfação do crédito tributário.

Portanto, existe um anseio por uma mudança cultural quanto à compreensão do conceito e à definição dos limites da Administração Pública e, aqui especificamente, da Fazenda Pública. Uma mudança que possibilite ao Estado a construção horizontal e colaborativa de soluções com o administrado. Sob esse viés, Phelippe Toledo Pires de Oliveira define o contratualismo fiscal como aquele que designa as situações nas quais o contribuinte e a Administração Fiscal estabelecem uma relação menos hierarquizada e mais negocial[7].

Demais disso, aplica o conceito de administração concertada[8] à seara tributária importa tanto dizer que algumas espécies de conflitos tributários passam a ser solucionados com o recurso à negociação e ao acordo (ainda que não haja

---

compreensão constitucional do estado fiscal contemporâneo. Coimbra: Edições Almedina, 2015, p. 339-340.

6. OLIVEIRA, Gustavo Justino de; SCHWANKA, Cristiane. A administração consensual como a nova face da administração pública no séc. XXI: fundamentos dogmáticos, formas de expressão e instrumentos de ação. *Revista da Faculdade de Direito, Universidade de São Paulo*, 104, 303-322. Disponível em: <http://www.revistas.usp.br/rfdusp/article/view/67859>. Acesso em: 26 maio 2019, p. 307.

7. OLIVEIRA, Phelippe Toledo Pires. *A transação em matéria tributária* – Série Doutrina Tributária v. XVIII. São Paulo: Quartier Latin, 2015. p. 47. O autor deixa claro que o termo é impróprio do ponto de vista técnico, já que nem todos os exemplos de "contratualismo fiscal" possuem natureza jurídica de contratos propriamente ditos.

8. Casalta Nabais afirma que a administração concertada será o resultado de um procedimento negociado ou ajustado entre a autoridade pública e os particulares, através do qual se procura a descoberta de uma solução reciprocamente aceitável para um problema comum. *In:* NABAIS, José Casalta. *Contratos fiscais*: reflexões acerca da sua admissibilidade. Coimbra: Coimbra, 1994, p. 143.

celebração de um contrato), como também que haverá uma consequente desjudicialização das demandas.

Assim, faz-se necessário abrir um parêntese para abordar o crescimento da utilização de meios administrativos de cobrança por parte da Administração Tributária Federal. Em 2017, foi criado na esfera federal o Procedimento Administrativo de Reconhecimento de Responsabilidade – PARR[9], que trata da possibilidade de reconhecimento administrativo de responsabilidade dos administradores quando diante de indícios de dissolução irregular da pessoa jurídica administrada. Em seguida, ainda no âmbito federal, a Portaria PGFN n.º 33/2018 possibilitou a oferta administrativa antecipada de garantia em futura execução fiscal, numa espécie de substitutivo às ações judiciais antecipatórias de garantia, cada vez mais frequentes na lide tributária.

Na mesma linha, a regulamentação do atendimento presencial do advogado[10] e a oitiva informal dos fatos e fundamentos dos requerimentos administrativos também são produtos da desjudicialização da cobrança. Tais recursos permitem uma melhor compreensão do caso e, dada à simplificação da comunicação, abreviam a solução dos possíveis problemas. Além disso, o estreitamento das relações confere legitimidade social e uma maior aceitação da futura decisão pelos contribuintes e advogados.

Sob a ótica do contribuinte, a vantagem é verificada com o aumento da transparência e da celeridade das decisões. O Fisco também ganha ao estabelecer um canal para elucidação dos fatos e melhor compreensão do caso. Odete Medauar ressalta que a participação dos administrados permite a aproximação da realidade social do conteúdo das decisões administrativas, inclusive para o efeito de obter mais facilmente a adesão dos

9. Portaria PGFN n.º 948/2017.

10. Foi editada recentemente a Portaria PGFN n.º 375/2018, que regulamenta o serviço de atendimento ao advogado.

cidadãos[11]. Quando o problema é bem compreendido, as chances de uma decisão escorreita são maiores. Por sua vez, decisões melhores reduzem o volume de processos nas instâncias recursais (por exemplo, diminuição do número de recursos interpostos e de impetração de mandados de segurança).

Na verdade, a audiência com o contribuinte ou seu advogado é o ponto de partida da celebração de um NJP. A criação do vínculo entre as partes depende desse processo inicial de negociação, em que serão discutidas as bases sobre as quais o negócio jurídico será firmado. Essa etapa é essencial para o estabelecimento de uma relação de confiança mútua.

Feito esse aparte e antes de adentrar no tópico seguinte que trata da discricionariedade para celebrar negócio jurídico processual, faz-se necessário precisar o conceito do NJP em análise.

Em sentido lato, Fredie Didier Jr. define negócios processuais como o fato jurídico voluntário, em cujo suporte fático confere-se ao sujeito o poder de regular, dentro dos limites fixados no próprio ordenamento jurídico, certas situações jurídicas processuais ou alterar o seu procedimento[12].

Entretanto, observe-se que, no Direito Tributário, os negócios jurídicos processuais já editados limitam-se à flexibilização do procedimento de cobrança do crédito inscrito em dívida ativa[13]. Juridicamente, é um ato administrativo que

---

11. MEDAUAR, Odete. *O direito administrativo em evolução*. 3ª ed. Brasília: Gazeta Jurídica, 2017, p. 216.

12. DIDER JR., Fredie. *Ensaios sobre os negócios jurídicos processuais*. São Paulo: Jus Podivm, 2018, p. 25.

13. O regramento do negócio jurídico processual não é uniforme em toda a Federação. No nível estadual foram encontradas a Resolução PGE-RJ n.º 4324/2019 e a Portaria PGE/PE nº 24/2019, que autorizaram a celebração de negócios jurídicos processuais no âmbito das ações de competência das respectivas Procuradorias do Rio de Janeiro e Pernambuco. Os modelos de NJP firmados têm por objeto, dentre outros, a obtenção e execução de garantias, procedimento da prova pericial, a produção unificada de prova para litígios repetitivos, a delimitação consensual das questões de fato e de direito, a reunião de execuções fiscais, prazos processuais, o cumprimento de decisões judiciais e procedimento de conversão de depósito em renda.

representa um acordo entre o fisco e o contribuinte acerca de um procedimento de cobrança.

É importante pontuar que negócio jurídico processual não se confunde com a transação tributária prevista no art. 171 do CTN[14]. Essa última é uma espécie de contrato fiscal previsto no CTN que possibilita a extinção do crédito tributário. Ademais, segundo leciona Phelippe Toledo Pires de Oliveira, tem por pressuposto a existência de concessões mútuas pelas partes envolvidas e, por finalidade, a terminação de um litígio[15].

Conforme se observou, a lógica do NJP é justamente o contrário da lógica da transação tributária, tendo em vista que ao primeiro é proibido prever causa extintiva do crédito tributário (art. 1º da Portaria PGFN n.º 742/2018). Como se sabe, as causas extintivas estão submetidas à reserva de lei, nos termos do art. 97, I, do CTN. *Contrario sensu*, não se tratando de modalidade extintiva do crédito tributário, no NJP não há reserva de lei, podendo ser disciplinado por acordo entre as partes.

Prosseguindo, o NJP não está atrelado à terminação de um litígio, mas tão somente à regularização dos débitos inscritos em dívida ativa. Phelippe Toledo Pires de Oliveira afirma que a transação tributária pressupõe uma dúvida envolvendo uma determinada situação jurídica, a qual deve ser dirimida[16]. No NJP não há essa exigência. O negócio pode ter por finalidade, por exemplo, a garantia dos débitos ou a estipulação de um plano de amortização para liquidação futura.

Feita essa distinção, acredita-se que o ponto em comum entre a transação e o NJP diga respeito apenas à existência de concessões mútuas, com a particularidade de, no negócio

---

14. Art. 171. A lei pode facultar, nas condições que estabeleça, aos sujeitos ativo e passivo da obrigação tributária celebrar transação que, mediante concessões mútuas, importe em determinação de litígio e consequente extinção de crédito tributário.

15. OLIVEIRA, Phelippe Toledo Pires. *A transação em matéria tributária* – Série Doutrina Tributária v. XVIII. São Paulo: Quartier Latin, 2015, p. 135.

16. OLIVEIRA, Phelippe Toledo Pires. *A transação em matéria tributária* – Série Doutrina Tributária v. XVIII. São Paulo: Quartier Latin, 2015, p. 144.

jurídico, tais concessões restringem-se àquelas relacionadas ao procedimento de cobrança dos créditos. O Fisco compõe com o particular a fim de identificar o método de equacionamento dos débitos que melhor atenda aos interesses de ambas as partes. O Fisco cede, na medida em que abre mão da potencialidade que são os meios de cobrança; o contribuinte cede na medida em que se compromete a equacionar suas dívidas da forma pactuada. E o produto final das negociações certamente caminhará ao encontro do princípio da menor onerosidade da execução, previsto no art. 805 do CPC.

2. VINCULAÇÃO E DISCRICIONARIEDADE DA ADMINISTRAÇÃO TRIBUTÁRIA PARA CELEBRAR NJP

O art. 190 do CPC introduz no ordenamento uma cláusula geral de negociação processual no Direito e estabelece condições implícitas à celebração de negócios processuais atípicos: ofensa a direitos indisponíveis ou direitos de terceiros não envolvidos no negócio. Superadas as condições, a previsão consolida no âmbito processual o primado *in dubio pro libertatis*. O processo deve servir de instrumento à solução de litígios. Se as regras processuais não se mostram adequadas, as partes devem ter liberdade para redesenhar o processo, desde que tal exercício seja consensual e, repita-se, não ofenda direitos indisponíveis ou de terceiros.

Estabelecida essa premissa, indaga-se quanto à aptidão do Fisco para celebrar negócios jurídicos processuais. Entende-se que essa aptidão pertence ao Fisco, pelos motivos a seguir.

De antemão, porque os Entes Federados estão representados por Procuradores com autonomia para celebrar acordos com os administrados. Na esfera federal, o art. 37 da Lei n.º 13.327/16 elenca diversas atribuições dos membros da Advocacia-Geral da União que pressupõem um juízo de discricionariedade. Por exemplo, o inciso VIII do citado artigo dispõe que "*respeitadas as atribuições próprias de cada um dos cargos de que trata este Capítulo, compete a seus ocupantes: propor, celebrar e analisar o cabimento de acordos e de transações judiciais e extrajudiciais, nas hipóteses previstas em lei".*

Em segundo lugar, porque não há ofensa ao princípio da legalidade tributária, já que não está em jogo a cobrança do tributo ou o seu montante[17], mas apenas a forma de cobrá-lo. De fato, não há margem para a discricionariedade quanto à decisão política de cobrança, nos termos do que dispõe o art. 3º do CTN[18]. Não cabe à Administração decidir pela cobrança quando a lei não autoriza e, no sentido inverso, dispensar os atos de cobrança quando a lei obriga. Não obstante, partindo-se do pressuposto de que a cobrança é indisponível, entende-se que há discricionariedade no juízo de escolha do procedimento de cobrança, nos termos do art. 190 do CPC.

Em terceiro lugar, porque se tem por premissa que a atuação discricionária do Fisco deve orientar-se para a consecução do interesse público. Assim, a celebração de um NJP somente será possível quando houver o reconhecimento de que a flexibilização do procedimento da cobrança é necessária para a realização do interesse do próprio Fisco. Dentre as múltiplas estratégias de cobrança disponíveis, cabe ao administrador escolher a mais eficiente, não estando obrigado a escolher todas.

Pelo exposto, não restam dúvidas de que a Fazenda Pública pode celebrar negócios jurídicos processuais desde que esses atendam ao interesse público. Mas o que seria interesse público?

Para Celso Antonio Bandeira de Mello interesse público é aquele resultante do conjunto dos interesses que os indivíduos

---

17. Objeto dos art. 150, I, CF/88 e art. 97, CTN.

18. Art. 3º Tributo é toda prestação pecuniária compulsória, em moeda ou cujo valor nela se possa exprimir, que não constitua sanção de ato ilícito, instituída em lei e cobrada mediante atividade administrativa plenamente vinculada. Maria Sylvia Zanella Di Pietro ressalta que o poder é vinculado quando a lei não deixa opções à Administração para agir de tal ou qual forma, de modo a criar, para o particular, um direito subjetivo de exigir da autoridade a edição de um determinado ato. DI PIETRO, Maria Sylvia Zanella Di Pietro. *Direito Administrativo*. 25ª ed. São Paulo: Atlas, 2012, p. 219.

pessoalmente têm quando considerados em sua qualidade de membros da Sociedade[19].

No caso do NJP, entende-se que o interesse público se materializa na busca pela eficiência da arrecadação e na promoção da justiça fiscal, que por sua vez se perfaz com o respeito ao princípio da capacidade contributiva e pela preservação das fontes materiais do tributo.

Observe-se que o interesse público está na lei, mas não é a própria lei. Falar em indisponibilidade do interesse público não significa dizer que o Fisco só pode atuar a partir de uma forma expressamente prescrita na lei. O que é indisponível é o dever do Estado de agir no interesse da sociedade e de acordo com os princípios constitucionais vigentes. Por isso, repita-se, o que é indisponível é a cobrança do tributo e não a escolha da forma como ela será exercida.

De todo modo, a liberdade para celebrar NJP encontra limites nos direitos indisponíveis previstos em lei. Por exemplo, a Portaria PGFN 742/2018 prevê que o NJP deve preservar as Garantias e Privilégios do Crédito Tributário, previstos no Capítulo VI do Código Tributário Nacional[20].

Assim, é vedado negociar qualquer limitação ao direito do Estado de perseguir a totalidade dos bens do devedor para satisfazer o seu crédito, por ofensa ao disposto no art. 184 do Código Tributário Nacional[21]. Da mesma forma, o negócio jurídico não pode ofender as ordens de preferências descritas nos artigos 186, 187, 189 e 190, todos do CTN.

---

19. BANDEIRA DE MELLO, Celso Antonio. *Curso de Direito Administrativo*. São Paulo: Malheiros, 2003, p. 53.

20. Art. 1º, § 1º. É vedada a celebração de NJP que reduza o montante dos créditos inscritos ou implique renuncia às garantias e privilégios do crédito tributário.

21. Art. 184. Sem prejuízo dos privilégios especiais sobre determinados bens, que sejam previstos em lei, responde pelo pagamento do crédito tributário a totalidade dos bens e das rendas, de qualquer origem ou natureza, do sujeito passivo, seu espólio ou sua massa falida, inclusive os gravados por ônus real ou cláusula de inalienabilidade ou impenhorabilidade, seja qual for a data da constituição do ônus ou da cláusula, excetuados unicamente os bens e rendas que a lei declare absolutamente impenhoráveis.

Também não cabe ao Fisco omitir-se na perseguição de fraudes à execução (art. 185 do CTN) em virtude da celebração de negócio jurídico, mesmo que tal acordo viabilize a obtenção de uma certidão positiva com efeitos de negativa, pois não se deve olvidar a existência de terceiros de boa-fé.

Por fim, do negócio jurídico não pode resultar no desrespeito à previsão do art. 193 do CTN, que estabelece a regularidade fiscal como pré-requisito para a participação do particular em licitações e a celebração de contratos administrativos com a Administração Pública.

Preservadas as garantias e privilégios do crédito tributário, o Fisco tem um espaço de liberdade e é nesse espaço que se desenvolve a possibilidade de celebrar um negócio jurídico processual. De antemão, é importante reiterar que o principal pressuposto do NJP é a existência de vantagem para ambas as partes. Em regra, cabe ao contribuinte demonstrar essa vantagem, uma vez que ele geralmente dá início às tratativas. Entretanto, o desenrolar das negociações não está adstrito ao princípio da inércia. Assim, nada impede que o Fisco chame o contribuinte para uma audiência de conformação e, na oportunidade, apresente-lhe um protótipo de NJP.

O contribuinte precisa demonstrar que o acordo proporcionará ao Fisco vantagens que a cobrança ordinária e automática não seria capaz de oferecer, seja porque há aumento de eficiência na satisfação do crédito (v.g., o dinheiro ingressará mais rápidos nos cofres públicos), seja porque há redução de litigiosidade – o que também é vantajoso para a Administração – uma vez que a litigiosidade gera custo para o Estado.

Na análise da proposta, o Fisco deve levar em consideração as características pessoais e institucionais do contribuinte. Contribuintes com histórico de bom comportamento e boa-fé tem mais chances de entabular um negócio jurídico processual. Por seu turno, a contumácia e a litigância do devedor, bem como o seu comportamento fraudulento conspiram no sentido oposto por macular o sentimento de confiança recíproca que deve presidir o acordo. Da mesma forma, a conjuntura da situação financeira e patrimonial do contribuinte também deve ser ponderada.

A consideração do histórico de relacionamento do contribuinte com o Fisco não é exatamente uma novidade. Por exemplo, é comum exigir a cobrança de um pedágio em caso de reparcelamento[22]. No mesmo sentido, cita-se a recente vedação à concessão de parcelamento de crédito objeto de execução fiscal na qual haja sido provada a existência de fraude à execução[23].

Todas essas análises envolvem um juízo subjetivo orientado pelo interesse público. De fato, compor conflitos envolvendo interesses estatais e interesses privados passa a ser o principal objetivo do NJP. E é justamente a inclusão dos administrados no processo de determinação da solução que possibilita uma maior densificação do conceito de interesse público, na visão de Gustavo Justino de Oliveira e Cristiane Schwanka[24].

3. O PRINCÍPIO DA EFICIÊNCIA A FAVOR DO AUMENTO DA ARRECADAÇÃO

Existe uma preocupação muito grande com o custo da cobrança desempenhada pela Administração Tributária. Até pouco tempo, o valor "justiça fiscal" era considerado o único objetivo a ser alcançado pelo Fisco, não importando o quanto isso custasse aos cofres públicos.

A recente quantificação dos custos da cobrança representou o abandono dos pilares da administração burocrática e a assunção dos valores da administração gerencial, pautada no

22. Lei n.º 10.522/02, art. 14-A.

23. Portaria PGFN n.º 448/2019, art. 4º, parágrafo 4º.

24. OLIVEIRA, Gustavo Justino de; SCHWANKA, Cristiane. A administração consensual como a nova face da administração pública no séc. XXI: fundamentos dogmáticos, formas de expressão e instrumentos de ação. *Revista da Faculdade de Direito, Universidade de São Paulo*, 104, 303-322. Disponível em: <http://www.revistas.usp.br/rfdusp/article/view/67859>. Acesso em: 26 de maio de 2019, p. 305.

princípio da eficiência, alçado à categoria de princípio constitucional com a Emenda Constitucional n.º 19/1998. Segundo Maria Sylvia Zanela Di Pietro, a eficiência apresenta dois viés: pode ser considerada em relação ao modo de atuação do agente público e em relação ao modo de organizar, estruturar, disciplinar a Administração Pública. Em ambos, espera-se o mesmo objetivo de alcançar os melhores resultados na prestação do serviço público[25].

Assim, os indicadores de eficiência balizam a organização administrativa dos órgãos de cobrança. Exemplo disso são as divisões temáticas de grandes devedores e o exercício inteligente dos meios indiretos de cobrança. Recentemente, a gestão eficiente também tem pautado o reconhecimento de níveis de qualidade do crédito tributário. Na esfera federal foi desenvolvido o chamado *rating da dívida*, que separa os créditos de alta e boa recuperabilidade (*rating* A e B, respectivamente) dos créditos de baixa recuperabilidade e irrecuperáveis (*rating* C e D, respectivamente), permitindo à Administração Tributária concentrar esforços nos primeiros de maneira responsável[26].

Outro salto de qualidade na cobrança eficiente está nos mecanismos que compõem o interesse do contribuinte com o dever do Fisco, participando-o da aplicação dos instrumentos de cobrança. Por exemplo, a Portaria PGFN n.º 33/2018 prevê quatro opções ao contribuinte que recebe a carta de cobrança do débito inscrito em dívida ativa da União: (*I*) pagar, (*II*) parcelar, (*III*) solicitar a revisão do débito ou (*IV*) oferecer uma garantia administrativa. A depender da opção adotada, os efeitos sobre o crédito serão diversos, e tais consequências

---

25. DI PIETRO, Maria Sylvia Zanella. *Direito Administrativo*. 25ª ed. São Paulo: Atlas, 2012, p. 84.

26. O modelo desenvolvido classifica os créditos inscritos em quatro classes (A, B, C e D), de acordo com a expectativa de recuperação, e utiliza um sistema de rating bidimensional, no qual são avaliados aspectos relativos ao devedor (capacidade de pagamento, endividamento total e histórico de adimplemento) e aos débitos inscritos (suficiência e liquidez das garantias e parcelamentos ativos). A combinação de dados do débito e do devedor permite calcular o Índice Geral de Recuperabilidade – IGR, que já pautam as ações de cobrança da PFN.

são previamente informadas aos contribuintes. Trata-se de um direcionamento dos contribuintes para que eles façam escolhas boas e de maneira consciente, isto é, com previsão das suas consequências, na linha do conceito de *arquitetura das escolhas* descrito por Richard H. Thaler e Cass R. Sustein[27].

Ainda na busca pela eficiência, ao mesmo tempo em que previu novas estratégias de cobrança, especialmente administrativas, a Administração Tributária também avançou na racionalização dos recursos, mediante o reconhecimento de suas limitações: os recursos pessoais e financeiros do Estado são escassos e a burocracia atrapalha o rápido andamento dos procedimentos com vistas à investigação fiscal para desvendamento de fraudes e comportamentos ilícitos.

O Fisco é cada vez mais consciente da sua incapacidade em desempenhar e promover, por si só, a cobrança tributária em sua máxima expressão. Por essa razão, estabeleceu regras que impuseram o dever de cooperação ao particular (por exemplo, obrigações acessórias e regime de substituição tributária).

Para além das regras impositivas, o Fisco dá um passo adiante quando se despoja do poder de império para estimular no administrado relações de cooperação facultativas, isto é, não impostas por lei. O particular é chamado para cooperar a partir de um estímulo do Estado[28].

Ora, o Direito Tributário é uma das maiores expressões do poder de império do Estado na medida em que retém para si parte da riqueza dos particulares. Os instrumentos de cobrança de que dispõe o Fisco são tão potentes que criam uma predisposição para o confronto. Existe, entre o Fisco e o particular, uma cultura de litigância e desconfiança, geralmente associada ao embate que sempre produz um ganhador e um

---

27. Thaler, Richard H; SUNSTEIN, Cass R. *Nudge: como tomar melhores decisões sobre saúde, dinheiro e felicidade*. [versão iPad Kindle]. Retirado de <http://www.amazon.com/>.

28. OLIVEIRA, Phelippe Toledo Pires. *A transação em matéria tributária* – Série Doutrina Tributária. v. XVIII. São Paulo: Quartier Latin, 2015. p. 43-44.

perdedor, não havendo espaço para a construção de relações simbióticas.

No mais, estabelecer critérios para adaptar o procedimento de cobrança ao perfil do contribuinte é também um reflexo de uma gestão administrativa eficiente, tal como se verá nos capítulos a seguir.

4. O PROCEDIMENTO DO NEGÓCIO JURÍDICO PROCESSUAL

O requerimento de NJP deverá ser protocolado perante a Procuradoria da Fazenda Nacional do domicílio tributário do devedor e deverá conter, essencialmente, a qualificação do devedor, os débitos envolvidos na negociação[29], a relação de bens garantidores e a proposta para equacionamento.

O art. 11 da Portaria PGFN n.º 742/2018[30] prevê a possibilidade de homologação judicial do acordo, o qual pode ser cumulado com pedido de suspensão do processo, nos termos do art. 313, II, do Código de Processo Civil[31]. Observe-se que a homologação judicial tem a função de exercer apenas um controle de juridicidade do NJP, e não um controle de conveniência, já que esse pertence às partes.

---

29. Não há exigência de que o NJP contemple a totalidade dos débitos do devedor.

30. Art. 11. Autorizada a celebração do NJP, a unidade da PGFN deverá formalizar, quando for o caso, o pedido de homologação judicial nos autos da execução fiscal, cumulado com requerimento de suspensão do processo, nos termos do art. 313, II, da Lei nº 13.105, de 16 de março de 2015 (Código de Processo Civil).
§ 1º. Quando se reputar necessária a homologação judicial e houver mais de uma execução fiscal contra o mesmo devedor, o Procurador da Fazenda Nacional deverá requerer a reunião dos processos no juízo prevento, nos termos do art. 28 da Lei nº 6.830, de 22 de setembro de 1980, ou de eventual cláusula de modificação da competência territorial prevista no NJP.
§ 2º. Não sendo admitida a reunião das execuções fiscais no juízo prevento, deverá ser formalizado pedido de homologação judicial em cada juízo no qual tramitam execuções contra o devedor, observado o disposto no caput deste artigo.
§ 3º. O NJP produzirá efeitos enquanto pendente de homologação judicial, devendo o requerente promover as medidas necessárias ao seu integral cumprimento.

31. Art. 313. Suspende-se o processo: [...] II - pela convenção das partes.

Demais disso, a reunião de execuções fiscais é uma medida útil quando a negociação envolve vários débitos em cobrança judicial, pois permite que haja a concentração das garantias num único processo piloto, evitando-se o risco de decisões contraditórias. A identificação do juízo prevento se dará de duas maneiras: nos moldes do que dispõe o art. 28 da Lei de Execuções Fiscais[32] ou nos termos da cláusula de modificação da competência territorial prevista no NJP.

O ajuizamento dos créditos envolvidos é condição para a celebração do negócio que prevê plano de amortização do débito fiscal, e tem por finalidade prevenir a prescrição. O ajuizamento é medida que está de acordo com o conceito de ajuizamento seletivo, que é aquele que tem como condição a existência prévia de indícios de bens, direitos ou atividade econômica dos devedores ou corresponsáveis[33]. A inferência é lógica: se o contribuinte comparece com o propósito de celebrar um negócio jurídico, presume-se que tem patrimônio ou condições mínimas de regularização dos débitos.

Quanto à competência para análise, a norma estabelece a necessidade de um ato composto. O negócio jurídico é elaborado pelo Procurador responsável e autorizado pelos Procuradores-Chefes das Unidades envolvidas. A norma prevê ainda que os negócios jurídicos processuais de alto valor sejam submetidos ao Órgão Central da Procuradoria da Fazenda Nacional[34]. Essa hierarquia atende a uma exigência de uniformidade na atuação institucional.

---

32. Art. 28. O Juiz, a requerimento das partes, poderá, por conveniência da unidade da garantia da execução, ordenar a reunião de processos contra o mesmo devedor.

33. O ajuizamento seletivo está previsto na 10.522/02, art. 20-C: A Procuradoria-Geral da Fazenda Nacional poderá condicionar o ajuizamento de execuções fiscais à verificação de indícios de bens, direitos ou atividade econômica dos devedores ou corresponsáveis, desde que úteis à satisfação integral ou parcial dos débitos a serem executados.

34. Art. 10. O NJP que objetive estabelecer plano de amortização do débito fiscal deverá ser previamente autorizado pelo Procurador-Chefe de Dívida Ativa da respectiva Procuradoria-Regional e, quando envolver débitos de valor consolidado igual ou superior a R$ 50.000.000,00 (cinquenta milhões de reais), pela Coordenação-Geral de Estratégias da Recuperação de Créditos.

5. ESPÉCIES DE NEGÓCIO JURÍDICO PROCESSUAL

Com base no art. 1º, parágrafo 2º, da Portaria PGFN n.º 742/2018, o NJP pode consistir numa das quatro espécies a seguir ou na combinação de mais de uma delas: (I) calendarização da execução fiscal; (*II*) plano de amortização do débito fiscal; (*III*) aceitação, avaliação, substituição e liberação de garantias; e (*IV*) modo de constrição ou alienação de bens.

De fato, o ponto mais sensível na dogmática da negociação processual atípica cinge-se à delimitação do seu objeto. Por essa razão, é essencial que a norma defina a zona de segurança – leia-se, a moldura – dos possíveis acordos.

Por oportuno, passa-se a analisar cada uma das espécies.

Calendarizar a execução fiscal é estabelecer um cronograma para a prática dos atos no processo. Essa calendarização pode envolver a fase probatória, especialmente quando houver necessidade de realização de perícia e fixação dos pontos controvertidos. Ainda na espécie calendarização, entende-se que a Fazenda Pública pode abrir mão da intimação pessoal em benefício da celeridade do processo.

Por sua vez, os negócios jurídicos processuais que envolvem plano de amortização são os mais complexos, tanto é que existe um artigo específico na Portaria para essa espécie de negócio. O propósito da norma é viabilizar o adimplemento gradual da dívida, com vistas à regularização fiscal de maneia previsível e responsável.

Nessa espécie, exige-se a confissão dos débitos, o que significa dizer que o contribuinte deve abrir mão de qualquer discussão quanto à cobrança, administrativa ou judicial. Além disso, o art. 3º da citada Portaria elenca uma série de incisos que levam a entender pela necessidade de uma contraprestação forte, tais como: pagamentos parciais, depósito em dinheiro, oferecimento de garantias, compromisso de regularizar os débitos novos supervenientes ao NJP, dentre outros.

A terceira espécie de negócio jurídico processual envolve o acordo quanto às garantias existentes ou a serem ofertadas. Essa parece ser a forma mais usual de NJP. O objeto pode cingir-se a quatro ações: aceitação, avaliação, substituição e liberação de garantias.

Quanto à substituição e liberação de garantias, imagine-se a seguinte situação: um contribuinte possui débitos antigos, parcelados e garantidos por bens de alta liquidez (por exemplo, depósitos) e débitos novos não garantidos. O parcelamento encontra-se regular e suficiente. Além disso, ele possui bens imóveis desembaraçados. O contribuinte tem interesse em liquidar os débitos novos, mas não tem dinheiro disponível em caixa. Nesse caso, é possível pleitear a substituição das garantias líquidas pelos imóveis desembaraçados e, ato contínuo, o levantamento dos depósitos para liquidar os débitos novos em aberto, mantendo-se a obrigação quanto ao parcelamento dos débitos antigos.

Numa situação ordinária, a pretensão de substituição por garantia menos líquida não encontraria respaldo em lei ou jurisprudência. Contudo, no negócio jurídico, ela se torna possível porque está atrelada a uma contraprestação do contribuinte (no caso, o pagamento das dívidas novas com o dinheiro depositado e a manutenção do parcelamento).

Com relação à avaliação de garantias, tem-se a situação que envolve liberar bens que se valorizaram ao longo dos anos, para que sejam vendidos no mercado, e atrelar o produto da venda ao depósito em dinheiro de um universo maior de dívidas, já que o bem se valorizou.

Por fim, o negócio jurídico que está atrelado ao modo de constrição ou alienação de bens tem por finalidade acordar quanto ao objeto e ao procedimento de constrição. Havendo mais de um bem, o contribuinte pode indicar quais deles estão disponíveis para garantia e, de outro lado, quais não gostaria que fossem submetidos à penhora. Um exemplo corriqueiro é aquele em que o contribuinte quer evitar o BacenJud e oferece, em contraprestação, a penhora de recebíveis ou a constrição de um percentual do seu faturamento.

Por sua vez, negociar quanto ao modo de alienação de bens pode significar atrelar o pagamento do preço da venda de um imóvel ao pagamento do débito tributário, ingressando a Fazenda Pública como interveniente no contrato de compra e venda.

Pelo exposto observa-se que o NJP é um instrumento em construção – o que é próprio dos negócios jurídicos de um modo geral – e que ganhará contornos mais precisos a partir do incremento da demanda dos próprios contribuintes.

6. NEGOCIAR PRESSUPÕE PERSONALIZAR: OS RISCOS DO NJP

Das considerações acima é possível concluir que o pressuposto do NJP é a personalização da cobrança. Conforme já mencionado, a Fazenda Nacional tem à sua disposição todos os meios de cobrança que a lei prevê e pode se valer de todos, à sua conveniência e oportunidade. Não obstante, é sabido que a utilização irrestrita e excessiva de todas as possibilidades afronta os princípios da administração gerencial e caracteriza a improbidade do gestor, uma vez que despreza o necessário cotejo *custo x eficiência* da cobrança.

Pois bem. Na medida em que os contribuintes respondem diversamente a cada uma das estratégias de cobrança, é salutar que existam mecanismos que possibilitem a sua personalização. Alguns exemplos merecem ser destacados.

O protesto da dívida ativa, previsto no parágrafo único do art. 1º da Lei n.º 9.492/97, é meio eficiente de cobrança de contribuintes que têm por atividade a compra e venda de mercadorias, pois as empresas costumam verificar previamente ao negócio a situação do contratante nos Cartórios de Títulos e Documentos. Da mesma forma, o encaminhamento da informação quanto à inscrição em dívida ativa ao Cadastro Informativo de créditos não quitados do setor público federal – Cadin é eficaz em relação às pessoas que contratam com a Administração Federal.

Entretanto, observe-se que a personalização pode gerar ineficiências quando inserida num modelo automatizado e inteligente. Dado o estágio de automação da cobrança, é um risco tornar manual o que já é automático.

Assim, existe um contraponto digno de nota à utilização de negócios jurídicos processuais em procedimentos de cobrança, que decorre justamente da personalização de tais procedimentos. É de se concordar que tornar manuais rotinas que já estão inseridas no fluxo automático de cobrança tem um custo para o Fisco. Esse custo pode ser expresso em tempo, recursos humanos e/ou recursos tecnológicos.

A título de exemplo, imagine-se um NJP que tenha por objeto um plano de amortização de débitos. Qual sistema irá controlar o adimplemento periodicamente? É viável desenvolver uma ferramenta de controle que tem aplicação apenas para um caso, num universo de bilhões de devedores?

Faz-se aqui o contraponto com as medidas ordinárias de cobrança, que não envolvem a celebração de um NJP. Observe-se que para o contribuinte que necessita obter uma CPEN não restaria alternativa senão o oferecimento de garantia ou o pedido de parcelamento ordinário previsto na lei, cujas ferramentas de controle já existem e possuem mínima interferência do homem.

Não obstante – e aí está a vantagem do negócio jurídico processual, não há como garantir que os contribuintes paguem, parcelem ou garantam suas dívidas, pois eles podem sempre optar pela discussão judicial do crédito tributário. Por essa razão, é importante quantificar os custos envolvidos no procedimento de celebração dos negócios jurídicos processuais, a fim de cotejá-los com o benefício econômico auferido.

Outro contraponto consiste na constatação de que a personalização da cobrança também cria o risco de tratamentos desiguais entre contribuintes que se encontram na mesma situação e, consequentemente, a possibilidade de ofensa ao princípio da isonomia, seja na vertente do subprincípio da capacidade contributiva, seja no viés de prevenção aos desequilíbrios concorrenciais. Mudanças de paradigmas trazem consigo riscos que precisam ser identificados e considerados desde o início, a fim de possibilitar a rápida adequação do modelo.

Nesse sentido, é imprescindível que haja um esforço de uniformização da atuação da Fazenda Pública, além da necessidade de indicação dos fundamentos que levaram ao convencimento quanto à conveniência e oportunidade do acordo, a fim de possibilitar o conhecimento por parte dos terceiros indiretamente afetados. É salutar que haja alguma publicidade aos atos praticados nos negócios jurídicos processuais, com o escopo de orientar os contribuintes – possíveis interessados em celebrar acordos – sobre o entendimento atual da Fazenda Pública acerca dos dispositivos da Portaria.

A regra da publicidade dos atos processuais, prevista na Constituição da República[35] apenas será mitigada quando a informação solicitada contiver envolver divulgação da situação econômica ou financeira dos sujeitos passivos ou de terceiros ou divulgação dos seus negócios ou atividades, em razão do que dispõe o art. 198 do CTN[36]. Na esfera administrativa, caberá ao terceiro interessado recorrer ao pedido de informação da Lei de Acesso à Informação (Lei n.º 12.527/11). Tratando-se de NJP homologado judicialmente, é possível requerer vistas no processo ao juiz competente.

7. Conclusão

Por todo o exposto, conclui-se que a Portaria PGFN n.º 742/2018 está alinhada ao art. 190 do Código de Processo Civil e tem respaldo legal e constitucional para disciplinar a celebração do negócio jurídico processual que envolve a Fazenda

35. Art. 5º, LX - a lei só poderá restringir a publicidade dos atos processuais quando a defesa da intimidade ou o interesse social o exigirem.

36. Art. 198. Sem prejuízo do disposto na legislação criminal, é vedada a divulgação, por parte da Fazenda Pública ou de seus servidores, de informação obtida em razão do ofício sobre a situação econômica ou financeira do sujeito passivo ou de terceiros e sobre a natureza e o estado de seus negócios ou atividades.

Pública, na medida em que se limita ao processo de cobrança executiva, preservando o crédito tributário. Conforme já afirmado, o negócio jurídico processual não transige sobre o crédito tributário em si, mas sobre as suas formas de cobrança.

A portaria citada traz a moldura do acordo, mas deixa espaço para a construção dos casos concretos, construção essa que é coletiva e depende muito mais da provocação do contribuinte do que da iniciativa do Fisco. De sua parte, o Fisco tem a responsabilidade pela decisão final, uma vez que lhe pertence o juízo de conveniência e oportunidade do procedimento, além do exame quanto à adequação ao ordenamento vigente. Trata-se, portanto, de uma liberdade condicionada pelo interesse público.

Restadas infrutíferas as negociações ou não restando demonstrado o interesse público do negócio, o processo de cobrança retoma as vias ordinárias. Por outro lado, celebrado o negócio jurídico processual, o benefício ao contribuinte é imediato, já que abre a possibilidade para soluções rápidas e planejadas.

Os benefícios públicos auferidos devem estar materializados no incremento da arrecadação, na redução dos custos da cobrança e na redução da litigiosidade. Em contrapartida, os desafios impostos consistirão em promover o acompanhamento da execução do acordo, bem como a demonstração dos benefícios acima citados no longo prazo.

REFERÊNCIAS

BANDEIRA DE MELLO, Celso Antonio. *Curso de Direito Administrativo*. São Paulo: Malheiros, 2003.

CARRAZZA, Roque Antonio. *Curso de Direito Constitucional Tributário*. 30ª ed. São Paulo: Malheiros, 2015.

DIDER JR., Fredie. *Ensaios sobre os negócios jurídicos processuais*. São Paulo: Jus Podivm, 2018.

DI PIETRO, Maria Sylvia Zanella Di Pietro. *Direito Administrativo*. 25ª ed. São Paulo: Atlas, 2012.

MEDAUAR, Odete. *O direito administrativo em evolução*. 3ª ed. Brasília: Gazeta Jurídica, 2017.

NABAIS, José Casalta. *O dever fundamental de pagar impostos: contributo para compreensão constitucional do estado fiscal contemporâneo*. Coimbra: Edições Almedina, 2015, p. 339-340.

______. *Contratos fiscais*: reflexões acerca da sua admissibilidade. Coimbra: Coimbra, 1994.

OLIVEIRA, Gustavo Justino de; SCHWANKA, Cristiane. A administração consensual como a nova face da administração pública no séc. XXI: fundamentos dogmáticos, formas de expressão e instrumentos de ação. *Revista da Faculdade de Direito, Universidade de São Paulo*, 104, 303-322. Disponível em: <http://www.revistas.usp.br/rfdusp/article/view/67859>. Acesso em: 26 de maio de 2019.

OLIVEIRA, Phelippe Toledo Pires. *A transação em matéria tributária* – Série Doutrina Tributária v. XVIII. São Paulo: Quartier Latin, 2015.

THALER, Richard H; SUNSTEIN, Cass R. *Nudge: como tomar melhores decisões sobre saúde, dinheiro e felicidade* [versão iPad Kindle]. Retirado de <http://www.amazon.com/>.

O NEGÓCIO JURÍDICO PROCESSUAL E AS EMPRESAS EM CRISE: MITIGAÇÃO DO REQUISITO DA RECUPERAÇÃO JUDICIAL PARA EFETIVA GARANTIA DA FUNÇÃO SOCIAL DAS EMPRESAS

Leandro Lopes Genaro[1]

Jessica Cristina Mota Lopes Genaro[2]

1. DIREITOS E DEVERES FUNDAMENTAIS E AS FUNÇÕES DO DIREITO

1.1 A CONSTITUIÇÃO FEDERAL DE 1988

A Constituição Federal de 1988 é reconhecidamente uma Constituição preocupada com os Direitos Fundamentais do

---

1. Mestre em Direito Constitucional e Processual Tributário pela PUC/SP, especialista em Direito Processual Tributário pela PUC/SP e em Direito Tributário pela FGV/SP, Professor Assistente em Direito Tributário e no Núcleo de Prática Jurídica da PUC/SP. Autor de artigos jurídicos e membro efetivo da Comissão de Direito Tributário da OAB/SP e bacharel em direito pelo Mackenzie. Professor da Pós-Graduação em Direito Tributário da FMU, EPD e FDSBC.

2. Mestranda pela Escola Politécnica da USP em "Real Estate: Economia setorial e mercados". Especialista em Direito Notarial e Registral Imobiliário pela Escola Paulista da Magistratura. Membro Efetivo da Comissão de Direito Notarial e de Registros Públicos da OAB/SP, da Comissão de Direito Imobiliário do IASP e associada ao Instituto Brasileiro de Direito Imobiliário (IBRADIM). Palestrante e autora de diversos artigos relacionados aos mercados financeiro, de capitais e imobiliário.

cidadão, conforme se observa do próprio preâmbulo de nossa Carta Magna, o que é facilmente explicado ao considerarmos o momento político vivido à época de sua promulgação, no qual o Brasil rompia com a ditadura militar[3]. Deixou-se, assim, de ser um Estado neutro e individualista, buscando a realização de uma justiça social por meio dos Direitos Fundamentais, sendo chamada de "Constituição Cidadã" diante de seu forte apelo social e por ser considerada a mais protetiva das Constituições brasileiras.

E, nesse cenário, é inegável que a Constituição Federal de 1988 possui caráter absolutamente garantista em diversos de seus aspectos, como direito penal (defesa dos direitos em frente ao arbítrio policial e judicial), direitos humanos (direitos fundamentais), patrimonial (direito de propriedade), da iniciativa privada (livre iniciativa), internacional (eficácia e efeitos dos pactos e tratados internacionais), e tributário (vedações ao poder de tributar), entre outros.

Contudo, um sistema jurídico não pode ser formado apenas por direitos, mas também por deveres dos cidadãos, tendo o próprio título II de nossa Constituição Federal identificado, expressamente, a existência "dos direitos e deveres fundamentais".

E, nesse contexto, tal qual os direitos fundamentais (e suas dimensões), os deveres fundamentais também vêm evoluindo com o passar do tempo, abrangendo, atualmente, também o dever fundamental de proteção ao meio ambiente, patrimônio cultural, educação, entre outros.

Os direitos e deveres fundamentais, embora autônomos e independentes, se relacionam entre si, e assim devem ser considerados. Ou seja, no jargão popular, como *os dois lados*

---

3. "A Constituição brasileira de 1988 tem, antes e acima de tudo, um valor simbólico: foi ela o ponto culminante do processo de restauração do Estado democrático de direito e da superação de uma perspectiva autoritária, onisciente e não pluralista de exercício do poder, timbrada na intolerância e na violência." (BARROSO, Luís Roberto. Dez Anos da Constituição de 1988 (foi bom para você também?). *Revista Forense*, v. 95, n. 346, p. 113-132, 1999.)

da mesma moeda. Nesse mesmo sentido, José Casalta Nabais afirma que:

> Em suma, os direitos e os deveres fundamentais não constituem categorias totalmente separadas nem domínios sobrepostos, encontrando-se antes numa relação de 'conexão funcional' que, por um lado, impede o exclusivismo ou a unilateralidade dos direitos fundamentais, (...), e, por outro, não constitui obstáculo à garantia da primazia ou primacidade dos direitos fundamentais ou da liberdade face aos deveres fundamentais, uma vez que estes ainda servem, se bem que indirectamente, o objectivo constitucional da liberdade. [4]

Portanto, os deveres fundamentais devem ser entendidos como todas as obrigações que os cidadãos possuem em face do Estado e dos demais cidadãos, verdadeira contrapartida complementar de seus direitos fundamentais, consagrando em todas as suas concepções o Estado Democrático de Direito.

1.2 DEFINIÇÃO DE FUNÇÃO

Antes mesmo de partirmos para o objeto de estudo e para uma melhor produtividade da abordagem que será adotada nesse trabalho, delinearemos a definição de função, muitas vezes abordada de forma rasa[5], para que, em um segundo momento, possamos aplicar de forma adequada ao conceito de empresa e a imprescindível convergência entre os seus propósitos e finalidades.

---

4. NABAIS, José Casalta. *O Dever fundamental de pagar impostos*. Coimbra: Almedina, 2004. p. 120.

5. *"A qualquer pessoa que passe os olhos sobre o elenco das funções atribuídas ao direito na maioria desses escritos é impossível não sair com a impressão de que tais elencos são, por um lado, uma reunião de coisas bastante óbvias, que pouco ou nada acrescentam ao nosso conhecimento do fenômeno jurídico, e que, por outro lado, são compostos por elementos heterogêneos, do que surge imediatamente a suspeita de que, na expressão "função do direito", tanto o termo "função" quanto o termo "direito" são empregados, sem que isso seja explicitado, com significados diferentes"* - BOBBIO, Norberto. *Da Estrutura à função*: novos estudos de teoria do Direito. Tradução de Daniela Beccaccia Versiani. Barueri, Manole, 2007, págs. 102-103.

Função, na concepção de Norberto Bobbio, decorre originalmente das ciências biológicas, aplicando-se à sociedade por analogia, por entendê-la como uma estrutura semelhante a um organismo animal. Portanto, para o filósofo,

> por "função" se entende a prestação continuada que um determinado órgão dá à conservação e ao desenvolvimento, conforme um ritmo de nascimento, crescimento e morte, do organismo inteiro, isto é, do organismo considerado como um todo.

Saindo do âmbito teórico e utilizando um exemplo da própria biologia para facilitar nossa visualização, a função do coração frente a estrutura do organismo humano é bombear o sangue que vem oxigenado dos pulmões para os demais órgãos e direcionar o sangue que chega desoxigenado dos demais órgãos para os pulmões, a fim de que seja oxigenado novamente e retorne para um novo ciclo.

Trazendo tal sistemática à realidade do nosso organismo social-jurídico, a função de um instituto decorre de sua utilidade e relevância frente à sobrevivência e desenvolvimento da sociedade ao qual está inserido.

Em continuidade aos seus estudos sobre a teoria funcionalista aplicada ao ordenamento jurídico, Norberto Bobbio considerou a existência de duas funções complementares e imprescindíveis entre si, sendo a primeira de caráter individual ou privada, de relevância aos governados, "para quem vê nele um instrumento de proteção, garantia, libertação"; e a segunda de ordem social que, por sua vez, tem relevância aos governantes, "para quem el[a] é um instrumento de governo".[6]

Novamente, para uma melhor materialização da teoria, retomaremos o exemplo do coração, que desenvolve duas funções concomitantes, a primeira limitada aos pulmões, denominada circulação pulmonar, que é responsável pela oxigenação do sangue que, em um segundo momento, alcançará

6. BOBBIO, Norberto. *Da Estrutura à função*: novos estudos de teoria do Direito. Tradução de Daniela Beccaccia Versiani. Barueri, Manole, 2007, p. 105.

aos demais órgãos pertencentes ao organismo humano, correspondendo à circulação sistêmica. Perceba que as duas funções são dependentes entre si, caso a primeira seja interrompida, não haverá oxigenação do sangue, levando os demais órgãos à falência, ao passo que, na eventual paralisação da segunda, o sangue sequer chegará aos demais órgãos e, portanto, igualmente, os levará à falência.

Isto posto, conclui-se que para uma análise funcional adequada de um instituto, obrigatoriamente, deve abranger o estudo de suas funções, diante da subsidiariedade existente entre elas, para que, assim, seja possível observar a satisfação de suas finalidades, tanto perante aos interesses específicos do indivíduo diretamente considerado, quanto aos interesses coletivos da sociedade considerada como um todo.

2. AS FUNÇÕES DA EMPRESA E SEUS REFLEXOS PERANTE A SOCIEDADE

2.1 EVOLUÇÃO DA FUNÇÃO SOCIAL EM RELAÇÃO AOS BENS PRIVADOS NAS CONSTITUIÇÕES BRASILEIRAS

Desde o direito romano, a propriedade privada é caracterizada como um direito natural, sinônimo de progresso pessoal e familiar, enraizado, principalmente, na ideia de segurança que a obtenção de bens trazia, refletindo a sua importância nas relações jurídicas, o que, conforme Caio Mário, o direito de propriedade seria "*a pedra de toque dos regimes jurídicos e dos regimes políticos. É através de sua análise que se pode apurar a tendência de um poço num determinado momento de sua evolução jurídica*"[7].

Assim sendo, temos que analisar o contexto histórico vivenciado, para que possamos estabelecer a relação do direito à propriedade com a evolução das Constituições promulgadas,

7. PEREIRA, Caio Mário da Silva. Direito de propriedade, sua evolução atual no Brasil. In: *Revista Forense*, vol 151, out./53, p. 7.

tendo em vista as diversas mudanças no cenário político, social e econômico que o país enfrentou ao longo dos anos.

A primeira previsão constitucional ao Direito de Propriedade surgiu na Constituição do Império, período em que o Estado era caracterizado pela centralização político-administrativa e provinciano, que trazia em seu art. 179, inciso XXII:

> *XXII. E'garantido o Direito de Propriedade em toda a sua plenitude. Se o bem publico legalmente verificado exigir o uso, e emprego da Propriedade do Cidadão, será elle préviamente indemnisado do valor della. A Lei marcará os casos, em que terá logar esta unica excepção, e dará as regras para se determinar a indemnisação. (Constituição Brasileira de 1824)*

Verificamos já naquela época sinais de intervenção estatal sobre a propriedade privada através do que, hoje, denominamos desapropriação, onde o Estado, em nome do bem público, exige a tomada da propriedade do indivíduo em troca de uma indenização. Desta forma, podemos dizer que esse é o precedente da função social da propriedade, onde temos a coletividade se sobrepondo ao direito individual à propriedade.

Na sequência, tivemos a Constituição Republicana, de 1891, em que, já instituído a República dos Estados Unidos do Brasil, sob forte influência norte-americana, constituiu-se, conforme seu art. 1º, na "união perpétua e indissolúvel das suas antigas Províncias". Esta Constituição consagrou o que já conhecíamos por Direito de Propriedade, mantendo a previsão legal ao direito a desapropriação pelo Poder Público mediante prévia e justa indenização.

Não obstante já se falar em utilidade pública, e trazer em seu texto constitucional a autorização de desapropriação da propriedade privada em prol do bem público, somente a Constituição de 1934 previu, em seu art. 113 e 17, a garantia ao direito de propriedade que, no entanto, "não poder(ia) ser exercido contra o interesse social ou coletivo". Da mesma forma, estabelecia o direito do Estado à desapropriação do bem por necessidade ou utilidade pública, acrescentando o instituto da requisição administrativa, existente até os dias de hoje.

Posteriormente, o Brasil enfrentou sua primeira Ditadura após o golpe de Estado de Getúlio Vargas que, logo na sequência, outorgou uma nova Constituição, mais característica do momento político vivido, marcada pela forte concentração de poderes no Poder Executivo e restrições às garantias fundamentais. A despeito deste retrocesso, manteve a proteção ao direito à propriedade, bem como a intervenção estatal por necessidade ou utilidade pública.

Com o fim da Ditadura Vargas, promulgou-se uma nova Carta que, diferentemente do que ocorrera nas Cartas Políticas de 1824, 1891 e 1934, não partiu de um anteprojeto vindo de fora, preferindo os seus responsáveis por formar uma "Grande Comissão", que adotou como texto-base a antiga Constituição de 1934, sendo considerada avançada para sua época e trazendo garantias políticas e sociais bem próximas ao que temos nos dias atuais.

Entretanto, quanto ao direito de propriedade, as únicas alterações trazidas do que já vinha sendo praticado foram a previsão da desapropriação do bem por interesse social e o uso da propriedade particular em caso de guerra, tendo em vista a instabilidade mundial vivida naquele momento. A Constituição Federal de 1946 declarou, ainda, mais abertamente em seu art. 147 e como efeito do populismo e Estado social vivido à época, que o uso da propriedade estaria condicionado ao bem-estar social e que à legislação posterior caberia a regulamentação quanto a "justa distribuição da propriedade, com igual oportunidade para todos".

Dando continuidade na linha do tempo, tivemos a Carta Política de 1967, outorgada num momento histórico conturbado, Ditatorial e extremamente autoritário. No entanto, foi nesta Carta Magna que tivemos, pela primeira vez, a previsão explícita quanto a função social da propriedade, dispondo que:

> *Art. 157 - A ordem econômica tem por fim realizar a justiça social, com base nos seguintes princípios:*
>
> *(...)*

> *III - função social da propriedade;*
>
> *(...)*
>
> *§1º - Para os fins previstos neste artigo a União poderá promover a desapropriação da propriedade territorial rural, mediante pagamento de justa indenização, fixada segundo os critérios que a lei estabelecer, em títulos especiais da dívida pública, com cláusula de exata, correção monetária, resgatáveis no prazo máximo de vinte anos, em parcelas anuais sucessivas, assegurada a sua aceitação, a qualquer tempo, como meio de pagamento de até cinquenta por cento do imposto territorial rural e como pagamento do preço de terras públicas. (Constituição brasileira de 1967)*

Com o fim da Ditadura Militar, tivemos a instituição de nova Constituinte para a edição da Carta Magna que vigora até os dias atuais, embasada, como já trouxemos acima, nos fundamentos de Estado democrático de Direito e da dignidade da pessoa humana, retornando aos ditames do Estado Social promulgado na Constituição de 1946.

O Constituinte originário buscou assim incorporar o atendimento às funções sociais aos direitos e prerrogativas individuais, mas não com propósito limitador, como muitas vezes a prática nos força, mas sim como se parte complementar e indissociável fosse, tal como Bobbio defendeu ao delimitar ambas as funções do direito.

2.2 CONCEITO E FUNÇÕES DA EMPRESA NA CONSTITUIÇÃO FEDERAL DE 1988

A Constituição Federal de 1988, assim, estabeleceu uma série de funções sociais aos bens privados de essencial relevância ao próprio Estado Democrático de Direito, dentre as quais destacamos, para fins deste artigo, a função social da empresa.

A atividade empresarial, em linhas gerais, consiste na exploração de uma atividade econômica pelo empresário por meio da produção e circulação de bens e serviços considerados necessários ou úteis à sociedade, resultantes do *"aporte de capital — próprio ou alheio —, compra de insumos, contratação de mão-de-obra e desenvolvimento ou aquisição de tecnologia que realizam*". Em outras palavras, o empresário será responsável por combinar adequadamente os fatores de produção, – capital, mão-de-obra, insumo e tecnologia – com o propósito de suprir determinada demanda da sociedade, ou, ao menos, de parte considerável dela, recebendo, em contrapartida, a "*possibilidade de ganhar dinheiro, muito dinheiro, com isso*".[8]

Tratamos como "*possibilidade*", uma vez que o empresário, ao empenhar os fatores de produção para fins de exploração econômica, está sujeito aos riscos inerentes à atividade empresarial, que vão desde questões intrínsecas da empresa, como despreparo técnico para garantir a competitividade de sua oferta frente ao público alvo e ao mercado ao qual se insere, até mesmo riscos decorrentes de fatores que fogem do seu controle, como crises políticas e econômicas.

a) Função Privada da Empresa

Assim, da leitura dessa sucinta análise, percebe-se prontamente a função privada relacionada à empresa: obtenção de retorno positivo acima dos custos incorridos com os fatores de produção empregados e compatível com os riscos aos quais o investimento esteve exposto, ou seja, a receita gerada pela empresa deverá ser no *montante suficiente para arcar com os custos diretos e indiretos* dispendidos para a realização de seu produto e, também, para *compensar de forma satisfatória as expectativas* do empresário em relação à sua aplicação.[9]

Convém ressaltar que o lucro, além da incumbência de manutenção da atratividade do investimento aos olhos do empresário, responde pelo crescimento da empresa, uma vez que, comumente, são redirecionados para fomentar a inovação e gerenciar ou aperfeiçoar os meios de produção, bem

8. COELHO, Fábio Ulhôa. *Manual de Direito Comercial*. São Paulo: Saraiva, 2007. p. 3-4.

9. Esclarecemos que para elaboração deste estudo, foram desconsideradas as figuras de empresa pública e das empresas sem fins lucrativos, uma vez que não acrescentam à temática proposta, até mesmo por contarem com imunidade tributária, sendo o lucro apenas um meio para garantia de seu fim estritamente social.

como para viabilizar a ampliação e expansão da estrutura operacional. Isso significa dizer que, ao reinvestir o superávit da empresa de forma adequada e planejada em benefício próprio, teremos o lucro trabalhando por e para a empresa, impulsionando os vetores de lucratividade e crescimento da empresa ou, ao menos, preservando a competitividade de sua oferta frente ao mercado e seus concorrentes.[10]

Desta forma, consolidando os conceitos trabalhados até então, para a efetiva realização da sua função privada, a empresa deverá gerar resultados em quantias suficientes para (I) prover seus fatores de produção (custos); (II) pagar o investimento inicial e garantir a atratividade para o empresário (lucro contábil[11]); e, (III) viabilizar novos aportes que serão aplicados em melhorias visando a preservação de sua competividade e a potencialização dos seus resultados (lucro econômico[12]).

b) <u>Função Social da Empresa</u>

Antes mesmo de adentrarmos na função social da empresa, vale esclarecer quanto ao seu enquadramento como modalidade abrangida pela teoria da função social da propriedade em sentido amplo, uma vez que poderão ser objeto de propriedade todos os bens considerados apropriáveis pelo homem, sejam eles corpóreos ou incorpóreos[13], incluindo, portanto, em relação

10. BRITO, Eliane Pereira Zamith; BRITO, Luiz Artur Ledur; MORGANTI, Fábio. *Inovação e o desempenho empresarial*: Lucro ou crescimento? São Paulo: Fundação Getúlio Vargas. RAE-eletrônica, v. 8, n. 1, jan./jun. 2009.

11. O lucro contábil é de mais fácil visualização, uma vez que é o resultado da subtração dos custos da receita total obtida pela empresa, ou seja, se o custo de produção de determinado bem é de R$ 4,00 e o preço de venda é R$ 10,00, o lucro contábil é de R$ 6,00.

12. O lucro econômico, por sua vez, tem uma forma de apuração mais complexa, já que, da receita total devem ser, igualmente, descontados os custos de oportunidade, ou seja, são considerados os custos implícitos, atuais e futuros, que vão muito além dos custos de produção que são apurados sobre um determinado período. Como exemplo, citamos a Olivetti, que chegou a ser uma das empresas mais importantes do mundo na produção de máquinas de escrever, mas que, muito embora seu lucro contábil retratasse um cenário de lucratividade, ao não se dedicar às novas tecnologias, acabou sendo devorada pelos computadores portáteis. Assim, à mesma época em que seu lucro contábil despontava pelo sucesso dos cursos de datilografia, seu lucro econômico, certamente, era negativo.

13. PEREIRA, Caio Mário da Silva. Instituições de Direito Civil – Volume IV. Rio de Janeiro: Forense, 1970. p. 82.

à empresa, a propriedade industrial e dos bens de produção[14]. Portanto, a função social da empresa encontra-se abrangida pelo princípio constitucional estabelecido pelo inciso XXIII do artigo 5º, replicado mais à frente no inciso III do art. 170.

Sendo assim considerada e sob as imposições da função social da propriedade, a empresa deverá conduzir suas atividades, pautando sua agenda de governança nos princípios e valores inerentes à sociedade onde está inserida, devendo contribuir diretamente e indiretamente para o alcance do bem-estar social e a satisfação das necessidades dos indivíduos locais.

Assim, sob a ótica constitucional, por se tratar de um dos principais agentes da ordem econômica, as funções sociais da empresa são facilmente identificadas pelos incisos do art. 170 da atual Constituição Federal[15].

Desta forma, como exemplo de condutas alinhadas com esse objetivo, podemos citar, a valorização do trabalho humano, preservação da dignidade da pessoa humana, cooperação para o desenvolvimento econômico e social, submissão a todas as obrigações tributárias que lhe são impostas, respeito à livre iniciativa e livre concorrência, fortalecimento de políticas de sustentabilidade e de defesa aos direitos dos consumidores.

Vale dizer que a função social da empresa não se limita ao âmbito direto de suas atividades, devendo ser, igualmente,

---

14. GRAU, Eros Roberto. *A Ordem Econômica na Constituição de 1988*. São Paulo: Malheiros, 2015, p. 236.

15. "Art. 170 – (...)
I - soberania nacional;
II - propriedade privada;
III - função social da propriedade;
IV - livre concorrência;
V - defesa do consumidor;
VI - defesa do meio ambiente, inclusive mediante tratamento diferenciado conforme o impacto ambiental dos produtos e serviços e de seus processos de elaboração e prestação;
VII - redução das desigualdades regionais e sociais;
VIII - busca do pleno emprego;
IX - tratamento favorecido para as empresas de pequeno porte constituídas sob as leis brasileiras e que tenham sua sede e administração no País."

considerado, seu impacto indireto frente a situação socioeconômica local, tal como representado no infográfico abaixo que reflete o processo produtivo da construção civil: [16]

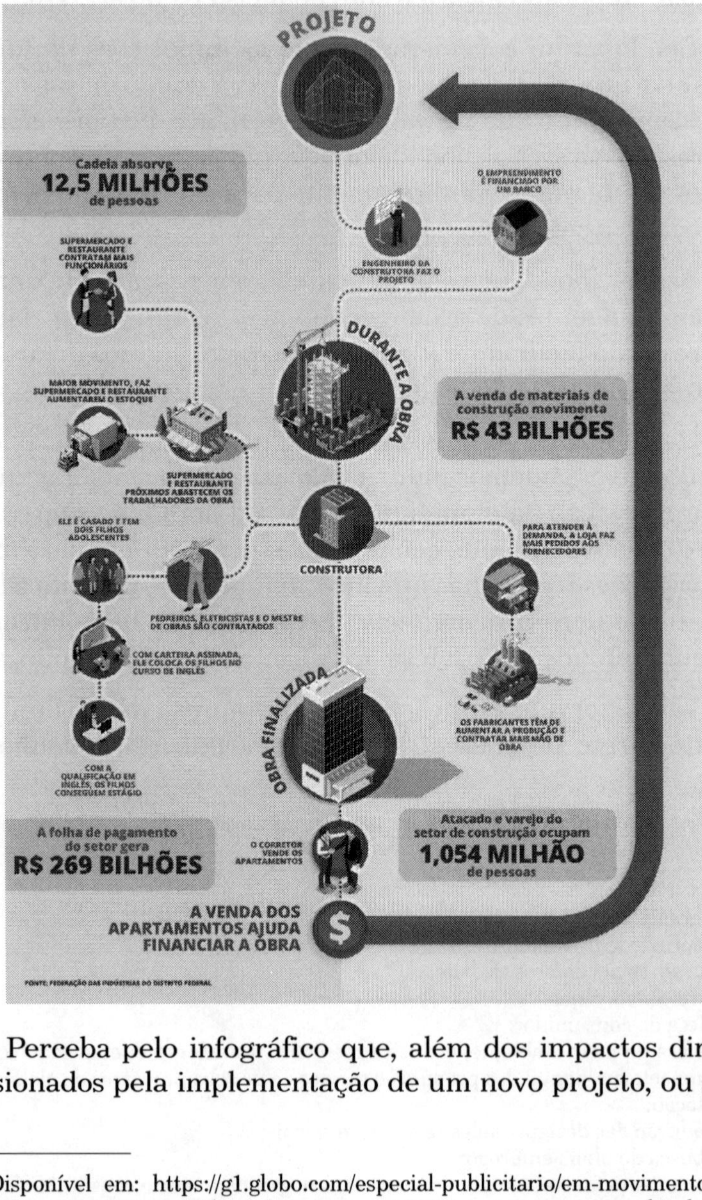

Perceba pelo infográfico que, além dos impactos diretos ocasionados pela implementação de um novo projeto, ou seja,

16. Disponível em: https://g1.globo.com/especial-publicitario/em-movimento/noticia/como-a-construcao-civil-movimenta-a-economia-e-gera-empregos.ghtml.

fornecedores, corretores e funcionários da construtora, temos os impactos indiretos, tais como os financiamentos bancários decorrentes da comercialização, fomento do consumo local, melhoria de vida dos empregados e de seus familiares, bem como os fornecedores e empregados dos bancos, fornecedores das empresas locais que, por sua vez, também produzirão seus efeitos diretos e indiretos na economia, gerando uma cadeia interligada de crescimento econômico e desenvolvimento social.

Ademais, o desenvolvimento empresarial também produz mais um efeito indireto essencial para a sociedade, consistente nos tributos recolhidos e que servirão de sustento para o fomento das políticas públicas.

3. FUNÇÃO SOCIAL DO TRIBUTO E DO DEVER DE TRIBUTAR

3.1 FUNÇÃO SOCIAL DO TRIBUTO

De fato, para a manutenção – ou busca – da pacificação e bem-estar social, do livre mercado, da garantia e eficácia dos direitos fundamentais, entre outras funções típicas do Estado, é necessário incorrer em diversos custos, gastos ordinários necessários para a manutenção da estrutura estatal e para tornar reais as políticas públicas. E, no Brasil, o principal sustento do Estado para fazer frente a essas despesas públicas vem por meio do recolhimento de tributos realizado por seus cidadãos (o que é conhecido na doutrina como Estado Fiscal).

De início, destaca-se que não se desconhece a aversão ao tributo no Brasil, o que também é facilmente justificado se formos analisar os dados obtidos pelo *Doing Business*[17], especificamente no tocante ao aspecto "Pagamento de Impostos"[18]:

---

17. Projeto promovido pelo Banco Mundial que mede, analisa e compara algumas regulamentações aplicáveis às empresas e atividades econômicas em 190 (cento e noventa) países e algumas cidades selecionadas, conforme as metodologias que foram desenvolvidas de acordo com os aspectos estudados, que poderão ser obtidas através do seguinte acesso: http://portugues.doingbusiness.org/pt/methodology.

18. Disponível em: http://portugues.doingbusiness.org/content/dam/doingBusiness/country/b/brazil/BRA.pdf.

a) O Brasil ocupa a 184ª colocação no ranking geral, perdendo apenas para a República do Congo, Bolívia, República Centro-Africana, Chade, Venezuela e Somália;

b) Uma empresa de médio porte situada em São Paulo gasta, em média, 1.958 (um mil, novecentos e cinquenta e oito) horas, o equivalente a 245 (duzentos e quarenta e cinco dias) de dedicação exclusiva de um funcionário, considerando um turno de 8 (oito) horas, apenas com o processo de preparação, declaração e pagamento dos tributos incidentes sobre a atividade empresarial desenvolvida;

c) Sobre essa mesma empresa, pesa a carga tributária total sobre o lucro comercial, ou seja, sobre a receita efetivamente gerada pela empresa, de 64,7% (sessenta e quatro e setenta décimos de por cento), desconsiderando os tributos que são descontados na fonte em relação aos seus empregados como, por exemplo, o Fundo de Garantia por Tempo de Serviço;

d) Desses 64,7% que foram apurados, 22,6% (vinte e dois e sessenta décimos de por cento) refere-se à receita gerada pela empresa e 39,4% (trinta e nove e quarenta décimos de por cento) à tributos incidentes sobre os salários pagos a seus empregados que, ressalte-se, não considera aqueles devidos pelos funcionários e que são retidos na fonte pela empresa.

Destacamos, ainda, outro efeito perverso da tributação no Brasil: a adoção generalizada do regime de competência. Em linhas gerais, as empresas têm o dever de recolher os tributos no mês subsequente da realização da venda ou da prestação do serviço; contudo, na maioria das operações, em especial nas envolvendo empresas para empresas (comumente conhecida como B2B), o prazo para recebimento dos valores é muito superior ao prazo para pagamento dos tributos incidentes.

Em outras palavras, as empresas acabam por recolher os tributos incidentes em suas atividades empresariais muito antes de efetivamente receberem tais valores, sendo responsáveis, assim, por "financiar" os tributos, com gravosos efeitos de fluxo de caixa e previsibilidade da atividade econômica.

Além disso, não se pode olvidar que o caráter unilateral dos tributos e a falta de transparência nos gastos públicos, agregadas ainda com forte sentimento popular de que nossos governantes são corruptos (sensação ainda mais forte no atual cenário brasileiro), também reforçam este repudio à excessiva tributação no Brasil.

Ocorre, contudo, que "não se interpreta a Constituição em tiras, aos pedaços"[19], sendo necessária uma interpretação una e sistemática, com todos os seus valores em conjunto. A Constituição Federal de 1988, além das diversas "limitações do Poder de tributar" (artigos 150 e seguintes) como efetiva demonstração da natureza garantista da Constituição Federal de 1988 em matéria tributária, também trouxe diversos artigos sobre a "ordem social" (artigos 193 e seguintes) e também elencou os direitos fundamentais (artigos 5º e seguintes), os quais também devem ser vistos como valores essenciais para a Constituição Federal.

Em outras palavras, *a mesma Constituição que defende os Contribuintes também impôs diversas obrigações do Estado para a assegurar os direitos fundamentais dos cidadãos, das empresas e do meio ambiente, na mesma medida.*

Eventuais abusos realizados pelos Poderes Legislativos ou Executivo na tributação podem, e devem, ser combatidos pelas vias próprias, tendo o Poder Judiciário o poder-dever de impedir e reparar, com celeridade e eficácia, tais vícios. Contudo, tais abusos não têm o condão de afastar a importância e essencialidade do produto arrecadado com a tributação para o Estado atingir suas finalidades.

---

19. GRAU, Eros Roberto. *A ordem econômica na constituição de 1988*. 11. ed. rev. e atual. São Paulo: Malheiros, 2006. p. 166.

O tributo, assim, nada mais é do que a contrapartida do cidadão para assegurar a sua liberdade, a existência do Estado Democrático de Direito.

Para Luiz Eduardo Schoueri, o tributo não é mais "o ônus para a fruição da liberdade, e sim instrumento para a sua concretização", pois "só quem frui da liberdade paga tributo"[20]. Tais lições se escoram nos ensinos de Ricardo Lobos Torres, para quem:

> O dever de pagar tributos surge com a própria noção moderna de cidadania e é coextensivo à ideia de Estado de Direito. Tributo é dever fundamental estabelecido na Constituição no espaço aberto pela reserva da liberdade e pela declaração dos direitos fundamentais. Transcende o conceito de mera obrigação prevista em lei, posto que assume dimensão constitucional. O dever de pagar tributos é correspectivo à liberdade e aos direitos fundamentais: é por eles limitado e ao mesmo tempo lhes serve de garantia, sendo por isso o preço da liberdade.[21]

Este entendimento também encontra guarida no Poder Judiciário, tendo o Supremo Tribunal Federal já afirmado que"[o] tributo corresponde, pois, à contribuição de cada cidadão para a mantença do Estado e, consequentemente, para a realização de atividades que assegurem os direitos fundamentais – notadamente os direitos daqueles que possuem menos condições de contribuir financeiramente com o Estado."[22]

Indiscutível, assim, a essencialidade dos tributos a serem recolhidos pelos Cidadãos, o qual permite a atuação estatal no cumprimento de suas funções constitucionais e o próprio Estado Democrático de Direito.

---

20. SCHOUERI, Luís Eduardo. Tributação e Liberdade. In: PIRES, Adilson Rodrigues e TÔRRES, Heleno Taveira (Coords.) *Princípios de Direito Financeiro e Tributário*. Estudos em homenagem ao Professor Ricardo Lobo Torres. Rio de Janeiro: Renovar, 2006. p. 453.

21. TORRES, Ricardo Lobo. A cidadania fiscal múltipla. *In*: REZENDE, Condorcet. *Estudos Tributários*. Rio de Janeiro: Renovar, 1999. p. 471.

22. BRASIL. Supremo Tribunal Federal. Recurso Extraordinário 601.314/SP, Rel. Min. Edson Fachin, Tribunal Pleno, Julgado em 24/02/2016.

3.2 DEVER FUNDAMENTAL DE PAGAR TRIBUTOS E SEUS LIMITES

Em razão dessa essencialidade do produto arrecadado com a tributação, José Casalta Nabais defendeu a existência de um *Dever Fundamental de Pagar Tributos*[23] – denominação que vem ganhando forte repercussão com a atuação da Procuradoria Geral da Fazenda Nacional.

Em tal obra, o jurista português defende que o imposto não pode mais ser visto como simples poder para o Estado e nem como sacrifício para os cidadãos; ao contrário, *o tributo é verdadeiro contributo indispensável para a vida comum e dos membros da sociedade organizada*, possuindo caráter eminentemente solidário como meio para o Estado realizar as suas diversas atividades, ou, em outras palavras, é o preço pela manutenção da sociedade civilizada, e até mesmo para a realização dos direitos fundamentais, como a liberdade.

Percebe-se assim, da leitura de tal obra, que o entendimento de José Casalta Nabais em muito se assemelha ao já defendido por Ricardo Lobos Torres no Século XX, no sentido de que, *no Estado Fiscal* – aquele dependente do produto arrecadado com a tributação, tal qual o Brasil e a imensa maioria dos países ocidentais – *o pagamento de tributo é elemento essencial e necessário para a própria manutenção do Estado e possibilita a efetividade dos Direitos Fundamentais.*

Com base nas lições de José Casalta Nabais, buscam a Procuradoria Geral da Fazenda Nacional[24] e a Receita Federal do Brasil[25] defender a ideia de que *toda e qualquer atitu-*

---

23. NABAIS, José Casalta. *O Dever fundamental de pagar impostos*. Coimbra: Almedina, 2004.

24. A título exemplificativo: ASSUNÇÃO, Matheus Carneiro. *Quem tem medo de averbação pré-executória?* Disponível em: https://www.jota.info/opiniao-e-analise/colunas/contraditorio/quem-tem-medo-de-averbacao-pre-executoria-04062018. Acesso em 08/05/2019.

25. A título exemplificativo: GOMES, Julio Cesar Vieira; CABRAL, Kleber. *Desafios à autoridade tributária*: da ficção jusformalista à realidade contemporânea.

de do Contribuinte fosse uma tentativa de se furtar ao Dever Fundamental de Pagar Tributos, o qual justificaria uma séria de *medidas drásticas e gravosas* em face do Contribuinte para buscar a satisfação do crédito tributário que entende devido.

Ocorre, contudo, que, dentro da própria obra de José Casalta Nabais, há forte crítica ao chamado Estado Patrimonial ou Proprietário, no qual são desrespeitados os limites à intensa tributação. Confira-se:

> E assim acontece presentemente, em que o crescimento do estado (no sentido do que veio a designar-se 'estado providência' ou 'estado de bem estar') e do respectivo suporte fiscal coloca justamente a questão de saber se ele não está a metamorfosearse num estado proprietário encapuçado por via fiscal, assim se conseguindo uma 'socialização a frio'. Efectivamente, a invocação do estado fiscal, como princípio constitucional, pretende obstar a que a tributação, e sobretudo o seu aumento sem cessar, se converta no 'cavalo de Troia do socialismo no estado de direito burguês', ou seja, que através do aumento quantitativo dos impostos se dê uma mutação qualitativa, que ponha termo ao estado fiscal e instaure um estado de carácter patrimonial ou proprietário.[26]

E, em lições completamente atuais e aplicáveis ao sistema tributário brasileiro, José Casalta Nabais afirma que a crise financeira dos Estados não virá do aumento desmedido da tributação, mas sim da reformulação das funções do Estado:

> (...) não com a pretensão de o fazer regredir ao estado mínimo do liberalismo oitocentista, actualmente de todo inviável, mas para o compatibilizar com os princípios da liberdade dos indivíduos e da operacionalidade do sistema económico, procurando evitar que o estado fiscal se agigante ao ponto de não ser senão um envólucro de um estado em substância dono (absoluto) da economia e da sociedade pela via (pretensamente) fiscal."[27] (NABAIS, 2004, p. 202-203).

Disponível em: https://www.conjur.com.br/2018-jul-08/opiniao-desafios-autoridade-tributaria-pos-moderna. Acesso em 08/05/2019.

26. NABAIS, José Casalta. *O Dever fundamental de pagar impostos*. Coimbra: Almedina, 2004. p. 194-195.

27. NABAIS, José Casalta. *O Dever fundamental de pagar impostos*. Coimbra: Almedina, 2004. P. 202.

Portanto, é incontroversa a função social do tributo como sustentação do próprio Estado Social idealizado pela Constituição Federal de 1988, efetivo instrumento que possibilita ao Estado a proteção dos Direitos Fundamentais, sendo o seu pagamento, dessa forma, verdadeiro Dever Fundamental, o que não significa, contudo, autorização para a excessiva e descabida carga tributária brasileira ou para as gravosas medidas adotadas pelo Estado no trato com os Contribuintes nas relações tributárias, pois a Constituição Federal também assegurou como valor essencial a função social da empresa.

4. DA COLISÃO ENTRE A FUNÇÃO SOCIAL DO TRIBUTO E FUNÇÃO SOCIAL DA EMPRESA, E AS ALTERNATIVAS PARA UMA CONVIVÊNCIA HARMONIOSA ENTRE O ESTADO E SEUS CIDADÃOS E EMPRESAS

4.1 A CONSTITUCIONAL EQUALIZAÇÃO DAS FUNÇÕES DOS INSTITUTOS JURÍDICOS

Nesta toada de harmonização da sociedade aos princípios sociais, a Constituição Federal de 1988 buscou superar os limites do individualismo transcendendo a proteção à coletividade já existente. Como exemplo, citamos o art. 170, que no inciso III determina que toda propriedade atenderá a sua função social, não obstante o inciso imediatamente anterior garantir o direito à propriedade, contrapondo, portanto, direitos privados desde que atendido os deveres perante a sociedade.

Ainda que, em uma análise superficial, as ideias pareçam, de fato, ser conflitantes, refutaremos esse entendimento, em especial por fundamento na alteração sobre o direito de propriedade promovida pelo Código Civil de 2002 que, superando o quanto previsto no Código Civil de 1916, passou a ser presumido como pleno e não mais ilimitado, em linha com o quanto previsto na Constituição Federal.

À vista disso, é possível alcançar uma das premissas da convivência em um "organismo" sociedade: não existem espaços para direitos ilimitados, mas, sim, direitos plenos, – ou, em outras palavras, o seu direito acaba quando do outro começa e vice-versa – corroborando a análise funcional proposta por Bobbio, que defendia a comunhão da função social, mas não mais como um dever limitador do direito, e sim como parte integrante da função privada que lhe fora atribuída.

Nesse contexto, trazemos abaixo trechos do discurso proferido pelo então Presidente da Assembleia Nacional Constituinte, Deputado Ulysses Guimarães, que ratificam a imperiosa coexistência e harmonia entre as funções individuais e sociais para alcance da plenitude dos institutos jurídicos:

> Vencer as injustiças sem violar a liberdade pode parecer programa para as sociedades da utopia, como tantos sonhadores escreveram, antes e depois de Morus, mas na realidade é um projeto inseparável da existência humana, e que se cumpre a cada dia que passa.
>
> Assim vemos a ação reguladora do Estado na atividade econômica.
>
> A livre iniciativa, necessária ao desenvolvimento do País, deverá exercer-se sem o sacrifício dos trabalhadores; e a riqueza não poderá acumular-se, ao mesmo tempo em que aumentam a miséria e a fome, em benefício dos privilegiados.
>
> Salários justos exigem uma política que combine o desenvolvimento econômico com a estabilidade monetária.
>
> (...)
>
> Se o Governo deve intervir no processo econômico, que a sua ação busque a paz social. Ali, de onde se ausenta a consciência ética, deve impor-se o poder arbitral do Estado.
>
> Partindo da razão básica - que é a de transformar todos os brasileiros em cidadãos, com a realização da Justiça Social - devemos combater certos comportamentos que nos atrasam.
>
> (...)
>
> Fazer um país crescer é fazê-lo crescer dentro de si mesmo, é fazê-lo crescer em cada um de seus cidadãos. O que significa

> aumentar a produção, se ela estiver destinada a servir aos outros e não ao nosso próprio povo? [28]

Demonstrado, portanto, que a Constituição Federal de 1988 estabeleceu em igual importância tanto a função social do tributo quanto a função social da empresa, princípios norteadores do Estado Social e que, juntos, devem transformar a sociedade brasileira.

Contudo, em algumas situações, é possível que haja uma colisão entre esses princípios, devendo o aplicador buscar a ponderação com o objetivo de alcançar uma harmonização que garanta o bem-estar social.

De fato, imaginemos uma situação concreta em que determinada empresa com 100% (cem por cento) de seu capital nacional, atuante no setor varejista de roupas, com mais de três décadas de existência e mais de 2.900 (dois mil e novecentos) funcionários em todo o país, mas que está enfrentando sua mais grave crise econômica, pois, no início da década, se estruturou para um forte crescimento que foi abruptamente interrompido com a desaceleração da econômica e a recessão econômica que, a partir de 2015, atingiu fortemente seu mercado.

Esta empresa investiu pesadamente para ampliação de suas atividades, mas, em razão da recessão decorrente, principalmente da atitude de nossos governantes, tal projeto não se sustentou, e a empresa mergulhou na pior crise econômica de sua história, pois suas receitas não pagam sequer as despesas ordinárias da companhia, muito menos os juros decorrentes da tomada de capital para a realização do investimento.

Nesse cenário, a empresa deixou de recolher alguns dos tributos devidos em suas atividades, pois o montante que recebia com a venda de mercadorias, comprovadamente, não era

---

28. BRASIL. Presidente da Assembleia Nacional Constituinte (1987-1988: Ulysses Guimarães). Discurso proferido na sessão de 03 de fevereiro de 1987. Disponível em: https://www2.camara.leg.br/atividade-legislativa/plenario/discursos/escrevendohistoria/destaque-de-materias/centenario-deputado-ulysses-guimaraes/discurso-de-03021987

suficiente para o pagamento de seus empregados, fornecedores, energia elétrica, aluguel de lojas e demais custos operacionais.

Veja-se que, nesse caso específico, a atual dificuldade financeira enfrentada pela empresa não decorreu de má conduta de seus sócios e administradores, ou situações previsíveis de mercado. Em verdade, o que ocorreu foi que o que era impensável no começo da década efetivamente ocorreu: o Brasil entrou na pior recessão de sua história recente.

Evidente, nessa situação concreta, a clara colisão entre o dever fundamental de a empresa contribuir com o sustento do Estado Social, por meio do pagamento dos tributos vencidos, com o seu também dever fundamental de contribuir com o mesmo Estado Social por meio da manutenção de quase três mil postos de trabalhos diretos e outros milhares indiretos de seus fornecedores, nos shoppings em que possua loja física, do comércio eletrônico de seus produtos, do pagamento de tributos vincendos, de suas obrigações comerciais, entre outras diversas consequências indiretas já acima exploradas.

Nessas hipóteses em que há o choque de princípios, necessário o uso da ponderação para a sua solução, ou seja, analisando-se as características específicas de cada situação concreta, aferir-se-á a importância de cada princípio na específica situação concreta que se pretende tutelar, para que, na medida do possível, por meio de concessões recíprocas, se preserve a máxima eficácia de cada um[29]. Assim, e conforme lições de Alexandre Santos de Aragão[30]:

> ***As prerrogativas estatais sobre os particulares se justificavam em razão daquela visão do interesse público como superior à***

29. BARROSO, Luís Roberto; BARCELOS, Ana Paula de. O começo da história. A nova interpretação constitucional e o papel dos princípios no direito brasileiro. *Revista da EMERJ*, vol. 6, n. 23, 2003, p. 34.

30. ARAGÃO, Alexandre Santos de. A supremacia do interesse público no advento do Estado de Direito e na hermenêutica do direito público contemporâneo. *In* SARMENTO, Daniel. *Interesses públicos versus interesses privados*: desconstruindo o princípio do interesse público. 2 tir. Rio de Janeiro: Lúmen Júris, 2007. p. 3.

> *satisfação dos interesses individuais. (...) O interesse público e os interesses dos cidadãos, que antes eram vistos como potencialmente antagônicos, passam a ser vistos como em princípio reciprocamente identificáveis.*

Assim, pela aplicação do princípio da proporcionalidade – entendido como adequação, necessidade e proporcionalidade em sentido estrito[31] – devem os envolvidos nas situações concretas analisar suas peculiaridades, os fatos relevantes para identificar qual dos princípios colidentes possui maior importância no caso concreto e, assim, qual deverá ser a solução dada para obter a máxima eficácia de ambos os princípios.

Trazendo tais premissas ao caso concreto acima exposto, respeitando-se entendimentos eventualmente diferentes, o pagamento de tributos já vencidos, embora extremamente relevante, não pode ser exigido a qualquer custo, se sobrepondo a manutenção das atividades empresariais e da função social da empresa.

Nesse contexto, a própria Procuradoria Geral da Fazenda Nacional, embora timidamente, já possibilita aos devedores que estejam em Recuperação Judicial a celebração do chamado Negócio Jurídico Processual, nos termos da Portaria PGFN nº 742, de 21/12/2018, por meio do qual é possível o equacionamento dos débitos inscritos em dívida ativa com a adoção de algumas medidas menos agressivas à satisfação do crédito, como, por exemplo, a definição de um plano de amortização ou a aceitação de bens específicos nos executivos fiscais, diversos de dinheiro ou seguro garantia, sem seguir cegamente a lista prevista no Código de Processo Civil e na Lei de Execuções Fiscais.

Embora seja sim uma evolução no pensamento da Procuradoria Geral da Fazenda Nacional, entende-se que há ainda muito a ser feito para que a nossa sociedade realmente veja que as empresas, ao exercerem suas atividades empresariais, realizam verdadeira função social no Estado moderno, que

---

31. ÁVILA, Humberto. *Teoria dos Princípios da Definição a aplicação dos princípios*. 4ª Ed. São Paulo: Malheiros, 2005. p. 112.

não é descaracterizada por meio da busca do lucro a ser distribuído entre seus acionistas.

Isto porque não se faz necessário o efetivo ajuizamento de Recuperação Judicial – com todas as consequências de mercado daí advindas – para a salvaguarda de empresa que esteja em situação financeira precária, que poderia ser demonstrada por outras formas, envolvendo a sua análise fiscal e econômica.

É possível que, na própria Execução Fiscal, as partes comprovem as particularidades fáticas da situação concreta, sem causar qualquer restrição relevante ao direito da outra parte, e que, se efetivamente comprovada a situação econômica grave – que justificaria, até mesmo, o ingresso em Recuperação Judicial – seja possível a realização de um Negócio Jurídico Processual para equacionamento dos débitos e assegurar o recebimento dos tributos vencidos e vincendos e, ao mesmo tempo, a continuidade da atividade da empresa e de todos os benefícios diretos decorrentes de tal fato.

A manutenção do exercício da atividade empresarial é efetivamente um dos pilares de sustentação do Estado Social, competindo aos servidores públicos envolvidos com a Tributação exercer suas atividades a fim de possibilitar e maximizar a função social da empresa, por meio do bom senso e razoabilidade para a solução de conflitos.

REFERÊNCIAS

ÁVILA, Humberto. *Teoria dos Princípios da Definição a aplicação dos princípios*. 4ª Ed. São Paulo: Malheiros, 2005.

ARAGÃO, Alexandre Santos de. A supremacia do interesse público no advento do Estado de Direito e na hermenêutica do direito público contemporâneo. *In* SARMENTO, Daniel. *Interesses públicos versus interesses privados*: desconstruindo o princípio do interesse público. 2 tir. Rio de Janeiro: Lúmen Júris, 2007.

ASSUNÇÃO, Matheus Carneiro. *Quem tem medo de averbação pré-executória?* Disponível em: https://www.jota.info/opiniao-e-analise/colunas/contraditorio/quem-tem-medo-de-averbacao-pre-executoria-04062018. Acesso em 08/05/2019.

BARROSO, Luís Roberto. Dez Anos da Constituição de 1988 (foi bom para você também?). *Revista Forense*, v. 95, n. 346, p. 113-132, 1999.

BARROSO, Luís Roberto; BARCELOS, Ana Paula de. O começo da história. A nova interpretação constitucional e o papel dos princípios no direito brasileiro. *Revista da EMERJ*, vol. 6, n. 23, 2003.

BOBBIO, Norberto. *Da Estrutura à função: novos estudos de teoria do Direito*. Tradução de Daniela Beccaccia Versiani. Barueri, Manole, 2007.

BRASIL. Presidente da Assembleia Nacional Constituinte (1987-1988: Ulysses Guimarães). Discurso proferido na sessão de 03 de fevereiro de 1987. Disponível em: https://www2.camara.leg.br/atividade-legislativa/plenario/discursos/escrevendohistoria/destaque-de-materias/centenario-deputado-ulysses-guimaraes/discurso-de-03021987. Acesso em 09/05/2019.

______. Supremo Tribunal Federal. Recurso Extraordinário 601.314/SP, Rel. Min. Edson Fachin, Tribunal Pleno, Julgado em 24/02/2016.

BRITO, Eliane Pereira Zamith; BRITO, Luiz Artur Ledur; MORGANTI, Fábio. *Inovação e o desempenho empresarial: Lucro ou crescimento?* São Paulo: Fundação Getúlio Vargas. RAE-eletrônica, v. 8, n. 1, jan./jun. 2009.

COELHO, Fábio Ulhôa. *Manual de Direito Comercial*. São Paulo: Saraiva, 2007.

GOMES, Julio Cesar Vieira; CABRAL, Kleber. *Desafios à autoridade tributária*: da ficção jusformalista à realidade contemporânea. Disponível em: https://www.conjur.com.

br/2018-jul-08/opiniao-desafios-autoridade-tributaria-pos-moderna. Acesso em 08/05/2019.

GRAU, Eros Roberto. *A ordem econômica na constituição de 1988*. 11. ed. rev. e atual. São Paulo: Malheiros, 2006.

NABAIS, José Casalta. *O Dever fundamental de pagar impostos*. Coimbra: Almedina, 2004.

PEREIRA, Caio Mário da Silva. *Instituições de Direito Civil* – Volume IV. Rio de Janeiro: Forense, 1970.

SCHOUERI, Luís Eduardo. Tributação e Liberdade. In: PIRES, Adilson Rodrigues e TÔRRES, Heleno Taveira (Coords.) *Princípios de Direito Financeiro e Tributário*. Estudos em homenagem ao Professor Ricardo Lobo Torres. Rio de Janeiro: Renovar, 2006.

TORRES, Ricardo Lobo. A cidadania fiscal múltipla. *In*: REZENDE, Condorcet. *Estudos Tributários*. Rio de Janeiro: Renovar, 1999.

MUDANÇAS ADOTADAS VISANDO À RESOLUÇÃO DE CONFLITOS E À COBRANÇA DO CRÉDITO TRIBUTÁRIO DE MODO MAIS EFETIVO – REDUÇÃO DO CONTENCIOSO FISCAL

Flávia Cecília de Souza Oliveira[1]

1. MUDANÇA DE PARADIGMA

Temos observado, ao longo dos últimos anos, uma mudança cultural com relação às discussões administrativas e judiciais.

A cultura do litígio tem dado espaço à cultura da conciliação, com destaque para o Prêmio "Conciliar é Legal", promovido pelo Conselho Nacional da Justiça (CNJ) que, em 2019, está em sua 10ª edição.

Cobertos pelo manto da indisponibilidade do interesse público e da supremacia do interesse público sobre o privado, numa interpretação limitadora desses princípios, instrumentos como mediação e arbitragem, até então vistos como totalmente estranhos à seara tributária, vêm sendo melhor estudados também como alternativas para a efetiva solução de conflitos e redução do contencioso.

---

1. Mestre e Especialista em Direito Tributário pela PUC-SP. Professora convidada em Cursos de Pós-Graduação nas Disciplinas de Direito Tributário e Direito Processual Tributário. Advogada.

A jurisprudência defensiva foi superada por alternativas que visam à celeridade na finalização de processos, mas com foco na efetiva resolução do mérito da causa e não apenas na redução da quantidade de processos perante o Poder Judiciário.

O que se tem verificado é, destarte, uma preocupação não apenas com a quantidade, mas, com especial ênfase, com a qualidade das discussões e seu resultado, ou seja, com a efetiva resolução do mérito da causa, a estabilidade das decisões e a segurança jurídica.

A tecnologia, a globalização, a adequação às regras adotadas internacionalmente[2], a economia e o avanço do *compliance* contribuíram para que novas medidas pudessem ser adotadas.

Em suma, se a função primordial do processo é a prestação da tutela jurisdicional útil, que a máquina administrativa ou judiciária seja provocada para que essa finalidade seja atingida.

Nesse contexto, estão sendo adotados diferentes enfoques na condução dos trabalhos e criados meios alternativos para a resolução dos conflitos e a efetiva cobrança do crédito tributário.

Esses novos rumos, portanto, perpassam não somente pela análise específica dos aspectos tributários, mas também, por aspectos processuais, constitucionais e administrativos.

Diante do escopo do presente artigo, não trataremos sobre todos esses aspectos, mas destacaremos alguns pontos que consideramos essenciais para a boa compreensão das ferramentas que vêm sendo criadas ou já aplicadas na cobrança do crédito tributário.

O objetivo aqui pretendido é apresentar as ferramentas que vêm sendo propostas, as quais certamente fundamentarão as que ainda serão criadas, e que decorrem das mudanças a que estamos sujeitos a todo momento.

---

2. Exemplo: *IFRS* (*International Financial Reporting Standards*), no campo da contabilidade.

Afinal, como ressalta o filósofo Mario Sergio Cortella[3], "gente não nasce pronta e vai se gastando; gente nasce não-pronta, e vai se fazendo".

À medida que a sociedade muda, novas regras se fazem necessárias e, nesse sentido, se as "regras do direito existem para organizar a conduta das pessoas, umas com relação às outras"[4], conforme a sociedade caminha, o Direito também deve acompanhar, para que esse trilho seja regulado.

É importante deixar registrado que, independentemente das medidas que se fazem necessárias e dos rumos do processo tributário, objeto desta análise, o norte é a total obediência e o pleno respeito às diretrizes do sistema constitucional, sob pena de o sistema ser levado à ruína.

Embora a ressalva à obediência à Constituição Federal possa ser vista como obviedade, não se pode deixar de ressaltar o fato de que qualquer mudança pretendida deve passar pelo crivo constitucional.

É a Constituição Federal que "ocupa o nível supremo da ordem jurídica, acima do qual não se reconhece outro patamar de juridicidade positiva. É ela que enumera os princípios fundamentais, organizativos e finalísticos da comunidade estatal, definindo as relações do poder político, dos governantes e governados e – respeitados os direitos e garantias individuais e sociais e o princípio da livre iniciativa – até das pessoas físicas e jurídicas"[5].

Mesmo que algumas medidas já estivessem sendo adotadas[6], como veremos de forma sucinta ao longo deste artigo,

---

3. Não nascemos prontos! *Provocações filosóficas*. 13.ed. Rio de Janeiro: Vozes, 2012, p. 13.

4. CARVALHO, Paulo de Barros. *Curso de direito tributário*. 24.ed. São Paulo: Saraiva, 2012, p. 34.

5. CARRAZZA, Roque Antonio Carlos. *Curso de direito constitucional tributário*. 31. ed. São Paulo: Malheiros, 2017, p. 38.

6. A título de exemplo, a autorização para a dispensa de recursos em ações judiciais na

realçaremos as alterações ocorridas a partir de 2015 e teremos como foco a cobrança da dívida ativa da União.

Salientamos, ainda que não seja tratada diretamente nesta oportunidade, a preocupação com a melhor qualidade nos julgamentos realizados também na esfera administrativa, uma vez que uma boa solução administrativa também contribuirá para a redução do litígio judicial.

Em 2015, houve uma mudança importante com a Lei. 13.105, que introduziu o Código de Processo Civil. Veremos adiante que o referido Diploma Processual trouxe um novo olhar a ser adotado nas relações processuais, o qual repercutiu claramente na esfera tributária e, consequentemente, nos executivos fiscais[7].

Em 2016, a Procuradoria Geral da Fazenda Nacional instituiu o Regime Diferenciado de Cobrança de Créditos-RDCC.

Em fevereiro de 2018, a Procuradoria Geral da Fazenda Nacional regulamentou a extinção do crédito tributário por meio da dação em pagamento de bens imóveis (Portaria PGFN nº. 32).

Também em fevereiro de 2018, a Procuradoria Geral da Fazenda Nacional criou o "Novo Modelo de Cobrança da Dívida Ativa da União", regulamentado pela Portaria PGFN nº. 33.

Essa Portaria teve como intuito não apenas a regulamentação da Lei. 13.606, de 2018, mas pode ser vista como parte da expressão "legislação tributária", conforme art. 96 do Código

---

esfera de competência da Procuradoria-Geral da Fazenda Nacional, em virtude de precedentes judiciais (Decreto no. 1601, de 23.08.1995); a sistemática dos recursos repetitivos e da repercussão geral (artigos 543-B e 543-C do Código de Processo Civil de 1973).

7. Dispositivos do Código de Processo Civil são mencionados em diversas outras legislações, além de sua aplicação subsidiária e supletiva a outros processos. Exemplo: CPC/15: Art. 15. Na ausência de normas que regulem processos eleitorais, trabalhistas ou administrativos, as disposições deste Código lhes serão aplicadas supletiva e subsidiariamente.
Lei no. 6.830/80: Art. 1º - A execução judicial para cobrança da Dívida Ativa da União, dos Estados, do Distrito Federal, dos Municípios e respectivas autarquias será regida por esta Lei e, subsidiariamente, pelo Código de Processo Civil.

Tributário Nacional[8], já que não trata, exclusivamente, dos temas relativos à Lei. 13.606, mas também de temas constantes do Código Tributário Nacional e da Lei de Execuções Fiscais.

O novo modelo de cobrança foi objeto de consulta pública, tendo a Portaria PGFN 33 já sofrido alteração pelas Portarias 42, de 22 de maio de 2018 e 660, de 08 de novembro de 2018.

De forma tímida, a Portaria PGFN nº 33/18 trouxe a previsão da realização do negócio jurídico processual[9], que foi ampliado em junho de 2018, com a Portaria PGFN 360, conforme previsão constante do art. 190 do Código de Processo Civil, cujo rol de possibilidades foi ampliado em agosto de mesmo ano, por meio da Portaria PGFN 515.

Ainda sobre o tema, em 21 de dezembro de 2018, foi instituída a Portaria PGFN 742, ampliando as hipóteses de solução por meio do negócio jurídico processual.

É possível verificar o ritmo com que as medidas estão sendo tomadas. Outras certamente ainda virão.

2. Redução do Contencioso – Ampliação das hipóteses de autorização da dispensa de manifestação da Procuradoria Geral da Fazenda Nacional

No ano de 2002, foi instituída a Lei. 10.522[10] que, dentre outras disposições, autorizou a Procuradoria Geral da Fazenda Nacional "a não interpor recurso ou a desistir do que

8. Artigo 96 do Código Tributário Nacional: "Art. 96. A expressão "legislação tributária"1 compreende as leis, os tratados e as convenções internacionais, os decretos e as normas complementares que versem, no todo ou em parte, sobre tributos e relações jurídicas a eles pertinentes.".

9. Artigo 38: O Procurador da Fazenda Nacional poderá celebrar Negócio Jurídico Processual visando a recuperação dos débitos em tempo razoável ou obtenção de garantias em dinheiro, isoladamente ou em conjunto com bens idôneos a serem substituídos em prazo determinado, observado o procedimento disposto no regulamento, expedido pela Procuradoria-Geral da Fazenda Nacional.".

10. Antes da edição da Lei, alguns Decretos específicos já autorizavam que a Procuradoria Geral da Fazenda Nacional deixasse de interpor recursos.

tenha sido interposto, desde que inexista outro fundamento relevante", em determinadas hipóteses, conforme artigo 19[11].

O rol de dispensa foi ampliado ao longo dos anos, seja com relação aos atos a serem praticados (recorrer, contestar, oferecer contrarrazões, desistir), seja com relação aos fundamentos da discussão (dentre outros, temas que sejam objeto de parecer, vigente e aprovado, pelo Procurador-Geral da Fazenda Nacional, que conclua no mesmo sentido do pleito do particular; temas fundados em dispositivo legal que tenha sido declarado inconstitucional pelo Supremo Tribunal Federal em sede de controle difuso e tenha tido sua execução suspensa por Resolução do Senado Federal ou tema sobre o qual exista enunciado de súmula vinculante ou que tenha sido definido pelo Supremo Tribunal Federal em sentido desfavorável à Fazenda Nacional em sede de controle concentrado de constitucionalidade)[12].

Até a elaboração deste artigo, a última alteração ao rol de dispensa foi instituída pela Medida Provisória 881, de 30 de abril de 2019, cabendo destacar a Exposição de Motivos:

> 24. Atualmente, o art. 19 da Lei 10.522, de 19 de julho de 2002, não oferece soluções adequadas, por exemplo, para matérias típicas do microssistema dos Juizados Especiais Federais. Também não prevê a possibilidade (sequer de modo excepcional) de extensão da "ratiodecidendi" precedente a tema nele não especificamente analisado, nem acerca da vinculação de outros órgãos de origem (que não a RFB) de créditos de *(sic)* cobrados pela Procuradoria-Geral da Fazenda Nacional, circunstâncias que vêm provocando incoerências e contradições na atuação da Administração Pública Federal. Dessa forma, propõe-se alterações para disciplinar permissões à Administração Tributária federal racionalizar a sua atuação.

De fato, o que se verifica é um aumento do rol de dispensa não somente pautado em atos praticados perante o Poder Judiciário

11. Redação original do artigo 19: "Art. 19. Fica a Procuradoria-Geral da Fazenda Nacional autorizada a não interpor recurso ou a desistir do que tenha sido interposto, desde que inexista outro fundamento relevante, na hipótese de a decisão versar sobre: ...".

12. DOU 30.04.2019 – edição extra – e retificado em 03.05.2019.

(julgamento em sede de recursos repetitivos, repercussão geral, súmula ou declarações de inconstitucionalidade), mas também em atos praticados no âmbito da própria Administração.

Trata-se de importante medida para a redução do contencioso, já que, devidamente amparada em atos regulamentadores, a Procuradoria Geral da Fazenda Nacional deixa de prosseguir com discussões judiciais que somente teriam o condão de postergar o encerramento do processo.

Assim, a autorização para dispensa de manifestação vai ao encontro dos objetivos do processo, que é a efetiva prestação da tutela jurisdicional útil.

Em nosso entender, a referida autorização também atende ao princípio da supremacia do interesse público sobre o privado, uma vez que esse princípio não pode ser interpretado no sentido de que o Estado é superior ao particular, mas sim, no sentido de que o benefício à coletividade deve ser posto à frente de qualquer interesse.

Sobre o tema, Regina Helena Costa[13] presta sua valiosa colaboração:

> O princípio da supremacia do interesse público sobre o particular, também conhecido por princípio da finalidade pública o do interesse coletivo, predica que a atuação estatal somente pode voltar-se ao alcance de resultados de interesse público e, na hipótese de eventual conflito entre interesse coletivo e interesse particular, a prevalência será sempre do primeiro, exatamente por sua natureza supraindividual.
>
> Na seara tributária, a supremacia do interesse público sobre o interesse particular pode ser traduzida, singelamente, na convivência harmônica entre a adequada realização da arrecadação fiscal e o respeito aos direitos dos contribuintes.
>
> Implícito no ordenamento jurídico, dele deriva o princípio da indisponibilidade do interesse público, que, no contexto em análise, impõe-se ao legislador e ao administrador, especialmente no

---

13. COSTA, Regina Helena. *Curso de direito tributário*. 2.ed. São Paulo: Saraiva, 2012. p. 77.

> trato de institutos cuja aplicação resulta no manejo do crédito tributário, tais como a isenção, a compensação, a transação, a remissão e a anistia."

Dessa forma, a redução do contencioso é medida que atende aos interesses da coletividade, porquanto a máquina judiciária estará sendo provocada especificamente para atingir a finalidade essencial do processo, qual seja, a prestação da tutela jurisdicional útil.

3. O NOVO OLHAR DO CÓDIGO DE PROCESSO CIVIL DE 2015

No contexto dos novos rumos do processo tributário, não podemos deixar de mencionar a contribuição ocorrida em 2015, com a instituição da Lei 13.105, que passou a regular o processo civil[14] a partir de março de 2016.

Embora somente em 2015 tenha sido editada a nova norma que hoje regulamenta o processo civil, o Código de Processo Civil então vigente (Lei 5.869, de 11 de janeiro de 1973) já operava de modo bem diverso de sua versão original, fruto das numerosas e substanciais mudanças ocorridas na sociedade nas últimas décadas.

Vale ilustrar essa afirmação com o excerto da Exposição de Motivos da Lei 13.105, de 2015[15]:

> Não há fórmulas mágicas. O Código vigente, de 1973, operou satisfatoriamente durante duas décadas. A partir dos anos noventa, entretanto, sucessivas reformas, a grande maioria delas lideradas pelos Ministros Athos Gusmão Carneiro e Sálvio de Figueiredo Teixeira, introduziram no Código revogado significativas

14. "O *Direito Processual Civil* é o conjunto das normas que disciplinam o processo jurisdicional civil – visto como ato-jurídico complexo ou como feixe de relações jurídicas. Compõe-se das normas que determinam o modo como o processo deve estruturar-se e as situações jurídicas que decorrem dos fatos jurídicos processuais". DIDIER Jr., Fredie. *Curso de Direito Processual Civil.* v.1. 19.ed. Salvador: Jus Podivm, p. 41.

15. Recomenda-se a leitura integral da Exposição de Motivos.

> alterações, com o objetivo de adaptar as normas processuais a mudanças na sociedade e ao funcionamento das instituições.
>
> A expressiva maioria dessas alterações, como, por exemplo, em 1994, a inclusão no sistema do instituto da antecipação de tutela; em 1995, a alteração do regime do agravo; e, mais recentemente, as leis que alteraram a execução, foram bem recebidas pela comunidade jurídica e geraram resultados positivos, no plano da operatividade do sistema.

A colaboração advinda do Código de Processo Civil em 2015 é inquestionável, pois não houve, apenas, a introdução de regras, mas sim, ocorreu uma mudança de espírito: a leitura do Código de Processo Civil revela uma maior preocupação com a efetiva resolução do mérito do caso posto sob análise, trazendo dispositivos que modificam a cultura da jurisprudência defensiva, reduzem a complexidade do processo, tornam o processo mais célere, mais voltado aos ditames da justiça e da segurança jurídica e ao atendimento das necessidades sociais.

Cabe aqui trazer mais um excerto da Exposição de Motivos, recomendando-se a sua leitura integral, já que bem ilustra os fundamentos e propósitos da criação da novel sistemática processual:

> Com evidente redução da complexidade inerente ao processo de criação de um novo Código de Processo Civil, poder-se-ia dizer que os trabalhos da Comissão se orientaram precipuamente por cinco objetivos: 1) estabelecer expressa e implicitamente verdadeira sintonia fina com a Constituição Federal; 2) criar condições para que o juiz possa proferir decisão de forma mais rente à realidade fática subjacente à causa; 3) simplificar, resolvendo problemas e reduzindo a complexidade de subsistemas, como, por exemplo, o recursal; 4) dar todo o rendimento possível a cada processo em si mesmo considerado; e, 5) finalmente, sendo talvez este último objetivo parcialmente alcançado pela realização daqueles mencionados antes, imprimir maior grau de organicidade ao sistema, dando-lhe, assim, mais coesão.

O novo propósito trazido pelo Código de Processo Civil é visto ao longo de todo o Diploma Processual, mas o Capítulo

I do Título Único do Livro I da Parte Geral traz as *Normas Fundamentais do Processo Civil*[16].

Dentre elas, destacamos:

a) Princípio da inafastabilidade da jurisdição: embora já previsto na Constituição Federal[17], o Código de Processo Civil o menciona expressamente e faz referência à: a.1) permissão da arbitragem; a.2) busca, pelo Estado, para a solução consensual dos conflitos; a.3) conciliação, mediação e outros métodos de solução consensual de conflitos a serem estimulados por juízes, advogados, defensores públicos e membros do Ministério Público, inclusive no curso do processo judicial[18];

b) Princípio da razoável duração do processo: também previsto na Constituição Federal[19], e primazia do mérito[20];

c) Princípio da Boa-fé[21];

d) Princípio da cooperação: todos os sujeitos do processo devem cooperar entre si para se atingir a obtenção de uma decisão, em tempo razoável, de mérito, justa e efetiva[22];

e) Paridade de tratamento e zelo pelo efetivo contraditório[23];

---

16. Artigos 1º a 12.

17. Artigo 5º, inciso XXXV - a lei não excluirá da apreciação do Poder Judiciário lesão ou ameaça a direito.

18. Artigo 2º do Código de Processo Civil.

19. Artigo 5º, inciso LXXVIII - a todos, no âmbito judicial e administrativo, são assegurados a razoável duração do processo e os meios que garantam a celeridade de sua tramitação.

20. Artigo 4º do Código de Processo Civil.

21. Artigo 5º do Código de Processo Civil.

22. Artigo 6º do Código de Processo Civil.

23. Artigo 7º do Código de Processo Civil.

f) Primazia aos fins sociais e às exigências do bem comum, promovendo a dignidade da pessoa humana e observando a proporcionalidade, a razoabilidade, a legalidade, a publicidade e a eficiência[24].

Importante mencionar que a palavra "princípio" traz a ideia de origem, base, alicerce, ou seja, as *Normas Fundamentais do Processo Civil* não podem ser vistas como meras recomendações, mas sim, como o efetivo caminho a ser seguido, sob pena de ruína de todo o sistema jurídico processual e procedimental, já que não se trata de "simples" normas, mas sim, de princípios.

Tomamos emprestada a clássica comparação feita pelos Professores Celso Antônio Bandeira de Mello e Geraldo Ataliba[25] entre um edifício e o sistema jurídico para ressaltar a importância dos princípios.

Em um edifício, todos os componentes que o integram têm a sua relevância: portas, janelas, vigas mestras, colunas, luminárias. O que ocorre quando uma janela quebra? Realiza-se a sua troca. E o que ocorre quando se retira uma viga mestra ou uma coluna? O edifício inteiro é abalado.

Assim ocorre no Sistema Jurídico (edifício). Se uma regra é violada (janela, porta), medidas serão adotadas para combater essa violação. Mas, se um princípio (coluna, viga mestra) é violado, o Sistema Jurídico como um todo será abalado.

Essa é a razão pela qual todos os esforços devem ser adotados para que os princípios sejam cumpridos.

Como se trata de princípios, todos têm fundamental importância. Entretanto, para a finalidade do presente artigo, chamamos atenção para o princípio da cooperação, previsto no art. 6º do CPC.

---

24. Artigo 8º do Código de Processo Civil.

25. ATALIBA, Geraldo Ataliba. *Estudos e pareceres de Direito Tributário*. v. 3. Decreto-lei em matéria tributária. Não pode criar nem aumentar tributo. São Paulo: Revista dos Tribunais, 1980. p. 46.

De acordo com esse princípio, todos os envolvidos no processo devem atuar de forma zelosa, de boa-fé, para que a tutela jurisdicional possa solucionar o mérito em tempo razoável. Partes e Julgadores devem atuar com esse espírito.

De início, pode soar estranho falar em "cooperação" em um ambiente litigioso; mas, quando se volta os olhos para o objetivo pretendido no litígio (a efetiva solução da demanda), é possível enxergar o alcance desse princípio.

Essa estranheza inicial não passou despercebida pela doutrina, conforme pondera José Rogério Cruz e Tucci[26]:

> À primeira vista, desponta questionável a redação do enunciado legal ora anotado, visto que no processo contencioso, por razões óbvias, nem todos os sujeitos do processo mostram-se dispostos a colaborar entre si. Todavia, o sentido da cooperação aqui preconizado não se refere, por certo, a qualquer concessão das posições de vantagens dos respectivos litigantes. Na verdade, inspirando-se na moderna doutrina que já adotara entre os princípios éticos que informam a ciência processual o denominado "dever de cooperação recíproca em prol da efetividade", o legislador procura desarmar todos os participantes do processo, infundindo em cada qual um comportamento pautado pela boa-fé, para se atingir uma profícua comunidade de trabalho. E isso, desde aspectos mais corriqueiros, como a simples consulta pelo juiz aos advogados da conveniência da designação de audiência numa determinada data, até questões mais complexas, como a expressa previsão de cooperação das partes ao ensejo do saneamento do processo (CPC/2015, art. 357, § 3º). Trata-se aí de cooperação em sentido formal.

O olhar da cooperação é de grande contribuição para a mudança no comportamento das partes e vem sendo observado também nos executivos fiscais, conforme entendeu a Terceira Turma do Tribunal Regional Federal da Terceira Região, em julgamento de Apelação em Embargos à Execução Fiscal[27], ao assim definir:

---

26. Código de Processo Civil Anotado. AASP e OAB PR. Atualizado em 23/12/2015, comentário ao artigo 6º, p. 13.

27. TRF 3ª Região. 3ª Turma. Relator Desembargador Federal Antonio Cedenho. Apelação Cível no. 0002500-83.2009.4.03.6182/SP. D.E. 28.03.2019.

> Em matéria tributária, deve prevalecer a real situação fiscal do contribuinte, não podendo eventual preenchimento incorreto da DCTF, por si só, obstar seu direito de discutir o crédito tributário, em homenagem aos princípios da boa-fé e da cooperação.

Certamente, até porque o Direito é uma ciência una[28], o espírito do Diploma Processual também ecoou para além do processo civil e inspirou o novo comportamento visto no âmbito do processo tributário, com relação aos magistrados, procuradores fazendários, advogados e contribuintes, bem como as alterações legislativas nessa seara.

4. O REGIME DIFERENCIADO DE COBRANÇA DE CRÉDITOS – RDCC E O NOVO MODELO DE COBRANÇA DO CRÉDITO TRIBUTÁRIO DA UNIÃO

4.1 REGIME DIFERENCIADO DE COBRANÇA DE CRÉDITOS – BREVES LINHAS

Em 20 de abril de 2016, sob a perspectiva do aumento da eficiência para a recuperação dos créditos, a Procuradoria Geral da Fazenda Nacional regulamentou o Regime Diferenciado de Cobrança de Créditos – RDCC[29].

Em síntese, esse Regime estabelece medidas que objetivam otimizar o processo de cobrança, para que esta se torne mais efetiva[30].

---

28. Nesse sentido: "Antes de adentrarmos ao presente estudo, é sempre bom pontuar que apesar de se discorrer acerca da autonomia do Direito Tributário, o Direito é um sistema de normas uno, não havendo que se reconhecer vida própria e independência a nenhum dos seus ramos. Não se pode cingi-lo, sob pena de incorrer um uma imprecisão metodológica". BONFÁ DE JESUS, Isabela. *Manual de direito e processo tributário* / Isabela Bonfá de Jesus, Fernando Bonfá de Jesus, Ricardo Bonfá de Jesus. 4.ed. São Paulo: Revista dos Tribunais, 2017. p. 37.

29. Portaria PGFN 396, de 20 de abril de 2016.

30. Artigo 1º. O Regime Diferenciado de Cobrança de Créditos-RDCC consiste no conjunto de medidas, administrativas ou judiciais, voltadas à otimização dos processos de trabalho relativos à cobrança da Dívida Ativa da União, observados

Em nosso entender, esse enfoque está em consonância com o que tratamos inicialmente, sobre a preocupação não apenas na quantidade da cobrança, mas também com a sua qualidade.

Adotou-se, para tanto, uma linha de corte para atuação nas execuções fiscais: as execuções fiscais com valor consolidado igual ou superior a 1 milhão de reais e sem garantia útil à satisfação, integral ou parcial, do crédito tributário, foram suspensas, nos termos do art. 40 da Lei. 6.830, de 1980[31].

E, seguindo essa trilha de que o foco é a efetiva recuperação do crédito tributário, foi ampliado o rol de execuções fiscais objeto de suspensão: os processos que tratam de débitos considerados irrecuperáveis ou de baixa perspectiva de recuperação também serão suspensos, nos termos do art. 40 da Lei 6.830, de 1980, permanecendo o critério da inexistência de informação no processo de bens e direitos úteis à satisfação, integral ou parcial, do crédito executado[32].

No contexto da priorização da atuação da Procuradoria Geral da Fazenda Nacional, referido Órgão firmou acordo com o Superior Tribunal de Justiça para desistir dos processos com créditos de baixa recuperabilidade[33].

---

critérios de economicidade e racionalidade, visando outorgar maior eficiência à recuperação do crédito inscrito.".

31. Redação original do artigo 20 da Portaria PGFN 396/16: "Artigo 20. Serão suspensas, nos termos do art. 40, *caput*, da Lei 6.830, de 1980, as execuções fiscais cujo valor consolidado seja igual ou inferior a um milhão de reais, desde que não conste nos autos garantia útil à satisfação, integral ou parcial, do crédito executado.".

32. Redação dada pela Portaria PGFN 520, de 27 de maio de 2019: "Art. 1º O *caput* do art. 20 da Portaria PGFN 396, de 20 de abril de 2016, passa a vigorar com a seguinte redação: *'Art. 20. Serão suspensas, nos termos do art. 40, caput, da Lei 6.830, de 1980, as execuções fiscais cujo valor consolidado seja igual ou inferior a um milhão de reais ou cujos débitos sejam considerados irrecuperáveis ou de baixa perspectiva de recuperação, desde que não constem dos autos informações de bens e direitos úteis à satisfação, integral ou parcial, do crédito executado.(...)". (NR)*

33. http://www.stj.jus.br/sites/STJ/default/pt_BR/Comunica%C3%A7%C3%A3o/noticias/Not%C3%ADcias/STJ-e-Fazenda-Nacional-firmam-parceria-para-reduzir-processos-em-tramita%C3%A7%C3%A3o. Acesso em 04.06.2019.

Trata-se de medida de suma relevância, já que o estoque da dívida ativa da União é de 2,196 trilhões de reais, sendo que, desse montante, aproximadamente 44,8% são classificados como irrecuperáveis[34] e representa mais uma ação que reflete o novo comportamento adotado nos executivos fiscais.

Nesse cenário de atuação prioritária, foram criados 4 (quatro) procedimentos especiais:

(i) PEDP – Procedimento Especial de Diligenciamento Patrimonial;

(ii) PECDA – Procedimento de Protesto Extrajudicial da Certidão de Dívida Ativa;

(iii) PEAP – Procedimento Especial de Acompanhamento de Parcelamentos; e

(iv) PAEG – Procedimento de Acompanhamento de Execuções Garantidas por depósito integral, carta de fiança, seguro garantia ou penhora, bem como das execuções suspensas por decisão judicial.

Com essa linha de corte e mediante adoção desses 4 (quatro) procedimentos, os Procuradores ficam centralizados e focados para uma busca mais efetiva do patrimônio do devedor, adoção de procedimentos extrajudiciais visando à cobrança, monitoramento mais firme dos parcelamentos e das execuções com garantias de maior liquidez.

4.2 NOVO MODELO DE COBRANÇA DA DÍVIDA ATIVA DA UNIÃO

Em 2018, foi instituído o Novo Modelo de Cobrança da Dívida Ativa da União, por meio da inclusão dos artigos 20-B, 20-C, 20-D e 20-E à Lei 10.522, de 19 de julho de 2002. Essa alteração foi promovida pelo art. 25 da Lei 13.606, de 09 de janeiro de 2018[35].

---

34. PGFN em números: http://www.pgfn.fazenda.gov.br/acesso-a-informacao/institucional/pgfn-em-numeros-2014/pgfn_em_numeros_2019.pdf/view

35. Artigo 25. A Lei 10.522, de 19 de julho de 2002, passa a vigorar acrescida dos seguintes arts. 20-B, 20-C, 20-D e 20-E: (...)."

Referido Modelo foi regulamentado pela Portaria PGFN 33, de 08 de fevereiro de 2018, destacando-se: (I) Cobrança Extrajudicial; (II) Ajuizamento Seletivo das Execuções Fiscais; (III) Possibilidade de oferta antecipada de garantia em execução fiscal; (IV) Controle de Legalidade dos créditos da União e procedimento para inscrição em dívida ativa; (V) Oferta antecipada de garantia em execução fiscal; (VI) Pedido de Revisão de Inscrição em Dívida Ativa; (VII) Averbação Pré-executória; (VIII) Ajuizamento Seletivo.

Todas essas medidas tiveram por objetivo tornar a cobrança dos débitos inscritos em dívida ativa da União mais efetiva, em razão do maior controle com relação à inscrição em dívida ativa (por parte do contribuinte ou do Procurador da Fazenda Nacional) e dos procedimentos para garantia da dívida e sua posterior liquidação.

Diante do grande impacto, uma audiência pública foi promovida para que a sociedade pudesse apresentar os pontos de críticas e aperfeiçoamento do Novo Modelo, o que resultou em diversas alterações promovidas pela Portaria PGFN 42, de 25 de maio de 2018. Nova alteração foi introduzida pela Portaria PGFN 660, de 08 de novembro de 2018.

As alterações promovidas não trataram, todavia, do ponto em comum objeto de questionamento do art. 25 da Lei 13.606/2018, por meio das Ações Diretas de Inconstitucionalidade (ADIN. 5.881[36], 5.886[37] e 5.890[38], 5925[39], 5931[40], 5932[41]), qual seja, a averbação pré-executória e indisponibilidade dos bens, conforme art. 20-B, § 2º, inciso III:

36. Proposta pelo PSB – Partido Socialista Brasileiro.

37. Proposta pela ABAD - Associação Brasileira de Atacadistas e Distribuidores de Produtos Industrializados.

38. Proposta pela CNA - Confederação da Agricultura e Pecuária do Brasil.

39. Proposta pelo CFOAB - Conselho Federal da Ordem dos Advogados do Brasil.

40. Proposta pela CNI - Confederação Nacional da Indústria.

41. Proposta pela CNT – Confederação Nacional do Transporte.

> *Art. 25. A Lei 10.522, de 19 de julho de 2002, passa a vigorar acrescida dos seguintes arts. 20-B, 20-C, 20-D e 20-E:*
>
> *Art. 20-B. Inscrito o crédito em dívida ativa da União, o devedor será notificado para, em até cinco dias, efetuar o pagamento do valor atualizado monetariamente, acrescido de juros, multa e demais encargos nela indicados;*
>
> *§ 3º. Não pago o débito no prazo fixado no caput deste artigo, a Fazenda Pública poderá:*
>
> *II - averbar, inclusive por meio eletrônico, a certidão de dívida ativa nos órgãos de registro de bens e direitos sujeitos a arresto ou penhora, tornando-os indisponíveis.*

A regulamentação específica desse item foi trazida pelo inciso III, do art. 7º da Portaria PGFN 33/2018, do seguinte modo:

> *Art. 7º. Esgotado o prazo e não adotada nenhuma das providências descritas no art. 6º, a Procuradoria-Geral da Fazenda Nacional poderá:*
>
> *I - encaminhar a Certidão de Dívida Ativa para protesto extrajudicial por falta de pagamento, nos termos do art. 1º, parágrafo único, da Lei 9.492, de 10 de setembro de 1997;*
>
> *II - comunicar a inscrição em dívida ativa aos órgãos que operam bancos de dados e cadastros relativos a consumidores e aos serviços de proteção ao crédito e congêneres, mediante convênio firmado com as respectivas entidades;*
>
> *III - averbar, inclusive por meio eletrônico, a Certidão de Dívida Ativa nos órgãos de registro de bens e direitos sujeitos a arresto ou penhora, para fins de averbação pré-executória...*

Muito embora a Portaria PGFN 33/2018 não tenha previsto a indisponibilidade de bens, isso poderá ocorrer, uma vez que essa previsão consta da Lei[42]. Se a previsão da indisponibilidade estivesse contida apenas na Portaria, certamente seria uma previsão ilegal, já que traria norma limitadora (de que a lei não trataria, nessa hipótese, sendo vedado a uma Portaria fazê-lo).

---

42. O intuito é demonstrar a existência do amparo em lei e não que, por estar em lei, o instituto tem legitimidade, já que tal discussão refoge ao escopo do presente artigo.

Assim, ainda que a Portaria PGFN 33 tenha dispositivos de questionável legalidade, o intuito do presente artigo é demonstrar em que medida esse novo modelo contribui para a redução do contencioso fiscal, já que, em nosso entender, há aspectos positivos que devem ser considerados.

Dentre as regulamentações trazidas pela Portaria PGFN 33/2018, fazemos destaque ao Capítulo I, que trata do controle de legalidade dos créditos da União e do procedimento para procedimento para inscrição em dívida ativa.

Se, atualmente, medidas estão sendo tomadas para a redução do contencioso e a diminuição do estoque da dívida ativa, é certo que são também necessárias medidas para que se detenham os causadores do avanço dos elevados números, sob pena de se "despir um santo para cobrir outro".

Afinal, conforme já tivemos a oportunidade de mencionar, o estoque da dívida ativa da União é de 2,196 trilhões de reais.

Assim, por mais que o olhar seja para o futuro, e estejam sendo envidados esforços no sentido de reduzir o número dos executivos fiscais, é importante olhar no retrovisor e avaliar: qual é a origem desse estoque?

Nesse sentido, estancar as condições que contribuem com o aumento do estoque também é tarefa a ser executada no intuito da redução do contencioso fiscal.

Não é novidade que a existência de um título de obrigação certa, líquida e exigível é requisito necessário para realizar qualquer execução[43] e que a certidão de dívida ativa é um título executivo extrajudicial[44].

Também não é novidade que a inscrição é ato de controle administrativo da legalidade e deve ser praticado pelo órgão competente para apurar a liquidez e certeza do crédito[45].

---

43. Código de Processo Civil - Livro II – Título I - Capítulo IV – Dos Requisitos Necessários para realizar qualquer execução.

44. Artigo 784, inciso IX do Código de Processo Civil.

45. Artigo 2º, parágrafo 3º da Lei 6.830/80.

Todavia, a Portaria PGFN 33/2018 ilumina esse ato ao estabelecer que o controle de legalidade dos débitos encaminhados para inscrição em dívida ativa da União constitui direito do contribuinte e dever do Procurador da Fazenda Nacional, que poderá realizá-lo a qualquer tempo, de ofício ou a requerimento do interessado[46].

Essa ressalva – direito do contribuinte e dever do Procurador da Fazenda Nacional – eleva o controle de legalidade, na medida em que aproxima as partes para o ato de inscrição da dívida.

A partir do momento em que se tem um maior controle no ato de inscrição, ainda que a presunção de liquidez e certeza da certidão de dívida ativa permaneça relativa[47], espera-se que haja uma melhor qualidade nos executivos fiscais ajuizados.

Logo, quanto melhor o controle do ato de inscrição a dívida, menores são as possibilidades de ajuizamento de executivos fiscais que apenas teriam o condão de contribuir para a continuidade do estoque (ou mesmo de seu aumento).

Com essa visão, patrocinada de forma expressa, a Portaria PGFN 33 estabelece que o Procurador da Fazenda Nacional deve devolver o débito ao órgão de origem, sem inscrição, para que sejam feitas as devidas correções, na hipótese de ser constatado algum vício na verificação do exame de legalidade.

E, se mesmo após esse controle de legalidade, a inscrição em dívida ativa apresentar vícios, na efetiva intenção de se reduzir os executivos fiscais, é assegurado o direito de o contribuinte formular Pedido de Revisão de Dívida Inscrita (PRDI), oportunidade em que a Procuradoria Geral da Fazenda Nacional poderá reanalisar os requisitos de liquidez, certeza e exigibilidade dos débitos inscritos em dívida ativa da União, de natureza tributária ou não tributária, representando mais uma oportunidade de redução do contencioso fiscal.

---

46. Artigo 2º da Portaria PGFN nº 33, de 08 de fevereiro de 2018.

47. Artigo 3º, parágrafo único da Lei 6.830/80; artigo 204, parágrafo único do Código Tributário Nacional.

Embora anteriormente ao PRDI o sujeito passivo pudesse pleitear a revisão da dívida, é fato que, com a regulamentação específica na mencionada Portaria, o instrumento ganha mais força e contribui para esse novo olhar voltado à redução dos executivos fiscais.

5. EXTINÇÃO DO CRÉDITO TRIBUTÁRIO POR MEIO DE DAÇÃO EM PAGAMENTO DE BENS IMÓVEIS – REGULAMENTAÇÃO PELA PROCURADORIA GERAL DA FAZENDA NACIONAL EM 2018

Muito embora não se trate especificamente de novo modelo de cobrança, fazemos destaque à regulamentação, também ocorrida em 2018, da possibilidade de extinção do crédito tributário por meio de dação em pagamento de bens imóveis que, certamente, está em estrita consonância com as medidas que vêm sendo adotadas para a satisfação do crédito tributário e a redução do contencioso fiscal.

A dação em pagamento consiste em uma das formas de extinção das obrigações e ocorre quando o credor consente em receber prestação diversa da que lhe é devida, nos termos do disposto no art. 356 do CC.

Na seara tributária, a dação em pagamento foi viabilizada como forma de extinção do crédito tributário em 2001, por meio da Lei Complementar 104, que introduziu o inciso XI ao art. 156 do CTN[48].

No caso, a dação em pagamento ficou restrita a bens imóveis e dependente de definição de forma e condições especificadas por lei.

48. Lei Complementar 104, de 10 de janeiro de 2001:
"Art. 1º A Lei nº 5.172, de 25 de outubro de 1966 – Código Tributário Nacional, passa a vigorar com as seguintes alterações: (...).'Art. 156. . XI - a dação em pagamento em bens imóveis, na forma e condições estabelecidas em lei. (AC)

Dúvidas surgiram à época, quanto à referida regulamentação, se deveria ser uma lei ordinária de caráter geral ou se bastaria uma lei ordinária específica que disciplinasse o tema.

No âmbito federal, a questão foi objeto de Consulta por parte da Universidade Federal do Pará que pretendia ver extinto o crédito tributário por dação em pagamento de bem imóvel de propriedade da Comercial Madeiras Exportação - CEMEX SA, em razão de seu interesse em utilizá-lo para implantar Unidade Demonstrativa de Silvicultura, com vistas a reflorestamento e empreendimento de suas atividades de ensino, pesquisa e extensão[49].

Em 2002, foi editada a Lei 10.635, de 30 de dezembro, que regulamentou uma situação específica, autorizando o Instituto Nacional do Seguro Social a receber em dação em pagamento de créditos previdenciários vencidos até a competência de 2001 o imóvel localizado no Município de Apiacás-MT.

A celeuma também foi objeto de apreciação pelo Poder Judiciário, tendo o Superior Tribunal de Justiça considerado que o art. 156, inciso XI do CTN é norma de eficácia limitada que depende de lei ordinária federal, não podendo o Poder Judiciário atuar como legislador, conforme decisão sintetizada abaixo:

> Ementa
>
> TRIBUTÁRIO. AGRAVO REGIMENTAL. EXECUÇÃO FISCAL. IMPOSTO TERRITORIAL RURAL-ITR. DAÇÃO EM PAGAMENTO. IMÓVEL RURAL. ART. 535, II, DO CPC.
>
> (...)
>
> 2. O artigo 156, inciso XI, do Código Tributário Nacional, incluído pela Lei Complementar 104/2001, possibilita a extinção do crédito tributário por meio da dação em pagamento em bens imóveis; contudo, há necessidade de norma que regulamente a questão. É manifesta a impossibilidade do Poder Judiciário atuar como legislador infraconstitucional, sob pena de ferir o princípio da separação de poderes.

49. Informação extraída do Parecer PGFN/CAT 105/2018.

> (...)." (STJ, 2ª Turma, Relator Ministro Herman Benjamin, AgRg no REsp 1431546/PE, julgado em 15/05/2014, DJe 20/06/2014) [50]

A regulamentação em âmbito federal ocorreu somente em 2016, com a Lei. 13.259, de 16 de março e, logo em 29 de março de 2016, com a Medida Provisória 719, posteriormente convertida na Lei. 13.313, o instituto sofreu algumas alterações em sua regulamentação original.

A Exposição de Motivos revelou que o objetivo da regulamentação da dação em pagamento de bens imóveis em nível federal decorria da possibilidade de sua ampliação, e não simplesmente da forma de satisfação do crédito tributário. O instituto foi visto como mais uma possibilidade de extinção das cobranças judiciais, conforme destacamos:

> 21. Por fim, a última medida apresentada dispõe sobre o instituto da dação em pagamento de bens imóveis de que cuida o inciso XI do art. 156 do Código Tributário Nacional - CTN, incluído pela Lei Complementar 104, de 10 de janeiro de 2001.
>
> 22. De acordo com a proposta, os créditos tributários inscritos em dívida ativa da União poderão ser extintos, nos termos do referido comando do CTN, mediante dação em pagamento de bens imóveis, a critério do credor, na forma desta Lei, desde que atendidas as seguintes condições:
>
> I - a dação seja precedida de avaliação do bem ou bens ofertados, que devem estar livres e desembaraçados de quaisquer ônus, nos termos de ato do Ministério da Fazenda;
>
> II - a dação abranja a totalidade do débito ou débitos que se pretende liquidar com atualização, juros, multa e encargos legais, sem desconto de qualquer natureza, assegurando-se ao devedor a possibilidade de complementação em dinheiro de eventual diferença entre os valores da dívida e o valor do bem ou bens ofertados em dação.
>
> 23. O projeto também dispõe que, caso o crédito que se pretenda extinguir seja objeto de discussão judicial, a dação em pagamento somente produzirá efeitos após a desistência da referida

50. Vide também (STJ, Primeira Turma, Resp 884.272/RJ, Relator Ministro Teori Albino Zavascki, DJ 29/03/2007).

> ação pelo devedor ou corresponsável e a renúncia do direito sobre o qual se funda a ação, devendo o devedor ou o corresponsável arcar com o pagamento das custas judiciais e honorários advocatícios.
>
> 24. Nesse sentido, a edição da medida tem por escopo a fixação de critérios e requisitos mínimos a serem observados pelos contribuintes para possibilitar a extinção do crédito tributário por meio da dação em pagamento de bens imóveis.
>
> 25. Tendo em vista que a avaliação do imóvel é um procedimento que requer etapas bastante detalhadas, de forma a garantir a satisfação do crédito tributário, mediante o exato cumprimento da obrigação, faz-se necessária a remessa de tal pormenorização à regulamentação pelo Ministério da Fazenda.
>
> 26. A relevância e a urgência desta medida decorrem, por um lado, da necessidade de regulamentar dispositivo previsto no CTN, de forma a ampliar as formas de satisfação do crédito tributário disponíveis aos contribuintes, que deixariam de satisfazê-lo com recursos que podem ser empregados na realização de seus negócios, melhorando sua condição de liquidez no atual cenário de incertezas econômicas. Por outro lado, a União se satisfaz não só com a extinção do crédito tributário, mas também com a extinção de cobranças judiciais que congestionam os tribunais do país. Por fim, leva à maior segurança jurídica nesta modalidade de extinção do crédito tributário.

Em nosso entender, essa preocupação em extinguir "as cobranças judiciais que congestionam os tribunais do país" está em consonância, não somente com a nova visão dos meios de cobrança na busca de uma efetiva satisfação do crédito tributário, mas também, com a preocupação em se reduzir o contencioso fiscal, que é, também, um dos objetivos almejados com as modificações que vêm ocorrendo na legislação tributária.

No âmbito federal, a possibilidade da dação em pagamento de bens imóveis é restrita aos créditos inscritos em dívida ativa e, em caso de crédito objeto de discussão judicial, está condicionada à desistência da ação pelo devedor ou corresponsável e à renúncia do direito sobre a qual se funda, mediante pagamento das custas judiciais e dos honorários advocatícios[51].

A Lei exclui da possibilidade de extinção por dação em pagamento de bens imóveis os créditos tributários referentes ao Regime Especial Unificado de Arrecadação de Tributos e Contribuições devidos pelas Microempresas e Empresas de Pequeno Porte - Simples Nacional[52].

É de se registrar que, mesmo com o advento da Lei 13.259, a dação em pagamento em bens imóveis não era modalidade de extinção do crédito tributário adotada na esfera federal, já que referida Lei estabeleceu algumas condições que dependeriam de ato do Ministério da Fazenda[53].

De todo modo, antes mesmo dessa regulamentação, a Lei. 13.496, de 24 de outubro de 2017, ao instituir o Programa Especial de Regularização Tributária (PERT) no âmbito da Secretaria da Receita Federal do Brasil e na Procuradoria Geral da Fazenda Nacional, trouxe a previsão de dação em pagamento de bens imóveis como meio para liquidação do saldo remanescente do parcelamento, o que poderia dar a entender que a modalidade da dação em pagamento já poderia ser utilizada, independentemente de regulamentação pelo Ministério da Fazenda.

Destaca-se o artigo 3º, parágrafo único, inciso III da Lei nº. 13.496/17:

---

51. Conforme artigo 4º da Lei 13.259, de 16 de março de 2016.

52. Artigo 4º, § 1º.

53. Avaliação de bens imóveis, conforme inciso I do artigo 4º. : "Art. 4º. O crédito tributário inscrito em dívida ativa da União poderá ser extinto, nos termos do inciso XI do *caput* do art. 156 da Lei 5.172, de 25 de outubro de 1966 - Código Tributário Nacional, mediante dação em pagamento de bens imóveis, a critério do credor, na forma desta Lei, desde que atendidas as seguintes condições: I - a dação seja precedida de avaliação do bem ou dos bens ofertados, que devem estar livres e desembaraçados de quaisquer ônus, nos termos de ato do Ministério da Fazenda...".
Destinação específica dos créditos extintos por dação em pagamento, conforme § 3º do artigo 4º: "Art. 4º.§ 3º A União observará a destinação específica dos créditos extintos por dação em pagamento, nos termos de ato do Ministério da Fazenda.".

> *"Art. 3º. No âmbito da Procuradoria-Geral da Fazenda Nacional, o sujeito passivo que aderir ao Pert poderá liquidar os débitos de que trata o art. 1º desta Lei, inscritos em dívida ativa da União, da seguinte forma:*
>
> *(...).*
>
> *Parágrafo único. Na hipótese de adesão a uma das modalidades previstas no inciso II do caput deste artigo, ficam assegurados aos devedores com dívida total, sem reduções, igual ou inferior a R$ 15.000.000,00 (quinze milhões de reais):*
>
> *(...).*
>
> *III - após a aplicação das reduções de multas e juros, a possibilidade de oferecimento de dação em pagamento de bens imóveis, desde que previamente aceita pela União, para quitação do saldo remanescente, observado o disposto no art. 4º da Lei 13.259, de 16 de março de 2016.*

Na regulamentação do PERT trazida pela Portaria PGFN 690, de 29 de junho de 2017, todavia, ficou clara a necessidade de nova regulamentação, na medida em que o artigo 16 estabeleceu que a proposta de quitação do saldo devedor do parcelamento mediante dação em pagamento de bens imóveis deveria observar o disposto no art. 4º da Lei 13.259/2016 "e a regulamentação específica a ser expedida pela PGFN".

Assim, a controvérsia em âmbito federal, com relação à efetiva possibilidade de utilização da dação em pagamento de bem imóvel como modalidade de extinção do crédito tributário, somente veio a ser resolvida em 08 de fevereiro de 2018, com a regulamentação pela Procuradoria Geral da Fazenda Nacional, por meio da Portaria 32.

Nesse sentido, a Procuradoria Geral da Fazenda Nacional exarou o Parecer PGFN/CAT 105/2018:

> 20. Logo, com a edição da Portaria PGFN N' 32, de 8 de fevereiro de 2018, é possível extrair-se duas conclusões: i) todos os requisitos e definições para a plena eficácia do art. 4° da Lei n' 13.259/2016 e do art. 156, XI, do CTN, foram previstos pela indigitada Portaria, não remanescendo mais lacunas normativas para essa hipótese de extinção do crédito tributário inscrito em

> dívida ativa da União; ii) a aparente divergência de posicionamentos entre a Coordenação-Geral de Assuntos Tributários (CAT) e a Coordenação-Geral de Dívida Ativa da União (CDA), sobre a possibilidade de extinção dos créditos inscritos em dívida ativa da União pela dação em pagamento de bens imóveis, foi, inegavelmente, superada pelo advento da Lei n' 13.259/2016 e da Portaria n' 32, de 8 de fevereiro de 2018.
>
> 21. Conclui-se, portanto, pela possibilidade de extinção de créditos inscritos em dívida ativa da União pela modalidade dação em pagamento de bens imóveis, ante a inequívoca existência de lei ordinária federal, de caráter geral, que dispõe sobre a forma e condições de dação em pagamento de bem imóvel, regulamentada pela Portaria PGFN N° 32, de 8 de fevereiro de 2018.

É inegável, portanto, que a partir de 2018, com a regulamentação da dação em pagamento em nível federal, tivemos mais um sensível avanço nas alternativas para liquidação dos créditos tributários, nessa toada dos novos rumos do processo tributário e em consonância com o objetivo precípuo almejado pela criação da dação em pagamento de bens imóveis, conforme delineado linhas atrás ao destacarmos a Exposição de Motivos da legislação que a instituiu.

De todo modo, não podemos deixar de registrar que a Portaria PGFN 32 trouxe exigência limitadora e extrapolou a função regulamentadora[54].

Com efeito, o artigo 3º, § 3º, da Portaria estabelece que o devedor deve renunciar ao direito a qualquer ressarcimento, na hipótese de o bem ofertado ser avaliado em montante superior ao valor consolidado do débito inscrito em dívida ativa que se pretende liquidar, veja-se:

---

54. Embora fazendo referência ao Regulamento, nos termos do artigo 84, inciso IV da Constituição Federal de 1988, a advertência feita aplica-se, também, à Portaria: "Subordina-se inteiramente à lei e tem limitada sua fiel execução, sem, porém, criar ou aumentar tributos, nem estabelecer quaisquer ônus ou encargos que possam repercutir no patrimônio ou liberdade dos contribuintes, sob pena de ofensa ao princípio da legalidade". In: *Manual de Direito e Processo Tributário*. BONFÁ, Isabela de Jesus, Fernando de Jesus, Ricardo de Jesus. 4.ed. São Paulo: Revista dos Tribunais, 2017. p. 112.

> *Art. 3º*..
>
> *§3º Se o bem ofertado for avaliado em montante superior ao valor consolidado do débito inscrito em dívida ativa da União que se objetiva extinguir, sua aceitação ficará condicionada à renúncia expressa, em escritura pública, por parte do devedor proprietário do imóvel, ao ressarcimento de qualquer diferença;*

Assim, ao criar uma hipótese de claro enriquecimento sem causa para a União[55], o contribuinte poderá deixar de adotar a modalidade de extinção por meio de dação em pagamento ou buscar o Poder Judiciário para afastar a exigência limitadora, ocasião em que a utilização dessa modalidade de extinção do crédito tributário pode ser restringida, restando prejudicada a finalidade para a qual foi criada e regulamentada.

De todo modo, não poderíamos deixar de fazer o registro dessa importante regulamentação.

A título de curiosidade, o Município de São Paulo instituiu essa possibilidade de extinção do crédito tributário no mesmo ano, em 2001, por meio da Lei 13.259, de 28 de dezembro, a qual foi regulamentada pelo Decreto 42.095, de 2002.

Em resumo, admite-se a dação em pagamento de bens imóveis para a extinção de créditos inscritos na Dívida Ativa do Município e, quando o crédito já for objeto de execução fiscal, a proposta poderá ser formalizada em qualquer fase processual, desde que antes da designação da praça dos bens penhorados. Entretanto, considerando que a avaliação e conveniência para o exercício da dação em pagamento de bem imóvel é de interesse do credor, a Lei faculta à Administração apreciar o requerimento após essa fase, caso tenha interesse em prosseguir com essa forma de extinção do crédito tributário[56].

---

55. Nos termos do artigo 884 do Código Civil. "Art. 884. Aquele que, sem justa causa, se enriquecer à custa de outrem, será obrigado a restituir o indevidamente auferido, feita a atualização dos valores monetários. Parágrafo único. Se o enriquecimento tiver por objeto coisa determinada, quem a recebeu é obrigado a restituí-la, e, se a coisa não mais subsistir, a restituição se fará pelo valor do bem na época em que foi exigido.".

56. Conforme artigo 1º.

6. CONSIDERAÇÕES FINAIS

Da análise das normas que vêm sendo instituídas, é possível perceber que o novo olhar em busca da solução das controvérsias não ficou apenas na intenção.

Esse novo rumo sinaliza um caminho (felizmente) sem volta.

Certamente, não é um caminho curto a ser perseguido e é bom que ainda não estejamos satisfeitos com os mecanismos que já estão sendo adotados. Afinal, já dizia Guimarães Rosa, que "*o animal satisfeito dorme*".

Assim, podemos esperar que novos institutos sejam aperfeiçoados, para que cada vez mais existam discussões de qualidade.

E que os resultados dessas discussões possam servir de orientação e norte para que haja estabilidade e segurança jurídica.

Ao mesmo tempo, é também importante que, ao olhar para o futuro, sejam estancados os vetores que corroboram para o aumento dos executivos fiscais, por meio de julgamentos mais precisos no âmbito administrativo, regulamentos mais claros, a fim de evitar que a dificuldade na compreensão da legislação possa causar erros no cumprimento das obrigações principais e deveres acessórios, e maior controle no ato da inscrição da dívida ativa.

E nunca é demais repisar que acima de qualquer tentativa casuística de redução do contencioso fiscal está a Constituição Federal, na qual repousa o alicerce de todo o Sistema Jurídico, razão pela qual todos os direitos e garantias fundamentais ali previstos devem ser preservados.

RECUPERAÇÃO DOS CRÉDITOS TRIBUTÁRIOS PELA FAZENDA PÚBLICA: A QUEBRA DO PARADIGMA DA JUDICIALIZAÇÃO E OS NOVOS RUMOS PARA A IMPLEMENTAÇÃO DE MÉTODOS DE COBRANÇA E DE FISCALIZAÇÃO MAIS EFICIENTES

Artur Barbosa da Silveira[1]

Introdução

A desjudicialização pode ser conceituada como faculdade conferida às partes de comporem seus conflitos fora do âmbito do Poder Judiciário, por meio de ferramentas alternativas extrajudiciais, permitindo que a solução das controvérsias possa ser definida pelas próprias partes ou por intermédio de árbitro ou mediador.

Atualmente, o processo de execução fiscal no Brasil se desenvolve, exclusivamente, pela via do Poder Judiciário e,

---

1. Procurador do Estado de São Paulo. Juiz eleito do Tribunal de Impostos e Taxas do Estado de São Paulo (2018/2019). Ex-Advogado da União. Ex-Assessor de Ministro do Superior Tribunal de Justiça. Mestrando em Direito Constitucional pela Universidade Nove de Julho. Especialista em Direito Constitucional e Administrativo pela EPD – Escola Paulista de Direito, em Direito Tributário pela Universidade Estácio de Sá e em Direito Processual Civil pelo Centro Universitário Metropolitano de São Paulo. Presidente da Comissão de Direito Tributário da OAB São Paulo – Subseção Penha de França. Palestrante, autor de livros e de artigos jurídicos. absilveira@sp.gov.br. Graduado em Direito pela Universidade Presbiteriana Mackenzie de São Paulo.

embora a revolução dos meios tecnológicos tenha contribuído para a melhoria do sistema - especialmente em razão do advento do processo judicial eletrônico e da inteligência artificial -, referidas novidades não são suficientes para afastar a premente necessidade de desjudicialização das execuções fiscais, contribuindo para a eficiência na gestão tributária.

Entretanto, em substituição ao sistema judiciário, são necessários métodos alternativos para a cobrança da dívida ativa tributária que tragam mais efetividade, eficiência e celeridade ao sistema, garantindo, ao mesmo tempo, o respeito aos direitos fundamentais dos contribuintes.

A importância do tema é manifesta, uma vez que, à luz do direito comparado, constata-se que a imensa maioria das nações desenvolvidas ou em desenvolvimento não se utiliza do Poder Judiciário para subsidiar a cobrança de tributos pelo Estado, ou seja, a judicialização da execução fiscal é exceção no mundo globalizado.

Desse modo, no presente trabalho, elaborado a partir de pesquisas doutrinárias, jurisprudenciais e da análise de diversos diplomas legais, estudaremos o fenômeno da desjudicialização no âmbito do direito tributário brasileiro, com breve referência ao direito comparado, bem como traremos um panorama atual sobre a dívida tributária no Brasil, abordando a possibilidade de adoção dos métodos alternativos de solução de controvérsias no âmbito tributário, e traçando, por fim, as novas estratégias de cobrança e recuperação de créditos tributários utilizadas pelo fisco federal e estadual, com a finalidade de implementar um sistema de arrecadação mais justo e eficiente.

1. O sistema arrecadatório de tributos no brasil

1.1 História e evolução da execução fiscal no direito comparado

O direito à tributação e à execução dos créditos estatais contra os contribuintes inadimplentes existe desde os primórdios da humanidade, tendo marcado presença em nações na Idade Antiga, como Egito, Grécia e Roma, que posteriormente constituíram Impérios milenares.

Desde aproximadamente o ano de 1500 a.C., o Estado passou a taxar os seus habitantes (cidadãos ou não), sob as justificativas da manutenção da máquina pública e da defesa do bem comum.

No caso do Império Romano, a execução fiscal era pessoal e competia aos *"coletores de impostos"* ou *"publicanos"*, que tributavam quaisquer indivíduos que se submetessem aos domínios daquele Império, independentemente do tipo de atividade desenvolvida.

Aliás, para o Estado, o dinheiro nunca teve *"cheiro"*: a clássica lição de BALLEIRO[2] lembra que a expressão *"pecúnia non olet"* surgiu a partir do diálogo entre o Imperador Vespasiano e seu filho Tito. Em certo momento, o filho indagou ao pai sobre a razão pela qual esse decidiu tributar os usuários de banheiros públicos na Roma Antiga. Vespasiano, em resposta a Tito, justificou a incidência do tributo sob o argumento de que o dinheiro não tem cheiro, não importando para o Estado a fonte de que provenha.

Em decorrência da evolução da sociedade e do surgimento das gerações de direitos fundamentais ao longo dos séculos, a execução fiscal se tornou parte da ciência do Direito, sendo incorporada aos diplomas legais de diversos países.

Na maior parte das nações desenvolvidas ou em desenvolvimento, o processo de execução fiscal, desde a sua origem, nunca movimentou a máquina judiciária, resolvendo-se inteiramente no âmbito administrativo, e tal prática permanece até os dias atuais.

Na França, por exemplo, o processo de execução fiscal é inteiramente administrativo, conforme previsão no *"Livre de Procedure*

---

2. BALEEIRO, Aliomar. *Direito tributário brasileiro (atualizado por Misabel Abreu Machado Derzi)*. 11ª ed. Rio de Janeiro: Forense, 2007, p. 714.

Fiscal" – LPF (Livro de Processo Fiscal) daquele país. Segundo COLLET[3], em razão da adoção do sistema de dualidade de jurisdição, as causas fiscais francesas são analisadas pela jurisdição administrativa, sendo inapreciáveis pela jurisdição judiciária.

Sob a ótica do direito francês, na execução fiscal (*"contentieux du recouvrement force"*), o Estado não é um credor comum, de modo que não é necessário recorrer à jurisdição judiciária para cobrar seus débitos, pois o ato de imposição fiscal é autoexecutório.

Observa-se, pois, na França, um procedimento de cobrança inteiramente administrativo.

Segundo GODOY[4], nos Estados Unidos da América (EUA), a execução fiscal também se dá pela via administrativa (*"tax collection procedure"*). O fisco norte-americano (*"Internal Revenue Service"* – IRS, no âmbito federal) somente recorre à via judicial na hipótese de concurso de credores, por um procedimento semelhante à falência, denominado *"foreclosure action"*, proposto perante a justiça federal (*"District Courts"*).

O direito comparado nos mostra também que Alemanha[5], Suécia, Bélgica, Espanha, Argentina, Portugal e México se utilizam de processos de execução fiscal inteiramente administrativos, sendo desnecessária a intervenção judicial para a penhora e a alienação de bens dos contribuintes.

O Chile, curiosamente, prevê um sistema de execução fiscal semijudicial, sendo a exação iniciada pela notificação do contribuinte por um agente fiscal da Tesouraria-Geral da República,

3. COLLET, Martin. *Droit fiscal.* 4. ed. Paris. Presses Universitaires de France, 2013, p. 161.

4. GODOY, Arnaldo Sampaio de Moraes. *A execução fiscal administrativa no direito comparado.* Belo Horizonte: Fórum, 2009, p. 120.

5. No ponto, é importante consignar interessante caso ocorrido recentemente na Alemanha, no qual o Fisco penhorou cachorro pertencente à família alemã que atrasou o pagamento de impostos, colocando o cão à venda no sítio eletrônico do *EBay* (Fonte: Jornal O GLOBO. Disponível em: https://oglobo.globo.com/economia/familia-alema-atrasa-pagamento-de-impostos-cadela-confiscada-para-quitar-dividas-23490723. Acesso em 30/04/2019).

o qual dispõe de competência até para efetivar penhora em dinheiro ou bens. Havendo impugnação à cobrança, o processo ganha viés judicial, sendo remetido à advocacia pública[6].

1.2 O paradigma da judicialização da execução fiscal no direito brasileiro e as críticas à falta de eficiência desse sistema

No Brasil, a execução fiscal, ao contrário da maior parte das nações, ainda mantém como seu principal paradigma a necessidade de judicialização.

Inicialmente, o processo de execução fiscal brasileiro era regido pelo Código de Processo Civil de 1973, até que, no início da década de 1980, com a vigência da Lei de Execuções Fiscais (Lei nº 6.830, de 22 de setembro de 1980), verificou-se uma evolução no sentido de tornar o processo de execução mais adequado aos interesses do Estado, uma vez que o crédito público se diferencia do privado, necessitando de maiores garantias.

Entretanto, com o passar dos anos, embora sejam notórios os avanços tecnológicos na área da informática - que contribuíram, por exemplo, para a implementação dos processos judiciais eletrônicos e da inteligência artificial[7] -, o que se observa é a profunda ineficiência desse sistema arrecadatório.

---

6. A propósito: GODOY, Arnaldo Sampaio de Moraes. REVISTA CONSULTOR JURÍDICO. *"Fisco chileno pode penhorar até salário de devedor"*. Disponível em https://www.conjur.com.br/2010-mai-04/execucao-fiscal-chile-permite-penhora-salario-devedor. Data da publicação: 04/05/2010. Acesso em 02/05/2019.

7. Sobre esse assunto, merecem referências as importantes iniciativas tomadas pelos Tribunais de Justiça do Rio Grande do Norte, Minas Gerais, Rondônia e Pernambuco, que desenvolveram, respectivamente, os robôs denominados "Poti", "Radar", "Sinapse" e "Elis", sistemas de inteligência artificial que auxiliam os magistrados nos julgamentos das execuções fiscais, atualizando automaticamente os valores das ações, efetuando buscas de valores nas contas bancárias dos contribuintes em segundos (em substituição ao sistema BACENJUD) e transferindo o montante bloqueado automaticamente para as contas oficiais indicadas no processo. Atualmente, há pelo menos 13 Tribunais no país, dentre eles o Supremo Tribunal Federal, que já utilizam algum tipo de robô para trabalhos repetitivos ou inteligência artificial para tarefas como sugestão de sentenças e indicação de jurisprudência (Fonte: JORNAL VALOR ECONÔMICO. Disponível em: https://

Nesse sentido, recentes dados oficiais colhidos pelo Conselho Nacional de Justiça (CNJ), extraídos do Relatório Justiça em Números do ano de 2018[8], apontam para o número alarmante de mais de 80 (oitenta) milhões de processos judiciais em tramitação no Brasil no final do ano de 2017.

Considerando que, segundo dados do IBGE de 2018[9], a população brasileira é de aproximadamente 210 (duzentos e dez) milhões de habitantes, chegamos ao número de aproximadamente 2,5 (dois e meio) habitantes por processo judicial no Brasil.

De acordo com o mesmo relatório do CNJ, caso a partir de hoje não fossem mais ajuizadas ações no Poder Judiciário, seriam necessários cerca de dois anos e meio para zerar o acervo processual, isso porque, com 18.168 magistrados em atuação, a magistratura brasileira julga em torno de 30 (trinta) milhões de ações ao ano.

Ainda segundo tal levantamento, o principal fator de morosidade da Justiça são as execuções fiscais, que, ao final de 2017, representavam 39% do total de casos pendentes, com congestionamento de 91,7%. Ou seja, de cada 100 (cem) processos de execução fiscal que tramitaram em 2017, apenas 8 (oito) foram definitivamente julgados.

Acerca da baixa recuperabilidade do crédito tributário nas execuções fiscais, o mesmo relatório assinalou:

> Historicamente as execuções fiscais têm sido apontadas como o principal fator de morosidade do Poder Judiciário. O executivo fiscal chega a juízo depois que as tentativas de recuperação do crédito tributário se frustraram na via administrativa, provocando sua inscrição na dívida ativa. Dessa forma, o processo judicial acaba por repetir etapas e providências de localização do devedor

---

www.valor.com.br/legislacao/6164599/tribunais-investem-em-robos-para-reduzir-volume-de-acoes. Acesso em 30/04/2019).

8. CONSELHO NACIONAL DE JUSTIÇA. *Relatório Justiça em Números 2018.* Disponível em: http://www.cnj.jus.br/files/conteudo/arquivo/2018/09/8d9faee7812d35a58cee3d92d2df2f25.pdf. Acesso em 28/04/2019.

9. INSTITUTO BRASILEIRO DE GEOGRAFIA E ESTATÍSTICA (IBGE). *Projeção da população do Brasil e das unidades federadas.* Disponível em internet: https://www.ibge.gov.br/apps/populacao/projecao//index.html. Acesso em 28/04/2019.

> ou patrimônio capaz de satisfazer o crédito tributário já adotadas, sem sucesso, pela administração fazendária ou pelo conselho de fiscalização profissional. Acabam chegando ao Judiciário títulos de dívidas antigas e, por consequência, com menor probabilidade de recuperação.

Por todos esses motivos, são muitas as vozes na doutrina e na própria jurisprudência no sentido de que a cobrança judicial do crédito tributário promove verdadeiro caos no Poder Judiciário, sendo, portanto, inconcebível a cobrança da dívida ativa nesses moldes.

Na espécie, para os defensores da desjudicialização, o Poder Judiciário deveria se preocupar somente com as questões realmente relevantes para a sociedade – tais como as políticas públicas de proteção a direitos humanos -, sendo as demais matérias melhor resolvidas com o diálogo e o confronte de ideias, numa discussão civilizada.

Conforme as lições de NALINI[10]:

> Todos os anos o Governo, suas Autarquias e Fundações – aí compreendidas União, Estados e Municípios – arremessam à Justiça milhões de CDAs – Certidões de Dívida Ativa, que darão origem a execuções fiscais. O Judiciário se conforma com a situação esdrúxula. Aceita ser cobrador de dívida. Mesmo sabendo que não tem estrutura, pessoal nem gestão eficiente para fazer funcionar um setor nevrálgico. Todos têm interesse em que os devedores recolham ao Erário o devido. Se eles se recusarem a pagar, o ônus de sustentar a máquina – sempre perdulária e quase sempre ineficiente – recairá sobre os demais.

Ainda segundo o ilustre jurista, em aula ministrada durante recente "Ciclo de Palestras" ocorridas na capital de São Paulo:

> Um sistema judiciário com mais de 100 milhões de processos é um paradoxo. Por isso, é necessário que muitos serviços tenham que ser desjudicializados. É uma tendência irreversível, já que o aparato público não tem mais condições de manter 'welfare state' à sociedade, que cresceu demais em demandas[11].

---

10. NALINI, José Renato. *Execução não é solução!* Disponível em: http://reantonalini.wordpress.com/2012/03/18/execucao-nao-e-a-solucao/ Acesso em: 24/04/2019.

11. Fonte: Reportagem *"É uma tendência irreversível, diz Renato Nalini sobre o*

A propósito, HELENA[12] também aponta para a necessidade de desjudicialização como medida primordial para o desafogo do Poder Judiciário:

> "A desjudicialização engendra inúmeras possibilidades de desafogo do Poder Judiciário de suas atribuições em face da crescente litigiosidade das relações sociais, em um mundo a cada dia mais complexo e mutante. A desoneração do Poder Judiciário tem aplicação especial naquelas funções por ele desempenhadas que não dizem respeito diretamente à sua função precípua em nosso modelo de jurisdição una, ou seja, o monopólio de poder declarar o direito em caráter definitivo, por seu trânsito em julgado soberano, pós rescisória.

Assim, a ideia da desjudicialização é uma tendência cada vez maior, inclusive na seara tributária, por trazer diversos benefícios a todos, tanto para o Estado, que deixaria de movimentar a máquina pública com gastos desnecessários, quanto para os contribuintes, que teriam os seus direitos atendidos de maneira mais rápida e eficiente, tendo por base o diálogo e a resolução consciente da controvérsia.

1.3 A situação atual da dívida ativa tributária no Brasil

Segundo dados oficiais fornecidos pela Procuradoria Geral da Fazenda Nacional, quando da apresentação do Projeto de Lei 1.646/2019 – que objetiva, dentre outras medidas, combater o devedor contumaz e o fortalecimento da cobrança da dívida ativa -, o estoque total da dívida ativa da União no início do ano de 2019 estava em R$ 2,1 trilhões, sendo R$ 1,6 trilhão de origem não previdenciária e R$ 491,2 bilhões de origem previdenciária[13].

---

processo de desjudicialização" na 3ª Edição do Ciclo de palestras Fernando Rodini", da Associação dos Registradores de Pessoas Naturais do Estado de São Paulo (ARPEN). Disponível na internet, no seguinte sítio eletrônico: http://www.arpensp.org.br/index.php?pG=X19leGliZV9ub3RpY2lhcw==&in=NzU5Njg=&MSG_IDENTIFY_CODE. Acesso em 30/04/2019.

12. HELENA, Eber Zoehler Santa. *O fenômeno da desjudicialização.* Revista Jus Navigandi, ISSN 1518-4862, Teresina, ano 11, n. 922, 11 jan. 2006. Disponível em: <https://jus.com.br/artigos/7818>. Acesso em 24/04/2019.

13. PROCURADORIA GERAL DA FAZENDA NACIONAL (PGFN). *Projeto de Lei*

Frise-se, outrossim, que todos os Estados da Federação possuem altos estoques de dívida ativa, cuja cobrança, ainda em sua maioria judicializada, encontra grandes dificuldades.

No Estado de São Paulo, por exemplo, estão inscritos na dívida ativa R$ 350 (trezentos e cinquenta) bilhões de reais (dados de dezembro de 2018)[14], sendo que o orçamento estadual de 2018 foi de R$ 216 (duzentos e dezesseis) bilhões de reais. É certo, ainda, que boa parte dessa dívida corresponde a créditos *"podres"*, cujo recebimento é improvável, em razão da situação de falência ou de inatividade presumida das empresas devedoras.

A par desses dados estarrecedores do número de execuções fiscais e do imenso estoque total da dívida ativa federal e estadual, torna-se imperiosa a adoção dos métodos não-judiciais de solução de controvérsias, mais racionais e efetivos, com vistas tanto à redução do número de processos em tramitação no país quanto à otimização na arrecadação de tributos.

2 Métodos alternativos para a recuperação dos créditos fazendários

2.1 A inclusão em dívida ativa, o protesto extrajudicial e a inscrição no cadastro de inadimplentes

Nos termos do art. 2º, §3º, da Lei de Execuções Fiscais, *"a inscrição, que se constitui no ato de controle administrativo da legalidade, será feita pelo órgão competente para apurar a liquidez e certeza do crédito"*.

---

n. 1.646/2019. Disponível em http://www.pgfn.fazenda.gov.br/arquivos-destaques/previdencia_pgfn.pdf. Acesso em 25/04/2019.

14. REVISTA JURÍDICA JOTA. *O "big data" da PGE-SP para combater sonegadores profissionais: Procuradoria investe em data science e análise de redes para combater sonegação fiscal e qualificar devedores*. Disponível em: https://www.jota.info/coberturas-especiais/inova-e-acao/pge-big-data-sonegadores-profissionais-22012019. Acesso em 26/04/2019.

Em âmbito federal, tal competência é da Procuradoria Geral da Fazenda Nacional, cujas atribuições, previstas nos artigos 12 e 13 da Lei Complementar n. 73, de 10 de fevereiro de 1993, são, dentre outras, apurar a liquidez e certeza da dívida ativa da União de natureza tributária e não tributária, inscrevendo-a para fins de cobrança, amigável ou judicial.

No Estado de São Paulo, a Lei Orgânica da Procuradoria Geral do Estado (LC nº 1.270, de 25.08.2015) prevê, no artigo 3º, V, competir à Procuradoria, com exclusividade, *"a inscrição, o controle e a execução da dívida ativa estadual"*, bem como o art. 36, II, da mesma lei estabelece a competência da Procuradoria da Dívida Ativa para *"realizar os atos de inscrição na dívida ativa, zelando pela sua celeridade e segurança"*, podendo tal ato ser delegado às Procuradorias Regionais, mediante prévia edição de ato normativo pela autoridade competente.

Logo, a inscrição em dívida ativa e os atos subsequentes deverão ser feitos pelas Procuradorias federal ou estaduais, após a inserção dos dados no sistema pelo órgão de origem do crédito tributário.

No tocante às dívidas não-tributárias, como multas e taxas judiciárias, no Estado de São Paulo, elas devem ser previamente cadastradas no sistema da dívida ativa pelos Tribunais, para possibilitar a sua inscrição, controle e cobrança pela Procuradoria; as dívidas tributárias, por seu turno, deverão ser cadastradas no sistema previamente pelas Delegacias Regionais Tributárias, conforme os ditames da legislação paulista.

Por sua vez, a Lei Federal 12.767, de 27 de dezembro de 2012, por intermédio de seu art. 25, incluiu o parágrafo único, ao art. 1º, da Lei Federal 9.492, de 10 de setembro de 1997, autorizando o protesto das certidões de dívida ativa.

Desse modo, inscrito o débito em dívida ativa, a Procuradoria poderá, ao seu critério, promover inicialmente o protesto do título em cartório (conforme previsão nas da Leis nºs 9.492/1997 e 12.767/2012), bem como a inclusão do nome do devedor no cadastro de inadimplentes, para compelir o devedor a efetuar o pagamento no âmbito administrativo.

Destaca-se, no ponto, a função dúplice da inclusão do devedor no cadastro de inadimplentes: tal medida é admitida tanto extrajudicialmente, em procedimento administrativo preparatório ao ajuizamento da execução fiscal, quando judicialmente, após o ajuizamento do feito executivo, como forma de garantia da efetivação da execução, conforme previsão do art. 782, §3º, do CPC.

2.2 A jurisprudência atual dos tribunais superiores sobre o assunto

Antiga discussão no meio jurídico envolvia a (in)constitucionalidade da inclusão do nome do devedor no cadastro de inadimplentes e do protesto da certidão de dívida ativa em cartório.

De acordo com os causídicos defensores dos contribuintes, tais medidas seriam desproporcionais, uma vez que ensejariam um mecanismo de cobrança indireta de tributos, atentando contra direitos fundamentais do cidadão/contribuinte. Sob esse prisma, a certidão de dívida ativa é um título executivo e, *per si*, o uso do protesto extrajudicial funcionaria como uma coerção indireta sobre o devedor, afrontando dispositivos constitucionais (cf. os artigos 5º, XIII e XXXV, 170, III, e 174 da Constituição Federal).

Entretanto, a despeito dos judiciosos argumentos em sentido contrário, tanto o Supremo Tribunal Federal quanto o Superior Tribunal de Justiça já se manifestaram reiteradamente pela possibilidade de implementação de tais mecanismos de cobrança pelo Fisco, por não ensejarem qualquer ofensa a direitos fundamentais.

Em relação ao protesto das certidões de dívida ativa em cartório, o Superior Tribunal de Justiça enfrentou o Recurso Especial n. 1.126.515/PR[15] (não repetitivo), julgado pela Segunda Turma em 03/12/2013, relator o Ministro HERMAN BENJAMIN, que superou a jurisprudência anterior do próprio STJ

15. STJ, Recurso Especial n. 1.126.515/PR. Íntegra do acórdão disponível em: *www.stj.jus.br. Pesquisa de jurisprudência*. Acesso em 28/04/2019.

(*overruling*) manifestando-se pela legalidade do protesto extrajudicial, uma vez que, na nova concepção dos Ministros, sua lei autorizativa deve ser interpretada em contexto com a dinâmica moderna das relações sociais e com o *"II Pacto Republicano de Estado por um sistema de justiça mais acessível, ágil e efetivo"*.

No mesmo sentido, o Supremo Tribunal Federal, nos autos da Ação Direta de Inconstitucionalidade nº 5135, julgada em 09 de novembro de 2016, fixou as seguintes teses de controle concentrado[16], ambas favoráveis ao protesto das certidões de dívida ativa em cartório:

> O protesto das Certidões de Dívida Ativa constitui mecanismo constitucional e legítimo, por não restringir de forma desproporcional quaisquer direitos fundamentais garantidos aos contribuintes e, assim, não constituir sanção política. [Tese definida na ADI 5.135, rel. min. Roberto Barroso, P, j. 9-11-2016, DJE 22 de 7-2-2018.]"
>
> "Tampouco há inconstitucionalidade material na inclusão das CDAs no rol dos títulos sujeitos a protesto. Somente pode ser considerada "sanção política" vedada pelo STF (cf. Súmulas 70, 323 e 547) a medida coercitiva do recolhimento do crédito tributário que restrinja direitos fundamentais dos contribuintes devedores de forma desproporcional e irrazoável, o que não ocorre no caso do protesto de CDAs. [ADI 5.135, rel. min. Roberto Barroso, P, j. 9-11-2016, DJE 22 de 7-2-2018.]

Do mesmo modo, o Supremo Tribunal Federal reconheceu a constitucionalidade da criação do Cadastro Informativo de Créditos não Quitados do Setor Público Federal (CADIN) na ADI nº 1.454/DF, Plenário, Rel. Ministra ELLEN GRACIE, DJ de 03/08/2007[17].

Assim sendo, ambas as providências administrativas supracitadas são autorizadas pela legislação e admitidas pela

16. STF, ADI nº 5.135. Íntegra do acórdão disponível em: *http://www.stf.jus.br/portal/jurisprudencia/menuSumarioSumulas.asp?sumula=2194*. Acesso em 24/04/2019.

17. STF, ADI nº 1.454/DF. Íntegra do acórdão disponível em: *www.stf.jus.br. Pesquisa de jurisprudência*. Acesso em 24/04/2019.

Constituição Federal, bem como foram referendadas pela jurisprudência da Corte máxima do nosso país.

2.3 Conciliação, mediação e arbitragem e sua aplicabilidade no direito tributário

Inicialmente, para fins didáticos, podemos assim diferenciar os institutos da conciliação, da mediação e da arbitragem: na conciliação, há a solução do conflito por autocomposição, mediante atuação de um conciliador, sendo que, em geral, não há vínculo anterior entre as partes e o conciliador apresenta propostas e sugere soluções, analisando aspectos objetivos do conflito.

O acordo obtido na conciliação gera título executivo extrajudicial, sendo necessária a homologação do juiz para convolar o título em judicial (cf. os artigos 515, II e III, e 784, IV, do CPC de 2015).

Na mediação, também há a solução do conflito por autocomposição, porém, mediante a atuação do mediador, havendo, em geral, vínculo anterior entre as partes (*vg* ações de família). Nela, o mediador analisa aspectos subjetivos (emoções) no conflito e estimula as partes a encontrarem a melhor solução. O acordo gera título executivo extrajudicial, sendo necessária a homologação do juiz para transformar o título em judicial (cf. os artigos 515, II e III, e 784, IV, do CPC de 2015).

Tanto a conciliação quanto a mediação possuem por objeto direitos disponíveis ou direitos indisponíveis que admitam transação, valendo ressaltar, no entanto, que o consenso das partes envolvendo direitos indisponíveis, mas transigíveis, deve ser homologado em juízo, sendo exigida a oitiva do Ministério Público (cf. o § 2º do art. 3º da Lei 13.140/2015 – *"Lei de Mediação"*).

Na arbitragem, por seu turno, ocorre a solução do conflito por heterocomposição e a decisão do litígio é delegada pelas partes à pessoa neutra e imparcial, chamada árbitro, resultando em título executivo judicial (cf. o art. 515, VII, do CPC), que independe de homologação judicial.

Ainda no tocante à arbitragem, veja-se que a legislação do CPC de 2015 passou a utilizar a expressão *"convenção de arbitragem"* no sentido abrangente de *"cláusula arbitral"* e de *"compromisso arbitral"*, aplicando o mesmo regime jurídico a ambos (cf. os artigos 260, §3º, e 485, VII), desaparecendo, na prática, a sua clássica diferenciação doutrinária.

Além do atual CPC, há diplomas legislativos específicos a tratarem da mediação (cf. a Lei 13.140, de 26 de junho de 2015) e da arbitragem (cf. a Lei 9.307, de 23.09.1996, alterada pela Lei 13.129, de 26 de maio de 2015).

Expostos os conceitos iniciais supra e partindo para o âmbito do direito tributário, sabemos que nessa ciência jurídica vigora o princípio da legalidade estrita, bem como que os bens tutelados (tributos) são, em tese, indisponíveis, o que poderia ensejar, em um primeiro momento, a ideia de que os institutos da conciliação, da mediação e da arbitragem seriam incompatíveis com esse ramo do direito.

A propósito, observe-se que, nos termos do art. 334 do CPC de 2015, a audiência de conciliação ou de mediação poderá se operar somente quanto a direitos passíveis de autocomposição (cf. o parágrafo 4º, inciso II).

Na mesma linha, o art. 190 do CPC de 2015 permite a realização do negócio jurídico processual pelas partes, que podem estimular mudanças no procedimento para ajustá-lo às especificidades da causa, desde que o direito em disputa seja passível de autocomposição.

Por sua vez, a lei de arbitragem também passou a prever, após as alterações da Lei 13.129/2015, no seu art. 1º, §1º, que a Administração Pública direta e indireta poderá utilizar-se da arbitragem para dirimir conflitos relativos a direitos patrimoniais disponíveis.

Entretanto, apesar dos entraves mencionados, diversos doutrinadores, tal como GIANNETTI[18], são amplamente favoráveis à utilização da arbitragem no âmbito tributário, citando o sucesso do modelo arbitral de Portugal, em vigor desde 2011, autorizado pelo Decreto-Lei 10/2011, pela Portaria 112-A/2011 e pela Lei 63, de 14 de dezembro de 2011.

De acordo com tal concepção, seria possível não só o cabimento, como também a pertinência da arbitragem tributária no Brasil, uma vez que não haveria conflito desse modelo com o princípio da indisponibilidade do crédito tributário.

Na espécie, é importante fazer referência quanto ao decidido pelo Supremo Tribunal Federal nos autos do Recurso Especial n. 253.885/2002[19], relatora a Ministra ELLEN GRACIE:

> Em regra, os bens e o interesse público são indisponíveis, porque pertencem à coletividade. É, por isso, o Administrador, mero gestor da coisa pública, não tendo disponibilidade sobre os interesses confiados à sua guarda e realização. *Todavia, há casos em que o princípio da indisponibilidade do interesse público deve ser atenuado, mormente quando se tem em vista que a solução adotada pela Administração é a que melhor atenderá à ultimação deste interesse.* – grifei.

Importante consignar, outrossim, que GRUPENMACHER[20], também entusiasta da utilização da arbitragem tributária, cita a seguinte recomendação aos países-membros, emanada da *"XXI Jornada Latino-americana de Direito Tributário do ILADT"* (Instituto Latino-americano de Direito Tributário): *"A expedição de normas em que se estabeleçam meios*

---

18. GIANNETTI, Leonardo Varella. *Arbitragem no direito tributário brasileiro: possibilidade e procedimentos*. 2017, 390 f. Tese (Doutorado). Programa de Pós-Graduação em Direito, Pontifícia Universidade Católica de Minas Gerais, Belo Horizonte. Disponível em: http://www.biblioteca.pucminas.br/teses/Direito_GiannettiLVa_1.pdf. Acesso em 27/04/2019.

19. Disponível em Supremo Tribunal Federal. www.stf.jus.br. *Pesquisa de jurisprudência*. Acesso em 27/04/2019.

20. GRUPENMACHER, Betina Treiger. *Arbitragem em matéria tributária*. Disponível em: https://direitosp.fgv.br/sites/direitosp.fgv.br/files/arquivos/1fgv._arbitragem-segunda_mesa.pdf. Acesso em 29/04.2019).

alternativos de solução de controvérsias em matéria tributária e particularmente a arbitragem tanto no ordenamento interno como no internacional".

Logo, além de admissível, a arbitragem é preferível ao sistema judicial, a uma porque não é incompatível com o modelo de indisponibilidade do crédito tributário, e a duas porque traz mais agilidade e segurança ao sistema como um todo.

A mediação e a conciliação, por sua vez, podem ser meios adequados para a resolução de conflitos na ordem tributária, desde que haja, concomitantemente à sua adoção, uma verdadeira mudança comportamental das partes envolvidas, ou seja, Fisco e contribuintes devem acreditar e estar dispostos ao debate e ao diálogo efetivo, num ambiente onde sejam possíveis mútuas concessões.

Aliás, partindo para o campo da ética profissional, NALINI[21] nos ensina que também os advogados e magistrados devem crer na existência de alternativas que melhor atendam ao jurisdicionado, sendo necessária a quebra do paradigma da judicialização, a partir da avaliação, pela própria advocacia e magistratura, de que existem formas de solução de conflitos fora da esfera do crivo judicial.

Para o mesmo autor, torna-se necessária e benéfica a sedimentação das formas serenas de decisões, tais como a arbitragem e a mediação, tanto no campo jurídico, quanto na esfera da ética profissional, tudo para permitir à cidadania optar por meios mais expeditos e eficientes de resolução das questões humanas do que o flagelo do processo judicial.

Prossegue o autor afirmando que o juiz ético não hostilizará as formas alternativas de realização do justo, mas compreenderá que é lícito e legítimo para toda a comunidade procurar fórmulas menos sofisticadas e mais eficientes de resolver seus problemas. E conclui dizendo que o convívio com a arbitragem,

21. NALINI, José Renato. *Ética geral e profissional*. São Paulo: Revista dos Tribunais. 7ª Edição, Editora RT, São Paulo: 2009, p. 388 e 439.

a mediação, a conciliação e outras experiências será enriquecedor para o juiz melhor compreender os dramas humanos e adotar estratégias mais racionais para o seu desempenho.

Já sob o prisma legal, de acordo com o Ministro do Superior Tribunal de Justiça MARCELO NAVARRO[22], o CPC de 2015 operou uma *"ousadia legislativa"*, possibilitando a revolução cultural, no sentido de abrir portas à utilização da conciliação, da mediação e da arbitragem tributária:

> O novo CPC "teve uma ousadia legislativa que não se via há muito tempo no processo civil" ao dar tanto peso a meios de resolução de conflitos como arbitragem, conciliação e mediação. Ao fazer isso, afirmou Navarro, a norma priorizou a resolução definitiva de um problema, o que não ocorre com a sentença, da qual se pode recorrer e é preciso executar.
>
> E essa mudança de foco deverá beneficiar, e muito, o processo tributário, avaliou o magistrado. Caso o Fisco tente negociar com os contribuintes, apontou, a arrecadação aumentará, e os custos processuais cairão. Além disso, essa 'revolução cultural' ajudará a desafogar os tribunais, destacou Navarro.
>
> Importante citar, ainda, o Enunciado 53, da *"I Jornada de Prevenção e Solução Extrajudicial de Conflitos do Conselho da Justiça Federal"* (CJF), publicado em 01/09/2016:

Estimula-se a transação como alternativa válida do ponto de vista jurídico para tornar efetiva a justiça tributária, no âmbito administrativo e judicial, aprimorando a sistemática de prevenção e solução consensual dos conflitos tributários entre Administração Pública e administrados, ampliando, assim, a recuperação de receitas com maior brevidade e eficiência.[23]

---

22. REVISTA CONSULTOR JURÍDICO. *RESOLUÇÃO EFETIVA: Arbitragem e conciliação revolucionarão processo tributário, diz Marcelo Navarro.* Publicado em 09/12/2016. Disponível em: https://www.conjur.com.br/2016-dez-09/conciliacao-revolucionara-processo-tributario-marcelo-navarro. Acesso em 25/04/2019.

23. CONSELHO DA JUSTIÇA FEDERAL. *CJF publica íntegra dos 87 enunciados aprovados na I Jornada Prevenção e Solução Extrajudicial de Litígios.* Disponível em: https://www.cjf.jus.br/cjf/noticias/2016-1/setembro/cjf-publica-integra-dos-87-enunciados-aprovados-na-i-jornada-prevencao-e-solucao-extrajudicial-de-litigios. Acesso em 25/04/2019.

É relevante fazer referência, outrossim, ao art. 38, incisos e alíneas, da Lei 13.140/2015, que, admite, em tese, a medição envolvendo tributos administrados pela Secretaria da Receita Federal do Brasil e créditos inscritos em dívida ativa, embora tal dispositivo ainda dependa de regulamentação.

Assim, sob todos os prismas que se analise a questão, seja do ponto de vista da ética geral e profissional, bem como da ausência de impedimento legal, ou ainda da maior celeridade, efetividade e segurança jurídica, concluímos ser possível, viável e preferível a utilização da conciliação, da mediação e da arbitragem na seara tributária, desde que, por óbvio, sejam cumpridos os requisitos dos artigos 171 a 173 do CTN, que prescrevem aos entes públicos a instituição de leis específicas, nos seus âmbitos de competência, acerca das hipóteses que admitam tais institutos, seus procedimentos, bem como os tributos atingidos.

3. Possíveis soluções para a implementação de um sistema arrecadatório mais eficiente

3.1 A necessidade das reformas da previdência e tributária como fatores de equalização da distribuição de renda e da recuperação da capacidade de arrecadação dos entes públicos

Apesar das diversas vozes contrárias à aprovação da reforma da Previdência Social, vemos que, na exposição de motivos da PEC nº 6, de 2019[24], enviada pelo Governo Federal à apreciação do Congresso Nacional e recentemente aprovada pela Comissão de Constituição e Justiça (CCJ), estima-se, caso ela seja aprovada, uma economia de bilhões de reais em gastos públicos.

Ademais, referida proposta, conjugada com outros projetos de lei já apresentados para apreciação do Congresso Nacional

24. CÂMARA DOS DEPUTADOS. *Proposta e Emenda à Constituição n. 6/2019*. Disponível em: https://www.camara.leg.br/proposicoesWeb/prop_mostrarintegra?codteor=1730596&filename=PRL+1+CCJC+%3D%3E+PEC+6/2019.

- tal como a Medida Provisória nº 871, de 18 de janeiro de 2019 -, bem como com outras medidas que ainda serão apresentadas - a exemplo de um projeto de lei para melhoria da cobrança da dívida ativa -, busca construir uma nova previdência social, equilibrando as despesas previdenciárias, sem descuidar do papel fundamental dessa política pública na redução das desigualdades sociais e da garantia de condições dignas de vida aos brasileiros.

Desse modo, vemos que a otimização das formas de arrecadação tributária, muito embora não seja o objetivo principal da reforma da previdência, caso essa seja aprovada, será uma consequência lógica, uma vez que possibilitará melhor distribuição de renda à população, corrigindo distorções no sistema como um todo e alcançando a seara da tributação fiscal.

A reforma tributária, por sua vez, ao contrário da previdenciária, não possui sequer previsão de data de aprovação, dependendo de futuras articulações políticas. Porquanto o projeto de reforma possua diversos pontos polêmicos, a exemplo da "taxação do trabalho informal"[25], vê-se com otimismo a possibilidade de sua implementação nos próximos anos.

Nesse sentido, as medidas propostas pelo Governo federal, como a criação de uma contribuição eletrônica sobre pagamentos[26] em substituição à atual tributação sobre a folha salarial, tendem a facilitar a arrecadação tributária, possibilitando a implementação de métodos alternativos (eletrônicos) mais eficientes de cobrança.

A propósito, MACHADO e BALTHAZAR[27], ao discorrerem sobre o tema da reforma tributária, concluem que ela re-

---

25. A propósito, reportagem do *"JORNAL O GLOBO"*. Disponível em: https://oglobo.globo.com/economia/reforma-tributaria-preve-cobrar-imposto-da-economia-informal-23564066. Acesso em 02/05/2019.

26. Nesse sentido, leia-se a seguinte notícia do *"G1"*, disponível em https://g1.globo.com/economia/noticia/2019/04/04/reforma-tributaria-proposta-do-governo-preve-imposto-eletronico-sobre-pagamentos.ghtml. Acesso em 02/05/2019.

27. MACHADO, Carlos Henrique; BALTHAZAR, Ubaldo Cesar. *A Reforma Tributária como instrumento de efetivação da justiça: uma abordagem histórica.* Sequência (Florianópolis), n. 77, p. 221-252, nov. 2017. Disponível em http://www.scielo.br/pdf/seq/n77/2177-7055-seq-77-221.pdf. Acesso em 28/04/2019.

presentará um verdadeiro instrumento de efetivação da justiça redistributiva, uma vez que a forma da tributação atualmente em vigor no Brasil parte de uma premissa equivocada:

> O atual modelo de tributação privilegia a taxação sobre o consumo, onerando principalmente as classes de renda mais baixa. Em outras palavras, incidindo a tributação sobre o consumo, o esforço dos pobres para pagar os seus impostos é muito maior que o dos ricos. O sistema inverso e desejável ocorre justamente quando a alternativa é por um sistema tributário progressivo, incidindo o imposto mais sobre o patrimônio e a renda.

Em recente palestra proferida em conceituada instituição de ensino paulista, o Ministro Presidente do Supremo Tribunal Federal, DIAS TOFFOLI, manifestou grande preocupação com o futuro da justiça, asseverando a necessidade da reforma da previdência e da adequação do sistema tributário, com vistas à redução da quantidade de litígios em matéria tributária, inclusive tramitando perante a Corte Suprema.

Por oportuno, é importante citar os seguintes trechos da reportagem[28] sobre a aula ministrada pelo atual Ministro Presidente do STF:

> Precisamos adequar a nossa Previdência, adequar o nosso sistema tributário e precisamos de menos texto na Constituição.
>
> (...)
>
> A nossa Constituição detalha todo um Código Tributário. Com tanto texto na Constituição, tudo vai parar no Supremo. Até o valor do frete do caminhoneiro.
>
> (...)
>
> Segundo Toffoli, após um levantamento, foi constatado 1 trilhão em litígios em matérias tributárias. 'Essa é uma estatística fora do padrão de um país em desenvolvimento. A CF detalha um verdadeiro código tributário, a nossa CF permite que tudo vá para o Supremo', explicou.

---

28. Fonte: reportagem no site do CONSULTOR JURÍDICO. Disponível em https://www.conjur.com.br/2019-mar-29/constituicao-texto-defende-ministro-dias-toffoli. Acesso em 30/04/2019.

Concluímos que as reformas da previdência e tributária, embora controvertidas em muitos pontos, são necessárias à equalização na distribuição de renda e à recuperação da capacidade de arrecadação dos entes públicos. E essas providências, na nossa concepção, seriam o primeiro passo para a implementação de um sistema arrecadatório mais eficiente.

3.2 A utilização dos diálogos institucionais como instrumentos de pacificação dos poderes e os seus reflexos na ordem tributária

A expressão *"diálogos institucionais"* tem origem no direito canadense, em especial na Carta de Direitos e Liberdades (1982), bem como no caso *R v. Oakes* (1986), decidido pela Suprema Corte do Canadá, que estabeleceu o famoso teste de *Oakes*, uma análise da cláusula de limitações (Seção 1) da Carta Canadense de Direitos e Liberdades, que permite limitações razoáveis sobre direitos e liberdades através da legislação, se esta puder ser *"comprovadamente justificada numa sociedade livre e democrática"* [29].

Em termos gerais, os diálogos institucionais se referem a interações produtivas entre os Poderes - principalmente quando o Poder Judiciário tem a palavra final sobre o assunto -, nas quais eles deverão trocar argumentos racionais, se abstendo de decidir sobre as matérias de que outras instituições têm mais capacidade e/ou legitimidade para conhecer.

Ao promover essa deliberação propositiva, todos os poderes são beneficiados, sanando os problemas nos seus fluxos e provocando soluções, evitando-se, assim, a ideia da afirmação de uma supremacia judicial (ativismo).

Nesse sentido, entendemos que os diálogos institucionais são decorrentes do Estado Democrático de Direito, uma vez

29. Disponível na internet. *https://en.wikipedia.org/wiki/R_v_Oakes*. Acesso em 25/04/2019.

que tal *"conversa"* entre os poderes somente é possível em ambientes democráticos.

Para BAUTEP[30]:

> A ideia de diálogos institucionais ou deliberação dialogada enfatiza que o Judiciário não será detentor do monopólio na interpretação constitucional e, portanto, as decisões constitucionais devem ser produzidas por um processo de elaboração compartilhada entre o poder Judiciário e outros atores constitucionais. As teorias do diálogo oferecem uma forma alternativa de preencher a lacuna de legitimidade democrática, superando a dificuldade contramajoritária do Judiciário. Por esse motivo, essa teoria vem ganhando espaço principalmente no que diz respeito à discussão da legitimidade democrática associada à revisão judicial.

No mesmo sentido, SOUZA NETO e SARMENTO[31], para quem:

> Uma decisão do STF é, certamente, um elemento de grande relevância no diálogo sobre o sentido de uma norma constitucional, mas não tem o condão de encerrar o debate sobre uma controvérsia que seja verdadeiramente importante para a sociedade. Sob o ângulo prescritivo, não é salutar atribuir a um órgão qualquer a prerrogativa de dar a última palavra sobre o sentido da Constituição. Definitivamente, a Constituição não é o que o Supremo diz que ela é (...) Aliás, nas ações judiciais em geral, é realmente indispensável que haja uma última palavra pondo fim ao litígio, sob pena de se comprometer uma das finalidades essenciais do processo, que é resolver os conflitos intersubjetivo, trazendo segurança jurídica e pacificação social. Mas a interpretação constitucional não se encerra com o término de um processo judicial (...) Se a disputa for de fato muito relevante, é pouco provável que uma decisão judicial baste para colocar uma pá de cal no assunto, aquietando os grupos perdedores e os setores da opinião pública que o apoiam.

---

30. BATEUP, Christine A. *The Dialogue Promise: Assessing the Normative Potential of Theories of Constitutional Dialogue*. Disponível em: Brooklyn Law Review, v. 71, 2006, p. 1.

31. NETO, Cláudio Pereira de Souza; SARMENTO, Daniel. *Direito Constitucional: teoria, história e métodos de trabalho*. Belo Horizonte: Fórum, 2012, p. 402-404.

No âmbito do direito tributário, em especial na arrecadação de tributos, a utilização dos diálogos institucionais serviria como um instrumento pacificador das controvérsias envolvendo as grandes questões tributárias, uma vez os Poderes constituídos caminhariam conjuntamente na construção de soluções propositivas, aperfeiçoando, legalmente, o arcabouço no qual se estaria construindo as novas formas de arrecadação tributária, demonstrando, a invés de um ambiente de disputas e embates, uma complementação de atuações de acordo com as capacidades institucionais respectivas.

Nesse sentido, por exemplo, sabe-se que a criação e a implementação de métodos alternativos à cobrança dos créditos tributários, na grande maioria das vezes, depende de previsão legislativa, não bastando a vontade unilateral do Poder Executivo.

Do mesmo modo, o Poder Judiciário, ao se conscientizar, com base na utilização dos diálogos institucionais, da necessidade cada vez maior de se preocupar com os temas realmente relevantes socialmente, atuaria cada vez menos em sede de arrecadação tributária, em especial na execução fiscal.

Conclui-se, no ponto, ser fundamental a existência dos diálogos institucionais entre os poderes também nas questões afetas ao direito tributário.

3.3 Os novos rumos da cobrança dos créditos tributários: as estratégias adotadas pela fazenda pública para a implementação de métodos de arrecadação e de fiscalização mais eficientes

A partir dos pilares relativos à desjudicialização, à adoção dos métodos alternativos de cobrança do crédito tributário e à necessidade de mais diálogo entre as instituições, o que se observa, atualmente, no âmbito das Administrações Públicas da União, dos Estados e dos Municípios, é a criação, cada vez maior, de Núcleos Especializados na cobrança da dívida tributária, nos quais os profissionais capacitados nesse assunto promovem estudos sobre o perfil dos devedores e sugerem as melhores estratégias, mormente administrativas e preventivas, para a fiscalização e a recuperação dos créditos, considerando tanto o seu valor quanto a viabilidade do seu recebimento.

Nesse sentido, plenamente consciente dos novos rumos da cobrança do crédito tributário, a Procuradoria-Geral da Fazenda Nacional editou a Portaria n. 396, de 20 de abril de 2016[32], criando o Regime Diferenciado de Cobrança de Créditos – RDCC, ou seja, um conjunto de medidas, administrativas ou judiciais, voltadas à otimização dos processos de trabalho relativos à cobrança da Dívida Ativa da União, observados critérios de economicidade e racionalidade.

Com base na análise daquela portaria, em conjunto com o art. 40 da Lei 6.830/80, foi possível a suspensão das execuções fiscais cujo valor consolidado fosse igual ou inferior a um milhão de reais, desde que não constasse dos autos garantia útil à satisfação, integral ou parcial, do crédito executado.

Ainda em âmbito federal, destacamos a Portaria da Procuradoria Geral da Fazenda Nacional - PGFN nº 33, de 08 de fevereiro de 2018[33], que regulamentou os arts. 20-B e 20-C da Lei 10.522, de 19 de julho de 2002, determinando o não ajuizamento de execuções fiscais quando houver, dentre outras hipóteses, dispensa por ato normativo no âmbito de Administração Pública – Súmula ou Parecer -, decisão vinculante do Supremo Tribunal Federal ou decisão do Superior Tribunal de Justiça proferida em sede de recurso especial repetitivo.

Lembrando ainda que, atualmente, o valor mínimo para o ajuizamento e manutenção em juízo das execuções fiscais

32. PROCURADORIA GERAL DA FAZENDA NACIONAL. *Portaria n. 396, de 20 de abril de 2016.* Disponível em: http://www.pgfn.fazenda.gov.br/assuntos/divida-ativa-da-uniao/regime-diferenciado-de-cobranca-rdcc/portaria396_2016_1.pdf. Acesso em 25/04/2019.

33. PROCURADORIA GERAL DA FAZENDA NACIONAL. Portaria PGFN nº 33, de 08 de fevereiro de 2018. Disponível em http://sijut2.receita.fazenda.gov.br/sijut2consulta/link.action?idAto=90028&visao=anotado. Acesso em 28/04/2019.

federais corresponde a R$ 20.000,00 (vinte mil reais), nos termos da Portaria nº 75/2012 do Ministério da Fazenda.

No Estado de São Paulo, por sua vez, foram tomadas diversas iniciativas de desjudicialização e de otimização da cobrança dos créditos tributários de menor valor, com respaldo na Lei 14.272/2010, alterada pela Lei nº 16.498/2017, cujo artigo 1º estabelece competir ao Poder Executivo, por meio dos órgãos competentes da Procuradoria Geral do Estado, autorizar a não propositura de ações, inclusive execuções fiscais, assim como requerer a desistência das ajuizadas, para cobrança de débitos de natureza tributária ou não tributária, cujos valores atualizados não ultrapassem 1.200 UFESPs – Unidades Fiscais do Estado de São Paulo.

O dispositivo legal em questão foi regulamentado pela Resolução PGE/SP nº 21, de 23/08/2017 (publicada em 25/08/2017)[34].

Como atualmente cada UFESP corresponde a R$ 26,53 (vinte e seis reais e cinquenta e três centavos), o valor de dispensa atual e para todo o ano de 2019 será de R$ 31.836,00 (trinta e um mil, oitocentos e trinta e seis reais).

A medida tomada pelo Estado de São Paulo considerou um levantamento feito pela Procuradoria Geral do Estado, em conjunto com o Tribunal de Justiça do Estado de São Paulo, evidenciando que, nas mais de 400 (quatrocentas) Varas existentes no Estado, a capital paulista é a que concentra o maior volume de processos de cobrança, havendo aproximadamente 172 (cento e setenta e duas) mil execuções fiscais passíveis de desistência.

Os demais Estados, a exemplo de Minas Gerais, têm adotado medidas semelhantes: a propósito, veja-se artigo publicado em revista jurídica de circulação nacional, que noticia a autorização do Governo mineiro para a desistência das

34. PROCURADORIA GERAL DO ESTADO DE SÃO PAULO. *Resolução PGE/SP nº 21, de 23/08/2017.* https://www.jusbrasil.com.br/diarios/158268910/dosp-executivo-caderno-1-25-08-2017-pg-68. Acesso em 27/04/2019.

execuções fiscais cujo valor atualizado seja de até R$ 35 (trinta e cinco) mil reais[35].

Outra providência que tem sido adotada pelos Fiscos federal e estaduais é a classificação e a qualificação dos devedores, permitindo uma atuação mais otimizada da Administração Pública na recuperação dos créditos.

Nesse sentido, a Procuradoria-Geral da Fazenda Nacional, referência para a Advocacia Pública nacional em matéria tributária, participou da elaboração do Projeto de Lei Federal 1.646/2019[36], que visa fortalecer a cobrança da dívida ativa e o combate ao devedor contumaz que tenha utilizado de práticas ilícitas para burlar as obrigações tributárias.

Referido dispositivo legal, caso aprovado, passará a considerar como devedor contumaz aquele cujo comportamento fiscal se caracterize pela inadimplência substancial e reiterada de tributos, associada à alguma prática ilícita com o objetivo de burlar o pagamento de suas obrigações.

O documento considera como substancial e reiterada a existência de débitos de valor igual ou superior a R$ 15.000.000,00 (quinze milhões) de reais em nome do próprio devedor ou de pessoa integrante do grupo econômico ou familiar por mais de um ano.

Para o devedor caracterizado como contumaz, o projeto de lei prevê a aplicação de medidas administrativas, como o cancelamento do cadastro fiscal, no caso de pessoas jurídicas (CNPJ), e o impedimento para a concessão de benefícios fiscais por até dez anos, inclusive adesão a parcelamentos.

---

35. REVISTA CONSULTOR JURÍDICO. *Minas Gerais vai desistir de ações de execução fiscal de até R$ 35 mil.* https://www.conjur.com.br/2015-mai-18/mg-desistir-acoes-execucao-fiscal-35-mil. Publicado em 18/05/2015. Acesso em 28/04/2019.

36. PROCURADORIA GERAL DA FAZENDA NACIONAL (PGFN). *Projeto de Lei n. 1.646/2019.* Disponível em http://www.pgfn.fazenda.gov.br/arquivos-destaques/previdencia_pgfn.pdf. Acesso em 25/04/2019.

A proposta permite ainda que a PGFN, com o intuito de recuperar créditos inscritos em dívida ativa da União, classificados no *"rating"* da Procuradoria como *"irrecuperáveis"* ("D") ou de *"difícil recuperação"* ("C"), possa oferecer condições diferenciadas para sua quitação, podendo conceder descontos de até 50% (cinquenta por cento) do valor total da dívida ou o parcelamento em até 60 (sessenta) meses.

O desconto só poderá ser fornecido em caso de inexistência de fraude e para créditos em cobrança pela Procuradoria-Geral há pelo menos 10 (dez) anos. O projeto prevê, ainda, que o desconto não poderá ser aplicado ao valor principal das dívidas, mas apenas para os encargos (juro, mora e multas). O desconto também não é aplicável a créditos específicos, com os do Simples Nacional e os do FGTS.

Com o intuito de qualificar a cobrança administrativa, o projeto de lei propõe ainda que seja permitida a contração de serviços, por processo licitatório ou de credenciamento, para auxiliar as atividades de cobrança administrativas, inclusive promovendo o contato com os devedores por telefone ou meios digitais.

O referido projeto de lei da PGFN prevê também a possibilidade de contratação de empresa especializada na gestão, guarda, transporte e alienação de bens que forem objeto de penhora judicial, e a ampliação do cabimento de cautela fiscal que objetiva evitar esvaziamento patrimonial de devedor que põe ou tenta por bens em nome de terceiros, paralise suas atividades ou reduza patrimônio, com o objetivo de comprometer o crédito fiscal.

Na esteira dos procedimentos adotados no âmbito federal, o Estado de São Paulo criou, em fevereiro de 2016, o GAERFIS (Grupo de Atuação Especial para Recuperação Fiscal) da Procuradoria Geral do Estado, para atuar em casos de fraudes estruturadas envolvendo diversas empresas, a maioria em nome de *"laranjas"*, numa intrincada teia societária[37].

37. REVISTA JURÍDICA JOTA. *O big data da PGE-SP para combater sonegadores profissionais: Procuradoria investe em data science e análise de redes para combater sonegação fiscal e qualificar devedores.* Disponível em: https://www.jota.info/

A partir da criação do GAERFIS, os Procuradores do Estado integrantes desse grupo passaram a fazer treinamentos com outros órgãos do governo federal e das comunidades de inteligência, sendo que, a partir de julho de 2017, esse grupo especializado passou a ter auxílio de empresas de "*Big Data*" (tecnologia da informação), que investem na análise de redes para combater a sonegação fiscal e qualificar devedores.

Nesse sentido, o Estado de São Paulo, por meio de licitação pública, contratou, em julho de 2017, uma empresa especializada em *Big Data*, por 4 (quatro) anos, renováveis por mais 4 (quatro), dispondo de mais de 3 (três) mil fontes públicas, com capacidade de mineração de dados e de cruzamento de informações da própria PGE, a partir da Dívida Ativa do Estado, em questão de segundos. Tal velocidade permite analisar com mais agilidade teias societárias que demorariam semanas ou meses para se desvelar, bem como faturamento, atividade econômica e contratações feitas por empresas, permitindo a tomada de providências administrativas ou judiciais preventivas.

Merece ser mencionada, finalmente, a criação, pela Procuradoria Geral do Estado de São Paulo, do projeto *"devedores qualificados"*, autorizado pela Portaria SUBG/CTF - 2, de 6-9-2018[38], que instituiu o Grupo de Atuação dos Devedores Qualificados (DQ), no âmbito da Subprocuradoria Geral do Contencioso Tributário- Fiscal (SUBCTF), tendo por objetivo aumentar a eficiência da atividade de recuperação do crédito inscrito, mediante o uso de técnicas alternativas e diferenciadas de cobrança judicial e extrajudicial.

Enfim, os novos rumos para a cobrança dos créditos tributários passam pelas vertentes da desjudicialização, da utilização dos métodos alternativos de solução de controvérsias,

---

coberturas-especiais/inova-e-acao/pge-big-data-sonegadores-profissionais-22012019. Acesso em 26/04/2019.

38. PROCURADORIA GERAL DO ESTADO DE SÃO PAULO. Projeto Devedores Qualificados. Disponível em http://www.imprensaoficial.com.br/PortalIO/DO/GatewayPDF.aspx?link=/2018/executivo%20secao%20i/setembro/07/pag_0083_159c5c24cc88c16de2bf386828b06d5e.pdf. Acesso em 27/04/2018.

dos diálogos institucionais, da especialização, da atuação preventiva do Estado e da adoção de estratégias mais eficientes de arrecadação e de fiscalização.

Conclusão

No Brasil, a execução dos créditos tributários, ao contrário da maior parte das nações, é realizada de forma totalmente judicial.

Entretanto, observa-se a ineficiência e a morosidade desse sistema, sendo que a cobrança de dívidas da União, dos Estados e dos Municípios deve ser desjudicializada, para que o Poder Judiciário possa cuidar de questões efetivamente relevantes socialmente, como, por exemplo, políticas públicas envolvendo direitos fundamentais.

A par dos dados estarrecedores do número de execuções fiscais e do imenso estoque total da dívida ativa federal e estadual, torna-se imperiosa a adoção de métodos não-judiciais de solução de controvérsias, mais racionais e efetivos, com vistas tanto à redução do número de processos em tramitação no país quanto à otimização na arrecadação de tributos.

Nesse sentido, a inclusão em dívida ativa, o protesto extrajudicial e a inscrição no cadastro de inadimplentes, já há muito tempo adotadas, são providências válidas tanto legalmente quanto admitidas pela jurisprudência dos Tribunais Superiores.

A despeito da discussão acerca da indisponibilidade do crédito tributário, deve ser admitida também a utilização da conciliação, da mediação e da arbitragem como métodos alternativos de cobrança, desde que, por óbvio, seja cumprida a exigência legal de previsão em leis específicas dos entes públicos, nos seus âmbitos de competências, acerca das hipóteses que admitem tais institutos, bem como dos tributos atingidos.

Por sua vez, as reformas previdenciária e tributária, embora controvertidas em muitos pontos, são necessárias à equalização na distribuição de renda e à recuperação da capacidade de arrecadação dos entes públicos. Essa equalização e recuperação seriam o primeiro passo para a implementação de um sistema arrecadatório mais eficiente.

Por fim, sob os pilares da desjudicialização, da utilização dos métodos alternativos de cobrança do crédito tributário e da concepção da necessidade de mais diálogo entre as instituições, o que se observa, atualmente, no âmbito das Administrações Públicas da União, dos Estados e dos Municípios, é a tendência da especialização, tanto legislativa quanto administrativa, com vistas à adoção de melhores estratégias para a fiscalização e a recuperação dos créditos tributários, considerando tanto o seu valor quanto a viabilidade do seu recebimento.

Referências

ASSOCIAÇÃO DOS REGISTRADORES DE PESSOAS NATURAIS DO ESTADO DE SÃO PAULO (ARPEN). *"É uma tendência irreversível, diz Renato Nalini sobre o processo de desjudicialização". In "3ª Edição do Ciclo de palestras Fernando Rodini"*. http://www.arpensp.org.br/index.php?pG=X19leGliZV9ub3RpY2lhcw==&in=NzU5Njg=&MSG_IDENTIFY_CODE. Acesso em 30/04/2019.

BALEEIRO, Aliomar. *Direito tributário brasileiro* (atualizado por Misabel Abreu Machado Derzi). 11ª ed. Rio de Janeiro: Forense, 2007.

BATEUP, Christine A. *The Dialogue Promise: Assessing the Normative Potential of Theories of Constitutional Dialogue.* Disponível em: Brooklyn Law Review, v. 71, 2006.

BONFÁ DE JESUS, Isabela. BONFÁ DE JESUS, Fernando. BONFÁ DE JESUS, Ricardo. *Manual de Direito Processual Tributário.* 3ª ed. São Paulo: Revista dos Tribunais, 2016.

CÂMARA DOS DEPUTADOS. *Proposta de Emenda à Constituição n. 6/2019*. Disponível em: https://www.camara.leg.br/

proposicoesWeb/prop_mostrarintegra?codteor=1730596&filename=PRL+1+CCJC+%3D%3E+PEC+6/2019.

COLLET, Martin. *Droit fiscal*. 4. ed. Paris. Presses Universitaires de France, 2013.

CONJUR – Consultor Jurídico. *Presidente do TJ-SP cobra atitudes de todos para melhorar Justiça*. Reportagem publicada em 06/02/2015. Disponível em https://www.conjur.com.br/2015-fev-06/presidente-tj-sp-cobra-atitudes-todos-melhorar-justica. Acesso em 27/04/2019.

CONSELHO DA JUSTIÇA FEDERAL. *CJF publica íntegra dos 87 enunciados aprovados na I Jornada Prevenção e Solução Extrajudicial de Litígios*. Disponível em: https://www.cjf.jus.br/cjf/noticias/2016-1/setembro/cjf-publica-integra-dos-87-enunciados-aprovados-na-i-jornada-prevencao-e-solucao-extrajudicial-de-litigios. Acesso em 25/04/2019.

CONSELHO NACIONAL DE JUSTIÇA. *Relatório Justiça em Números 2018*. Disponível em: http://www.cnj.jus.br/files/conteudo/arquivo/2018/09/8d9faee7812d35a58cee3d92d2df2f25.pdf. Acesso em 28/04/2019.

GIANNETTI, Leonardo Varella. *Arbitragem no direito tributário brasileiro: possibilidade e procedimentos*. 2017, 390 f. Tese (Doutorado). Programa de Pós-Graduação em Direito, Pontifícia Universidade Católica de Minas Gerais, Belo Horizonte. Disponível em: http://www.biblioteca.pucminas.br/teses/Direito_GiannettiLVa_1.pdf. Acesso em 27/04/2019.

GRUPENMACHER, Betina Treiger. *Arbitragem em matéria tributária*. Disponível em: https://direitosp.fgv.br/sites/direitosp.fgv.br/files/arquivos/1fgv._arbitragem-segunda_mesa.pdf. Acesso em 29/04.2019.

GODOY, Arnaldo Sampaio de Moraes. *A execução fiscal administrativa no direito comparado*. Belo Horizonte: Fórum, 2009.

GODOY, Arnaldo Sampaio de Moraes. REVISTA CONSULTOR JURÍDICO. *"Fisco chileno pode penhorar até salário de devedor"*. Disponível em https://www.conjur.com.br/2010-mai-04/execucao-fiscal-chile-permite-penhora-salario-devedor. Data da publicação: 04/05/2010. Acesso em 02/05/2019.

HELENA, Eber Zoehler Santa. *O fenômeno da desjudicialização*. Revista *Jus Navigandi*, ISSN 1518-4862, Teresina, ano 11, n. 922, 11 jan. 2006. Disponível em: <https://jus.com.br/artigos/7818>. Acesso em 24/04/2019.

INSTITUTO BRASILEIRO DE GEOGRAFIA E ESTATÍSTICA (IBGE). Projeção da população do Brasil e das unidades federadas. Disponível em internet: https://www.ibge.gov.br/apps/populacao/projecao//index.html. Acesso em 28/04/2019.

JORNAL "O GLOBO". Disponível em: https://oglobo.globo.com/economia/familia-alema-atrasa-pagamento-de-impostos-cadela-confiscada-para-quitar-dividas-23490723. Acesso em 30/04/2019

MACHADO, Carlos Henrique; BALTHAZAR, Ubaldo Cesar. *A Reforma Tributária como instrumento de efetivação da justiça: uma abordagem histórica*. sequência (Florianópolis), n. 77, p. 221-252, nov. 2017. Disponível em http://www.scielo.br/pdf/seq/n77/2177-7055-seq-77-221.pdf. Acesso em 28/04/2019.

NALINI, José Renato. Ética geral e profissional. São Paulo: Revista dos Tribunais. 7ª Edição, Editora RT, São Paulo: 2009.

NALINI, José Renato. *Execução não é solução!* Disponível em: http://reantonalini.wordpress.com/2012/03/18/execucao-nao-e-a-solucao/ Acesso em: 24/04/2019.

NETO, Cláudio Pereira de Souza; SARMENTO, Daniel. *Direito Constitucional: teoria, história e métodos de trabalho*. Belo Horizonte: Fórum, 2012.

PROCURADORIA GERAL DA FAZENDA NACIONAL. *Portaria n. 396, de 20 de abril de 2016*. Disponível em: http://

www.pgfn.fazenda.gov.br/assuntos/divida-ativa-da-uniao/regime-diferenciado-de-cobranca-rdcc/portaria396_2016_1.pdf. Acesso em 25/04/2019.

PROCURADORIA GERAL DA FAZENDA NACIONAL. *Portaria PGFN nº 33, de 08 de fevereiro de 2018.* Disponível em http://sijut2.receita.fazenda.gov.br/sijut2consulta/link.action?idAto=90028&visao=anotado. Acesso em 28/04/2019.

PROCURADORIA GERAL DA FAZENDA NACIONAL (PGFN). *Projeto de Lei n. 1.646/2019.* Disponível em http://www.pgfn.fazenda.gov.br/arquivos-destaques/previdencia_pgfn.pdf. Acesso em 25/04/2019.

PROCURADORIA GERAL DO ESTADO DE SÃO PAULO. *Projeto Devedores Qualificados.* Disponível em http://www.imprensaoficial.com.br/PortalIO/DO/GatewayPDF.aspx?link=/2018/executivo%20secao%20i/setembro/07/pag_0083_159c5c24cc88c16de2bf386828b06d5e.pdf. Acesso em 27/04/2018.

PROCURADORIA GERAL DO ESTADO DE SÃO PAULO. *Resolução PGE/SP nº 21, de 23/08/2017.* https://www.jusbrasil.com.br/diarios/158268910/dosp-executivo-caderno-1-25-08-2017-pg-68. Acesso em 27/04/2019.

REVISTA CONSULTOR JURÍDICO. *Minas Gerais vai desistir de ações de execução fiscal de até R$ 35 mil.* https://www.conjur.com.br/2015-mai-18/mg-desistir-acoes-execucao-fiscal-35-mil. Publicado em 18/05/2015. Acesso em 28/04/2019.

REVISTA CONSULTOR JURÍDICO. *RESOLUÇÃO EFETIVA: Arbitragem e conciliação revolucionarão processo tributário, diz Marcelo Navarro.* Publicado em 09/12/2016. Disponível em: https://www.conjur.com.br/2016-dez-09/conciliacao-revolucionara-processo-tributario-marcelo-navarro. Acesso em 25/04/2019.

REVISTA JURÍDICA JOTA. *O "big data" da PGE-SP para combater sonegadores profissionais: Procuradoria investe em "data science"* e análise de redes para combater sonegação fiscal e qualificar devedores. Disponível em: https://www.jota.

info/coberturas-especiais/inova-e-acao/pge-big-data-sonegadores-profissionais-22012019. Acesso em 26/04/2019.

SUPREMO TRIBUNAL FEDERAL. *www.stf.jus.br. Pesquisa de jurisprudência.* Acesso em 24/04/2019.

SUPERIOR TRIBUNAL DE JUSTIÇA. *www.stj.jus.br. Pesquisa de jurisprudência.* Acesso em 26/04/2019.

VALOR ECONÔMICO. *São Paulo deixará de cobrar na Justiça R$ 5,9 bilhões em impostos.* Disponível em https://www.valor.com.br/legislacao/5461599/sao-paulo-deixara-de-cobrar-na-justica-r-59-bilhoes-em-impostos. Acesso em 26/04/2019.

A REFORMA DO PROCESSO TRIBUTÁRIO À LUZ DA REFORMA TRIBUTÁRIA

Eduardo Perez Salusse[1]

1. O AMBIENTE LITIGIOSO BRASILEIRO

Os dados do Conselho Nacional de Justiça[2] confirmam claramente a percepção dos que militam em áreas de contencioso administrativo e judicial, em especial na área do direito tributário: o sistema processual atual não mais dá conta de desempenhar o seu papel constitucional.

São cerca de R$ 4 trilhões de créditos tributários a recuperar[3]. Desde a Constituição Federal de 1988, foram editadas cerca de 5,4 milhões de novas normas jurídicas, o que equivale a 800 normas por dia, das quais cerca de 30 normas são de temas tributários[4].

---

1. Doutorando em Direito Constitucional e Processual Tributário pela PUC/SP. Mestre pela FGV/SP. Especialização em Contabilidade Fiscal pela FGV/SP. Graduado em Direito pela PUC/SP. Advogado em São Paulo.

2. Disponível em: http://cnj.jus.br/files/conteudo/arquivo/2018/09/8d9faee7812d35a58cee3d92d2df2f25.pdf. Acesso em: 17.05.2018.

3. APPY, 2017; Meirelles, 2016; Receita Federal do Brasil; Senado Federal RQE 6/2017-CAE e 11/2017-CAE.

4. Instituto Brasileiro de Planejamento e Tributação, 2017.

Já tive a oportunidade de escrever que:

> Neste período de quase 30 anos, a própria Constituição Federal sofreu 97 emendas, sem contar outras 6 emendas constitucionais de revisão. É uma enxurrada normativa difícil de acompanhar.
>
> O tempo gasto para pagar tributos ou cumprir obrigações acessórias no Brasil é o maior do mundo, ultrapassando 2.038 horas anuais. Somos seguidos pela Bolívia, com cerca de 1.025 horas anuais, e pela Venezuela e Equador com cerca de 700 horas anuais (fonte: Banco Mundial, 2017).
>
> Esta complexidade faz com que o Poder Público figure como o maior litigante do país, respondendo por cerca de 60% dos mais de 80 milhões de processos que estavam em tramitação junto ao Poder Judiciário no ano de 2016 (fonte: CNJ – Conselho Nacional de Justiça, 2016). Em São Paulo, temos um Tribunal de Justiça com 360 Desembargadores, posicionando-o como o maior tribunal do mundo, no qual tramitam cerca de 25% de todos os casos em andamento no país (fonte: TJSP, 2017).
>
> Este hecatombe não se limita às questões tributárias. A Justiça do Trabalho no Brasil recebeu quase 2,6 milhões de novos processos trabalhistas em 2015[5]. Na Alemanha, 2ª colocada, foram cerca de 600 mil novas ações no mesmo período, seguida da Itália com cerca de 320 mil ações trabalhistas.
>
> Para todo este tormento, um batalhão de advogados. Temos uma das maiores densidades de advogados do mundo, contando com um advogado para cada 209 habitantes, totalizando mais de 1 milhão de profissionais. E, como não poderia deixar de ser, o Brasil possui 1.240 faculdades de direito, superior à soma de todas as demais faculdades de direito do resto do mundo (fonte: OAB).
>
> Os 700 mil presos já compõem a 3ª maior população carcerária do mundo (fonte: Infopen, Ministério da Justiça), com passos largos ao topo, impulsionado pela notável atividade policial e judicial dos últimos anos ao estímulo da maior operação de combate de corrupção do mundo, a Lava Jato.
>
> Ao menos em parte, talvez estes dados justifiquem estarmos atravessando, ainda em tom superlativo, a maior crise econômica da nossa história.[6]

---

5. Conselho Superior da Justiça do Trabalho, 2017

6. SALUSSE, Eduardo Perez. *Valor Econômico*. Disponível em: https://www.valor.com.br/legislacao/fio-da-meada/5314673/o-brasil-tem-r-4-trilhoes-de-creditos-tributarios-recuperar. Acesso em: 17.05.2019.

O processo legal é o instrumento por meio do qual o Estado exerce seu papel de pacificar conflitos. Está, à evidência, subordinado a regras apoiadas em diversos princípios constitucionais, mormente o do devido processo legal, da ampla defesa e contraditório, dentre outros.

2. AS PATOLOGIAS DO PROCESSO ADMINISTATIVO TRIBUTÁRIO

A pacificação de litígios, em especial de demandas de natureza tributária, enfrenta dificuldades adicionais à própria crise sistêmica narrada.

Há resistência massiva em face do entendimento de que a prestação jurisdicional estatal ocorre de forma universal.

Não se reconhece – ao menos de forma pacífica e no âmbito do processo administrativo tributário – que não é competência exclusiva do Poder Judiciário agir na pacificação de litígios. Este papel é indissociável da noção de sistema e da ideia de que o estado é uno. Vale dizer, a atividade jurisdicional deve ser realizada de forma cooperativa, compartilhada e harmônica no âmbito do processo judicial, do processo administrativo e do processo arbitral.

Apenas assim, pode-se admitir a existência da garantia de oferecer ao jurisdicionado um processo justo, assegurando, com rapidez, um resultado também justo.

A mudança de mentalidade é algo difícil e demorado, sensível a questões de ordem ideológica, dogmáticas e alinhadas a interesses de natureza técnica.

A própria estrutura dos órgãos administrativos incumbidos de dar cabo de lides tributárias carregam patologias que respondem, *a latere* dos debates de mérito, por um enorme contencioso versando sobre problemas processuais. É a regra processual como objeto da própria discussão travada no próprio processo.

A imparcialidade é colocada em xeque a partir do momento em que os tribunais administrativos são vinculados hierarquicamente e funcionalmente ao próprio ao órgão fazendário arrecadador.

A ideia de paridade destes mesmos tribunais é distorcida, cabendo sempre ao julgador fazendário – que preside o órgão de julgamento – a prerrogativa de desempatar. E o faz mediante um voto duplo, exteriorizando um superpoder de aceitação duvidosa em um regime republicano.

Os julgadores administrativos são escolhidos por influência significativamente política, não sendo raras as notícias de afastamento de alguns que não julgam de acordo com o interesse fazendário. Não tem a garantia da inamovibilidade. Os alinhados com a ideologia fazendária tendem a se perpetuar no cargo, sem qualquer restrição temporal para o exercício da função, sendo reconduzidos por mandatos sucessivos ilimitadamente

Não há qualquer garantia aos julgadores, de modo a assegurar-lhes o livre convencimento de forma imune às pressões de grupos políticos ou de interesse. Há, sim, cerceamento intelectual.

Os institutos da transação, mediação ou arbitragem soam como palavrões, sempre com a ultrapassada justificativa da intransigibilidade do bem público.

Há, por fim, limitação de competência para a aplicação da legalidade ou para o afastamento de norma inconstitucional, além de restrições à dilação probatória em afronta ao desejo de buscar a verdade material.

3. A OPORTUNIDADE: A REFORMA TRIBUTÁRIA E O PROCESSO TRIBUTÁRIO

Neste momento em que é elaborado este artigo, está em tramitação na Câmara dos Deputados a proposta de reforma tributária (PEC nº 45/2019) apresentada pelo Deputado Baleia Rossi, tendo como relator o Deputado João Roma. A proposta encampa proposta que foi originada pelo Centro de Cidadania Fiscal (CCIF) e objetiva introduzir um novo imposto sobre bens e serviços (IBS) em substituição ao imposto sobre serviços de qualquer natureza (ISSQN) de competência dos Municípios, o imposto operações relativas à circulação de mercadorias e sobre prestações de serviços de transporte interestadual e intermunicipal e de comunicação (ICMS) de competência dos Estados e do Distrito Federal, além do imposto sobre produtos industrializados (IPI) e das contribuições para financiamento da seguridade social (COFINS) e ao Programa de Integração Social (PIS), de competência da União Federal.

A tramitação deste texto acabará por exigir uma reformulação completa das regras de processo administrativo tributário, o que pode representar oportunidade ímpar de introduzir modernidades aptas a escoar o represado contencioso tributário.

Mais do que isso, é a oportunidade de construir um novo sistema processual, eliminando patologias atuais com menor resistência, eis que se estaria construindo algo novo, sem necessariamente mexer com estruturas já em funcionamento e resistentes a mudanças por força de interesses segmentares.

4. UMA NOVA ADMINISTRAÇÃO TRIBUTÁRIA

Diante do rápido avançar de uma proposta de reforma da tributação sobre o consumo, com a unificação de tributos de todos os entes da federação e criação de um único tributo nacional – o IBS -, inevitável é a construção de uma proposta integrativa no campo da administração tributária. É a oportunidade de implementar mecanismos de modernidade ao sistema hoje vigente, anulando ou atenuando patologias que colaboram para a falência do sistema processual tributário.

Isso passa pela construção de um novo modelo na atividade de fiscalização e lançamento da administração tributária, bem como dos aspectos inerentes à solução de conflitos que possam surgir entre fisco e contribuinte no âmbito deste novo imposto, com potencial de contornar velhos dogmas e contagiar todo o sistema com uma nova perspectiva.

A construção de uma proposta de administração tributária afeita ao novo imposto IBS deve, necessariamente, ter um alinhamento principiológico com a iniciativa. Vale dizer, se a criação do novo IBS é pautada na simplicidade, isonomia, neutralidade, transparência e capacidade arrecadatória, a proposta de uma nova administração tributária deve também ser pautada pela simplicidade, transparência, celeridade, cooperação federativa dos fiscos e administração responsiva, otimizando a relação entre fisco e contribuintes.

Sabe-se que a proposta de instituição constitucional do IBS definirá competência à lei complementar para criá-lo e regulá-lo, de maneira uniforme em todo o território nacional, com alíquotas fixadas por cada um dos seus entes da federação, cabendo à própria União, aos Estados, ao Distrito Federal e aos Municípios a competência compartilhada para efetuar a fiscalização e o lançamento do imposto.

A criação do IBS em lei de cunho nacional preservará a autonomia federativa, delegando aos entes federativos a fixação de suas alíquotas em suas leis locais, observando-se patamares máximos previstos na lei complementar, com a ressalva de que qualquer alteração de alíquota deverá ser uniforme a todas as operações com bens, direitos e serviços sujeitos ao imposto.

Posta a ideia de unificar, portanto, em um único imposto sobre o consumo, denominado IBS, os outros 5 (cinco) tributos sobre o consumo de competência dos diversos entes federativos, passa-se a enfrentar os necessários reflexos instrumentais que repercutirão na função dos diversos órgãos federativos das respectivas administrações tributárias, bem como na vida dos contribuintes.

5. A SIMPLIFICAÇÃO DAS OBRIGAÇÕES ACESSÓRIAS

Como se sabe, cada um dos tributos substituídos carrega consigo uma carga significativa de obrigações acessórias a cumprir, desde a emissão das suas próprias notas fiscais, escrituração em livros próprios, apuração do tributo no âmbito de suas alíquotas, bases de cálculo, compensações, exclusões, adições e ajustamentos próprios, recolhimento dos tributos em guias específicas, inserção na escrituração fiscal e contábil, transmissão de declarações às respectivas autoridades fiscais representativas dos diversos sujeitos ativos a eles inerentes.

Não é por demais relembrar que o Banco Mundial, em estudo divulgado em 2018 sobre o ambiente de negócios nos países, posiciona o Brasil na primeira posição dentre aqueles que mais dispendem tempo com burocracia necessária ao pagamento de tributos[7]. Uma empresa de médio porte dedica 1958 horas anuais apenas para preparar, arquivar e pagar (ou reter) o imposto de renda das empresas, o imposto sobre o valor agregado e as contribuições de previdência social.

A substituição de todos estes tributos pelo IBS implica, de modo natural, na redução proporcional das obrigações tributárias correspondentes, que agora deverá amparar aquelas necessárias à apuração de um único tributo.

As obrigações acessórias deverão, em justa síntese, consistir na inscrição dos contribuintes no cadastro de contribuintes, na emissão da nota fiscal eletrônica com o destaque do IBS incidente.

Vale dizer, as obrigações fiscais serão limitadas à emissão da nota fiscal eletrônica.

6. COMPETÊNCIA PARA FISCALIZAÇÃO E LANÇAMENTO DE OFÍCIO

Na acepção do art. 142 do CTN, compete privativamente à autoridade administrativa constituir o crédito tributário pelo lançamento, assim entendido o procedimento administrativo tendente a verificar a ocorrência do fato gerador da obrigação

---

7. Banco Mundial. Disponível em: http://portugues.doingbusiness.org/data/exploreeconomies/brazil#paying-taxes. Acesso em: 17.05.2019.

correspondente, determinar a matéria tributável, calcular o montante do tributo devido, identificar o sujeito passivo e, sendo caso, propor a aplicação da penalidade cabível.

É atividade vinculada e obrigatória à administração pública competente.

No contexto de um novo tributo, não há como negar que haverá significativa simplificação do procedimento fiscalizatório. E isto não deve ser traduzido como uma perda da importância das autoridades fiscais responsáveis pelo lançamento. Ao contrário, haverá uma sinergia e fôlego para que a árdua tarefa de fiscalizar seja feita de maneira muito mais cuidadosa e dedicada a combater atividades evasivas.

As autoridades fiscais que hoje são organizadamente e funcionalmente fracionadas na mesma medida em que as competências tributárias também o são. As autoridades fiscais de todos os entes da federação terão competência compartilhada para fiscalizar e lançar o tributo.

No plano operacional, restará a cabo da coordenação de um Comitê Gestor do IBS, dando cumprimento ao dever de eficiência na administração pública (art. 37 da Constituição Federal), organizar a forma mais racional de dividir funções e competências compartilhadas entre todas as esferas federativas encarregadas das atividades de fiscalizar a ocorrência do fato gerador, efetuar o lançamento do crédito tributário e propor a aplicação de penalidades cabíveis. Trata-se, de fato, de questão atinente a plano de trabalho e fiscalização definidas no plano infralegal e no âmbito do Comitê Gestor do IBS.

Não haverá qualquer necessidade de implementar alterações às disposições contidas no Título IV - Administração Tributária, Capítulo I – Fiscalização, do Código Tributário Nacional, eis que compatíveis com as alterações ora propostas.

Enfim, caberá às autoridades fiscais federais, estaduais, municipais e distrital competência compartilhada para fiscalização e exercício da atividade de lançamento do crédito tributário do IBS.

7. PROCEDIMENTO PREPARATÓRIO PARA LANÇAMENTO – A CRIAÇÃO DO "PRÉ-LANÇAMENTO"

Nesta toada, tem-se que o procedimento de fiscalização tem início com o primeiro ato de ofício praticado por auditor fiscal competente tendente à apuração da existência de obrigação tributária ou de infração à legislação, cientificando o sujeito passivo do termo de início de fiscalização correspondente (ou ato de busca e apreensão), com identificação precisa do seu objetivo e prazos para a finalização do procedimento.

Este início de fiscalização exclui a espontaneidade e não se confunde com a notificação do sujeito ativo, em procedimento próprio, convidando o sujeito passivo a explicar e autorregularizar inconsistências identificadas, conforme disposições legais específicas.

Realiza-se o lançamento tributário com a constituição do crédito tributário, ainda munido de provisoriedade. A este ato administrativo poder-se-ia nominar de pré-lançamento, não produzindo efeitos jurídicos pertinentes à interrupção do prazo decadencial previsto nos artigos 150, parágrafo 4º e 173, do CTN.

Este pré-lançamento tributário deve ser levado ao conhecimento do contribuinte, mediante a competente notificação fiscal, franqueando a ele apresentar manifestação denominada" defesa prévia", à exemplo do que já existe em alguns diplomas normativos, tal como no Decreto nº 7.030/2017 do Estado do Paraná.

Exatamente pela outorga de competência compartilhada à União, Distrito Federal, Estados e Municípios é que haverá o risco de disparidades qualitativas e interpretativas entre os diversos entes federativos quando do procedimento preparatório para o lançamento de ofício deste mesmo tributo. Pensamos que esta questão poderia se resolver mediante a atribuição, a um órgão colegiado de fiscalização talvez denominado simplesmente "Delegacia Tributária", criado por lei, da competência para efetuar o controle de qualidade dos lançamentos, ratificando os pré-lançamentos efetuados em qualquer uma das esferas de fiscalização.

8. UM NOVO PAPEL ÀS DELEGACIAS TRIBUTÁRIAS: AUTORREGULARIZAÇÃO, DISPENSA DE LAVRATURA, MEDIAÇÃO, CONCILIAÇÃO E TRANSAÇÃO TRIBUTÁRIAS

O pré-lançamento do crédito tributário deve ser submetido, junto com a defesa prévia e documentos que a instruem, se for o caso, ao controle de qualidade perante a Delegacia Tributária.

Tem-se, nesta etapa, o objetivo de ratificação, aperfeiçoamento, regularização ou dispensa do lançamento, o que será feito por estruturas funcionais criadas no âmbito da própria Delegacia Tributária.

Para o exercício de tais funções, a Delegacia Tributária poderá, por meio de uma espécie de Comitê de Fiscalização e Controle, composto por representantes das esferas fiscalizatórias federal, estaduais, distrital e municipais:

(a) Revisar, retificar ou ratificar o pré-lançamento, observando-se as diretrizes estabelecidas pelo Comitê Gestor do IBS para atribuir uniformidade de entendimentos e assegurar lançamentos tributários com qualidade;

(b) Convidar o sujeito passivo para autorregularização das irregularidades identificadas na atividade de pré-lançamento, observando regras, critérios e condições previstas em lei, de modo a permitir que contribuintes com bons antecedentes, que tenham praticado infrações sem dolo, fraude ou simulação, bem como não tenham causado prejuízo ao erário, regularizem a sua escrituração fiscal em prazo razoável e proporcional, ao abrigo dos benefícios da denúncia espontânea prevista no art. 138 do CTN[8]. É uma espécie de conciliação;

---

8. A este propósito, observe-se experiência levada a efeito por meio da lei Paulista nº 1.320, de 2018, no Estado de São Paulo, que Institui o Programa de Estímulo à Conformidade Tributária - "Nos Conformes", define princípios para o relacionamento entre os contribuintes e o Estado de São Paulo e estabelece regras de conformidade tributária. Disponível em: https://www.al.sp.gov.br/repositorio/legislacao/lei.complementar/2018/lei.complementar-1320-06.04.2018.html.

(c) Dispensar a lavratura de autos de infração em decorrência do cometimento de irregularidades formais, sem prejuízo ao erário ou à atividade de fiscalização, desde que presentes requisitos definidos em regulamento, especialmente: (a) a ausência de dolo, fraude ou simulação; (b) a inexistência de prejuízo ao erário; (b) a primariedade específica do sujeito passivo; (c) os bons antecedentes; (d) o porte econômico à luz do seu patrimônio líquido comprovado; e (e) a efetividade da função social do contribuinte. Caberá quando não for mais possível efetuar a autorregularização ou, por força do prazo decorrido ou da natureza da infração cometida, restar inconveniente, ineficiente e desnecessário o procedimento de autorregularização[9]; e

(d) Promover, por iniciativa própria ou solicitação do sujeito passivo, procedimento de "mediação" para dirimir divergência acerca de matéria de fato que ensejou a aplicação da norma jurídica tributária, especialmente quando versar sobre conceitos indeterminados (ex.: atividade alheia, propósito negocial, razoabilidade, etc), qualificação dos fatos à luz da norma, quantificação do crédito (composição da base de cálculo) e moderação sancionatória nos limites da lei, realizada por mediador integrante da estrutura da administração tributária, em nível hierárquico superior e que não tenha participado, direta ou indiretamente, dos procedimentos preparatórios ao lançamento; e

(e) Promover a transação, especialmente quanto ao objeto dos procedimentos de mediação referidos no item anterior, podendo haver expressa aceitação recíproca

---

9. A este propósito, observe-se a experiência lavada a efeito perante a administração tributária paulista, por meio da edição da Portaria CAT nº 115, de 2014 que, tendo em vista os princípios da eficiência administrativa e da razoabilidade previstos no artigo 111 da Constituição do Estado de São Paulo e visando uniformizar e disciplinar o controle de qualidade dos serviços fiscais, saneia o auto de infração antes da sua lavratura, salvaguardando os interesses da Fazenda Pública e do contribuinte. Disponível em: http://info.fazenda.sp.gov.br/NXT/gateway.dll?f=templates&fn=default.htm&vid=sefaz_tributaria:vtribut.

> dos fatos envolvidos, autorizando-se a concessão de contrapartidas relacionadas à imediata quitação do crédito tributário, prestação de garantia administrativa preparatória à futura discussão do crédito tributário ou concessão de prazos para pagamento espontâneo, sem prejuízo de outros requisitos previstos em lei.

Mediante o exercício de tais funções, a Delegacia Tributária aperfeiçoará a atividade de apuração do crédito tributário. Ao final, esgotados os procedimentos com a constituição de crédito tributário, sem que sobre ele tenha havido qualquer expediente de autorregularização, dispensa de lavratura, mediação, conciliação ou transação, bem como, em qualquer hipótese, resulte lançamento de crédito tributário não pago, o CFC deverá notificar o sujeito passivo, confirmando a lavratura do auto de infração, ainda que retificado, com a determinação para que o sujeito efetue o seu pagamento ou, querendo, apresente no prazo previsto em lei, os competentes recursos ou procedimentos impugnatórios cabíveis.

Observe-se, aqui, que a ideia é encampar o comando do art. 166 do CPC, ainda que em fase anterior ao contencioso, que estabelece que "[a] *conciliação* e a *mediação* são informadas pelos princípios da *independência*, da *imparcialidade*, da autonomia da vontade, da confidencialidade, da oralidade, da informalidade e da decisão informada.[10]"

9. DA JURISDIÇÃO TRIBUTÁRIA AMPLA, HARMÔNICA E DESCENTRALIZADA

A jurisdição estatal em matéria tributária será prestada pela via administrativa, pela via arbitral ou pela via judicial, de forma harmônica, observando-se os respectivos requisitos, competências e procedimentos legais.

---

10. BRASIL. Código de Processo Civil. Lei nº 13.105, de 16 de março de 2015. Disponível em: <http://www.planalto.gov.br/ccivil_03/_Ato2015-2018/2015/Lei/L13105.htm>. Acesso em: 17.05.2019.

A ideia do processo como instrumento à realização de justiça deve, de uma vez por todas, ser incorporada à noção de que o ato estatal de apaziguamento de disputas pode ocorrer em diferentes jurisdições, abrangendo não apenas a jurisdição judicial, mas a jurisdição administrativa e a arbitral.

A convivência harmônica entre os subsistemas processuais, em regime de mutualismo, é mais do que recomendável. É necessário ao atendimento dos ditames constitucionais de celeridade, segurança jurídica e justiça, ombreando para satisfazer a necessidade de paz social e aliviar o sobrecarregado Poder Judiciário com os seus mais de 80.000.000 (oitenta milhões) de processos que tramitavam no ano de 2016[11].

O empoderamento de órgãos jurisdicionais por lei definitivamente incorpora a ideia de que o Estado exerce a sua função de realizar justiça, ancorada nos princípios do devido processo legal, da ampla defesa e do contraditório previstos na Constituição Federal, em seus incisos LIV, LV e LXXVIII.

Neste sentido já tive a oportunidade de apontar que[12]:

> A atividade jurisdicional consiste no exercício, pelo Estado, da competência, do poder e da força autorizados por lei, necessários à realização de justiça, apaziguando conflitos de interesses com vistas a preservar intocáveis os direitos e garantias individuais e, assim, aproximar a desejada paz social.
>
> É neste sentido que a Constituição Federal de 1988 entabula, como direito e garantia individual, o devido processo legal, com a ampla defesa, o contraditório e com os recursos que lhe são inerentes, submetendo os conflitos à decisão de autoridade devidamente constituída, o "Juiz".
>
> Em suma, busca-se a proteção de direitos fundamentais, consubstanciados nos chamados sobreprincípios ou princípios

11. Conselho Nacional de Justiça. Justiça em Números. http://www.cnj.jus.br/files/conteudo/arquivo/2017/12/b60a659e5d5cb79337945c1dd137496c.pdf. Acesso em: 17.05.2019.

12. SALUSSE, Eduardo Perez. A crise de identidade dos tribunais administrativos tributários. *Jornal Valor Econômico on line*. Fio da Meada, 2018. Disponível em: https://www.valor.com.br/legislacao/fio-da-meada/5349671/crise-de-identidade-dos-tribunais-administrativos-tributarios. Acesso em: 17.05.2019.

> fundamentais ou, ainda, princípios sobre princípios que são a inviolabilidade do direito à vida, à liberdade, à igualdade, à segurança e à propriedade.
>
> Dito isto, a lei outorgou competência para órgãos e julgadores exercerem a atividade jurisdicional, dando conta da solução de crescentes conflitos sociais em todas as esferas, tais como a civil, penal, tributária, trabalhista, ambiental, dentre outras.
>
> Estes órgãos e julgadores são, portanto, autoridades munidas de poderes que lhes foram outorgados por lei, investindo-os de igual responsabilidade de dirimir e solucionar conflitos, de forma colaborativa e com o intuito comum de "dar conta do recado". Representam igualmente o "Estado" na sua função jurisdicional.
>
> Estes órgãos e autoridades não competem entre si, não roubam competência de um ou de outro, não são veículos de passagem de um para outro poder jurisdicional. Devem agir de forma harmônica para, somente assim, atender a sociedade com qualidade e celeridade.
>
> Dando nome aos bois, os juízes ou tribunais do Poder Judiciário, os julgadores ou tribunais administrativos, assim como os árbitros ou câmaras arbitrais, todos exercem, igualmente, a atividade jurisdicional. Somente o esforço harmônico e conjunto de todos eles dará conta de realizar a tão nobre e essencial tarefa de fazer justiça e pacificar as crises postas diariamente em qualquer sociedade.

Com efeito, não coaduna com o direito moderno a premissa de que cabe apenas ao Judiciário o exercício do papel jurisdicional.

Há indiscutível impulso para que o novo modelo de contencioso deva romper paradigmas pretéritos, dando condições efetivas de solução a problemas ligados não apenas à política judiciária, mas à própria qualidade da jurisdição, valorizando os direitos e garantias individuais.

Tem-se, neste cenário, um Poder Judiciário abarrotado e com falta de prestação jurisdicional adequada, instabilidade da jurisprudência, questionamento social à moralidade administrativa e à imparcialidade dos órgãos de julgamento administrativos, uma morosidade excessiva e uma legislação processual estagnada.

Um novo subsistema de contencioso tributário deve zelar pela simplicidade, transparência, celeridade, apreciar as questões sob a perspectiva de cooperação e à luz de uma nova relação entre fisco e contribuintes. Pode, assim, contribuir para desafogar o sistema e dar efetividade ao processo, conferir estabilidade, segurança jurídica, tratamento isonômico e restabelecer a confiança social.

James Marins aponta, com propriedade, algumas características do contencioso administrativo tributário em alguns países ocidentais[13].

Segundo o Autor, pode-se perceber que a Alemanha conta modelo extremamente evoluído, exercendo jurisdição administrativa como ramo de uma jurisdição única, desde que *Finanzgerichtordenung,* de 6.10.1945, transformou o Tribunal Administrativo em autêntico órgão jurisdicional. A estrutura contenciosa administrativa alemã, conta com juízes togados, *status* de independência e exclusiva subordinação à lei (Lei Fundamental Alemã, art. 97). A despeito de sofrer, como no Judiciário, com problemas de sobrecarga (os processos duram entre 4 e 8 anos), há notável especialização dos tribunais e elevado grau técnico dos julgadores.

Continua, informando que o modelo italiano foi modernizado desde 1994 em vista de problemas de pacificação tributária. Tentou-se substituir órgãos administrativos por órgão judiciais, gerando intermináveis polêmicas. É um sistema complexo de superposições de instâncias.

As Comissões Tributárias Italianas (Decreto Legislativo 545/1992) contam com duas instâncias de mérito (Commissioni). Após controvérsias a respeito da função deste órgão administrativo, a Corte de Cassazione reconheceu a jurisdicionalidade (exclusiva) das Comissões.

---

13. MARINS, James. *Direito processual tributário brasileiro* (administrativo e judicial). Dialética, 5ª. Ed., 2010.

Como no Brasil, aplica-se supletivamente o Código de Processo Civil, embora este ainda provoque distorções por ser, segundo aponta, uma legislação antiquada. Tem como grande vantagem a redução dos graus recursais, mas, em contrapartida, sofre com a ausência de juízes tributários preparados.

No modelo espanhol, afirma Marins, o tema é regulado na Ley General Tributaria. O sujeito passivo tem dois caminhos: as *reclamaciones* administrativas ou via jurisdicional. Há a fase da revisão do ato administrativo tributário, seguida de recurso de reposição à mesma autoridade e recursos aos Tribunais Econômicos Administrativos (locais, regionais, central e Ministério da Economia).

Há previsão de execução administrativa. As partes podem recorrer à via judicial. Os Tribunais Administrativos Espanhóis são integrados por funcionários indicados pelo Ministro da Fazenda e não há prerrogativa que assegure a independência.

Em Portugal, o contencioso administrativo tributário é regrado pelo Decreto-lei nº 154/1991 (Código de Processo Tributário). É um dos mais completos, prevendo as fases administrativa e judicial (regime particular às lides tributárias). A impugnação judicial é apresentada na repartição de finanças, que organiza, instrui e encaminha a juízo. Após, ao Ministério Público e decisão (ou instrução probatória).

Os Tribunais Tributários Portugueses são especializados, mas sofrem com a falta de imparcialidade.

No modelo argentino, o tribunal administrativo fiscal também é ligado ao Poder Executivo (Lei 11.683). Neste âmbito são previstos recursos administrativos de reconsideração à mesma autoridade, apelação ao tribunal fiscal ou revisão e apelação limitada à Câmara Nacional.

A decisão faz coisa julgada, mas pode ser alvo de recurso à Corte Suprema Nacional. O órgão tem independência e possui caráter explicitamente jurisdicional, com proteção/garantias aos seus integrantes, especialmente a inamovibilidade e a proteção contra destituição.

Apesar disto, há questionamentos ao Tribunal Fiscal de la Nación. A Corte Suprema reconhece há décadas que os tribunais administrativos podem expedir pronunciamentos de natureza judicial (efetividade e proteção do interesse público, sem afastá-la do controle judicial dos abusos).

Dito isto, colhendo-se as necessidades locais, a experiência em alguns Estados e a estrutura em alguns países ocidentais, pode-se defender uma estrutura eficiente no pré-contencioso e no novo modelo de contencioso administrativo.

10. O CONTENCIOSO E UMA NOVA JURISDIÇÃO ADMINISTRATIVA

Tem-se como premissa que o objetivo do processo administrativo não é mera revisão do lançamento, mas é, ao final, o de dar cumprimento a uma das funções do Estado "mediante a qual este se substitui aos titulares dos interesses em conflito para, imparcialmente, buscar a pacificação do conflito que os envolve, com justiça" (Dinamarco[14]).

Diz o festejado processualista, que:

> Da unidade da jurisdição decorre ainda, a nível teórico, a impropriedade da ideia de um "dualismo" jurisdicional, nos sistemas que contém o contencioso administrativo: nesses países a jurisdição é simplesmente, por razões de ordem pragmática e sólida tradição histórica, exercida em parte por órgãos do Poder Judiciário e, em parte, por órgãos estruturalmente ligados à Administração. Tem-se jurisdição, porém, lá e cá; a mesma jurisdição, distribuída segundo critérios de competência.

Grinover[15] complementa, em resumo, que "É fora de dívida que o contencioso administrativo exerce jurisdição, autêntica jurisdição."

---

14. DINAMARCO, Candido Rangel. *A Instrumentalidade do Processo*. Malheiros, 6ª. Ed., 1998.

15. GRINOVER, Ada Pelegrini. Cit. por Dinamarco, op. cit., p. 120.

Sob tal perspectiva materializada na proposta que ora se apresenta, tem-se que recebida a notificação do lançamento do imposto, o sujeito passivo poderá pagar ou apresentar recurso ordinário dirigido à Câmara Regional competente, na esteira do disposto nos artigos 142[16] e 149[17] do CTN.

Se pago, restará extinto o crédito tributário nos termos do art. 156, I, do CTN[18]. Se impugnado, restará suspensa a exigibilidade do crédito tributário nos termos do art. 151, III, do CTN[19] e instaurado o processo administrativo tributário, cujo acesso é gratuito aos sujeitos passivos.

---

16. Art. 142. Compete privativamente à autoridade administrativa constituir o crédito tributário pelo lançamento, assim entendido o procedimento administrativo tendente a verificar a ocorrência do fato gerador da obrigação correspondente, determinar a matéria tributável, calcular o montante do tributo devido, identificar o sujeito passivo e, sendo caso, propor a aplicação da penalidade cabível.

17. Art. 149. O lançamento é efetuado e revisto de ofício pela autoridade administrativa nos seguintes casos:
I - quando a lei assim o determine;
II - quando a declaração não seja prestada, por quem de direito, no prazo e na forma da legislação tributária;
III - quando a pessoa legalmente obrigada, embora tenha prestado declaração nos termos do inciso anterior, deixe de atender, no prazo e na forma da legislação tributária, a pedido de esclarecimento formulado pela autoridade administrativa, recuse-se a prestá-lo ou não o preste satisfatoriamente, a juízo daquela autoridade;
IV - quando se comprove falsidade, erro ou omissão quanto a qualquer elemento definido na legislação tributária como sendo de declaração obrigatória;
V - quando se comprove omissão ou inexatidão, por parte da pessoa legalmente obrigada, no exercício da atividade a que se refere o artigo seguinte;
VI - quando se comprove ação ou omissão do sujeito passivo, ou de terceiro legalmente obrigado, que dê lugar à aplicação de penalidade pecuniária;
VII - quando se comprove que o sujeito passivo, ou terceiro em benefício daquele, agiu com dolo, fraude ou simulação;
VIII - quando deva ser apreciado fato não conhecido ou não provado por ocasião do lançamento anterior;
IX - quando se comprove que, no lançamento anterior, ocorreu fraude ou falta funcional da autoridade que o efetuou, ou omissão, pela mesma autoridade, de ato ou formalidade especial.
Parágrafo único. A revisão do lançamento só pode ser iniciada enquanto não extinto o direito da Fazenda Pública.

18. Art. 156. Extinguem o crédito tributário:
I - o pagamento;

19. Art. 151. Suspendem a exigibilidade do crédito tributário:
III - as reclamações e os recursos, nos termos das leis reguladoras do processo tributário administrativo.

O processo administrativo tributário contará com duas instâncias, colegiadas, sob a estrutura hierárquica do Ministério da Justiça ou, ainda que dentro do Ministério da Fazenda, como mecanismo que a isolem da hierarquia administrativa e funcional, além de impor uma série de garantias aos que exercerem a função de julgar.

Deve, a bem da verdade, buscar caráter de imparcialidade ao distanciar-se do próprio órgão responsável pela arrecadação do imposto sob disputa, incrementando a ideia de julgamento justo e com maior legitimidade e aceitação social.

Note-se, aqui, que há supressão da atual Delegacia Regional de Julgamento, cujas funções são incorporadas para a função revisora no âmbito das Delegacias Regionais. Há, no mínimo, alguma desburocratização na prestação jurisdicional administrativa.

A primeira instância recursal ficará encarregada de julgar os recursos ordinários interpostos em face da lavratura do lançamento de ofício, em órgão denominado Câmara Regional, composta, basicamente, por 5 (cinco) ou 7 (sete) integrantes, sendo 1 (um) presidente que exercerá direito de voto somente em caso de empate. Não há mais a repudiável e polêmica figura do "voto duplo".

Os integrantes serão alocados de dentro da estrutura fazendária ou mediante cargo especialmente criado por lei, escolhidos mediante concurso técnico e procedimento de avaliação por banca independente, com mandato de 4 (quatro) anos renovável automaticamente por mais dois mandatos de 4 (quatro) anos, totalizando, no máximo, 12 (doze) anos de mandato.

Os julgadores terão "status" de juiz de direito ou de fato, a exemplo do juiz arbitral, gozando de prerrogativas e garantias que lhe atribuam independência no exercício da função.

A Câmara será instaurada funcionalmente no âmbito de cada Estado ou Região ou Distrito Federal, a critério de decisão do Comitê Gestor, sempre atendendo o princípio da eficiência, proporcionando a célere e eficiente prestação jurisdicional. Serão assegurados às partes litigantes a ampla produção de prova e o exercício da ampla defesa, sempre compatibilizando as regras com a necessária concentração de atos probatórios, celeridade, simplicidade e formalismo moderado inerentes ao processo administrativo tributário.

Da decisão proferida, caberá um único recurso administrativo, denominado "recurso especial", com a função única de uniformizar jurisprudência, lastreado em paradigma de divergência proferido por outra Câmara Regional, a ser remetido para julgamento, em instância final e definitiva no âmbito administrativo, por uma Câmara Nacional situada no Distrito Federal.

O recurso à Câmara Nacional não é munida de efeito suspensivo, salvo se o particular antecipar garantia do crédito tributário para eventual discussão judicial futura, seja em ação anulatória ou execução fiscal. A justificativa é simples.

Há estreita correlação entre a demora de julgamento dos processos administrativos a probabilidade de recuperação do crédito tributário.

Ademais, são nas Câmaras Superiores que ocorrem os verdadeiros gargalos, passando a sensação de justiça tardia e, logo, de verdadeira impunidade.

Antecipar-se-á, assim, o ponto mais nevrálgico na relação processual entre fisco e contribuinte desenvolvida em uma execução fiscal: a busca de garantia idônea.

Haverá uma apaziguação de ânimos por força da garantia administrativa, restabelecendo um equilíbrio nas relações em disputa, com desincentivo a recursos protelatórios e inibindo violências decorrentes de constrições patrimoniais verificadas nas execuções fiscais.

A Câmara Nacional será composta por 13 (treze) integrantes, concursados, sendo 1 (um) presidente que exercerá direito de voto somente em caso de empate.

Os integrantes serão alçados ao cargo mediante concurso técnico e procedimento de avaliação por banca independente, com mandato vitalício, na forma da lei específica.

As decisões proferidas pela Câmara Superior serão definitivas no âmbito administrativo no que diz respeito à matéria de direito.

11. O *STATUS* JUDICIAL DOS ACÓRDÃOS ADMINISTRATIVOS

As decisões administrativas terão *status* de justiça especial.

A Câmara Regional terá a sua decisão equiparadas por lei a sentença judicial. Logo, podem ser alvo de recursos de apelação pela parte vencida, cuja competência para julgamento será originária perante os Tribunais Regionais Federais.

A Câmara Nacional terá a sua decisão equiparada por lei a acórdão judicial de 2ª. instância. Logo, podem ser alvo de recursos especial ou extraordinário pela parte vencida, cuja competência para julgamento será originária perante o Superior Tribunal de Justiça ou Supremo Tribunal Federal, observando-lhe as competências constitucionais e as regras previstas no Código de Processo Civil.

Em decorrência do "status" de justiça especial atribuído por lei, cujas decisões são equiparadas a sentenças judiciais, a representação do sujeito passivo no âmbito do processo administrativo deve ocorrer por meio de advogado devidamente habilitado para o exercício da profissão.

As Câmaras Regionais poderão, nos termos da lei, convidar o sujeito passivo a uma mediação e transação, nos mesmos termos previstos para a fase de controle de qualidade das Delegacias Tributárias.

As Câmaras Regionais não terão restrições para aplicar a legalidade, sendo obrigadas a observar a jurisprudência firmada pela Câmara Nacional e pelo Poder Judiciário nos termos do art. 927 e 928 do Código de Processo Civil[20].

20. Art. 927. Os juízes e os tribunais observarão:
I - as decisões do Supremo Tribunal Federal em controle concentrado de constitucionalidade;
II - os enunciados de súmula vinculante;
III - os acórdãos em incidente de assunção de competência ou de resolução de demandas repetitivas e em julgamento de recursos extraordinário e especial repetitivos;

12. O PROCESSO ARBITRAL

Notificado do lançamento pela Delegacia Tributária, o sujeito passivo pode optar por aderir à via arbitral com a finalidade de dirimir conflitos relacionados ao lançamento de ofício, desde que a controvérsia diga respeito a conceitos indeterminados (ex.: atividade alheia, propósito negocial, razoabilidade, etc), qualificação dos fatos à luz da norma, quantificação do crédito (dados) e a moderação sancionatória, nos termos da lei.

A opção pela via arbitral será exclusivamente do sujeito passivo, onerosa, desde que prevista em lei ou ato normativo vinculante que delimite as hipóteses em que tal procedimento será admitido como meio de solução de conflitos.

No prazo de 30 (trinta) dias da notificação, o sujeito passivo deve comunicar formalmente a sua intenção, comparecendo à Delegacia Tributária para firmar o termo de compromisso arbitral competente, apresentar a sua defesa e comprovar o recolhimento das custas correspondentes ao procedimento arbitral pretendido.

IV - os enunciados das súmulas do Supremo Tribunal Federal em matéria constitucional e do Superior Tribunal de Justiça em matéria infraconstitucional;
V - a orientação do plenário ou do órgão especial aos quais estiverem vinculados.
§ 1o Os juízes e os tribunais observarão o disposto no art. 10 e no art. 489, § 1o, quando decidirem com fundamento neste artigo.
§ 2o A alteração de tese jurídica adotada em enunciado de súmula ou em julgamento de casos repetitivos poderá ser precedida de audiências públicas e da participação de pessoas, órgãos ou entidades que possam contribuir para a rediscussão da tese.
§ 3o Na hipótese de alteração de jurisprudência dominante do Supremo Tribunal Federal e dos tribunais superiores ou daquela oriunda de julgamento de casos repetitivos, pode haver modulação dos efeitos da alteração no interesse social e no da segurança jurídica.
§ 4o A modificação de enunciado de súmula, de jurisprudência pacificada ou de tese adotada em julgamento de casos repetitivos observará a necessidade de fundamentação adequada e específica, considerando os princípios da segurança jurídica, da proteção da confiança e da isonomia.
§ 5o Os tribunais darão publicidade a seus precedentes, organizando-os por questão jurídica decidida e divulgando-os, preferencialmente, na rede mundial de computadores.
Art. 928. Para os fins deste Código, considera-se julgamento de casos repetitivos a decisão proferida em:
I - incidente de resolução de demandas repetitivas;
II - recursos especial e extraordinário repetitivos.
Parágrafo único. O julgamento de casos repetitivos tem por objeto questão de direito material ou processual.

A opção implicará em renúncia ao direito de recorrer administrativamente ou judicialmente quanto às matérias submetidas à via arbitral.

Após manifestação do sujeito ativo em sede de contrarrazões, o procedimento será remetido à Câmara Arbitral, especialmente criada para este fim, podendo ser, por força de lei, remetido a Câmaras Arbitrais Privadas já existentes, com notória credibilidade e especialização, nos termos da lei.

A sentença arbitral é definitiva, não comportando qualquer recurso interno administrativo ou judicial, constituindo a decisão final desfavorável ao sujeito passivo como crédito líquido, certo e exigível, sujeito à inscrição em dívida ativa e ao procedimento de execução fiscal previsto na Lei 6.830, de 1980 (lei de execuções fiscais).

Os árbitros poderão ser eleitos por concurso e/ou por notória especialização, compondo lista que permanecerá à disposição para atuar por indicação das partes e/ou por sorteio na própria Câmara Arbitral, em número não inferior a 4 (quatro) árbitros votantes e não superior a 6 (seis) árbitros votantes, cabendo ao presidente, eleito pelos árbitros votantes, presidir os trabalhos e votar somente em caso de empate.

A representação do sujeito passivo deve ocorrer por advogado devidamente habilitado para o exercício da profissão.

O procedimento arbitral terá fundamento de validade constitucional, instituída por lei complementar e regulada por lei ordinária, aplicando-se, no que couber, as disposições da Lei 9.307/1996.

13. CONCLUSÃO

É corolário de uma reforma que se propõe a simplificar e, em todas as suas acepções, a moralizar o sistema tributário, tornando-o mais eficiente sob todos os aspectos, contar com uma administração tributária alinhada com os mesmos princípios, passando pela constituição de um crédito tributário justo, aperfeiçoado pelo contraditório e orientado pelo espírito colaborador e apaziguador do poder público.

A jurisdição tributária será prestada pelas vias administrativa, judicial e arbitral, de forma harmônica, objetivando não apenas desafogar as estruturas atuais, mas prestar jurisdição com qualidade, celeridade e eficiência.

Com tal propósito faz-se viável organizar as competentes alterações constitucionais e legais, atribuindo fundamento de validade ao novo contencioso tributário, integrando-o com os sistemas processuais modernos e dando efetividade à função de dirimir conflitos tributários com eficiência e trazendo a necessária paz social.

REFERÊNCIAS

APPY, 2017; Meirelles, 2016; Receita Federal do Brasil; Senado Federal RQE 6/2017-CAE e 11/2017-CAE.

BANCO MUNDIAL. *Doing Business*. Disponível em: http://portugues.doingbusiness.org/data/exploreeconomies/brazil#paying-taxes

DINAMARCO, Candido Rangel. *A Instrumentalidade do Processo*. Malheiros, 6ª. Ed., 1998.

CONSELHO SUPERIOR DA JUSTIÇA DO TRABALHO, 2017.

GRINOVER, Ada Pelegrini. Cit. por Dinamarco, op. cit., p. 120.

INSTITUTO BRASILEIRO DE PLANEJAMENTO E TRIBUTAÇÃO, 2017.

MARINS, James. *Direito processual tributário brasileiro* (administrativo e judicial). Dialética, 5ª. Ed., 2010.

SALUSSE, Eduardo Perez. *Valor Econômico*. Disponível em: https://www.valor.com.br/legislacao/fio-da-meada/5314673/o-brasil-tem-r-4-trilhoes-de-creditos-tributarios-recuperar.

________________. A crise de identidade dos tribunais administrativos tributários. *Valor Econômico*. Disponível em: https://www.valor.com.br/legislacao/fio-da-meada/5349671/crise-de-identidade-dos-tribunais-administrativos-tributarios.

Impressão e acabamento
psi7 | book7
psi7.com.br book7.com.br